제4판

판례해설

민사소송법

이시윤 · 조관행 · 이원석

박영사

제4판 머리말

판례해설 민사소송법 제3판을 출간한 지 벌써 3년이 넘게 되었다. 그 사이에 이 책에 수록할 필요가 있는 대법원 판결도 많이 선고되었고, 법학전문대학원협의회에서 표준판례도 선정하였다.

저자들은 법관 또는 변호사로 활동하면서 점점 당사자들의 분쟁을 해결하는 소송절차의 중요성을 피부로 느끼고 있다. 대부분의 소송이 법리 문제 이전에 사실관계로 승패가 결정되는데, 같은 사회현상을 두고도 정반대의 주장과 해석을 하는 작금의 상황에서도 짐작하겠지만 실체적 진실의 발견이 일반인이 생각하는 것과 달리 결코 간단치 않다는 생각이 깊어진다. 그러므로 소송의 승패를 가름하는 요건사실(쟁점)이 무엇이고, 이를 어떻게 어느 정도로 주장하고 증명하여야 법관을 납득시킬 수 있는지가 실무가로서는 주된 관심사가 되어 가고 있다. 이러한 활동의 장을 규율하는 법이 바로 민사소송법이고, 그 절차가 민사소송절차인 것이다. 당사자 일방이 아무리 자신이 어떤 실체법적 권리가 있다고 믿고 주장하여도 이를 재판으로 실현하지 못하면 무용지물이 되는 것이므로 실무가의 입장에서는 실체법 못지 않게 절차법이 중요함을 자꾸 깨닫게 된다. 그럼에도 불구하고 실체법에 비하여 법원리보다는 기술법적 성격이 있는 민사소송절차를 실무를 접해 보지 않은 법학도들이 이해하기가 쉽지 않고, 변호사시험도 실체법과 같이 출제되는 관계로 민사소송법에 대한 법학도들의 관심과 이해가 저하된다는 우려가 현장에서 들려온다.

이러한 여러 사정으로 인하여 법학전문대학원협의회의 의뢰를 받은 한국민사소송법학회는 민사소송에 관한 모든 판례를 법학도들이 접하고 이해하는 것은 무리라고 생각하여 전국 25개 법학전문대학원 교수들에게 의뢰하여 법학도들이 꼭 알아야 할 최소한의 판례를 교육 및 시험용 표준판례로 선정한 것으로 알고 있다. 물론 표준판례로 선정된 판례에 민사소송의 기본이 되는 중요판례가 모두 포함된 것은 아니므로 법학도들이 그 외의 판례는 알지 못해도 무관하다고 말할 수는 없다. 더구나 이 책은 법학도는 물론 실무가를 위해서도 집필한 것이므로 표준판례 외에도 민사소송에 관한 판례는 대부분 수록하였다. 다만 법학도와 실무가들의 편의를 위해 표준판례는 ◆로 표시하고, 그 이외의 판례 중 중요판례는 과거와 동일하게 ▶로, 나머지 판례는 ▶로 표시하여 독자가 필요에 따라 해득할 부분을 정할 수 있도록 구분하였다.

필자들은 독자들이 바로 판례의 본문과 그 해설로 들어가 읽을 경우, 수록된 판례의 내용을 이해하는 데 어려움이 있을 수 있고, 해당 목차의 절차 전반에 걸쳐 판례가 선고되고 수록되지 않은 점을 감안하여 각 항목별로 교과서적인 일반이론을 간단히 기재하였다. 별도로 교과서를 펼치지 않아도 이 책만으로 원하는 쟁점에 관한 일반이론과 판례를 모두 접하게 되게 하려는 노력으로서 필자들은 그 효과가 있기를 기대한다.

바쁜 일상에서도 제 4 판을 준비하게 된 것은 필자들이 몇십 년 동안 유지하여 온 민사소송법에 대한 애정과 책임감인데 그 효과를 독자들도 같이 느끼실지 걱정되기도 한다. 새로운 판례의 수집과 정리에 동참하여 준 문승화 변호사와 어려운 출판환경에서도 제 4 판의 출간을 승낙해 주신 안종만 회장님과 조성호, 김선민 이사님, 조판과 면밀한 교정을 보아주신 이승현 과장님에게 감사의 말씀을 드린다.

2021. 10.
공저자

제3판 머리말

민사소송법은 민사재판절차를 규율하는 기준인데, 절차법은 실체법과 달리 기술적인 면이 강한 관계로 이 분야에 종사하지 않는 일반인들이 쉽게 이해하기 어렵고 또한 흥미롭지 않을 수도 있다. 언론 보도의 대상은 물론 영화나 드라마의 대상도 압도적으로 형사재판이 많은 것도 이 때문일 것이다.

그러나 민사소송법은 형사재판까지를 포함한 모든 재판절차의 기준이다. 또한 실체법상 아무리 확실한 권리를 보유한 당사자라도 올바른 재판절차에 의하여 실체적 진실이 주장·증명될 수 없다면 현실적으로는 무용지물인 권리가 되고 말 것이다. 민사소송은 실체적 권리의 실현을 위한 절차이고, 그 과정에서 실체적 권리가 왜곡되거나 권리실현이 부당하게 저지되지 않도록 하기 위해 적정, 공평, 신속과 소송경제를 절차의 전반을 관통하는 이념으로 삼고 있다.

우리나라는 인구나 경제규모에 비하여 세계에 유례없는 소송건수를 나타내는 국가이다. 그런 관계로 신속과 소송경제를 중시하여 재판을 진행하거나 관련 법령을 제·개정한 때도 있었다. 그러나 아무리 신속하고 경제적인 재판을 하였어도 그 결과가 실체적 권리와 동떨어진 것이어서 적정과 거리가 멀거나, 재판절차가 공정하지 못하고 주장·증명의 기회가 충분히 보장되지 않았다면 그 재판은 민사소송의 이념을 실현하지 못한 재판이고, 사법신뢰의 초석이자 점차 증대하는 국민의 절차적 만족감을 충족시키지 못한 잘못된 절차가 될 것이다.

2002년에 민사소송법을 대폭 개정하여 변론준비절차를 정비하고 집중심리제도를 강화한 것은 신속한 재판도 염두에 둔 것이지만 재판의 준비를 사전에 충실히 한 후 집중적이고 효율적으로 심리하여 공정하고 적정한 결과를 도출하려 한 것이라고 생각한다. 그런데 이러한 계획이 몇 년 실천해 보기도 전에 용두사미가 된 느낌이 드는 것은 무엇일까. 또한 재야 실무가들은 영미법과 같은 discovery제도가 없는 우리 민사소송에서는 당사자가 소제기 전에 증거를 조사하고 확보할 권리가 제약되어, 부득이 소송절차에서라도 변론(주장·증명)권이 충실히 보장되기를 간절히 바라는 것이 현실이다. 그러나 소송건수는 많고, 법관의 증원은 미미한 관례로 위와 같은 절차적 기본권이 제대로 보장되는지 의문인 것이 사실이다. 최근에는 항소심을 속심으로서 운영하지 않고 사실상 사후심제로 운영하겠다는 발표도 여러 차례 접하고 있다. 이런 운영원칙이 민사소송법에 부합하는지 의문을 표시하는 학계의 의견도 있고, 항소심도 사실심이며 절차의 만족이 사법신뢰를 회복하는 첩경인 점을 생각하면 사건부담의 과중은 다른 방도로 해소하는 것이 옳지 않을까 생각해 본다.

민사소송의 대부분은 이행소송이고, 이행소송의 최종 목적은 민사집행절차를 통해 권리를 실현하는 것이다. 그런데 사법보좌관제도의 도입에도 영향이 있겠지만 과거에 비하여 법관이나 변호사는 물론 로스쿨에서조차 민사집행절차에 대한 연구와 관심이 떨어지는 것을 피부로 느끼게 된다. 그러나 민사소송절차와 집행절차는 상호 연계된 것이어서 어느 한 절차를 진행하면서 다른 절차를 염두에 두지 않을 수 없는 불가분의 관계이다. 학계와 실무계 모두 민사집행절차에 대한 이해와 관심이 증대되기를 기대해 본다.

민사소송에서 승패의 관건이 되는 쟁점은 대부분 사실인정의 문제이다. 법리적인 문제는 대부분 실체법의 해석이나 법 원리에 관한 것이므로 실제 재판에서 당사자가 가장 관심을 가지고 보장받기를 원하는 사실확정의 절차를 정한 것이 바로 민사소송법이라는 말이다. 그러므로 민사소송법은 이러한 당사자의 권리확정 절차를 신중하면서도 민사소송의 이념에 부합하게 정치한 규정을 두려고 노력한 결과의 산물이다. 그런데 법률실무에 종사하는 사람들은 그 업무를 몇 년 담당한 것으로 민사소송절차를 섭렵하였다고 오신하여 끝없는 고민과 연찬을 게을리하고 있다는 인상을 지울 수 없다. 필자의 기우이기를 간절히 바란다.

이 책은 법률실무가는 물론 민사소송법을 공부하는 학생들을 위해 교과서의 편제에 따라 판례를 정리하고 해설을 붙인 것이다. 제목 그대로 판례해설서이므로 학설적인 면은 교과서 등에 맡겼다. 다양한 학설을 소개하거나 이에 기초하여 판례를 해설하는 것은 수험생과 실무가에게는 오히려 혼선을 줄 염려가 있으므로 이 책은 판례의 연계적인 해설도 대법원 판결에 기초하여 하였다.

그런데 제 2 판을 출간한 지 4년 가까이 지나 그간 쌓인 판결도 많고, 법령의 개정도 있었으며, 수정보완하고 싶은 부분도 있었다. 따라서 제 3 판은 초판 서문에서 밝힌 원칙을 유지하면서 다음과 같은 점을 보완하여 집필하였다.

우선 제 2 판 이후 법령의 개정사항을 반영하고, 2018년 3월 간행된 판례공보까지 반영하여 민사소송절차의 의미 있는 판례들을 빠짐없이 소개하였다.

또한 각 항목의 앞 부분에 위치한 핵심적인 일반이론에 관한 설명을 조금 더 충실히 하여 각 판례의 체계적 위치 및 의미를 더 쉽게 이해하는 데 도움이 되도록 하였다.

나아가 이전과 마찬가지로 관련 판례들과 이론적 쟁점을 유기적으로 배치·설명함으로써 단순한 판례의 나열적인 소개가 되지 않도록 하였고, 추가 판례도 이러한 원칙에 따라 소개·설명하였다.

마지막으로 지엽적인 판례와 너무 오래된 판례는 삭제하였고, 판례의 해설 부분은 민사소송법의 법리를 이해하는 데에 도움이 되는 내용으로 한정함으로써 지나치게 분량이 늘어나지 않도록 하였다.

사법시험을 준비하던 수험생보다 로스쿨생 수는 급격히 줄었고, 종이책을 대체하는 수단도 다양해진 지금 출판사는 물론 저자들도 신간이나 개정판을 출간하는 의욕이 급격히 떨어진 것이 사실이다. 그럼에도 불구하고 제 3 판을 준비하게 된 것은 오로지 민사소송절차에 대한 애정과 이 분야를 오랫동안 담당한 일원으로서의 책임감 때문일 것이다. 이런 환경에서도 제 3 판의 출간을 흔쾌히 승낙하여 주신 안종만 회장님과 조성호 이사님, 그리고 예쁜 조판과 면밀한 교정을 보아주신 김선민 부장님과 박송이 대리에게 감사의 말씀을 드린다.

2018. 5.
공저자

머 리 말

판례법을 근간으로 하는 영미법계 국가에서는 물론 우리나라와 같이 성문법을 근간으로 하는 대륙법계 국가에서도 판례는 성문법을 해석하고 그 흠결을 보완하는 등 법창설적 기능을 수행함으로써 사실상 법원(法源)으로서의 역할을 하고 있다. 이에 따라 실무에서는 물론이거니와 대학에서의 연구와 강의에서도 판례가 중요한 부분을 차지하여 왔고 사법시험 등 각종 시험에서도 판례를 토대로 한 문제가 빠지지 않고 출제되어 왔다. 그리고 종래보다 짧은 기간에 실무능력을 갖춘 법조인을 양성하여야 하는 법학전문대학원 체제가 출범하면서 법학교육에서의 판례의 중요성은 이전보다 훨씬 더 강조되고 있다.

저자 이시윤, 조관행은 민사소송법의 핵심판례들을 쉽게 찾아 익히고 이를 실무에 적용할 수 있도록 하기 위하여는 민사소송법 판례를 내용별로 정리한 판례집이 필요하다는 데 공감하여 2000년 민사소송법 판례를 교과서의 편제에 따라 분류한 「판례 민사소송법」을 출간한 바 있고, 이어 2002년에는 주로 수험생들의 수요에 부응할 목적으로 위 책에서 중요한 판례들을 골라내고 해설을 추가하여 「판례해설 민사소송법」을 출간한 바 있다. 그로부터 10년이 지나 그동안 축적된 새로운 판례들을 반영하여야 할 필요가 생겼고, 법학전문대학원에서의 민사소송법 교육에 활용될 새로운 교재의 필요성도 대두되었으며, 아울러 급격하게 늘어나는 실무가들이 쉽게 민사소송법 판례들을 찾아 사건처리에 참고할 수 있게 할 필요도 생겼다. 이에 저자들은 기존에 출간된 위 두 판례집의 취지를 살리면서도 위와 같은 새로운 요구에 부응할 수 있도록 새롭게 민사소송법 판례집을 쓰기로 하고 이원석 판사를 포함하여 3인 공저의 이 책을 내게 되었다.

이 책은 아래와 같이 씌어졌다.

1. 판례를 신민사소송법 교과서의 편제에 따라 분류하되 각 항목의 앞 부분에 핵심적인 일반이론을 적어 두었다. 이는 그 이하의 판례들을 체계적으로 이해할 수 있도록 도움을 줌과 동시에 각종 시험을 앞두고는 민사소송법 전체의 핵심적인 내용들을 짧은 시간 내에 훑어볼 수 있도록 하는 데에 그 목적이 있다.

2. 판례는 대략 세 가지 방법으로 소개되어 있다.

첫째는 판결요지와 상세한 해설을 함께 한 판례들로서 사건번호에 음영을 넣고 박스 처리한 판례가 그것이다. 판례공보에 기재된 판결요지를 먼저 소개하고 그 아래에 상세한 해설을 하였는데, 해설은 사실관계와 법원의 판단을 앞세우고 그 뒤에 그 판결에 관련된 판례의 추이, 학설의 동향, 유사판례와 비교판례, 파생되는 쟁점 등을 설명하는 방법으로 하였다. 사실관계는 가능하면 간략하게 정리하였으나 실체법적인 쟁점이 드러날 수 있도록 지나친 간략화는 지양하였고, 법원의 판단에 있어서는 사건의 경과, 하급심의 판단, 판결요지 외 대법원의 판시내용 등을 알 수 있도록 하였다.

둘째는 원칙적으로 판결요지만을 소개한 판례들로서 판례번호 앞에 삼각형 표시가 된 판례가 그것이다. 이 판례들은 중요도에 따라 삼각형의 색깔과 글자의 크기를 구분하였다{중요판례에는 짙은색의 삼각형(▶) 표시를, 그 외 판례에는 옅은색의 삼각형(▶) 표시를 하고 글씨를 작게 하였다}. 이 판례들에도 필요한 경우 註를 달아 간단한 사실관계를 소개하거나 필요한 설명을 덧붙여 두었다.

셋째는 판례해설 중에 판결요지가 소개된 판례들로서 "〈 〉" 부호 안에 판례번호를 적어 둔 판례가 그것이다. 주로 위 첫째의 판례들에 대한 해설을 하면서 판결요지를 그대로 인용하여 설명할 필요가 있을 때 사용한 방법으로 여기에도 필요한 경우 그 자체에 대한 註를 달아 간단한 설명을 하였다.

3. 민사소송법의 여러 부분에 걸쳐 문제되는 몇몇 쟁점들에 관하여는 적절한 곳에서 관련 쟁점들을 함께 묶어 정리해 두었다. 당사자의 사망이 소송에 미치는 영향, 채권자대위권, 상계, 일부청구, 소송상 합의 등이 그것이다.

4. 판례의 소개에 중점을 두는 대신 교과서나 문헌의 인용은 최대한 간략히 하였다. 학설의 대립과 관련해서는 교과서 저자들의 이름만을 인용하였고 논문은 저자와 함께 논문집을 특정할 수 있을 정도로 논문집의 제목과 호수만을 표시하였다. 같은 취지에서 각주에서는 대법원 판결은 '대판', 대법원 결정은 '대결'이라고만 표시하였다. 그리고 괄호 안의 조문 정보 중 민사소송법의 경우에는 법명의 표기를 생략하였다.

민사소송법의 초학자들이 교과서와 함께 이 책을 읽어 나가면서 민사소송법의 이론과 판례의 흐름을 쉽게 이해하고, 실무가들이 손쉽게 관련 판례를 찾아 사건해결에 도움을 받는다면 저자들로서는 이 책을 준비한 소임을 다한 것이 될 것이다. 저자들이 바쁜 업무를 겸하면서 이 책을 준비하여 부족함이 많을 것으로 생각되며 독자들의 기탄없는 지적과 비판을 바란다. 아울러 초판에서는 2011년 상반기까지의 판례를 실어 두었으나 이후 주기적으로 새로운 판례들을 반영하여 시대에 뒤떨어지지 않는 판례집이 되도록 할 것임을 약속한다.

바쁜 군복무 중에서도 귀한 시간을 쪼개어 정성스럽게 교정작업을 도와 준 김동현, 박주현 법무관에게 감사하고, 수익에 도움이 되지 않을 이 책의 출간을 흔쾌히 결심하여 주신 박영사 안종만 회장님과, 출간의 실무작업을 맡아 주신 조성호 부장님, 꼼꼼한 교정과 디자인 작업 등 읽기 편한 책을 만들기 위해 애써 주신 김선민 부장님과 문선미 님께 감사의 말씀을 드린다.

2011. 11.

공저자

차 례

제 1 편 신의성실의 원칙

제 2 편 소송의 주체

제 1 장 법원(法院)

제2장 당 사 자

제 3 편 제 1 심의 소송절차

제 1 장 소송의 개시

제3장 증 거

제 2 장 당사자의 행위에 의한 종료

제 3 장 종국판결에 의한 종료

제 5 편 병합소송

제 1 장 병합청구소송(청구의 복수)

제6편 상소심절차

제1장 총 설

제2장 항 소

제3장 상 고

제4장 항　고

제 7 편　재심절차

제 8 편 간이소송절차

제 9 편 민사집행

제 1 편
신의성실의 원칙

신의성실의 원칙

당사자와 소송관계인은 신의에 따라 성실하게 소송을 수행하여야 한다(1조 2항). 민사소송절차뿐만 아니라 민사집행절차와 보전처분절차에도 신의칙이 적용된다.[1] 신의칙에 위반되는 소송행위는 법원에 의하여 배척(예컨대, 신의칙을 위반하여 제기된 소는 각하)되거나 그 자체로 무효가 된다. 신의성실의 원칙에 반하는 것은 강행규정에 위배되는 것이므로 당사자의 주장이 없더라도 법원은 직권으로 판단할 수 있다. 일반적으로 신의칙의 발현형태는 네 가지(소송상태의 부당형성, 선행행위와 모순되는 거동, 소권의 실효, 소권의 남용)로 나뉘어 설명된다.

◆ 대법원 1993. 5. 14. 선고 92다21760 판결

특정한 권리나 법률관계에 관하여 분쟁이 있어도 제소하지 아니하기로 합의한 경우 이에 위반하여 제기한 소는 권리보호의 이익이 없고, 또한 권리의 행사와 의무의 이행은 신의에 좇아 성실히 하여야 한다는 신의성실의 원칙은 계약법뿐 아니라 모든 법률관계를 규제, 지배하는 법의 일반원칙으로서 민사소송에서도 당연히 요청된다(민사소송법 제1조는 이를 명백히 규정하고 있다). 특정한 권리나 법률관계에 관하여 분쟁이 있어도 제소하지 아니하기로 합의한 경우 이에 위반하여 제기한 소는 권리보호의 이익이 없다.

|註| 민사소송절차에 신의칙이 적용됨을 확인함과 아울러 부제소특약을 위반하여 소를 제기한 것은 신의칙에 반하는 것으로 권리보호이익이 인정되지 않음을 분명히 한 판결이다.

◆ 대법원 1992. 7. 28. 선고 92다7726 판결

무효인 공정증서상에 집행채무자로 표시된 자가 그 공정증서를 집행권원으로 한 경매절차가 진행되고 있는 동안에 공정증서의 무효를 주장하여 경매절차를

1) 민사소송절차에 신의칙을 적용할 것인지 여부에 관하여 불확정개념의 도입으로 법적 안정성을 해친다는 점과 일반조항으로 안이하게 도피할 우려가 있다는 점에서 반론이 없었던 것은 아니다. 그러나 신의칙은 법의 보편적 가치이자 원칙으로서 민사소송에서도 인정되는 원칙이다. 민사소송법은 1990년 개정으로 신의칙이 민사소송에서도 적용됨을 명문으로 규정하였고, 민사집행법은 민사집행 및 보전처분의 절차에 민사소송법을 준용하도록 함으로써(민사집행법 23조) 이들 절차에도 신의칙이 적용되도록 규정하였다.

저지할 수 있었음에도 불구하고 그러한 주장을 일체 하지 않고 이를 방치하였을 뿐 아니라, 오히려 공정증서가 유효임을 전제로 변제를 주장하여 매각허가결정에 대한 항고절차를 취하였고 매각허가결정 확정 후에 매각대금까지 배당받았다면, 특별한 사정이 없는 한 집행채무자로 표시된 자는 경락인에 대하여 그 공정증서가 유효하다는 신뢰를 부여한 것으로서 객관적으로 보아 경락인으로서는 이와 같은 신뢰를 갖는 것이 상당하다고 할 것이므로, 그 후 집행채무자로 표시된 자가 경락인에 대하여 공정증서의 무효임을 이유로 이에 기하여 이루어진 강제경매도 무효라고 주장하는 것은 금반언 및 신의칙에 위반되는 것이라고 보아야 한다.

|註| 강제집행절차에도 신의칙이 적용됨을 분명히 한 판결로서, '선행행위와 모순되는 거동'의 사례에 해당한다.

◆ **대법원 1989. 9. 29. 선고 88다카17181 판결**(同 대법원 1995. 12. 22. 선고 94다42129 판결)

신의성실의 원칙에 반하는 것 또는 권리남용은 강행규정에 위배되는 것이므로 당사자의 주장이 없더라도 법원은 직권으로 판단할 수 있다.

|註| 신의칙 위반 여부는 당사자의 주장 없이도 법원이 직권으로 판단할 수 있음을 분명히 한 판결이다. 다만, 당사자와 법원 사이에서는 직권조사사항이나 당사자들 사이에서는 상대방의 원용을 기다려 참작하면 된다는 견해(정동윤·유병현·김경욱)와 직권조사사항이 아니라 직권으로 판단할 사항이라는 견해(호문혁)도 있다.

제1. 소송상태의 부당형성

당사자 한쪽이 의도적으로 자신에게 유리한 소송상태나 상대방에게 불리한 소송상태를 만들어 놓고 이를 이용하는 행위는 신의칙에 위배되어 허용될 수 없다.

◆ **대법원 2011. 9. 29.자 2011마62 결정**

민사소송의 당사자와 소송관계인은 신의에 따라 성실하게 소송을 수행하여야 하고, 민사소송의 일방 당사자가 다른 청구에 관하여 관할만을 발생시킬 목적으로 본래 제소할 의사 없는 청구를 병합한 것이 명백한 경우에는 관할선택권의 남용으로서 신의칙에 위배되어 허용될 수 없으므로, 그와 같은 경우에는 관련재판적에 관한 민사소송법 제25조의 규정을 적용할 수 없다.

|註| 1. 변호사 甲과 乙 사찰이 소송위임계약으로 인하여 생기는 일체 소송은 전주지방법원을 관할법원으로 하기로 합의하였는데, 甲이 乙 사찰을 상대로 소송위임계약에 따른 성공보수금 지급청구 소송을 제기하면서 乙 사찰의 대표단체인 丙 재단을 공동피고로 추가하여 丙 재단의 주소지를 관할하는 서울중앙지방법원에 소를 제기한 사안이다.
2. 대법원은 "乙 사찰은 종단에 등록을 마친 사찰로서 독자적인 권리능력과 당사자능력을 가지고, 乙 사찰의 甲에 대한 소송위임약정에 따른 성공보수금 채무에 관하여 丙 재단이 당연히 연대채무를 부담하게 되는 것은 아니며, 법률전문가인 甲으로서는 이러한 점을 잘 알고 있었다고 보아야 할 것인데, 甲이 위 소송을 제기하면서 丙 재단을 공동피고로 추가한 것은 실제로는 丙 재단을 상대로 성공보수금을 청구할 의도는 없으면서도 단지 丙 재단의 주소지를 관할하는 서울중앙지방법원에 관할권을 생기게 하기 위함이라고 할 것이고, 따라서 甲의 위와 같은 행위는 관할선택권의 남용으로서 신의칙에 위반하여 허용될 수 없으므로 관련재판적에 관한 민사소송법 제25조는 적용이 배제되어 서울중앙지방법원에는 甲의 乙 사찰에 대한 청구에 관하여 관할권이 인정되지 않는다"고 하였다.
3. 관할만을 발생시킬 목적으로 본래 제소할 의사가 없는 청구를 병합한 것은 관할선택권의 남용으로서 신의칙에 위반된다고 본 판결이다.

▶ 대법원 1983. 5. 24. 선고 82다카1919 판결

[1] 신의칙은 비단 계약법의 영역에 한정되지 않고 모든 법률관계를 규제 지배하는 원리로 파악되며 따라서 신의칙에 반하는 소권의 행사는 허용되지 아니한다.
[2] 소송신탁은 법률이 금하는 것이므로 채권자가 제3자로 하여금 원고가 되어서 채무자에게 대여금청구소송을 제기하여 채권을 추심토록 의뢰한 약정은 반사회질서의 법률행위로서 무효이며, 위 제3자에게는 채무자에 대한 대여금채권이 없음에도 불구하고 채권자가 위 제3자로 하여금 채무자에 대하여 대여금채권이 있는 양 소송을 제기하게 하고 자신이 소지하고 있는 당좌수표를 증거로 제출할 수 있도록 교부하고 나아가 법정에서 허위의 증언을 함으로써 법원을

기망하여 승소확정판결을 받아 채무금을 지급받게 하였다면, 채권자는 스스로 공동불법행위자임에도 불구하고 무효인 약정을 바탕으로 하고 또 스스로 불법행위를 자행한 자로서 약정에 의한 또는 부당이득에 의한 돈의 지급을 구하거나 소송사기에 의하여 채무자가 소송수탁자에 대하여 갖는 손해배상채권의 양도를 내세워서 손해의 배상을 구하는 것은 사회질서에 반할 뿐 아니라 신의칙에 반하는 것이다.

|註| 1. 甲이 丙에게 450만 원을 대여하고 丙으로부터 액면금 450만 원의 수표를 교부받아 소지하고 있던 중 丙으로부터 변제를 받기 어려워지자, 乙에게 150만 원을 보수로 지급하기로 하고 위 대여금을 받아 줄 것을 의뢰한 다음, 乙로 하여금 丙을 상대로 대여금청구소송을 제기하게 하고 자신이 소지하던 수표를 교부하여 증거로 제출하게 하고 나아가 증인으로 출석하여 "丙의 부탁으로 乙로 하여금 丙에게 450만 원을 대여케 하고 그 담보로 수표를 교부받아 乙에게 전하여 주었다"는 허위증언을 함으로써 乙이 승소판결을 받게 되었는데, 乙이 판결에 따라 丙으로부터 대여금과 이자 1,000만 원을 지급받고도 이를 甲에게 지급하지 아니하자, 甲이 乙을 상대로 약정보수 150만 원을 제외한 850만 원의 반환을 구한 사안이다.

2. 甲은 위 소송에서, ① 乙은 甲에게 약정에 따라 또는 횡령금으로서 850만 원을 지급할 의무가 있고, 또 ② 乙이 법원을 기망하여 승소판결을 받아 그에 기하여 丙으로부터 1,000만 원을 편취함으로써 丙은 乙에 대하여 1,000만 원 상당의 불법행위로 인한 손해배상채권을 취득하게 되었는데 甲이 丙으로부터 이 손해배상채권을 양도받았으므로 이러한 점에서도 乙은 甲에게 위 돈을 지급할 의무가 있다고 주장하였다. 항소심은 甲과 乙의 약정이 소송신탁에 해당하여 무효라는 이유로 위 ①의 주장을 배척하였으나, 소송사기에 의한 불법행위채권의 성립과 채권양도를 인정하여 위 ②의 주장을 받아들여 甲 승소판결을 하였다. 그러나 대법원은 판결요지와 같은 이유로 원심판결을 파기하였고, 환송 후 항소심은 소각하판결을 하여 이 판결이 그대로 확정되었다.

▶ 대법원 1989. 9. 12. 선고 89다카678 판결

선박을 편의치적시켜 소유·운영할 목적으로 설립한 형식상 회사(Paper Company)가 그 선박의 실제 소유자와 외형상 별개의 회사이더라도 그 선박의 소유권을

주장하며 제3자 이의의 소를 제기하여 실제 선박소유자에 대해 행한 가압류집행의 불허를 구하는 것은 편의치적이라는 편법행위가 용인되는 한계를 넘어서 채무를 면탈하려는 불법목적을 달성하려고 함에 지나지 아니하여 신의칙상 허용될 수 없다.

> |註| 법인과 그 구성원 간의 법적 분리의 원칙을 관철하면 정의와 형평의 이념에 반하여 법률상 용납될 수 없는 부당한 결과를 가져올 경우, 특정 사안에 한하여 일시적으로 법인격을 부인하고 그 배후의 실체를 파악하여 구체적으로 타당한 결과를 모색하는 법이론을 법인격 부인론(piercing the corporate veil)이라고 한다. 판례는 신의칙에서 그 근거를 찾고 있는데, 소송상태 부당형성의 한 예로 볼 수 있다.

▶ 대법원 1991. 12. 13. 선고 90다카1158 판결

주식양도인이 양수인에게 주권을 교부할 의무를 이행하지 않고 그 후의 임시주주총회결의의 부존재확인청구를 하는 것은, 주권교부의무를 불이행한 자가 오히려 그 의무불이행상태를 권리로 주장함을 전제로 하는 것으로서 신의성실의 원칙에 반하는 소권의 행사이다.

> |註| 乙 회사의 대주주이자 대표이사이던 甲이 丙으로부터 개인적으로 자금을 차용하고도 이를 변제하지 못하게 되자 丙에게 자신이 소유하던 乙 회사의 주식 전부를 양도하면서 위 주식에 관하여 주권이 발행되어 있는 사실을 감추고 丙에게 주권을 교부하지 않고 있었는데, 乙 회사가 주주총회를 개최하여 새로운 경영진 이사로 선임하자 丙에게 주권을 교부하지 않아 여전히 주주인 자신에게 소집통지를 하지 아니하였음을 내세워 주주총회결의부존재확인을 구한 사안이다.

제2. 선행행위와 모순되는 거동(금반언칙)

한쪽 당사자가 과거에 일정 방향의 태도를 취하여 상대방으로 하여금 이를 신뢰하게 만들어 놓고 나중에 그 신뢰를 저버리고 종전의 태도와 모순되는 거동을 하는 경우 나중의 거동은 신의칙상 허용되지 않는다.

◆ 대법원 1995. 1. 24. 선고 93다25875 판결

민사소송의 당사자 및 관계인은 소송절차가 공정 신속하고, 경제적으로 진행되

도록 신의에 좇아 성실하게 소송절차에 협력해야 할 의무가 있으므로, 당사자 일방이 과거에 일정 방향의 태도를 취하여 상대방이 이를 신뢰하고 자기의 소송상의 지위를 구축하였는데, 그 신뢰를 저버리고 종전의 태도와 지극히 모순되는 소송행위를 하는 것은 신의법칙상 허용되지 않고, 따라서 원심에서 피고의 추완항소를 받아들여 심리 결과 본안판단에서 피고의 항소가 이유 없다고 기각하자 추완항소를 신청했던 피고 자신이 이제 상고이유에서 그 부적법을 스스로 주장하는 것은 허용될 수 없다.

|註| 사실관계와 법원의 판단 (1) 사실관계 : 甲은 X 부동산에 관하여 乙에게 매매로 인한 소유권이전등기절차의 이행을 구하는 소를 제기하여 제1심에서 승소하였다. 제1심판결의 정본은 乙의 주소지로 송달되었는데, 乙이 경영하는 철물점 종업원 丙이 乙의 주소지에 들렀다가 위 판결정본을 수령하였다. 乙은 며칠 뒤 丙으로부터 위 판결정본을 교부받고 丙이 수령한 날부터는 2주가 지났으나 자신이 교부받은 날부터는 2주 이내에 항소를 제기하였다. 항소심법원은 乙의 항소를 받아들여 본안심리를 하였는데, 甲은 항소심 계속 중 토지거래허가신청절차의 이행을 구하는 것으로 청구를 교환적으로 변경하였다. 乙은 청구변경에 대하여 이의하지 않고 심리를 진행하다가 항소를 취하하였으나 항소심법원은 변경된 청구에 관하여 甲의 승소판결을 하였다. 이에 乙은 상고하면서 항소심판결에는 부적법한 항소를 받아들인 위법이 있다고 주장하였다.

(2) 법원의 판단 : 법원은, “丙은 乙의 영업소인 철물점의 피용자로서 위 영업소에서는 乙을 수송달자로 한 판결정본을 적법하게 송달받을 수 있으나, 일시적으로 방문한 乙의 주거지에서는 이를 적법하게 송달받을 수 없으므로, 丙에 대하여 한 송달은 무효이고, 丙이 乙에게 판결정본을 송달하였을 때 비로소 송달이 완성되었다고 하여야 하므로 그로부터 2주 이내에 제기된 항소는 적법하다”고 하였고, 나아가 항소가 부적법했다는 상고심에서의 乙의 주장은 판결요지에서 보는 바와 같은 이유로 신의칙에도 반하는 것이어서 허용될 수 없다고 하였다.

▶ **대법원 2001. 9. 25. 선고 2000다24078 판결**

임대차가 종료된 경우에 배당요구를 한 임차인은 우선변제권에 의하여 낙찰대금으로부터 임차보증금을 배당받을 수 있으므로, 이와 같은 경우에 일반 매수희망자(낙찰자 포함)는 그 주택을 낙찰받게 되면 그 임대차에 관한 권리·의무를 승계하지 않을 것이라는 신뢰 하에 입찰에 참가하게 되는 것인바, 이러한 믿음을 기초로 하여 낙찰자가 임대차보증금을 인수하지 않을 것이라는 전제 하에 낙찰이 실시되어 최고가 매수희망자를 낙찰자로 하는 낙찰허가결정이 확정되었다면, 그 후에 이르러 임차인이 배당요구시의 주장과는 달리 자신의 임대차기간이 종료되지 않았음을 주장하면서 우선변제권의 행사를 포기하고 명도를 구하는 낙찰자에게 대항력을 행사하는 것은, 임차인의 선행행위를 신뢰한 낙찰자에게 예측하지 못한 손해를 입게 하는 것이어서 위와 같은 입장 변경을 정당화할 만한 특별한 사정이 없는 한 금반언 및 신의칙에 위배되어 허용될 수 없다.

▶ 대법원 2008. 6. 12. 선고 2008다11276 판결

제1심법원이 제1차 변론준비기일에서 부적법한 당사자표시정정신청을 받아들이고 피고도 이에 명시적으로 동의하여 제1심 제1차 변론기일부터 정정된 원고인 회사와 피고 사이에 본안에 관한 변론이 진행된 다음 제1심 및 원심에서 본안판결이 선고되었다면, 당사자표시정정신청이 부적법하다고 하여 그 후에 진행된 변론과 그에 터잡은 판결을 모두 부적법하거나 무효라고 하는 것은 소송절차의 안정을 해칠 뿐만 아니라 그 후에 새삼스럽게 이를 문제삼는 것은 소송경제나 신의칙 등에 비추어 허용될 수 없다.

|註| 甲 회사의 대표이사였던 丙이 乙을 피고로 하여 소를 제기하였다가 甲 회사로 원고의 표시를 정정하는 신청을 하고 乙이 이에 동의하여 이후 甲 회사와 乙 사이에 변론을 거쳐 제1심 및 항소심판결이 선고된 사안이다.

▶ 대법원 1984. 10. 23. 선고 84다카855 판결

별소에서 피고의 점유사실을 부인하고 그 취득시효주장을 부인하던 원고가, 본소에서는 도리어 피고의 점유사실을 주장하면서 불법점유를 원인으로 한 부당이득반환청구를 하고 있다고 하여도, 별소에서의 원고(그 사건의 피고)의 부인은 상대방의 주장에 대한 방어방법에 불과하고 피고(그 사건의 원고)의 패소는 자신의 입증부족에 기인한 것이며, 또 문제된 점유기간이 별소에서는 1959. 3. 13.부터 20년간이었음에 반하여 본소에서는 1972. 1. 1.부터 1981. 12. 31.까지로서 서로 일치하지 않으므로 원고의 본소 제기가 신의칙에 반한다고는 할 수 없다.

|註| 전후의 소송행위가 일관되지 않는다고 하여 항상 신의칙 위반이 되는 것은 아니다. 뒤의 소송행위가 진실이고 모순의 정도나 상대방의 불이익의 정도가 크지 않을 경우까지 신의칙을 적용할 수는 없다.

제3. 소권의 실효

당사자의 일방이 소송상의 권능을 장기간 행사하지 않은 채 방치함으로써 상대방에게 그 권능을 행사하지 않으리라는 정당한 기대가 생긴 경우 그 기대에 반한 권능의 행사는 신의칙상 허용되지 않는다.

◆ 대법원 1996. 7. 30. 선고 94다51840 판결

[1] 실효의 원칙이라 함은 권리자가 장기간에 걸쳐 그 권리를 행사하지 아니함에 따라 그 의무자인 상대방이 더 이상 권리자가 권리를 행사하지 아니할 것으로 신뢰할 만한 정당한 기대를 가지게 된 경우에 새삼스럽게 권리자가 그 권리를 행사하는 것은 법질서 전체를 지배하는 신의성실의 원칙에 위반되어 허용되지 않는다는 것을 의미하고, 항소권과 같은 소송법상의 권리에 대하여도 이러한 원칙은 적용될 수 있다.

[2] 실효의 원칙이 적용되기 위하여 필요한 요건으로서의 실효기간(권리를 행사하지 아니한 기간)의 길이와 의무자인 상대방이 권리가 행사되지 아니하리라고 신뢰할 만한 정당한 사유가 있었는지의 여부는 일률적으로 판단할 수 있는 것이 아니라 구체적인 경우마다 권리를 행사하지 아니한 기간의 장단과 함께 권리자 측과 상대방 측 쌍방의 사정 및 객관적으로 존재한 사정 등을 모두 고려하여 사회통념에 따라 합리적으로 판단하여야 한다.

|註| 1. 사실관계와 법원의 판단　(1) 사실관계 : 甲은 미국에 이민간 딸인 乙을 상대로 乙 소유의 X 토지에 관하여 매매를 원인으로 한 소유권이전등기의 소를 제기하면서 乙의 주소를 허위로 기재하여 자백간주의 형식으로 승소판결을 받고 소유권이전등기를 마쳤다. 2년 뒤 일시 귀국한 乙은 이 사실을 알고 甲에게 항의하고 甲의 집이 아닌 친척집에 거주하면서 법률사무소에 구제방법을 문의하였으나 소송비용도 없고 아버지인 甲의 이름으로 해 두었으니 설마 다른 사람에게 팔겠느냐는 생각에 소송을 거론하지 않은 채 1개월 후 미국으로 출국하였다. 4년 정도 후 甲은 乙의 초청으로 미국의 乙의 집에서 1개월간 체류하였는데 이때에도 X 토지를 둘러싸고 언쟁이 있었다. 甲은 미국에서 돌아온 후 얼마되지 되지 않아 X 토지를 丙에게 매도하고 소유권이전등기를 하였다. 동생으로부터 이 사실을 전해 들은 乙은 바로 귀국하여 甲이 편취

한 판결에 대하여 항소를 제기하였다. 한편 丙은 이러한 사실은 알지 못한 채 X 토지를 매수한 것이었다.

(2) 법원의 판단 : 항소심은, "乙이 1심판결에 대하여 기간의 정함이 없이 항소할 수 있는 소송상의 권능을 가지고 있었으나 이를 장기간 행사하지 않은 채 방치함으로써 甲으로서는 乙이 소송상의 권능을 행사하지 않으리라는 정당한 기대를 가지게 되었고, 그러한 신뢰에 바탕을 두고 丙에게 매도하였으므로, 乙의 항소권은 신의칙상 실효의 원칙에 따라 이미 실효된 것으로 보아야 한다"고 판단하였다. 그러나, 대법원은 "乙은 1심판결을 알게 된 당시 甲에게 이의를 제기하고 법률사무소에 구제방법을 문의하였으나 소송비용도 없고 다른 사람도 아닌 아버지인 甲의 이름으로 해 두었으니 설마 팔겠느냐는 생각에서 별다른 조치 없이 일단 미국으로 출국하였다는 것으로, 그 후 4년 남짓 동안 1심판결에 대한 항소나 甲에 대한 형사고소 등을 거론한 바 없었다 하여, 甲의 입장에서 乙이 더 이상 위 판결에 대한 항소권을 행사하지 않으리라는 정당한 기대를 가지게 되었다고 단정할 수는 없고, 丙이 甲을 X 토지의 진정한 권리자라고 믿고 甲으로부터 이를 매수한 사정이 인정된다 하여 달리 보기는 어렵다"고 하였다.

2. 관련문제 (1) 판결의 편취와 소송법상의 구제책 : 甲은 乙의 주소를 허위로 기재하여 자백간주의 형식으로 승소판결을 받았고 이는 판결편취의 전형적인 사례이다. 이 경우 乙이 취할 수 있는 소송법상 구제책에 관하여는, ① 자백간주판결은 무효라는 견해, ② 자백간주판결은 유효하고 추완항소나 재심에 의하여 취소할 수 있다는 견해, ③ 자백간주판결은 유효하고 일반 항소에 의하여 취소할 수 있다는 견해가 대립하는데, 판례[1]는 자백간주판결에 의한 판결편취의 경우 공시송달에 의한 판결편취와는 달리 판결정본이 허위주소로 송달되었기 때문에 그 송달이 무효이고 따라서 아직 판결정본이 송달되지 아니한 상태이므로 항소기간도 진행되지 않는다고 보아 피고는 항소로써 구제받을 수 있다는 입장이다.

(2) 乙이 등기 명의를 회복하기 위한 방법 : 乙이 이 소송에서 승소확정판결을 받는다고 하여 丙 명의의 등기가 자동적으로 乙 앞으로 회복되지는 않는다. 등기에 의하여 물권변동이 유효하게 성립한 것으로 추정되고 이러한 추정

1) 대판(전) 1978. 5. 9. 75다634.

력은 당사자 사이에 있어서도 인정되기 때문이다. 따라서 乙은 甲과 丙을 상대로 하여 순차로 소유권이전등기말소를 구할 수 있다. 甲과 丙을 함께 피고로 삼은 경우 이러한 소송은 통상공동소송에 해당된다. 한편, 乙은 항소에 의한 판결의 취소 없이 바로 별소로써 甲 명의 등기의 말소를 구하는 소를 제기할 수도 있다.[1] 甲이 제기한 소는 아직 확정되지 않았기 때문이다.

3. 실효의 원칙이 소송법상 권리에도 적용되는지 여부 (1) 소송법상의 권리 중 기간의 정함이 있는 권리(예컨대, 항소권)는 그 기간이 끝날 때까지 그 권리를 행사할 수 있기 때문에 실효의 원칙이 적용되지 않지만, 기간의 정함이 없는 권리(예컨대, 통상항고)에는 실효의 원칙이 적용된다. 기간의 정함이 있는 권리라고 하더라고 그 기간이 진행되지 않고 있는 경우에는 실효의 원칙이 적용될 수 있는데, 이 사건의 경우가 그러하다.

(2) 다만, 소송상의 권리를 실효시키는 데에는 신중을 기하여야 한다(이광범, 대법원 판례해설 제27호). 판례 중에는 "피상속인이 사망할 때까지 비록 17년여 동안 장기간에 걸쳐 공동상속인 중 1인 명의로 원인 없이 경료된 소유권이전등기의 말소등기청구권을 다른 상속인들이 행사하지 않은 것은 사실이지만, 그 의무자측의 입장에서 권리자가 그 권리를 행사하지 않으리라고 신뢰할 만한 정당한 기대를 갖게 되었다고 볼 수 있는 특단의 사정을 찾아보기 어려운 경우에는 실효의 원칙을 적용할 수 없다"고 한 것이 있다.[2]

◆ 대법원 1992. 5. 26. 선고 92다3670 판결

[1] 일반적으로 권리의 행사는 신의에 좇아 성실히 하여야 하고 권리는 남용하지 못하는 것이므로 권리자가 실제로 권리를 행사할 수 있는 기회가 있었음에도 불구하고 상당한 기간이 경과하도록 권리를 행사하지 아니하여 의무자인 상대방으로서도 이제는 권리자가 권리를 행사하지 아니할 것으로 신뢰할 만한 정당한 기대를 가지게 된 다음에 새삼스럽게 그 권리를 행사하는 것이 법질서 전체를 지배하는 신의성실의 원칙에 위반하는 것으로 인정되는 결과가 될 때에는 이른바 실효의 원칙에 따라 그 권리의 행사가 허용되지 않는다고 보아야 할 것이다.

1) 대판 1995. 5. 9. 94다41010.
2) 대판 1995. 2. 10. 94다31624.

[2] 근로자들이 면직된 후 바로 퇴직금을 청구하여 수령하였으며 그로부터 9년이 지난 후 1980년해직공무원의보상등에관한특별조치법 소정의 보상금까지 수령하였다면 면직일로부터 10년이 다 되어 사용자로서도 위 면직처분이 유효한 것으로 믿고 이를 전제로 그 사이에 새로운 인사체제를 구축하여 조직을 관리·경영하여 오고 있는 마당에 새삼스럽게 면직처분무효확인의 소를 제기함은 신의성실의 원칙에 반하거나 실효의 원칙에 따라 그 권리의 행사가 허용되지 않는다.

|註| 실효의 원칙이 적용되기 위한 요건과 판단기준을 구체적으로 밝힌 판결이다.

제4. 소권의 남용

소송 외적 목적의 추구를 위한 소송상 권능의 행사는 소권의 남용으로서 보호할 가치가 없다.

◆ 대법원 1988. 10. 11. 선고 87다카113 판결

A 주식회사의 대주주이며 대표이사로서 위 회사를 사실상 지배하던 甲의 처인 乙, 처남인 丙 등이 甲을 위하여 회사경영에 참여해 오다가 甲이 丁에게 대가를 받고 회사의 소유와 경영을 넘겨주면서 앞으로 어떠한 권리주장이나 청구도 하지 않기로 확약하였고, 그에 따라 乙, 丙 역시 회사경영에서 완전히 손을 떼었음에도 불구하고 그로부터 3년 정도나 경과한 뒤에 甲이 丁과의 합의를 무시하고 다시 회사의 경영권을 되찾아 보려고 나서자 乙, 丙 역시 甲의 의도에 부응하여 甲이 제기한 주주총회결의부존재확인소송에 공동소송참가를 하였다면 이는 신의성실의 원칙에 반하는 제소로서 소권의 남용에 해당한다.

|註| 1. 乙과 丙의 공동소송참가는 부제소합의에 의하여 각하될 운명인 甲의 소를 유지하는 방편으로 제기된 점 및 위 공동소송참가는 주주총회결의부존재확인판결의 대세적 효력을 이용하여 甲을 이사직에 복귀시켜 경영권을 되찾으려는 데 그 목적이 있는 점이 고려되었다. 부제소특약으로 인하여 부적법한 소를 제기한 원고에게 판결의 효력을 미치게 할 목적으로 공동소송참가를 한 것은 소권의 남용이라고 본 것이다.

2. 유사한 사례로는, 학교법인의 경영권을 타에 양도하기로 결의함에 따라 그 법인 이사직을 사임한 사람이 현 이사진이 학교법인을 인수 경영함에 아무런 이의를 함이 없다가 위 경영권의 양도 과정에서 현 이사로부터 지급받은 돈에 대한 분배금을 받지 못하자 학교법인 이사로서의 직무수행의사는 없으면서 오로지 학교법인이나 현 이사들로부터 다소의 돈을 지급받을 목적만으로 학교법인의 이사회결의부존재확인을 구하는 것은 권리보호의 자격 내지 소의 이익이 없는 부적법한 것이라는 판결이 있다.[1]

◆ 대법원 1997. 12. 23. 선고 96재다226 판결

재판청구권의 행사도 상대방의 보호 및 사법기능의 확보를 위하여 신의성실의 원칙에 의하여 규제된다고 볼 것이므로, 최종심인 대법원에서 수회에 걸쳐 같은 이유를 들어 재심청구를 기각하였음에도 이미 배척된 이유를 들어 최종 재심판결에 대하여 다시 재심청구를 거듭하는 것은 법률상 이유 없는 청구로 받아들일 수 없음이 명백한데도 계속 소송을 제기함으로써 상대방을 괴롭히는 결과가 되고, 나아가 사법인력의 불필요한 소모와 사법기능의 혼란과 마비를 조성하는 것으로서 소권을 남용하는 것에 해당되어 허용될 수 없다.

|註| 상대방을 괴롭히고 사법인력을 소모하며 사법기능의 혼란·마비를 초래하는 소제기는 소권의 남용에 해당한다고 한 것으로 실무상 자주 문제되는 소권 남용의 사례이다. 이러한 소는 부적법한 것으로서 그 흠을 보정할 수도 없으므로 무변론 소각하 판결을 할 수 있다(219조).

1) 대판 1974. 9. 24. 74다767.

제 2 편

소송의 주체

소송의 주체

소송의 주체에는 법원과 당사자, 즉 원고와 피고가 있다. 법원과 관련해서는 재판권, 법관에 대한 제척·기피·회피, 그리고 관할에 관하여 살필 것이고, 당사자와 관련해서는 당사자의 확정, 당사자의 자격(당사자능력, 당사자적격, 소송능력, 변론능력), 그리고 소송상의 대리인에 관하여 차례로 살필 것이다. 다만, 당사자와 관련된 문제 중 선정당사자, 공동소송 및 소송참가에 관하여는 '병합소송'에 관한 곳에서 따로 다루기로 한다.

제1장

법원(法院)

제 1 절 민사재판권

민사재판권은 민사분쟁을 처리하기 위하여 판결, 강제집행, 가압류·가처분 등을 행하는 국가권력을 말한다. 대한민국의 민사재판권은 누구에게 미치고(인적 범위), 어떤 사건에 미칠까(물적 범위). 먼저 인적 범위에 관하여 보면, 민사재판권은 국적을 불문하고 국내에 있는 모든 사람에게 미치나 국제법상의 원칙에 따른 예외가 있다. 대표적인 것이 주권면제이다. 다음으로 물적 범위에 관하여 보면, 섭외적 사건에 관하여 어느 나라가 재판권을 행사할 것인가의 문제가 발생하는데 이것이 국제재판관할권의 문제이다.

제1. 대인적 제약

◆ 대법원 1998. 12. 17. 선고 97다39216 전원합의체 판결

[1] 국제관습법에 의하면 국가의 주권적 행위는 다른 국가의 재판권으로부터 면제되는 것이 원칙이라 할 것이나, 국가의 사법적(私法的) 행위까지 다른 국가의 재판권으로부터 면제된다는 것이 오늘날의 국제법이나 국제관례라고 할 수 없다.
[2] 우리나라의 영토 내에서 행하여진 외국의 사법적(私法的) 행위가 주권적 활동에 속하는 것이거나 이와 밀접한 관련이 있어서 이에 대한 재판권의 행사가 외국의 주권적 활동에 대한 부당한 간섭이 될 우려가 있다는 등의 특별한 사정이 없는 한, 외국의 사법적(私法的) 행위에 대하여는 당해 국가를 피고로 하여 우리나라의 법원이 재판권을 행사할 수 있다.

|註| 1. 사실관계와 법원의 판단 (1) 사실관계 : 甲(한국인)은 미합중국 산하의

비세출자금기관인 '육군 및 공군 교역처'에 고용되어 미군 2사단 캠프 케이시 내의 버거킹에서 근무하다가 정당한 이유 없이 해고되었다고 주장하면서 미합중국을 피고로 하여 해고무효확인과 임금의 지급을 구하는 소를 제기하였다.

(2) 법원의 판단 : 항소심은, 국가는 국제법과 국제관례상 다른 국가의 재판권에 복종하지 않으므로 특히 조약에 의하여 예외로 된 경우나 스스로 외교상 특권을 포기하는 경우를 제외하고는 외국을 피고로 하여 우리 법원이 재판권을 행사할 수 없다면서 이 사건 소는 우리나라의 법원에 재판권이 없어 부적법하다고 판단하였다. 그러나 대법원은 "위 '육군 및 공군 교역처'의 임무 및 활동 내용, 원고의 지위 및 담당업무의 내용, 미합중국의 주권적 활동과 원고의 업무의 관련성 정도 등 제반 사정을 종합적으로 고려하여 위 고용계약 및 해고행위의 법적 성질 및 주권적 활동과의 관련성 등을 살펴본 다음에 이를 바탕으로 위 고용계약 및 해고행위에 대하여 우리나라의 법원이 재판권을 행사할 수 있는지 여부를 판단하여야 한다"는 이유로 파기환송하였다.

2. 주권면제 (1) 주권면제 : 국제사회에서 각 국가는 서로 동등한 지위에 있으므로 국가는 원칙적으로 다른 나라의 재판권에 복종하지 않는다. 즉, 국내법원이 외국국가에 대하여 재판권을 행사할 수 없다는 것이 국제관습법이며, 이를 재판권면제 또는 주권면제라고 한다.

(2) 면제의 범위 : 면제의 범위에 관하여는, 국가는 일체의 사건에 관하여 다른 나라의 재판권에 복종하지 않는다는 절대적 면제론과 일정한 범위 내에서는 국가도 다른 나라의 재판권에 복종해야 한다는 상대적 면제론(제한적 면제론)의 대립이 있다. 과거 오랫동안 절대적 면제주의가 국제적으로 통용되었고 우리 대법원도 이 입장을 취하였으나,[1] 각종 조약과 각국의 입법례 및 판례에서 보듯이 최근의 경향은 상대적 면제론을 채용하고 있고, 대법원도 이 판결로써 명시적으로 상대적 면제론으로 판례를 변경하였다.

(3) 판단기준 : 상대적 면제론 하에서는 국가의 행위를 재판권 면제가 인정되는 주권적 행위와 면제가 인정되지 않는 사법적 행위로 구별하는데, 이 두 가지를 구별하는 기준에 관하여는 행위목적설과 행위성질설의 대립이 있고, 이 중에서는 외국이 주권적 권능을 행사하여 공법 분야에서 행동하였는가, 아니

1) 일본국을 상대로 한 소장의 송달이 불가능하다고 하여 소장각하명령을 한 대결 1975. 5. 23. 74마28.

면 사인과 마찬가지로 사법관계에 준거하여 행동하였는가를 구분의 중요한 기준으로 삼는 행위성질설이 지배적인 견해이다. 위 판결이 "고용계약 및 해고행위의 법적 성질을 살펴야 한다"고 함으로써 행위성질설을 취한 것이라는 견해가 일반적이다.

3. 제3채무자를 외국으로 한 추심금소송 제3채무자를 외국으로 한 추심금소송에 있어서는, 피압류채권이 제3채무자인 외국의 사법적 행위를 원인으로 하여 발생한 것이라고 하더라도, 그 외국이 우리나라 법원에 의한 강제집행의 대상이 될 수 있다는 점에 대하여 명시적으로 동의하였거나 우리나라 법원의 강제조치에 대하여 재판권 면제 주장을 포기한 것으로 볼 수 있는 경우에 한하여 우리나라 법원이 채권압류 및 추심명령을 발령할 재판권을 가지고, 이러한 경우에 한하여 그 추심명령에 기한 추심금소송에 관하여도 재판권을 갖는다.[1)]

제 2. 대물적 제약(국제관할권)

Ⅰ. 국제재판관할권의 결정기준 – '실질적 관련성'

▶ 대법원 2019. 6. 13. 선고 2016다33752 판결

[1] 국제사법 제2조 제1항은 "법원은 당사자 또는 분쟁이 된 사안이 대한민국과 실질적 관련이 있는 경우에 국제재판관할권을 가진다. 이 경우 법원은 실질적 관련의 유무를 판단함에 있어 국제재판관할 배분의 이념에 부합하는 합리적인 원칙에 따라야 한다."라고 정하고 있다. 여기에서 '실질적 관련'은 대한민국 법원이 재판관할권을 행사하는 것을 정당화할 정도로 당사자 또는 분쟁이 된 사안과 관련성이 있는 것을 뜻한다. 이를 판단할 때에는 당사자의 공평, 재판의 적정, 신속과 경제 등 국제재판관할 배분의 이념에 부합하는 합리적인 원칙에 따라야 한다. 구체적으로는 당사자의 공평, 편의, 예측가능성과 같은 개인적인 이익뿐만 아니라, 재판의 적정, 신속, 효율, 판결의 실효성과 같은 법원이나 국가의 이익도 함께 고려하여야 한다. 이처럼 다양한 국제재판관할의 이익 중 어떠한 이익을 보호할 필요가 있을지는 개별 사건에서 실질적 관련성 유무를 합리적으로 판단하여 결정하여야 한다.

1) 대판 2011. 12. 13. 2009다16766.

[2] 국제사법 제2조 제2항은 "법원은 국내법의 관할 규정을 참작하여 국제재판관할권의 유무를 판단하되, 제1항의 규정의 취지에 비추어 국제재판관할의 특수성을 충분히 고려하여야 한다."라고 정하여 제1항에서 정한 실질적 관련성을 판단하는 구체적 기준 또는 방법으로 국내법의 관할 규정을 제시한다. 따라서 민사소송법 관할 규정은 국제재판관할권을 판단하는 데 가장 중요한 판단 기준으로 작용한다. 다만 이러한 관할 규정은 국내적 관점에서 마련된 재판적에 관한 규정이므로 국제재판관할권을 판단할 때에는 국제재판관할의 특수성을 고려하여 국제재판관할 배분의 이념에 부합하도록 수정하여 적용해야 하는 경우도 있다.
민사소송법 제3조 본문은 "사람의 보통재판적은 그의 주소에 따라 정한다."라고 정한다. 따라서 당사자의 생활 근거가 되는 곳, 즉 생활관계의 중심적 장소가 토지관할권의 가장 일반적·보편적 발생근거라고 할 수 있다. 민사소송법 제2조는 "소는 피고의 보통재판적이 있는 곳의 법원이 관할한다."라고 정하고 있는데, 원고에게 피고의 주소지 법원에 소를 제기하도록 하는 것이 관할 배분에서 당사자의 공평에 부합하기 때문이다. 국제재판관할에서도 피고의 주소지는 생활관계의 중심적 장소로서 중요한 고려요소이다.
[3] 국제재판관할에서 특별관할을 고려하는 것은 분쟁이 된 사안과 실질적 관련이 있는 국가의 관할권을 인정하기 위한 것이다. 민사소송법 제11조는 "대한민국에 주소가 없는 사람 또는 주소를 알 수 없는 사람에 대하여 재산권에 관한 소를 제기하는 경우에는 청구의 목적 또는 담보의 목적이나 압류할 수 있는 피고의 재산이 있는 곳의 법원에 제기할 수 있다."라고 정한다. 원고가 소를 제기할 당시 피고의 재산이 대한민국에 있는 경우 대한민국 법원에 피고를 상대로 소를 제기하여 승소판결을 얻으면 바로 집행하여 재판의 실효를 거둘 수 있다. 이와 같이 피고의 재산이 대한민국에 있다면 당사자의 권리구제나 판결의 실효성 측면에서 대한민국 법원의 국제재판관할권을 인정할 수 있다. 그러나 그 재산이 우연히 대한민국에 있는 경우까지 무조건 국제재판관할권을 인정하는 것은 피고에게 현저한 불이익이 발생할 수 있다. 따라서 원고의 청구가 피고의 재산과 직접적인 관련이 없는 경우에는 그 재산이 대한민국에 있게 된 경위, 재산의 가액, 원고의 권리구제 필요성과 판결의 실효성 등을 고려하여 국제재판관할권을 판단해야 한다.

[4] 예측가능성은 피고와 법정지 사이에 상당한 관련이 있어서 법정지 법원에 소가 제기되는 것에 대하여 합리적으로 예견할 수 있었는지를 기준으로 판단해야 한다. 피고가 대한민국에서 생활 기반을 가지고 있거나 재산을 취득하여 경제활동을 할 때에는 대한민국 법원에 피고를 상대로 재산에 관한 소가 제기되리라는 점을 쉽게 예측할 수 있다.

[5] 국제재판관할권은 배타적인 것이 아니라 병존할 수도 있다. 지리, 언어, 통신의 편의 측면에서 다른 나라 법원이 대한민국 법원보다 더 편리하다는 것만으로 대한민국 법원의 재판관할권을 쉽게 부정할 수는 없다.

|註| **1. 사실관계와 법원의 판단** (1) 사실관계 : 甲은 중국 국적으로 중국에서 사채업에 종사하다가 대한민국에서 영업을 하려고 입국한 사람이고, 乙 등은 중국 국적의 부부로 중국에서 부동산개발사업을 영위하다가 대한민국에 거주지를 마련한 사람들이다. 甲은 과거 중국에서 乙 등에게 빌려준 대여금의 반환을 구하는 소를 대한민국 법원에 제기하였다.

(2) 법원의 판단 : 항소심법원은, 乙 등이 대한민국에 있는 부동산과 차량을 구입하여 소유·사용하고, 소 제기 당시 대한민국에 생활의 근거를 두고 자녀를 양육하면서 취득한 부동산에서 실제로 거주해 온 사실 등과 甲도 소 제기 무렵 대한민국에 입국하여 변론 당시까지 상당한 기간을 대한민국에서 거주하면서 향후 대한민국에서 영업활동을 수행할 계획을 가지고 있는 사실 등을 종합하면 甲과 乙 등이 모두 소 제기 당시 대한민국에 실질적인 생활 기반을 형성하였다고 볼 수 있는 점, 乙 등은 중국을 떠난 뒤 대한민국에 생활 기반을 마련하고 재산을 취득하였으므로 甲이 자신들을 상대로 대한민국 법원에 위 소를 제기할 것을 예상하지 못했다고 보기 어렵고, 乙 등이 대한민국에 부동산과 차량 등 재산을 소유하고 있어 甲이 이를 가압류한 상황에서 청구의 실효성 있는 집행을 위해서 대한민국 법원에 소를 제기할 실익이 있는 점, 중국국적인 甲이 중국 국적인 乙 등을 상대로 스스로 대한민국 법원에 재판을 받겠다는 의사를 명백히 표시하여 재판을 청구하고 있고, 乙 등도 대한민국에서 소송대리인을 선임하여 응소하였으며, 상당한 기간 대한민국 법원에서 본안에 관한 실질적인 변론과 심리가 이루어졌는데, 위 사건의 요증사실은 대부분 계약서나 계좌이체 내역 등의 서증을 통해 증명이 가능하고 반드시 중국 현지

에 대한 조사가 필요하다고 보기 어렵고, 대한민국에서 소송을 하는 것이 乙 등에게 현저히 불리하다고 볼 수 없는 반면, 위 사건에 관하여 대한민국 법원의 국제재판관할을 부인하여 중국 법원에서 다시 심리해야 한다면 소송경제에 심각하게 반하는 결과가 초래되는 점, 위 사건에 관한 법률관계의 준거법이 중국법이라 하더라도 국제재판관할과 준거법은 서로 다른 이념에 의해 지배되는 것이므로 그러한 사정만으로 위 소와 대한민국 법원의 실질적 관련성을 부정할 수는 없는 점 등에 비추어 보면 위 소는 대한민국과 실질적 관련성이 있으므로 대한민국 법원이 국제재판관할권을 가진다고 하였고, 대법원은 이러한 판단이 정당하다고 하였다.

2. 국제재판관할권의 결정기준 (1) 구 섭외사법(2001. 4. 7. 국제사법으로 전부개정)은 국제재판관할에 관하여 규정을 두고 있지 않았다. 당시 국제재판관할권의 결정기준에 대한 학설로는, 역추지설(토지관할규정유추설), 관할배분설(조리설), 수정역추지설(특단의 사정설)이 대립하고 있었고,[1] 판례는 국제재판관할권 유무는 조리에 따라 결정하되 조리에 반한다는 특별한 사정이 없는 한 우리나라 민사소송법 규정에 따른 재판적이 있는 곳의 국가 법원에 국제재판관할권이 있다는 입장을 취하고 있었다(구체적인 판시는 대판 1995. 11. 21. 93다39607 및 그 항소심판결 참조).[2]

(2) 국제사법 제2조는 '당사자 또는 분쟁이 된 사항과 대한민국 사이의 실질적 관련성'을 국제재판관할권 유무의 판단기준으로 규정하였고, 대법원 2005. 1. 27. 선고 2002다59788 판결이 최초로 위 규정을 반영하여 '소송당사자들의 공평, 편의 그리고 예측가능성과 같은 개인적인 이익'과 '재판의 적정, 신속, 효율 및 판결의 실효성 등과 같은 법원 내지 국가의 이익'을 국제재판관할권 유무의 판단기준으로 삼았다(구체적인 내용은 위 판결요지 [1]과 같다).

1) ① 역추지설 : 국내의 민사소송법의 토지관할에 관한 규정에 기준을 구하여 그로부터 역으로 파악하여 국제재판관할의 유무를 정하자는 견해, ② 관할배분설 : 국제재판관할권의 유무는 재판의 적정과 당사자 간의 공평, 소송의 신속이라는 민사소송의 이념을 고려하여 조리에 따라 결정하여야 한다는 견해(정동윤·유병현·김경욱, 강현중, 송상현·박익환), ③ 수정역추지설 : 원칙적으로는 국내의 민사소송법의 토지관할의 규정을 유추적용하여 국제재판관할권의 유무를 정하되 다만 이 기준에 의해 우리나라에서 재판함이 심히 부당한 특단의 사정이 있는 때에는 관할배분설의 기준에 의하자는 견해(이시윤, 전병서).

2) 대판 1992. 7. 28. 91다41897; 대판 1995. 11. 21. 93다39607; 대판 2000. 6. 9. 98다35037 등.

(3) 이후 위 기준에 따라 국제재판관할권 유무가 판단되고 있는데, 특히 이 판결은 기존의 법리를 재확인함과 아울러 ① 실질적 관련성을 판단함에 있어 민사소송법의 토지관할 규정을 우선적으로 고려하도록 함으로써 국제재판관할권 유무 판단의 법적 안정성과 예측가능성을 높였고, ② 국제재판관할과 관련하여 민사소송법의 토지관할 규정 중 보통재판적과 특별재판적(특히 재산소재지)이 갖는 의미를 밝혔으며, ③ 국제재판관할의 판단기준으로서의 예측가능성의 의미 및 국제재판관할의 병존가능성 등을 밝혔다는 데에 그 의미가 있다. 그리고 이러한 내용들은 국제사법 전부개정안(2020. 8. 7. 정부제출)의 내용과도 그 궤를 같이 한다.

3. 구체적인 판단사례 (1) 국제사법 제2조를 적용한 최초의 사례는 대법원 2005. 1. 27. 선고 2002다59788 판결로서, 대한민국 내에 주소를 두고 영업을 영위하는 자가 미국의 도메인 이름 등록기관에 등록·보유하고 있는 도메인 이름에 대한 미국의 국가중재위원회의 이전 판정에 불복하여 제기한 소송에 관하여 분쟁의 내용이 대한민국과 실질적 관련성이 있다는 이유로 대한민국 법원의 국제재판관할권을 인정한 사례이다.

(2) 이후 같은 취지의 판례로는 ① 대한민국 회사가 일본 회사에게 러시아에서 선적한 냉동청어를 중국에서 인도하기로 하고 그 대금은 선적 당시의 임시 검품 결과에 따라 임시로 정하여 지급하되 인도지에서 최종 검품을 하여 최종가격을 정한 후 위 임시가격과의 차액을 정산하기로 한 사안에서, 그 차액 정산에 관한 분쟁은 최종 검품 여부 및 그 결과가 주로 문제되므로 인도지인 중국 법원이 분쟁이 된 사안과 가장 실질적 관련이 있는 법원이나, 대한민국 법원에도 당사자 또는 분쟁이 된 사안과 실질적 관련이 있어 국제재판관할권을 인정할 수 있다고 한 사례,[1] ② 2002년 김해공항 인근에서 발생한 중국 항공기 추락사고로 사망한 중국인 승무원의 유가족이 중국 항공사를 상대로 대한민국 법원에 손해배상청구소송을 제기한 사안에서, 민사소송법상 토지관할권(사고 발생지, 즉 불법행위지가 대한민국), 소송당사자들의 개인적인 이익(원고가 대한민국 법원에서 재판을 받겠다는 의사를 표명), 법원의 이익(사고 발생지로서의 증거조사의 편리), 다른 피해유가족들과의 형평성(탑승객의 국적에 따라 국제재판관할권이 나뉘는 결과의 불합리성) 등에 비추어 위 소송은 대한민국과 실질적 관련이 있다고 보기에 충분하다고 한 사례,[2] ③ 일제강점기에 강제징용되어 일본국 회사인 乙회사(미

1) 대판 2008. 5. 29. 2006다71908, 71915.
2) 대판 2010. 7. 15. 2010다18355.

쯔비시중공업)에서 강제노동에 종사한 대한민국 국민 甲 등이 乙회사를 상대로 국제법 위반 및 불법행위를 이유로 한 손해배상과 미지급임금의 지급을 구한 사안에서, 乙회사가 일본법에 의하여 설립된 일본 법인으로서 주된 사무소를 일본국 내에 두고 있으나 대한민국 내 업무 진행을 위한 연락사무소가 소 제기 당시 대한민국 내에 존재하고 있었던 점, 대한민국은 乙회사가 일본국과 함께 甲 등을 강제징용한 후 강제노동을 시킨 일련의 불법행위 중 일부가 이루어진 불법행위지인 점, 피해자인 甲 등이 모두 대한민국에 거주하고 있고 사안의 내용이 대한민국의 역사 및 정치적 변동 상황 등과 밀접한 관계가 있는 점, 甲 등의 불법행위로 인한 손해배상청구와 미지급 임금지급청구 사이에는 객관적 관련성이 인정되는 점 등에 비추어 대한민국은 사건 당사자 및 분쟁이 된 사안과 실질적 관련성이 있다는 이유로, 대한민국 법원의 국제재판관할권을 인정한 사례,[1] ④ 일본국에 주소를 둔 재외동포 甲이 일본국에 주소를 둔 재외동포 乙을 상대로 3건의 대여금채무에 대한 변제를 구하는 소를 대한민국 법원에 제기한 사안에서, 3건의 대여금 청구 중 2건은 분쟁이 된 사안과 대한민국 사이에 실질적 관련성이 있어 대한민국 법원에 국제재판관할권이 인정되고(1건은 채권의 발생이 대한민국 내 개발사업과 관련되어 있고 甲이 가압류한 乙 소유 부동산이 개발사업 부지라는 점에서, 다른 1건은 대한민국 거주자의 계좌로 대여금을 송금하였고 그 돈이 대한민국 수표로 인출되어 대한민국에서 사용되었다는 점에서 대한민국과의 실질적 관련성이 인정되었다), 나머지 1건도 당사자 또는 분쟁이 된 사안과 법정지인 대한민국 사이에 실질적 관련성이 있다고 볼 수는 없지만 변론관할에 의하여 대한민국 법원에 국제재판관할권이 생겼다고 봄이 타당하다고 한 사례[2]가 있다.

(3) 그리고 대상판결과 유사한 사례로는, 甲회사(중국법인)가 乙회사(한국법인)가 중국법에 따라 설립한 丙회사(중국법인)와 물품공급계약을 체결하고 丙회사에 물품을 공급한 후 물품대금을 지급받지 못하자, 乙회사를 상대로 丙회사의 미지급 물품대금 채무에 대하여 연대책임을 부담하여야 한다고 주장하며 대한민국 법원에 물품대금의 지급을 구하는 소를 제기한 사안에서, 乙회사의 보통재판적인 주된 사무소의 소재지가 대한민국에 있고, 乙회사가 대한민국에서 영업활동을 하고 있으므로 위 소송을 수행하는 데 중국 법원보다 대한민국 법원이 불리하다고 볼 수 없는 점, 甲회사 등이 소송 수행과 관련하여 지리상·언어상 불이익을 감수하면서 스스로 대한민국 법원에서 재판을 받겠다는 의사를 표시하고 있으므로, 甲회사 등의 이러한 의사 또한 존중되어야 하는 점, 丙회사의 1인 주주인 乙회사로서는 丙회사가 물품대금 채무를 제대로 이행하지 않을 경우 乙회사의 주된 사무소가 있는 대한민국 법원에 丙회

1) 대판 2012. 5. 24. 2009다22549.
2) 대판 2014. 4. 10. 2012다7571.

사의 물품대금 채무와 관련한 소가 제기될 수 있다는 점을 예측하지 못하였다고 보기 어려운 점, 乙회사의 재산이 대한민국에 있으므로 甲회사 등이 승소할 경우 당사자의 권리구제나 재판의 실효성 측면에서 대한민국 법원의 국제재판관할을 인정하는 것이 재판의 적정과 신속 이념에 부합하는 점, 위 사건에 적용될 준거법이 중국법이라고 하더라도 국제재판관할권과 준거법은 서로 다른 이념에 따라 지배되는 것이므로 그러한 사정만으로 위 소와 대한민국 법원 사이의 실질적 관련을 부정할 수는 없는 점 등에 비추어 위 소는 대한민국과 실질적 관련이 있다고 보기 충분하다고 한 것이 있다.[1]

Ⅱ. 불법행위사건과 혼인관계사건의 국제재판관할권

◆ 대법원 2013. 7. 12. 선고 2006다17539 판결

국제재판관할은 당사자 간의 공평, 재판의 적정, 신속 및 경제를 기한다는 기본이념에 따라 결정하여야 한다. 구체적으로는 소송당사자들의 공평, 편의 그리고 예측가능성과 같은 개인적인 이익뿐만 아니라 재판의 적정, 신속, 효율 및 판결의 실효성 등과 같은 법원 내지 국가의 이익도 함께 고려하여야 하고, 이러한 다양한 이익 중 어떠한 이익을 보호할 것인지는 개별 사건에서 법정지와 당사자 사이의 실질적 관련성 및 법정지와 분쟁이 된 사안 사이의 실질적 관련성을 객관적인 기준으로 삼아 합리적으로 판단하여야 한다. 특히 물품을 제조·판매하는 제조업자에 대한 제조물책임소송에서 손해발생지 법원에 국제재판관할권이 있는지를 판단하는 경우에는 제조업자가 손해발생지에서 사고가 발생하여 그 지역의 법원에 제소될 것임을 합리적으로 예견할 수 있을 정도로 제조업자와 손해발생지 사이에 실질적 관련성이 있는지를 고려하여야 한다.

|註| 1. 사실관계와 법원의 판단 (1) 사실관계 : 베트남전 참전군인인 甲 등이 베트남전 당시 복무지역에 살포된 고엽제에 노출되어 귀국 후 우리나라에서 질병이 발생하였다고 주장하면서 고엽제 제조·판매 회사인 乙회사(미국법인)를 상대로 제조물책임을 묻는 소를 대한민국 법원에 제기하였다.

(2) 법원의 판단 : 대법원은 위와 같이 설시한 다음 "甲 등이 모두 국내에 거주하는 우리나라 국민인 점, … 乙회사는 우리나라 군인들이 베트남전에 참전

1) 대판 2021. 3. 25. 2018다230588.

하는 사실을 알고 있었으므로 베트남에서 살포된 고엽제에 노출된 우리나라 군인들이 귀국한 후 질병이 발생할 경우 우리나라에서 乙회사를 상대로 제조물책임을 묻는 소를 제기할 수 있음을 충분히 예견할 수 있었던 점, 베트남전 참전군인들의 베트남전 복무 및 그 발생 질병에 관한 자료들이 모두 우리나라에 있고 乙회사가 우리말로 번역하여야 한다고 주장하는 외국 자료의 분량에 비하여 월등히 많으며, 손해액 산정에 필요한 자료 또한 우리나라에서 수집하는 것이 편리한 점, 우리나라는 베트남전 참전국가로서 참전 중의 행위로 발생한 우리나라 군대 구성원의 질병에 관한 분쟁에 관하여 정당한 이익이 있는 점" 등에 비추어 보면 "분쟁이 된 사안의 손해발생지 겸 당사자의 생활근거지인 우리나라는 이 사건의 사안 및 당사자와 실질적 관련성이 있으므로, 우리나라 법원은 이 사건 소에 관하여 국제재판관할권을 가진다"고 판단하였다.

2. 불법행위사건의 국제재판관할권 대법원은 불법행위사건에 관하여는 국제사법 제2조의 규정이 마련되기 전에도 '실질적 관련성'을 고려하여 조리에 의한 관할의 조정을 적극적으로 시도하고 있었다. 특히, 제조물책임소송에 있어서는 제조업자가 당해 국가 법원에서 제소당할 수 있음을 예견할 수 있었는지 여부가 실질적 관련성을 판단하는 중요한 요소 중 하나라고 하였는데, 여기에는 "불법행위의 태양은 점차 복잡 다양화하고 있고 특히 제조물책임의 경우 교역의 확대로 예측할 수 없는 지역에서 손해가 발생할 가능성이 있고, 그 손해 발생지가 피고의 주소나 기타의 근거지로부터 시간적, 장소적으로 멀리 떨어져 있는 지역일 경우 피고는 응소와 방어권의 행사에 현저히 곤란을 당할 수 있다"[1]는 고려가 깔려 있었다. 대상판결은 국제사법이 적용되지 않은 사안에 관한 것이지만, 국제사법 제2조를 적용한 최초의 판결인 대법원 2005. 1. 27. 선고 2002다59788 판결의 판시를 그대로 원용하면서, 해당 국가 법원에서 제소당할 수 있음에 대한 피고의 예측가능성이 실질적 관련성 판단에 있어 특히 중요한 요소라고 하였다.

3. 유사사례 대법원은 미국 전자제품수입판매상인 甲(미국법인)이 무선전화기 제조업체인 乙(한국법인)을 상대로 미국 플로리다주 법원에 乙이 제조한 무선전화기의 결함으로 인하여 발생한 손해배상청구의 소를 제기하여 승소확정판결을 받은 후 국내법원에 위 판결에 기한 집행판결을 구한 사안에서, "乙이

1) 아래 93다39607 판결의 원심판결(서울고판 1993. 6. 15. 93나13171).

미국 플로리다주에 주소나 영업소를 두지 아니하고 단지 같은 주에 본점이 있는 甲에게 1981년 이후 수년간 무선전화기를 판매하여 왔을 뿐인데, 이러한 사정만으로는 乙이 자신이 제조한 상품의 하자로 인한 사고가 플로리다주에서 발생하여 이에 관한 소송이 그 지역의 외국법원에 제소될 것임을 합리적으로 예견할 수 있을 정도로 乙과 플로리다주와의 사이에 실질적 관련이 있다고 보기 어렵다 할 것이므로 손해발생지인 플로리다주 법원에 국제재판관할권을 인정하지 아니함이 조리상 상당하다"고 하였다.[1] 대법원은 위 판결에서 '제조자와 손해발생지 사이에 실질적 관련이 있는지 여부'를 판단함에 있어서는 "예컨대 당해 손해발생지의 시장을 위한 제품의 디자인, 그 지역에서의 상품광고, 그 지역고객들을 위한 정기적인 구매상담, 그 지역 내에서의 판매대리점 개설 등과 같이 당해 손해발생지 내에서의 거래에 따른 이익을 향유하려는 제조자의 의도적인 행위가 있었는지 여부가 고려될 수 있다"고 하였다.

▶ 대법원 2021. 2. 4. 선고 2017므12552 판결

[1] 국제재판관할권에 관한 국제사법 제2조는 가사사건에도 마찬가지로 적용된다. 따라서 가사사건에 대하여 대한민국 법원이 재판관할권을 가지려면 대한민국이 해당 사건의 당사자 또는 분쟁이 된 사안과 실질적 관련이 있어야 한다. 그런데 가사사건은 일반 민사사건과 달리 공동생활의 근간이 되는 가족과 친족이라는 신분관계에 관한 사건이거나 신분관계와 밀접하게 관련된 재산, 권리, 그 밖의 법률관계에 관한 사건으로서 사회생활의 기본토대에 중대한 영향을 미친다. 가사사건에서는 피고의 방어권 보장뿐만 아니라 해당 쟁점에 대한 재판의 적정과 능률, 당사자의 정당한 이익 보호, 가족제도와 사회질서의 유지 등 공적 가치를 가지는 요소도 고려할 필요가 있다. 따라서 가사사건에서 '실질적 관련의 유무'는 국내법의 관할 규정뿐만 아니라 당사자의 국적이나 주소 또는 상거소(常居所), 분쟁의 원인이 되는 사실관계가 이루어진 장소(예를 들어 혼인의 취소나 이혼 사유가 발생한 장소, 자녀의 양육권이 문제 되는 경우 자녀가 생활하는 곳, 재산분할이 주요 쟁점인 경우 해당 재산의 소재지 등), 해당 사건에 적용되는 준거법, 사건 관련 자료(증인이나 물적 증거, 준거법 해석과 적용을 위한 자료, 그 밖의 소송자료 등) 수집의 용이성, 당사자들 소송 수행의 편의와 권익보호의 필요성, 판결의 실효성 등을 종합적으로

1) 대판 1995. 11. 21. 93다39607.

고려하여 판단하여야 한다.

[2] 재판상 이혼과 같은 혼인관계를 다투는 사건에서 대한민국에 당사자들의 국적이나 주소가 없어 대한민국 법원에 국내법의 관할 규정에 따른 관할이 인정되기 어려운 경우라도 이혼청구의 주요 원인이 된 사실관계가 대한민국에서 형성되었고(부부의 국적이나 주소가 해외에 있더라도 부부의 한쪽이 대한민국에 상당 기간 체류함으로써 부부의 별거상태가 형성되는 경우 등) 이혼과 함께 청구된 재산분할사건에서 대한민국에 있는 재산이 재산분할대상인지 여부가 첨예하게 다투어지고 있다면, 피고의 예측가능성, 당사자의 권리구제, 해당 쟁점의 심리 편의와 판결의 실효성 차원에서 대한민국과 해당 사안 간의 실질적 관련성을 인정할 여지가 크다.

|註| 1. 사실관계와 법원의 판단 캐나다 국적을 가진 원고와 피고 사이의 이혼사건으로, 대법원은 피고가 대한민국에 생활의 근거를 두고 생활한 점, 대한민국에 존재하는 피고의 재산이 재산분할의 대상이 되는지 여부가 주요 쟁점인 점, 원고가 대한민국에 소재하는 피고 소유 부동산을 가압류한 점, 원고가 스스로 대한민국 법원에 소를 제기함으로써 대한민국 법원에서 재판을 받겠다는 의사를 명백히 하였고 피고도 대한민국에서 소송대리인을 선임하여 응소한 점, 요증사실의 대부분은 서증을 통하여 증명할 수 있어 반드시 캐나다에서 조사할 필요가 없는 점, 준거법이 캐나다법이라고 하더라도 재판관할은 준거법과는 별개의 이념으로 인정되는 점, 캐나다 법원이 재판관할권을 가지더라도 대한민국 법원에도 재판관할권이 병존적으로 인정될 수 있는 점 등을 들어 대한민국 법원에 재판관할권이 있다고 하였다.

2. 혼인관계사건의 국제재판관할권 판례는 혼인관계사건에 관하여 과거에는 원칙적으로 피고의 주소가 국내에 있을 때에만 우리나라 법원에 재판관할권이 있다는 입장(피고주소지주의)을 취하고 있었으나,[1] 국제사법의 시행 이후에는 국제사법 제2조의 실질적 관련성을 기준으로 하되 실질적 관련성 판단에 있어 가사사건의 특수성을 고려하여 재판관할권 유무를 판단하고 있고, 대상판결은 그 중 하나이다.

3. 유사사례 대법원은, ① 미합중국 미주리주에 법률상 주소를 두고 있는 미합중국 국적의 남자(원고)가 대한민국 국적의 여자(피고)와 대한민국에서 혼인 후, 미합중국 국적을 취득한 피고와 거주기한을 정하지 아니하고 대한민국에 거주하다가 피고를

1) 대판 1988. 4. 12. 85므71; 대판 1975. 7. 22. 74므22; 대결 1994. 2. 21. 92스26 등.

상대로 이혼, 친권자 및 양육자 지정 등을 청구한 사안에서 원·피고 모두 대한민국에 상거소(常居所)를 가지고 있고, 혼인이 대한민국에서 성립되었으며, 그 혼인생활의 대부분이 대한민국에서 형성된 점을 고려하면 위 청구는 대한민국과 실질적 관련성이 있다고 볼 수 있다고 하면서, 원·피고가 선택에 의한 주소(domicile of choice)를 대한민국에 형성했고, 피고가 소장부본을 적법하게 송달받고 적극적으로 응소한 점까지 고려하면 '국제재판관할의 특수성'을 고려하더라도 대한민국 법원의 재판관할권 행사에 아무런 문제가 없다고 하였고,[1] ② 대한민국 국적의 甲이 스페인 국적의 乙을 상대로 대한민국 법원에 이혼청구를 한 사안에서, 친권자 및 양육자 지정 대상인 미성년자녀가 대한민국에서 출생하여 대한민국 국적을 가지고 대한민국에서 유치원을 다니고 있는 점, 乙이 소유한 재산 대한민국 내에 존재하고 甲이 위 재산을 가압류한 점 등을 고려하면 대한민국 법원에 재판관할권이 있다고 하였다.[2]

Ⅲ. 기타

▶ 대법원 1989. 12. 26. 선고 88다카3991 판결

외국법인이 우리나라에 사업소나 영업소를 가지고 있지 않거나 우리 민사소송법상의 토지관할에 관한 특별재판적이 국내에 없더라도 우리나라 법원에 민사소송법상의 보전명령이나 임의경매를 신청한 이상 그러한 행위는 우리나라의 재판권에 복종할 의사로 한 것이라고 여겨야 할 것이므로 위와 같은 신청채권에 관계된 소송에 관하여는 우리나라의 법원이 재판권을 가진다.

▶ 대법원 2016. 8. 30. 선고 2015다255265 판결

대한민국 법원은 개성공업지구 현지기업 사이의 민사분쟁에 대하여 당연히 재판관할권을 가지고, 이는 소송의 목적물이 개성공업지구 내에 있는 건물 등이라고 하여 달리 볼 것이 아니다.

제 2 절 법관의 제척·기피·회피

재판의 공정성을 유지하기 위하여 법관이 특정 사건과 특수한 관계가 있는 경우

1) 대판 2006. 5. 26. 2005므884.
2) 대판 2014. 5. 16. 2013므1196.

그 사건의 처리에서 그 법관을 배제하는 제도가 제척·기피·회피이다. 제척이란 법률에 정해진 사유가 있을 때 법관이 당연히 그 사건에서 배제되는 제도이고, 기피란 제척사유가 없음에도 재판의 공정을 기하기 어려운 사정이 있는 때에 당사자의 신청에 의한 결정에 의하여 법관을 그 사건에서 배제시키는 제도이며, 회피란 법관 스스로가 제척 또는 기피사유가 있다고 인정하여 직무집행을 피하는 제도이다.

제1. 법관의 제척원인

법관은 제41조 각호 가운데 어느 하나에 해당하면 직무집행에서 제척된다(41조, 제한적 열거). 1·2·5호는 법관이 사건의 당사자와 특수한 관계에 있는 경우이고, 3·5호는 법관이 사건의 심리에 이미 관여된 경우이다. 가장 자주 문제가 되는 것은 제5호의 "법관이 불복사건의 이전심급의 재판에 관여하였을 때"(전심관여)이다.

◆ 대법원 2010. 5. 13. 선고 2009다102254 판결

[1] 민사소송법 제41조 제1호는 "법관 또는 그 배우자나 배우자이었던 사람이 사건의 당사자가 되거나, 사건의 당사자와 공동권리자·공동의무자 또는 상환의무자의 관계에 있는 때"를 제척사유의 하나로 규정하고 있다. 여기서 말하는 사건의 당사자와 공동권리자·공동의무자의 관계라 함은 소송의 목적이 된 권리관계에 관하여 공통되는 법률상 이해관계가 있어 재판의 공정성을 의심할 만한 사정이 존재하는 지위에 있는 관계를 의미하는 것으로 해석할 것이다.

[2] 종중은 종중 소유 재산의 관리방법과 종중 대표자를 비롯한 임원의 선임, 기타 목적사업의 수행을 위하여 성문의 종중 규약을 제정할 수 있고, 종중에 종중 규약이 존재하는 경우에 종중원의 총유로 귀속되는 종중 소유 재산의 사용수익은 종중 규약에 따르고 그 관리·처분도 종중 규약 내지 종중 규약이 정하는 바에 따라 개최된 종중 총회의 결의에 의하며, 종중 임원의 선임권 등 신분상 권리의무 관계에 대하여도 종중 규약에서 정하는 바에 따르게 된다. 따라서 종중의 종중원들은 종중원의 재산상·신분상 권리의무 관계에 직접적인 영향을 미치는 종중 규약을 개정한 종중 총회 결의의 효력 유무에 관하여 공통되는 법률상 이해관계가 있다고 할 것이다.

|註| 1. 종중 규약을 개정한 종중 총회 결의에 대한 무효확인을 구하는 소가

제기되었는데 재판부를 구성한 판사 중 1인인 甲이 그 종중의 구성원인 사안에서, 甲은 당사자인 원고들과 마찬가지로 피고 종중 규약의 내용에 따라 피고 종중 소유 재산, 기타 권리의무 관계에 직접적인 영향을 받을 수 있는 지위에 있는데, 원고들 주장의 무효사유 인정 여부에 따라 원고들뿐만 아니라 甲의 종중에 대한 법률관계에 적용될 종중 규약의 효력이 부인될 수 있다는 점에서, 甲은 소송의 목적이 된 결의의 무효 여부에 관하여 원고들과 공통되는 법률상 이해관계를 가진다고 볼 수 있으므로 민사소송법 제41조 제1호에 정한 '당사자와 공동권리자·공동의무자의 관계에 있는 자'에 해당한다고 한 사례이다.
2. 제41조 제1호에서 제척사유로 정한 '사건의 당사자와 공동권리자·공동의무자의 관계'의 의미를 밝힌 판결이다.

◆ 대법원 1988. 5. 10. 선고 87다카1979 판결

법관에 대한 제척사유를 규정한 민사소송법 제41조 제5호에서 말하는 '전심재판'이라 함은 그 불복사건의 하급심재판을 가리키는 것으로서 하급심의 재판이 부당하다 하여 불복상소를 하였음에도 불구하고 그 불복을 가리는 상소심재판에 하급심재판 때 관여한 법관이 다시 관여하는 것을 막자는 데에 있으므로 재심사건에서 재심의 대상으로 된 원재판은 위 '전심재판'에 해당하지 아니하는 것이며 그 원재판에 관여한 법관이 다시 재심사건의 재판에 관여하였다 하여 제척사유에 해당한다고 할 수 없다.

|註| 제척원인 중 하나인 '전심관여'의 취지와 대상을 밝힌 판결이다. 같은 취지에서 ① 가압류·가처분 재판에 관여한 법관이 그 본안재판에 관여한 경우,[1] ② 본안사건에 관여한 법관이 그 강제집행정지신청사건에 관여한 경우,[2] ③ 본안사건의 재판장에 대한 기피신청사건의 재판에 관여한 법관이 다시 위 본안사건에 관여한 경우,[3] ④ 재판상화해에 관여한 법관이 그 화해내용에 따라 목적물의 인도를 구하는 소송에 관여한 경우[4]도 전심관여에 해당하지 않는다.

1) 대결 1962. 7. 20. 61민재항3.
2) 대결 1969. 11. 4. 69그17.
3) 대결 1991. 12. 27. 91마631.
4) 대판 1969. 12. 9. 69다1232.

◆ 대법원 1997. 6. 13. 선고 96다56115 판결

법관의 제척원인이 되는 전심관여(前審關與)라 함은 최종변론과 판결의 합의에 관여하거나 종국판결과 더불어 상급심의 판단을 받는 중간적인 재판에 관여함을 말하는 것이고 최종변론 전의 변론이나 증거조사 또는 기일지정과 같은 소송지휘상의 재판 등에 관여한 경우는 포함되지 않는다.

제 2. 당사자의 기피권

당사자는 법관에게 공정한 재판을 기대하기 어려운 사정이 있는 때에는 기피신청을 할 수 있다(43조 1항).

◆ 대법원 2019. 1. 4.자 2018스563 결정

[1] 헌법은 법관의 자격을 법률로 정하도록 하고 법관의 신분을 보장한다. 또한 법관은 헌법과 법률에 의하여 그 양심에 따라 독립하여 심판할 것을 규정함과 동시에 재판의 심리와 판결은 공개하도록 규정하고 있다(헌법 제101조, 제103조, 제106조, 제109조). 이처럼 헌법은 국민의 공정한 재판을 받을 권리를 보장하고 있고, 모든 법관은 헌법과 법률이 정한 바에 따라 공정하게 심판할 것으로 기대된다. 그러나 개별·구체적 재판의 공정성 및 공정성에 대한 신뢰를 제대로 담보하기 어려운 사정이 있을 수 있다. 이러한 경우 법관과 개별 사건과의 관계로 인하여 발생할 수 있는 재판의 불공정성에 대한 의심을 해소하여 당사자로 하여금 재판이 편파적이지 않고 공정하게 진행되리라는 신뢰를 갖게 함으로써 구체적인 재판의 공정성을 보장할 필요가 있다.

[2] 이를 위하여 민사소송법은 제척 제도 외에도 기피 제도를 마련하여 제43조 제1항에서 “당사자는 법관에게 공정한 재판을 기대하기 어려운 사정이 있는 때에는 기피신청을 할 수 있다”라고 규정하고 있다. 기피 제도의 위와 같은 목적과 관련 규정의 내용에 비추어 보면, ‘법관에게 공정한 재판을 기대하기 어려운 사정이 있는 때’라 함은 우리 사회의 평균적인 일반인의 관점에서 볼 때, 법관과 사건과의 관계, 즉 법관과 당사자 사이의 특수한 사적 관계 또는 법관과 해당 사건 사이의 특별한 이해관계 등으로 인하여 법관이 불공정한 재판을 할 수 있다는 의심을 할 만한 객관적인 사정이 있고, 그러한 의심이 단순한 주관적 우려

나 추측을 넘어 합리적인 것이라고 인정될 만한 때를 말한다. 그러므로 평균적 일반인으로서의 당사자의 관점에서 위와 같은 의심을 가질 만한 객관적인 사정이 있는 때에는 실제로 법관에게 편파성이 존재하지 아니하거나 헌법과 법률이 정한 바에 따라 공정한 재판을 할 수 있는 경우에도 기피가 인정될 수 있다.

|註| 1. A 그룹 회장 장녀 乙의 이혼소송을 담당한 재판장 甲에 대하여 상대방이 기피신청을 한 사안으로, 甲이 과거 A 그룹의 컨트롤타워 역할을 하는 부서의 사장 丙과 사이에 개인적인 신상이나 동생의 인사와 관련한 사적인 문자메시지를 주고받은 사실이 있고 그러한 내용이 여러 언론매체에 보도되어 사회 일반에 알려진 바 있으며, 乙과 丙도 乙이 추진하는 A 그룹 내 사업에 관하여 밀접하게 협력해 온 사정 등에 비추어 보면, 甲이 불공정한 재판을 할 수 있다는 의심을 할 만한 객관적인 사정이 있고 그러한 의심이 단순한 주관적인 우려나 추측을 넘어 합리적인 것이라고 볼 여지가 있다고 한 사례이다.
2. 기피사유인 '법관에게 공정한 재판을 기대하기 어려운 사정이 있는 때'의 의미를 구체적으로 밝힌 판결이다. 대상판결이 밝힌 바와 같이 불공정한 재판에 대한 주관적인 우려나 추측으로는 부족하고 그러한 의심을 할 만한 객관적인 사정이 있어야 한다. 판례 중에는 "소송당사자 일방이 재판장의 변경에 따라 소송대리인을 교체하였다 하더라도 그와 같은 사유가 재판의 공정을 기대하기 어려운 객관적인 사정이 있는 때에 해당할 수 없다"고 한 것이 있다.[1]

▶ 대법원 1992. 9. 28.자 92두25 결정

법관에 대한 기피신청제도는 당사자의 법관에 대한 불신감을 제거하고 재판의 공정을 보장하기 위하여 법관이 어떤 특정한 사건을 재판함에 있어서 공정을 기대하기 어려운 사정이 있는 경우에는 그 법관을 그 사건의 재판에 관하여 직무집행을 하지 못하게 하는 제도이므로, 어떤 이유이든 기피당한 법관이 그 사건에 관하여 직무를 집행할 수 없게 되었을 때에는 기피신청은 그 목적을 잃게 되어 이를 유지할 이익이 없게 되었다고 보아야 한다.

1) 대결 1992. 12. 30. 92마783.

제 3. 제척 · 기피신청의 방식

제척과 기피는 이유를 밝혀 신청하여야 하고, 신청일로부터 3일 이내에 이유와 그 소명방법을 서면으로 제출하여야 한다(44조).

▶ 대법원 1988. 8. 10.자 88두9 결정

민사소송법 제40조(현행 44조) 제2항에서 소명방법의 제출을 요구하는 것은 당사자가 기피신청권을 악용 또는 남용하는 것을 방지하자는 취지이며 법원이 당사자(기피신청인)가 제출한 소명방법만 가지고 판단하여야 하는 것은 아닌 것이므로, 기피의 원인이 되는 사유가 당해 법원의 사건기록상 명백한 사항, 즉 법원에 현저한 사실을 내용으로 하는 경우에는 기피신청인은 그 사실을 달리 소명할 필요가 없다고 할 것이다.

제 4. 제척 · 기피신청에 대한 재판

제척 또는 기피신청이 그 방식에 어긋나거나 소송의 지연을 목적으로 하는 것이 분명한 경우에는 신청을 받은 법원 또는 법관은 결정으로 이를 각하한다(45조, 간이각하). 이미 한 기피신청과 같은 내용으로 다시 한 기피신청,[1] 직근상급법원이 없는 대법원에 계속 중인 사건에 관하여 대법원이 그 제척 또는 기피신청에 대하여 재판할 합의체를 구성할 수 없는 수의 대법관을 동시에 기피하는 신청[2] 등은 소송지연 목적의 기피에 해당된다. 방식에 어긋남이 없거나 소송지연 목적이 아닌 경우에는 그 신청을 받은 법관의 소속법원 합의부에서 결정으로 제척 또는 기피에 대하여 재판한다(46조 1항).

제 5. 본안절차의 정지

제척 · 기피신청이 있는 경우 그 재판이 확정될 때까지 본안소송절차를 정지하여야 한다(48조 본문). 다만, ① 제척 · 기피신청이 각하(간이각하)된 경우, ② 종국판결을 선고하는 경우, ③ 긴급을 요하는 행위를 하는 경우에는 그러하지 아니하다(48조 단서).

1) 대결 1991. 6. 14. 90두21.
2) 대결 1966. 6. 2. 64주2; 대결 1966. 3. 15. 64주1 등.

◆ 대법원 2010. 2. 11. 선고 2009다78467, 78474 판결

기피신청에 대한 각하결정 전에 이루어진 변론기일의 진행 및 위 각하결정이 당사자에게 고지되기 전에 이루어진 변론기일의 진행은 모두 민사소송법 제48조의 규정을 위반하여 쌍방불출석의 효과를 발생시킨 절차상 흠결이 있고, 특별한 사정이 없는 이상, 그 후 위 기피신청을 각하하는 결정이 확정되었다는 사정만으로 민사소송법 제48조의 규정을 위반하여 쌍방불출석의 효과를 발생시킨 절차 위반의 흠결이 치유된다고 할 수 없다.

|註| 1. 사실관계와 법원의 판단 (1) 사실관계 : 甲의 乙에 대한 항소심 소송계속 중 乙은 2008. 6. 9. 재판부 구성원 전부에 대한 기피신청서를 접수하였고, 항소심법원(기피신청을 당한 재판부)은 2008. 6. 19. 위 기피신청에 대하여 각하(간이각하)결정을 하였으며, 위 결정은 2008. 6. 26. 乙에게 고지되었다. 위 각하결정에 대하여 乙이 2008. 7. 3. 대법원에 즉시항고를 하였으나, 2008. 9. 12. 乙의 즉시항고가 기각되었다. 한편, 항소심법원은 '2008. 6. 10. 14:00'를 1차 변론기일로 지정하였고, 乙은 2008. 5. 28. 변론기일통지서를 송달받고도 2008. 6. 10. 14:00 변론기일에 출석하지 아니하였고, 甲은 출석하였으나 변론하지 아니하였다. 항소심법원은 '2008. 6. 24. 15:30'을 2차 변론기일로 지정하였고, 乙은 2008. 6. 20. 변론기일통지서를 송달받고도 2008. 6. 24. 15:30 변론기일에 출석하지 아니하였고, 甲은 출석하였으나 변론하지 아니하였다. 乙이 2008. 7. 23. 기일지정신청을 함에 따라, 항소심법원은 '2008. 8. 26. 16:30'을 제3차 변론기일로 지정하였고, 乙은 2008. 7. 30. 변론기일통지서를 송달받고도 2008. 8. 26. 16:30 변론기일에 출석하지 아니하였고, 甲은 출석하였으나 변론하지 아니하였다.

(2) 법원의 판단 : 항소심법원은 제48조의 규정을 위반하여 쌍방불출석의 효과를 발생시킨 절차 위반의 흠결이, 그 후 위 기피신청을 각하하는 결정이 확정되었다는 사정만으로 치유된다고 보아 乙의 항소는 2008. 8. 26. 항소취하간주로 종료되었다고 판단하였다. 그러나 대법원은 위 판결요지와 같은 이유로 항소심판결을 파기하였다.

2. 제척·기피신청 중 소송절차를 정지하지 아니하고 한 판결 (1) 제척·기피신청이 있음에도 소송절차를 정지하지 않고 변론을 진행하여 한 판결은 위법하다.

따라서 이러한 판결에 대하여는 상소할 수 있다. 판례는 "법원이 기피신청을 받았음에도 소송절차를 정지하지 아니하고 변론을 종결하여 판결 선고기일을 지정하였다고 하더라도 종국판결에 대한 불복절차에 의하여 그 당부를 다툴 수 있을 뿐 이에 대하여 별도로 항고로서 불복할 수 없다"고 하였다.[1]

(2) 제척·기피신청이 있음에도 절차를 정지하지 아니한 위법은 제척·기피신청을 배척하는 결정이 확정됨으로써 치유되는가. 과거 판례 중에는 가정적 판단으로 이를 긍정한 것이 있는데,[2] 이에 대하여는 비판적인 견해(이시윤, 박우동)가 유력하였다. 대상판결은 치유를 인정하지 않음으로써 위 비판론과 같은 입장을 취하였다.

▶ **대법원 2018. 1. 25. 선고 2017두91 판결**

종국판결의 선고는 기피의 신청이 있는 때에도 할 수 있으므로(제48조 단서), 변론종결 후에 기피신청을 당한 법관이 소송절차를 정지하지 아니하고 판결을 선고한 것이 위법하다는 취지의 상고이유 주장은 받아들일 수 없다.

제 3 절 관할

관할(管轄)이라 함은 재판권을 행사하는 여러 법원 사이에서 어떤 법원이 어떤 사건을 담당처리하느냐 하는 재판권의 분담관계를 정해 놓은 것을 말한다. 관할은 그 결정 근거와 소송법상의 효과에 따라 분류할 수 있는데, ① 관할의 결정 근거에 의한 분류로서 ㉮ 법률로 정한 관할(법정관할)로는 ㉠ 수소법원과 집행법원 사이의 직무분담, 직무내용에 따른 지방법원 단독판사와 합의부의 직무분담, 심급에 따른 직무분담을 정한 직분관할(직무관할), ㉡ 사건의 경중(주로 소송목적의 값)에 따라 단독판사와 합의부의 직무분담을 정한 사물관할(법원조직법 32조 1항 2호, 민사 및 가사소송의 사물관할에 관한 규칙), ㉢ 소재지를 달리하는 같은 종류 법원 사이의 직무분담을 정한 토지관할(2조~25조)이 있고, ㉯ 상급법원이 관할을 정함으로써 생기는 관할로는 지정관할(28조)이 있으며, ㉰ 당사자의 거동에 따라 생기는 관할로는 ㉠ 당

1) 대결 2000. 4. 15. 2000그20.

2) 대판 1978. 10. 31. 78다1242. 변론종결 후에 기피신청을 하여 기피를 당한 법관이 판결선고만을 한 사안이다.

사자가 합의로 정한 관할인 합의관할(29조), ⓛ 피고가 관할위반임을 항변하지 않고 변론 등을 함으로써 생기는 관할인 변론관할(30조)이 있고, ② 소송법상의 효과에 의한 분류로서는 특정법원이 배타적으로 관할권을 갖는 전속관할과 정해진 관할 외에 다른 법원도 관할권을 가질 수 있는 임의관할이 있다. 이하에서는 사물관할, 토지관할, 합의관할, 변론관할에 관하여 살펴본 다음 이송에 관하여 보기로 한다.

제1. 사물관할

(1) 제1심 소송사건을 다루는 지방법원 단독판사와 지방법원 합의부 사이의 재판권 분담은 사건의 경중, 즉 소송물의 가액(소가)이 그 결정기준이 된다. 즉, 소가가 2억 원을 초과하는 사건은 합의부가 재판하고 2억 원 이하인 사건은 단독판사가 재판함이 원칙이고, 예외적으로 사안이 단순한 일정한 유형의 사건은 소가에 관계없이 단독판사의 관할로 하고 있다.

(2) 소가의 산정방법에 관하여는 '민사소송 등 인지규칙'이 정하고 있다. 금전지급청구의 경우에는 청구금액이 소가가 되고(인지규칙 12조 3호) 토지에 관한 소유권이전등기청구의 경우에는 해당 토지 개별공시지가의 50/100이 소가가 된다(인지규칙 13조 1항 1호, 9조 1항).

▶ 대법원 1976. 9. 28. 선고 75다2064 판결

근저당권등기의 말소를 구하는 소송에 있어서의 소가는 일응 그 피담보채권액에 의할 것이나 그 근저당권이 설정된 당해 부동산의 가격이 피담보채권액보다 적을 때는 부동산의 가격이 소가 산정의 기준이 된다.

(3) 소가의 산정은 소 제기한 때를 표준으로 한다(인지규칙 7조). 소 제기 후에 목적물의 가액이 변동되더라도 관할에 영향을 주지 않는다.[1)]

▶ 대법원 1966. 6. 18.자 66마323 결정

민사소송법 제30조(현행 33조)의 규정에 의하여 법원의 관할은 제소한 때를 표준으로 하여 정하는 것이므로, 이미 제소된 단독판사가 심리하여야 할 사물관할에 속한 수개의 사건을 법원이 병합심리를 한다 하여도 이미 결정된 사물관할에 변동이 생기는 것이 아니다.

---

1) 대판 1979. 11. 13. 79다1404(소액사건이 소 제기 후에 그 목적물의 시가가 상승하였다고 하더라도, 그 사건을 소액사건으로 취급하는데 지장이 없다).

(4) 하나의 소로써 여러 개의 청구를 하는 경우에는 그 여러 청구의 값을 모두 합하여 소가를 정한다(27조 1항). 다만 선택적·예비적 병합과 같이 경제적 이익이 중복되는 경우에는 그 중 다액인 청구의 가액을 소가로 하고(인지규칙 20조) 원금과 지연손해금을 같이 청구하는 경우와 같이 주된 청구와 부대청구를 같이 하는 경우 부대청구는 소가에 산입하지 않는다(27조 2항).

◆ 대법원 1998. 7. 27.자 98마938 결정

소유권보존등기가 이루어지고 이에 터잡아 근저당권설정등기가 경료된 후 그 소유등기명의가 전전 이전된 동일 부동산에 대하여 소유권보존등기명의자, 근저당권자 및 전득자 등을 공동피고로 하여 제기된 소유권보존등기, 근저당권설정등기, 소유권이전등기의 각 말소를 구하는 소송에 있어서는 1개의 소로써 주장하는 수 개의 청구의 경제적 이익이 동일하거나 중복되는 때에 해당하므로 중복되는 범위 내에서 흡수되고 그중 가장 다액인 청구의 가액을 소가로 할 것이며, 위 소송에서 원고의 전부승소판결이 선고되어 그 등기명의인들이 전부 불복하여 상소를 제기하는 경우에도 하나의 상소장으로써 공동명의로 상소를 제기한 등기명의인들 사이에는 경제적 이익이 동일하거나 중복되는 때에 해당하므로 중복되는 범위 내에서 흡수된다고 할 것이어서 제1심에서 산정된 소가를 기준으로 하여 항소장 또는 상고장에 인지를 첩부하면 된다고 할 것이나, 다만 그 등기명의인들이 수 개의 항소장 또는 상고장으로 나누어 상소를 제기하는 경우에는 각각 별도로 제1심의 소가를 기준으로 하여 산정한 인지를 항소장 또는 상고장에 첩부하여야 할 것이고, 그 등기명의인들이 당초에는 수 개의 항소장 또는 상고장으로 나누어 상소를 제기하였다가 나중에 공동명의로 하여 하나의 항소장 또는 상고장을 다시 제출하였다고 하더라도 이와 달리 취급할 것은 아니다.

|註| 청구의 병합에 있어서 '중복청구의 흡수'의 예를 보여준 결정이다.

제 2. 토지관할

Ⅰ. 재판적

토지관할의 발생원인이 되는 관련지점을 재판적(裁判籍)이라고 하는데, 이는 모든 사건에 적용되는 보통재판적(普通裁判籍)(피고의 주소지, 2조~6조)과 특정한 사건에 적용되는 특별재판적(特別裁判籍)(7조~24조)으로 나뉘고, 병합청구의 재판적에 관하여는 별개의 규정(25조)이 있다.

Ⅱ. 특별재판적의 적용에 있어서 몇 가지 주의할 점

(1) 재산권에 관한 소를 제기하는 경우에는 의무이행지의 법원에 제기할 수 있다(8조 후단). ① 특정물의 인도 이외의 채무(대표적인 것이 금전지급채무)는 채권자의 주소지에서 이행하는 것이 원칙(지참채무원칙, 민법 467조)이므로 이러한 채무의 이행을 구하는 소에 있어서는 채권자인 원고의 주소지가 의무이행지가 된다.[1] 다만, 이에 관하여는 채무자의 주소지를 보통재판적으로 한 취지가 무의미하게 된다는 비판도 있다. ② 어음·수표금 청구에 있어서는 그 어음·수표에 기재된 지급지가 의무이행지이고 어음·수표금 채권자인 소지인의 주소지는 의무이행지가 아니다(9조 참조).[2] ③ 부동산 등기의무의 이행지 역시 등기소 소재지이고(21조), 등기청구권자의 주소지가 그 의무이행지로 되는 것은 아니다.[3] ④ 사해행위취소의 소에 있어서는 취소로 인하여 수익자 또는 전득자가 부담하는 원상회복의무의 이행지가 특별재판적으로서의 의무이행지이다.

◆ 대법원 2002. 5. 10.자 2002마1156 결정

[1] 채권자가 사해행위의 취소와 함께 수익자 또는 전득자로부터 책임재산의 회복을 구하는 사해행위취소의 소를 제기한 경우 그 취소의 효과는 채권자와 수익자 또는 전득자 사이의 관계에서만 생기는 것이므로, 수익자 또는 전득자가 사해행위의 취소로 인한 원상회복 또는 이에 갈음하는 가액배상을 하여야 할 의무를 부담한다고 하더라도 이는 채권자에 대한 관계에서 생기는 법률효과에 불과하고 채무자와 사이에서 그 취소로 인한 법률관계가 형성되는 것은 아닐 뿐만 아니라, 이 경우 채권자의 주된 목적은 사해행위의 취소 그 자체보다는 일탈한 책임재산의 회복에 있는 것이므로, 사해행위취소의 소에 있어서의 의무이

1) 대결 1964. 12. 9. 64마936(전부채권자가 제3채무자를 상대로 전부금지급청구의 소를 제기한 사안으로서, 원고인 전부채권자의 주소지가 이행의무지라고 판결하였다).
2) 대결 1980. 7. 22. 80마208.
3) 대결 2002. 5. 10. 2002마1156.

행지는 '취소의 대상인 법률행위의 의무이행지'가 아니라 '취소로 인하여 형성되는 법률관계에 있어서의 의무이행지'라고 보아야 한다.

[2] 부동산등기의 신청에 협조할 의무의 이행지는 성질상 등기지의 특별재판적에 관한 민사소송법 제21조에 규정된 '등기할 공공기관 소재지'라고 할 것이므로, 원고가 사해행위취소의 소의 채권자라고 하더라도 사해행위취소에 따른 원상회복으로서의 소유권이전등기 말소등기의무의 이행지는 그 등기관서 소재지라고 볼 것이지, 원고의 주소지를 그 의무이행지로 볼 수는 없다.

|註| 포항시에 주소를 둔 甲이 원주시에 주소를 둔 乙에 대하여 금전채권을 갖고 있었는데, 乙이 강원 고성군 소재 X 부동산을 인천시에 주소를 둔 丙에게 매도하고 그에 따른 등기를 마치자, 甲이 丙을 상대로 사해행위취소 및 X 부동산에 관한 소유권이전등기말소의 소를 자신의 주소지 법원인 대구지방법원 포항지원에 제기한 사안이다. 포항지원은 관할위반을 이유로 속초지원으로 이송하는 결정을 하였는데, 대법원은 취소로 인하여 형성되는 X 부동산에 관한 소유권이전등기말소의무의 이행지는 그 등기관서의 소재지이지 원고인 甲의 주소지가 아니므로 사건을 속초지원으로 이송한 제1심법원의 조치는 적법하다고 하였다.

(2) 사무소 또는 영업소가 있는 사람에 대하여 그 사무소 또는 영업소의 업무와 관련이 있는 소를 제기하는 경우에는 그 사무소 또는 영업소가 있는 곳의 법원에 제기할 수 있다(12조). 이는 사무소 또는 영업소가 있는 자를 피고로 하는 경우에 한하고, 사무소 또는 영업소가 있는 자가 원고가 되어 스스로 소를 제기할 때에는 적용되지 않는다.[1]

(3) 불법행위에 관한 소를 제기하는 경우에는 행위지의 법원에 제기할 수 있다(18조). 가해행위지뿐만 아니라 손해발생지도 행위지에 포함된다.

(4) 부동산에 관한 소를 제기하는 경우에는 부동산이 있는 곳의 법원에 제기할 수 있다(20조). 여기서 '부동산에 관한 소'라 함은 주로 물권에 관한 소(예컨대, 부동산물권의 존부확인청구, 소유물반환으로서의 부동산 인도청구, 소유권방해배제청구, 공유물분할청구, 경계확정청구, 부동산물권에 관한 등기청구)이고, 채권에 관한 소 중 부동산 자체의 인도

1) 대결 1980. 6. 12. 80마158.

를 구하는 소(매매에 기한 부동산 인도청구) 역시 여기에 포함되나, 부동산에 관한 금전의 지급을 구하는 소(예컨대, 매매대금청구, 임료청구)는 이 조항의 '부동산에 관한 소'에 해당되지 않는다.

(5) 지식재산권에 관한 소와 국제거래에 관한 소는 고등법원이 있는 곳의 지방법원(서울고등법원이 있는 곳의 경우 서울중앙지방법원)의 **전속관할**(특허권, 실용신안권, 디자인권, 상표권, 품종보호권에 관한 소의 경우) 또는 **임의관할**(특허권 등 외의 지식재산권에 관한 소와 국제거래에 관한 소의 경우)을 인정하고 있다(24조). 전문재판부를 설치하여 충실한 심리와 신속한 재판을 하기 위함이다.

▶ 대법원 2019. 4. 10.자 2017마6337 결정(同 대법원 2020. 2. 27. 선고 2019다284186 판결)

2015. 12. 1. 법률 제13521호로 개정된 민사소송법 제24조 제2항, 제3항은 특허권, 실용신안권, 디자인권, 상표권, 품종보호권 등의 지식재산권에 관한 소를 제기하는 경우에는 제2조부터 제23조까지의 규정에 따른 관할법원 소재지를 관할하는 고등법원이 있는 곳의 지방법원(서울고등법원이 있는 곳의 경우 서울중앙지방법원)의 전속관할로 하되, 그 지방법원이 서울중앙지방법원이 아닌 경우 서울중앙지방법원에도 소를 제기할 수 있다고 규정하고 있다. 위 개정 규정은 부칙(2015. 12. 1.) 제1조, 제2조에 의하여 그 시행일인 2016. 1. 1. 이후 최초로 소장이 접수된 사건부터 적용된다.

한편 2015. 12. 1. 법률 제13522호로 개정된 법원조직법 제28조의4 제2호는 특허법원이 특허권 등의 지식재산권에 관한 민사사건의 항소사건을 심판한다고 규정하고 있고, 제28조 및 제32조 제2항은 이러한 특허법원의 권한에 속하는 사건을 고등법원 및 지방법원 합의부의 심판대상에서 제외한다고 규정하고 있다. 위 개정 규정은 부칙(2015. 12. 1.) 제1조, 제2조에 의하여 그 시행일인 2016. 1. 1. 전에 소송 계속 중인 특허권 등의 지식재산권에 관한 민사사건에 대하여 위 시행일 이후에 제1심판결이 선고된 경우에도 적용된다.

이와 같이 특허권 등에 관한 지식재산권에 관한 소의 관할에 대하여 별도의 규정을 둔 이유는 통상적으로 그 심리·판단에 전문적인 지식이나 기술 등에 대한 이해가 필요하므로, 심리에 적합한 체계와 숙련된 경험을 갖춘 전문 재판부에 사건을 집중시킴으로써 충실한 심리와 신속한 재판뿐만 아니라 지식재산권의 적정한 보호에 이바지할 수 있기 때문이다.

|註| 甲 연구소가 구 민·군겸용기술사업촉진법(2004. 9. 23. 법률 제7217호로 개정되기 전의 것)에서 정한 민·군겸용기술개발사업의 하나로 乙 회사와 후·박막공정을 이용한 저 자가방전 초소형 전지 개발을 위한 민·군겸용기술개발과제 협약(응용연구단계)을 체결한 후, 乙 회사를 상대로 위 협약에 기한 특허권 지분의 귀속의무 불이행을 원인으로 하는 손해배상을 구한 사안에서, 위 협약에 따른 특허권 지분의 귀속의무 불이행에 따른 손해배상청구권의 존부 및 범위는 민사법률관계에 해당하므로 이를 소송물로 다투는 소송은 민사소송에 해당하는 것으로 보아야 하고, 위 소송에 대한 심리·판단은 특허권 등의 지식재산권에 관한 전문적인 지식이나 기술에 대한 이해가 필요한 소송으로 민사소송법 제24조 제2항이 규정하는 특허권 등의 지식재산권에 관한 소로 보아야 하므로, 2015. 12. 1. 법률 제13522호로 개정된 법원조직법 시행일 전에 소가 제기되어 시행일 이후에 제1심판결이 선고된 위 사건에 대한 항소사건은 특허법원의 전속관할에 속한다고 한 사례이다.

Ⅲ. 관할의 경합과 표준시

관할이 여러 개 있는 경우 그 중 하나를 골라 제소할 수 있다.[1] 관할은 소를 제기한 때를 표준으로 하므로(33조) 소 제기 당시에 토지관할이 있는 이상 그 후의 주소 변동은 관할에 영향이 없다.[2]

제 3. 합의관할

Ⅰ. 관할합의의 요건

(1) 합의관할(合意管轄)이라 함은 당사자의 합의에 의하여 생기게 되는 관할을 말한다. 관할의 합의는 소송계약의 일종이지만, 합의에 흠(사기, 강박 등)이 있을 때 민법의 규정을 유추적용하여야 한다는 특색이 있다.

(2) 관할합의는 ① 제1심법원의 임의관할에 한하여 ② 특정한 법률관계로 말미

1) 대결 1966. 1. 26. 65마1167.
2) 대결 1970. 1. 8. 69마1097.

암은 소에 관하여 ③ 서면으로 ④ 관할법원을 특정해서 하여야 한다(29조). 이에 위반한 관할합의는 무효이다. 판례는 아파트 분양계약을 하면서 '본 계약에 관한 소송은 원고가 지정하는 법원을 관할법원으로 한다'고 합의한 사안에서 당사자 일방이 지정하는 법원을 관할법원으로 한다는 합의는 피소자의 권리를 부당하게 침해하고 공평의 원칙에 어긋나므로 무효라고 하였다.[1]

(3) 한편, 보통거래약관에 포함된 관할합의조항은 경제적 강자가 자신에게 유리한 관할합의를 경제적 약자에게 강요하여 경제적 약자로 하여금 사실상 권리를 포기하게 하는 수단으로 악용될 여지가 많다. 이를 방지하기 위하여 약관의 규제에 관한 법률 제14조는 "고객에게 부당하게 불리한 재판관할의 합의 조항"은 무효라고 하고 있다. 같은 취지에서 할부거래에 관한 법률 제44조, 방문판매 등에 관한 법률 제46조에서는 각각 소비자의 주소지 법원을 전속관할로 규정하고 있다.

▶ 대법원 2008. 12. 16.자 2007마1328 결정

사업자와 고객 사이에서 사업자의 영업소를 관할하는 지방법원으로 전속적 관할합의를 하는 내용의 약관조항이 고객에 대하여 부당하게 불리하다는 이유로 무효라고 보기 위해서는 그 약관조항이 고객에게 다소 불이익하다는 점만으로는 부족하고, 사업자가 그 거래상의 지위를 남용하여 이러한 약관조항을 작성·사용함으로써 건전한 거래질서를 훼손하는 등 고객에게 부당하게 불이익을 주었다는 점이 인정되어야 한다. 그리고 전속적 관할합의 약관조항이 고객에게 부당한 불이익을 주는 행위인지 여부는, 그 약관조항에 의하여 고객에게 생길 수 있는 불이익의 내용과 불이익 발생의 개연성, 당사자들 사이의 거래과정에 미치는 영향, 관계 법령의 규정 등 제반 사정을 종합하여 판단하여야 한다.

|註| 이전 판례 중에는 민사소송법상의 관할에 관한 규정보다 고객에게 불리한 관할법원을 규정한 약관조항은 무효라는 취지의 것이 있는데,[2] 대상판결에서는 제반 사정을 고려하여 관할에 관한 약관조항의 무효 여부를 판단하여야 한다는 것으로 입장을 정리하였다. 이후 판례는 "당사자 중 일방이 지정하는 법원을 관할법원으로 한다는 것과 다를 바 없는 경우"라면 해당 약관조항은 무효라고 하면서, '사업자의 관할영업점 소재지 법원'을 전속적 합의관할 법원으로 정하였다면 그 법원은 '계약이 체결될 당시 그 계약을 관할하던 영업점 소재지 법원'을 말하는 것이고 사업자의 내부

1) 대결 1977. 11. 9. 77마284.
2) 대결 1998. 6. 29. 98마863.

적인 업무조정에 따라 관할 영업점이 변경되면서 관할법원도 변경되는 것으로 볼 수는 없다고 하였다.[1)]

Ⅱ. 합의의 모습

1. 부가적 합의와 전속적 합의

관할합의에는 법정관할 법원 외에 다른 법원을 덧붙이는 부가적 합의(附加的 合意)와 특정 법원에만 관할권을 인정하고 다른 법원의 관할을 배제하는 전속적 합의(專屬的 合意)가 있다. 관할의 합의가 전속적인지 부가적인지 분명하지 않은 경우 경합하는 법정관할 법원 중 어느 하나를 특정하는 합의는 전속적이지만 그렇지 않은 경우는 부가적 합의로 봄이 상당하다.[2)] 이에 대하여는 당사자가 일부러 관할의 합의를 하고 특정한 법원을 관할법원으로 정할 때에는 이를 전속적 합의로 풀이하는 것이 당사자의 의사에 합치할 것이라는 반대설(정동윤·유병현·김경욱, 전병서)이 있다. 다만 반대설도 보통거래약관 등에 의하여 부합계약의 일부로서 합의하는 경우에는 통설과 같이 풀이하고 있다.

▶ 대법원 2008. 3. 13. 선고 2006다68209 판결

당사자들이 법정 관할법원에 속하는 여러 관할법원 중 어느 하나의 법원을 관할법원으로 하기로 약정한 경우에, 그와 같은 약정은 그 약정이 이루어진 국가 내에서 재판이 이루어질 경우를 예상하여 그 국가 내에서의 전속적 관할법원을 정하는 취지의 합의라고 해석될 수 있지만, 특별한 사정이 없는 한 다른 국가의 재판관할권을 완전히 배제하거나 다른 국가에서의 전속적인 관할법원까지 정하는 합의를 한 것으로 볼 수는 없다. 따라서 채권양도 등의 사유로 외국적 요소가 있는 법률관계에 해당하게 된 때에는 다른 국가의 재판관할권이 성립될 수 있고, 이 경우에는 위 약정의 효력이 미치지 아니하므로 관할법원은 그 국가의 소송법에 따라 정하여진다고 봄이 상당하다.

|註| 일본에 거주하던 채권자와 채무자가 돈을 대차하면서 채권자 주소지 법원을 제1심 관할법원으로 하는 합의를 하였는데, 그 후 위 채권이 국내에 주소를 둔 내국인에게 양도된 사안이다. 법원은, 위 합의는 여러 관할법원 중 하나의 법원을 관할법원

---

1) 대결 2009. 11. 13. 2009마1482.

2) 대판 1963. 5. 15. 63다111(법정관할 법원이 아닌 원고의 주소지를 관할하는 법원을 재판적으로 하기로 합의한 사안에서 이러한 합의는 법정관할 외에 또 관할을 증가하는 부가적 합의라고 하였다).

으로 하기로 한 것으로서 전속적 합의에 해당하지만, 이후 외국적 요소가 생긴 경우의 국제재판관할권에까지 위 합의의 효력이 유지되는 것은 아니라고 하였다. 관할과 재판권은 구분되는 문제라는 것이다.

2. 국제재판관할의 합의

(1) 외국법원을 관할법원으로 하는 전속적 국제재판관할 합의

▶ 대법원 1997. 9. 9. 선고 96다20093 판결

대한민국 법원의 관할을 배제하고 외국의 법원을 관할법원으로 하는 전속적인 국제관할의 합의가 유효하기 위하여는 당해 사건이 대한민국 법원의 전속관할에 속하지 아니하고, 지정된 외국법원이 그 외국법상 당해 사건에 대하여 관할권을 가져야 하는 외에 당해 사건이 그 외국법원에 대하여 합리적인 관련성을 가질 것이 요구된다고 할 것이고, 한편 전속적인 관할합의가 현저하게 불합리하고 불공정한 경우에는 그 관할합의는 공서양속에 반하는 법률행위에 해당하는 점에서도 무효이다.

|註| 1. 사실관계와 법원의 판단 (1) 사실관계 : 乙(운송업자)은 甲(무역업자)으로부터 물품운송을 의뢰받고, 송하인을 甲으로 하는 복합운송증권을 발행하였다. 위 물품은 부산에서 로스엔젤레스를 거쳐 텍사스로 운송되어 그곳의 보세창고에 보관되어 있던 중 복합운송증권을 소지하지 않은 제3자에게 인도됨으로써 멸실되었고, 이에 甲은 위 복합운송증권의 소지인으로서 乙에게 불법행위로 인한 손해배상책임을 묻는 소를 서울지방법원에 제기하였다. 그런데 위 복합운송증권의 이면약관은 "이 증권에 기한 소는 모두 미국 뉴욕주 법원에 제기하여야 한다. 다만 운송인은 위와 다른 법원에 소를 제기할 수 있다"라고 규정하고 있었다.

(2) 법원의 판단 : 대법원은, 위 사건이 뉴욕주 법원과 관련성을 갖는다고 볼만한 사정은 乙이 뉴욕주에도 영업소를 가지고 있는 점, 乙을 위하여 운송물을 보관하다가 멸실시킨 보세창고업자가 미국인이고 운송물이 멸실된 곳이 미국의 텍사스주라는 점 정도인 반면, 甲과 乙이 모두 대한민국에 주된 사무소를 둔 대한민국 법인인 점, 운송물의 목적지도 텍사스주로서 뉴욕주와는 무관한 점, 운송물의 멸실 경위에 관한 중요한 증거방법이 모두 대한민국 내에 있는 점, 운송인의 책임제한이나 면책요건에 관한 미국법이 대한민국법보다 乙에게 더 유리하다고 볼 자료도 없는 점 등에 비추어 보면, 사건이 뉴욕주 법원과 합리적인 관련성을 가지 못하므로 위 복합운송증권

이면약관에 따른 전속적 관할합의는 무효라고 하였다.

2. 전속적 국제재판관할 합의의 유효요건 국내법원의 관할을 배제하고 외국법원에 전속관할을 부여하는 합의가 유효하기 위한 요건을 제시한 최초의 판결이다. 판례는 위에서 본 바와 같이 4가지의 요건을 요구하고 있는데, '합리적 관련성' 요건과 관련하여는 ① 합리적 관련성을 이유로 관할합의의 효력을 부인하게 되면 법적 안정성을 해하게 되고 당사자들이 관할합의를 한 취지에 반하게 된다는 등의 사유로 이를 요건의 하나로 삼는 데 비판적인 견해(석광현, 법률신문 제3129호; 한충수, 법률신문 제2648, 2650호; 손경한, 중재 제29호)와 ② 지정된 외국법원의 부담과 당사자들의 소 제기 및 방어에 대한 부담 등 심리의 적정이나 소송경제를 고려하면 합리적 관련성을 요건의 하나로 삼는 데에는 동의하지만 법적 안정성의 측면에서 가급적 관련성의 범위를 넓혀야 할 것이라는 견해(강희철, 국제사법연구 제2호)가 있다. 판례는 계속하여 합리적 관련성 요건을 요구하고 있다.[1)]

(2) 국내법원을 관할법원으로 하는 전속적 국제재판관할 합의

▶ 대법원 2011. 4. 28. 선고 2009다19093 판결

외국 법원의 관할을 배제하고 대한민국 법원을 관할법원으로 하는 전속적인 국제관할의 합의가 유효하기 위해서는, 당해 사건이 외국 법원의 전속관할에 속하지 아니하고, 대한민국 법원이 대한민국법상 당해 사건에 대하여 관할권을 가져야 하는 외에, 당해 사건이 대한민국 법원에 대하여 합리적인 관련성을 가질 것이 요구되며, 그와 같은 전속적인 관할 합의가 현저하게 불합리하고 불공정하여 공서양속에 반하는 법률행위에 해당하지 않는 한 그 관할 합의는 유효하다.

|註| 1. 甲(국내법인)이 乙(일본법인)로부터 乙의 일본 내 특허를 무상으로 양도받기로 하면서 서울중앙지방법원을 관할법원으로 합의한 사안이다. 소(특허등록이전청구)의 내용이 특허의 성립이나 유무효에 관한 사항이 아니라 양도계약의 해석 및 효력 유무에 관한 것이므로 일본법원의 전속관할에 속하지 않는다고 하였다.

2. 국내법원의 관할을 배제하고 외국법원을 관할법원으로 하는 전속적 국제재판관할 합의와 외국법원의 관할을 배제하고 국내법원을 관할법원으로 하는 전속적 국제재판관할 합의에 같은 법리가 적용됨을 보여준다.

---

1) 대판 2004. 3. 25. 2001다53349; 대판 2010. 8. 26. 2010다28185(다만 사안은 준거법에 관한 것이어서 적정한 법리를 인용한 것인지에 관한 의문이 있다).

(3) 소비자계약과 근로계약에 관한 국제사법의 특례

국제사법은 소비자계약과 근로계약에 관한 국제재판관할 합의의 유효요건으로 ① 서면합의일 것, ② 분쟁발생 후의 합의일 것,[1] ③ 국제사법에 의한 관할법원에 추가한 부가적 합의일 것의 특례를 두고 있다(동법 27조 6항, 28조 5항).

Ⅲ. 합의의 효력

관할합의가 있으면 합의의 내용에 따라 관할이 변동된다. 관할권 없는 법원에 관할이 생기기도 하고 법정관할법원의 관할이 소멸하기도 한다. 다만, 전속적 합의라고 하더라도 그로 인한 관할은 임의관할이어서 변론관할(30조)이 생길 수도 있고 편의이송(35조)을 할 수도 있다.

관할합의의 효력은 당사자와 그 승계인에 대하여만 미친다. 포괄승계인(예컨대, 상속인)에게는 제한 없이 관할합의의 효력이 미치지만, 특정승계인의 경우에는 소송물을 이루는 권리관계가 채권인 때에는 관할합의의 효력이 승계인에게 미치고, 물권인 때에는 그 효력이 승계인에게 미치지 않는다. 합의의 효력이 일반 제3자에게 미치지 않음은 물론이다.

◆ 대법원 1994. 5. 26.자 94마536 결정

관할의 합의의 효력은 부동산에 관한 물권의 특정승계인에게는 미치지 않는다고 새겨야 할 것인바, 부동산 양수인이 근저당권 부담부의 소유권을 취득한 특정승계인에 불과하다면(근저당권 부담부의 부동산의 취득자가 그 근저당권의 채무자 또는 근저당권설정자의 지위를 당연히 승계한다고 볼 수는 없다), 근저당권설정자와 근저당권자 사이에 이루어진 관할합의의 효력은 부동산 양수인에게 미치지 않는다.

▶ 대법원 2006. 3. 2.자 2005마902 결정

관할의 합의는 소송법상의 행위로서 합의 당사자 및 그 일반승계인을 제외한 제3자에게 그 효력이 미치지 않는 것이 원칙이지만, 관할에 관한 당사자의 합의로 관할이 변경된다는 것을 실체법적으로 보면, 권리행사의 조건으로서 그 권리관계에 불가분적으로

---

1) 대판 2006. 12. 7. 2006다53627(근로계약의 당사자가 분쟁이 발생하기 전에 대한민국 법원의 국제재판관할권을 배제하기로 하는 내용의 합의를 하였다고 하더라도, 그러한 합의는 국제사법 제28조 제5항에 위반하여 효력이 없다).

부착된 실체적 이해의 변경이라 할 수 있으므로, 지명채권과 같이 그 권리관계의 내용을 당사자가 자유롭게 정할 수 있는 경우에는, 당해 권리관계의 특정승계인은 그와 같이 변경된 권리관계를 승계한 것이라고 할 것이어서, 관할합의의 효력은 특정승계인에게도 미친다.

|註| 의정부에 주소를 둔 甲은 乙은행 부천지점에서 대출을 받으면서 은행여신거래기본약관에 의하여 위 대출과 관련된 소송은 乙은행의 거래영업점 소재지 법원이 관할법원이 되는 것으로 약정하였는데, 乙은행은 이후 위 대출금채권을 자산관리공사에 양도하였고 자산관리공사가 甲을 상대로 인천지방법원 부천지원에 양수금청구의 소를 제기한 사안이다. 제1심법원은 관할위반을 이유로 의정부지방법원으로 이송한다는 결정(위 관할합의의 효력을 부인하고 피고 주소지 법원으로 이송)을 하였고 항고심법원도 이를 승인하였으나 대법원은 위와 같은 이유로 항고심결정을 파기하였다.

▶ 대법원 1988. 10. 25. 선고 87다카1728 판결

甲회사와 乙회사의 보증인 사이에 그 보증채무의 이행에 관련된 분쟁에 관하여 甲회사가 제소법원을 임의로 선택할 수 있다고 한 약정의 효력은 그 약정당사자가 아닌 乙회사에게까지는 미칠 수 없다.

제4. 변론관할

변론관할(辯論管轄)은 원고가 관할권 없는 법원에 소를 제기하였는데 피고가 관할위반이라고 항변하지 아니하고 본안에 대하여 변론하거나 변론준비기일에서 진술함으로써 생기는 관할을 말한다(30조). 변론관할이 생기려면 피고의 본안에 관한 변론이나 변론준비절차에서의 진술은 현실적인 것이어야 하므로 피고의 불출석에 의하여 답변서 등이 진술한 것으로 간주되는 경우는 이에 포함되지 아니한다.[1)]

제5. 소송의 이송

Ⅰ. 이송의 의의와 적용범위

소송의 이송(移送)이라 함은 어느 법원에 계속된 소송을 그 법원의 재판에 의하

1) 대결 1980. 9. 26. 80마403.

여 다른 법원으로 이전하는 것을 말한다. 판례는 가정법원과 민사법원 사이에서도 이송을 인정하고,[1] 행정법원과 민사법원,[2] 심급관할인 재심법원을 잘못 선택한 경우[3]에도 원칙적으로 이송을 허용하고 있다. 한편, 판례는 항고할 법원을 잘못 선택한 경우에는 그 소송기록을 관할법원으로 송부함이 마땅하다고 하고 있으나, 이 경우 항고기간의 준수 여부는 기록이 정당한 항고법원에 접수된 때를 기준하여 따져야 한다고 하므로[4] 엄밀한 의미에서는 이송이 아니다. 또한 판례는 비송사건을 일반민사소송으로 제기한 경우에는 이송을 허용하지 않고 부적법 각하하여야 한다고 하였다.[5]

Ⅱ. 이송의 종류

이송에는 관할위반을 이유로 한 이송(34조 1항)과 심판의 편의를 위한 이송(35조)이 있다. 관할위반이송은 전속관할위반의 경우에 한하지 않는다. 편의이송이 이용되지 않는 것은 아니나, 대법원이 편의이송을 할 것인지 말 것인지는 법원의 자유

1) 대결 1980. 11. 25. 80마445.

2) 대판 2018. 7. 26. 2015다221569는 원고가 고의 또는 중대한 과실 없이 행정소송으로 제기하여야 할 사건을 민사소송으로 잘못 제기한 경우, 수소법원으로서는 만약 그 행정소송에 대한 관할을 동시에 가지고 있다면 이를 행정소송으로 심리·판단하여야 하고, 그 행정소송에 대한 관할을 가지고 있지 아니하다면 당해 소송이 이미 행정소송으로서의 전심절차와 제소기간을 도과하였거나 행정소송의 대상이 되는 처분 등이 존재하지도 아니한 상태에 있는 등 행정소송으로서 소송요건을 결하고 있음이 명백하여 행정소송으로 제기되었더라도 어차피 부적법하게 되는 경우가 아닌 이상 이를 부적법한 소라고 하여 각하할 것이 아니라 관할법원에 이송하여야 한다고 하였다(같은 취지 : 대판 1997. 5. 30. 95다28960). 따라서 해당 소송이 이미 행정소송으로서의 전심절차 및 제소기간을 도과하였거나 행정소송의 대상이 되는 처분 등이 존재하지도 아니한 상태에 있는 등 행정소송으로서의 소송요건을 결하고 있음이 명백하여 행정소송으로 제기되었더라도 어차피 부적법하게 되는 경우에는 이송할 것이 아니라 각하하여야 한다(대판 2020. 10. 15. 2020다222382). 반면에 특허심판소와 같은 행정기관으로의 이송은 불가능하므로 소를 각하하여야 한다(대판 1994. 10. 21. 94재후57). 한편 특별한 사정이 없는 한 민사사건을 행정소송 절차로 진행한 것 자체가 위법하다고 볼 수 없다는 것이 판례이다(대판 2018. 2. 13. 2014두11328).

3) 대판(전) 1984. 2. 28. 83다카1981은 재심소장에 재심을 할 판결로 제1심판결을 표시하고 있다고 하더라도 재심의 이유에서 주장하고 있는 재심사유가 항소심판결에 관한 것이라고 인정되는 경우에는, 그 재심의 소는 항소심판결을 대상으로 한 것으로서 재심을 할 판결의 표시는 잘못 기재된 것으로 보는 것이 타당하므로, 재심소장을 접수한 제1심법원은 그 재심의 소를 부적법하다 하여 각하할 것이 아니라 재심관할법원인 항소심법원에 이송하여야 한다고 하였다.

4) 대판 1981. 10. 13. 81누230.

5) 대판 1956. 1. 12. 4288민상126(법인의 가이사 해임청구를 소의 형식으로 제기한 경우). 그러나 엄밀히 말하면 이는 관할위반의 문제라기보다는 권리구제방식을 잘못 택한 문제라고 보아야 한다.

재량에 속한다고 하면서 편의이송신청을 기각한 결정에 대하여 이를 부당하다고 본 예는 없다. 판례는 수감 중인 원고를 법정으로 호송하는 행정상의 부담을 이유로 편의이송을 할 수는 없다고 하였다. 판례에 의하면, 심판의 편의를 위한 이송에 관하여는 당사자의 이송신청권이 인정되지만 관할위반을 이유로 한 이송에 관하여는 당사자의 이송신청권이 인정되지 않는다.

▶ 대법원 2010. 3. 22.자 2010마215 결정

민사소송법 제35조에서 말하는 '현저한 손해'라 함은, 주로 피고(상대방) 측의 소송수행상의 부담을 의미하는 것이기는 하지만 원고 측의 손해도 도외시하여서는 아니 된다 할 것이고, 피고(상대방) 측이 소송을 수행하는 데 많은 비용과 시간이 소요된다는 사정만으로는 위 법 제35조에서 말하는 현저한 손해 또는 소송의 지연을 가져올 사유가 된다고 단정할 수 없다.

|註| 수형자가 국가를 상대로 손해배상을 청구한 사안에서, 대한민국이 수형자의 관리주체로서 부담하는 '수형자의 민사소송을 위한 장거리 호송에 소요되는 상당한 인적·물적 비용'은 행정적인 부담이지 소송상대방으로서 부담하는 것이 아니어서, 민사소송법 제35조에서 말하는 '현저한 손해 또는 지연을 피하기 위하여 이송이 필요한 사정'에 해당되지 않는다고 본 사례이다.

▶ 대법원 1993. 12. 6.자 93마524 전원합의체 결정

[다수의견] 당사자가 관할위반을 이유로 한 이송신청을 한 경우에도 이는 단지 법원의 직권발동을 촉구하는 의미밖에 없는 것이고, 따라서 법원은 이 이송신청에 대하여는 재판을 할 필요가 없고, 설사 법원이 이 이송신청을 거부하는 재판을 하였다고 하여도 항고가 허용될 수 없으므로 항고심에서는 이를 각하하여야 한다. 항고심에서 항고를 각하하지 아니하고 항고이유의 당부에 관한 판단을 하여 기각하는 결정을 하였다고 하여도 이 항고기각결정은 항고인에게 불이익을 주는 것이 아니므로 이 항고심결정에 대하여 재항고를 할 아무런 이익이 없는 것이어서 이에 대한 재항고는 부적법한 것이다.

[반대의견] 민사소송법 제31조 제1항(현행 제34조 제1항)은 법원은 소송의 전부 또는 일부가 그 관할에 속하지 아니함을 인정한 때에는 결정으로 관할법원에 이송하도록 규정하고 있는바, 이는 피고의 관할이익을 보호하는 법원의 책무를 규

정한 것으로 볼 것이지 이것이 피고의 이송신청권을 부정하는 취지라고 해석할 것이 아니다.

당사자에게 법률상 관할위반을 이유로 하는 이송신청권이 있고 없고를 떠나서 법원이 일단 이송신청을 기각하는 재판을 하였으면 적어도 그에 대한 불복은 허용되어야 한다.

|註| 법원이 당사자의 관할위반 이송신청에 따른 직권발동으로 이송결정을 한 경우에는 즉시항고가 허용되지만(39조), 위와 같이 이송신청권이 인정되지 않는 이상 항고심에서 당초의 이송결정이 취소되었다고 하더라도 이에 대한 신청인의 재항고는 허용되지 않는다는 것이 판례이다.[1])

Ⅲ. 이송의 효력

(1) **이송받은 법원은 이송결정에 따라야 하고 사건을 다시 다른 법원으로 이송하지 못한다**(移送決定의 拘束力, 38조). **전속관할을 위반하여 이송한 경우**(특히 심급관할을 위반하여 이송한 경우)**에도 구속력이 인정되는지에 관하여는 논의가 있다.**

◆ 대법원 1995. 5. 15.자 94마1059, 1060 결정

[1] 이송결정의 기속력은 당사자에게 이송결정에 대한 불복방법으로 즉시항고가 마련되어 있는 점이나 이송의 반복에 의한 소송지연을 피하여야 할 공익적 요청은 전속관할을 위배하여 이송한 경우라고 하여도 예외일 수 없는 점에 비추어 볼 때, 당사자가 이송결정에 대하여 즉시항고를 하지 아니하여 확정된 이상 원칙적으로 전속관할의 규정을 위배하여 이송한 경우에도 미친다.

[2] 심급관할을 위배하여 이송한 경우에 이송결정의 기속력이 이송받은 상급심 법원에도 미친다고 한다면 당사자의 심급의 이익을 박탈하여 부당할 뿐만 아니라 이송을 받은 법원이 법률심인 대법원인 경우에는 직권조사사항을 제외하고는 새로운 소송자료의 수집과 사실확정이 불가능한 관계로 당사자의 사실에 관한 주장·입증의 기회가 박탈되는 불합리가 생기므로 심급관할을 위배한 이송결정의 기속력은 이송받은 상급심 법원에는 미치지 않는다고 보아야 하나, 한편 그 기속력이 이송받은 하급심 법원에도 미치지 않는다고 한다면 사건이 하급심

1) 대결 2018. 1. 19. 2017마1332.

과 상급심 법원간에 반복하여 전전이송되는 불합리한 결과를 초래하게 될 가능성이 있어 이송결정의 기속력을 인정한 취지에 반하는 것일 뿐더러 민사소송의 심급의 구조상 상급심의 이송결정은 특별한 사정이 없는 한 하급심을 구속하게 되는바, 이와 같은 법리에도 반하게 되므로 심급관할을 위배한 이송결정의 기속력은 이송받은 하급심 법원에는 미친다고 보아야 한다.

|註| 1. **사실관계와 법원의 판단** 채권압류 및 전부명령에 대한 채무자의 즉시항고에 대하여 집행법원 재판장이 항고장각하명령을 하자 채무자가 항고장각하명령에 대하여 즉시항고를 한 사안이다. 항고법원은 항고장각하명령에 대한 즉시항고를 재항고로 보고 사건을 대법원에 이송하였는데, 대법원은 항고장각하명령에 대한 즉시항고는 최초의 항고이므로 항고법원의 이송은 심급관할에 위배된 것이고 심급관할을 위배한 이송은 이송받은 상급심법원을 기속하지 못한다고 판단하여 사건을 항고법원으로 재이송하였다.

2. **집행법원 재판장의 항고장각하명령에 대한 즉시항고의 성질** 집행법원 재판장의 항고장각하명령에 대한 즉시항고는 최초의 항고이지 재항고가 아니다. 집행법원 재판장의 항고장각하명령은 집행법원이 한 재판의 당부에 관하여 항고법원의 재판을 대신하여 하는 2차적인 처분이 아니라 이와는 무관하게 즉시항고가 그 기본적인 요건을 갖추었는지 여부에 관하여 자기 몫으로 판단하는 1차적인 처분이므로, 그에 대한 즉시항고는 최초의 항고라고 보아야 하는 것이다.[1)] 제1심법원 재판장의 항소장각하명령에 대한 즉시항고(399조 3항)도 마찬가지이다.

3. **전속관할을 위반한 이송결정의 구속력** 심급관할과 같은 전속관할 위반의 경우에도 이송결정의 구속력이 인정되는가에 관하여는, ① 이송의 목적은 절차의 촉진과 비용의 절감에 있는 것이지 관할 있는 재판권의 최종적 결정을 위한 것이 아니고, 전속관할위반은 절대적 상고이유가 되며, 법원의 결정에 의해 전속관할에 관한 명문규정을 배제하는 부당한 결과가 된다는 점을 근거로 하는 소극설(방순원, 송상현·박익환, 호문혁)과 ② 제38조는 전속관할의 경우를 배제하지 않고 있고, 이송의 반복에 의한 소송지연과 당사자에 대한 불의의 타격을 피하여야 할 요청은 전속관할도 마찬가지라는 점을 근거로 하는 적극설(이시윤, 정동윤·유병현·김경욱, 강현중, 김홍규·강태원)이 대립하였다. 대상결정은 이송결정의 기속력은 전속관할 규정에 위배하여 이송한 경우에도 미치나, 심급관할의 경우에는 당사자의 심급의 이익과 이송의 반복에 의한

1) 대상결정 및 대결(전) 1995. 1. 20. 94마1961(경락허가결정에 대한 항고장에 보증의 제공이 있음을 증명하는 서류를 첨부하지 않았다는 이유로 경매법원 재판장이 한 항고장각하명령에 대한 즉시항고는 재항고가 아닌 최초의 항고라고 하였다).

소송지연의 문제를 조화롭게 해결하기 위하여 상급심법원의 하급심법원으로의 이송은 하급심법원을 구속하나 하급심법원의 상급심법원으로의 이송은 상급심법원을 구속하지 못한다는 견해를 취하였다. 다만 판례에 대하여는, 전속관할을 위반한 이송결정에도 구속력이 인정되어야 하지만, 심급관할을 위반한 이송의 경우에는 상급심법원뿐만 아니라 하급심법원에 대하여도 구속력을 인정하지 않아야 한다는 비판도 있다(조관행, 이시윤 화갑기념논문집).[1]

(2) 이송결정이 확정되면 소송은 처음부터 이송받은 법원에 계속된 것으로 본다(소송계속의 이전, 40조). **따라서 소멸시효의 중단 여부나 제척기간의 준수 여부는 소를 제기한 때를 기준으로 판단한다.**

▶ 대법원 1984. 2. 28. 선고 83다카1981 전원합의체 판결

재심의 소가 재심제기기간 내에 제1심법원에 제기되었으나 재심이유 등에 비추어 항소심판결을 대상으로 한 것이라 인정되어 위 소를 항소심법원에 이송한 경우에 있어서 재심제기기간의 준수 여부는 민사소송법 제40조 제1항의 규정에 비추어 제1심법원에 제기된 때를 기준으로 할 것이지 항소심법원에 이송된 때를 기준으로 할 것은 아니다.

1) 이 비판은 대법원의 입장에 따를 경우 ① 심급관할을 위반하여 하급심으로 이송된 경우 구속력이 인정됨으로써 하급심은 잘못 이송되어 온 사건에 대하여 불필요하게 본안재판을 하여야 하고 결국 다시 불복상소하게 됨으로써 재판이 4심 이상으로 확장되어 소송의 신속을 해하게 된다는 점, ② 상급심의 하급심 기속 원칙은 하급심의 부당을 시정하기 위한 원칙임에도 불구하고 상급심이 잘못 이송한 경우에 상급심의 재판에 기속력을 인정하는 것은 심급제도의 유지와는 관계가 없다는 점, ③ 항고법원이 제1심 재판에 대한 항고사건을 동일심급에 대한 불복신청인 이의신청으로 잘못 알고 사건을 제1심으로 이송한 경우 이를 이송받은 법원이 이송결정에 구속되어 이송된 사건을 다시 제1심으로서 재판할 수밖에 없게 되는데 이 경우 이송받은 법원의 결론이 이송 전 제1심법원의 결론과 다른 경우 이송받은 법원으로서는 이전의 제1심 재판을 취소할 수 없어 결론이 다른 두 개의 제1심 재판이 존재하게 되고 그 결과 소송상 해결하기 곤란한 복잡한 문제가 야기된다는 점을 그 이유로 든다.

제2장
당사자

제 1 절 당사자의 확정

당사자의 확정이라 함은 현실적으로 소송계속 중인 사건에서 원고가 누구이고 피고가 누구인가를 확정하는 것을 말한다. 당사자확정은 당사자능력, 당사자적격, 소송능력, 변론능력과 같은 당사자자격과는 구별되는 개념이다. 당사자가 누구인지 확정한 후 그 확정된 당사자가 소송법상 당사자로서 인정될 수 있는지, 당해 소송에서 정당한 당사자인지, 그가 유효하게 소송행위를 할 수 있는지 등을 따지는 문제가 당사자자격이다.

“소송에 있어서 당사자가 누구인가는 기판력의 주관적 범위, 인적 재판적, 법관의 제척원인, 당사자적격, 당사자능력, 소송능력, 소송절차의 중단과 수계, 송달 등에 관한 문제와 직결되는 중요한 사항이므로 사건을 심리판결하는 법원으로서는 직권으로 소송당사자가 누구인가를 확정하여 심리를 진행해야 함은 물론 판결의 표시에도 이를 분명히 하여야 한다.”[1)]

이하에서는 당사자를 확정하는 기준을 먼저 살펴보고 이어서 관련문제로서 당사자표시의 정정, 성명모용소송, 사망자를 당사자로 한 소송에 관하여 살피기로 한다.

---

1) 대판 1987. 4. 14. 84다카1969{소장에 피고가 “충청북도 화물자동차운송사업조합(전국화물자동차공제조합 충북지부)”으로 표시되어 있고 원심판결에도 동일하게 피고가 표시된 사건에서, 대법원은 ‘충청북도 화물자동차운송사업조합’과 ‘전국화물자동차공제조합 충북지부’가 별개의 법인격을 가진 단체이므로 피고가 확정되지 않아 위법하다고 판결하였다}; 대판 2011. 3. 10. 2010다99040.

제1. 당사자확정의 기준

당사자는 소장의 당사자란 기재를 1차적인 기준으로 하되 청구의 취지와 원인 그 밖에 소장 전체의 취지를 종합하여 합리적으로 해석·확정하여야 한다.

▶ 대법원 1996. 12. 20. 선고 95다26773 판결

[1] 당사자는 소장에 기재된 표시 및 청구의 내용과 원인사실 등 소장의 전취지를 합리적으로 해석하여 확정하여야 한다.

[2] 제1심에서의 당사자표시변경이 당사자표시정정에 해당하는 것으로서, 제1심이 소송당사자를 제대로 확정하여 판결하였음에도 불구하고, 항소심이 제1심에서의 당사자표시변경이 임의적 당사자변경에 해당하여 허용될 수 없는 것이라고 잘못 판단하여 소송당사자 아닌 자를 소송당사자로 취급하여 변론을 진행시키고 판결을 선고한 경우, 진정한 소송당사자에 대하여는 항소심판결이 아직 선고되지 않았다고 할 것이고, 진정한 소송당사자와 사이의 사건은 아직 항소심에서 변론도 진행되지 않은 채 계속 중이라고 할 것이므로 진정한 소송당사자는 상고를 제기할 것이 아니라 항소심에 그 사건에 대한 변론기일지정신청을 하여 소송을 다시 진행함이 상당하며, 항소심이 선고한 판결은 진정한 소송당사자에 대한 관계에 있어서는 적법한 상고 대상이 되지 아니한다.

|註| 1. **사실관계와 법원의 판단** 소장의 원고표시란에는 'A 교회 대표자 담임목사 甲'이라고 기재되어 있었으나, 청구의 내용은 피고의 방해로 甲이 교회활동을 하지 못하여 甲을 포함한 교인들이 정신적 피해를 입었으므로 그 손해를 배상하라는 것이고, 첨부서류로는 '甲을 선정당사자로 선임하고 소송에 관한 권한을 위임한다'는 내용의 소송위임장이 제출되었다. 이후 甲을 선정당사자로 한다는 교인들 명의의 선정서가 제출되었고, 甲은 변론기일에 교인들의 선정당사자로서 소송을 수행하는 것이라고 진술하였다. 다만 이후에도 한동안 준비서면에는 'A 교회'가 원고로 표시되어 있었다. 제1심은 甲을 원고선정당사자로 보고 원고 일부승소 판결을 하였으나, 항소심은 'A 교회'를 당사자로 보고 원고를 A 교회에서 선정당사자 甲으로 변경하는 것은 임의적 원고변경으로 허용될 수 없다고 하면서 A 교회의 청구를 기각하는 판결을 하였다. 이에 대하여 대법원은 판결요지 [1]의 법리에 비추어 보면 이 사건 소는 교인들이 甲을 선정당사자로 선정하여 제기한 것으로 보아야 한다고 하면서 판결요지 [2]와 같이 처리되어야 한다고 하였다.

2. 당사자확정의 기준 (1) 당사자확정의 기준에 관하여는, ① 표시의 내용과 상관없이 원고나 법원이 당사자로 삼고자 의도한 사람이 당사자가 된다는 의사설(意思說), ② 소송상 당사자로 취급되거나 당사자로 행동한 사람이 당사자라는 행위설(行爲說), ③ 소장에 표시된 사람이 당사자라는 표시설(表示說), ④ 원칙적으로는 소장의 표시에 의하되 청구의 취지와 원인, 그 밖에 일체의 표시사항 등을 종합하여 합리적으로 해석하여 당사자를 확정하여야 한다는 실질적 표시설(수정된 표시설)이 있다. 판례는 실질적 표시설의 입장이다.

(2) 당사자확정의 시기에 관하여, ① 당사자의 개념은 소 제기시부터 여러 가지 문제의 판단기준이 되고 또 소의 내용을 이루므로 원칙적으로 당사자는 소 제기의 단계에서 확정되어야 한다는 견해(정동윤·유병현·김경욱), ② 실질적 표시설의 입장에 서면 당사자확정의 시기를 변론종결시로 보게 된다는 견해(김홍엽, 대법원 판례해설 제23호)가 있다.

제 2. 당사자표시의 정정

앞서 본 기준에 따라 확정한 당사자의 표시에 잘못이 있는 경우 그 표시는 당사자표시정정의 방법으로 바로잡을 수 있다. "당사자표시정정은 당사자의 표시를 잘못하였을 경우에 그 동일성을 유지하는 범위 안에서 이를 바로 잡는 것으로서, 이는 종전의 당사자를 교체하고 새로운 제3자를 당사자로 바꾸는 당사자경정과는 다른 것이다.[1] ① 당사자표시정정은 상급심에서도 허용되지만[2] 피고경정(우리법은 피고의 경정만을 허용한다)은 제1심 변론종결시까지만 허용되고(260조 1항 본문), 당사자표시정정에는 상대방의 동의가 필요하지 않지만[3] 피고경정은 기존의 피고가 본안에 관하여 준비서면을 제출하거나 변론준비절차에서 진술하거나 변론을 한 뒤에는 그의 동의를 받아야 한다(260조 1항 단서). ② 당사자표시정정은 당사자의 동일성이 유지되는 것을 전제하므로 당초 소장을 제출한 때에 시효중단

1) 대판 1999. 4. 27. 99다3150(등기부의 기재에 따라 피고를 '고산문'으로 표시하였다가 후에 고산문이 전라북도 향교재단 산하 고산향교의 약칭으로 밝혀지자 피고의 표시를 '전라북도 향교재단'으로 정정한 것은 당사자표시의 정정에 해당되어 허용된다는 판결이다).
2) 대판 1996. 10. 11. 96다3852("동일성이 인정되는 범위 내에서라면 항소심에서도 당사자의 표시정정을 허용하여야 한다"). 다만, 사망한 사람을 피고로 하여 소 제기한 경우 상고심에서는 당사자표시정정이 불허된다는 것이 판례이다(대판 2012. 6. 14. 2010다105310).
3) 대판 1978. 8. 22. 78다1205("항소심에서 당사자표시정정이 있었다 하여도 당사자에게 심급의 이익을 박탈하는 것이 아니고, 따라서 상대방의 동의가 필요한 것도 아니다").

이나 기간준수의 효과가 발생하지만,[1] 피고경정은 구소 취하와 신소 제기의 실질을 가지므로 경정신청서를 제출한 때에 시효중단이나 기간준수의 효과가 발생한다(265조).

당사자표시가 잘못 되었음에도 당사자표시정정을 하지 않고 본안판결이 선고되어 확정된 경우 그 확정판결의 효력은 잘못 기재된 당사자와 동일성이 인정되는 범위 내에서 적법하게 확정된 당사자에 대하여 미친다는 것이 판례이다.[2]

Ⅰ. 당사자표시의 정정이 허용되는 경우

1. 오기(誤記)인 경우

당사자표시정정이 허용되는 첫째의 경우는 공부상의 기재 등에 비추어 볼 때 당사자의 표시를 잘못한 경우이다. 판례 중에는 정식 명칭이 "수원백씨 선전공파 대구시 노곡동문중"인 원고의 대표자가 소장에 원고를 표시하면서 "수원백씨 선전공파종친회"라고 기재하였다가 나중에 원고의 표시를 "수원백씨 선전공파 대구시 노곡동문중"으로 고친 것을 당사자표시정정에 불과하다는 것이 있다.[3] 또한 판례 중에는 피고를 "○○은행 리스크본부장"이라고 표시한 것은 자연인의 지위 내지 신분을 표시하여 특정하는 의미를 가질 뿐이라고 한 것이 있는데,[4] 이 경우에도 그 자연인으로 당사자표시정정을 할 수 있다.

2. 당사자능력 또는 당사자적격이 없는 자를 당사자로 표시한 경우

당사자표시정정이 허용되는 다른 예는 당사자능력이 있는 자를 당사자로 하기 위한 표시정정이다. 즉, 소장의 전취지를 합리적으로 해석한 결과 인정되는 당사자는 당사자능력이 있는 자이나 소장의 당사자 표시를 당사자능력 없는 자로 한 경우 이를 바로잡는 것은 당사자표시정정으로 허용된다.[5]

민사소송에서 국가 대신 행정관청을 당사자로 표시하였다가 국가로 표시정정

1) 대판 2011. 3. 10. 2010다99040.
2) 대판 2011. 1. 27. 2008다27615.
3) 대판 1970. 2. 24. 69다1774.
4) 대판 2008. 4. 10. 2007다86860.
5) 대판 1999. 11. 26. 98다19950(법적 평가를 그르쳐 원고를 법인격 없는 '전국운수노동조합 전북지부 정읍미화분회'로 표시하였다가 법인격 있는 '전라북도 항운노동조합'으로 정정하는 것은 허용된다고 하였다).

하는 경우,[1] 단체 대신 단체 내부기관을 당사자로 표시하였다가 단체로 표시정정하는 경우,[2] 학교법인 또는 설립경영자 대신 학교를 당사자로 표시하였다가 학교법인이나 설립경영자로 표시정정하는 경우[3] 등이 모두 여기에 속한다.

같은 맥락에서 당사자적격이 없는 자를 당사자로 잘못 표시한 경우에도 당사자표시정정이 허용된다. 판례는 乙에 대하여 회생절차를 개시하면서 관리인을 선임하지 않고 乙을 관리인으로 본다는 내용의 회생절차개시결정이 있은 후 甲이 乙을 상대로 사해행위취소의 소를 제기하면서 乙의 지위를 채무자 본인인지 관리인인지 표시하지 않은 경우 법원으로서는 乙의 지위를 관리인으로 표시하라는 취지로 당사자표시정정의 보정명령을 하여야 한다고 하였다.[4]

3. 소 제기 전 사망한 사람을 피고로 삼은 경우

당사자표시정정이 허용되는 또 다른 예는 소 제기 전에 이미 사망한 자를 피고로 표시하여 소를 제기한 경우이다. 판례는 이 경우 실질적인 피고는 사망자의 상속인들이므로 상속인들로의 표시정정이 허용된다고 하였다. 상세는 아래 '사망자를 당사자로 하는 소송' 중 대법원 1969. 12. 9. 선고 69다1230 판결 참조.

Ⅱ. 당사자표시의 정정이 허용되지 않는 경우

당사자표시정정은 당사자로 표시된 자의 동일성이 인정되는 범위 내에서 그 표시만을 변경하는 경우에 한하여 허용된다.[5] 동일성이 인정되지 않는 당연한 귀결

---

1) 대판 1953. 2. 19. 4285민상27; 대판 2001. 11. 13. 99두2017(원고를 '인천광역시'로 표시하여야 하는데 '인천광역시장'으로 잘못 표시한 경우 당사자표시를 정정케 하는 조치를 취함이 없이 바로 소를 각하할 수는 없다).

2) 대판 1996. 10. 11. 96다3852(당사자표시를 순천향교의 내부기관에 불과한 '순천향교 수습위원회'에서 '순천향교'로 정정하는 것은 허용된다고 하였다).

3) 대판 1978. 8. 22. 78다1205; 대판 2019. 11. 15. 2019다247712(당사자표시를 유치원에서 유치원 설립자로 정정하는 것은 허용된다고 하였다).

4) 대판 2013. 8. 22. 2012다68279(이 경우 甲에게 단순히 乙의 지위를 특정하라는 보정명령만을 내린 후 甲이 乙을 관리인으로 표시하는 보정을 하지 않자 당사자적격이 없는 자를 피고로 삼았다는 이유로 소를 각하하는 것은 위법하다).

5) 대판 1996. 3. 22. 94다61243(소장 중 원고의 표시란에는 '甲, 용인군 용인읍 ○○리 ○○번지'라고 기재되어 있고, 소장의 끝부분에는 '위 원고 甲'이라는 표시와 함께 甲의 인장이 날인되어 있으며, 청구원인에도 '원고는 A 종중 대표자로서…'라고 표시되어 있었는데, 甲이 원고의 표시를 'A 종중'으로 정정하고자 신청한 사안에서, "… 원고는 자연인인 대표자 개인이고 그와 종회 사이에 동일성이 인정된다고 할 수 없어 그 당사자표시정정신청은 허용될 수 없다"

로서 당사자를 추가하는 당사자표시정정도 있을 수 없다.[1)]

◆ 대법원 1986. 9. 23. 선고 85누953 판결

당사자는 소장에 기재한 표시만에 의할 것이고 청구의 내용과 원인사실을 종합하여 확정하여야 하는 것이며 당사자 정정신청을 하는 경우에도 실질적으로 당사자가 변경되는 것은 허용할 수 없다.

|註| 1. 원고의 표시를 '주식회사 A 백화점 대표자 甲'에서 '甲'으로 하는 정정신청은 당사자인 원고를 변경하는 것으로 허용될 수 없다고 한 사례로서, 실질적 표시설의 입장에서 당사자를 확정하여야 하며 당사자의 동일성이 유지되는 범위 내에서 표시정정이 가능함을 밝힌 판결이다.

2. 유사사례로, 소장에 원고를 '甲'으로 표시하고 청구원인에서 '원고는 A 종중의 대표자로서…'라고 기재하였다가 원고를 'A 중중'으로 정정신청하는 것은 동일성이 인정되지 않는 대표자 개인을 종중으로 정정하고자 하는 것이어서 허용되지 않는다고 한 것이 있다.

제 3. 성명모용소송

성명모용소송에서의 당사자는 피모용자이고, 피모용자가 소송에 관여하지 못한 데 대한 구제가 문제된다.

◆ 대법원 1964. 11. 17. 선고 64다328 판결

민사소송에 있어서 피고의 지위는 피고의 의사와는 아무런 관계없이 원고의 소에 의하여 특정되는 것이므로 설령 제3자가 원고의 소에 의하여 특정된 피고를 참칭하였다고 하더라도 그 소송의 피고가 모용자로 변경되는 것이 아니다. 만일 피고 아닌 제3자가 피고를 잠칭하여 소송을 진행하여 판결이 선고되었다면 피고는 그 소송에서 적법히 대리되지 않은 타인에 의하여 소송절차가 진행됨으로 말미암아 결국 소송관여의 기회를 얻지 못하였다고 할 것이고, 이는 피고 아닌 자가 피고를 잠칭하여 소송행위를 하였거나 소송대리권이 없는 자가 피고의 소송대리인으로서 소송행위를 하였거나 그간에 아무런 차이가 없는 것이며, 이러

고 하였다).

1) 대판 1991. 6. 14. 91다8333.

한 경우에 법원이 피고 아닌 자가 피고를 모용하여 소송을 진행한 사실을 알지 못하고 판결을 선고하였다면 피모용자는 상소 또는 재심의 소를 제기하여 그 판결의 취소를 구할 수 있다.

|註| 1. **사실관계와 법원의 판단** 甲과 乙 사이에 乙 소유인 X 건물을 甲에게 인도한다는 재판상화해가 이루어졌는데, 사실은 乙의 동생인 丙이 乙인양 참칭하여 위와 같은 재판상화해를 한 것이었다. 이에 대하여 乙은 재심의 소를 제기하였다. 대법원은 위 소송에서 피고는 피모용자인 乙이고, 乙은 소송대리권 없는 자에 의하여 소송행위가 이루어진 경우에 준하여 상소 또는 재심에 의하여 구제될 수 있다고 하였다.

2. **성명모용 사실을 간과한 판결의 효력** 성명모용소송이란 다른 사람의 이름을 무단히 이용하여 소를 제기(원고측 모용)하거나 소송에 응하는 것(피고측 모용)을 가리킨다. 실질적 표시설에 따라 피모용자를 당사자로 보면 성명모용 사실을 간과하고 한 판결의 효력은 피모용자에게 미친다.[1] 다만 이는 무권대리인에 의하여 소송이 진행된 경우와 같으므로 피모용자는 판결을 원용(추인)할 수도 있고, 상소(424조 1항 4호) 또는 재심(451조 1항 3호)에 의하여 판결의 취소를 구할 수도 있다.

3. **원고가 허위주소로 송달을 하여 판결을 편취한 경우** 원고가 피고의 주소를 허위로 기재하여 법원으로 하여금 그 주소로 소장부본을 송달하게 하고 원고와 통모한 제3자가 피고를 참칭하여 소장부본을 수령한 다음 다투지 아니하여 자백간주판결이 내려진 다음 위 제3자가 판결정본을 수령한 경우, 이는 원고가 제3자로 하여금 피고의 성명을 모용하게 함으로써 판결을 편취한 것인데, 이에 관하여 판례는 피모용자를 피고로 보고 아직 판결정본이 피고에게 송달되지 않았다고 보아 피고는 항소로써 다툴 수 있다고 하였다. 상세는 '판결의 편취' 중 대법원 1978. 5. 9. 선고 75다634 전원합의체 판결 참조.

1) 대판 2011. 1. 27. 2008다27615.

제4. 사망자를 당사자로 한 소송

Ⅰ. 사망자를 피고로 표시한 경우 당사자의 확정

사망자를 피고로 표시한 경우 실질적 표시설에 의할 때 피고는 상속인이므로 피고의 표시를 상속인으로 정정하여야 한다.

▶ 대법원 2006. 7. 4.자 2005마425 결정

원고가 사망 사실을 모르고 사망자를 피고로 표시하여 소를 제기한 경우에, 청구의 내용과 원인사실, 당해 소송을 통하여 분쟁을 실질적으로 해결하려는 원고의 소 제기 목적 내지는 사망 사실을 안 이후의 원고의 피고표시정정신청 등 여러 사정을 종합하여 볼 때 사망자의 상속인이 처음부터 실질적인 피고이고 다만 그 표시를 잘못한 것으로 인정된다면, 사망자의 상속인으로 피고의 표시를 정정할 수 있다. 그리고 이 경우에 실질적인 피고로 해석되는 사망자의 상속인은 실제로 상속을 하는 사람을 가리키고, 상속을 포기한 자는 상속 개시시부터 상속인이 아니었던 것과 같은 지위에 놓이게 되므로 제1순위 상속인이라도 상속을 포기한 경우에는 이에 해당하지 아니하며, 후순위 상속인이라도 선순위 상속인의 상속포기 등으로 실제로 상속인이 되는 경우에는 이에 해당한다.

|註| 1. 사실관계와 법원의 판단 (1) 사실관계 : 甲은 2004. 4. 1. 乙을 피고로 하여 구상금청구의 소를 제기하였는데, 乙은 소 제기 전인 2000. 1. 25. 이미 사망하였고, 제1순위 상속인으로 처 丙, 자 丁이 있었다. 이에 甲은 2004. 7. 29. 피고를 乙에서 丙, 丁으로 정정하는 당사자표시정정신청(제1차 당사자표시정정신청)을 하였고, 제1심법원은 위 당사자표시정정신청을 허가하였다. 그런데 丙, 丁은 이미 상속포기신고를 하여 위 신고가 이미 수리되었고, 이와 같은 사정을 들어 채무가 없다는 취지의 답변서를 제출하였다. 이에 甲은 2004. 9. 15. 피고를 丙, 丁에서 丁의 자인 戊, 己로 정정하는 당사자표시정정신청(제2차 당사자표시정정신청)을 하였다.

(2) 법원의 판단 : 이에 대하여 제1심법원은 제2차 당사자표시정정신청을 기각하였고, 항고심법원 역시 ① 사망자를 피고로 하여 소 제기하였을 때 당사

자표시정정을 허용한 기존의 판례들은 민사소송법이 피고경정제도를 도입하기 이전의 판례들로서, 실질적으로는 당사자의 변경 또는 경정으로 보이는 경우에도 당사자표시정정을 허용함으로써 당사자를 구제할 현실적인 필요성을 고려한 것인바, 민사소송법이 개정됨으로써 이러한 당사자 구제는 당사자표시정정의 확장해석을 통하지 아니하고 피고경정제도를 통하여 달성할 수 있게 된 점, ② 민사소송법이 피고경정의 요건, 절차 및 효과에 관하여 상세한 규정을 둔 것으로 미루어 보아 당사자표시정정은 순수한 의미에서의 오기의 정정에 한하도록 하려는 것이 입법자의 의도로 보이는 점, ③ 이 사건에서와 같이 최초 피고로 잘못 표시된 망인의 표시정정 대상인 선순위 상속인이 상속을 포기한 경우에는 순차로 차순위 상속인을 상대로 당사자표시정정이 이루어지게 되는데, 이러한 경우에는 피고가 되는 자연인이 실질적으로 계속 변경됨에도 불구하고 이를 당사자표시정정으로서 허용하는 것은 불합리해 보이는 점, ④ 이 사건에서와 같이 재판상 청구에 의한 소멸시효의 중단시기가 문제되는 경우에 당사자표시정정을 허용하게 되면 최초의 망인을 상대로 소를 제기한 때에 소멸시효가 중단되는 것으로 볼 여지가 있어서, 뒤늦게 피고로 정정된 후순위 상속인은 실제로 청구를 받지 아니하였음에도 소멸시효가 중단되는 결과를 초래하게 되는 점 등을 이유로 제1심법원의 결론이 정당하다고 하였다. 그러나 대법원은 위와 같이 판시하여 이 사건에서 제2차 당사자표시정정신청을 허용함이 타당하다고 하였다.

2. 사망자를 피고로 표시하여 제소한 경우 (1) 이미 사망한 사람을 그가 사망한 사실을 모르고 피고로 표시하여 제소하였을 경우 사망자의 상속인으로 피고표시를 정정하는 당사자표시정정신청이 허용된다고 함이 확립된 판례이다.[1] 판례는 나아가 사망자를 상속인으로 수계하는 수계신청은 당사자표시정정신청의 효력이 있으므로 이에 따른 조치를 취하여야 한다고 하였다.[2]

(2) 한편, 민사소송법이 피고의 경정(260조)제도를 도입하면서 이러한 경우 계속하여 당사자표시정정으로 문제를 해결할 것인지에 관한 논의가 있다. 학설로는 ① 판례가 당사자표시정정을 허용하였던 것은 임의적 당사자변경이 불가능하던 상황에서 당사자의 보호와 소송경제를 꾀하려고 하였던 것이었는데

1) 대판 1960. 10. 13. 4292민상950; 대판 1969. 12. 9. 69다1230 등 다수.
2) 대판 1974. 10. 8. 74다834.

1990년 개정으로 민사소송법이 임의적 당사자변경의 한 형태인 피고의 경정을 도입하였으므로 이제는 당사자의 확정에 관하여 표시설로 일관하면서 피고의 경정제도를 활용하여 문제를 해결함이 마땅하다는 입장(정동윤·유병현·김경욱, 호문혁)과 ② 피고의 경정이 허용됨과 무관하게 여전히 당사자표시정정의 방법에 의할 것이라는 입장(이시윤, 강현중, 김홍규·강태원)이 대립한다. 이 사건에서 대법원은 피고의 경정제도가 도입된 이후에도 여전히 당사자표시정정을 허용할 것이라는 입장을 취하고 있다. 대법원의 입장을 지지하는 견해로, ① 법원의 입장은 실질적 표시설을 일관한 것일 뿐 사망자를 피고로 한 소송에 한하여 예외적으로 의사설에 따른 것이 아니고, ② 피고의 경정제도는 당사자표시정정 등으로 기존에 구제되지 않던 사례를 구제하는 데 의미가 있는 것으로서 순수한 오기를 제외한 나머지 사례들을 피고의 경정으로 해결하려는 것이 피고의 경정제도를 도입한 입법자의 의도라고 단정할 수 없으며, ③ 사망자를 상대로 처음에 소를 제기한 때에 시효중단이나 기간준수의 효과를 부여하는 것이 타당하다는 주장이 있다.[1)]

(3) 대상판결은 실질적인 피고로 해석되는 상속인은 실제로 상속을 하는 사람을 가리킨다고 하면서 후순위 상속인을 피고로 보았는데, 이러한 법리는 채권자가 채무자의 사망 이후 그 1순위 상속인의 상속포기 사실을 알지 못하고 1순위 상속인을 상대로 소를 제기한 경우에도 마찬가지로 적용된다(후순위 상속인으로의 표시정정이 허용된다는 취지이다).[2)]

(4) 사망자를 피고로 하여 제소한 제1심에서 원고가 상속인으로 당사자표시정정을 함에 있어서 일부 상속인을 누락시킨 탓으로 그 누락된 상속인이 피고로 되지 않은 채 제1심판결이 선고된 경우에 원고는 항소심에서 그 누락된 상속인을 다시 피고로 정정추가할 수 없다.[3)] 항소심에 있어서의 소송계속은 제1심판결을 받은 당사자(그 포괄승계인 포함)로서 그에 불복 항소한 당사자와 그 상대방 당사자 사이에서만 발생하기 때문이다. 결국 누락된 상속인에 대하여

1) 이상원, 대법원 판례해설 제63호. 판례도 사망자를 피고로 표시하여 처음 소장을 제출한 때에 시효중단의 효력이 생긴다고 하였다(대판 2011. 3. 10. 2010다99040).

2) 대판 2009. 10. 15. 2009다49964.

3) 대판 1974. 7. 16. 73다1190. 다만 이러한 판결이 항소심에서는 피고표시정정이 허용되지 않는다는 취지는 아니다. 항소심에서의 피고표시정정을 허용한 사례로는, 대판 1969. 12. 9. 69다1230; 대판 1971. 6. 30. 69다1840(이미 사망한 사람을 피고로 하여 소 제기하였다가 패소한 원고가 항소한 후 항소심에서 피고표시정정신청을 한 사안).

는 별개의 소를 제기할 수밖에 없다.

Ⅱ. 사망자를 당사자로 한 소송에 관한 기타 쟁점

1. 사망자를 원고로 표시하여 제소한 경우

(1) 원고로 표시된 사람이 사망자인 경우 원칙적으로는 소가 부적법하다.

▶ 대법원 2015. 8. 13. 선고 2015다209002 판결

소 제기 당시 이미 사망한 당사자와 상속인이 공동원고로 표시된 손해배상청구의 소가 제기된 경우, 이미 사망한 당사자 명의로 제기된 소 부분은 부적법하여 각하되어야 할 것일 뿐이고, 소의 제기로써 상속인이 자기 고유의 손해배상청구권뿐만 아니라 이미 사망한 당사자의 손해배상청구권에 대한 자신의 상속분에 대해서까지 함께 권리를 행사한 것으로 볼 수는 없다.

|註| 같은 취지에서 "소장이 제1심법원에 접수되기 전에 공동원고의 한 사람이 사망한 경우에는 그 원고 명의의 제소는 부적법한 것으로서 그 부분은 각하할 수밖에 없다"고 한 것이 있다.[1)]

(2) 다만, 다른 절차에 대한 불복의 수단으로 제기된 소송에서는 원고의 당사자 표시정정이 허용된다. 경락허가결정에 대한 항고, 재심의 소 제기, 전심절차를 거치고 제기하는 소송이 그 예이다.[2)]

(3) 한편, 소송대리인에게 소송위임을 한 후 소 제기 전에 사망한 경우에는 사망자를 원고로 표시하여 제기한 소도 적법하고, 이 경우는 소송수계절차를 밟아야 한다는 것이 판례이다(판례에 비판적인 입장으로는 한충수, 법조 제719호).

▶ 대법원 2016. 4. 2. 선고 2014다210449 판결

당사자가 사망하더라도 소송대리인의 소송대리권은 소멸하지 아니하므로(민사소송법 제95조 제1호), 당사자가 소송대리인에게 소송위임을 한 다음 소 제기 전에 사망하였는데 소송대리인이 당사자가 사망한 것을 모르고 그 당사자를 원고로 표시하여 소를 제기하였다면 이러한 소의 제기는 적법하고, 시효중단 등 소 제기의 효력은 상속인들에게 귀속된다. 이 경우 민사소송법 제233조 제1항이 유추적용되어 사망한 사람의 상속인들은

---

1) 대판 1990. 10. 26. 90다카21695.
2) 대결 1971. 4. 22. 71마279(경락허가결정에 대한 항고); 대판 1979. 8. 14. 78다1283(재심의 소 제기); 대판 1994. 12. 2. 93누12206(국세심판에 불복하는 행정소송의 제기).

그 소송절차를 수계하여야 한다.

2. 소 제기 전 당사자의 사망을 간과하고 한 판결의 효력

(1) 소 제기 전에 이미 당사자가 사망하였음에도 이를 간과하고 한 판결은 당연무효이다.

▶ 대법원 2015. 1. 29. 선고 2014다34041 판결

사망자를 피고로 하는 소 제기는 원고와 피고의 대립당사자 구조를 요구하는 민사소송법상의 기본원칙이 무시된 부적법한 것으로서 실질적 소송관계가 이루어질 수 없으므로, 그와 같은 상태에서 제1심판결이 선고되었다 할지라도 판결은 당연무효이며, 판결에 대한 사망자인 피고의 상속인들에 의한 항소나 소송수계신청은 부적법하다. 이러한 법리는 소 제기 후 소장부본이 송달되기 전에 피고가 사망한 경우에도 마찬가지로 적용된다.

|註| 1. 甲이 乙을 피고로 하여 소를 제기하였는데 乙(소 제기 후 소송계속 전 사망)에 대하여 송달이 되지 않자 제1심법원은 공시송달에 의하여 甲 승소판결을 하였고, 추후 乙의 상속인들인 丙, 丁이 추후보완항소와 소송수계신청을 하자 甲 역시 피고를 乙에서 丙, 丁으로 정정하여 달라는 당사자표시정정신청을 한 사안이다. 대법원은 제1심판결은 당연무효이므로 이에 대한 추후보완항소와 소송수계신청은 부적법하고 당사자표시정정신청도 허용되지 않는다고 하였다.

2. 같은 법리는 지급명령에도 적용되므로, 사망자를 채무자로 하여 지급명령신청을 하거나 지급명령신청 후 지급명령이 송달되기 전에 채무자가 사망한 경우 그 지급명령은 당연무효이고, 지급명령이 상속인에게 송달되는 등 형식적으로 확정된 것과 같은 외관이 생겼다고 하더라도 그 지급명령이 상속인에 대하여 유효하게 된다고 할 수 없다.[1]

(2) 따라서 소 제기 전에 이미 당사자가 사망하였음에도 이를 간과하고 판결을 한 경우 ① 그 판결에 대한 상소는 부적법하고,[2] 상속인으로의 소송수계신청이나 당사자표시정정신청도 허용될 수 없으며,[3] ② 위와 같은 판결은 확정되더라도 사망자는 물론 상속인에게도 기판력이 생길 수 없고,[4] 그러한 확정판결에 터잡은 등기

1) 대판 2017. 5. 17. 2016다274188.
2) 대판 2000. 10. 27. 2000다33775(사망한 자를 상대로 한 상소 부적법); 대판 1970. 3. 24. 69다929(사망자 명의의 상소 부적법).
3) 대판 1970. 3. 24. 69다929(소송수계신청 불허).
4) 대판 1961. 12. 14. 4294민상382.

는 부적법한 등기로서 말소되어야 한다.[1] 다만, 유효한 판결인 것으로 보이는 외관의 제거를 위한 상속인의 상소는 허용할 것이라는 견해(이시윤)와 사망자를 피고로 표시하여 제소한 경우에 상속인이 소장을 수령하고 사망자의 명의로 소송대리인을 선임하는 등 현실적으로 소송을 수행하였다면 신의칙에 의하여 상속인에게 판결의 효력을 인수시키는 것이 가능하다는 견해(이시윤, 정동윤·유병현·김경욱)가 있다.

3. 소 제기 후 당사자가 사망한 경우

(1) 소 제기 후 소송계속(소장부본 송달) 전에 원고가 사망한 경우 소는 적법하고 중단과 수계의 문제가 발생할 뿐이지만, 피고가 사망한 경우 소는 부적법하고 그러한 피고를 당사자로 한 판결은 당연무효이다(위 2014다34041 판결 참조).

(2) 소 제기 후(원고 사망의 경우) 또는 소송계속 후(피고 사망의 경우) 변론종결 전에 당사자가 사망한 경우 소송관계는 상속인에게 당연히 승계되고, 다만 수계에 의하여 상속인이 소송에 관여할 수 있을 때까지는 소송이 중단된다. 법원이 소송절차의 중단을 간과하고 판결을 선고한 경우 그 판결은 위법하나 당연무효는 아니고, 상소나 재심에 의하여 취소될 수 있다. 상세는 '소송절차의 중단' 중 대법원 1995. 5. 23. 선고 94다28444 전원합의체 판결 참조.

(3) 변론종결 후에 당사자가 사망한 경우에는 수계절차를 밟을 필요가 없고 판결선고에 지장이 없다(247조 1항). 이 경우 사망자 명의로 된 판결의 기판력은 변론종결 후의 승계인인 상속인에게 미친다.

제 2 절 당사자의 자격

확정된 당사자가 소송을 적법하게 수행하기 위하여는 ① 당사자능력, ② 당사자적격, ③ 소송능력, ④ 변론능력의 네 가지를 갖추어야 한다. 당사자능력이라 함은 소송에서 소송의 주체인 당사자, 즉 원고와 피고(당사자인 참가인 포함)가 될 수 있는 일반적인 능력으로서 권리의무의 주체가 될 수 있는 능력인 실체법상의 권리능력에 대응된다. 반면, 당사자적격이라 함은 특정의 소송사건에서 정당한 당사자로서

1) 대판 1980. 5. 27. 80다735.

소송을 수행하고 본안판결을 받기에 적합한 자격을 말하는 것으로서 해당 소송사건의 소송물에 관하여 관리처분권이 있는 자가 당사자적격자이다. 한편, 소송능력은 당사자로서 유효하게 소송행위를 하거나 소송행위를 받기 위하여 필요한 능력으로 실체법상의 행위능력에 대응하고, 변론능력은 법정에 나가 법원과의 관계에서 유효하게 소송행위를 하기 위한 능력을 말한다. 당사자능력과 소송능력은 소송요건인 동시에 소송행위의 유효요건이고, 당사자적격은 소송요건이며, 변론능력은 소송행위의 유효요건이다.

제 1 관 당사자능력

당사자능력이라 함은 소송의 주체인 원고, 피고, 참가인이 될 수 있는 일반적인 능력을 말한다.[1] 민법상의 권리능력자인 자연인과 법인은 당사자능력이 있고(51조), 법인이 아닌 사단과 재단도 대표자 또는 관리인이 있는 경우 당사자능력이 있다(52조). 민법상의 조합에 관하여는 논의가 있다. 동물이나 자연 그 자체는 당사자능력이 없다.[2] 당사자능력은 본안판결을 받기 위해 필요한 소송요건이므로 그 존부는 법원의 직권조사사항이다.[3]

제 1. 권리능력자

Ⅰ. 자연인

자연인은 생존하는 동안 권리능력자로서 누구나 당사자능력을 갖는다. 태아는 예외적인 경우에 한하여 권리능력을 가지는데, 판례가 따르는 정지조건설[4]에 의하면 태아인 동안에는 당사자능력이 인정될 수 없다. 실종자는 당사자능력이 있

1) 집행판결을 청구하는 소(민사집행법 26, 27조)도 소의 일종이므로 당사자능력을 갖추어야 한다는 것에, 대판 2015. 2. 26. 2013다87055(호주에서 번호계를 운영하던 사람이 호주법원에서 번호계를 원고로 하여 승소확정판결을 받은 다음 강제집행을 위하여 우리나라 법원에 그 번호계를 원고로 하여 집행판결을 구한 사안이다).
2) 대결 2006. 6. 2. 2004마1148, 1149(터널공사로 인한 환경파괴로 도롱뇽이 피해를 입었다는 이유로 도롱뇽을 원고로 하여 제기한 공사금지가처분신청 사건이다).
3) 대판 1971. 2. 23. 70다44, 45("법인 아닌 사단 또는 재단의 존재 여부 및 그 대표자 자격에 관한 사항은 소송당사자능력 또는 소송능력에 관한 것으로서 법원의 직권조사사항이므로 소송당사자의 자백에 구속되지 아니한다").
4) 대판 1976. 9. 14. 76다1365.

고, 판결이 확정된 후에 실종선고가 확정되어 사망간주 시점이 소 제기 전으로 소급하더라도 그 판결은 유효하다.

▶ 대법원 1992. 7. 14. 선고 92다2455 판결

[1] 실종선고의 효력이 발생하기 전에는 실종기간이 만료된 실종자라 하여도 소송상 당사자능력을 상실하는 것은 아니므로 실종선고확정 전에는 실종기간이 만료된 실종자를 상대로 하여 제기된 소도 적법하고 실종자를 당사자로 하여 선고된 판결도 유효하며 그 판결이 확정되면 기판력도 발생한다고 할 것이고, 이처럼 판결이 유효하게 확정되어 기판력이 발생한 경우에는 그 판결이 해제조건부로 선고되었다는 등의 특별한 사정이 없는 한 그 효력이 유지되어 당사자로서는 그 판결이 재심이나 추완항소 등에 의하여 취소되지 않는 한 그 기판력에 반하는 주장을 할 수 없는 것이 원칙이라 할 것이며, 비록 실종자를 당사자로 한 판결이 확정된 후에 실종선고가 확정되어 그 사망간주의 시점이 소 제기 전으로 소급하는 경우에도 위 판결 자체가 소급하여 당사자능력이 없는 사망한 사람을 상대로 한 판결로서 무효가 된다고는 볼 수 없다.

[2] 실종자에 대하여 공시송달의 방법으로 소송서류가 송달된 끝에 실종자를 피고로 하는 판결이 확정된 경우에는 실종자의 상속인으로서는 실종선고 확정 후에 실종자의 소송수계인으로서 위 확정판결에 대하여 소송행위의 추완에 의한 상소를 하는 것이 가능하다.

Ⅱ. 법인

법인 역시 권리능력자로서 그 종류를 가리지 않고 당사자능력이 있다. 법인은 해산되어도 청산의 목적범위 내에서는 권리능력이 있으므로 당사자능력도 있고,[1] 청산종결등기가 되었더라도 채권이 있는 이상 청산은 종료되지 않으므로 그 한도에서 청산법인은 당사자능력이 있다.[2] 청산종결이나 합병 등에 의하여 법인격이 소멸되면 당사자능력도 소멸된다. 권리능력이 없는 법인의 기관, 내부조직, 지점 등은 당사자능력이 없다.

1) "비법인사단에 해산사유가 발생하였다고 하더라도 곧바로 당사자능력이 소멸하는 것이 아니라 청산사무가 완료될 때까지 청산의 목적범위 내에서 권리·의무의 주체가 되고, 이 경우 청산 중의 비법인사단은 해산 전의 비법인사단과 동일한 사단이고 다만 그 목적이 청산 범위 내로 축소된 데 지나지 않는다"는 것에, 대판 2007. 11. 16. 2006다41297.

2) 대판 1968. 6. 18. 67다2528.

제 2. 권리능력 없는 사단 또는 재단

Ⅰ. 비법인사단·재단의 의의

비법인사단·재단은 법인격을 갖추지 못하였을 뿐 단체로서의 실체를 갖추고 거래활동을 하고 있기 때문에 민사소송법 제52조는 이들에 대하여도 소송주체성을 인정하였다. 법인의 경우 법률의 규정이나 등기의 여부에 의하여 법인인지 여부를 명확하게 알 수 있는 반면 이들 단체는 그 실질을 검토하여 사단 또는 재산의 여부를 결정하여야 하므로 그 구별기준이 중요하다. 특히 문제가 되는 것은 민법상의 조합과 비법인사단의 구별이다.

◆ 대법원 1991. 11. 26. 선고 91다30675 판결

[1] 민사소송법 제52조가 비법인의 당사자능력을 인정하는 것은 법인이 아닌 사단이나 재단이라도 사단 또는 재단으로서의 실체를 갖추고 그 대표자 또는 관리인을 통하여 사회적 활동이나 거래를 하는 경우에는, 그로 인하여 발생하는 분쟁은 그 단체의 이름으로 당사자가 되어 소송을 통하여 해결하게 하고자 함에 있다 할 것이므로 여기서 말하는 사단이라 함은 일정한 목적을 위하여 조직된 다수인의 결합체로서 대외적으로 사단을 대표할 기관에 관한 정함이 있는 단체를 말한다고 할 것이고, 당사자능력이 있는지 여부는 사실심의 변론종결일을 기준으로 하여 판단되어야 할 성질의 것이다.

[2] 교회가 다수의 교인들에 의하여 조직되고, 일정한 종교활동을 하고 있으며 그 대표자가 정하여져 있다면 민사소송법 제52조 소정의 비법인사단으로서 당사자능력이 있다고 보아야 할 것이고, 그 교회가 종전에 있던 같은 명칭의 교회와 같은 단체인 것인지, 종전에 있던 같은 명칭의 교회가 합병으로 소멸된 것인지, 그 교회의 구성원이 다른 교회에서 이탈한 것인지 여부나 그 동기는 그 당사자능력을 좌우할 사유가 된다고 할 수는 없다.

▶ 대법원 2018. 4. 26. 선고 2015다211289 판결(同 대법원 2009. 1. 30. 선고 2006다60908 판결)

사단법인의 하부조직의 하나라 하더라도 스스로 단체로서의 실체를 갖추고 독자적인 활동을 하고 있다면 사단법인과는 별개의 독립된 비법인사단으로 볼 것이다.

|註| 항만근로자 퇴직충당금 관리위원회가 항만물류협회와는 별개로 구성되어 있고,

별도의 조직과 운영규정, 예산 및 결산에 관한 사항을 두는 등 항만물류협회와는 구별되는 독자적인 단체로서의 성격을 지닌다고 보아, 항만물류협회와는 별개의 독립된 비법인사단으로서 당사자능력이 있다고 판단한 사안이다.

Ⅱ. 각종 비법인사단·재단

1. 자연부락(리·동)

▶ 대법원 2007. 7. 26. 선고 2006다64573 판결

[1] … 자연부락이 그 부락주민을 구성원으로 하여 고유목적을 가지고 의사결정기관과 집행기관인 대표자를 두어 독자적인 활동을 하는 사회조직체라면 비법인사단으로서의 권리능력이 있다 …, 이와 같이 자연부락이 비법인사단으로서 존재하는 사실을 인정하려면 우선 그 자연부락의 구성원의 범위와 자연부락의 고유업무, 자연부락의 의사결정기관인 부락총회와 대표자의 존부 및 그 조직과 운영에 관한 규약이나 관습이 있었는지의 여부 등을 확정하여야 할 것이다.
[2] 총유재산에 관한 소송은 비법인사단이 그 명의로 사원총회의 결의를 거쳐 하거나 또는 그 구성원 전원이 당사자가 되어 필수적 공동소송의 형태로 할 수 있을 뿐이며, 비법인사단이 사원총회의 결의 없이 제기한 소송은 소 제기에 관한 특별수권을 결하여 부적법하다.

|註| 1. 강원 횡성군 공근면 행정리 주민들이 자신들이 자연부락으로서 비법인사단을 구성하고 있다고 주장하면서 '행정리'의 이름으로 토지의 등기명의자를 상대로 취득시효완성을 원인으로 한 소유권이전등기절차의 이행을 구한 소송이다. 항소심법원은 원고(행정리)가 당사자능력을 갖는 비법인사단의 요건을 갖추었다고 사실인정하였으나 대법원은 원고가 위 요건을 갖추지 못하였을 뿐만 아니라 소 제기의 특별수권도 받지 않았다고 보아 파기환송하였다.
2. (1) 자연부락이 당사자능력을 갖기 위하여는 위 판결요지 [1]의 요건을 갖추어야 하고,[1] 이때 "집행기관인 대표자의 선정은 규약에 정함이 있거나 관습이 있다면 그에 따를 것이지만 그렇지 아니한 경우에는 부락을 구성하는 가구의 대표자 과반수의

1) 행정구역과 동일한 명칭을 사용하는 주민공동체를 비법인사단으로 인정한 사례로는 대판 2004. 1. 29. 2001다1775[이태원리(里)의 행정구역 내에 거주하는 주민들이 그들의 공동편익과 복지를 위하여 주민 전부를 구성원으로 한 공동체로서 이태원동(洞)을 구성하고 행정구역과 동일한 명칭을 사용하면서 일정한 재산을 공부상 그 이름으로 소유하여 온 이상 이태원동은 법인 아닌 사단으로서의 당사자능력이 있다고 한 사례이다].

출석과 출석 가구주의 과반수찬성에 의하여 선임"[1]하여야 한다.

(2) 이러한 자연부락은 행정구역에 맞추어 '~동' 또는 '~리'의 이름을 갖는 경우가 많은데, 이는 행정구역인 동, 리와는 구별되는 것으로서 행정구역상 하나의 동, 리 안에 여러 개의 자연부락이 있을 수도 있다. 또한, 지방자치법이 1949. 7. 4. 법률 제32호로 제정되어 시행되기 이전의 동·리는 그 자체가 관습법상 인정되는 법인으로서 독자적으로 재산권의 주체가 되었는데, 이러한 동·리와 자연부락(또는 주민공동체)으로서의 동·리도 구별된다.[2] 따라서, "행정구역인 리가 지방자치법의 시행에 따라 지방자치단체인 면 또는 군의 소속기관이 되었다고 하여 리주민의 총유인 재산이 면 또는 군의 소유로 바뀌는 것은 아니다."[3]

(3) 한편, 판례는 "어떤 임야가 임야조사령에 의하여 동이나 리의 명의로 사정되었다면 달리 특별한 사정이 없는 한 그 동·리는 단순한 행정구역을 가리키는 것이 아니라 그 행정구역 내에 거주하는 주민들로 구성된 법인 아닌 사단으로서 행정구역과 같은 명칭을 사용하는 주민공동체를 가리킨다고 보아야 한다."[4]고 하였다.

2. 종교단체

▶ **대법원 1991. 11. 26. 선고 91다30675 판결**

[1] 당사자능력이 있는지 여부는 사실심의 변론종결일을 기준으로 하여 판단되어야 할 성질의 것이다.

[2] 교회가 다수의 교인들에 의하여 조직되고, 일정한 종교활동을 하고 있으며 그 대표자가 정하여져 있다면 민사소송법 제48조(현행 52조) 소정의 비법인사단으로서 당사자능력이 있다고 보아야 할 것이고, …

|註| 천주교의 각 성당은 교구의 일부분으로 독립한 비법인사단이 아니므로 당사자능력을 갖지 못한다.[5] 반면에 개신교 교회는 특정교단에 소속되어 교단헌법 등의 규율을 받더라도 일반적으로 비법인사단으로 인정되어 그 재산관계는 교인들의 총유로 인정되고 교회 자체가 당사자능력을 갖는 것으로 인정된다.[6]

---

1) 대판 1993. 3. 9. 92다39532.
2) 대판 1999. 1. 29. 98다33512(관습법상 인정되는 법인으로서의 동·리의 소유재산이 바로 그 주민의 공유 또는 총유재산이 되는 것은 아니다).
3) 대판 1990. 6. 26. 90다카8692(여기서 지방자치법이란 1949. 7. 4. 법률 제32호를 말한다).
4) 대판 2008. 1. 31. 2005다60871.
5) 대판 1966. 9. 20. 63다30. 천주교의 경우 교구별로 재단법인을 설립하여 재산관계 등 세속적인 문제를 해결하고 있다.
6) 대판 2019. 5. 16. 2018다237442.

개별 교회를 포괄하는 노회나 교단에 대하여도 비법인사단성을 인정한 판례들이 있다.[1)]

▶ 대법원 2020. 12. 24. 선고 2015다222920 판결

사찰이란 불교교의를 선포하고 불교의식을 행하기 위한 시설을 갖춘 승려, 신도의 조직인 단체로서 독립한 사찰로서의 실체를 가지기 위해서는 물적 요소인 불당 등의 사찰재산이 있고, 인적 요소인 주지를 비롯한 승려와 상당수의 신도가 존재하며, 단체로서의 규약을 가지고 사찰이 그 자체 생명력을 가지고 사회적 활동을 할 것을 필요로 한다.

|註| 교회를 원칙적으로 비법인사단으로 보는 판례가 확립되어 있는 것과 달리 사찰의 경우 실질적인 재산소유 및 운영권의 소재, 신도회 등 조직의 유무와 사찰운영에의 관여 정도 등 실질적인 면을 기준으로 하여 '비법인사단',[2)] '비법인재단'[3)] 또는 '개인의 불교시설'[4)] 등 구체적인 경우에 따라 그 법적 성격을 개별적으로 파악하는 것이 판례의 입장이다. 굳이 사단인지 재단인지 밝힐 필요가 없는 사안에서는 '비법인사단 또는 재단'[5)]이라고 하기도 한다. 판례는 종단(대한불교조계종이나 한국불교태고종 등 불교의 종파별 전국 단체)에 관하여는 비법인사단으로 보고 있다.[6)] 한편, 신도회가 사찰과는 별도로 비법인사단으로 인정되는 경우도 많다.[7)]

---

1) 대판 1991. 12. 13. 91다29446; 대판 1960. 2. 25. 4291민상467; 대판 1964. 4. 28. 63다722. 참고로 교회와 관련하여 가장 많이 문제되는 것은 이른바 교회의 분열인데, 대판(전) 2006. 4. 20. 2004다37775는 비법인사단에 관한 일반 법리를 교회에도 일관되게 적용하여, 교인들이 집단적으로 교회를 탈퇴한 경우 비법인사단인 교회가 2개로 분열되고 분열되기 전 교회의 재산이 분열된 각 교회의 구성원들에게 각각 총유적으로 귀속되는 형태의 '교회의 분열'을 인정할 것인지 여부에 관하여 이를 부정하고, 교인들이 교회를 탈퇴하여 그 교회 교인으로서의 지위를 상실한 경우 종전 교회 재산의 귀속관계에 관하여는 이를 잔존 교인들의 총유로 봄으로써 기존 판례를 변경하였다.

2) 대판 1982. 2. 23. 81누42.

3) 대판 1994. 12. 13. 93다43545; 대판 1991. 6. 14. 91다9336.

4) 대판 1991. 2. 22. 90누5641.

5) 대판 1989. 10. 10. 89다카2902.

6) 대결 1992. 1. 23. 91마581(비법인사단인 대한불교조계종에 소속된 사찰은 종단의 구성분자로서 자율적인 주지 임면권 등을 상실하고 종단이 그 권한을 행사하지만, 소속 사찰이 독자적인 당사자능력을 갖는 경우에는 그러한 사찰의 주지 임명에 관하여 그 사찰과 아무런 관련이 없는 사람이 종단의 구성원이라는 지위만으로 그 효력을 다툴 수는 없다는 판결이다).

7) 불교신도들이 모여 법회 등을 열어 오다가 규약을 제정하여 시행함과 동시에 그 규약에 따라 소집된 신도회에서 회장과 부회장 및 그 외의 운영위원들을 선출하여 조직을 갖추고 그 때부터 회장을 중심으로 법회 및 포교활동을 해왔다면 이 신도회는 사찰과는 별개의 독립된 단

3. 종중·문중

▶ 대법원 1994. 9. 30. 선고 93다27703 판결

[1] 종중이란 공동선조의 후손들에 의하여 선조의 분묘수호 및 봉제사와 후손 상호 간의 친목을 목적으로 형성되는 자연발생적인 종족단체로서 선조의 사망과 동시에 후손에 의하여 성립하는 것이며, 종중의 규약이나 관습에 따라 선출된 대표자 등에 의하여 대표되는 정도로 조직을 갖추고 지속적인 활동을 하고 있다면 비법인사단으로서의 단체성이 인정된다.

[2] 종중이 비법인사단으로서 당사자능력이 있느냐의 문제는 소송요건에 관한 것으로서 사실심의 변론종결시를 기준으로 판단하여야 한다.

|註| 1. 종중이란 공동선조의 분묘수호와 제사 및 종원 상호 간의 친목 등을 목적으로 하여 구성되는 자연발생적인 종족집단이므로, 종중의 이러한 목적과 본질에 비추어 볼 때 공동선조와 성과 본을 같이 하는 후손은 성별의 구별 없이 성년이 되면 당연히 그 구성원이 된다.[1] 종중은 종족의 자연발생적인 집단이므로, 그 성립을 위하여 특별한 조직행위를 필요로 하는 것이 아니고, 다만 그 목적인 공동선조의 분묘수호, 제사봉행, 종원 상호 간의 친목을 규율하기 위하여 규약을 정하는 경우가 있고, 또 대외적인 행위를 할 때에는 대표자를 정할 필요가 있는 것에 지나지 아니하며, 반드시 특별한 명칭의 사용 및 서면화된 종중규약이 있어야 하거나 종중의 대표자가 선임되어 있는 등 조직을 갖추어야 성립하는 것은 아니다.[2]

2. 이러한 종중이 당사자능력을 갖기 위하여는 판결요지 [1]에서 보는 바와 같이 종중의 규약이나 관습에 따라 선출된 대표자 등에 의하여 대표되는 정도로 조직을 갖추고 지속적인 활동을 하고 있어야 하며, 이러한 요건은 사실심 변론종결시까지 갖추어지면 된다(판결요지 [2] 참조).

3. 종중유사단체 : 공동선조와 성과 본을 같이 하는 후손은 성별의 구별 없이

체로서 비법인사단이라고 보아야 한다(대판 1991. 10. 22. 91다26072; 대판 1996. 7. 12. 96다6103 등).

1) 대판(전) 2005. 7. 21. 2002다1178. 이 판결은 "종중 구성원의 자격을 성년 남자만으로 제한하는 종래의 관습법은 이제 더 이상 법적 효력을 가질 수 없게 되었다"고 하면서 종중을 위와 같이 정의하였고, 다만 "이와 같이 변경된 대법원의 견해는 이 판결 선고 이후의 종중 구성원의 자격과 이와 관련하여 새로이 성립되는 법률관계에 대하여만 적용된다"고 하였다.

2) 대판 1997. 11. 14. 96다25715.

성년이 되면 당연히 그 구성원이 되므로, 공동선조의 후손 중 특정지역 거주자나 특정범위 내의 자들만으로 구성된 종중이란 있을 수 없다. 다만, 특정지역 거주자나 특정범위 내의 자들만으로 분묘수호와 제사 및 친목도모를 위한 조직체를 구성하여 활동하고 있고 단체로서의 실체를 인정할 수 있다면 종중이 아닌 비법인사단(종중유사단체로서의 비법인사단)으로 인정될 수는 있다.[1)]

4. 학교, 유치원

▶ 대법원 1977. 8. 23. 선고 76다1478 판결

학교는 법인도 아니고 대표자 있는 비법인사단 또는 재단도 아닐 뿐 아니라 이건 공민학교는 학교시설의 명칭에 불과하여 당사자능력을 인정할 수 없다.

|註| 판례는 학교에 대하여 국공립학교,[2)] 사립학교,[3)] 각종학교[4)] 등 어느 것을 막론하고 교육을 위한 시설에 불과하다고 하여 당사자능력을 부인하고 있다. 따라서, 국공립학교의 경우 국가나 지방자치단체, 사립학교의 경우 학교법인, 각종학교의 경우 설립자 등 운영주체를 당사자로 삼아야 한다. 다만, 유치원에 대하여는 당사자능력을 인정한 예가 있다.[5)]

5. 그 외 당사자능력을 인정한 예

▶ 대법원 1996. 6. 28. 선고 96다16582 판결

회사의 채권자들이 그 채권을 확보할 목적으로 구성한 청산위원회는 단체 고유의 목적을 가지고 의결기관인 총회 및 집행기관인 대표자를 두는 등 일정한 조직을 갖추어 탈퇴·사망 등으로 인한 구성원의 변경에 관계없이 단체 그 자체로 존속하며, 대표방법, 총회의 운영, 재산의 관리 기타 단체로서의 주요사항이 확정되어 있어, 권리능력 없는 사단으로서의 실체를 가진다.

---

1) 대판 1982. 11. 23. 81다372; 대판 1996. 10. 11. 95다34330; 대판 2016. 7. 7. 2013다76871; 대판 2019. 2. 14. 2018다264628.

2) 대판 1997. 9. 26. 96후825(경북대학교에 당사자능력이 없다는 판례).

3) 대판 1975. 12. 9. 75다1048(조선대학교 병설공업고등전문학교에 당사자능력이 없음).

4) 대결 2019. 3. 25. 2016마5908(외국인학교); 대판 1959. 10. 8. 4291민상776.

5) 대판 1969. 3. 4. 68다2387("유치원에 종전부터 이사회가 구성되어 있어 동 이사회가 유치원의 의사결정을 하여 왔으며 어린이의 보육을 위한 유치원 경영이라는 계속적인 목적과 원칙에 따라 설립자에 의하여 관리운영되는 사실상의 사회생활의 한 단체이고, 그 단체 중에서도 출연자의 출연으로 인하여 그 재산이 출연자의 소유를 떠나서 유치원 자체가 재산을 소유하고 있다면 법인 아닌 재단으로 당사자능력이 있다").

|註| 채권자단체가 비법인사단인지 여부는 개별적으로 판단할 문제이다.[1)]

▶ 대법원 1993. 4. 27. 선고 92누8163 판결

'구의동연합직장주택조합'은 구의동 지역에서 조합아파트의 건축을 추진하고 있던 15개의 직장주택조합들이 설립한 연합체로서 공동주택건설사업이라는 단체 고유의 목적을 가지고 활동하고 있으며, 규약 및 단체로서의 조직을 갖추고 구성원의 가입·탈퇴에 따른 변경에 관계없이 단체 자체가 존속하는 등 단체로서의 주요사항이 확정되어 있어 비법인사단에 해당한다.

|註| 과거에는 주택건설촉진법이 지역주택조합, 직장주택조합, 재건축조합을, 도시재개발법이 재개발조합을 각 규정하고 있었는데, 2002. 12. 30. 법률 제6852호로 도시 및 주거환경정비법(이하 '도시정비법'이라고 한다)이 제정(도시재개발법 폐지, 주택건설촉진법 개정)되면서 재개발조합과 재건축조합은 도시정비법의 규율대상이 되었고, 이후 주택건설촉진법이 주택법으로 전면개정되면서 지역주택조합, 직장주택조합 외에 임대주택조합, 리모델링주택조합이 추가되었다. 일반적으로 구 주택건설촉진법 또는 주택법의 규율대상인 조합은 비법인사단으로, 구 도시재개발법 또는 도시정비법의 규율대상인 조합은 공법상의 법인으로 설명된다. 한편 지역주택조합과 직장주택조합은 단일 주택조합만으로는 일정 지역에서 경제성 있는 공동주택을 신축하기 어려운 경우가 많아 연합주택조합을 결성하는 경우가 많은데, 연합조합 중 기존 개별조합의 구성원 전체를 구성원으로 하는 연합조합은 개별조합과 독립된 비법인사단으로 인정되는 경우가 많으나,[2)] 개별조합 자체를 구성원으로 하는 연합조합은 개별조합이 모인 민법상의 조합이거나 이에도 미치지 못하는 단순한 협력관계로 보아야 한다.

▶ 대법원 1991. 4. 23. 선고 91다4478 판결

입주자대표회의는 단체로서의 조직을 갖추고 의사결정기관과 대표자가 있을 뿐만 아니라, 또 현실적으로도 자치관리기구를 지휘·감독하는 등 공동주택의 관리업무를 수행하고 있으므로 특별한 다른 사정이 없는 한 법인 아닌 사단으로서 당사자능력을 가지고 있는 것으로 보아야 한다.

|註| 주택법(또는 구 주택건설촉진법)에 따라 구성된 공동주택의 입주자대표회의는 동별세대수에 비례하여 선출되는 동별대표자를 구성원으로 하는 비법인사단이다.[3)] 아

1) 채권자단체가 비법인사단으로 인정된 예로는 대판 1968. 7. 16. 68다736; 대판 1992. 10. 9. 92다23087 등이 있고, 비법인사단으로 인정되지 못한 예로는 대판 1999. 4. 23. 99다4504가 있다.
2) 대판(전) 1998. 4. 23. 95다26476.
3) 대판 2007. 6. 15. 2007다6307 등.

파트부녀회도 비법인사단성이 인정된 사례가 있다.[1]

Ⅲ. 민법상의 조합

▶ **대법원 1999. 4. 23. 선고 99다4504 판결**

민법상의 조합과 법인격은 없으나 사단성이 인정되는 비법인사단을 구별함에 있어서는 일반적으로 그 단체성의 강약을 기준으로 판단하여야 하는바, 조합은 2인 이상이 상호 간에 금전 기타 재산 또는 노무를 출자하여 공동사업을 경영할 것을 약정하는 계약관계에 의하여 성립하므로 어느 정도 단체성에서 오는 제약을 받게 되는 것이지만 구성원의 개인성이 강하게 드러나는 인적 결합체인 데 비하여 비법인사단은 구성원의 개인성과는 별개로 권리·의무의 주체가 될 수 있는 독자적 존재로서의 단체적 조직을 가지는 특성이 있다 하겠는데, 어떤 단체가 고유의 목적을 가지고 사단적 성격을 가지는 규약을 만들어 이에 근거하여 의사결정기관 및 집행기관인 대표자를 두는 등의 조직을 갖추고 있고, 기관의 의결이나 업무집행방법이 다수결의 원칙에 의하여 행하여지며, 구성원의 가입, 탈퇴 등으로 인한 변경에 관계없이 단체 그 자체가 존속되고, 그 조직에 의하여 대표의 방법, 총회나 이사회 등의 운영, 자본의 구성, 재산의 관리 기타 단체로서의 주요사항이 확정되어 있는 경우에는 비법인사단으로서의 실체를 가진다고 할 것이다.

|註| **1. 민법상 조합의 당사자능력** 민법상 조합에 당사자능력을 인정할 것인가에 관하여는 견해가 나뉜다. 긍정설은 조합의 당사자능력을 부인하면 조합을 상대로 소송을 제기하는 자는 조합의 구성원 전원을 샅샅이 탐색하여 그들 전원을 피고로 삼아야 하는 불편이 따른다는 점과 사단과 조합의 구별이 명확하지 아니하고 또 양자가 항상 준별되는 것이 아님에도 이를 기준으로 당사자능력의 유무를 결정하는 것은 절차의 원활·신속·명확성이라는 소송법의 이상에 반한다는 점을 근거로 하여 민법상의 조합도 대표자가 정하여져 있어 외부에 대하여 조직의 명확성을 갖추고 있으면 당사자능력을 인정하여야 할 것이라고 한다(강현중). 그러나, 첫째, 선정당사자제도나 임의적 소송신탁 혹은

1) 대판 2006. 12. 21. 2006다52723.

업무집행조합원을 법령상의 대리인으로 봄으로써 위와 같은 불편은 해소할 수 있고, 둘째, 우리법은 조합의 재산관계를 합유로, 사단의 재산관계를 총유로 규정하는 등 양자를 별개의 조직체로 보고 있고 조합채무는 조합원이 분담하게 되어 있는데 조합 자체를 당사자로 하여 판결을 받고 조합원에게 분할책임을 묻기는 어렵다는 점에서 부정설이 타당하다(이시윤, 정동윤·유병현·김경욱, 호문혁). 판례 역시 부정설의 입장에 서 있다.[1)]

2. 민법상 조합 여부 (1) 민법상 조합인지 여부는 그 명칭과 무관하게 실질에 따라 판단하여야 한다. 농업협동조합과 같은 경우는 법률에 의하여 법인으로 되어 있고, 조합이라는 명칭을 사용하였더라도 비법인사단으로 인정된 예도 있다.[2)]
(2) 계(契)는 일반적으로 민법상 조합으로 이해되는데 반드시 그러하지는 않고 그 실질에 따라 민법상 조합[3)]일수도, 비법인사단[4)]일수도 있고, 단순한 소비대차계약[5)]관계이거나 이도 아닌 무명계약[6)]관계일수도 있다.
(3) 국가를 당사자로 하는 법률 제25조 소정의 건설공동수급체(예컨대, 특정 공사 중 건축·토목부분은 A와 B가 60% : 40%의 지분비율로 맡고, 조경부분은 C가 맡는 형태이다, A와 B의 관계를 공동이행방식이라고 하고, A·B와 C의 관계를 분담이행방식이라고 한다)는 민법상 조합에 해당한다.[7)] 다만, 분담이행방식의 경우까지 민법상 조합으

1) 대판 1991. 6. 25. 88다카6358.
2) 대판 1992. 7. 10. 92다2431은, 여수선어중매조합 명의의 약속어음 소지인인 원고가 위 조합이 민법상의 조합임을 전제로 그 조합원들을 피고로 하여 어음금청구를 한 데 대하여, 위 조합은 비법인사단의 실체를 갖추고 있으므로 어음금지급책임은 위 조합에 귀속되는 것이라고 판단하였다. 대법원은 위 조합이 여수공판장의 중매인이라는 자격을 가진 조합원으로 구성한다는 점에서 조합원의 개성이 강하다고 볼 수 있고, 조합원의 자격이 상속되며, 주요사업인 신인금의 운용이익귀속 및 탈퇴시에 지분의 환급이 일정한 경우 인정되는 등 조합적인 요소를 갖기도 하나, 대표의 방법·총회의 운영·재산관리 기타 사단으로서의 주요한 점이 정관에 의하여 확정되어 있고, 여수선어중매조합이라는 단체명칭을 사용하며, 구성원의 가입과 탈퇴가 비교적 자유롭고, 이사 기타의 기관을 두었으며, 구성원이 60여 명으로 비교적 다수이고, 총회가 있어 업무집행을 감독하며, 조합비와 신인금은 매상금으로 조성되는 것으로서 구성원의 개인재산과 구별되고, 다수결원칙이 행하여지는 등 사단으로서의 성격이 조합적인 요소에 비하여 훨씬 강하다고 하였다.
3) 대판 1974. 9. 24. 74다573(동백흥농계).
4) 대판 1969. 6. 10. 69다254(마산 전온상 친목계).
5) 대판 1971. 8. 31. 71다1615.
6) 대판 1983. 3. 22. 82다카1686은 "이른바 낙찰계는 계원이 조합원으로서 상호출자하여 공동사업을 경영하는 민법상 조합계약의 성질을 띠는 것이 아니라 계주가 자기의 개인사업으로서 계를 조직운용하는 것으로서 상호신용금고법 제2조 소정의 상호신용계에 유사한 무명계약의 하나"라고 하였다.
7) 대판 2000. 12. 12. 99다49620.

로 볼 것인지에 관하여는 이견이 있다.

3. 민법상 조합이 소송을 수행하는 방법 (1) 필수적 공동소송 : 조합재산에 관한 소송은 조합원 전원을 당사자로 하여야 하는 고유필수적 공동소송이다. 따라서 조합원 전원이 원고가 되거나 조합원 전원을 피고로 삼아야 함이 원칙이다. 한편, 조합채무에 관하여는 조합원 개인도 책임이 있고(민법 712조), 조합원에 대하여 조합채무의 이행을 구하는 소송이라면 피고가 여러 명이라고 하더라도 통상의 공동소송이 된다. 다만, 이러한 소송으로 얻은 집행권원으로는 조합원 개인의 재산에 대하여 집행을 할 수 있을 뿐이므로 조합 자체의 재산에 대하여 집행을 할 목적이라면 조합원 전원을 피고로 하는 고유필수적 공동소송의 방법을 택하여야 한다. 예컨대, A와 B가 공동수급체를 꾸린 경우 이 공동수급체에 납품을 한 채권자가 공동수급체의 발주자에 대한 채권을 압류하기 위하여는 A와 B를 공동피고로 삼은 집행권원이 필요한 것이다.[1)]

(2) 선정당사자 : 조합은 조합원 중 일부를 선정당사자로 하여 소송을 진행할 수 있다. 선정당사자가 될 수 있는 사람은 업무집행조합원에 한정되지 않는다.

(3) 임의적 소송담당 : 조합의 업무집행조합원은 조합재산에 관하여 조합원들로부터 임의적 소송신탁을 받아 자기의 이름으로 소송을 수행할 수 있다. 상세한 내용은 '당자자적격' 중 '임의적 소송담당' 부분 참조.

(4) 법률상의 소송대리인 : 업무집행조합원을 법률상의 소송대리인으로 볼 수 있다는 견해(이시윤, 정동윤·유병현·김경욱, 강현중)가 있다. 다만, 법률상의 소송대리인으로 인정되는 다른 경우(예컨대, 상법 11조의 지배인, 상법 749조의 선장, 상법 765조의 선박관리인 등)는 명문으로 "재판상의 행위"를 권한범위에 포함시키고 있는 반면 업무집행조합원에 관하여는 이러한 명문의 규정이 없으므로 법원이 같은 해석을 할지는 앞으로 지켜볼 문제이다.

1) 다만 대판(전) 2012. 5. 17. 2009다105406은, "공동이행방식의 공동수급체와 도급인이 공사도급계약에서 발생한 채권과 관련하여 공동수급체가 아닌 개별 구성원으로 하여금 지분비율에 따라 직접 도급인에 대하여 권리를 취득하게 하는 약정을 하는 경우와 같이 공사도급계약의 내용에 따라서는 공사도급계약과 관련하여 도급인에 대하여 가지는 채권이 공동수급체 구성원 각자에게 지분비율에 따라 구분하여 귀속될 수도 있고, 위와 같은 약정은 명시적으로는 물론 묵시적으로도 이루어질 수 있다"고 하고 있다.

제 2 관 당사자적격

당사자적격이라 함은 특정의 소송사건에서 정당한 당사자로서 소송을 수행하고 본안판결을 받기에 적합한 자격을 말한다. 당사자가 특정사건에서 자기 이름으로 소송을 수행하고 판결을 받았지만 그 판결이 법적 분쟁의 해결에 도움이 되지 않는다면 소송 자체가 무의미한 것이 되므로 이러한 무의미한 소송을 배제하기 위한 제도이다. 당사자적격 역시 소송요건으로서 직권조사사항이다.[1] 아래에서는 먼저 소의 종류에 따른 당사자적격에 관하여 살피고, 다음으로 권리의무의 주체가 아닌 제3자가 자기의 이름으로 소송을 수행하여 그 결과를 권리의무의 주체에게 귀속시킬 수 있는 경우, 즉 '제3자의 소송담당'에 관하여 살피기로 한다.

제 1. 소의 종류와 정당한 당사자

Ⅰ. 이행의 소

(1) 원고가 피고에게 의무의 이행을 요구하는 이행의 소에서는 자기에게 급부청구권이 있음을 주장하는 자가 원고적격을 가지고, 그로부터 이행의무자로 주장된 자가 피고적격을 갖는다.

▶ **대법원 1994. 6. 14. 선고 94다14797 판결**

이행의 소에 있어서는 원고의 청구 자체로서 당사자적격이 판가름되고 그 판단은 청구의 당부의 판단에 흡수되는 것이니, 자기의 급부청구권을 주장하는 자가 정당한 원고이고, 의무자라고 주장된 자가 정당한 피고이다.

(2) 다만, 예외적으로 ① 등기말소청구의 소가 등기의무자나 등기상 이해관계 있는 제3자가 아닌 자를 피고로 삼은 때에는 당사자적격을 그르친 것으로 각하하여야 하고,[2] ② 등기공무원의 직권이나 법원의 촉탁에 의하여 말소된 등기의 회

1) 대판 1971. 3. 23. 70다2639.

2) 대판 1994. 2. 25. 93다39225(원고가 甲, 乙의 상속인들 12명 및 丙을 피고로 하여 甲, 乙, 丙 3인 명의의 합유이전등기가 경료되어 있는 X 부동산에 관하여 위 합유이전등기의 말소를 구하는 소를 제기하였는데, 법원은 합유관계에서는 상속인이 합유자로서의 지위를 승계하는 것이 아니므로 X 부동산은 丙 단독소유로 되었고, 따라서 丙을 제외한 나머지 피고들인 甲, 乙의 상속인들 12명은 등기의무자가 아니므로 이들에 대한 소는 부적법하다고 하였다). 현재의 등기명의인이 아닌 자를 상대로 한 진정한 등기명의의 회복을 위한 소유권이전등기청구도 피고적격이 없는 자를 상대로 한 것으로서 부적법하다는 것에, 대판 2017. 12. 5. 2015다240645.

복등기는 등기공무원의 직권이나 법원의 촉탁에 의하여 행하여져야 하기 때문에 등기명의인을 상대로 한 회복등기청구의 소는 부적법하며,[1] ③ 근저당권이 양도된 경우 근저당권설정등기의 말소등기청구는 양수인만을 상대로 하면 족하고 양도인은 그 피고적격이 없다.[2]

◆ 대법원 1974. 6. 25. 선고 73다211 판결

등기의무자가 아닌 자나 등기에 관한 이해관계가 있는 제3자가 아닌 자를 상대로 한 등기의 말소절차이행을 구하는 소는 당사자적격이 없는 자를 상대로 한 부적법한 소라 할 것이다.

|註| 같은 맥락에서 등기명의인이 아닌 사람을 상대로 권리변경등기나 경정등기에 대한 승낙의 의사표시를 구하는 소도 부적법하다.[3]

Ⅱ. 확인의 소

1. 확인의 이익

권리의무의 존부확정을 요구하는 확인의 소에서는 그 청구에 대하여 확인의 이익을 갖는 자가 원고적격자가 되고 원고의 이익과 대립·저촉되는 이익을 가진 자가 피고적격자로 된다. 확인의 소에 있어서 당사자적격은 확인의 이익을 당사자의 측면에서 본 것이다. 판례는 "확인의 이익 내지 법률상 이해관계를 갖는 자는 누구든지 원고적격을 가진다"고 하고,[4] "원고의 권리 또는 법률상의 지위에 불안·위험

1) 대판 1996. 5. 31. 94다27205.

2) 대판 2000. 4. 11. 2000다5640("근저당권 이전의 부기등기는 기존의 주등기인 근저당권설정등기에 종속되어 주등기와 일체를 이루는 것이어서, 피담보채무가 소멸된 경우 또는 근저당권설정등기가 당초 원인무효인 경우 주등기인 근저당권설정등기의 말소만 구하면 되고 그 부기등기는 별도로 말소를 구하지 않더라도 주등기의 말소에 따라 직권으로 말소되는 것이며, 근저당권 양도의 부기등기는 기존의 근저당권설정등기에 의한 권리의 승계를 등기부상 명시하는 것뿐이므로, 그 등기에 의하여 새로운 권리가 생기는 것이 아닌 만큼 근저당권설정등기의 말소등기청구는 양수인만을 상대로 하면 족하고 양도인은 그 말소등기청구에 있어서 피고적격이 없다").

3) 대판 2015. 12. 10. 2014다87878(甲이 乙을 상대로 X 부동산에 관한 근저당권설정등기의 채무자를 기존의 丙에서 乙로 변경하는 근저당권변경등기에 대한 승낙의 의사표시를 구하는 소를 제기하였는데, 대법원은 乙은 등기명의인이 아니어서 부동산등기법 제52조 단서 제5호의 '등기상 이해관계 있는 제3자'에 해당하지 않으므로 乙을 상대로 위 조항에 따른 승낙의 의사표시를 구하는 것은 부적법하다고 하였다).

4) 대판 2011. 9. 8. 2009다67115(학교법인의 이사도 아니고 이사회결의가 그의 신분이나 권리에 직접적인 관련이 없는 경우 이사회결의의 무효확인을 구할 원고적격이나 법률상 이익이 없

을 초래하고 있거나 초래할 염려가 있는 자가 피고로서의 적격을 가진다"고 한다.

▶ 대법원 2007. 2. 9. 선고 2006다68650, 68667 판결

확인의 소에 있어서는 권리보호요건으로서 확인의 이익이 있어야 하고, 확인의 이익은 확인판결을 받는 것이 원고의 권리 또는 법률상의 지위에 현존하는 불안·위험을 제거하는 가장 유효적절한 수단일 때에 인정되는 것이므로, 확인의 소에 있어서는 원고의 권리 또는 법률상의 지위에 불안·위험을 초래하고 있거나 초래할 염려가 있는 자가 피고로서의 적격을 가진다.

2. 단체대표자 지위에 관한 다툼의 소

(1) 단체대표자 선출결의 무효·부존재확인의 소

◆ 대법원 1973. 12. 11. 선고 73다1553 판결

문제가 되어 있는 대의원회의의 인준결의가 무효 내지 부존재인 것을 확인받아 피고(개인)들의 위 종중의 도유사나 이사가 아닌 사실을 확정판결로 명확히 하려는 확인의 소에 있어서는 피고들 개인을 상대로 제소할 것이 아니요 위 종중을 피고로 하여 제소하여야만 원고로서는 이 소를 제기할 확인의 이익이 있다.

|註| 1. 단체대표자 선출결의 무효·부존재확인의 소에 있어서의 피고적격 단체내부분쟁의 일종인 단체의 대표자선출결의의 무효·부존재확인소송에 있어서는 단체내부법률관계의 획일적 처리(단체를 당사자로 하여야 단체에 판결의 효력을 미쳐 분쟁을 근본적으로 해결할 수 있다)라는 요청 때문에 단체를 피고로 하여야 한다는 것이 판례·통설이나,[1] 대표적인 이해관계인은 당해 결의에 의한 대표자이기 때문에 그를 피고로 해야 한다는 견해(일본 소수설)도 있고, 일반적으로는 회사 기타 단체를 피고로 하되 이사선임결의무효확인소송과 같이 그 효력을 다투는 결의의 내용으로 보아 단체구성원 일반으로서의 이해를 초월하는 중대한 이해관계를 갖는 자가 있는 경우 회사와 당해 이사를 모두 피고로 함으로써 분쟁의 획일적 처리와 분쟁의 실질주체에 대한 변론권을 보장하는 것이 합당

다고 한 사례이다). 유사한 사례로 대학생의 학부모가 총장임명무효확인을 구할 원고적격이나 법률상 이익이 없다고 한 것이 있다(대판 1994. 12. 22. 94다14803).

1) 대판 1992. 5. 12. 91다37683(노동조합 조합장 당선무효확인청구의 피고적격자는 노동조합); 대판 2010. 10. 28. 2010다30676, 30683(학교법인 이사선임결의 무효확인청구의 피고적격자는 학교법인); 대판 1992. 12. 8. 92다23872(사찰 주지임명 무효확인청구의 피고적격자는 종단); 대판 2015. 2. 16. 2011다101155(교단 총무원장 선출결의 무효확인청구의 피고적격자는 종단).

하다는 필수적 공동소송설(강현중)도 있다. 피고적격이 없는 해당 대표자는 보조참가를 하여 그의 권리를 지킬 수 있다. 반면에 직무집행정지 가처분 사건에서는 단체가 아닌 해당 대표자에게 피신청인적격이 있다.[1)]

2. **단체를 대표할 자** 단체를 피고로 한 대표자선출결의의 무효·부존재확인 소송에서 단체의 대표자는 무효 또는 부존재확인의 대상이 된 결의에 의하여 선출된 자가 되고,[2)] 그 대표자에 대해 직무집행정지 및 직무대행자선임가처분이 있는 경우에는 직무대행자로 선임된 자가 단체를 대표한다.[3)]

(2) 단체대표자 지위의 존재확인의 소

▶ 대법원 1998. 11. 27. 선고 97다4104 판결

종중 대표자라고 주장하는 자가 종중을 상대로 하지 않고 종중원 개인을 상대로 하여 대표자 지위의 적극적 확인을 구하는 소송은, 만일 그 청구를 인용하는 판결이 선고되더라도 그 판결의 효력은 당해 종중에는 미친다고 할 수 없기 때문에 대표자의 지위를 둘러 싼 당사자들 사이의 분쟁을 근본적으로 해결하는 가장 유효 적절한 방법이 될 수 없고 따라서 확인의 이익이 없어 부적법하다.

|註| 1. 甲이 A 종중의 신임 회장으로 선출되었음을 이유로 전임 회장인 乙을 상대로 A 종중의 회장은 甲임을 확인한다는 청구를 하는 것은 부적법하다고 한 사례이다.
2. 단체대표자 지위의 적극적 확인을 구하는 소의 피고적격자도 대표자 지위를 다투는 개인이 아닌 단체이다. 이 경우 소송에서 누구를 피고(단체)의 대표자로 할 것인가가 문제되는데, 단체의 대표로 선임된 자가 그 선임결의의 효력에 대한 문제가 제기되어 자신이 적법한 대표자라는 확인을 구하는 경우이어서 원고 개인과 피고(단체)의 대표자가 일치하게 되므로 제62조 소정의 특별대리인을 선임하여야 한다.
3. 유사한 사례로, 사찰 주지의 임면권이 재단법인에게 귀속되는 경우 주지 지위의 확인을 구하는 소송은 재단법인을 상대로 제기하여야 하고 주지의 지위를 다투는 개인을 상대방으로 한 소는 부적법하다.[4)]

---

1) 대판 1982. 2. 9. 80다2424; 대판 1997. 7. 25. 96다15916.
2) 대판(전) 1983. 3. 22. 82다카1810.
3) 대판 1995. 12. 12. 95다31348.
4) 대판 2011. 2. 10. 2006다65774.

3. 주주총회·이사회결의의 효력을 다투는 소

▶ 대법원 1982. 9. 14. 선고 80다2425 전원합의체 판결

[1] 주주총회결의의 취소와 결의무효확인판결은 대세적 효력이 있으므로 그와 같은 소송의 피고가 될 수 있는 자는 그 성질상 회사로 한정된다.

[2] 주주총회결의부존재확인의 소송은 일응 외형적으로 존재하는 것같이 보이는 주주총회결의가 그 성립과정에 있어서의 흠결이 중대하고도 명백하기 때문에 그 결의 자체가 존재하는 것으로 볼 수 없을 때에 법률상 유효한 결의로서 존재하지 아니한다는 것의 확인을 소구하는 것으로서 주주총회결의무효확인의 소송과는 주주총회결의가 법률상 유효한 결의로서는 존재하지 아니한다는 것의 확정을 구하는 것을 목적으로 한다는 점에서 공통의 성질을 가진다 할 것이므로 주주총회결의부존재확인의 소송에는 그 결의무효확인의 소송에 관한 상법 제380조의 규정이 준용된다 할 것이므로 그 결의부존재확인판결의 효력은 제3자에게 미치고 그 부존재확인의 소송에 있어서 피고가 될 수 있는 자도 회사로 한정된다.

[3] 주식회사의 이사회결의는 회사의 의사결정이고 회사는 그 결의의 효력에 관한 분쟁의 실질적인 주체라 할 것이므로 그 효력을 다투는 사람이 회사를 상대로 하여 그 결의의 무효확인을 소구할 이익은 있다 할 것이나 그 이사회결의에 참여한 이사들은 그 이사회의 구성원에 불과하므로 특별한 사정이 없는 한 이들 이사 개인들을 상대로 하여 그 결의의 무효확인을 소구할 이익은 없다.

|註| 합명회사나 합자회사의 경우에는 단체의 실질이 조합이어서 내부관계에 관하여는 조합에 관한 민법의 규정을 준용하는 관계로 원고가 되는 사원은 다른 사원 전부를 피고로 하여 내부의 분쟁에 관한 소송을 제기해야 한다는 견해(강현중)도 있으나, 합명회사나 합자회사의 경우에도 법인격을 갖추고 있어 민법상 조합과 같이 당사자가 되지 못하는 문제가 없고 당해 결의가 회사의 의사결정으로서 그 귀속주체가 회사인 이상 회사를 당사자로 하여 그 결의의 무효확인 등을 구하는 소를 제기할 수 있다고 하는 것이 타당하다. 판례도 합명회사나 합자회사의 사원총회에 관하여 같은 내용의 판결을 하고 있다.[1]

1) 대판 1991. 6. 25. 90다14058.

Ⅲ. 형성의 소

법률관계의 변동을 요구하는 형성의 소는 법률이 명문으로 허용하는 경우에만 인정되는 것이 원칙이고[1] 그러한 법률 자체에서 원고적격자나 피고적격자를 정해 놓고 있는 경우가 대부분이다. 명문의 규정이 없는 경우에는 대세효가 발생함에 비추어 당해 소송물과의 관계에서 가장 강한 이해관계를 갖고 있고 충실한 소송수행을 기대할 수 있는 사람을 당사자적격자로 본다. 주주총회결의취소소송의 피고적격자를 회사로 보는 것이 그 대표적인 예이다.[2] 한편, 채권자취소소송에서 수익자 또는 전득자에 대하여만 피고적격을 인정하고 채무자에 대하여 피고적격을 인정하지 않는 것은 이른바 상대적 무효설의 입장에 있기 때문이다.

▶ 대법원 1962. 2. 15. 선고 4294민상378 판결

채권자취소권에 있어서의 사해행위의 취소는 절대적인 취소가 아니라 악의의 수익자 또는 악의의 전득자에 대한 관계에 있어서만 상대적으로 취소하는 것이므로 이 취소청구권은 악의의 수익자 또는 악의의 전득자에 대하여서만 있는 것이고, 채무자에 대하여서는 행사할 수 없으므로 채무자를 상대로 한 취소청구는 부적법하여 각하하여야 할 것이다.

제 2. 제3자의 소송담당

권리관계의 주체 이외의 제3자가 당사자적격을 갖는 경우를 제3자의 소송담당이라고 한다. 이 경우 소송담당자는 다른 사람의 권리관계에 관하여 소송을 수행하지만 자기의 이름으로 소송수행을 한다. 여기에는 법률의 규정에 의하여 제3자가 소송수행권을 가지는 법정소송담당(法定訴訟擔當)과 권리주체의 의사에 따라 제3자가 소송수행권을 가지는 임의적 소송담당(任意的 訴訟擔當)이 있다. 제3자의 소송담당에 의한 소송에서 타인의 권리를 행사할 수 있는 자격(소송수행권)의 부존재는 소각하 사유이다.[3] 소송담당에 의하여 제3자가 수행한 소송의 결과는 권리의무의

1) 대판 1993. 9. 14. 92다35462.
2) 대판(전) 1982. 9. 14. 80다2425.
3) 주주대표소송을 제기한 주주가 주식의 처분 등으로 주주의 지위를 상실하면 그 주주는 원고적격을 잃어 그가 제기한 소 부분은 각하하여야 한다는 것에, 대판 2013. 9. 12. 2011다57689.

주체에게도 미친다(218조 3항). 다만 기판력의 적용범위에 관하여는 논의가 있다.

Ⅰ. 법정소송담당

1. 제3자가 권리주체인 사람과 함께 소송수행권을 갖는 경우(병행형)

제3자인 甲이 권리주체인 乙을 대신하여 의무자인 丙을 상대로 소를 제기하여 丙의 乙에 대한 의무의 이행을 구하는 경우로서, 乙도 소송수행권 즉 당사자적격을 잃지 않는 경우이다. 채권자대위소송(민법 404조)의 채권자, 회사대표소송(상법 403조)의 주주, 채권질의 목적이 된 채권을 직접 추심하는 소송(민법 353조)의 질권자, 공유물에 대한 보존행위를 위한 소송(민법 265조)의 공유자가 위 甲에 해당한다. 이 경우 乙은 여전히 소송수행권을 갖고 있으나 甲의 丙에 대한 소송계속 중에 乙이 丙을 상대로 같은 내용의 소를 제기하면 중복소송이 되므로 乙은 甲의 丙에 대한 소송에 공동소송참가(83조)를 할 수는 없고 공동소송적 보조참가(78조)를 할 수밖에 없다(판례는 공동소송참가를 할 수 있다는 입장이다. 자세한 내용은 '공동소송참가' 부분 참조).

◆ 대법원 1988. 6. 14. 선고 87다카2753 판결

채권자대위소송에 있어서 대위에 의하여 보전될 채권자의 채무자에 대한 권리가 인정되지 아니할 경우에는 채권자가 스스로 원고가 되어 채무자의 제3채무자에 대한 권리를 행사할 당사자적격이 없게 되므로 그 대위소송은 부적법하여 각하할 수밖에 없다.

|註| 1. 사실관계와 법원의 판단 甲은 丙과 사이에 丙 소유의 X 부동산에 관한 매매계약을 체결하였는데 乙이 아무런 원인 없이 X 부동산에 관하여 그 명의의 소유권이전등기를 마쳤다고 주장하면서 丙에 대한 소유권이전등기청구권 보전을 위하여 丙 대위하여 乙을 상대로 그 소유권이전등기의 말소를 구하였다. 법원은 甲과 丙 사이에 X 부동산에 관한 매매계약이 체결되었다고 볼 증거가 부족하다고 판단하고, 그렇다면 乙에 대한 대위청구에 의하여 보전된 권리가 존재하지 아니하므로 甲이 제기한 소는 부적법하다고 하였다.

2. 채권자대위소송의 법적 성질 채권자대위소송은 채권자가 타인인 채무자의 권리를 행사하는 것이므로 제3자의 소송담당에 해당한다는 것이 통설·판례

이나, 채권자대위소송은 채권자가 민법이 자신에게 부여한 대위권이라는 실체법상의 권리를 소송상 행사하는 것일 뿐이므로 제3자의 소송담당이 아니라는 견해(호문혁)가 있다. 통설·판례에 따르면 피보전채권의 존부는 소송요건(타인의 권리를 행사할 자격)에 해당하므로 그 부존재는 소각하 사유가 되나, 반대설에 따르면 피보전채권의 존부는 실체법상 요건일 뿐이므로 그 부존재는 청구기각 사유가 된다. 한편, 위 반대설은 채권질을 행사하는 채권자도 자기의 권리를 행사하는 것일 뿐 제3자의 소송담당에 해당하지 않는다고 한다.

▶ 대법원 1993. 3. 26. 선고 92다32876 판결

채권자대위권은 채무자가 제3채무자에 대한 권리를 행사하지 아니하는 경우에 한하여 채권자가 자기의 채권을 보전하기 위하여 행사할 수 있는 것이기 때문에 채권자가 대위권을 행사할 당시 이미 채무자가 그 권리를 재판상 행사하였을 때에는 설사 패소의 확정판결을 받았더라도 채권자는 채무자를 대위하여 채무자의 권리를 행사할 당사자적격이 없다.

|註| 1. 사실관계와 법원의 판단 (1) 사실관계 : X 부동산은 甲(주식회사)의 소유였는데 이에 관하여 매매를 원인으로 한 乙 명의의 소유권이전등기가 경료되었다. 甲은 乙을 상대로 위 소유권이전등기는 담보목적으로 경료된 것인데 변제공탁으로 피담보채무가 전부 소멸하였다고 주장하며 위 소유권이전등기의 말소를 구하는 소를 제기하였으나 패소판결을 받았고 위 판결은 확정되었다. 이후 丙은 무자력인 甲에 대한 자신의 대여금채권을 보전하기 위하여 甲을 대위하여 乙을 상대로 위 소유권이전등기의 말소를 구하면서 청구원인으로, X 부동산은 甲의 유일한 업무용 부동산이어서 그 매각을 위하여는 주주총회의 특별결의를 필요로 하는데(상법 374조) 그러한 결의가 없었으므로 X 부동산에 관한 甲과 乙 사이의 매매계약은 무효이고, 따라서 위 소유권이전등기는 원인 없이 마쳐진 것으로서 말소되어야 한다고 주장하였다.

(2) 법원의 판단 : 항소심법원은, 소유권이전등기말소청구소송의 소송물은 소유권이전등기말소청구권이고 말소청구권의 발생원인은 공격방어방법에 불과하다고 할 것인데, 甲의 乙에 대한 소유권이전등기말소청구소송이 甲의 패소로 확정된 이상 그 판결의 기판력에 의하여 甲은 위 소송의 변론종결시까지 주장할 수 있었던 무효사유, 즉 주주총회의 특별결의 없이 X 부동산을 처분

하여 원인무효라는 사유를 들어 위 소유권이전등기의 말소청구권이 있음을 주장할 수 없고, 따라서 甲의 채권자인 丙 역시 甲을 대위하여 乙에게 위 소유권이전등기의 말소청구를 할 수 없다는 이유로, 청구기각의 판결을 하였다. 이에 대하여 대법원은, 항소심법원의 기판력에 대한 판단은 옳으나 위와 같이 소송물이 동일하다면 채권자대위소송으로서의 대위요건을 갖추었는지 살펴보아야 한다고 하면서, 위 판결요지와 같은 이유로 항소심판결을 파기하고 이 사건 소를 각하하였다.

2. **비교사례** 비법인사단인 丙이 乙을 상대로 공탁금출급청구권 확인청구를 하였다가 소제기를 위한 사원총회 결의 없이 제기한 소라는 이유로 각하확정판결을 받은 후에 丙의 채권자인 甲이 丙을 대위하여 乙을 상대로 동일한 공탁금에 관하여 그 출급청구권이 丙에게 있다는 확인을 구하는 소를 제기한 사안에서. 대법원은 비법인사단인 채무자 명의로 제3채무자를 상대로 한 소가 제기되었으나 사원총회의 결의 없이 총유재산에 관한 소가 제기되었다는 이유로 각하판결을 받고 그 판결이 확정된 경우에는, 소제기에 관한 비법인사단의 의사결정이 있었다고 할 수 없으므로, 채무자가 스스로 제3채무자에 대한 권리를 행사한 것으로 볼 수 없다고 하여, 甲이 제기한 대위청구의 소가 적법하다고 하였다.[1])

▶ **대법원 2002. 5. 10. 선고 2000다55171 판결**

채권자가 채권자대위권의 법리에 의하여 채무자에 대한 채권을 보전하기 위하여 채무자의 제3자에 대한 권리를 대위행사하기 위하여는 채무자에 대한 채권을 보전할 필요가 있어야 할 것이고, 그러한 보전의 필요가 인정되지 아니하는 경우에는 소가 부적법하므로 법원으로서는 이를 각하하여야 할 것인바, 만일 채권자가 채무자를 상대로 소를 제기하였으나 패소의 확정판결을 받은 종전 소유권이전등기절차이행소송의 청구원인이 채권자대위소송에 있어 피보전권리의 권원과 동일하다면 채권자로서는 위 종전 확정판결의 기판력으로 말미암아 더 이상 채무자에 대하여 위 확정판결과 동일한 청구원인으로는 소유권이전등기청구를 할 수 없게 되었고, 가사 채권자가 채권자대위소송에서 승소하여 제3자 명의의 소유권이전등기가 말소된다 하여도 채권자가 채무자에 대하여 동일한 청

1) 대판 2018. 10. 25. 2018다210539.

구원인으로 다시 소유권이전등기절차의 이행을 구할 수 있는 것도 아니므로, 채권자로서는 채무자의 제3자에 대한 권리를 대위행사함으로써 위 소유권이전등기청구권을 보전할 필요가 없게 되었다고 할 것이어서 채권자의 채권자대위소송은 부적법한 것으로서 각하되어야 한다.

|註| 사실관계와 법원의 판단 (1) 사실관계 : 甲은 X 토지를 매수하여 乙에게 명의신탁하여 두었는데 乙은 이를 丙에게 매도하고 소유권이전등기까지 마쳐 주었다. 甲은 乙과 丙을 피고로 삼아 乙에 대하여는 명의신탁해지를 원인으로 하는 소유권이전등기청구를 하고 丙에 대하여는 사해행위취소를 원인으로 하는 소유권이전등기말소청구를 하였다가 丙에 대한 소는 취하하였다. 법원은 丙에게 등기가 이전됨으로써 乙의 甲에 대한 소유권이전등기의무는 이행불능이 되었다는 이유로 甲의 청구를 기각하였고 위 판결은 그대로 확정되었다. 이에 甲은 乙을 대위하여 丙을 상대로 乙과 丙 사이의 매매는 丙이 명의신탁사실을 알고 乙의 배신행위에 적극 가담하여 한 것이거나 통정허위표시로서 무효라고 주장하면서 丙 명의 소유권이전등기의 말소를 구하는 소를 제기하였다.

(2) 법원의 판단 : 항소심법원은 丙이 명의신탁사실을 알았다고 보기도 어렵고 통정허위표시를 인정하기도 어렵다는 이유로 甲의 청구를 기각한 제1심판결을 유지하였다. 그러나 대법원은, "명의신탁자는 명의수탁자에 대하여 신탁해지를 하고 신탁관계의 종료 그것만을 이유로 하여 소유 명의의 이전등기절차의 이행을 청구할 수 있음은 물론, 신탁해지를 원인으로 하고 소유권에 기해서도 그와 같은 청구를 할 수 있고, 이 경우 양 청구는 청구원인을 달리하는 별개의 소송"[1]이라는 전제 아래, 甲의 이 사건 소가 신탁관계의 종료 그것만을 이유로 한 것이라면 위 판결요지에서 본 바와 같은 이유로 각하 판결을 하여야 하고, 신탁해지를 원인으로 하되 소유권에 기한 것이라면 본안 판단으로 나아가야 하는데, 후자의 경우라고 하더라도 乙과 丙 사이의 매매계약은 甲의 강제집행을 면탈하기 위하여 통정하여 한 허위표시에 의한 것으로 판단된다고 하여, 항소심판결을 파기하였다.

1) 대판(전) 1980. 12. 9. 79다634.

■ 채권자대위소송의 다양한 경우 ■

甲은 乙에 대하여, 乙은 丙에 대하여 각 채권이 있다고 가정할 때 채권자대위소송에 관하여는 다음과 같은 다양한 경우들을 상정할 수 있다. 앞서 살펴 본 판례들과 앞으로 검토할 판례들을 함께 정리해 둔다.

(1) 甲이 채권자대위소송을 제기하였는데 피보전채권이 인정되지 않는 경우 : 각하(위 대법원 87다카2753 판결; 대법원 2012. 8. 30. 선고 2010다39918 판결).

(2) 먼저 확정된 판결이 있는 경우

① 피대위채권에 관한 乙의 패소확정판결이 있은 후에 甲이 채권자대위소송을 제기한 경우 : 각하(위 대법원 92다32876 판결). 다만, 乙이 비법인사단이고 乙이 제기한 소가 소제기에 관한 사원총회의 결의가 없음을 이유로 각하확정된 경우는 甲의 소는 적법하다(위 대법원 2018다210539 판결).

② 피보전채권에 관한 甲의 패소확정판결이 있은 후에 甲이 채권자대위소송을 제기한 경우 : 각하(위 대법원 2000다55171 판결).

③ 채권자대위소송에서 甲이 패소확정판결을 받은 다음 乙이 자신의 채권을 소구한 경우 : 乙이 대위소송이 제기된 사실을 안 경우에는 기판력에 저촉되어 기각{후술하는 대법원 74다1664 전원합의체 판결('제3자의 소송담당과 기판력' 부분 참조)}.

④ 채권자대위소송에서 甲이 패소확정판결을 받은 다음 乙의 다른 채권자가 같은 내용의 채권자대위소송을 제기한 경우 : 乙이 甲의 채권자대위소송 제기 사실을 안 경우에 한하여 기판력에 저촉되어 기각(대법원 1994. 8. 12. 선고 93다52808 판결).

(3) 먼저 제기되어 계속 중인 소가 있는 경우(후술하는 '중복소송' 부분 참조)

① 甲의 채권자대위소송 계속 중 乙이 같은 내용의 후소를 제기한 경우 : 중복소송이므로 각하.

② 乙의 丙에 대한 소송계속 중 甲이 채권자대위소송을 제기한 경우 : 중복소송이므로 각하. 그러나 乙의 丙에 대한 소송계속 중 甲이 채권자대위소송이 아니라 乙의 丙에 대한 채권에 대하여 압류추심명령을 받은 추심채권자로서 丙에 대하여 추심금청구소송을 제기하는 경우에는 중복소송에 해당하지 않는다(대법원 2013. 12. 18. 선고 2013다202120 전원합의체 판결, 자세한 것은 '중복소송' 부분 참조).

③ 甲의 채권자대위소송 계속 중 乙의 다른 채권자가 같은 내용의 채권자대위소송을 제기한 경우 : 중복소송이므로 각하.

2. 제3자가 권리주체인 사람에 갈음하여 소송수행권을 갖는 경우(갈음형)

제3자인 甲이 권리주체인 乙을 대신하여 소송을 수행하는 경우로서 乙이 소송수행권 즉 당사자적격을 잃는 경우이다. 파산재단에 관한 소송을 하는 파산관재인(채무자 회생 및 파산에 관한 법률 359조), 회생회사의 재산에 관한 소송을 하는 관리인(같은 법 78조), 채권추심명령을 받은 압류채권자(민사집행법 249조), 유언에 관한 소송에서 유언집행자(민법 1101조)[1]가 여기의 甲에 해당한다. 판례는 상속재산관리인(민법 1053조)도 여기에 포함된다고 하나,[2] 반대설이 있다. 이 경우 소송수행권을 상실한 乙은 甲이 수행하는 소송에 공동소송적 보조참가(78조)의 방법으로 참가할 수 있다. 이 경우 乙은 당사자적격이 없어 자신이 당사자가 되어 소를 제기할 수 없다. 이러한 소송은 부적법하여 각하된다.[3]

▶ **대법원 2018. 12. 27. 선고 2018다268385 판결**(同 대법원 2000. 4. 11. 선고 99다23888 판결)

채권에 대한 압류 및 추심명령이 있으면 제3채무자에 대한 이행의 소는 추심채권자만이 제기할 수 있고 채무자는 피압류채권에 대한 이행소송을 제기할 당사자적격을 상실한다. 위와 같은 당사자적격에 관한 사항은 소송요건에 관한 것으로서 법원이 이를 직권으로 조사하여 판단하여야 하고, 비록 당사자가 사실심 변론종결 시까지 이에 관하여 주장하지 않았다 하더라도 상고심에서 새로이 이를 주장·증명할 수 있다.

|註| 甲의 乙에 대한 채권을 甲의 채권자 丙이 압류하더라도 甲은 乙을 상대로 이행의 소를 제기할 수 있다(다만 그에 따른 집행을 할 수 없을 뿐이다). 그러나, 丙이 압류명령과 함께 추심명령을 받으면 甲은 그의 채권에 대하여 추심권능을 상실하게 되므로, 압류·추심명령 후에 甲이 乙을 상대로 이행의 소를 제기하면 그 소는 부적법하여 각하될 수밖에 없다. 다만, 甲의 이행소송 계속 중에 丙이 압류·추심명령 신청의 취하 등에 따라 추심권능을 상실하게 되면 甲은 당사자적격을 회복한다.[4] 丙이 甲의 乙에 대한 채권에 대하여 압류·전부명령을 받은 경우에는 甲의 채권이 丙에게로 이전되므로, 압류·전부명령 후에 甲이 乙을 상대로 이행의 소를 제기하면 채권의 부존재로 甲의 청구는 기각된다.

1) 대판 1999. 11. 26. 97다57733.
2) 대판 2007. 6. 28. 2005다55879.
3) 대판 2000. 4. 11. 99다23888.
4) 대판 2010. 11. 25. 2010다64877.

▶ 대법원 1995. 1. 12. 선고 93후1414 판결

회사정리법에 의한 정리절차개시결정(현행 채무자 회생 및 파산에 관한 법률에 의한 회생절차개시결정)이 있는 때에는 회사사업의 경영과 재산의 관리 및 처분을 하는 권리는 관리인에게 전속하며, 회사의 재산에 관한 소에 있어서는 관리인이 원고 또는 피고가 된다.

|註| 채무자 회생 및 파산에 관한 법률이 회생절차의 관리인과 파산절차의 파산관재인에게 당사자적격을 부여한 것은 법기술적 요청에 의한 것이므로 그들의 소송행위에는 일정한 제한이 따른다. 판례는 "… 파산관재인에게 파산재단에 관한 소에 있어 원고 또는 피고가 된다고 한 것은 소송법상의 법기술적인 요청에서 당사자적격을 인정한 것뿐이지, 자기의 이름으로 소송행위를 한다고 하여도 파산관재인 스스로 실체법상이나 소송법상의 효과를 받는 것은 아니고 어디까지나 타인의 권리를 기초로 하여 실질적으로 이것을 대리 내지 대표하는 것에 지나지 않는 것인바, 파산관재인이 건물명도단행가처분신청을 하였다가 재판상화해를 함에 있어 법원에 허가신청을 하였으나 그 신청이 불허가되었음에도 불구하고 감사위원의 동의나 채권자집회의 결의도 없이 피신청인과의 사이에 재판상화해를 하였다면 이는 소송행위를 함에 필요한 수권의 흠결이 있는 것으로서 민사소송법 제422조(현행 451조) 제1항 제3호 소정의 재심사유에 해당한다"고 하였다.[1]

▶ 대법원 1999. 11. 26. 선고 97다57733 판결

유언의 집행을 위하여 지정 또는 선임된 유언집행자는 유증의 목적인 재산의 관리 기타 유언의 집행에 필요한 행위를 할 권리의무가 있으므로, 유언의 집행에 방해가 되는 유증 목적물에 경료된 상속등기 등의 말소청구소송 또는 유언을 집행하기 위한 유증목적물에 관한 소유권이전등기 청구소송에 있어서 유언집행자는 이른바 법정소송담당으로서 원고적격을 가진다고 봄이 상당하다.

|註| 지정 또는 선임에 의한 유언집행자는 상속인의 대리인으로 본다는 민법의 규정(민법 1103조 1항)을 근거로 유언집행자를 소송상 법정대리인으로 보는 견해도 있다(이영섭, 방순원, 송상현·박익환). 그러나 유언집행자는 상속인의 이익만을 도모하는 것이 아니라 상속인의 이해와 상반되거나 상속인이 부존재하는 경우라도 유언자의 의사에 좇아 유언내용의 실현을 목적으로 사무를 처리하므로 소송담당자로 봄이 타당하다(이시윤, 강현중, 정동윤·유병현·김경욱). 이 경우 상속인은 소송수행권을 갖지 못한

1) 대판 1990. 11. 13. 88다카26987.

다고 보는 것이 일반적이나(갈음형 법정소송담당자) 유언집행자와 상속인이 공동으로 관리처분권을 가지지만 유언집행자의 권한이 우월적이라는 실체법상의 해석을 근거로 위와 같은 해석에 의문을 제기하기도 한다(변희찬, 재판자료 제78집).

▶ 대법원 1976. 12. 28. 선고 76다797 판결

재산상속인의 존재가 분명하지 아니한 상속재산에 관한 소송에 있어서 정당한 피고는 법원에서 선임된 상속재산관리인이라고 할 것이고, 동 상속재산관리인은 재산상속인이 있다면 추상적으로 재산상속인의 법정대리인이라 할 것이다.

|註| 1. 甲은 상속재산관리인인 乙을 피고로 하여 상속재산을 유증 또는 시효로 취득하였음을 이유로 제기한 소유권이전등기청구의 소를 제기하였고, 丙은 자신이 상속인이라고 주장하면서 위 소송에 독립당사자참가(권리주장참가)를 한 사안이다. 법원은 상속재산관리인이 정당한 당사자이나 추상적으로는 상속인의 대리인이므로 참가인은 피고에 대하여 제3자적 지위에 있지 않고, 참가인의 원고에 대한 청구는 원고의 청구를 부인함에 불과하다는 이유로 丙의 참가신청을 각하하였다.

2. 상속재산관리인에 관하여 학설은 ① 부재자 재산관리인의 직무·권한 등에 관한 규정이 준용(민법 1023조 2항)되는 것을 근거로 이를 법정대리인으로 보는 견해(이시윤, 정동윤·유병현·김경욱 등, 김홍규 등), ② 단순히 상속인의 이익을 위하여 관리하는 것이 아니고 중립적인 입장에서 상속재산에 관한 모든 관계인들의 이해를 공평하게 조정하여 공정하게 상속사무를 처리할 것을 임무로 하므로 소송담당자로 보아야 한다는 견해(강현중), ③ 직무상의 당사자로 보는 견해(정영환)로 나뉘고, 판례는 위와 같이 독특한 입장을 취하고 있다.

Ⅱ. 임의적 소송담당

1. 허용 요건

◆ 대법원 1984. 2. 14. 선고 83다카1815 판결

임의적 소송신탁은 탈법적인 방법에 의한 것이 아닌 한 극히 제한적인 경우에 합리적인 필요가 있다고 인정되는 경우가 있는 것인바, 민법상의 조합에 있어서 조합규약이나 조합결의에 의하여 자기 이름으로 조합재산을 관리하고 대외적 업무를 집행할 권한을 수여받은 업무집행조합원은 조합재산에 관한 소송에 관하여 조합원으로부터 임의적 소송신탁을 받아 자기 이름으로 소송을 수행하는

것이 허용된다.

|註| **1. 사실관계와 법원의 판단** (1) 사실관계 : 乙을 포함한 64명은 동백흥농계를 조직하여 공유수면을 매립, 개간하여 토지를 조성하였는데, 甲이 위 계로부터 위 토지 중 일부를 매수하고도 위 계로부터 등기를 이전받지 못하자 위 계의 업무집행조합원인 乙을 피고로 삼아 자신이 매수한 토지에 관한 소유권이전등기청구의 소를 제기하였다.

(2) 법원의 판단 : 항소심법원은 동백흥농계는 민법상 조합이고 민법상 조합에는 당사자능력이 없으므로 이 사건 소는 조합원 전원을 피고로 하여야 하는 필수적 공동소송이라는 이유로 조합원 중 일부인 乙만을 피고로 삼은 甲의 소를 각하하였다. 그러나, 대법원은 위와 같이 판시한 다음 '위 계의 임시총회는 20여건에 이르는 소송수행 등 계의 효율적 운영을 위하여 乙을 계장 겸 계업무 특별수권집행자로 선출한 사실을 인정할 수 있는바 항소심법원으로서는 위 결의의 취지를 심리하여 그 의결이 임의적 소송신탁을 포함하는 것이라면 乙에게 이 사건의 당사자적격을 인정하였음이 마땅하다'고 하면서 항소심판결을 파기하고 사건을 항소심법원으로 환송하였다.

2. 임의적 소송담당의 허용 요건 재산권상의 청구에 관하여는 소송물인 권리 또는 법률관계에 관하여 관리처분권을 갖는 권리주체에게 당사자적격이 있음이 원칙이고, 본래의 권리주체로부터 그의 의사에 따라 소송수행권을 수여받는 임의적 소송담당은 변호사대리의 원칙(87조)이나 소송신탁의 금지(신탁법 67조)를 잠탈할 염려가 있기 때문에 일정한 요건 아래 예외적으로만 허용된다. 즉, 선정당사자제도(53조)처럼 법이 명문으로 임의적 소송담당을 허용하는 경우이거나 또는 법률의 규정이 없더라도 변호사대리의 원칙이나 소송신탁의 금지를 잠탈할 염려가 없고 이를 인정할 합리적 필요가 있을 경우에 한하여 임의적 소송담당이 허용된다는 것이 통설, 판례이다. 다만 법률의 규정이 없는 경우에는 위 2가지 요건에 더하여 '피담당자의 절차권이 실질적으로 보장될 것'을 요구하는 견해(정동윤·유병현·김경욱)도 있고, 위 2가지 요건 중 '합리적인 필요'라는 요건은 필요하지 않다는 견해{윤재식, 민사판례연구(Ⅶ)}도 있다. 한편, 판례는 이후에도 계속하여 "조합업무를 집행할 권한을 수여받은 업무집행조합원은 조합재산에 관하여 조합원으로부터 임의적 소송신탁을 받아 자기 이름으로 소송을 수행할 수 있다"는 판시를 하고 있다.[1)]

1) 대판 1997. 11. 28. 95다35302; 대판 2001. 2. 23. 2000다68924.

2. 인정사례와 불인정사례

◆ **대법원 2016. 12. 15. 선고 2014다87885, 87892 판결**

[1] 재산권에 관한 소송에서 소송물인 권리 또는 법률관계에 관한 관리처분권을 가지는 권리주체가 관련 소송을 제3자에게 위임하는 것은 임의적 소송신탁에 해당하므로 원칙적으로 허용되지 않는다. 다만 민사소송법 제87조가 정한 변호사대리의 원칙이나 신탁법 제6조가 정한 소송신탁의 금지 등을 회피하기 위한 탈법적인 것이 아니고, 이를 인정할 합리적인 이유와 필요가 있는 경우에는 예외적·제한적으로 허용될 수 있다. [2] 집합건물의 관리단이 관리비의 부과·징수를 포함한 관리업무를 위탁관리회사에 포괄적으로 위임한 경우에는, 통상적으로 관리비에 관한 재판상 청구를 할 수 있는 권한도 함께 수여한 것으로 볼 수 있다. 이 경우 위탁관리회사가 관리업무를 수행하는 과정에서 체납관리비를 추심하기 위하여 직접 자기 이름으로 관리비에 관한 재판상 청구를 하는 것은 임의적 소송신탁에 해당한다. 그러나 다수의 구분소유자가 집합건물의 관리에 관한 비용 등을 공동으로 부담하고 공용부분을 효율적으로 관리하기 위하여 구분소유자로 구성된 관리단이 전문 관리업체에 건물 관리업무를 위임하여 수행하도록 하는 것은 합리적인 이유와 필요가 있고, 그러한 관리방식이 일반적인 거래현실이며, 관리비의 징수는 업무수행에 당연히 수반되는 필수적인 요소이다. 또한 집합건물의 일종인 일정 규모 이상의 공동주택에 대해서는 주택관리업자에게 관리업무를 위임하고 주택관리업자가 관리비에 관한 재판상 청구를 하는 것이 법률의 규정에 의하여 인정되고 있다[구 주택법(2015. 8. 11. 법률 제13474호로 개정되기 전의 것) 제43조 제2항, 제5항, 제45조 제1항]. 이러한 점 등을 고려해 보면 관리단으로부터 집합건물의 관리업무를 위임받은 위탁관리회사는 특별한 사정이 없는 한 구분소유자 등을 상대로 자기 이름으로 소를 제기하여 관리비를 청구할 당사자적격이 있다.

▶ **대법원 2012. 5. 10. 선고 2010다87474 판결**

외국계 커피 전문점의 국내 지사인 갑 주식회사가, 본사와 음악 서비스 계약을 체결하고 배경음악 서비스를 제공하고 있는 을 외국회사로부터 음악저작물을 포함한 배경음악이 담긴 CD를 구매하여 국내 각지에 있는 커피숍 매장에서 배경음악으로 공연한 사안에서, 한국음악저작권협회가 위 음악저작물 일부에 관하여는 공연권 등의 저작재산권자로부터 국내에서 공연을 허락할 권리를 부여받았을 뿐 공연권까지 신탁받지는 않았고, 권리주체가 아닌 협회에 위 음악저작물 일부에 대한 소송에 관하여 임의적 소송신탁을 받아 자기의 이름으로 소송을 수행할 합리적 필요가 있다고 볼 만한 특별한 사정이 없으므로, 협회는 위 음악저작물 일부에 대한 침해금지청구의 소를 제기할 당사자적격이 없다.

Ⅲ. 제3자의 소송담당과 기판력

제3자가 소송담당자로서 소송수행한 결과 받은 판결은 권리관계의 주체인 사람에게도 효력이 미친다(218조 3항). 다만, 채권자대위소송 등 '병행형 법정소송담당'의 경우에는 문제가 된다. 상세는 '기판력의 주관적 범위' 부분 참조.

▶ 대법원 1975. 5. 13. 선고 74다1664 전원합의체 판결

채권자가 채권자대위권을 행사하는 방법으로 제3채무자를 상대로 소송을 제기하고 판결을 받은 경우에는 어떠한 사유로 인하였던 적어도 채무자가 채권자대위권에 의한 소송이 제기된 사실을 알았을 경우에는 그 판결의 효력은 채무자에게 미친다.

제 3 관 소송능력

소송능력은 당사자 또는 보조참가인으로서 유효하게 소송행위를 허가나 받을 수 있는 능력을 말한다. 민법의 행위능력처럼 소송에서 자기의 권익을 옹호할 능력이 없거나 미약한 자를 보호하기 위한 제도이다. 소송능력은 성년후견제도가 시행됨에 따라 과거와 달리 정비되었다. 즉 미성년자(만 19세 미만자)와 피성년후견인(과거의 금치산자에 해당)은 원칙적으로 법정대리인에 의하여만 소송행위를 할 수 있고, 미성년자가 독립하여 법률행위를 할 수 있는 경우와 피성년후견인이 취소할 수 없는 법률행위를 할 수 있는 경우{피성년후견인의 법률행위는 취소할 수 있으나 가정법원은 취소할 수 없는 피성년후견인의 법률행위의 범위를 정할 수 있다(민법 10조 1, 2항)}에는 예외적으로 단독으로 소송행위를 할 수 있다(55조 1항). 그러나 피한정후견인(과거의 한정치산자에 해당)은 원칙적으로 단독으로 소송행위를 할 수 있고, 한정후견인의 동의가 필요한 행위에 관하여는 예외적으로 대리권 있는 한정후견인에 의해서만 소송행위를 할 수 있다(55조 2항). 제한능력자의 자기결정권을 존중하는 의미에서 피성년후견인과 피한정후견인의 소송능력에 차이를 둔 것이다. 소송능력은 소송행위의 유효요건이므로 소송능력이 없는 사람의 소송행위는 무효이다. 이 점에서 취소할 수 있는 데 그치는 제한능력자의 법률행위와 다르다. 다만, 법정대리인 등이 추

인할 수 있는 길은 열려 있다(60조).

◆ 대법원 1981. 8. 25. 선고 80다3149 판결

미성년자는 원칙적으로 법정대리인에 의하여서만 소송행위를 할 수 있으나 미성년자 자신의 노무제공에 따른 임금의 청구는 근로기준법 제68조의 규정에 의하여 미성년자가 독자적으로 할 수 있다.

|註| 임금청구는 미성년자가 독립하여 할 수 있는 법률행위이므로 임금청구소송에서는 미성년자의 소송능력이 인정된다는 판결이다.

◆ 대법원 1980. 4. 22. 선고 80다308 판결

미성년자가 직접 변호인을 선임하여 제1심의 소송수행을 하게 하였으나 제2심에 이르러서는 미성년자의 친권자인 법정대리인이 소송대리인을 선임하여 소송행위를 하면서 아무런 이의를 제기한 바 없이 제1심의 소송결과를 진술한 경우에는 무권대리에 의한 소송행위를 묵시적으로 추인한 것으로 보아야 한다.

|註| 소송무능력자의 소송행위에 대한 추인은 묵시적 추인도 가능함을 밝힌 판결이다.

제 4 관 변론능력

변론능력이라 함은 법정에 나가 법원에 대한 관계에서 유효하게 소송행위를 할 수 있는 능력을 말한다. 법원은 소송관계를 분명하게 하기 위하여 필요한 진술을 할 수 없는 당사자 또는 대리인의 진술을 금지하고, 변론을 계속할 새 기일을 정할 수 있으며, 필요하다고 인정하면 변호사를 선임하도록 명할 수도 있다(144조 1항, 2항). 소 또는 상소를 제기한 사람이 변호사선임명령을 받고도 법원이 지정한 새 기일까지 변호사를 선임하지 아니하면 법원은 소 또는 상소를 각하할 수 있으나(144조 4항), 변론금지 또는 변호사선임명령은 반드시 본인에게 통지되어야 하고(144조 3항) 본인에게 통지되지 않은 경우 새 기일까지 변호사를 선임하지 않았다고 하더라도 소나 상소를 각하할 수 없으며, 이러한 법리는 선정당사자의 변론을 금지하고 변호사선임명령을 하였으나 선정자에게 통지되지 아니한 경우에도 유추적용된다.[1)]

1) 대결 2000. 10. 18. 2000마2999.

제 3 절 소송상의 대리인

소송상의 대리인이라 함은 당사자의 이름으로 소송행위를 하거나 소송행위를 받는 제3자이다. 대리인의 행위는 당사자본인에게 그 효과가 미치고 대리인에게는 미치지 않는다. 소송상의 대리인에는 법정대리인(법인 등의 대표자 포함)과 임의대리인(소송대리인)이 있다. 이하 차례로 살펴보고 이어서 무권대리인에 관하여 본다.

제 1. 법정대리인

Ⅰ. 법정대리인의 의의와 종류

법정대리인은 당사자의 의사에 의하지 아니하고 대리인이 된 사람이다. 법정대리인에는 ① 실체법이 법정대리인으로 규정한 실체법상의 법정대리인과 ② 개개의 소송절차에서 법원이 선임한 소송상의 특별대리인이 있고, ③ 법인 등 단체의 대표자도 법정대리인에 준한다(64조).

1. 실체법상의 법정대리인

여기에는 ① 미성년자의 친권자인 부모(민법 911조) 또는 미성년후견인(민법 928조), ② 성년후견인(민법 938조)과 한정성년후견인(민법 959조의4), ③ 그 밖의 민법상의 특별대리인(민법 64조, 847조, 921조), ④ 법원이 선임한 부재자 재산관리인(민법 22조 1항)이 있다. 상속재산관리인(민법 1053조)과 유언집행자(민법 1101조)에 관하여 반대견해가 있으나 판례는 이들을 소송담당자로 본다.[1)]

2. 소송법상의 특별대리인

여기에는 ① 미성년자·피한정후견인·피성년후견인을 위한 특별대리인(62조), ② 의사무능력자를 위한 특별대리인(62조의2, 62조), ③ 법인 등 단체를 위한 특별대리인(64조, 62조), ④ 증거보전절차에서 상대방을 지정할 수 없는 경우의 특별대리인(378조) 등이 있다. 아래에서는 위 ①, ②, ③의 경우에 관하여 본다.

1) 대판 1999. 11. 26. 97다57733; 대판 2010. 10. 28. 2009다20840(이상 유언집행자); 대판 2007. 6. 28. 2005다55879(상속재산관리인).

(1) 특별대리인 선임의 요건

미성년자·피한정후견인·피성년후견인에게 (i) 법정대리인이 없거나 법정대리인에게 소송에 관한 대리권이 없는 경우, (ii) 법정대리인이 사실상 또는 법률상 장애로 대리권을 행사할 수 없는 경우, (iii) 법정대리인의 불성실하거나 미숙한 대리권 행사로 소송절차의 진행이 현저하게 방해받는 경우(2016년 개정법률에 추가된 사유이다)로서, 소송절차가 지연됨으로써 손해를 볼 염려가 있어야 한다(62조 1항).

법인이나 비법인사단·재단에 대표자나 관리인이 없는 등의 경우에도 특별대리인을 선임할 수 있고(64조), 의사능력이 없는 사람을 상대로 소송행위를 하려고 하거나 의사능력이 없는 사람이 소송행위를 하려고 하는 데 필요한 경우에도 특별대리인을 선임할 수 있다(62조의2). 후자는 기존의 판례[1]를 입법화한 것이다.

본인과 법정대리인(대표자 등 포함) 사이에 이해가 상반되어 대리권(대표권)을 행사할 수 없는 경우가 가장 전형적이다. 판례는 비법인사단인 원고가 그 대표자인 피고 명의로 신탁한 부동산에 대하여 피고에게 명의신탁해지를 원인으로 그 소유권의 환원을 구하는 경우,[2] 양모가 미성년의 양자를 상대로 소유권이전등기청구소송을 하는 경우[3]에 특별대리인의 선임을 인정한 바 있다.

한편, 주식회사의 대표이사가 사임하여 공석 중이더라도 후임 대표이사가 적법하게 선출될 때까지는 종전 대표이사가 대표권을 가지므로 특별대리인을 선임할 경우에 해당하지 않는다.[4] 단체의 대표자가 단체를 상대로 소를 제기하는 경우 감사가 단체를 대표한다는 법률규정이 있는 때에는 단체와 대표자의 이해상반에도 불구하고 대표권을 행사할 수 없는 경우에 해당하지 않는다.[5] 이와 같이 요건이 갖추어지지 않은 경우에는 법원이 특별대리인을 선임하였더라도 그 특별대리인에게 대리권 또는 대표권이 없다.[6]

---

1) 대판 1993. 7. 27. 93다8986.
2) 대판 1992. 3. 10. 91다25208.
3) 대판 1991. 4. 12. 90다17491.
4) 대판 1974. 12. 10. 74다428.
5) 대판 2015. 4. 9. 2013다89382{도시 및 주거환경정비법에 따른 조합의 조합장이 자기를 위하여 조합을 상대로 소를 제기하는 경우 감사가 조합을 대표하므로(위 법 22조 4항) 감사가 있는 한 특별대리인 선임의 요건이 충족되지 않는다는 판례이다}. 이사와 주식회사 사이의 소에 관하여는 감사가 주식회사를 대표하므로(상법 394조 1항) 대표이사와 주식회사 사이의 소송에서도 감사가 있는 한 특별대리인 선임의 요건이 충족되지 않는다.
6) 대판 2015. 4. 9. 2013다89382.

(2) 특별대리인의 선임과 개임 및 해임

특별대리인은 신청권자의 신청 또는 법원의 직권에 의하여 선임된다(62조 1, 2항) 신청권자는 미성년자·피한정후견인·피성년후견인의 친족, 이해관계인(미성년자·피한정후견인·피성년후견인을 상대로 소송행위를 하려는 사람 포함), 대리권 없는 성년후견인·한정후견인, 지방자치단체장 또는 검사이다(62조 1항). 미성년자·피한정후견인·피성년후견인 본인은 신청권자가 아니다.[1] 특별대리인 선임신청의 기각결정에 대하여는 항고할 수 있으나 선임결정에 대하여는 항고할 수 없다.[2]

법원은 소송계속 후 필요하다고 인정하는 경우 직권으로 특별대리인을 개임(改任) 또는 해임(解任)할 수 있다(62조 4항). 다만 개임 또는 해임은 직권으로 하는 것이므로 당사자의 개임·해임신청은 직권발동을 촉구하는 의미밖에 없다.[3]

3. 법인 등 단체의 대표자

민법상 법인의 대표자는 이사(민법 59조)이고, 주식회사의 대표자는 대표이사(상법 389조), 청산인(상법 542조, 255조), 대표이사직무대행자(상법 408조) 또는 감사(상법 제394조, 회사와 이사 사이의 소송)이다.

▶ 대법원 1983. 3. 22. 선고 82다카1810 전원합의체 판결

회사의 이사선임 결의가 무효 또는 부존재임을 주장하여 그 결의의 무효 또는 부존재확인을 구하는 소송에서 회사를 대표할 자는 현재 대표이사로 등기되어 그 직무를 행하는 자라고 할 것이고, 그 대표이사가 무효 또는 부존재확인청구의 대상이 된 결의에 의하여 선임된 이사라고 할지라도 그 소송에서 회사를 대표할 수 있는 자임에는 변함이 없다.

|註| 대표자에 대해 직무집행정지 및 직무대행자선임 가처분이 된 경우에는 본안소송에서 그 단체를 대표할 자도 직무집행을 정지당한 대표자가 아니라 대표자 직무대행자이다.[4] 가처분재판에 의하여 법인 등 대표자의 직무대행자가 선임된 상태에서 피대행자의 후임자가 적법하게 소집된 총회의 결의에 따

1) 대판 1981. 11. 19. 81카43.
2) 대결 1963. 5. 2. 63마4.
3) 대판 1969. 3. 25. 68그21.
4) 대판 1995. 12. 12. 95다31348.

라 새로 선출되었다 해도 그 직무대행자의 권한은 위 총회의 결의에 의하여 당연히 소멸하는 것은 아니므로 사정변경 등을 이유로 가처분결정이 취소되지 않는 한 직무대행자만이 적법하게 위 법인 등을 대표할 수 있고, 총회에서 선임된 후임자는 그 선임결의의 적법 여부에 관계없이 대표권을 가지지 못한다.[1)]

▶ **대법원 1990. 5. 11. 선고 89다카15199 판결**

[1] 피고 회사의 이사인 원고가 피고 회사에 대하여 소를 제기함에 있어서 상법 제394조에 의하여 그 소에 관하여 회사를 대표할 권한이 있는 감사를 대표자로 표시하지 아니하고 대표이사를 피고 회사의 대표자로 표시한 소장을 법원에 제출하고, 법원도 이 점을 간과하여 피고 회사의 대표이사에게 소장의 부본을 송달한 채, 피고 회사의 대표이사로부터 소송대리권을 위임받은 변호사들에 의하여 소송이 수행되었다면, 이 사건 소에 관하여는 피고 회사를 대표할 권한이 대표이사에게 없기 때문에 소장이 피고에게 적법유효하게 송달되었다고 볼 수 없음은 물론 피고 회사의 대표이사가 피고를 대표하여 한 소송행위나 피고 회사의 대표이사에 대하여 원고가 한 소송행위는 모두 무효이다.

[2] 전항과 같은 경우에도 원고가 스스로, 또는 법원의 보정명령에 따라, 소장에 표시된 피고 회사의 대표자를 이 사건 소에 관하여 피고 회사를 대표할 권한이 있는 감사로 표시하여 소장을 정정함으로써 그 흠결을 보정할 수 있고 이 경우 법원은 원고의 보정에 따라 피고 회사의 감사에게 다시 소장의 부본을 송달하여야 되고, 소장의 송달에 의하여 소송계속의 효과가 발생하게 됨에 따라, 피고 회사의 감사가 위와 같이 무효인 종전의 소송행위를 추인하는지의 여부와는 관계없이 법원과 원고·피고의 3자간에 소송법률관계가 유효하게 성립한다고 보아야 할 것이다.

[3] 전항과 같은 피고 회사 대표자의 대표권에 관한 흠결의 보정은 속심제를 채택한 우리 민사소송법의 구조와 민사소송의 이념 및 민사소송법 제388조(현행 418조) 등에 비추어 보면 항소심에서도 할 수 있는 것이다.

|註| 1. 피고 회사의 이사인 원고가 피고 회사를 상대로 회사설립무효의 소를 제기하면서 소장에 피고 회사의 대표자 표시를 대표이사로 잘못 기재하였으나 제1심법원은 이를 간과하여 피고 회사의 대표이사에게 소장부본을 송달하고 그로 하여금 소송을

1) 대판 2010. 2. 11. 2009다70395; 대판 2000. 2. 22. 99다62890.

수행하도록 하여 원고청구기각의 판결을 하였고, 항소심 심리 중 이러한 흠이 발견되어 원고가 피고 회사의 대표자를 감사로 정정하는 당사자표시정정신청을 하자 항소심법원은 감사에게 소장부본은 송달하지 않고 기일소환장만을 송달한 채 감사가 변론기일에 출석하거나 준비서면을 제출하는 등 일체의 소송행위를 하지 않자 그대로 변론종결하고 소를 각하한 사건이다.
2. 대법원판결에 의하면, 항소심법원은 감사에게 소장부본을 송달한 다음 그를 소환하여야 하고, 감사가 이전의 소송행위를 추인한다면 제1심에서부터의 심리를 기초로 본안판결을 하면 되고, 추인하지 않는다면 보정된 대표자인 감사의 관여 아래 이루어진 항소심 심리만을 기초로 본안판결을 하면 되며, 이 사건에서와 같이 보정된 당사자가 추인은 물론 일체의 소송행위를 하지 않는다면 자백간주판결을 하면 된다.[1]

Ⅱ. 법정대리인의 권한

1. 각 법정대리인의 권한 범위

(1) 실체법상의 법정대리인

① 친권자가 자(子)를 위하여 소송을 수행함에 있어서는 아무런 제약 없이 일체의 소송행위를 할 수 있다(민법 920조). ② 후견인이 피후견인을 대리하여 능동적 소송행위를 할 때에는 후견감독인의 동의를 얻어야 한다(민법 950조 1항 5호). 다만, 상대방의 제소 또는 상소에 대하여 수동적으로 소송행위를 하는 경우에는 위 동의가 필요 없다(56조 1항). 한편, 소의 취하, 화해, 청구의 포기·인낙, 제80조의 규정에 따른 소송탈퇴에는 후견감독인(후견감독인이 없는 경우는 가정법원)의 특별수권이 필요하다(56조 2항). 특별수권은 후견인의 경우에만 적용되므로 생모(生母)인 친권자가 소를 취하함에는 특별수권이 필요없다.[2]

(2) 소송법상의 특별대리인

소송법상의 특별대리인은 대리권 있는 후견인과 동일한 권한을 갖는다(62조 3항 전단). 특별대리인의 대리권의 범위에서 법정대리인의 권한은 정지된다(62조 3항 후단).[3]

1) 서상홍, 대법원 판례해설 제13호.
2) 대판 1974. 10. 22. 74다1216.
3) 판례는 "특별대리인이 선임된 후 소송절차가 진행되던 중에 법인의 대표자 자격이나 대표권

▶ **대법원 1993. 7. 27. 선고 93다8986 판결**

민사소송법 제58조(현행 62조)에 의하여 선임된 특별대리인은 당해 소송에 있어서 법정대리인으로서의 권한을 보유한다 할 것이므로 특별대리인은 당해 소송행위를 할 권한뿐만 아니라 당해 소송에 있어서 공격방어의 방법으로서 필요한 때에는 사법상의 실체적 권리도 이를 행사할 수 있다 할 것이나, 무권리자의 부동산처분행위에 대한 추인과 같은 행위는 부동산에 관한 권리의 소멸변경을 초래하는 것이어서 민법 제950조에 의한 특별수권이 없는 한 이를 할 수 없다.

|註| 2002년 전부개정되기 전 민사소송법이 적용된 사안에 관한 판례이지만, 현행법 하에서도 그대로 타당한 판례이다.

▶ **대법원 2018. 12. 13. 선고 2016다210849, 210856 판결**

(법인 등 단체를 위한) 소송법상 특별대리인은 법인 또는 법인 아닌 사단의 대표자와 동일한 권한을 가져 소송수행에 관한 일체의 소송행위를 할 수 있으므로, 소송법상 특별대리인은 특별한 사정이 없는 한 법인을 대표하여 수행하는 소송에 관하여 상소를 제기하거나 이를 취하할 권리가 있다.

|註| 소송법상의 특별대리인에 관하여 2016년 개정 전 민사소송법이 적용된 사안이다. 대법원은 종래부터 법인 등 단체를 위한 특별대리인은 단체의 대표자와 마찬가지로 일체의 소송행위를 할 수 있다고 하였는데,[1] 2016년 개정 전 민사소송법도 "특별대리인이 소송행위를 하기 위하여서는 후견인과 같은 권한을 받아야 한다"고 규정하고 있었음에도 위와 같이 해석하였던 점에 비추어 보면, 같은 입장은 현행법 하에서도 유지될 것으로 보인다.

(3) 법인 등 단체의 대표자

법인 등 단체의 대표자는 그 법인의 목적인 사업의 수행에 필요한 일체의 행위를 할 수 있으나, 실체법상의 제한이 있으면 소송행위도 그 한도 내에서 제한된다. 예컨대, 총유물(예컨대, 종중재산)의 관리 및 처분은 총회의 결의에 의하여야 하므로(민법 276조), 총유물에 관한 소송은 비법인사단이 그 명의로 총회의 결의를 거쳐야

에 있던 흠이 보완되었다면 특별대리인에 대한 수소법원의 해임결정이 있기 전이라 하더라도 그 대표자는 법인을 위하여 유효하게 소송행위를 할 수 있다"고 하였다(대판 2011. 1. 27. 2008다85758). 그러나 제62조 제3항과의 관계에서는 생각해 볼 문제가 있다.

1) 대판 2010. 6. 10. 2010다5373.

하거나 또는 그 구성원 전원이 당사자가 되어 필수적 공동소송의 형태로 할 수 있을 뿐이고, 비법인사단이 사원총회의 결의 없이 제기한 소송은 소 제기에 관한 특별수권을 결하여 부적법하다.[1)]

단체대표자 직무집행정지 및 직무대행자선임 가처분에 따른 대표자 직무대행자는 가처분에 달리 정하지 않는 한 법원의 허가가 없이는 통상사무 내지 상무(常務)에 속하는 행위만을 할 수 있다(민법 60조의2, 상법 408조, 정관 등 단체 내부규정에 의한 직무대행자의 직무범위는 그 내부규정에 따른다). 판례는 주식회사 대표이사 직무대행자와 관련하여, 변호사에게 소송대리를 위임하고 보수계약을 체결한 행위와 변론기일에 불출석하여 자백간주판결을 받은 다음 항소를 제기하지 않는 행위는 상무에 속하는 것으로 보았으나,[2)] 상대방의 청구를 인낙하는 행위와 항소를 취하하는 행위는 상무에 속하지 않는다고 보았다.[3)]

2. 공동대리

친권을 공동행사하는 부모, 공동대표이사와 같이 법정대리인이 공동으로 그 권한을 행사하여야 하는 경우가 있다. 대리인이 소송행위를 하는 때에는 공동으로 하여야 본인에게 효력이 있다. 다만, 소나 상소의 제기, 소나 상소의 취하, 화해, 청구의 포기·인낙, 소송탈퇴는 명시적으로 공동으로 하여야 하나(56조 2항 유추설), 그 밖의 것은 단독으로 하여도 다른 대리인이 묵인하면 그 유효성을 인정할 것이다. 대리인이 상대방의 소송행위를 수령하는 때에는 단독으로 이를 할 수 있다.

3. 권한의 증명

법정대리권은 서면으로 증명하여야 한다(58조).

Ⅲ. 법정대리권의 소멸과 통지

◆ 대법원 1998. 2. 19. 선고 95다52710 전원합의체 판결

민사소송법 제60조, 제59조 제1항(현행 64조, 63조 1항)의 취지는 법인(법인 아닌 사단

1) 대판 2007. 7. 26. 2006다64573.
2) 대판 1970. 4. 14. 69다1613(소송위임 및 보수계약 체결); 대판 1991. 12. 24. 91다4355(자백간주판결 후 항소 부제기).
3) 대판 1975. 5. 27. 75다120(청구인낙); 대판 1982. 4. 27. 81다358(항소취하).

도 포함) 대표자의 대표권이 소멸하였다고 하더라도 당사자가 그 대표권의 소멸 사실을 알았는지의 여부, 모른 데에 과실이 있었는지의 여부를 불문하고 그 사실의 통지 유무에 의하여 대표권의 소멸 여부를 획일적으로 처리함으로써 소송절차의 안정과 명확을 기하기 위함에 있다. 따라서 법인 대표자의 대표권이 소멸된 경우에도 그 통지가 있을 때까지는 다른 특별한 사정이 없는 한 소송절차상으로는 그 대표권이 소멸되지 아니한 것으로 보아야 하므로, 대표권 소멸 사실의 통지가 없는 상태에서 구 대표자가 한 소취하는 유효하고, 상대방이 그 대표권 소멸 사실을 알고 있었다고 하여 이를 달리 볼 것은 아니다.

|註| 1. 사실관계와 법원의 판단 甲 종중은 乙을 상대로 '乙은 甲 종중을 대표할 권한이 없음을 확인한다'는 판결을 구하는 소를 제기하여 제1심에서 승소판결을 받았다. 乙이 항소한 항소심 소송의 계속 중 제1심에서부터 甲 종중을 대표하였던 丙은 甲 종중에 그 대표직을 사임할 뜻을 표시하여 그 의사표시가 甲 종중에 도달된 후 항소심법원에 이 사건 소를 취하하는 소취하서를 제출하였고 乙은 이에 동의하였다. 이에 甲 종중은 丙이 대표권 소멸 후 소취하를 하였으므로 위 소취하는 효력이 없다고 주장하며 기일지정신청을 하였고, 항소심법원은 대표권 소멸 사실을 乙에게 통지하지 아니하였으므로 甲 종중은 乙의 대표권 소멸을 주장할 수 없다는 이유로 소송종료선언을 하였다. 甲 종중이 상고하였으나 대법원은 위와 같은 이유로 상고를 기각하였다.

2. 법정대리권의 소멸통지 소송절차가 진행되는 중에 법정대리권이 소멸한 경우에는 본인 또는 대리인이 상대방에게 소멸된 사실을 통지하지 아니하면 소멸의 효력을 주장하지 못한다(63조 1항). 법인 등 단체의 대표권이 소멸한 경우도 마찬가지이다(64조). 법인 등 단체의 대표권이 소멸한 후 그 사실을 상대방에게 통지하기 전에 구 대표자가 한 소취하의 효력에 관하여 무효라는 판례와 유효라는 판례가 나뉘어 있다가 이 판결로 대법원의 입장이 정리되었다. 이러한 해석은 소송절차의 안정·명확을 위해서는 부득이한 것이기는 하였으나 본인에게 지나치게 가혹한 면이 있었다. 따라서 현행 제63조 제1항 단서는 소송절차의 진행 중에 법정대리권이 소멸한 경우 법원에 그 소멸 사실이 알려진 뒤에는 그 법정대리인은 소의 취하, 화해, 청구의 포기·인낙, 독립당사자참가소송에서의 탈퇴 등 소송의 목적을 처분하는 행위를 할 수 없도록 하였다.

제 2. 임의대리인(소송대리인)

Ⅰ. 소송대리인의 의의와 종류

임의대리인은 대리권의 수여가 본인의 의사에 기한 대리인을 말한다. 소송대리인이라고도 한다. 여기에는 ① 법률에 따라 본인을 위하여 재판상의 행위를 할 수 있는 것으로 인정된 사람인 법률상 소송대리인과 ② 특정의 소송사건의 처리를 위임받은 대리인인 소송위임에 의한 소송대리인이 있다. 전자의 예로는 업무에 관한 포괄적 대리권의 일부로 소송대리권을 갖는 지배인(상법 11조), 선장(상법 749조), 선박관리인(상법 765조), 국가소송수행자(국가를 당사자로 하는 소송에 관한 법률 3조) 등이 있다.

Ⅱ. 소송대리인의 자격 — 변호사대리의 원칙

변호사(법무법인 포함)가 아니면 소송위임에 의한 소송대리인이 될 수 없다(87조). 이를 변호사대리의 원칙이라고 한다. 다만, 단독판사가 심판하는 소가 1억 원 이하의 사건에서, ① 당사자의 배우자나 4촌 이내의 친족으로서 당사자와의 생활관계에 비추어 상당하다고 인정되는 사람 또는 ② 당사자와 고용계약 등을 맺고 그 사건에 관한 통상사무를 처리·보조하는 사람으로서 그가 담당하는 사무와 사건의 내용 등에 비추어 상당하다고 인정되는 사람은 변호사가 아니더라도 법원의 허가를 얻어 소송대리를 할 수 있다(88조). 이러한 사람은 법원의 허가를 얻음으로써 비로소 소송대리인이 된다.

▶ 대법원 1985. 10. 12.자 85마613 결정

경매신청행위는 소송행위이긴 하나 민사소송법 제80조 제1항(현행 87조)에 규정된 재판상 행위에 해당하지 않으므로 변호사가 아니라도 대리할 자격이 있다.

▶ 대법원 1982. 7. 27. 선고 82다68 판결

단독판사가 심판하는 사건에 있어서 소송대리허가신청에 의한 소송대리권은 법원의 허가를 얻은 때로부터 발생하는 것이므로 소송대리인이 대리인의 자격으로 변론기일 소환장을 수령한 날짜가 법원이 허가한 날짜 이전이라면 그 변론기일 소환장은 소송대

리권이 없는 자에 대한 송달로서 부적법하다.

Ⅲ. 소송대리권의 수여

소송대리권을 주는 수권행위는 소송대리권의 발생이라는 소송법상의 효과를 목적으로 하는 소송행위이다.

◆ 대법원 1997. 12. 12. 선고 95다20775 판결

[1] 통상 소송위임장이라는 것은 민사소송법 제81조 제1항(현행 89조 1항)에 따른 소송대리인의 권한을 증명하는 전형적인 서면이라고 할 것인데, 여기에서의 소송위임(수권행위)은 소송대리권의 발생이라는 소송법상의 효과를 목적으로 하는 단독 소송행위로서 그 기초관계인 의뢰인과 변호사 사이의 사법상의 위임계약과는 성격을 달리하는 것이고, 의뢰인과 변호사 사이의 권리의무는 수권행위가 아닌 위임계약에 의하여 발생한다.

[2] 민사소송법 제82조(현행 90조)의 규정은 소송절차의 원활·확실을 도모하기 위하여 소송법상 소송대리권을 정형적·포괄적으로 법정한 것에 불과하고 변호사와 의뢰인 사이의 사법상의 위임계약의 내용까지 법정한 것은 아니므로, 본안 소송을 수임한 변호사가 그 소송을 수행함에 있어 강제집행이나 보전처분에 관한 소송행위를 할 수 있는 소송대리권을 가진다고 하여 의뢰인에 대한 관계에서 당연히 그 권한에 상응한 위임계약상의 의무를 부담한다고 할 수는 없고, 변호사가 처리의무를 부담하는 사무의 범위는 변호사와 의뢰인 사이의 위임계약의 내용에 의하여 정하여진다.

|註| 1. 소유권이전등기청구소송을 수임한 변호사(피고)가 소송계속 중인 수임 시로부터 6개월이 지난 시점에 상대방 9인 중의 1인이 계쟁 토지에 관하여 협의분할에 의한 재산상속을 원인으로 단독 명의로 소유권이전등기를 마친 사실을 등기부등본을 열람한 결과 알게 되자 상대방이 그 토지를 제3자에게 처분할 염려가 있다고 판단하여 소송대리인의 권한으로써 그 토지에 대한 처분금지가처분신청을 하였으나 담보제공에 따른 가처분기입등기가 마쳐지기 전에 상대방이 제3자에게 근저당권설정등기를 경료해 준 사안이다. 항소심은 가처분신청 등에 관한 권한까지 위임받은 피고가 소제기 당시 가처분신청 등 보전절차를 취하지 않은 것은 소송대리인으로서의 선량한 관리자의 주의를 다하지 않은 것이라고 판단하여 가처분신청을 지체함으

로 인한 손해배상책임을 인정하였으나, 대법원은 의뢰인(원고)과 피고 사이의 위임계약에 계쟁 토지에 관한 가처분신청은 포함되어 있지 않았고, 당시의 사정으로 보아 피고가 원고에게 가처분의 필요성에 관하여 설명을 하였어야 할 구체적인 사정도 보이지 않는다고 하여 항소심판결을 파기하였다.
2. 의뢰인의 소송대리인에 대한 손해배상청구 사건에서 소송대리인의 선관주의의무 위반 여부는 소송대리인과 의뢰인 사이의 기초관계인 위임계약을 토대로 판단하여야 한다고 한 것으로서, 소송대리권의 범위(90조)와 위임계약상의 위임사무의 범위는 별개임을 분명히 한 판결이다.

▶ 대법원 1997. 10. 10. 선고 96다35484 판결

민법상의 법률행위에 관한 규정은 민사소송법상의 소송행위에는 특별한 규정 기타 특별한 사정이 없는 한 적용이 없는 것이므로 소송행위가 강박에 의하여 이루어진 것임을 이유로 취소할 수는 없다 할 것이고, 소송위임행위도 소송대리권의 발생을 목적으로 하는 소송행위이므로 달리 볼 것이 아니다. 또한 소송위임행위는 위임자가 소송대리권 수여행위를 일방적으로 취소할 수 있지만 취소하여도 소급효가 없는 것이다.

Ⅳ. 소송대리권의 범위

1. 권한의 법정(法定)

법률상 소송대리인의 대리권의 범위는 각 실체법이 정하고 있고 이들의 법정권한은 제한할 수 없다. 반면에 소송위임에 의한 소송대리인의 대리권의 범위는 민사소송법 제90조가 정하고 있다. 소송위임에 의한 소송대리인 중 변호사 대리인의 권한은 제한할 수 없으나 비변호사 대리인의 권한은 제한할 수 있다(91조).

▶ 대법원 1995. 4. 28. 선고 95다3077 판결

국가를 당사자로 하는 소송에 관한 법률 제7조에 의하면 국가소송수행자로 지정된 자는 당해 소송에 관하여 대리인의 선임 이외의 모든 재판상의 행위를 할 수 있도록 규정되어 있으므로, 소송수행자는 별도의 특별수권 없이 당해 청구의 인낙을 할 수 있고, 그 인낙행위가 같은 법 시행령 제3조 및 같은 법 시행규칙 제11조 제5항 소정의 법무부장관 등의 승인 없이 이루어졌다고 하더라도 소송수행자가 내부적으로 지휘감독상의 책임을 지는 것은 별론으로 하고 그 소송법상의 효력에는 아무런 영향이 없다.

2. 소송위임에 의한 소송대리인의 권한범위

(1) 민사소송법 제90조에 정한 권한범위

소송대리인은 위임을 받은 사건에 대하여 반소·참가·강제집행·가압류·가처분에 관한 소송행위 등 일체의 소송행위와 변제의 영수를 할 수 있다(90조 1항). 여기에서 '참가'라고 함은 민사소송법에 규정된 각 종류의 참가를 모두 포함하고,[1] '변제의 영수'라 함은 일종의 예시로서 상계권, 취소권, 해제·해지권, 백지어음의 보충권 등 공격방어의 방법으로 하는 사법상의 형성권 행사가 모두 가능하다. 그러나, 소송대리인은 ① 반소의 제기, ② 소의 취하, 화해, 청구의 포기·인낙 또는 제80조의 규정에 따른 탈퇴, ③ 상소의 제기 또는 취하, ④ 대리인의 선임에 대하여는 특별한 권한을 따로 받아야 한다(90조 2항). 소취하에 대한 소송대리인의 동의는 특별수권사항이 아니다.[2]

▶ 대법원 2015. 10. 29. 선고 2015다32585 판결

위임에 의한 소송대리인이 가지는 대리권의 범위에는 특별수권을 필요로 하는 사항을 제외한 소송수행에 필요한 일체의 소송행위를 할 권한뿐만 아니라 소송목적인 채권의 변제를 채무자로부터 수령하는 권한을 비롯하여 위임을 받은 사건에 관한 실체법상 사법(私法)행위를 하는 권한도 포함된다.

|註| 1. 점포인도 및 부당이득청구 소송에서 원고 소송대리인이 점포의 열쇠를 수령함으로써 원고가 점포를 인도받은 것으로 볼 수 있다고 한 사례이다. 2. 판례는, 소송대리인은 위임받은 사건에 관한 실체법상 사법행위로서 백지어음의 보충권도 행사할 권한이 있다고 하였다.[3]

◆ 대법원 2000. 1. 31.자 99마6205 결정

소송상 화해나 청구의 포기에 관한 특별수권이 되어 있다면 특별한 사정이 없는 한 그러한 소송행위에 대한 수권만이 아니라 그러한 소송행위의 전제가 되는 당해 소송물인 권리의 처분이나 포기에 대한 권한도 수여되고 있다고 봄이 상당하다.

---

1) 대판 1962. 12. 6. 62사21.
2) 대판 1984. 3. 13. 82므40.
3) 대판 1959. 8. 6. 4291민상382.

(2) 심급대리의 원칙

(a) 원칙

소송대리권의 범위는 특별한 사정이 없는 한 당해 심급에 한정된다는 것이 판례이다. 판결에 대한 경정결정신청은 그 심급의 소송대리인의 대리권 범위에 속한다.[1)]

◆ 대법원 2000. 1. 31.자 99마6205 결정

소송대리권의 범위는 특별한 사정이 없는 한 당해 심급에 한정되어, 소송대리인의 소송대리권의 범위는 수임한 소송사무가 종료하는 시기인 당해 심급의 판결을 송달받은 때까지라고 할 것이다.

|註| 1. 사실관계와 법원의 판단 원고의 소송대리인 甲이 원고 승소의 본안판결을 송달받은 다음 피고로부터 판결금을 지급받으면서 원고를 대리하여 이자와 소송비용에 대한 청구권을 포기한다는 문서를 작성해 주었다. 대법원은, 소송상화해나 청구의 포기에 관한 특별수권으로 甲에게 이자 및 소송비용 청구권의 포기에 관한 권한도 주어졌었다고 볼 수 있지만, 심급대리의 원칙상 본안판결의 송달로써 이미 소송대리권이 소멸하였기 때문에 이자 및 소송비용 청구권 포기에 대한 수권이 따로 있었는지 살펴보아야 한다고 하였다.

2. 심급대리의 원칙에 대한 평가 다수설(강현중, 정동윤·유병현·김경욱, 호문혁)은 민사소송법 제90조 제2항 제3호 소정의 '상소의 제기'에 '상소에 대한 응소'도 포함된다고 하여 심급대리의 원칙에 찬성한다. 이들 견해는 심급이 끝날 때마다 본인이 대리인을 평가할 수 있어야 하고 대리권의 존속과 변호사 비용에 관하여 상소심 계속 중에 분쟁의 여지를 남기는 것은 바람직하지 않다는 것을 근거로 한다(호문혁). 그러나 우리법은 '상소의 제기'만을 특별수권사항으로 하고 있으므로 반대해석상 상소에 대한 응소는 통상의 소송대리권에 포함되는 것으로 볼 수 있고, 따라서 심급의 종료로 대리권이 반드시 소멸한다고 보아야 하는 것은 아니며, 오히려 당사자의 의사, 독일법과의 비교법적 고찰, 강제집행절차에 대리권이 미치는 점, 같은 변호사가 심급이 바뀔 때마다 보수를 받는 근거를 제거할 수 있다는 점, 소송대리인 해임의 길이 있으므로 심급이

1) 대결 1964. 7. 30. 64마505.

바뀔 때 본인에 의한 평가의 길이 막히는 것도 아니라는 점 등을 고려한다면 사건의 종국적 완결로 대리권이 소멸한다고 해석하는 것이 타당하다는 반대설(이시윤)이 있다.

(b) **파기환송사건과 재심사건에서의 심급대리의 원칙**

파기환송사건에서는 환송 전 항소심의 소송대리권이 부활하나 재상고심에서는 종전 상고심의 소송대리권이 부활하지 않고, 재심사건에서는 재심대상사건의 소송대리권이 부활하지 않는다는 것이 판례이다.

◆ 대법원 1984. 6. 14.자 84다카744 결정

[1] 사건이 상고심에서 환송되어 다시 항소심에 계속하게 된 경우에는 상고 전의 항소심에서의 소송대리인의 대리권은 그 사건이 항소심에 계속되면서 다시 부활하는 것이므로 환송받은 항소심에서 환송 전의 항소심에서의 소송대리인에게 한 송달은 소송당사자에게 한 송달과 마찬가지의 효력이 있다.

[2] 소송대리인이 판결정본의 송달을 받고도 당사자에게 그 사실을 알려 주지 아니하여 당사자가 그 판결정본의 송달 사실을 모르고 있다가 상고제기 기간이 경과된 후에 비로소 그 사실을 알게 되었다 하더라도 이를 가리켜 당사자가 책임질 수 없는 사유로 인하여 불변기간을 준수할 수 없었던 경우에 해당한다고는 볼 수 없다.

|註| 1. 대법원의 파기환송판결정본이 환송 전 항소심의 소송대리인인 甲에게 송달되었는데, 甲이 판결정본을 송달받은 날로부터 2주가 지난 뒤 판결정본을 당사자에게 교부하여 결국 재상고를 위한 상고제기기간을 도과한 사안이다.

2. 판례는, 환송 후 항소심 계속 중에 환송 전 항소심에 대한 성공보수를 청구한 사안에서, 항소심판결이 상고심에서 파기환송되는 경우 변호사는 환송 후 항소심 사건의 소송사무까지 처리하여야 위임사무의 종료에 따른 보수를 청구할 수 있다고 하였다.1)

3. 상고심에서 항소심과 다른 대리인을 선임한 경우 항소심 대리인과의 신뢰는 이미 깨어졌다는 점과 환송판결은 중간판결이 아니라 종국판결이라는 점에서 판례의 입장은 부당하다는 비판(이시윤, 호문혁)이 있다.

◆ 대법원 1996. 4. 4.자 96마148 결정

소송대리권의 범위는 특별한 사정이 없는 한 당해 심급에 한정되므로, 상고심에

1) 대판 2016. 7. 7. 2014다1477().

서 항소심으로 파기환송된 사건이 다시 상고되었을 경우에는 항소심에서의 소송대리인은 그 소송대리권을 상실하게 되고, 이때 환송 전의 상고심에서의 소송대리인의 대리권이 그 사건이 다시 상고심에 계속되면서 부활하게 되는 것은 아니라고 할 것이어서, 새로운 상고심은 변호사보수의소송비용산입에관한규칙의 적용에 있어서는 환송 전의 상고심과는 별개의 심급으로 보아야 한다.

▶ 대법원 1991. 3. 27.자 90마970 결정

재심의 소의 절차에 있어서의 변론은 재심 전 절차의 속행이기는 하나 재심의 소는 신소의 제기라는 형식을 취하고 재심 전의 소송과는 일응 분리되어 있는 것이며, 사전 또는 사후의 특별수권이 없는 이상 재심 전의 소송의 소송대리인이 당연히 재심소송의 소송대리인이 되는 것이 아니다.

|註| 재심피고의 재심대상판결 사건에서의 소송대리인에게 재심피고의 주소를 조회하지 않은 채 재심피고에 대한 재심소장부본 송달불능 및 주소보정명령 불이행을 이유로 재심소장을 각하한 것은 위법하다고 주장한 사안이다.

3. 개별대리의 원칙

같은 당사자에 대하여 여러 소송대리인이 있는 때에는 각자가 당사자를 대리한다(93조 1항). 이와 다른 당사자의 약정은 그 효력이 없다(93조 2항).

▶ 대법원 2011. 9. 29.자 2011마1335 결정

당사자에게 여러 소송대리인이 있는 때에는 민사소송법 제93조에 의하여 각자가 당사자를 대리하게 되므로, 여러 사람이 공동으로 대리권을 행사하는 경우 그 중 한 사람에게 송달을 하도록 한 민사소송법 제180조가 적용될 여지가 없어, 법원으로서는 판결정본을 송달함에 있어 여러 소송대리인에게 각각 송달을 하여야 하지만, 그와 같은 경우에도 소송대리인 모두 당사자 본인을 위하여 소송서류를 송달받을 지위에 있으므로 당사자에 대한 판결정본 송달의 효력은 결국 소송대리인 중 1인에게 최초로 판결정본이 송달되었을 때 발생한다고 할 것이다. 따라서 당사자에게 여러 소송대리인이 있는 경우 항소기간은 소송대리인 중 1인에게 최초로 판결정본이 송달되었을 때부터 기산된다.

4. 소송대리권의 증명

소송대리권 역시 법정대리권과 마찬가지로 서면에 의하여 증명하여야 한다(89조

1항). 이 서면이 사문서인 경우에는 법원은 공증인 등의 인증을 받도록 소송대리인에게 명할 수 있다(89조 2항).

▶ 대법원 1997. 9. 22.자 97마1574 결정

소송대리인의 대리권 존부는 법원의 직권조사사항이라 할 것이고, 그 소송대리권의 위임장이 사문서인 경우 법원이 소송대리권 증명에 관하여 인증명령을 할 것인지의 여부는 법원의 재량에 속한다고 할 것이나 상대방이 다투고 있고 또 기록상 그 위임장이 진정하다고 인정할 만한 뚜렷한 증거가 없는 경우에는 법원은 그 대리권의 증명에 관하여 인증명령을 하거나 또는 달리 진정하게 소송대리권을 위임한 것인지의 여부를 심리하는 등 대리권의 흠결 여부에 관하여 조사하여야 한다.

5. 당사자의 경정권

소송대리인의 사실상 진술은 당사자가 이를 곧 취소하거나 경정한 때에는 그 효력을 잃는다(94조). 지체 없이 경정하여야 하고 그렇지 않은 경우 대리인의 행위는 본인의 행위와 마찬가지의 효력을 갖는다.

▶ 대법원 1962. 10. 18. 선고 62다548 판결

당사자의 경정권은 소송대리인과 본인이 같이 변론에 출석한 경우에 관한 규정으로서 자백의 취소의 경우에는 민사소송법 제85조(현행 94조)에 규정한 요건을 구비하지 아니한 경우라 할지라도 자백의 취소의 요건을 구비한 이상 취소할 수 있는 것이다.

Ⅴ. 소송대리권의 소멸

1. 불소멸사유

① 당사자의 사망 또는 소송능력의 상실, ② 당사자인 법인의 합병에 의한 소멸, ③ 당사자인 수탁자의 신탁임무의 종료, ④ 법정대리인의 사망, 소송능력의 상실 또는 대리권의 소멸·변경, ⑤ 제3자의 소송담당의 경우 소송담당자의 자격 상실 가운데 어느 하나에 해당하더라도 소송대리권은 소멸되지 아니한다(95조, 96조). 위 사유들은 소송중단의 사유이나(233조~237조) 소송대리인이 있는 한 당해 심급이 종료될 때까지 소송이 중단되지도 않는다(238조).

◆ 대법원 2016. 4. 29. 선고 2014다210449 판결

[1] 당사자가 사망하더라도 소송대리인의 소송대리권은 소멸하지 아니하므로(민사소송법 제95조 제1호), 당사자가 소송대리인에게 소송위임을 한 다음 소 제기 전에 사망하였는데 소송대리인이 당사자가 사망한 것을 모르고 당사자를 원고로 표시하여 소를 제기하였다면 소의 제기는 적법하고, 시효중단 등 소 제기의 효력은 상속인들에게 귀속된다. 이 경우 민사소송법 제233조 제1항이 유추적용되어 사망한 사람의 상속인들은 소송절차를 수계하여야 한다.

[2] 당사자가 사망하였으나 소송대리인이 있는 경우에는 소송절차가 중단되지 아니하고(민사소송법 제238조, 제233조 제1항), 소송대리인은 상속인들 전원을 위하여 소송을 수행하게 되며, 판결은 상속인들 전원에 대하여 효력이 있다. 이 경우 심급대리의 원칙상 판결정본이 소송대리인에게 송달되면 소송절차가 중단되므로 항소는 소송수계절차를 밟은 다음에 제기하는 것이 원칙이다. 다만 제1심 소송대리인이 상소제기에 관한 특별수권이 있어 상소를 제기하였다면 상소제기 시부터 소송절차가 중단되므로 항소심에서 소송수계절차를 거치면 된다.

2. 소멸사유와 소멸의 통지

소송대리권은 ① 대리인의 사망·성년후견개시 또는 파산, ② 위임사무의 종료, ③ 소송위임계약의 해지 등 기본관계의 소멸이 있으면 소멸된다. 소송대리권의 소멸 역시 상대방에게 통지하지 아니하면 소멸의 효력을 주장하지 못하고, 다만 법원에 소송대리권의 소멸사실이 알려진 뒤에는 그 소송대리인은 소의 취하, 화해, 청구의 포기·인낙, 독립당사자참가소송에서의 탈퇴를 할 수 없다(97조, 63조).

제 3. 무권대리인

Ⅰ. 의의

무권대리인이라 함은 대리권이 없는 대리인을 말한다. 수권행위가 없는 경우뿐만 아니라 대리인의 자격이 없는 경우, 특별수권이 없는 경우도 포함된다. 대표자 자격이 없는 법인 등 단체의 대표자도 이에 속한다.

Ⅱ. 대리권에 대한 조사

1. 직권조사

대리권의 유무는 법원의 직권조사사항이다. 따라서 대리권 유무 판단의 기초자료인 사실과 증거를 직권으로 탐지할 의무는 없으나, 대리권의 존재에 관하여 의심할 만한 사정이 있는 경우 상대방의 이의가 없더라도 법원은 그에 관하여 심리, 조사하여야 한다. 그리고, 대리권 유무의 증명책임은 원고에게 있고, 이에 관한 자백은 인정되지 않는다.

▶ 대법원 1991. 10. 11. 선고 91다21039 판결

종중이 당사자인 사건에 있어서 그 종중의 대표자에게 적법한 대표권이 있는지 여부는 소송요건에 관한 것으로서 법원의 직권조사사항이므로, 법원으로서는 그 판단의 기초자료인 사실과 증거를 직권으로 탐지할 의무까지는 없다 하더라도, 이미 제출된 자료들에 의하여 그 대표권의 적법성에 의심이 갈만한 사정이 엿보인다면 상대방이 이를 구체적으로 지적하여 다투지 않더라도 이에 관하여 심리, 조사할 의무가 있다.

|註| 1. 제출된 자료에 의하면 원고 종중의 대표자를 선임하기 위한 종중회의의 참석인원이 종원의 과반수에 미달하는 것으로 보이는 경우 상대방의 이의가 없더라도 법원으로서는 종중의 진정한 회원수, 나아가서 대표자를 선임한 종중회의의 소집 및 결의절차의 적법성 등에 관하여 심리를 하여 적법한 대표권이 있는지 여부를 살펴보아야 한다는 판결이다.[1]

2. 소송 이전에 법인이 행한 어떠한 법률행위에 있어 법인 대표자가 적법한 대표권에 기하여 행한 것인지 여부는 여전히 당사자가 주장·증명하여야 할 문제이고 법원의 직권조사사항이 아니다.[2]

▶ 대법원 1997. 7. 25. 선고 96다39301 판결

[1] 제소단계에서의 소송대리인의 대리권 존부는 소송요건으로서 법원의 직권

1) 법인의 대표자(대판 1997. 10. 10. 96다40578), 비법인사단의 대표자(대판 2009. 1. 30. 2006다60908; 대판 2011. 7. 28. 2010다97044) 등에 관하여 같은 판례들이 쌓이고 있다.
2) 대판 2004. 5. 14. 2003다61054.

조사사항이다.

[2] 직권조사사항에 관하여도 그 사실의 존부가 불명한 경우에는 입증책임의 원칙이 적용되어야 할 것인바, 본안판결을 받는다는 것 자체가 원고에게 유리하다는 점에 비추어 직권조사사항인 소송요건에 대한 입증책임은 원고에게 있다.

[3] 원고가 소재가 불명인 것으로 판명된 상태에서 원고의 소송대리인에 의하여 소가 제기되었고, 원고가 소송과정에서 어떠한 조치를 취한 바도 없으며, 송달 또한 공시송달의 방법에 의하여 이루어졌다면, 원고 명의로 소를 제기한 소송대리인이 원고로부터 적법하게 소송대리권을 수여받은 바 없었다고 할 것이므로, 이와 같은 경우 당해 소는 대리권이 흠결된 소송대리인에 의하여 제기된 부적법한 소로서 각하되어야 한다.

|註| 직권조사사항은 자백의 대상이 될 수 없으므로,[1] 소송대리권의 존부에 관하여는 자백간주에 관한 규정이 적용될 여지가 없다.[2]

2. 보정명령

대리권이 없는 경우 대리인의 소송관여를 배척하거나 소를 각하하여야 하나, 보정의 가능성이 있으면 기간을 정하여 보정을 명하여야 한다.

▶ **대법원 2003. 3. 28. 선고 2003다2376 판결**

민사소송법 제64조의 규정에 따라 법인의 대표자에게도 준용되는 같은 법 제59조 전단 및 제60조는 소송능력·법정대리권 또는 소송행위에 필요한 권한의 수여에 흠이 있는 경우에는 법원은 기간을 정하여 이를 보정하도록 명하여야 하고, 소송능력·법정대리권 또는 소송행위에 필요한 권한의 수여에 흠이 있는 사람이 소송행위를 한 뒤에 보정된 당사자나 법정대리인이 이를 추인한 경우에는 그 소송행위는 이를 한 때에 소급하여 효력이 생긴다고 규정하고 있는바, 법원은 이러한 민사소송법의 규정에 따라 소송당사자인 재건축주택조합 대표자의 대표권이 흠결된 경우에는 그 흠결을 보정할 수 없음이 명백한 때가 아닌 한 기간을 정하여 보정을 명하여야 할 의무가 있다고 할 것이고, 이와 같은 대표권의 보정은 항소심에서도 가능하다.

▶ **대법원 1995. 9. 29. 선고 94다15738 판결**

종중의 대표자로 자처하면서 소송을 제기한 자에게 적법한 대표권이 있는지 여부가 상

1) 대판 2002. 5. 14. 2000다42908.
2) 대판 1999. 2. 24. 97다38390 등.

대방의 항변으로 소송의 쟁점이 되어 항소심에 이르기까지 이에 주안을 둔 당사자들의 공격방어와 법원의 심리 등을 거쳐 그에게 적법한 대표권이 없다는 사실이 밝혀지게 된 경우라면, 법원은 이 사유를 들어 소를 각하하면 족한 것이지 이러한 경우에까지 그 대표권의 흠결에 관하여 보정을 명한다거나 그 종중에 대표자 표시 정정을 촉구할 의무가 법원에 있다고는 할 수 없다.

Ⅲ. 대리권 흠결의 효과—무권대리행위의 추인

1. 대리권 흠결의 효과

대리권의 존재는 소송행위의 유효요건이다. 따라서 무권대리인에 의한 소송행위 또는 무권대리인에 대한 소송행위는 무효이다.[1] 소제기 과정에서 대리권의 존재는 소송요건이므로 변론종결시까지 보정되지 않는 한 소는 각하되어야 한다. 다만, 법원이 대리권 없음을 간과하고 본안판결을 하였더라도 그 판결은 유효하고 상소나 재심에 의하여 취소될 수 있을 뿐이다.

2. 무권대리행위의 추인

(1) 추인의 방법, 시기 및 효과

당사자본인이나 정당한 대리인은 무권대리행위를 명시적 또는 묵시적으로 추인할 수 있다. 추인의 시기에는 제한이 없어 상고심에서도 가능하다. 추인에 의하여 무권대리행위는 소급하여 유효하게 되고 이러한 추인의 소급효는 절대적이다.

▶ 대법원 1991. 5. 28. 선고 91다10206 판결 : 묵시적 추인

종중을 대표할 권한이 없는 자로부터 소송대리권을 위임받은 소송대리인이 소를 제기하여 소송을 수행하다가, 항소심에 이르러 종중의 적법한 대표자로부터 다시 소송대리권을 위임받아 종중의 대표자를 정정하는 당사자표시정정서를 진술하고 계속하여 종중의 소송대리인으로 소송을 수행하였다면 종전에 종중의 소송대리인으로 한 소송행위는 추인되었다고 보아야 한다.

---

1) 대판 2016. 12. 29. 2016다22837("공정증서가 집행권원으로서 집행력을 가질 수 있도록 하는 집행인낙의 표시는 공증인에 대한 소송행위이므로, 무권대리인의 촉탁에 의하여 공정증서가 작성된 때에는 집행권원으로서의 효력이 없고, 이러한 공정증서에 기초하여 채권압류 및 전부명령이 발령되어 확정되었더라도 채권압류 및 전부명령은 무효인 집행권원에 기초한 것으로서 강제집행의 요건을 갖추지 못하여 실체법상 효력이 없다. 따라서 제3채무자는 채권자의 전부금 지급청구에 대하여 그러한 실체법상의 무효를 들어 항변할 수 있다.")

|註| 유사사례로, 제1심 소송대리인이 항소의 제기에 관하여 특별수권을 받지 아니한 채 항소하였으나 항소심에서 적법한 대리인이 본안에 관하여 변론하였다면 위 무권대리인에 의한 항소제기는 묵시적으로 추인된 것이다.[1)]

▶ 대법원 1997. 3. 14. 선고 96다25227 판결 : 상고심에서의 추인

적법한 대표자자격이 없는 비법인사단의 대표자가 한 소송행위는 후에 대표자 자격을 적법하게 취득한 대표자가 그 소송행위를 추인하면 행위시에 소급하여 효력을 갖게 되고, 이러한 추인은 상고심에서도 할 수 있다.

|註| 甲 종중이 丙을 대표자로 하여 乙을 상대로 제기한 소유권이전등기청구의 소에서, 항소심법원이 '丙을 甲 종중의 대표자로 선임한 종중회의는 적법한 소집권자에 의하여 소집되지 않고 종원이 아닌 사람들이 참석하여 개최된 것이므로 丙은 甲 중종의 적법한 대표자가 아니'라는 이유로 소를 각하하자, 甲 종중이 상고심 계속 중 다시 종중회의를 개최하여 적법한 절차에 따라 丁을 甲 종중의 대표자로 선임하였고, 丁은 상고심에서 丙이 그때까지 甲 종중의 대표자로서 한 소송행위를 모두 추인한 사안이다. 대법원은 상고심에서도 무권대리행위의 추인이 가능하고 이에 의하여 이전의 무권대리행위가 모두 유효하게 되었다고 하였다.

2. 후견인이 피후견인을 대리하여 하는 소송행위에 필요한 후견감독인의 동의도 상고심에서 보정될 수 있다.[2)]

▶ 대법원 1992. 9. 8. 선고 92다18184 판결 : 추인의 소급효

종중이 적법한 대표자 아닌 자가 제기하여 수행한 소송을 추인하였다면 그 소송은 소급하여 유효한 것이고, 가사 종중의 소제기 당시에 그 대표자의 자격에 하자가 있다고 하더라도 이 소가 각하되지 아니하고 소급하여 유효한 것으로 인정되는 한 이에 의한 시효중단의 효력도 유효하다고 볼 것이지 소송행위가 추인될 때에 시효가 중단된다고 볼 것이 아니다.

▶ 대법원 1991. 11. 8. 선고 91다25383 판결 : 소급효의 절대성

종중을 대표할 권한없는 자가 종중을 대표하여 한 소송행위는 그 효력이 없으

1) 대판 2007. 2. 8. 2006다67893; 대판 2020. 6. 25. 2019다246399.
2) 대판 2001. 7. 27. 2001다5937(사안은 2011년 민법개정 전 한정치산자 후견인이 한정치산자를 대리하여 하는 소송행위에 필요한 친족회의 동의에 관한 것이다).

나 나중에 종중이 총회결의에 따라 위 소송행위를 추인하면 그 행위시로 소급하여 유효하게 되며, 이 경우 민법 제133조 단서의 규정은 무권대리행위에 대한 추인의 경우에 있어 배타적 권리를 취득한 제3자에 대하여 그 추인의 소급효를 제한하고 있는 것으로서 위와 같은 하자있는 소송행위에 대한 추인의 경우에는 적용될 여지가 없는 것이다.

◆ 대법원 2006. 3. 24. 선고 2006다2803 판결 : 집행인낙 추인 방법과 상대방

[1] 공정증서가 집행권원으로서 집행력을 가질 수 있도록 하는 집행인낙의 표시는 공증인에 대한 소송행위이므로, 무권대리인의 촉탁에 의하여 공정증서가 작성된 때에는 집행권원으로서의 효력이 없다.

[2] 공정증서상의 집행인낙의 의사표시는 공증인가 합동법률사무소 또는 공증인에 대한 채무자의 단독 의사표시로서 성규의 방식에 따라 작성된 증서에 의한 소송행위이어서, 대리권 흠결이 있는 공정증서 중 집행인낙에 대한 추인의 의사표시 또한 당해 공정증서를 작성한 공증인가 합동법률사무소 또는 공증인에 대하여 그 의사표시를 공증하는 방식으로 하여야 하므로, 그러한 방식에 의하지 아니한 추인행위가 있다 한들 그 추인행위에 의하여는 채무자가 실체법상의 채무를 부담하게 됨은 별론으로 하고 무효의 집행권원이 유효하게 될 수는 없다.

|註| 금전소비대차 공정증서상 연대보증인 명의를 도용당한 사람이 채권자에 대하여 채무이행의 의사를 표시하였다고 하여 공정증서상 집행인낙에 대한 추인이 될 수는 없다고 한 사례이다.

(2) 일부추인

추인은 원칙적으로 소송행위의 전체에 대하여 하여야 하나, 소송의 혼란을 일으킬 우려가 없고 소송경제상으로도 적절하다고 인정될 때에는 예외적으로 일부추인이 허용된다.

▶ 대법원 2008. 8. 21. 선고 2007다79480 판결 : 원칙적 불허

무권대리인이 행한 소송행위의 추인은 특별한 사정이 없는 한 소송행위의 전체를 대상으로 하여야 하고, 그 중 일부의 소송행위만을 추인하는 것은 허용되지 아니한다.

|註| 피고의 대표이사이던 甲이 직무집행정지가처분결정을 받고도 항소심 계속 중 乙을 피고의 소송대리인으로 선임하면서 그에게 상고제기의 권한까지 위임하였고, 이에 乙이 항소심 소송을 수행하고 피고 패소판결을 받자 상고까지 하였는데, 이후 피고의 대표이사직무대행자에 의하여 적법하게 선임된 소송대리인인 丙이 상고이유서에서 乙의 소송행위 중 상고제기 행위만을 추인하고 그 밖의 소송행위는 추인하지 않는다는 의사를 개진한 사안이다. 대법원은 대표권이 없는 甲에 의하여 선임된 乙은 대리권이 없으므로 乙의 상고제기는 부적법하고, 일부추인은 허용되지 않으므로 丙의 일부추인으로 위 상고가 유효하게 된 것도 아니라고 하면서 위 상고를 각하하였다. 한편, 丙이 다시 상고이유철회서를 제출하면서 乙의 소송행위를 모두 추인한다는 의사를 개진하자, 대법원은 "일단 추인거절의 의사표시가 있은 이상 그 무권대리행위는 확정적으로 무효로 귀착되므로 그 후에 다시 이를 추인할 수는 없다"고 하였다.

◆ **대법원 1973. 7. 24. 선고 69다60 판결 : 예외적 허용**

무권대리인이 행한 소송행위의 추인은 소송행위의 전체를 일괄하여 하여야 하는 것이나 무권대리인이 변호사에게 위임하여 소를 제기하여서 승소하고 상대방의 항소로 소송이 2심에 계속 중 그 소를 취하한 일련의 소송행위 중 소취하 행위만을 제외하고 나머지 소송행위를 추인함은 소송의 혼란을 일으킬 우려 없고 소송경제상으로도 적절하여 그 추인은 유효하다.

|註| 회사 대표이사의 인장을 도용하여 변호사에게 소송위임하여 승소하고 피고의 항소로 소송이 항소심에 계속 중 그 도용자가 소취하를 하였는데, 회사가 뒤에 위 일련의 소송행위 중 소취하 행위만을 제외한 다른 소송행위를 전부 추인한 사례이다.

Ⅳ. 쌍방대리의 금지

소송의 일방 당사자가 상대방 당사자를 대리하거나 같은 사람이 쌍방 당사자를 대리하는 것은 허용되지 않는다. 이와 관련하여 변호사법 제31조는 "변호사는 ① 당사자 한쪽으로부터 상의를 받아 그 수임을 승낙한 사건의 상대방이 위임하는 사건, ② 수임하고 있는 사건의 상대방이 위임하는 다른 사건, ③ 공무원 · 조정위원 또는 중재인으로서 직무상 취급하거나 취급하게 된 사건에 관하여는 그 직무를 수행할 수 없다"고 규정하고 있다. 이 규정에 위반된 소송행위의 효력에 관하여 판례는 이른바 이의설(異議說)을 따르고 있다.

◆ 대법원 2003. 11. 28. 선고 2003다41791 판결

변호사법 제31조 제1항 제1호에서 당사자의 일방으로부터 상의를 받아 그 수임을 승낙한 사건의 상대방이 위임하는 사건의 경우에 변호사의 직무행위를 금지하는 이유는, 변호사가 그와 같은 사건에 관하여 직무를 행하는 것은 먼저 그 변호사를 신뢰하여 상의를 하고 사건을 위임한 당사자 일방의 신뢰를 배반하게 되고, 변호사의 품위를 실추시키게 되는 것이므로 그와 같은 사건에 있어서는 변호사가 직무를 집행할 수 없도록 금지한 것이므로, 변호사법 제31조 제1항 제1호가 적용되기 위해서는 그 변호사가 관여한 사건이 일방 당사자와 그 상대방 사이에 있어서 동일하여야 하는데, 여기서 사건이 동일한지 여부는 그 기초가 된 분쟁의 실체가 동일한지 여부에 의하여 결정되어야 하는 것이므로 상반되는 이익의 범위에 따라서 개별적으로 판단되어야 하는 것이고, 소송물이 동일한지 여부나 민사사건과 형사사건 사이와 같이 그 절차가 같은 성질의 것인지 여부는 관계가 없다.

|註| 1. 상가점포 11개의 임대사업을 한 甲이 3호 점포의 임차인 乙로부터 소를 제기당하자 종전에 2호 점포의 임차인 丙과의 소송에서 丙을 대리하였던 변호사 丁을 소송대리인으로 선임하여 乙과의 소송을 수행하도록 한 사안으로, 이러한 경우 변호사법 제31조 위반이 아니라고 한 사례이다.

2. 변호사법 제31조 제1항 제1호가 적용되기 위하여는 '사건의 동일성'이라는 요건이 필요하다는 것과 '사건의 동일성'은 분쟁 실체의 동일성을 의미하는 것으로 상반되는 이익의 범위에 따라 개별적으로 판단되어야 한다는 것을 밝힌 판결이다.

◆ 대법원 1995. 7. 28. 선고 94다44903 판결(同 대법원 2003. 5. 30. 선고 2003다15556 판결)

원고 소송복대리인으로서 변론기일에 출석하여 소송행위를 하였던 변호사가 피고 소송복대리인으로도 출석하여 변론한 경우라도, 당사자가 그에 대하여 아무런 이의를 제기하지 않았다면 그 소송행위는 소송법상 완전한 효력이 생긴다.

|註| 1. 변호사법 제31조에 위반한 소송행위의 효력에 관하여는, ① 변호사를 당사자의 사적 대리인으로 보아 본조를 훈시규정으로 풀이하는 직무규정설(유효설), ② 변

호사를 준사법기관으로 보고 본조의 공익적 목적을 강조하는 절대무효설, ③ 본조위반의 소송행위는 무권대리행위로서 추인 또는 쌍방의 허락이 있으면 유효하다는 추인설, ④ 본인이나 상대방이 본조위반의 사실을 알거나 알 수 있었음에도 지체없이 이의를 주장하지 아니하면 책문권의 포기·상실이론에 의하여 무효를 주장할 수 없다는 이의설(책문권설; 責問權說)이 있는데 판례는 이의설을 취하였다.
2. 이의제기의 시한은 '사실심 변론종결시'라는 것이 판례이다.[1] 일반적인 이의권이 소송절차에 관한 규정에 어긋난 것임을 알거나 알 수 있었을 경우 '바로' 이의하지 않으면 상실되는 것과 다르다(151조 참조).

Ⅴ. 소송행위와 표현대리

소송행위에는 표현대리가 인정되지 않는다는 것이 판례이 입장이다.

◆ 대법원 1983. 2. 8. 선고 81다카621 판결

[1] 이행지체가 있으면 즉시 강제집행을 하여도 이의가 없다는 강제집행 수락 의사표시는 소송행위라 할 것이고, 이러한 소송행위에는 민법상의 표현대리 규정이 적용 또는 유추적용될 수 없다.

[2] 원고가 무권대리에 의한 약속어음의 공증사실을 알았으면서도 그간에 피고(무권대리의 상대방)에 대하여 아무런 이의를 제기한 바 없으므로 원고의 이건 청구는 이유 없다는 피고의 주장을 이건 무권대리에 의한 공정증서작성 촉탁행위의 추인에 관한 주장으로 본다 하여도, 무권대리에 의한 공정증서작성 촉탁행위에 대한 추인의 의사표시는 공증인에 대하여 할 것이므로, 위 주장과 같은 원고의 소극적인 태도만으로는 원고가 이건 무권대리 행위를 추인한 것이라고 볼 수 없다.

|註| 1. 사실관계와 법원의 판단 甲으로부터 금전융통을 부탁받은 乙은 금전차용에 필요하다고 하면서 甲의 인감도장을 교부받은 다음 이를 이용하여 丙의 丁에 대한 채무 담보를 위하여 甲을 발행인으로 한 약속어음을 작성하고 이에 관한 공증을 받았다. 丁은 乙에게 공정증서 작성 촉탁을 위한 대리권이 있다고 믿었다고 하면서 표현대리 주장을 하였으나, 대법원은 공증인에 대한 강제집행 수락 의사표시는 소송행위로서 표현대리 규정이 적용 또는 유추적

1) 대판 2003. 5. 30. 2003다15556.

용될 수 없다고 하였다.

2. 소송행위에 실체법상 표현대리의 법리가 유추적용되는가 ① 소극설(송상현·박익환, 호문혁)은 표현대리의 법리는 거래의 안전을 목적으로 하는 것으로 절차의 안정을 중시하는 소송절차에 이를 유추적용하는 것은 적절하지 못하다는 점, 법정대리권, 소송대리권 또는 대리인의 소송행위에 대한 특별한 권한의 흠결이 절대적 상고이유 및 재심사유로 규정되어 있는 점, 소송행위에 표현대리를 인정하면 진정한 당사자의 절차기본권이 심각하게 침해될 우려가 있다는 점을 근거로 하고, ② 적극설은 소송은 실체상의 권리를 실현하는 과정이므로 거래행위의 연장이라는 점, 법인의 실제대표자와 등기부상 대표자가 다른 경우 등기를 해태한 법인을 보호하기 위하여 등기를 신뢰한 상대방을 희생시킴은 공평에 반한다는 점, 소극설에 의하면 소송절차를 처음부터 다시 진행하여야 하므로 소송절차가 지연되고 불안정하게 된다는 점을 근거로 한다. 또한 ③ 진정한 당사자의 절차보장이라는 점에서 소극설이 일반적으로 타당하되 불실등기의 원인이 법인 자신의 태만에 기인하는 경우에는 표현대리를 적용하여도 좋다는 절충설(이시윤, 김홍규·강태원, 정동윤·유병현·김경욱, 강현중)이 있다. 판례는 위에서 보는 바와 같이 소극설을 분명히 하였다.

제 3 편

제1심의 소송절차

제1장

소송의 개시

제1절 소의 의의와 종류

소(訴, Klage, action)라 함은 법원에 대하여 일정한 내용의 판결을 해 달라는 당사자의 신청이다. 소는 청구의 내용에 따라 ① 원고의 이행청구권에 기하여 피고에 대해 의무이행명령을 할 것을 구하는 이행의 소, ② 다툼이 있는 권리·법률관계의 존재·부존재의 확정을 구하는 확인의 소, ③ 판결에 의한 법률관계의 변동을 구하는 형성의 소로 나눌 수 있다. 이하에서는 형성의 소에 관하여 몇 가지 점을 살펴보고, 이어서 소의 종류에 관하여 견해가 나뉘는 경우에 관하여 살피기로 한다.

제1. 형성의 소

Ⅰ. 개설

(1) 형성의 소는 법률에 명문의 규정이 있는 경우에 한하여 인정되고 법률상의 근거가 없는 경우에는 허용되지 않는다. 단체의 대표자 등에 대하여 해임을 청구하는 소는 형성의 소에 해당하므로 그 법적 근거가 있는 경우(예컨대, 상법 385조)에만 허용된다. 따라서 단체의 대표자 등의 해임청구에 대한 법적 근거가 없는 경우 해임청구를 본안으로 한 대표자 등 직무집행정지 및 직무대행자선임 가처분 신청은 피보전권리의 부존재로 각하될 수밖에 없다.[1)]

1) 대결 2020. 4. 24. 2019마6918(민법상 조합의 청산인에 대한 해임청구권을 피보전권리로 한 청산인에 대한 직무집행정지 가처분); 대결 1997. 10. 27. 97마2269(학교법인 이사장 해임의

◆ 대법원 1993. 9. 14. 선고 92다35462 판결

[1] 기존 법률관계의 변동 형성의 효과를 발생함을 목적으로 하는 형성의 소는 법률에 명문의 규정이 있는 경우에 한하여 인정되는 것이고 법률상의 근거가 없는 경우에는 허용될 수 없다.

[2] 화해조항의 실현을 위하여 부동산을 경매에 붙여 그 경매대금에서 경매비용 등을 공제한 나머지 대금을 원고들 및 피고들에게 배당할 것을 구하는 소는 그 청구의 성질상 형성의 소라 할 것인데 재판상화해의 실현을 위하여 부동산을 경매에 붙여 대금의 분배를 구하는 소를 제기할 수 있다는 아무런 법률상의 근거가 없으므로 위와 같은 소는 허용될 수 없다.

(2) 형성의 소는 실체법상의 형성권과 구별된다. 실제법상의 형성권은 당사자의 의사표시에 의하여 법률관계를 변동시키는 것이므로 소로써 구할 수는 없다. 예컨대, 민법 제628조에 의거한 임차인의 차임감액청구권은 그 성질이 사법상의 형성권에 속하는 것으로서 법원에 대하여 형성판결을 구할 수 있는 권리가 아니다.[1] 차임이 감액되어 지급됨으로 말미암은 이행의 소에서 위 형성권의 행사가 요건을 갖춘 적법한 것인지 심리될 뿐이다.

Ⅱ. 형성의 소의 종류

형성의 소에는 ① 사해행위취소의 소(민법 406조)와 같이 실체법상의 법률관계의 변동을 구하는 실체법상의 형성의 소, ② 재심의 소(451조), 정기금판결에 대한 변경의 소(252조)나 청구이의의 소(민사집행법 45조), 제3자 이의의 소(민사집행법 48조)와 같이 소송법상의 법률관계의 변동을 구하는 소송법상의 형성의 소, ③ 공유물분할의 소(민법 268조), 경계확정의 소와 같이 구체적으로 어떠한 법률관계를 형성할 것인가를 법관의 자유재량에 위임하고 있는 형식적 형성의 소가 있다. 형식적 형성의 소에서는 처분권주의와 불이익변경금지원칙의 적용이 없고, 어떠한 내용으로든 법률관계를 형성하여야 하므로 청구기각의 판결이 있을 수 없다.

소를 본안으로 한 이사장 직무집행정지 가처분); 대판 2001. 1. 16. 2000다45020(중소기업협동조합법에 의하여 결성된 조합의 이사장 해임의 소를 본안으로 한 조합장 직무집행정지 가처분).

1) 대판 1968. 11. 19. 68다1882, 1883.

1. 소송법상 형성의 소

▶ 대법원 2016. 3. 10. 선고 2015다243996 판결

민사소송법 제252조 제1항은 "정기금의 지급을 명한 판결이 확정된 뒤에 그 액수산정의 기초가 된 사정이 현저하게 바뀜으로써 당사자 사이의 형평을 크게 침해할 특별한 사정이 생긴 때에는 그 판결의 당사자는 장차 지급할 정기금 액수를 바꾸어 달라는 소를 제기할 수 있다."라고 규정하고 있다. 이러한 정기금 판결에 대한 변경의 소는 판결 확정 뒤에 발생한 사정변경을 요건으로 하므로, 단순히 종전 확정판결의 결론이 위법·부당하다는 등의 사정을 이유로 본조에 따라 정기금의 액수를 바꾸어 달라고 하는 것은 허용될 수 없다.

▶ 대법원 1971. 12. 28. 선고 71다1008 판결

청구이의의 소는 채무명의(집행권원)의 집행력 자체의 배제를 구하는 것으로서 이미 집행된 개개의 집행행위의 불허를 구하는 것은 부적법하다.

▶ 대법원 1996. 11. 22. 선고 96다37176 판결

제3자이의의 소는 강제집행의 목적물에 대하여 소유권이나 양도 또는 인도를 저지하는 권리를 가진 제3자가 그 권리를 침해하여 현실적으로 진행되고 있는 강제집행에 대하여 이의를 주장하고 집행의 배제를 구하는 소이므로, 당해 강제집행이 종료된 후에 제3자이의의 소가 제기되거나 또는 제3자이의의 소가 제기될 당시 존재하였던 강제집행이 소송계속 중 종료된 경우에는 소의 이익이 없어 부적법하다.

▶ 대법원 1959. 11. 12. 선고 4292민상296 판결

강제집행 목적물에 대한 제3자 이의의 소는 제3자의 집행목적물에 대한 소유권의 존부를 확정하는 것이 아니고, 집행이의권의 존부를 확정하는 것에 불과하다.

2. 형식적 형성의 소

▶ 대법원 2004. 10. 14. 선고 2004다30583 판결

공유물분할의 소는 형성의 소로서 공유자 상호 간의 지분의 교환 또는 매매를 통하여 공유의 객체를 단독 소유권의 대상으로 하여 그 객체에 대한 공유관계를 해소하는 것을 말하므로, 법원은 공유물분할을 청구하는 자가 구하는 방법에 구애받지 아니하고 자유로운 재량에 따라 공유관계나 그 객체인 물건의 제반

상황에 따라 공유자의 지분 비율에 따른 합리적인 분할을 하면 된다.

|註| 1. 원고의 지분이 97%, 피고의 지분이 3%이고 그 지상에 1개의 건물이 있는 공유토지의 분할에 관한 소송이다. 원심은 현물분할이 적절하지 않다고 보고 경매에 의한 대금분할을 명하였으나, 대법원은 토지를 원고의 단독소유로 하고 피고에게 지분에 대한 적절한 가격을 배상시키는 방법의 현물분할이 적절하다고 하였다. 소송법적으로는 공유물분할의 소에 처분권주의의 적용이 없다는 점을 확인한 판결이나, 실체법적으로는 이른바 전면적 가격배상에 의한 분할방법을 인정한 최초의 판결로서 의미가 있다.
2. 이와 같이 공유물분할소송에서 분할의 방법에 관하여는 법원의 재량이 인정되지만, 현물분할이 원칙이므로(민법 269조) "불가피하게 대금분할을 할 수밖에 없는 요건에 관한 객관적·구체적인 심리 없이 단순히 공유자들 사이에 분할의 방법에 관하여 의사가 합치하고 있지 않다는 등의 주관적·추상적인 사정에 터잡아 함부로 대금분할을 명하는 것은 허용될 수 없다."[1)]

▶ **대법원 1996. 4. 23. 선고 95다54761 판결**

서로 인접한 토지의 경계선에 관하여 다툼이 있어서 토지경계확정의 소가 제기되면 법원은 당사자 쌍방이 주장하는 경계선에 구속되지 않고 스스로 진실하다고 인정되는 바에 따라 경계를 확정하여야 하고, 소송 도중에 당사자 쌍방이 경계에 관하여 합의를 도출해냈다고 하더라도 원고가 그 소를 취하하지 않고 법원의 판결에 의하여 경계를 확정할 의사를 유지하고 있는 한, 법원은 그 합의에 구속되지 아니하고 진실한 경계를 확정하여야 하는 것이므로, 소송 도중에 진실한 경계에 관하여 당사자의 주장이 일치하게 되었다는 사실만으로 경계확정의 소가 권리보호의 이익이 없어 부적법하다고 할 수 없다.

|註| 1. 건물의 경계확정 소송은 형성의 소가 아니다. "건물은 일정한 면적, 공간의 이용을 위하여 지상, 지하에 건설된 구조물을 말하는 것으로서, 건물의 개수는 토지와 달리 공부상의 등록에 의하여 결정되는 것이 아니라 사회통념 또는 거래관념에 따라 물리적 구조, 거래 또는 이용의 목적물로서 관찰한 건물의 상태 등 객관적 사정과 건축한 자 또는 소유자의 의사 등 주관적 사정을 참작하여 결정되는 것이고, 그 경계 또한 사회통념상 독립한 건물로 인정되는

1) 대판 2009. 9. 10. 2009다40219.

건물 사이의 현실의 경계에 의하여 특정되는 것이므로, 이러한 의미에서 건물의 경계는 공적으로 설정 인증된 것이 아니고 단순히 사적관계에 있어서의 소유권의 한계선에 불과함을 알 수 있고, 따라서 사적자치의 영역에 속하는 건물 소유권의 범위를 확정하기 위하여는 소유권확인소송에 의하여야 할 것이고, 공법상 경계를 확정하는 경계확정소송에 의할 수는 없다."[1]

2. 단순히 인접한 토지의 경계를 확정하는 것이 아니라 인접한 토지 사이의 경계를 확정함과 아울러 그 경계선 내의 토지소유권의 범위를 확정하는 내용의 판결이라면, 그 기판력은 소유권의 범위에까지 미친다.[2]

Ⅲ. 형성의 소의 효력

(1) 형성의 소에 대한 청구기각의 확정판결은 형성소권의 부존재를 확정하는 확인판결에 그치나, 청구인용의 확정판결은 형성판결로서 법률관계를 발생·변경·소멸시키는 형성력이 있고(판결 자체로 권리관계를 형성하므로 별도의 집행력은 없다) 아울러 형성소권(형성요건)의 존재에 대하여 기판력도 있다.

▶ 대법원 1981. 3. 24. 선고 80다1888, 1889 판결

공유물분할청구소송의 승소확정판결은 기판력과 집행력이 있는 것이므로 그 확정판결의 원본이 멸실되어 강제집행에 필요한 집행문을 받을 수 없는 등 특별한 사정이 없는 한 그와 동일한 소를 제기할 소의 이익이 없다.

|註| 甲이 乙을 상대로 X 토지에 관하여 공유물분할의 소를 제기하여 경매에 의한 대금분할을 명하는 판결을 받고 확정된 후 10년이 지나 다시 X 토지에 관하여 동일한 공유물분할의 소를 제기한 사안이다. 원심은 전소로 인한 권리는 10년이 지나 소멸하였으므로 甲은 다시 乙을 상대로 X 토지에 관하여 공유물분할의 소를 제기할 수 있다고 보고 공유물분할을 명하였으나, 대법원은 공유물분할청구권은 공유관계에서 오는 형성권으로서 공유관계가 존속하는 한 분할청구권만이 독립하여 시효에 의하여 소멸될 수 없고 따라서 공유물분할을 명하는 판결에 의한 권리 역시 소멸시효의 대상이 될 수 없으며 전소의 확정판결에 기판력이 있으므로 이와 동일한 이 사건 소를 제기할 소의 이익이 없다고 하였다.

---

1) 대판 1997. 7. 8. 96다36517; 대판 1993. 11. 23. 93다41792, 41808 등.
2) 대판 1970. 6. 30. 70다579.

(2) 형성의 소의 대상인 법률관계는 형성판결에 의하여서만 변동된다. 따라서 형성판결이 없는 이상 그 대상인 법률관계는 변경되지 않고 유지되는 것으로 취급되어야 하고, 다른 소송에서 항변 등의 방법으로 그 변경이 주장될 수 없다. 예컨대, 주주총회결의에 취소사유에 해당하는 하자가 있는 경우 주주총회결의취소의 소(상법 376조)에 의하지 않고 항변 등의 방법으로 그 취소를 주장할 수는 없다.

제 2. 소의 종류가 문제되는 경우

Ⅰ. 주주총회결의무효·부존재확인의 소와 이사회결의무효확인의 소

(1) 상법 제376조에 정한 주주총회결의취소의 소가 형성의 소라는 데에는 이론이 없으나, 상법 제380조에 정한 주주총회결의무효·부존재확인의 소에 관하여는 형성소송설과 확인소송설이 대립한다. 취소의 소와는 하자의 양과 질에서 차이가 있을 뿐 하자 있는 결의의 효력을 제거하려는 목적은 동일하다는 점과 대세효가 인정되는 점(상법 190조 본문을 준용)이 형성소송설의 논거가 되고 있고, 제소권자와 제소기간에 제한이 없다는 점(상법 376조와 비교)과 소급효가 인정된다는 점(상법 190조 단서를 준용하지 않음)이 확인소송설의 논거가 되고 있다. 학설상 견해의 대립이 있으나, 판례는 확고하게 확인소송설의 입장에 있다.[1] 어느 설을 취하건 상법의 규정에 따르게 되므로 큰 차이는 없으나, 형성소송설에 의하면 무효나 부존재를 소의 방법으로써만 주장할 수 있고, 확인소송설에 의하면 소 이외의 방법 예컨대 이행소송에서 청구원인이나 항변으로 주장할 수 있다는 차이가 있다.

◆ 대법원 1992. 9. 22. 선고 91다5365 판결

주주총회결의의 효력이 그 회사 아닌 제3자 사이의 소송에 있어 선결문제로 된 경우에는 당사자는 언제든지 당해 소송에서 주주총회결의가 처음부터 무효 또는 부존재하다고 다투어 주장할 수 있는 것이고, 반드시 먼저 회사를 상대로 제소하여야만 하는 것은 아니며, 이와 같이 제3자 간의 법률관계에 있어서는 상법 제380조, 제190조는 적용되지 아니한다.

---

1) 대판 1992. 8. 18. 91다39924.

(2) 이사회의 결의에 하자가 있는 경우에 관하여 상법은 아무런 규정을 두고 있지 아니하므로 그 결의에 무효사유가 있는 경우에는 이해관계인은 언제든지 또 어떤 방법에 의하든지 그 무효를 주장할 수 있다고 할 것이지만 이와 같은 무효주장의 방법으로서 이사회결의무효확인소송이 제기되어 승소확정판결을 받은 경우 그 판결의 효력에 관하여는 주주총회결의무효확인소송 등과는 달리 상법 제190조가 준용될 근거가 없으므로 대세적 효력은 없다.[1)]

Ⅱ. 사해행위취소의 소

민법 제406조에 정한 채권자취소권의 본질은 형성권(취소권)과 원상회복청구권의 결합이라고 보는 것이 통설이고, 사해행위취소의 소는 형성의 소와 이행의 소의 결합이라고 하는 것이 통설·판례이다. 먼저 사해행위의 취소를 구하고 나중에 원상회복을 따로 구하는 것도 가능하나 사해행위의 취소를 구함이 없이 원상회복청구만을 하는 것은 불가능하다.[2)] 판례는 이른바 상대적 취소설을 취하므로 수익자(또는 전득자)만을 피고로 삼아야 하고 채무자는 피고적격이 없다.[3)] 실제 소송에 있어서는 채무자와 수익자(또는 전득자)를 공동피고로 삼아 채무자에 대하여는 피보전채권의 이행을 구하고 수익자(또는 전득자)에 대하여는 사해행위취소 및 원상회복을 구하는 형태의 소송이 많다. 이 경우 채무자는 피보전채권의 이행을 구하는 소의 피고일 뿐 사해행위취소의 소의 피고는 아니다.

▶ 대법원 1988. 2. 23. 선고 87다카1989 판결

사해행위취소판결의 기판력은 그 취소권을 행사한 채권자와 그 상대방인 수익자 또는 전득자와의 상대적인 관계에서만 미칠 뿐 그 소송에 참가하지 아니한 채무자 또는 채무자와 수익자 사이의 법률관계에는 미치지 아니한다.

---

1) 대판 1988. 4. 25. 87누399. 민법상 법인의 이사회결의무효확인소송에 대하여 같은 내용의 판례로 대판 2000. 1. 28. 98다26187.

2) 대판 1962. 2. 8. 4294민상722.

3) 대판 2004. 8. 30. 2004다21923 등.

제 2 절 소송요건

제1. 총설

(1) 소송요건이라 함은 소가 적법한 취급을 받기 위하여 구비하여야 할 요건을 말한다. 소송요건이 갖추어지지 않으면 소각하판결을 하여야 하고 본안심리를 할 수 없다.

(2) 소송요건으로는 ① 법원에 관한 것으로서 ㉠ 재판권이 있을 것, ㉡ 민사소송사항일 것, ㉢ 관할을 가질 것이 있고, ② 당사자에 관한 것으로서 ㉠ 당사자가 실재할 것, ㉡ 당사자능력이 있을 것, ㉢ 당사자적격이 있을 것, ㉣ 제소 단계에서 소송능력·법정대리권·소송대리권이 있을 것이 있으며, ③ 소송물에 관한 것으로서 ㉠ 소송물이 특정될 것, ㉡ 소의 이익(권리보호요건)이 있을 것, ㉢ 중복소송금지(259조)나 재소금지(267조 2항)에 저촉되지 않을 것, ㉣ 기판력이 부존재할 것이 있고, ④ 그 외에도 각종 병합소송에서 그 요건을 갖출 것, 장래이행의 소에서 '미리 청구할 필요'를 갖출 것(251조), 소제기기간(제척기간)을 준수할 것,[1] 채권자대위소송에서 피보전채권이 존재할 것 등이 있다.

(3) 대부분의 소송요건은 직권조사사항이다. 따라서 소송요건의 존부에 관하여 의심스러운 사정이 있는 경우 법원은 피고의 이의가 없더라도 직권으로 소송요건의 존부를 조사, 심리하여야 한다.[2] 다만, 그 증명책임은 원고에게 있고 법원이 그 판단의 근거가 되는 사실과 증거를 직권탐지하여야 하는 것은 아니다.[3] 직권조사사항이므로 자백이 인정될 수 없고,[4] 답변서를 제출하지 않더라도 무변론판결(257조)을 할 수 없다. 이를 다투는 피고의 항변은 법원의 직권발동을 촉구하는 의미밖에 없어 직권조사사항인 소송요건의 흠결을 다투는 피고의 주장은 늦게 제출되어도 실기하였다고 할 수 없고 상고이유서제출기간 도과 후에 제출되어도 기

1) 판례는 상법 제45조에서 정한 '영업양도인 책임의 존속기간'도 제척기간으로서 법원의 직권조사사항이라고 하였다(대판 2013. 4. 11. 2012다64116).

2) 대판 1997. 10. 10. 96다40578; 대판 1991. 10. 11. 91다21039; 대판 2020. 1. 16. 2019다247385(확인의 이익) 등.

3) 대판 2009. 4. 23. 2009다3234.

4) 대판 1983. 12. 27. 82누484; 대판 2002. 5. 14. 2000다42908 등.

간 도과를 이유로 심리의 대상에서 제외되지 않는다.[1] 한편, 전속관할이 아닌 관할의 위반, 중재합의의 존재 등은 항변사항이므로 피고가 항변하지 않는 한 법원이 이를 고려할 수 없다. 학설은 부제소합의를 항변사항으로 보고 있으나, 판례는 부제소합의나 불항소합의의 존재를 직권조사사항으로 보고 있다.[2]

(4) 소송요건의 존부를 판정하는 시점은 사실심의 변론종결시이다. 다만, 관할은 소제기 당시에만 갖추면 되고(33조), 중재합의가 있다는 항변은 본안에 관한 최초의 변론을 할 때까지 하여야 한다(중재법 9조 2항).[3]

◆ **대법원 1989. 10. 10. 선고 89누1308 판결**(동 대법원 2011. 5. 13. 선고 2009다94384, 94391, 94407 판결)

소송에서 다투어지고 있는 권리 또는 법률관계의 존부가 동일한 당사자 사이의 전소에서 이미 다루어져 이에 관한 확정판결이 있는 경우에 당사자는 이에 저촉되는 주장을 할 수 없고, 법원도 이에 저촉되는 판단을 할 수 없음은 물론, 위와 같은 확정판결의 존부는 당사자의 주장이 없더라도 법원이 이를 직권으로 조사하여 판단하지 않으면 안 되고, 더 나아가 당사자가 확정판결의 존재를 사실심 변론종결 시까지 주장하지 아니하였더라도 상고심에서 새로이 이를 주장, 증명할 수 있는 것이다.

◆ **대법원 1991. 11. 26. 선고 91다31661 판결**(동 대법원 1997. 12. 9. 선고 97다18547 판결)

당사자능력은 소송요건에 관한 것으로서 그 청구의 당부와는 별개의 문제인 것이며, 소송요건은 사실심의 변론종결시에 갖추어져 있으면 되는 것이므로 종중이 비법인사단으로서의 실체를 갖추고 당사자로서의 능력이 있는지 여부는 사실심인 원심의 변론종결시를 기준으로 하여 그 존부를 판단하여야 할 것이고 종중이 계쟁 임야를 신탁하였다고 주장하는 때를 기준으로 하여 판단하여서는 안 되는 것이다.

|註| 소제기 당시 소송요건에 흠이 있더라도 사실심 변론종결시에 그 흠이 치유되면 소는 적법하고, 소제기 당시 소송요건을 갖추고 있더라도 사실심 변론

1) 대판 1990. 11. 23. 90다카21589; 대판 1990. 4. 27. 88다카25274, 25281.
2) 대판 2013. 11. 28. 2011다80449(부제소합의); 대판 1980. 1. 29. 79다2066(불항소합의).
3) 대판 1996. 2. 23. 95다17083("중재심판을 먼저 거쳐야 한다는 주장은 사건에 관하여 본안에 관한 변론을 하기 전에 하여야 하고, 그러한 항변을 제출함이 없이 본안에 관한 실질적인 변론을 하여 본안의 심리에 들어간 후에는 그러한 방소항변을 제출할 수 없다").

종결시에 그것을 갖추지 못하면 소는 부적법해진다. 다만, 소송계속 중 당사자능력·소송능력·법정대리권의 소멸은 소각하사유가 아닌 소송중단사유가 되는 데에 그친다.

◆ 대법원 2003. 1. 10. 선고 2002다57904 판결

원고가 말소등기절차의 이행을 구하고 있는 근저당권설정등기는 상고심 계속 중에 낙찰을 원인으로 하여 말소되었으므로 근저당설정등기의 말소를 구할 법률상의 이익이 없게 되었고, 따라서 상고심 계속 중에 소의 이익이 없게 되어 부적법하게 되었다.

|註| 소송요건의 존부에 관한 판단 기준시점은 사실심의 변론종결시가 원칙인데, 예외적으로 상고심에서 소의 이익이 없게 되어 소가 부적법하게 될 수 있음을 밝힌 판결이다.

▶ 대법원 1997. 7. 25. 선고 96다39301 판결

제소단계에서의 소송대리인의 대리권 존부는 소송요건으로서 법원의 직권조사사항이고, 직권조사사항에 관하여도 그 사실의 존부가 불명한 경우에는 입증책임의 원칙이 적용되어야 할 것인바, 본안판결을 받는다는 것 자체가 원고에게 유리하다는 점에 비추어 직권조사사항인 소송요건에 대한 입증책임은 원고에게 있다.

|註| 1. 원고의 소송위임장은 공증인 등의 인증을 받지 않은 사문서로서 피고가 소송대리인의 대리권을 다투고 있으나 이를 진정한 것으로 인정할 증거가 없고, 오히려 증거들에 의하면 원고는 오래 전부터 소재불명(주민등록 직권말소, 아들 사망 때 연락이 되지 않아 다른 사람이 사체 인수, 검찰 소재수사에서도 소재불명)인 사실이 인정되는 경우 소는 각하되어야 한다고 한 사안이다.
2. 항변사항인 소송요건에 대한 증명책임은 피고에게 있다.

▶ 대법원 2011. 3. 10. 선고 2010다87641 판결

민사소송에서 당사자가 소송물로 하는 권리 또는 법률관계의 목적인 물건은 특정되어야 하고, 소송물이 특정되지 아니한 때에는 법원이 심리·판단할 대상과 재판의 효력범위가 특정되지 않게 되므로, 토지소유권확인소송의 소송물인 대상토지가 특정되었는지 여부는 소송요건으로서 법원의 직권조사사항에 속한다.

|註| 1. 6·25 당시 지적공부가 멸실되었다가 그 지적이 일단 복구되었으나 이

후 군사분계선 이북에 소재한 토지임을 이유로 지적공부가 폐쇄된 토지에 관하여 소유권보존등기를 하기 위하여 국가를 상대로 소유권확인청구를 한 사안에서, 위와 같은 경위로 폐쇄된 지적공부에 기재된 지적만으로는 대상 토지의 지번·지목·경계 또는 좌표와 면적이 모두 일치하는지 여부를 확인할 방법이 없어 소송물이 특정되었다고 보기 어렵다고 한 사례이다.

2. 다만 소송물이 특정되지 않았으나 특정이 가능하다면 법원은 먼저 직권으로 보정을 명하고 이에 응하지 않는 경우에 한하여 소를 각하할 수 있다.[1] 예컨대, 甲이 乙로부터 丙에 대한 공사대금채권 중 1억 원을 양수하였다고 주장하면서 丙을 상대로 양수금청구를 하는 경우, 乙이 丙으로부터 여러 공사를 수급하여 여러 개의 공사대금채권을 가진다면 법원은 어느 공사로부터 발생한 채권 중 1억 원인지 특정할 것을 명하여야 한다.[2]

▶ **대법원 1987. 1. 20. 선고 86누490 판결**

제소기간이 지켜졌는가의 여부는 소송요건으로서 법원의 직권조사사항에 속하며 소송요건의 존부를 명백히 한 다음 본안판결을 하여야 할 것이므로 본안의 심리에 들어갔다 하여 소송요건의 흠결을 덮어둘 수는 없다.

▶ **대법원 1997. 10. 10. 선고 96다40578 판결**

법인이 당사자인 사건에 있어서 그 법인의 대표자에게 적법한 대표권이 있는지 여부는 소송요건에 관한 것으로서 법원의 직권조사사항이므로, 법원으로서는 그 판단의 기초자료인 사실과 증거를 직권으로 탐지할 의무까지는 없다 하더라도, 이미 제출된 자료들에 의하여 그 대표권의 적법성에 의심이 갈 만한 사정이 엿보인다면 상대방이 이를 구체적으로 지적하여 다투지 않더라도 이에 관하여 심리조사할 의무가 있다.

▶ **대법원 1988. 5. 24. 선고 87누990 판결**

행정심판법 제18조 제1항의 출소기간이 경과하였는지 여부는 소송요건으로서 법원의 직권조사사항이며 자백의 적용은 없다.

---

1) 대판 2013. 11. 28. 2011다80449; 대판 2014. 3. 13. 2011다111459; 대판 2014. 10. 27. 2013다25217 등.

2) 대판 2013. 3. 14. 2011다28946.

제 2. 소의 이익(권리보호요건)

Ⅰ. 의의

넓은 의미에서 소의 이익이라 함은 ① 청구의 내용이 본안판결을 받기에 적합한 일반적 자격, ② 원고가 판결을 구할 현실적 필요성, ③ 제대로 소송수행을 하고 본안판결을 받기에 적합한 당사자 3가지를 가리키는데, 이 중 위 ③은 당사자적격이라고도 하고 좁은 의미에서의 소의 이익에는 위 ①, ②만이 포함된다. 위 3가지는 서로 밀접한 관련을 맺고 있어 그 한계가 명확하지는 않다. 이하에서는 좁은 의미의 소의 이익에 관하여 본다.

Ⅱ. 권리보호의 자격(각종의 소에 공통적인 일반적 요건으로서의 소의 이익)

1. 재판상 청구할 수 있는 구체적인 권리 또는 법률관계일 것

우선 청구가 구체적인 권리 또는 법률관계에 관한 것이어야 한다(법률적 쟁송성). 따라서 단순한 사실의 존부에 관한 다툼은 소송의 대상이 되지 않는다. 추상적인 규정의 효력이나 해석의견을 다투는 소송도 허용되지 않는다. 다음으로 청구가 재판상 청구할 수 있는 것이어야 한다(사법심사 대상성). 따라서 구체적인 권리 또는 법률관계에 관한 쟁송이더라도 소구할 수 없는 채무(자연채무)인 경우에는 권리보호의 자격이 없다. 통치행위도 국민의 기본권과 관련이 있을 때에는 사법심사의 대상이 된다.[1] 단체내부분쟁에 관하여는 제한이 있다.

(1) 법률적 쟁송성

(a) 순수한 사실관계에 관한 확인의 소

▶ 대법원 1989. 2. 14. 선고 88다카4710 판결

甲이 학교법인의 설립자임의 확인을 구하는 청구는 학교법인의 설립자는 일단

1) 통치행위(Regierungsakte, political question)의 당부는 사법적 심사의 대상이 아니라는 것이 과거의 판례(대판 1970. 11. 20. 70다1376 등)였으나, 근래에는 통치행위이더라도 국민의 기본권에 영향을 주는 경우{헌재 1996. 2. 29. 93헌마186; 헌재 2004. 10. 21. 2004헌마554(긴급재정·경제명령 관련 사건)}이거나 기본권보장규정과 충돌하는 경우{대판(전) 2010. 12. 16. 2010도5986(긴급조치 제1호 관련 사건)}에는 사법적 심사의 대상이 되는 것으로 보고 있다.

학교법인을 설립하고 난 다음에는 비록 사실상으로 그 운영에 영향력을 행사할 수 있다 하더라도 학교법인과는 현재 구체적인 권리 내지 법률관계가 성립될 수는 없다고 할 것이고, 설립 당시에 법률관계가 존재할 여지가 있었다 하더라도 이는 과거의 법률관계에 대한 확인이므로 특히 설립자임이 확인되더라도 현재의 권리 또는 법률관계에 구체적인 영향을 미칠 만한 사정이 없는 이상 확인의 이익이 없다.

|註| 유사사례로, 판례는 종중의 대동보나 세보에 기재된 사항의 변경이나 삭제를 구하는 청구,[1] 통일교는 기독교 종교단체가 아님을 확인한다는 청구,[2] 어느 사찰이 특정 종단에 속한다는 확인청구[3]도 모두 순수한 사실관계에 관한 다툼이지 법률상 쟁송이 아니어서 소의 이익이 없다고 하였다. 제사용 재산과 무관한 제사주재자 지위확인의 소도 마찬가지이다.[4]

(b) **단체내부규정의 효력을 다투는 소**

◆ **대법원 1992. 11. 24. 선고 91다29026 판결**

[1] 단체의 구성원이 단체내부규정의 효력을 다투는 소는 당사자 사이의 구체적인 권리 또는 법률관계의 존부확인을 구하는 것이 아니므로 부적법하다.

[2] 법인의 정관이나 그에 따른 세부사업을 위한 규정 등 단체내부의 규정은 특별한 사정이 없는 한 그것이 선량한 풍속 기타 사회질서에 위반되는 등 사회관념상 현저히 타당성을 잃은 것이거나 결정절차가 현저히 정의에 어긋난 것으로 인정되는 경우 등을 제외하고는 이를 유효한 것으로 시인하여야 한다.

|註| **1. 사실관계와 법원의 판단** (1) 사실관계 : 乙 조합은 개인택시 차주들로 구성된 비영리법인이고 甲은 乙 조합의 조합원이었다. 乙 조합의 정관은 교통사고로 인한 손실에 대처하기 위하여 상조회를 결성하고 조합원의 복리증진을 위하여 복지회를 결성하여 조합원이 여기에 의무적으로 가입하도록 규정하고 있었고, 복지회규정은 상조회비를 포함한 조합비 연체의 경우 복지금지급기준이 되는 복지점수를 감점하도록 규정하고 있었으며, 상조회약관과 복

1) 대판 1992. 10. 27. 92다756(대동보 내지 세보 편찬계약의 완전한 이행을 구하기 위한 청구라면 소의 이익이 인정될 여지가 있다. 이 사건에서 원고는 이와 같이 주장하였으나 법원은 편찬계약을 인정할 증거가 없다고 하였다).
2) 대판 1980. 1. 29. 79다1124.
3) 대판 1984. 7. 10. 83다325.
4) 대판 2012. 9. 13. 2010다88699.

지회규정은 상조회비와 기타 조합비를 통합하여 고지하도록 규정하고 있었다. 甲은 상조회가 일반보험에 비하여 불리하다고 주장하면서 상조회를 탈퇴한다고 통보하고 상조회비를 제외한 조합비만을 납부하려 하였는데, 乙 조합은 통합고지 규정을 내세워 그 수납을 거절하고 甲의 복지점수를 감점하려 하였다. 이에 甲은 '① 乙 조합은 상조회비를 제외한 조합비의 수납을 거부하여서는 아니 된다. ② 乙 조합은 상조회비 불납부를 이유로 복지점수를 감점하여서는 아니 된다. ③ 조합비 미납시 복지점수를 감점하는 복지회규정이 무효임을 확인한다.'는 청구의 소를 제기하였다.

(2) 법원의 판단 : 대법원은 위 ③의 청구는 단체의 구성원인 甲이 단체 내부 규정의 효력을 다투는 것으로서 당사자 사이의 구체적인 권리 또는 법률관계의 존부확인을 구하는 것이 아니므로 부적법하다고 하였고, 위 ①, ②의 청구에 관하여는 단체내부의 규정은 특별한 사정이 없는 한 그것이 선량한 풍속 기타 사회질서에 위반되는 등 사회관념상 현저히 타당성을 잃은 것이거나 그 결정절차가 현저히 정의에 어긋난 것으로 인정되는 경우 등을 제외하고는 이를 유효한 것으로 시인하여야 할 것인데, 위 복지회규정이 적법한 절차에 의하여 제정되지 않았다거나 그 내용이 사회관념상 현저히 타당성을 잃은 것으로 보이지 않는다고 하였다.

2. 추상적인 법령이나 규정의 효력을 다투는 소송 (1) 구체적인 권리 또는 법률관계와 관계없이 추상적인 법령이나 규정(정관, 규약 등)의 효력 또는 해석을 다투는 소송은 법률적 쟁송성이 없어 부적법하다. 예컨대 종중규약의 특정 조항이 무효임을 전제로 구체적인 권리 또는 법률관계의 확인 또는 이행을 구하는 것은 허용되지만 위 규정들의 무효확인만을 독립한 소로써 구할 수는 없는 것이다.[1)]

(2) 정관이나 규약과 같은 단체 내부의 규정은 이를 전제로 한 구체적인 권리 또는 법률관계의 확인 또는 이행을 구하는 소송에서 법원에 의하여 그 효력이 심리·판단될 수 있으나, 이 경우에도 그 내용이 현저히 타당성을 잃은 것이거나 결정절차가 현저히 정의에 반하는 것이 아닌 한 그 유효성이 인정되어야 한다.[2)] 개인의 권리와 단체의 자율성을 조화시키기 위하여 단체내부분쟁에

1) 대판 2011. 9. 8. 2011다38271.
2) 대판 2009. 10. 15. 2008다85345{대한궁도협회의 궁시(弓矢)의 공인에 관한 규정의 효력이

대하여는 사법심사를 제한하는 법리(아래 '사법심사 대상성' 부분 참조)가 단체 내부규정의 효력을 가리는 데까지 확장된 것이다.

(c) **지적공부 기재의 말소·변경을 구하는 소**

▶ **대법원 1979. 2. 27. 선고 78다913 판결**

[1] 임야대장에 임야소유자로 등재하면, 그 임야대장의 기재사항이 진실된 것으로 추정을 받는다 하더라도, 이 경우의 추정은 증명력이 강한 증거자료가 된다는 의미를 가지고 있을 뿐 부동산등기부와 같은 비중의 추정력 즉, 입증책임의 전환까지 초래하는 추정력을 갖는다고는 해석되지 아니한다.

[2] 임야대장상의 소유 명의의 말소를 구하는 청구는 소익이 없다.

|註| **1. 사실관계와 법원의 판단** X임야는 甲 종중이 종중원 명의로 사정받아 둔 것인데, 위 임야에 관하여 郡에 보관된 임야대장에는 甲 종중이 소유자로, 面에 보관된 임야대장에는 국가가 소유자로 기재되어 있었다. 이에 甲 종중은 국가를 피고로 하여 X임야에 관한 소유권확인을 구하는 동시에 面에 비치된 임야대장에 등재된 국가 명의 소유자 기재의 말소를 구하였다. 항소심은 소유권확인청구와 소유자기재말소청구를 모두 인용하였으나, 대법원은 후자에 관하여 소의 이익이 없다는 이유로 항소심판결을 파기하고 소를 각하하였다.

2. 토지대장·임야대장 기재의 말소를 구하는 소 (1) 지적공부(토지대장, 임야대장, 지적도)는 법률관계와 밀접한 관련을 갖는다. 토지대장이나 임야대장에 소유권이전의 기재가 있으면 그 기재와 같은 등기가 있어 그에 터잡아 대장에 위와 같은 기재가 된 것으로 추정되기도 하므로,[1] 대장상 소유자 명의에 관한 다툼은 법률적 쟁송으로 볼 여지도 있다. 그러나, 등기부와 달리 대장상의 소유자 명의 변경은 그 자체로 권리관계의 변동을 가져오는 것이 아니고, 위와 같은 추정 역시 사실상의 추정일 뿐이어서 여전히 권리를 주장하는 사람에게 증명책임이 남겨져 있다. 대상판결은 위와 같은 논의를 종식시키고 부동산 물권변동을 공시하는 효력이 없는 토지대장이나 임야대장의 소유자 기재는 그 말소를 구할 소의 이익이 없음을 판시한 최초의 판례이다.[2]

문제된 사안}; 대판 2008. 10. 9. 2005다30566(종손에게 회장후보자 추천권과 종무위원 선출권을 함께 부여하고 있는 종중회칙의 효력이 문제된 사안).

1) 대판 1977. 4. 12. 76다2042; 대판 2008. 4. 10. 2007다82028 등.

2) 박준용, 대법원 판례해설 제1권 제2호.

(2) 같은 맥락에서 판례는 "부동산등기부의 사항란에 기재된 근저당권설정등기의 접수일자는 등기가 접수된 날을 나타내는 하나의 사실기재에 불과하고 권리에 관한 기재가 아니므로 그 접수일자의 변경을 구하는 것은 … 소의 이익이 없어 부적법하다"[1]고 하였다. 등기한 권리의 순위는 순위번호와 접수번호에 의하여 결정되고(부동산등기법 4조) 접수일자와는 무관하다.

(d) 행정편의나 사업목적을 위한 서류나 장부 기재의 말소·변경을 구하는 소

▶ 대법원 2015. 9. 10. 선고 2012다23863 판결

행정관청으로부터 허가를 받거나 행정관청에 신고(이하 이러한 허가와 신고를 합하여 '허가 등'이라 한다)를 하고 건축이 이루어지는 경우에, 건축 중인 건물의 양수인은 진행 중인 건축공사를 계속하기 위해 허가 등에 관한 건축주 명의를 변경할 필요가 있고, 준공검사 후 건축물관리대장에 소유자로 등록하여 양수인 명의로 소유권보존등기를 신청하기 위해서도 건축주 명의를 변경할 필요가 있는데, 이를 위해서 양수인은 건축법 시행규칙 제11조 제1항 등 건축 관계 법령에 따라 건축관계자변경신고서에 변경 전 건축주의 명의변경동의서 등을 첨부하여 제출하여야 하므로, 건축 중인 건물을 양도한 자가 건축주 명의변경에 동의하지 아니한 경우에 양수인으로서는 의사표시에 갈음하는 판결을 받을 필요가 있다.

|註| 1. 법률상의 등록원부가 아니라 행정상의 편의 또는 사업상의 목적을 위하여 행정관청 또는 기업이 비치하여 일정한 권리자를 기재하는 장부에 등재된 권리를 양수한 사람이 양도인을 상대로 그러한 장부상의 명의변경에 관한 협력의무의 이행을 구하는 소(의사의 진술을 구하는 소의 형태)에 관하여, 과거의 판례와 실무는 강제집행이 불가능하다는 점과 명의변경 자체가 권리변동의 효력을 발생시키지 않는다는 점을 근거로 소의 이익을 부정하였으나, 집행불능인 이행소송도 소의 이익이 인정될 뿐만 아니라 판결이 확정되면 의사의 진술이 있는 것으로 간주되므로 이로써 집행이 종료된 것으로 볼 수 있고, 위 장부의 명의를 변경하는 것은 단순한 사실상의 행위에 그치지 않고 양수인을 권리자(계약당사자 또는 인·허가취득자)로 취급하여 주는 의미이며 또 위와 같은 장부는 사실상의 공시방법으로서의 역할을 한다는 점에서 근자의 판례는 위와 같은 소의 소익을 긍정하고 있다.

2. 건축허가서상 건축주 명의 변경을 구하는 소[2]가 대표적이고, 그 외에 학원 수인

---

1) 대판 2003. 10. 24. 2003다13260.

2) 대판 1996. 10. 11. 95다29901(건축주 명의의 신탁자가 수탁자를 상대로 건축허가서상 건축주명의변경절차이행을 구한 사례); 대판 2009. 3. 12. 2006다28454; 대판 2010. 7. 15. 2009다67276(집합건물의 신축 중 일부 전유부분을 양수한 자가 건축주를 추가하는 내용의 건축주명

가자 지위의 양수인이 양도인을 상대로 인가행정청에 변경인가신청의 의사표시를 할 것을 청구한 소,[1] 수분양자 지위의 양수인이 양도인을 상대로 토지개발공사에 비치된 토지 피공급자명부상의 명의변경에 협력할 것을 청구한 소,[2] 골프장 업자를 상대로 골프클럽 회원권의 명의개서를 청구한 소[3]의 소익도 긍정된다.

▶ **대법원 1998. 6. 26. 선고 97다48937 판결**

무허가건물대장은 행정관청이 무허가건물 정비에 관한 행정상 사무처리의 편의를 위하여 직권으로 무허가건물의 현황을 조사하고 필요 사항을 기재하여 비치한 대장으로서 건물의 물권변동을 공시하는 법률상의 등록원부가 아니라고 하더라도 그 건물주 명의 기재의 말소를 구하는 청구가 일률적으로 법률상 소의 이익이 없다고 볼 것은 아니고 개별적 사건에 있어 구체적 사정을 고려하여 이를 판단하여야 한다. 지방자치단체의 조례가 무허가건물대장에 등재된 건물에 대하여 공익사업에 따른 철거시 철거보상금을 지급하도록 규정하고 있고 종전에도 관할 동사무소가 무허가건물에 관하여 무허가건물대장상 건물주 명의의 말소를 명하는 확정판결에 따라 업무를 처리한 경우, 무허가건물대장상 건물주 명의의 말소를 구하는 청구가 소의 이익이 있다.

|註| 무허가건물대장은 대장의 기재에 의하여 무허가건물에 대한 권리변동이 초래되거나 공시되는 효과가 생기는 것이라 할 수 없으므로 그 명의변경을 구하는 소는 원칙적으로 소의 이익이 없으나,[4] 철거되는 경우 건물보상이나 시영아파트 특별분양권이 주어지는 경우 예외적으로 소의 이익이 긍정되기도 한다.[5]

(2) 사법심사 대상성

▶ **대법원 2010. 5. 27. 선고 2009다67658 판결**

종교단체의 징계결의는 종교단체 내부의 규제로서 헌법이 보장하고 있는 종교자유의 영역에 속하는 것이므로 교인 개인의 특정한 권리의무에 관계되는 법률관계를 규율하는 것이 아니라면 원칙적으로 법원으로서는 그 효력의 유무를 판단할 수 없다고 할 것이지만, 그 효력의 유무와 관련하여 구체적인 권리 또는 법률관계를 둘러싼 분쟁이 존재하고, 또한 그 청구의 당부를 판단하기에 앞서

의변경절차이행을 구한 사례) 등.

1) 대판 1992. 4. 14. 91다39986.
2) 대판 1991. 10. 8. 91다20913.
3) 대판 1986. 6. 24. 85다카2469. 양도인이 피고가 아니라는 점에서 다른 판결과 구별된다.
4) 대판 1992. 2. 14. 91다29347.
5) 대판 1992. 4. 28. 92다3847.

위 징계의 당부를 판단할 필요가 있는 경우에는 그 판단의 내용이 종교 교리의 해석에 미치지 아니하는 한 법원으로서는 위 징계의 당부를 판단하여야 한다.

|註| **1. 사실관계와 법원의 판단** A교회가 B교회를 상대로 재산상 청구를 하자 B교회가 A교회의 대표자인 담임목사 甲이 면직·출교처분을 받아 대표권이 없다고 주장하면서 대표권 흠결의 항변을 하였다. 대법원은 이러한 경우 甲에 대한 면직·출교처분의 유·무효를 가려보아야 할 것이지만, "이 경우에도 그 처분이 교회헌법에 정한 적법한 재판기관에서 내려진 것이 아니라는 등의 특별한 사정이 없는 한 교회 헌법규정에 따라 다툴 수 없는 이른바 확정된 권징재판을 무효라고 단정할 수 없다"고 하여 甲의 대표권을 인정하였다.

2. 종교단체 내부징계의 효력을 다투는 소송 (1) 종교단체 내부징계의 효력 자체는 법원이 이를 사법심사의 대상으로 삼아 효력 유무를 판단할 수 없다.[1] 다만, 그 효력 유무와 관련하여 구체적인 권리 또는 법률관계를 둘러싼 분쟁이 존재하고 청구의 당부를 판단하기 위하여 징계의 당부를 판단할 필요가 있는 경우에는 판단 내용이 종교 교리의 해석에 미치지 않는 한 법원이 징계의 당부를 판단할 수 있다.[2] 나아가 후자의 경우에도 종교단체 소정의 징계절차를 전혀 밟지 않았다거나 징계사유가 전혀 존재하지 아니한다는 등의 특별한 사정이 없는 한 그 징계를 무효로 단정하여서는 안 된다.[3] 헌법에 규정된 종교의 자유를 보장하기 위한 것으로 헌법상 자율성이 보장된 정당이나 대학에 관하여도 같이 볼 수 있을 것이다.

(2) 교회의 담임목사나 사찰의 주지는 비법인사단의 대표자로서 재산의 관리처분권 등을 가지므로 그 지위에 관한 분쟁은 구체적인 권리 또는 법률관계를 둘러싼 분쟁에 해당하여 해임무효확인이나 지위의 존재·부존재확인을 구하는 것은 소의 이익이 있다.[4]

3. 기타 종교단체 내부관계에 관한 분쟁 (1) 종교단체의 자율권을 최대한 보장

1) 대판 1992. 5. 22. 91다41026; 대판 2011. 10. 27. 2009다32386 등. 따라서 권징재판 무효확인의 소나 치탈도첩 무효확인의 소는 부적법하고(대판 1978. 12. 26. 78다1118), 권징재판으로 말미암은 목사·장로의 자격 자체에 관한 시비도 직접적으로 법원의 심판대상이 된다고 할 수 없다(대판 1995. 3. 24. 94다47193).
2) 대판 2005. 6. 24. 2005다10388 등.
3) 대판 1984. 7. 24. 83다카2065; 대판 1992. 5. 22. 91다41026 등.
4) 대판 2007. 11. 16. 2006다41297(교회 담임목사에 대한 대표자지위부존재확인 소송); 대판 2005. 6. 24. 2005다10388(사찰 주지에 대한 해임무효확인 및 주지지위존재확인 소송).

하기 위하여 "일반 국민으로서의 특정한 권리의무나 법률관계와 관련된 분쟁이 아닌 이상 종교단체의 내부관계에 관한 사항은 원칙적으로 법원에 의한 사법심사의 대상이 되지 않는다"는 것이 판례이다. 따라서 乙 교회의 정회원에 불과한 甲이 乙 교회를 상대로 丙을 장로로 선출한 결의의 무효확인을 구하는 것은 甲의 일반 국민으로서의 권리의무나 법률관계와 무관하므로 부적법하고,[1] 甲 교회가 그가 속한 乙 교단이 甲 교회의 목사청빙을 불승인하는 총회결의를 한 데 대하여 乙 교단을 상대로 총회결의 무효확인을 구하는 것도 甲 교회의 종교적 자율권과 관계된 사항일 뿐 甲 교회의 일반 국민으로서의 권리의무나 법률관계와 무관하므로 부적법하다.[2]

(2) 한편, 징계가 아닌 종교단체 내에서 개인이 누리는 지위에 영향을 미치는 단체법상의 행위(예컨대, 교회의 목사와 장로에 대한 신임투표를 위한 공동의회의 결의)는 반드시 사법심사의 대상에서 제외된다고 할 수 없으나,[3] 그러한 단체의 의사결정이 종교상의 교의나 신앙의 해석에 깊이 관련되어 있다면 그 의사결정에 대한 사법적 관여는 억제되는 것이 바람직하고,[4] 위 단체법상의 행위가 사법심사의 대상이 된다고 하더라도 결의나 처분의 하자가 중대하여 현저히 정의관념에 반하는 경우에 한하여 그 결의나 처분을 무효로 판단할 수 있다[5]는 것이 판례이다.

2. 법률상·계약상 제소금지사유가 없을 것

중복소송(259조)과 종국판결 후 취하한 경우의 재소(267조 2항)는 허용되지 않는다. 법률상의 제소금지사유이다. 부제소특약이 있거나 중재합의(중재법 9조)가 있는 경우에도 소는 부적법하다. 계약상의 제소금지사유이다.

◆ 대법원 2013. 11. 28. 선고 2011다80449 판결(동 대법원 1999. 3. 26. 선고 98다63988 판결)

[1] 특정한 권리나 법률관계에 관하여 분쟁이 있어도 제소하지 아니하기로 합의(이하 '부제소합의')한 경우 이에 위배되어 제기된 소는 권리보호의 이익이 없고, 또한 당사자와 소송관계인은 신의에 따라 성실하게 소송을 수행하여야 한다는

1) 대판 2015. 4. 23. 2013다20311.
2) 대판 2014. 12. 11. 2013다28990.
3) 대판 2011. 5. 13. 2010다84956 등.
4) 대판 2011. 10. 27. 2009다32386.
5) 대판 2006. 2. 10. 2003다63104.

신의성실의 원칙에도 어긋나는 것이므로, 소가 부제소합의에 위배되어 제기된 경우 법원은 직권으로 소의 적법 여부를 판단할 수 있다.
[2] 부제소합의는 소송당사자에게 헌법상 보장된 재판청구권의 포기와 같은 중대한 소송법상의 효과를 발생시키는 것으로서 그 합의 시에 예상할 수 있는 상황에 관한 것이어야 유효하고, 그 효력의 유무나 범위를 둘러싸고 이견이 있을 수 있는 경우에는 당사자의 의사를 합리적으로 해석한 후 이를 판단하여야 한다. 따라서 당사자들이 부제소합의의 효력이나 그 범위에 관하여 쟁점으로 삼아 소의 적법 여부를 다투지 아니하는데도 법원이 직권으로 부제소합의에 위배되었다는 이유로 소가 부적법하다고 판단하기 위해서는 그와 같은 법률적 관점에 대하여 당사자에게 의견을 진술할 기회를 주어야 하고, 부제소합의를 하게 된 동기 및 경위, 그 합의에 의하여 달성하려는 목적, 당사자의 진정한 의사 등에 관하여도 충분히 심리할 필요가 있다. 법원이 그와 같이 하지 않고 직권으로 부제소합의를 인정하여 소를 각하하는 것은 예상외의 재판으로 당사자 일방에게 불의의 타격을 가하는 것으로서 석명의무를 위반하여 필요한 심리를 제대로 하지 아니하는 것이다.

|註| 1. 부제소합의에 대하여 이를 항변사항으로 보는 다수설과는 달리 직권조사사항으로 보는 것이 판례의 입장임을 확인함과 아울러[1] 이로 인한 불의의 타격을 막기 위하여 법원에 제136조 제4항에 따른 지적의무가 있음을 밝힌 판결이다.
2. 부제소합의는 처분할 수 있는 권리에 관한 것이어야 하므로,[2] "퇴직금청구권을 사전에 포기하는 것은 강행법규인 근로기준법에 위반되어 허용되지 않고, 따라서 이에 대한 부제소의 합의 또한 아무런 효력이 없다."[3]

3. 제소장애사유가 없을 것

법률이 소 이외에 다른 특별구제절차를 마련해 두고 있는 경우 소로써 그 구제를 구하는 것은 허용되지 않는다.

▶ 대법원 2000. 3. 24. 선고 99다27149 판결

부동산처분금지가처분의 기입등기는 채권자나 채무자가 직접 등기공무원에게 이를 신

1) 불항소합의가 직권조사사항이라는 것으로, 대판 1980. 1. 29. 79다2066.
2) 대판 1999. 3. 26. 98다63988.
3) 대판 1998. 3. 27. 97다49725.

청하여 행할 수는 없고 반드시 법원의 촉탁에 의하여야 하는바, 이와 같이 당사자가 신청할 수 없는 처분금지가처분의 기입등기가 법원의 촉탁에 의하여 말소된 경우에는 그 회복등기도 법원의 촉탁에 의하여 행하여져야 하므로, 이 경우 처분금지가처분 채권자가 말소된 가처분기입등기의 회복등기절차의 이행을 소구할 이익은 없다.

> **|註|** 등기와 관련하여 별도의 절차를 마련해 두고 있는 경우가 많다. 예컨대, 예고등기의 말소는 법원의 촉탁에 의하여 또는 등기관이 직권으로 행하는 것이므로 예고등기의 말소를 구하는 소는 부적법하다.[1] 또한, 경락대금을 완납한 경락인은 민사집행법 제144조 제1항의 규정에 의하여 경매법원이 경락된 부동산에 대하여 경락인 앞으로의 소유권이전등기를 촉탁함으로써 소유권이전등기를 경료받을 수 있는 것이므로 굳이 종전 소유자 등을 상대로 경락을 원인으로 한 소유권이전등기절차의 이행을 소구할 이익이 없다.[2]

▶ **대법원 1987. 6. 9. 선고 86다카2200 판결**

법원의 감정명령에 따라 신체감정을 받으면서 법원의 명에 따른 예납금액 외에 그 감정을 위하여 당사자가 직접 지출한 비용이 있다 하더라도 이는 소송비용에 해당하는 감정비용에 포함되는 것이고, 소송비용으로 지출한 금액은 재판확정 후 민사소송비용법의 규정에 따른 소송비용액확정절차를 거쳐 상환받을 수 있는 것이므로 이를 별도의 적극적 손해라 하여 그 배상을 소구할 이익이 없다.

> **|註|** 소송비용은 소송비용액확정절차에 따라 상환받을 수 있고 이를 소로써 구할 법률상의 이익이 없다.

▶ **대법원 2013. 7. 25. 선고 2012다204815 판결**

공탁관의 처분에 대하여 불복이 있는 때에는 공탁법이 정한 바에 따라 이의신청과 항고를 할 수 있고, 공탁관에 대하여 공탁법이 정한 절차에 의하여 공탁금지급청구를 하지 아니하고 직접 민사소송으로써 국가를 상대로 공탁금지급청구를 할 수는 없다.

▶ **대법원 2014. 7. 16. 선고 2011다76402 전원합의체 판결**

국유재산의 무단점유자에 대한 변상금 부과는 공권력을 가진 우월적 지위에서 행하는 행정처분이고, 그 부과처분에 의한 변상금 징수권은 공법상의 권리인 반면, 민사상 부당이득반환청구권은 국유재산의 소유자로서 가지는 사법상의 채권이다. 또한 변상금은 부당이득 산정의 기초가 되는 대부료나 사용료의 120%에 상당하는 금액으로서 부당이

---

1) 대판 1974. 5. 28. 74다150.
2) 대판 1999. 7. 9. 99다17272.

득금과 액수가 다르고, 이와 같이 할증된 금액의 변상금을 부과·징수하는 목적은 국유재산의 사용·수익으로 인한 이익의 환수를 넘어 국유재산의 효율적인 보존·관리라는 공익을 실현하는 데 있다. 그리고 대부 또는 사용·수익허가 없이 국유재산을 점유하거나 사용·수익하였지만 변상금 부과처분은 할 수 없는 때에도 민사상 부당이득반환청구권은 성립하는 경우가 있으므로, 변상금 부과·징수의 요건과 민사상 부당이득반환청구권의 성립 요건이 일치하는 것도 아니다. 이처럼 국유재산법에 의한 변상금 부과·징수권은 민사상 부당이득반환청구권과 법적 성질을 달리하므로, 국가는 무단점유자를 상대로 변상금 부과·징수권의 행사와 별도로 국유재산의 소유자로서 민사상 부당이득반환청구의 소를 제기할 수 있다.

|註| 국가(관리처분권을 위탁받은 자 포함)의 국유재산 무단점유자에 대한 부당이득반환청구가 적법하다고 한 판결이다. 반대의견은 "행정주체가 효율적으로 권리를 행사·확보할 수 있도록 관련 법령에서 간이하고 경제적인 권리구제절차를 특별히 마련해 놓고 있는 경우에는, 행정주체로서는 그러한 절차에 의해서만 권리를 실현할 수 있고 그와 별도로 민사소송의 방법으로 권리를 행사하거나 권리의 만족을 구하는 것은 허용될 수 없다"는 이유로 위와 같은 소는 부적법하다고 보았다.

▶ 대법원 2011. 3. 24. 선고 2010다21962 판결

노동위원회의 구제명령은 사용자에게 구제명령에 복종하여야 할 공법상 의무를 부담시킬 뿐 직접 근로자와 사용자 간의 사법상 법률관계를 발생 또는 변경시키는 것은 아니므로, 설령 근로자가 부당해고 구제신청을 기각한 재심판정의 취소를 구하는 행정소송을 제기하였다가 패소판결을 선고받아 그 판결이 확정되었다 하더라도, 이는 재심판정이 적법하여 사용자가 구제명령에 따른 공법상 의무를 부담하지 않는다는 점을 확정하는 것일 뿐 해고가 유효하다거나 근로자와 사용자 간의 사법상 법률관계에 변동을 가져오는 것은 아니어서, 근로자는 그와 별도로 민사소송을 제기하여 해고의 무효 확인을 구할 이익이 있다.

4. 원고가 이미 확정판결을 받은 경우가 아닐 것

원고의 청구와 동일한 청구에 관한 원고승소의 확정판결이 있으면 권리보호의 이익이 없다.[1] 다만, 판결원본이 멸실된 경우,[2] 시효중단을 위한 경우,[3] 판결내용이 특정되지 않은 경우[4]는 승소확정판결이 있더라도 다시 원고로서 소를 제기

1) 대판 1970. 8. 31. 70다1396.
2) 대판 1981. 3. 24. 80다1888, 1889 등. 판결정본을 분실한 경우는 재도부여받을 수 있다.
3) 대판 1987. 11. 10. 87다카1761; 대판 2010. 10. 28. 2010다61557.

할 수 있다. 확정판결과 같은 효력이 있는 화해조서나 조정조서가 있는 경우에도 동일한 내용의 소를 제기할 수 없다. 확정된 회생채권이 회생채권자표에 기재된 경우와 토지수용재결이 확정된 경우도 같다.[1] 다만, 공정증서는 집행력이 있을 뿐 기판력이 없기 때문에 동일한 내용의 소를 제기할 이익이 있다.[2]

◆ 대법원 2018. 7. 19. 선고 2018다22008 전원합의체 판결

확정된 승소판결에는 기판력이 있으므로, 승소 확정판결을 받은 당사자가 그 상대방을 상대로 다시 승소 확정판결의 전소와 동일한 청구의 소를 제기하는 경우 그 후소는 권리보호의 이익이 없어 부적법하다. 하지만 예외적으로 확정판결에 의한 채권의 소멸시효 기간인 10년의 경과가 임박한 경우에는 그 시효중단을 위한 소는 소의 이익이 있다.

나아가 이러한 경우에 후소의 판결이 전소의 승소 확정판결의 내용에 저촉되어서는 아니 되므로, 후소 법원으로서는 그 확정된 권리를 주장할 수 있는 모든 요건이 구비되어 있는지 여부에 관하여 다시 심리할 수 없다.

대법원은 종래 확정판결에 의한 채권의 소멸시효기간인 10년의 경과가 임박한 경우에는 그 시효중단을 위한 재소는 소의 이익이 있다는 법리를 유지하여 왔다. 이러한 법리는 현재에도 여전히 타당하다. 다른 시효중단 사유인 압류·가압류나 승인 등의 경우 이를 1회로 제한하고 있지 않음에도 유독 재판상 청구의 경우만 1회로 제한되어야 한다고 보아야 할 합리적인 근거가 없다. 또한 확정판결에 의한 채무라 하더라도 채무자가 파산이나 회생제도를 통해 이로부터 전부 또는 일부 벗어날 수 있는 이상, 채권자에게는 시효중단을 위한 재소를 허용하는 것이 균형에 맞다.

|註| 승소확정판결을 받은 당사자가 시효중단을 위하여 제기하는 소는 예외적으로 소의 이익이 있다는 종전의 입장을 재확인한 판결이다. 소멸시효와 시효중단 그리고 기판력의 의미에 주목한 반대의견이 있다.

---

4) 대판 1998. 5. 15. 97다57658(현황과 일치하지 않는 감정결과에 터잡아 판결이 선고된 사례이다). 화해조서의 기재내용이 특정되지 않아 강제집행이 불가능한 경우에 같은 내용의 판례로 대판 1995. 5. 12. 94다25216이 있다.

1) 대판 2014. 6. 26. 2013다17971(회생채권자표); 대판 1974. 4. 23. 73다714(토지수용재결).

2) 대판 1996. 3. 8. 95다22795, 22801. 공정증서에 기재된 채무의 부존재확인청구도 소의 이익이 있다는 것에, 대판 2013. 5. 9. 2012다108863.

▶ 대법원 2019. 1. 17. 선고 2018다24349 판결

(승소확정판결에 의한 채권의 소멸시효 중단을 위한 재소에 있어) 후소 판결의 기판력은 후소의 변론종결 시를 기준으로 발생하므로, 전소의 변론종결 후에 발생한 변제, 상계, 면제 등과 같은 채권소멸사유는 후소의 심리대상이 된다. 따라서 채무자인 피고는 후소 절차에서 위와 같은 사유를 들어 항변할 수 있고 심리 결과 그 주장이 인정되면 법원은 원고의 청구를 기각하여야 한다. 이는 채권의 소멸사유 중 하나인 소멸시효 완성의 경우에도 마찬가지이다.

|註| 승소확정판결 후 시효중단을 위한 재소에 있어서 전소 변론종결 당시까지 주장할 수 있었던 사유는 다시 심리할 수 없으나 그 이후의 채권소멸사유는 심리대상이 된다. 따라서 후소가 전소 판결확정 후 10년이 지나 제기된 경우 곧바로 소의 이익이 없다는 이유로 각하하여서는 아니 되고, 채무자인 피고의 항변에 따라 원고의 채권이 소멸시효 완성으로 소멸하였는지에 관한 본안판단을 하여야 한다.

5. 신의칙위반의 제소가 아닐 것(신의칙 부분 참조)

Ⅲ. 권리보호의 이익 또는 필요(각종의 소에 특수한 소의 이익)

1. 이행의 소

(1) 현재의 이행의 소

현재의 이행의 소는 사실심 종결 당시 이미 이행기가 도래한 이행청구권을 주장하는 소이다. 원고가 이행청구권의 존재를 주장하기만 하면 소의 이익이 인정되나, 몇 가지 문제되는 경우가 있다.

(a) 집행이 불가능하거나 현저히 곤란한 청구

판결절차는 분쟁의 관념적인 해결절차로서 사실적인 해결절차인 강제집행절차와는 구분되므로 집행이 불가능하거나 곤란한 경우에도 원칙적으로 소의 이익은 인정된다.[1)]

---

1) 대판 2016. 8. 30. 2015다255265(개성공업지구에 위치한 건물에 관한 인도청구의 소에서 승소하더라도 강제집행이 곤란하다는 사유만으로는 소의 이익이 부정되지 않는다고 하였다).

▶ 대법원 1998. 9. 22. 선고 98다23393 판결

순차 경료된 소유권이전등기의 각 말소청구소송은 보통공동소송이므로 그 중의 어느 한 등기명의자만을 상대로 말소를 구할 수 있고, 최종 등기명의자에 대하여 등기말소를 구할 수 있는지에 관계없이 중간의 등기명의자에 대하여 등기말소를 구할 소의 이익이 있다.

|註| 1. 사실관계와 법원의 판단 (1) 사실관계 : X 토지에 관하여 甲1~12 명의의 소유권보존등기(공유지분 각 1/12)가 경료된 후 甲1~8의 지분(8/12 지분)에 관하여 乙 명의의 지분이전등기가 경료되었음에도 甲1~5의 지분(5/12 지분)에 관하여 다시 후순위번호로 丙 명의의 지분이전등기가 이중으로 경료되었고, 丙의 지분에 관하여는 丁 명의의 지분이전등기가 경료되었다. 乙은 丙을 피고로 삼아 丙 명의 지분이전등기의 말소를 구하였는데, 丙은 丙 명의의 지분이전등기는 실체관계에 부합하는 유효한 등기라고 주장하였고, 피고보조참가인으로 참가한 丁은 丁 명의의 지분이전등기가 확정적으로 유효하므로 乙이 丙 명의의 지분이전등기를 말소하더라도 그 권리를 회복할 수 없고 따라서 乙의 소는 소의 이익이 없다고 주장하였다.

(2) 법원의 판단 : 법원은 먼저 본안전항변에 관하여 판결요지와 같은 이유로 소가 적법하다고 하였고, 본안에 관하여 "동일한 부동산이나 동일한 지분에 관하여 이중으로 소유권 또는 지분이전등기가 경료된 경우, 선순위 등기가 원인무효이거나 직권말소될 경우에 해당하지 아니하는 한, 후순위등기는 실체적 권리관계에 부합하는지에 관계없이 무효"라고 한 다음 乙 명의 지분이전등기가 원인무효라는 아무런 주장·입증이 없으므로 丙은 乙에게 丙 명의 지분이전등기의 말소등기절차를 이행할 의무가 있다고 하였다.

2. 순차 경료된 소유권이전등기 중 일부에 대한 소유권이전등기말소청구 원고가 '원고→A→B'로 순차로 마친 소유권이전등기의 각 말소를 구하는 소송에서 후순위 등기명의자인 B에 대하여 이미 패소판결이 확정되었더라도 선순위 등기명의자인 A 명의의 등기에 대하여 말소를 구할 이익이 있다. 판결절차는 분쟁의 관념적 해결절차이므로 집행가능성이 소의 이익에 영향이 미치지 않기 때문이다.

3. 중복등기의 효력 대상판결은 소유권이전등기의 중복등기에 관하여 선순

위 등기가 원인무효이거나 직권말소될 경우에 해당하지 아니하는 한 후순위 등기는 실체적 권리관계에 부합하는지에 관계없이 무효라는 점을 판시한 최초의 대법원판결이다.[1] 그 외 중복등기와 관련된 대법원 판례들을 보면, ① 동일인 명의의 중복보존등기에 관하여는 뒤에 경료된 등기가 무효라고 하였고,[2] ② 등기명의인을 달리하는 중복보존등기에 관하여는 먼저 이루어진 소유권보존등기가 원인무효가 되지 아니하는 한 뒤에 된 소유권보존등기는 무효라고 하였으며,[3] ③ 중복된 멸실회복등기에 관하여는 ㉠ 각 멸실회복등기의 바탕이 된 소유권보존등기가 중복등기이고 그 각 소유권보존등기의 선후관계가 밝혀진 경우에는 각 소유권보존등기의 선후로, ㉡ 각 멸실회복등기의 바탕이 된 소유권보존등기가 동일 등기인 경우에는 멸실 전 각 소유권이전등기의 선후로, ㉢ 이와 같은 사정이 불명인 경우에는 각 멸실회복등기의 선후로 등기의 우열을 가려야 한다고 하였다.[4]

▶ 대법원 1992. 11. 10. 선고 92다4680 전원합의체 판결

일반적으로 채권에 대한 가압류가 있더라도 이는 채무자가 제3채무자로부터 현실로 급부를 추심하는 것만을 금지하는 것이므로, 채무자는 제3채무자를 상대로 그 이행을 구하는 소송을 제기할 수 있고, 법원은 가압류가 되어 있음을 이유로 이를 배척할 수 없는 것이 원칙이다. 왜냐하면 채무자로서는 제3채무자에 대한 그의 채권이 가압류되어 있다 하더라도 채무명의(현 집행권원)를 취득할 필요가 있고, 또는 시효를 중단할 필요가 있는 경우도 있을 것이며, 특히 소송계속 중에 그의 채권에 대한 가압류가 행하여진 경우에는 이를 이유로 청구가 배척된다면 장차 가압류가 취소된 후 다시 소를 제기하여야 하는 불편함이 있는 데 반하여, 제3채무자로서는 이행을 명하는 판결이 있더라도 집행단계에서 이를 저지하면 될 것이기 때문이다.

그러나 소유권이전등기를 명하는 판결은 의사의 진술을 명하는 판결로서 이것이 확정되면 채무자는 일방적으로 이전등기를 신청할 수 있고 제3채무자는 이를 저지할 방법이 없으므로 위와 같이 볼 수 없고, 이와 같은 경우에는 가압류

1) 양호승, 대법원 판례해설 제31호.
2) 대판 1983. 12. 13. 83다카743.
3) 대판(전) 1990. 11. 27. 87다카2961, 87다453.
4) 대판(전) 2001. 2. 15. 99다66915.

의 해제를 조건으로 하지 아니하는 한 법원은 이를 인용하여서는 안 되고, 제3채무자가 임의로 이전등기의무를 이행하고자 한다면 민사소송법 제577조(현 민사집행법 244조)에 의하여 정하여진 보관인에게 권리이전을 하여야 할 것이고, 이 경우 보관인은 채무자의 법정대리인의 지위에서 이를 수령하여 채무자 명의로 소유권이전등기를 마치면 될 것이다.

|註| 1. 금전채권이 가압류된 경우 甲의 乙에 대한 금전채권이 甲의 채권자인 丙에 의하여 가압류된 경우(압류는 통상 추심명령이나 전부명령과 함께 이루어지므로 압류만의 효력이 문제되는 경우는 드물다) 甲의 乙에 대한 이행의 소 제기는 적법하다.[1] 가압류에 의하여 甲의 乙에 대한 집행이 허용되지 않을 뿐인데, 집행불능은 소를 부적법하게 만드는 사유가 아니기 때문이다. 그 외에 집행가능한 때를 대비하여 미리 집행권원을 얻을 필요와 소멸시효를 중단시킬 필요도 있다. 乙은 집행단계에서 가압류를 이유로 甲의 채권실현을 저지할 수 있다.

2. 소유권이전등기청구권이 가압류된 경우 甲의 乙에 대한 소유권이전등기청구권을 甲의 채권자인 丙이 가압류한 경우에도 위와 같은 논리로 甲은 乙을 상대로 소유권이전등기청구의 소를 제기할 수 있다. 다만, 甲이 승소확정판결을 받으면 그로써 乙이 소유권이전등기절차의 이행에 협력하는 의사의 진술을 한 것으로 간주되어 甲이 판결을 첨부하여 일방적으로 등기를 신청할 수 있어 집행이 완료된 것과 마찬가지가 되므로, 가압류의 효력을 해치지 않기 위하여 해제조건부판결을 하도록 한 것이다.[2]

(b) **목적의 실현 또는 실익 없는 청구**

이미 소송의 목적이 실현되었거나 승소하더라도 아무런 법적 효과가 없는 경우에는 소의 이익이 없다.

◆ 대법원 2016. 9. 30. 선고 2016다200552 판결

판결절차는 분쟁의 관념적 해결절차로서 강제집행절차와는 별도로 독자적인 존재 의의를 갖는 것이므로 집행이 가능한지는 이행의 소의 이익을 부정하는 절대적인 사유가 될 수 없더라도, 이행을 구하는 아무런 실익이 없어 법률상

---

1) 대판 2000. 4. 11. 99다23888.

2) 이 판결로 대판 1990. 6. 22. 89다카19108 폐기. 소유권이전등기청구권에 대하여 처분금지가처분이 되어 있는 경우에 같은 취지의 판례로 대판 1999. 2. 9. 98다42615.

이익이 부정되는 경우까지 소의 이익이 인정된다고 볼 수는 없다. 특히 의사의 진술을 명하는 판결은 확정과 동시에 그러한 의사를 진술한 것으로 간주되므로(민사집행법 263조 1항), 의사의 진술이 간주됨으로써 어떤 법적 효과를 가지는 경우에는 소로써 구할 이익이 있지만 그러한 의사의 진술이 있더라도 아무런 법적 효과가 발생하지 아니할 경우에는 소로써 청구할 법률상 이익이 있다고 할 수 없다.

|註| 1. 노동조합이 회사에 대하여 '단체협약에서 정한 협의회와 관련하여 회사측 위원들로 하여금 협의회 소집요구를 하도록 지시하라'는 의사의 진술을 구하는 소를 제기하였는데, 대법원은 '위원들이 회사의 요구나 지시를 따를 법적 의무도 없고 거기에 기속되지도 않으므로 위와 같은 의사의 진술을 명하는 판결이 확정되어 피고의 의사진술이 간주된다고 하더라도 어떠한 법적 효과도 발생하지 않는다'는 이유로 위 소는 법률상 이익이 없어 부적법하다고 하였다.
2. 유사사례로 판례는, "유언집행자가 자필 유언증서상 유언자의 자서와 날인의 진정성을 다투는 상속인들에 대하여 '유언 내용에 따른 등기신청에 이의가 없다'는 진술을 구하는 소는, 등기관이 자필 유언증서상 유언자의 자서 및 날인의 진정성에 관하여 심사하는 데 필요한 증명자료를 소로써 구하는 것에 불과하고, 민법 제389조 제2항에서 규정하는 '채무가 법률행위를 목적으로 한 때에 채무자의 의사표시에 갈음할 재판을 청구하는 경우'에 해당한다고 볼 수 없으므로 권리보호의 이익이 없어 부적법하다"고 하였고,[1] 토지의 지적도상 경계선에 따른 면적과 토지대장에 표시된 면적이 불일치하는 경우 토지소유자로서는 토지대장의 면적표시가 잘못되었음을 밝히기 위하여 인접 토지소유자를 상대로 토지소유권확인의 소 등을 제기할 수는 있지만 인접 토지소유를 상대로 토지대장상 면적 정정에 대한 승낙의 의사표시를 구할 법률상 이익은 없다고 하였다.[2]

▶ 대법원 2003. 1. 10. 선고 2002다57904 판결

근저당권설정등기의 말소등기절차의 이행을 구하는 소송 도중에 그 근저당권설정등기가 경락을 원인으로 하여 말소된 경우에는 더 이상 근저당권설정등기의 말소를 구할 법률상 이익이 없다.

|註| 등기절차이행청구 소송 도중에 다른 원인에 의하여 청구 내용과 같은 등기가 된 경우에는 이미 소송의 목적이 실현되었으므로 소송을 계속할 법률상 이익

1) 대판 2014. 2. 13. 2011다74277.
2) 대판 2014. 5. 16. 2011다52291.

이 없다. 소유권이전등기청구 소송 도중에 다른 원인에 의하여 원고 앞으로 소유권이전등기가 된 경우 더 이상 소유권이전등기를 구할 법률상 이익이 없고,[1] 사해행위취소 및 원상회복청구 소송 도중에 목적물이 채무자에게 복귀한 경우도 마찬가지이다.[2] 다만 채무자가 사해행위로 인한 근저당권의 실행으로 경매절차가 진행 중인 부동산을 매각하고 그 대금으로 근저당권자인 수익자에게 피담보채무를 변제함으로써 근저당권설정등기가 말소된 경우에는 채권자가 원상회복을 위하여 사해행위인 근저당권설정계약의 취소를 구할 이익이 있다.[3]

▶ 대법원 2014. 12. 11. 선고 2013다28025 판결

원인 없이 말소된 근저당권설정등기의 회복등기절차 이행과 회복등기에 대한 승낙의 의사표시를 구하는 소송 도중에 근저당목적물인 부동산에 관하여 경매절차가 진행되어 매각허가결정이 확정되고 매수인이 매각대금을 완납하였다면 매각부동산에 설정된 근저당권은 당연히 소멸하므로, 더 이상 원인 없이 말소된 근저당권설정등기의 회복등기절차 이행이나 회복등기에 대한 승낙의 의사표시를 구할 법률상 이익이 없게 된다.

|註| 경매매각에 의하여 근저당권은 무조건 소멸하므로(민사집행법 91조), 회복등기에 의하여 말소된 근저당권설정등기를 부활시켜도 다시 말소될 운명이므로 승소의 실익이 없는 경우이다. 부동산처분금지가처분의 신청취하 또는 집행취소·해제 절차의 이행을 구하는 소송 도중에 가처분기입등기가 가처분의 목적 달성 등으로 말소된 경우에는 더 이상 위 절차의 이행을 구할 법률상 이익이 없다.[4] 멸실된 건물에 관한 소유권이전등기를 구하는 것이나 소유권이전등기의 말소등기를 구하는 것도 어차피 폐쇄될 운명의 등기를 구하는 것이어서(부동산등기규칙 103조) 승소의 실익이 없어 부적법하다.[5] 다만, 소유권보존등기가 되었던 종전 건물의 소유자가 이를 헐어 내고 건물을 신축한 경우, 종전 건물에 대한 멸실등기를 하고 새 건물에 대한 소유권보존등기를 하기 위하여 종전 건물에 대한 소유권보존등기에 터잡아 마쳐진 원인무효의 소유권이전등기 등의 말소를 청구할 소의 이익이 있다.[6]

---

1) 대판 1996. 10. 15. 96다11785.
2) 대판 2008. 3. 27. 2007다85157(말소등기가 아닌 이전등기의 형식이라고 하여도 같다); 대판(전) 2015. 5. 21. 2012다952(사해행위취소 및 원상회복의 소가 제기되기 전에 이미 목적물이 채무자에게 복귀한 경우도 마찬가지이다).
3) 대판 2012. 11. 15. 2012다65058(근저당권설정등기의 말소를 구할 이익이 있다는 취지는 아니다).
4) 대판 2017. 9. 26. 2015다18466.
5) 대판 1976. 9. 14. 75다399; 대판 1994. 6. 10. 93다24810.
6) 대판 1992. 3. 31. 91다39184.

▶ 대법원 2016. 1. 28. 선고 2011다41239 판결

등기관이 부동산등기법 제33조에 따라 등기기록에 등기된 사항 중 현재 효력이 있는 등기만을 새로운 등기기록에 옮겨 기록한 후 종전 등기기록을 폐쇄하는 경우, 새로운 등기기록에는 옮겨 기록되지 못한 채 폐쇄된 등기기록에만 남게 되는 등기(이하 '폐쇄등기'라 한다)는 현재의 등기로서의 효력이 없으므로, 폐쇄등기 자체를 대상으로 하여 말소회복등기절차의 이행을 구할 소의 이익은 없다. 그러나 부동산등기법 제33조가 등기기록에 등기된 사항 중 현재 효력이 있는 등기만을 새로운 등기기록에 옮겨 기록할 수 있도록 규정하고 있는 것은 등기실무의 편의를 고려한 것이고, 이로 인하여 진정한 권리자의 권리구제가 곤란하게 되어서는 아니 되므로, … 폐쇄등기 자체를 대상으로 하는 것이 아니라, 부적법하게 말소되지 아니하였더라면 현재의 등기기록에 옮겨 기록되었을 말소된 권리자의 등기 및 그 등기를 회복하는 데에 필요하여 함께 옮겨 기록되어야 하는 등기를 대상으로 말소회복등기절차 등의 이행을 구하는 소는 소의 이익을 인정할 수 있다.

(2) 장래의 이행의 소

장래의 이행의 소는 변론종결시를 기준으로 하여 이행기가 장래에 도래하는 이행청구권을 주장하는 소이다. 장래의 이행을 청구하는 소는 '미리 청구할 필요'가 있는 경우에 한하여 제기할 수 있다(251조). 채무자의 무자력으로 말미암아 집행이 곤란해진다는 것만으로는 미리 청구할 필요가 있다고 할 수 없다.[1)]

(a) 청구적격

(aa) 기한부청구권, 조건부청구권 또는 장래 발생할 청구권이라도 그 기초관계가 성립되어 있으면 이행의 소의 대상이 된다. 판례는 토지거래허가를 받을 것을 조건으로 한 소유권이전등기청구의 소는 미리 청구할 필요를 따질 필요도 없이 부적법하다고 하면서, 농지매매증명을 받을 것을 조건으로 한 소유권이전등기청구의 소는 미리 청구할 필요가 있는 한 적법하다고 하였다. 토지거래허가가 없는 매매계약은 매매계약 자체가 유동적 무효의 상태에 있어 소유권이전등기청구권의 기초가 성립되어 있지 않은 반면, 농지매매증명이 없는 매매계약은 채권적으로는 유효하므로 소유권이전등기청구권의 기초가 성립되어 있다고 보는 데에 그 차이가 있다.

1) 대판 2000. 8. 22. 2000다25576.

▶ 대법원 1991. 12. 24. 선고 90다12243 전원합의체 판결

[1] 국토이용관리법상의 규제구역 내의 '토지 등의 거래계약' 허가에 관한 관계규정의 내용과 그 입법취지에 비추어 볼 때 토지의 소유권 등 권리를 이전 또는 설정하는 내용의 거래계약은 관할 관청의 허가를 받아야만 그 효력이 발생하고 허가를 받기 전에는 물권적 효력은 물론 채권적 효력도 발생하지 아니하여 무효라고 보아야 할 것인바, 다만 허가를 받기 전의 거래계약이 처음부터 허가를 배제하거나 잠탈하는 내용의 계약일 경우에는 확정적으로 무효로서 유효화될 여지가 없으나 이와 달리 허가받을 것을 전제로 한 거래계약(허가를 배제하거나 잠탈하는 내용의 계약이 아닌 계약은 여기에 해당하는 것으로 본다)일 경우에는 허가를 받을 때까지는 법률상 미완성의 법률행위로서 소유권 등 권리의 이전 또는 설정에 관한 거래의 효력이 전혀 발생하지 않음은 위의 확정적 무효의 경우와 다를 바 없지만, 일단 허가를 받으면 그 계약은 소급하여 유효한 계약이 되고 이와 달리 불허가가 된 때에는 무효로 확정되므로 허가를 받기까지는 유동적 무효의 상태에 있다고 보는 것이 타당하므로 허가받을 것을 전제로 한 거래계약은 허가받기 전의 상태에서는 거래계약의 채권적 효력도 전혀 발생하지 않으므로 권리의 이전 또는 설정에 관한 어떠한 내용의 이행청구도 할 수 없으나 일단 허가를 받으면 그 계약은 소급해서 유효화되므로 허가 후에 새로이 거래계약을 체결할 필요는 없다. …

[4] 규제지역 내의 토지에 대하여 거래계약이 체결된 경우에 계약을 체결한 당사자 사이에 있어서는 그 계약이 효력 있는 것으로 완성될 수 있도록 서로 협력할 의무가 있음이 당연하므로, 계약의 쌍방 당사자는 공동으로 관할 관청의 허가를 신청할 의무가 있고, 이러한 의무에 위배하여 허가신청절차에 협력하지 않는 당사자에 대하여 상대방은 협력의무의 이행을 소송으로써 구할 이익이 있다.

[5] 규제지역 내에 있는 토지에 대하여 체결된 매매계약이 처음부터 허가를 배제하거나 잠탈하는 내용의 계약이 아니라 허가를 전제로 한 계약이라고 보여지므로 원심이 원고의 청구 중 피고에 대하여 토지거래허가신청절차의 이행을 구하는 부분을 인용한 것은 정당하지만, 허가가 있을 것을 조건으로 하여 소유권이전등기절차의 이행을 구하는 부분에 있어서는 위 [1]항의 법리와 같이 허가받기 전의 상태에서는 아무런 효력이 없어 권리의 이전 또는 설정에 관한 어떠한 이행청구도 할 수 없는 것이므로 원심이 이 부분 청구까지도 인용한 것은 같은 법상의 토지거래허가와 거래계약의 효력에 관한 법리를 오해하여 판결에 영향을 미친 위법을 저지른 것이다.

▶ 대법원 1994. 7. 29. 선고 94다9986 판결

[1] 농지임대차관리법시행규칙 제9조 제1항은 농지개혁법 제19조 제2항의 규정에 의

한 농지매매증명을 발급받고자 하는 경우에는 원칙적으로 매도인과 매수인이 공동으로 서명 또는 날인한 농지매매증명신청서를 제출하도록 규정하고 있으므로(위 시행규칙 별지 제9호 서식 참조), 농지매매증명을 발급받기 위하여는 매도인이 농지매매증명의 발급을 신청하는 의사표시를 할 것을 요한다고 볼 것인바, 농지를 매도한 자는 특별한 사정이 없는 한 매수인을 위하여 농지매매의 효력발생요건인 농지매매증명이 발급되어 매매목적물인 농지에 관한 소유권이전의 효과가 발생될 수 있도록 협력하여야 할 의무가 있음은 당연하므로, 매수인은 이러한 의무에 위배하여 농지매매증명의 발급신청절차에 협력하지 않는 매도인에 대하여 협력의무의 이행을 소송으로써 구할 수 있다.
[2] 농지개혁법 제19조 제2항 소정의 소재지 관서의 증명이 없어도 농지매매 당사자 사이에 채권계약으로서의 효력이 발생하지 않는 것은 아니고 단지 매매로 인한 소유권 이전의 효과가 발생하지 않는 것뿐이므로, 농지를 매수한 자는 매도인에 대하여, 그 필요가 있는 한 농지매매증명이 발급되는 것을 조건으로 미리 농지에 관한 소유권이전등기절차의 이행을 청구할 수 있다.

(bb) 판례는 한때 부당이득의 성질상 장래의 부당이득반환청구는 허용되지 않는다고 하였으나[1] 이후 전원합의체 판결로써 기존 판례를 폐기하고 "부당이득은 현재의 부당이득뿐만 아니라 장래의 부당이득도 그 이행기에 지급을 기대할 수 없어 미리 청구할 필요가 있으면 미리 청구할 수 있다"고 하였다.[2]

(b) 미리 청구할 필요

(aa) 계속적·반복적 이행의무가 있는 경우 이미 이행기가 도래한 부분에 대하여 불이행이 있다면 장래에 이행기가 도래할 분에 대하여도 자진 이행을 기대할 수 없기 때문에 미리 청구할 필요가 있다. 다만, 원고가 구하는 장래의 시점까지 이행의무가 계속하여 발생할 것이 변론종결 당시에 확정적으로 예정되어 있어야 하고, 그 이전에 이행의무가 소멸하거나 변동될 가능성이 있으면 장래의 이행의 소로서 부적법하다.

◆ 대법원 1987. 9. 22. 선고 86다카2151 판결(동 대법원 2018. 7. 26. 선고 2018다227551 판결)
장래의 이행을 명하는 판결을 하기 위하여는 채무의 이행기가 장래에 도래하는 것뿐만 아니라 의무불이행사유가 그때까지 존속한다는 것을 변론종결 당시에 확정적으로 예정할 수 있는 것이어야 하며 이러한 책임기간이 불확실하여 변론

1) 대판 1960. 10. 6. 4298민상260.
2) 대판(전) 1975. 4. 22. 74다1184.

종결 당시에 확정적으로 예정할 수 없는 경우에는 장래의 이행을 명하는 판결을 할 수 없다.

|註| 1. 대상판결의 사안을 포함한 사례비교 (1) 서울시가 甲, 乙, 丙 소유의 토지들을 무단으로 도로부지로 점유·사용하면서 이에 대한 사용료의 지급을 거절하자, 서울시를 피고로 삼아 甲은 '변론종결 이후의 특정 시점인 1990. 6. 10.까지'의 부당이득반환을, 乙은 '서울시가 토지를 매수할 때까지'의 부당이득반환을, 丙은 '서울시가 토지의 점유를 종료할 때까지'의 부당이득반환을 각 청구하였다고 가정하자. 변론종결시까지의 부당이득반환은 현재 이행의 소이나 그 이후의 부분은 장래 이행의 소가 된다. 장래 이행의 소 부분에 관하여 보건대, 서울시가 현재 도로를 사용하고 있는 상황이고 당분간은 계속 도로로 사용하는 상태가 계속될 것이므로 권리발생의 기초가 되는 법률관계는 성립하고 있다고 보아야 하고, 부당이득반환청구권이 장래 이행의 소에 있어서 청구적격이 있음은 앞서 보았다. 나아가 서울시는 기왕의 사용료의 지급을 거절하고 있으므로 앞으로도 그 지급을 기대하기 어려워 '미리 청구할 필요'는 인정된다.

다만 원고가 구하는 기간까지 부당이득반환청구권이 계속하여 발생할 것인지가 문제이다. 먼저 甲, 乙의 청구에 관하여 보면, '1990. 6. 10.' 또는 '서울시가 토지를 매수'하기 이전에 서울시가 도로폐쇄 등으로 점유를 상실할 수 있으므로 변론종결 당시의 상태가 그 시점까지 계속되리라고 확신할 수 없다. 그러나 丙의 청구에 대하여 보면, 서울시의 점유상실 외에 피고측의 임의이행 여부와 관련하여 부당이득반환청구권의 성립을 방해하는 요인은 상상하기 어려워 변론종결 당시의 상태가 청구취지 기재의 시점까지 계속될 것이 확실하다. 결국 甲, 乙의 장래이행청구는 허용되지 않지만 丙의 장래이행청구는 허용된다.[1)]

(2) 종래 실무에서는 장래의 부당이득금의 계속적·반복적 지급을 명하는 판결의 주문에 '원고의 소유권 상실일 또는 피고의 점유상실일까지'라는 표현을 광범위하게 사용하고 있었다. 그러나, 최근 대법원은 ㉠ 변론종결 이후 원고의 소유권 상실 여부는 집행기관이 조사·판단할 사항이 아니라 피고가 제기한 청구이의의 소에서 수소법원이 판단할 사항인 점, ㉡ 청구이의의 소에 의

1) ① 甲의 경우 : 대상판결 참조, ② 乙의 경우 : 대판 1991. 10. 8. 91다17139 참조, ③ 丙의 경우 : 대판 2019. 2. 14. 2015다244432 참조.

한 집행력 배제가 없는 한 변론종결 이후 원고의 소유권 상실이 부당이득반환 판결의 집행력에 어떠한 영향도 미치지 아니하는 점, ⓒ 장래이행의 소에서 미리 청구할 필요는 채무자의 임의 이행을 기대할 수 없는 경우를 가리키는데 원고의 소유권 상실은 채무자의 임의 이행 여부와는 무관한 점 등을 이유를 들어, '원고의 소유권상실까지'라는 기재는 이행판결의 주문 표시로 바람직하지 않다고 하였다.[1)]

2. 일본의 사례(오사카 공항 공해 사건) 일본 오사카 국제공항 주변지역의 주민들이 항공기의 이착륙시 발생하는 소음 등에 의하여 피해를 입었다는 이유로 국가를 상대로 항공기의 야간이착륙금지와 손해배상을 청구하였고, 이에 대하여 국가는 소음방지 대책으로서 주택방음공사를 하고 있고 항공기 엔진을 개량하겠다고 주장한 사안이다. 장래의 손해배상청구부분에 대하여 일본 최고재판소는 "동일 태양의 불법행위가 장래에도 계속될 것이 예상되는 경우라도 그것이 현재처럼 불법행위를 구성할 것인가의 여부와 배상할 손해의 범위가 다소 앞으로의 유동성을 지닌 복잡한 사실관계의 전개에 좌우되는 결과, 손해배상청구권의 성부와 그 수액을 미리 일의적으로 명확히 인정할 수 없고, 또 사정변동의 입증을 채무자의 부담으로 하는 것이 부당하다고 생각될 때에는 장래의 이행의 소로서의 청구적격을 가질 수 없다"고 판시한 다음 이 사건에 피고의 침해행위의 위법성 유무와 원고의 손해의 유무·정도는 이후 피고가 실시할 피해대책의 내용, 원고의 생활사정의 변동 등 다양한 인자에 의하여 좌우될 성질의 것이고 명확한 기준에 의하여 배상할 손해의 변동상황을 파악하는 것이 곤란하다는 이유로 그 부분 소를 불허하였다.[2)]

(bb) 채무자의 태도나 채무의 내용과 성질에 비추어 채무의 이행기가 도래하더라도 채무자의 이행을 기대할 수 없다고 판단되는 경우에는 미리 청구할 필요가 있다.[3)] 채무자가 채무의 존재를 이행기가 도래하기 전부터 다투고 있을 경우에는 미리 청구할 필요가 있을 경우에 해당한다.[4)]

---

1) 대판 2019. 2. 14. 2015다244432.
2) 일본 최고재 소화56(1981). 12. 16. 판결.
3) 대판 2018. 7. 26. 2018다227551.
4) 대판 1970. 5. 12. 70다344.

◆ **대법원 1981. 9. 22. 선고 80다2270 판결**(㊐ 대법원 1992. 7. 10. 선고 92다15376, 15383 판결) 원고가 양도담보로 제공된 부동산의 피담보채무 전액을 변제하였음을 내세워 피고 명의의 소유권이전등기 등의 말소를 청구하면서 그가 원리금이라고 주장하는 금액을 변제 혹은 변제공탁하였으나 변제충당 방법과 이자계산 등에 관한 견해 차이로 채무 전액을 소멸시키지 못하고 잔존채무가 있음이 밝혀진 경우 원고의 위 청구 중에는 확정된 잔존채무의 변제를 조건으로 위 각 등기의 말소를 청구하는 취지도 포함되었다고 할 것이고, 이는 장래이행의 소로서 피고가 위 각 등기는 대물변제에 기한 것이지 담보가 아니라고 다투고 있는 경우에는 미리 청구할 이익도 있다고 할 것이다. 따라서 피고에게 원고로부터 잔존채무 및 이에 대한 완제일까지의 지연손해금을 변제받는 것을 조건으로 위 각 등기의 말소를 명한 원판결은 정당하다.

|註| 1. **담보제공자가 피담보채무의 변제를 조건으로 제기한 담보권등기말소의 소** 부동산에 관하여 담보권(저당권, 양도담보, 가등기담보 등)을 설정한 경우 채권자의 담보권말소의무는 채무자의 변제가 있은 후에야 비로소 이행기가 도래한다(피담보채무변제의무가 선이행의무). 선이행의무의 이행을 조건으로 한 청구(예컨대, 채무를 변제받은 후 저당권을 말소하라는 청구)는 허용되지 않는 것이 원칙이나 예외적으로 '미리 청구할 필요'를 갖춘 경우에는 장래 이행의 소로서 허용된다. 채권자가 담보목적성을 다투는 경우(예컨대, 양도담보를 위한 등기를 대물변제에 의한 것이라고 다투는 경우)나 피담보채무액을 다투는 경우(예컨대, 채권자와 채무자 사이에 피담보채무의 소멸 여부에 관하여 다툼이 있는 경우)는 미리 청구할 필요가 있다.1)

2. **선이행할 채무의 내용·범위가 원고의 주장과 다른 경우** 예컨대, 저당권설정자인 원고가 피담보채무가 1억 원임을 주장하면서 저당권자인 피고를 상대로 "피고는 원고로부터 1억 원을 지급받은 후 원고에게 저당권설정등기의 말소등기절차를 이행하라"는 소를 제기하였는데, 미리 청구할 필요는 존재하나 본안에 관한 심리 결과 피담보채무가 1억 원이 아닌 경우에는 처분권주의의 문제가 발생한다. 원고가 주장하는 범위보다 축소하여 그 채무의 이행을 조건으로 선이행판결을 하는 것(예컨대, 위 예에서 5,000만 원을 지급받은 후 근저당권설정등기를 말소하라고 판결하는 것)은 원고의 청구보다 원고에게 더 유리한 판결을 하는

1) 대판 1992. 7. 10. 92다15376, 15383.

것이므로 처분권주의에 위배되어 허용되지 않으나, 그와 반대로 원고가 주장하는 범위를 초과하는 채무의 이행을 조건으로 하여 선이행판결을 하는 것(예컨대, 위 예에서 1억 2,000만 원을 지급받은 후 근저당권설정등기를 말소하라고 판결하는 것)은 원고가 구하는 범위 내에 포함되는 것이므로 허용된다.

3. 선이행의무가 있음에도 무조건의 이행청구를 한 경우 예컨대, 원고가 피담보채무의 전액을 변제하였다고 주장하면서 근저당권설정등기의 말소를 구하였는데 원리금의 계산 등에 관한 다툼으로 말미암아 변제액이 채무 전부를 소멸시키는 데 미치지 못하고 잔존채무가 있는 것으로 밝혀진 경우 특별한 사정(예컨대 원고가 무조건의 말소청구를 구하는 취지라는 의사를 밝힐 경우)이 없는 한 원고의 청구 중에는 확정된 잔존채무를 변제하고 그 다음에 위 등기의 말소를 구한다는 취지도 포함되어 있는 것으로 해석함이 상당하고, 이는 장래 이행의 소로서 미리 청구할 이익도 인정된다.[1]

(cc) **현재 이행의 소에 병합한 장래 이행의 소는 미리 청구할 필요가 있는 경우가 많다. 원금청구에 병합한 변제시까지의 지연손해금청구, 토지인도청구에 병합한 토지인도시까지의 임료 상당 부당이득금청구 등이 그 예인데, 주된 청구가 다투어지는 이상 부수적 청구도 미리 청구할 필요가 있다.**

▶ 대법원 2006. 3. 10. 선고 2005다55411 판결

채권자가 본래적 급부청구인 부동산소유권이전등기청구에다가 이에 대신할 전보배상을 부가하여 대상청구를 병합하여 소구한 경우의 대상청구는 본래적 급부청구의 현존함을 전제로 하여 이것이 판결확정 전에 이행불능되거나 또는 판결확정 후에 집행불능이 되는 경우에 대비하여 전보배상을 미리 청구하는 경우로서 양자의 병합은 현재의 급부청구와 장래의 급부청구와의 단순병합에 속하는 것으로 허용되고, 또 부동산소유권이전등기청구의 판결확정 후 그 소유권이전등기의무가 집행불능이 된 뒤에 별소로 그 전보배상을 구하는 것도 당연히 허용되며, 이는 부동산소유권이전등기말소청구권의 경우에도 마찬가지이다.

|註| 1. 사실관계와 법원의 판단 丙은 12·12 군사반란 이후 계엄사령부 합동수사본부에 의하여 부정축재자로 몰려 위 수사본부의 강압에 의하여 그의 처

1) 대판 1981. 9. 22. 80다2270.

甲 소유인 X 부동산을 乙(국가)에게 증여하기로 하는 제소전화해를 하였고, 乙은 이에 따라 X 부동산에 관하여 乙 명의의 소유권이전등기를 마쳤다. 이후 乙은 X 부동산을 丁에게 매도하였고, 丁은 그 명의의 소유권이전등기를 마쳤다. 20년 후 甲은 乙을 상대로 먼저 위 제소전화해에 대리권의 흠이 있었다는 이유로 준재심의 소를 제기하여 승소확정판결을 받았고, 이어 X 부동산에 관한 乙 명의의 소유권이전등기의 말소를 구하는 소를 제기하여 승소확정판결을 받았다. 이후 甲은 주위적으로 丁을 상대로 X 부동산에 관한 丁 명의의 소유권이전등기의 말소를 구하고 위 말소가 이행불능이 된 경우를 대비하여 예비적으로 乙을 상대로 손해배상을 구하는 소를 제기하였다. 항소심법원은 위 준재심에 의하여 위 제소전화해가 취소됨으로써 X 부동산에 관한 乙 명의의 소유권이전등기와 그에 터잡은 丁 명의의 소유권이전등기는 모두 원인무효가 되었다고 하면서도, 丁에 대한 청구에 관하여는 丁 명의의 소유권이전등기는 등기부취득시효가 완성되어 실체관계에 부합하게 되었다는 이유로 청구기각판결을 하였고, 乙에 대한 청구에 관하여도 乙에게 丁 명의의 소유권이전등기까지 말소하여 줄 의무가 있는 것은 아니라는 이유로 청구기각판결을 하였다. 甲은 乙에 대한 청구에 대하여만 상고하였는데, 대법원은 乙은 甲에게 X 부동산에 관한 乙 명의의 소유권이전등기를 말소해 줄 의무가 있고 甲의 丁에 대한 소유권이전등기말소청구가 청구기각으로 확정(甲이 상고하지 않아 상고기간 도과로 확정되었다)됨으로써 乙의 위 의무가 집행불능이 되었으므로, 乙은 소유권이전등기말소의무의 집행불능에 대한 전보배상으로서 그 집행불능 시점인 丁에 대한 소유권이전등기말소청구의 패소확정 당시를 기준으로 한 X 부동산의 시가 상당액을 배상할 의무가 있다고 하여 항소심판결 중 乙에 대한 청구 부분을 파기하였다.

2. 물건의 인도청구와 아울러 그에 갈음하는 금전지급을 구하는 청구 (1) 여기에는 두 가지 형태가 있는데, 그 하나는 원고가 물건(특정물 또는 대체물)의 인도를 청구하면서 변론종결 후의 이행불능(특정물의 경우)이나 집행불능(대체물의 경우)을 염려하여 그때 생길 대상청구권에 관하여서도 미리 이행판결을 함께 받아두자는 취지에서 구하는 경우이다. 이 경우는 물건인도청구가 기각될 것을 조건으로 하여 대상청구에 대해 심판을 구하는 예비적 병합이 아니고 현재의 물건인도청구와 장래의 대상청구의 단순병합이다. 따라서 물건인도청구가 인용되는

경우에 대상청구를 판단하여 별도의 주문을 내야 한다. 그러나 물건인도청구가 이유 없을 때에는 대상청구에 대하여 심리할 것도 없이 배척하면 된다.

(2) 다른 하나는 특정물의 인도를 구하면서 변론종결 전에 피고가 그 물건을 매도하거나 훼손·멸실시켜 이행불능이 되게 하는 것을 염려하여 그 전보배상을 함께 청구하는 경우이다. 이러한 경우에는 물건인도청구가 변론종결 시점에서 이행불능임을 이유로 기각될 것에 대비하여 전보배상청구를 병합하여 청구한 것이므로 예비적 병합에 속한다. 따라서 법원으로서는 먼저 제1차적 청구인 물건인도청구를 심리하여 보아 변론종결 당시를 기준으로 이행이 가능하다고 판단되어 청구를 인용할 경우에는 제2차적 청구인 전보배상청구에 관하여 판단할 필요가 없으나, 만일 변론종결 전에 이미 이행불능에 이르렀음이 판명되면 제1차적인 물건인도청구를 기각하고 제2차적인 전보배상청구에 대하여 심리판단하여야 한다. 다만, 이러한 예비적 병합은 특정물에 한하여 생길 수 있을 뿐이다. 왜냐하면 불특정물에 대하여는 이행불능의 문제가 생길 수 없기 때문이다.

3. 등기의 이행청구와 아울러 그에 갈음하는 금전지급을 구하는 청구 등기이행청구에 관하여도 물건인도청구에 있어서와 마찬가지로 볼 수 있다. 다만, 등기이행청구의 경우에는 가처분제도를 활용할 수 있으므로 전보배상청구가 장래이행청구로서 병합되어 청구되는 경우는 드물 것으로 예상된다.

(dd) **형성의 소가 확정되는 것을 전제로 한 장래이행의 소는 허용되지 않는다.**

▶ 대법원 1969. 12. 29. 선고 68다2425 판결

공유물분할청구의 소는 공유자 사이의 기존의 공유관계를 폐기하고 각자의 단독 소유권을 취득하게 하는 형성의 소로서 공유자 사이의 권리관계를 정하는 창설적 판결을 구하는 것이므로 그 판결 전에는 공유물은 아직 분할되지 않고, 따라서 분할물의 급부를 청구할 권리는 발생하지 않으며 분할판결의 확정으로 각자의 취득부분에 대하여 비로소 단독소유권이 창설되는 것이므로 미리 그 부분에 대한 소유권 확인의 청구도 할 수 없다 할 것이다.

|註| 1. 형성의 소는 그 판결이 확정됨으로써 비로소 권리변동의 효력이 발생하게 되므로 이에 의하여 형성되는 법률관계를 전제로 하는 이행소송이나 그 법률관계의 확인을 구하는 확인소송을 병합하여 제기할 수 없다. 같은 이유에

서 제권판결 불복의 소에 병합하여 제권판결에 대한 취소판결의 확정을 조건으로 한 수표금 청구의 소를 제기하는 것은 허용되지 않는다.[1]

2. 공유물분할청구를 하면서 그 분할판결이 확정될 것을 조건으로 지분이전등기청구를 병합한 경우 후자의 이전등기청구권은 공유물분할판결이 창설적 판결이라는 점뿐만 아니라 공유물분할판결만으로도 원고 또는 피고가 공유물분할에 따른 목적물의 분필등기 및 지분이전등기를 단독으로 신청할 수 있다는 점에서 각하를 면치 못한다.

2. 확인의 소

(1) 대상적격

확인의 대상은 '현재의 권리·법률관계'이어야 한다. 과거의 권리·법률관계에 대한 확인청구는 예외적으로만 인정된다. 원·피고 사이의 법률관계가 아닌 제3자의 권리관계도 확인의 대상이 된다.

(a) 과거의 권리 또는 법률관계의 확인

(aa) 원칙적 불허

▶ 대법원 2013. 8. 23. 선고 2012다17585 판결

확인의 소에서 확인의 대상은 현재의 권리 또는 법률관계일 것을 요하므로 특별한 사정이 없는 한 과거의 권리 또는 법률관계의 존부확인은 인정되지 아니하는바, 근저당권의 피담보채무에 관한 부존재확인의 소는 근저당권이 말소되면 과거의 권리 또는 법률관계의 존부에 관한 것으로서 확인의 이익이 없게 된다.

|註| 甲 소유의 X 부동산에 관하여는 乙을 채권자로 한 근저당권이 설정되어 있었는데, 甲은 乙의 시어머니인 丙과 금전거래를 하였을 뿐 乙과는 금전거래가 없었다고 주장하면서 乙을 상대로 위 근저당권의 피담보채무가 존재하지 아니한다는 확인을 구하는 소를 제기한 사안이다. 대법원은 X 부동산에 관하여 임의경매가 실시되어 乙에게 배당이 되었고 甲이 乙을 상대로 배당이의의 소를 제기하여 패소확정된 사실에 비추어 보면 위 근저당권설정등기는 이미 말소된 것으로 볼 여지가 충분하고 그렇다면 甲의 소는 확인의 이익이 없다고 하였다.

1) 대판 2013. 9. 13. 2012다36661.

▶ 대법원 2018. 4. 12. 선고 2015다24843 판결

근로자에 대한 휴직명령의 무효확인을 구하는 소의 소송계속 중 이미 회사의 인사규정에 의한 당연퇴직사유인 정년을 지났다면 설령 휴직명령이 무효로 확인된다고 하더라도 근로자로서는 회사의 근로자로 더 이상 근무할 수 없으므로 휴직명령 무효확인의 소는 확인의 이익이 없다.

|註| 같은 취지로, 해고무효확인과 함께 해고기간 동안의 임금을 구하는 경우 사실심 변론종결 당시 정년이 지났다면 전자는 확인의 이익이 없고,[1] 전직명령의 무효확인을 구하는 소도 소송계속 중 정년을 지났다면 확인의 이익이 없다.[2]

▶ 대법원 2018. 12. 27. 선고 2018다235071 판결

비법인재단의 이사회에서 이사 해임결의가 있은 후 다시 개최된 이사회에서 종전 결의를 그대로 추인하거나 재차 해임결의를 한 경우에는, 당초 해임결의가 무효라고 할지라도 다시 개최된 이사회결의가 하자로 인하여 무효라고 인정되는 등의 특별한 사정이 없는 한 종전 이사회결의의 무효확인을 구하는 것은 과거의 법률관계 내지 권리관계의 확인을 구하는 것에 불과하여 권리보호의 요건을 결여한 것이라고 봄이 상당하다.

|註| 단체대표자 선임 또는 해임 결의가 있은 후 이후의 총회에서 종전 결의를 추인하거나 재차 선임 또는 해임 결의를 한 경우에도 같은 법리가 적용되는데, 이 경우 하자 있는 선행결의에 의하여 선임된 대표자 또는 하자 있는 선행결의로 인하여 대표자가 해임됨으로써 소집권한을 갖게 된 자(직무대행자 등)가 후행결의를 소집하였다는 사정은 후행결의의 무효사유로 주장될 수 없다.[3]

(bb) **예외적 허용 — 현재 법률관계의 확인을 구하는 취지인 경우**

▶ 대법원 1987. 7. 7. 선고 86다카2675 판결

주식 양도양수계약의 부존재 또는 무효확인을 구하는 소는 과거의 법률행위인 주식양도계약 자체의 부존재 또는 무효확인을 구하는 것으로 볼 것이 아니라, 그 계약이 존재하지 아니하거나 무효임을 내세워 그 계약에 터잡아 이루어진 현재의 법률관계의 부존재 내지 무효의 확인을 구하는 취지라고 보아야 할 것이다.

|註| **1. 사실관계와 법원의 판단** 甲은 A 주식회사의 1인주주 겸 대표이사이었

1) 대판 1996. 10. 11. 96다10027; 대판 2004. 7. 22. 2002다57362 등.
2) 대판 2005. 9. 30. 2005다32890 등.
3) 대판 2012. 1. 27. 2011다69220(선임결의 사안); 대판 2010. 10. 28. 2009다63694(해임결의 사안).

는데 거래처인 乙에 대한 채무를 변제할 능력이 되지 않자 그 해결방법으로 乙에게 자신의 주식 전부를 양도하고 경영권까지 넘겨주었다. 이후 乙의 노력으로 A 주식회사의 경영이 안정되자 甲은 다른 채권자에 의한 강제집행을 면하기 위하여 乙에게 주식을 양도한 것처럼 하였을 뿐 실제로 주식양도를 한 것이 아니라고 주장하면서 乙을 상대로 '위 주식양도계약은 존재하지 아니함을 확인한다'는 취지의 소를 제기하였다. 항소심은 甲의 청구는 과거사실의 부존재확인을 구하는 것으로서 확인의 이익이 없어 부적법하다고 하였으나, 대법원은 판결요지와 같은 이유로 甲의 청구가 적법하다고 하였다.

2. 과거 법률관계의 확인을 구하는 취지가 현재 법률관계의 확인을 구하는 것인 경우

과거의 권리관계의 존부는 확인소송의 대상이 되지 않음이 원칙이나, 그 진의가 현재 권리관계의 존부에 대한 확인을 구하는 것이면 확인소송의 대상이 된다. 유사사례로 "매매계약을 체결한 사실이 있음을 확인한다는 소를 제기한 경우에는 그 계약으로 인하여 현재에 채권채무관계가 존속한다는 것을 확인하여 달라는 취지로 보아야 한다"라고 한 판례가 있다.[1] 이러한 경우 석명권을 행사하여 현재의 권리관계의 확인을 구하는 것으로 청구취지를 정정하는 것이 바람직하고, 이러한 석명을 하지 않고 소를 각하하는 것은 위법하다.[2]

(cc) 예외적 허용 — 현재 법률관계에 영향을 미치는 경우

◆ 대법원 2000. 5. 18. 선고 95재다199 전원합의체 판결

구 사립학교법(1990. 4. 7. 법률 제4226호로 개정되기 전의 것) 제53조의2 제2항의 규정에 의하여 기간을 정하여 임용된 사립학교 교원이 임용기간 만료 이전에 해임·면직·파면 등의 불이익 처분을 받은 후 그 임용기간이 만료된 때에는 그 불이익 처분이 무효라고 하더라도 학교법인의 정관이나 대학교원의 인사규정상 임용기간이 만료되는 교원에 대한 재임용의무를 부여하는 근거규정이 없다면 임용기간의 만료로 당연히 교원의 신분을 상실한다고 할 것이고, 따라서 임용기간 만료 전에 행해진 직위해제 또는 면직 처분이 무효라고 하더라도 교원의 신분을 회복할 수 없는 것으로서 그 무효확인청구는 과거의 법률관계의 확인청구에 지나지 않는다고 할 것이며, 한편 과거의 법률관계라 할지라도 현재의 권리 또는 법률상 지위에 영향을 미치고 있고 현재의 권리 또는 법률상 지위에 대한

1) 대판 1964. 9. 30. 64다499.
2) 대판 1966. 3. 15. 66다17; 대판 1971. 5. 31. 71다674.

위험이나 불안을 제거하기 위하여 그 법률관계에 관한 확인판결을 받는 것이 유효 적절한 수단이라고 인정될 때에는 그 법률관계의 확인소송은 즉시확정의 이익이 있다고 보아야 할 것이고, 또 이렇게 보는 것이 확인소송의 분쟁해결 기능과 분쟁예방 기능에도 합치하는 것이라 할 것이지만, 직위해제 또는 면직된 경우에는 징계에 의하여 파면 또는 해임된 경우와는 달리 공직이나 교원으로 임용되는 데에 있어서 법령상의 아무런 제약이 없을 뿐만 아니라, 현행 사립학교법과 같이 교원의 임기 만료 시에 교원인사위원회의 심의를 거쳐 당해 교원에 대한 재임용 여부를 결정하도록 하는 의무규정도 없었던 구 사립학교법 관계하에서 임기가 만료된 사립학교 교원에 대하여는 위와 같은 전력이 있으면 공직 또는 교원으로 임용되는 데에 있어서 그러한 전력이 없는 사람보다 사실상 불이익한 장애사유로 작용한다 할지라도 그것만으로는 법률상의 이익이 침해되었다고는 볼 수 없으므로 그 무효확인을 구할 이익이 없다.

|註| **1. 사실관계와 법원의 판단** 甲은 乙법인 산하 A대학교 총장에 의하여 임용기간을 정하여 교수로 임명되었다가 임용기간 중 직무수행능력 부족 등을 이유로 직위해제를 당하고 이어 대기기간 중 개선이 이루어지지 않았다는 이유로 면직처분을 당하였다. 甲은 乙을 상대로 직위해제 및 면직 무효확인을 구하는 소를 제기하였는데, 사실심 변론종결 이전에 임용기간이 만료되었다. 대법원은 임용기간이 만료된 이상 과거 법률관계의 확인에 불과한데 직위해제 또는 면직(사립학교법상 직위해제와 면직은 징계에 해당하지 않는다)의 경우 공직이나 교원 임용에 제한이 없고 당시 법령상 임기만료시의 재임용에 관한 근거규정도 없어 현재 법률관계에 미치는 영향도 없으므로 甲의 소는 부적법하다고 하였다.

2. 과거의 법률관계가 현재의 법률관계에 영향을 미치는 경우 (1) 과거의 법률관계가 현재의 법률관계에 영향을 미치는 경우 그 과거의 법률관계는 확인의 소의 대상이 된다. 예컨대, ① '2개월 무급정직 및 유동대기, 징계기간 중 회사출입 금지'의 징계처분을 받고 이미 2개월이 경과하였더라도, 회사의 취업규칙에 따라 징계처분으로 인하여 정직기간 동안 임금을 전혀 지급받지 못하는 법률상의 불이익을 입게 된 이상 징계처분은 정직기간 동안의 임금 미지급 처분의 실질을 갖는 것이고, 이는 임금청구권의 존부에 관한 현재의 권리 또는 법

률상의 지위에 영향을 미치므로, 징계처분의 무효 확인을 구할 이익이 있다.[1]
② 또한 부당해고 구제명령제도에 관한 근로기준법의 규정 내용과 목적 및 취지, 임금상당액 구제명령의 의의 및 법적 효과 등을 종합적으로 고려하면, 근로자가 부당해고 구제신청을 하여 해고의 효력을 다투던 중 정년에 이르거나 근로계약기간이 만료하는 등의 사유로 원직에 복직하는 것이 불가능하게 된 경우에도 해고기간 중의 임금 상당액을 지급받을 필요가 있다면 임금 상당액 지급의 구제명령을 받을 이익이 유지되므로 구제신청을 기각한 중앙노동위원회의 재심판정을 다툴 소의 이익이 있다.[2]
(2) 대상판결과 달리, 임기제 교원이 징계로 '해임' 또는 '파면'된 경우 이는 공무원 또는 교원의 임용결격사유에 해당하므로 이미 임기가 만료되었더라도 해임 또는 파면의 무효확인을 구할 이익이 있다는 것이 판례이다.[3]

(dd) 예외적 허용 — 분쟁의 획일적 해결을 위한 포괄적 법률관계의 확인인 경우

▶ 대법원 1995. 3. 28. 선고 94므1447 판결

[1] 일반적으로 과거의 법률관계는 확인의 소의 대상이 될 수 없으나, 혼인·입양과 같은 신분관계나 회사의 설립, 주주총회의 결의무효·취소와 같은 사단적 관계, 행정처분과 같은 행정관계와 같이 그것을 전제로 하여 수많은 법률관계가 발생하고 그에 관하여 일일이 개별적으로 확인을 구하는 번잡한 절차를 반복하는 것보다 과거의 법률관계 그 자체의 확인을 구하는 편이 관련된 분쟁을 일거에 해결하는 유효적절한 수단일 수 있는 경우에는 예외적으로 확인의 이익이 인정된다.

[2] 사실혼관계에 있던 당사자 일방이 사망하였더라도, 현재적 또는 잠재적 법적 분쟁을 일거에 해결하는 유효 적절한 수단이 될 수 있는 한, 그 사실혼관계 존부확인청구에는 확인의 이익이 인정되고, 이러한 경우 친생자관계존부확인청구에 관한 민법 제865조와 인지청구에 관한 민법 제863조의 규정을 유추적용하여, 생존 당사자는 그 사망을 안 날로부터 1년 내에 검사를 상대로 과거의 사실혼관계에 대한 존부확인청구를 할 수 있다고 보아야 한다.

|註| 협의이혼으로 이미 혼인관계가 해소된 경우에도 혼인무효 여부가 적출

1) 대판 2010. 10. 14. 2010다36407.
2) 대판(전) 2020. 2. 20. 2019두52386.
3) 대판 1991. 6. 25. 91다1134.

자의 추정·재혼의 금지 등 당사자의 신분법상의 관계 또는 연금관계법에 기한 유족연금의 수급자격·재산상속권 등 재산법상의 관계에 있어 현재의 법률상태에 직접적 영향을 미치는 이상 그 무효확인을 구할 정당한 법률상의 이익이 있다.[1] 반면, 단순히 청구인이 혼인하였다가 이혼한 것처럼 호적상 기재되어 있어 불명예스럽다는 사유만으로는 협의이혼으로 해소된 혼인관계의 무효확인의 이익이 없다.[2]

(b) 타인 간의 권리관계 확인

◆ 대법원 1994. 11. 8. 선고 94다23388 판결

확인의 소는 반드시 원·피고 간의 법률관계에 한하지 아니하고 원·피고의 일방과 제3자 또는 제3자 상호간의 법률관계도 그 대상이 될 수 있는 것이나, 그러한 법률관계의 확인은 그 법률관계에 따라 원고의 권리 또는 법적 지위에 현존하는 위험, 불안이 야기되어 이를 제거하기 위하여 그 법률관계를 확인의 대상으로 삼아 원·피고 간의 확인판결에 의하여 즉시로 확정할 필요가 있고, 또한 그것이 가장 유효 적절한 수단이 되어야 확인의 이익이 있다.

|註| 1. 사실관계와 법원의 판단 甲(리스이용자)은 乙(리스업자)에 대한 리스계약불이행으로 인한 손해배상채무를 보증하기 위하여 丙(보증보험회사)과 사이에 乙을 피보험자로 하는 보증보험계약을 체결하였다. 乙이 甲의 계약불이행을 이유로 丙에게 보험금을 청구하고 丙이 구상금채권 보전을 위한 가압류를 하자, 甲은 乙과 丙을 피고로 삼아 乙의 丙에 대한 보험금채권이 부존재한다는 확인의 소를 제기하였다. 법원은, 乙이 보험금채권을 갖는지 여부는 甲이 乙에게 리스계약상 손해배상채무를 부담하는지 여부에 따라 저절로 결정되는 것이어서 乙을 상대로 리스계약상 손해배상채무의 부존재확인을 구하는 것이 가장 유효적절한 권리구제수단이므로 甲의 소는 부적법하다고 하였다.

2. 확인의 이익 긍정사례 판례는, ① 근저당권자가 피담보채권을 다투는 물상보증인을 상대로 제기한 피담보채권의 존부에 관한 확인의 소는 확인의 이익이 있다고 하였고,[3] ② 사해방지참가에서 참가인은 원고와 피고를 상대로 사해소송(원고의 피고에 대한 소송)의 청구원인이 된 법률행위의 무효확인을 구할

1) 대판 1978. 7. 11. 78므7.
2) 대판 1984. 2. 28. 82므67.
3) 대판 2004. 3. 25. 2002다20742.

이익이 있다고 하였다.[1)]

3. 확인의 이익 부정사례 판례는, ① 매수인이 매도인의 소유권을 부정하는 제3자를 상대로 제기한 매도인의 소유권확인청구의 소는 부적법하다고 하였고,[2)] ② 부동산 경매절차에서 2순위로 피담보채무의 일부만을 배당받은 甲이 1순위로 보증금 전액을 배당받은 乙을 상대로 乙이 보증금 없이 위 부동산에 거주하였다고 주장하면서 乙의 배당금채권 부존재확인을 구한 사안에서, 甲의 청구와 같은 판결이 있다 하여도 이로써 甲의 권리가 확정되는 것도 아니고, 甲은 곧바로 乙을 상대로 부당이득반환청구(배당금채권의 양도 및 채권양도 통지를 구하는 방법을 취하게 된다)를 할 수 있으므로 위 소는 부적법하다고 하였으며,[3)] ③ A법인을 대표하여 A법인과 B법인의 합병계약을 체결하고 A법인의 이사장직을 사임한 甲이 이사장직 복귀를 위하여 A·B법인을 상대로 위 합병계약의 무효확인을 구하는 소를 제기한 데 대하여, 합병계약무효의 확인판결이 있더라도 甲이 A·B법인에 대하여 자신이 A법인의 이사장임을 주장할 수 없고 합병계약의 효력 유무에 따라 甲의 법적 권리의무에 어떤 영향을 미치는 사유도 없다는 이유로 위 소는 부적법하다고 하였고,[4)] ④ 수급인 甲이 도급인 乙에 대한 선급금반환채무를 보증하기 위하여 丙(보증보험회사)과 체결한 선급금이행보증보험계약에 따라, 丙이 乙에게 보험금을 지급하자 甲의 丙에 대한 구상금채무를 연대보증한 丁이 乙을 상대로 丙의 乙에 대한 보험금채무 부존재확인을 구한 사안에서, '丙이 乙에게 선급금이행보증보험금을 지급하여 丙의 乙에 대한 채무가 이미 소멸하였는바, 丁이 주장하는 법적 지위의 불안은 丁의 丙에 대한 구상금채무의 존부이므로, 丁은 이미 소멸한 丙의 乙에 대한 보험금채무의 부존재 확인이라는 우회적인 방법으로 丁과 丙 사이의 분쟁을 해결할 것이 아니라 직접적으로 丙을 상대로 하여 현재의 법률관계인 구상금

1) 대판 1990. 7. 13. 89다카20719, 20726[甲이 乙을 상대로 X토지에 관한 매매를 원인으로 한 소유권이전등기절차이행의 소(본소)를 제기한 데 대하여 丙이 'X토지는 丙이 乙에게 명의신탁하여 둔 것인데 甲과 乙이 이러한 사실을 알면서도 X 토지를 착복하기 위하여 서로 통모하여 X토지에 관한 매매계약을 체결한 다음, 甲은 乙을 상대로 본소를 제기하고 乙은 甲의 주장을 모두 인정함으로써 甲이 승소판결을 받도록 획책하고 있는바, 위 매매계약은 통정허위표시에 의한 것이다'라는 주장 아래 사해방지참가를 하면서 甲과 乙에 대하여 위 매매계약의 무효확인을, 乙에 대하여 신탁해지를 원인으로 한 소유권이전등기절차의 이행을 구한 사안이다).

2) 대판 1971. 12. 28. 71다1116.

3) 대판 1996. 11. 22. 96다34009.

4) 대판 2003. 1. 10. 2001다1171.

채무의 부존재 확인을 구하는 것이 분쟁 해결에 가장 유효·적절한 방법이라'는 이유로 위 소는 부적법하다고 하였다.[1)]

(2) 확인의 이익

확인의 소에 있어서는 권리보호요건으로서 확인의 이익이 있어야 하고 그 확인의 이익은 원고의 권리 또는 법률상의 지위에 현존하는 불안, 위험이 있고 그 불안, 위험을 제거함에는 피고를 상대로 확인판결을 받는 것이 가장 유효적절한 수단일 때에만 인정된다.[2)]

(a) 법률상의 이익

▶ 대법원 1979. 2. 13. 선고 78다1117 판결

주주는 상법 제403조 이하의 규정에 의한 대표소송의 경우를 제외하고는 회사의 재산관계에 대하여 당연히 확인의 이익을 갖는다고 할 수 없으므로 구체적 또는 법률상의 이해관계가 없는 한 회사가 체결한 계약에 관한 무효확인을 구할 이익이 없다.

|註| 1. 사실관계와 법원의 판단　A(주식회사)가 乙에게 그의 영업 중 일부를 양도하자 A의 주주인 甲이 위 양도는 상법 제374조에 정한 주주총회 특별결의를 거치지 않아 무효라고 주장하면서 위 양도의 무효확인을 구하였다. 대법원은 "주식회사의 주주는 회사의 재산관계에 대하여 단순히 사실상, 경제상 또는 일반적, 추상적인 이해관계만을 가질 뿐, 구체적 또는 법률상의 이해관계를 가진다고는 할 수 없으므로" 확인의 이익이 없다고 하였다.

2. '법률상 이익'의 의미　"확인의 소로써 위험·불안을 제거하려는 법률상 지위는 반드시 구체적 권리로 뒷받침될 것을 요하지 아니하고 그 법률상 지위에 터잡은 구체적 권리발생이 조건 또는 기한에 걸려 있거나 법률관계가 형성과정에 있는 등 원인으로 불확정적이라고 하더라도 보호할 가치 있는 법적 이익에 해당하는 경우에는 확인의 이익이 인정될 수 있다."[3)] 그러나, "단순히 사

1) 대판 2015. 6. 11. 2015다206492.

2) 대판 1991. 12. 10. 91다14420; 대판 2011. 9. 8. 2009다67115; 대판 2017. 3. 30. 2016다21643(유한회사의 사원총회가 임용계약의 내용으로 이미 편입된 이사의 보수를 감액하는 결의를 하더라도 이러한 결의는 이사의 보수청구권에 아무런 영향을 미치지 못하므로 보수감액결의의 무효확인을 구하는 것은 확인의 이익이 없다고 한 사례이다) 등.

3) 대판 2000. 5. 12. 2000다2429.

회적인 명예의 손상을 회복하기 위한 것"은 법률상의 지위에 대한 불안을 제거하기 위한 것이라고 할 수 없다.[1]

3. 긍정례와 부정례 (1) 긍정례 : 국가를 당사자로 하는 계약에 관한 법률에 따른 입찰절차에서 2순위 적격심사대상자는 1순위 적격심사대상자가 부적격 판정을 받거나 계약을 체결하지 아니하면 적격심사를 받아 낙찰자 지위를 취득할 수도 있으므로 그 지위의 확인을 구하는 소는 단순한 사실관계의 존부 확인에 불과하다고 할 수 없다.[2]

(2) 부정례 : ① 해고무효확인을 구하는 이유가 사회적인 명예의 손상을 회복하기 위한 것이거나 재취업의 기회가 제한되는 위험을 제거하기 위한 것이라면 이는 사실상의 불이익에 불과하다.[3] ② 이른바 담보지상권(담보부동산에 용익권이 설정되는 등으로 담보가치가 줄어드는 것을 방지하기 위하여 설정하는 지상권)은 당사자의 약정에 따라 담보권의 존속과 지상권의 존속이 서로 연계되어 있을 뿐이고 그 자체의 피담보채무가 존재하는 것은 아니므로, 담보지상권에 관한 피담보채무의 범위 확인을 구하는 청구는 확인의 이익이 없다.[4]

(b) **현존하는 불안**

◆ **대법원 1988. 9. 27. 선고 87다카2269 판결**

일반적으로 채권은 채무자로부터 급부를 받는 권능이기 때문에 소송상으로도 채권자는 통상 채무자에 대하여 채권의 존재를 주장하고 그 급부를 구하면 되는 것이지만, 만약 하나의 채권에 관하여 2인 이상이 서로 채권자라고 주장하고 있는 경우에 있어서는 그 채권의 귀속에 관한 분쟁은 채무자와의 사이에 생기는 것이 아니라 스스로 채권자라고 주장하는 사람들 사이에 발생하는 것으로서 참칭채권자가 채무자로부터 변제를 받아버리게 되면 진정한 채권자는 그 때문에 자기의 권리가 침해될 우려가 있어 그 참칭채권자와의 사이에서 그 채권의 귀속에 관하여 즉시 확정을 받을 필요가 있고, 또 그들 사이의 분쟁을 해결하기 위하여는 그 채권의 귀속에 관하여 확인판결을 받는 것이 가장 유효 적절한 권리구제수단으로 용인되어야 할 것이므로 스스로 채권자라고 주장하는 어느 한

1) 대판 1995. 4. 11. 94다4011; 대판 2019. 7. 10. 2016다254719.
2) 대판 2000. 5. 12. 2000다2429.
3) 대판 1995. 4. 11. 94다4011.
4) 대판 2017. 10. 31. 2015다65042.

쪽이 상대방에 대하여 그 채권이 자기에게 속한다는 채권의 귀속에 관한 확인을 구하는 청구는 그 확인의 이익이 있다.

|註| **1. 사실관계와 법원의 판단** 甲은, X 토지는 甲이 乙에게 명의신탁한 것이어서 X 토지의 하천구역 편입에 따른 보상청구권은 甲에게 귀속된 것임에도, 乙이 X 토지의 등기 명의가 乙 앞으로 되어 있음을 기화로 위 보상청구권이 乙에게 귀속된 것이라고 주장하면서 甲의 권리를 다투고 있다고 주장하면서, 乙을 상대로 X 토지에 관한 보상청구권이 甲에게 있다는 확인을 구하는 소를 제기하였다.

항소심법원은 "甲이나 乙이 제3자인 국가에 대하여 권리가 있느냐의 여부를 확인하는 것이 확인의 소의 대상으로 될 수는 있을 것이나 이러한 경우에도 甲과 乙 사이의 분쟁에 따른 법적 불안상태는 당사자 사이에 발생하고 있어야 하고, 그 법적 불안을 제거하는 데 가장 적절한 수단일 때에만 비로소 확인의 이익이 있다고 할 것인바, 乙이 甲의 국가에 대한 보상청구권을 부인하고 있다고 하더라도 위 甲의 권리가 직접적으로 부인, 방해 내지 침해되는 것이 아니므로, 甲이 위 주장과 같이 하천법에 따른 보상청구권이 있음을 乙을 상대로 하여 그 확인을 구하는 것은 乙이 위 토지의 국유화에 따른 보상의무자가 아님이 명백한 이상 그 확인의 이익이 없다"고 하였다.

그러나 대법원은, 甲 주장의 취지는 을을 상대로 국가에 대한 보상청구권의 존부 확인을 구하는 것이 아니라 국가에 대한 보상청구권의 존재를 전제로 그 보상청구권의 귀속에 관한 확인을 구하는 것으로서 판결요지의 법리에 따르면 확인의 이익이 있다고 하였다.

2. '법적 불안'이 인정되는 경우 (1) 적극적 확인의 소에서는 ① 자기의 권리 또는 법적 지위가 다른 사람으로부터 부인당하거나 ② 자기의 권리 또는 법적 지위와 양립하지 않는 주장을 당하게 되는 경우 법적 불안이 인정된다. 예컨대, ① 甲이 乙 명의로 주식을 취득(주주명부에 乙이 주주로 기재)하여 두었다가 명의신탁을 해지하였는데 乙이 甲의 주주 지위를 다투는 경우 甲은 乙을 상대로 주주 지위의 확인을 구할 수 있고,[1] ② 채권자 甲이 사망한 후 그 상속인을

1) 대판 2013. 2. 14. 2011다109708. 반대로 주주명부상 주주인 乙도 자신의 법적 지위를 다투는 甲을 상대로 '乙이 주주임을 확인한다'는 소를 제기할 이익이 있다는 것에, 대판 2017. 10. 26. 2016다23274.

알 수 없어 채무자 乙이 변제공탁을 하였는데, 甲의 상속인 丙이 공탁금출급청구를 하였으나 공탁관이 진정한 상속인인지를 알 수 없다는 이유로 공탁물출급청구를 불수리하는 경우 丙은 乙을 상대로 공탁금출급청구권확인을 구할 수 있다.[1)]

(2) 소극적 확인의 소에서는 다른 사람이 자기에게 권리가 없는데도 있다고 주장하는 경우 법적 불안이 인정된다. 예컨대, 근저당권자는 담보권 실행을 위한 경매절차에서 유치권자로 권리신고를 한 사람을 상대로 그 유치권이 가장의 피담보채권을 전제한 것임을 주장하여 유치권부존재확인의 소를 제기할 법률상의 이익이 있다.[2)] 최근 대법원은 보험금 지급의무의 존부나 범위에 관한 다툼이 있으면 보험회사가 보험계약자 등을 상대로 보험금채무부존재확인의 소를 제기할 수 있다는 종래의 입장을 재확인한 바 있는데, 이에 대하여는 보험계약의 특수성에 비추어 보험금 지급의무의 존부나 범위에 관한 다툼을 '즉시 확정할 이익'이 있는 경우에만 보험금채무부존재확인의 소를 제기할 수 있다는 반대의견이 있다.[3)]

(3) 당사자가 주장하는 법률효과가 동일하다고 하더라도 주장하는 법률요건이 다른 때에는 당사자 사이에 법률관계에 관한 다툼이 없다고 할 수 없다. 예컨대, 甲이 乙의 계약위반을 이유로 한 계약해제를 전제로 계약상의 채무가 부존재한다는 확인을 구하는 데 대하여 乙이 甲의 계약위반을 주장하면서 계약해제의 의사를 표시하였더라도 甲이 제기한 소는 적법하다.[4)]

(4) 당사자 사이에 다툼이 없어 불안이 없으면 원칙적으로 확인의 이익이 없다. 다만, 피고가 권리관계를 다투어 원고가 확인의 소를 제기하였고 당해 소송에서 피고가 권리관계를 다툰 바 있다면 특별한 사정이 없는 한 항소심에 이르러 피고가 권리관계를 다투지 않는다는 사유만으로 확인의 이익이 없다고 할 수 없다.[5)]

1) 대판 2014. 4. 24. 2012다40592. 기업자가 수용보상금을 절대적 불확지공탁한 경우, 수용 토지의 소유자가 공탁금 출급을 위해 기업자를 상대로 공탁금출급청구권이 자신에게 있다는 확인을 구하는 소송에서 확인의 이익이 인정되는 것{대판(전) 1997. 10. 16. 96다11747}도 같은 이유이다.
2) 대판 2004. 9. 23. 2004다32848.
3) 대판 2021. 6. 17. 2018다257958.
4) 대판 2017. 3. 9. 2016다256968, 256975.
5) 대판 2009. 1. 15. 2008다74130.

■ 유치권부존재확인소송의 확인의 이익 ■

(1) 대법원 2004. 9. 23. 선고 2004다32848 판결 : 담보권 실행을 위한 경매절차에서 근저당권자가 유치권자로 권리신고를 한 자에 대하여 유치권부존재확인의 소를 구할 법률상 이익이 있다.

(2) 대법원 2016. 3. 20. 선고 2013다99409 판결 : 근저당권자는 유치권 신고를 한 사람을 상대로 유치권 전부의 부존재뿐만 아니라 경매절차에서 유치권을 내세워 대항할 수 있는 범위를 초과하는 유치권의 부존재 확인을 구할 법률상 이익이 있고, 심리 결과 유치권 신고를 한 사람이 유치권의 피담보채권으로 주장하는 금액의 일부만이 경매절차에서 유치권으로 대항할 수 있는 것으로 인정되는 경우에는 법원은 특별한 사정이 없는 한 그 유치권 부분에 대하여 일부패소의 판결을 하여야 한다.

(3) 대법원 2020. 1. 16. 선고 2019다247385 판결 : ① 소유자도 그 소유의 부동산에 관한 경매절차에서 유치권부존재확인의 소를 구할 법률상 이익이 있다. ② 경매절차에서 유치권이 주장되었으나 소유부동산 또는 담보목적물이 매각되어 그 소유권이 이전되어 소유권을 상실하거나 근저당권이 소멸하였다면, 소유자와 근저당권자는 유치권의 부존재 확인을 구할 법률상 이익이 없다. ③ ㉠ 경매절차에서 유치권이 주장되지 아니한 경우에는, 담보목적물이 매각되어 그 소유권이 이전됨으로써 근저당권이 소멸하였더라도 채권자는 유치권의 존재를 알지 못한 매수인으로부터 민법 제575조, 제578조 제1항, 제2항에 의한 담보책임을 추급당할 우려가 있으므로, 채권자인 근저당권자로서는 위 불안을 제거하기 위하여 유치권 부존재 확인을 구할 법률상 이익이 있다. ㉡ 반면 채무자가 아닌 소유자는 위 각 규정에 의한 담보책임을 부담하지 아니하므로, 유치권의 부존재 확인을 구할 법률상 이익이 없다.[1)]

◆ **대법원 2010. 11. 11. 선고 2010다45944 판결**(㉮ 대법원 2016. 10. 27. 선고 2015다230815 판결)

국가를 상대로 한 토지소유권확인청구는 그 토지가 미등기이고 토지대장이나 임야대장상에 등록명의자가 없거나 등록명의자가 누구인지 알 수 없을 때와 그 밖에 국가가 등기 또는 등록명의자인 제3자의 소유를 부인하면서 계속 국가 소유를 주장하는 등 특별한 사정이 있는 경우에 한하여 그 확인의 이익이 있다. 그리고 어느 토지에 관하여 등기부나 토지대장 또는 임야대장상 소유자로 등기 또는 등록되어 있는 자가 있는 경우에는 그 명의자를 상대로 한 소송에서 당해

1) ㉡ 부분 판시는 민법 제578조 제1항의 채무자에 임의경매에 있어서의 물상보증인도 포함된다는 판례(대판 1988. 4. 12. 87다카2641)와 저촉된다.

부동산이 보존등기신청인의 소유임을 확인하는 내용의 확정판결을 받으면 소유권보존등기를 신청할 수 있는 것이므로 그 명의자를 상대로 한 소유권확인청구에 확인의 이익이 있는 것이 원칙이지만, 토지대장 또는 임야대장의 소유자에 관한 기재의 권리추정력이 인정되지 아니하는 경우에는 국가를 상대로 소유권확인청구를 할 수밖에 없다.

|註| **1. 국가를 상대로 한 토지소유권확인의 소** 국가를 상대로 한 토지소유권확인청구는 그 토지가 미등기이고 토지대장이나 임야대장상에 등록명의자가 없거나 주소가 누락되는 등으로 등록명의자가 누구인지 알 수 없을 때와 그 밖에 국가가 등기 또는 등록명의자인 제3자의 소유를 부인하면서 계속 국가 소유를 주장하는 등 특별한 사정이 있는 경우에 한하여 확인의 이익이 인정됨을 밝힌 판결이다. 토지에 관한 소유권보존등기는 토지대장·임야대장에 최초의 소유자로 등록되어 있는 자, 대장에 소유자로 등록되어 있는 자를 상대로 한 확정판결에 의하여 소유권을 증명한 자 등이 신청할 수 있다(부동산등기법 65조). 채권자대위도 가능하다.[1] 그런데 대장에 등록명의자의 기재가 있으나 대장의 소유자 기재에 권리추정력이 인정되지 않는 경우(예컨대, 6·25 당시 멸실되었다가 1975년 개정 지적법이 시행되기 전에 행정청이 법적 근거 없이 임의로 복구한 토지대장에 소유자로 기재되어 있는 경우)[2] 또는 대장에 등록명의자의 기재가 없거나 주소 누락 등으로 등록명의자가 누군지 알 수 없는 경우(일부 기재가 누락된 경우)에는 국가를 상대로 소유권확인판결을 받아 소유권보존등기를 신청할 수 있다.[3]

2. 건물의 경우 건축물대장의 관리는 국가사무가 아니라 지방자치단체의 고유사무이므로 건축물대장의 소유자 표시란이 공란으로 되어 있거나 소유자 표시에 일부 누락이 있음으로 인하여 소유자를 확정할 수 없어 건물의 소유권보존등기를 하지 못하고 있는 경우에는 국가를 상대로 한 소유권확인의 소는 확인의 이익이 없고[4] 지방자치단체를 상대로 확인의 소를 제기하여야 한다. 한편 건축물대장의 기재가 불명확한 경우가 아니라 건축물대장이 생성조차 되지 않은 경우라면 미등기 건물에 관하여 소유권확인판결을 받더라도 이로써

1) 대판 2019. 5. 16. 2018다242246.
2) 대판 1993. 4. 13. 92다44947; 대판 1999. 9. 3. 98다34485 등.
3) 대판 1979. 4. 10. 78다2399; 대판 1995. 7. 25. 95다14817; 대판 2019. 5. 16. 2018다242246(주소 누락) 등.
4) 대판 1999. 5. 28. 99다2188.

소유권보존등기를 할 수 없으므로,[1] 건축물대장이 생성되지 않은 건물에 관하여 소유권보존등기를 마칠 목적으로 제기한 소유권확인청구는 당사자의 법률상 지위의 불안 제거에 별다른 실효성이 없는 것으로서 확인의 이익이 없다.[2]

(c) **불안제거에 유효적절한 수단**

(aa) **권리의 소극적 확인**

▶ 대법원 1995. 10. 12. 선고 95다26131 판결

자기의 권리 또는 법률상의 지위가 타인으로부터 부인당하거나 또는 그와 저촉되는 주장을 당함으로써 위협을 받거나 방해를 받는 경우에는 그 타인을 상대로 자기의 권리 또는 법률관계의 확인을 구하여야 하고, 자기의 권리 또는 법률상의 지위를 부인하는 상대방이 자기 주장과는 양립할 수 없는 제3자에 대한 권리 또는 법률관계를 주장한다고 하여 상대방 주장의 그 제3자에 대한 권리 또는 법률관계가 부존재한다는 것만의 확인을 구하는 것은, 설령 그 확인의 소에서 승소판결을 받는다고 하더라도 그 판결로 인하여 상대방에 대한 관계에서 자기의 권리가 확정되는 것도 아니고, 그 판결의 효력이 제3자에게 미치는 것도 아니어서, 그와 같은 부존재확인의 소는 자기의 권리 또는 법률적 지위에 현존하는 불안·위험을 해소시키기 위한 유효적절한 수단이 될 수 없으므로 확인의 이익이 없다.

|註| 1. **사실관계와 법원의 판단** 甲이 X 부동산은 자신의 소유인데 소유 명의만을 乙에게 신탁하였다고 주장하면서 乙을 상대로 위 부동산에 관하여 명의신탁해지를 원인으로 한 소유권이전등기절차이행의 소를 제기한 데 대하여, 丙은 X 부동산은 甲이 아닌 丁의 소유로서 丁이 乙에게 명의신탁을 한 것인데 자신이 丁으로부터 위 부동산을 매수하였다고 주장하면서 丁을 대위하여 乙을 상대로 丁에게 X 부동산에 관하여 명의신탁해지를 원인으로 한 소유권이전등기절차를 이행할 것을 구하고 甲을 상대로 甲 주장의 소유권이전등기절차이행청구권이 존재하지 아니한다는 것의 확인을 구하는 내용의 독립당사자참가를 하였다.[3] 항소심법원은 丙의 甲에 대한 청구도 소의 이익이 있으므

1) 건축물대장이 생성되지 않은 건물에 관하여 소유권확인판결을 받아 소유권보존등기를 하도록 허용하게 되면 사용승인을 받지 않은 건물이 등기부상으로는 적법한 건물과 동일한 외관을 가지게 되어 건축법상 규제에 대한 탈법행위를 방조하는 결과가 된다.

2) 대판 2011. 11. 10. 2009다93428.

3) 명의신탁관계가 유효함을 전제로 한 사실관계이다.

로 丙의 참가신청이 적법하다고 판단한 다음 본안판단에 나아가 甲 승소, 乙 및 丙 패소의 판결을 선고하였다. 그러나 대법원은 판결요지와 같이 판시하면서 丙의 甲에 대한 청구는 부적법하므로 丙의 참가신청도 부적법하다는 취지로 판결하여 항소심판결을 파기하였다.[1)]

2. 권리의 소극적 확인과 확인의 이익 (1) 자기의 권리를 상대방이 다투는 경우 특별한 사정이 없는 한 자기에게 권리가 있다는 적극적 확인을 구하여야 하고, 상대방이나 제3자에게 권리가 없다는 소극적 확인을 구하는 것은 불안제거의 유효적절한 수단이 아니어서 확인의 이익이 없다. 판례는, ① 토지의 일부에 대한 소유권 귀속에 관하여 다툼이 있는 경우 적극적으로 그 부분에 대한 자기의 소유권확인을 구하지 않고 소극적으로 상대방 소유권의 부존재 확인을 구하는 것은 원칙적으로 확인의 이익이 없다고 하였고,[2)] ② 원고와 피고가 서로 자신이 받은 압류 및 전부명령에 기하여 甲의 乙에 대한 채권이 자신에게 전부되었다고 주장하는 상황에서 원고가 적극적으로 위 채권이 자신에게 귀속되었음의 확인을 구하는 것이 아니라 소극적으로 위 채권이 피고에게 귀속되지 아니하였음의 확인을 구하는 것은 확인의 이익이 없어 부적법하다고 하였다.[3)]

(2) 다만, 원고에게 내세울 권리가 없고 피고의 권리가 부인되면 그로써 원고의 법적 지위에 대한 불안이 제거되는 경우에는 피고에게 권리가 없다는 소극적 확인을 구할 이익이 있다. 대법원은, 원고가 대리인인 乙을 통하여 甲으로부터 X 부동산을 매수하였는데 乙이 아무런 이유 없이 원고와 피고의 공유로 소유권이전등기를 마치자 원고가 피고 명의의 1/2 지분등기는 무효라고 주장하며 피고를 상대로 1/2 공유지분권이 없다는 확인을 구함과 아울러 甲을 대위하여 지분권이전등기의 말소를 구한 사안에서, X 부동산에 관한 피고의 1/2 지분등기가 무효라면 그 지분권은 원래의 소유자인 甲에게 남아있는 것이어서 원고로서는 甲을 대위하여 피고 명의의 지분등기가 실체권리관계와

1) 참가인의 원고에 대한 청구가 부적법하므로 참가도 부적법하다는 판시는 구 민사소송법이 편면적 독립당사자참가를 허용하지 않았기 때문이다. 그러나 현행 민사소송법 제79조는 명시적으로 편면적 참가를 인정하고 있으므로 참가인의 원고에 대한 청구가 소의 이익이 없더라도 그 이유만으로 참가가 부적법하게 되지는 않는다.

2) 대판 2016. 5. 24. 2012다87898.

3) 대판 2004. 3. 12. 2003다49092.

부합하지 않음을 이유로 무효임을 주장할 수 있을 뿐이고 적극적으로 자기의 지분권을 주장할 수 없는 처지이므로 이와 같은 경우에는 피고의 지분권에 대한 소극적 확인을 구할 이익이 있다고 하였다.[1)]

(3) 한편, 소극적 확인소송에서는 원고가 먼저 청구를 특정하여 채무발생원인 사실을 부정하는 주장을 하면, 권리관계의 요건사실에 관한 주장·증명책임은 피고에게 있다.[2)]

(bb) 절차 내에서 판단될 것이 예정되어 있는 사항

▶ 대법원 1982. 6. 8. 선고 81다636 판결

확인의 소에 있어서 확인의 이익은 소송물인 법률관계의 존부가 당사자 간에 불명확하여 그 관계가 즉시확정됨으로써 원고의 권리 또는 법률적 지위에 기존하는 위험이나 불안정이 제거될 수 있는 경우에 존재한다. 그러므로 확정판결에 종중대표권의 흠결을 간과한 잘못이 있다면 바로 그 사유를 들어 재심의 소를 제기할 수 있으니 동 재심사유를 확정짓기 위하여 하는 종중결의부존재 내지 무효확인의 소에는 소의 이익이 없다.

(cc) 확인의 소의 보충성 — 이행의 소나 형성의 소 제기가 가능한 경우

◆ 대법원 2006. 3. 9. 선고 2005다60239 판결(동 대법원 1980. 3. 25. 선고 80다16, 17 판결)

확인의 소는 원고의 법적 지위가 불안·위험할 때에 그 불안·위험을 제거함에 확인판결로 판단하는 것이 가장 유효·적절한 수단인 경우에 인정되므로, 이행을 청구하는 소를 제기할 수 있는데도 불구하고 확인의 소를 제기하는 것은 분쟁의 종국적인 해결 방법이 아니어서 확인의 이익이 없다.

|註| **1. 사실관계와 법원의 판단** A아파트 상가에 사무실을 두고 있는 甲은 A아파트 입주자대표회의가 위 사무실 방문차량의 아파트단지 내 출입·통행·주차를 제한하자, 위 입주자대표회의를 상대로 방문차량의 아파트단지 내 출입·통행·주차 방해금지를 구함과 아울러 방문차량이 아파트단지 내에 출입·통행·주차할 수 있음의 확인을 구하는 소를 제기하였다. 법원은 방해금지 청구로써 확인청구의 목적을 달성할 수 있으므로 확인청구 부분은 부적법하다고 하였다.

1) 대판 1984. 3. 27. 83다카2337.
2) 대판 2018. 7. 24. 2018다221553.

2. 이행청구 가능성과 확인의 소의 보충성 (1) 이행의 소를 바로 제기할 수 있는데 이행청구권의 존재 확인을 구하는 경우(예컨대, 손해배상청구를 할 수 있는 경우에 별도로 그 침해되는 권리의 존재확인을 구하는 경우)[1] 확인의 이익은 부정된다. 예컨대, 甲이 乙(주식회사)의 주주명부에 주주로 기재되어 있었는데 위조된 서류로 丙 앞으로 명의개서가 된 경우 甲이 乙을 상대로 직접 명의개서절차의 이행을 구할 수 있으므로 乙을 상대로 주주권확인을 구하는 것은 확인의 이익이 없다.[2]

(2) 다만, ① 채권의 액수를 확정할 수 없는 경우라면 바로 이행의 소를 제기할 수 있는 경우가 아니므로 채권, 즉 이행청구권의 존재 확인을 구할 소의 이익이 있고,[3] ② 이행의 소가 가능한 경우라도 이행청구권의 근원이 되는 권리관계 자체의 확인을 구하는 것은 허용될 수 있다. 판례는 원고가 토지의 소유권에 기하여 건물철거 및 토지인도와 아울러 토지에 관한 소유권확인을 구한 사안에서 "소유권을 원인으로 하는 급부의 소를 제기하는 경우에 있어서도 그 기본되는 소유권의 유무 자체에 관하여 당사자 간에 분쟁이 있어 즉시 확정의 이익이 있는 경우에는 소유권확인의 소도 아울러 제기할 수 있다 할 것인바, … 피고는 본건 계쟁토지에 관하여 취득시효완성으로 인한 소유권취득을 주장하는 등 원고의 소유권을 부인하고 있음이 명백하므로 원고로서는 소유권확인을 구할 이익이 있다"[4]고 하였다. 한편 판례는 "근저당권설정자가 근저당권설정계약에 기한 피담보채무가 존재하지 아니함의 확인을 구함과 함께 그 근저당권설정등기의 말소를 구하는 경우에 근저당권설정자로서는 피담보채무가 존재하지 않음을 이유로 근저당권설정등기의 말소를 구하는 것이 분쟁을 유효적절하게 해결하는 직접적인 수단이 될 것이므로 별도로 근저당권설정계약에 기한 피담보채무가 존재하지 아니함의 확인을 구하는 것은 확인의 이익이 있다고 할 수 없다"[5]고 하였는데, 이에 관하여는 피담보채무의 존부에 관하여 기판력을 발생시켜 다툼의 여지를 없게 한다는 점에서 위와 같

1) 대판 1995. 12. 22. 95다5622.
2) 대판 2019. 5. 16. 2016다240338. 다만, 丙이 자신이 주주임을 주장하는 경우 甲이 丙을 상대로 주주권확인을 구할 이익은 있다(대판 2013. 2. 14. 2011다109708; 대판 2017. 10. 26. 2016다23274 등 참조).
3) 대판 1969. 3. 25. 66다1298.
4) 대판 1966. 1. 31. 65다2157.
5) 대판 2000. 4. 11. 2000다5640.

은 확인의 소도 허용되어야 한다는 의견이 있다.[1)]

3. 형성청구 가능성과 확인의 소의 보충성 형성의 소를 제기할 수 있는데 확인의 소를 제기한 경우에도 확인의 이익은 부정된다. 파산면책된 채무자가 면책채무의 집행권원 소지자에 대하여 청구이의의 소를 제기하지 않고 면책확인을 구하는 경우가 그러하다.[2)] 그러나 공정증서에 대해서 청구이의의 소를 제기하지 않고 공정증서 작성원인인 채무의 부존재확인을 구하는 것은 허용된다.[3)] 청구이의의 소는 집행권원이 가지는 집행력의 배제를 목적으로 하는 것으로서 판결이 확정되더라도 당해 집행권원의 원인이 된 실체법상 권리관계에 기판력이 미치지 않기 때문이다.

◆ 대법원 2018. 10. 18. 선고 2015다232316 전원합의체 판결

[다수의견] 종래 대법원은 시효중단사유로서 재판상의 청구에 관하여 반드시 권리 자체의 이행청구나 확인청구로 제한하지 않을 뿐만 아니라, 권리자가 재판상 그 권리를 주장하여 권리 위에 잠자는 것이 아님을 표명한 것으로 볼 수 있는 때에는 널리 시효중단사유로서 재판상의 청구에 해당하는 것으로 해석하여 왔다. 이와 같은 법리는 이미 승소 확정판결을 받은 채권자가 그 판결상 채권의 시효중단을 위해 후소를 제기하는 경우에도 동일하게 적용되므로, 채권자가 전소로 이행청구를 하여 승소 확정판결을 받은 후 그 채권의 시효중단을 위한 후소를 제기하는 경우, 후소의 형태로서 항상 전소와 동일한 이행청구만이 시효중단사유인 '재판상의 청구'에 해당한다고 볼 수는 없다.

시효중단을 위한 이행소송은 다양한 문제를 야기한다. 그와 같은 문제들의 근본적인 원인은 시효중단을 위한 후소의 형태로 전소와 소송물이 동일한 이행소송이 제기되면서 채권자가 실제로 의도하지도 않은 청구권의 존부에 관한 실체심리를 진행하는 데에 있다. 채무자는 그와 같은 후소에서 전소 판결에 대한 청구이의사유를 조기에 제출하도록 강요되고 법원은 불필요한 심리를 해야 한다. 채무자는 이중집행의 위험에 노출되고, 실질적인 채권의 관리·보전비용을 추가로 부담하게 되며 그 금액도 매우 많은 편이다. 채권자 또한 자신이 제기한 후소의 적법성이 10년의 경과가 임박하였는지 여부라는 불명확한 기준에 의해 좌

1) 안철상, 민사재판의 제문제 제11권.
2) 대판 2017. 10. 12. 2017다17771.
3) 대판 2013. 5. 9. 2012다108863.

우되는 불안정한 지위에 놓이게 된다.

위와 같은 종래 실무의 문제점을 해결하기 위해서, 시효중단을 위한 후소로서 이행소송 외에 전소 판결로 확정된 채권의 시효를 중단시키기 위한 조치, 즉 '재판상의 청구'가 있다는 점에 대하여만 확인을 구하는 형태의 '새로운 방식의 확인소송'이 허용되고, 채권자는 두 가지 형태의 소송 중 자신의 상황과 필요에 보다 적합한 것을 선택하여 제기할 수 있다고 보아야 한다.

[대법관 5인의 의견] 시효중단을 위한 재소로서 이행소송 외에 '새로운 방식의 확인소송'도 허용되어야 한다는 입장은 받아들일 수 없다.

다수의견이 지적하는 것처럼 이행소송을 허용하는 현재 실무의 폐해가 크다고 보기 어렵다. 또한 새로운 방식의 확인소송에는 법리적으로 적지 않은 문제점이 있고, 이행소송 외에 굳이 이를 허용할 실익이나 필요도 크지 않아 보인다.

시효중단을 위한 재소로서의 이행소송은 대법원판결을 통해 허용된 이래 30년 이상 실무로 정착되었고 그동안 큰 문제점이나 혼란도 없었다. 최근 대법원판결에서도 이러한 인식에 기초하여 이행소송이 허용됨을 재확인하였다. 이러한 상황에서 새삼스레 이행소송에 여러 문제가 있다고 주장하면서 굳이 새로운 방식의 확인소송이라는 낯설고 설익은 소송형태를 추가하여, 법적 안정성을 해치고 당사자의 편리보다는 혼란만 가중시키는 결과를 초래하지 않을까 염려된다.

[대법관 1인의 의견] 시효중단을 위한 재소로서 이행소송과 함께 해석을 통하여 다른 형태의 소송을 허용하고자 한다면, '청구권 확인소송'으로 충분하다. 새로운 방식의 확인소송은 입법을 통하여 받아들여야 할 사항이지 법률의 해석을 통하여 받아들일 수는 없다. 청구권 확인소송은 전소 판결의 소송물이자 전소 판결에 의하여 확정된 채권 그 자체를 대상으로 확인을 구하는 소송이다.

청구권 확인소송에 비하여 새로운 방식의 확인소송이 큰 이점이 있다고 보기는 어렵다. 법리적인 측면에서 본다면 청구권 확인소송을 허용하는 데 별다른 문제가 없는 반면, 새로운 방식의 확인소송에는 확인의 이익을 비롯하여 법리적으로 극복하기 어려운 문제가 적지 않다. 다수의견이 지적하는 정책적 측면까지 고려하더라도, 이론적으로 문제가 많은 새로운 방식의 확인소송을 굳이 무리하게 도입할 이유가 없다.

|註| 1. 대법원은 2018년 승소확정판결에 의한 채권의 시효중단을 위한 재소가 허용됨을 재확인한 판결[1]에 이어 시효중단을 위한 후소로서 전소와 같은 내용의 이행소송 외에 '재판상 청구'가 있다는 점에 대해 확인을 구하는 '새로

1) 대판(전) 2018. 7. 19. 2018다22008.

운 방식의 확인소송'이 허용됨을 밝히면서 채권자가 두 가지 형태 중 자신의 상황과 필요에 보다 적합한 방식을 선택할 수 있다고 하였다.

2. '새로운 방식의 확인소송'은 시효중단을 위한 이행소송의 문제점들을 해결하고자 한 것으로(판결요지 [다수의견] 참조), ① 그 소송물은 청구권의 실체적 존부 및 범위는 배제된 채 판결이 확정된 구체적 청구권에 관하여 시효중단을 위한 재판상의 청구를 통한 시효중단의 법률관계에 한정되므로, ② 그 판결은 전소판결로 확정된 청구원의 시효중단 외에 다른 실체법상 효력을 가지지 않고, ③ ㉠ 채권자는 청구원인으로 전소판결이 확정되었다는 점과 그 청구권의 시효중단을 위하여 후소가 제기되었다는 점만을 주장·증명하면 되고, 법원의 심리는 이러한 점에 한정되며, ㉡ 채무자는 전소 변론종결 후에 발생한 청구이의 사유를 주장할 수 없고, 법원은 채무자가 이를 주장하더라도 심리할 필요가 없으며, ④ ㉠ 채권자는 전소판결이 확정된 후 적당한 시점에 후소를 제기하면 되고 소멸시효기간인 10년이 임박할 것을 요하지도 않으며, ㉡ 채무자로서도 이 소에서 굳이 시효중단을 위한 소제기가 있다는 점을 다툴 필요나 실익은 없고, ⑤ 채무자는 후소판결의 확정 여부와 관계없이 언제라도 전소판결의 변론종결 후에 발생한 사유에 기하여 청구이의의 소를 제기할 수 있으며(후소의 확정 여부와 무관하게 전소판결에서 확정된 소송물에 관한 기판력의 표준시는 전소의 변론종결시이다), 그 청구이의사유의 존부는 여기서 심리된다.

3. '새로운 방식의 확인소송'의 판결주문은 전소판결을 특정하고 시효중단을 위한 후소의 제기가 있었음을 확인하는 형태, 예컨대 "원고와 피고 사이의 ○○법원 2009. ○○. ○○. 선고 2009가합○○○○ 대여금 사건의 판결에 기한 채권의 소멸시효 중단을 위하여 이 사건 소의 제기가 있었음을 확인한다."는 정도가 될 것으로 예상되고,[1] 집행권원은 전소판결로 국한된다.

◆ **대법원 1999. 6. 8. 선고 99다17401, 17418 판결**

소송요건을 구비하여 적법하게 제기된 본소가 그 후에 상대방이 제기한 반소로 인하여 소송요건에 흠결이 생겨 다시 부적법하게 되는 것은 아니므로, 원고가 피고에 대하여 손해배상채무의 부존재확인을 구할 이익이 있어 본소로 그 확인을 구하였다면, 피고가 그 후에 그 손해배상채무의 이행을 구하는 반소를 제기

1) 임기환, 사법 48호.

하였다 하더라도 그러한 사정만으로 본소청구에 대한 확인의 이익이 소멸하여 본소가 부적법하게 된다고 볼 수는 없다.

|註| 채무이행청구소송 계속 중에 반소로서 채무부존재확인을 구하는 것은 부적법하지만(본소에서 채무의 부존재를 다툴 수 있기 때문이다),[1] 채무부존재확인소송 계속 중 채무이행을 구하는 이행소송이 반소로 제기되었다고 하더라도 본소가 부적법해지는 것은 아니라는 취지이다.

▶ 대법원 2008. 3. 20. 선고 2007두6342 전원합의체 판결

행정소송법 제35조에 정한 무효등확인소송은 항고소송으로서 보충성이 요구되는 것은 아니므로 행정처분의 무효를 전제로 한 이행소송 등과 같은 직접적인 구제수단이 있는지 여부를 따질 필요가 없다.[2]

(3) 증서의 진정 여부를 확인하는 소

◆ 대법원 2007. 6. 14. 선고 2005다29290, 29306 판결

[1] 민사소송법 제250조는 "확인의 소는 법률관계를 증명하는 서면이 진정한지 아닌지를 확정하기 위하여서도 제기할 수 있다"고 규정하고 있으므로, 증서의 진정 여부를 확인하는 소의 대상이 되는 서면은 직접 법률관계를 증명하는 서면에 한하고, '법률관계를 증명하는 서면'이란 그 기재 내용으로부터 직접 일정한 현재의 법률관계의 존부가 증명될 수 있는 서면을 말한다.
[2] 임대차계약금으로 일정한 금원을 받았음을 증명하기 위하여 작성된 영수증은 특별한 사정이 없는 한 임대차 등 법률관계의 성립 내지 존부를 직접 증명하는 서면이 아니므로 증서의 진정 여부를 확인하는 소의 대상이 될 수 없다.
[3] 민사소송법 제250조에서 증서의 진정 여부를 확인하는 소를 허용하고 있는 이유는 법률관계를 증명하는 서면의 진정 여부가 확정되면 당사자가 그 서면의 진정 여부에 관하여 더 이상 다툴 수 없게 되는 결과, 법률관계에 관한 분쟁 그

---

1) 대판 2001. 7. 24. 2001다22246(채무인수자를 상대로 한 채무이행청구소송이 계속 중, 채무인수자가 별소로 그 채무의 부존재확인을 구하는 것은 소의 이익이 없다).

2) 대판(전) 1976. 2. 10. 74누159("근로소득세 부과처분에 따라 부과된 세액을 이미 납부한 납세의무자는 위 부과처분에 따른 현재의 조세채무를 부담하고 있지 아니하므로, 그 처분이 무효라는 이유로 납부세금에 의한 부당이득금반환청구를 함은 별문제로 하고 부과처분의 무효확인을 독립한 소송으로 구함은 확인의 이익이 없는 것이다")는 위 판결에 배치되는 범위 내에서 변경되었다.

자체가 해결되거나 적어도 분쟁 자체의 해결에 크게 도움이 된다는 데 있으므로, 증서의 진정 여부를 확인하는 소가 적법하기 위해서는 그 서면에 대한 진정 여부의 확인을 구할 이익이 있어야 한다.

[4] 어느 서면에 의하여 증명되어야 할 법률관계를 둘러싸고 이미 소가 제기되어 있는 경우에는 그 소송에서 분쟁을 해결하면 되므로 그와 별도로 그 서면에 대한 진정 여부를 확인하는 소를 제기하는 것은 특별한 사정이 없는 한 확인의 이익이 없다.

|註| 증서진부확인의 소의 요건 (1) 법률관계를 증명하는 서면 : '법률관계를 증명하는 서면'이란 그 기재 내용으로부터 직접 일정한 현재의 법률관계의 존부가 증명될 수 있는 서면을 말한다. 예컨대, 조합의 대차대조표나 회계결산 보고서는 조합의 일정한 시기의 운영재산 상태를 밝힌 장부이거나 조합의 운영재산의 손익관계를 밝힌 보고문서로서 증서진부확인의 소의 대상이 될 수 없다.[1] 보고문서에 불과한 세금계산서도 마찬가지이다.[2]

(2) 진정 여부 : "문서진부확인의 소는 오로지 권리 또는 법률관계를 증명하는 서면에 관하여 그것이 작성명의자에 의하여 진정하게 작성되었느냐의 여부에 관한 것이므로 그 서면에 기재된 내용이 객관적 진실에 합치하느냐의 여부에 관한 확인의 소는 허용되지 않는다."[3]

(3) 확인의 이익 : "증서진부확인의 소는 서면이 그 작성명의자에 의하여 작성되었는가 그렇지 않으면 위조 또는 변조되었는가를 확정하는 소송으로서, 이와 같이 서면의 진부라고 하는 사실의 확정에 대하여 독립의 소가 허용되는 것은 법률관계를 증명하는 서면의 진부가 판결로 확정되면 당사자 간에 있어서는 그 문서의 진부가 다투어지지 않는 결과, 그 문서가 증명하는 법률관계에 관한 분쟁 자체도 해결될 가능성이 있거나 적어도 그 분쟁의 해결에 기여함이 크다는 이유에 의한 것이다. 소로써 확인을 구하는 서면의 진부가 확정되어도 서면이 증명하려는 권리관계 내지 법률적 지위의 불안이 제거될 수 없고, 그 법적 불안을 제거하기 위하여서는 당해 권리 또는 법률관계 자체의 확인을 구하여야 할 필요가 있는 경우에는 즉시 확정의 이익이 없다."[4] 예컨대,

1) 대판 1967. 3. 21. 66다2154.
2) 대판 2001. 12. 14. 2001다53714.
3) 대판 1989. 2. 14. 88다카4710.
4) 대판 1991. 12. 10. 91다15317.

원고가 피고들을 상대로 합의서 및 보관증의 진부확인의 소를 제기한 데 대하여 피고들이 합의서 및 보관증은 강박에 의해서 작성된 것이므로 취소를 하고, 설령 취소되지 않았다 하더라도 합의서 및 보관증 작성 이후에 새로운 합의를 하였으므로 종전의 합의서 및 보관증에 기한 권리·의무는 소멸되었다는 취지의 항변을 하였다면, 합의서 및 보관증의 진부가 확정되어도 이에 의하여 원고 주장의 권리관계 내지 법률적 지위의 불안이 제거될 수 없고, 그 법적 불안을 제거하기 위하여서는 당해 권리 또는 법률관계 자체의 확인을 구하여야 할 필요가 있으므로 원고의 청구는 확인의 이익이 없어 부적법하다.[1)]

3. 형성의 소

(1) 형성의 소는 법률에 그 근거규정을 두고 있는 경우에 한하여 제기할 수 있고 법률에 근거규정이 있는 이상 원칙적으로 소의 이익이 있다.

◆ 대법원 1993. 11. 23. 선고 93다41792, 41808 판결

[1] 토지경계확정의 소는 인접한 토지의 경계가 사실상 불분명하여 다툼이 있는 경우에 재판에 의하여 그 경계를 확정하여 줄 것을 구하는 소송으로서, 토지소유권의 범위의 확인을 목적으로 하는 소와는 달리, 인접한 토지의 경계가 불분명하여 그 소유자들 사이에 다툼이 있다는 것만으로 권리보호의 필요가 인정된다.
[2] 토지경계확정의 소에 있어서 법원으로서는 원·피고 소유의 토지들 내의 일정한 지점을 기초점으로 선택하고 이를 기준으로 방향과 거리 등에 따라 위치를 특정하는 등의 방법으로 지적도상의 경계가 현실의 어느 부분에 해당하는지를 명확하게 표시할 필요가 있고, 당사자가 쌍방이 주장하는 경계선에 기속되지 아니하고 스스로 진실하다고 인정하는 바에 따라 경계를 확정하여야 한다.

|註| 형식적 형성의 소인 토지경계확정의 소에 있어 권리보호이익의 인정기준을 밝히고, 처분권주의의 예외가 인정되는 형식적 형성의 소의 특성에 따라 경계를 정하는 데 법원의 재량이 인정됨을 명시한 판결이다.

(2) 아래 몇 가지 경우에는 소의 이익이 없다.

(a) 첫째, 소송목적이 이미 실현된 경우에는 소의 이익이 없다. 예컨대, 공유물

---

1) 대판 1991. 12. 10. 91다15317.

분할에 관하여 협의가 이루어진 후에 제기된 공유물분할청구의 소는 소의 이익이 없다. 다만, 판결에 소급효가 있는 때에는 소의 이익이 있을 수 있다. 예컨대, 협의이혼이 된 후에 혼인취소(소급효가 없음)를 구할 소의 이익은 없지만, 소급효가 있는 혼인무효를 구하는 것은 그것이 현재의 법률관계에 직접적인 영향을 미친다면 소의 이익이 있다.[1)]

▶ **대법원 1995. 1. 12. 선고 94다30348, 30355 판결**
공유물분할은 협의분할을 원칙으로 하고 협의가 성립되지 아니한 때에는 재판상 분할을 청구할 수 있으므로 공유자 사이에 이미 분할에 관한 협의가 성립된 경우에는 일부 공유자가 분할에 따른 이전등기에 협조하지 않거나 분할에 관하여 다툼이 있더라도 그 분할된 부분에 대한 소유권이전등기를 청구하든가 소유권확인을 구함은 별문제이나 또다시 소로써 그 분할을 청구하거나 이미 제기한 공유물분할의 소를 유지함은 허용되지 않는다.

(b) 둘째, 사정변경으로 인하여 소송목적의 달성이 불가능해진 경우에도 소의 이익이 없다. 예컨대, 강제집행이 종료된 후에는 제3자 이의의 소는 소의 이익이 없다.

◆ **대법원 1996. 11. 22. 선고 96다37176 판결**(㊐ 대법원 1997. 10. 10. 선고 96다49049 판결)
제3자이의의 소는 강제집행의 목적물에 대하여 소유권이나 양도 또는 인도를 저지하는 권리를 가진 제3자가 그 권리를 침해하여 현실적으로 진행되고 있는 강제집행에 대하여 이의를 주장하고 집행의 배제를 구하는 소이므로, 당해 강제집행이 종료된 후에 제3자이의의 소가 제기되거나 또는 제3자이의의 소가 제기된 당시 존재하였던 강제집행이 소송계속 중 종료된 경우에는 소의 이익이 없어 부적법하다.

(c) 셋째, 별도의 직접적인 규제절차가 있는 경우에도 소의 이익이 없다. 예컨대, 행정처분이 이미 사실행위로서 실행이 완료된 이후에는 그 처분에 위법사유가 있음을 이유로 손해배상이나 원상회복을 구함은 모르되 그 처분의 취소나 무효확인을 구하는 것은 권리보호의 이익이 없다.[2)]

---

1) 대판 1978. 7. 11. 78므7.
2) 대판 1976. 1. 27. 75누230.

제 3 절 소송물

제1. 총설

Ⅰ. 소송물과 그 실천적 의미

민사소송에 있어서 소송의 객체 즉 심판의 대상을 소송물이라고 한다. 무엇을 소송물로 보는가에 따라 ① 토지관할과 사물관할의 유무가 정해지고, ② 청구의 병합인지 여부, 청구의 변경인지 여부, 중복소송에 해당되는지 여부, 처분권주의 위배인지 여부가 결정되며, ③ 기판력의 범위와 재소금지의 범위가 정해진다. 뿐만 아니라 실체법상 소제기에 의한 시효중단 또는 기간준수의 효과를 따지는 데에도 소송물이 관계가 있다.

Ⅱ. 소송물에 관한 여러 견해

1. 학설의 대립

소송물 식별의 기준에는 실체법상의 권리 또는 법률관계의 주장을 소송물로 보고 실체법상의 권리마다 별개의 소송물이 인정된다는 구실체법설(舊訴訟物理論)과 신청만으로 또는 신청과 사실관계에 의하여 소송물이 결정된다는 소송법설(新訴訟物理論)이 있고, 후자에는 신청(청구취지)과 사실관계라는 두 가지 요소에 의하여 소송물이 구성된다는 이분지설(二元說)과 신청(청구취지)만에 의하여 소송물이 구성된다는 일분지설(一元說)이 있다. 그 외에도 신실체법설과 상대적 소송물설도 있다.

■ 사례에 비추어 본 각 학설의 차이[1] ■

1. 사례
   ① 위탁한 운송물이 멸실된 경우의 불법행위로 인한 손해배상청구(청구A)와 채무불이행으로 인한 손해배상청구(청구B)
   ② 임대차기간이 종료된 경우(소유자와 임대인이 동일)의 소유권에 기한 인도청구(청

1) 정동윤·유병현·김경욱, 민사소송법 원용.

구A)와 임대차관계 종료에 의한 인도청구(청구B)

③ 같은 부동산에 관한 매매계약을 원인으로 한 소유권이전등기청구(청구A)와 취득시효완성을 원인으로 한 소유권이전등기청구(청구B)

④ 어음채권의 이행청구(청구A)와 원인채권(매매대금채권)의 이행청구(청구B)

⑤ 일방 배우자가 부정행위를 함으로써 타방 배우자에 대한 부양의무를 저버린 경우의 부정한 행위를 원인으로 한 이혼청구(청구A)와 악의의 유기를 원인으로 한 이혼청구(청구B)

2. 학설에 따른 소송물의 같음과 다름

(1) 구소송물이론에 따르면, 위 각 사례에서 청구A와 청구B는 각각 그 적용법조를 달리하여 실체법상의 권리가 다르므로 소송물이 서로 다른 것이 된다.

(2) 신소송물이론 중 이분지설에 따르면, 사례 ①, ②, ⑤의 경우에는 신청이 동일하고 사실관계가 동일하므로 청구A와 청구B가 동일한 소송물이지만, 사례 ③, ④의 경우에는 신청은 동일하나 사실관계가 다르므로 청구A와 청구B가 다른 소송물이 된다.

(3) 신소송물이론 중 일분지설에 따르면, 위 각 사례의 청구A와 청구B는 모두 같은 신청을 내용으로 하므로 소송물이 같은 것이 된다.

2. 판례의 입장

판례는 구소송물이론을 따른다. 즉 "두 개의 소의 소송물이 동일한 법률사실에 기하고 있더라도 청구원인이 다르다면 그 소송물은 서로 별개"라는 것이 판례이다.[1] 동일한 사실관계에 기초하고 있더라도 부당이득반환청구권과 불법행위로 인한 손해배상청구권이 "서로 실체법상 별개의 청구권으로 존재하고 그 각 청구권에 기초하여 이행을 구하는 소는 소송법적으로도 소송물을 달리"한다고 한 것도 같은 취지이다.[2]

따라서 하나의 소에서 동일한 사실관계에 기초한 두 개의 청구권 모두를 주장하면 청구(소송물)의 선택적 병합이 된다. 이 경우 어느 청구권을 행사하는가에 따라 결론에 있어 차이가 있을 수도 있는데, 일정한 경우에는 이로 인한 불합리를 제거하기 위한 해석이 이루어지기도 한다. 예컨대, 해상운송인의 고의·과실로 운

1) 대판 1989. 3. 28. 88다1936.

2) 대판 2013. 9. 13. 2013다45457. 같은 취지 : 대판 2014. 1. 16. 2013다69385(복직의무 불이행에 따른 손해배상청구와 근로계약에 기한 임금청구는 별개의 소송물이라는 판례).

송물이 멸실된 경우 선하증권 소지인은 운송계약상 채무불이행으로 인한 손해배상청구권과 소유권침해의 불법행위로 인한 손해배상청구권을 갖게 되는데, 선하증권에 기재된 면책약관(운송계약상의 면책약관)은 채무불이행책임뿐만 아니라 불법행위책임에도 적용하기로 한 것으로 해석된다.[1] 또한 고의에 의한 행위가 동시에 불법행위와 채무불이행을 구성하는 경우에는 고의의 채무불이행을 이유로 하는 손해배상청구권을 수동채권으로 하는 상계도 금지된다(민법 496조 유추적용).[2] 한편 동일한 사실관계에 기초하여 어느 한 청구권을 주장하다가 그 주장을 철회하고 다른 청구권을 주장하면 청구(소송물)의 변경이 된다. 예컨대, 수표금 청구를 하다가 원인관계인 대여금청구를 하면 청구가 변경된 것이다.[3]

다만 판례는 경우에 따라 신소송물이론의 관점을 받아들이는 유연함을 보이기도 한다(뒤의 '손해배상청구소송' 부분 등 참조).

◆ 대법원 1963. 7. 25. 선고 63다241 판결

피고(반소원고)들은 원고에 대한 반소 청구원인으로 원고가 보통 파 종자를 옥파 종자라고 피고를 속여서 피고에게 손해를 보게 하였으므로 그 불법행위에 의한 손해배상을 청구한다고 주장하였고 원고의 채무불이행을 주장한 사실이 없음이 기록상 명백함에도 불구하고, 원심이 피고에게 본건 불법행위가 성립하지 않는다면 채무불이행을 원인으로 손해배상을 청구하는가의 여부를 석명한 사정조차도 없는데 원고의 채무불이행을 원인으로 한 손해배상 의무를 인정한 것은 당사자의 신청하지 않은 사항을 판결한 위법이 있어 이 점에 대한 상고 논지는 이유 있다.

|註| 동일한 사실관계에 관한 채무불이행으로 인한 손해배상청구와 불법행위로 인한 손해배상청구는 별개의 소송물임을 밝힌 판결로서, 후자를 주장한 경우에 전자에 의한 손해배상의무를 인정할 수 없다고 하였다.

1) 대판(전) 1983. 3. 22. 82다카1533.
2) 대판 2017. 2. 15. 2014다19776, 19783.
3) 대판 1965. 11. 30. 65다2028.

제2. 판례에 따른 각종의 소의 소송물

Ⅰ. 이행의 소

1. 점유의 소와 본권의 소

점유권에 기한 인도청구와 소유권에 기한 인도청구는 그 실체법적 근거를 달리하므로 별개의 소송물이다.

◆ 대법원 1996. 6. 14. 선고 94다53006 판결

소유권에 기하여 미등기무허가건물의 반환을 구하는 청구취지 속에는 점유권에 기한 반환청구권을 행사한다는 취지가 당연히 포함되어 있다고 볼 수는 없고, 소유권에 기한 반환청구만을 하고 있음이 명백한 이상 법원에 점유권에 기한 반환청구도 구하는지의 여부를 석명할 의무가 있는 것은 아니다.

2. 등기청구소송

(1) 소유권이전등기청구는 매매, 취득시효의 완성, 대물변제 등 그 발생원인에 따라 적용법조가 다르므로 각 원인에 따른 소유권이전등기청구권은 서로 다른 실체법상의 권리라고 할 것이고 따라서 그 원인에 따라 별개의 소송물을 구성한다.

◆ 대법원 1997. 4. 25. 선고 96다32133 판결

대물변제예약에 기한 소유권이전등기청구권과 매매계약에 기한 소유권이전등기청구권은 그 소송물이 서로 다르므로 동일한 계약관계에 대하여 그 계약의 법적 성질을 대물변제의 예약이라고 하면서도 새로운 매매계약이 성립되었음을 인정하여 매매를 원인으로 한 소유권이전등기 절차를 이행할 의무가 있다고 하는 것은 위법하다.

▶ 대법원 1991. 1. 15. 선고 88다카19002, 19019 판결

소유권이전등기청구사건에 있어서 등기원인을 달리하는 경우에는 그것이 단순히 공격방어방법의 차이에 불과한 것이 아니므로 대물변제를 등기원인으로 소유권이전등기를 구하는 전소 확정판결의 기판력이 취득시효완성을 청구원인으로 소유권이전등기를 구하는 후소에 미치지는 아니한다.

(2) 소유권 방해배제청구로서의 말소등기청구는 무효, 취소, 해제 등 소유권 회복의 원인이 무엇이든지 간에 적용법조는 한 가지(민법 214조)이므로 그 말소청구권은 하나의 실체법상 권리라고 할 것이고 따라서 위 원인은 공격방어방법에 불과하고 등기말소청구권은 하나의 소송물을 구성할 뿐이다. 한편, 소유권에 기한 소유권이전등기말소청구와 진정명의회복을 위한 소유권이전등기청구는 그 형식의 차이에도 불구하고 동일한 소송물이다.

◆ 대법원 1993. 6. 29. 선고 93다11050 판결(㉠ 대법원 1999. 9. 17. 선고 97다54024 판결)

말소등기청구사건의 소송물은 당해 등기의 말소등기청구권이고 그 동일성 식별의 표준이 되는 청구원인, 즉 말소등기청구권의 발생원인은 당해 등기원인의 무효라 할 것으로서 등기원인의 무효를 뒷받침하는 개개의 사유는 독립된 공격방어방법에 불과하여 별개의 청구원인을 구성하는 것이 아니라 할 것이므로 전소에서 원고가 주장한 사유나 후소에서 주장하는 사유들은 모두 등기의 원인무효를 뒷받침하는 공격방법에 불과할 것일 뿐 그 주장들이 자체로서 별개의 청구원인을 구성한다고 볼 수 없고 모두 전소의 변론종결 전에 발생한 사유라면 전소와 후소는 그 소송물이 동일하여 후소에서의 주장사유들은 전소의 확정판결의 기판력에 저촉되어 허용될 수 없는 것이다.

|註| 전소에서 위조서류에 의한 등기임을 주장하여 등기말소청구를 하였다가 패소확정된 후 후소에서 기망을 이유로 한 등기원인행위 취소를 주장하여 등기말소청구를 한 사안으로, 후소는 전소 기판력에 저촉된다고 한 사례이다.

◆ 대법원 2001. 9. 20. 선고 99다37894 전원합의체 판결

진정한 등기명의의 회복을 위한 소유권이전등기청구는 이미 자기 앞으로 소유권을 표상하는 등기가 되어 있었거나 법률에 의하여 소유권을 취득한 자가 진정한 등기명의를 회복하기 위한 방법으로 현재의 등기명의인을 상대로 그 등기의 말소를 구하는 것에 갈음하여 허용되는 것인데, 말소등기에 갈음하여 허용되는 진정명의회복을 원인으로 한 소유권이전등기청구권과 무효등기의 말소청구권은 어느 것이나 진정한 소유자의 등기명의를 회복하기 위한 것으로서 실질적으로 그 목적이 동일하고, 두 청구권 모두 소유권에 기한 방해배제청구권으로서 그 법적 근거와 성질이 동일하므로, 비록 전자는 이전등기, 후자는 말소등기의

형식을 취하고 있다고 하더라도 그 소송물은 실질상 동일한 것으로 보아야 하고, 따라서 소유권이전등기말소청구소송에서 패소확정판결을 받았다면 그 기판력은 그 후 제기된 진정명의회복을 원인으로 한 소유권이전등기청구소송에도 미친다.

|註| 진정명의회복을 원인으로 한 소유권이전등기청구권과 무효등기의 말소청구권은 어느 것이나 진정한 소유자의 등기명의를 회복하기 위한 것으로서 실질적으로 그 목적이 동일하고, 두 청구권 모두 소유권에 기한 방해배제청구권으로서 그 법적 근거와 성질이 동일하므로, 비록 전자는 이전등기, 후자는 말소등기의 형식을 취하고 있다고 하더라도 그 소송물은 실질상 동일하다고 본 판결이다.

(3) **등기말소청구라고 하더라도 근거되는 적용법조가 다르면 별개의 소송물을 구성한다. 예컨대, 소유권에 기한 등기말소청구와 계약상 원인에 기한 등기말소청구는 별개의 소송물이다.**

◆ 대법원 1986. 9. 23. 선고 85다353 판결

사기에 의한 의사표시취소를 원인으로 한 원고의 이 사건 근저당권설정등기의 말소청구는 이 사건 근저당권설정계약이 기망에 의하여 체결되었음을 이유로 이를 취소하고 이에 터잡아 경료된 이 사건 근저당권설정등기의 말소를 구한다는 취지이고, 피담보채무의 부존재를 원인으로 한 원고의 이 사건 근저당권설정등기의 말소청구는 피담보채무가 없으니 근저당권설정계약을 해지하고, 이에 터잡아 원상회복으로서 근저당권설정등기의 말소를 구한다는 취지임이 명백한바, 위 청구들은 각 그 청구원인을 달리하는 별개의 독립된 소송물로서 선택적 병합 관계에 있다고 볼 것이고, 동일한 소송물로서 그 공격방법을 달리하는 것에 지나지 않는 것으로 볼 것이 아니며, 또한 원고가 주장하는 피담보채무의 부존재를 원인으로 한 이 사건 근저당권설정등기의 말소청구는 종국판결인 이 사건 제1심판결의 선고 후 취하되었다가 다시 제기된 청구임이 기록상 명백하므로 피담보채무의 부존재를 원인으로 한 원고의 이 사건 말소청구는 재소금지의 원칙에 어긋나는 부적법한 소라고 할 것이다.

|註| 1. 기망을 이유로 한 근저당권설정계약 취소를 원인으로 한 근저당권설

정등기말소청구는 소유권에 기한 것이고 피담보채무변제를 이유로 한 근저당권설정등기말소청구는 계약에 기한 것이어서 양자는 별개의 소송물이라는 판례이다.
2. 같은 이유에서, 소유권에 기한 방해배제청구권으로서의 말소등기청구와 계약해제에 따른 원상회복으로서의 말소등기청구는 별개의 소송물이고,[1] 소유권에 기한 방해배제청구권으로서의 등기말소청구와 명의신탁 해지를 이유로 한 등기말소청구도 별개의 소송물이다.[2]

3. 손해배상청구소송

(1) 생명·신체의 침해로 인한 손해배상청구의 경우 소송물은 적극적 재산상 손해, 소극적 재산상 손해, 정신적 손해(위자료)의 3가지로 나누어진다. 이를 '손해3분설'이라고 하는데, 상소의 이익과 관련해서는 손해3분설이 완화되기도 한다. 생명·신체의 침해가 아니더라도 재산상 손해의 청구와 정신적 손해의 청구는 별개의 소송물이다. 소송당사자는 소송물에 따른 청구금액을 특정하여 청구하여야 하고, 법원으로서도 그 내역을 밝혀 각 청구의 당부에 관하여 판단하여야 한다.[3]

◆ 대법원 1976. 10. 12. 선고 76다1313 판결

불법행위로 말미암아 신체의 상해를 입었기 때문에 가해자에게 대하여 손해배상을 청구할 경우에 있어서는 그 소송물인 손해는 통상의 치료비 등과 같은 적극적 재산상 손해와 일실수익 상실에 따르는 소극적 재산상 손해 및 정신적 고통에 따르는 정신적 손해(위자료)의 3가지로 나누어진다고 볼 수 있고 일실수익 상실로 인한 소극적 재산상 손해로서는 예를 들면 일실노임, 일실상여금 또는 후급적 노임의 성질을 딴 일실퇴직금 등이 모두 여기에 포함된다.

▶ 대법원 1996. 8. 23. 선고 94다20730 판결

적극적 재산상 손해와 소극적 재산상 손해의 내용이 여러 개의 손해항목으로 나누어져 있는 경우 각 항목은 청구를 이유 있게 하는 공격방법에 불과하므로, 불이익변경 여부

1) 대판 1993. 9. 14. 92다1353.
2) 대판 1998. 4. 24. 97다44416.
3) 대판 1989. 10. 24. 88다카29269(예컨대, 원고가 재산적 손해로 3,000만 원을, 정신적 손해로 2,000만 원을 청구하였다가 내역을 밝히지 않고 청구를 1,000만 원으로 감축하였다면 법원으로서는 위 1,000만 원의 내역을 밝히도록 명하여야 하고 위 내역을 밝히지 않고 1,000만 원의 한도 내에서 위자료의 지급을 명하는 판결을 하여서는 안 된다).

는 개별 손해항목을 단순 비교하여 결정할 것이 아니라 동일한 소송물인 손해의 전체 금액을 기준으로 판단하여야 한다.

▶ 대법원 1994. 6. 28. 선고 94다3063 판결

상소는 자기에게 불이익한 재판에 대하여 유리하게 취소변경을 구하기 위하여 하는 것이므로 전부 승소한 판결에 대하여는 항소가 허용되지 않는 것이 원칙이나, 하나의 소송물에 관하여 형식상 전부 승소한 당사자의 상소이익의 부정은 절대적인 것이라고 할 수도 없는바, 원고가 재산상 손해(소극적 손해)에 대하여는 형식상 전부 승소하였으나 위자료에 대하여는 일부 패소하였고, 이에 대하여 원고가 원고 패소부분에 불복하는 형식으로 항소를 제기하여 사건 전부가 확정이 차단되고 소송물 전부가 항소심에 계속되게 된 경우에는, 더욱이 불법행위로 인한 손해배상에 있어 재산상 손해나 위자료는 단일한 원인에 근거한 것인데 편의상 이를 별개의 소송물로 분류하고 있는 것에 지나지 아니한 것이므로 이를 실질적으로 파악하여, 항소심에서 위자료는 물론이고 재산상 손해(소극적 손해)에 관하여도 청구의 확장을 허용하는 것이 상당하다.

(2) 후유증에 기한 확대손해의 경우 전소의 변론종결 당시까지 예견할 수 없었던 새로운 손해로서 이에 대한 추가청구를 포기하였다고 볼 수 없는 한 별개의 소송물로 보아야 한다.[1)]

◆ 대법원 2007. 4. 13. 선고 2006다78640 판결

불법행위로 인한 적극적 손해의 배상을 명한 전 소송의 변론종결 후에 새로운 적극적 손해가 발생한 경우에 그 소송의 변론종결 당시 그 손해의 발생을 예견할 수 없었고 또 그 부분 청구를 포기하였다고 볼 수 없는 등 특별한 사정이 있다면 전 소송에서 그 부분에 관한 청구가 유보되어 있지 않다고 하더라도 이는 전 소송의 소송물과는 별개의 소송물이므로 전 소송의 기판력에 저촉되는 것이 아니다.

|註| 1. 사고로 식물인간이 된 원고의 손해배상청구(전소)에 대하여 법원은 신체감정 결과에 따라 기대여명을 4년으로 보고 그 때까지의 일실수입, 향후치료비, 개호비를 산정하여 원고일부승소판결을 하였고 이 판결이 확정되었는

1) 대판 1980. 11. 25. 80다1671. 기판력의 표준시 후에 나타난 확대손해에 대한 배상청구를 허용하여야 한다는 점에 대한 이론구성으로는 판례와 같은 별개 소송물설, 확대손해를 명시적 일부청구 후의 잔부청구로 보자는 명시설, 확대손해는 표준시 후의 새로운 사유에 해당한다는 시적 한계설이 있다.

데, 원고가 여명기간을 지나서 계속 생존하게 되자 4년 이후의 기간에 대한 향후치료비, 개호비 등의 손해를 청구(후소)한 사안에서, 후소에서의 청구 부분은 전소에서 예상할 수 없었던 것이므로 전소의 기판력에 저촉되지 않는다고 한 사례이다.
2. 이와 같이 새로이 발생 또는 확대된 손해 부분에 대하여는 그러한 사유가 판명된 때로부터 민법 제766조 제1항에 의한 시효소멸기간이 진행된다.[1]

4. 일부청구

채권의 일부만을 청구하는 경우 원고가 일부청구임을 명시한 때에는 청구 부분만으로 소송물이 한정되고, 명시하지 않은 때에는 채권 전부가 소송물이 된다.

▶ 대법원 2000. 2. 11. 선고 99다10424 판결

불법행위의 피해자가 일부청구임을 명시하여 그 손해의 일부만을 청구한 경우 그 일부청구에 대한 판결의 기판력은 청구의 인용 여부에 관계없이 청구의 범위에 한하여 미치는 것이고, 잔액 부분 청구에는 미치지 아니한다.

|註| 1. 사실관계와 법원의 판단 ① 甲은 乙로부터 건물신축공사를 수급하기로 하면서 乙에게 경비 7억 원을 대여하였는데 甲의 귀책사유로 건축허가가 취소되면서 도급계약이 성립되지 않게 되었다. ② 乙은 甲의 귀책으로 乙에게 8억 원의 손해가 발생하였다고 주장하면서 甲을 상대로 乙의 손해배상채권 8억 원과 甲의 대여금채권 7억 원을 상계한 잔액 1억 원의 지급을 구하는 소(전소)를 제기하였고, 법원은 乙의 손해가 4억 원이라고 판단하고 쌍방의 채권을 상계하면 甲이 乙에게 지급할 돈이 없다는 이유로 乙의 청구를 기각하였으며, 이 판결은 그대로 확정되었다. ③ 이후 甲이 乙을 상대로 대여금 7억 원의 반환을 구하는 소(후소)를 제기하였고 乙은 8억 원의 손해배상채권을 자동채권으로 하여 상계항변을 하였다. 항소심법원은 전소와 달리 乙의 손해가 8억 원에 이른다고 판단하고 乙의 상계항변을 받아들여 甲의 청구를 기각하였다. 甲이 상고하면서 '전소에서 乙의 손해배상채권이 4억 원이고 이를 초과하는 손해배상채권은 부존재로 확정되었으므로 4억 원을 초과하는 부분에 대한 乙의 상계주장은 기판력에 저촉되어 허용될 수 없다'고 주장하였으나, 대법원은

1) 대판 2001. 9. 14. 99다42797.

"전소의 소송물은 손해배상채권 전액에서 乙이 스스로 공제한 부분을 제외한 잔액 부분으로서 그 판결의 기판력은 잔액 부분의 존부에만 미치고, 위와 같이 공제한 부분에 대하여는 미치지 아니하므로 乙의 상계 주장이 전소판결의 기판력에 저촉되지 않는다"고 하여 甲의 상고를 기각하였다.

2. 일부청구의 소송물 일부청구의 경우 소송물을 어떻게 볼 것인가에 관하여는 ① 원고가 청구한 부분만이 소송물이라는 일부청구긍정설, ② 원고가 청구하지 아니한 부분까지 포함하여 채권 전부가 소송물이라는 일부청구부정설, ③ 당사자가 일부청구임을 밝힌 경우에는 청구한 부분만이 소송물이 되고 일부청구임을 밝히지 아니한 경우에는 채권전부가 소송물이 된다는 명시적 일부청구설이 대립한다. 판례는 명시적 일부청구설을 취하고 있다.

3. 일부청구임을 명시하는 방법 반드시 전체 채권액을 특정하여 그 중 일부만을 청구하고 나머지 채권액에 대한 청구를 유보하는 취지임을 밝힐 필요는 없고 일부청구하는 채권의 범위를 잔부청구와 구별하여 그 심리의 범위를 특정할 수 있는 정도의 표시를 하여 전체 채권의 일부로서 우선 청구하고 있는 것임을 밝히는 것으로 족하다.[1)] 따라서, 재산적 손해 중 우선 400만 원을 청구하고 나머지는 추후에 청구하겠다고 한 경우,[2)] 15세가 끝날 때까지의 개호비를 우선 청구하고 이후 계속하여 개호인이 필요함이 밝혀지면 나머지 개호비는 추후에 청구하겠다고 한 경우,[3)] 특정일까지의 치료비만을 청구하고 다음날부터의 치료비는 별도로 청구하겠다고 한 경우[4)]는 일부청구임을 명시하였다고 볼 수 있다. 그러나, 전소에서 소극적 재산상 손해 및 정신적 손해와 아울러 신체감정결과에 따른 향후치료비를 적극적 재산상 손해로 인정받고 후소에서 다시 별개 항목의 치료비를 청구한 경우 전소의 일부청구의 취지가 내심의 의사만으로 유보된 것인 때에는 전소판결의 기판력이 후소에도 미친다.[5)] 일부청구임을 명시하였는지를 판단함에 있어서는 소장, 준비서면 등의 기재뿐만 아니라 소송의 경과 등도 함께 살펴보아야 한다.[6)]

---

1) 대판 1986. 12. 23. 86다카536; 대판 1989. 6. 27. 87다카2478 등.
2) 대판 1989. 6. 27. 87다카2478.
3) 대판 1986. 12. 23. 86다카536.
4) 대판 1985. 4. 9. 84다552.
5) 대판 1982. 11. 23. 82다카845.
6) 대판 2016. 7. 27. 2013다96165.

■ 일부청구의 소송상 여러 문제 ■

1. 수개의 일부청구

채권자가 동일한 채무자에 대하여 발생시기와 발생원인을 달리하는 수개의 손해배상채권을 가지고 있는 경우 이는 별개의 소송물에 해당하므로 채권자로서는 채권별로 청구금액을 특정하여야 하고, 법원도 채권별로 인용금액을 특정하여야 하며, 이는 채권자가 수개의 손해배상채권들 중 일부만을 청구하고 있는 경우에도 마찬가지이다.[1]

2. 과실상계(외측설)

1개의 손해배상청구권 중 일부가 소송상 청구되어 있는 경우에 과실상계를 함에 있어서는 손해의 전액에서 과실비율에 의한 감액을 하고 그 잔액이 청구액을 초과하지 않을 경우에는 그 잔액을 인용할 것이고 잔액이 청구액을 초과할 경우에는 청구의 전액을 인용하는 것으로 해석하여야 한다.[2]

3. 중복소송

명시적 일부청구소송이 법원에 계속 중에 잔부청구의 별소를 제기하더라도 중복소송에 해당하지 않으나,[3] 묵시적 일부청구의 소송이 계속 중에 잔부를 청구하는 별소는 원칙적으로 중복소송에 해당한다.[4]

4. 시효중단

명시적 일부청구의 경우에는 소제기에 의한 소멸시효중단의 효력이 그 일부에 관하여만 발생한다.[5] 다만, 불법행위로 인한 손해배상청구소송에서 원고가 비록 소장에서 손해액의 일부만을 청구하였다고 하더라도 장차 신체감정결과에 따라 청구금액을 확장할 것을 전제로 우선 소송의 편의상 일부를 청구하는 것으로 보여지는 경우에는 소제기로 인한 시효중단의 효력은 소장에서 주장한 손해배상채권 전부에 미친다.[6]

5. 기판력

채권 중 일부의 청구임을 명시한 경우 그 일부에만 기판력이 미치고 일부청구임을 명시하지 않은 경우 채권 전부에 기판력이 미친다.

6. 상소의 이익

가분채권에 대한 이행청구의 소를 제기하면서 그것이 나머지 부분을 유보하고 일부

1) 대판 2007. 9. 20. 2007다25865; 대판 2014. 5. 16. 2013다101104; 대판 2017. 11. 23. 2017다251694.
2) 대판 1976. 6. 22. 75다819.
3) 대판 1985. 4. 9. 84다552.
4) 대판 1976. 10. 12. 76다1313.
5) 대판 1992. 4. 10. 91다43695.
6) 대판 1992. 12. 8. 92다29924.

만 청구하는 것이라는 취지를 명시하지 아니한 경우에는 그 확정판결의 기판력은 나머지 부분에까지 미치는 것이어서 별소로써 나머지 부분에 관하여 다시 청구할 수는 없으므로, 일부청구에 관하여 전부승소한 원고는 나머지 부분에 관하여 청구를 확장하기 위한 항소가 허용되지 아니한다면 나머지 부분을 소구할 기회를 상실하는 불이익을 입게 되므로 원고는 전부승소한 판결에 대해서도 나머지 부분에 관하여 청구를 확장하기 위하여 항소할 수 있다.[1]

Ⅱ. 확인의 소

확인의 소의 소송물은 원고가 청구취지에서 특정해서 그 존부의 확인을 구하는 권리 또는 법률관계이다.

◆ 대법원 2011. 6. 30. 선고 2011다24340 판결

소유권확인청구의 소송물은 소유권 자체의 존부이므로, 전소에서 원고가 소유권을 주장하였다가 패소판결이 확정되었다고 하더라도, 전소 변론종결 후에 소유권을 새로이 취득하였다면 전소의 기판력이 소유권확인을 구하는 후소에 미칠 수 없는데, 상속재산분할협의가 전소 변론종결 후에 이루어졌다면 비록 상속재산분할의 효력이 상속이 개시된 때로 소급한다 하더라도, 상속재산분할협의에 의한 소유권 취득은 전소 변론종결 후에 발생한 사유에 해당한다. 따라서 전소에서 원고가 단독상속인이라고 주장하여 소유권확인을 구하였으나 공동상속인에 해당한다는 이유로 상속분에 해당하는 부분에 대해서만 원고의 청구를 인용하고 나머지 청구를 기각하는 판결이 선고되어 확정되었다면, 전소의 기판력은 전소 변론종결 후에 상속재산분할협의에 의해 원고가 소유권을 취득한 나머지 상속분에 관한 소유권확인을 구하는 후소에는 미치지 않는다.

|註| 소유권확인의 소의 소송물은 소유권 자체의 존부이므로, 소유권확인청구에서 패소확정판결을 받은 후 후소에서 전소에서의 주장과 다른 소유권취득원인을 주장하는 것은 새로운 공격방어방법의 주장에 불과하여 전소의 기판력에 저촉되지만, 그 소유권취득원인이 전소 변론종결 후에 있은 것이라면 전소 변론종결 후에 새로이 소유권을 취득한 것이므로 후소는 전소의 기판력에

1) 대판 1997. 10. 24. 96다12276.

저촉되지 않는다.

Ⅲ. 형성의 소

형성의 소에 있어서는 각 형성원인마다 1개의 소송물이 인정된다. 즉, 이혼소송에서는 각 이혼사유마다 소송물이 별개가 되고, 재심소송에서는 각 재심사유마다 소송물이 별개가 된다. **주주총회결의취소의 소(상법 376조)는 취소대상인 안건(결의)마다 별개의 소송물로 파악한다. 사해행위취소소송은 취소의 대상인 법률행위에 따라 소송물이 결정되므로, 피보전채권의 변경이나 사해행위에 대한 법률적 평가의 변경은 소송물의 변동을 초래하지 않는다.**

◆ **대법원 1963. 1. 31. 선고 62다812 판결 — 이혼소송**

이혼의 소는 원고가 주장하는 사유에 의한 재판상 이혼청구의 이유의 유무에 관한 판단을 구하는 것이며 민법 제840조 각호가 규정한 이혼사유마다 재판상 이혼청구를 할 수 있는 것이므로 법원은 원고가 주장한 이혼사유에 관하여만 심판하여야 하며 원고가 주장하지 아니한 이혼사유에 관하여는 심판을 할 필요가 없고 그 사유에 의하여 이혼을 명하여서는 안 되는 것이다.

◆ **대법원 2019. 10. 17. 선고 2018다300470 판결 — 재심소송**

재심사유는 그 하나하나의 사유가 별개의 청구원인을 이루는 것이므로, 여러 개의 유죄판결이 재심대상판결의 기초가 되었는데 이후 각 유죄판결이 재심을 통하여 효력을 잃고 무죄판결이 확정된 경우, 어느 한 유죄판결이 효력을 잃고 무죄판결이 확정되었다는 사정은 특별한 사정이 없는 한 별개의 독립된 재심사유라고 보아야 한다. 재심대상판결의 기초가 된 각 유죄판결에 대하여 형사재심에서 인정된 재심사유가 공통된다거나 무죄판결의 이유가 동일하다고 하더라도 달리 볼 수 없다.

|註| 乙, 丙에 대한 유죄판결이 甲에 대한 민사판결(재심대상판결)의 기초가 되었는데 乙, 丙에 대한 형사재심에서 무죄판결이 확정된 경우 각각의 무죄판결은 별개의 재심사유이므로, 乙에 대한 무죄판결을 기준으로 한 재심제기기간이 도과하였더라도 丙에 대한 무죄판결을 기준으로 한 재심의 제기는 가능하다고 한 사례이다.

◆ 대법원 2010. 3. 11. 선고 2007다51505 판결 — 주주총회결의취소소송

주주총회결의취소의 소는 상법 제376조 제1항에 따라 그 결의의 날로부터 2개월 내에 제기하여야 하고, 이 기간이 지난 후에 제기된 소는 부적법하다. 그리고 주주총회에서 여러 개의 안건이 상정되어 각기 결의가 행하여진 경우 위 제소기간의 준수 여부는 각 안건에 대한 결의마다 별도로 판단되어야 한다.

|註| 1. 주주총회에서 이루어진 3건의 결의 중 이사선임결의에 대하여 결의일로부터 2개월 내에 무효확인의 소를 제기한 뒤, 나머지 2건인 정관변경결의와 감사선임결의에 대하여 결의일로부터 2개월이 지난 후 무효확인의 소를 각각 추가적으로 병합한 후, 위 각 무효확인의 소를 취소의 소로 변경한 사안에서, 정관변경결의와 감사선임결의 취소에 관한 부분은 그 결의에 관한 무효확인의 소가 추가적으로 병합될 때에 취소의 소가 제기된 것으로 볼 수 있는데, 추가적 병합 당시 이미 제소기간이 도과되었으므로 부적법하다고 한 사례이다.
2. 판례는 동일한 주주총회결의에 대하여 결의부존재확인의 소가 결의취소의 소의 제소기간(결의일로부터 2월) 내에 제기되었다면 동일한 하자를 원인으로 하여 위 제소기간이 경과한 뒤에 취소의 소로 변경하거나 추가한 경우에도 부존재확인의 소 제기시에 취소의 소가 제기된 것과 동일하게 취급하여 제소기간을 준수한 것으로 보아야 한다고 하였다.[1)]

◆ 대법원 2003. 5. 27. 선고 2001다13532 판결 — 사해행위취소소송

채권자가 사해행위의 취소를 청구하면서 그 보전하고자 하는 채권을 추가하거나 교환하는 것은 그 사해행위취소권을 이유 있게 하는 공격방법에 관한 주장을 변경하는 것일 뿐이지 소송물 또는 청구 자체를 변경하는 것이 아니므로, 소의 변경이라 할 수 없다.

◆ 대법원 2005. 3. 25. 선고 2004다10985, 10992 판결 — 사해행위취소소송

채권자가 채무자의 어떤 금원지급행위가 사해행위에 해당된다고 하여 그 취소를 청구하면서 다만 그 금원지급행위의 법률적 평가와 관련하여 증여 또는 변

1) 대판 2003. 7. 11. 2001다45584. 통상적으로 결의취소사유(결의의 하자)는 공격방어방법에 불과한 것으로 보는데 '동일한 안건'뿐만 아니라 '동일한 하자'도 요건으로 하고 있는 점에서 보면 판례가 부존재확인의 소와 취소의 소를 반드시 동일한 소송물로 본 것은 아니라는 반론도 가능하지만, 신소송물이론의 관점을 받아들여 유연함을 보인 것만은 분명하다.

제로 달리 주장하는 것은 그 사해행위취소권을 이유 있게 하는 공격방법에 관한 주장을 달리하는 것일 뿐이지 소송물 또는 청구 자체를 달리하는 것으로 볼 수 없다.

제 4 절 소의 제기

(1) 민사소송은 소의 제기에 의하여 시작된다. 소는 소장이라는 서면을 제1심법원에 제출함으로써 제기된다(248조). 소장에는 당사자와 법정대리인, 청구취지와 청구원인을 적어야 한다(249조 1항). 다만 원고 본인의 의사에 의하여 제기된 것이라면 소장에 원고의 기명날인 등이 없더라도 소제기는 적법하다.[1]

(2) 청구취지는 원고가 어떠한 내용과 종류의 판결을 요구하는지를 밝히는 판결신청이고 소의 결론부분이다. 청구취지는 소송물의 동일성을 가리는 한 기준으로서 법원은 여기에 구속되어 재판하여야 하는 제약이 있으므로 구체적이고 명확하게 특정되어야 한다.

■ 각종 소의 청구취지 기재 방법 ■

1. 이행의 소에 있어서는 집행에 의문이 없도록 이행의 대상, 내용과 함께 이행판결을 구하는 취지를 적어야 한다.

(1) 금전청구에서는 금액을 적어야 하나 금전의 성질(예컨대, 대여금)을 적을 필요는 없다(예 : "피고는 원고에게 1억 원과 이에 대하여 소장부본 송달 다음날부터 다 갚는 날까지 연 20%의 비율로 계산한 돈을 지급하라").

(2) 특정물청구에서는 목적물을 명확하게 표시하여야 한다. ① 토지의 전부가 목적물인 경우에는 등기부상 표시에 따라 지번, 지목(토지의 종류), 지적(토지면적)을 표시하여 특정하고(예 : "피고는 원고에게 서울 강남구 삼성동 756 대 500㎡를 인도하라"), 토지의 일부만이 목적물인 경우에는 축척과 방위가 정확히 표시된 측량도면을 별지로 첨부하여 특정한다(예 : "피고는 원고에게 서울 강남구 삼성동 756 대 500㎡ 중 별지도면 표시 1, 2, 3, 4, 1의 각 점을 순차로 연결한 선내 부분 186㎡를 인도하라"). ② 건물을 특정할 때에도 등기부상 표시에 따라 부지의 지번(지목, 지적의 표시는 원칙

1) 대판 1974. 12. 10. 74다1633; 대판 2011. 5. 13. 2010다84956(항소장 사례).

적으로 필요 없다) 및 건물의 구조(○○조 ○○지붕), 층수, 용도, 건축면적 등으로 특정한다(예 : "피고는 원고에게 서울 강남구 삼성동 756 지상 철근콘크리트조 슬래브지붕 2층 영업소 1층 150㎡, 2층 120㎡를 인도하라"). 건물의 일부일 때에는 도면을 첨부하여 특정할 수 있다.

(3) 소유권이전등기절차의 이행을 구하는 소에 있어서는 대상 부동산, 등기원인, 소유권이전등기절차의 이행을 구하는 취지를 기재하고(예 : "피고는 원고에게 별지목록 기재 부동산에 관하여 1998. 4. 1. 매매를 원인으로 한 소유권이전등기절차를 이행하라"), 소유권이전등기의 말소등기절차의 이행을 구하는 소에 있어서는 대상 부동산, 말소의 대상인 소유권이전등기, 말소등기절차의 이행을 구하는 취지를 기재한다(예 : "피고는 원고에게 별지목록 기재 부동산에 관하여 청주지방법원 음성등기소 1998. 5. 15. 접수 제16785호로 마친 소유권이전등기의 말소등기절차를 이행하라").

2. 확인의 소에 있어서는 확인을 구하는 권리관계의 대상·내용과 함께 확인판결을 구하는 취지를 표시하여야 한다. 확인대상의 특정방법은 이행의 소에서 이행대상을 특정하는 것과 같다. 다만, 급부의 소의 원고의 청구취지는 집행함에 있어서 의문이 없을 정도로 명확히 특정하여야 할 것이나 확인의 소의 원고의 청구취지는 법률관계의 동일성을 인식할 수 있는 정도의 특정으로서 족하고,[1] 채권의 존재 또는 부존재 확인을 구하는 경우에는 채권의 목적, 범위뿐만 아니라 발생원인도 명백히 하여야 한다(예 : "별지 목록기재 건물에 관하여 원고와 피고 사이의 1998. 4. 1. 임대차계약에 기한 임차권이 원고에게 있음을 확인한다").

3. 형성의 소에 있어서는 형성의 대상·내용과 함께 형성판결을 구하는 취지를 명시하여야 한다(예 : "피고와 甲 사이에 별지 목록 기재 부동산에 관하여 1998. 6. 5. 체결된 근저당권설정계약을 취소한다"). 다만, 형식적 형성의 소에서는 법관의 재량권행사의 기초가 나타나 있으면 된다.

(3) 청구원인은 원고가 주장하는 권리관계의 발생원인에 해당하는 사실관계(넓은 의미) 또는 소송물을 특정함에 필요한 사실관계(좁은 의미)를 말한다. 현행 민사소송법은 전자를 기재하도록 하고 있고(규칙 62조), 이 한도에서 소장은 최초의 준비서면의 구실을 한다(249조 2항).

(4) 청구취지와 청구원인에 의한 소송물의 특정 여부는 직권조사사항이므로 특정되지 않는 때에는 피고의 이의 여부와 무관하게 직권으로 보정을 명하고 이에

1) 대판 1960. 6. 9. 4292민상446.

응하지 않으면 소를 각하하여야 한다.[1] 다만 소송물이 특정되지 않았다는 이유로 청구를 기각하였다고 하더라도 그 판결이유에서 소송물인 권리관계의 존부에 관하여 실질적으로 판단하지 않았으므로 그 권리관계의 존부에 관하여 기판력이 생기지 않는다.[2]

▶ **대법원 2019. 3. 14. 선고 2017다233849 판결**(同 대법원 2009. 11. 12. 선고 2007다53785 판결; 대법원 2011. 2. 10. 선고 2010다94625 판결)

민사소송에서 청구취지는 그 내용 및 범위가 명확히 알아볼 수 있도록 구체적으로 특정되어야 하고, 그 특정 여부 역시 직권조사사항이다. 따라서 청구취지가 특정되지 않은 경우 법원은 피고가 이의하는지 여부와 관계없이 직권으로 그 보정을 명하고, 이에 응하지 않을 때에는 소를 각하하여야 한다.

> |註| 목적물의 특정 여부는 소장의 청구취지 기재뿐만 아니라 변론의 전 과정에 의하여 판단되어야 한다.[3]

(5) 청구취지 및 청구원인의 해석('처분권주의' 참조)

제 5 절 재판장의 소장심사와 소제기 후의 조치

제 1. 재판장의 소장심사

(1) 소장이 접수되어 사건이 해당 재판부에 배당되면 재판장은 소장의 필요적 기재사항(249조 1항)의 기재 여부 및 인지의 첩부 여부를 심사하여야 한다(254조 1항).[4] 소송요건의 구비 여부나 청구의 당부는 심사의 대상이 아니다.[5]

---

1) 대판 1981. 9. 8. 80다2904; 대판 2014. 3. 13. 2011다111459. 형식적으로는 청구취지 보정의 기회가 주어지지 아니하였어도 실질적으로는 이러한 기회가 주어졌다고 볼 수 있을 만한 특별한 사정이 있는 경우(예컨대, 보정명령이라는 형식으로 청구의 특정을 명하지는 아니하였으나 원고가 수차례에 걸쳐 청구의 특정을 위한 준비서면을 제출하고 청구가 특정되었다고 주장한 경우)에는 보정명령 없이 소를 각하하더라도 이를 위법하다고 할 수 없다(대판 2011. 9. 8. 2011다17090).

2) 대판 1983. 2. 22. 82다15.

3) 대판 1988. 4. 25. 87다카2819, 2820; 대판 2015. 4. 23. 2011다19102, 19119 등.

4) 대결 1969. 8. 23. 69마375.

5) 대결 1973. 3. 20. 70마103.

▶ 대법원 2013. 9. 9.자 2013마1273 결정

민사소송법 제254조에 의한 재판장의 소장심사권은 소장이 같은 법 제249조 제1항의 규정에 어긋나거나 소장에 법률의 규정에 따른 인지를 붙이지 아니하였을 경우에 재판장이 원고에 대하여 상당한 기간을 정하여 그 흠결의 보정을 명할 수 있고, 원고가 그 기간 내에 이를 보정하지 않을 때에 명령으로써 그 소장을 각하한다는 것일 뿐이므로, 소장에 일응 대표자의 표시가 되어 있는 이상 설령 그 표시에 잘못이 있다고 하더라도 이를 정정 표시하라는 보정명령을 하고 그에 대한 불응을 이유로 소장을 각하하는 것은 허용되지 아니한다. 이러한 경우에는 오로지 판결로써 소를 각하할 수 있을 뿐이다.

|註| 대표자 표시의 잘못은 대표권 존부의 문제(소송요건 문제)일 뿐이기 때문이다. 원고가 사망자를 당사자로 하는 소를 제기한 경우도 일응 제249조 제1항의 필요적 기재사항은 기재되어 있고 다만 당사자능력이 없는 사람이 피고로 된 것뿐이므로, 재판장은 소장심사권으로 보정을 명하고 이에 불응한다는 이유로 소장각하를 할 수는 없고, 당사자의 확정 내지 특정을 위한 보정을 명하고 이에 응하지 않은 경우 판결로써 소 각하를 하여야 한다.[1]

(2) 소장에 필요적 기재사항이 적혀 있지 않거나 인지가 부족한 경우 재판장은 상당한 기간을 정하여 흠을 보정하도록 명하여야 한다(254조 1항).[2] 소장부본이 송달되지 않는 경우도 마찬가지이다(255조 2항). 여기에서 '상당한 기간'이라 함은 보정을 하는 데에 필요한 적절하고도 합당한 기간을 말한다.[3] 따라서 상당한 기간을 부여하지 않은 보정명령도 위법하지만 기간을 정하지 않은 보정명령도 위법하다.[4] 재판장이 정한 보정기간은 불변기간이 아니므로 기간이 지난 후에도 소장각하명령이 있기 전이면 보정이 가능하다.[5] 보정명령에 대하여는 독립하여 이의신청이나 항고를 할 수 없고 보정명령불응으로 소장이 각하되면 그 각하명령에 대하여 즉시항고로 다툴 수밖에 없다.[6]

1) 대결 1973. 3. 20. 70마103.
2) 재판장은 법원사무관 등으로 하여금 보정명령을 하게 할 수도 있다(254조 1항 후문).
3) 대결 1991. 11. 20. 91마620, 621(주소보정명령에서 상당한 기간이라 함은 상대방의 주소를 알아내어 보정하거나 또는 상대방의 주소를 조사하여 보았으나 알 수 없어서 공시송달을 신청하는 데 필요한 적절하고도 합당한 기간을 말한다).
4) 대결 1980. 6. 12. 80마160.
5) 대결 1978. 9. 5. 78마233.
6) 대결 1995. 6. 30. 94다39086, 39093; 대결 1987. 2. 4. 86그157.

▶ 대법원 1995. 6. 30.자 94다39086, 39093 결정

소장 또는 상소장에 관한 재판장의 인지보정명령은 민사소송법에서 일반적으로 항고의 대상으로 삼고 있는 같은 법 제409조(현행 439조) 소정의 "소송절차에 관한 신청을 기각하는 결정이나 명령"에 해당하지 아니하고, 또 이에 대하여 불복할 수 있는 특별규정도 없으므로, 인지보정명령에 대하여는 독립하여 이의신청이나 항고를 할 수 없고, 다만 보정명령에 따른 인지를 보정하지 아니하여 소장이나 상소장이 각하되면 그 각하명령에 대하여 즉시항고로 다툴 수밖에 없다.

(3) 원고가 재판장이 정한 기간 내에 흠을 보정하지 않으면 재판장은 명령으로 소장을 각하하여야 한다(254조 2항). 흠을 보정하지 못한 것이 원고의 귀책사유에 의한 것인지 여부는 묻지 않는다.[1] 소장각하명령은 변론개시 전까지만 할 수 있고[2] 변론이 개시된 이후에는 소각하 판결을 하여야 한다. 소장각하명령은 소장이 수리될 수 없어 반환하는 취지이지만 소장원본을 반환하지 않아도 무방하다.[3]

(4) 재판장의 소장각하명령에 불복이 있으면 원고는 즉시항고를 할 수 있다(254조 3항). 소장각하명령이 성립(법원사무관 등에게 교부되면 당사자에게 고지되기 전이라도 성립)된 후에는 보정을 하더라도 재도의 고안을 하거나 항고심에서 각하명령을 취소할 수 없다.[4]

▶ 대법원 1968. 7. 29.자 68사49 전원합의체 결정

재판장의 소장심사권에 의하여 소장 각하명령이 있었을 경우에 있어서는 즉시항고를 하고 그 흠결을 보정하였을 경우라도 이를 경정할 수 없다.

▶ 대법원 1969. 12. 8.자 69마703 결정

결정이나 명령은 그 재판의 원본이 법원의 서기관이나 서기에게 교부되었을 때에 성립되는 것이고, 또한 항소장 각하명령이 성립된 이상 그 명령이 고지되기 전에 인지보정을 하더라도 재도의 고안에 의하여 취소할 수 없는 것이다.

---

1) 대결 1968. 9. 24. 68마1029; 대결 1968. 9. 17. 68마974.
2) 대결 1981. 11. 26. 81마275; 대결 1973. 10. 26. 73마641 등.
3) 대판 1975. 9. 23. 75다1109.
4) 대결 1969. 12. 8. 69마703; 대결(전) 1968. 7. 29. 68사49; 대결 1996. 1. 12. 95두61 등.

제 2. 소장부본의 송달, 피고의 답변서 제출의무와 무변론판결, 제1회 기일의 지정

(1) 소장이 필요적 기재사항을 갖추고 있고 인지가 첩부되었으면 법원은 소장부본을 피고에게 송달한다(255조 1항). 소장부본의 송달에 의하여 소송계속의 효과가 생긴다.

(2) 법원은 소장부본을 송달하면서 피고에게 답변서제출의무가 있음을 고지한다(256조 2항). 피고는 소장부본을 송달받은 날로부터 30일 이내에 답변서를 제출하여야 한다(256조 1항 본문). 피고가 위 기간 내에 답변서를 제출하지 않으면 법원은 피고가 자백한 것으로 보고 변론 없이 원고승소판결(무변론판결)을 할 수 있다(257조 1항 본문). 그러나 공시송달에 의하여 송달된 사건, 직권으로 조사할 사항이 있는 사건, 피고가 선고 전까지 답변서를 제출한 사건은 무변론판결을 할 수 없다(256조 1항 단서, 257조 1항 단서).

(3) 피고의 답변서가 제출되면 재판장은 바로 변론기일을 정하여야 한다(258조 1항 본문). 다만, 필요한 경우에는 사건을 변론준비절차에 부칠 수 있다(258조 1항 단서).

제 6 절 소제기의 효과

제 1. 중복된 소제기의 금지

Ⅰ. 총설

(1) 소송계속 중인 사건과 동일한 사건에 대하여는 중복하여 소를 제기하지 못한다(259조). 심리의 중복을 피하고 판결의 모순, 저촉으로 인한 혼란을 방지하기 위한 것이다.[1] 중복제소가 문제되는 소송은 단일한 독립의 소에 한정되지 않고 청구의 병합, 청구의 변경, 반소, 참가의 방법으로 제기된 소도 모두 포함된다.

(2) 중복제소의 문제는 전소가 소송계속 중임에도 후소를 제기한 때에 발생한다. 소송계속은 소장부본이 피고에게 송달된 때에 발생하므로 중복제소에서 전소,

1) 대판 1960. 4. 21. 4292민상310.

후소의 판별기준은 소장부본이 피고에게 송달된 때의 선후에 의한다.[1] 소의 추가적 변경이 있는 경우 추가된 소의 소송계속의 효력은 그 서면을 상대방에게 송달하거나 변론기일에 이를 교부한 때에 생긴다.[2] 소송계속은 판결의 확정, 화해, 청구의 포기 또는 인낙, 소의 취하 등에 의하여 소멸된다.

◆ 대법원 2017. 11. 14. 선고 2017다23066 판결(동 대법원 1998. 2. 27. 선고 97다45532 판결 등)

법원에 계속되어 있는 사건에 대하여 당사자는 다시 소를 제기하지 못한다. 따라서 당사자와 소송물이 동일한 소송이 시간을 달리하여 제기된 경우 전소가 후소의 변론종결 시까지 취하·각하 등에 의하여 소송계속이 소멸되지 않으면, 후소는 중복제소금지에 위반하여 제기된 소송으로서 부적법하다.

(3) 동일한 사건이라 함은 원칙적으로 당사자가 동일하고 청구, 즉 소송물이 동일한 사건을 말한다. 다만, 당사자가 동일하지 않거나 소송물이 다르더라도 심리의 중복과 판결의 모순, 저촉을 피하기 위하여 중복제소로 보는 경우가 있다. 당사자의 동일과 관련하여는 채권자대위소송과 추심금소송이 문제되고, 소송물의 동일과 관련하여는 상계항변, 이행소송과 확인소송, 일부청구가 문제된다.

(4) 중복하여 제기된 후소는 부적법하므로 각하하여야 한다. 중복제소에 해당하지 않는다는 것은 소극적 소송요건으로서 직권조사사항이다.[3] 그러므로 중복제기된 후소는 상대방의 동의 없이 소를 취하할 수 있다.[4] 중복제소임을 간과한 판결에 대하여는 상소할 수 있다. 다만, 중복되어 제기된 소라도 확정이 되면 당연무효라고 할 수는 없다.[5]

◆ 대법원 1997. 1. 24. 선고 96다32706 판결

기판력 있는 전소판결과 저촉되는 후소판결이 그대로 확정된 경우에도 전소판결의 기판력이 실효되는 것이 아니고 재심의 소에 의하여 후소판결이 취소될 때까지 전소판결과 후소판결은 저촉되는 상태 그대로 기판력을 갖는 것이고, 또한 후소판결의 기판력이 전소판결의 기판력을 복멸시킬 수 있는 것도 아니어서,

1) 대판 1989. 4. 11. 87다카3155(비록 소제기에 앞서 가압류, 가처분 등의 보전절차가 미리 경료되어 있더라도 이를 기준으로 가릴 것은 아니다).
2) 대판 1992. 5. 22. 91다41187.
3) 대판 1990. 4. 27. 88다카25274, 25281.
4) 대판 1967. 11. 21. 67누76.
5) 대판 1995. 12. 5. 94다59028.

기판력 있는 전소판결의 변론종결 후에 이와 저촉되는 후소판결이 확정되었다는 사정은 변론종결 후에 발생한 새로운 사유에 해당되지 않으므로, 그와 같은 사유를 들어 전소판결의 기판력이 미치는 자 사이에서 전소판결의 기판력이 미치지 않게 되었다고 할 수 없다.

|註| 중복소송임을 간과하고 한 본안판결이 확정된 경우 전소확정판결과 후소확정판결의 효력에 관한 판례이다. 전후 양소의 판결이 모두 확정되었으나 서로 모순, 저촉되는 때에는 어느 것이 먼저 제소되었는가에 관계없이 뒤의 확정판결이 재심사유가 될 뿐이고(451조 1항 10호), 재심판결에 의하여 취소되기까지는 모순, 저촉되는 두 판결이 각자 기판력을 갖고 병존하게 된다.

Ⅱ. 중복소송의 요건 — 동일한 사건인지 여부가 문제되는 경우

1. 당사자의 동일

당사자가 동일하지 않으면 같은 계쟁물에 관한 소송이라도 동일한 소송이 아니다. 다만 제3자의 소송담당의 경우, 즉 甲이 乙의 권리에 관한 관리처분권을 갖고 있는 경우 하나의 권리에 관하여 권리주체인 乙과 관리처분권을 갖는 甲이 중복하여 소를 제기할 수 있는데, 이를 허용할 것인지가 문제된다.

(1) 채권자대위소송

◆ **대법원 1992. 5. 22. 선고 91다41187 판결**(同 대법원 1995. 4. 14. 선고 94다29256 판결)
채권자가 채무자를 대위하여 제3채무자를 상대로 제기한 채권자대위소송이 법원에 계속중 채무자와 제3채무자 사이에 채권자대위소송과 소송물을 같이하는 내용의 소송이 제기된 경우, 양 소송은 동일소송이므로 후소는 중복제소금지원칙에 위배되어 제기된 부적법한 소송이다.

|註| **1. 채권자대위소송과 중복제소** (1) 채권자대위소송에서 중복소송이 문제되는 것은 ① 채권자대위소송의 계속 중 채무자가 동일한 내용의 후소를 제기한 경우, ② 채무자가 제기한 소송의 계속 중 채권자가 같은 내용의 채권자대위소송을 제기한 경우, ③ 채권자대위소송의 계속 중 다른 채권자가 동일한 내용의 채권자대위소송을 제기한 경우의 3가지이다. ①의 경우 판례는 대상판

결과 같이 일관하여 중복제소로 보고,[1] ②의 경우 과거 판례는 양 소송이 실질상으로는 동일소송이라는 이유로 후소를 중복제소로 보았으나,[2] 최근의 실무는 대위소송의 요건(권리자가 스스로 권리를 행사하지 아니할 것)을 흠결하였다는 이유로 소를 각하하고 있으며, ③의 경우도 중복제소에 해당한다는 것이 판례이다(아래 87다카3155 판결 참조).

(2) 학설로는 채권자대위소송은 제3자의 소송담당이 아니라 채권자 자신의 실체법상의 권리인 대위권을 행사하는 것이라고 하면서 위 ①과 ②의 경우는 '채무자가 채권을 행사하지 않을 것'이라는 요건의 불비로 청구기각 사유일 뿐이고 ③의 경우는 전후소송의 소송물이 달라 중복제소가 아니라는 견해(호문혁)와 기판력에 관한 판례(채권자대위소송의 판결은 채무자가 소제기 사실을 안 경우에 한하여 채무자에게도 기판력이 미친다는 대법원 1975. 5. 13. 선고 74다1664 전원합의체 판결)와의 일관성 유지를 위하여 위 ①과 ③의 경우 채무자가 전소의 제기 사실을 알고 있는 경우에만 후소를 중복제소로 인정할 것이라는 견해(이시윤)가 있다.

2. **관련문제** 판례는 채권자대위소송의 계속 중 다른 채권자가 공동소송참가를 하여 동일한 내용의 채권자대위소송을 제기한 경우 그 공동소송참가는 적법하다고 하였다(상세는 '공동소송참가' 부분 참조).[3] 별소는 중복소송이지만 공동소송참가는 중복소송이 아니라는 것이다.

◆ **대법원 1989. 4. 11. 선고 87다카3155 판결**

[1] 채권자대위소송의 계속 중 다른 채권자가 같은 채무자를 대위하여 같은 제3채무자를 상대로 법원에 출소한 경우 두 개 소송의 소송물이 같다면 후소는 중복제소금지의 원칙에 위배하여 제기된 부적법한 소송으로서 각하를 면할 수 없다.

[2] 전항의 경우 전소, 후소의 판별기준은 소송계속의 발생시기, 즉 소장이 피고에게 송달된 때의 선후에 의할 것이며, 비록 소제기에 앞서 가압류, 가처분 등의 보전절차가 미리 경료되어 있더라도 이를 기준으로 가릴 것은 아니다.

1) 대판 1974. 1. 29. 73다351; 대판 1977. 2. 8. 76다2570; 대판 1992. 5. 22. 91다41187.
2) 대판 1981. 7. 7. 80다2751.
3) 대판 2015. 7. 23. 2013다30301.

(2) 추심금소송

▶ **대법원 2013. 12. 18. 선고 2013다202120 전원합의체 판결**

채무자가 제3채무자를 상대로 제기한 이행의 소가 법원에 계속되어 있는 경우에도 압류채권자는 제3채무자를 상대로 압류된 채권의 이행을 청구하는 추심의 소를 제기할 수 있고, 제3채무자를 상대로 압류채권자가 제기한 추심의 소는 채무자가 제기한 이행의 소에 대한 관계에서 민사소송법 제259조가 금지하는 중복된 소제기에 해당하지 않는다.

|註| 1. **추심금소송과 중복제소**　갈음형 제3자의 소송담당에 있어서는 병존형 제3자의 소송담당의 경우와 달리 볼 요소들이 있다. 채권자 甲, 채무자 乙, 제3채무자 丙인 추심금소송을 예로 들어 본다. ① 甲의 丙에 대한 추심금소송 계속 중 乙이 丙에 대하여 후소를 제기한 경우 乙의 후소는 추심명령에 의하여 이미 당사자적격을 상실한 자가 제기한 소이므로 중복소송 여부를 따질 필요도 없이 그 자체로 부적법하다.[1] ② 乙의 丙에 대한 소송 계속 중 甲이 압류·추심명령을 받은 경우에도 乙은 당사자적격을 상실하므로 乙의 전소는 부적법해진다. 전소가 부적법하더라도 그 소송이 계속 중인 이상 동일한 후소는 중복소송에 해당하는 것이 원칙이지만, 대상판결은 乙의 丙에 대한 소송 계속 중 甲이 압류·추심명령을 얻어 丙에 대하여 후소를 제기하더라도 이러한 후소는 중복소송이 아니라고 하였다. ③ 甲의 丙에 대한 추심금소송 계속 중 다른 추심채권자 丁이 丙에 대하여 제기한 추심금소송은 당사자는 다르지만 동일한 사건에 대한 소송이므로 중복소송에 해당한다. 丁으로서는 甲이 제기한 소에 민사집행법 제249조 제2항에 따른 공동소송참가를 하여야 한다.

2. **위 ②의 경우에 관한 판례의 논거**　위 ②의 경우에 관한 대상판결의 다수의견과 반대의견의 논거는 아래와 같다.

(1) 다수의견 : ① 채무자가 제3채무자를 상대로 제기한 이행의 소가 이미 법원에 계속되어 있는 상태에서 압류채권자가 제3채무자를 상대로 제기한 추심의 소의 본안에 관하여 심리·판단한다고 하여, 제3채무자에게 불합리하게 과도한 이중 응소의 부담을 지우고 본안 심리가 중복되어 당사자와 법원의 소송경제에 반한다거나 판결의 모순·저촉의 위험이 크다고 볼 수 없다(추심명령으로 채무자의 제3채무자에 대한 소는 부적

1) 대판 2000. 4. 11. 99다23888.

법해져서 각하되어야 하기 때문이다). ② 압류채권자는 채무자가 제3채무자를 상대로 제기한 이행의 소에 민사소송법 제81조, 제79조에 따라 참가할 수도 있으나, 채무자의 이행의 소가 상고심에 계속 중인 경우에는 승계인의 소송참가가 허용되지 아니하므로 압류채권자의 소송참가가 언제나 가능하지는 않으며, 압류채권자가 채무자가 제기한 이행의 소에 참가할 의무가 있는 것도 아니다. ③ 채무자가 제3채무자를 상대로 제기한 이행의 소가 법원에 계속되어 있는 경우에도 압류채권자는 제3채무자를 상대로 압류된 채권의 이행을 청구하는 추심의 소를 제기할 수 있고, 제3채무자를 상대로 압류채권자가 제기한 추심의 소는 채무자가 제기한 이행의 소에 대한 관계에서 민사소송법 제259조가 금지하는 중복된 소제기에 해당하지 않는다고 봄이 타당하다. (2) 반대의견 : ① 민사소송법 제259조가 규정하는 중복된 소제기의 금지는 소송의 계속으로 인하여 당연히 발생하는 소제기의 효과이다. 그러므로 설령 이미 법원에 계속되어 있는 소(전소)가 소송요건을 갖추지 못한 부적법한 소라고 하더라도 취하·각하 등에 의하여 소송계속이 소멸하지 않는 한 그 소송계속 중에 다시 제기된 소(후소)는 중복된 소제기의 금지에 저촉되는 부적법한 소로서 각하를 면할 수 없다. ② 채무자가 제3채무자를 상대로 먼저 제기한 이행의 소와 압류채권자가 제3채무자를 상대로 나중에 제기한 추심의 소는 비록 당사자는 다를지라도 실질적으로 동일한 사건으로서 후소는 중복된 소에 해당한다. ③ 압류채권자에게는 채무자가 제3채무자를 상대로 제기한 이행의 소에 민사소송법 제81조, 제79조에 따라 참가할 수 있는 길이 열려 있으므로, 굳이 민사소송법이 명문으로 규정하고 있는 기본 법리인 중복된 소제기의 금지 원칙을 깨뜨리면서까지 압류채권자에게 채무자가 제기한 이행의 소와 별도로 추심의 소를 제기하는 것을 허용할 것은 아니다. 다만 다수의견이 지적하듯이 채무자가 제3채무자를 상대로 제기한 이행의 소가 상고심에 계속 중 채권에 대한 압류 및 추심명령을 받은 경우에는 압류채권자가 상고심에서 승계인으로서 소송참가를 하는 것이 불가능하나, 이때에도 상고심은 압류 및 추심명령으로 인하여 채무자가 당사자적격을 상실한 사정을 직권으로 조사하여 압류 및 추심명령이 내려진 부분의 소를 파기하여야 하므로, 압류채권자는 파기환송심에서 승계인으로서 소송참가를 하면 된다.

(3) 채권자취소소송

◆ 대법원 2003. 7. 11. 선고 2003다19558 판결

채권자취소권의 요건을 갖춘 각 채권자는 고유의 권리로서 채무자의 재산처분행위를 취소하고 그 원상회복을 구할 수 있는 것이므로 여러 명의 채권자가 동

시에 또는 시기를 달리하여 사해행위취소 및 원상회복청구의 소를 제기한 경우 이들 소가 중복제소에 해당하지 아니할 뿐만 아니라, 어느 한 채권자가 동일한 사해행위에 관하여 사해행위취소 및 원상회복청구를 하여 승소판결을 받아 그 판결이 확정되었다는 것만으로는 그 후에 제기된 다른 채권자의 동일한 청구가 권리보호의 이익이 없게 되는 것은 아니고, 그에 기하여 재산이나 가액의 회복을 마친 경우에 비로소 다른 채권자의 사해행위취소 및 원상회복청구는 그와 중첩되는 범위 내에서 권리보호의 이익이 없게 된다.

|註| 채권자취소권은 채권자대위권과는 달리 채권자가 채무자의 권리를 대신 행사하는 제3자의 소송담당이 아니라 채권자가 그 고유의 권리를 행사하는 것이다. 따라서 어느 한 채권자의 채권자취소소송 중 다른 채권자가 동일한 법률행위에 대하여 채권자취소소송을 제기하더라도 중복제소에 해당하지 않는다. 또한 어느 한 채권자에 의한 채권자취소소송 판결이 확정되었더라도 그 기판력이 다른 채권자에 의한 동일한 법률행위에 대한 채권자취소소송에 미치는 것도 아니다. 다만 앞선 채권자취소소송에서 원고승소판결이 확정되고 그에 따라 원상회복이 이루어진 경우에는 그와 중첩되는 범위 내에서 뒤의 채권자취소소송은 권리보호의 이익을 상실하게 된다.

2. 청구(소송물)의 동일

청구, 즉 소송물의 동일 여부는 소송물이론에 따라 달라진다. 다만 일정한 경우에는 중복소송 제도의 취지에 비추어 소송물이 아님에도 불구하고 또는 소송물이 다르더라도 중복소송으로 보아야 한다는 논의가 있다.

(1) 상계항변

◆ 대법원 2001. 4. 27. 선고 2000다4050 판결

상계의 항변을 제출할 당시 이미 자동채권과 동일한 채권에 기한 소송을 별도로 제기하여 계속 중인 경우, 사실심의 담당재판부로서는 전소와 후소를 같은 기회에 심리, 판단하기 위하여 이부, 이송 또는 변론병합 등을 시도함으로써 기판력의 저촉, 모순을 방지함과 아울러 소송경제를 도모함이 바람직하였다고 할 것이나, 그렇다고 하여 특별한 사정이 없는 한 별소로 계속 중인 채권을 자동채권으로 하는 소송상 상계의 주장이 허용되지 않는다고 볼 수는 없다.

|註| **1. 선결적 법률관계나 항변으로 주장된 권리** 계속 중인 소송에서 선결적 법률관계로 주장된 권리 또는 항변으로 주장된 권리를 별소로 구하는 것은 중복제소가 아니다. 그러한 권리들은 소송물이 아닐 뿐만 아니라 그에 관한 판단에는 기판력이 없어 판단의 모순, 저촉이 생기지도 않기 때문이다. 예컨대, 甲이 X 부동산이 자신의 소유라고 주장하면서 乙을 상대로 X 부동산에 관한 乙 명의 소유권이전등기의 말소를 구하는 소를 제기한 경우 그 소가 계속 중 乙을 상대로 X 부동산이 甲의 소유임을 확인한다는 확인의 소를 제기하더라도 중복제소가 되지는 않는다.[1] 다만, 상계의 항변과 관련하여는 논의가 있다. 상계항변에 관한 판단에는 기판력이 있기 때문이다.

2. 상계항변과 중복제소 계속 중인 소송에서 상계항변으로 제출된 채권을 별소로 구하거나, 반대로 소구 중인 채권을 상대방이 제기한 별소에서 상계항변으로 제출할 수 있을까. 학설로는 ① 상계항변은 소송물이 아니라 방어방법이므로 허용된다는 적극설(이영섭), ② 상계에 제공된 채권의 존재에 대한 판단에는 기판력이 생기므로 이를 허용하면 기판력의 저촉이 생길 수 있고 따라서 중복제소금지의 규정을 준용함이 타당하다는 소극설(강현중), ③ 상계항변에 기판력이 인정되더라도 그것은 소송물이라기보다는 방어방법이고 또 상계항변은 예비적 항변이라는 특수성 때문에 상계항변에 대한 판단이 있을지 불확실한데 전면적으로 소권의 행사를 막게 되면 반대채권에 대하여 조속히 집행권원을 얻으려는 피고의 이익을 해하게 된다는 이유로, 원칙적으로 적극설을 따르되 이미 계속 중인 소송에서 상계항변으로 제공된 자동채권에 관하여는 별소 제기를 금하고 기왕의 소송에서 반소의 제기를 하도록 유도함이 타당하고, 다만 자동채권에 관하여 반소가 아닌 별소를 제기하였을 때에는 바로 소각하를 할 것이 아니라 소송의 이부, 이송 또는 변론의 병합에 의하여 별소가 기왕의 절차의 반소로서 병합되도록 하자는 반소요구설(反訴要求說)(이시윤, 정동윤·유병현·김경욱, 김홍규·강태원)이 있고, 그 외에도 ④ ZPO §148과 같이 상계항변으로 주장한 채권에 대하여 별소를 제기하였을 때에는 어느 한 쪽의 변론

1) 대판 1966. 2. 15. 65다2371, 2372(소유권을 원인으로 하는 이행의 소가 계속 중인 경우에도 소유권 유무 자체에 관하여 당사자 사이에 분쟁이 있어 즉시확정의 이익이 있는 경우에는 그 소유권확인의 소를 아울러 제기할 수 있다).

을 중지하자는 설(방순원), ⑤ 반소요구설이 처분권주의를 해할 우려가 있다는 지적을 하며 이부, 이송 등으로 병합하여 심리하되 그것이 불가능한 경우 상계항변이 조건부, 즉 예비적이면 후소를 적법한 소로 허용하고 무조건적이면 중복제소로 처리하자는 설(호문혁)이 있다. 판례는 적극설을 취하면서도 법원으로서는 반소요구설이 제시하는 조치를 취함이 바람직하다는 입장을 취하고 있다.

(2) 이행소송과 확인소송

◆ 대법원 2001. 7. 24. 선고 2001다22246 판결

[1] 채권자가 채무인수자를 상대로 제기한 채무이행청구소송(전소)과 채무인수자가 채권자를 상대로 제기한 원래 채무자의 채권자에 대한 채무부존재확인소송(후소)은 그 청구취지와 청구원인이 서로 다르므로 중복제소에 해당하지 않는다.
[2] 채무인수자를 상대로 한 채무이행청구소송이 계속 중, 채무인수자가 별소로 그 채무의 부존재 확인을 구하는 것은 소의 이익이 없다.

|註| **1. 사실관계와 법원의 판단** 甲은 丙에게 1억 원을 대여한 후 乙이 丙으로부터 채무를 병존적으로 인수하였다고 주장하면서 乙을 상대로 1억 원의 지급을 구하는 소를 제기하였다. 乙은 소장부본을 송달받은 다음 丙의 甲에 대한 채무는 존재하지 아니함을 확인한다는 소를 제기하였다. 항소심은, 乙의 채무부존재확인의 소(후소)와 甲의 금전지급청구의 소(전소)는 원·피고의 지위만 바뀌었을 뿐 당사자와 청구가 모두 동일하므로, 후소인 乙의 채무부존재확인의 소는 중복제소에 해당하여 부적법하다고 판단하였다. 그러나 대법원은 乙의 소가 중복제소에는 해당되지 않는다고 하였고, 다만 乙은 甲이 제기한 이행소송에서 청구기각의 판결을 구함으로써 甲이 乙이나 丙에게 채권을 가지고 있지 아니함을 다툴 수 있으므로 이와 별도로 甲을 상대로 丙의 甲에 대한 1억 원의 채무가 존재하지 아니한다는 확인을 구할 이익이 없다고 하였다.
2. 동일한 권리에 관한 이행소송과 확인소송 (1) 동일한 권리에 관하여 이행청구의 계속 중에 확인청구를 하거나(甲이 乙을 상대로 제기한 대여금 100만 원의 지급을 구하는 소의 계속 중 乙이 별소 또는 반소로써 위 대여금채무의 부존재확인을 구하는 경우) 확인청구의 계속 중에 이행청구를 하는 것이(甲이 乙을 상대로 제기한 100만 원 대여금

채무의 부존재확인소송의 계속 중 乙이 별소 또는 반소로써 위 100만 원의 지급을 구하는 경우) 허용될 것인가. 학설로서는 ① 이행청구의 경우에 변제기 미도래를 이유로 청구기각이 될 수도 있으므로 양소는 어느 경우나 동일사건이 아니라는 제1설, ② 이행의 소가 먼저 제기된 경우에 후소로 확인의 소를 제기하는 것은 동일사건이지만 확인의 소가 먼저 제기되었을 때 이행의 소를 제기하는 것은 동일사건이 아니라는 제2설(정동윤·유병현·김경욱), ③ 확인의 소가 먼저 제기되었을 때에 이행의 소를 제기하는 것도 동일사건이므로 중복제소에 해당한다는 제3설(이영섭, 방순원, 김홍규·강태원, 송상현·박익환), ④ 일반론으로서는 제2설이 옳으나 확인의 소가 전소로 사실심에 계속 중이므로 청구취지의 확장으로 간단하게 이행청구를 할 수 있음에도 별소로 구하여 두 개의 절차를 벌이는 것은 소송제도의 남용이고, 따라서 이부, 이송, 변론의 병합 등 단일의 소송절차로 병합심리의 길이 있으면 그에 의하고 그렇지 않으면 후소를 각하할 것이라는 제4설(이시윤), ⑤ 이 경우는 청구취지가 다르므로 중복소송으로 처리할 일이 아니고 이행의 소가 계속하면 확인의 소는 전후를 불문하고 권리보호의 요건이 결여되어 각하할 것이라는 제5설(호문혁)이 대립한다.

(2) 이 문제에 관하여 대법원이 확정적인 입장을 밝힌 바는 없다. 대상판결은 일견 동일한 권리관계에 관하여 이행소송의 계속 중 상대방이 별소로 확인소송을 제기한 사례에서 제5설을 취한 것처럼 보이지만, 위 판결에서 전소의 판단대상은 채권자 甲의 채무인수자 乙에 대한 채권의 존부이고 후소의 판단대상은 채권자 甲의 원래의 채무자 丙에 대한 채권의 존부이므로 위 판결의 사안은 일반적으로 논의되는 경우와는 다소 차이가 있다. 즉, 위 판결의 사안에서 후소가 원래의 채무자 丙이 아니라 채무인수자 乙 자신의 채권자 甲에 대한 채무부존재확인소송이었다면 중복제소로 보았을 수도 있다는 의미이다. 아울러 판례는 원고가 채무부존재확인의 소를 제기한 데 대하여 피고가 그 채권의 이행을 구하는 반소를 제기한 경우 위 반소로 인하여 본소가 부적법해지는 것은 아니라고 하였는데(아래 99다17401, 17418 판결 참조), 이러한 점에서 보면 판례가 제5설의 입장에 있는 것은 아닌 것으로 보인다.

▶ 대법원 1999. 6. 8. 선고 99다17401, 17418 판결

소송요건을 구비하여 적법하게 제기된 본소가 그 후에 상대방이 제기한 반소로 인하여

소송요건에 흠결이 생겨 다시 부적법하게 되는 것은 아니므로, 원고가 피고에 대하여 손해배상채무의 부존재확인을 구할 이익이 있어 본소로 그 확인을 구하였다면, 피고가 그 후에 그 손해배상채무의 이행을 구하는 반소를 제기하였다 하더라도 그러한 사정만으로 본소청구에 대한 확인의 이익이 소멸하여 본소가 부적법하게 된다고 볼 수는 없다.

|註| 1. 乙이 오토바이를 운전하다가 甲보험회사의 자동차보험에 가입한 丙이 운전하는 승용차를 들이받아 사망하는 교통사고가 발생하자, 甲(본소원고)은 乙의 과실을 주장하며 乙의 상속인(본소피고)을 상대로 위 교통사고와 관련한 손해배상채무의 부존재확인을 구하는 소를 제기하였고 이에 乙의 상속인(반소원고)은 甲(반소피고)을 상대로 손해배상채무의 이행을 구하는 반소를 제기한 사안이다. 항소심은, 소의 이익의 존부는 사실심변론종결시를 기준으로 판단하여야 하는데 본소의 목적은 반소청구에 대한 기각을 구하는 방어로써 충분히 달성할 수 있으므로 본소는 소의 이익이 없다고 판단하였으나, 대법원은 위와 같은 이유로 원심을 파기하였다.

2. 대법원은 이후의 판결에서 위와 같이 해석하는 이유에 대하여 "민사소송법 제271조는 본소가 취하된 때에는 피고는 원고의 동의 없이 반소를 취하할 수 있다고 규정하고 있고, 이에 따라 원고가 반소가 제기되었다는 이유로 본소를 취하한 경우 피고가 일방적으로 반소를 취하함으로써 원고가 당초 추구한 기판력을 취득할 수 없는 사태가 발생할 수 있는 점을 고려하면, 위 법리와 같이 반소가 제기되었다는 사정만으로 본소청구에 대한 확인의 이익이 소멸한다고는 볼 수 없다"고 하였다.[1]

3. 채무자의 소극적 확인소송에 있어서 채권자는 응소시 채권의 존재를 주장·증명하여야 한다.[2] 이러한 소극적 확인소송의 구조는 채권자에게 제소를 강제하는 것과 마찬가지의 기능을 가지는바, 당사자 사이에 다툼이 있는 어느 청구권 또는 법률관계의 존부에 있어서 소송에 의한 결말을 채권자에게 재촉하는 채무부존재확인소송의 제소강제적 기능(提訴强制的 機能)이 채권자의 반소에 의하여 이행의 소의 제기라는 형태로 현실화한 경우에 채무부존재확인소송은 그 당초의 기능상의 목적을 완전히 다하였다는 이유에서 원심의 판단에 찬성하는 견해(전병서)가 있다.

(3) 일부청구와 잔부청구

◆ 대법원 1985. 4. 9. 선고 84다552 판결

전 소송에서 불법행위를 원인으로 치료비청구를 하면서 일부만을 특정하여 청구하고 그 이외의 부분은 별도소송으로 청구하겠다는 취지를 명시적으로 유보

1) 대판 2010. 7. 15. 2010다2428, 2435.
2) 대판 1998. 3. 13. 97다45259.

한 때에는 그 전 소송의 소송물은 그 청구한 일부의 치료비에 한정되는 것이고, 전 소송에서 한 판결의 기판력은 유보한 나머지 부분의 치료비에까지는 미치지 아니한다 할 것이므로 전 소송의 계속 중에 동일한 불법행위를 원인으로 유보한 나머지 치료비청구를 별도소송으로 제기하였다 하더라도 중복제소에 해당하지 아니한다.

|註| 일부청구의 계속 중 별소로 잔부를 청구하는 것이 허용될 것인가 ① 잔부청구를 위해서는 동일 소송절차 내에서 청구취지를 확장하면 된다는 이유로 전소에서의 일부청구 명시 여부와 무관하게 중복제소로 보아야 한다는 중복소송설(송상현·박익환, 강현중), ② 일부청구가 사실심에 계속 중이어서 잔부마저 청구취지의 확장으로 간편하게 흡수 청구할 수 있는 길이 있는데도 구태여 잔부를 제기하는 것은 남소에 해당하므로, 이 경우 우선 이부, 이송, 변론의 병합으로 절차의 단일화를 시도하고 그것이 불가능한 때에는 후소를 각하하여야 한다는 단일절차병합설(이시윤, 이석선), ③ 명시적 일부청구설을 일관하여 명시적 일부청구의 경우에는 그 일부만이 소송물이므로 잔부청구를 별소로 제기하여도 중복소송에 해당하지 않지만 묵시적 일부청구의 경우에는 채권의 전부가 소송물이므로 별소로 잔부청구를 하는 것은 중복제소에 해당한다는 설(정동윤·유병현·김경욱), ④ 일부청구긍정설을 취하면서 잔부청구를 적법한 것으로 허용하되 가능하면 이송 등으로 변론을 병합하는 것이 타당하다는 설(호문혁) 등이 대립한다. 판례는 중복소송설의 입장이었다가 명시적 일부청구설을 일관하는 것으로 바뀌었다.

Ⅲ. 국제적 중복소송

▶ **부산지방법원 2007. 2. 2. 선고 2000가합7960 판결**

외국법원의 확정판결은 민사소송법 제217조 각호의 요건을 모두 충족하면 우리나라에서 그 효력이 인정되고, 외국법원의 확정판결이 위 승인요건을 구비하는 경우에는 이와 동일한 소송을 우리나라 법원에 다시 제기하는 것은 외국법원의 확정판결의 기판력에 저촉되어 허용되지 않으므로, 외국법원에 소가 제기되어 있는 경우 그 외국법원의 판결이 장차 민사소송법 제217조에 의하여 승인받을 가능성이 예측되는 때에는 민사소송법 제259조에서 정한 소송계속으로 보아야 할 것이므로, 이와 동일한 사건에 대하여 우리나라 법원에 제소한다면 중복제소에 해당하여 부적법하다.

|註| 1. 사실관계 일제강점기하에 일본 정부에 의하여 강제징용되어 일본국 내 기업에서 강제노동에 종사한 대한민국 국민이 위 기업을 상대로 불법행위로 인한 손해배상청구를 한 사안에서, 동일한 사건이 일본국 최고재판소에 소송계속 중이라고 하더라도 위 법원의 판결 결과를 예측하기 어렵고, 다수의 과거 일본국 재판소의 판결 내용에 비추어 볼 때 일본국 최고재판소의 판단이 대한민국의 법원과 그 견해를 달리할 가능성을 배제할 수 없으므로, 향후 일본국 재판소가 결론내린 확정판결의 효력을 그대로 승인하는 것이 대한민국의 공익이나 정의관념 및 국내법질서 등에 비추어 허용될 수 없는 결과를 전혀 예상 못 할 바 아니어서, 대한민국 법원에 위 소를 제기하는 것이 중복제소에 해당하지 않는다고 본 사안이다. 위 판결은 항소되었으나 항소심 계속 중 일본국에서 계속 중이던 소송이 확정되어 항소심에서 중복제소의 항변은 철회되었다.

2. 국제적 중복제소 외국법원에 소가 제기되어 계속 중인 사건에 대하여 국내법원에 다시 소제기를 하는 경우 국내법원에 제기된 소를 중복소송으로 볼 것인가. 이에 관하여는 견해의 대립이 있는데 먼저 ① 규제소극설은 재판권의 행사는 국가주권행위라는 점에서 제259조 소정의 '법원'에는 외국법원이 포함되지 않는다고 해야 하므로 외국법원에의 소제기에도 불구하고 국내법원에 제소가 무방하다고 한다(정동윤·유병현·김경욱). 다음으로 ② 승인예측설은 외국법원에서 장래 선고될 판결이 국내에서의 승인요건을 구비하였다고 보이는 경우에는 제259조를 유추적용하여 국내에서 동일한 소송을 제기할 수 없도록 하되 다만, 외국판결의 승인예측은 신중하여야 하므로 승인에 대한 중대한 의심이 없다면 외국에서의 소송계속을 고려하여 국내법원에 제기된 소를 각하할 것이나 아니라면 후에 승인되지 않는 경우에 대비하여 변론을 중지하여야 하고 또 외국법원의 심리가 지나치게 지연될 때에는 외국법원의 소송계속을 참작하지 않을 수도 있다고 한다(이시윤, 강현중, 호문혁). 위 판례를 비롯하여 하급심 판례 중에는 이 입장을 따른 것들이 있다.[1] 마지막으로 ③ 비교형량설(proper forum설)은 사안별로 외국과 우리나라 가운데 어디가 적절한 법정지인가를 비교형량

1) 서울지법 2002. 12. 13. 2000가합90940.

하여 결정할 것으로 만일 외국이 보다 적절한 법정지인데도 국내법원에 제소하면 중복소송이 된다고 한다.

제 2. 실체법상의 효과

Ⅰ. 총설

소제기의 실체법상 효과로서 주된 것은 시효의 중단, 법률상 기간(제척기간)의 준수, 연 12%의 지연손해금 발생(소송촉진 등에 관한 특례법 3조)을 들 수 있다. 시효중단과 제척기간준수의 효과는 소를 제기한 때(소장 또는 소제기의 성질을 갖는 피고경정신청서, 청구변경신청서 등을 제출한 때) 발생한다(265조).[1] 연 12%의 지연손해금은 소장부본이 피고에게 송달된 다음날부터 발생하게 되나, 피고가 그 이행의무의 존재 여부나 범위에 관하여 항쟁(抗爭)하는 것이 타당하다고 인정하는 때에는 사정에 따라 사실심 판결 선고일까지 적당한 기간을 설정하여 위 12%의 지연손해금률을 적용하지 않을 수 있고,[2] 병합소송에 있어서는 각 소송물에 따라 위 지연손해금률의 적용시기를 달리할 수 있다.[3]

Ⅱ. 시효의 중단

1. 시효중단의 효력이 있는 재판상 청구

◆ 대법원 2011. 11. 10. 선고 2011다54686 판결

지급명령이란 금전 그 밖에 대체물이나 유가증권의 일정한 수량의 지급을 목적

1) 채무자가 소제기 사실을 알기 전에 시효중단의 효력을 인정한 것이다. 가압류의 경우에도 이와 같이 가압류를 신청한 때에 시효중단의 효력이 발생한다(대판 2017. 4. 7. 2016다35451). 지급명령 사건이 채무자의 이의신청으로 소송으로 이행되는 경우 지급명령에 의한 시효중단의 효과는 지급명령을 신청한 때에 발생한다(대판 2015. 2. 12. 2014다228440). 소송 도중에 배당이의의 소로 청구취지를 변경한 경우 제소기간을 준수하였는지는 청구취지 변경신청서를 법원에 제출한 때를 기준으로 판단해야 한다(대판 2020. 10. 15. 2017다216523).

2) 실무에서는 통상 원고 청구를 전부 인용하는 경우에는 소장부본 송달일 다음날부터 연 12%의 지연손해금률을 적용하고, 일부만 인용하는 경우에는 사실심 판결 선고일까지는 법정이율(민사 연 5%, 상사 연 6%) 또는 약정이율(연 12% 이하의 약정이율일 경우)을 적용하고, 그 다음날부터 연 12%의 지연손해금률을 적용한다.

3) 대판(전) 1987. 5. 26. 86다카1876.

으로 하는 청구에 대하여 법원이 보통의 소송절차에 의함이 없이 채권자의 신청에 의하여 간이, 신속하게 발하는 이행에 관한 명령으로 지급명령에 관한 절차는 종국판결을 받기 위한 소의 제기는 아니지만, 채권자로 하여금 간이·신속하게 집행권원을 취득하도록 하기 위하여 이행의 소를 대신하여 법이 마련한 특별소송절차로 볼 수 있다. 그런데 재판상 청구에 시효중단의 효력을 인정하는 근거는 권리자가 재판상 그 권리를 주장하여 권리 위에 잠자는 것이 아님을 표명하고 이로써 시효제도의 기초인 영속되는 사실상태와 상용할 수 없는 다른 사정이 발생하였다는 점에 기인하는 것인데, 그와 같은 점에서 보면 지급명령 신청은 권리자가 권리의 존재를 주장하면서 재판상 그 실현을 요구하는 것이므로 본질적으로 소의 제기와 다르지 않다. 따라서 민법 제170조 제1항에 규정하고 있는 '재판상의 청구'란 종국판결을 받기 위한 '소의 제기'에 한정되지 않고, 권리자가 이행의 소를 대신하여 재판기관의 공권적인 법률판단을 구하는 지급명령 신청도 포함된다고 보는 것이 타당하다. 그리고 민법 제170조의 재판상 청구에 지급명령 신청이 포함되는 것으로 보는 이상 특별한 사정이 없는 한, 지급명령 신청이 각하된 경우라도 6개월 이내 다시 소를 제기한 경우라면 민법 제170조 제2항에 의하여 시효는 당초 지급명령 신청이 있었던 때에 중단되었다고 보아야 한다.

|註| 지급명령도 시효중단사유 중 하나인 민법 제170조 제1항의 '재판상의 청구'에 해당하고, 따라서 지급명령신청이 각하된 경우에도 6개월 내에 다시 소를 제기하면 당초 지급명령 신청시에 시효가 중단됨(민법 170조 2항)을 밝히고, 아울러 시효중단의 근거에 대하여 권리행사설의 입장을 밝힌 판결이기도 하다.

◆ 대법원 2019. 7. 25. 선고 2019다212945 판결

[1] 채무자의 제3채무자에 대한 금전채권에 대하여 압류 및 추심명령이 있더라도, 이는 추심채권자에게 피압류채권을 추심할 권능만을 부여하는 것이고, 이로 인하여 채무자가 제3채무자에게 가지는 채권이 추심채권자에게 이전되거나 귀속되는 것은 아니다. 따라서 채무자가 제3채무자를 상대로 금전채권의 이행을 구하는 소를 제기한 후 채권자가 위 금전채권에 대하여 압류 및 추심명령을 받아 제3채무자를 상대로 추심의 소를 제기한 경우, 채무자가 권리주체의 지위에서 한 시효중단의 효력은 집행법원의 수권에 따라 피압류채권에 대한 추심권능

을 부여받아 일종의 추심기관으로서 그 채권을 추심하는 추심채권자에게도 미친다.

[2] 재판상의 청구는 소송의 각하, 기각 또는 취하의 경우에는 시효중단의 효력이 없지만, 그 경우 6개월 내에 재판상의 청구, 파산절차참가, 압류 또는 가압류, 가처분을 한 때에는 시효는 최초의 재판상 청구로 인하여 중단된 것으로 본다(민법 제170조). 그러므로 채무자가 제3채무자를 상대로 제기한 금전채권의 이행소송이 압류 및 추심명령으로 인한 당사자적격의 상실로 각하되더라도, 위 이행소송의 계속 중에 피압류채권에 대하여 채무자에 갈음하여 당사자적격을 취득한 추심채권자가 위 각하판결이 확정된 날로부터 6개월 내에 제3채무자를 상대로 추심의 소를 제기하였다면, 채무자가 제기한 재판상 청구로 인하여 발생한 시효중단의 효력은 추심채권자의 추심소송에서도 그대로 유지된다고 보는 것이 타당하다.

|註| 1. 乙이 2014. 2. 26. 丙을 상대로 차임지급청구의 소를 제기하여 1심에서 승소판결을 받았으나, 1심 계속 중에 乙의 채권자 甲이 乙의 丙에 대한 위 차임채권에 대하여 압류·추심명령을 받은 사실이 확인되어 항소심이 2017. 4. 28. 당사자적격의 상실을 이유로 乙의 소를 각하하였고, 이후 2017. 8. 11. 甲이 丙을 상대로 추심의 소를 제기한 사안이다. 丙은 乙의 丙에 대한 차임채권이 변제기인 2014. 1. 31.로부터 3년의 시효기간 도과로 소멸하였다고 주장하였으나, 법원은 권리주체인 乙의 제소로 인한 시효중단의 효력은 추심권자인 甲에게도 미치고 乙의 청구가 각하되었으나 甲이 그로부터 6월 내에 소를 제기하였으므로 乙의 甲에 대한 차임채권의 시효는 乙이 소를 제기한 2014. 2. 26. 중단되었다고 하였다.

2. 채무자가 제3채무자를 상대로 금전채권의 이행을 구하는 소를 제기한 후 채권자가 위 금전채권에 대하여 압류·추심명령을 받아 제3채무자를 상대로 추심의 소를 제기한 경우, 채무자가 권리주체의 지위에서 한 시효중단의 효력이 추심채권자에게도 미친다고 한 판결이다.

2. 시효가 중단되는 권리의 범위

▶ 대법원 1999. 6. 11. 선고 99다16378 판결

[1] 원인채권의 지급을 확보하기 위한 방법으로 어음이 수수된 경우에 원인채권과 어음채권은 별개로서 채권자는 그 선택에 따라 권리를 행사할 수 있고, 원인채권에 기하여 청구를 한 것만으로는 어음채권 그 자체를 행사한 것으로 볼 수 없어 어음채권의 소멸시효를 중단시키지 못한다.

[2] 원인채권의 지급을 확보하기 위한 방법으로 어음이 수수된 경우, 이러한 어음은 경제적으로 동일한 급부를 위하여 원인채권의 지급수단으로 수수된 것으로서 그 어음채권의 행사는 원인채권을 실현하기 위한 것일 뿐만 아니라, 원인채권의 소멸시효는 어음금 청구소송에 있어서 채무자의 인적 항변사유에 해당하는 관계로 채권자가 어음채권의 소멸시효를 중단하여 두어도 채무자의 인적 항변에 따라 그 권리를 실현할 수 없게 되는 불합리한 결과가 발생하게 되므로, 채권자가 원인채권에 기하여 청구를 한 것이 아니라 어음채권에 기하여 청구를 하는 반대의 경우에는 원인채권의 소멸시효를 중단시키는 효력이 있다고 봄이 상당하고, 이러한 법리는 채권자가 어음채권을 피보전권리로 하여 채무자의 재산을 가압류함으로써 그 권리를 행사한 경우에도 마찬가지로 적용된다.

|註| 1. 사실관계와 법원의 판단 甲은 1982. 11. 2. 乙에게 2,500만 원을 변제기를 정하지 않고 대여한 후 10년이 훨씬 지난 1997. 9. 2. 乙을 상대로 위 대여금의 반환을 구하는 소를 제기하였다. 乙이 소멸시효완성의 항변을 하자, 甲은 위 대여금채권의 지급을 확보하기 위하여 받아두었던 약속어음을 근거로 1988. 1. 4. 위 약속어음금채권을 피보전권리로 하여 乙의 丙 회사에 대한 사원지분권에 대하여 가압류결정을 받았음을 내세워 소멸시효중단의 재항변을 하였다. 항소심은 위 대여금채권과 약속어음채권은 법률적으로는 별개의 채권이므로 약속어음채권을 피보전권리로 한 가압류결정이 대여금채권의 소멸시효를 중단시키지는 않는다고 하였으나, 대법원은 위와 같이 판시하여 항소심판결을 파기하였다.

2. 소송물로 주장된 권리 원칙적으로 시효중단의 효력은 소송물로서 주장된 권리에 관하여만 생긴다. 따라서 구소송물론과 신소송물론에 있어 시효중단

되는 권리의 범위가 다르게 된다. 구소송물론을 따르는 판례는, "채권자가 동일한 목적을 달성하기 위하여 복수의 채권을 갖고 있는 경우, 채권자로서는 그 선택에 따라 권리를 행사할 수 있되, 그 중 어느 하나의 청구를 한 것만으로는 다른 채권 그 자체를 행사한 것으로 볼 수는 없으므로, 특별한 사정이 없는 한 그 다른 채권에 대한 소멸시효 중단의 효력은 없다"[1]고 하였다. 다만, 원인채권의 지급을 확보하기 위하여 어음을 수수한 경우에는 어음 수수의 목적과 인적항변으로 인한 불합리를 고려하여 어음채권의 행사로 원인채권의 시효까지 중단되는 것으로 보고 있다.[2]

3. 소송상 주장된 소송물이 아닌 권리 (1) 재판상의 청구(민법 170조)가 시효를 중단시키는 근거에 관하여는, ① 권리자가 권리 위에 잠자지 않고 단호하게 권리를 행사하는 점에서 근거를 구하는 권리행사설(판례, 통설)과 ② 소송물인 권리관계의 존부가 판결에 의하여 확정됨으로써 계속되는 사실관계가 법적으로 부정되는 점에서 근거를 찾는 권리확정설이 대립한다. 후자에 따르면 소송물의 범위와 기판력의 범위 및 시효중단의 범위가 동일하게 되나 전자에 의하면 양자가 반드시 일치할 필요가 없다. 판례는 권리행사설에 따라 소송물이 아닌 권리관계에 관하여도 시효중단의 효력을 인정하고 있다.

(2) 첫째, 소유권이 있음을 전제로 한 각종의 소는 소유권확인청구, 소유물반환청구(민법 213조), 소유권방해배제청구(민법 214조)뿐만 아니라 소유권침해를 이유로 한 손해배상청구나 부당이득반환청구도 취득시효의 진행을 중단시킨다.[3] 위와 같은 소를 제기한 당사자는 자신의 소유권을 행사한 것이기 때문이다.

(3) 둘째, 기본적 권리관계에 관한 이행청구나 확인청구는 그로부터 파생되는 권리관계에 관한 시효를 중단시킨다.[4] 예컨대, 환매권에 기한 소유권이전등

1) 대판 2001. 3. 23. 2001다6145.

2) 다만, 이미 시효로 소멸한 어음채권을 피보전권리로 한 가압류 결정에 의하여는 그 원인채권의 소멸시효가 중단되지 않는다는 것에, 대판 2007. 9. 20. 2006다68902.

3) 대판 1997. 3. 14. 96다55211.

4) 대판 1995. 6. 30. 94다13435("시효제도의 존재이유는 영속된 사실상태를 존중하고 권리 위에 잠자는 자를 보호하지 않는다는 데 있고, 특히 소멸시효에 있어서는 후자의 의미가 강하므로 권리자가 재판상 그 권리를 주장하여 권리 위에 잠자는 것이 아님을 표명한 때에는 시효중단사유가 되는바, 이러한 시효중단사유로서의 재판상의 청구에는 그 권리 자체의 이행청구를 하는 경우뿐만 아니라 그 권리가 발생한 기본적 권리관계에 관한 이행청구나 확인청구를 하는 경우에도 그 기본적 권리관계의 이행청구나 확인청구가 그로부터 발생한 권리의 실현수단이

기청구소송은 환매권의 상실로 인한 손해배상청구권의 소멸시효를 중단시키고,[1] 파면처분무효확인의 소는 보수금채권에 대한 시효를 중단시킨다.[2] 나아가 소멸시효 대상인 권리가 발생한 기본적 권리관계를 기초로 한 다른 권리를 소의 형식으로 주장한 때에도 대상 권리의 소멸시효 중단이 인정된다. 예컨대, 근저당권설정등기청구의 소 제기가 그 피담보채권이 될 채권에 대한 소멸시효 중단사유가 되고,[3] 매매계약을 기초로 한 건축주명의명경청구의 소가 같은 매매계약을 기초로 한 소유권이전등기청구권에 대한 소멸시효 중단사유가 된다.[4]

(4) 셋째, 행정소송의 제기는 원칙적으로 소멸시효 중단사유가 아니지만, 과세처분의 취소 또는 무효확인청구의 소가 조세환급을 구하는 부당이득반환청구권의 소멸시효 중단사유인 재판상 청구에 해당하고,[5] 근로자가 부당노동행위 구제신청을 한 후 이에 관한 행정소송에서 권리관계를 다투는 것도 권리자가 재산상 권리를 주장하여 권리 위에 잠자는 것이 아님을 표명하는 것으로서 임금지급청구권에 대한 소멸시효 중단사유인 재판상 청구에 해당한다.[6]

(5) 넷째, 의무자가 제기한 소에 응소하면서 주장한 권리도 소멸시효가 중단된다. 이에 관하여는 다음 항에서 상세히 살핀다.

될 수 있어 권리 위에 잠자는 것이 아님을 표명한 것으로 볼 수 있는 때에는 그 기본적 권리관계에 관한 이행청구나 확인청구도 시효중단사유로서의 재판상 청구에 포함된다").

1) 대판 1995. 6. 30. 94다13435.

2) 대판 1978. 4. 11. 77다2509. 같은 취지 : 대판 1994. 5. 10. 93다21606(의원면직처분무효확인의 소는 급여청구에 대한 시효중단사유가 된다).

3) 대판 2004. 2. 13. 2002다7213.

4) 대판 2011. 7. 14. 2011다19737.

5) 대판(전) 1992. 3. 31. 91다32053("일반적으로 위법한 행정처분의 취소, 변경을 구하는 행정소송은 사권을 행사하는 것으로 볼 수 없으므로 사권에 대한 시효중단사유가 되지 못하는 것이나, 다만 오납한 조세에 대한 부당이득반환청구권을 실현하기 위한 수단이 되는 과세처분의 취소 또는 무효확인을 구하는 소는 그 소송물이 객관적인 조세채무의 존부확인으로서 실질적으로 민사소송인 채무부존재확인의 소와 유사할 뿐 아니라, 과세처분의 유효 여부는 그 과세처분으로 납부한 조세에 대한 환급청구권의 존부와 표리관계에 있어 실질적으로 동일 당사자인 조세부과권자와 납세의무자 사이의 양면적 법률관계라고 볼 수 있으므로, 위와 같은 경우에는 과세처분의 취소 또는 무효확인청구의 소가 비록 행정소송이라고 할지라도 조세환급을 구하는 부당이득반환청구권의 소멸시효중단사유인 재판상 청구에 해당한다고 볼 수 있다").

6) 대판 2012. 2. 9. 2011다20034.

3. 응소행위와 시효의 중단

▶ 대법원 1993. 12. 21. 선고 92다47861 전원합의체 판결

민법 제168조 제1호, 제170조 제1항에서 시효중단사유의 하나로 규정하고 있는 재판상의 청구라 함은, 통상적으로는 권리자가 원고로서 시효를 주장하는 자를 피고로 하여 소송물인 권리를 소의 형식으로 주장하는 경우를 가리키지만, 이와 반대로 시효를 주장하는 자가 원고가 되어 소를 제기한 데 대하여 피고로서 응소하여 그 소송에서 적극적으로 권리를 주장하고 그것이 받아들여진 경우도 마찬가지로 이에 포함되는 것으로 해석함이 타당하다. 원래 시효는 법률이 권리 위에 잠자는 자의 보호를 거부하고 사회생활상 영속되는 사실상태를 존중하여 여기에 일정한 법적 효과를 부여하기 위하여 마련한 제도이므로, 위와 같은 사실상의 상태가 계속되던 중에 그 사실상태와 상용할 수 없는 다른 사정이 발생한 때에는 더 이상 그 사실상태를 존중할 이유가 없게 된다는 점을 고려하여, 이미 진행한 시효기간의 효력을 아예 상실케 하려는 데에 곧 시효중단을 인정하는 취지가 있는 것인바, 권리자가 시효를 주장하는 자로부터 제소당하여 직접 응소행위로서 상대방의 청구를 적극적으로 다투면서 자신의 권리를 주장하는 것은 자신이 권리 위에 잠자는 자가 아님을 표명한 것에 다름 아닐 뿐만 아니라, 계속된 사실상태와 상용할 수 없는 다른 사정이 발생한 때로 보아야 할 것이므로, 이를 민법이 시효중단사유로서 규정한 재판상의 청구에 준하는 것으로 보더라도 전혀 시효제도의 본지에 반한다고 말할 수는 없다 할 것이다. 당원은 종전에 권리자가 피고가 되어 응소행위로서 한 권리의 주장은 소멸시효 내지 소유권의 취득시효에 준용되는 시효중단사유인 위 같은 법조 소정의 재판상의 청구에 해당하지 않는다는 취지로 여러 차례 판시한 바 있으나, 이러한 판례들의 견해는 모두 이 사건 판결에 저촉되므로 이를 폐기하기로 한다.

> **|註| 1. 사실관계** 甲이 피담보채권인 대여금채권이 부존재함을 이유로 근저당권설정등기의 말소청구소송을 제기하자 乙은 적극적으로 응소하여 위 대여금채권이 유효하게 성립되었다고 다투어 원고패소판결이 내려져 확정되었다(전소). 그 후 甲은 다시 乙을 상대로 위 대여금채무가 전소의 변론종결 후 소멸시효완성으로 소멸하였음을 이유로 근저당권설정등기말소청구소송을 제기

하였고 이에 乙은 전소에서의 응소행위에 의하여 시효중단되었다고 항변하였다(후소).

2. 응소에 의한 권리의 주장에 시효중단효를 인정할 것인가 통설·판례와 같이 재판상의 청구가 시효를 중단시키는 근거를 권리행사에서 찾는다고 하면 시효를 주장하는 자가 원고가 되어 소를 제기한 데 대하여 상대방이 피고로서 응소하면서 자기의 권리를 주장하는 것도 엄연한 권리행사이고, 이를 부정하면 권리자인 피고는 반드시 반소 또는 별소를 제기해야 하는 소송불경제가 발생하므로 응소에 의한 권리의 주장도 재판상 청구로 보아 시효중단의 효력을 인정함이 타당하다. 학설이 이전부터 이러한 입장을 지지하고 있었던 데 반하여 판례는 응소에 의한 권리의 주장에 시효중단의 효력을 인정하는 데에 소극적이었는데, 대법원은 대상판결로써 이른바 권리행사설을 천명함과 동시에 그 당연한 귀결로서 기존의 입장을 변경하여 응소에 의한 권리의 주장에 대하여 시효중단효를 인정한 것이다.[1)]

3. 몇 가지 주의할 점 (1) 취득시효에서의 적용 : 응소에 의한 권리의 주장에 시효중단효를 인정하는 것은 취득시효에 있어서도 마찬가지이다. "취득시효를 주장하는 자가 원고가 되어 소를 제기한 데 대하여 권리자가 피고로서 응소하고 그 소송에서 적극적으로 권리를 주장하여 그것이 받아들여진 경우에는 민법 제247조 제2항에 의하여 취득시효기간에 준용되는 민법 제168조 제1호, 제170조 제1항에서 시효중단사유의 하나로 규정하고 있는 재판상 청구에 포함된다."[2)]

(2) 권리가 있다는 적극적인 주장 : 시효가 중단되기 위하여는 원고가 소멸하였다고 주장하는 권리가 피고에게 있음을 적극적으로 주장하여야 한다. 따라서 예컨대, "점유자가 소유자를 상대로 소유권이전등기청구소송을 제기하면서 그 청구원인으로 '취득시효 완성'이 아닌 '매매'를 주장함에 대하여, 소유자가 이에 응소하여 원고 청구기각의 판결을 구하면서 원고의 주장 사실을 부인하는 경우에는, 이는 원고 주장의 매매 사실을 부인하여 원고에게 그 매매로 인한 소유권이전등기청구권이 없음을 주장함에 불과한 것이고 소유자가 자신의 소유권을 적극적으로 주장한 것이라 볼 수 없으므로 시효중단사유의

1) 김용균, 대법원 판례해설 제20호.
2) 대판 2003. 6. 13. 2003다17927, 17934.

하나인 재판상의 청구에 해당한다고 할 수 없다."[1]

(3) 변론주의 원칙 : 응소행위로 인한 시효중단 역시 변론주의의 원칙상 당해 소송 또는 다른 소송에서 응소행위로 시효가 중단되었다는 주장을 하여야 이를 고려할 수 있고, 응소행위가 있었다는 사정만으로 당연히 시효중단의 효력이 생기는 것은 아니다.[2] 당해 소송에서 응소행위로 인한 시효중단의 주장을 하는 경우 그 주장은 반드시 응소시에 할 필요는 없고 시효기간이 만료된 후라도 사실심 변론종결 전에는 언제든지 할 수 있다(아래 2008다42416, 42423 판결 참조).[3]

(4) 채무자 이외의 시효원용권자의 소제기에 대한 응소 : 시효를 주장하는 자의 소제기에 대한 응소행위가 시효중단사유로서의 재판상 청구에 준하는 것으로 인정되려면 의무 있는 자가 제기한 소송에서 권리자가 의무 있는 자를 상대로 응소하여야 한다. 따라서 "타인의 채무를 담보하기 위하여 자기의 물건에 담보권을 설정한 물상보증인은 채권자에 대하여 물적 유한책임을 지고 있어 그 피담보채권의 소멸에 의하여 직접 이익을 받는 관계에 있으므로 소멸시효의 완성을 주장할 수 있는 것이지만, 채권자에 대하여는 아무런 채무도 부담하고 있지 아니하므로, 물상보증인이 그 피담보채무의 부존재 또는 소멸을 이유로 제기한 저당권설정등기 말소등기절차이행청구소송에서 채권자 겸 저당권자가 청구기각의 판결을 구하고 피담보채권의 존재를 주장하였다고 하더라도 이로써 직접 채무자에 대하여 재판상 청구를 한 것으로 볼 수는 없는 것이므로 피담보채권의 소멸시효에 관하여 규정한 민법 제168조 제1호 소정의 '청구'에 해당하지 아니한다."[4] 이는 담보가등기가 설정된 부동산의 제3취득자가 제기한 소에 대한 응소행위에 있어서도 마찬가지이다.[5] 결국 대상판결에서 "시효를 주장하는 자가 원고가 되어 소를 제기한 데 대하여 피고로서 응소하여 그 소송에서 적극적으로 권리를 주장하고 그것이 받아들여진 경우"라고 할 때 '시효를 주장하는 자'라고 함은 '의무 있는 자'를 의미한다고 보아야 한다.[6]

1) 대판 1997. 12. 12. 97다30288.
2) 대판 1995. 2. 28. 94다18577.
3) 대판 2003. 6. 13. 2003다17927, 17934.
4) 대판 2004. 1. 16. 2003다30890.
5) 대판 2007. 1. 11. 2006다33364.
6) 최철환, 대법원 판례해설 제67호.

(5) 피고가 패소한 경우 : 피고의 응소에도 불구하고 피고 주장의 권리가 존재하지 않는다는 이유로 피고가 패소한 경우에는 시효중단의 효력이 생기지 않는다. 대상판결도 피고의 권리 주장이 "받아들여진 경우"에 시효중단의 효력이 있다고 하였다. 다만, "응소행위를 한 피고에 대하여 패소판결이 확정되었더라도 그 판결에 재심사유가 있음을 이유로 재심청구를 하여 권리를 주장하고 그것이 받아들여진 경우도 취득시효의 중단사유가 되는 재판상의 청구에 준하는 것으로 보아야 한다."[1)]

(6) 원고의 소가 취하 또는 각하된 경우 : 피고가 응소하여 권리를 주장하였으나 소가 각하 또는 취하된 경우 6월 내에 시효중단 조치를 취하면 응소시에 소급하여 시효중단의 효력이 인정된다(아래 2008다42416, 42423 판결 참조). 피고 주장의 권리가 부존재한다는 이유 외의 다른 사유로 피고가 패소한 경우에도 마찬가지로 볼 것이다.[2)]

(7) 시효중단의 효력발생시기 : 응소에 의한 시효중단의 효력은 피고가 현실적으로 권리를 행사하여 응소한 때(권리주장을 담은 서면을 제출한 때 또는 권리주장의 진술을 한 때)에 발생한다(아래 2008다42416, 42423 판결 참조).[3)] 중단된 시효는 판결확정시에 새로이 진행한다.

◆ 대법원 2010. 8. 26. 선고 2008다42416, 42423 판결

[1] 민법 제168조 제1호, 제170조 제1항에서 시효중단사유의 하나로 규정하고 있는 재판상의 청구란 통상적으로는 권리자가 원고로서 시효를 주장하는 자를 피고로 하여 소송물인 권리를 소의 형식으로 주장하는 경우를 가리키지만, 이와 반대로 시효를 주장하는 자가 원고가 되어 소를 제기한 데 대하여 피고로서 응소하여 그 소송에서 적극적으로 권리를 주장하고 그것이 받아들여진 경우도 이에 포함되고, 위와 같은 응소행위로 인한 시효중단의 효력은 피고가 현실적으로 권리를 행사하여 응소한 때에 발생한다. 한편, 권리자인 피고가 응소하여 권리를 주장하였으나 그 소가 각하되거나 취하되는 등의 사유로 본안에서 그 권리주장에 관한 판단 없이 소송이 종료된 경우에도 민법 제170조 제2항을 유추적용하여 그때부터 6월 이내에 재판상의 청구 등 다른 시효중단조치를 취하면 응

1) 대판 1997. 11. 11. 96다28196.
2) 김용균, 대법원 판례해설 제20호.
3) 대판 2005. 12. 23. 2005다59383, 59390.

소 시에 소급하여 시효중단의 효력이 있는 것으로 봄이 상당하다.

[2] 응소행위에 대하여 소멸시효중단의 효력을 인정하는 것은 그것이 권리 위에 잠자는 것이 아님을 표명한 것에 다름 아닐 뿐만 아니라 계속된 사실상태와 상용할 수 없는 다른 사정이 발생한 때로 보아야 한다는 것에 기인한 것이므로, 채무자가 반드시 소멸시효완성을 원인으로 한 소송을 제기한 경우이거나 당해 소송이 아닌 전 소송 또는 다른 소송에서 그와 같은 권리주장을 한 경우이어야 할 필요는 없고, 나아가 변론주의 원칙상 피고가 응소행위를 하였다고 하여 바로 시효중단의 효과가 발생하는 것은 아니고 시효중단의 주장을 하여야 그 효력이 생기는 것이지만, 시효중단의 주장은 반드시 응소 시에 할 필요는 없고 소멸시효 기간이 만료된 후라도 사실심 변론종결 전에는 언제든지 할 수 있다.

|註| 1. 乙이 甲(은행)을 상대로 대출약정이 통정허위표시임을 주장하면서 대출금채무부존재확인의 소를 제기하자, 甲은 대출약정이 통정허위표시에 해당하지 않는다는 취지의 답변서를 제출한 다음 대출금의 지급을 구하는 반소를 제기하였는데, 본소와 반소에서 시효완성 여부가 쟁점의 하나로 다투어지다가 본소 각하, 반소 일부인용의 제1심판결이 선고되었고, 반소 부분은 항소되었으나 본소 부분은 그대로 확정되었다. 대법원은 甲이 본소에 응소하여 답변서를 제출한 시점에 대출금채권에 관한 소멸시효는 중단되었고, 그 후 본소가 제1심에서 각하되었지만 그 전에 甲이 乙을 상대로 대출금의 지급을 구하는 반소를 제기한 이상 그 시효중단의 효력은 응소시부터 계속 유지되고 있으므로, 乙의 시효완성 주장을 배척하고 甲의 반소를 인용한 항소심판결은 정당하다고 하였다.

2. 응소행위가 시효중단사유가 된다는 위 92다47861 전원합의체 판결을 기초로 하여 응소로 인한 시효중단의 효력발생시점, 응소로 인한 시효중단에의 변론주의의 적용 등을 재확인함과 아울러 원고의 소가 취하·각하로 종결되는 등 응소에 의한 권리주장에 관한 판단 없이 소송이 종료된 경우 6월 내에 재판상 청구 등 다른 시효중단조치를 취하면 응소시에 소급하여 시효중단의 효력이 발생함(민법 170조 2항 유추적용)을 밝힌 판결이다.

4. 일부청구와 시효중단의 범위

◆ 대법원 1992. 4. 10. 선고 91다43695 판결

[1] 한 개의 채권 중 일부에 관하여만 판결을 구한다는 취지를 명백히 하여 소송을 제기한 경우에는 소제기에 의한 소멸시효중단의 효력이 그 일부에 관하여만 발생하고 나머지 부분에는 발생하지 아니하지만, 비록 그 중 일부만을 청구한 경우에도 그 취지로 보아 채권 전부에 관하여 판결을 구하는 것으로 해석된다면 그 청구액을 소송물인 채권의 전부로 보아야 하고, 이러한 경우에는 그 채권의 동일성의 범위 내에서 그 전부에 관하여 시효중단의 효력이 발생한다고 해석함이 상당하다.

[2] 신체의 훼손으로 인한 손해의 배상을 청구하는 사건에서는 그 손해액을 확정하기 위하여 통상 법원의 신체감정을 필요로 하기 때문에, 앞으로 그러한 절차를 거친 후 그 결과에 따라 청구금액을 확장하겠다는 뜻을 소장에 객관적으로 명백히 표시한 경우에는, 그 소제기에 따른 시효중단의 효력은 소장에 기재된 일부 청구액뿐만 아니라 그 손해배상청구권 전부에 대하여 미친다.

|註| **일부청구와 시효중단의 범위** 예컨대 7,000만 원의 채권 중 3,000만 원만을 청구하는 경우 시효중단의 범위에 관하여, ① 일부청구임을 명시하였는지 여부를 불문하고 실제로 청구한 3,000만 원에 한하여 시효가 중단된다는 일부중단설, ② 명시 여부를 불문하고 채권 전부인 7,000만 원에 관하여 시효가 중단된다는 전부중단설(송상현·박익환, 정동윤·유병현·김경욱, 전병서), ③ 소송물의 범위와 일관하여 일부청구임을 명시한 경우는 3,000만 원에 한하여, 명시하지 않은 경우는 7,000만 원 전부에 관하여 시효가 중단된다는 절충설(이시윤)이 대립한다. 판례는 기본적으로 절충설에 서 있지만 대상판결에서 보듯이 청구확장을 예정한 명시적 일부청구의 경우 이후 확장된 금액 전부에 관하여 청구취지 변경신청시가 아니라 소제기시에 시효중단의 효력이 생긴다고 보고 있다. 그리고 이 경우 애초 청구금액에 대한 이자뿐만 아니라 이후에 확장된 청구금액에 대한 이자 역시 소제기시에 시효가 중단된 것으로 본다.[1] 이러한 경우에는 소제기시부터 전체 금액에 관하여 권리 위에 잠잔 것이 아니기 때문이다.

1) 대판 2001. 9. 28. 99다72521.

▶ 대법원 2020. 2. 6. 선고 2019다223723 판결

[1] 하나의 채권 중 일부에 관하여만 판결을 구한다는 취지를 명백히 하여 소송을 제기한 경우에는 소제기에 의한 소멸시효중단의 효력이 그 일부에 관하여만 발생하고, 나머지 부분에는 발생하지 아니하나, 소장에서 청구의 대상으로 삼은 채권 중 일부만을 청구하면서 소송의 진행경과에 따라 장차 청구금액을 확장할 뜻을 표시하고 당해 소송이 종료될 때까지 실제로 청구금액을 확장한 경우에는 소제기 당시부터 채권 전부에 관하여 판결을 구한 것으로 해석되므로, 이러한 경우에는 소제기 당시부터 채권 전부에 관하여 재판상 청구로 인한 시효중단의 효력이 발생한다.

[2] 소장에서 청구의 대상으로 삼은 채권 중 일부만을 청구하면서 소송의 진행경과에 따라 장차 청구금액을 확장할 뜻을 표시하였으나 당해 소송이 종료될 때까지 실제로 청구금액을 확장하지 않은 경우에는 소송의 경과에 비추어 볼 때 채권 전부에 관하여 판결을 구한 것으로 볼 수 없으므로, 나머지 부분에 대하여는 재판상 청구로 인한 시효중단의 효력이 발생하지 아니한다. 그러나 이와 같은 경우에도 소를 제기하면서 장차 청구금액을 확장할 뜻을 표시한 채권자로서는 장래에 나머지 부분을 청구할 의사를 가지고 있는 것이 일반적이라고 할 것이므로, 다른 특별한 사정이 없는 한 당해 소송이 계속 중인 동안에는 나머지 부분에 대하여 권리를 행사하겠다는 의사가 표명되어 최고에 의해 권리를 행사하고 있는 상태가 지속되고 있는 것으로 보아야 하고, 채권자는 당해 소송이 종료된 때부터 6월 내에 민법 제174조에서 정한 조치를 취함으로써 나머지 부분에 대한 소멸시효를 중단시킬 수 있다.

|註| 확장을 예정한 명시적 일부청구에서 해당 소송이 종료될 때까지 실제로 청구를 확장한 경우와 확장을 하지 않은 경우 소멸시효 중단의 효력에 관한 판례이다.

제2장

변론

제 1 절 변론의 의의와 종류

(1) 변론이라 함은 기일에 수소법원의 공개법정에서 당사자 양쪽이 말로 판결의 기초가 될 소송자료 즉 사실과 증거를 제출하는 방법으로 소송을 심리하는 절차를 말한다. 변론에는 필요적 변론과 임의적 변론이 있다.

판결을 함에는 원칙적으로 변론을 열어 변론에서 행한 구술진술만이 판결의 자료로서 참작될 수 있는데 이를 필요적 변론(必要的 辯論)이라고 한다.

▶ 대법원 1981. 6. 9. 선고 80누391 판결

구술변론주의의 원칙상 소송당사자가 자기의 주장사실을 기재한 서면(청구취지 및 원인변경신청서)을 법원에 제출하였다고 하더라도 변론에서 이를 진술하지 아니한 이상 이를 당해 사건의 판단자료로 공할 수 없다.

(2) 결정으로써 완결할 사건에서 당사자를 심문할 것인지 여부는 법원의 자유재량에 달려 있다.[1] 이처럼 재량에 의하여 임의적으로 열 수 있는 변론을 임의적 변론(任意的 辯論)이라고 한다. 임의적 변론 사건에 있어서는 서면심리만에 의하여 결정에 이르렀다고 하여 위법이 아니다.[2]

기한 내에 답변서를 제출하지 않아 하는 무변론판결(257조)은 판결이지만 변론을 거치지 않아도 되고 인수참가신청이 있을 때 이를 허가하는 결정(82조)은 결정이지만 반드시 심문을 하여야 하는 등 판결절차이지만 변론을 거칠 필요가 없는 경우도 있고 결정절차이지만 반드시 심문을 하여야 하는 경우도 있다.

---

1) 대결 1961. 1. 30. 4293민재항453.

2) 대결 2001. 3. 22. 2000마6319; 대결 1961. 7. 27. 4291민재항372.

제 2 절 심리에 관한 원칙

제 1. 직접주의

(1) 판결은 직접 변론을 듣고 증거조사를 행한 법관이 하여야 한다는 원칙을 말한다(204조 1항).

▶ 대법원 1972. 10. 31. 선고 72다1570 판결

변론종결시에 관여한 법관이 A, B, C 3인인데 원심판결에서 서명날인한 법관은 A, B, D라면 기본되는 변론에 관여하지 아니하여 판결에 관여할 수 없는 판사 D가 판결을 한 것이 되어 결국 민사소송법 제424조 제1항 제2호의 '법률에 의하여 판결에 관여할 수 없는 판사가 판결에 관여한 때'에 해당한다.

(2) 변론에 관여한 법관이 변경되면 당사자는 종전의 변론결과를 진술하여야 한다(204조 2항). 이를 변론의 갱신(更新)이라고 한다. 종전 변론결과의 진술은 당사자가 사실상 또는 법률상 주장, 정리된 쟁점 및 증거조사 결과의 요지 등을 진술하거나, 법원이 당사자에게 해당사항을 확인하는 방식으로 할 수 있다(규칙 55조).[1] 처음부터 심리를 되풀이하는 대신 종전 변론결과를 진술하게 함으로써 소송경제를 도모한 것인데 이 한도에서는 직접주의가 완화되어 있다. 변론의 갱신은 소송이송이나 항소에 의하여 법관이 변경된 경우와 재심사건의 본안심리에 들어가는 경우[2]에도 필요하다.

(3) 직접주의의 요청에 따라 단독사건의 판사가 바뀐 경우 또는 합의부 법관의 반수 이상이 바뀐 경우 종전에 신문한 증인에 대하여 당사자가 다시 신문신청을 한 때에는 법원은 그 신문을 하여야 한다(204조 3항). 다만 다음 판례와 같은 예외가 있는데, 실무는 예외가 일반화되는 점이 있어 문제이다.

---

1) 기존에 "변론의 갱신절차를 밟지 아니하였다 하더라도 당사자가 … 최종변론기일에서 소송관계를 표명하고 변론을 하였다면 이것으로써 변론을 갱신한 효과는 생긴 것"(대판 1966. 10. 25. 66다1639 등)이라고 하는 등 변론갱신절차가 형해화되고 있어 2007년 개정민사소송규칙에 위와 같은 규정을 둔 것이다.

2) 대판 1966. 10. 25. 66다1639.

◆ 대법원 1992. 7. 14. 선고 92누2424 판결

민사소송법 제189조(현행 204조) 제3항은 경질된 법관이 변론조서나 증인신문조서의 기재에 의하여 종전에 신문한 증인의 진술의 요지를 파악할 수 있는 것이기는 하지만, 법관의 심증에 상당한 영향을 미칠 수 있는 증인의 진술태도 등을 통하여 받은 인상은 문서인 증인신문조서의 기재만으로는 알 수 없기 때문에 재신문에 의하여 경질된 법관에게 직접 심증을 얻도록 하려는 데에 그 취지가 있다고 할 것이므로, 당사자가 신청하기만 하면 어떤 경우에든지 반드시 재신문을 하여야 하는 것은 아니고, 법원이 소송상태에 비추어 재신문이 필요하지 아니하다고 인정하는 경우(예를 들면, 종전에 증인을 신문할 당시에는 당사자 사이에 다툼이 있었으나 현재는 당사자 사이에 다툼이 없어서 증명이 필요 없게 된 경우, 다른 증거들에 의하여 심증이 이미 형성되어 새로 심증을 형성할 가능성이 없는 경우, 소송의 완결을 지연하게 할 목적에서 재신문을 신청하는 것으로 인정되는 경우 등)에는 민사소송법 제263조(현행 290조)에 따라 재신문을 하지 않을 수도 있다.

제 2. 처분권주의

Ⅰ. 의의

(1) 법원은 당사자가 신청하지 아니한 사항에 대하여는 판결하지 못한다(203조). 이를 처분권주의(處分權主義)라고 하는데, 절차의 개시, 심판의 대상과 범위, 그리고 절차의 종결이 당사자에게 맡겨져 있다는 뜻이다. 사권(私權)의 발생, 변경, 소멸을 개인에게 맡기는 사적자치(私的自治)의 소송법적 측면이다. 처분권주의와 변론주의를 포함하여 당사자주의라고 하고 이를 직권주의에 대응하여 사용하는데, 처분권주의는 당사자의 소송물에 대한 처분의 자유를 말하고 변론주의는 당사자의 소송자료에 대한 수집책임을 말하는 것으로 양자는 별개의 개념이다. 처분권주의의 내용을 개관하면 다음과 같다.

첫째, 당사자의 신청이 없으면 재판을 하지 못한다(절차의 개시). 다만, 소송비용재판(104조), 가집행선고(213조), 판결의 경정(211조) 등은 신청 없이 직권으로 하여야 하거나 할 수 있다. 재판상 이혼의 경우 당사자의 청구가 없더라도 법원이 직권으로 미성년자인 자녀에 대한 친권자 및 양육자를 정하여야 한다.[1)]

1) 대판 2015. 6. 23. 2013므2397(이혼판결만 하고 친권자 및 양육자 지정을 하지 않으면 재판

둘째, 당사자가 특정하여 신청한 사항에 대하여, 그리고 그 범위 내에서 판단하여야 하고, 당사자가 신청한 사항과 별개의 사항에 대하여 판단하거나 신청한 범위를 넘어서 판단하여서는 안 된다(심판의 대상과 범위).[1] 다만, 심판의 대상과 범위를 확정할 때 당사자의 의사에 대한 해석이 필요하다[아래 (4)항 참조].

셋째, 개시된 절차를 종국판결에 의하여 종국시킬 것인가도 당사자의 의사에 맡겨져 있다. 따라서 소의 취하나 청구의 포기, 인낙 또는 화해에 의하여 소송이 종료된다(절차의 종결). 다만, 당사자가 자유롭게 처분할 수 없는 사항을 대상으로 한 조정이나 화해는 허용되지 않는다. '재심대상판결 및 제1심판결을 취소한다'는 취지의 조정은 법원의 형성재판의 대상으로서 당사자가 자유롭게 처분할 수 없는 권리에 관한 것이어서 당연무효이다.[2]

(2) 행정소송에 있어서도 처분권주의는 적용된다.[3] 행정소송법 제26조는 "법원은 필요하다고 인정할 때에는 직권으로 증거조사를 할 수 있고, 당사자가 주장하지 아니한 사실에 대하여도 판단할 수 있다"고 규정하고 있으나, 이는 행정소송에 있어서 원고의 청구범위를 초월하여 그 이상의 청구를 인용할 수 있다는 의미가 아니고 원고 청구의 범위를 유지하면서 그 범위 내에서 필요에 따라 주장 외의 사실에 관하여도 판단할 수 있음을 규정한 것에 불과하다.[4]

경계확정의 소나 공유물분할청구의 소와 같이 실질은 비송이지만 형식은 소송에 의하는 형식적 형성의 소에 있어서는 처분권주의가 적용되지 않는다.[5]

(3) 처분권주의에 위배된 판결은 상소 등으로 불복하여 취소를 구할 수 있으나[6] 당연무효라고 할 수는 없다. 처분권주의 위배는 판결의 내용에 관한 것이고 소송절차에 관한 것이 아니므로 이의권(151조)의 대상은 아니다.

의 누락이 된다).

1) 대판 2020. 1. 30. 2015다49422(민사소송에서 심판 대상은 원고의 의사에 따라 특정되고, 법원은 당사자가 신청한 사항에 대하여 신청 범위 내에서만 판단하여야 한다); 대판 1969. 12. 16. 65다2363(민사소송에 있어서 법원은 당사자가 청구하지 아니한 사항에 대하여 판결하지 못하는 것이고 그 청구는 청구원인에 의하여 특정되는 것이다).

2) 대판 2012. 9. 13. 2010다97846.

3) 대판 1981. 4. 14. 80누408; 대판 1956. 3. 30. 4289행상18.

4) 대판 1981. 4. 14. 80누408; 대판 1975. 5. 27. 74누233 등.

5) 대판 1993. 12. 7. 93다27819; 대판 1991. 11. 12. 91다27228 등(이상 공유물분할청구의 소); 대판 1996. 4. 23. 95다54761; 대판 1993. 11. 23. 93다41792, 41808(이상 경계확정의 소).

6) 대판 1976. 12. 14. 74다1171(항소취지정정신청서에 의하여 취하한 것으로 보여지는 근저당권설정계약무효확인청구 부분에 대하여 판결한 것은 위법하다는 판결이다).

(4) 심판의 대상과 범위라는 측면에서, 신청사항과 판결이 맞지 않는다고 하여 모두 처분권주의위배라고 할 수는 없고, 신청에 의하여 추단되는 당사자의 합리적인 의사에 부합되는 정도이면 신청취지의 문언과 다소의 차이가 있더라도 허용되어야 한다.

▶ 대법원 1970. 9. 17. 선고 70다1415 판결

원고가 소송계속 중 사망하고 그 상속인들이 소송수계신청을 한 경우에 있어서는 각 그 상속분에 따른 전원지급을 구하는 내용의 청구취지정정신청서를 제출하지 아니하였다 할지라도 위 망인의 양적인 청구금액에 대하여 그 한도에서 각 그 상속분에 따라 청구가 있다고 못 볼 바 아니고 이는 질적으로도 당사자가 신청한 범위 내라고 볼 수 있다.

▶ 대법원 1998. 11. 27. 선고 97다41103 판결

원인무효인 소유권이전등기 명의인을 채무자로 한 가압류등기와 그에 터잡은 경매신청기입등기가 경료된 경우, 그 부동산의 소유자는 원인무효인 소유권이전등기의 말소를 위하여 이해관계에 있는 제3자인 가압류채권자를 상대로 하여 원인무효 등기의 말소에 대한 승낙을 청구할 수 있고, 그 승낙이나 이에 갈음하는 재판이 있으면 등기공무원은 신청에 따른 원인무효 등기를 말소하면서 직권으로 가압류등기와 경매신청기입등기를 말소하여야 할 것인바, 소유자가 원인무효인 소유권이전등기의 말소와 함께 가압류등기 등의 말소를 구하는 경우, 그 청구의 취지는 소유권이전등기의 말소에 대한 승낙을 구하는 것으로 해석할 여지가 있다.

▶ 대법원 1970. 7. 24. 선고 70다621 판결

원고가 치료비 등을 중간이자를 제하여 일시금으로 청구한 데 대하여 원심이 그 주장과 같은 계속적인 치료비를 인정하고 다만 이를 매년마다 생존을 조건으로 정기적으로 지급하여야 한다고 판단하였다 하여 위법이 있다 할 수 없다.

▶ 대법원 1990. 11. 13. 선고 89다카12602 판결

원고는 甲에게 건물을 명의신탁하고 甲은 피고에게 다시 명의신탁한 것이라고 주장하여 甲을 대위하여 피고에게 위 건물에 관하여 甲 앞으로의 명의신탁해지를 원인으로 한 소유권이전등기절차의 이행을 구하였는데, 원심판결이 위 청구취지 속에는 피고로부터 원고 명의로 직접 위 명의신탁해지를 원인으로 한 소유권이전등기절차의 이행을 구하는 취지가 포함되었다고 봄이 상당하다는 이유로 주문에서 피고는 원고에게 직접

위 건물들의 소유권이전등기절차를 이행하라고 판결한 것은 원고가 청구하지 아니한 사항에 대하여 판결한 것이 되어 처분권주의에 위배된다.

▶ 대법원 1970. 1. 27. 선고 67다774 판결

원고의 분할채무청구에 대하여 연대채무로 인용한 것은 당사자가 청구하지 아니한 것을 판결한 위법이 있다.

Ⅱ. 청구의 질적 동일

제203조에서 '신청한 사항'이라 함은 좁게는 소송물을 뜻하므로, 원고의 신청과 다른 소송물에 대하여 판단을 하면 처분권위배가 된다. 신소송물론에 따르면 원고 주장의 실체법적 권리는 공격방법 내지 법률적 관점에 지나지 않으나 판례가 따르는 구소송물론에 의하면 원고 주장의 실체법적 권리에 따라 소송물이 달라지므로 원고가 주장하는 실체법적 권리와 다른 실체법적 권리를 인정하는 판결은 처분권주의에 위배되어 위법하다.

◆ 대법원 1963. 7. 25. 선고 63다241 판결

불법행위를 원인으로 한 손해배상을 청구한 데 대하여 채무불이행을 원인으로 한 손해배상을 인정한 것은 당사자가 신청하지 아니한 사항에 대하여 판결한 것으로서 위법이다.

◆ 대법원 1992. 3. 27. 선고 91다40696 판결

원고가 매매를 원인으로 한 소유권이전등기를 청구한 데 대하여 원심이 양도담보약정을 원인으로 한 소유권이전등기를 명하였다면 판결주문상으로는 원고가 전부 승소한 것으로 보이기는 하나, 매매를 원인으로 한 소유권이전등기청구와 양도담보약정을 원인으로 한 소유권이전등기청구와는 청구원인사실이 달라 동일한 청구라 할 수 없음에 비추어, 원심은 원고가 주장하지도 아니한 양도담보약정을 원인으로 한 소유권이전등기청구에 관하여 심판하였을 뿐, 정작 원고가 주장한 매매를 원인으로 한 소유권이전등기청구에 관하여는 심판을 한 것으로 볼 수 없어 결국 원고의 청구는 실질적으로 인용한 것이 아니어서 판결의 결과가 불이익하게 되었으므로 원심판결에 처분권주의를 위반한 위법이 있고 따라서 그에 대한 원고의 상소의 이익이 인정된다.

▶ 대법원 2000. 2. 11. 선고 99다49644 판결

[1] 채무불이행으로 인한 손해배상 예정액의 청구와 채무불이행으로 인한 손해배상액의 청구는 그 청구원인을 달리 하는 별개의 청구이므로 손해배상 예정액의 청구 가운데 채무불이행으로 인한 손해배상액의 청구가 포함되어 있다고 볼 수 없고, 채무불이행으로 인한 손해배상액의 청구에 있어서 손해의 발생 사실과 그 손해를 금전적으로 평가한 배상액에 관하여는 손해배상을 구하는 채권자가 주장·입증하여야 하는 것이므로, 채권자가 손해배상책임의 발생원인 사실에 관하여는 주장·입증을 하였더라도 손해의 발생 사실에 관한 주장·입증을 하지 아니하였다면 변론주의의 원칙상 법원은 당사자가 주장하지 아니한 손해의 발생 사실을 기초로 하여 손해액을 산정할 수는 없다.
[2] 금전채무 불이행에 관한 특칙을 규정한 민법 제397조는 그 이행지체가 있으면 지연이자 부분만큼의 손해가 있는 것으로 의제하려는 데에 그 취지가 있는 것이므로 지연이자를 청구하는 채권자는 그 만큼의 손해가 있었다는 것을 증명할 필요가 없는 것이나, 그렇다고 하더라도 채권자가 금전채무의 불이행을 원인으로 손해배상을 구할 때에 지연이자 상당의 손해가 발생하였다는 취지의 주장은 하여야 하는 것이지 주장조차 하지 아니하여 그 손해를 청구하고 있다고 볼 수 없는 경우까지 지연이자 부분만큼의 손해를 인용해 줄 수는 없는 것이다.

|註| 판결요지 [1]의 전단은 처분권주의, 후단은 변론주의에 관련된 판시이고, 판결요지 [2]는 처분권주의에 관련된 판시이다.

▶ 대법원 1997. 4. 25. 선고 96다32133 판결

대물변제예약에 기한 소유권이전등기청구권과 매매계약에 기한 소유권이전등기청구권은 그 소송물이 서로 다르므로 동일한 계약관계에 대하여 그 계약의 법적 성질을 대물변제의 예약이라고 하면서도 새로운 매매계약이 성립되었음을 인정하여 매매를 원인으로 한 소유권이전등기 절차를 이행할 의무가 있다고 하는 것은 위법하다.

▶ 대법원 1969. 12. 16. 선고 67다1525 판결

인도집행불능시의 대상청구에 대하여 이행불능시의 전보배상청구가 포함된 것으로 보고 판단한 것은 청구하지 아니한 것을 심리판단한 위법이 있다.

▶ 대법원 1963. 1. 31. 선고 62다812 판결

민법 제840조의 각 이혼사유는 그 각 사유마다 독립된 이혼청구원인이 되므로 법원은 원고가 주장한 이혼사유에 관하여서만 심판하여야 한다.

Ⅲ. 청구의 양적 동일

1. 양적 상한

법원은 원고가 신청한 양적인 한도를 넘어서 판단할 수 없다. 예컨대 원고가 100만 원을 청구하였다면 설령 150만 원의 이행의무가 인정된다고 하더라도 '원고가 구하는 바에 따라' 100만 원만의 지급을 명하여야 한다. 신청한 양적 한도를 넘는지 여부는 소송물별로 판단하여야 한다.

(1) 소송물별 양적 상한의 판단

▶ **대법원 1974. 5. 28. 선고 74다418 판결**

208,000원 및 이에 대한 1972. 6. 29부터 완제일까지 연 5푼의 금원지급청구에 대하여 208,000원 및 이에 대한 1973. 4. 20부터 연 6푼의 금원지급을 인용하면 처분권주의에 위반된다.

|註| **1. 원금청구와 이자청구** (1) 원금채권과 이자채권은 별개의 소송물이다. 따라서 처분권주의 위배 여부는 원금채권과 이자채권을 따로 살펴야 한다. 총액이 원고의 청구 범위 내에 있다고 하더라도 원금이나 이자 중 어느 한 가지가 원고 청구의 범위를 벗어나면 처분권주의 위반이 된다. 원본채권과 지연손해금채권도 마찬가지이다.[1]

(2) 한편 판례에 따르면 이자채권의 소송물은 원금, 이율, 기간 3개의 인자에 의하여 정해진다. 따라서 비록 금액 자체는 원고 주장을 초과하지 아니하더라도 위 3개의 인자 중 어느 것에 있어서 원고 주장의 범위를 넘는 것을 기준으로 이자를 계산하면 이는 처분권주의 위반이 된다. 위 판결의 경우에도 기산일이 늦추어짐으로써 전체 금액은 원고 신청의 범위 안에 있을 수도 있으나 이율이 원고 신청의 이율을 초과하고 있으므로 처분권주의 위배가 된 것이다.[2]

---

1) 대판 2009. 6. 11. 2009다12399("금전채무불이행의 경우에 발생하는 원본채권과 지연손해금채권은 별개의 소송물이므로, 불이익변경에 해당하는지 여부는 원금과 지연손해금 부분을 각각 따로 비교하여 판단하여야 하고, 별개의 소송물을 합산한 전체 금액을 기준으로 판단하여서는 아니 된다").

2) 같은 취지 : 대판 1989. 6. 13. 88다카19231; 대판 2012. 10. 11. 2012다55198(원고가 1억 원 및 이에 대하여 2009. 4. 19.부터 다 갚는 날까지 연 30%의 비율에 의한 지연손해금의 지급을 구하였는데, 법원이 7,000만 원 및 이에 대하여 2008. 11. 1.부터 다 갚는 날까지 연 30%의 비율에 의한 지연손해금의 지급을 명한 것은 청구하지 아니한 지연손해금의 지급을 명한 것으로

2. 인명사고에 의한 손해배상청구 판례가 취하는 이른바 손해3분설에 따르면 적극적 손해와 소극적 손해, 그리고 정신적 손해가 각각 별개의 소송물이므로 판결에서 인정된 전체 금액이 원고의 청구 범위 내에 있다고 하더라도 판결이 인정한 각 손해항목 중 어느 한 가지가 원고의 청구 범위를 벗어나면 처분권주의에 위반된다. 물론, 손해배상청구에 있어서 위와 같이 항목을 나누는 것은 하나의 인적 손해를 금전적으로 평가하기 위한 원고의 분류자료(공격방법)에 지나지 않고 손해총액이 피해자의 주된 관심사이고 분쟁의 핵심이므로 소송물을 하나로 보아야 한다는 견해에 따르면, 어느 한 항목이 원고의 청구범위를 넘더라도 전체 금액이 원고의 청구범위를 넘지 않으면 처분권주의 위반이 아니다.

(2) 일부청구와 과실상계 또는 상계

◆ 대법원 1976. 6. 22. 선고 75다819 판결

한 개의 손해배상청구권 중 일부가 소송상 청구되어 있는 경우에 과실상계를 하려면 손해의 전액에서 과실비율에 의한 감액을 하고, 그 잔액이 청구액을 초과하지 않을 경우에는 그 잔액을 인용할 것이고, 잔액이 청구액을 초과할 경우에는 청구의 전액을 인용하는 것으로 해석하여야 할 것이며, 이러한 풀이가 일부 청구를 하는 당사자의 통상적 의사라고 할 것이다. 이는 소위 외측설의 이론인바, 이에 따라 원고의 청구를 인용한다고 하여도 이것이 당사자 처분권주의에 위배되는 것이라고 할 수는 없다.

|註| 일부청구와 과실상계 원고(피해자)가 6,000만 원의 손해배상청구를 하였는데 심리 결과 총손해는 1억 원, 원고의 과실은 40%로 밝혀진 경우 법원은 얼마를 인용하여야 할까. 이에 관하여는 손해액을 산정하고 그 금액에서 과실상계를 한 다음 잔액이 청구액을 초과하면 청구액을 인용하고 청구액을 초과하지 않으면 잔액을 인용하여야 한다는 외측설(外測說)과 손해액을 산정하고 그 금액이 청구액을 초과하면 청구액을 기준으로, 청구액을 초과하지 않으면 손해액을 기준으로 과실상계를 한 금액을 인용하여야 한다는 안분설(按分說)이 대립한다. 위 예에서 외측설에 따르면 과실상계 후의 잔액 6,000만 원(= 1억 원

서 처분권주의 위반이다).

× (1−0.4)}이 청구액을 넘지 않으므로 인용액은 6,000만 원이 되고, 안분설에 따르면 손해액에 미달하는 청구액에 과실상계를 한 3,600만 원{= 6,000만 원 × (1−0.4)}이 인용액이 된다. 안분설은 원고의 청구가 6,000만 원인데 1억 원을 기준으로 과실상계를 하는 것은 원고의 청구 범위를 넘는 부분을 심판의 대상으로 삼는 것이어서 부당하다는 것을 근거로 한다. 대상판결의 항소심도 같은 이유로 안분설을 따랐다. 그러나 당사자는 자신의 과실을 자인하여 일부만을 청구한 것으로 봄이 상당하므로 최종 인용액이 청구액을 넘지 않으면 처분권주의에 위배되었다고 할 수 없다. 판례도 일관하여 "법원이 청구의 기초가 되는 손해액을 원고가 피고에게 청구한 금원을 초과하는 금액으로 인정하였다 할지라도 과실비율에 의한 감액을 한 잔액만을 인용한 관계로 원고의 위 청구금액을 초과하여 지급을 명하지 아니한 이상 손해배상의 범위에 있어서 당사자처분권주의에 위배되었다고 할 수 없다"고 하였다.[1)]

▶ **대법원 1984. 3. 27. 선고 83다323, 83다카1037 판결**

원고가 피고에게 금 5,151,000원의 금전채권 중 그 일부인 금 3,500,000원을 소송상 청구하고 있는 경우에 피고가 반대채권으로서 상계를 함에 있어서는 위 금전채권 전액에서 상계를 하고 그 잔액이 청구액을 초과하지 아니할 경우에는 그 잔액을 인용할 것이고, 그 잔액이 청구액을 초과할 경우에는 청구의 전액을 인용하는 것이 일부 청구를 하는 당사자의 통상적인 의사이다.

|註| 일부청구와 상계 원고가 채권총액이 1억 원이 넘는다고 주장하면서 피고에 대한 채무를 고려하여 6,000만 원의 청구를 한 데 대하여 피고가 자신의 원고에 대한 반대채권이 5,000만 원에 이른다고 주장하면서 상계의 항변을 하였는데, 심리 결과 원고의 피고에 대한 채권은 1억 원, 피고의 원고에 대한 채권은 4,500만 원으로 밝혀진 경우 법원은 얼마를 인용해야 할까. 판례는 상계에 관하여도 외측설의 입장에 서 있고, 이에 따르면 1억 원에 대하여 상계를 한 나머지인 5,500만 원과 청구액 6,000만 원을 비교하여 적은 액인 5,500만 원을 인용하여야 한다.

1) 대판 1994. 10. 11. 94다17710; 대판 1975. 2. 25. 74다1298 등.

2. 일부인용

법원은 신청한 소송물의 전부를 받아들일 수 없으면 일부를 받아들이는 일부인용의 판결을 하여야 한다. 이것은 원고의 통상의 의사에 부합되므로 처분권주의에 반하지 않는다. 일부인용은 분쟁의 일회적 해결이라는 소송경제의 관념에도 부합하고 반복된 응소의 위험을 없앤다는 점에서 피고의 이익에도 부합한다.

(1) 분량적인 일부인용

(a) 채무부존재확인소송에서의 일부인용

◆ **대법원 1994. 1. 25. 선고 93다9422 판결**(동 대법원 2018. 6. 28. 선고 2018다10081 판결)

원고가 상한을 표시하지 않고 일정액을 초과하는 채무의 부존재의 확인을 청구하는 사건에 있어서 일정액을 초과하는 채무의 존재가 인정되는 경우에는, 특단의 사정이 없는 한 법원은 그 청구의 전부를 기각할 것이 아니라 존재하는 채무부분에 대하여 일부 패소의 판결을 하여야 한다.

|註| 1. **사실관계와 법원의 판단** 甲이 "1983. 11. 21.자 소비대차계약에 기한 甲의 乙에 대한 채무는 4,829만 원을 초과하지 아니함을 확인한다"는 청구취지로 소를 제기하였는데, 변제내역 및 변제충당 등에 관하여 심리한 결과 총채무 8,000만 원 중에 1,500만 원을 변제하고 남은 채무가 6,500만 원임이 밝혀졌다. 이에 법원은 "1. 1983. 11. 21.자 소비대차에 기한 甲의 乙에 대한 채무는 6,500만 원을 초과하여 존재하지 아니함을 확인한다. 2. 甲의 나머지 청구를 기각한다."라고 판결하였고, 대법원은 위와 같은 일부인용의 판결이 옳다고 하였다.

2. **채무상한을 표시하지 않은 채무부존재확인소송에서의 일부인용** 채무부존재확인소송에서 청구취지를 특정하는 데에는 채무의 상한을 표시하는 방법과 표시하지 않는 방법이 있다. "○○자(字) 소비대차계약에 기한 1,000만 원의 대여금채무는 300만 원을 초과하여 존재하지 아니함을 확인한다."라고 표시하는 것이 전자의 방법이고, "○○자(字) 소비대차계약에 기한 대여금채무는 300만 원을 초과하여 존재하지 아니함을 확인한다."라고 표시하는 것이 후자의 방법이다. 위 각 경우에 심리 결과 400만 원의 대여금채무가 존재하는 것으로 밝혀졌을 때 전자의 경우는 "… 대여금채무는 400만 원을 초과하여 존재하지

아니함을 확인한다. 원고의 나머지 청구를 기각한다."라고 판결을 하여야 한다는 데 대하여 이론이 없었으나 후자의 경우는 이론이 있었다. 전자의 경우 단순기각판결을 하면 소송물인 '700만 원 부분(부존재한다고 주장된 부분)이 존재한다'는 점에 기판력이 생기게 되므로(피고가 700만 원의 대여금채무가 존재함을 확인한다는 적극적 확인청구를 하여 인용된 것과 동일한 결과가 된다) 원고는 일부인용판결을 원할 것이지만, 후자의 경우 단순기각판결을 하면 기판력은 단순히 '300만 원을 초과하는 부분이 존재한다'는 점에만 발생하나 그 액수는 특정되지 않으므로 원고는 굳이 일부인용판결을 원하지 않을 것이고 따라서 일부인용판결을 함은 처분권주의에 반한다는 결론에 이를 수 있기 때문이다. 그러나 대법원은 이 경우에도 일부인용판결을 함이 타당하다고 하였는데, 이는 액수를 확정하기 위하여 다시 소를 제기해야 하는 소송불경제를 피하기 위하여 원고의 의사를 규범적으로 해석한 결과로 이해된다.[1] 한편, 위 판결에서는 "특단의 사정이 없는 한"이라는 조건을 달고 있는데 여기서 '특단의 사정'이란 원고가 일부인용을 원하지 않는 사정을 말하는 것이므로 법원으로서는 원고에게 일부인용을 원하지 않는 사정이 있는지에 관하여 석명을 함이 바람직하다.

(b) **기타 소송에서의 일부인용**

▶ **대법원 1995. 9. 29. 선고 95다22849, 22856 판결**

부동산을 단독으로 상속하기로 분할협의하였다는 이유로 그 부동산 전부가 자기 소유임의 확인을 구하는 청구에는 그와 같은 사실이 인정되지 아니하는 경우 자신의 상속받은 지분에 대한 소유권의 확인을 구하는 취지가 포함되어 있다고 보아야 하므로, 이러한 경우 법원은 특단의 사정이 없는 한 그 청구의 전부를 기각할 것이 아니라 그 소유로 인정되는 지분에 관하여 일부 승소의 판결을 하여야 한다.

|註| 부동산 전부에 대한 확인청구나 이전청구에는 지분에 대한 확인청구나 이전청구의 취지가 포함되어 있으므로 부동산 전부에 대한 확인청구나 이전청구에 대하여 지분에 대한 확인판결이나 이전판결을 하여도 처분권주의에 위배되는 것이 아니다.

▶ **대법원 1991. 5. 28. 선고 91다3055 판결**

공유자 중 1인이나 그 대리인으로부터 공유재산을 매수한 자는 다른 공유자의 지분에 대한 매매가 적법한 것으로 인정되지 아니하더라도 공유재산 중 당해 매도인의 공유지분비율에 해당하는 부분에 대하여는 계약이 유효함을 주장할 수 있고, 비록 매수인이

1) 유태현, 민사판례연구 제6권.

공유자들의 지분을 각각 매수하였다고 주장하지 아니하였다고 하더라도 공유자 중의 1인과 사이의 매매만이 유효한 경우에는 그 지분에 대한 일부 승소의 판결을 구하는 의사가 있는 것으로 볼 수 있다.

▶ 대법원 1970. 2. 24. 선고 69다1808 판결

원고가 피고에게 40만 원을 대여하였다는 주장에 대하여 피고가 이를 부인하는 경우, 피고와 소외인에게 공동으로 40만 원의 대여사실을 인정하고 2분의1 한도 내에서 피고에게 변제의무가 있다고 판시한 것은 당사자가 주장하지 아니한 사실을 판단한 위법이 있다 할 수 없다.

(2) 단순이행청구와 상환이행판결(동시이행판결)

▶ 대법원 1979. 10. 10. 선고 79다1508 판결

매매계약체결과 대금완납을 청구원인으로 하여 (무조건) 소유권이전등기를 구하는 청구취지에는 대금 중 미지급금이 있을 때에는 위 금원의 수령과 상환으로 소유권이전등기를 구하는 취지도 포함되어 있다.

|註| 1. 동시이행판결과 처분권주의 (1) 원고가 단순이행을 청구한 데 대하여 피고가 동시이행의 항변이나 유치권 항변을 하고 그것이 정당하다고 인정된 때에는 법원은 원고의 청구를 기각하는 판결을 할 것이 아니라 원고의 채무이행과 상환으로 피고의 채무를 이행할 것을 명하는 판결을 하여야 한다. 이는 원고의 단순이행청구에는 동시이행을 구하는 취지도 포함되어 있다고 보는 것이 합리적이기 때문이다. 만약 원고가 동시이행판결에 대하여 반대하는 취지를 명시하고 단순이행청구를 한 경우에 피고의 동시이행항변이 정당하다면 원고의 청구를 전부 기각하여야 한다.

(2) 원고가 처음부터 동시이행의 청구(예컨대, 100만 원의 지급과 상환으로 물건의 인도를 구하는 청구)를 하였는데 심리 결과 원고 채무의 내용이나 범위가 원고의 주장과 다른 것이 판명된 경우, 원고가 주장하는 범위보다 축소하여 피고에게 동시이행을 명하는 것(50만 원의 지급과 상환으로 물건의 인도를 명하는 것)은 처분권주의에 위배되어 허용되지 않지만, 원고가 주장하는 범위를 초과하여 동시이행을 명하는 것(150만 원의 지급과 상환으로 물건의 인도를 명하는 것)은 원고가 청구하는 범위 내에 있는 것이므로 허용된다.

2. 동시이행의 판결을 하여야 하는 경우 (1) 임대차가 종료한 경우 보증금반환

채무(차임, 공과금, 손해배상 등 인도시까지 임대차와 관련하여 발생하는 임차인의 모든 채무를 공제한 금액)와 임차목적물인도채무는 동시이행의 관계에 있다.[1)]

(2) 토지의 임대인인 원고가 임차인인 피고 소유 건물의 철거와 대지의 인도를 구하는 데 대하여 피고가 건물매수청구권(민법 643조)의 항변을 하고 그 항변이 정당한 경우 원래의 건물철거 및 대지인도 청구에 건물의 인도를 구하는 청구가 포함되어 있다고 할 수는 없으므로 법원으로서는 청구기각의 판결을 할 수밖에 없으나,[2)] 원고가 매수청구권의 행사에 의하여 건물에 대한 매매가 성립되었음을 인정하여 건물소유권이전청구 및 건물인도청구로 청구를 변경하면, 피고는 위 청구와 건물대금지급의 동시이행을 주장할 수 있다.[3)] 한편, 피고가 건물매수청구를 하면 법원은 청구 변경 여부를 원고에게 석명하여야 한다.[4)]

(3) 부동산 매매계약이 체결된 경우 매수인의 잔대금지급의무와 매도인의 소유권이전등기의무는 동시이행의 관계에 있다.[5)] 중도금지급의무는 선이행의무이나 중도금이 지급되지 않은 상태에서 계약이 해제되지 않고 잔금지급기일까지 도과하였다면 중도금 및 잔금지급의무와 소유권이전등기의무는 동시이행의 관계에 있게 된다.[6)] 근저당권설정등기 있는 부동산의 매매계약에 있어서는 매도인의 소유권이전등기의무와 아울러 근저당권설정등기의 말소의무도 매수인의 대금지급의무와 동시이행관계에 있다.[7)]

(4) 도급계약에서 완성된 목적물에 하자가 있는 경우 도급인이 가지는 하자보수청구권과 손해배상청구권은 수급인의 공사대금청구권과 동시이행의 관계에 있다.[8)]

(5) 계약이 해제된 경우 일방의 손해배상의무는 상대방의 원상회복의무와 동시이행의 관계에 있다.[9)]

---

1) 대판(전) 1977. 9. 28. 77다1241, 1242.
2) 대판 1995. 2. 3. 94다51178, 51185.
3) 대판 1991. 4. 9. 91다3260.
4) 대판(전) 1995. 7. 11. 94다34265.
5) 대판 1980. 7. 8. 80다725.
6) 대판 1988. 9. 27. 87다카1029.
7) 대판 1979. 11. 13. 79다1562.
8) 대판 1987. 9. 22. 85다카2263.
9) 대판 1992. 4. 28. 91다29972.

◆ 대법원 1969. 11. 25. 선고 69다1592 판결

물건의 인도를 청구하는 소송에서 피고의 유치권 항변이 인용되는 경우에는 그 물건에 관하여 생긴 채권의 변제와 상환으로 그 물건의 인도를 명하여야 한다.

> |註| 원고가 단순이행청구를 하였으나 피고가 유치권 항변을 하여 이것이 인정되는 경우에는 상환이행판결을 하여야 하고 이는 처분권주의에 반하지 않는다는 판결이다.

▶ 대법원 1980. 2. 26. 선고 80다56 판결

매수인이 단순히 소유권이전등기청구만을 하고 매도인이 동시이행의 항변을 한 경우 법원이 대금수령과 상환으로 소유권이전등기절차를 이행할 것을 명하는 것은 그 청구 중에 대금지급과 상환으로 소유권이전등기를 받겠다는 취지가 포함된 경우에 한하므로 그 청구가 반대급부 의무가 없다는 취지임이 분명한 경우에는 청구를 기각하여야 한다.

> |註| 1. 원고가 매매를 원인으로 한 소유권이전등기청구를 한 데 대하여 피고가 대금 270만 원이 미지급되었다는 항변을 하자, 원고가 매매목적물 중 28평이 도시계획에 저촉되어 대금 중 270만 원이 감액된 것이라고 주장한 사안이다.
> 2. 이 경우 원고는 270만 원의 잔대금지급의무가 없다는 점을 분명히 하고 있으므로 심리 결과 270만 원의 감액이 인정되지 않아 잔대금지급의무가 존재하더라도 법원으로서는 청구기각의 판결을 하여야 한다는 판결이다.
> 3. 한편, 원고가 청구기각의 판결을 받은 후 270만 원을 공탁하고 다시 소유권이전등기청구를 한 경우 이러한 소는 위 청구기각판결의 기판력에 저촉되지 않는다.

(3) 현재이행청구와 장래이행판결(선이행조건부판결)

◆ 대법원 1995. 7. 28. 선고 95다19829 판결

채무자가 피담보채무 전액을 변제하였다고 주장하면서 근저당권설정등기에 대한 말소등기절차의 이행을 청구하였으나 피담보채무의 범위나 그 시효소멸 여부 등에 관한 다툼으로 그 변제한 금액이 채무 전액을 소멸시키는 데 미치지 못하고 잔존 채무가 있는 것으로 밝혀진 경우에는, 채무자의 청구 중에는 확정된 잔존 채무를 변제하고 그 다음에 위 등기의 말소를 구한다는 취지까지 포함되어 있는 것으로 해석함이 상당하며, 이는 장래 이행의 소로서 미리 청구할 이익도 있다.

|註| 선이행판결과 처분권주의 (1) 단순이행청구나 동시이행청구를 하였는데 원고가 선이행하여야 할 의무가 있음이 밝혀진 경우 법원은 미리 청구할 필요가 있고 원고의 반대의사표시가 없는 한 원고의 청구를 전부 기각할 것이 아니라 원고의 의무 이행을 조건으로 피고의 의무이행을 명하는 이른바 선이행판결을 하여야 한다.[1] 여기에서 '미리 청구할 필요'라고 함은 원고가 이행하여야 할 채무의 액수에 관하여 다툼이 있는 경우와 같이 원고가 그 주장하는 대로의 의무를 이행하더라도 피고의 임의이행을 기대할 수 없는 때를 말한다. 그리고 원고의 반대의사표시가 없어야 하므로 예컨대 "원고가 피담보채무가 발생하지도 않았음을 전제로 말소등기를 청구하는 경우에는 그 청구 중에 피담보채무의 변제를 조건으로 장래의 이행을 청구하는 취지가 포함된 것으로 볼 수 없"으므로 선이행조건부판결을 하여서는 안 된다.[2]
(2) 원고가 처음부터 선이행조건부의 청구(예컨대 "100만 원을 지급받은 후 등기를 말소하라"는 청구)를 하였는데 심리 결과 원고 채무의 내용이나 범위가 원고의 주장과 다른 것이 판명된 경우, 원고가 주장하는 범위보다 축소하여 피고에게 선이행조건부이행을 명하는 것("50만 원을 지급받은 후 등기를 말소하라"는 판결)은 처분권주의에 위배되어 허용되지 않지만, 원고가 주장하는 범위를 초과하여 선이행조건부이행을 명하는 것("150만 원을 지급받은 후 등기를 말소하라"는 판결)은 원고가 청구하는 범위 내에 있는 것이므로 허용된다.

(4) 채권자취소소송에서 원물반환청구와 가액배상판결

◆ 대법원 2001. 6. 12. 선고 99다20612 판결

저당권이 설정되어 있는 부동산이 사해행위로 이전된 경우에 그 사해행위는 부동산의 가액에서 저당권의 피담보채권액을 공제한 잔액의 범위 내에서만 성립한다고 보아야 하므로, 사해행위 후 변제 등에 의하여 저당권설정등기가 말소된 경우 그 부동산의 가액에서 저당권의 피담보채무액을 공제한 잔액의 한도에서 사해행위를 취소하고 그 가액의 배상을 구할 수 있을 뿐이고, … 사해행위인 계약 전부의 취소와 부동산 자체의 반환을 구하는 청구취지 속에는 위와 같이 일

1) 대판 1981. 9. 22. 80다2270(단순이행청구의 경우); 대판 1981. 5. 26. 80다1629(동시이행청구의 경우).
2) 대판 1991. 4. 23. 91다6009.

부취소를 하여야 할 경우 그 일부취소와 가액배상을 구하는 취지도 포함되어 있다고 볼 수 있으므로 청구취지의 변경이 없더라도 바로 가액반환을 명할 수 있다.

|註| **1. 사실관계와 법원의 판단** 丙은 채권추심을 회피하기 위하여 그의 유일한 재산인 부동산을 그의 처인 乙에게 증여하고 그에 따라 소유권이전등기를 마쳐주었다. 한편, 위 부동산에 관하여는 위 증여 이전에 丁 명의의 근저당권이 설정되어 있었는데 위 증여 이후 乙이 위 근저당권의 피담보채무를 변제하고 위 근저당권을 말소하였다. 丙에 대한 채권자인 甲은 丙과 乙 사이의 위 증여가 사해행위에 해당한다고 주장하여 그 취소를 구함과 아울러 원상회복을 위하여 위 부동산에 관한 乙 명의 소유권이전등기의 말소를 구하였다. 항소심은 위 증여가 사해행위에 해당한다고 판단하여 이를 취소하면서 원상회복을 위하여 乙 명의 소유권이전등기의 말소를 명하였는데, 대법원은 위에서 본 바와 같이 이 경우 부동산의 가액에서 근저당권의 피담보채무액을 공제한 잔액의 한도에서 사해행위를 취소하고 그 가액의 배상을 구할 수 있을 뿐이고 청구취지의 변경이 없더라도 가액반환을 명할 수 있다고 하였다.[1)]

2. 저당권부 부동산이 사해행위로 이전된 이후 저당권이 말소된 경우의 법률관계

위 판결에서 본 바와 같이 이 경우에는 부동산의 가액에서 저당권의 피담보채권액을 공제한 잔액의 한도에서 그 매매계약의 일부만 취소하고 그 가액의 반환을 구할 수 있을 뿐이다. 저당권이 설정되어 있는 부분만큼은 애초부터 일반채권자에 대한 책임재산이 아니었으므로 이 경우 양도행위 전부를 취소하여 그 부동산 자체의 반환을 명하면 당초 일반채권자에게는 담보로 되어 있지 않았던 부분까지 회복시키는 것이 되어 공평의 결과에 반하게 되기 때문이다.[2)] 한편, 이와 같은 경우 저당권의 피담보채무가 누구에 의하여 변제되었는지는 문제되지 않고,[3)] 가액의 산정은 사실심 변론종결시를 기준으로 한다.[4)]

1) 위 판결은 원물반환을 구하는 채권자에 대하여 청구취지의 변경이 없이도 가액반환의 판결을 할 수 있는지에 관한 최초의 판례이다(윤경, 대법원 판례해설 제36호).
2) 대판 1996. 10. 29. 96다23207; 대판 2001. 9. 4. 2000다66416 등.
3) 대판 2001. 6. 12. 99다20612.
4) 대판 2001. 9. 4. 2000다66416.

제 3. 변론주의

Ⅰ. 의의

변론주의(辯論主義)라 함은 소송자료, 즉 사실과 증거의 수집·제출 책임을 당사자에게 맡기고 당사자가 수집하여 변론에서 제출한 소송자료만을 재판의 기초로 삼아야 한다는 입장이다.[1] 소송자료의 수집·제출 책임이 법원에 있는 직권탐지주의(職權探知主義)와 대립되는 개념이다. 변론주의를 취하는 근거로는 사적자치의 반영, 진실발견의 수단, 절차보장에 의한 공평한 재판 등을 들 수 있다.

Ⅱ. 변론주의의 내용

1. 주장책임

(1) 의의

(a) 민사소송에서 법원은 원고가 소송물로 주장한 일정한 권리 내지 법률관계의 존부를 판단하는데, 그 판단은 원고 주장의 권리가 발생하였는가, 그 권리의 효력 발생에 장애가 있거나 이후 소멸하였는가 등의 과정을 거쳐 결론에 이르게 된다. 실체법은 권리의 발생, 장애, 소멸의 법률효과를 발생시키는 요건들을 규정하고 있는데 이를 법률요건 또는 구성요건이라고 하고, 법률요건 또는 구성요건에 해당되는 구체적인 사실을 요건사실 또는 주요사실이라고 한다.[2] 변론주의가 적용되는 절차에서 법원은 당사자가 주장한 주요사실에 한하여 그 법률효과의 발생 여부를 판단하고, 만일 어떤 주요사실에 대한 주장이 없다면 그 주요사실이 증거에 의하여 인정되더라도 법원은 그 주요사실을 인정하여 당해 법률효과 판단의 기초로 삼을 수 없다. 이처럼 어떤 법률효과의 주요사실이 변론에 나타나지 않은 결과 이에 기한 유리한 법률효과가 인정되지 않는 당사자의 불이익을 주장책임이라고 한다.

---

1) 대판 1962. 3. 15. 4294민상872.

2) 요건사실과 주요사실을 구분하는 견해도 있으나 판례는 양자를 구분하지 않고 있다(대판 1983. 2. 13. 83다카1489 참조). 주장책임과 관련해서는 주요사실이라는 표현을, 증명책임과 관련해서는 요건사실이라는 표현을 더 많이 쓰는 것 같다.

▶ 대법원 2021. 3. 25. 선고 2020다289989 판결

법률상의 요건사실에 해당하는 주요사실에 대하여 당사자가 주장하지도 아니한 사실을 인정하여 판단하는 것은 변론주의에 위반된다(대법원 1982. 4. 27. 선고 81다카550 판결; 대법원 2018. 10. 25. 선고 2015다205536 판결 등 참조).

■ 주장책임의 사례들 ■

① 증거에 의하면 반대채권의 존재가 인정되더라도 당사자가 상계의 항변(자동채권의 발생 사실, 상계적상에 있는 사실, 상계 의사표시를 한 사실의 주장)을 하지 않으면 상계에 의한 채무의 소멸을 인정할 수 없다.[1)]

② 소멸시효가 완성된 후에 소제기되었음이 역수상 명백하더라도 시효의 이익을 받는 당사자가 소멸시효의 항변(특정시점부터 권리를 행사할 수 있었던 사실, 소멸시효기간이 도과한 사실의 주장)을 하지 않으면 소멸시효에 의한 권리의 소멸을 인정할 수 없다.[2)] 다만 어떤 소멸시효기간이 적용되는가에 관한 당사자의 주장은 법률상의 견해에 불과하므로 법원은 이에 구속되지 않는다.[3)]

③ 시효를 주장하는 자가 원고가 되어 소를 제기한 경우에 있어서, 피고가 시효중단 사유가 되는 응소행위를 하였다고 하더라도, 피고가 시효중단의 주장(응소행위로 시효가 중단되었다는 주장)을 하지 않으면 시효중단의 효력을 인정할 수 없다.[4)]

④ 매매를 원인으로 한 소유권이전등기청구에 있어 매도인이 동시이행의 항변(동시이행항변권을 행사한다는 의사표시)을 하지 않는 한 대금의 지급 여부(원고의 재항변에 해당)를 심리할 필요가 없다.[5)]

⑤ 당사자 일방의 소유권이전등기의무가 이행불능이라도 이행불능의 항변(이행불능 사실의 주장)을 하지 아니한 이상 이행불능이라는 이유로 상대방의 청구를 배척할 수 없다.[6)]

1) 대결 2009. 10. 29. 2008마51359.
2) 대판 1991. 7. 26. 91다5631.
3) 대판 1977. 9. 13. 77다832; 대판 2006. 11. 10. 2005다35516; 대판 2013. 2. 15. 2012다68217{원고가 청구원인을 대여금 청구라고 밝히면서 그에 대한 증거로 약속어음을 제출한 데 대하여 피고가 소멸시효 항변을 하면서 어음법상 3년의 소멸시효가 적용된다고 주장한 사안에서 대법원은, 청구원인이 대여금 청구임이 명백하고 피고가 소멸시효 항변을 한 이상 법원은 어음법상의 소멸시효기간이 적용되지 않는다는 이유로 피고의 항변을 배척할 것이 아니라 5년(상사) 또는 10년(민사)의 소멸시효기간을 살펴 소멸시효 완성 여부를 판단하여야 한다고 하였다}.
4) 대판 1995. 2. 28. 94다18577.
5) 대판 1990. 11. 27. 90다카25222.
6) 대판 1996. 2. 27. 95다43044.

⑥ 대물변제예약이 무효라고만 주장하고 아무런 주장이 없음에도 불구하고 불공정한 법률행위라고 인정한 것은 위법이며 이러한 경우 법원은 석명권을 행사하여 무효라고 주장하는 이유가 무엇인지를 밝혀야 한다.[1)]

⑦ 법원에 현저한 사실이라 할지라도 당사자가 그 사실에 대한 진술을 하지 않는 한 법원은 그것을 사실인정의 자료로 할 수 없다.[2)]

⑧ 원고가 동일한 목적을 달성하기 위하여 채무불이행에 기한 손해배상청구와 불법행위에 기한 손해배상청구를 한 데 대하여 피고가 채무불이행에 기한 손해배상청구에 관하여만 소멸시효 항변을 하였다면 법원은 불법행위에 기한 손해배상청구에 관하여는 소멸시효가 완성된 것으로 판단할 수 없다.[3)]

(b) 주장책임은 주요'사실'에 관한 것이므로 법률'효과'에 관하여는 당사자의 주장이 없어도 된다. 그리고 주장책임은 '주요'사실에 관한 것이고 '간접'사실에 관하여는 주장책임이 미치지 않으므로 당사자가 주장하였는지 여부와 상관없이 법원이 증거로써 간접사실을 인정할 수 있다(主要事實과 間接事實). 일정한 법률효과의 발생요건이 여러 개의 주요사실로 구성되어 있는 경우 당사자는 주요사실 모두를 주장하여야 하고 그 중 일부를 주장하지 않으면 주장 자체로 이유가 없게 된다(主要事實의 不可分性). 예컨대, 손해배상책임의 발생원인 사실에 관하여는 주장·증명을 하였더라도 손해의 발생 사실에 관한 주장·증명을 하지 아니하였다면 법원은 당사자가 주장하지 아니한 손해의 발생 사실을 기초로 손해액을 산정할 수 없다.[4)]

▶ 대법원 2021. 1. 14. 선고 2020다261776 판결

민사소송절차에서 권리의 발생·변경·소멸이라는 법률효과를 판단하는 요건이 되는 주요사실에 대한 주장·증명에는 변론주의의 원칙이 적용된다.

(c) 주장책임은 증명책임과 동일한 원칙에 따라 분배되므로 권리발생규정에 관하여는 권리의 존재를 주장하는 당사자가, 권리장애규정이나 권리소멸규정 또는 권리저지규정에 관하여는 권리의 존재를 다투는 상대방이 주장책임을 진다(主張責任의 分配).[5)] 다만, 주장책임은 어떤 주요사실이 변론에 나타나지 않는 경우에 작용

1) 대판 1962. 11. 8. 62다599.
2) 대판 1965. 3. 2. 64다1761.
3) 대판 1998. 5. 29. 96다51110; 대판 2013. 2. 15. 2012다68217.
4) 대판 2000. 2. 11. 99다49644(원고가 피고의 채무불이행기간 동안 토지를 사용·수익하지 못하였다고 주장하면서 임료 상당 손해액의 지급을 구하였는데, 법원이 원고가 주장하지 않은 채무불이행기간 동안 매매대금에 대한 법정이자 상당의 손해를 인정한 것은 변론주의 위반이다).

하는 불이익이므로 그 주요사실이 변론에 나타나 있는 한 그것이 어느 당사자에 의하여 주장된 것인지를 묻지 않고 법원은 이를 재판의 기초로 삼을 수 있다(主張共通의 原則). 주장은 반드시 명시적으로 하여야 하는 것이 아니고 경우에 따라서는 어떤 주장 속에 다른 주장이 포함되어 있다고 해석될 수 있는 경우도 있으며(黙示的 主張) 증거자료의 제출행위나 증거조사결과의 원용행위 등을 통하여 간접적으로 이를 주장한 것으로 보는 경우도 있다(間接的 主張).

▶ 대법원 1998. 3. 13. 선고 97다45259 판결

금전채무부존재확인소송에 있어서는, 채무자인 원고가 먼저 청구를 특정하여 채무발생원인사실을 부정하는 주장을 하면 채권자인 피고는 권리관계의 요건사실에 관하여 주장·입증책임을 부담한다.

▶ 대법원 1991. 5. 28. 선고 90다19770 판결

매도인측에서 매매계약이 불공정한 법률행위로서 무효라고 하려면 객관적으로 매매가격이 실제가격에 비하여 현저하게 헐값이고 주관적으로 매도인이 궁박·경솔·무경험 등의 상태에 있었으며, 매수인측에서 위와 같은 사실을 인식하고 있었다는 점을 주장·입증하여야 할 것이다.

▶ 대법원 1990. 2. 27. 선고 89다카19412 판결

매매계약서에 매수인이 계약사항을 불이행시에는 매도인이 일방적으로 해약하여도 이의할 수 없고 납부한 계약금을 매도인의 소유로 한다고 규정하고 있는 경우에도 위와 같은 약정에 따라 위 계약금이 위약금으로써 몰취되었다는 권리멸각사유는 매도인에게 그 주장책임이 있다.

|註| 매수인 乙이 계약사항을 불이행할 때에는 계약금을 매도인 甲의 소유로 한다고 약정하고 매매계약을 체결한 후, 乙의 대금지급의무의 이행지체로 매매가 해제된 경우에 甲이 위와 같은 약정에 따라 계약금이 위약금으로 자신의 소유가 되었다는 항변을 할 책임이 있음에도 이를 하지 않아서 원심이 乙의 등기말소의무와 甲의 계약금반환의무가 동시이행관계에 있음을 이유로 상환이행판결을 내린 사안이다.

▶ 대법원 1971. 10. 11. 선고 71다1641 판결

사용자가 피용자의 선임 및 그 사무감독에 상당한 주의를 하였다는 것을 이유로 하여 그 손해배상책임을 면하려면 그 선임감독에 상당한 주의를 하였다는 사실을 주장·입

5) 자세한 것은 '증명책임의 분배' 참조.

증하여야 한다.

(2) 주요사실과 간접사실

◆ 대법원 1994. 11. 4. 선고 94다37868 판결

[1] 변론주의에서 일컫는 사실이라 함은, 권리의 발생소멸이라는 법률효과의 판단에 직접 필요한 주요사실만을 가리키는 것이고 그 존부를 확인하는 데 있어 도움이 됨에 그치는 간접사실은 포함하지 않는 것이다.

[2] 부동산의 시효취득에 있어서 점유기간의 산정기준이 되는 점유개시의 시기는 취득시효의 요건사실인 점유기간을 판단하는 데 간접적이고 수단적인 구실을 하는 간접사실에 불과하므로 이에 대한 자백은 법원이나 당사자를 구속하지 않는 것이다.

|註| 1. **사실관계와 법원의 판단** 甲이 그 소유의 토지를 乙(지방자치단체)이 도로로 점유하여 사용하고 있음을 이유로 부당이득반환청구를 한 데 대하여 乙은 위 토지를 1947. 3. 17.부터 20년 이상 점유하여 이를 시효취득하였다고 항변하였다. 乙의 항변에 대하여 甲은 애초 乙의 점유개시시기를 乙 주장과 같이 1947. 3. 17.이라고 하였다가 이후 1986. 1.경부터 점유를 하였다면서 그 주장을 변경하였다. 항소심법원은 증거에 의하여 위 토지가 1947. 3. 17.경 乙의 도시계획에 의한 도로예정지로 편입되면서 지목이 도로로 변경되었으나 乙이 이 무렵부터 이를 점유하였다고 인정하기에 부족하고, 다만 乙이 1986. 1.경 위 토지를 인근주민과 차량의 통행에 제공함으로써 이를 점유하기 시작한 것이라고 인정하여 20년 이상 점유하지 않았음을 이유로 乙의 항변을 배척하였다. 이에 乙은 상고하여 점유개시시점에 관하여 甲이 자백하였으므로 법원이 증거에 의하여 이와 다른 점유개시시점을 인정한 것은 위법이라고 주장하였으나, 대법원은 위와 같이 판시하여 乙의 상고를 기각하였다.

2. **주요사실과 간접사실의 구분** 주요사실이라 함은 법률효과를 발생시키는 실체법상의 구성요건 해당사실을 말하고, 주요사실의 존부를 확인하는 데 도움이 되는 경위, 내력 등에 관한 사실은 간접사실이라고 한다. 예컨대 甲의 乙에 대한 대여금반환청구가 인정되기 위한 주요사실은 甲과 乙 사이의 금전소비대차계약의 체결, 甲의 乙에 대한 돈의 지급, 반환시기의 도래 3가지이고, 丙

의 소개에 의하여 돈을 빌려주게 되었다든지, 현금으로 주었다든지 하는 경위나 내력에 관한 사실들은 간접사실이 된다. 따라서 甲이 위 주요사실 3가지를 주장하지 않으면 법원은 증거만으로 금전대여사실을 인정할 수 없으나, 丙의 소개나 현금에 의한 대여 등의 사실에 관하여는 甲의 주장이 없더라도 이를 인정할 수 있고 甲의 주장과 달리 일부는 수표로 지급하였다고 사실인정할 수도 있다.

3. 주요사실 여부가 문제되는 경우　(1) 일반조항 : '신의성실', '권리남용', '정당한 사유', '과실' 등과 같이 법률상의 요건이 불확정개념에 의하여 일반적, 추상적으로 정해진 것을 일반조항이라고 한다. 이 경우 '과실', '정당한 사유'와 같은 추상적 개념 그 자체를 주요사실로 보고 이를 판단하는 데 기초가 되는 사실을 간접사실로 볼 것인지, 추상적 개념의 판단 기초가 되는 사실 자체를 주요사실로 볼 것인지 문제되는데, 후자가 다수설의 입장이다. 전자의 입장에 따르면 예컨대 교통사고 피해자가 가해자를 상대로 불법행위에 기한 손해배상청구를 하는 경우 피해자가 가해자의 과실로 졸음운전만을 주장하였는데 법원이 느닷없이 음주운전을 과실로 인정할 수 있다는 결과가 되고, 이는 당사자에게 예측하지 않은 결과를 안기게 된다는 점에서 부당하기 때문이다. 다만 과실상계에 있어서 채무자의 과실상계 주장이 없더라도 법원은 직권으로 채권자의 과실을 참작하여야 하므로,[1] 이 경우 채권자의 과실을 구성하는 사실에 대하여는 주장책임의 적용이 없다.

(2) 대리(代理)와 사자(使者) : 어떤 의사표시의 표시행위를 한 사람이 본인이라고 주장한 경우 법원이 그 주장과 무관하게 대리인에 의한 의사표시라고 인정할 수 있을까. 대리인에 의한 계약체결 사실은 실체법상의 구성요건 해당사실, 즉 주요사실에 해당하므로 당사자의 주장이 없이는 이를 판단의 기초로 삼을 수 없다.[2] 다만 당사자의 주장취지, 쌍방 당사자가 제출한 소송자료 등에 비추어 대리행위의 주장이 있었던 것으로 해석될 경우도 많다.[3] 한편 계약서의 작성 또는 계약서상의 날인행위를 당사자가 직접 하였는지 아니면 제3자가 당사자의 승낙을 얻어 하였는지(소위 使者) 여부는 주요사실의 경위에 불

1) 대판 1987. 4. 10. 87다카473 등.
2) 대판 1990. 6. 26. 89다카15359; 대판 1996. 2. 9. 95다27998.
3) 대판 1990. 6. 26. 89다카15359; 대판 1996. 2. 9. 95다27998.

과한 것이므로 주장책임이 적용되지 않는다.[1]

4. 판례에 나타난 간접사실들 (1) 등기원인 : "등기원인을 표시하고 등기청구를 하는 경우의 청구취지는 그 청구의 동일성이 인정되는 한 법원은 당사자가 등기원인으로 표시한 법률판단에 구애됨이 없이 정당한 법률해석에 의하여 그 원인표시를 바로 잡을 수 있다."[2]

(2) 계약의 체결경위 : "원심이 원·피고 간의 본건 연대보증계약에 있어 주채무자인 소외인이 본건 약속어음이나 약정서의 피고 이름 밑에다 피고의 도장을 찍을 때에 피고를 대신해서 찍었다고 인정한 것이 설사 당사자가 주장하지 않은 사실을 인정한 것이 되었다 하더라도 이러한 사실은 연대보증계약의 성립경위에 관한 사실에 지나지 않을 뿐더러 원심은 연대보증이란 청구원인사실을 토대로 하여 사실을 확정하고 있는 것이므로, 원판결에는 당사자가 주장하지 않은 사실을 판단한 위법이 있다고 할 수 없다."[3]

(3) 교통사고의 경위 : "가해차량이 피해차량의 후미를 충격하게 된 경위를 원고 주장사실과 다소 다르게 인정하였다 하더라도 이는 원고 주장의 범위 내에 속하는 사실임이 분명하므로 원고가 주장하지도 아니한 사실을 인정한 위법이 없다."[4]

(4) 공탁원인인 수령거절을 추인하게 해주는 사실들 : "당사자가 주장하지 아니한 일련의 사실을 인정하고 이로부터 변제를 제공하였더라도 이를 수령하지 아니하였을 것이라고 판단하였다고 하더라도, 이와 같이 수령거절을 추인하게 해주는 일련의 사실은 당사자 주장의 공탁원인에 대한 간접사실에 불과한 것이므로 변론주의의 원칙에 위배된다고 볼 수 없다."[5]

(5) 이혼사유에 대한 구체적인 사실 : "일련의 행위가 모두 합하여 재판상 이혼사유인 배우자에 대한 심히 부당한 대우가 되는 경우에 그 개개의 사실은 간접사실로서 청구인이 일일이 꼬집어 주장하지 아니하였다 하더라도 법원은 이를 인정할 수 있는 것이다."[6]

---

1) 대판 1971. 4. 20. 71다278.
2) 대판 1980. 12. 9. 80다532.
3) 대판 1971. 4. 20. 71다278.
4) 대판 1979. 7. 24. 79다879.
5) 대판 1994. 8. 26. 93다42276.
6) 대판 1990. 8. 28. 90므422.

◆ 대법원 2017. 3. 22. 선고 2016다258124 판결

민사소송절차에서 변론주의 원칙은 권리의 발생·변경·소멸이라는 법률효과 판단의 요건이 되는 주요사실에 관한 주장·증명에 적용된다. 따라서 권리를 소멸시키는 소멸시효 항변은 변론주의 원칙에 따라 당사자의 주장이 있어야만 법원의 판단대상이 된다. 그러나 이 경우 어떤 시효기간이 적용되는지에 관한 주장은 권리의 소멸이라는 법률효과를 발생시키는 요건을 구성하는 사실에 관한 주장이 아니라 단순히 법률의 해석이나 적용에 관한 의견을 표명한 것이다. 이러한 주장에는 변론주의가 적용되지 않으므로 법원이 당사자의 주장에 구속되지 않고 직권으로 판단할 수 있다. 당사자가 민법에 따른 소멸시효 기간을 주장한 경우에도 법원은 직권으로 상법에 따른 소멸시효 기간을 적용할 수 있다.

|註| 소멸시효 항변은 주요사실로서 변론주의가 적용되지만, 소멸시효기간에 대한 주장은 단순한 법률상의 주장이므로 변론주의가 적용되지 아니한다고 한 판결이다.

◆ 대법원 1995. 8. 25. 선고 94다35886 판결

소멸시효의 기산일은 채무의 소멸이라고 하는 법률효과 발생의 요건에 해당하는 소멸시효기간 계산의 시발점으로서 소멸시효 항변의 법률요건을 구성하는 구체적인 사실에 해당하므로 이는 변론주의의 적용 대상이고, 따라서 본래의 소멸시효 기산일과 당사자가 주장하는 기산일이 서로 다른 경우에는 변론주의의 원칙상 법원은 당사자가 주장하는 기산일을 기준으로 소멸시효를 계산하여야 하는데, 이는 당사자가 본래의 기산일보다 뒤의 날짜를 기산일로 하여 주장하는 경우는 물론이고 특별한 사정이 없는 한 그 반대의 경우에 있어서도 마찬가지이다.

|註| 1. 甲이 乙을 상대로 계속적 물품공급계약에 따른 물품대금을 청구한 데 대하여 乙이 거래종료일인 1990. 9. 30.로부터 3년이 지남으로써 甲의 대금채권은 소멸시효 완성으로 소멸하였다고 주장하였는데, 항소심법원이 '甲의 대금채권은 늦어도 물품대금 지급을 위하여 교부된 약속어음의 지급기일인 1991. 3. 30.에는 전부 이행기가 도래하였다고 할 것이므로 이때부터 기산하여 3년이 경과한 1994. 3. 30. 그 소멸시효가 완성되었다'고 한 사안이다. 대

법원은 소멸시효의 기산일은 주요사실이므로 당사자가 주장하지 않은 날짜를 기산일로 삼은 것은 변론주의 위반이라고 하여 항소심판결을 파기하였다.
2. 소멸시효의 기산점은 주요사실이라는 판례로서, 소멸시효기간과 취득시효의 기산점(점유개시 시기)이 간접사실인 것과 구별된다.

(3) 묵시적 주장과 간접적 주장

◆ **대법원 1983. 12. 13. 선고 83다카1489 전원합의체 판결**

[1] 당사자가 변론에서 주장한 주요사실만이 심판의 대상이 되는 것으로서 여기서 주요사실이라 함은 법률효과를 발생시키는 실체법상의 구성요건 해당사실을 말한다.
[2] 유권대리에 있어서는 본인이 대리인에게 수여한 대리권의 효력에 의하여 법률효과가 발생하는 반면 표현대리에 있어서는 대리권이 없음에도 불구하고 법률이 특히 거래상대방 보호와 거래안전유지를 위하여 본래 무효인 무권대리행위의 효과를 본인에게 미치게 한 것으로서 표현대리가 성립된다고 하여 무권대리의 성질이 유권대리로 전환되는 것은 아니므로, 양자의 구성요건 해당사실 즉 주요사실은 다르다고 볼 수밖에 없으니 유권대리에 관한 주장 속에 무권대리에 속하는 표현대리의 주장이 포함되어 있다고 볼 수 없다.

|註| 1. 사실관계와 법원의 판단 乙은 그 소유의 토지를 丙에게 매도하고 丙이 그 지상에 건축하여 분양하는 아파트(건축주 명의는 乙이었고 丙이 분양권한을 위임받는 형식을 취하였다)의 분양대금으로 토지대금을 지급받기로 하였는데, 토지대금이 제대로 지급되지 아니하자, 丙으로부터 미분양아파트를 양수한 후 직접 분양을 하여 분양대금을 토지대금에 충당하고 丙은 아파트 분양에서 손을 떼기로 하였다. 그런데 丙은 여전히 분양권한이 있는 양 乙에게 양도한 아파트 중 하나인 103호를 甲에게 매도하였고, 얼마 지나지 않아 103호가 丁에게 분양되어 소유권이전등기까지 마쳐진 사실을 알게 된 甲은, 甲이 乙의 대리인인 丙으로부터 103호를 매수하였는데 乙이 이를 丁에게 매도하고 등기까지 마쳐줌으로써 乙의 甲에 대한 103호에 관한 등기이전의무는 이행불능이 되었다고 주장하면서 乙을 상대로 매매계약을 해제하고 대금의 반환을 구하는 소를 제기하였다. 항소심법원은 丙이 乙의 대리인이 아니고 또 甲에게 丙이 乙을 대리할 권한이 있다고 믿은 데에 과실이 없다고 볼 자료가 없다는 이유로 甲의

청구를 기각하였는데, 대법원은 甲은 항소심 변론종결시까지 표현대리에 관한 주장을 한 바 없으므로 항소심으로서는 丙이 무권대리인이라고 판단한 이상 더 나아가 표현대리의 성립 여부까지 판단한 필요가 없었던 것이나 판결 결론에는 영향이 없다는 이유로 상고를 기각하였다.

2. 유권대리의 주장 속에 표현대리의 주장이 포함되는지 여부 과거 유권대리의 주장 속에는 표현대리의 주장이 포함되어 있다는 판례가 있었으나,[1] 이 판결로 종전의 견해는 폐기되었고 이러한 입장은 이후에도 다시 확인된 바 있다.[2] 다만, 이에 관하여는 법원의 후견적 기능을 강조하면서 법원의 적극적 석명이 필요하다는 견해(김황식, 민사판례연구 제7집)가 있다.

◆ 대법원 1990. 6. 26. 선고 89다카15359 판결

대리인에 의한 계약체결의 사실은 법률효과를 발생시키는 실체법상의 구성요건 해당사실에 속하므로 법원은 변론에서 당사자의 주장이 없으면 그 사실을 인정할 수가 없는 것이나, 그 주장은 반드시 명시적인 것이어야 하는 것은 아닐뿐더러 반드시 주장책임을 지는 당사자가 진술하여야 하는 것은 아니고 소송에서 쌍방 당사자 간에 제출된 소송자료를 통하여 심리가 됨으로써 그 주장의 존재를 인정하더라도 상대방에게 불의의 타격을 줄 우려가 없는 경우에는 그 대리행위의 주장은 있는 것으로 보아 이를 재판의 기초로 삼을 수 있다.

|註| **1. 사실관계와 법원의 판단** 甲(원고)의 乙(피고)에 대한 매매를 원인으로 한 부동산 소유권이전등기청구의 소에서 甲이 '丙이 乙을 대리하여 매매계약을 체결하였다'는 명시적인 진술을 하지는 않았으나 乙은 丙에게 매매계약 체결권한을 수여하거나 이를 승낙한 사실이 없다고 주장하였다. 항소심법원은, 乙이 대리행위 주장이 있는 것을 전제로 하여 丙은 무권대리라는 취지의 주장을 하고 있으므로, 이러한 소송경과에 비추어 볼 때 매매계약 체결에 있어서 丙이 乙을 대리한 사실이 변론에서 주장된 것으로 볼 수도 있다고 하였고, 대법원도 이러한 항소심의 조치가 변론주의에 반하는 것은 아니라고 하였다.

2. 묵시적 주장 (1) 사실의 주장은 반드시 명시적이어야 하는 것은 아니다. 일정한 주장 속에 다른 주장이 포함되어 있는 경우도 있고 일정한 주장을 통

1) 대판 1964. 11. 30. 64다1082.
2) 대판 1990. 3. 27. 88다카181.

하여 그와 비슷하거나 겹치는 다른 주장을 인정할 수도 있는 경우도 있다. 주장책임을 너무 엄격히 보면 구체적으로 타당한 해결을 꾀할 수 없는 경우가 있기 때문인데, 다른 한편으로는 주요사실의 범위를 너무 넓히게 되면 심리의 초점을 흐리고 상대방의 방어를 곤란하게 할 염려가 있으므로, 석명권의 적절한 행사를 통하여 위 두 이익이 조화를 이루도록 하는 것이 필요하다.
(2) 대상판결은 주요사실에 대한 묵시적 주장의 인정가능성과 불의타의 염려가 없을 것이라는 묵시적 주장의 한계를 밝힘과 아울러 상대방 당사자의 해당 주요사실에 대한 부인 취지의 주장만 있는 경우에도 해당 주요사실에 대한 심리가 이루어졌다면 그 주요사실에 대한 주장이 있음을 전제로 판단할 수 있음을 밝힌 판결이다.

◆ 대법원 2002. 6. 28. 선고 2000다62254 판결

법률상의 요건사실에 해당하는 주요사실에 대하여 당사자가 주장하지도 아니한 사실을 인정하여 판단하는 것은 변론주의에 위배된다고 할 것이나, 당사자의 주요사실에 대한 주장은 직접적으로 명백히 한 경우뿐만 아니라 당사자가 법원에 서증을 제출하며 그 증명취지를 진술함으로써 서증에 기재된 사실을 주장하거나 그 밖에 당사자의 변론을 전체적으로 관찰하여 간접적으로 주장한 것으로 볼 수 있는 경우에도 주요사실의 주장이 있는 것으로 보아야 한다.

|註| 1. 사실관계와 법원의 판단 보험회사 甲은 피해자 丙에게 보험금을 지급한 다음 보험자대위에 의하여 가해자 乙을 상대로 제기한 손해배상청구 소송에서 사고의 경위 내지 원인과 관련하여 丙이 작성한 인증서를 제출하였는데 그 내용은 甲이 사고의 경위 내지 원인으로 주장하지 않은 것이었다. 항소심이 인증서의 내용을 토대로 사실인정을 한 데 대하여 乙이 상고심에서 변론주의 위반이라고 다투었으나, 대법원은 해당 내용은 甲의 간접적인 주장에 의한 것이거나 간접사실에 불과하다는 이유로 항소심을 수긍하였다.
2. 간접적 주장 (1) 당사자가 법원에 서증을 제출하며 그 입증취지를 진술함으로써 서증에 기재된 사실을 주장하거나 그 밖에 당사자의 변론을 전체적으로 관찰하여 간접적으로 주장한 것으로 볼 수 있는 경우에도 주요사실의 주장이 있는 것으로 보아야 한다.[1] 간접적 주장을 인정하는 이유도 묵시적 주장

1) 대판 2002. 11. 8. 2002다38361, 38378.

을 인정하는 이유와 동일하며 이 경우에도 심판 범위의 불명확, 법원의 심리 부담의 가중, 상대방 당사자의 방어권침해의 염려 등이 있으므로 적절한 석명권의 행사가 요구된다.
(2) 청구원인에 관한 주장이 무엇인지 석명을 구하면서 이에 대하여 가정적으로 항변한 경우에도 주요사실에 대한 주장이 있다고 볼 수 있다.[1)]

▶ 대법원 2002. 5. 31. 선고 2001다42080 판결

금원을 변제공탁하였다는 취지의 공탁서를 증거로 제출하면서 그 금액 상당의 변제 주장을 명시적으로 하지 않은 경우, 비록 당사자가 공탁서를 제출하였을 뿐 그에 기재된 금액 상당에 대한 변제 주장을 명시적으로 하지 않았다고 하더라도 공탁서를 증거로 제출한 것은 그 금액에 해당하는 만큼 변제되었음을 주장하는 취지임이 명백하므로, 법원으로서는 그와 같은 주장이 있는 것으로 보고 그 당부를 판단하거나 아니면 그렇게 주장하는 취지인지 석명을 구하여 당사자의 진의를 밝히고 그에 대한 판단을 하여야 한다.

|註| 변제공탁서를 증거로 제출하였다면 변제 주장을 한 것으로 보아야 한다는 판결이다.

2. 자백의 구속력

당사자 사이에 다툼이 없는 사실{자백한 사실(288조)과 자백간주된 사실(150조)}은 증거조사를 할 필요 없이 그대로 판결의 기초로 삼아야 하고, 법원이 이와 다른 심증을 얻었다고 할지라도 그에 반하는 사실을 인정할 수 없다.[2)] 이를 자백의 구속력(自白의 拘束力)이라고 한다. 자백의 구속력은 주요사실에 관하여만 인정되고 간접사실에 대하여는 자백의 구속력이 인정되지 않는다.[3)] 문서의 진정성립에 관한 자백은 주요사실이 아님에도 자백의 구속력이 있다.[4)] 현저한 사실에 반하는 자백은 구속력이 없다.[5)]

1) 대판 2017. 9. 12. 2017다865.
2) 대판 1983. 2. 8. 82다카1258.
3) 대판 1994. 11. 4. 94다37868.
4) 대판 1988. 12. 10. 88다카3083.
5) 대판 1959. 7. 30. 4291민상551.

3. 직권증거조사의 원칙적 금지

법원은 원칙적으로 당사자가 신청한 증거에 대해서만 증거조사를 하고 직권으로 증거조사를 하여서는 안 된다. 직권증거조사는 당사자가 신청한 증거에 의하여 심증을 얻을 수 없는 때에 한하여 보충적으로 할 수 있을 뿐이다.

Ⅲ. 변론주의의 한계(적용범위)

변론주의는 사실(주요사실)과 증거에 관하여만 적용된다. 따라서 사실에 따른 법률효과와 증거의 가치평가에 관하여는 당사자의 주장에 구속되지 않는다. 따라서 소송물의 전제가 되는 권리관계나 법률효과를 인정하는 진술은 권리자백으로서 법원을 기속하는 것이 아니다(자백의 구속력이 없다).[1] 자동차사고로 손해를 입은 자가 민법에 의한 손해배상만을 주장하였더라도 법원은 자동차손해배상보장법을 우선적용하여야 하며,[2] 어떤 권리의 소멸시효기간에 관한 주장은 단순한 법률상의 주장에 불과하므로 법원이 직권으로 판단할 수 있다.[3]

▶ **대법원 1992. 2. 14. 선고 91다31494 판결**

변론주의의 원칙상 당사자가 주장하지 아니한 사실을 기초로 법원이 판단할 수 없는 것이지만 소송물의 전제가 되는 권리관계나 법률효과를 인정하는 진술은 권리자백으로서 법원을 기속하는 게 아니므로 청구의 객관적 실체가 동일하다고 보여지는 한 법원은 원고가 청구원인으로 주장하는 실체적 권리관계에 대한 정당한 법률해석에 의하여 판결할 수 있다.

▶ **대법원 1983. 6. 28. 선고 83다191 판결**

손해배상에 있어서 장래 얻을 수 있는 일실이익의 현가는 그 수입, 가동연한, 공제할 생활비 등 기초사실과 그 손실이익의 산정방법 등에 관한 경험칙에 의하여 산출할 수 있는 것으로, 그 현가는 구체적 사실에 대한 법률적 평가라 할 것이므로 기초사실에 관

---

1) 대판 1982. 4. 27. 80다851; 대판 1992. 2. 14. 91다31494.

2) 대판 1997. 11. 28. 95다29390(자동차손해배상보장법 제3조는 불법행위에 관한 민법 규정의 특별규정이다).

3) 대판 2008. 3. 27. 2006다70929, 70936; 대판 2013. 2. 15. 2012다68217; 대판 2017. 3. 22. 2016다258124(당사자가 민법에 따른 소멸시효기간을 주장한 경우에도 법원은 직권으로 상법에 따른 소멸시효기간을 적용할 수 있다) 등.

한 주장은 사실상의 주장에 속할 것이나 일실이익의 현가산정방식에 관한 주장(호프만식에 의할 것이냐 또는 라이프니츠식에 의할 것이냐에 관한 주장)은 당사자의 평가에 지나지 않은 것으로, 이 점에 관하여는 당사자의 주장에 불구하고 법원의 자유로운 판단에 따라 채용할 따름이라 할 것이다.

Ⅳ. 변론주의의 예외(제한)

1. 직권탐지주의

(1) 직권탐지주의(職權探知主義)는 소송자료의 수집책임을 법원에 맡기는 입장이다. 당사자의 주장과 증거제출이 보장되기는 하나, 법원은 당사자가 주장하지 않았더라도 기록에 나타난 사실은 스스로 수집하여 판결의 기초로 삼아야 하고(주장책임의 배제), 당사자의 자백은 증거자료에 불과할 뿐 법원을 구속하지 않으며(자백의 구속력 배제), 법원이 원칙적인 증거조사의 책임을 진다(직권증거조사). 변론주의의 반대편에 있는 입장이다.

(2) 소송의 성질상 가사소송, 선거소송, 헌법재판은 직권탐지주의에 의하고,[1] 행정소송은 변론주의를 기본구조로 하되 직권주의가 가미되어 있으며,[2] 비송사건과 특허심판사건에도 직권탐지주의가 적용된다.[3] 민사소송에서도 경험법칙, 외국법규, 관습법 따위는 법관이 직책상 규명하여야 할 사항이므로 직권탐지가 필요하다. 민사집행절차에서도 직권주의가 강화되어 있다.

▶ 대법원 1977. 4. 12. 선고 76다1124 판결

사실인 관습은 일상생활에 있어서의 일종의 경험칙에 속하는 것으로 그 유무를 판단함에는 당사자의 주장이나 입증에 구애됨이 없이 법관 스스로의 직권에 의하여 이를 판단할 수 있다.

▶ 대법원 1981. 2. 10. 선고 80다2189 판결

법규의 존재 여부는 법원의 직권탐지사항이므로 외국인토지법령상 외국인의 권리를

1) 대판 2015. 6. 11. 2014므8217(인지청구의 소); 대판 2010. 2. 25. 2009므4198(친생자관계부존재확인의 소) 등.
2) 대판 2000. 3. 23. 98두2768; 대판 1994. 4. 26. 92누17402; 대판 2010. 2. 11. 2009두18035; 대판 2010. 2. 11. 2009두18035 등.
3) 대판 1995. 3. 28. 94므1584; 대판 1999. 11. 26. 99므1596, 1602(이상 재산분할사건); 대결 2012. 10. 19. 2012마1163(과태료사건) 등.

제한하는 지정지구로 규정된 지역 내의 토지에 대하여 원심이 그 토지가 외국인토지법령상 외국인의 권리취득이 제한되었다는 점에 대하여 아무런 입증이 없다고 하였음은 위법이다.

▶ **대법원 2015. 9. 14.자 2015마813 결정**

민사집행법 제23조 제1항은 민사집행절차에 관하여 민사집행법에 특별한 규정이 없으면 성질에 반하지 않는 범위 내에서 민사소송법의 규정을 준용한다는 취지인데, 집행절차상 즉시항고 재판에 관하여 변론주의의 적용이 제한됨을 규정한 민사집행법 제15조 제7항 단서 등과 같이 직권주의가 강화되어 있는 민사집행법 하에서 민사집행법 제16조의 집행에 관한 이의의 성질을 가지는 강제경매 개시결정에 대한 이의의 재판절차에서는 민사소송법상 재판상 자백이나 의제자백에 관한 규정은 준용되지 아니하고, 이는 민사집행법 제268조에 의하여 담보권실행을 위한 경매절차에도 준용되므로 경매개시결정에 대한 형식적인 절차상의 하자를 이유로 한 임의경매 개시결정에 대한 이의의 재판절차에서도 민사소송법상 재판상 자백이나 의제자백에 관한 규정은 준용되지 아니한다.

▶ **대법원 1999. 11. 26. 선고 99므1596, 1602 판결**

재산분할사건은 가사비송사건에 해당하고, 가사비송절차에 관하여는 민사소송의 경우와 달리 당사자의 변론에만 의존하는 것이 아니고, 법원이 자기의 권능과 책임으로 재판의 기초가 되는 자료를 수집하는, 이른바 직권탐지주의에 의하고 있으므로, 법원으로서는 당사자의 주장에 구애되지 아니하고 재산분할의 대상이 무엇인지 직권으로 사실조사를 하여 포함시키거나 제외시킬 수 있다.

▶ **대법원 2000. 3. 23. 선고 98두2768 판결**

행정소송에 있어서 특단의 사정이 있는 경우를 제외하면 당해 행정처분의 적법성에 관하여는 당해 처분청이 이를 주장, 입증하여야 할 것이나 행정소송에 있어서 직권주의가 가미되어 있다고 하여도 여전히 변론주의를 기본 구조로 하는 이상 행정처분의 위법을 들어 그 취소를 청구함에 있어서는 직권조사사항을 제외하고는 그 취소를 구하는 자가 위법사유에 해당하는 구체적인 사실을 먼저 주장하여야 한다.

▶ **대법원 1994. 4. 26. 선고 92누17402 판결**

행정소송법 제26조가 규정하는 바는 행정소송의 특수성에서 연유하는 당사자주의, 변론주의에 대한 일부 예외규정일 뿐 법원이 아무런 제한 없이 당사자가 주장하지 아니한 사실을 판단할 수 있는 것은 아니고, 기록상 현출되어 있는 사항에 관하여서만 직권으로 증거조사를 하고 이를 기초로 하여 판단할 수 있을 따름이다.

2. 직권조사사항

(1) 직권조사사항이란 당사자의 신청 또는 이의에 관계없이 법원이 직권으로 조사하여 판단하여야 하는 사항을 말한다. 직권으로 조사하여 판단할 '사항'을 의미할 뿐, 그 사항의 존부를 판단하는 데 기초가 되는 사실과 증거를 직권으로 탐지하여야 하는 것은 아니다. 직권으로 조사하여 판단할 사항이므로 당사자가 이의를 하지 않더라도, 심지어는 이의를 철회하더라도 조사, 판단하여야 한다. 다만 기록상 그 존부에 관하여 의심할만한 사정이 있을 때에 비로소 직권으로 조사할 의무가 발생하는 것이고, 아무런 의심할만한 사정이 없는 경우에까지 법원이 직권으로 조사하여야 하는 것은 아니다. 직권조사사항은 자백의 대상이 되지 않는다. 직권조사사항에 관하여는 사실심 변론종결 시까지 주장하지 아니하였더라도 상소심에서 새로이 주장·증명할 수 있다.

(2) 직권조사사항으로는 소송요건(항변사항인 소송요건 제외)과 상소요건 구비 여부가 대표적인 예이다.[1] 신의칙 위반 여부 또는 권리남용 여부[2]도 직권조사사항이다. 제척기간 준수 여부는 소송요건이지만,[3] 소멸시효 완성은 항변사항이다. 기판력이 미치는 확정판결의 존재 여부,[4] 소송계속 여부[5]는 소의 이익과도 관련되는데 소의 이익 유무도 소송요건의 일종이므로 직권조사사항이다. 그밖에 과실상계(기타 책임감경사유 포함)와 손익상계,[6] 위자료의 액수[7]도 직권조사사항이다.

---

1) 대판 1971. 3. 23. 70다2639(당사자적격); 대판 2015. 9. 10. 2013다55300(채권자대위소송에서 피보전채권의 존재 여부-당사자적격); 대판 1995. 5. 23. 95다5288(비법인사단인 당사자의 대표권); 대판 1991. 7. 12. 91다12905(확인의 이익); 대판 1982. 1. 26. 81다849(소송의 계속 여부); 대판 1980. 1. 29. 79다2066(불항소 합의의 유무); 대판 2011. 3. 10. 2010다87641(소송대상인 토지의 특정 여부) 등.

2) 대판 2013. 11. 28. 2011다80449; 대판 1998. 8. 21. 97다37821("신의성실의 원칙에 반하는 것은 강행규정에 위배되는 것으로서 당사자의 주장이 없더라도 법원이 직권으로 판단할 수 있으므로 원심법원이 직권으로 신의칙에 의하여 신용보증책임을 감액한 데에 변론주의를 위배한 위법은 없다").

3) 대판 1996. 5. 14. 95다50875(민법 제406조 제2항 채권자취소권 행사기간); 대판 1996. 9. 20. 96다25371(민법 제146조 취소권 행사기간); 대판 2013. 4. 11. 2012다64116(상법 제45조 '영업양도인의 책임의 존속기간') 등.

4) 대판 1981. 6. 23. 81다124; 대판 2011. 5. 13. 2009다94384, 94391, 94407; 대판 1990. 10. 23. 89다카23329(확정판결의 기판력의 존부) 등.

5) 대판 1982. 1. 26. 81다849(당사자 쌍방의 불출석으로 소취하간주 되었는지 여부).

6) 대판 1996. 10. 25. 96다30113; 대판 2016. 4. 12. 2013다31137(이상 과실상계); 대판 2013.

◆ 대법원 1989. 9. 29. 선고 88다카17181 판결

신의성실의 원칙에 반하는 것 또는 권리남용은 강행규정에 위배되는 것이므로 당사자의 주장이 없더라도 법원은 직권으로 판단할 수 있다.

▶ 대법원 2015. 9. 10. 선고 2013다55300 판결

채권자가 채권자대위소송을 제기한 경우, 제3채무자는 채무자가 채권자에 대하여 가지는 항변권이나 형성권 등과 같이 권리자에 의한 행사를 필요로 하는 사유를 들어 채권자의 채무자에 대한 권리가 인정되는지 여부를 다툴 수 없지만, 채권자의 채무자에 대한 권리의 발생원인이 된 법률행위가 무효라거나 위 권리가 변제 등으로 소멸하였다는 등의 사실을 주장하여 채권자의 채무자에 대한 권리가 인정되는지 여부를 다투는 것은 가능하고, 이 경우 법원은 제3채무자의 주장을 고려하여 채권자의 채무자에 대한 권리가 인정되는지 여부에 관하여 직권으로 심리·판단하여야 한다.

|註| 제3채무자가 채무자의 항변권이나 형성권을 행사할 수는 없지만 채무자가 이미 취소권이나 해제권을 행사하여 피보전채권이 소멸되었다는 주장은 할 수 있다. 한편 소멸시효가 완성된 경우 권리가 절대적으로 소멸하지만 소멸시효 완성을 원용할 수 있는 자는 시효의 이익을 직접 받는 자에 한하므로 제3채무자는 피보전채권이 소멸시효의 완성으로 소멸하였다는 항변을 할 수 없다.[1] 다만 채권자가 채무자에 대한 소송과 제3채무자에 대한 소송(대위소송)을 병합하여 제기한 경우 채무자가 소멸시효 항변을 하여 그것이 받아들여진다면 채권자는 더 이상 채무자를 대위할 권한이 없게 된다.[2]

◆ 대법원 1996. 10. 25. 선고 96다30113 판결

민법상의 과실상계제도는 채권자가 신의칙상 요구되는 주의를 다하지 아니한 경우 공평의 원칙에 따라 손해의 발생에 관한 채권자의 그와 같은 부주의를 참작하게 하려는 것이므로 단순한 부주의라도 그로 말미암아 손해가 발생하거나 확대된 원인을 이루었다면 피해자에게 과실이 있는 것으로 보아 과실상계를 할

3. 28. 2009다78214(기타 책임감경사유); 대판 2002. 5. 10. 2000다37296, 37302(손익상계) 등.

7) 대판 2009. 12. 24. 2008다3527 등.

1) 대판 1997. 7. 22. 97다5749; 대판 1998. 12. 8. 97다31472 등.

2) 대판 2008. 1. 31. 2007다64471.

수 있고, 피해자에게 과실이 인정되면 법원은 손해배상의 책임 및 그 금액을 정함에 있어서 이를 참작하여야 하며, 배상의무자가 피해자의 과실에 관하여 주장하지 않는 경우에도 소송자료에 의하여 과실이 인정되는 경우에는 이를 법원이 직권으로 심리판단하여야 한다.

▶ 대법원 1996. 5. 14. 선고 95다50875 판결

민법 제406조 제2항 소정의 채권자취소권의 행사기간은 제소기간이므로 법원은 그 기간의 준수 여부에 관하여 직권으로 조사하여 그 기간이 도과된 후에 제기된 채권자취소의 소는 부적법한 것으로 각하하여야 한다. 따라서 그 기간준수 여부에 대하여 의심이 있는 경우에는 법원이 필요한 정도에 따라 직권으로 증거조사를 할 수 있으나, 법원에 현출된 모든 소송자료를 통하여 살펴보았을 때 그 기간이 도과되었다고 의심할 만한 사정이 발견되지 않는 경우까지 법원이 직권으로 추가적인 증거조사를 하여 기간준수 여부를 확인하여야 할 의무는 없다.

▶ 대법원 1981. 6. 23. 선고 81다124 판결

민사소송에 있어서 기판력의 저촉 여부와 같은 권리보호 요건의 존부는 법원의 직권조사사항이나 이는 소위 직권탐지사항과 달라서 그 요건 유무의 근거가 되는 구체적인 사실에 관하여 사실심의 변론종결 당시까지 당사자의 주장이 없는 한 법원은 이를 고려할 수 없고, 또 다툼이 있는 사실에 관하여는 당사자의 입증을 기다려서 판단함이 원칙이라 할 것이다.

제 4. 석명권

Ⅰ. 석명권의 의의

석명권(釋明權)이라 함은 소송관계를 분명하게 하기 위하여 당사자에게 질문하고 증명을 촉구할 뿐만 아니라[1] 당사자가 간과한 법률상의 사항을 지적하여 의견진술의 기회를 주는 법원의 권능을 말한다. 석명권은 불완전한 변론으로 인하여 당사자의 진실한 의도와 법원의 평가 사이에 생기는 간격을 메워 줌으로써 변론주의의 결함을 보완하는 역할을 한다. 한편 오늘날에는 석명이 법원의 권능임과

1) 대판 1964. 12. 8. 64다1003.

동시에 의무이고 일정한 경우에는 석명권의 불행사가 석명의무의 불이행으로 인정되어 상고심에서의 파기사유가 될 수도 있다는 데에 이론이 없다.[1] 다만 권능으로서의 범위와 의무로서의 범위가 일치하는지에 관하여 논의가 있는데, 일반적으로는 석명권 불행사의 경우 언제나 상고이유가 되는 것은 아니고 석명권의 불행사로 심리가 현저히 조잡하게 되었다고 인정되는 경우에만 상고이유가 된다고 설명되나, 석명권의 행사는 소송의 진행 정도, 석명의 대상과 한계에 따라 다양하게 나타나므로 석명의무의 위배 여부는 구체적인 사안에서 결정될 문제이다.

Ⅱ. 석명권의 범위와 한계 — 적극적 석명의 문제

1. 적극적 석명의 허용 여부

▶ **대법원 2000. 10. 10. 선고 2000다19526 판결**(㉮ 대법원 2018. 11. 9. 선고 2015다75308 판결)

법원의 석명권 행사는 당사자의 주장에 모순된 점이 있거나 불완전, 불명료한 점이 있을 때에 이를 지적하여 정정, 보충할 수 있는 기회를 주고 계쟁 사실에 대한 증거의 제출을 촉구하는 것을 그 내용으로 하는 것으로서 당사자가 주장하지도 아니한 법률효과에 관한 요건사실이나 독립된 공격방어방법을 시사하여 그 제출을 권유함과 같은 행위를 하는 것은 변론주의의 원칙에 위배되는 것으로서 석명권 행사의 한계를 일탈하는 것이다.

|註| **1. 사실관계와 법원의 판단** X 부동산에 관하여는 근저당권자 乙, 채무자 丙으로 된 근저당권설정등기(제1근저당권등기), 근저당권자 甲, 채무자 丁으로 된 근저당권설정등기(제2근저당권등기), 제1근저당권등기의 채무자를 丙에서 戊로 변경하는 근저당권변경의 부기등기(제1근저당권부기등기)가 차례로 마쳐져 있었는데, 甲이 제2근저당권에 기한 방해배제청구권의 행사로 乙을 상대로 제1근저당권등기와 제1근저당권부기등기의 말소를 구하는 소를 제기하자, 乙은 항소심 변론기일에 출석하여 제1근저당권등기의 채무자인 丙으로부터 채무를 변제받고 戊에게 새로이 대출을 하면서 제1근저당권등기의 채무자 명의를 변경한 것이라고 진술하였고, 甲은 이를 이익으로 원용하였다. 항소심법원은 乙의 진술 내용대로 사실인정을 하고, 그렇다면 제1근저당권등기는 피담보채무의 소멸로 무효가 되었고 그에 따라 제1근저당권부기등기도 무효가 되었다

1) 대판 1953. 3. 5. 4285민상146.

고 판단하여 甲의 청구를 인용하는 판결을 하였다. 乙은 상고하여 항소심은 乙이 불리한 자백을 하는 진의를 석명하여야 함에도 이를 하지 아니하였다고 주장하였으나, 대법원은 乙이 자신에게 불리한 진술을 하고 甲이 이를 원용함으로써 재판상 자백이 성립한 이상 乙이 자신에게 불리한 자백을 하는 진의가 무엇인지 석명하여야 할 의무는 없다고 하면서, 다만 제1근저당권부기등기는 주등기인 제1근저당권등기에 종속되어 그것과 일체를 이루는 것이므로 별도로 말소를 구할 이익은 없다고 하였다.

2. 소극적 석명과 적극적 석명 (1) 개념과 한계 : 소극적 석명이라 함은 당사자의 신청이나 주장에 불명료, 불완전, 모순이 있는 경우 이를 정정, 보완, 제거시켜 신청이나 주장을 명확하게 하고, 증명책임을 부담하는 당사자가 증거를 신청하지 않는 경우 증명을 촉구하는 석명을 말하고, 적극적 석명이라 함은 새로운 신청·주장·공격방어방법의 제출, 구체적인 증거의 추가제출, 종전 신청·주장의 변경을 시사, 권유하는 석명을 말한다. 소극적 석명은 언제나 허용되며 그 과도한 행사가 문제되지 않는 데 반하여, 적극적 석명은 종전 소송자료와의 합리적 연관성, 즉 법률상 또는 논리상 예상되는 범위 내에서 허용되고 이를 넘는 적극적 석명은 허용되지 않는다는 한계가 있다.

(2) 부당한 적극적 석명이 재판에 미치는 영향 : 허용되지 않는 적극적 석명을 하였다고 하여 이를 상고이유로 삼을 수는 없다. 법원의 석명을 믿고 받아들인 당사자에게 불이익을 줄 수는 없다는 점에 비추어 볼 때 석명권의 한계 일탈을 이유로 파기하더라도 사실심에서 동일한 주장과 입증이 다시 제출되는 것을 막을 수는 없기 때문이다. 그러나 석명권의 부당한 행사는 '법관에게 재판의 공정을 기대하기 어려운 사정이 있는 때'에 해당하여 기피사유가 될 수 있다.

(3) 본인소송과 적극적 석명 : 변호사대리소송인지 본인소송인지 여부에 따라 적극적 석명의 한계와 석명의무의 범위를 달리 볼 것인가에 관하여는 긍정설도 있으나 석명권제도가 본인소송에 특유한 것은 아니므로 석명의 정도에 근본적인 차이를 둘 것은 아니라는 것이 통설이다. 다만 본인소송의 특성과 법원의 후견적 역할을 고려한다면 석명의 빈도와 방법 및 적극성에 있어서는 차이를 둘 수밖에 없다. 판례는 "사실심법원의 재판장이 당사자 간에 다툼이 있는 사실에 관하여 입증이 안 된 모든 경우에 입증책임이 있는 당사자에게 입증을 촉구하여야 하는 것은 아니지만, 소송의 정도로 보아 당사자가 무지, 부

주의나 오해로 인하여 입증을 하지 않는 경우, 더욱이 법률전문가가 아닌 당사자본인이 소송을 수행하는 경우라면, 입증책임의 원칙에만 따라 입증이 없는 것으로 보아 판결할 것이 아니라, 입증을 촉구하는 등의 방법으로 석명권을 적절히 행사하여 진실을 밝혀 구체적 정의를 실현하려는 노력을 게을리하지 않아야 할 것이므로 당사자의 주장사실에 부합하는 서증이 제출되어 있다면 당사자에게 그 주장사실이나 서증의 진정성립에 대한 입증을 촉구하여야 한다"고 하였다.[1)]

(4) 적극적 석명과 심증의 개시 : 석명의 과정에서, 특히 적극적 석명을 하는 과정에서는 법관의 심증이 드러나게 되는데 이를 어떻게 볼 것인가의 문제가 있다. 법관의 변론의 중개자로서의 역할을 강조하여 심증의 개시를 부정적으로 보는 견해도 있으나, 공정성을 유지하는 한 심증의 개시는 허용될 뿐만 아니라 경우에 따라서는 바람직하기도 하다는 것이 일반적인 견해이다. 법관이 당해 사건에 관하여 갖고 있는 사실인식과 법적 관점을 밝힘으로써 당사자에게 부족한 부분을 보충할 기회를 주어 예상하지 못한 재판을 방지하고, 법원과 당사자가 쟁점을 공유하여 화해와 조정의 가능성과 판결에 대한 승복률을 높일 수 있기 때문이다.

(5) 적극적 석명과 석명의무 : 석명의무는 소극적 석명에 있어서 뿐만 아니라 적극적 석명에 있어서도 인정될 수 있다. 소극적 석명에 있어서는 석명권불행사의 위법(석명의무위반)이라는 석명의 하한이 있을 뿐 석명권의 남용(허용되지 않는 석명권의 행사)이라는 석명의 상한이 없지만, 적극적 석명에 있어서는 석명의 하한과 함께 종전 소송자료와의 합리적 연관성의 존부를 기준으로 한 석명의 상한이 있다는 차이가 있을 뿐이다.

2. 적극적 석명을 요구하지 않은 사례

(1) 새로운 주장의 유도

▶ 대법원 2019. 6. 13. 선고 2018두35674 판결

행정소송에서 법원이 당사자가 주장하지도 않은 법률효과에 관한 요건사실이나 공격방어방법을 시사하여 그 제출을 권유하는 행위는 변론주의 원칙에 위배되

1) 대판 1989. 7. 25. 89다카4045.

고 석명권 행사의 한계를 벗어난 것이다.

▶ 대법원 1996. 6. 14. 선고 94다53006 판결

소유권에 기하여 미등기 무허가건물의 반환을 구하는 청구취지 속에는 점유권에 기한 반환청구권을 행사한다는 취지가 당연히 포함되어 있다고 볼 수는 없고, 소유권에 기한 반환청구만을 하고 있음이 명백한 이상 법원에 점유권에 기한 반환청구도 구하는지의 여부를 석명할 의무가 있는 것은 아니다.

(2) 새로운 공격방어방법의 시사 또는 제출 촉구

▶ 대법원 1997. 3. 25. 선고 96다47951 판결

불공정한 법률행위로서 무효라는 주장 안에 반사회적 법률행위로서 무효라는 주장이 포함되어 있는지의 여부를 석명하지 않았다 하여 석명의무를 위반한 위법이 있다고 볼 수 없다.

▶ 대법원 1993. 4. 27. 선고 93다1688 판결

임대인이 임차인의 차임연체액이 2기의 차임액에 달한다는 이유로 임대차계약을 해지하고 임차목적물의 반환을 청구한다는 주장과 임대차기간의 약정이 없어서 바로 계약해지의 통고를 하고 임차목적의 반환을 청구한다는 주장은 양립할 수 있는 별개의 독립한 공격방어방법이므로, 임대인이 그중 어느 한쪽만을 주장한 경우 법원은 처분권주의의 원칙상 그 주장에 대하여만 판단하여야지 당사자가 주장하지도 아니한 사항에 관하여까지 주장을 촉구하거나 판단하지 못한다.

▶ 대법원 1969. 1. 28. 선고 68다1467 판결

법원은 당사자가 시효를 원용하지 않을 때에는 그것을 재판의 기초로 삼을 수 없을 뿐만 아니라 당사자에게 시효를 원용할 의사의 유무를 묻거나 그 원용을 촉구할 의무가 있는 것이 아니다.

3. 적극적 석명을 요구한 사례

◆ 대법원 1995. 7. 11. 선고 94다34265 전원합의체 판결

[1] 토지임대차 종료시 임대인의 건물철거와 그 부지인도 청구에는 건물매수대금 지급과 동시에 건물명도를 구하는 청구가 포함되어 있다고 볼 수 없다.

[2] 위의 경우에 법원으로서는 임대인이 종전의 청구를 계속 유지할 것인지, 아니면 대금지급과 상환으로 지상물의 명도를 청구할 의사가 있는 것인지(예비적으

로라도)를 석명하고 임대인이 그 석명에 응하여 소를 변경한 때에는 지상물 명도의 판결을 함으로써 분쟁의 1회적 해결을 꾀하여야 한다.

|註| 1. 사실관계와 법원의 판단 乙은 丙의 소유인 X 토지 위에 Y 건물을 소유하고 있었는데 X 토지의 소유권이 甲에게 이전된 이후에는 甲에게 X 토지에 대한 임료를 지급하고 있었다. 甲은 乙을 상대로 Y 건물의 철거 및 X 토지의 인도를 구하는 소를 제기하였고, 乙은 민법 제643조에 기하여 건물매수청구권을 행사하였다. 사실심 변론은 소장부본이 乙에게 송달된 때로부터 6월 이상이 경과된 후에 종결되었다. 항소심법원은, 甲과 乙 사이에는 묵시적으로 Y 건물의 소유를 목적으로 하여 기간의 정함이 없는 토지임대차계약이 체결되었다고 봄이 상당하고, 甲이 Y 건물의 철거 및 X 토지의 인도를 구하는 이 사건 소장부본이 乙에게 송달된 날로부터 6개월이 경과한 때에 위 임대차계약은 종료되었는데, 乙이 민법 제643조에 의하여 건물매수청구권을 행사하여 甲과 乙 사이에는 위 건물에 대하여 시가 상당액을 대금으로 하는 매매가 이루어졌으므로, 乙은 甲으로부터 위 대금을 지급받음과 동시에 甲에게 Y 건물을 인도할 의무가 있으나, 甲의 이 사건 청구에는 건물매수대금의 지급과 상환으로 건물의 인도를 구하는 청구가 포함되어 있다고 할 수 없으므로 甲의 이 사건 청구는 배척되어야 한다고 판단하였다. 이에 대하여 甲은 상고이유에서, 항소심은 ① 대금수령과 상환으로 건물을 인도하라는 상환이행판결(일부인용판결)이 가능함에도 청구기각의 판결을 하였고, ② 상환이행판결을 하기 위하여는 甲의 소 변경이 전제되어야 한다고 하더라도 甲에게 소 변경을 할 것인지 석명하여야 하는데 이를 하지 않았다고 주장하였다. 대법원은, 위 ①의 상고이유에 관하여는 종전의 판례에 따라 甲의 주장을 배척하였으나(위 판결요지 [1]), 위 ②의 상고이유에 관하여는 종전의 판례를 변경하여 석명을 하지 않은 것은 위법이라고 하였다(위 판결요지 [2]). 대법원이 위 ②의 상고이유에 관하여 밝힌 이유는 아래와 같다.
"왜냐하면 이처럼 제소 당시에는 임대인의 청구가 이유 있는 것이었으나 제소 후에 임차인의 매수청구권 행사라는 사정변화가 생겨 임대인의 청구가 받아들여질 수 없게 된 경우에는 임대인으로서는 통상 지상물철거 등의 청구에서 전부 패소하는 것보다는 대금지급과 상환으로 지상물명도를 명하는 판결이라도 받겠다는 의사를 가질 수도 있다고 봄이 합리적이라 할 것이고, 또 임차인의 처지에서도 이러한 법원의 석

명은 임차인의 항변에 기초한 것으로서 그에 의하여 논리상 예기되는 범위 내에 있는 것이므로 그러한 법원의 석명에 의하여 임차인이 특별히 불리하게 되는 것도 아니고, 오히려 법원의 석명에 의하여 지상물명도와 상환으로 대금지급의 판결을 받게 되는 것이 매수청구권을 행사한 임차인의 진의에도 부합한다고 할 수 있기 때문이다. 또한 위와 같은 경우에 법원이 이러한 점을 석명하지 아니한 채 토지임대인의 청구를 기각하고 만다면, 또다시 지상물명도 청구의 소를 제기하지 않으면 안 되게 되어 쌍방 당사자에게 다같이 불리한 결과를 안겨 줄 수밖에 없으므로 소송경제상으로도 매우 불합리하다고 하지 않을 수 없다."

2. 지상물인도청구가 지상물철거 및 토지인도청구에 포함된 것인지 여부 토지의 임대인이 임차인을 상대로 지상물의 철거와 대지의 인도를 구하는 소송을 제기한 데 대하여 임차인이 지상물매수청구권을 행사한 경우에, 임대인의 청구 가운데 대금지급과 상환으로 지상물의 인도를 구하는 청구가 포함되어 있는 것으로 보아 법원이 청구취지 변경없이도 지상물의 인도를 명하는 판결을 할 수 있을까. 이에 관하여는 지상물철거 및 토지인도청구 속에 지상물인도청구가 포함되어 있다고 보아 청구의 변경 없이도 대금지급과 상환으로 건물인도를 명하는 판결을 할 수 있다는 긍정설과 양자는 청구취지와 청구원인이 다르고 강제집행방법도 다르므로 청구의 변경 없이 후자와 같은 판결을 하는 것은 허용될 수 없다는 부정설이 대립한다. 일본 판례가 긍정설의 입장에 서 있는 것과는 달리 우리 판례는 일관하여 부정설의 입장에 서 있다.

3. 임차인의 매수청구권행사와 법원의 석명의무 한편 임차인의 매수청구권행사가 있다고 하여 임대인의 건물철거 및 대지인도의 청구를 그냥 기각하여 버리면 임대인으로서는 건물소유권이전 및 건물인도를 구하는 소를 새로 제기하여야 하는데 이는 소송경제와 분쟁의 1회적 해결 요청에 반하는 결과가 된다. 이를 위한 가장 합리적인 해결책은 법원에게 당사자로 하여금 건물철거 및 토지인도의 청구를 건물소유권이전 및 건물명도의 청구로 변경하도록 석명하여야 하는 의무를 인정함으로써 당사자에게 청구취지변경의 기회를 부여하는 것이라고 할 수 있는데, 종래의 판례는 적극적 석명에 대하여 소극적인 입장에서 위와 같은 석명의무를 인정할 수 없다고 하였다.[1] 그러나 위 판결은 이러한 종전의 입장을 변경하여 법원은 건물인도청구로의 청구변경 여부를 석

1) 대판 1972. 5. 23. 72다341.

명하여야 할 의무가 있다고 하였다. 위 판결은 토지임대인의 건물철거 및 토지인도 청구에 대하여 임차인이 건물매수청구권을 행사한 경우 처분권주의와 관련된 이론상의 난점을 회피하면서도 분쟁의 1회적 해결을 도모할 수 있는 매우 타당한 결론을 도출함과 동시에, 나아가 종래 우리 판례가 다소 그 인정에 소극적이었던 적극적 석명의무를 명시적으로 인정함으로써 다른 사례에서도 법원이 분쟁을 적극적으로 해결할 수 있는 길을 제시하였다는 데 큰 의미가 있다고 평가되고 있다(윤진수, 인권과 정의 제236호).

Ⅲ. 석명의 대상 — 판례가 석명의무 위반으로 본 사례들

1. 청구취지 또는 소송물에 대한 석명

청구취지나 소송물이 그 자체로 불분명하거나 불특정된 경우, 청구원인 또는 주장과 부합하지 않는 경우, 그리고 법률상 허용되지 않는 것인 경우 법원은 석명권을 행사하여 당사자가 소로써 달성하려는 목적이 무엇인지를 분명히 밝히도록 하여야 한다.

(1) 청구취지 또는 소송물이 분명하지 않거나 특정되지 않은 경우

▶ 대법원 2020. 1. 16. 선고 2019다264700 판결

행정소송법상 항고소송으로 제기하여야 할 사건을 민사소송으로 잘못 제기한 경우에 수소법원이 그 항고소송에 대한 관할도 동시에 가지고 있다면, 전심절차를 거치지 않았거나 제소기간을 도과하는 등 항고소송으로서의 소송요건을 갖추지 못했음이 명백하여 항고소송으로 제기되었더라도 어차피 부적법하게 되는 경우가 아닌 이상, 원고로 하여금 항고소송으로 소 변경을 하도록 석명권을 행사하여 행정소송법이 정하는 절차에 따라 심리·판단하여야 한다.

◆ 대법원 1987. 6. 9. 선고 86다카2600 판결(㊐ 대법원 1995. 5. 12. 선고 94다6802 판결)

소의 변경이 교환적인가 추가적인가 또는 선택적인가의 여부는 기본적으로 당사자의 의사해석에 의할 것이므로 당사자가 구청구를 취하한다는 명백한 표시 없이 새로운 청구취지를 항소장에 기재하는 등으로 그 변경형태가 불분명한 경우에는 사실심 법원으로서는 과연 청구변경의 취지가 교환적인가 추가적인가

또는 선택적인가의 점에 대하여 석명으로 이를 밝혀 볼 의무가 있다.

|註| 동일한 피고에 대하여 2개 이상의 청구를 하는 경우에는 두 청구가 선택적 병합인지, 예비적 병합인지 석명하여야 하나, 청구를 기각하는 경우에는 원고의 청구 모두를 판단하여야 하므로 병합형태를 석명하지 않아도 위법하지 않다.[1)]

▶ 대법원 2007. 9. 20. 선고 2007다25865 판결

채권자가 동일한 채무자에 대하여 수개의 손해배상채권을 가지고 있다고 하더라도 그 손해배상채권들이 발생시기와 발생원인 등을 달리하는 별개의 채권인 이상 이는 별개의 소송물에 해당하고, 그 손해배상채권들은 각각 소멸시효의 기산일이나 채무자가 주장할 수 있는 항변들이 다를 수도 있으므로, 이를 소로써 구하는 채권자로서는 손해배상채권별로 청구금액을 특정하여야 하며, 법원도 이에 따라 손해배상채권별로 인용금액을 특정하여야 하고, 이러한 법리는 채권자가 수개의 손해배상채권들 중 일부만을 청구하고 있는 경우에도 마찬가지이다.

|註| 재산적 손해배상청구와 정신적 손해배상청구도 소송물을 달리하므로 법원은 각 손해배상금액을 특정하도록 석명하여야 한다.[2)]

▶ 대법원 2014. 3. 13. 선고 2011다111459 판결

민사소송에서 청구의 취지는 내용 및 범위를 명확히 알아볼 수 있도록 구체적으로 특정되어야 하고 청구취지의 특정 여부는 직권조사사항이므로, 청구취지가 특정되지 않은 경우에는 법원은 직권으로 보정을 명하고 보정명령에 응하지 않을 때에는 소를 각하하여야 한다. 이 경우 당사자가 부주의 또는 오해로 인하여 청구취지가 특정되지 아니한 것을 명백히 간과한 채 본안에 관하여 공방을 하고 있는데도 보정의 기회를 부여하지 아니한 채 당사자가 전혀 예상하지 못하였던 청구취지 불특정을 이유로 소를 각하하는 것은 석명의무를 다하지 아니하여 심리를 제대로 하지 아니한 것으로서 위법하다.

|註| '피고는 청산업무완료시까지 원고의 감사업무를 수용하라'는 청구취지는 감사의 시기·대상·방법이 특정되어 있지 않고 원고의 감사직무수행에 대한 방해금지 등 부작위만을 구하는 것인지 감사에 필요한 서류의 제공 등 작위까지 구하는 것인지

1) 대판 1962. 6. 21. 62다212.
2) 대판 1989. 10. 24. 88다카29269; 대판 2006. 9. 22. 2006다32569.

분명하지 않으므로 이를 구체적으로 특정하도록 보정을 명할 필요가 있다.[1]

(2) 청구취지가 청구원인 또는 주장과 부합하지 않는 경우

▶ 대법원 1999. 12. 24. 선고 99다35393 판결

부동산에 관하여 매매계약을 체결하였을 뿐인 원고가 위 매매계약 이후 매도인인 甲으로부터 위 부동산을 담보로 제공받아 근저당권설정등기를 마친 피고를 상대로 위 등기가 원인무효임을 주장하면서 '피고는 원고에게 위 등기의 말소등기절차를 이행하라'는 청구를 한 경우라도 청구원인사실로 甲을 대위하여 위 등기의 말소를 구할 수 있는 사실관계를 모두 주장하고 있다면, 법원은 원고가 매수인에 불과하여 자신에 대하여 직접 위 등기의 말소를 구할 수 없다는 이유로 곧바로 원고의 청구를 기각할 것이 아니라, 석명권을 행사하여 원고가 甲을 대위하여 '피고는 甲에게 위 등기의 말소등기절차를 이행하라'는 청구를 하는 것은 아닌지 밝혀 보아야 한다.

▶ 대법원 1995. 2. 10. 선고 94다16601 판결

원고가 증여를 원인으로 한 소유권이전등기절차이행을 구하고 있을 뿐 환지약정을 원인으로 한 소유권이전등기절차이행을 구하고 있지 않더라도 환지약정에 관한 서증을 제출하고 그에 관한 증인신문을 구하고 있으며 청구취지가 법률적 견해의 착오에 기인한 것으로 볼 여지도 있다면 법원은 환지약정을 원인으로 한 소유권이전등기절차의 이행을 구하는 취지인지 여부를 명백히 밝혀야 한다.

▶ 대법원 1997. 7. 8. 선고 97다16084 판결

원고가 항소심에 이르러 제1심 변론종결 당시보다 인상된 도시일용노임을 적용하여 일실수입을 청구하면서 제1심에서보다 적은 금액을 청구하는 경우 법원은 석명권을 행사하여 위 금액이 착오로 인한 것인지 일부만 청구하는 것인지를 분명히 한 후 청구의 당부에 관하여 판단하여야 한다.

(3) 청구취지가 법률상 허용되지 않는 것인 경우

▶ 대법원 1992. 11. 10. 선고 92다32258 판결

미등기 무허가건물을 매수점유하는 자가 제3자를 상대로 건물이 자기 소유임의 확인을 구한다는 청구취지가 소유권에 준하는 사용, 수익, 처분의 권리가 있음의 확인을 구한다는 취지라고 보인다면 법원으로서는 석명권을 행사하여 청구취지를 바로잡게 한 후

1) 대판 2019. 3. 14. 2017다233849.

주장하는 내용의 권리의 존부를 판단하여야 한다.

2. 청구원인 또는 주장에 대한 석명

청구원인 또는 주장이 그 자체로 불분명하거나 불특정된 경우, 주장이 법률적으로 구성되지 않거나 요건사실의 일부가 누락된 경우,[1] 전후 주장 또는 주장과 증거가 모순된 경우, 주장 속에 다른 주장이 포함되어 있는 것으로 해석될 여지가 있는 경우 법원은 청구원인과 주장이 분명하게 정리되도록 석명권을 행사하여야 한다. 다만 다소의 불분명 또는 모순이 있더라도 법원이 변론에 현출된 소송자료들에 의하여 그 진의를 알 수 있는 때에는 굳이 불분명 또는 모순을 지적하고 석명권을 행사하여 그 시정을 명할 필요는 없다.[2]

(1) 청구원인이 분명하지 않거나 특정되지 않은 경우

▶ 대법원 2009. 11. 12. 선고 2009다42765 판결

계약책임과 불법행위책임은 증명책임 등에서 중대한 차이가 있으므로 원고가 손해배상청구의 법률적 근거를 밝히지 않은 경우 법원은 석명권을 행사하여 그 근거가 계약책임인지 불법행위책임인지를 밝히도록 해야 한다.

(2) 주장이 분명하지 않은 경우

▶ 대법원 1990. 6. 12. 선고 89다카28225 판결

물품대금청구소송에서 피고가 공급물에 하자가 있음을 이유로 계약을 취소하였다고 주장하는 경우 법원은 석명권을 행사하여 위 주장이 하자담보책임에 기한 계약해제의 주장인지의 여부를 밝혀 계약해제 여부를 판단하여야 하고 공급물의 하자는 계약의 취소사유가 되지 않는다고 판단하여서는 안 된다.

▶ 대법원 1987. 5. 26. 선고 86다카2950 판결

소송당사자가 경매대금에 관하여 변제충당의 법률효과를 주장하고 있고 경매대금이 피담보채무금액을 만족시키기에 부족한 것이라면 법원으로서는 그 당사자가 변제충당

---

1) 대판 2005. 3. 11. 2002다60207("… 당사자가 어떠한 법률효과를 주장하면서 미처 깨닫지 못하고 그 요건사실 일부를 빠뜨린 경우에는 법원은 그 누락사실을 지적하고, 당사자가 이 점에 관하여 변론을 하지 아니하는 취지가 무엇인지를 밝혀 당사자에게 그에 대한 변론을 할 기회를 주어야 할 의무가 있다").

2) 대판 1988. 3. 8. 87다카1801.

의 내용·방법에 관하여 구체적으로 주장·입증하지 아니하고 있다 하더라도 석명권을 행사하여 소송관계를 명료히 한 다음 그에 대한 당부를 판단하여야 한다.

(3) 전후 주장이 모순되거나 주장과 증거가 모순되는 경우

▶ 대법원 1971. 12. 21. 선고 71다2047 판결

피고가 변제금액 중에는 원금 외에 이자도 포함되어 있다고 진술하다가 그 후 위 변제금액에 관하여 원금조로 준다든지 이자조로 준다든지 따위의 지정이나 합의를 한 사실이 없다고 진술한 경우 법원은 석명권을 행사하여 피고의 주장을 명확히 하여야 함이 없이 뒤의 진술이 옳다고 판단하여서는 안 된다.

▶ 대법원 1992. 11. 10. 선고 92다24530 판결

원고가 피고 학교법인을 상대로 징계처분무효확인의 소를 제기하면서 정관에 의하면 위원 7인으로 구성된 징계위원회가 징계의결을 하여야 하는데 위원 5인으로 구성된 징계위원회의 징계의결에 따라 원고에 대하여 해임처분을 하였으므로 위 해임처분은 무효라고 주장한 데 대하여, 피고 학교법인의 대표자는 정관상 위원 5인으로 구성된 징계위원회가 적법하다고 주장하면서 징계위원회는 위원 7인으로 구성하여야 한다는 내용의 정관을 증거로 제출하였으나, 위 정관의 부칙 등에 비추어 볼 때 위 정관 이후 정관이 개정되었을 가능성이 있고 정관의 하위규범인 인사규칙(위 징계 당시 적용됨이 분명한 것임)도 징계위원회의 위원수를 5인이라고 기재하고 있어 위 정관은 위 징계절차에 적용될 정관이 아니라고 볼 여지가 있는 경우, 법원으로서는 이를 지적하여 증명을 촉구하는 등 석명권을 행사하여야 하고 이러한 조치 없이 위 정관에 따라 위 징계처분이 무효라고 판단하여서는 안 된다.

(4) 다른 주장이 포함되어 있다고 해석할 여지가 있는 경우

▶ 대법원 1996. 6. 11. 선고 94다55545, 55552 판결

부동산 소유자가 점유자를 상대로 그 동안 수없이 그 부동산에 대하여 인도 요구를 하였고, 점유자 또한 소유자에게 그 부동산에 대한 임대나 교환 등의 요구를 하였던 점으로 미루어 보면, 점유자의 점유는 소유의 의사가 있는 점유가 아니라는 소유자의 주장은 점유자가 그 부동산에 관한 소유권을 승인함으로써 시효가 중단되었다는 주장으로도 볼 수 있으므로, 법원은 석명권을 적절히 행사하여 소유자의 주장 취지를 명확히 한 다음 이에 대하여 심리 판단을 하여야 한다.

▶ 대법원 1991. 5. 14. 선고 91다2779 판결

명도를 구하는 건물이 주된 소유건물의 부합건물이라는 원고의 주장에 대하여 위 건물이 주된 건물과는 독립된 것이라는 이유로 이를 배척하기 위하여서는 위 주장 속에 종물이라는 주장이 포함된 것이 아닌가 하는 점도 석명해 보아야 한다.

3. 증거에 대한 석명

다툼이 있는 사실에 대하여 증거를 제출하지 못한 경우에는 법원은 증명책임을 진 당사자에 대하여 증명을 촉구하여야 한다. 다만 법원은 다툼이 있는 사실에 관하여 증명이 없는 모든 경우에 심증을 얻을 때까지 증명을 촉구해야 하는 것은 아니고 소송의 정도로 보아 당자사가 무지·부주의·오해로 인하여 증명하지 아니하는 것이 명백한 경우에 한하여 증명을 촉구할 의무가 있다.[1] 법원이 증명을 촉구함에 있어서 구체적으로 증명방법까지 지시하여 증거신청을 종용할 수는 없다.[2]

◆ 대법원 1997. 12. 26. 선고 97다42892, 42908 판결(동 대법원 2020. 3. 26. 선고 2018다301336 판결)

매수인이 점포에 대한 매매계약이 유효한 것으로 믿고 영업을 하기 위하여 일정 비용을 들여 광고지를 배포하였으나 매매계약이 기망을 이유로 취소됨으로써 매수인이 광고지 배포 비용 상당의 손해를 입은 사실을 인정할 수 있는 경우, 매수인이 그가 배포한 광고지의 제작비를 지출한 사실도 인정할 수 있다 할 것인바, 이와 같이 손해 발생 사실이 인정되는 경우에는 특단의 사정이 없는 한 손해액을 심리·확정하여야 하는 것이므로 광고지의 제작비에 관한 증명이 불충분하다 하더라도 법원은 그 이유만으로 그 부분 손해배상 청구를 배척할 것이 아니라 손해액에 관하여 적극적으로 석명권을 행사하고 증명을 촉구하여 이를 밝혀야 한다.

|註| 1. 사실관계와 법원의 판단 乙은 甲에게 게임기 판매점을 양도하면서 대금을 정함에 있어 점포 임대차보증금이 1,000만 원임에도 1,600만 원이라고 속였다. 甲은 대금 중 일부를 지급하고 판매점을 인도받아 신상품을 구입하고 광고를 하였는데, 이후 乙이 임대차보증금 액수를 기망한 것을 알고는 기망을

1) 대판 1987. 3. 10. 86므132; 대판 2009. 10. 29. 2008다94585 등.
2) 대판 1964. 11. 10. 64다325.

이유로 계약을 취소하고 기지급한 대금의 반환과 손해의 배상을 구하는 소를 제기하였다. 항소심법원은 기지급한 대금 700만 원의 반환의무와 신상품구입비용 450만 원 및 광고지배포비용 50만 원의 배상의무를 인정하였으나 광고지제작비용 20만원의 손해배상청구에 대하여는 甲이 광고지제작비용으로 20만원을 지출하였음을 인정할 증거가 없다는 이유로 배척하였다. 이에 대하여 대법원은 광고지배포비용 상당의 손해가 인정된다면 광고지제작비용도 지출하였을 것이고 이렇듯 손해가 인정된다면 손해액에 관하여는 증명이 부족하더라도 그러한 이유로 청구를 배척할 것이 아니라 적극적인 석명을 통하여 손해액을 밝혀야 한다고 하였다.

2. 손해배상책임은 인정되나 손해액에 관한 증명이 없는 경우 (1) 귀책사유(고의, 과실)에 의한 채무의 불이행, 손해의 발생, 인과관계가 모두 증명되어 채무불이행책임이 인정되지만 손해액이 확정되지 않고 있다면 법원은 손해액에 관한 증명이 없다고 하여 청구를 기각할 것이 아니라 적극적으로 석명권을 발동하여 손해액의 증명을 촉구할 의무가 있고 경우에 따라서는 직권으로라도 손해액을 심리판단하여야 한다[1].이는 불법행위책임이 인정되는 경우에도 마찬가지이다.[2]

(2) 증명의 촉구에도 불구하고 구체적인 손해액을 알 수 없는 경우 법원은 증거조사의 결과와 변론 전체의 취지에 의하여 밝혀진 당사자들 사이의 관계, 위법행위와 그로 인한 재산적 손해가 발생하게 된 경위, 손해의 성격, 손해가 발생한 이후의 여러 정황 등 관련된 모든 간접사실들을 종합하여 손해의 액수를 판단할 수 있으나, 법관에게 손해액의 산정에 관한 자유재량을 부여한 것은 아니므로, 법원이 위와 같은 방법으로 구체적 손해액을 판단함에 있어서는, 손해액 산정의 근거가 되는 간접사실들의 탐색에 최선의 노력을 다해야 하고, 그와 같이 탐색해 낸 간접사실들을 합리적으로 평가하여 객관적으로 수긍할 수 있는 손해액을 산정해야 한다.[3]

(3) 다만 손해배상청구소송에서 그 손해액의 범위에 관한 입증책임은 피해자인 원고에게 있는 것인바, 그에 대한 법원의 입증촉구에 대하여 이에 응하지

1) 대판 1992. 4. 28. 91다29972; 대판 1982. 4. 13. 81다1045; 대판 1993. 12. 28. 93다30471 등.
2) 대판 1987. 12. 22. 85다카2453; 대판 2003. 2. 11. 2002다49071; 대판 2011. 7. 14. 2010다103451.
3) 대판 2007. 11. 29. 2006다3561.

않을 뿐만 아니라 명백히 그 입증을 하지 않겠다는 의사를 표시한 경우에는 법원은 피고에게 손해배상책임을 인정하면서도 그 액수에 관한 증거가 없다는 이유로 청구를 배척할 수 있고,[1] 법원의 증명촉구에도 불구하고 원고가 이에 응하지 아니하면서 손해액에 관하여 나름의 주장을 펴고 그에 관하여만 증명을 다하고 있는 경우에도 법원이 굳이 스스로 적정하다고 생각하는 손해액 산정 기준이나 방법을 적극적으로 원고에게 제시할 필요는 없다.[2]

(4) 2016년 개정 민사소송법은 제202조의2(손해액 인정제도)를 신설하여 손해발생 사실은 인정되나 사안의 성질상 손해액의 증명이 매우 어려운 경우 법원은 증거조사의 결과와 변론 전체의 취지에 의하여 인정되는 모든 사정을 종합하여 상당하다고 인정하는 금액을 손해배상 액수로 정할 수 있다고 하였다.[3] 다른 법률에 규정된 같은 취지의 규정에 관한 판례(아래 2014다81511 판결 참조)[4]에 비추어 보면 민사소송법 제202조의2에 있어서도 위 (2), (3)의 법리가 그대로 적용될 것으로 보인다.[5]

▶ **대법원 2016. 11. 24. 선고 2014다81511 판결**

독점규제 및 공정거래에 관한 법률(이하 '공정거래법'이라 한다)의 규정을 위반한 행위로 인한 손해배상소송에서 손해가 발생된 것은 인정되나 그 손해액을 증명하기 위하여 필요한 사실을 증명하는 것이 해당 사실의 성질상 극히 곤란한 경우에는, 법원은 공정거래법 제57조에 의하여 변론 전체의 취지와 증거조사의 결과에 기초하여 상당한 손해액을 인정할 수 있다. 이는 손해가 발생된 것은 인정되나 그 손해액을 증명하기 위하여 필요한 사실을 증명하는 것이 해당 사실의 성질상 극히 곤란한 경우에는 증명도·심증도를 경감함으로써 손해의 공평·타당한 분담을 지도원리로 하는 손해배상제도의 이상과 기능을 실현하려는 취지이다. 따라서 법원이 위 규정을 적용하여 손해액을 인정할 때에도 손해액 산정의 근거가 되는 간접사실들의 탐색에 최선의 노력을 다해야 하고

1) 대판 1994. 3. 11. 93다57100.
2) 대판 2010. 3. 25. 2009다88617.
3) 이러한 손해액 인정제도는 1998년 구 컴퓨터프로그램보호법(2009년 저작권법에 흡수 폐지)에 최초로 도입된 이래 2000년대 초반에 특허법 등 지적재산권 관련 법률에 다수 도입되었고 2016. 3. 29. 민사소송법 제202조의2에 일반조항으로 도입된 것이다. 법조문의 문언상으로는 다른 법률에 규정된 손해액 인정제도와 민사소송법 제202조의2 사이에 약간의 차이는 있으나 실질적으로는 동일한 내용이라고 볼 수 있다.
4) 대판 2011. 5. 13. 2010다58728(특허법 제128조); 대판 2016. 11. 24. 2014다81511(독점규제 및 공정거래에 관한 법률 제57조).
5) 민사소송법 제202조의2가 종전의 판례를 반영한 것이라고 명시적으로 판시한 것으로, 대판 2017. 9. 26. 2014다27425.

그와 같이 탐색해 낸 간접사실들을 합리적으로 평가하여 객관적으로 수긍할 수 있는 손해액을 산정하여야 한다. 한편 불법행위로 인하여 손해가 발생한 사실이 인정되는 경우 법원은 손해액에 관한 당사자의 주장과 증명이 미흡하더라도 적극적으로 석명권을 행사하여 증명을 촉구하여야 하고, 경우에 따라서는 직권으로라도 손해액을 심리·판단하여야 한다. 위와 같은 법리는 법원이 공정거래법 제57조를 적용하여 손해액을 인정하는 경우에도 마찬가지로 적용된다.

Ⅳ. 지적의무

1. 의의

▶ **대법원 2019. 1. 17. 선고 2018다244013 판결**(同 대법원 2017. 12. 22. 선고 2015다236820, 236837 판결; 대법원 2011. 11. 10. 선고 2011다55405 판결)

민사소송법 제136조 제4항은 "법원은 당사자가 간과하였음이 분명하다고 인정되는 법률상 사항에 관하여 당사자에게 의견을 진술할 기회를 주어야 한다."라고 규정하고 있다. 그러므로 당사자가 부주의 또는 오해로 인하여 명백히 간과한 법률상 사항이 있거나 당사자의 주장이 법률적 관점에서 보아 모순이나 불명료한 점이 있는 경우 법원은 적극적으로 석명권을 행사하여 당사자에게 의견진술의 기회를 주어야 한다. 만일 이를 게을리한 경우에는 석명 또는 지적의무를 다하지 아니한 것으로서 위법하다.

|註| **1. 지적의무의 취지** 지적의무는 1990년 민사소송법 개정 때에 신설된 것으로서, 당사자가 전혀 예상하지 못한 법률적 관점에 의하여 예상외의 재판 또는 불의의 타격을 받는 것을 방지하려는 데 그 목적이 있다.

2. 석명의무와의 관계 학설로는 ① 종래에도 법률상의 사항이 석명권의 대상이 되어 있었으므로 지적의무 규정의 신설로 석명의무가 법률적인 측면에서 강화된 것이라고 보아 지적의무를 석명의무의 일종으로 보는 견해(이시윤; 정동윤·유병현·김경욱)와 ② 석명의무는 소송관계를 명확히 하는 것을 목적으로 함에 반하여 지적의무는 당사자가 간과한 중요한 법률적 사항을 법원이 지적하여 당사자의 주의를 환기시키고 그에 대한 의견진술의 기회를 주는 것이므로 석명의무와 지적의무는 별개의 의무라고 보는 견해(강봉수, 민사재판의 제문제 제7권)가 있다. 후자의 견해는, 당사자가 주도권을 갖는 신청, 주장, 증명 등을 명확히 하는 것은 석명의무의 영역이나 법원이 주도권을 갖는 법적 관점을 당사자에게 알려 주는 것은 지적의무의 영역이라고 하면

서, 특히 직권조사사항에 관하여 지적의무가 문제되고, 당사자가 불완전한 주장을 하였으나 이를 별개의 완전한 주장으로 선해할 수도 있는 경우(예컨대, 직접 매매의 주장 속에 대리인을 통한 매매의 주장이 포함되어 있다고 보는 경우) 주장한 당사자로 하여금 완전한 주장을 하도록 하는 것은 석명의무의 영역이고 그 상대방으로 하여금 완전한 별개의 주장을 기초로 판단할 수 있음을 알려 주는 것이 지적의무의 영역이라고 한다. 판례는 석명의무와 지적의무를 명확하게 구별하지 않고 "석명 또는 지적의무"라는 표현을 많이 쓰고 있으며, 양자를 구별하는 견해에 따를 때 전형적인 지적의무 위반의 사안에서도 석명의무 위반이라고만 하기도 한다.[1)]

3. 소송물론과의 관계 구소송물론에 따르면 법적 관점(실체법상의 권리)에 따라 소송물이 달라지므로 법원은 당사자가 지정한 법률적 관점에 대하여만 판단할 수 있지만, 신소송물론에 따르면 법적 관점(실체법상의 권리)과 무관하게 신청 또는 사실에 의하여만 소송물이 정해지므로 법원은 당사자가 지정한 법률적 관점에 얽매이지 않고 그와 다른 법률적 관점으로도 판단을 할 수 있다. 따라서 신소송물론에 의할 때 지적의무의 활동 영역이 더 넓어진다.

2. 지적의무 위반 사례

▶ 대법원 1994. 10. 21. 선고 94다17109 판결

가등기와 가등기이전의 부기등기의 말소를 구하는 소송에서 가등기의 피담보채권의 발생 여부에 대한 쟁점에 관하여만 심리가 되어 제1심에서 본안에 관하여 판단하고, 원심에서 역시 피고적격이나 가등기부기등기의 말소방법에 관한 석명이나 변론이 없이 제1심판결을 취소하고 소각하 판결을 하였는바, 원심이 피고적격 등의 문제를 재판의 기초로 삼기 위하여는 원고로 하여금 이 점에 관하여 변론을 하게 하고, 필요한 경우 청구취지 등을 변경할 기회를 주었어야 할 것인데도 이에 이르지 아니한 채 이 점을 재판의 기초로 삼아 소를 각하한 것은 원고가 전혀 예상하지 못한 법률적인 관점에 기한 예상 외의 재판으로 원고에게 불의의 타격을 가하였을 뿐 아니라 석명의무를 다하지 아니하여 심리를 제대로 하지 아니한 것이다.

▶ 대법원 2019. 1. 17. 선고 2018다244013 판결

甲이 乙과 지하 2층, 지상 8층인 집합건물 중 乙이 소유한 지하 2층 및 지상 2층 내지

---

1) 대판 1994. 10. 21. 94다17109.

8층을 매수하되 매매대금의 일부는 이미 지급된 것으로 하고 나머지는 잔금지급일까지 지급하기로 하는 내용의 매매계약을 체결하면서 '위 건물 지하 1층 및 지상 1층 구분소유자들의 건축허가동의서 등이 잔금지급일까지 구비되지 않을 경우 매매계약은 특별한 절차나 통지 없이 전부 무효로 한다'는 내용의 합의를 하였는데, 잔급지급일까지 위 동의서 등이 구비되지 않자, 甲이 乙의 채무불이행으로 매매계약이 해제되었음을 전제로 원상회복과 손해배상을 구한 경우, 甲에게 그의 주장이 매매계약의 법정해제에 따른 원상회복으로 매매대금 등의 반환과 손해배상의 청구가 인정되지 않는다면 매매계약이 위 합의에 따라 자동해제되었음을 이유로 매매대금 등의 반환을 구하는 취지인지 의견을 진술할 기회를 부여하고 그러한 취지라면 이에 관한 당부를 판단하여야 하는데도, 이러한 조치를 취하지 않은 채 매매계약이 乙의 동의서 등 징구의무 불이행 때문에 해제된 것이 아니라 당사자 일방의 귀책사유 없이 위 합의서에서 정한 대로 동의서 등이 확보되지 못하였기 때문에 자동해제된 것이라는 이유로 甲의 청구를 배척한 원심판단에는 석명의무를 다하지 아니하여 필요한 심리를 제대로 하지 않은 잘못이 있다.

|註| 대상판결은 법원이 지적의무를 다하지 아니함으로써 당해 소송의 승패에 관하여 불의의 타격을 입을 뿐만 아니라 이후 별소에 의한 권리구제의 길이 막히는 불의의 타격도 있을 수 있다는 점이 고려되어 있다. 즉, 계약해제의 효과로서 원상회복은 부당이득에 관한 특별 규정의 성격을 가지는 것으로, 채무불이행을 이유로 한 매매계약 해제에 따른 원상회복으로서 기지급한 매매대금의 반환을 구하는 소송은 매매계약이 자동으로 해제 또는 실효되었음을 이유로 기지급한 매매대금의 반환을 부당이득반환으로서 구하는 소송과 소송물이 동일하므로, 甲의 청구를 기각하는 원심판결이 확정될 경우 甲이 乙을 상대로 위 매매계약이 자동으로 해제 또는 실효되었음을 이유로 이미 지급한 매매대금의 반환을 부당이득반환으로서 구하는 것은 위 확정판결의 기판력에 저촉되어 허용될 수 없게 되는 것이다.

▶ **대법원 2009. 9. 10. 선고 2009다30687 판결**

당사자가 부주의 또는 오해로 인하여 증명하지 아니한 것이 분명하거나 쟁점으로 될 사항에 관하여 당사자 사이에 명시적인 다툼이 없는 경우에는 법원은 석명을 구하고 증명을 촉구하여야 하고, 만일 당사자가 전혀 의식하지 못하거나 예상하지 못하였던 법률적 관점을 이유로 법원이 청구의 당부를 판단하려는 경우에는 그 법률적 관점에 대하여 당사자에게 의견진술의 기회를 주어야 하며, 그와 같이 하지 않고 예상외의 재판으로 당사자 일방에게 불의의 타격을 가하는 것은 석명의무를 다하지 아니하여 심리를 제대로 하지 아니한 위법을 범한 것이 된다.

|註| 부동산등기특별조치법에 의하여 경료된 등기의 말소를 구하는 소송에서 심리 과정에서는 허위 보증서 여부만이 쟁점이 되었는데, 항소심법원이 직권판단으로 피고가 주장하는 부동산의 취득일자에 의하면 위 등기는 위 특별조치법의 적용대상이 아님이 명백하므로 위 등기의 추정력은 번복되었다고 판단하여 원고의 청구를 인용한 사안에서, 대법원은 피고가 주장하는 부동산의 취득일자는 피고의 상속일 직후인데 항소심이 인정한 상속일과 피고가 주장하는 상속일 사이에 다툼이 있고 원고 역시 피고 주장의 상속일을 인정하는 취지의 준비서면을 낸 바가 있으며 피고가 주장하는 대로 상속일이 인정된다면 위 등기가 위 특별조치법의 적용대상에 포함될 수도 있으므로 항소심법원으로서는 피고에게 위 각 등기의 취득원인 일자에 관하여 의견진술의 기회를 주었어야 함에도 이러한 조치를 하지 아니하고 당사자가 전혀 예상하지 못하였던 법률적 관점에 기한 예상외의 재판으로 피고에게 불의의 타격을 가하였으므로 이러한 판결에는 석명 또는 지적의무를 다하지 못한 위법이 있다고 하였다.

▶ 대법원 2006. 1. 26. 선고 2005다37185 판결

사해행위 취소소송에서 그 소의 제척기간의 도과 여부가 당사자 사이에 쟁점이 된 바가 없음에도 당사자에게 의견진술의 기회를 부여하거나 석명권을 행사함이 없이 제척기간의 도과를 이유로 사해행위 취소의 소를 각하한 것은 석명 또는 지적의무를 위반한 것이다.

|註| 채권자취소소송의 사실심에서 채무자의 부동산 처분행위가 사해행위에 해당되는지 여부 및 수익자인 피고가 채권자를 해함을 알고 있었는지 여부만이 쟁점이 되어 심리가 되었는데, 항소심법원이 원고 제출의 확인서(피고가 채무자를 대신하여 이자를 갚을 것이고 이를 이행하지 않는다면 사해행위취소소송 등 법적 조치를 취하여도 이의를 제기하지 않는다는 취지로 원고가 피고의 악의를 증명하기 위하여 제출한 것)를 근거로 위 확인서 작성 당시 원고가 사해행위사실을 알았다고 인정하고 그로부터 1년이 지나 제기된 이 사건 소는 부적법하다고 각하한 사안이다. 대법원은 위 확인서 작성 당시 원고가 사해행위사실을 알았을 가능성도 있으나 위 확인서만으로는 이를 단정하기 어려운 상황에서 원고에게 제척기간 도과 여부에 관하여 의견진술할 기회도 주지 않은 채 소각하판결을 한 것은 당사자 사이에 쟁점이 되지 않아 전혀 예상하지 못하였던 법률적인 관점에 기하여 예상외의 판결을 함으로써 원고에게 불의의 타격을 가한 것으로서 여기에는 석명 또는 지적의무를 다하지 아니한 위법이 있다고 하였다.

▶ 대법원 2003. 1. 10. 선고 2002다41435 판결

소유권보존등기의 말소등기청구소송의 제1심에서 승소한 원고가 원심인 항소심에서 자기 앞으로 소유권을 표상하는 등기가 되어 있지 않았고 법률에 의하여 소유권을 취득하지도 않았다는 종전의 주장을 그대로 유지한 채 진정명의회복을 위한 소유권이전등기절차의 이행을 청구하는 새로운 청구를 제기한 경우, 원심으로서는 원고의 소변경신청에 법률적 모순이 있음을 지적하고 원고에게 의견을 진술할 기회를 부여함으로써 원고로 하여금 청구와 주장을 법률적으로 합당하게 정정할 수 있는 기회를 부여하여야 함에도 이러한 조치를 취하지 아니한 위법이 있다.

|註| 진정명의회복을 위한 소유권이전등기청구를 하기 위하여는 이미 자기 앞으로 소유권을 표상하는 등기가 되어 있었거나 법률에 의하여 소유권을 취득하였어야 한다. 소유권보존등기말소청구소송의 제1심에서 승소한 원고가 항소심에서 기존의 주장을 유지함으로써 위와 같은 요건을 갖추지 못하였음을 스스로 자인하면서 진정명의회복을 위한 소유권이전등기를 구하는 것으로 소를 교환적으로 변경하였는데 항소심법원이 아무런 석명 없이 위 법리에 따라 그대로 원고의 청구를 기각한 사안이다.

▶ 대법원 1993. 12. 7. 선고 93다25165 판결

소송수행과정이나 심리과정에 비추어 볼 때 원심이 수취인란 등이 보충되지 않았다는 이유로 원고의 청구를 기각하기 위하여는 원고가 이 점에 관하여 변론을 하지 않는 진의가 무엇인지 밝혀보고, 원고로 하여금 이 점에 관하여 변론을 할 기회를 주었어야 함에도 불구하고 이에 이르지 아니한 채 이 점을 재판의 기초로 삼아 판시와 같이 판단하였음은 석명의무를 다하지 아니하여 심리를 제대로 하지 아니한 것이라 할 것이다.

|註| 제1심 제2차 변론기일에 피고는 원고의 청구에 대하여 이 사건 약속어음을 발행하기는 하였으나 수취인란 등을 백지로 하여 발행하였다고 답변하였고, 이에 대하여 원고는 위 백지어음에 발행일자를 보충하였다고만 진술하고 수취인란 등을 보충하였다는 주장과 입증까지는 하지 않았는데, 제3차 변론기일에 피고가 인적항변을 제출하자 제1심법원은 그 이후부터 이 점에 관하여서만 변론을 하게 한 끝에 피고의 인적항변을 배척하고 원고 승소의 판결을 선고하였고, 이에 대하여 피고가 항소를 제기하자 항소심 또한 수취인란 등의 보충 여부에 대하여는 아무런 석명이나 변론을

거침이 없이 피고의 인적항변에 관련된 당사자의 준비서면이나 답변서만을 진술하게 하고 변론을 종결한 후 수취인란 등이 보충되지 아니하였다는 이유를 들어 제1심 판결을 취소하고 원고의 청구를 기각한 사안이다.

▶ 대법원 2002. 1. 25. 선고 2001다11055 판결

조세채권자의 배당이의로 경매신청채권자에 대한 배당금이 공탁되었는데, 조세채권자가 경매신청채권자를 상대로 부당이득반환으로서 그 배당금 상당의 금원의 지급을 구함에 대하여 경매신청채권자가 현실적으로 배당금을 수령하지 않았다는 이유로 조세채권자의 청구를 기각한 원심은 석명권을 적절하게 행사하지 아니하고 당사자에게 법률사항에 관한 의견진술의 기회를 주지 아니한 위법이 있다.

|註| 원고가 배당이의의 소를 제기하여 그 계속 중, 배당이의청구를 유지하는 데에 특별한 장애가 없음에도 불구하고 부당이득반환청구의 소로 청구를 교환적으로 변경하고, 나아가 피고가 현실적으로 배당금을 수령하지 않았음을 자인하는 등 애초의 유효적절하게 제기되었던 소를 교환적으로 변경하고 또 변경한 소의 요건사실과 모순되는 주장을 함에도 불구하고, 제1심과 항소심이 아무런 석명조치 없이 피고의 현실적인 배당금 수령이 없다는 이유로 원고의 청구를 기각한 사안이다.

▶ 대법원 2015. 7. 9. 선고 2013다69866 판결

회생채무자에 대한 회생절차개시결정으로 중단된 소송절차가 수계된 경우에 법원이 종전의 청구취지대로 채무의 이행을 명하는 판결을 할 수는 없고, 만일 회생채권자가 이를 간과하여 청구취지 등을 변경하지 아니한 경우에는 법원은 원고에게 청구취지 등을 변경할 필요가 있다는 점을 지적하여 회생채권의 확정을 구하는 것으로 청구취지 등을 변경할 의사가 있는지를 석명하여야 한다.

|註| 회생절차가 개시되면 기존에 계속 중이던 소송은 중단되고 회생개시전의 원인으로 생긴 재산상 청구권 등 회생채권에 관하여는 회생계획에 따르지 않고 회생절차 외에서 개별적인 권리행사를 할 수 없으므로, 회생채권자가 회생절차개시결정으로 중단된 회생채권 관련 소송절차를 수계하는 경우에는 회생채권의 확정을 구하는 것으로 청구취지 등을 변경하여야 한다.

제 5. 적시제출주의

Ⅰ. 총설

적시제출주의(適時提出主義)라 함은 당사자가 공격방어방법을 소송의 정도에 따라 적절한 시기에 제출하여야 한다는 것을 말한다. 민사소송법은 2002년 개정을 하면서 종래의 병행심리방식(竝行審理方式)에서 집중심리방식(集中審理方式)으로 심리방식을 변경함에 따라 소송자료의 제출에 관하여도 종래의 수시제출주의(隨時提出主義)를 버리고 적시제출주의를 채택하였다. 적시제출주의의 실효성을 확보하기 위한 제도로서 ① 재정기간제도(裁定期間制度)(147조), ② 실기(失機)한 공격방어방법의 각하(149조), ③ 변론준비기일에 제출하지 아니한 공격방어방법의 실권(失權)(285조) 등이 있다.

Ⅱ. 실기한 공격방어방법의 각하

1. 의의

당사자가 고의 또는 중대한 과실로 공격방어방법을 소송의 정도에 따른 적절한 시기를 지나 뒤늦게 제출함으로써 소송의 완결을 지연시키는 것으로 인정될 때에는 법원은 직권 또는 상대방의 신청에 따라 공격방어방법의 제출을 각하할 수 있다(149조). 실기한 공격방어방법의 각하는 독립된 결정의 형식으로뿐만 아니라 판결이유 중에서 판단하는 방법에 의하여 할 수도 있다.[1]

◆ 대법원 2017. 5. 17. 선고 2017다1097 판결

민사소송법 제149조에 정한 실기한 공격·방어방법이란 당사자가 고의 또는 중대한 과실로 소송의 정도에 따른 적절한 시기를 넘겨 뒤늦게 제출하여 소송의 완결을 지연시키는 공격 또는 방어의 방법을 말한다. 여기에서 적절한 시기를 넘겨 뒤늦게 제출하였는지 여부를 판단함에는 새로운 공격·방어방법이 구체적인 소송의 진행정도에 비추어 당사자가 과거에 제출을 기대할 수 있었던 객관적 사정이 있었는데도 이를 하지 않은 것인지, 상대방과 법원에 새로운 공격·방어방법을 제출하지 않을 것이라는 신뢰를 부여하였는지 여부 등을 고려해야 한다. 항소

1) 대판 1994. 5. 10. 93다47615.

심에서 새로운 공격·방어방법이 제출된 경우에는 특별한 사정이 없는 한 항소심뿐만 아니라 제1심까지 통틀어 시기에 늦었는지 여부를 판단해야 한다. 나아가 당사자의 고의 또는 중대한 과실이 있는지 여부를 판단함에는 당사자의 법률지식과 함께 새로운 공격·방어방법의 종류, 내용과 법률구성의 난이도, 기존의 공격·방어방법과의 관계, 소송의 진행경과 등을 종합적으로 고려해야 한다.

|註| 甲은 乙(종중)로부터 토지를 매수하였는데 토지의 면적과 그 지상 분묘의 이전 등과 관련하여 분쟁이 발생하자 대금을 공탁한 후 乙을 상대로 소유권이전등기절차의 이행과 특약위반에 따른 손해의 배상을 구하는 소를 제기하였다. 乙의 대표자 丙은 직접 소송을 수행하면서 제1심에서 위 매매계약이 불공정한 법률행위로서 무효라는 주장을 하였으나, 제1심법원은 그 주장을 배척하고 甲의 청구를 모두 인용하였다. 丙은 항소장을 제출한 후 항소이유서에서 위 매매계약은 종중총회를 거치지 않고 종중재산을 처분한 것으로서 무효라는 주장을 새로이 추가하였다. 항소심법원은 사건을 바로 조정에 회부하였으나 조정이 성립되지 않자 제1차 변론기일을 열어 종중총회를 거치지 않아 무효라는 주장은 실기한 공격방어방법이므로 각하한다는 결정을 고지하고 변론을 종결한 다음 판결을 선고하였다.
이에 대하여 대법원은, ① 乙(丙)은 본인소송으로 위 소송을 진행하였는데 제1심판결이 선고되자 바로 항소이유서에서 위 주장을 한 점, ② 위 주장은 사실로 인정될 경우 매매계약이 무효로 될 수도 있는 공격방어방법인 점, ③ 항소심 제1차 변론기일 이전에 이 주장을 한 것이기 때문에 항소심이 이를 심리하기 위하여 추가로 오랜 심리기간이 필요할 것이라고 단정할 수 없는 점 등에 비추어 보면, 乙(丙)의 위 주장이 실기한 공격방어방법에 해당한다거나 위 주장을 적절한 시기에 제출하지 않은 데에 고의 또는 중대한 과실이 있다고 단정하기 어렵다고 하였다.

2. 각하의 요건

(1) 시기에 늦은 공격방어방법의 제출

◆ 대법원 1962. 4. 4. 선고 4294민상1122 판결

피고는 제1심에서도 원고의 본소 건물철거와 대지명도의 청구에 대하여 유치권

의 항변을 제출할 수 있었을 뿐 아니라 항소심인 원심에서도 제1, 2, 3회 변론기일에조차 그 항변을 넉넉히 주장할 수 있었을 것인데, 만연히 그 주장을 하지 않고 제4회 변론기일에 비로소 그 주장을 한 것은 피고가 시기에 늦어서 방어방법을 제출한 것이라 볼 것이고, 만일 그 항변의 제출을 허용한다면 소송의 완결에 지연을 가져올 것은 분명한 일인즉 같은 취지에서 피고의 유치권항변의 제출을 각하한 것은 정당하다.

> |註| 시기에 늦었는지의 여부는 제1심과 제2심, 즉 사실심 전체를 통하여 판단하여야 함을 보여주는 판례이다.[1]

◆ 대법원 1968. 1. 31. 선고 67다2628 판결 — 유일한 증거

피고가 증인신청을 하여 채택하고 그 신문기일을 정하였던바 피고는 그 증인들의 소환비용을 예납하지 아니하였을 뿐 아니라 그 기일에 피고는 출석도 하지 아니하였으므로 그 증거채택을 취소하고 변론을 종결하였던바, 그 후 피고의 변론재개신청을 채택하여 다음 기일을 지정 고지하였음에도 불구하고 피고는 출석하지 아니하고 다음 기일에 비로소 출석하여 이미 취소된 증인의 신문을 재차 신청한바, 이 신청은 시기에 늦은 공격방어방법이라고 볼 수 있을 것이므로 원심이 이를 채택하지 아니하였다 하여 유일한 증거를 조사하지 아니하거나 심리미진의 위법이 있다고 할 수 없다.

> |註| 유일한 증거방법인 경우에는 실기한 공격방어방법으로 각하할 수 없다고 본 판례도 있으나,[2] 유일한 증거방법이라고 하더라도 민사소송법 제149조 제1항의 요건을 갖춘 한 실기한 공격방어방법으로 각하할 수 있음을 명확히 한 판결이다.

◆ 대법원 2005. 10. 7. 선고 2003다44387, 44394 판결 — 상계항변

원심은 … 환송 전 원심 소송절차에서 … 상계항변을 할 기회가 있었음에도 불구하고 이를 하지 않고 있다가, … 사건이 대법원에서 파기환송된 후에야 비로소 하기에 이른 점, (자동채권의) 액수가 얼마인지 … 등에 관하여 새롭게 조사할 경우 현저하게 소송이 지연될 우려가 있는 점 등에 비추어 피고의 … 상계항변은 실기한 공격방어방법에 해당하여 받아들일 수 없다고 판단하였다. … 원심의

1) 같은 취지 : 대판 2017. 5. 17. 2017다1097.
2) 대판 1962. 7. 26. 62다315.

위와 같은 조치는 정당한 것으로 충분히 수긍할 수 있고, …

|註| 1. 피고는 환송 전 원심에서 상계항변을 할 수 있음을 알고 있었지만 부제소합의의 주장으로 충분히 승산이 있다고 생각하여 상계항변을 하지 아니하였는데 이러한 점이 피고의 고의·과실로 평가되었다.
2. 상계항변은 예비적 항변으로서 최종적 방어방법이므로 조기 제출을 기대하기 어렵다. 대상판결은 상계항변도 실기한 공격방어방법으로 각하될 수 있음을 밝힌 것으로서, 의도적으로 늦게 내는 것이 명백하거나 그에 제공된 반대채권의 존부에 의문이 있는 등 소송지연책으로 보일 때에는 실기한 것으로 보아도 될 것이다.

(2) 고의 또는 중대한 과실

▶ 대법원 2006. 3. 10. 선고 2005다46363, 46370, 46387, 46394 판결

미성년자의 신용카드이용계약 취소에 따른 부당이득반환청구사건에서 항소심에 이르러, 동일한 쟁점에 관한 대법원의 첫 판결이 선고되자 그 판결의 취지를 토대로 신용카드 가맹점과의 개별계약 취소의 주장을 새로이 제출한 경우, 대법원판결이 선고되기 전까지는 미성년자의 신용카드이용계약이 취소되더라도 신용카드회원과 해당 가맹점 사이에 체결된 개별적인 매매계약이 유효하게 존속한다는 점을 알지 못한 데에 중대한 과실이 있었다고 단정할만한 자료가 없는 점, 취소권 행사를 전제로 하는 공격·방어방법의 경우에는 취소권 행사에 신중을 기할 수밖에 없어 조기 제출에 어려움이 있다는 점 등에 비추어 위 주장이 당사자의 고의 또는 중대한 과실로 시기에 늦게 제출되었거나 제1심의 변론준비기일에 제출되지 아니한 데 중대한 과실이 있었다고 보기 어렵다.

▶ 대법원 1997. 10. 10. 선고 96다36210 판결

피고가 토지에 대해 가등기에 기한 본등기를 구하는 전 소송에서 원고의 가등기가 담보목적의 가등기라는 주장을 하지 않다가 원고가 위 판결에 기해 본등기를 마친 후 피고 소유인 지상건물의 철거를 구하는 소송에서 그와 같은 주장을 하는 것이 실기한 공격방어방법에 해당한다고 할 수 없다.

(3) 소송완결의 지연

▶ 대법원 1992. 10. 27. 선고 92다28921 판결

피고가 대법원 환송판결 후 원심에서 비로소 원고가 농지매매증명을 얻지 못하였다는

항변을 하였더라도 이는 법률상 주장으로서 별도의 증거조사를 필요로 하지 아니하고, 이로 말미암아 소송의 완결이 지연되는 것도 아니므로 실기한 방어방법이 아니다.

▶ 대법원 1999. 7. 27. 선고 98다46167 판결

… 법원이 당사자의 공격방어방법에 대하여 각하결정을 하지 아니한 채 그 공격방어방법에 관한 증거조사까지 마친 경우에 있어서는 더 이상 소송의 완결을 지연할 염려는 없어졌으므로, 그러한 상황에서 새삼스럽게 판결 이유에서 당사자의 공격방어방법을 각하하는 판단은 할 수 없고, 더욱이 실기한 공격방어방법이라 하더라도 어차피 기일의 속행을 필요로 하고 그 속행기일의 범위 내에서 공격방어방법의 심리도 마칠 수 있거나 공격방어방법의 내용이 이미 심리를 마친 소송자료의 범위 안에 포함되어 있는 때에는 소송의 완결을 지연시키는 것으로 볼 수 없으므로, 이와 같은 경우에도 각하할 수 없다.

제 6. 소송절차에 관한 이의권(책문권)

Ⅰ. 의의

당사자는 법원 또는 상대방의 소송행위가 소송절차에 관한 규정에 위배되었다는 이의를 하여 그 소송행위의 무효를 주장할 수 있는데 이를 소송절차에 관한 이의권(異議權)이라고 한다. 2002년 개정 이전에는 책문권(責問權)이라고 하였다. 소송절차에 관한 이의권은 잘못된 것을 지적할 수 있는 권능이므로 그 적극적인 행사보다는 이를 행사하지 아니하는 경우의 효력이 문제된다. 그리하여 소송법은 소송절차에 대한 이의권을 불행사하는 경우에 초점을 두어 이의권의 포기·상실로써 절차 위배의 잘못이 치유되는 것으로 규정하였다. 즉, 당사자는 법원 또는 상대방의 규정 위반이 있은 이후 법원에 대한 명시 또는 묵시의 의사표시로써 이의권을 포기할 수 있고(소송절차에 관한 이의권의 포기), 당사자가 법원 또는 상대방의 규정 위반을 알거나 알 수 있었을 경우에 바로 이의를 제기하지 아니하면 그 권리를 잃는다(151조 본문, 소송절차에 관한 이의권의 상실).

▶ 대법원 1988. 12. 27. 선고 87다카2851 판결

소송절차에 관한 규정에 위배됨을 알았거나 알 수 있었음에도 불구하고 지체없이 이의를 하지 않은 때에는 책문권이 상실되므로, 원고가 청구의 변경을 진술

한 변론기일에 피고가 그 청구변경의 소송절차위배 여부에 관하여 아무런 이의를 제기함이 없이 본안에 들어가 변론을 한 때에는 피고는 그 책문권을 상실하여 더 이상 청구변경의 적법 여부를 다툴 수 없다.

Ⅱ. 이의권의 포기·상실이 인정되는 경우

(1) 소송절차에 관한 이의권의 포기 또는 상실이 인정되는 것은 소송'절차'에 관한 규정 위반이 있는 경우이다. 따라서 소송행위의 '내용'에 관하여는 소송절차에 관한 이의권과 무관하다.

(2) 소송절차에 관한 이의권의 포기 또는 상실은 소송절차에 관한 임의규정(주로 당사자의 소송진행상의 이익보장과 편의를 목적으로 한 사익적 규정) 위반의 경우에만 인정되고 강행규정(주로 직권조사사항과 같은 공익적 규정) 위반의 경우에는 인정되지 않는다(151조 단서).

◆ 대법원 1972. 5. 9. 선고 72다379 판결

책문권의 포기 또는 상실은 소송절차에 관한 임의규정의 위배에 한하여 인정되는 것이며 항소제기의 기간은 불변기간이고 이에 관한 규정은 성질상 강행규정으로서 그 기간의 기산점이 되는 판결정본의 송달에 관한 책문권의 상실로 인하여 그 하자가 치유될 수 없다.

■ 소송절차에 관한 이의권의 포기·상실이 허용되는 사례 ■

1. 청구의 변경 관련

① 청구의 기초가 변경되었지만 피고가 이의를 제기한 바 없이 청구의 변경이 그대로 받아들여져서 제1심 및 제2심 판결이 선고된 이상 피고는 책문권을 상실하여 더 이상 이를 다툴 수 없다.[1]

② 청구취지의 변경은 서면으로 신청하여야 하므로 서면에 의하지 아니한 청구취지의 변경은 잘못이나 이에 대하여 상대방이 지체없이 이의하지 않았다면 책문권의 상실로 그 잘못은 치유된다.[2]

1) 대판 1992. 12. 22. 92다33831. 같은 취지 : 대판 1988. 12. 27. 87다카2851; 대판 2011. 2. 24. 2009다33655.
2) 대판 1990. 12. 26. 90다4686.

2. 반소의 적법요건 관련

원고가 피고의 반소청구에 대하여 이의를 제기함이 없이 변론을 한 경우에는 반소청구의 적법 여부에 대한 책문권을 포기한 것으로 보아야 한다.1)

3. 송달 또는 기일통지 관련

① 청구취지 확장을 신청하는 서면이 피고에게 송달되기 전에 변론에서 그 확장신청서에 의한 원고의 진술이 있었다 하더라도 이와 같은 소송절차에 관한 규정의 위배에 의한 하자는 피고의 책문권상실로 치유되었다 할 것이다.2)

② 법원이 원고에게 피고의 답변서를 송달하지 아니하여 원고가 변론기일에서야 이를 직접 수령하였으나 원고가 아무런 이의를 제기함이 없이 본안에 들어가 변론을 하였다면 원고는 책문권을 상실하였다.3)

③ 당사자가 변론기일 소환장의 송달을 받은 바 없다 하더라도 변론기일에 임의출석하여 변론을 하면서 그 변론기일의 불소환을 책문하지 아니하면 책문권의 상실로 그 하자는 치유된다.4)

4. 증거조사방식 관련

① 문서사본의 경우에도 원본의 존재와 원본의 성립의 진정에 관하여 다툼이 없고 그 정확성에 문제가 없기 때문에 사본을 원본의 대용으로 하는 데 관하여 상대방으로부터 이의가 없는 경우에는, 책문권을 포기 혹은 상실하였으므로 사본만의 제출에 의한 증거의 신청도 허용된다.5)

② 당사자 본인으로 신문해야 함에도 증인으로 신문하였다 하더라도 상대방이 이를 지체없이 이의하지 아니하면 책문권 포기·상실로 인하여 그 하자가 치유된다.6)

③ 민사소송법 제252조(현행 277조)의 규정에 위배하여 외국어로 작성된 문서에 그 역문을 첨부하지 아니하였다고 하여, 그 문서의 증거능력이 부정된다고 할 수 없고, 그 역문이 없음에 대하여 지체없이 이의를 제기하지 아니하였다면 책문권을 상실한 것이라 아니할 수 없다.7)

---

1) 대판 1968. 11. 26. 68다1886, 1887. 위 판결은 반소의 적법요건 일반에 대하여 소송절차에 관한 이의권의 대상이 되는 것처럼 표현하나, 그 요건 중 '견련관계'만이 사익적 소송요건으로서 소송절차에 관한 이의권의 대상이 되고 다른 요건들은 공익적 소송요건이므로 직권조사사항이지 이의권의 대상이 되지 아니한다.

2) 대판 1963. 6. 20. 63다198. 이외에 답변서(대판 1962. 12. 27. 62다704), 부대항소장(대판 1957. 3. 23. 4290민상81), 소장(대판 1947. 2. 25. 4280민상8) 등의 송달의 하자의 경우에도 동일한 취지로 판결하고 있다.

3) 대판 2011. 11. 24. 2011다74550.

4) 대판 1984. 4. 24. 82므14.

5) 대판 1996. 3. 8. 95다48667.

6) 대판 1992. 10. 27. 92다32463.

7) 대판 1966. 10. 18. 66다1520.

④ 당사자가 증거조사기일 조서작성의 하자에 대하여 이의를 하지 않고 도리어 그 증거조사 결과를 원용한 경우에는 그 하자에 관한 책문권을 포기한 것이라고 할 것이다.[1]

제 3 절 변론의 준비

제 1. 준비서면

Ⅰ. 의의

준비서면이란 당사자가 변론에서 진술할 사항을 미리 기재하여 법원에 제출하는 서면을 말한다. 당사자는 변론을 서면으로 준비하여야 하나, 단독사건에 있어서는 상대방의 준비 없이는 진술할 수 없는 사항이 아닌 한 준비서면을 제출하지 않을 수도 있다(272조).

준비서면인지의 여부는 그 내용에 따라 정해진다. 따라서 항소장에 피고의 항변사항이 기재되어 있다면 그 한도에서는 항소장도 준비서면의 역할을 하는 것이므로 법원은 위 항변사항에 관하여 판단하여야 하고,[2] 청구취지변경신청이 담겨져 있다면 준비서면이라는 표제를 달았다고 하더라도 청구취지변경신청서로 보고 이에 따른 조치를 취하여야 한다.[3]

준비서면은 변론의 준비에 그치는 것이기 때문에 이를 제출한 것만으로는 소송자료가 될 수 없고 변론에서 진술되어야 소송자료가 된다.[4]

◆ 대법원 1983. 12. 27. 선고 80다1302 판결

준비서면에 취득시효완성의 항변이 기재되어 있더라도 그 준비서면이 변론에서 진술되지 않았다면 취득시효완성의 항변을 한 것이 아니므로 이에 관하여 판단하지 않았다고 하더라도 판단누락이 아니다.

1) 대판 1964. 12. 29. 64다861.
2) 대판 1973. 11. 27. 73다566. 피고가 소송포기서라는 제목의 서면을 제출하였다고 하더라도 그 안에 피고의 소송에 관한 주장이 포함되어 있다면 그 부본을 원고에게 송달하고 변론에서 이를 진술하게 한 다음 위 서면에서 피고가 한 주장에 관하여 판단하여야 한다는 것에, 대판 1996. 8. 23. 95다38318.
3) 대판 1965. 4. 27. 65다319.
4) 대판 1960. 9. 15. 4293민상96; 대판 1981. 6. 9. 80누391.

Ⅱ. 준비서면을 제출하지 않은 경우의 불이익

첫째, 피고가 소장부본을 송달받은 날로부터 30일 이내에 최초의 준비서면이라고 할 수 있는 답변서를 제출하지 않으면 변론 없이 원고승소판결이 내려질 수 있다(257조 1항).

둘째, 준비서면에 적지 않은 사실은 상대방이 출석하지 않은 때에는 변론에서 주장하지 못한다(276조 본문). 상대방에게 예고받지 않은 사실에 대하여 반박의 기회도 주지 않고 심리를 종결하는 것은 부당하기 때문인데, 피고가 출석하지 아니한 변론기일에서 원고의 청구원인에 관한 주장을 변경석명시키고 피고에게 방어의 기회를 주지 않은 채 심리를 종결한 것은 잘못이라는 판례[1)]도 같은 맥락이다. 한편 서면으로 준비하지 아니하면 상대방이 출석하지 않은 변론에서 증거신청도 할 수 없는지에 관하여는 의견이 대립한다.

▶ 대법원 1975. 1. 28. 선고 74다1721 판결

단독사건에서는 제276조 단서와 제272조 제2항의 규정에 의하여 미리 준비서면에 기재하지 아니한 증인을 상대방이 변론기일에 출석하지 아니한 채 재정증인으로 증거조사를 하고 증거로 채택하였다고 하더라도 위법이 아니다.

제 2. 변론준비절차

민사소송법은 2002년 전부개정을 하면서 기존에 형해화되어 있던 준비절차를 변론준비절차(279조~287조)로 정비하고 피고의 답변서가 제출되면 곧바로 특별한 사정이 없는 한 모든 사건을 변론준비절차에 회부하여 쌍방 서면공방 및 변론준비기일의 진행에 의한 변론준비(준비서면 및 서증의 교환, 기타 증거의 신청과 채택, 쟁점정리의 목적을 달성하기 위한 범위 내에서의 증인신문 및 당사자신문을 제외한 증거조사)를 거친 다음 변론절차에서 집중적인 증거조사를 하여 심리를 종결하는 방식을 원칙적인 심리방식으로 하였었다. 집중심리의 강화를 위하여 쟁점정리단계와 증거조사단계를 구분하자는 것이었다.

그러나 2008년 민사소송법이 개정되면서 원칙적으로 답변서가 제출되면 바로

1) 대판 1964. 11. 30. 64다991; 대판 1989. 6. 13. 88다카19231.

변론기일을 지정하되 필요한 경우에만 변론준비절차에 회부하는 것으로 심리절차가 변경되었고, 현재의 실무는 서면공방은 과거보다 완화된 횟수와 수준으로 선행시키고 있으나 변론준비기일은 필요한 사건에 한하여 여는 것이 대세이다. 집중심리를 위하여 많은 연구와 학계의 공감대를 얻어 2002년도에 강화한 변론준비절차를 제대로 시행하여 보지도 못한 단계에서 실무상의 문제를 이유로 학계와의 토론과 공감대 형성도 없이 사실상 과거의 심리방식으로 회귀하는 내용으로 재개정한 것은 매우 의문이다.

◆ 대법원 2006. 10. 27. 선고 2004다69581 판결

변론준비절차는 원칙적으로 변론기일에 앞서 주장과 증거를 정리하기 위하여 진행되는 변론 전 절차에 불과할 뿐이어서 변론준비기일을 변론기일의 일부라고 볼 수 없고 변론준비기일과 그 이후에 진행되는 변론기일이 일체성을 갖는다고 볼 수도 없는 점, 변론준비기일이 수소법원 아닌 재판장 등에 의하여 진행되며 변론기일과 달리 비공개로 진행될 수 있어서 직접주의와 공개주의가 후퇴하는 점, 변론준비기일에 있어서 양쪽 당사자의 불출석이 밝혀진 경우 재판장 등은 양쪽의 불출석으로 처리하여 새로운 변론준비기일을 지정하는 외에도 당사자 불출석을 이유로 변론준비절차를 종결할 수 있는 점, 나아가 양쪽 당사자 불출석으로 인한 취하간주제도는 적극적 당사자에게 불리한 제도로서 적극적 당사자의 소송유지 의사 유무와 관계없이 일률적으로 법률적 효과가 발생한다는 점까지 고려할 때 변론준비기일에서 양쪽 당사자 불출석의 효과는 변론기일에 승계되지 않는다.

제 4 절 변론의 내용과 당사자의 소송행위

제 1. 변론의 내용

Ⅰ. 당사자의 소송행위의 종류

1. 신청과 공격방어방법

변론에서의 당사자가 하는 소송행위에는 신청, 주장, 증명의 3가지가 있다. 신

청이라 함은 당사자가 법원에 대하여 재판, 송달, 증거조사 등 일정한 소송행위를 할 것을 요구하는 것을 말하는데, 원고가 청구취지를 진술하여 특정한 내용의 판결을 구하는 것을 본안의 신청이라 하고 이로써 재판은 시작된다. 이후 쌍방 당사자는 자기에게 유리한 소송자료(주장과 증거)와 상대방의 공격을 배척하기 위한 소송자료(주장과 증거)를 제출하여 공방을 벌이게 된다. 전자를 공격방법, 후자를 방어방법이라고 하고, 공격과 방어를 위한 쌍방의 주장과 증거를 합하여 공격방어방법이라고 한다.

2. 주장

(1) 주장에는 법률상의 주장과 사실상의 주장이 있다. 법률상의 주장은 자기가 소유자라든지, 상대방에게 손해배상책임이 있다든지 하는 구체적인 권리관계의 존부에 관한 판단의 보고를 말하는데, 법률상의 주장에는 변론주의가 적용되지 않으므로 법률상의 주장에 관한 한 법원은 당사자가 주장하지 않은 사항에 관하여도 판단할 수 있고,[1] 상대방의 인정진술에도 불구하고 이와 다른 판단을 할 수도 있으며, 상대방의 동의 없이 자유롭게 철회할 수도 있다.[2]

(2) 사실상의 주장이라 함은 구체적 사실의 존부에 관한 당사자의 지식이나 인식을 진술하는 것을 말한다. 사실상의 주장은 재판상 자백(288조 단서 참조)이 성립하지 않는 한 사실심변론종결시까지 자유롭게 철회하거나 변경할 수 있다. 따라서 상호 모순되는 전후의 사실상의 주장이 있는 경우 종전의 주장은 나중의 주장에 의하여 정정된 것으로 볼 수 있다.[3] 사실상의 주장에는 조건을 붙일 수 없으나 1차적 주장이 이유 없는 경우 2차적 주장을 판단해 달라는 취지의 예비적 주장은 조건부 주장의 일종이나 허용되고 있다. 예비적 주장이라고 하더라도 1차적 주장과 2차적 주장이 양립가능하다면 그 어느 하나가 받아들여지는 경우 다른 주장에 관하여는 판단할 필요가 없다.[4] 다만 기판력이 생기고 자기의 채권도 소멸되는

1) 대판 1992. 2. 14. 91다31494; 대판 1994. 11. 25. 94므826, 833 등.
2) 대판 1982. 4. 27. 80다851.
3) 대판 1993. 6. 25. 92다20330; 대판 1990. 11. 27. 90다카20548 등.
4) 대판 1989. 2. 28. 87다카823, 824("임대차계약의 해지를 주장하면서 임차인의 차임체불을 해지사유로 내세우고 그것이 이유 없다고 하더라도 기한의 정함이 없는 임대차로서 해지통지에 따라 해지되었다는 주장은 서로 양립 가능한 것으로서 이를 선택적 주장으로 볼 수 있으므로 어느 하나의 해지사유를 인용하면 다른 주장에 관하여 심리 판단할 필요가 없다").

상계의 주장과 지상물철거소송에서의 건물매수청구권의 주장은 다른 주장이 이유 없는 경우에 한하여 심리 판단하여야 한다.

(3) 당사자 일방의 사실상의 주장에 대한 상대방의 답변에는 네 가지가 있을 수 있다. 첫째는 부인(否認)으로서 상대방의 주장이 사실이 아니라고 다투는 답변이다. 둘째는 부지(不知)로서 상대방의 주장사실을 알지 못한다는 답변인데, 부지는 부인으로 추정되나(150조 2항), 자기가 관여한 것으로 주장된 행동에 관하여는 부지라는 답변은 허용되지 않는다. 셋째는 자백(自白)으로서 상대방의 주장사실을 인정하는 것인데, 주요사실에 대한 자백은 이를 재판의 기초로 삼지 않으면 안 된다(288조 본문). 넷째는 침묵(沈黙)으로서 상대방의 주장사실을 명백히 다투지 않은 것을 말하는데, 변론 전체의 취지로 보아 다투는 것으로 인정되는 경우를 제외하고는 침묵은 자백으로 간주된다(150조 1항).

Ⅱ. 항변

1. 본안전항변

본안전항변이라 함은 원고가 제기한 소에 소송요건의 흠이 있어 소가 부적법하다는 피고의 주장이다. 그런데 소송요건의 대부분은 직권조사사항이므로 이러한 피고의 항변은 법원의 직권발동을 촉구하는 의미밖에 없어 법원이 이에 관하여 판단하지 않더라도 판단누락이라고 할 수 없다.[1)]

2. 본안의 항변

(1) 본안의 항변이라 함은 원고의 청구를 배척하기 위하여 원고주장사실이 진실임을 전제로 하여 이와 양립가능한 별개의 사항에 대하여 피고가 하는 사실상의 주장을 말한다. 항변에는 통정허위표시이므로 무효라는 주장과 같이 애초부터 권리의 발생을 방해하는 권리장애사실(權利障碍事實)의 항변, 변제하였다는 주장과 같이 일단 발생한 권리가 이후 소멸되었다는 권리멸각사실(權利滅却事實)의 항변, 동시이행의 항변과 같이 권리가 발생하기는 하였으나 그 이행을 일시적으로 거절하는 권리저지사실(權利沮止事實)의 항변이 있다.

1) 대판 1994. 11. 8. 94다31549(소송대리권의 존재); 대판 1990. 12. 21. 90다카22056(소송당사자의 존재); 대판 1999. 4. 27. 99다3150(추완항소에 있어서 추완사유의 유무) 등.

◆ 대법원 1997. 3. 25. 선고 96다42130 판결

원고가 피고로부터 금전을 지급받기로 하는 약정이 있다고 주장하고 그러한 약정의 존재를 입증한 경우, 약정금 범위 내에서 구체적인 액수 등에 대하여는 더 심리해야 할 것이라 하더라도 원고로서는 일응 그 권리발생의 근거에 대한 주장·입증을 한 것이므로 그 약정에 따른 채무가 불발생한다거나 소멸하였다는 주장은 피고의 항변사항에 속한다.

▶ 대법원 1995. 7. 25. 선고 95다14664, 14671 판결

임대차계약에 있어 임대차보증금은 임대차계약종료 후에 발생하는 임료 상당의 부당이득반환채권뿐만 아니라 훼손된 건물부분의 원상복구비용상당의 손해배상채권 등도 담보하는 것이므로, 임대인으로서는 임대차보증금에서 그 피담보채무를 공제한 나머지만을 임차인에게 반환한 의무가 있다고 할 것인데, 임대인으로서는 그 임대차보증금에 의하여 담보되는 부당이득반환채권 및 손해배상채권의 발생에 관하여 주장·입증책임을 부담하는 것이고, 다만 그 발생한 채권이 변제 등의 이유로 소멸하였는지에 관하여는 임차인이 주장·입증책임을 부담한다.

(2) 항변은 부인과 구별하여야 한다. 부인(否認)은 원고주장사실에 대하여 "아니다"라고 하는 대답인 데 반하여 항변(抗辯)은 "그렇다, 하지만"이라고 하는 대답이다. 예컨대 원고가 금전의 대여를 주장하는 데 대하여 피고가 '차용사실이 없다'고 주장하면 차용사실의 부인이 되지만, '차용하였으나, 갚았다'라고 주장하면 차용사실의 자백 및 변제의 항변이 된다.[1] 한편 위와 같은 직접적인 부인이 아니라 원고주장사실과 양립불가능한 사실을 주장하는 간접부인도 있다. 원고주장사실에 대하여 "그것이 아니라 이것이다"라고 대답하는 경우가 그것이다. 예컨대 위 예에서 피고가 '돈을 받기는 하였으나, 이전에 원고에게 빌려 준 돈을 변제받은 것이다'라고 대답하는 경우 돈을 받았다는 주요사실에 관하여는 자백이 성립하나 금전소비대차계약의 성립이라는 주요사실에 대하여는 부인한 것이 된다.[2]

항변과 부인의 구별은 몇 가지 실천적인 의미가 있다. 첫째, 부인을 하면 원고가 그 주장사실에 대하여 증명책임을 지지만, 항변의 경우 원고주장사실에 대하여는 자백이 성립하고 피고가 이를 배척할 수 있는 항변사실에 대하여 증명책임을

1) 대판 1965. 1. 19. 64다1437.
2) 대판 1972. 12. 12. 72다221.

진다. 둘째, 항변에 대하여는 판결문에 그에 관한 판단을 별도로 기재하여야 하지만, 부인에 대하여는 원고주장사실에 관한 판단에서 같이 판단하면 족하고 별도로 부인에 관한 판단을 기재할 필요가 없다.

▶ 대법원 1972. 12. 12. 선고 72다221 판결

당사자 간에 금원의 수수가 있다는 사실에 관하여 다툼이 없다고 하여도, 원고가 이를 수수한 원인은 소비대차라고 주장하고 피고는 그 수수의 원인을 다툴 때에는 그것이 소비대차로 인하여 수수되었다는 것은 이를 주장하는 원고가 입증할 책임이 있다.

▶ 대법원 1990. 5. 25. 선고 89다카24797 판결

원고들이 이 사건 토지들에 관하여 부동산소유권이전등기등에관한특별조치법에 의하여 경료된 피고들의 피상속인 명의의 소유권보존등기 또는 소유권이전등기가 원인무효인 등기라고 주장한 데 대하여, 피고들이 자기들의 피상속인이 그의 소유인 토지와 원고들의 피상속인 소유인 이 사건 토지들을 교환하였다는 사실을 주장한 것은, 원고들의 주장사실을 적극적으로 부인한 것으로 볼 것이지 원고들의 주장에 대하여 항변을 제출한 것으로 볼 것은 아니다.

Ⅲ. 소송에 있어서 형성권의 행사

◆ 대법원 1982. 5. 11. 선고 80다916 판결

소제기로써 계약해제권을 행사한 후 그 뒤 그 소송을 취하하였다 하여도 해제권은 형성권이므로 그 행사의 효력에는 아무런 영향을 미치지 아니한다.

|註| 1. 사실관계와 법원의 판단 甲이 乙로부터 대지 및 건물을 매수하였는데 본건 소송 이전에 甲이 乙에 대하여 乙의 잔금수령 거절을 이유로 계약금 배액의 지급을 구하는 소를 제기한 후 그 소송을 취하하였다가 다시 대지 및 건물에 대하여 매매를 원인으로 한 소유권이전등기청구의 소를 제기하였다. 이에 대하여 대법원은, 甲이 전소 제기로써 매매계약 해제의 의사표시를 묵시적으로 하였고, 해제권은 형성권으로서 비록 그 이후에 甲이 위 소송을 취하하였더라도 해제권행사의 효력에 아무런 영향이 없으므로 신소로써 매매계약이 해제되지 아니하였음을 전제로 하여 매매를 원인으로 한 소유권이전등기청구를 할 수 없다고 보았다.

2. 소송에 있어서 형성권의 행사 소송에 있어서 형성권의 행사의 법적 성질에 대하여, ① 형성권행사라는 상대방에 대한 실체법상의 의사표시(사법행위)와 그러한 의사표시가 있었다는 법원에 대한 사실상의 진술(소송행위)이 병존하는 것으로 전자는 실체법에 의하여 규율되고 후자는 소송법에 의하여 규율되므로 소가 취하되거나 각하되더라도 실체법상 형성권행사의 효과는 유지된다는 병존설(竝存說)(사법행위의 존재를 인정한다는 의미에서 사법행위설이라고도 한다), ② 소송에 있어서의 형성권행사는 소송행위이어서 소송법에 의하여만 규율되므로 소가 취하되거나 각하되면 이미 발생하였던 형성권행사의 효과가 소멸한다는 소송행위설, ③ 사법행위와 소송행위의 성질을 갖는 하나의 행위가 있는 것으로 실체법상의 효과와 소송법상의 효과가 상호의존하고 있어 소가 취하 또는 각하되면 사법행위로서의 효력도 발생하지 않는다는 양성설(兩性說), ④ 기본적으로는 병존설에 따르되 상계항변에 포함된 상계의 의사표시는 그 항변이 공격방어방법으로서 각하되지 않고 유효할 때에만 실체법상의 효과를 발생한다는 신병존설(新竝存說)이 대립한다. 병존설에 의할 때 상계항변이 실기한 공격방어방법으로 각하되면 실체법상의 효과가 남아 피고의 반대채권(자동채권)이 소멸하게 되지만 소송법상의 효과가 없어 상계항변이 없는 것이 되고 그 결과 원고의 소구채권(수동채권)은 소멸하지 않은 채 판결로서 그 존재가 확정되어 버리는 불합리가 생기므로 이를 시정하기 위한 것이 신병존설이다. 판례는 신병존설의 입장이다(아래 2013다95964 판결 및 2011다3329 판결 참조).

◆ 대법원 2014. 6. 12. 선고 2013다95964 판결

소송상 방어방법으로서의 상계항변은 통상 수동채권의 존재가 확정되는 것을 전제로 하여 행하여지는 일종의 예비적 항변으로서 소송상 상계의 의사표시에 의해 확정적으로 효과가 발생하는 것이 아니라 당해 소송에서 수동채권의 존재 등 상계에 관한 법원의 실질적 판단이 이루어지는 경우에 비로소 실체법상 상계의 효과가 발생한다.

이러한 피고의 소송상 상계항변에 대하여 원고가 다시 피고의 자동채권을 소멸시키기 위하여 소송상 상계의 재항변을 하는 경우, 법원이 원고의 소송상 상계의 재항변과 무관한 사유로 피고의 소송상 상계항변을 배척하는 경우에는 소송상 상계의 재항변을 판단할 필요가 없고, 피고의 소송상 상계항변이 이유 있다

고 판단하는 경우에는 원고의 청구채권인 수동채권과 피고의 자동채권이 상계적상 당시에 대등액에서 소멸한 것으로 보게 될 것이므로 원고가 소송상 상계의 재항변으로써 상계할 대상인 피고의 자동채권이 그 범위에서 존재하지 아니하는 것이 되어 이때에도 역시 원고의 소송상 상계의 재항변에 관하여 판단할 필요가 없게 된다. 또한, 원고가 소송물인 청구채권 외에 피고에 대하여 다른 채권을 가지고 있다면 소의 추가적 변경에 의하여 그 채권을 당해 소송에서 청구하거나 별소를 제기할 수 있다. 그렇다면 원고의 소송상 상계의 재항변은 일반적으로 이를 허용할 이익이 없다. 따라서 피고의 소송상 상계항변에 대하여 원고가 소송상 상계의 재항변을 하는 것은 다른 특별한 사정이 없는 한 허용되지 않는다고 보는 것이 타당하다.

|註| 1. 소송상 상계항변은 당해 소송에서 상계에 관한 법원의 실질적 판단이 이루어지는 경우에 비로소 실체법상 상계의 효력이 발생한다고 한 판례로서, 소가 취하 또는 부적법 각하되거나 상계항변이 실기한 공격방어방법이라는 등의 이유로 각하되는 등 상계에 관한 실질적인 판단이 이루어지지 않는 경우에는 상계의 사법상 효과가 발생하지 않게 되므로 신병존설의 입장에 선 것으로 볼 수 있다.

2. 나아가 피고의 상계항변에 대한 원고의 상계재항변은 특별한 사정이 없는 한 허용되지 않음을 밝힌 판결이기도 하다. 원고의 상계재항변이 허용되지 않음은 원고가 2개의 채권을 청구하고, 피고가 그중 1개의 채권을 수동채권으로 삼아 소송상 상계항변을 하자, 원고가 다시 청구채권 중 다른 1개의 채권을 자동채권으로 소송상 상계의 재항변을 하는 경우에도 마찬가지로 적용된다.[1)]

◆ 대법원 2013. 3. 28. 선고 2011다3329 판결

소송상 방어방법으로서의 상계항변은 수동채권의 존재가 확정되는 것을 전제로 하여 행하여지는 일종의 예비적 항변으로서 당사자가 소송상 상계항변으로 달성하려는 목적, 상호양해에 의한 자주적 분쟁해결수단인 조정의 성격 등에 비추어 볼 때, 당해 소송절차 진행 중 당사자 사이에 조정이 성립됨으로써 수동채권의 존재에 관한 법원의 실질적인 판단이 이루어지지 아니한 경우에는 그 소송절차에서 행하여진 소송상 상계항변의 사법상 효과도 발생하지 않는다고 봄이

1) 대판 2015. 3. 20. 2012다107662.

타당하다.

|註| 소송상 상계항변이 있었으나 조정으로 소송이 종결된 경우도 수동채권의 존재에 관하여 법원의 실질적인 판단이 이루어지지 않고 그 결과 상계에 관하여도 법원의 실질적인 판단이 이루어지지 않았으므로 상계의 사법상 효과가 발생하지 않는다고 한 판례이다.

제 2. 소송행위

Ⅰ. 소송행위 일반

1. 의의와 해석원칙

(1) 의의

소송행위(협의, 당사자의 소송행위)라 함은 소송절차를 형성하고 그 요건과 효과가 소송법에 의하여 규율되는 행위를 말한다. 앞서 본 신청과 주장 및 증명이 그것이다.

(2) 해석원칙

◆ 대법원 1984. 2. 28. 선고 83다카1981 전원합의체 판결

일반적으로 소송행위의 해석은 실체법상의 법률행위와는 달리 철저한 표시주의와 외관주의에 따르도록 되어 있고 표시된 내용과 저촉되거나 모순되는 해석을 할 수 없는 것이지만, 표시된 어구에 지나치게 구애되어 획일적으로 형식적인 해석에만 집착한다면 도리어 당사자의 권리구제를 위한 소송제도의 목적과 소송경제에 반하는 부당한 결과를 초래할 수 있으므로 그 소송행위에 관한 당사자의 주장 전체를 고찰하고 그 소송행위를 하는 당사자의 의사를 참작하여 객관적이고 합리적으로 소송행위를 해석할 필요가 있는 것이다.

|註| 1. 사실관계와 법원의 판단 재심원고가 제1심법원에 제출한 재심소장에서 재심을 할 판결로 제1심판결을 표시하고 있다고 하여도 그 재심의 이유에서 주장하고 있는 재심사유가 항소심판결에 관한 것임이 그 주장 자체나 소송자료에 의하여 분명한 경우에는, 재심원고의 의사는 항소심판결을 재심대상으로 한 것이라고 보는 것이 객관적이고 합리적인 해석이라는 이유로 사건을

항소심법원으로 이송하고, 제40조 제1항에 따라 제1심법원에 제기된 때를 기준으로 재심제기기간의 도과 여부를 판단한 사건이다.
2. 소송행위의 해석 (1) 소송행위의 해석은 실체법상의 법률행위와는 달리 철저한 표시주의와 외관주의에 따르지만, 소송제도의 목적과 권리구제의 필요성 등을 고려하여 주장 전체를 고찰하고 당사자의 의사를 참작하여 객관적이고 합리적으로 해석하여야 한다고 한 대법원 전원합의체 판결이다.
(2) 한편, 불상소의 합의처럼 그 합의의 존부 판단에 따라 당사자들 사이에 이해관계가 극명하게 갈리게 되는 소송행위에 관한 당사자의 의사해석에 있어서는, 표시된 문언의 내용이 불분명하여 당사자의 의사해석에 관한 주장이 대립할 소지가 있고 나아가 당사자의 의사를 참작한 객관적·합리적 의사해석과 외부로 표시된 행위에 의하여 추단되는 당사자의 의사조차도 불분명하다면, 가급적 소극적 입장에서 그러한 합의의 존재를 부정할 수밖에는 없다는 것이 판례이다.[1]

2. 소송상의 합의

(1) 소송상 합의의 허용 여부와 법적 성질

소송상 합의라 함은 현재 또는 장래의 특정한 소송에 대하여 일정한 영향을 미치는 법적 효과의 발생을 목적으로 한 당사자 사이의 합의를 말한다. 법률상 명문의 규정이 없는 경우[2] 과거에는 편의소송 금지를 내세워 소송상 합의를 인정하지 않았으나 오늘날에는 처분권주의와 변론주의가 적용되는 범위 안에서라면 소송상 합의를 허용하고 있다.

그 법적 성질로는 합의한 내용대로 이행하여야 할 작위 또는 부작위의 사법상 의무가 발생한다는 사법계약설(私法契約說)과 합의에 따라 곧바로 소송상태의 변동이라는 소송법적 효과가 발생한다는 소송계약설(訴訟契約說)이 있다. 사법계약설은 의무이행을 강제하는 방법에 따라 의무이행을 소구하여 강제집행을 할 수 있고 강제집행이 불가능할 경우 손해배상을 구할 수 있을 뿐이라는 의무이행소구설(義

1) 대판 2002. 10. 11. 2000다17803; 대판 2015. 5. 28. 2014다24327, 24334, 24341, 24358, 24365, 24372.
2) 명문의 규정으로 소송상 합의를 허용하는 경우 : 제29조, 제122조 단서, 제126조 단서, 제165조 제2항, 제390조 제1항 단서 등.

務履行訴求說)과 의무자의 상대방에게 소송상의 항변권이 발생하고 항변권을 행사하면 법원이 합의에 따른 조치를 취하여야 한다는 항변권발생설(抗辯權發生說)로 나뉜다. 소송계약설에 의할 때 합의가 이루어지면 법원은 직권으로 합의에 따른 조치를 취하여야 한다(합의가 소송절차 밖에서 이루어지면 당사자의 주장을 기다릴 수밖에 없는데 이 주장은 합의의 존재를 법원에 알리는 의미밖에 없다). 한편 소송행위설 중에는 합의대로 임의 이행되는 경우를 설명하고 합의를 불이행한 경우 손해배상책임을 지울 필요가 있다는 의미에서 합의에 따른 의무부과효과도 인정하자는 발전적 소송행위설이 있다. 판례는 각각의 소송상 합의에 따라 그 성격을 달리 보고 있다.

(2) 부제소합의

◆ 대법원 2013. 11. 28. 선고 2011다80449 판결

특정한 권리나 법률관계에 관하여 분쟁이 있어도 제소하지 아니하기로 합의한 경우 이에 위배되어 제기된 소는 권리보호의 이익이 없고, 또한 당사자와 소송관계인은 신의에 따라 성실하게 소송을 수행하여야 한다는 신의성실의 원칙에도 어긋나는 것이므로, 소가 부제소합의에 위배되어 제기된 경우 법원은 직권으로 소의 적법 여부를 판단할 수 있다.

> |註| 1. 부제소합의는 소극적 소송요건으로서 직권조사사항이라는 판례이다. 2. 부제소합의의 유효요건에 관하여는 '소의 이익' 중 '법률상·계약상 제소금지 사유가 없을 것' 부분 참조.

▶ 대법원 2010. 7. 15. 선고 2009다50308 판결

매매계약과 같은 쌍무계약이 급부와 반대급부와의 불균형으로 말미암아 민법 제104조에서 정하는 '불공정한 법률행위'에 해당하여 무효라고 한다면, 그 계약으로 인하여 불이익을 입는 당사자로 하여금 위와 같은 불공정성을 소송 등 사법적 구제수단을 통하여 주장하지 못하도록 하는 부제소합의 역시 다른 특별한 사정이 없는 한 무효라고 할 것이다.

> |註| 1. 甲과 乙이 X 토지에 관하여 매매계약을 체결하면서 "이후 가격의 높고 낮음에 관한 일체의 민·형사상의 문제나 민·형사상의 소송은 양측이 제기하지 아니한다"는 부제소합의를 하였는데, 위 매매계약이 불공정행위로 무효로 판단된 사안이다. 2. 부제소합의의 법적 성격과 곧바로 연결되는 판례는 아닌 것으로 보인다.

(3) 불상소합의

▶ 대법원 1987. 6. 23. 선고 86다카2728 판결

구체적인 어느 특정 법률관계에 관하여 당사자 쌍방이 제1심판결 선고 전에 미리 항소하지 아니하기로 합의하였다면, 제1심판결은 선고와 동시에 확정되는 것이므로 그 판결 선고 후에는 당사자의 합의에 의하더라도 그 불항소합의를 해제하고 소송계속을 부활시킬 수 없다.

|註| 1. 이와 같이 불상소합의는 소송당사자에 대하여 상소권의 사전포기와 같은 중대한 소송법상의 효과가 발생하게 되는 것으로서 반드시 서면에 의하여야 할 것이며, 그 서면의 문언에 의하여 당사자 쌍방이 상소를 하지 아니한다는 취지가 명백하게 표현되어 있을 것을 요한다.[1)]

2. 또한 불상소합의는 심급제도의 이용을 배제하여 간이신속하게 분쟁을 해결하고자 하는 당사자의 의사를 존중하여 인정되는 제도이므로 당사자의 일방만이 상소를 하지 아니하기로 약정하는 합의는 공평에 어긋나 합의로서의 효력이 없다.[2)]

▶ 대법원 1980. 1. 29. 선고 79다2066 판결

불항소합의의 유무는 항소의 적법요건에 관한 것으로서 법원의 직권조사사항이다.

(4) 소취하합의, 상소취하합의

◆ 대법원 2013. 7. 12. 선고 2013다19571 판결

당사자 사이에 그 소를 취하하기로 하는 합의가 이루어졌다면 특별한 사정이 없는 한 소송을 계속 유지할 법률상의 이익이 없어 그 소는 각하되어야 하는 것이지만, 조건부 소취하의 합의를 한 경우에는 조건의 성취 사실이 인정되지 않는 한 그 소송을 계속 유지할 법률상의 이익을 부정할 수 없다.

|註| 1. 피고가 원고에게 현금 3억 원을 지급함과 동시에 원고가 소취하서를 제출하기로 합의한 경우 피고가 그 의무를 이행하지 않은 이상 소가 적법하게 유지된다고 한 사례이다.

---

1) 대판 2002. 10. 11. 2000다17803.

2) 대판 1987. 6. 23. 86다카2728.

2. 소취하합의에 조건·기한 등 부관을 붙일 수 있고 그러한 경우 조건의 성취 또는 기한의 도래 사실이 인정되지 않는 한 그 소송을 계속 유지할 법률상 이익이 있다는 판례이다.

◆ 대법원 2018. 5. 30. 선고 2017다21411 판결

당사자 사이에 항소취하의 합의가 있는데도 항소취하서가 제출되지 않는 경우 상대방은 이를 항변으로 주장할 수 있고, 이 경우 항소심법원은 항소의 이익이 없다고 보아 그 항소를 각하함이 원칙이다.

|註| 판례가 항소취하합의의 법적 성질에 관하여 사법계약설 중 항변권발생설을 취하고 있음을 밝힌 판결이다.

▶ 대법원 2007. 5. 11. 선고 2005후1202 판결

소취하계약도 당사자 사이의 합의에 의하여 해제할 수 있다.

|註| 사건이 상고심에 계속 중 소취하합의를 하였으나 원고도 소취하서를 제출하지 않고 피고도 소취하합의서를 제출하지 아니한 상태에서 파기환송판결이 선고되었고, 환송 후 항소심에서도 소취하합의 사실이 주장되지 않은 채 변론이 종결되었다면, 쌍방은 소취하합의 후 그 실현을 포기하려는 의사로 이를 방치하였다고 할 것이므로, 위 합의약정은 묵시적으로 합의해제되었다고 봄이 상당하다고 한 판례이다. 소취하합의가 사법상의 계약임을 전제로 한 것이다.

(5) 집행계약

▶ 대법원 1993. 12. 10. 선고 93다42979 판결

부집행계약은 채권자가 특정의 채권에 관한 채무명의에 기한 강제집행을 실시하지 않는다는 사법상의 계약으로서 채권자가 이에 위반하여 강제집행을 할 경우 채무자가 집행을 저지할 수 있는 사유로 내세울 수 있음에 불과하고 소송절차에서 이를 주장하여 판결의 집행력을 배제할 사유는 되지 못한다.

|註| 1. 집행계약이라 함은 강제집행의 방법과 범위에 관하여 법규에서 정한 바와 달리 정하는 집행관계인 사이의 합의를 말한다. 법이 명문으로 허용하는 경우도 있다.[1] 법률에 명문의 규정이 없는 경우, 채권자에게 유리하게 집행의 요건을 완화하

1) 집행을 하지 아니한다거나 집행신청을 취하한다는 합의(민사집행법 49조 6호), 담보권을 실행하지 아니하기로 하거나 임의경매신청을 취하하겠다는 합의(민사집행법 266조 1항 4호), 공정증서에 의한 강제집행을 수락한다는 합의(민사집행법 56조 4호), 매각조건변경의 합의(민사

거나 집행의 방법이나 대상을 확대하는 집행확장계약(執行擴張契約)은 법이 채무자에게 보장하는 최소한도의 이익을 침해할 수 있기 때문에 허용되지 않음이 원칙이나, 반대로 채무자에게 유리하게 집행의 요건을 가중하거나 집행의 방법이나 대상을 제한하는 집행제한계약(執行制限契約)은 사법상의 계약으로 그 유효성이 인정된다. 따라서 부집행계약은 허용된다.[1)]

2. 대상판결은 부집행계약의 법적 성격을 위와 같이 밝힌 다음 부집행계약에도 불구하고 가집행선고를 하였다고 하여 위법은 아니라고 하였다.

▶ **대법원 1996. 7. 26. 선고 95다19072 판결**

부집행합의는 실체상의 청구의 실현에 관련하여 이루어지는 사법상의 채권계약이라고 봄이 상당하고, 이것에 위반하는 집행은 실체상 부당한 집행이라고 할 수 있으므로 민사소송법 제505조(현행 민사집행법 44조)가 유추적용 내지 준용되어 청구이의의 사유가 된다.

|註| 따라서 부집행합의가 있더라도 채권압류에 아무런 장애가 되지 않는다.[2)]

(6) 증거계약

▶ **대법원 1997. 10. 28. 선고 97다33089 판결**

입증책임의 소재에 관하여 당사자 간에 특약이 있으면 특별한 사정이 없는 한 그에 따라야 하므로, 공제약관상 고지의무 위반이 공제사고의 발생에 영향을 미쳤다는 사실에 대한 입증책임이 공제자에게 있다고 규정한 경우에는 그에 따라야 한다.

|註| 1. 증거계약에는 일정한 사실은 다투지 않기로 약정하는 자백계약(自白契約)(예컨대, 손해배상소송에서 피고의 책임이 인정되는 경우 손해액이 ○○원임은 다투지 않기로 하는 계약), 일정한 증거방법에 의하여만 증명을 하기로 하는 증거방법계약(예컨대, 계약의 존부에 관한 증거는 서증에 한정하기로 하는 계약), 일정한 사실의 확정을 제3자의 판정에 맡기기로 하는 중재감정계약(예컨대, 사고의 원인과 손해액을 제3자의 판정에 맡기기로 하는 계약), 일정한 증거조사결과의 증거력을 약정하는 증거력계약(證據力契約)(예컨대, 증인 甲의 증언을 진실한 것으로 받아들이기로 하는 계약)이 있다. 재판상 자백이 허용되므로 자백계약의 유효성은 인정되나 권리자백과 간접사실에 대한 자백은 법원을

집행법 110조), 배당표작성에 있어서 이해관계인과 채권자의 합의(민사집행법 152조), 매각장소변경의 합의(민사집행법 203조 1항 단서).

1) 부집행합의가 화해조서가 공정증서에 명백히 되어 있는 경우에는 청구이의의 소제기 등의 필요 없이 그 정본이 제출되면 곧바로 강제집행을 정지하여야 한다(민사집행법 49조 6호).

2) 대결 2014. 2. 28. 2013마933(서울동부지법 2013. 5. 16. 2013라36).

구속하지 못하므로 그 유효성을 인정하기 어렵고, 증거방법계약의 유효성에 관하여는 변론주의가 대원칙이므로 유효성이 인정된다는 견해(정동윤·유병현·김경욱)와 보충적 직권증거조사가 허용되므로 유효성을 인정할 수 없다는 견해(이시윤, 김홍규·강태원, 강현중, 호문혁, 송상현·박익환)가 나뉘며, 중재감정계약은 그 유효성이 인정되고, 증거력계약은 법관의 자유심증을 제약하므로 유효성이 인정되지 않는다.

2. 넓은 의미의 증거계약에는 증명책임을 누구에게 부담시킬 것인가를 정하는 증명책임계약도 포함되는데, 증명책임의 소재에 관한 합의도 유효한 것으로 인정할 수 있으나(대상판결 참조) 약관의 규제에 관한 법률 제14조는 상당한 이유 없이 고객에게 증명책임을 부담시키는 약관조항을 무효라고 하고 있다.

Ⅱ. 소송행위의 특질 — 사법상의 법률행위와 다른 특색

1. 소송행위의 조건과 기한

▶ 대법원 1988. 8. 9. 선고 88다카2332 판결

재판상의 화해가 성립되면 그것은 확정판결과 같은 효력이 있는 것이므로 그것을 취소변경하려면 재심의 소에 의해서만 가능하다할 것이나 재판상의 화해의 내용은 당사자의 합의에 따라 자유로 정할 수 있는 것이므로 화해조항 자체로서 특정한 제3자의 이의가 있을 때에는 화해의 효력을 실효시키기로 하는 내용의 재판상의 화해가 성립되었다면 그 조건의 성취로써 화해의 효력은 당연히 소멸된다 할 것이고 그 실효의 효력은 언제라도 주장할 수 있다.

|註| 1. 사실관계와 법원의 판단 X 토지는 甲이 乙에게 명의신탁한 토지였는데 乙이 X 토지를 丙에게 매도하였고 丙은 乙을 상대로 X 토지에 관한 소유권이전등기이행청구의 소를 제기하였다. 위 소송 도중 X 토지의 실제 소유자가 甲임이 드러나자 丙과 乙은 "1. 乙은 丙에게 X 토지에 관하여 ○○을 원인으로 한 소유권이전등기절차를 이행한다. 2. 다만 甲이 乙 또는 丙에게 이의를 제기하는 경우 이 사건 화해는 무효로 한다."는 내용의 재판상화해를 하였고, 위 화해에 따라 丙은 X 토지에 관하여 그 명의의 소유권이전등기를 마쳤다. 이후 甲은 乙을 대위하여 丙을 상대로 X 토지에 관하여 丙 명의로 경료된 소유권이전등기의 말소등기절차를 구하는 소를 제기하였다. 항소심법원은 위 화해는 실효조건부 화해인데 甲의 이 사건 소제기로 조건이 성취되었으므로

위 화해에 기하여 경료된 丙 명의의 소유권이전등기는 원인 없는 등기로서 말소되어야 한다고 판단하고 甲 승소판결을 하였고, 丙이 상고하였으나 상고기각되었다.

2. 기한부 또는 조건부 소송행위 사법상의 법률행위와 달리 절차의 안정을 위하여 소송행위에는 기한을 붙일 수 없다. 조건의 경우 소송외적 조건은 기한과 같은 이유로 허용되지 않으나 소송내적 조건은 절차의 안정을 해하지 않으므로 허용된다. 각종 예비적 신청이나 주장이 소송내적 조건에 해당한다.

3. 실효조건부 재판상화해 재판상화해는 순수한 소송행위라는 것이 판례의 입장이다.[1] 화해에 붙은 조건으로는 화해의 내용을 이루는 급부의무의 발생 여부에 조건을 붙이는 경우와 화해의 성립 자체에 조건을 붙이는 경우가 있는데, 전자는 절차의 안정을 해치지 않으므로 허용되나, 후자는 화해에 소송외적 조건을 붙인 것으로서 절차의 안정성과 관련하여 문제가 있다. 그러나 판례는 일관하여 위와 같은 실효조건부 재판상화해의 유효성을 인정하고 있고, 이러한 의미에서 재판상화해의 성질에 관한 판례의 입장을 '실체법적 소송행위설'이라고 부르기도 한다(강현중).

2. 소송행위의 철회와 의사의 하자에 기한 취소

(1) 소송행위의 철회

▶ 대법원 1997. 6. 27. 선고 97다6124 판결

소의 취하는 원고가 제기한 소를 철회하여 소송계속을 소멸시키는 원고의 법원에 대한 소송행위이고 소송행위는 일반 사법상의 행위와는 달리 내심의 의사보다 그 표시를 기준으로 하여 그 효력 유무를 판정할 수밖에 없는 것인바, 원고들 소송대리인으로부터 원고 중 1인에 대한 소취하를 지시받은 사무원은 원고들 소송대리인의 표시기관에 해당되어 그의 착오는 원고들 소송대리인의 착오로 보아야 하므로, 그 사무원의 착오로 원고들 소송대리인의 의사에 반하여 원고들 전원의 소를 취하하였다 하더라도 이를 무효라 볼 수는 없고, 적법한 소취하의 서면이 제출된 이상 그 서면이 상대방에게 송달되기 전후를 묻지 않고 원고는 이를 임의로 철회할 수 없다.

1) 대판 1962. 5. 31. 4293민재6; 대판 1979. 5. 15. 78다1094; 대판 1982. 4. 13. 81다531 등.

|註| **1. 사실관계와 법원의 판단** 甲 등 20인은 乙 조합을 상대로 조합원지위부존재확인의 소를 제기하여 제1심에서 원고승소판결을 받았다. 乙 조합의 항소로 항소심 계속 중 甲 등 20인의 대리인은 그 직원 丙으로 하여금 원고들 중 甲의 소를 취하한다는 소취하서를 작성하여 법원에 제출하라고 하였는데 丙의 착오로 "원고 甲의"라는 문구가 빠진 채 원고를 특정함이 없이 "이 사건 소를 취하한다"라고 기재된 소취하서가 법원에 제출되었다. 甲 등 20인의 대리인은 이를 알고 소취하서가 乙 조합에게 송달되기 전에 법원에 소취하철회서를 제출하고 기일지정신청을 하였다. 그러나 항소심법원은 위 소취하서로써 이 사건 소 전부가 취하되었다는 이유로 소송종료선언을 하였고, 위 판결은 상고기각으로 확정되었다.

2. 소송행위의 철회 (1) 소송행위는 상대방이 그에 의하여 소송상의 지위를 취득하지 아니한 때에는 사실심변론종결시까지[1] 자유롭게 철회할 수 있다. 그러나 당해 소송행위를 한 당사자에게 불리하거나 상대방에게 일정한 법률상 지위가 형성되고 나면 소송행위는 자유롭게 철회할 수 없다. 재판상 자백의 철회, 증거조사개시 후 증거신청의 철회, 피고가 응소한 뒤의 소의 취하(소제기의 철회), 청구의 포기 또는 인낙의 철회, 화해의 철회, 상소취하의 철회[2] 등이 그러하다.

(2) 철회의 자유가 제한되는 소송행위이더라도 상대방의 동의를 얻으면 이를 철회할 수 있다. 상대방의 동의를 얻은 재판상 자백의 철회,[3] 증거조사개시 후 상대방의 동의를 얻은 증거신청의 철회,[4] 피고의 동의에 의한 소의 취하가 인정되는 것이 그 예이다.

(2) 의사의 하자에 따른 소송행위의 취소

◆ 대법원 1997. 10. 10. 선고 96다35484 판결

민법상의 법률행위에 관한 규정은 민사소송법상의 소송행위에는 특별한 규정 기타 특별한 사정이 없는 한 적용이 없는 것이므로 소송행위가 강박에 의하여

1) 대판 1960. 8. 18. 4292민상905.
2) 대판 2007. 6. 15. 2007다2848, 2855.
3) 대판 1967. 8. 29. 67다1216.
4) 대판 1971. 3. 23. 70다3013("증거조사의 개시가 있기 전에는 상대방의 동의 없이 그 증거신청을 철회할 수 있다").

이루어진 것임을 이유로 취소할 수는 없다.

|註| **의사표시의 하자와 소송행위의 취소** 소송행위는 사기·강박 또는 착오 등 의사표시의 하자를 이유로 취소할 수 없다. 대상판결은 강박에 의한 소송행위라는 주장이 된 사안에서 소송행위는 일반적인 사법상의 행위와 달리 내심의 의사보다 그 표시를 기준으로 하여 그 효력 유무를 판정할 수밖에 없으므로 민법규정의 유추적용을 인정하지 않음을 명확히 밝힌 판결이다. 사기나 착오에 의한 경우도 마찬가지이다.[1] 다만, 소의 취하, 상소의 취하, 청구의 포기·인낙은 소송절차를 종료시키는 행위로서 이에 터잡은 후속 소송행위가 있을 수 없어 그 취소를 인정하더라도 소송절차의 안정을 해치지 않으므로 이에 관하여는 의사의 흠에 관한 민법의 규정을 유추적용할 수 있다는 견해(정동윤·유병현·김경욱)도 있다.

◆ **대법원 1984. 5. 29. 선고 82다카963 판결**

소송행위가 사기·강박 등 형사상 처벌을 받을 타인의 행위로 인하여 이루어졌다고 하여도 그 타인의 행위에 대하여 유죄판결이 확정되고 또 그 소송행위가 그에 부합되는 의사 없이 외형적으로만 존재할 때에 한하여 민사소송법 제422조(현행 451조) 제1항 제5호, 제2항의 규정을 유추적용하여 그 효력을 부인할 수 있다고 해석함이 상당하므로 타인의 범죄행위가 소송행위를 하는 데 착오를 일으키게 한 정도에 불과할 뿐 소송행위에 부합되는 의사가 존재할 때에는 그 소송행위의 효력을 다툴 수 없다.

|註| **1. 사실관계와 법원의 판단** 甲이 그 소유이던 X 토지를 처인 乙에게 명의신탁하였다가 가정불화가 생기자 변호사에게 위임하여 乙을 상대로 처분금지가처분신청을 하고 그 본안으로 명의신탁해지를 원인으로 한 소유권이전등기청구소송을 제기하였는데, 乙은 甲의 청구를 인낙하였다가 乙의 고소로 甲이 구속되자 甲으로부터 처분금지가처분신청을 취소하는 것을 승낙받은 사실이 없음에도 승낙받았다고 甲의 변호사를 기망하여 처분금지가처분등기가 말소되도록 하였다. 대법원은 乙이 기망행위에 대하여 제451조 제2항에 의한 유죄확정판결을 받은 사실이 없고, 甲의 변호사에게 가처분신청의 취소에 상응하는 의사가 없었다고 볼 수도 없으므로 결국 가처분신청취소의 효력을 부

1) 대판 1980. 8. 26. 80다76; 대판 1979. 5. 15. 78다1094.

인할 수 없다고 하였다.

2. 타인의 형사상 처벌받을 행위와 소송행위의 취소 형사상 처벌할 수 있는 타인의 행위로 인하여 한 소송행위는 제451조 제1항 제5호의 "형사상 처벌받을 타인의 행위"라는 재심사유를 유추적용하여 그 소송절차 내에서 무효를 주장할 수 있다(再審規定類推說). 대상판결은 그 타인의 행위에 대하여 유죄판결이 확정될 것과 해당 소송행위가 그에 부합되는 의사 없이 외형적으로만 존재할 것을 요건으로 요구하여 소송행위의 효력을 부인할 수 있는 경우를 좁혀 놓았다. 다만, 이와는 달리 "형사책임이 수반되는 타인의 강요와 폭행에 의하여 이루어진 소취하의 약정과 소취하서의 제출은 무효"라고 하여 유죄확정판결조차 요하지 않은 판례도 있고,[1] "어떤 소송행위에 민사소송법 제451조 제1항 제5호의 재심사유가 있다고 인정되는 경우 … 해당 소송행위의 효력은 당연히 부정될 수밖에 없고, … 달리 소송행위의 효력을 인정할 여지가 없다"고 하여 유죄확정판결만 있으면 '소송행위가 외형적으로만 존재할 것'이라는 요건은 요구하지 않는 판례도 있다.[2] 대상판결에 관하여는 권리구제의 길을 지나치게 좁힌 것이라는 비판(이시윤)이 있다.

3. 소송행위의 하자의 치유

무효인 소송행위는 하자 없는 새로운 소송행위의 반복, 추인(예컨대 법정대리인에 의한 소송무능력자 소송행위의 추인, 본인에 의한 무권대리행위의 추인), **보정**(예컨대 소장 등의 형식적 기재사항의 보정), **소송절차에 관한 이의권의 포기 또는 상실, 무효행위의 전환 등에 의하여 흠이 제거되거나 흠이 치유될 수 있다.**

◆ 대법원 2019. 9. 10. 선고 2019다208953 판결

적법한 대표자 자격이 없는 비법인사단의 대표자가 한 소송행위는 후에 대표자 자격을 적법하게 취득한 대표자가 그 소송행위를 추인하면 행위시에 소급하여 효력을 가지게 되고, 이러한 추인은 상고심에서도 할 수 있다.

|註| 소송행위에 필요한 능력이나 대리권이 흠결된 경우 추인을 함으로써 소송행위를 한 때에 소급하여 유효로 할 수 있고, 추인의 시기는 묻지 아니함을

---

1) 대판 1985. 9. 24. 82다카312, 313, 314.
2) 대판 2012. 6. 14. 2010다86112.

밝힌 판결이다. 이러한 법리는 비법인사단의 총유재산에 관한 소송이 사원총회의 결의 없이 제기된 경우에도 마찬가지로 적용된다.[1]

▶ **대법원 1991. 11. 8. 선고 91다25383 판결**

종중을 대표할 권한 없는 자가 종중을 대표하여 한 소송행위는 그 효력이 없으나 나중에 종중이 총회결의에 따라 위 소송행위를 추인하면 그 행위시로 소급하여 유효하게 되며 이 경우 민법 제133조 후문의 규정은 무권대리행위에 대한 추인의 경우에 있어 배타적 권리를 취득한 제3자에 대하여 그 추인의 소급효를 제한하고 있는 것으로서 위와 같은 하자있는 소송행위에 대한 추인의 경우에는 적용될 여지가 없는 것이다.

|註| 피고가 자신은 선의의 제3자이므로 자신에 대하여는 추인의 소급효가 미치지 않는다고 주장한 사안이다.

▶ **대법원 1980. 10. 14. 선고 80다1795 판결**

당사자가 항소를 제기하면서 추완항소라는 취지의 문언을 기재하지 아니하였다고 하더라도 증거에 의하여 그 항소기간의 도과가 그의 책임질 수 없는 사유에 기인한 것으로 인정되는 이상 그 항소는 처음부터 소송행위의 추완에 의하여 제기된 항소라고 보아야 한다.

제 5 절 변론의 실시

제 1. 변론의 제한, 분리, 병합

법원은 소송심리를 정리하기 위하여 변론의 제한, 분리, 병합을 명할 수 있다(141조). 변론의 대상을 특정 소송물 또는 특정 쟁점으로 한정하는 것을 변론의 제한이라고 하고, 청구가 여러 개인 경우 일부 청구를 별개의 소송절차로 심리하는 것을 변론의 분리라고 하며, 여러 개의 소를 하나의 공동소송으로 묶어 심리하는 것을 변론의 병합이라고 한다. 변론이 분리되면 하나였던 사건이 둘 이상이 되어 별도로 사건번호가 부여되고(기존의 사건에 "−1"의 가지번호가 붙는다), 변론이 병합되면 둘 이상이었던 사건이 하나의 사건으로 된다{사건번호를 병기하고 뒤의 사건번호 뒤에 "(병합)"이라고 기재한다}. 변론의 제한, 분리, 병합에 관하여는 당사자가 다툴 수 없다.[2]

1) 대판 2018. 7. 24. 2018다227087.
2) 대판 1956. 1. 27. 4288행상126.

▶ 대법원 1966. 9. 28.자 66마322 결정

같은 법원에 계속 중인 여러 개의 소송을 하나의 절차에 병합하여 심판을 하는 경우라 하여도, 그 관할의 유무는 원고가 청구를 확장하였거나 또는 별개의 청구를 추가한 경우와는 달리 역시 소제기 당시를 표준으로 하여야 할 것이므로 병합된 각개의 청구의 소송물가격의 합산액을 표준으로 할 것이 아니다.

제 2. 변론의 재개

Ⅰ. 변론재개의 요부

법원은 변론종결 후에도 심리할 사항이 남아 있음이 발견되었거나 기타 필요한 때에는 변론의 재개를 명할 수 있다(142조).

◆ 대법원 2019. 11. 28. 선고 2017다244115 판결

당사자가 변론종결 후 주장·증명을 제출하기 위하여 변론재개신청을 한 경우 당사자의 변론재개신청을 받아들일지는 원칙적으로 법원의 재량에 속한다. 그러나 변론재개신청을 한 당사자가 변론종결 전에 그에게 책임을 지우기 어려운 사정으로 주장·증명을 제출할 기회를 제대로 갖지 못하였고, 그 주장·증명의 대상이 판결의 결과를 좌우할 수 있는 핵심적 요증사실에 해당하는 경우 등과 같이, 당사자에게 변론을 재개하여 주장·증명을 제출할 기회를 주지 않은 채 패소의 판결을 하는 것이 민사소송법이 추구하는 절차적 정의에 반하는 경우에는 법원은 변론을 재개하고 심리를 속행할 의무가 있다. 또한 법원이 사실상 또는 법률상 사항에 관한 석명의무나 지적의무 등을 위반한 채 변론을 종결하였는데 당사자가 그에 관한 주장·증명을 제출하기 위하여 변론재개신청을 한 경우 등과 같이 사건의 적정하고 공정한 해결에 영향을 미칠 수 있는 소송절차상의 위법이 드러난 경우에는, 사건을 적정하고 공정하게 심리·판단할 책무가 있는 법원으로서는 그와 같은 소송절차상의 위법을 치유하고 그 책무를 다하기 위하여 변론을 재개하고 심리를 속행할 의무가 있다.

|註| 1. 사실관계와 법원의 판단 손해배상청구소송을 제기한 甲은 손해와 인과관계에 관하여 주장·증명할 충분한 기회가 있었음에도 이를 하지 않았고,

제1심은 甲 패소판결을 하면서 판결문에 이러한 점을 지적하였다. 항소심에서 甲의 소송대리인 乙은 제1회 변론기일에 불출석한 후 제2회 변론기일에 출석하여 다음 기일까지 위 쟁점에 관한 준비서면과 서증을 제출하겠다고 하였으나 사임하였고, 새로 선임된 소송대리인 丙은 제3회 변론기일에 위 쟁점과 무관한 사항만을 진술하였다. 丙은 항소심 변론종결 후에야 위 쟁점에 관한 주장·증명을 하겠다면서 변론재개신청을 하였으나 항소심법원은 이를 받아들이지 않았고, 대법원의 이러한 항소심의 조치가 정당하다고 하였다.

2. 변론재개의 요부 변론재개신청이 있을 때 변론을 재개할 것인지 여부는 법원의 재량사항이다. 다만 ① 관건적 요건사실에 대하여 주장·증명할 기회를 갖지 못하여 그대로 판결하는 것이 절차적 정의에 반하는 경우, ② 지적의무 또는 석명의무를 위반하고 변론을 종결하였는데 그에 관한 주장·증명을 제출하기 위하여 재개신청을 한 경우에는 변론을 재개하여야 한다. 그 외에도 ③ 재개사유로 재심사유를 제출한 경우에는 변론을 재개하여야 할 것이다.

3. 변론재개신청의 방식과 그에 대한 결정의 요부 (1) 당사자가 변론종결 후 추가로 주장·증명을 제출한다는 취지를 기재한 서면과 자료를 제출하고 있다면 이를 위 주장·증명을 제출할 수 있도록 변론을 재개하여 달라는 취지의 신청으로 선해할 수도 있으므로, 당사자가 참고서면과 참고자료만을 제출하였을 뿐 별도로 변론재개신청서를 제출한 바는 없더라도 앞서 본 바와 같은 변론재개사유가 인정된다면 변론을 재개하여야 한다.[1]

(2) 변론재개신청을 받아들일 때에는 변론재개결정을 하고 변론기일을 지정하지만(규칙 43조), 변론재개신청은 법원의 직권발동을 촉구하는 의미밖에 없으므로 따로 허부의 결정을 할 필요가 없는 것이어서,[2] 재개를 하지 않는 경우 별다른 조치 없이 선고를 하면 되고, 재개결정 없이 사실상 변론을 속행하였다고 하더라도 위법은 아니다.[3]

1) 대판 2013. 4. 11. 2012후436.
2) 대판 1998. 9. 18. 97다52141.
3) 대판(전) 1971. 2. 25. 70누125.

Ⅱ. 구체적 사례

1. 재개신청을 받아들이지 않은 것이 심리미진에 해당하는 사례

▶ 대법원 1982. 6. 22. 선고 81다911, 81다카397 판결

피고 주장의 변론재개신청사유에 신빙성이 있어 보이고 그 사유로서 주장한 제1심 증인의 증언이 허위라는 것이 밝혀진다면 그의 증언 이외에 다른 증거가 없어 원고승소판결을 기대할 수 없게 되는 경우라면 항소심으로서는 당사자 사이의 분쟁의 적정 공평한 해결을 위하여 변론의 재개를 허용하는 등 방법으로 충분한 심리를 다 하였어야 할 것인바, 이러한 조치를 취하지 않은 채 원고청구를 인용한 제1심판결을 유지하였다면 심리미진에 해당한다.

▶ 대법원 1994. 11. 11. 선고 94다34333 판결

원고가 변론재개신청을 하면서 제1심판결 후에 새로운 사실이 발생하였다고 주장하고 있고 그 근거로 법원의 화해조서까지 제출하고 있으며 원고주장사실이 증명된다면 원고의 청구를 일부인용하여야 할 상황이라면, 위 재개사유는 판결의 결론을 좌우할 만한 관건적 요증사실이라고 할 것이므로, 항소심으로서는 변론의 재개를 허용하는 등의 방법으로 충분한 심리를 다하였어야 할 것인바, 원고가 항소한 항소심의 첫 변론기일에서 원고의 항소장과 피고의 답변서만을 진술시키고 그대로 변론을 종결한 뒤 위와 같은 변론재개신청을 무시한 채 원고의 항소를 기각한 원심판결에는 판결에 영향을 미친 심리미진의 위법이 있다.

▶ 대법원 1975. 12. 23. 선고 75다665 판결

변론재개신청이유에서 밝힌 사실이 당사자적격의 문제이면 이는 직권조사사항이므로 다시 심리하여야 하고 그렇지 아니하면 석명권 불행사의 위법이 있다.

2. 재개신청을 받아들이지 않은 것이 심리미진에 해당하지 않는 사례

▶ 대법원 2010. 10. 28. 선고 2010다20532 판결

법원이 변론을 재개할 의무가 있는 예외적 요건 등을 갖추지 못하여 법원이 변론을 재개할 의무가 없는데도 변론이 재개될 것을 가정한 다음, 그와 같이 가정적으로 재개된 변론의 기일에서 새로운 주장·증명을 제출할 경우 실기한 공격방어방법으로 각하당하지 아니할 가능성이 있다는 사정만으로 법원이 변론을 재개할 의무가 생긴다고 할 수

는 없다.

▶ 대법원 2007. 4. 26. 선고 2005다53866 판결

당사자가 항변을 제출할 수 있는 기회가 충분히 있었음에도 이를 하지 않다가 변론종결 후에 한 변론재개신청을 법원이 받아들이지 아니하였다 하여 이를 심리미진의 위법사유에 해당한다고 할 수는 없다.

▶ 대법원 1970. 6. 30. 선고 70다881 판결

소송고지의 신청이 있었다고 하여 종결된 변론을 재개하여야 하는 것도 아니므로 피고의 소송고지를 하기 위한 변론재개신청을 허용하지 아니하였다 하여 위법이 있다고 할 수 없다.

▶ 대법원 2005. 3. 11. 선고 2004다26997 판결

사실심의 변론종결 후에 변론의 재개신청을 함과 동시에 승계참가인의 승계참가신청이 있었던 경우, 사실심이 본래의 소송에 대하여 변론재개를 하지 않은 채 그대로 판결하는 한편, 참가신청에 대하여는 이를 분리하여 각하하는 판결을 하였더라도 위법은 아니다.

제 3. 변론조서

Ⅰ. 의의, 기재사항, 공개와 정정

변론조서라 함은 변론의 경과를 명확하게 기록보존하기 위하여 법원사무관 등이 작성하는 문서를 말한다. 조서에는 제153조 각호의 사항(형식적 기재사항) 및 제154조 각호의 사항을 비롯한 변론의 요지(실질적 기재사항)를 적고 법원사무관 등과 재판장이 기명날인하여야 한다. 법원사무관 등의 날인이 없는 조서는 유효하나[1] 재판장의 날인이 없는 조서는 무효라는 것이 판례이다.[2] 조서의 기재는 그 정확성을 담보하기 위하여 소송관계인에게 공개되고 조서의 기재에 잘못이 있으면 제164조 규정에 따라 이의할 수 있다. 위 절차에 따라 이의하지 않고 조서의 기재가 잘못되었음을 이유로 상고할 수는 없다.[3]

1) 대판 1957. 6. 29. 4290민상13.
2) 대판 1961. 6. 22. 4294민재항12.
3) 대판 1995. 7. 14. 95누5097; 대판 1981. 9. 8. 81다86 등.

Ⅱ. 조서의 증명력

1. 변론의 방식에 관한 사항

변론의 방식에 관한 규정이 지켜졌다는 것은 조서의 기재에 의하여만 증명할 수 있다(158조 본문). 따라서 다른 증거방법으로 이를 증명하거나[1] 반증을 들어 조서의 기재를 번복할 수 없다.[2] 변론의 방식에 관한 한 자유심증주의를 버리고 법정증거주의를 따른 것이다. 따라서 변론에 관여한 법관이 누구였는지는 조서의 기재에 의하여만 증명될 수 있고,[3] 변론조서에 소송대리인 불출석이라고만 적혀 있고 본인의 출석 여부에 관하여 아무런 기재가 없다면 본인의 불출석은 증명되지 않았으므로 그 당사자에게 변론기일 불출석으로 인한 불이익을 줄 수 없으며,[4] 판결문에 기재된 선고일자가 선고조서에 기재된 선고일자와 다르다면 오기이고 선고조서에 기재된 선고일자에 판결이 선고된 것으로 보아야 한다.[5]

2. 변론의 내용에 관한 사항

변론조서의 기재 중 변론의 내용에 관한 사항에 관하여는 법정증거력이 인정되지 않아 다른 증거에 의하여 그 기재가 번복될 수 있다. 예컨대 소의 취하가 당초부터 없었는데도 불구하고 변론조서에 근거 없이 취하된 듯 오기되었더라도 소취하의 효력은 없다.[6] 다만, 변론의 내용이 조서에 기재되어 있을 때에는 다른 특별한 사정이 없는 한 그 내용이 진실한 것이라는 점에 관한 강한 증명력을 갖는다. 재판장이 변론기일에서 다음 기일을 지정하고 고지한 내용이 구체적으로 어떤 것이었느냐는 점은 변론의 방식이라고 보기보다는 재판의 내용에 속하는 것이다.[7]

◆ 대법원 2001. 4. 13. 선고 2001다6367 판결

변론조서에는 법원사무관 등이 변론의 요지를 기재하되 자백에 관한 사항은 특

1) 대판 1963. 5. 16. 63다151.
2) 대판 1965. 3. 23. 64다1828.
3) 대판 1963. 5. 16. 63다151.
4) 대판 1982. 6. 8. 81다817.
5) 대판 1972. 2. 29. 71다2770.
6) 대판 1953. 3. 13. 4285민상102.
7) 대판 1969. 6. 10. 69다402.

히 명확히 기재하여야 하며, 그 조서에는 재판장이 기명날인하고 이해관계인은 조서의 열람을 신청하고 이의를 제기할 수 있도록 되어 있음에 비추어(민사소송법 제153조, 제164조), 변론의 내용이 조서에 기재되어 있을 때에는 다른 특별한 사정이 없는 한 그 내용이 진실한 것이라는 점에 관한 강한 증명력을 갖는다고 할 것이다.

|註| 변론조서의 기재내용 중 변론의 내용에 관한 부분은 변론의 방식에 관한 부분과는 달리 법정증명력이 인정되지 않지만, 그 작성경위 등에 비추어 보면 여기에도 그 내용이 진실이라는 강한 증명력은 인정된다고 한 판결이다.

제 6 절 변론기일에 있어서의 당사자의 결석(기일의 해태)

제 1. 의의

(1) 기일해태(期日懈怠)라 함은 필요적 변론에 의하는 절차에 있어서 당사자가 적법한 기일통지를 받고도 변론기일 또는 변론준비기일에 불출석하거나 출석하고도 변론하지 않는 경우를 말한다. 당사자 쌍방이 기일해태한 경우에는 소취하간주(268조)의 효력이 생기고, 당사자 일방이 기일해태한 경우에는 진술간주(148조) 또는 자백간주(150조 3항)의 효력이 생긴다.

(2) 기일해태는 필요적 변론절차에서만 문제되므로 임의적 변론절차에서는 기일해태의 효력이 생기지 않는다. 변론준비기일에서도 기일해태의 효력이 생긴다.

(3) 기일해태의 효력을 인정하기 위하여는 당사자가 적법한 기일통지를 받고 불출석한 경우이어야 한다. 기일통지가 부적법한 경우에는 기일해태의 효과가 발생하지 않으므로, 부적법한 기일통지를 받고 불출석한 당사자는 2회 쌍방불출석 기일로부터 1개월이 도과하였더라도 기일지정신청을 통하여 변론의 속행을 구할 수 있고, 이는 그 기일통지의 송달이 유효하나 부적법한 경우(예컨대, 재판장의 명령으로 공시송달의 방법으로 기일통지를 하였는데 요건이 갖추어지지 않은 경우[1])에도 마찬가지

1) 대결(전) 1984. 3. 15. 84마20. 2014년 개정법에 따라 법원사무관 등의 처분으로 공시송달을 한 경우는 달리 보아야 한다.

이다.

▶ **대법원 1997. 7. 11. 선고 96므1380 판결**(동 대법원 1992. 4. 21.자 92마175 결정 등)

[1] 민사소송법 제241조(개정법 268조) 제2항 및 제4항에 의하여 소 또는 상소의 취하가 있는 것으로 보는 경우 같은 조 제2항 소정의 1월의 기일지정신청기간은 불변기간이 아니어서 그 추완이 허용되지 않는 점을 고려한다면, 같은 조 제1, 2항에서 '변론의 기일에 당사자 쌍방이 출석하지 아니한 때'란 당사자 쌍방이 적법한 절차에 의한 송달을 받고도 변론기일에 출석하지 않는 것을 가리키는 것이고, 변론기일의 송달절차가 적법하지 아니한 이상 비록 그 송달이 유효하고 그 변론기일에 당사자 쌍방이 출석하지 아니하였다고 하더라도 쌍방 불출석의 효과는 발생하지 않는다.

[2] 당사자의 주소, 거소 기타 송달할 장소를 알 수 없는 경우가 아님이 명백함에도 재판장이 당사자에 대한 변론기일 소환장을 공시송달에 의할 것으로 명함으로써 변론기일 소환장이 공시송달된 경우, 그 당사자는 각 변론기일에 적법한 절차에 의한 송달을 받았다고 볼 수 없으므로, 위 공시송달의 효력이 있다 하더라도 각 변론기일에 그 당사자가 출석하지 아니하였다고 하여 쌍방 불출석의 효과가 발생한다고 볼 수 없다.

(4) 불출석이 되려면 당사자본인과 소송대리인 모두가 불출석하여야 한다.[1] 결석 여부는 사건과 당사자를 불러 기일이 시작된 때부터 당해 기일의 변론이 끝날 때까지를 기준으로 한다. 출석하였더라도 변론하지 않은 경우, 출석하더라도 진술금지의 재판을 받은 경우(144조)나 퇴정명령을 받거나 임의로 퇴정한 경우도 기일해태가 된다.

▶ **대법원 1990. 2. 23. 선고 89다카19191 판결**(동 대법원 1973. 3. 13. 선고 72다2299 판결)

민사소송법 제241조(개정법 268조) 제1항에서 규정한 당사자가 변론기일에 출석하더라도 변론하지 아니한 때라는 것은 기일이 개시되어 변론에 들어갔으나 변론을 하지 아니한 경우를 말하는 것이지, 변론에 들어가기도 전에 재판장이 출석한 당사자의 동의를 얻어 기일을 연기하고 출석한 당사자에게 변론의 기회를 주지 아니함으로써 변론을 하지 아니한 경우에는 출석한 당사자가 변론하지 아니한 때에 해당하지 않는다.

▶ **대법원 1980. 11. 11. 선고 80다2065 판결**(동 대법원 1979. 4. 24. 선고 78다2373 판결 등)

개시된 변론기일에 당사자 쌍방이 불출석한 이상 쌍방 불출석의 효과는 그때 이미 발생하는 것이므로 변론조서상에 비록 '연기'라고 기재되었다고 하더라도 필요적 공동소

1) 대판 1979. 9. 25. 78다153, 154; 대판 1982. 6. 8. 81다817 등.

송이 아닌 한 그 기재는 변론의 분리 여부에 관계없이 출석하였거나 기일을 실시할 수 없는 당사자에게만 효력이 미치는 것이다.

|註| 변론기일은 사건과 당사자의 호명으로 개시된다. 원고 甲과 피고 乙, 丙 사이의 소송에서 변론기일에 피고 丙만 출석한 경우 변론조서의 '연기'라는 기재는 원고 甲과 피고 丙에 대한 것이고 원고 甲과 피고 乙 사이에서는 쌍방 불출석의 효력이 생긴다는 내용이다.

제2. 당사자 일방의 기일해태 — 진술간주와 자백간주

Ⅰ. 진술간주 — 주장서면을 제출한 당사자가 기일해태한 경우

(1) 당사자 일방이 기일해태한 경우에는 그가 제출한 소장, 답변서, 준비서면에 적혀 있는 사항을 진술한 것으로 보고 출석한 상대방에게 변론을 명할 수 있다(148조 1항). 따라서 아무런 서면도 제출하지 않은 채 불출석한 경우처럼 불출석한 당사자에게 자백간주의 불이익이 생기지 않는다.

◆ 대법원 2008. 5. 8. 선고 2008다2890 판결

민사소송법 제148조 제1항에 의하면, 변론기일에 한쪽 당사자가 불출석한 경우에 변론을 진행하느냐 기일을 연기하느냐는 법원의 재량에 속한다고 할 것이나, 출석한 당사자만으로 변론을 진행할 때에는 반드시 불출석한 당사자가 그때까지 제출한 소장·답변서, 그 밖의 준비서면에 적혀 있는 사항을 진술한 것으로 보아야 한다.

◆ 대법원 2015. 2. 12. 선고 2014다229870 판결

법원에 제출되어 상대방에게 송달된 답변서나 준비서면에 자백에 해당하는 내용이 기재되어 있는 경우라도 그것이 변론기일이나 변론준비기일에서 진술 또는 진술간주되어야 재판상 자백이 성립한다.

(2) 진술은 간주될 수 있지만, 서증은 당사자가 기일에 출석하여 현실적으로 제출하여야 하고 서증이 첨부된 소장 또는 준비서면 등이 진술간주되더라도 서증이 제출된 것으로 간주되지는 않는다.[1] 또한 변론관할이 생기려면 피고가 기일에 출

1) 대판 1991. 11. 8. 91다15775; 대판 1970. 8. 18. 70다1240.

석하여 현실적으로 변론을 하여야 하고 진술간주에 의하여는 변론관할이 생기지 않는다.[1)]

Ⅱ. 자백간주-주장서면을 제출하지 않은 당사자가 기일해태한 경우

답변서, 준비서면을 제출하지 않은 당사자 일방이 기일을 해태한 경우에는 상대방이 주장하는 사실을 자백한 것으로 본다(150조 1항, 3항).

제3. 당사자 쌍방의 기일해태 — 소취하 간주

(1) 쌍방 당사자가 1회 기일해태한 경우 재판장은 다시 변론기일을 정하여 쌍방 당사자에게 통지하여야 하고, 쌍방 당사자가 2회째 기일해태한 경우 그로부터 1월 이내에 기일지정신청이 없으면 소가 취하된 것으로 간주된다(268조 1항, 2항). 기일지정신청에 따른 변론기일 또는 그 뒤의 변론기일에 또다시 쌍방 당사자의 기일해태가 있는 경우 역시 소가 취하된 것으로 간주된다(268조 3항). 상소심에서 위와 같은 기일해태가 있는 경우 상소가 취하된 것으로 간주된다(268조 4항). 실무상 '쌍불취하'(雙不取下)라고 하는데, 통상은 원고가 불출석하면 피고가 변론을 하지 않음으로써 쌍방 기일해태가 된다.

▶ 대법원 1987. 2. 24. 선고 86누509 판결

법인인 소송당사자가 법인이나 그 대표자의 주소가 변경되었는데도 이를 법원에 신고하지 아니하여 2차에 걸친 변론기일소환장이 송달불능이 되자 법원이 공시송달의 방법으로 재판을 진행한 결과 쌍방불출석으로 취하 간주되었다면, 이는 그 변론기일에 출석하지 못한 것이 소송당사자의 책임으로 돌릴 수 없는 사유로 인하여 기일을 해태한 경우라고는 볼 수 없다.

|註| 원고가 소를 제기한 후 주소변경신고를 하지 아니하여 공시송달로 재판이 진행되고 피고는 출석하였으나 변론을 하지 아니하여 취하 간주된 사안으로, 원고에 대하여 공시송달로 재판이 진행된 경우에도 취하 간주됨을 보여주는 판례이다. 실무상으로는 원고에게 공시송달한 경우에도 쌍불취하간주 처리를 하고 있다.

---

1) 대결 1980. 9. 26. 80마403.

(2) 2회 내지 3회의 기일해태는 반드시 연속적일 필요는 없으나 같은 종류의 기일의 해태이어야 한다.[1] 따라서 제1심에서 1회, 제2심에서 1회 쌍방 기일해태인 경우 기일지정신청이 없어도 취하의 효과가 생기지 않고, 파기환송 전 1회, 파기환송 후 1회 쌍방 기일해태인 경우도 마찬가지이며,[2] 변론준비기일에서 1회, 변론기일에서 1회 쌍방 기일해태인 경우에도 마찬가지이다.[3]

2회 쌍방 기일해태 후 기일지정신청을 할 수 있는 1월의 기간은 기일지정신청을 하는 신청인이 기일해태 사실을 안 때부터가 아니라 2회째 해태한 기일부터 기산하여야 한다.[4] 소송위임장을 제출한 것만으로는 기일지정신청이라고 볼 수 없다.[5] 2회의 쌍방 기일해태가 있은 후 법원이 직권으로 새로운 기일을 지정하였다면 기일지정신청이 없더라도 소취하의 효력이 발생하지 않는다.[6]

◆ 대법원 1992. 4. 21. 선고 92마175 판결

민사소송법 제268조 제2항 소정의 1월의 기일지정신청기간은 불변기간이 아니어서 기일지정신청의 추완이 허용되지 않는다.

|註| 2회 쌍방 기일해태 후 기일지정신청을 할 수 있는 1월의 기간은 불변기간이 아니므로 기일지정신청의 추후보완이 허용되지 않는다고 한 판결이다.

◆ 대법원 2002. 7. 26. 선고 2001다60491 판결

민사소송법 제268조 제2항의 규정에 의하면, 당사자 쌍방이 2회에 걸쳐 변론기일에 출석하지 아니한 때에는 당사자의 기일지정신청에 의하여 기일을 지정하여야 할 것이나, 법원이 직권으로 신기일을 지정한 때에는 당사자의 기일지정신청에 의한 기일지정이 있는 경우와 마찬가지로 보아야 할 것이고, 그와 같이 직권으로 정한 기일 또는 그 후의 기일에 당사자 쌍방이 출석하지 아니하거나 출석하더라도 변론하지 아니한 때에는 소의 취하가 있는 것으로 보아야 한다.

(3) 쌍방 기일해태에 의한 소취하간주는 변론준비절차에서도 적용된다(286조). 쌍방 기일해태에 의한 소취하간주는 당사자가 소송을 수행하려는 의사가 없으리

---

1) 대판 1968. 8. 30. 68다1241.
2) 대판 1973. 7. 24. 73다2098; 대판 1963. 6. 20. 63다166.
3) 대판 2006. 10. 27. 2004다69581.
4) 대판 1992. 4. 14. 92다3441.
5) 대판 1993. 6. 25. 93다9200.
6) 대판 1994. 2. 22. 93다56442.

라고 추정하는 제도가 아니라 그러한 의사가 있건 없건 간에 요건이 갖추어지면 무조건 소가 취하된 것으로 간주하는 제도이다.[1] 소취하간주되었음에도 이를 간과한 채 본안판결을 하였다면 상급법원은 원심판결을 취소하고 소송종료선언을 하여야 한다.[2]

(4) 배당이의의 소에서는 이의한 사람이 첫 변론기일에 출석하지 않으면 소를 취하한 것으로 본다(민사집행법 158조). 쌍방 기일해태가 아니라 원고의 불출석을 요건으로 한다는 점, 2회 기일해태 후 1월 내에 기일지정신청이 없을 것을 요건으로 하지 않고 1회 불출석으로 기일지정신청을 위한 1개월을 기다리지 않고 바로 소취하간주된다는 점, 위 변론기일에 변론준비기일은 포함되지 않는다는 점[3]에서 차이가 있다.

제 7 절 기일·기간 및 송달

제1. 기일

Ⅰ. 기일의 지정

기일이라 함은 법원, 당사자, 그 밖의 소송관계인이 모여서 소송행위를 하기 위하여 정해진 시간을 말한다. 변론기일, 변론준비기일, 선고기일 등으로 나뉜다. 기일은 장소, 날짜, 시간을 밝혀서 지정한다. 기일의 지정은 재판의 형식으로 하여야만 하는 것은 아니고 기일통지서가 쌍방 당사자에게 송달되었으면 기일의 지정이 있는 것으로 볼 수 있다.[4]

▶ **대법원 1992. 11. 24. 선고 92누282 판결**

기일의 지정·변경·속행은 소송지휘에 관한 것으로서 재판장의 전권사항이다. 따라서 변론기일 연기신청을 받아들이지 않고 일방 당사자가 불출석한 가운데 변론과 증인신문을 한 후 그 증언을 증거로 채택하였다고 하더라도 위법이라 할 수 없다.

1) 대판 1968. 8. 30. 68다1241; 대판 1969. 3. 4. 68다1756 등.
2) 대판 1968. 11. 5. 68다1773.
3) 대판 2006. 11. 10. 2005다41856.
4) 대판 1960. 3. 24. 4290민상326.

▶ 대법원 1989. 9. 7.자 89마694 결정

당사자의 증거조사를 위한 속행신청에도 불구하고 변론을 종결하였더라도 종국판결에 대한 불복절차에서 그 판단의 당부를 다투는 것을 별론으로 하고 별도로 항고로써 불복할 수는 없다.

Ⅱ. 기일지정신청

기일지정신청에는 ① 사건이 심리되지 않고 방치되고 있을 때 법원에 의한 기일의 직권지정을 촉구하는 의미에서 하는 기일지정신청, ② 소취하의 효력을 다투는 경우와 같이 소송종료 후 그 종료의 효력을 다투며 하는 기일지정신청, ③ 기일해태로 인한 소취하간주를 막기 위한 기일지정신청이 있다. 위 ②의 기일지정신청은 소송이 종료되지 않고 계속 중이라는 전제 아래 본안판결을 구하는 본안의 신청이므로 법원은 반드시 변론을 열어 중국판결로 판단을 하여야 하는데, 소송이 종료되지 않았다면 본안에 대한 판단을 하고 소송이 종료되었다면 판결로써 소송종료선언을 하여야 한다.

▶ 대법원 1990. 3. 17.자 90그3 결정

재판상의 화해를 조서에 기재한 때에는 그 조서는 확정판결과 동일한 효력이 있고 당사자 간에 기판력이 생기는 것이므로 확정판결의 당연무효사유와 같은 사유가 없는 한 재심의 소에 의해서만 다툴 수 있고, 그 효력을 다투기 위하여 기일지정신청을 함은 허용되지 않는다.

|註| 다만, 당사자 일방이 화해조서의 당연무효사유(예를 들어, 재판상화해 자체가 이루어진 바가 없다고 주장하는 경우)를 주장하며 기일지정신청을 한 때에는 법원으로서는 그 무효사유의 존재 여부를 가리기 위하여 기일을 지정하여 심리를 한 다음 무효사유가 존재한다고 인정되지 아니한 때에는 판결로써 소송종료선언을 하여야 하고,[1] 이러한 이치는 재판상화해와 동일한 효력이 있는 조정조서에 대하여도 마찬가지라 할 것이다.[2]

1) 대판 2000. 3. 10. 99다67703.
2) 대판 2001. 3. 9. 2000다58668.

Ⅲ. 기일의 변경

기일의 변경이라 함은 기일 개시 전에 그 지정을 취소하고 이에 갈음하여 새 기일을 지정하는 것을 말한다. 첫 기일은 당사자의 합의가 있으면 당연히 그 변경이 허용되나(165조 2항), 합의가 없다면 최초기일이라고 하더라도 그 변경신청에 대한 허부는 법원의 전권에 속한다.[1] 2회 이후의 기일에 대한 변경은 법원의 전권에 속하므로 당사자가 변경에 합의하고 불출석하였더라도 법원이 변경을 하가하지 않았다면 기일해태의 효과가 발생한다.[2]

Ⅳ. 기일의 통지와 실시

(1) 지정된 기일을 당사자, 그 밖의 소송관계에게 알려 출석을 요구하는 것을 기일통지 또는 출석요구라고 한다. 이전에는 소환이라고 하였다. 기일통지는 기일통지서 또는 출석요구서를 작성하여 송달하는 것이 원칙이나, 그 사건으로 출석한 사람에게는 직접 기일을 고지하면 된다(167조 1항). 여기에서 출석이란 변론기일의 출석에 한하지 않으므로 검증기일의 출석도 포함된다.[3] 그리고 출석한 소송대리인에게 차회 변론기일을 고지한 이상 그 고지된 기일 이전에 소송대리인이 사임하였다고 하더라도 기일통지의 효력은 그대로 유지된다.[4]

적법한 기일통지가 없이 실시한 기일은 위법하고 이는 상소 또는 재심의 사유가 된다.[5] 그러나 적법한 변론기일의 통지가 없었더라도 당사자가 변론기일에 임의출석하여 변론을 하면서 기일통지의 하자에 관하여 이의하지 않으면 소송절차에 관한 이의권(책문권)의 상실로 그 하자가 치유된다.[6] 또한 판결선고기일은 그 통지 없이 판결을 선고하여도 판결내용에 영향이 없기 때문에 상고이유가 되지 않는다. 따라서 판결선고기일을 법정에서 지정고지하였을 경우에는 그 기일에 출석하지 아니한 당사자에 대하여 따로 선고기일통지를 하지 아니하여도 무방하

---

1) 대판 1966. 3. 29. 66다171; 대판 1957. 7. 25. 4290민상177 등.
2) 대판 1982. 6. 22. 81다791.
3) 대판 1975. 3. 25. 75다12.
4) 대판 1960. 4. 21. 4293민상51.
5) 대판 1962. 9. 20. 62다380.
6) 대판 1984. 4. 24. 82므14; 대판 1957. 2. 23. 4290민상81.

고,[1] 변경된 판결선고기일에 관한 통지를 하지 않은 경우에도 그 위법은 판결에 영향이 없다.[2]

(2) 기일은 사건과 당사자의 이름을 부름으로써 개시되므로(169조) 고지된 변론기일 시각이 지난 후 사건과 당사자를 호명하였더라도 이때에 당사자가 출석하지 않거나 출석하더라도 변론을 하지 않으면 기일해태의 효과가 발생한다.[3] 기일개시요건으로 규정된 당사자 호명은 당사자 본인을 호명함으로써 족하고 소송대리인이나 소송수행자까지 호명할 필요는 없다.[4]

제2. 기간

Ⅰ. 기간의 종류

(1) 기간이라 함은 소송행위나 기일의 준비를 그 사이에 하여야 하는 시간적 범위를 말한다. 기간의 계산은 민법에 따른다(170조). 예컨대 즉시항고기간의 초일은 산입하지 아니하고 최종일이 공휴일이면 그 다음날이 기간만료일이 된다.[5]

(2) 법률에 의하여 정해진 기간을 법정기간(法定期間)이라고 하고 법원이 정하는 기간을 재정기간(裁定期間)이라고 한다. 소송능력 등의 보정기간(59조), 소장보정기간(254조) 등이 후자의 예이다. 법정기간은 다시 불변기간과 통상기간으로 나뉘는데, 법률이 "불변기간으로 한다"라고 정해 놓은 기간을 불변기간이라고 하고 그 외의 기간을 통상기간이라고 한다. 대체로 불변기간은 재판에 대한 불복신청기간이다. 불변기간은 당사자가 책임질 수 없는 사유로 그 기간을 지킬 수 없었던 경우에는 일정한 기간 내에 게을리한 소송행위를 추후보완할 수 있다(173조)는 특징이 있다. 불변기간 여부가 문제되는 몇 가지 경우를 본다.

◆ 대법원 1970. 7. 24. 선고 70다1015 판결

제1심 판결정본의 송달이 전연 무효인 경우에는 불변기간이 진행될 수 없어 항

---

1) 대판 1966. 7. 5. 66다882; 대판 1955. 2. 3. 4287민상232.
2) 대판 1964. 6. 2. 63다851.
3) 대판 1966. 12. 27. 66다2093.
4) 대판 1970. 11. 24. 70다1893.
5) 대결 1964. 11. 13. 64마439.

소행위의 추완이라는 문제는 생길 수 없고 당사자는 언제라도 항소를 제기할 수 있다.

◆ 대법원 2003. 3. 28. 선고 2002다73067, 73074 판결

민사소송법 제397조에 의하면 "항소는 항소장을 제1심법원에 제출함으로써 한다"고 규정하고 있으므로, 항소에 있어 항소제기기간의 준수 여부는 항소장이 제1심법원에 접수된 때를 기준으로 하여 판단하여야 하고, 비록 항소장이 항소기간 내에 제1심법원 이외의 법원에 제출되었다 하더라도 항소제기의 효력이 있는 것은 아니며, 같은 법 제173조 제1항의 "당사자가 책임질 수 없는 사유"라고 함은 당사자가 그 소송행위를 하기 위하여 일반적으로 하여야 할 주의를 다하였음에도 불구하고 그 기간을 준수할 수 없었던 사유를 가리키고, 그 당사자에는 당사자 본인 뿐만 아니라 그 소송대리인 및 대리인의 보조인도 포함된다. 제1심법원이 창원지방법원 통영지원인데 항소장을 창원지방법원으로 우편으로 제출하였기 때문에 항소기한이 경과된 경우에는 추완항소가 허용되지 아니한다.

▶ 대법원 1980. 11. 11. 선고 80다1182 판결

소송행위의 추완은 당사자가 책임질 수 없는 사유로 인하여 불변기간이 적법하게 진행되었음을 전제로 하는 것이므로 원고가 소장에 피고의 주소를 허위로 기재하여 소송관계서류 및 제1심판결을 그곳으로 송달케 하였다면 그러한 송달은 효력이 없는 것이어서 불변기간인 상소제기기간은 적법하게 진행될 수 없는 것이므로 소송행위의 추완의 문제는 나올 수 없다.

▶ 대법원 1992. 5. 26. 선고 92다4079 판결

당사자가 상대방의 주소 또는 거소를 알고 있었음에도 불구하고 소재불명이라 하여 공시송달로 소송을 진행하여 그 판결이 확정되고 그 상대방 당사자가 책임질 수 없는 사유로 상소를 제기하지 못한 경우에는 선택에 따라 추완상소를 하거나, 민사소송법 제422조(현행 451조) 제1항 제11호의 재심사유가 있음을 이유로 재심의 소를 제기할 수 있다고 하더라도 재심의 소를 선택하여 제기하는 이상 같은 법 제426조(현행 456조) 제3항, 제4항 소정의 제소기간 내에 제기하여야 하고, 위 제소기간은 불변기간이 아니어서 그 기간을 지난 후에는 당사자가

책임질 수 없는 사유로 그 기간을 준수하지 못하였더라도 그 재심의 소제기가 적법히 추완될 수 없다.

▶ 대법원 1992. 4. 21.자 92마175 결정

민사소송법 제241조(현행 268조) 제2항 소정의 1월의 기일지정신청기간은 불변기간이 아니어서 기일지정신청의 추완이 허용되지 않는다.

▶ 대법원 1981. 1. 28.자 81사2 결정

상고이유서 제출기간은 불변기간이 아니므로 추완신청의 대상이 될 수 없다.

|註| 1. 상고이유서제출기간은 그 해태의 효과가 상고기간 해태의 효과와 같으므로 이를 불변기간으로 봄이 상당하다는 견해(이시윤)가 있다. 판례 중에는 우체국 집배원의 배달 착오로 상고인인 원고(재심원고)가 소송기록접수통지서를 송달받지 못하여 상고이유서 제출기간 내에 상고이유서를 제출하지 않았다는 이유로 원고의 상고가 기각된 경우, 원고는 적법하게 소송에 관여할 수 있는 기회를 부여받지 못하였으므로, 이는 민사소송법 제451조 제1항 제3호에 규정된 "법정대리권, 소송대리권 또는 대리인이 소송행위를 함에 필요한 수권의 흠결이 있는 때"에 준하여 재심사유에 해당한다고 봄이 상당하다는 것이 있다.[1]

2. 통상기간은 법원이 이를 늘이거나 줄일 수 있다(172조 1항 본문), 광주시내의 소요사태로 인하여 상고이유서제출이 늦어진 경우에는 상고이유서제출기간을 위 상고이유서가 법원에 제출된 날까지 늘이는 것이 상당하다는 판례가 있다.[2]

Ⅱ. 기간의 불준수와 소송행위의 추완

1. 의의

당사자 또는 그 밖의 소송관계인이 일정한 기간 내에 하여야 할 소송행위를 그 기간 내에 하지 않은 것을 기간의 불준수 또는 기간의 해태라고 한다. 이 경우 당사자 등은 더 이상 그 소송행위를 할 수 없게 된다. 그런데 불변기간의 경우 그 대부분이 재판에 대한 불복신청기간이어서 당사자가 책임질 수 없는 사정에 의하여 기간을 지키지 못한 경우까지 기간의 도과를 이유로 불복신청을 막게 되면 국민의 재판을 받을 권리를 심각하게 침해하게 된다. 따라서 민사소송법은 당사자의

1) 대판 1998. 12. 11. 97재다445.
2) 대판 1980. 6. 12. 80다918.

귀책사유 없이 불변기간을 지키지 못한 경우에는 일정한 기간 안에 게을리한 소송행위를 추후보완할 수 있도록 하였다(173조). 이를 소송행위의 추완이라고 한다.

2. 추후보완사유

소송행위의 추완은 당사자가 책임질 수 없는 사유로 불변기간을 지키지 못한 경우에 가능하다. 여기서 "당사자가 책임질 수 없는 사유"라고 함은 당사자가 그 소송행위를 하기 위하여 일반적으로 하여야 할 주의를 다하였음에도 불구하고 그 기간을 준수할 수 없었던 사유를 가리킨다.[1)]

◆ 대법원 1999. 6. 11. 선고 99다9622 판결

민사소송법 제173조 제1항은 "당사자가 책임을 질 수 없는 사유로 인하여 불변기간을 지킬 수 없었던 경우에는 그 사유가 없어진 날부터 2주 이내에 게을리한 소송행위를 보완할 수 있다"고 규정하고 있는바, 여기서 말하는 당사자에는 당사자 본인뿐만 아니라 그 소송대리인 및 대리인의 보조인도 포함된다.

(1) 소송행위의 추완을 인정한 사례

(a) 과실 없이 공시송달 사실을 알지 못한 경우

▶ 대법원 2000. 9. 5. 선고 2000므87 판결

소장부본과 판결정본 등이 공시송달의 방법에 의하여 송달되었다면 특별한 사정이 없는 한 피고는 과실 없이 그 판결의 송달을 알지 못한 것이다.

> |註| 1. 처음부터 공시송달의 방법으로 송달이 된 경우 추완을 인정하는 판결로서, 처음에는 송달이 되다가 이후 송달불능으로 공시송달에 이른 경우에는 원칙적으로 추완을 인정하지 않는 판결과 구별하여야 한다.
> 2. 피고가 소제기 전에 이사를 하고도 전출입신고를 하지 않아 피고의 소재를 파악할 수 없어 공시송달의 방법으로 소송이 진행되었더라도 피고가 원고의 청구를 면하기 위하여 이사하였다는 등의 특별한 사정이 없는 한 피고는 과실 없이 판결의 송달을 알지 못한 것으로 보아야 한다.[2)]

▶ 대법원 1990. 12. 21. 선고 90다카23684 판결

소장부본 기타의 소송서류 및 판결정본의 송달 당시 피고가 국내에 없었고, 공시송달

1) 대판 1999. 6. 11. 99다9622.
2) 대판 1991. 2. 8. 90다14294.

의 방법에 의하여 송달을 받았던 관계로 그 패소의 판결이 선고된 사실을 모르고 불변기간인 항소기간을 넘긴 경우라면 비록 적법하게 공시송달의 방법이 취하여졌다 하더라도 피고에게 귀책시킬 만한 특별한 사정이 없는 한 피고는 과실 없이 판결의 송달을 받지 못한 것이라 할 것이며, 따라서 항소제기의 불변기간을 준수하지 못한 것은 그의 책임 없는 사유에 기인한 것으로 보아야 한다.

|註| 공시송달이 적법하더라도 이는 피고의 과실 유무와는 무관하다는 것이다.

(b) 법원의 부주의가 있는 경우

▶ 대법원 2011. 10. 27.자 2011마1154 결정

원심법원이 판결 선고 후 두 차례에 걸쳐 피고에게 판결정본을 송달하려 하였으나 모두 폐문부재를 이유로 송달되지 아니하자 공시송달의 방법으로 판결정본을 송달한 경우, 소송서류를 공시송달의 방법으로 송달하기 위해서는 당사자 주소 등 송달할 장소를 알 수 없는 경우이어야 하고 법원이 송달장소는 알고 있으나 단순히 폐문부재로 송달되지 아니한 경우에는 공시송달을 할 수 없으므로, 위 판결정본의 송달은 적법하다고 볼 수 없고, 공시송달이 요건을 갖추지 못하여 부적법하더라도 재판장이 공시송달을 명하여 일단 공시송달이 이루어진 이상 송달의 효력은 발생하나, 원심법원이 변론을 종결하면서 사건을 조정절차에 회부하고 조정기일만을 고지하였을 뿐 판결선고기일은 지정·고지하지 아니하였고, 조정기일에 피고가 출석하지 아니하자 조정불성립으로 조정절차를 종결하고 판결을 선고하여 원심법원의 잘못으로 피고에게 판결선고기일이 제대로 고지되지 아니하였고, 판결정본의 송달과 관련하여 공시송달 요건이 갖추어지지 않았던 사정을 종합하여 보면 피고가 조정기일 이후의 재판진행상황을 즉시 알아보지 아니함으로써 불변기간을 준수하지 못하게 되었다 할지라도 이를 피고에게 책임을 돌릴 수 있는 사유에 해당한다고 할 수는 없으므로, 피고가 직접 판결정본을 수령한 후 2주 내에 상고장을 제출한 것은 적법한 상고의 추후보완에 해당한다.

▶ 대법원 1976. 4. 27. 선고 76다170 판결

법인인 소송당사자에 효과가 발생할 소송행위는 그 법인을 대표하는 자연인의 행위이거나 그 자연인에 대한 행위라야 할 것이므로 법인에의 소장, 변론기일 소환장 및 판결 등 서류는 그 대표자에게 송달하여야 할 것으로서, 소장 및 변론기일 소환장을 법인의 사무소로 발송하였다가 수취인 불명으로 송달불능되었다는 점만으로 대표자의 주소지에 송달하여 봄이 없이 막바로 공시송달을 명하였음은 잘못이나 공시송달절차 자체가 무효라고 할 수 없고, 이러한 경우 법인의 대표자로서는 판결송달 있음을 모르고 있다고 봄이 타당하므로 과실에 의한 것이라고 볼만한 사정이 없는 한 그 책임을 질 수 없

는 사유로 인하여 불변기간을 준수하지 못한 경우에 해당하여 그 법인에게 해태한 상소의 추완신청을 허용함이 상당하다.

▶ **대법원 2007. 10. 26. 선고 2007다37219 판결**

제1심판결정본의 송달이 3회에 걸쳐 모두 '폐문부재'로 불능이 되자 제1심법원이 2005. 10. 21. 원고에게 위 판결정본을 등기우편에 의하여 발송송달하였는데 원고는 실제로 2005. 10. 24. 위 판결정본이 첨부된 등기우편물을 수령하였고, 원고가 제1심판결정본 말미에 기재된 "이 판결(결정)에 대하여 불복할 경우 이 정본을 송달받은 날부터 2주 이내에 항소장을 원심법원에 제출할 수 있습니다"라는 문구에 따라 판결정본을 실제로 수령한 날부터 14일째인 2005. 11. 7. 제1심법원에 항소장을 제출한 경우, 비록 민사소송법 제189조에는 등기우편에 의한 발송송달의 경우 발송한 때 송달된 것으로 본다고 규정되어 있기는 하나, 발송송달의 송달효력 발생시점에 관한 위와 같은 특칙 규정의 존재가 일반인들에게 통상적으로 알려져 있지는 아니한 점 및 법원에서 발송송달을 하면서 그 송달이 발송송달이라는 것을 특별히 명시하지 않고 있는 점 등을 고려하여 보면, 이 사건과 같은 경우 원고는 '책임질 수 없는 사유로 말미암아 항소기간을 지킬 수 없었던 경우'에 해당하여 추완에 의한 항소가 가능하다고 해야 한다.

(c) 송달기관의 과실이 있는 경우

▶ **대법원 2003. 6. 10. 선고 2002다67628 판결**(통 대법원 1982. 12. 28. 선고 82누486 판결)

피고는 구 주소에서 신 주소로 이사를 하면서 구 주소 관할 우체국에 주소이전신고를 하였고 따라서 그 이후 소장부본 등을 송달하게 된 우편집배원은 피고가 이사한 사실을 이미 알고 있었으므로 이러한 경우 우편집배원으로서는 관련 송무예규('우편집배원에 대한 교육' 송일 79-3, 개정 1999. 4. 16. 송무예규 제712호)에 따라 우편송달통지서의 송달장소란에 '이사하여 전송'이라고 기재하여 송달받을 자가 법원사무관 등이 송달할 장소로 기재한 곳에서 다른 곳으로 이사한 사실을 우편송달통지서에 나타냈어야 함에도(아울러 신 주소를 함께 기재하였다면 바람직했을 것이다) 소장부본 등의 우편송달통지서의 송달장소란에 그러한 기재 없이 단지 '교하우체국 창구교부'라고만 기재한 잘못이 있고, 그 결과 제1심법원의 법원주사보는 피고가 구 주소에서 소장부본 등을 송달받은 것으로 오인하여 제1회 변론기일소환장을 구 주소로 송달하였다가 주소이전신고로 인한 3개월의 전송기간이 경과되어 이사불명의 사유로 송달불능되자 등기우편에 의한 발송송달을 하게 됨으로써 결과적으로 그 송달이 잘못되었고 나아가 제1심판결정본이 공시송달의 방법으로 송달되는 데까지 이르게 됨으로써 그로 인하여 피고가 불변기간인 항소기간을 준수하지 못하게 된 것인 이상 이는 피고의 책임 있는 사유보다도 우편집배원의 불성실한 업무처리에 기인한 것이라고 보아야 한다.

(d) 기타

▶ 대법원 1996. 5. 31. 선고 94다55774 판결

무권대리인이 소송을 수행하고 판결정본을 송달받은 경우, 당사자는 과실 없이 소송계속 사실 및 그 판결정본의 송달사실을 몰랐던 것이므로 그 당사자의 추완항소는 적법하다.

▶ 대법원 1991. 5. 28. 선고 90다20480 판결

피고는 소장기재 주소지에 거주하고 있다가 사고로 제1심 소송계속 중 병원에 입원하여 있었고, 그의 처는 병원에서 피고를 간병하였으며, 그의 자녀는 외가에 거주하여 그 동안 피고의 가족은 아무도 위 주소지 소재 집에 거주하지 않았다면, 피고가 입원해 있음으로 인하여 공시송달에 의하여 송달된 이 사건 제1심판결이 선고된 사실을 모른 것이 피고의 책임질 사유라고는 할 수 없다.

(2) 소송행위의 추완을 부정한 사례

(a) 공시송달에 이르게 된 데에 당사자의 과실이 있는 경우

◆ 대법원 1987. 3. 10. 선고 86다카2224 판결(동 대법원 1998. 10. 2. 선고 97다50152 판결) — 처음에는 송달이 되다가 이후 송달불능으로 공시송달에 이른 경우

[1] 민사소송법 제173조 소정의 '당사자가 그 책임을 질 수 없는 사유'라고 함은 당해 소송행위를 하기 위한 일반적 주의를 다하였어도 그 기간을 준수할 수 없는 사유를 말하는 것이다.

[2] 추완항소의 당부는 항소기간을 지키지 못한 것이 항소인의 책임으로 돌릴 수 없는 사유로 인한 것인가를 따져 판단할 것이다.

[3] 소장부본 기타의 서류가 공시송달의 방법에 의하여 피고에게 송달되고 그 판결 역시 공시송달의 방법으로 피고에게 송달된 경우에 피고가 이러한 사실을 그 후에야 알게 되었다면 특별한 사정이 없는 한 피고가 상소제기의 불변기간을 준수치 못한 것이 피고에게 책임을 돌릴 수 없는 사유에 인한 것이라고 할 것이다.

[4] 소장부본과 변론기일소환장 등이 적법히 송달되어 소송의 진행 도중 소송서류의 송달이 불능하게 된 결과 부득이 공시송달의 방법에 의한 경우에는 최초의 소장부본의 송달부터 공시송달의 방법에 의한 경우와는 달라서 피고는 소송

이 제기된 것을 알고 있었으므로 소송의 진행상태를 조사할 의무가 있다 할 것이며, 따라서 특별한 사정이 없는 한 피고가 패소판결이 선고된 사실을 몰랐다고 하더라도 여기에는 과실이 있다고 보는 것이 상당하다.

▶ 대법원 1990. 12. 11. 선고 90다카21206 판결 — 당사자가 신고한 주소에 송달이 되지 않아 공시송달에 이른 경우

원고 스스로 항소장에 현주소가 아닌 곳을 주소로 기재한 제1차적인 잘못이 인정되는 이상, 법원이 소송기록에 나와 있는 원고의 별개 주소로 송달을 해보지 아니한 것이 부주의한 처사였고, 또 우편집배원이 원고의 현주소를 추적할 수 있음에도 불구하고 이를 하지 않은 것이 불성실한 업무처리였다고 하여도 원고의 책임을 부인할 수 없다.

▶ 대법원 1987. 9. 8. 선고 87다카1013 판결 — 소제기 사실을 알 수 있었던 경우

피고가 본건 소제기 전에 미국으로 이민을 갔으나 피고의 子 중 일부는 피고의 종전 주소지에서 계속 거주하고 있었고, 피고는 본건 제소 후에도 피고의 위 子를 포함한 친지들과 서신연락이 있었던 것으로 추단되어, 적어도 본건 제1심판결 선고 전에 본건 소가 제기되어 진행 중인 사실을 알고 있었다고 봄이 경험칙에 들어맞는 이상, 비록 그 후에 제1심판결이 선고된 사실을 공시송달의 방법에 의하여 받은 탓으로 알지 못하고 있었다 하더라도 그 점만으로는 불변기간인 항소기간의 도과가 피고의 책임질 수 없는 사유로 인한 것이라고 단정할 수는 없다.

(b) 소송대리인이나 그 보조자에게 과실이 있는 경우

▶ 대법원 1984. 6. 14. 선고 84다카744 판결

소송대리인이 판결정본의 송달을 받고도 당사자에게 그 사실을 알려 주지 아니하여 당사자가 그 판결정본의 송달사실을 모르고 있다가 상고제기기간이 경과된 후에 비로소 그 사실을 알게 되었다 하더라도 이를 가리켜 당사자가 책임질 수 없는 사유로 인하여 불변기간을 준수할 수 없었던 경우에 해당한다고는 볼 수 없다.

▶ 대법원 1984. 6. 26. 선고 84누405 판결

판결정본을 송달하는 경우 송달할 장소에서 송달받을 자를 만나지 못한 때에는 사리를 변식할 지능 있는 사무원 또는 고용인에게 서류를 교부할 수 있는 것이므로, 피고(서울특별시)의 수위가 위 서류를 교부받은 때에 피고에 대한 송달의 효력이 생기는 것이고 수위가 담당기관에 접수시킨 여부는 피고시의 내부관계에 불과하고, 거기에 지연이 있었다고 하여 당사자가 책임질 수 없는 사유로 인하여 불변기간인 상고기간을 준수할 수 없는 경우라 할 수 없어 피고의 추완신청은 이유 없다.

(c) 여행 또는 질병치료를 위하여 출타한 경우

▶ 대법원 1966. 4. 19. 선고 66다253 판결

판결정본이 피고와 동거하는 처에게 송달된 이상 피고가 그때 타지방에 여행을 한 관계로 불변기간 안에 항소를 제기하지 못하였다고 하여도 이는 피고가 그 책임을 져야 할 사유로 인하여 불변기간을 준수할 수 없었던 경우에 해당한다.

3. 추후보완절차

(1) 소송행위의 추완은 불변기간을 넘기게 된 사유가 소멸한 날로부터 2주(사유 소멸 당시 외국에 있던 당사자에 대하여는 30일) 이내에 하여야 한다(173조 1항).

▶ 대법원 1997. 10. 24. 선고 97다20410 판결(동 대법원 2013. 1. 10. 선고 2010다75044 판결 등)

공시송달에 의하여 판결정본이 송달된 경우 민사소송법 제160조(현행 173조) 소정의 '그 사유가 소멸한 때'라 함은 피고가 단순히 판결이 있었던 사실을 안 때가 아니고 나아가 그 판결이 공시송달의 방법으로 송달된 사실을 안 때를 의미하는 바, 다른 특별한 사정이 없는 한 통상의 경우에는 피고가 당해 사건 기록을 열람하거나 또는 새로이 판결정본을 영수한 때에 비로소 그 판결이 공시송달의 방법으로 송달된 사실을 알게 되었다고 봄이 상당하다.

▶ 대법원 1999. 2. 9. 선고 98다43533 판결

피고가 당해 판결이 있었던 사실을 알았고 사회통념상 그 경위에 대하여 당연히 알아볼 만한 특별한 사정이 있었다고 인정되는 경우에는 그 경위에 대하여 알아보는 데 통상 소요되는 시간이 경과한 때에 그 판결이 공시송달의 방법으로 송달된 사실을 알게 된 것으로 추인하여 그 책임질 수 없는 사유가 소멸하였다고 봄이 상당하다.

(2) 소송행위의 추완은 당해 소송행위 본래의 방식에 의하여 하면 되고, 실무상 추완하여 하는 소송행위임을 표시하는 것이 보통이나 반드시 이를 표시하여야 하는 것은 아니다. 소송행위의 추완은 소송수계신청이나 보조참가신청과 함께 할 수도 있다.[1)]

▶ 대법원 1980. 10. 14. 선고 80다1795 판결

당사자가 항소를 제기하면서 추완항소라는 취지의 문언을 기재하지 아니하였다고 하더라도 증거에 의하여 항소기간의 도과가 당사자의 책임질 수 없는 사유로 말미암은

1) 대판 1981. 9. 22. 81다334.

것으로 인정되면 법원은 이를 추완항소로 보아야 한다.

▶ 대법원 1981. 9. 22. 선고 81다334 판결

피고에게 귀책될 수 없는 사유로 피고가 항소기간을 준수하지 못한 경우에 피고 보조참가인이 판결이 있은 사실을 비로소 알아 그로부터 2주일 이내에 보조참가신청과 동시에 제기한 추완항소는 적법하다.

(3) 추완사유의 존부 및 추완기간의 준수 여부는 직권조사사항이다. 따라서 항소기간을 도과하여 항소가 제기된 경우 법원은 위 항소에 추완사유가 있는지 그 사유가 종료된 후 2주 이내에 항소를 제기한 것인지를 직권으로 조사하여야 한다.[1)]

▶ 대법원 1999. 4. 27. 선고 99다3150 판결

추완사유에 관한 당사자의 주장은 직권발동을 촉구하는 의미밖에 없으므로 판결문에 이에 관한 별도의 설시 없이 추완항소를 받아들여 본안판결을 하였다고 하더라도 판단누락의 상고이유로 삼을 수 없다.

▶ 대법원 2012. 10. 11. 선고 2012다44730 판결(㊐ 대법원 2021. 4. 15. 선고 2019다244980 판결)

판결의 선고 및 송달 사실을 알지 못하여 상소기간을 지키지 못한 데 과실이 없다는 사정은 상소를 추후보완하고자 하는 당사자 측에서 주장 입증하여야 한다.

4. 추후보완의 효과

소송행위의 추완이 적법한 것으로 인정되면 기간의 불준수는 치유되어 소송행위가 적시에 이루어진 것처럼 간주된다. 상소의 추완이 있으면 판결의 형식적 확정력이 배제되는가. 판례는 "확정판결에 대한 원고의 추완항소제기가 있는 경우에도 그 추완항소에 의하여 불복항소의 대상이 된 판결이 취소될 때까지는 확정판결로서의 효력이 배제되는 것은 아니므로, 위 확정판결에 기하여 경료된 소유권이전등기가 미확정판결에 의하여 경료된 원인무효의 것이라고 할 수 없다"[2)]라고 하여 형식적 확정력이 배제되지 않는다고 본 것과 "적법한 추완항소가 있는 이상 판결은 확정되지 않는다"[3)]고 한 것이 대립한다.

1) 대판 1990. 11. 27. 90다카28559.
2) 대판 1978. 9. 12. 76다2400.
3) 대판 1979. 9. 25. 79다505.

제 3. 송달

Ⅰ. 의의

송달이라 함은 법원이 재판에 관한 서류를 법정의 방식에 따라 당사자 기타 소송관계인에게 교부하여 그 내용을 알리거나 알 수 있는 기회를 부여하고, 이를 공증하는 행위를 말한다. 적법하고 신속한 송달은 절차보장 및 소송촉진의 요체라고 할 수 있다.

▶ 대법원 2010. 4. 15. 선고 2010다57 판결

민사소송법상의 송달은 당사자나 그 밖의 소송관계인에게 소송상 서류의 내용을 알 기회를 주기 위하여 법정의 방식에 좇아 행하여지는 통지행위로서, 송달장소와 송달을 받을 사람 등에 관하여 구체적으로 법이 정하는 바에 따라 행하여지지 아니하면 부적법하여 송달로서의 효력이 발생하지 아니한다. 한편 채권양도의 통지는 채무자에게 도달됨으로써 효력이 발생하는 것이고, 여기서 도달이라 함은 사회통념상 상대방이 통지의 내용을 알 수 있는 객관적 상태에 놓여졌다고 인정되는 상태를 가리킨다. 이와 같이 도달은 보다 탄력적인 개념으로서 송달장소나 수송달자 등의 면에서 위에서 본 송달에서와 같은 엄격함은 요구되지 아니하며, 이에 송달장소 등에 관한 민사소송법의 규정을 유추적용할 것이 아니다. 따라서 채권양도의 통지는 민사소송법상의 송달에 관한 규정에서 송달장소로 정하는 채무자의 주소·거소·영업소 또는 사무소 등에 해당하지 아니하는 장소에서라도 채무자가 사회통념상 그 통지의 내용을 알 수 있는 객관적 상태에 놓여졌다고 인정됨으로써 족하다.

Ⅱ. 송달기관

(1) 송달사무는 법원사무관 등(법원사무관 또는 재판참여관)이 처리한다(175조 1항). 송달장소가 관할구역 밖인 경우에는 송달장소를 관할하는 법원의 법원사무관 등 또는 집행관에게 송달사무를 촉탁할 수 있다(175조 2항).[1] 송달사무는 법원사무관 등의 고유 권한으로서 그의 판단과 책임 하에 전담하여 행하는 것이므로 당사자가 판결정본의 송달이 부적법하다고 주장하면서 법원(수소법원)에 판결정본의 송달

1) 실무상 관할구역 밖의 장소에 특별송달(야간송달·휴일송달)을 하는 때에 그곳을 관할하는 법원의 집행관에게 송달사무를 촉탁한다.

을 신청하더라도 법원이 직접 그에 대한 가부의 재판을 할 수는 없다.[1)]

(2) 송달은 우편 또는 집행관에 의하거나 그 밖에 대법원규칙이 정하는 방법에 따라서 하여야 한다(176조). 가장 보편적으로 활용되는 방법이 우편에 의한 방법이다. 그리고 야간 또는 휴일에 송달할 필요가 있을 때, 송달일시를 지정하여 송달할 필요가 있을 때, 우편집배원에 의한 송달보다 확실한 송달을 할 필요가 있을 때에는 집행관에 의한 송달을 한다. 그 밖에 해당 사건에 출석한 사람에게는 법원사무관 등이 직접 송달을 할 수 있고(177조), 집행관을 사용하기 어려운 사정이 있는 경우 법정경위로 하여금 송달하게 할 수 있다(법원조직법 64조 3항). 송달을 실시한 우편집배원 등은 송달보고서를 작성하여야 하는데 송달보고서는 송달사실에 대한 단순한 증거방법에 지나지 않아 그 기재내용이 송달의 실질적 내용과 다르더라도 다른 증거방법에 의하여 적법한 송달이 증명된다면 그 송달은 유효하다.[2)]

Ⅲ. 송달받을 사람

(1) 소송무능력자에게 할 송달 및 법인 그 밖의 단체에 할 송달은 법정대리인 또는 대표자에게 하여야 한다(179조, 64조). 따라서 법원에 의하여 부재자재산관리인이 선임된 경우에는 부재자를 위하여 그 재산관리인만이 또는 그 재산관리인에게 대하여서만 송달 등 소송행위를 할 수 있다.[3)]

◆ 대법원 1997. 5. 19.자 97마600 결정

법인인 소송당사자에게 효과가 발생할 소송행위는 그 법인을 대표하는 자연인의 행위거나 그 자연인에 대한 행위라야 할 것이므로 소송당사자인 법인에의 소장, 기일소환장 및 판결 등 서류는 그 대표자에게 송달하여야 하는 것이니 그 대표자의 주소, 거소에 하는 것이 원칙이고, 법인의 영업소나 사무소에도 할 수 있으나, 법인의 대표자의 주소지가 아닌 소장에 기재된 법인의 주소지로 발송하였으나 이사불명으로 송달불능된 경우에는, 원칙으로 되돌아가 원고가 소를 제기하면서 제출한 법인등기부 등본 등에 나타나 있는 법인 대표자의 주소지로

1) 대결 1966. 3. 22. 66마71(법원사무관 등에게 신청을 하고, 그 처분에 대하여 이의가 있으면 수소법원에 이의신청을 할 수 있다).
2) 대판 1986. 2. 25. 85누894.
3) 대판 1968. 12. 24. 68다2021.

소장 부본 등을 송달하여 보고 그곳으로도 송달되지 않을 때에 주소 보정을 명하여야 하므로, 법인의 주소지로 소장부본을 송달하였으나 송달불능되었다는 이유만으로 그 주소 보정을 명한 것은 잘못이므로 그 주소 보정을 하지 아니하였다는 이유로 한 소장각하명령은 위법하다.

(2) 소송대리인이 선임된 경우 통상은 소송대리인에게 송달을 하나 당사자본인에게 한 송달도 유효하다.[1] 여러 사람이 공동으로 대리권을 행사하는 경우에는 그 중 한 사람에게 하면 된다(180조).[2] 다만 송달받을 대리인 한 사람을 지명하여 신고한 때에는 그에게 송달하여야 한다(규칙 49조).

(3) 군사용의 청사 또는 선박에 속하여 있는 사람에게 할 송달은 그 청사 또는 선박의 장에게 하여야 한다(181조). 다만 통상적으로는 그 장에게 직접 서류를 교부하지는 못할 것이므로 그 사무원 등에게 교부하는 방법으로 송달이 이루어진다.

(4) 교도소·구치소 또는 국가경찰관서의 유치장에 체포·구속 또는 유치된 사람에게 할 송달은 교도소·구치소 또는 국가경찰관서의 장에게 하여야 한다(182조). 이러한 송달은 그 장에게 송달이 되면 수감된 사람에게 전달되었는지 여부와 관계없이 그 효력이 생긴다.[3]

▶ 대법원 1982. 12. 28. 선고 82다카349 전원합의체 판결

민사소송법 제169조(현행 182조)는 행형법 제18조, 제62조에 규정된 재감자에 대한 서신수발의 제한과 대응하는 규정으로서 양자는 교도소 등 구금장의 질서유지를 위하여 재감자를 감시하여야 할 공익상의 필요와 한편으로는 재감자에 대하여 수감되기 전의 주소, 거소 등에 송달을 하면 송달서류가 재감자에 전달됨에는 도리어 시일을 요하게 된다는 고려에서 나온 것으로 해석되므로 교도소 등의 소장은 재감자에 대한 송달에 있어서는 일종의 법정대리인이라고 할 것이므로 재감자에 대한 송달을 교도소 등의 소장에게 하지 아니하고 수감되기 전의 종전 주·거소에다 하였다면 무효라고 하지 않을 수 없고, 수소법원이 송달을 실시함에 있어 당사자 또는 소송관계인의 수감사실을 모르고 종전의 주·거소에 하였다고 하여도 동일하고 송달의 효력은 발생하지 않는다.

|註| 교도소 등으로 송달하였더라도 교도소장 등이 아닌 재감자를 송달받을 사람으

1) 대결 1970. 6. 5. 70마325.
2) 대판 1980. 11. 11. 80다2065(부재자 재산관리인이 여러 사람인 경우).
3) 대판 1992. 3. 10. 91도3272.

> 로 한 송달은 부적법하여 무효이다.[1] 체포·구속된 날 소송서류가 송달명의인의 종전 주·거소에 송달된 경우 송달의 효력발생 여부는 체포·구속 시각과 송달 시각의 선후에 의하여 결정하되, 선후관계가 명확하지 않으면 송달의 효력은 없다.[2]

(5) 당사자 등이 송달받을 장소와 송달영수인을 별도로 지정한 경우에는 그 장소로 송달영수인에게 송달하여야 한다(184조).

Ⅳ. 송달실시의 방법

1. 교부송달

(1) 교부송달 원칙

송달은 원칙적으로 송달받을 사람에게 직접 서류의 등본 또는 부본을 교부하여야 한다(178조 1항).

▶ 대법원 1979. 9. 25. 선고 78다2448 판결

피고에게 송달되는 판결정본을 원고가 집배원으로부터 수령하여 자기 처를 통하여 피고 처에게 교부하고 피고 처가 이를 피고에게 교부한 경우에 위 판결정본의 피고에 대한 송달은 그 절차를 위배한 것이어서 부적법하다.

> |註| 피고가 실제로 수령한 날로부터 2주가 지나서 항소를 하였다고 하더라도 위와 같은 판결정본의 송달은 무효이어서 아직 판결정본이 송달되지 않은 때에 해당되므로 피고의 항소는 판결정본을 송달받기 전의 항소로서 적법하다.

(2) 송달할 장소

(a) 주소 등　송달은 송달을 받을 사람의 주소·거소·영업소 또는 사무소(이하 "주소 등"이라 한다)에서 하여야 한다(183조 1항 본문).

▶ 대법원 1987. 11. 10. 선고 87다카943 판결

송달받은 자가 종전의 주소지에서 인근주소지로 이사를 하였으나 종전 주소지에 주민등록을 한 채 양쪽 집을 왕래하면서 생활을 하였다면 그 모두가 각각 송달장소로 된다.

---

1) 대결 2017. 9. 22. 2017모1680.
2) 대결 2017. 11. 7. 2017모2162.

▶ 대법원 1997. 12. 9. 선고 97다31267 판결

법인에 대한 송달은 법정대리인에 준하는 그 대표자에게 하여야 하므로, 그 대표자의 주소·거소·영업소 또는 사무소에서 함이 원칙인데, 여기에서 "영업소 또는 사무소"라 함은 당해 법인의 영업소 또는 사무소를 말한다고 보아야 하므로, 그 대표자가 겸임하고 있는 별도의 법인격을 가진 다른 법인의 영업소 또는 사무소는 그 대표자의 근무처에 불과하다.

|註| 다만, 당해 법인의 주소·거소·영업소 또는 사무소에서 송달할 수 없는 때에는 제183조 제2항에 따라 대표자가 겸임하고 있는 별도의 법인격 있는 다른 법인의 영업소 또는 사무소에서 송달할 수도 있다.

▶ 대법원 2014. 10. 30. 선고 2014다43076 판결

민사소송법 제183조 제1항은 "송달은 받을 사람의 주소·거소·영업소 또는 사무소(이하 '주소 등'이라 한다)에서 한다."고 규정하고 있는바, 여기서 영업소 또는 사무소는 송달받을 사람의 영업 또는 사무가 일정 기간 지속하여 행하여지는 중심적 장소로서, 한시적 기간에만 설치되거나 운영되는 곳이라고 하더라도 그곳에서 이루어지는 영업이나 사무의 내용, 기간 등에 비추어 볼 때 어느 정도 반복해서 송달이 이루어질 것이라고 객관적으로 기대할 수 있는 곳이라면 위 조항에서 규정한 영업소 또는 사무소에 해당한다.

|註| 도의원 보궐선거에 출마한 甲의 선거사무소는 선거운동이라는 한시적 목적을 위해 설치·운영된 장소라도 甲의 주된 사무가 행해지는 곳으로서 어느 정도 반복된 송달이 이루어질 것을 기대할 수 있는 곳이어서 민사소송법 제183조 제1항의 사무소에 해당한다.

(b) **근무장소**　주소 등을 알 수 없거나 주소 등에서 송달할 수 없는 때에는 송달받을 사람이 고용·위임 그 밖에 법률상의 행위로 취업하고 있는 다른 사람의 주소 등(이하 "근무장소"라 한다)에서 송달할 수 있다(183조 2항).

▶ 대법원 2004. 7. 21.자 2004마535 결정

근무장소에서의 송달을 규정한 민사소송법 제183조 제2항에 의하면, 근무장소에서의 송달은 송달 받을 자의 주소 등의 장소를 알지 못하거나 그 장소에서 송달할 수 없는 때에 한하여 할 수 있는 것이므로 소장, 지급명령신청서 등에 기재된 주소 등의 장소에 대한 송달을 시도하지 않은 채 근무장소로 한 송달은 위법하다.

|註| 과거에는 송달받을 자 본인의 영업소나 사무소에서는 송달할 수 있으나, 타인의 영업소 등에 취업하고 있는 자에 대하여 그 근무장소에서 송달할 수는 없게 되어 있었다. 그러나 맞벌이 부부, 단신생활자뿐만 아니라 일반 가정에서도 주소 등에서의 송달이 점점 어려워져 근무장소가 아니면 송달받을 자를 만나기 어려운 문제가 있었고, 근무지의 특별재판적을 인정한 것과 균형이 맞지 않는 문제도 있었다. 그리하여 2002년 개정 민사소송법은 송달받을 자의 주소 등에서 송달할 수 없는 때에는 그가 취업하고 있는 근무장소에서도 송달할 수 있도록 하였다(183조 2항). 아울러 근무장소에서 송달받을 사람을 만나지 못한 때에는 제183조 제2항의 다른 사람 또는 그 법정대리인이나 사용인, 그 밖의 종업원으로서 사리를 분별할 능력이 있는 사람이 서류의 수령을 거부하지 아니하면 그에게 서류를 내줄 수 있는 근무장소에서의 보충송달제도도 신설하였다(186조 2항).

▶ 대법원 2015. 12. 10. 선고 2012다16063 판결

송달받을 사람의 주소나 영업소 등을 알지 못하거나 그 장소에서 송달할 수 없는 때에는 송달받을 사람이 고용·위임 그 밖에 법률상 행위로 취업하고 있는 다른 사람의 주소 등, 즉 '근무장소'에서 송달할 수 있다. 이때의 '근무장소'는 현실의 근무장소로서 고용계약 등 법률상 행위로 취업하고 있는 지속적인 근무장소라고 해석된다.

|註| 다른 주된 직업을 갖고 있으면서 A주식회사의 비상근이사·감사 또는 사외이사의 직에 있는 사람에 대하여 A주식회사의 본점은 근무장소에 해당하지 않는다.

(c) 송달받을 사람의 주소 등 또는 근무장소가 국내에 없거나 알 수 없는 때에는 그를 만나는 장소에서 송달할 수 있고(183조 3항), 주소 등 또는 근무장소가 있는 사람의 경우에도 송달받기를 거부하지 않으면 만나는 장소에서 송달할 수 있다(183조 4항). 이를 조우(遭遇)송달이라고 한다.

(3) 보충송달

(a) 주소 등에서의 보충송달 주소 등에서 송달받을 사람을 만나지 못한 때에는 그의 사무원, 피용자 또는 동거인으로서 사리를 분별할 수 있는 사람에게 서류를 교부할 수 있다(186조 1항). 이를 주소 등에서의 보충송달이라고 한다. 보충송달의 효력이 적법한 경우 사무원, 동거인 등에게 교부한 때에 송달의 효력이 발생하고 그 서류가 본인에게 전달되었는지 여부는 문제되지 않는다.[1]

1) 대판 1992. 2. 11. 91누5877; 대판 1984. 6. 26. 84누405.

◆ 대법원 2016. 11. 10. 선고 2014다54366 판결

보충송달제도는 본인 아닌 그의 사무원, 피용자 또는 동거인, 즉 수령대행인이 서류를 수령하여도 그의 지능과 객관적인 지위, 본인과의 관계 등에 비추어 사회통념상 본인에게 서류를 전달할 것이라는 합리적인 기대를 전제로 한다. 그런데 본인과 수령대행인 사이에 당해 소송에 관하여 이해의 대립 내지 상반된 이해관계가 있는 때에는 수령대행인이 소송서류를 본인에게 전달할 것이라고 합리적으로 기대하기 어렵고, 이해가 대립하는 수령대행인이 본인을 대신하여 소송서류를 송달받는 것은 쌍방대리금지의 원칙에도 반하므로, 본인과 당해 소송에 관하여 이해의 대립 내지 상반된 이해관계가 있는 수령대행인에 대하여는 보충송달을 할 수 없다.

|註| 원고가 피고의 사무원인 甲에 대한 채권을 보전하기 위하여 甲의 피고에 대한 채권에 대하여 압류·추심명령을 얻은 후 피고를 상대로 추심금소송을 제기하여 제1심에서 승소판결을 받았는데, 甲이 피고의 사무원으로서 피고의 영업소에서 압류·추심 결정문과 추심금소송의 소장부본 기타 소송서류와 판결정본을 수령하여 이를 피고에게 전달하지 않은 사안이다. 피고는 적법한 송달을 받지 못하였으므로 제1심 판결에 대한 항소기간이 진행되지 않고 따라서 책임질 수 없는 사유 유무와 무관하게 항소를 제기할 수 있다.

(aa) 여기에서 사무원 또는 피용자라 함은 반드시 송달받을 사람과 고용관계가 있어야 하는 것은 아니고 평소 본인을 위하여 사무나 가사를 돕는 사람을 말한다.[1] 송달받을 사람과 같은 직장에 근무하는 동료는 여기의 사무원 또는 피용자에는 해당하지 않고 근무장소에서 보충송달을 받을 사람에 해당될 수 있다. 송달받을 사람이 거주하고 있는 아파트의 경비원 또는 그의 사무실이 입주해 있는 빌딩의 관리인이나 수위에게는 보충송달을 할 수 없는 것이 원칙이다.[2] 다만 과세처분과 관련하여는 평소 경비원이나 관리인에게 우편물의 수령을 위임해 온 경우 그들의 과세처분 납세고지서 수령은 적법하다는 것이 판례이다.[3]

1) 대판 2010. 10. 14. 2010다48455.
2) 대판 1976. 4. 27. 76다192.
3) 대판 1998. 5. 15. 98두3679; 대판 2000. 7. 4. 2000두1164; 대판 2011. 5. 13. 2010다108876(이상 과세처분 납세고지서); 대판 2000. 1. 14. 99두9346(법인세부과처분의 이의신청에 대한 결정서).

(bb) 동거인이라 함은 송달받을 사람과 같은 세대에 속하여 생계를 같이 하는 사람을 말하고 반드시 법률상 친족관계에 있어야 하는 것은 아니다.[1)]

▶ 대법원 2021. 4. 15. 선고 2019다244980 판결

민사소송법 제186조 제1항에 의하면 근무장소 외의 송달할 장소에서 송달받을 사람을 만나지 못한 때에는 그 동거인 등으로서 사리를 분별할 지능이 있는 사람에게 서류를 교부하는 방법으로 송달할 수 있고, 여기에서 '동거인'은 송달을 받을 사람과 사실상 동일한 세대에 속하여 생활을 같이하는 사람이기만 하면 되며, 판결의 선고 및 송달 사실을 알지 못하여 자신이 책임질 수 없는 사유로 말미암아 불변기간인 상소기간을 지키지 못하게 되었다는 사정은 상소를 추후보완하고자 하는 당사자 측에서 주장·증명하여야 한다.

▶ 대법원 1983. 12. 30.자 83모53 결정

같은 건물에 거주한다고 하더라도 건물주와 임차인은 세대를 달리하므로 보충송달을 받을 수 있는 동거인의 관계에 있지 않다.

▶ 대법원 1982. 9. 14. 선고 81다카864 판결

동일한 송달장소에 거주한다고 하더라도 세대를 달리하는 반대당사자의 아들이라면 이를 동거인으로 볼 수 없으므로 그에 대한 송달은 효력이 없다.

(cc) 사리를 분별할 지능이 있는 사람이라 함은 송달의 취지를 이해하고 영수한 서류를 송달 받을 사람에게 교부하는 것을 기대할 수 있는 정도의 능력을 갖춘 사람을 말한다.[2)] 판례는 과거에는 대체로 만 8세 이상인 경우 위와 같은 지능을 인정하였으나[3)] 최근에는 "송달하는 서류의 중요성을 주지시키고 부모에게 이를 교부할 것을 당부하는 등 필요한 조치를 취하였다는 등의 특별한 사정이 없는 한" 만 8세 정도의 어린이에 대하여는 위와 같은 지능이 없다고 하고 있다.[4)] 문맹이

---

1) 대결 2000. 10. 28. 2000마5732(이혼한 처라도 사정에 의하여 사실상 동일 세대에 소속되어 생활을 같이 하고 있다면 보충송달을 받을 수 있는 동거인이 될 수 있다); 대판 2012. 10. 11. 2012다44730.

2) 대판 1980. 10. 14. 80누357.

3) 대결 1995. 8. 16. 95모20(8세 4개월 정도의 여자 어린이); 대결 1968. 5. 7. 68마336(8세 10개월 된 초등학교 3학년 여아); 대판 1990. 3. 27. 89누6013(9세 7개월 된 초등학교 3학년 학생); 대결 1996. 6. 3. 96모32(10세 남짓 된 아동); 대결 1990. 2. 14. 89재다카9(11세 6개월 된 아이); 대결 1966. 10. 25. 66마162(15세의 가정부).

4) 대결 2005. 12. 5. 2005마1039(8세 3개월인 초등학교 2학년생); 대판 2011. 11. 10. 2011재두148(8세 1개월 남짓의 어린이); 대판 2013. 1. 16. 2012재다370(만 8세 9개월 남짓의 어린이).

고 관절염 등으로 거동이 불편하다고 하더라도 그것만으로 위와 같은 지능이 없다고 할 수 없다.[1)]

(b) 근무장소에서의 보충송달 근무장소에서 송달받을 사람을 만나지 못한 때에는 고용주 또는 그 법정대리인이나 피용자 그 밖의 종업원으로서 사리를 분별할 수 있는 사람이 서류의 수령을 거부하지 않으면 그에게 서류를 교부할 수 있다(186조 2항). 이를 근무장소에서의 보충송달이라고 한다.

(c) 보충송달은 법률이 정한 '송달장소'에서 송달받을 사람을 만나지 못한 경우에만 허용된다.[2)] 제183조 제3, 4항과 같은 조우송달이 허용되지 않는다. 따라서 우체국 창구에서 송달받을 자의 동거자에게 송달서류를 교부한 것은 부적법한 보충송달이다.[3)]

▶ 대법원 1985. 5. 28. 선고 83다카1864 판결

피고가 행방불명된 이래 현재까지 그 생사조차 알 수 없는 상태에 있다면 비록 소장에 피고의 주소로 표시된 곳이 피고가 행방불명되기까지 거주하던 곳이고 현재 피고의 가족들이 거주하고 있는 곳이라 하더라도 이를 송달 당시 피고의 생활의 중심인 주소나 거소라고는 할 수 없으므로 피고의 가족이 위 장소에서 소송서류를 수령하였더라도 이는 피고에 대한 송달장소가 아닌 곳에서 행하여진 송달로서 피고에 대한 송달의 효력이 발생할 수 없다.

(4) 유치송달

송달을 받을 사람 또는 주소 등에서의 보충송달을 받을 수 있는 사람[4)]이 정당한 사유 없이 송달받기를 거부하는 때에는 송달장소에 서류를 놓아두는 방법으로 송달을 할 수 있다(186조 3항). 이를 유치송달(遺置送達)이라고 한다. 근무장소에서의 보충송달을 받을 수 있는 사람에게는 유치송달을 할 수 없다. 예컨대 송달받을 사람의 직장에서 본인이 아닌 과장에게 유치송달을 한 것은 무효이다.[5)]

---

1) 대결 2000. 2. 14. 99모225.
2) 대결 2001. 8. 31. 2001마3790.
3) 대결 2001. 8. 31. 2001마3790.
4) 주소 등에서 보충송달을 받을 사람에 관하여는 판례(대결 1979. 1. 23. 78마362; 대결 1965. 8. 18. 65마665)에 의하여 인정되어 오던 것을 2002년 민사소송법 개정 때에 명문화한 것이다.
5) 대결 1967. 11. 8. 67마949.

2. 우편송달(발송송달)

(1) 교부송달은 물론 보충송달이나 유치송달도 할 수 없는 때에는 법원사무관 등은 송달장소에 등기우편을 발송하는 방법으로 송달을 할 수 있다(187조). 송달장소가 변경되었음에도 당사자·법정대리인 또는 소송대리인이 법원에 변경신고를 하지 않은 때에는 달리 송달할 장소를 알지 못한다면 종전에 송달받던 장소에 등기우편을 발송하는 방법으로 송달을 할 수 있다(185조 2항). 이를 우편송달 또는 발송송달이라고 한다.

(2) 우편송달이 인정되는 첫 번째 경우는 송달받을 사람의 주소 등이나 근무장소 등 송달하여야 할 장소는 밝혀져 있으나 송달받을 사람 본인은 물론이고 사무원이나 동거인 등 보충송달을 받을 사람도 없거나 부재하여서 원칙적인 송달방법인 교부송달은 물론이고 보충송달이나 유치송달도 할 수 없는 경우이다. 따라서 송달받을 사람 본인만이 장기출타로 부재중이어서 동거인 등에게 보충송달이나 유치송달이 가능한 경우에는 우편송달을 할 수 없다.[1]

▶ 대법원 2001. 9. 7. 선고 2001다30025 판결

우편송달을 하여야 할 장소는 실제 송달받을 사람의 생활근거지가 되는 주소, 거소, 영업소 또는 사무실 등 송달받을 사람이 소송서류를 받아 볼 가능성이 있는 적법한 송달장소를 말한다. 따라서 소장과 항소장에 원고의 주소지로 기재되어 있기는 하나 당시 원고의 실제 생활근거지가 아닌 곳으로 변론기일 통지서를 우편송달하였다면 적법한 송달이 아니어서 송달의 효력이 없다.

▶ 대법원 1994. 11. 11. 선고 94다36278 판결

등기우편에 의한 발송송달은 당해 서류의 송달에 한하여 할 수 있는 것이고 그에 이은 별개의 서류의 송달은 이 요건이 따로 구비되지 않는 한 당연히 이 방법에 의한 우편송달을 할 수 있는 것이 아니다.

|註| 제187조에 기한 우편송달에 관한 판례이고, 제185조 제2항에 기한 우편송달의 경우에는 당해 서류의 송달에 한하지 않고 계속 우편송달로 할 수 있다.

(3) 우편송달이 인정되는 두 번째 경우는 당사자 등이 송달장소변경신고를 하

1) 대결 1991. 4. 15. 91마162.

지 않은 경우로서 달리 송달할 장소를 알 수 없는 때에 한하므로 상대방에게 주소보정을 명하거나 직권으로 주민등록표 등을 조사할 필요까지는 없지만 적어도 기록에 현출되어 있는 자료로는 송달할 장소를 알 수 없는 경우에 한한다고 풀이함이 상당하다.[1)]

▶ 대법원 2004. 10. 15. 선고 2004다11988 판결

기록에 나타나 있는 소장부본의 송달장소나 피고의 답변서 발신지 등에 변론기일통지서를 송달하여 보지도 않고 원고의 주소보정서에 기재된 피고의 송달장소로 변론기일통지서를 송달한 후 송달불능되자 곧바로 우편송달을 한 법원의 조치는 위법하다.

▶ 대법원 2009. 10. 29.자 2009마1029 결정

송달불능이 된 후 당사자가 다시 종전과 같은 송달장소와 송달영수인을 신고한 경우에도 법원은 신고한 송달장소로 다시 송달해 보아야 하고 이러한 조치 없이 바로 우편송달을 하면 위법하다.

▶ 대법원 2011. 5. 13. 선고 2010다84956 판결

제1심 법원사무관 등이 판결정본을 피고 소송대리인 사무실로 송달하였다가 '수취인불명'으로 송달불능되자 위 주소지로 등기우편에 의한 발송송달을 하였고, 이후 피고 주소지로 위 판결정본을 다시 송달한 경우, 피고 본인의 주소지가 기록에 드러나 있고 종전에 송달이 이루어지기도 하였다면 피고 본인의 주소지에 대한 송달을 시도하여 보지도 아니한 채 곧바로 위 소송대리인 주소지를 송달장소로 하여 발송송달을 한 것은 적법한 송달이라고 볼 수 없으므로, 원심이 위 발송송달의 효력을 부인하고 피고에게 판결정본이 송달된 날 적법한 송달이 있었던 것으로 보아 그 다음날부터 항소제기기간을 기산한 것은 정당하다.

(4) 우편송달은 법원사무관 등이 할 수 있는 것으로서 특별한 허가가 있어야 할 수 있는 것이 아니다.[2)] 이 방법에 의한 송달은 서류를 우편으로 '발송'한 때에 송달된 것으로 간주된다(189조). 이처럼 발신주의를 취하고 있으므로 우편송달에 의한 변론기일통지서는 발송이 변론기일 전이기만 하면 실제로는 지정된 변론기일보다 뒤에 도달하였더라도 적법한 송달이다.[3)] 판결정본도 우편송달에 의할 수 있

1) 대판 2001. 8. 24. 2001다31592; 대판 1997. 9. 26. 97다23464; 대판 2011. 5. 13. 2010다84956.
2) 대결 1992. 1. 30. 91마728.
3) 대판 1964. 6. 9. 63다930.

고 발송한 날 송달된 것으로 보아 그때부터 상소기간이 계산된다.[1] 다만 실제로 판결정본을 수령한 날로부터 2주 이내에 추완상소를 할 수 있다.[2]

3. 공시송달

(1) 당사자의 주소 등 또는 근무장소를 알 수 없는 경우에는 공시송달을 할 수 있다(194조 1항). 주소 등 또는 근무장소를 알 수 없는 경우이어야 하므로 수취인이 장기여행 중이라는 사유로 송달불능이 된 때에는 공시송달을 할 수 없다.[3]

▶ 대법원 1991. 10. 22. 선고 91다9985 판결

법인의 대표자가 사망하여 버리고 달리 법인을 대표할 자도 정하여지지 아니하였기 때문에 법인에 대하여 송달을 할 수 없는 때에는 공시송달도 할 여지가 없다.

(2) 공시송달은 직권 또는 당사자의 신청에 따라 법원사무관 등의 처분으로 한다(194조 1항). 과거 재판장의 명령으로 하도록 하였으나 2014년 개정으로 원칙적으로 법원사무관 등의 처분으로 하고 재판장은 소송지연을 피하기 위하여 필요한 때에 한하여 예외적으로 공시송달을 명할 수 있도록 하였다(194조 3항). 공시송달은 법원사무관 등이 송달할 서류를 보관하고 그 사유를 대법원 홈페이지의 전자게시판에 게시하는 방법으로 한다(195조, 규칙 54조 1항 3호).

(3) 첫 공시송달은 실시한 날부터 2주가 지나야 효력이 생기고, 같은 당사자에게 하는 그 뒤의 공시송달은 실시한 다음날부터 효력이 생긴다(196조 1항). 공시송달을 실시한 날이라 함은 대법원 홈페이지의 전자게시판에 게시한 날을 말한다.[4]

▶ 대법원 1973. 10. 23.자 73마591 결정

적법한 공시송달이 있었으면 그 후 주소보정이 있었다 하여도 이미 실시한 공시송달의 효력이 없어지는 것이 아니다.

(4) 화해권고결정, 조정을 갈음하는 결정, 이행권고결정, 지급명령(금융기관의 대여금채권 등은 제외)은 공시송달의 방법으로 송달할 수 없다. 판례는 환경분쟁 조정법에 의한 재정(裁定)은 확정되는 경우 재판상화해와 동일한 효력이 있으므로 재정

1) 대판 1982. 4. 13. 81다523.
2) 대판 2007. 10. 26. 2007다37219.
3) 대결 1969. 2. 19. 68마1721.
4) 대판 1982. 12. 14. 82다카922.

문서의 송달은 공시송달의 방법으로는 할 수 없다고 하였다.[1)]

Ⅴ. 송달의 하자

(1) 법에 정한 방식에 위배된 송달은 무효이다. 재판장의 공시송달명령에 의한 공시송달은 그 요건을 구비하지 않은 경우라도 유효하다는 것이 판례이다.[2)] 이는 공시송달이 재판의 형식으로 이루어진 데 근거한 것인데, 법원사무관 등의 처분으로 한 공시송달의 효력에 관하여도 같은 결론이 유지될 것인지는 지켜볼 일이다.

◆ 대법원 1984. 3. 15.자 84마20 전원합의체 결정

판사의 공시송달명령에 의하여 공시송달을 한 이상 공시송달의 요건을 구비하지 않은 흠결이 있다 하더라도 공시송달의 효력에는 영향이 없다.

▶ 대법원 2004. 10. 15. 선고 2004다11988 판결

제1심법원이 기존에 소장부본이 적법하게 송달되었던 피고의 주소로 송달을 하였으나 이사불명으로 송달이 되지 않자 피고가 우편으로 제출한 답변서의 봉투에 새로운 주소가 적혀 있음에도 불구하고 제185조 제2항에 따라 우편송달의 방법으로 소장부본이 송달되었던 종전의 주소지로 변론기일통지서를 발송하여 피고가 불출석한 상태에서 변론기일을 진행하고 판결선고까지 한 경우, 위와 같은 우편송달은 제185조 제2항에 정한 '달리 송달장소를 알 수 없는 때'의 요건을 충족하지 못한 것으로서 무효이고, 따라서 판결의 절차가 법률에 어긋난 때에 해당하므로 항소심법원은 제416조, 제417조에 따라 제1심판결 전부를 취소하고 소장의 진술을 비롯한 소송서류의 송달과 증거의 제출 등 모든 변론절차를 새로 진행한 다음 본안에 관하여 다시 판단하여야 한다.

▶ 대법원 1987. 3. 24. 선고 86다카1958 판결

공시송달의 방법에 의하여 상대방에 대한 판결정본이 송달된 경우에는 비록 당사자가 상대방의 주소를 허위로 기재하여 제소하였다 하더라도 그 송달은 유효하고, 따라서 그 판결에 대하여 상고제기기간 안에 상소를 아니하면 판결은 형식적으로 확정된다.

|註| 이 경우 상대방 당사자는 재심의 소(451조 1항 11호)를 제기하거나 추완항소를 제기하여 그 취소변경을 구할 수 있다는 것이 판례이다.[3)] 다만 법원사무관 등의 처

1) 대판 2016. 4. 15. 2015다201510.
2) 대결(전) 1984. 3. 15. 84마20; 대결 1991. 2. 27. 91마18 등.
3) 대판 1980. 7. 8. 79다1528.

분에 의하여 공시송달을 한 때에는 요건불비의 경우 공시송달의 효력을 어떻게 볼 것인지, 당사자 일방이 상대방의 주소를 허위로 기재한 경우도 요건불비로 볼 것인지, 민사소송법 제451조 제1항 제11호와의 관계 등과 관련하여 고려해 보아야 할 문제들이 있다.

(2) 송달이 법에 정한 방식에 위배되더라도 송달받을 사람이 송달을 추인할 수도 있고 소송절차에 관한 이의권의 포기 또는 상실의 대상이 되므로 송달받을 사람이 이의 없이 수령하거나 변론을 하면 송달의 하자는 치유된다. 다만 불변기간의 기산점과 관계있는 송달은 소송절차에 대한 이의권의 포기 또는 상실로 치유될 수 없다.[1] 소송서류가 수령권한 없는 사람에게 송달되었더라도 그 후 수령권한 있는 사람에게 전달교부되었다면 전달교부한 때에 적법한 송달이 된 것이다.[2]

▶ 대법원 1998. 2. 13. 선고 95다15667 판결

사망한 자에 대하여 실시된 송달은 위법하여 원칙적으로 무효이나, 그 사망자의 상속인이 현실적으로 그 송달서류를 수령한 경우에는 하자가 치유되어 그 송달은 그때에 상속인에 대한 송달로서 효력을 발생한다.

제 8 절 소송절차의 정지

제1. 총설

소송절차의 정지(停止)라 함은 소송이 계속된 뒤에 아직 절차가 종료되기 전에 소송절차가 법률상 진행되지 않는 상태를 말한다. 소송절차의 정지에는 중단과 중지가 있다. 소송절차의 중단(中斷)이란 당사자나 소송행위자에게 소송수행을 할 수 없는 사유가 발생하였을 경우에 새로운 소송수행자가 나타나 소송에 관여할 수 있을 때까지 법률상 당연히 절차의 진행이 정지되는 것을 말한다. 소송절차의 중지(中止)란 법원이나 당사자에게 소송을 진행할 수 없는 장애가 생겼거나 진행에 부적당한 사유가 발생하여 법률상 당연히 또는 법원의 결정에 의하여 절차가 정지되는 경우를 말한다. 중단은 당사자의 절차보장과 쌍방심문주의를 관철하기 위

1) 대판 1972. 5. 9. 72다379; 대판 1979. 9. 25. 78다2448.
2) 대판 1969. 4. 15. 68다703; 대판 1979. 1. 30. 78다2269.

한 제도이므로 강제집행절차,[1] 임의경매절차,[2] 압류·가압류절차[3] 등 대석변론을 요하지 않는 절차에서는 적용되지 않는다.

제 2. 소송절차의 중단

I. 중단사유

1. 당사자의 사망(제233조)

(1) 소송계속 중에 당사자인 자연인이 사망하면 소송물인 권리관계를 포함한 사망자의 모든 권리의무는 포괄적으로 상속인에게 승계되고 그에 따라 소송상의 당사자 지위도 사망과 동시에 당연히 상속인에게 승계된다. 이 경우 새로운 당사자인 상속인이 소송을 이어 받아(후술하는 바와 같이 이를 受繼라고 한다) 현실적으로 소송을 수행할 수 있을 때까지 소송절차의 진행을 정지시키지 않으면 상속인은 절차에 관여하지도 못한 채 자신에게 불리한 판결을 받게 된다. 상속인의 절차보장을 위하여 당사자의 사망을 소송절차의 중단사유로 하고 있는 것이다.

(2) ① 소송절차의 중단은 소송계속 중 당사자가 사망한 경우에만 발생하고 소제기 전에 이미 사망한 사람을 피고로 삼아 소를 제기한 때에는 중단의 문제가 생길 수 없다.[4] 이 경우 진정한 피고는 사망한 사람이 아니라 그 상속인이므로 원고는 상속인으로 피고의 표시를 정정하여야 한다. ② 소송절차의 중단은 당사자가 사망한 경우에만 발생한다. 소송계속 중 보조참가인이 사망한 경우에는 소송절차가 중단되지 않는다.[5] ③ 실종의 경우 실종기간이 만료된 때에 사망한 것으로 간주하지만 소송절차의 중단은 실종선고가 확정된 때에 발생한다(실종기간이 만료된 때가 소제기 전이라도 소제기 후에 실종선고가 확정되었다면 소제기 당시의 당사자능력은 문제되지 않는다).[6] 부재자 재산관리인에 의하여 소송절차가 진행되던 중 부재자 본인에 대한 실종선고가 확정되면 그 재산관리인으로서의 지위는 종료되는 것이므로 상속

1) 대판 1970. 11. 24. 70다1894.
2) 대판 1998. 10. 27. 97다39131; 대결 1975. 11. 12. 75마388 등.
3) 대판 1993. 7. 27. 92다48017; 대판 1976. 2. 24. 75다1240.
4) 대결 1979. 7. 24. 79마173(따라서 수계신청도 허용되지 않는다).
5) 대판 1995. 8. 25. 94다27373(보조참가인의 승계인이 수계할 수는 있지만 수계하지 않은 경우에는 판결문에 보조참가인 표시를 하지 않아도 된다).
6) 대판 1983. 2. 22. 82사18; 대판 2008. 6. 26. 2007다11057.

인 등에 의한 적법한 소송수계가 있을 때까지는 소송절차가 중단된다.[1]

(3) 소송물인 권리의무가 상속의 대상이 되지 않는 때에는 소송절차가 종료되고 중단의 문제가 생기지 않는다.

▶ **대법원 1994. 10. 28. 선고 94므246, 253 판결**

[1] 재판상의 이혼청구권은 부부의 일신전속의 권리이므로 이혼소송 계속 중 배우자의 일방이 사망한 때에는 상속인이 그 절차를 수계할 수 없음은 물론이고, 또 그러한 경우에 검사가 이를 수계할 수 있는 특별한 규정도 없으므로 이혼소송은 종료된다.

[2] 이혼소송과 재산분할청구가 병합된 경우, 배우자 일방이 사망하면 이혼의 성립을 전제로 하여 이혼소송에 부대한 재산분할청구 역시 이를 유지할 이익이 상실되어 이혼소송의 종료와 동시에 종료된다.

|註| 1. 사실관계와 법원의 판단 甲이 乙을 상대로 이손소송을 제기하자 乙이 甲을 상대로 이혼과 재산분할을 구하는 반소를 제기하였다. 乙은 항소심 변론종결 후 그 판결선고 전에 사망하였고, 甲은 상고를 하면서 乙의 상속인들을 소송수계인으로 하는 소송수계신청을 하였다. 대법원은 乙의 사망을 간과하고 한 항소심판결은 당연무효라고 하면서 이를 파기하고 본소 및 반소에 대하여 소송종료선언을 하였다.

2. 일신전속적 권리와 당사자의 사망 (1) 당사자의 사망으로 인한 소송절차의 중단은 소송물인 권리의무가 상속에 의하여 상속인에게 이전될 때에만 발생한다. 소송물인 권리관계가 일신전속적인 경우에는 상속이 되지 않고 당사자의 사망으로 소멸하게 되므로 곧바로 소송절차가 종료되어 중단의 문제가 생기지 않는다. 일신전속적인 권리를 소송물로 하는 소송의 계속 중 당사자가 사망하였다면 법원은 소송종료선언을 하여야 한다.[2]

(2) 유사사례 : ① 교수로서의 지위는 일신전속권으로서 상속의 대상이 된다고 할 수 없으므로 교수 직위해제 및 면직처분의 무효확인을 구하는 소송은 원고가 사망함으로써 중단됨이 없이 종료된다.[3] ② 학교법인 이사 및 이사장

1) 대판 1987. 3. 24. 85다카1151.
2) 대판 1995. 4. 7. 94다4332; 대결 1981. 7. 16. 80마370.
3) 대판 1995. 4. 7. 94다4332; 대결 1981. 7. 16. 80마370.

의 지위 역시 일신전속권이므로 학교법인의 이사 및 이사장의 자격으로 제기한 법인이사회결의 무효확인청구소송 역시 원고가 사망함으로써 중단됨이 없이 종료된다.[1] ③ 공동광업권소송의 계속 중에 공동광업자가 사망한 경우,[2] 주주총회결의취소·부존재확인 소송의 수행하던 중에 소송을 수행하던 이사·감사가 사망한 경우,[3] 단체의 정관에 따른 의사결정기관의 구성원이 그 지위에 기하여 단체를 상대로 의사결정기관이 한 결의의 존재나 효력을 다투는 민사소송의 수행 중에 사망한 경우[4]도 마찬가지이다.

(3) 예외적인 사례 : 이혼판결 후 재심소송 계속 중에 재심피고가 사망한 경우에 재심사유가 있다면 확정판결에 의하여 형성된 신분관계(정당한 부부관계의 해소)는 위법한 것으로서 재심에 의하여 그 확정판결을 취소하여 그 효력을 소멸시키는 것이 공익상 합당하다고 할 것이므로 예외를 인정하여 검사가 소송수계한다고 본다.[5]

2. 당사자인 법인의 합병(제234조)

(1) 소송계속 중에 당사자인 법인이 합병되어 소멸하는 경우 소멸법인의 권리관계는 포괄적으로 존속법인 또는 신설법인에 이전되고 그에 따라 소송상의 당사자 지위도 합병과 동시에 존속법인 또는 신설법인에 당연히 승계된다. 이 경우 새로운 당사자인 존속법인이나 신설법인이 소송을 이어 받아 현실적으로 소송을 수행할 수 있을 때까지는 소송절차의 진행을 정지한다.

(2) ① 영업양도를 받았다는 것은 소송절차의 중단원인이 되지 않는다.[6] 영업양도의 경우에는 개개의 권리의무에 관하여 따로 이전절차를 밟아야 하고 소송물인 권리의무가 이전된 경우는 소송물의 양도, 즉 특정승계에 해당하므로 참가승계(81조)나 인수승계(82조)의 대상이 될 뿐이다. ② 법인이 명칭만 바뀌었을 뿐 그 실체가 동일한 경우에도 중단의 원인이 되지 않는다.[7] 이러한 경우 통상은 당사자

1) 대결 1981. 7. 16. 80마370.
2) 대판 1981. 7. 28. 81다145.
3) 대판 2019. 2. 14. 2015다255258(이사); 대판 1962. 11. 29. 62다524(감사).
4) 대판 2019. 8. 30. 2018다224132(대순진리회 중앙종의회원이 제기한 중앙종의회결의무효확인 소송); 대판 2004. 4. 27. 2003다64381; 대판 2019. 2. 14. 2015다255258 판결 등.
5) 대판 1992. 5. 26. 90므1135.
6) 대판 1962. 9. 27. 62다441.
7) 대결 1967. 7. 7. 67마335.

표시정정의 절차를 밟게 되나 그러한 조치를 취하지 않았다고 하더라도 절차에 위법이 없다.

▶ 대법원 2002. 11. 26. 선고 2001다44352 판결

[1] 법인의 권리의무가 법률의 규정에 의하여 새로 설립된 법인에 승계되는 경우에는 특별한 사유가 없는 한 계속 중인 소송에서 그 법인의 법률상 지위도 새로 설립된 법인에 승계된다.

[2] 한국전력공사가 존속회사로부터 신설회사가 분할되어 새로 설립되는 방식으로 발전회사들을 상법상 회사분할의 방식에 의하여 분할한 경우 존속회사인 한국전력공사에 관하여 진행 중인 소송에서 신설된 분할회사인 발전회사에게로 소송의 당연승계가 이루어진다는 이유로 발전회사의 소송수계신청을 기각한 원심을 파기한 사례.

|註| 1. 사실관계와 법원의 판단 甲이 한국전력공사(한전)를 상대로 김양식업 피해에 따른 손실보상청구의 소를 제기하여 항소심 계속 중 한전은 그대로 존속하면서 발전부분을 6개의 신설회사로 분리하는 방식으로 회사를 분할하였는데, 회사분할계획서에 의하면 甲의 소송으로 인한 권리의무는 한국중부발전(주)(중부발전)에 이전되는 것으로 되어 있었다. 이에 중부발전이 소송수계신청을 하였으나 항소심은 수계신청을 기각하고 피고를 한전으로 하여 판결을 선고하였다. 그러나 대법원은, 한전과 중부발전 사이의 회사분할계획서에 甲의 소송으로 인한 권리의무를 모두 중부발전이 승계하기로 한 이상, 상법의 규정에 의하여 甲의 소송에 관한 권리·의무가 새로 설립된 중부발전에 포괄적으로 승계되므로, 중부발전이 소송절차를 수계함이 마땅하다고 하여 항소심판결을 파기하였다.

2. 회사의 분할과 권리의무의 이전 회사가 분할되면 분할계획서 또는 분할합병계약서에서 특정된 분할회사의 권리와 의무가 분할등기를 한 때에 신설회사 또는 분할합병의 상대방회사로 이전된다(상법 530조의10). 다만 분할회사의 채무에 대하여는 분할회사와 신설회사 또는 분할합병의 상대방회사가 연대책임을 지는 것이 원칙인데(상법 530조의9 1항), 분할계획서 또는 분할합병계약서에서 신설회사 또는 분할합병의 상대방회사로의 채무이전을 규정하고 주주총회의 특별결의로써 이를 승인하면 당해 채무는 분할회사에서 신설회사 또는

분할합병의 상대방회사로 이전된다.

3. 법률의 규정에 의한 권리의무의 승계와 소송상 지위의 승계 법인의 권리의무가 법률의 규정에 의하여 새로 설립된 법인에 포괄적으로 승계되는 경우에는 특별한 사유가 없는 한 계속 중인 소송에서 그 법인의 법률상 지위도 새로 설립된 법인에 승계된다.[1] 이 경우 기존 법인이 소멸하지 않더라도 신설법인의 절차보장을 위하여 소송절차가 중단된다고 보아야 한다. 지방자치단체가 분리된 경우,[2] 도시 및 주거환경정비법상의 조합이 추진위원회의 권리의무를 포괄승계한 경우[3]에도 같다.

3. 소송능력의 상실 또는 법정대리권의 소멸(제235조)

당사자가 소송능력을 잃은 때 또는 법정대리인이 죽거나 그 대리권을 잃은 때에는 소송절차는 중단된다(235조). 위와 같은 사유가 발생한 경우 당사자 또는 법정대리인은 유효한 소송행위를 할 수 없으므로 소송능력을 회복한 당사자 또는 법정대리인이 된 사람이 소송절차를 수계하여 현실적으로 소송을 수행할 수 있을 때까지 절차를 정지하는 것이다. 법정대리권의 상실에는 법인의 대표자가 법원의 결정에 의하여 그 직무집행이 정지된 경우도 포함된다.[4]

4. 수탁자의 임무 종결(제236조)

신탁으로 말미암은 수탁자의 위탁임무가 끝난 때에 소송절차는 중단된다. 여기에서의 신탁은 신탁법에 의한 신탁을 말하고 부동산명의신탁은 포함되지 않는다.[5] 소송계속 중 명의신탁의 해지는 소송계속 중 목적물의 양도에 해당할 뿐이다.

5. 소송담당자의 자격상실(제237조 제1항), 선정당사자 전원의 자격상실(제237조 제2항)

(1) 일정한 자격에 의하여 자기 이름으로 남을 위하여 소송당사자가 된 사람, 즉 파산관재인, 추심명령을 받은 채권자, 유언집행자와 같은 갈음형 제3자의 소송

1) 대판 1963. 4. 11. 63다8; 대판 1970. 4. 28. 67다1262 등.
2) 대판 1984. 6. 12. 83다카1409.
3) 대판 2012. 4. 12. 2009다22419.
4) 대판 1980. 10. 14. 80다623, 624.
5) 대판 1966. 6. 28. 66다689.

담당자가 그 자격을 잃거나 죽은 때에 소송절차는 중단된다. 이 경우 권리의무의 주체인 사람은 소송수행권을 상실하여 스스로 소송수행을 할 수 없기 때문에 새로운 담당자가 소송수계를 할 때까지 소송절차는 정지되어야 하는 것이다.

▶ 대법원 2008. 4. 24. 선고 2006다14363 판결

파산관재인이 여럿인 경우에는 법원의 허가를 얻어 직무를 분장하였다는 등의 특별한 사정이 없는 한 파산관재인 전원이 소송당사자가 되어야 하므로 그 소송은 필수적 공동소송에 해당하지만, 민사소송법 제54조가 여러 선정당사자 가운데 죽거나 그 자격을 잃은 사람이 있는 경우에는 다른 당사자가 모두를 위하여 소송행위를 한다고 규정하고 있음에 비추어 볼 때, 공동파산관재인 중 일부가 파산관재인의 자격을 상실한 때에는 남아 있는 파산관재인에게 관리처분권이 귀속되고 소송절차는 중단되지 아니하므로, 남아 있는 파산관재인은 자격을 상실한 파산관재인을 수계하기 위한 절차를 따로 거칠 필요가 없이 혼자서 소송행위를 할 수 있다.

|註| 필수적 공동소송인 중 1인에게 중단사유가 생기면 다른 공동소송인 전원에 대하여 중단의 효과가 생기는 것[1]과 다르다.

▶ 대법원 2002. 1. 11. 선고 2001다41971 판결

재산관리인이 부재자를 대리하여 부재자 소유의 부동산을 매매하고 매수인에게 이에 대한 허가신청절차를 이행하기로 약정하고서도 그 이행을 하지 아니하여 매수인으로부터 허가신청절차의 이행을 소구당한 경우, 재산관리인의 지위는 형식상으로는 소송상 당사자이지만 그 허가신청절차의 이행으로 개시된 절차에서 만일 법원이 허가결정을 하면 재산관리인이 부재자를 대리하여서 한 매매계약이 유효하게 됨으로써 실질적으로 부재자에게 그 효과가 귀속되는 것이다. 그러므로 법원에 대하여 허가신청절차를 이행하기로 한 약정에 터잡아 그 이행을 소구당한 부재자 재산관리인이 소송계속 중 해임되어 관리권을 상실하는 경우 소송절차는 중단되고 새로 선임된 재산관리인이 소송을 수계한다고 봄이 상당하다.

(2) 선정당사자 모두가 자격을 잃거나 죽은 때에도 소송절차는 중단된다. 선정당사자를 선정하면 선정자는 당연히 소송에서 탈퇴되므로 위와 같은 사유가 생긴 경우 선정자 또는 새로운 선정당사자가 소송을 수계할 때까지 소송절차의 진행을 정지시킨 것이다.

---

1) 대판 1983. 10. 25. 83다카850.

6. 당사자의 파산(제239조), 파산절차의 해지(제240조)

당사자가 파산선고를 받은 때에 채무자 회생 및 파산에 관한 법률(채무자회생법)에 따른 수계가 이루어질 때까지 파산재단에 관한 소송절차는 중단되고, 파산재단에 관한 소송의 수계가 이루어진 뒤 파산절차가 해지된 때에 소송절차는 파산선고를 받은 사람이 소송절차를 수계할 때까지 중단된다. 회생절차개시결정이 있는 때에도 채무자의 재산에 관한 소송절차는 중단된다(채무자회생법 59조 1항). 채무자회생법은 파산선고 또는 회생개시결정(개인회생절차에서는 중단·수계절차가 없다)에 따른 소송절차의 중단·수계에 대하여 따로 규정을 두고 있다(채무자회생법 59조, 172조, 347조, 406조, 464조 등).

Ⅱ. 중단의 예외

1. 중단의 예외 사유 — 소송대리인의 존재

중단사유 중 당사자의 파산과 파산절차의 해지 2가지를 제외한 나머지의 경우에는 소송대리인이 있다면 중단사유가 발생하였더라도 소송절차가 중단되지 않는다(238조). 그러한 사유가 발생하였더라도 소송대리권이 소멸되지 않으므로(95조, 96조) 당사자의 절차보장에 지장이 없기 때문이다.

◆ 대법원 1992. 11. 5.자 91마342 결정

당사자가 사망하였으나 소송대리인이 있어 소송절차가 중단되지 아니한 경우 원칙적으로 소송수계라는 문제가 발생하지 아니하고 소송대리인은 상속인들 전원을 위하여 소송을 수행하게 되는 것이며 그 사건의 판결은 상속인들 전원에 대하여 효력이 있다 할 것이고, 이때 상속인이 밝혀진 경우에는 상속인을 소송승계인으로 하여 신당사자로 표시할 것이지만 상속인이 누구인지 모를 때에는 망인을 그대로 당사자로 표시하여도 무방하며, 가령 신당사자를 잘못 표시하였다 하더라도 그 표시가 망인의 상속인, 상속승계인, 소송수계인 등 망인의 상속인임을 나타내는 문구로 되어 있으면 잘못 표시된 당사자에 대하여는 판결의 효력이 미치지 아니하고 여전히 정당한 상속인에 대하여 판결의 효력이 미친다.

|註| 사실관계와 법원의 판단 甲의 乙에 대한 소송의 계속 중 乙이 사망하였

> 으나 변호사 丙이 乙을 위한 소송대리인으로 선임되어 있었으므로 소송절차가 중단되지 않고 그대로 진행되었다. 한편 乙의 상속인은 A, B, C, D 4명이었는데 甲은 A, B만을 乙의 상속인으로 알고 A, B를 수계인으로 하는 소송수계신청을 하면서 청구금액 중 3/5을 A에게, 2/5을 B에게 구하는 것으로 청구를 변경하였고, 제1심법원은 이를 받아들여 피고의 표시를 "망 乙의 소송수계인 A, B"라고 표시하고 인용금액의 3/5은 A에게, 2/5은 B에게 지급을 명하는 판결을 하였다. A, B가 항소를 하여 항소심 계속 중 甲은 乙의 재산을 A가 3/9, B, C, D가 각 2/9의 비율로 상속하게 된 사실을 알고 항소심법원에 C, D를 소송수계인으로 하는 추가 소송수계신청을 하였다. 항소심은 제1심판결의 효력은 상속인으로 표시된 A, B에게만 미치고 C, D에 대하여는 아직 판결이 선고되지 아니한 상태이므로 C, D에 대하여는 이심의 효력이 생기지 않았다는 이유로 소송수계신청을 기각하였으나, 대법원은 "제1심판결의 효력은 당사자표시에서 누락되었음에도 불구하고 乙의 정당한 상속인인 C, D에게도 그들의 상속지분만큼 미치는 것이고, 통상의 경우라면 심급대리의 원칙상 제1심판결의 정본이 소송대리인에게 송달된 때에 소송절차는 중단되는 것이며, 소송수계를 하지 아니한 C, D에 관하여는 현재까지도 중단상태에 있다고 할 것이나, … 乙의 소송대리인이었던 丙은 상소제기의 특별수권을 부여받고 있었으므로 항소제기기간은 진행된다고 하지 않을 수 없어 제1심판결 중 C, D의 상속지분에 해당하는 부분은 이미 확정되었다고 하지 않을 수 없다. 그렇다면 원고 甲으로서는 이미 판결이 확정된 C, D에 대하여 항소심에서 새삼스럽게 소송수계신청을 할 수 없으므로 추가 소송수계신청은 부적법하다."고 하였다.

2. 소송계속 중 당사자가 사망하였으나 소송대리인이 있는 경우의 법률관계

(1) 판결의 효력이 미치는 범위

소송계속 중 당사자가 사망하였더라도 그를 위한 소송대리인이 있다면 소송절차는 중단되지 않고 그 소송대리인이 상속인들 전원을 위하여 소송을 수행하게 된다. 이때 상속인이 밝혀진 경우에는 상속인을 소송승계인으로 하여 신당사자로 표시할 것이지만[1] 상속인이 누구인지 모를 때에는 망인을 그대로 당사자로 표시

1) 대판 1972. 10. 31. 72다1271, 1272(소송절차가 중단되지 않는다는 것이 소송수계를 할 수 없다는 뜻은 아니라는 취지).

하여도 무방한데, 어느 경우이건 소송대리인이 수행한 판결의 효력은 상속인들 전원에 대하여 미치고[1)] 상속인이 아님에도 상속인으로 표시된 사람에게는 판결의 효력이 미치지 않는다. 한편 소송대리인이 있는 경우 사망자를 당사자로 하여 판결을 하였다면 판결의 경정으로 당사자를 상속인으로 고치면 되고 상소나 재심에 의하여 이를 바로잡을 수는 없다.[2)]

▶ 대법원 2014. 12. 24. 선고 2012다74304 판결

신탁으로 말미암은 수탁자의 위탁임무가 끝난 때에 소송절차는 중단되고, 이 경우 새로운 수탁자가 소송절차를 수계하여야 하지만(민사소송법 제236조), 소송대리인이 있는 경우에는 소송절차가 중단되지 아니하고(민사소송법 제238조), 소송대리권도 소멸하지 아니한다(민사소송법 제95조 제3호). 따라서 전수탁자가 파산의 선고를 받아 임무가 종료되었으나 소송대리인이 있어서 소송절차가 중단되지 아니하는 경우에는 원칙적으로 소송수계의 문제가 발생하지 아니하고, 소송대리인은 당사자 지위를 당연승계하는 신수탁자를 위하여 소송을 수행하게 되는 것이며, 그 사건의 판결은 신수탁자에 대하여 효력이 있다. 이때 신수탁자로 당사자의 표시를 정정하지 아니한 채 전수탁자를 그대로 당사자로 표시하여도 무방하며, 신탁재산에 대한 관리처분권이 없는 자를 신당사자로 잘못 표시하였다고 하더라도 그 표시가 전수탁자의 소송수계인 등 신탁재산에 대한 관리처분권을 승계한 자임을 나타내는 문구로 되어 있으면 잘못 표시된 당사자에 대하여는 판결의 효력이 미치지 아니하고 여전히 정당한 관리처분권을 가진 신수탁자에 대하여 판결의 효력이 미친다.

(2) 소송절차의 중단 시점

소송계속 중 당사자가 사망하였으나 사망자를 위한 소송대리인이 있는 경우 소송대리관계가 종료되면 소송절차가 중단된다. 따라서 소송대리인이 사임한 경우

1) 대판 1995. 9. 26. 94다54160(망인을 당사자로 표시한 경우); 대판 2011. 4. 28. 2010다103048(소송계속 중 사망한 甲에게서 소송탈퇴에 관한 특별수권을 받은 소송대리인은, 승계참가인 乙이 승계참가신청을 하자 소송탈퇴를 신청하였고 상대방 측 소송대리인이 위 탈퇴에 동의하였는데, 乙이 소송물과 관련한 甲의 재산을 단독으로 상속하게 되었다면서 소송수계신청을 하였고 이후 乙은 승계참가신청취하서를 제출하여 상대방 측 소송대리인이 위 취하에 동의한 경우, 甲의 소송대리인이 한 소송탈퇴신청은 상속인들 모두에게 그 효력이 미치므로 甲과 상대방 사이의 소송관계, 즉 甲의 상속인들과 상대방 사이의 소송관계는 소송탈퇴로 적법하게 종료되었고 乙의 소송수계신청은 이미 종료된 소송관계에 관한 것이어서 이유 없음이 명백하고, 한편 乙과 상대방 사이의 소송관계도 승계참가신청취하와 상대방의 이에 대한 동의로 적법하게 종료되었다); 대판 2011. 4. 28. 2010다103048.

2) 대판 2002. 9. 24. 2000다49374(합병으로 소멸한 법인을 당사자로 표시한 경우) 참조.

소송절차가 중단되며, 사임을 하지 않았더라도 종국판결이 소송대리인에게 송달되면 소송절차는 중단된다.[1] 심급대리의 원칙 때문이다. 이 경우 상소는 소송수계절차를 밟은 다음에 제기하는 것이 원칙이나, 소송대리인이 상소제기에 관한 특별수권이 있어 상소를 제기하였다면 그 상소제기 시부터 소송절차가 중단되므로 이때는 상소심에서 적법한 소송수계절차를 거쳐야 소송중단이 해소된다.[2]

(3) 소송대리인에게 상소제기의 특별수권이 있는 경우

종국판결이 소송대리인에게 송달되었으나 소송대리인에게 상소제기의 특별수권이 있는 경우(변호사와의 위임계약에서는 부동문자로 상소제기의 수권이 있는 경우가 많다) 상소제기기간이 진행되는가. 판례의 입장은 상소제기의 특별수권이 있는 경우 상소제기기간이 진행되고 그 기간 안에 상소의 제기가 없다면 판결이 확정된다는 것이다. 그러나 이 논리를 일관하면 소송수계되지 않고 누락되었으나 패소판결의 효력을 받게 되는 상속인에게는 너무나 부당한 결과가 발생하게 된다. 이러한 문제의 시정을 위하여 판례는 일정한 경우 당사자의 합리적인 의사해석에 의하여 누락된 상속인에 대하여도 상소의 효력이 미치는 것으로 하여 이 문제를 해결하고 있다.

◆ 대법원 2010. 12. 23. 선고 2007다22859 판결

망인의 소송대리인에게 상소제기에 관한 특별수권이 부여되어 있는 경우에는, 그에게 판결이 송달되더라도 소송절차가 중단되지 아니하고 상소기간은 진행하는 것이므로 상소제기 없이 상소기간이 지나가면 그 판결은 확정되는 것이지만, 한편 망인의 소송대리인이나 상속인 또는 상대방 당사자에 의하여 적법하게 상소가 제기되면 그 판결이 확정되지 않는 것 또한 당연하다. 그런데 당사자 표시가 잘못되었음에도 망인의 소송상 지위를 당연승계한 정당한 상속인들 모두에게 효력이 미치는 판결에 대하여 그 잘못된 당사자 표시를 신뢰한 망인의 소송대리인이나 상대방 당사자가 그 잘못 기재된 당사자 모두를 상소인 또는 피상소인으로 표시하여 상소를 제기한 경우에는, 상소를 제기한 자의 합리적 의사에 비추어 특별한 사정이 없는 한 정당한 상속인들 모두에게 효력이 미치는 위 판

1) 대판 1970. 5. 26. 70다441(종국판결이 소송대리인에게 송달된 경우).
2) 대판 2016. 4. 29. 2014다210449; 대판 2016. 9. 8. 2015다39357.

결 전부에 대하여 상소가 제기된 것으로 보는 것이 타당하다.

|註| **1. 사실관계와 법원의 판단** 甲은 변호사 丙을 소송대리인으로 선임하여 乙을 상대로 소송계속 중 사망하였다. 甲의 상속인으로는 A, B, C, D, E가 있었는데, 丙은 A가 甲의 재산 전부를 포괄유증받았다고 주장하면서 A만을 소송수계인으로 표시하여 소송수계신청을 하였고, 이러한 주장이 받아들여져서 A만을 甲의 소송수계인으로 표시하여 원고패소의 제1심판결이 선고되었다. 위 판결의 정본은 丙에게 송달되었고, 丙은 제1심판결의 당사자 표시를 신뢰하여 A만을 원고로 표시하여 항소하였다. 항소심 계속 중 B와 C가 甲의 소송상 지위를 당연승계한 공동상속인임을 이유로 소송수계신청을 하였는데, 항소심법원은 위 91마342 결정을 인용하여 B, C의 소송수계신청을 기각하였다. 그러나 대법원은 판결요지와 같은 이유로 B, C의 소송수계신청이 적법하다고 하였고, 아울러 위 91마342 결정은 "제1심에서 사망한 당사자의 지위를 당연승계한 상속인들 가운데 실제로 수계절차를 밟은 일부 상속인들이 제1심판결에 불복하여 스스로 항소를 제기하였으나 이들이 수계인으로 표시되지 아니한 나머지 상속인들의 소송을 대리할 아무런 권한도 갖고 있지 아니하였던 사안에 관한 것으로서, 망인의 소송상 지위를 당연승계한 상속인들 전원을 위하여 소송대리권을 가지는 망인의 소송대리인이 상소를 제기한 이 사건과는 그 사안을 달리한다"고 하였다.

2. 판결의 취지 소송계속 중 당사자가 사망하였으나 소송대리인이 있는 경우 그 소송대리인은 망인의 소송상 지위를 당연승계한 상속인들 전원을 위하여 소송대리권을 가지는데, 이러한 소송대리인이 제기한 항소는 상속인들 모두에게 효력이 미치는 제1심판결 전부에 대하여 제기된 것으로 봄이 타당하므로 제1심판결에 소송수계인으로 표시되지 아니한 상속인들을 위하여도 항소를 제기한 것으로 보아야 한다고 한 판결이다. 소송대리인이 항소를 한 것이 아니라 소송수계인으로 표시된 상속인이 항소를 한 위 91마342 결정의 사안과 구별하여 보아야 한다.

Ⅲ. 중단의 해소 — 소송수계

1. 수계신청의 의의, 수계신청권자, 수계신청절차

(1) 소송절차의 중단은 당사자의 수계신청 또는 법원의 속행명령에 의하여 해소된다. 이 중 수계신청이라 함은 당사자측에서 중단된 절차가 계속 진행되도록 속행을 구하는 신청이다. 소송상의 지위를 물려받는 '승계'와는 다른 개념으로 소송절차를 이어받아 중단되었던 절차를 진행한다는 의미이다. 수계신청인지 여부는 신청서의 명칭에 구애됨이 없이 실질적으로 판단하여야 한다. 예컨대 당사자표시정정신청으로 표시되어 있더라도 소송계속 중 당사자가 사망한 경우라면 수계신청의 취지로 보아야 한다.[1)]

(2) 민사소송법은 각 중단사유마다 수계신청을 할 수 있는 사람을 규정하고 있는데 중단사유가 발생한 당사자의 상대방도 수계신청을 할 수 있다(241조). 당사자가 사망한 경우 상속인은 상속포기를 할 수 있는 동안은 소송절차를 수계하지 못한다(233조 2항).

▶ **대법원 1995. 6. 16. 선고 95다5905, 5912 판결**

상속포기기간 중에 한 소송수계신청을 받아들여 소송절차를 진행한 하자가 있다고 하더라도 그 후 상속의 포기없이 상속개시 있음을 안 날로부터 3월을 경과한 때에는 그 전까지의 소송행위에 관한 하자는 치유된다.

(3) 수계신청은 중단 당시 소송이 계속된 법원에 하여야 한다. 종국판결이 송달된 뒤에 중단이 된 경우(소송대리인이 있어 판결정본이 송달됨으로써 중단되는 경우를 포함한다)에는 그 재판을 한 법원에 수계신청을 하여야 함이 원칙이나, 판례는 소송이 이미 상소심에 계속 중이라면 상소법원에도 수계신청을 할 수 있다고 하였다.[2)] 제243조 제2항의 규정을 엄격히 적용한다면 원심법원에 한하여 수계신청을 할 수 있다고 하여야 할 것이나, 형식적으로 이미 상소심에 소송이 이심되어 있는 경우라면 소송경제나 당사자의 편의를 위하여 상소심에 수계신청을 할 수도 있다고 본 것이다.

---

1) 대판 1980. 10. 14. 80다623, 624.
2) 대판 1963. 5. 30. 63다123; 대판 1980. 10. 14. 80다623, 624 등.

◆ **대법원 1993. 2. 12. 선고 92다29801 판결**(동 대법원 1994. 11. 4. 선고 93다31993 판결)
소송계속 중 당사자인 피상속인이 사망한 경우 공동상속재산은 상속인들의 공유이므로 소송의 목적이 공동상속인들 전원에게 합일확정되어야 할 필요적 공동소송관계라고 인정되지 아니하는 이상 반드시 공동상속인 전원이 공동으로 수계하여야 하는 것은 아니며, 수계되지 아니한 상속인들에 대한 소송은 중단된 상태로 그대로 피상속인이 사망한 당시의 심급법원에 계속되어 있다.

|註| **1. 사실관계와 법원의 판단** 甲이 乙을 상대로 보증채무이행을 구하는 소를 제기하였고, 乙은 소송대리인 없이 소송을 수행하던 중 사망하였다. 乙의 상속인으로는 丙과 丁이 있었는데, 甲은 丙만을 상속인으로 파악하고 丙을 수계인으로 한 소송수계신청을 하였다. 이에 따라 甲과 丙을 쌍방 당사자로 하여 제1심 및 제2심의 심리가 진행되고 판결이 선고되었다. 대법원은 이러한 경우 수계되지 아니한 상속인인 丁에 대한 소송은 중단된 상태로 제1심에 계속 중이라고 하였다.

2. 乙에게 소송대리인이 있었고 丙이 소송수계를 한 경우 乙에게 소송대리인이 있었다면 乙의 사망으로 소송절차가 중단되지 않고 제1심판결이 소송대리인에게 송달되면서 비로소 소송절차가 중단되게 된다. ① 이 때 제1심판결의 효력은 丙뿐만 아니라 丁에게도 미치게 되고, 丁에 대한 소송은 제1심판결이 송달된 상태에서 중단되어 있는 것이므로, 丁은 제1심법원에 소송수계신청과 함께 항소장을 제출하여 항소할 수 있다. ② 다만, 소송대리인에게 상소제기의 특별수권이 있는 경우라면 丁에 대한 항소기간도 진행되게 되는데, 甲이나 乙의 소송대리인이 丙만을 상속인으로 알고 항소를 제기하였다면 丁에 대하여도 항소가 제기된 것으로 볼 것이나(이 경우 丁은 항소심법원에 수계신청을 할 수 있다),[1] 丙이 항소를 제기한 경우에는 항소기간의 도과로 제1심판결 중 丁에 대한 부분은 확정되게 된다.[2]

3. 乙에게 소송대리인이 있었고 乙의 사망이 알려지지 않은 경우 제1심판결이 乙의 소송대리인에게 송달되어 소송절차가 중단된 상태에서 상대방인 甲이 乙의 사망 사실을 알지 못하고 피항소인을 乙로 표시하여 항소를 하였고 이에 따라 사건이 항소심에 계속 중인 경우 丙과 丁은 항소심법원에 수계신청을 할

1) 대판 2010. 12. 23. 2007다22859 참조.
2) 대결 1992. 11. 5. 91마342 참조.

수 있을까. 이 경우 甲의 항소는 소송절차가 중단된 상태에서 제기된 것이어서 부적법하기는 하나 항소심에 계속 중인 것은 분명하므로 丙과 丁은 항소심 법원에 수계신청을 함으로써 위와 같은 부적법을 치유할 수 있다. 종국판결이 송달된 후 중단이 되었을 때 상소심법원에도 수계신청을 할 수 있다는 판례는 이처럼 부적법하기는 하나 어떤 경위에서건 당해 사건이 상소심에 있는 경우가 대부분이다.1)

2. 수계신청에 관한 재판

◆ 대법원 2006. 11. 23. 선고 2006재다171 판결(同 대법원 1984. 6. 12. 선고 83다카1409 판결)

소송수계신청의 적법 여부는 법원의 직권조사사항으로서 조사의 결과 수계가 이유 없다고 인정할 경우에는 결정으로서 이를 기각하여야 되나, 이유 있을 때에는 별도의 재판을 할 필요 없이 그대로 소송절차를 진행할 수 있는 것이다.

▶ 대법원 1981. 3. 10. 선고 80다1895 판결

당사자의 사망으로 인한 소송수계신청이 이유 있다고 하여 소송절차를 진행시켰으나 그 후에 신청인이 그 자격 없음이 판명된 경우에는 수계재판을 취소하고 신청을 각하하여야 하고, 이 경우에 법원이 수계재판을 취소하지 아니하고 수계인이 진정한 재산상속인이 아니어서 청구권이 없다는 이유로 본안에 관한 실체판결을 하였다면 진정수계인에 대한 관계에서는 소송은 아직도 중단상태에 있다고 할 것이지만 참칭수계인에 대한 관계에서는 판결이 확정된 이상 기판력을 가진다.

제 3. 소송절차의 중지

소송절차의 중지에는 ① 법원의 직무집행 불가능으로 말미암은 중지(245조, 당연중지), ② 당사자의 장애로 말미암은 중지(246조, 재판중지), 그리고 ③ 다른 절차의 진행에 따른 중지가 있다. 위 ③의 경우에도 ㉠ 위헌심판제청(헌법재판소법 42조 1항), 조정회부(민사조정규칙 4조 2항)의 경우에는 법률상 당연히 중지가 되고, ㉡ 특허심결이 선결관계에 있는 경우(특허법 164조 2항 등), 회생절차개시 신청이 있는 경우(채무자 회생 및 파산에 관한 법률 44조 1항 3호)와 같이 중지가 법원의 재량에 맡겨져 있는 경

1) 대판 1963. 5. 30. 63다123; 대판 1980. 10. 14. 80다623, 624; 대판(전) 1995. 5. 23. 94다28444; 대판 1996. 2. 9. 94다61649 등.

우가 있다. 후자의 경우 중지결정에 대하여 당사자는 항고로 불복할 수 없다.[1]

제 4. 소송절차정지의 효과

소송절차의 정지 중에는 변론종결된 사건의 판결선고를 제외하고는(247조 1항)[2] 일체의 소송행위를 할 수 없고 기간의 진행이 정지된다(247조 2항).

Ⅰ. 당사자의 소송행위

정지 중의 당사자의 소송행위는 원칙적으로 무효이다. 다만 상대방이 아무런 이의를 하지 않아 소송절차에 대한 이의권이 상실되면 하자가 치유되어 유효하게 된다. 예컨대, 甲이 乙을 상대로 한 소송 중 사망하였으나 甲의 소송대리인이 있어 제1심판결의 정본이 송달됨으로써 중단되었는데 乙이 항소를 제기하였다면 위 항소는 부적법한 것이지만 甲의 상속인이 항소심법원에 수계신청을 함으로써 위 하자는 치유된다.[3] 그리고 적법한 수계신청을 하여 정당하게 소송을 수행할 수 있는 사람이 정지된 동안의 소송행위를 추인하면 정지 중의 소송행위가 소급하여 유효가 된다.

▶ **대법원 2016. 4. 2. 선고 2014다210449 판결**

소송절차 중단 중에 제기된 상소는 부적법하지만 상소심법원에 수계신청을 하여 그 하자를 치유시킬 수 있으므로, 상속인들로부터 항소심 소송을 위임받은 소송대리인이 소송수계절차를 취하지 아니한 채 사망한 당사자 명의로 항소장 및 항소이유서를 제출하였더라도, 상속인들이 항소심에서 수계신청을 하고 소송대리인의 소송행위를 적법한 것으로 추인하면 그 하자는 치유된다 할 것이고, 추인은 묵시적으로도 가능하다.

▶ **대법원 1963. 12. 12. 선고 63다703 판결**

甲회사가 원고가 되어 소송을 제기하여 그 대표자가 소송진행 중 동 회사가 乙회사와 합병함으로써 소멸하는 때에는 그 소송은 중단되는 것이므로 그 중단사유발생 이후 乙

---

1) 대결 1992. 1. 15. 91마912.
2) 대판 1989. 9. 26. 87므13(당사자가 변론종결 후에 사망한 경우 소송수계 없이 판결을 선고하였더라도 위법이 아니다).
3) 대판 1996. 2. 9. 94다61649; 대판 1980. 10. 14. 80다623, 624.

회사가 소송수계를 할 때까지의 모든 소송행위는 원고를 위하여 무권소송행위라 할 것이나, 그 소송이 상소심에 계속 중 乙회사가 소송절차를 수계하고 아울러 그동안의 무권소송행위를 추인한 때에는 그 이전에 이루어진 원고를 위한 무권소송행위는 과거에 소급하여 유효로 된다.

Ⅱ. 법원의 소송행위

정지 중에는 법원도 소송행위를 할 수 없다. 예컨대, 정지 중에 한 인지보정명령은 효력이 없으므로 기간 내에 인지를 보정하지 않았더라도 소장(상소장)각하명령을 할 수 없다.[1] 정지 중에는 소송상의 기간도 진행하지 않는다. 예컨대, 지급명령이 송달된 후 이의신청기간 중에 회생절차개시결정이 있으면 이의신청기간의 진행이 정지된다.[2] 소송절차의 중단을 간과하고 한 판결의 효력에 관하여는 논의가 있다.

◆ 대법원 1995. 5. 23. 선고 94다28444 전원합의체 판결

[1] 소송계속 중 어느 일방 당사자의 사망에 의한 소송절차 중단을 간과하고 변론이 종결되어 판결이 선고된 경우에는 그 판결은 소송에 관여할 수 있는 적법한 수계인의 권한을 배제한 결과가 되는 절차상 위법은 있지만 그 판결이 당연무효라 할 수는 없고, 다만 그 판결은 대리인에 의하여 적법하게 대리되지 않았던 경우와 마찬가지로 보아 대리권흠결을 이유로 상소 또는 재심에 의하여 그 취소를 구할 수 있을 뿐이므로, 판결이 선고된 후 적법한 상속인들이 수계신청을 하여 판결을 송달받아 상고하거나 또는 사실상 송달을 받아 상고장을 제출하고 상고심에서 수계절차를 밟은 경우에도 그 수계와 상고는 적법한 것이라고 보아야 하고, 그 상고를 판결이 없는 상태에서 이루어진 상고로 보아 부적법한 것이라고 각하해야 할 것은 아니다.

[2] 민사소송법 제394조 제2항(현행 424조 2항)을 유추하여 볼 때 당사자가 판결 후 명시적 또는 묵시적으로 원심의 절차를 적법한 것으로 추인하면 위 상소사유 또는 재심사유는 소멸한다고 보아야 한다.

|註| 1. 사실관계와 법원의 판단 (1) 사실관계 : 甲 종중은 乙(3/5 지분권자)과

1) 대결 2009. 11. 23. 2009마1260.
2) 대판 2012. 11. 15. 2012다70012.

丙(2/5 지분권자)을 상대로 주위적으로는 매매계약을 원인으로, 예비적으로는 취득시효완성을 원인으로 X 부동산에 관하여 소유권이전등기를 구하는 소를 제기하였고, 제1심법원은 甲 종중의 주위적, 예비적 청구를 모두 기각하였다. 甲 종중이 항소하여 항소심 계속 중 乙이 항소심 소송대리인을 선임하지 않은 상태에서 사망하였는데 乙의 상속인인 丙은 소송수계절차를 밟지 않고 乙이 생존해 있는 것처럼 乙과 丙 명의로 변호사 丁을 소송대리인으로 선임하여 丁으로 하여금 항소심을 수행하게 하였다. 항소심법원은 乙이 사망한 사실을 모른 채 변론을 종결한 후 제1심판결 중 예비적 청구에 관한 부분을 취소하고 甲 종중의 예비적 청구를 인용하는 판결을 선고하였다. 항소심판결이 소송대리인 丁에게 송달되자 丙은 乙과 丙을 상고인으로 표시하여 乙과 丙의 패소부분 전부에 관하여 불복한다는 취지의 상고장을 제출하였다. 丙은 상고심 계속 중 비로소 乙이 사망하였다고 하면서 소송수계신청을 함과 동시에 항소심판결의 위와 같은 절차상의 하자에 관하여는 상고이유로 삼지 아니하고 본안에 관하여만 다투는 내용의 상고이유서를 제출하였다.

(2) 대법원의 판단 : 대법원은 丙의 상고와 수계신청은 적법하고 항소심에서의 절차도 추인에 의하여 유효하게 되었다고 판단하였는데 대법원판결의 관련 부분을 그대로 옮기기로 한다.

판결요지 [1] 관련 : "… 대립당사자 구조를 요구하는 민사소송법상의 기본원칙이 무시된 것이므로, 그와 같은 상태 하에서의 판결은 당연무효라고 할 것이지만 일응 대립당사자 구조를 갖추고 적법히 소가 제기되었다가 소송 도중 어느 일방의 당사자가 사망함으로 인해서 그 당사자로서의 자격을 상실하게 된 때에는 그 대립당사자 구조가 없어져버린 것이 아니고, 그때부터 그 소송은 그의 지위를 당연히 이어받게 되는 상속인들과의 관계에서 대립당사자 구조를 형성하여 존재하게 되는 것이고, 다만 상속인들이 그 소송을 이어받는 외형상의 절차인 소송수계절차를 밟을 때까지는 실제상 그 소송을 진행할 수 없는 장애사유가 발생하였기 때문에 적법한 수계인이 수계절차를 밟아 소송에 관여할 수 있게 될 때까지 소송절차는 중단되도록 법이 규정하고 있을 뿐인바, 이와 같은 중단사유를 간과하고 변론이 종결되어 판결이 선고된 경우에는 그 판결은 소송에 관여할 수 있는 적법한 수계인의 권한을 배제한 결과가 되는 절차상 위법은 있지만 그 판결이 당연무효라 할 수는 없고, 다만 그 판결은 대리인에 의하여 적법하게 대리되지 않았던 경우와 마찬가지로 보아 대리권흠결을 이유로 상소 또는 재심에 의하여 그 취소를 구할 수 있을 뿐이다. 따라서 이와 같은 판결이 선고된 후 그 상속인들이 수계신청을 하여 판결을 송달받아 상고하거나 또는 … 이 사건의 경우와 같이 적법한 상속인들이 사실상 송달을 받아 상고장을 제출하고 상고심에서 수계절차를 밟은 경우에도 그 수계와 상고는 적법한 것이라고 보아야 하고, 그 상고를 판결이 없는 상태에서 이루어진 상고로 보아 부적법한 것이라고 각하해야 할 것은 아니다."

판결요지 [2] 관련 : "… 민사소송법 제394조(현행 424조) 제2항을 유추하여 볼 때 당사자가 판결 후 명시적 또는 묵시적으로 원심의 절차를 적법한 것으로 추인하면 그 상소사유 또는 재심사유는 소멸한다고 보아야 할 것이다. … 甲 중종과 乙 사이의 이 사건 소송은 항소심 계속 중 乙의 사망으로 중단되었다고 할 것이므로, 항소심에서 그 상속인인 丙에 의하여 소송수계 등의 절차가 이루어지지 아니한 상태에서 변론이 종결되어 선고된 乙에 관한 항소심판결에는 소송대리권이 없는 변호사 丁이 그 소송행위를 대리한 소송절차상의 위법이 있다고 할 것이나, 丙은 乙의 상속인으로서 항소심에서 소송수계 등의 절차를 밟지 아니한 채 사망한 乙 명의로 소송대리인을 선임하여 그 소송행위를 대리하게 하고 패소하자, 다시 乙 명의로 그 패소 부분에 관하여 상고까지 하였을 뿐만 아니라 당심에서 소송수계를 신청하고, 상고이유서를 제출하면서 항소심판결의 위와 같은 절차상의 하자에 관하여는 상고이유로 삼지 아니하고 그 본안에 관하여만 다투고 있는 이상 항소심에 있어서의 위 변호사의 소송행위를 추인한 것으로 봄이 상당하므로, 민사소송법 제394조(현행 424조) 제2항, 제88조(현행 97조), 제56조(현행 60조)에 의하여 항소심에서의 위 변호사의 소송행위는 모두 행위시에 소급하여 적법하게 되었다 할 것이며, 따라서 乙에 관한 항소심판결의 위와 같은 위법사유는 소멸하였다고 할 것이다. 그러므로 결국 乙의 패소 부분에 관한 상고는 적법하다."

2. 당사자의 사망을 간과하고 선고한 판결의 효력 소송계속 중 어느 일방 당사자의 사망에 의한 소송절차 중단을 간과하고 변론이 종결되어 판결이 선고된 경우 그 판결의 효력에 관하여는 견해가 대립한다. 위법설은 판결은 당연무효가 아니고, 그 판결이 확정 전이면 상소, 확정 후이면 재심에 의한 취소사유라고 봄에 반하여, 무효설은 사망한 사람에 대하여 내린 판결은 그 내용에 적합한 효력이 생길 수 없는 것이어서 무효라고 본다. 판례는 과거 무효설을 따른 것도 있었으나 대상판결로 위법설의 입장을 분명히 하였다.

3. 소송절차 중단 중 소송행위의 효력 乙의 사망으로 丙은 자신 명의의 2/5 지분에 대한 청구뿐만 아니라 乙 명의의 3/5 지분에 대한 청구에 대하여도 피고가 되었는데, 위 3/5 지분에 관하여는 소송절차가 중단되어 있으므로 丁에 대한 소송위임이 이 부분을 포함하는 것이라고 보더라도 소송수계를 하기 전까지는 丁의 소송수행이 무효가 된다(소송절차의 중단 중이라고 하더라도 소송절차 외에서 하는 소송대리인의 선임이나 해임은 유효하게 할 수 있으나, 이미 중단된 후에 소송대리인을 선임하였다면 소송수계를 하여야만 소송대리인도 유효한 소송행위를 할 수 있는 것이다). 그리고 丙의 상고 속에 위 3/5 지분에 대한 것이 포함되어 있다고 보더라도 중단 중의 소송행위이므로 이 역시 무효이다. 다만 丙은 상고심에서 수계신청을 하였고 상고이유서에서 절차의 하자는 문제삼지 않고 본안에 관하여만 다투고 있으므로 이로써 丙은 丁의 소송수행 및 자신의 상고를 추인하였다. 소송절차 중단 중의 소송행위라고 하더라도 추인에 유효하게 할 수 있고 추인은 묵시적으로도 할 수 있는바, 대상판결은 이러한 점을 확인한 것이다.

4. 수계신청을 할 법원 乙에 대한 청구 부분(3/5 지분 부분)은 항소심에서 중단되었으나 이에 관하여도 판결이 선고되었고 형식적으로는 상고심으로 이심되어 있으므로 상고심에서 소송수계신청을 함으로써 이전의 절차를 추인할 수 있다. 종국판결이 송달된 후에 소송절차가 중단된 경우 어떤 경위에서건 사건이 상소법원에 계속 중이라면 상소법원에 소송수계를 할 수 있다는 종전 견해를 확인한 것이다.

5. 당사자의 사망을 간과하고 한 판결의 집행 당사자의 사망을 간과하고 한 판결은 위법하나 무효는 아니어서 판결로서의 효력을 가지므로 승계집행문을 받는 방법으로 이를 집행할 수 있다(아래 98그7 결정 참조).

6. 유사사례 소송계속 중 일방 당사자에 대하여 회생절차개시결정이 있었는데, 법원이 그 사실을 알지 못한 채 관리인의 소송수계가 이루어지지 아니한 상태 그대로 소송절차를 진행하여 판결을 선고하였다면, 그 판결은 일방 당사자의 회생절차개시결정으로 소송절차를 수계할 관리인이 법률상 소송행위를 할 수 없는 상태에서 심리되어 선고된 것이므로 여기에는 마치 대리인에 의하여 적법하게 대리되지 아니하였던 경우와 마찬가지의 위법이 있다.[1] 그러나

---

1) 대판 2011. 10. 27. 2011다56057; 대판 2016. 12. 27. 2016다35123. 법원이 채권자취소소송의 계속 중 채무자에 대한 파산선고 사실을 알지 못한 채 파산관재인의 소송수계가 이루어지

이러한 판결도 당연무효는 아니고, 상소 또는 재심을 통해 판결의 취소를 구할 수 있으며, 상소심에서 수계절차를 밟은 경우 절차상 하자가 치유된다.1)

▶ 대법원 1998. 5. 30.자 98그7 결정

소송계속 중 어느 일방당사자의 사망에 의한 소송절차중단을 간과하고 변론이 종결되어 판결이 선고된 경우에는 그 판결은 소송에 관하여 할 수 있는 적법한 수계인의 권한을 배제한 결과가 되는 절차상 위법은 있지만 그 판결이 당연무효라 할 수는 없고, 다만 그 판결은 대리인에 의하여 적법하게 대리되지 않았던 경우와 마찬가지로 보아 대리권흠결을 이유로 상소 또는 재심에 의하여 그 취소를 구할 수 있을 뿐이므로, 이와 같이 사망한 자가 당사자로 표시된 판결에 기하여 사망자의 승계인을 위한 또는 사망자의 승계인에 대한 강제집행을 실시하기 위하여는 민사소송법 제481조(현행 민사집행법 31조)를 준용하여 승계집행문을 부여함이 상당하다.

|註| 1. 이러한 경우에 확정판결을 집행하기 위하여 집행당사자와 권리내용을 구체적으로 확정할 필요가 있는데 그 방법으로 판결경정에 의하여야 한다는 견해와 승계집행문에 의하여야 한다는 견해가 있는바, 판례는 승계집행문설을 취한 것이다.
2. 이와 달리 소송대리인이 있어 사망자를 당사자로 표시한 판결의 경우에는 판결경정으로 당사자의 표시를 바로 잡을 수 있다.2)

지 아니한 상태로 소송절차를 진행하여 선고한 판결의 효력에 관한 같은 취지의 판결로, 대판 2015. 11. 12. 2014다228587; 대판 2018. 4. 24. 2017다287587; 대판 2019. 4. 25. 2018다270951, 270968 등.

1) 대판 2020. 6. 25. 2019다246399.

2) 대판 2002. 9. 24. 2000다49374(합병으로 소멸한 법인을 당사자로 표시한 경우).

제3장
증거

제1절 총설

Ⅰ. 증거능력과 증거력

증거방법으로서 증거조사의 대상이 될 수 있는 자격을 증거능력(證據能力)이라고 하고, 증거자료가 사실인정에 기여하는 정도를 증거력(證據力), 증명력(證明力) 또는 증거가치(證據價値)라고 한다. 민사소송에서는 자유심증주의의 원칙상 증거능력에 제한을 두고 있지 않아 위법하게 수집한 증거나 확정되지 않은 다른 사건의 판결도 증거능력이 있다는 것이 판례이다.

◆ 대법원 1999. 5. 25. 선고 99다1789 판결

자유심증주의를 채택하고 있는 우리 민사소송법 하에서 상대방 부지 중 비밀리에 상대방과의 대화를 녹음하였다는 이유만으로 그 녹음테이프가 증거능력이 없다고 단정할 수 없고, 그 채증 여부는 사실심 법원의 재량에 속하는 것이다.

|註| 1. 비밀녹음의 증거능력에 관하여는 ① 비밀녹음으로 인한 인격권 침해는 손해배상 등 별개의 수단으로 구제하면 되고 증거의 입수방법이 불법인지 여부는 증거능력에 영향을 미치지 않는다는 증거능력 긍정설, ② 비밀녹음은 인격권을 침해하는 것이고 법질서는 일체이므로 소송법상으로도 증거로서 이용할 수 없다고 해야 한다는 증거능력 부정설, ③ 원칙적으로는 증거능력을 부정할 것이나 보다 큰 불법을 막기 위한 것이라는 등 정당방위 기타 위법성조각사유가 있는 경우에 한하여 증거능력을 인정할 것이라는 절충설이 있다.

2. 일본 판례로는 "민사소송법에 증거능력에 관한 규정이 없어 이를 긍정하는 것이 원칙이지만 그 증거가 현저히 반사회적인 수단을 써서 사람의 정신적, 육체적 자유를 구속하는 등 인격적 침해를 수반하는 방법으로 채집된 때에는 그 자체가 위법의 평가를 받아 증거능력을 부정받게 된다. 그러나 주석(酒席)에서의 발언을 무단으로

테이프에 녹취한 정도로는 인격권을 반사회적인 수단과 방법으로 현저히 침해한 것이라고 할 수 없다."고 한 것이 있다.[1)]

3. 우리 판례는 증거능력 긍정설을 취하면서[2)] 손해배상으로 문제를 해결하고 있다. 판례는 교통사고환자와의 소송에서 증거를 수집하기 위하여 몰래 사진촬영한 사건에서 "초상권 및 사생활의 비밀과 자유에 대한 부당한 침해는 불법행위를 구성하는데, 위 침해는 그것이 공개된 장소에서 이루어졌다거나 민사소송의 증거를 수집할 목적으로 이루어졌다는 사유만으로 정당화되지 아니한다"고 하였다.[3)]

Ⅱ. 본증과 반증

당사자가 자기에게 증명책임이 있는 사실을 증명하기 위하여 제출하는 증거를 본증(本證)이라고 하고, 상대방이 증명책임을 지는 사실을 부정하기 위하여 제출하는 증거를 반증(反證)이라고 한다. 본증은 법관으로 하여금 요증사실의 존재에 관하여 확신을 갖게 해야 그 목적을 달성하지만, 반증은 요증사실의 존재에 대한 확신을 흔들 정도이면 그 목적을 달성하게 된다. 법률상 추정을 깨뜨리기 위하여 제출하는 증거(반대사실의 증거)는 반증이 아니라 본증이다. 증명책임이 추정의 이익을 받는 상대방에게 있기 때문이다.

▶ **대법원 1961. 10. 26. 선고 4293민상251 판결**

다툼 있는 사항에 대한 입증은 입증책임을 부담하는 당사자가 그 증거방법을 제출할 것이요, 그 입증책임 없는 당사자인 상대자는 반증을 제출함으로써 이른바 본증에 의하여 형성되는 법원의 심증형성을 좌우할 수 있고, 따라서 비록 본증이 뚜렷한 경우라 할지라도 그 본증에 의한 증거력이 약화 내지 복멸되는 것인바, 반증을 취신함으로써 그와 상치되는 본증을 배척하려면 반증에 의한 심증 하에서는 논리적으로 본증에 의한 반대결과가 절대로 형성될 수 없는 경우라야 할 것이다.

1) 東京高裁 昭和 52(1977). 7. 15. 판결.
2) 위 판례의 설시는 이후에도 계속되고 있다. 대판 2009. 9. 10. 2009다37138, 37145("자유심증주의를 채택하고 있는 우리 민사소송법 하에서 상대방 부지 중 비밀리에 상대방과의 대화를 녹음하였다는 이유만으로 그 녹음테이프나 이를 속기사에 의하여 녹취한 녹취록이 증거능력이 없다고 단정할 수 없고, 그 채증 여부는 사실심 법원의 재량에 속하는 것이며, 당사자가 부지로서 다투는 서증에 관하여 거증자가 특히 그 성립을 증명하지 아니한 경우라 할지라도 법원은 다른 증거에 의하지 아니하고 변론 전체의 취지를 참작하여 자유심증으로써 그 성립을 인정할 수도 있다") 참조.
3) 대판 2006. 10. 13. 2004다16280.

Ⅲ. 증명과 소명

법관이 요증사실의 존재에 대하여 고도의 개연성 즉 확신을 얻은 상태 또는 그러한 상태를 형성하기 위해 증거를 제출하는 당사자의 노력을 증명(證明)이라고 하고, 증명에 비하여 낮은 개연성 즉 법관이 일응 확실할 것이라는 추측을 얻은 상태 또는 그와 같은 상태에 이르도록 증거를 제출하는 당사자의 노력을 소명(疎明)이라고 한다. 민사소송에 있어서 사실의 인정은 원칙적으로 증명을 요하고 법률에 특별한 규정에 있는 때에 한하여 소명에 의한다. 소명은 재정증인이나 소지하고 있는 문서 등 즉시 조사할 수 있는 증거에 의하여야 한다(299조 1항). 따라서 문서송부촉탁(352조), 문서제출명령(343조), 법원 밖에서의 증거조사(297조)는 원칙적으로 허용되지 않는다.[1)]

Ⅳ. 엄격한 증명과 자유로운 증명

엄격(嚴格)한 증명은 법률에서 정한 증거방법에 대하여 법률이 정한 절차에 의하여 행하는 증명을 말하고, 자유로운 증명은 증거방법과 절차에 관하여 법률의 규정으로부터 해방되는 증명을 말한다. 소송물인 권리의무의 기초사실은 엄격한 증명에 의하여야 할 것이므로 제289조 이하에 정한 규정에 따라야 한다. 자유로운 증명에 관하여는 그 대상 및 법률로부터 해방의 정도에 관하여 일의적인 기준이 정립되어 있지는 않다.

▶ 대법원 1992. 7. 28. 선고 91다41897 판결

섭외사건에 관하여 적용할 준거외국법의 내용을 증명하기 위한 증거방법과 절차에 관하여 우리나라의 민사소송법에 어떤 제한도 없으므로 자유로운 증명으로 충분하다.

▶ 대법원 2016. 3. 10. 선고 2013두14269 판결

현실적으로 공문서의 진정성립을 증명할 만한 증거를 확보하기 곤란한 경우가 많은 난민신청자가 제출한 외국의 공문서의 경우, 반드시 엄격한 방법에 의하여 진정성립이 증명되어야 하는 것은 아니지만, 적어도 문서의 형식과 내용, 취득 경위 등 제반 사정에 비추어 객관적으로 외국의 공문서임을 인정할 만한 상당한 이유가 있어야 한다.

---

1) 대결 1956. 9. 13. 4289민재항30.

제 2 절 증명의 대상

(1) 기본적인 증명의 대상은 사실이다. 외계의 사실과 내심의 사실(예컨대, 고의·과실, 선의·악의), 과거의 사실과 현재의 사실, 적극적 사실과 소극적 사실, 가정적 사실(예컨대, 가해행위가 없었더라면 있었을 피해자의 재산상태), 주요사실·간접사실·보조사실이 모두 증명의 대상이다. 그러나 당사자 사이에 다툼이 없는 사실, 공지의 사실과 법원에 현저한 사실은 증명의 대상이 아니다(불요증사실, 제3절 참조).

(2) 법규는 법관이 당연히 알고 있어야 하는 것이므로 증명의 대상이 아님이 원칙이다. 다만, 외국법, 지방법령, 관습법, 실효된 법률 등은 증명의 대상이 될 수 있다.

◆ 대법원 2000. 6. 9. 선고 98다35037 판결

섭외적 사건에 관하여 적용될 외국법규의 내용을 확정하고 그 의미를 해석함에 있어서는 그 외국법이 그 본국에서 현실로 해석·적용되고 있는 의미·내용대로 해석·적용되어야 하는 것인데, 소송과정에서 적용될 외국법규에 흠결이 있거나 그 존재에 관한 자료가 제출되지 아니하여 그 내용의 확인이 불가능한 경우 법원으로서는 법원(法源)에 관한 민사상의 대원칙에 따라 외국 관습법에 의할 것이고, 외국 관습법도 그 내용의 확인이 불가능하면 조리에 의하여 재판할 수밖에 없는바, 그러한 조리의 내용은 가능하면 원래 적용되어야 할 외국법에 의한 해결과 가장 가까운 해결 방법을 취하기 위해서 그 외국법의 전 체계적인 질서에 의해 보충 유추되어야 하고, 그러한 의미에서 그 외국법과 가장 유사하다고 생각되는 법이 조리의 내용으로 유추될 수도 있을 것이다.

|註| 1. 신용장 거래와 관련한 환어음 인수인의 어음법상의 의무가 문제된 사건에서 국제사법에 따르면 중국법이 준거법이었는데, 사건의 환어음이 지급인에게 제시되어 인수될 무렵 중국에는 어음관계를 규율하는 법이 존재하지 않았고(외국법의 흠결), 증거에 의하더라도 중국에서의 환어음 인수에 관한 관습법의 내용을 확인할 수 없었던 경우 조리에 따라 재판을 하되 이후 제정된 중국 어음수표법을 조리의 내용으로 보충·유추한 것을 적절한 조치였다고 한 사례이다.

2. 외국법규의 존부 및 내용이 증명되지 않는 경우의 조치방안에 대하여는 국

내법적용설, 조리적용설, 유사법적용설 등이 있는데, 판례는 '일반적인 법해석 기준'에 따른다는 기본입장 아래 외국의 관습법과 조리를 차례로 적용하되 조리의 적용에 있어서는 해당 외국법과 가장 유사하다고 생각되는 법(경우에 따라서는 한국법도 포함)이 보충·유추될 수 있다고 하고 있다.[1]

(3) 경험칙이란 "각개의 경험으로부터 귀납적으로 얻어지는 사물의 성상이나 인과의 관계에 관한 사실판단의 법칙"을 말한다.[2] 경험칙은 일반상식적인 단순한 경험칙과 전문적·학리적인 경험칙으로 나눌 수 있는데, 전자는 증명의 대상이 되지 않지만 후자는 증명이 필요하다. 한편 경험칙의 인정이나 그 적용을 잘못한 경우 사실인정의 문제로서 사실심의 전권에 속하는 것으로 보아야 하는지, 법률문제로서 상고이유로 삼을 수 있는지가 문제되는데, 판례는 후자의 입장에 있다.

◆ 대법원 2019. 2. 21. 선고 2018다248909 전원합의체 판결

[다수의견] 대법원은 1989. 12. 26. 선고 88다카16867 전원합의체 판결에서 일반육체노동을 하는 사람 또는 육체노동을 주로 생계활동으로 하는 사람의 가동연한을 경험칙상 만 55세라고 본 기존 견해를 폐기하였다. 그 후부터 현재에 이르기까지 육체노동의 가동연한을 경험칙상 만 60세로 보아야 한다는 견해를 유지하여 왔다. 그런데 우리나라의 사회적·경제적 구조와 생활여건이 급속하게 향상·발전하고 법제도가 정비·개선됨에 따라 종전 전원합의체 판결 당시 위 경험칙의 기초가 되었던 제반 사정들이 현저히 변하였기 때문에 위와 같은 견해는 더이상 유지하기 어렵게 되었다. 이제는 특별한 사정이 없는 한 만 60세를 넘어 만 65세까지도 가동할 수 있다고 보는 것이 경험칙에 합당하다.

|註| 일반육체노동자의 가동연한을 만 65세로 상향조정하는 것이 경험칙에 부합한다고 한 판례이다. 경험칙이 법률문제임을 전제로 한 것이다.

---

1) 대판 1991. 2. 22. 90다카19470(일반적인 법해석 기준에 따른다는 판례); 대판 2001. 12. 24. 2001다30469(준거법인 영국법과 그 해석이 한국법이나 일반적인 법해석의 기준과 다르다고 볼 자료가 없다 하여 한국법과 일반 법원리를 토대로 계약을 해석한 원심을 수긍한 사례); 대판 2003. 1. 10. 2000다70064(민사상의 대원칙에 따라 외국 관습법과 조리에 따른다는 판례); 대판 2007. 6. 29. 2006다5130(일반적인 법해석에 따른다는 판례).

2) 대판 1992. 7. 24. 92다10135.

제 3 절 불요증사실

당사자가 주장하는 사실은 증거에 의하여 증명되어야 한다. 다만 사실이라고 하더라도 ① 재판상 자백한 사실과 자백간주된 사실, ② 현저한 사실(공지의 사실과 법원에 현저한 사실), ③ 법률상 추정된 사실에 대하여는 증명이 필요 없다. 자백 또는 자백간주된 사실은 변론주의에 의하여 법관의 사실인정권이 배제되기 때문이고, 현저한 사실은 그 자체로 객관성이 인정되기 때문이며, 법률상 추정된 사실은 법률이 사실의 존재를 인정하고 증명책임을 상대방에게 넘겨 놓았기 때문이다.

제 1. 재판상의 자백

재판상의 자백(自白)이란 변론기일 또는 변론준비기일에서 한 상대방의 주장사실에 일치하고 자기에게 불리한 구체적인 사실에 관한 진술을 말한다.[1] 판결문에서는 "다툼이 없는 사실"이라고 표시된다. 법원은 증거에 의하여 이와 다른 사실을 인정할 수 없고, 당사자는 이를 임의로 철회할 수 없다.

Ⅰ. 요건

1. 구체적 사실을 대상으로 할 것(자백의 대상)

(1) '사실'에 관한 진술

자백은 '사실'에 관한 진술이어야 한다. 권리관계나 법적 효과에 관한 진술(권리자백)은 재판상 자백이 될 수 없다. 다만 권리관계나 법적 효과에 관한 진술이라도 법률적 개념을 사용하여 사실을 진술한 것이면 자백의 대상이 된다.

(a) **권리관계나 법적효과에 관한 진술**

◆ 대법원 1998. 7. 10. 선고 98다6763 판결

법정변제충당의 순서를 정함에 있어 기준이 되는 이행기나 변제이익에 관한 사항 등은 구체적 사실로서 자백의 대상이 될 수 있으나, 법정변제충당의 순서 자체는 법률규정의 적용에 의하여 정하여지는 법률상의 효과여서 그에 관한 진술

1) 대판 2008. 3. 27. 2007다87061.

이 비록 그 진술자에게 불리하더라도 이를 자백이라고 볼 수는 없다.

|註| 1. 사실관계와 법원의 판단 甲 은행은 乙 회사 소유의 부동산을 담보로 乙에게 5건의 대출을 하였는데 그 중 2건에 대하여는 丙이 연대보증을 하였다(丙이 연대보증한 대출금을 A 대출금, 다른 대출금을 B 대출금이라고 한다). 乙이 대출원리금의 분할지급을 연체하자 甲은 담보부동산에 관하여 임의경매를 신청하였고, 그 절차에서 수령한 배당금을 B 대출금에 우선충당하였다. 이후 甲은 丙을 상대로 A 대출금 중 배당금으로 변제받지 못한 금액의 지급을 청구하는 소를 제기하였다. 변론과정에서 丙은 민법상 법정변제충당의 규정에 의하면 A 대출금에 우선 충당되어야 하므로 A 대출금은 모두 변제되었다고 주장하였고, 甲은 丙 주장의 변제충당 순서가 맞다고 하였다. 항소심법원은 '법정변제충당에 의할 때 배당금이 A 대출금에 우선충당되어야 함은 甲이 자인하고 있고, 이에 따르면 A 대출금 전액이 변제로 소멸하였다'고 하여 甲의 청구를 기각하였다. 그러나 대법원은 '민법상 법정변제충당 규정에 의하면 A 대출금과 B 대출금은 순위가 같아 안분하여 충당하여야 하고, 이에 의하면 A 대출금의 일부가 변제되지 않고 남아 있다'고 하면서 甲이 법정변제충당에 의할 경우 배당금이 A 대출금에 먼저 충당된다고 인정한 것은 재판상 자백이 아니라고 하였다.

2. 권리자백 (1) 법규의 존부와 해석은 법원이 스스로 판단·해석하여야 하는 사항이므로 법규의 존부와 해석에 관한 진술은 자백의 대상이 될 수 없다. 적용법규에 관한 진술도 자백의 대상이 아니다(아래 2013다81514 판결 참조).

(2) 법적 판단 내지 평가, 또는 권리관계나 법률효과에 관한 진술 역시 사실에 관한 진술이 아니므로 자백의 대상이 아니다. 예컨대, ① 상표법상 '상표의 동일 또는 유사성'은 자백의 대상이 될 수 없고,[1] ② 채권계약인 특수한 무명혼합계약을 가리켜 물권계약인 동산질권설정계약 또는 담보물권설정계약이라고 진술하였더라도 법원은 이에 구속되지 않으며,[2] ③ 혼인 중의 자인지 혼인 외의 자인지 여부는 법적 판단의 대상이므로 당사자가 혼인신고 전에 출생한 자라는 의미로 혼인 외의 자라고 하였더라도 법원은 혼인 중의 자로 인정할 수 있다.[3]

1) 대판 2006. 6. 2. 2004다70789.
2) 대판 1962. 4. 26. 4294민상1071.
3) 대판 1981. 6. 9. 79다62.

④ 월급 금액으로 정한 통상임금을 시간급 금액으로 산정하는 방법에 관한 당사자의 주장도 자백의 대상이 되는 사실에 관한 진술이라고 할 수 없다.[1] ⑤ 채무불이행을 인정하는 진술도 자백이 될 수 없고(아래 90다7104 판결 참조), ⑥ 유증인지 사인증여인지에 관한 진술도 자백이 될 수 없다(아래 2000다66430, 66447 판결 참조).

▶ 대법원 2016. 3. 24. 선고 2013다81514 판결

원고는 이 사건 운송계약이 몬트리올 협약의 적용대상이라고 주장하였고, 피고도 제1심 제6차 변론기일에 "이 사건 몬트리올 협약 내용 중 책임제한 적용에 대해서는 이의가 없다."라고 진술한 바가 있다. 그러나 이는 사건에 적용할 준거법 내지 법적 판단 사항에 대한 의견에 해당할 뿐 민사소송법에서 불요증사실로 규정한 자백의 대상에 관한 진술이라고는 할 수 없다. 당사자 자치의 원칙에 비추어 계약 당사자는 어느 국제협약을 준거법으로 하거나 그중 특정 조항이 당해 계약에 적용된다는 합의를 할 수 있고 그 합의가 있었다는 사실은 자백의 대상이 될 수 있지만, 소송절차에서 비로소 당해 사건에 적용할 규범에 관하여 쌍방 당사자가 일치하는 의견을 진술하였다고 해서 이를 준거법 등에 관한 합의가 성립된 것으로 볼 수는 없다. 소송대리인이 그러한 합의를 하려면 소송대리권의 수여 외에 별도로 정당한 수권이 있어야 함은 물론이다.

◆ 대법원 1990. 12. 11. 선고 90다7104 판결

이행불능에 관한 주장은 법률적 효과에 관한 진술을 한 것에 불과하고 사실에 관한 진술을 한 것이라고는 볼 수 없으므로 그 진술은 자유로이 철회할 수 있고 법원도 이에 구속되지 않는다고 할 것인바, 따라서 자백의 취소에 관한 규정이 적용될 여지가 없다.

|註| 甲이 乙을 상대로 계약이 이행불능이라고 주장하며 손해배상청구를 하였다가 이행불능의 주장을 철회하고 계약의 유효함을 주장하면서 소유권이전등기절차이행을 구하여 승소판결을 받자, 乙이 이행불능이라는 주장은 재판상 자백이므로 이행불능임을 전제로 판단하였어야 한다고 주장한 사안이다.

1) 대판 2014. 8. 28. 2013다74363.

▶ 대법원 2001. 9. 14. 선고 2000다66430, 66447 판결

법률상 유언이 아닌 것을 유언이라고 시인하였다 하여 그것이 곧 유언이 될 수 없고 이와 같은 진술은 민사소송법상의 자백이 될 수가 없는 것이다.

|註| 甲이 자신을 돌보아주던 乙에게 자신이 사망하면 그 소유의 부동산을 주겠다고 약속하고 이를 문서로 남긴 후 사망하자 乙이 甲의 상속인인 丙을 상대로 위 문서에 적힌 약속의 이행을 구한 사건이다. 乙은 소제기 당시 甲이 위 문서와 같은 내용의 유언을 하였음을 이유로 丙에게 그 이행을 구하였다가 항소심 소송계속 중 甲과 乙 사이에 위 문서와 같은 사인증여계약이 있었음을 이유로 丙에게 그 이행을 구하는 것으로 청구를 변경하였다. 항소심법원이 乙의 청구를 인용하자 丙이 상고하여 유언이었다는 乙의 최초 주장은 재판상 자백으로서 임의로 철회될 수 없는 것이라고 주장하였는데, 대법원은 유언이었다는 주장은 위 문서에 기재된 의사표시의 법률적 성격에 관한 진술에 불과하고 사실에 관한 진술이 아니어서 乙은 그 진술을 자유롭게 철회할 수 있고 법원도 이에 구속되지 않는다고 하였다.

(b) **법률적 개념을 사용한 사실의 진술**

◆ 대법원 1984. 5. 29. 선고 84다122 판결

법률용어를 사용한 당사자의 진술이 동시에 구체적인 사실관계의 표현으로서 사실상의 진술도 포함하는 경우에는 그 범위에서 자백이 성립하는 것이라 할 것인바, 원고 소송대리인의 "본건 토지가 1975. 12. 31. 법률 제2848호 토지구획정리사업법부칙 제2항 해당 토지인 사실은 다툼이 없다."란 진술 중에는 위 토지가 공공에 공용되는 하천임을 전제로 하는 사실상의 진술도 포함된 것으로 보이므로 그 취지의 자백이 인정된다.

|註| 1. **사실관계와 법원의 판단** 甲은 서울시를 상대로 그 소유의 X 토지에 관하여 청산금지급을 구하는 소를 제기하였는데, 처음에는 "본건 토지가 1975. 12. 31. 법률 제2848호 토지구획정리사업법부칙 제2항[1] 해당 토지인 사실은 다툼이 없다"라고 진술하였다가, 이후 X 토지는 지목이 잡종지이고 현상은 논이어서 하천이 아니라고 주장을 변경하였다. 항소심법원은 X 토지가 위 부칙 해당 토지라는 자백이 있고, 위 자백이 진실에 반하고 착오로 인한

1) 위 조항은 "이 법 시행 이전에 인가를 받아 구획정리사업이 시행 중에 있는 사도 또는 기타 공공의 용에 사실상 공하고 있는 사유지에 대하여는 사업시행인가시의 평가가액으로 환지처분하여 청산하여야 한다"라고 규정하고 있다.

것이라고 보기 어려우므로, X 토지가 하천이 아님을 전제로 하는 甲의 청구는 이유 없다고 하였다. 甲은 상고를 하여 X 토지가 위 부칙 해당 토지라는 진술은 자백에 해당하지 않는다고 주장하였으나, 대법원은 판결요지와 같이 설시하여 甲의 상고를 기각하였다.

2. **법률적 개념을 사용한 사실의 진술** 대상판결 사례에서처럼 법률적 개념을 사용하여 사실을 진술하는 경우가 종종 있는데 매매, 증여, 소비대차, 소유 등 일반적으로 널리 알려진 법개념을 사용하는 경우가 특히 그러하다. 즉 위와 같은 법개념들은 법적 평가 또는 권리관계를 나타내는 목적으로 사용될 수도 있지만 사실관계를 압축적으로 나타낼 목적으로 사용될 수도 있는 것이다. 예컨대, "A와 B 사이에 있었던 수차례의 협의 내용에 비추어 보면 A와 B 사이에 매매가 이루어졌음을 알 수 있다"고 하는 때의 '매매'는 전자의 의미이지만, "C와 D 사이에 매매가 이루어졌으므로 D는 C에게 물건을 인도할 의무가 있다"고 할 때의 '매매'는 후자의 의미가 된다. 이처럼 법적 개념을 사용하여 사실을 압축적으로 진술한 경우 그 법적 개념의 진술은 사실의 진술이라고 할 것이므로 재판상 자백의 대상이 된다.

◆ 대법원 1989. 5. 9. 선고 87다카749 판결

소유권에 기한 이전등기말소청구소송에 있어서 피고가 원고 주장의 소유권을 인정하는 진술은 그 소전제가 되는 소유권의 내용을 이루는 사실에 대한 진술로 볼 수 있으므로 이는 재판상 자백이다.

|註| 1. **사실관계와 법원의 판단** 甲은 X 토지는 자신의 소유인데 乙이 성명모용소송에 의한 자백간주판결을 받아 X 토지에 관하여 乙 명의의 소유권이전등기를 마쳤다고 주장하며 乙을 상대로 소유권에 기한 방해배제청구로서 乙 명의 소유권이전등기의 말소등기절차를 구하는 소를 제기하였다. 乙은 제1심 제1차 변론기일에 X 토지가 甲의 소유인 사실을 인정하였으나 제1심 제5차 변론기일에 이르러 X 토지는 甲이 소속되어 있는 종중의 소유라고 그 주장을 변경하였다. 항소심은 乙이 甲의 소유권을 인정하는 진술을 자백으로 보았고, 대법원 역시 항소심의 판단이 옳다고 하였다.

2. **선결적 법률관계에 대한 자백** 선결적 법률관계에 대한 자백은 재판상 자백에 해당하는가. 예컨대 소유권에 기한 등기말소청구에서 피고가 원고 주장의

소유권을 인정한다면 원고의 소유권에 대하여는 자백이 성립하는가의 문제이다. 학설로는 ① 선결적 법률관계는 3단 논법의 소전제에 해당하여 사실과 다름이 없다거나 또는 선결적 법률관계는 중간확인의 소(264조)의 대상이 되고 이에 관하여 청구의 인낙(220조)을 할 수 있는 것과 균형을 맞출 필요가 있다는 이유로 선결적 법률관계에 대한 재판상 자백을 인정하는 견해(이시윤, 정동윤·유병현·김경욱, 전병서, 송상현·박익환)와 ② 선결적 법률관계에 관한 주장에는 법적 판단에 대한 것과 법적 판단에 이르게 된 사실적 요소에 관한 것이 포함되는데, 전자에 관하여는 법원의 법판단권을 배제할 수 없는 반면, 후자에 관하여는 자백의 성립을 배제할 이유가 없으므로, 선결적 법률관계에 관한 자백은 당사자에 대한 구속력만이 있어 당사자가 이를 임의로 철회할 수 없지만, 법원에 대한 구속력은 없어 법원이 자백과 반대되는 판단을 할 수 있다는 견해(방순원, 강현중)가 있다. 대상판결에 대하여는 선결적 법률관계에 대한 자백을 재판상의 자백으로 인정한 최초의 판례라는 평가가 있다.[1)]

3. 비교사례　판례 중에는 "소송물의 전제가 되는 권리관계나 법률효과를 인정하는 진술은 권리자백으로서 법원을 기속하는 것이 아니고 상대방의 동의 없이 자유로이 철회할 수 있으므로 피고가 이건 매매계약이 원고에 의하여 해제되었다고 자백하였다 할지라도 이를 철회한 이상 계약해제의 효과가 생긴 것이라고 할 수 없다"는 것이 있고,[2)] "소송물의 전제가 되는 권리관계나 법률효과를 인정하는 진술은 권리자백으로서 법원을 기속하는 것이 아니고 상대방의 동의 없이 자유로이 철회할 수 있다"는 판시는 여러 판결에서 반복되고 있다.[3)] 위 사례에서 피고가 인정하였던 것은 계약의 해제라는 법률효과였으므로 그 진술은 자백이 될 수 없었던 것이다. 만일 위 진술이 계약해제의 내용을 이루는 사실에 대한 진술이라면 재판상 자백이 될 수 있다. 결국 선결적 법률관계에 대한 자백을 인정할 것인가의 문제는 선결적 법률관계에 관한 진술이 사실(선결적 법률관계를 구성하는 요건사실 전체)에 대한 진술이냐, 아니면 법률효과에 대한 진술이냐의 문제로 귀결된다. 판례는 전자에 대하여는 "그 소전제가 되는 소유권(선결적 법률관계)의 내용을 이루는 사실에 대한 진술"이라는 표

1) 채영수, 대법원 판례해설 제11호.
2) 대판 1982. 4. 27. 80다851.
3) 대판 1992. 2. 14. 91다31494; 대판 2007. 8. 23. 2005다65449; 대판 2008. 3. 27. 2007다87061 등.

현을, 후자에 대하여는 "소송물의 전제가 되는 권리관계나 법률효과를 인정하는 진술"이라는 표현을 쓰고 있는 것이다.

(2) '주요사실'에 관한 진술

자백의 대상은 주요사실에 한하고 간접사실과 보조사실(증거능력이나 증거력에 관한 사실)은 자백의 대상이 아니다.[1] 손해배상소송에 있어서 일실수입 산정의 기초가 되는 피해자의 사고 당시의 수입[2]과 노동능력상실률,[3] 후유장해등급,[4] 기대여명[5]도 주요사실로서 자백의 대상이 된다는 것이 판례이다. 문서의 진정성립에 관한 자백은 보조사실에 관한 자백이기는 하나 주요사실에 관한 자백과 마찬가지로 취급되어 당사자는 이를 임의로 철회할 수 없고 법원은 이와 다른 판단을 하지 못한다.

▶ 대법원 1968. 4. 30. 선고 68다182 판결

간접사실은 주요사실로부터 관찰하면 이는 주요사실을 인정하는 데 있어서 하나의 증거자료에 불과하다 할 수 있고, 어떠한 증거자료를 사실인정의 자료로 하느냐 함은 법관의 자유심증에 일임된다 할 것이므로 간접적인 사실에 대하여는 당사자가 주장하지 아니하더라도, 또는 그 주장과 반대로 법원은 증거에 의하여 인정할 수 있다고 해석하여야 할 것이다.

▶ 대법원 1994. 11. 4. 선고 94다37868 판결

부동산의 시효취득에 있어서 점유기간의 산정기준이 되는 점유개시의 시기는 취득시효의 요건사실인 점유기간을 판단하는 데 간접적이고 수단적인 구실을 하는 간접사실에 불과하므로 이에 대한 자백은 법원이나 당사자를 구속하지 않는 것이다.

▶ 대법원 2001. 4. 24. 선고 2001다5654 판결(同 대법원 2019. 7. 11. 선고 2015다47389 판결 등)

문서의 성립에 관한 자백은 보조사실에 관한 자백이기는 하나 그 취소에 관하

1) 간접사실은 주요사실로부터 관찰하면 이는 주요사실을 인정하는 데 있어서 하나의 증거자료에 불과하다는 것에, 대판 1968. 4. 30. 68다182.
2) 대판 1998. 5. 15. 96다24668; 대판 1988. 4. 25. 87다카2285.
3) 대판 1988. 4. 25. 87다카2285; 대판 1982. 5. 25. 80다2884.
4) 대판 2006. 4. 27. 2005다5485.
5) 대판 2018. 10. 4. 2016다41869.

여는 다른 간접사실에 관한 자백취소와는 달리 주요사실의 자백취소와 동일하게 처리하여야 할 것이므로 문서의 진정성립을 인정한 당사자는 자유롭게 이를 철회할 수 없다고 할 것이고, 이는 문서에 찍힌 인영의 진정함을 인정하였다가 나중에 이를 철회하는 경우에도 마찬가지이다.

|註| 연대보증인을 피고로 삼은 소송에서 피고인 연대보증인이 "주채무자가 보증서에 도장을 찍어 달라고 해서 찍어 주었다"고 답한 사례이다.

2. 상대방의 주장과 일치하는 자기에게 불리한 진술일 것(자백의 내용)

(1) 자기에게 불리한 진술

자백은 자기에게 불리한 진술이어야 한다. '자기에게 불리한 진술'의 의미에 관하여는 견해가 나뉜다.

◆ 대법원 1993. 9. 14. 선고 92다24899 판결

원고들이 소유권확인을 구하고 있는 사건에서 원고들의 피상속인 명의로 소유권이전등기가 마쳐진 것이라는 점은 원래 원고들이 증명책임을 부담할 사항이지만, 위 소유권이전등기를 마치지 않았다는 사실을 원고들 스스로 자인한 바 있고 이를 피고가 원용한 이상 이 점에 관하여는 자백이 성립하는 결과가 된다.

|註| 1. 사실관계와 법원의 판단　甲은 X 토지에 관한 사정명의인인 丙을 상대로 X 토지가 甲의 소유라는 확인을 구한다는 소를 제기하였다. 제1심에서 甲은 자신의 아버지인 乙이 1953년 가을경 丙으로부터 X 토지를 매수하였는데 미처 등기를 마치지 못하고 있던 중 사망하였고 자신은 乙의 유일한 상속인이라고 주장하였다. 이에 대하여 丙은 등기를 마치지 않았다는 甲의 주장을 원용하면서 乙이 등기를 마치지 않은 이상 소유권을 취득할 수 없고 민법 부칙 제10조 제1항의 규정에 의하여 물권변동의 효력이 상실되었다고 주장하였다. 제1심법원은 丙의 주장을 그대로 받아들여 甲의 청구를 기각하였고 甲은 항소하였다. 甲은 항소심 계속 중 청구를 변경하면서 X 토지는 乙이 1948년 가을경 丙으로부터 매수하여 등기를 마친 것인데 6·25 사변으로 등기부와 지적공부가 멸실되었다고 주장을 변경하였고, 항소심법원은 甲이 제출한 등기권리증과 증인의 증언 등을 종합하여 甲의 청구를 인용하였다. 丙의 상고에 대

하여 대법원은 판결요지와 같이 판시한 다음 乙 명의로 등기가 경료되지 않았다는 점에 관하여는 자백이 성립하였는데 위 자백이 착오에 의한 것인지 여부는 별론으로 하더라도 등기권리증의 비정상성 등에 비추어 보면 위 자백이 진실에 반한 것이라고도 인정하기 어렵다고 하여 항소심판결을 파기하였다.

2. '자기에게 불리한 사실'의 의미 이에 관하여는 ① 상대방이 증명책임을 지는 사실이 자기에게 불리한 사실이라는 증명책임설(證明責任說)(이시윤, 전병서)과 ② 그 사실을 바탕으로 판결이 나면 패소될 가능성이 있는 사실이 자기에게 불리한 사실이라는 패소가능성설(敗訴可能性說)(정동윤·유병현·김경욱, 송상현·박익환, 김홍규·강태원)이 대립한다. 두 견해는 자기에게 증명책임이 있는 사실에 관하여 자백을 인정할 것인가 하는 점에서 실천적인 차이를 보이는데, 후자의 견해에 의하면 자기에게 증명책임이 있는 사실에 대하여도 자백이 성립할 수 있다. 전자의 견해는 자기에게 증명책임이 있는 사실에 관하여 자기에게 불리한 진술을 한 것은 주장 자체로 이유 없는 것으로서 이렇듯 자기모순의 진술을 하는 당사자에 관하여는 자백의 굴레를 씌우지 않고 쉽게 정정의 기회를 줄 필요가 있다고 한다. 대상판결은 상대방이 증명책임을 부담하는 사실뿐만 아니라 자기가 증명책임을 지는 사실까지도 자백의 대상에 해당한다고 함으로써 패소가능성설에 따라 자백의 범위를 넓게 인정한 판결이다.

(2) 상대방의 주장과 일치하는 진술

자백은 상대방의 주장과 일치하는 진술이어야 한다. 쌍방 당사자의 주장이 일치한다면 어느 쪽 당사자가 먼저 진술하였는지는 문제되지 않는다. 이것이 선행자백(先行自白)의 문제이다. 그리고 쌍방 당사자의 주장이 완전히 일치해야 하는 것은 아니고 일치하는 범위 내에서 자백이 성립한다. 이것이 일부자백(一部自白)의 문제이다. 상대방의 주장사실을 전체로서는 다투지만 그 일부에 있어서는 일치된 진술을 하는 경우(예컨대, 돈을 받기는 하였지만 차용한 것이 아니고 증여받은 것이라고 진술하는 경우, 이유부부인)와 상대방의 주장사실을 인정하면서 이에 관련되는 방어방법을 부가하는 경우(예컨대, 돈을 빌리기는 했지만 갚았다고 진술하는 경우, 제한부자백) 양 당사자의 진술이 일치하는 한도 내에서는 자백이 성립된다(전자의 경우 돈을 받았다는 부분에 한하여, 후자의 경우 차용사실에 관하여 자백이 성립된다).

◆ **대법원 2016. 6. 9. 선고 2014다64752 판결**(동 대법원 1992. 8. 14. 선고 92다14724 판결)

재판상 자백의 일종인 이른바 선행자백은 당사자 일방이 자진하여 자기에게 불리한 사실상의 진술을 한 후 상대방이 이를 원용함으로써 사실에 관하여 당사자 쌍방의 주장이 일치함을 요하므로 일치가 있기 전에는 전자의 진술을 선행자백이라 할 수 없고, 따라서 일단 자기에게 불리한 사실을 진술한 당사자도 그 후 상대방의 원용이 있기 전에는 자인한 진술을 철회하고 이와 모순되는 진술을 자유로이 할 수 있으며 이 경우 앞의 자인사실은 소송자료에서 제거된다.

|註| **1. 사실관계와 법원의 판단** 甲이 乙을 상대로 금전소비대차계약에 따른 이자의 지급을 구하는 소송을 제기하였고, 乙은 금전소비대차계약의 부존재 또는 무효를 주장하였다. 甲은 청구금액 중 일부를 변제받은 사실을 자인하였다가 이를 철회하였고, 항소심법원은 변제사실을 인정하였으나, 대법원은 乙이 위 철회 전에 甲의 진술을 원용하였다는 자료가 없음은 물론 변제사실을 항변으로 주장한 적도 없으므로, 재판상 자백이 성립하지 않았다고 하여 항소심판결을 파기하였다.

2. 선행자백 (1) 당사자 일방이 먼저 자기에게 불리한 진술을 하고 상대방이 이와 일치하는 진술을 하거나 위 진술을 원용한 경우에도 재판상 자백이 성립한다.[1] 이를 선행자백이라고 하는데 이 역시 재판상 자백이므로 당사자와 법원에 대한 구속력이 있다.[2]

(2) 불리한 진술을 하였더라도 상대방이 일치하는 진술을 하거나 원용하기 전이면 당사자는 진술을 자유롭게 철회할 수 있다.[3] 진술의 철회는 대상판결의 경우처럼 이전의 진술과 모순된 진술을 하는 방법으로도 할 수 있다. 선행자백이 성립하기 전에 불리한 진술을 철회하면 그 진술은 소송자료에서 제거된다.[4]

(3) 당사자가 스스로 불리한 진술을 하였는데 상대방이 일치하는 진술을 하거나 원용을 하지 않은 경우 법원은 어떠한 판단을 해야 하는가. 스스로 한 불리한 진술은 상당한 신빙성이 있으므로 법원은 진술의 전체적인 취지로 보아 달리 해석된다든지, 단순한 착오에 의한 진술이라든지 하는 등의 특별한 사정이

1) 대판 1984. 3. 27. 83다카2406 등.
2) 대판 1978. 4. 11. 78다9(당사자에 대한 구속력).
3) 대판 1993. 4. 13. 92다56438.
4) 대판 1986. 7. 22. 85다카944; 대판 2016. 6. 9. 2014다64752.

없는 한 불리한 진술을 한 쪽에 불리한 판결을 하게 될 것이다.

▶ 대법원 1992. 8. 18. 선고 92다5546 판결 — 선행자백 사례

원고가 피고의 채무불이행을 이유로 매매계약을 해제하고 계약금의 배액을 위약금으로 청구하는 소장에 의하여 원고와 피고가 위 매매계약 체결 당시 계약금을 위약금으로 하기로 특별히 약정하였다는 취지의 구체적인 사실을 진술하였고, 이에 대하여 피고가 준비서면을 통하여 원고의 중도금 지급의무불이행을 이유로 위 매매계약을 해제하였으므로 원고로서는 위 위약금의 약정에 따른 위약금을 청구할 수 없음은 물론 계약금의 반환도 청구할 수 없다는 취지로 주장함으로써, 위 매매계약체결 당시 계약금을 위약금으로 하기로 특별히 약정하였다는 점에 관한 한 원고의 진술과 일치되는 취지의 사실을 진술하였고, 그 후에도 쌍방이 모두 위약금의 약정이 있었던 사실을 전제로 하여 서로 매매계약이 이행되지 아니한 책임이 상대방에게 있다는 주장만을 되풀이하여 왔다면, 위 매매계약 체결 당시 계약금을 위약금으로 하기로 특별히 약정한 사실에 관하여 재판상 자백(선행자백)이 성립되었다.

▶ 대법원 1978. 3. 28. 선고 77다2381 판결 — 일부자백 사례

건물 2칸의 임차인인 원고가 임대인인 피고에게 임대보증금의 반환을 구함에 대하여 피고는 원고가 미납한 1974. 1.부터 1976. 3.까지의 월임료를 공제해야 한다고 주장하고, 원고는 다시 이에 대하여 1974. 9.경 명도하였다고 다투자 피고가 항소심변론기일에 이르러 원고가 건물 중 1칸을 1975. 12. 30. 피고에게 명도하여 피고가 이를 타에 임대하였다고 진술하였다면, 위 진술은 원고에게 유리한 한도 내에서는 자백에 해당된다.

3. 그 소송의 변론기일이나 변론준비기일에서의 진술일 것(자백의 형식)

(1) 재판상 자백은 변론기일 또는 변론준비기일에서 당사자가 한 진술이어야 한다. 따라서 다른 민사소송에서 한 자백은 증거원인이 될 뿐 재판상 자백이 될 수 없고,[1] 소송당사자가 형사사건의 법정이나 수사기관에서 상대방의 주장과 일치하는 진술을 하였고 상대방의 이 진술이 담긴 서증을 원용하였다 하더라도 이를 재판상 자백으로 볼 수는 없다.[2] 이와 같은 재판외 자백들은 당사자와 법원에

1) 대판 1996. 12. 20. 95다37988(다른 민사본안사건); 대판 1987. 5. 26. 85다카914, 915(당해 사건에 관한 가처분이의사건) 등.

2) 대판 1991. 12. 27. 91다3208.

대한 구속력은 없으나 상당한 증거가치가 있음은 부인할 수 없다.[1)]

(2) 변론주의에 의하여 심리되는 일반 민사소송사건에 있어서는 증거자료와 소송자료는 구별되는 것으로 증거자료로서 소송자료를 보충할 수 없다.

▶ 대법원 1964. 12. 29. 선고 64다1189 판결(同 대법원 1978. 9. 12. 선고 78다879 판결)
당사자본인신문에 의한 진술은 증인의 증언과 같이 증거자료이지 소송자료가 아니므로 설사 피고본인신문의 내용에 원고의 주장사실과 일치되는 부분이 있다 하더라도 이를 피고의 자백으로 볼 수 없다.

Ⅱ. 효력

1. 내용 및 범위

(1) 재판상 자백이 성립되면 그 내용은 증명을 필요로 하지 않는다(288조 본문). 법원은 자백한 내용을 토대로 재판을 하여야 하고 증거에 의하여 그와 다른 사실을 인정할 수 없으며(법원에 대한 구속력), 당사자는 자유로이 그 자백진술을 철회할 수 없다(당사자에 대한 구속력).

(2) 재판상 자백의 구속력은 변론주의에 의하여 심리되는 소송절차에 한하여 인정된다. 행정소송에 있어서도 변론주의가 적용되므로 자백의 구속력이 인정된다.[2)] 직권조사사항에는 변론주의가 적용되지 않으므로 자백의 구속력도 인정되지 않는다.[3)]

(3) 현저한 사실에 반하는 자백은 자백으로서의 구속력이 없다.[4)]

---

1) 대판 1998. 3. 27. 97다56655("소송당사자가 소송 외에서 상대방의 주장사실과 일치하는 자기에게 불리한 사실을 확인하는 내용의 서면을 작성하여 상대방에게 교부한 경우, 특별한 사정이 없는 한 그 문서는 실질적 증명력이 있다고 보아야 한다").
2) 대판 1992. 8. 14. 91누13229; 대판 1991. 5. 28. 90누1854. 다만 행정소송에 있어서 쟁송의 대상이 되는 행정처분의 존부는 직권조사사항으로서 자백의 대상이 될 수 없다(대판 1990. 10. 10. 89누4673; 대판 1993. 7. 27. 92누15499 등).
3) 대판 1971. 2. 23. 70다44, 45(비법인사단·재단의 존부 및 그 대표자 자격); 대판 1964. 5. 12. 63다712(소송대리인에 의한 소제기의 경우 대리권의 존부).
4) 대판 1959. 7. 30. 4291민상551("소외 중앙물산 주식회사가 국내법인이고 본건 대지가 동 회사 소유명의로 등기되어 있는 것은 기록상 명료한 바이므로 본건 대지가 귀속재산이 아님은 법원에 현저한 사실이고, 이와 배치되는 진술을 피고가 하였다 하여도 그것은 재판상의 자백으로서 효력을 발할 수 없다").

2. 법원에 대한 구속력(사실인정권의 배제)

재판상 자백이 성립하면 법원은 그 사실이 진실인지 여부에 관하여 판단할 필요가 없고 설령 증거조사의 결과 반대의 심증을 얻었다고 하더라도 자백에 반한 사실을 인정할 수 없다.[1)]

▶ 대법원 1960. 10. 31. 선고 4292민상730 판결

변론주의에 의하여 심리하여야 하는 보통 민사소송사건에 있어서는 일단 자백이 성립하면 그 사실에 관하여는 법원의 인정은 배제되는 것이며, 법원은 자백이 진실이냐 아니냐를 판단할 필요가 없을 뿐 아니라 증거조사의 결과, 반대의 심증을 얻는다 하더라도 자백에 반한 사실을 인정할 수 없는 것이다.

▶ 대법원 1990. 11. 9. 선고 90다카11254 판결

원고와 피고종중 사이에 전에 원고는 피고종중을 상대로 제기한 소유권이전등기청구소송을 취하하는 대신 피고종중은 계쟁 부동산의 소유권을 원고에게 이전하기로 합의가 이루어진 사실을 피고종중이 자백한 경우 법원은 피고가 자백한 사실에 구속되어 원고와 피고종중 사이에 위와 같은 합의가 유효하게 이루어졌다는 사실과 배치되는 다른 사실을 인정할 수 없으므로 법원은 원고와 피고종중의 대표자 사이에 이루어진 합의가 피고종중의 규약이나 종중원총회의 결의에 따른 것임을 인정할만한 증거가 없다는 이유로 위 합의는 피고종중에 대하여 아무런 효력이 없는 것이라 판단할 수는 없다.

3. 당사자에 대한 구속력

재판상 자백은 당사자가 자유롭게 철회 또는 취소(철회의 의미)하지 못한다. 다만 ① 상대방의 동의가 있는 때, ② 자백이 진실에 반하고 착오로 인한 것임이 증명된 때(288조 단서)는 자백의 철회가 인정된다. 어느 경우이건 상고심에서는 자백의 철회가 인정되지 않는다.[2)] 한편, 청구가 교환적으로 변경됨으로써 원래의 주장사실을 철회한 경우에는 기존의 자백은 효력을 잃는다.

1) 대판 1960. 10. 31. 4292민상730; 대판 1988. 10. 24. 87다카804; 대판 2010. 2. 11. 2009다84288, 84295 등.
2) 대판 1998. 1. 23. 97다38305.

(1) 원칙 — 철회의 제한

▶ 대법원 1994. 9. 27. 선고 94다22897 판결

[1] 자백을 취소하는 당사자는 그 자백이 진실에 반한다는 것 외에 착오로 인한 것임을 아울러 증명하여야 하고, 진실에 반하는 것임이 증명되었다고 하여 착오로 인한 자백으로 추정되지는 아니한다.
[2] 재판상 자백의 취소는 반드시 명시적으로 하여야만 하는 것은 아니고 종전의 자백과 배치되는 사실을 주장함으로써 묵시적으로도 할 수 있다.
[3] 자백은 사적 자치의 원칙에 따라 당사자의 처분이 허용되는 사항에 관하여 그 효력이 발생하는 것이므로, 일단 자백이 성립되었다고 하여도 그 후 그 자백을 한 당사자가 위 자백을 취소하고 이에 대하여 상대방이 이의를 제기함이 없이 동의하면 반진실, 착오의 요건은 고려할 필요 없이 자백의 취소를 인정하여야 할 것이나, 위 자백의 취소에 대하여 상대방이 아무런 이의를 제기하고 있지 않다는 점만으로는 그 취소에 동의하였다고 볼 수는 없다.

|註| 사실관계와 법원의 판단 甲은 乙 소유의 승용차에 추돌당하여 상해를 입게 되자 乙을 상대로 손해배상청구소송을 제기하였다. 신체감정결과 甲이 도시일용노동자로서 23%, 자동차운전사로서 30%의 노동능력을 상실했고, 기왕증 여부는 확실히 알 수 없다는 결과가 나왔다. 甲은 사고 당시 운전사로서 근무하였음을 전제로 노동능력을 30% 상실하였다고 주장하며 청구취지를 변경하였고, 乙은 甲에게 기왕증이 있음을 증명하려고 하였으나 그 증명이 여의치 않자 甲의 노동능력상실률이 20%인 점에 관하여 다툼이 없다고 하였다. 제1심법원은 甲이 사고 당시 운전사로 종사하여 왔다는 주장을 배척하고 甲이 도시일용노동자로서 20%의 노동능력을 상실하였다고 인정하였다. 항소심에서 甲은 사고 당시 운전사로서 근무하였고 30%의 노동능력을 상실하였다고 주장하였고, 乙은 항소심에서 실시한 새로운 신체감정결과를 근거로 제1심에서의 자백을 취소하였다. 항소심법원은, ① 새로운 신체감정결과는 乙의 자백이 진실에 반한 것이라는 점에 관한 자료일 뿐이고, 자백이 착오에 의한 것이었음을 인정할 자료는 없으며, 오히려 제1심에서 乙이 자백을 하게 된 경위에 비추어 보면 자백이 착오에 의한 것이라고는 볼 수 없고, ② 항소심에서 甲이

사고 당시 운전사였고 노동능력상실률이 30%라고 주장하였다 하더라도 이는 도시일용노동자로서 노동능력이 20% 상실되었다는 자백에 배치된다고 할 수 없으므로 이로써 위 자백을 취소하였다거나 위 자백의 취소에 동의하였다고 할 수 없고, 甲이 위 자백취소에 아무런 이의를 하지 않았다 하여 이 점만으로 乙의 자백취소에 동의하였다고 볼 수 없다고 하였다. 대법원은 판결요지와 같이 판시하면서 항소심의 판단이 타당하다고 하였다.

(2) 자백의 철회가 인정되는 경우

(a) 상대방의 동의가 있는 경우

◆ 대법원 1990. 11. 27. 선고 90다카20548 판결

자백은 사적자치의 원칙에 따라 당사자의 처분이 허용되는 사항에 관하여 그 효력이 발생하는 것이므로 일단 자백이 성립되었다고 하여도 그 후 그 자백을 한 당사자가 종전의 자백과 배치되는 내용의 주장을 하고 이에 대하여 상대방이 이의를 제기함이 없이 그 주장 내용을 인정한 때에는 종전의 자백은 취소되고 새로운 자백이 성립된 것으로 보아야 한다.

|註| 자백의 취소는 묵시적으로 할 수도 있다는 것과 상대방의 동의에 의하여 자백이 취소될 수 있다는 것을 보여주는 판례이다.

(b) 자백이 진실에 반하고 착오로 말미암은 것인 경우

◆ 대법원 2004. 6. 11. 선고 2004다13533 판결(동 대법원 2000. 9. 8. 선고 2000다23013 판결)

재판상의 자백에 대하여 상대방의 동의가 없는 경우에는 자백을 한 당사자가 그 자백이 진실에 부합되지 않는다는 것과 자백이 착오에 기인한다는 사실을 증명한 경우에 한하여 이를 취소할 수 있으나, 이때 진실에 부합하지 않는다는 사실에 대한 증명은 그 반대되는 사실을 직접증거에 의하여 증명함으로써 할 수 있지만 자백사실이 진실에 부합하지 않음을 추인할 수 있는 간접사실의 증명에 의하여도 가능하다고 할 것이고, 또한 자백이 진실에 반한다는 증명이 있다고 하여 그 자백이 착오로 인한 것이라고 추정되는 것은 아니지만 그 자백이 진실과 부합되지 않는 사실이 증명된 경우라면 변론 전체의 취지에 의하여 그 자백이 착오로 인한 것이라는 점을 인정할 수 있다.

|註| 상대방의 동의가 없는 한 자백의 취소가 인정되려면 자백이 진실에 반한

다는 점과 착오로 말미암은 것이라는 점 2가지가 모두 증명되어야 하는데, 전자는 간접사실의 증명에 의하여도 증명될 수 있고, 전자가 증명되었다고 하여 후자가 추정되지는 않으나, 전자가 증명된 경우라면 후자는 변론 전체의 취지에 의하여 인정할 수도 있다는 판결이다.[1)]

(3) 자백의 실효

◆ **대법원 1997. 4. 22. 선고 95다10204 판결**

피고가 제1심에서 대상 토지의 소유권 일부 이전등기가 아무런 원인 없이 이루어졌다는 원고의 주장사실을 인정함으로써 자백이 성립된 후, 소변경신청서에 의하여 그 등기가 원인 없이 이루어졌다는 기존의 주장사실에 배치되는 명의신탁 사실을 주장하면서 청구취지 및 청구원인을 명의신탁해지를 원인으로 하는 소유권이전등기를 구하는 것으로 교환적으로 변경함으로써 원래의 주장사실을 철회한 경우, 이미 성립되었던 피고의 자백도 그 대상이 없어짐으로써 소멸되었고, 나아가 그 후 그 피고가 위 자백내용과 배치되는 주장을 함으로써 그 진술을 묵시적으로 철회하였다고 보여지는 경우, 원고들이 이를 다시 원용할 수도 없게 되었고, 원고들이 원래의 원인무효 주장을 예비적 청구원인 사실로 다시 추가하였다 하여 자백의 효력이 되살아난다고 볼 수도 없다.

제 2. 자백간주(의제자백)

Ⅰ. 의의

당사자가 상대방의 주장사실을 명백히 다투지 않고 변론 전체의 취지에 의하더라도 다툰 것으로 인정되지 않는 경우 그 주장사실은 자백한 것으로 본다. 이를 자백간주(自白看做)라고 한다. 자백간주는 변론주의 아래에서만 적용되므로 소송대리권의 존부와 같은 직권조사사항과 재심사유의 존부와 같은 직권탐지사항에는 적용되지 않고,[2)] 법률상의 주장에도 적용되지 않는다.[3)] 행정소송에는 변론주의

1) 같은 취지 : 대판 2010. 2. 11. 2009다84288, 84295(반진실 증명으로 착오가 추정되지 않는다는 판례); 대판 2004. 6. 11. 2004다13533(반진실 증명이 있으면 변론 전체의 취지로 착오를 인정할 수 있다는 판례).

2) 대판 1999. 2. 24. 97다38930(소송대리권); 대판 1992. 7. 24. 91다45691(재심사유).

가 적용되므로 행정소송에서도 자백간주가 인정된다.[1]

Ⅱ. 자백으로 간주되는 경우

1. 변론에서 상대방의 주장사실을 명백히 다투지 아니한 경우

당사자가 변론에서 상대방의 주장사실을 명백하게 다투지 아니한 때에는 변론 전체의 취지로 보아 다툰 것으로 인정되는 경우가 아닌 한 그 사실을 자백한 것으로 본다(150조 1항).

▶ 대법원 1989. 7. 25. 선고 89다카4045 판결

제1심에서 원고의 주장사실을 명백히 다투지 아니하여 의제자백으로 패소한 피고가 항소심에서도 원고 청구기각의 판결을 구하였을 뿐 원고가 청구원인으로 주장한 사실에 대하여는 아무런 답변도 진술하지 않았다면 그 사실을 다툰 것으로 인정되지 않는 한 항소심에서도 의제자백이 성립한다.

|註| 1. 사실관계와 법원의 판단 甲은, 乙과 공동으로 X 토지를 매수하면서 그 중 특정된 A 부분은 甲의 몫으로, 나머지 B 부분은 乙의 몫으로 하기로 하되 토지 전체에 관하여 乙 명의로 소유권이전등기를 함으로써 A 부분에 관하여는 乙에게 명의신탁을 하였는데, 乙이 丙에게 B 부분을 매도하면서 토지 전체에 관하여 소유권이전등기를 하여 주어 丙은 A 부분에 관하여는 乙의 명의수탁인으로서의 지위를 승계하였는바, 이후 甲이 A 부분에 관한 명의신탁약정을 해지하였다고 주장하면서, 丙을 상대로 X 토지 중 A 부분에 관하여 명의신탁해지를 원인으로 한 소유권이전등기절차의 이행을 구하였다. 丙은 교부송달에 의한 소환을 받고도 답변서 기타 준비서면을 제출하지 아니한 채 변론기일에 출석하지 아니하였고, 제1심법원은 丙이 甲의 주장사실을 명백히 다투지 않는 것으로 보아 청구인용판결을 하였다. 丙은 항소를 하면서 '제1심판결을 취소하고, 원고의 청구를 기각하는 판결을 구한다'는 내용이 적힌 항소장만을 제출한 채 어떠한 준비서면도 제출하지 아니하였고, 변론기일에서도 항소장을 진술한다고만 하였을 뿐 甲의 주장사실에 대하여 아무런 답변을 하지 않았다. 한편 甲은 항소심 변론기일에 토지매매계약서, 등기부등본 등과 함께 乙 작성의 확인서(명의수탁자 지위가 승계되었다는 취지)를 서증으로 제출하였는데, 丙이 위 확인서의 성립에 관하여 부지로 답변하자, 항소심법원은 바로 변론을 종결한 다음 청구

3) 대판 1973. 10. 10. 73다907.
1) 대판 2000. 12. 22. 2000후1542.

원인 사실 중 다른 사실은 모두 인정되지만 丙이 乙의 명의수탁인으로서의 지위를 승계한 사실을 인정할 만한 증거가 없다는 이유로, 제1심판결을 취소하고 甲의 청구를 기각하는 판결을 선고하였다. 그러나 대법원은, 항소심이 丙에게 청구원인사실을 인정하는지 여부를 밝혀보지도 아니한 채 그 일부를 인정할 증거가 없다고 보아 甲의 청구를 기각한 것은 석명권의 행사를 게을리하였거나 자백간주에 관한 법리를 오해한 것이고, 甲에게 위 확인서의 진정성립을 입증할 것을 촉구하지 않은 것 역시 석명권 행사를 게을리한 것이라고 하여, 항소심판결을 파기하였다.

2. 자백간주 및 그 배제의 구별기준 피고가 원고 청구의 기각만을 구하고 원고의 주장사실에 관하여는 아무런 답을 하지 않거나 추후 답하겠다고만 한 경우에는 명백하게 다투지 않아 자백간주가 성립된 것으로 보아야 한다. 반면에, 원고의 청구원인 사실을 부인하는 취지의 답변서가 제출되었다면 설령 위 답변서가 진술 또는 진술간주되지 않았다고 하더라도 변론 전체의 취지로 보아 원고의 주장사실을 다툰 것으로 볼 것이므로[1] 자백간주가 성립한 것으로 인정하여서는 안 된다.

3. 다툼의 존부를 밝히기 위한 석명권의 행사 대상판결의 항소심법원은 甲이 제출한 확인서에 대하여 丙이 부지라고 답한 것을 근거로 丙이 甲의 주장사실을 다투었다고 본 듯하나, 문서의 진정성립에 대한 인정 여부와 청구원인사실에 대한 인정 여부는 별개의 문제이므로, 대법원은 丙에게 위 부지 답변의 취지가 甲의 청구원인사실을 다투는 취지인지 석명하였어야 한다고 한 것이다. 이처럼 자백간주를 인정할 것인지 여부가 모호한 경우에는 법원이 적극적으로 석명권을 행사할 필요가 있다.

4. 자백간주 배제의 종기 당사자는 변론이 종결될 때까지 어느 때라도 상대방의 주장사실을 다툼으로써 자백간주를 배제시킬 수 있으므로, 상대방의 주장사실을 다투었다고 인정할 것인가의 여부는 사실심 변론종결 당시의 상태에서 변론의 전체를 살펴서 구체적으로 결정하여야 한다.[2]

2. 당사자 일방이 기일에 불출석한 경우

(1) 당사자가 공시송달 외의 방법으로 기일통지서를 송달받고도 변론기일에 출석하지 않은 때에도 변론 전체의 취지로 보아 다툰 것으로 인정되는 경우가 아닌 한 상대방의 주장사실을 자백한 것으로 본다(150조 3항). 현행 민사소송법은 피고가 답변서를 제출하지 않는 경우 무변론 원고승소의 판결을 할 수 있으므로(257조) 불출석에 의한 자백간주가 활용될 여지가 줄어들었으나, 소송도중에 청구취지와 청

1) 대판 1981. 7. 7. 80다1424.
2) 대판 2004. 9. 24. 2004다21305; 대판 2012. 10. 11. 2011다12842.

구원인을 정정한 때 또는 피고가 여럿인데 일부는 송달을 받고 다투지 않으나 일부 피고에 대하여는 증거에 의하여 사실인정을 하여야 하는 때 등의 경우에는 여전히 불출석에 의한 자백간주가 활용되고 있다.

(2) 피고가 답변서 등 청구원인사실을 다투는 서면을 제출하였다면 그 서면이 진술간주되므로(148조 1항) 자백간주가 되지 않는다. 설령 진술간주되지 않았더라도 변론 전체의 취지로 보아 원고의 청구원인사실을 다투는 경우에 해당하므로 자백간주로 인정하여서는 안 된다. 다만 청구기각을 구할 뿐 사실을 다투는 기재가 없는 서면이 제출되었다면 청구에 대한 다툼이 있을 뿐 사실에 대한 다툼이 있는 경우라고 볼 수 없으므로 자백간주가 된다.[1]

(3) 공시송달이 아닌 적법한 송달이 있었다면 변론에 불출석한 이유는 묻지 않는다. 예컨대, 당사자 사이에 화해가 성립되어 원고가 앞으로 소를 취하할 터이니 출석할 필요가 없다고 하여 피고가 불출석한 경우에도 자백간주가 되고,[2] 소송대리인이 기일통지서를 받은 뒤 사임하여 피고 본인이 출석하지 못하였더라도 자백간주가 된다.[3] 일단 일반송달에 의하여 자백간주가 성립한 이후에는 변론기일통지서가 송달불능이 되어 공시송달의 방법으로 절차를 진행하였더라도 이미 발생한 자백간주의 효과가 없어지는 것은 아니다.[4]

3. 답변서를 제출하지 아니한 경우

피고가 소장부본을 송달받고 30일 이내에 답변서를 제출하지 않으면 법원은 청구원인사실을 자백한 것으로 보고 변론 없이 원고승소판결을 선고할 수 있다(256조, 257조 1항 본문). 다만 피고가 선고 전에 청구원인사실을 다투는 취지의 답변서를 제출하면 그러하지 아니하다(257조 1항 단서).

---

1) 대판 1957. 10. 14. 4290민상147; 대판 1955. 7. 21. 4288민상59.
2) 대판 1948. 2. 12. 4280민상190.
3) 대판 1947. 12. 30. 4280민상169.
4) 대판 1988. 2. 23. 87다카961.

Ⅲ. 자백간주의 효력

1. 법원에 대한 구속력

자백간주가 성립되면 재판상 자백과 마찬가지로 법원은 그 사실을 판결의 기초로 삼아야 하고 증거에 의하여 이와 배치되는 사실을 인정하여서는 안 된다.

▶ 대법원 1997. 2. 28. 선고 96다53789 판결

통상공동소송에서 피고가 여럿이고 피고들 사이에 실체관계가 동일한데 일부 피고만이 다투고 나머지 피고에 대하여는 자백간주가 성립하는 경우 피고들 사이에서 동일한 실체관계에 대하여 서로 배치되는 내용의 판단이 내려질 수밖에 없고 이를 위법이라고 할 수 없다.

2. 당사자에 대한 구속력

자백간주는 재판상 자백과 달리 당사자에 대한 구속력이 없다. 따라서 자백간주가 성립되었더라도 당사자는 변론종결 당시까지, 즉 제1심에서 자백간주가 있었다고 하더라도 구두변론 일체성에 의하여 항소심의 변론종결 당시까지는 상대방의 주장을 다툴 수 있다.[1] 환송 전에 다투지 아니한 사실을 환송 후 명백히 다투었을 경우에도 환송 전 자백간주의 효력은 소멸한다.[2]

제 3. 현저한 사실

현저한 사실이란 법관이 명확하게 인식하고 있고 증거에 의하여 그 존부를 인정할 필요가 없을 정도로 객관성이 담보되어 있는 사실이다. 현저한 사실은 증명이 필요 없는 사실이나, 나아가 주장도 필요 없는 사실인지에 관하여는 판례가 나뉜다.[3] 현저한 사실에는 공지의 사실과 법원에 현저한 사실이 있다.

1) 대판 1968. 3. 19. 67다2677; 대판 1987. 12. 8. 87다368.

2) 대판 1968. 9. 3. 68다1147.

3) 법원에 현저한 사실이라도 그 사실이 주요사실인 경우에는 당사자의 주장이 있어야만 비로소 판결의 기초로 할 수 있다는 판결로는 대판 1965. 3. 2. 64다1761이 있고 당사자가 변론에서 원용하든가 현출되지 아니하여도 된다는 반대취지의 판결로는 대판 1963. 11. 28. 63다493이 있다.

Ⅰ. 공지의 사실

불요증사실인 공지의 사실은 전국적 또는 지방적으로 불특정다수인에게 널리 알려져 있는 사실로서 알 수 있는 기회나 자료가 일반인에게 개방되어 있어 누구라도 능히 알 수 있는 그러한 사실을 말한다.[1)]

■ 공지의 사실 긍정례 ■

① 왜정시에 공문서 또는 관청비치의 제장부의 기재에 일본 연호를 사용치 않고 서기 연호를 사용한 예가 전연 없었음은 공지의 사실이므로 가옥대장상 왜정당시 일본인으로부터 한국인에게 소유권이전된 일시의 기재가 서기 연호로 되어 있는 경우에는 실질상 소유권이전은 해방 후에 있었고 다만 일자를 소급하여 기재하였음에 불과하다고 볼 것이다.[2)]

② 8·15 해방 직전에 우리 국민들이 대부분 일본식으로 창씨개명을 하였던 것은 공지의 사실이라 할 것이고, 해방 후에 그 등기부상 일본식 씨명을 종전 성명으로 복구하지 않고도 그 등기이전을 할 수 있었던 것도 현저한 사실이라 할 것이므로 피고가 취득한 대지의 전 소유자 명의가 일본식 씨명이라 하여 이를 곧 일본인으로 추정할 수는 없고, 오히려 반대의 추정을 하는 것이 옳다 할 것이다.[3)]

③ 1962. 6. 16. 법률 제1091호 긴급금융조치법에 의하여 1962. 6. 18.부터 화폐단위로 '원'을 사용하였음이 공지의 사실인데 그로부터 6년이 훨씬 지난 후에 작성되었다는 토지대금 영수증에 그 대금표시가 '환'으로 되어 있다면 특별한 사정이 없는 한 그 기재내용의 진실성은 믿을 수 없다.[4)]

■ 공지의 사실 부정례 ■

금원대여를 업으로 하는 대금업자가 아닌 사람이 일시적으로 타인에게 금원을 대여하는 경우에 그 이자율이 얼마인가 하는 점은 누구나 능히 알 수 있는 공지의 사실에 속한다고 볼 수 없다.[5)]

---

1) 대판 1984. 12. 11. 84누439.
2) 대판 1957. 12. 9. 4290민상358, 359.
3) 대판 1971. 3. 9. 71다226.
4) 대판 1991. 6. 28. 91다9954.
5) 대판 1984. 12. 11. 84누439.

Ⅱ. 법원에 현저한 사실

민사소송법 제288조 소정의 '법원에 현저한 사실'이라 함은 법관이 직무상 경험으로 알고 있는 사실로서 그 사실의 존재에 관하여 명확한 기억을 하고 있거나 또는 기록 등을 조사하여 곧바로 그 내용을 알 수 있는 사실을 말한다.[1]

◆ 대법원 1996. 7. 18. 선고 94다20051 전원합의체 판결

[다수의견] 민사소송법 제261조(현행 288조) 소정의 "법원에 현저한 사실"이라 함은 법관이 직무상 경험으로 알고 있는 사실로서 그 사실의 존재에 관하여 명확한 기억을 하고 있거나 또는 기록 등을 조사하여 곧바로 그 내용을 알 수 있는 사실을 말한다. 피해자의 장래수입상실액을 인정하는 데 이용되는 직종별임금실태조사보고서와 한국직업사전의 각 존재 및 그 기재 내용을 법원에 현저한 사실로 보아, 그를 기초로 피해자의 일실수입을 산정한 조치는, 객관적이고 합리적인 방법에 의한 것이라고 보여지므로 옳다.

[반대의견] 일반적으로 법원에 현저한 사실이라 함은 민사소송법상 불요증사실의 하나로서 판결을 하여야 할 법원의 법관이 직무상 경험으로 그 사실의 존재에 관하여 명확한 기억을 하고 있는 사실을 말하므로, 법관이 직무상 안 사실이라고 하더라도 명확한 기억을 하고 있지 아니하면 법원에 현저한 사실에 속한다고 할 수 없다. 직종별임금실태조사보고서는 법관이 그 기재 내용을 기억할 수 없거나 또는 다른 사건의 증거조사 과정을 통하여 그 일부를 기억할 수 있을 뿐이므로 이를 전연 별개의 사건에서 법원에 현저한 사실이라고 하여 판결의 기초로 삼을 수 없고, 뿐만 아니라 이를 다수의견과 같이 법원에 현저한 사실에 속한다고 보게 되면 변론에 전혀 현출되지 아니하였음에도 불구하고 사실심법원이 그 사실을 피해자의 수입을 인정하는 자료로 이용하게 됨으로써 소송당사자가 예상하지 못한 불이익한 재판을 받게 될 우려가 있다.

|註| 판례는, 통계청이 정기적으로 조사·작성하는 한국인의 생명표에 의한 남녀별 각 연령별 기대여명은 법원에 현저한 사실이라고 하였고,[2] 일실수입의 기초가 되는 가동연한은 제반 사정을 조사하여 이로부터 경험법칙상 추정되

1) 대판(전) 1996. 7. 18. 94다20051.
2) 대판 1999. 12. 7. 99다41886.

는 가동연한을 도출할 수 있다고 하였다.[1]

◆ 대법원 2019. 8. 9. 선고 2019다222140 판결
피고와 제3자 사이에 있었던 민사소송의 확정판결의 존재를 넘어서 그 판결의 이유를 구성하는 사실관계들까지 법원에 현저한 사실로 볼 수는 없다. 민사재판에 있어서 이미 확정된 관련 민사사건의 판결에서 인정된 사실은 특별한 사정이 없는 한 유력한 증거가 되지만, 당해 민사재판에서 제출된 다른 증거 내용에 비추어 확정된 관련 민사사건 판결의 사실인정을 그대로 채용하기 어려운 경우에는 합리적인 이유를 설시하여 이를 배척할 수 있다는 법리도 그와 같이 확정된 민사판결 이유 중의 사실관계가 현저한 사실에 해당하지 않음을 전제로 한 것이다.

|註| 항소심이 다른 하급심판결의 이유 중 일부 사실관계에 관한 인정사실을 그대로 인정하면서, 위 사정들이 '법원에 현저한 사실'이라고 본 사안에서, 당해 재판의 제1심 및 항소심에서 다른 하급심판결의 판결문 등이 증거로 제출된 적이 없고, 당사자들도 이에 관하여 주장한 바가 없음에도 이를 '법원에 현저한 사실'로 본 항소심판단에 법리오해의 잘못이 있다고 한 사례이다.

제 4 절 증거조사의 개시

제 1. 증거신청

(1) 증거를 신청할 때에는 증명할 사실(입증사항)과 증거와 증명할 사실의 관계(입증취지)를 구체적으로 밝혀야 한다(289조 1항, 규칙 74조). 따라서 입증사항과 입증취지가 특정되지 않은 이른바 모색적 증명은 원칙적으로 허용되지 않는다.

(2) 증거의 신청은 변론기일 전에도 할 수 있다(289조 2항). 이를 기일전신청 또는 기일외신청이라고 한다. 변론종결 후에는 증거신청은 허용되지 않는다. 예컨대, 변론종결 후에 접수시킨 서류는 판단의 자료로 삼을 수 없고 직권으로 조사할 의

1) 대판 2001. 3. 9. 2000다59920.

무도 없다.[1)]

(3) 증거신청은 증거조사가 개시되기 전에는 상대방의 동의 없이 자유롭게 철회할 수 있다.[2)] 증거조사가 개시된 후에는 상대방의 동의를 얻어 철회할 수 있다. 증거조사가 끝난 뒤에는 증거신청을 철회할 수 없다. 예컨대, 증인신문을 마친 후에 당사자가 그 증인을 포기하더라도 법원은 이에 구속받지 않고 그 증언을 증거자료로 채용할 수 있다.[3)]

제 2. 증거의 채부 결정

Ⅰ. 서설 — 채택 여부의 자유

당사자의 주장사실에 대한 유일한 증거가 아닌 한 증거의 채부는 법원이 자유로이 결정할 수 있는 재량사항이다(290조).[4)] 동일 사실을 증명하기 위한 증거방법이 여러 개인 경우 그 조사범위 역시 법원이 심리상 필요에 의하여 정할 수 있고 필요 없다고 인정하는 증거는 그 신청을 각하할 수 있다.[5)]

Ⅱ. 유일한 증거

(1) 당사자가 주장하는 사실에 관한 유일한 증거는 법원이 필요 없다고 판단하여도 조사하지 않을 수 없다(290조 단서). 유일한 증거를 조사하지 않으면 채증법칙 위반으로 상고이유가 되나,[6)] 조사를 한 이상 그 내용을 받아들일 것인지의 여부는 법원의 자유심증에 맡겨져 있다.[7)]

(2) 유일한 증거인지의 여부는 쟁점 단위로 판단하여야 하고 사건 전체를 기준으로 판단해서는 안 된다. 유일한 증거인지 여부는 모든 심급을 통하여 판단하여

1) 대판 1989. 11. 28. 88다카34148; 대판 1963. 1. 31. 62다812 등.
2) 대판 1971. 3. 23. 70다3013.
3) 대판 1946. 10. 11. 4279민상32, 33.
4) 대판 1991. 7. 26. 90다19121.
5) 대판 1955. 1. 27. 4287민상224; 대판 1955. 1. 20. 4287민상206.
6) 대판 1970. 11. 24. 70다2218.
7) 대판 1966. 6. 28. 66다697.

야 하므로 제1심에서 조사하였다면 항소심에서는 유일한 증거이더라도 이를 반드시 채택해야 하는 것은 아니다. 유일한 증거는 주요사실에 대한 증거이어야 하는데, 유일한 서증의 진정성립을 인정하기 위한 증인은 유일한 증거에 해당된다.[1] 유일한 증거라 함은 당사자의 증명책임이 있는 사항에 관한 유일한 증거를 말하고 상대방의 주장을 부인한 당사자의 신청증거는 반증에 불과하여 유일한 증거에 해당되지 않는다.[2]

▶ 대법원 1976. 1. 27. 선고 75다1703 판결(同 대법원 1980. 1. 13. 선고 80다2631 판결)

유일한 증거라 함은 당사자의 입증책임이 있는 사항에 관한 유일한 증거를 말하고 상대방의 주장을 부인한 당사자의 신청증거는 반증에 불과하여 유일한 증거에 해당되지 않는다. 증인 甲을 신청한 것은 원고가 주장하는 피고들의 보증을 적극적으로 부인하고 원고가 제출한 甲 제1호증의 2(보증서)의 성립도 부인하면서 위 보증서의 위조를 입증하기 위한 반증임을 알 수 있으므로 甲을 증인으로 소환하여 신문하지 아니하였다 하여 잘못이라 할 수 없다.

▶ 대법원 1998. 6. 12. 선고 97다38510 판결

유일한 증거라 함은 당사자가 입증책임이 있는 사항에 관한 유일한 증거를 말하는 것인바, 유언의 존재 및 내용이 입증사항인 이상 유서에 대한 필적과 무인의 감정은 반증에 불과하여 유일한 증거에 해당하지 않는다.

(3) 일정한 경우에는 유일한 증거이더라도 증거조사를 하지 않을 수 있다. ① 증거신청이 부적법한 경우,[3] ② 신청한 증거가 쟁점판단에 불필요하거나 부적절한 경우,[4] ③ 증인여비를 예납하지 않거나 감정사항을 제출하지 않는 등 당사자가 증거조사절차를 이행하지 않는 경우,[5] ④ 증거조사에 부정기간의 장애(291조)가 있는 경우[6]가 이에 해당한다. ①, ②의 경우에는 증거를 채택하지 않을 수 있고,

1) 대판 1962. 5. 10. 4294민상1510("채무를 변제하였다는 증거로 제출한 서증이 유일한 것이고 그 서증의 진정성립을 위하여 신청한 증인이 단 한번 출석하지 아니하였다고 하여 취소한 다음 항변을 받아들이지 아니한 것은 증거법 위반이다").
2) 대판 1976. 1. 27. 75다1703; 대판 1980. 1. 13. 80다2631.
3) 대판 1957. 5. 2. 4290민상59 참조.
4) 대결 1959. 9. 18. 4292민재항164; 대판 1961. 12. 7. 4294민상135 등.
5) 대판 1969. 1. 21. 68다2188; 대판 1959. 2. 19. 4290민상873; 대판 1969. 4. 19. 69다67 등.
6) 대판 1973. 12. 11. 73다711; 대판 1959. 10. 29. 4292민상513 등. 증인에게 적법하게 소환장을 보냈으나 변론기일에 정당한 사유 없이 출석하지 않은 경우(대판 1962. 3. 29. 4294민상1532), 증인 甲에게는 2차에 걸쳐 주소를 보정하였으나 소환장이 송달되지 아니하고, 증인 乙

③, ④의 경우에는 증거채택을 취소할 수 있다.

Ⅲ. 증거채택 여부 결정

법원은 증거신청을 받아들이지 않을 때에는 각하결정(却下決定)을 하고 채택하는 경우에는 증거결정(證據決定)을 한다. 채부결정을 보류할 수도 있다. 법원은 반드시 증거채부의 결정을 하여야 하는 것이 아니고[1] 각하결정을 하지 않고 변론을 종결하면 묵시적으로 각하결정을 한 것으로 본다. 증거의 채부결정에 대하여는 독립하여 상소할 수 없다.[2]

제 3. 직권증거조사

(1) 법원은 당사자가 신청한 증거에 의하여 심증을 얻을 수 없거나 그 밖에 필요하다고 인정하는 때에는 직권으로 증거조사를 할 수 있다(292조).

▶ 대법원 1959. 7. 2. 선고 4291민상336 판결

민사소송에서 변론주의를 채택함은 민사소송의 성질상 자료의 수집을 당사자의 책임으로 함이 일반적으로 진실을 얻는 첩경이며 국가의 노력경감과 당사자에 대한 공평을 꾀할 수 있다는 고려 하에서 취하여진 것으로서 변론주의가 시행된다고 하여 실체적 진실발견주의를 버리고 형식적 진실로서 만족하는 것은 아니며, 변론주의가 당사자의 책임을 인정하는 것은 당사자의 소송진행의 능력이 완전히 대등한 것을 전제로 하는 것이나 사실에 있어서는 당사자는 지식경험이나 경제력에 있어서 대등하지 않으며, 특히 법률지식이 없는 본인소송에 있어서는 충분한 법률상의 변론을 기대할 수 없으므로 민사소송법은 석명권의 행사 또는 직권증거조사의 규정을 두어 그 조절을 하게 한 것이다.

(2) 보충적 직권증거조사는 법원의 의무가 아니고 재량이다. 다만 판례는 손해배상책임은 인정되나 손해액이 확정되지 않고 있는 경우 등 경우에 따라서는 직권으로라도 손해액을 심리판단해야 한다고 하고 있다(상세한 내용은 '석명권' 중 '증거에 대한 석명' 부분 참조).

은 소환장을 송달받고 출석하지 아니하여 구인장을 발부하였는데 구인장도 집행불능이 된 경우(대판 1962. 3. 18. 4294민상954) 등의 사유는 부정기간의 장애가 있는 경우에 해당한다.

1) 대판 1965. 5. 31. 65다159; 대판 1963. 1. 17. 62다770.

2) 대결 1989. 9. 7. 89마694.

제 5 절 증거조사의 실시

민사소송법은 증인신문, 감정, 서증, 검증, 당사자신문, 그 밖의 증거 6가지에 관하여 증거조사절차를 규정하고 있다.

제 1. 증인신문

(1) 증인의 증언으로부터 증거자료를 얻는 증거조사를 증인신문(證人訊問)이라고 한다. 증인신문은 증인이 과거에 경험한 사실을 법원에 보고하는 것이므로 증언내용이 증인의 단순한 의견이나 상상적인 것에 불과하다면 그 증언은 증거력이 없다.[1] 증인은 당사자, 법정대리인, 법인 등 단체의 대표자 이외의 사람이어야 한다. 위와 같은 사람들은 당사자본인신문에 의하여야 하는데 이들을 증인으로 조사하였다고 하더라도 지체 없이 이의하지 않았다면 절차상의 하자가 치유되어 이들의 진술내용을 토대로 사실을 인정하였더라도 위법이라 할 수 없다.[2]

(2) 증인에게는 출석의무, 진술(증언)의무, 선서의무가 있다. 증인은 일정한 경우 증언을 거부하거나(314조, 315조) 선서를 거부할 수 있는데(324조), 재판장이 증언거부 여부를 물어보지 않고 증언을 하게 하였거나, 선서거부 여부를 물어보지 않고 선서를 하게 하고 증인신문을 하였더라도, 이러한 법원의 조치는 위법이라 할 수 없고 채증법칙위반이 되지 않는다.[3] 또한 재판장은 일정한 경우 선서를 시키지 않고 증인신문을 할 수 있는데(323조), 재판장이 선서를 면제할 수 있는 사람에게 선서면제를 하지 않았더라도 그 사람의 증언은 증거능력 없는 사람의 증언이 아니다.[4]

제 2. 감정

Ⅰ. 의의

감정이라 함은 특별한 학식과 지식을 가진 사람에게 그 전문적 지식 또는 그 지

1) 대판 1955. 2. 24. 4287민상88.
2) 대판 1977. 10. 11. 77다1316.
3) 대판 1971. 11. 30. 71다1745(증언거부권); 대판 1971. 4. 30. 71다452(선서거부권).
4) 대판 1964. 6. 9. 63다987(선서면제).

식을 이용한 판단을 소송상 보고시켜 법관의 판단능력을 보충하기 위한 증거조사이다.[1] 감정에 있어서는 감정결과가 그 자체로 증거가 되는 것이므로(증인의 증언이 그 자체로 증거가 되는 것과 마찬가지이다. 즉 감정은 人證이다) 감정인이 작성한 감정서를 서증으로 취급해서는 안 된다. 그러나 감정의견이 소송법상 감정인신문이나 감정의 촉탁방법에 의한 것이 아니고 소송 외에서 사적으로 감정한 서면을 서증으로 제출한 때에는 서증으로 취급된다.

▶ 대법원 2002. 12. 27. 선고 2000다47361 판결

감정의견이 소송법상 감정인신문이나 감정의 촉탁방법에 의한 것이 아니고 소송 외에서 전문적인 학식경험이 있는 자가 작성한 감정의견을 기재한 서면이라 하더라도 그 서면이 서증으로 제출되었을 때 법원이 이를 합리적이라고 인정하면 이를 사실인정의 자료로 할 수 있다.

|註| 다만, "당사자가 서증으로 제출한 감정의견이 법원의 감정 또는 감정촉탁에 의하여 얻은 그것에 못지않게 공정하고 신뢰성 있는 전문가에 의하여 행하여진 것이 아니라고 의심할 사정이 있거나 그 의견이 법원의 합리적 의심을 제거할 수 있는 정도가 되지 아니하는 경우에는 이를 쉽게 채용하여서는 안 되고, 특히 소송이 진행되는 중이어서 법원에 대한 감정신청을 통한 감정이 가능함에도 그와 같은 절차에 의하지 아니한 채 일방이 임의로 의뢰하여 작성한 경우라면 더욱더 신중을 기하여야 한다."[2]

◆ 대법원 2006. 5. 25. 선고 2005다77848 판결

법원이 감정인을 지정하고 그에게 감정을 명하면서 착오로 감정인으로부터 선서를 받는 것을 누락함으로 말미암아 그 감정인에 의한 감정 결과가 증거능력이 없게 된 경우라도, 그 감정인이 작성한 감정 결과를 기재한 서면이 당사자에 의하여 서증으로 제출되고, 법원이 그 내용을 합리적이라고 인정하는 때에는, 이를 사실인정의 자료로 삼을 수 있다.

Ⅱ. 감정절차

(1) 감정인은 선서를 하고(338조) 판단에 필요한 조사를 한 다음 조사한 결과에

1) 대판 2017. 6. 8. 2016다249557("감정은 법원이 어떤 사항을 판단하면서 특별한 지식과 경험칙을 필요로 하는 경우에 그 판단의 보조수단으로서 그러한 지식과 경험을 이용하는 것이다").
2) 대판 2010. 5. 13. 2010다6222.

따른 판단을 서면이나 말로써 법원에 보고한다(339조). 감정인신문을 하여 필요한 사항을 감정인에게 묻기도 한다.

▶ 대법원 1960. 12. 20. 선고 4293민상163 판결

감정인신문을 하지 않고 감정인에 대하여 증인신문을 하였더라도 당사자가 즉시 이의하지 않았다면 그 증언의 내용인 판단(예컨대, 손해배상청구소송에서 감정이 필요한 손해액)을 판결의 기초로 삼았더라도 위법이 아니다.

(2) 법원이 필요하다고 인정하는 경우에는 공공기관·학교, 그 밖에 상당한 설비가 있는 단체 또는 외국의 공공기관에 감정을 촉탁할 수 있고, 이 경우에는 선서에 관한 규정을 적용하지 않는다(341조 1항). 이를 감정촉탁(鑑定囑託)이라고 한다.

▶ 대법원 1982. 8. 24. 선고 82다카317 판결

민사소송법 제314조(현행 341조)는 공무소나 학교 등 전문적 연구시설을 갖춘 권위 있는 기관에 대한 촉탁인 까닭에 감정인 선서에 관한 규정을 적용하지 않는다고 규정하고 있는 것이므로 동조에 의한 감정이라면 위와 같은 권위 있는 기관에 의하여 그 공정성과 진실성 및 그 전문성이 담보되어 있어야 한다.

|註| 항소심이 서울대학교 의과대학 부속병원장에 대한 신체감정촉탁결과를 배척하고 감정인으로서 선서하지 않은 개인 甲의 감정결과를 채택하여 사실관계를 확정한 사안에서, 대법원은 甲이 고도의 전문지식을 갖춘 사람이라고 하더라도 제341조의 요건을 갖추지도 못하였고 甲이 감정인으로서 선서하지도 않았으므로 위 감정결과는 증거능력이 없다고 하였다.

Ⅲ. 감정결과의 채택 여부

(1) 감정인의 감정결과에 대하여는 통상 그로 인하여 이익을 얻는 당사자가 감정결과를 원용한다는 진술을 하지만 당사자가 이를 증거로 원용하지 않는 경우에도 법원으로서는 증거로 할 수 있다.[1)]

(2) 감정은 사실인정에 관하여 특별한 지식과 경험을 요하는 경우에 법관이 감정인의 특별한 지식과 경험을 이용하는 데 불과한 것이므로 감정결과의 채부 및

1) 대판 1994. 8. 26. 94누2718; 대판 1976. 6. 22. 75다2227.

그 평가는 법관의 자유심증에 맡겨져 있다.[1] 다만 감정인의 감정결과는 그 감정방법 등이 경험칙에 반하거나 합리성이 없는 등의 현저한 잘못이 없는 한 이를 존중하여야 한다.[2]

▶ 대법원 1998. 7. 24. 선고 98다12270 판결

의료과오가 있었는지 여부는 궁극적으로는 그 당시 제반 사정을 참작하여 경험칙에 비추어 규범적으로 판단할 수밖에 없으므로, 감정결과에 의료과오의 유무에 관한 견해가 포함되어 있다고 하더라도 법원이 의사에게 과실이 있는지 여부를 판단함에 있어서 그 견해에 기속되지 않는다.

▶ 대법원 1989. 6. 27. 선고 88다카14076 판결

동일한 사실에 관하여 상반되는 수개의 감정결과가 있을 때에 법원이 그 중 하나를 채용하여 사실을 인정하였다면 그것이 경험칙이나 논리법칙에 위배되지 않는 한 적법하고 어느 하나를 채용하고 그 나머지를 배척하는 이유를 구체적으로 명시할 필요가 없다.

▶ 대법원 2010. 11. 25. 선고 2007다74560 판결

항공기소음의 측정은 전문적인 학식이나 경험이 있는 자의 감정에 의할 수밖에 없고, 또한 항공기소음은 그 영향 범위가 넓고 지속적이기 때문에 실측만으로 이를 평가하는 것은 사실상 어려우므로, 감정대상 지역 중 대표적인 지점을 선정하여 일정 기간 항공기소음을 실측한 값과 공인된 프로그램에 의하여 예측한 소음 값을 비교하여 그 예측 값이 일정한 오차의 허용 범위 내에 들면 그 지역의 신빙성 있는 항공기소음도로 인정하는 것이 일반적이다. 따라서 법정의 절차에 따라 선서하였거나 법원의 촉탁에 의한 감정인이 전문적인 학식과 경험을 바탕으로 위와 같은 과정을 거쳐 제출한 감정결과는 그 소음 실측이나 예측 과정에서 상당히 중한 오류가 있었다거나 상대방이 그 신빙성을 탄핵할 만한 객관적인 자료를 제출하지 않는다면 실측 과정 등에서 있을 수 있는 사소한 오류의 가능성을 지적하는 것만으로 이를 쉽게 배척할 수는 없다.

1) 대판 2002. 6. 28. 2001다27777("민사소송절차에서 신체감정에 관한 감정인의 감정결과는 증거방법의 하나에 불과하고, 법관은 당해 사건에서 모든 증거를 종합하여 자유로운 심증에 의하여 특정의 감정결과와 다르게 노동능력상실률을 판단할 수 있고, 또한 당사자도 주장·입증을 통하여 그 감정결과의 당부를 다툴 수 있는 것이다").
2) 대판 2013. 1. 24. 2011다103199, 103205; 대판 2019. 3. 14. 2018다255648 등.

|註| 같은 취지의 판결로는 "상해의 후유증이 평균여명에 어떠한 영향을 미쳐 얼마나 단축될 것인가는 후유증의 구체적 내용에 따라 의학적 견지에서 개별적으로 판단하여야 할 것인바, 신체감정촉탁에 의한 여명감정 결과는 의학적 판단에 속하는 것으로서 특별한 사정이 없는 한 그에 관한 감정인의 판단은 존중되어야 한다"는 것이 있다.[1)]

◆ 대법원 1999. 4. 9. 선고 98다57198 판결

[1] 과학적인 방법이라고 할 수 있는 무인 감정 결과를 배척하기 위하여는 특별한 사정이 없는 한, 감정 경위나 감정 방법의 잘못 등 감정 자체에 있어서의 배척 사유가 있어야 한다.

[2] 사문서의 진정성립에 관한 증명 방법에 관하여는 특별한 제한이 없으나 그 증명 방법은 신빙성이 있어야 하고, 증인의 증언에 의하여 그 진정성립을 인정하는 경우 그 신빙성 여부를 판단함에 있어서는 증언 내용의 합리성, 증인의 증언 태도, 다른 증거와의 합치 여부, 증인의 사건에 대한 이해관계, 당사자와의 관계 등을 종합적으로 검토하여야 한다.

|註| 사실관계와 법원의 판단 　甲은 乙이 甲의 丙에 대한 금전대여에 대하여 연대보증을 하였다고 주장하면서 乙을 상대로 보증채무의 이행을 구하는 소를 제기하였고, 乙은 연대보증사실을 다투었다. 甲이 서증으로 제출한 차용증과 현금보관증에 대한 무인 감정 결과 차용증에 있는 무인은 乙의 무인이 아니고, 현금보관증의 무인은 감정불능이라는 결과가 나왔고, 증인으로 출석한 丁은 乙이 차용증과 현금보관증에 무인을 찍는 것을 보았다고 진술하였다. 항소심은 乙과 丙의 관계 등을 근거로 무인 감정 결과를 배척하고, 丁의 증언을 토대로 차용증과 현금보관증의 진정성립을 인정하였다. 그러나 대법원은 판결요지와 같인 설시한 다음 丁이 甲과 같은 사무실을 사용하는 점, 丁이 원고대리인의 신문과 피고대리인의 신문에 다른 증언을 한 점, 丁은 乙이 무인을 찍는 것을 보았다고 하면서도 어느 손가락으로 찍었는지는 모른다고 증언한 점 등에 비추어 보면, 丁의 증언은 무인 감정 결과를 배척할 증도의 신빙성이 있다고 볼 수 없다고 하였다.

---

1) 대판 2002. 11. 26. 2001다72678.

(3) 다만 자유심증은 논리칙과 경험칙에 반하지 않아야 하고 이를 위하여 법원은 감정에 있어서 적절한 조치를 취하여야 한다.

▶ 대법원 2019. 10. 31. 선고 2017다204490, 204506 판결

어떤 특정한 사항에 관하여 상반되는 여러 개의 감정 결과가 있는 경우 각 감정 결과의 감정 방법이 적법한지 여부를 심리·조사하지 않은 채 어느 하나의 감정 결과가 다른 감정 결과와 상이하다는 이유만으로 그 감정 결과를 배척할 수는 없다. 그리고 동일한 감정사항에 대하여 2개 이상의 감정기관이 서로 모순되거나 불명료한 감정의견을 내놓고 있는 경우 법원이 그 감정 결과를 증거로 채용하여 사실을 인정하기 위해서는 다른 증거자료가 뒷받침되지 않는 한, 각 감정기관에 대하여 감정서의 보완을 명하거나 증인신문이나 사실조회 등의 방법을 통하여 정확한 감정의견을 밝히도록 하는 등 적극적인 조치를 강구하여야 한다. 이러한 법리는 전문적인 학식과 경험이 있는 자가 작성한 감정의견이 기재된 서면이 서증의 방법으로 제출된 경우에 사실심법원이 이를 채택하여 사실인정의 자료로 삼으려 할 때에도 마찬가지로 적용될 수 있다.

▶ 대법원 1997. 7. 25. 선고 97다15470 판결

법원이 증거조사의 일환으로 인영의 동일성에 관한 감정을 실시함에 있어서는 감정을 명하기에 앞서 당해 인영이 찍힌 문서 등이 감정대상으로 적절한지 여부를 따져 보아야 할 뿐만 아니라 석명권의 행사 등을 통하여 대조인영의 증거가치를 미리 확정하여야 하므로, 법원이 이를 소홀히 한 채 감정을 마친 후 감정대상이 사본이고 대조인영의 증거가치를 확인할 수 없다는 이유로 위 감정결과의 증명력을 배척하여 버린 경우에는 절차상의 잘못이 있다.

제 3. 서증

Ⅰ. 서증의 의의

서증이라 함은 문서를 열람하여 그에 기재된 의미내용을 증거자료로 하기 위한 증거조사를 말한다. 서증은 문서의 기재내용을 증거자료로 하는 것이기 때문에 위조문서라는 입증취지로 제출한 문서는 서증이 아니라 검증의 목적물일 뿐이고, 이러한 문서는 상대방이 그 진정성립을 인정하였다고 하더라도 그 기재내용을 증거

자료로 삼을 수 없다.[1] 한편, 도면은 비록 문서는 아니라 할지라도 준문서로서 문서와 마찬가지로 다루어지므로 도면도 서증으로서의 증거자료가 될 수 있다.[2]

Ⅱ. 문서의 종류

1. 공문서와 사문서

공무원이 그 직무권한 내의 사항에 대하여 직무상 작성한 문서를 공문서(公文書)라고 하고, 공문서 이외의 문서를 사문서(私文書)라고 한다. 공법상 법인이 직무상 발급한 문서도 공문서에 준한다.[3] 사문서에 공무원이 일정한 사항을 기입해 넣은 경우는 공문서와 사문서가 병존하는 것(公私竝存文書)으로 본다. 등기필권리증은 등기필 부분이 공문서, 나머지 매도증서 부분이 사문서이고, 내용증명우편은 내용증명 부분이 공문서, 나머지 편지 부분이 사문서이며, 확정일자부 임대차계약서는 확정일자 부분이 공문서, 나머지 임대차계약서 부분이 사문서이다. 공문서의 진정성립은 추정되나 사문서는 이러한 추정력이 없고, 공사병존문서의 경우 공문서 부분의 진정성립이 추정된다고 하여 사문서 부분의 진정성립이 추정되지는 않는다(상세한 내용은 '문서의 형식적 증거력' 부분 참조).

2. 처분문서와 보고문서

(1) 증명하고자 하는 법률적 행위가 그 문서 자체에 의하여 이루어진 경우의 문서를 처분문서(處分文書)라고 하고, 작성자가 보고 듣고 느끼고 판단한 바를 적은 문서를 보고문서(報告文書)라고 한다. 계약서나 해제통지서 등 사법상 의사표시가 담긴 문서가 대표적인 처분문서이고, 회의록, 장부, 가족관계증명서 등은 보고문서이다. 처분문서에는 그 내용대로의 법률적 행위가 있었다는 사실상의 추정력이 있다(상세한 내용은 '문서의 실질적 증거력' 부분 참조).

▶ 대법원 1987. 6. 23. 선고 87다카400 판결

어떤 문서가 처분문서라고 할 수 있기 위하여는 증명하고자 하는 법률행위가

---

1) 대판 1992. 7. 10. 92다12919.
2) 대판 1963. 1. 17. 62다784.
3) 대판 1972. 2. 22. 71다2269, 2270("산림계는 공법상의 법인이므로 산림계장이 발급한 비용납부고지서와 같은 그 직무상 발행한 문서는 공문서에 준해서 볼 수 있다").

그 문서에 의하여 행하여졌음을 필요로 하므로 문서의 내용이 작성자 자신의 법률행위에 관한 것이라 할지라도 그 법률행위를 외부적 사실로서 보고·기술하고 있거나 그에 관한 의견이나 감상을 기재하고 있는 경우에는 처분문서가 아니라 보고문서라고 할 것이다.

|註| 1. 원고가 甲과 체결한 매매계약이 유효하게 존재하는지 여부가 쟁점이 된 소송에서 피고가 매매계약의 해제를 주장하면서 '원고가 甲에게 지급한 돈은 매매대금이 아니어서 위 매매계약은 원고의 채무불이행으로 파기되었다'는 원고 작성의 확인서를 증거로 제출한 사안이다. 항소심은 다른 증거에 의하여 매매계약의 성립을 인정하면서 별다른 이유 설시 없이 위 확인서를 믿지 않는다고 배척하였고, 대법원 역시 위 확인서의 기재내용은 과거에 체결된 매매계약의 이행 여부와 그 계약이 유효하게 존속하는가 여부에 관한 원고의 기억내용 및 의견을 기재한 것일 뿐 이에 의하여 피고가 증명하고자 하는 원고의 어떤 행위가 행하여진 것이 아님이 분명하므로 위 확인서는 처분문서가 아닌 보고문서이고, 따라서 이를 믿지 아니하는 데 대한 별도의 이유 설시가 필요 없다고 하였다.
2. 같은 취지에서 "피고 2와 체결된 이 사건 계약은 원고가 직접 계약을 해야 하는데 원고가 바빠서 피고 1에게 심부름을 시킨 것이다"라는 취지의 서류는 위 계약에 관한 보고문서이지 처분문서가 아니다.[1)]

▶ 대법원 1997. 5. 30. 선고 97다2986 판결

부동산교환계약의 처분문서는 부동산교환계약서이고 교환계약상의 등록의무를 이행하기 위하여 사후에 형식적으로 작성된 임차권양도계약서는 교환계약에 대한 처분문서가 아니다.

▶ 대법원 1998. 10. 13. 선고 98다17046 판결

민법상 채무면제는 채권을 무상으로 소멸시키는 채권자의 채무자에 대한 단독행위이고, 다만 계약에 의하여도 동일한 법률효과를 발생시킬 수 있는 것인 반면, 검사 작성의 피의자신문조서는 검사가 피의자를 신문하여 그 진술을 기재한 조서로서 그 작성형식은 원칙적으로 검사의 신문에 대하여 피의자가 응답하는

1) 대판 2010. 5. 13. 2010다6222.

형태를 취하므로, 비록 당해 신문과정에서 다른 피의자나 참고인과 대질이 이루어진 경우라고 할지라도 피의자진술은 어디까지나 검사를 상대로 이루어지는 것이므로 그 진술기재 가운데 채무면제의 의사가 표시되어 있다고 하더라도 그 부분이 곧바로 채무면제의 처분문서에 해당한다고 보기 어렵다.

(2) 판결서는 처분문서임과 동시에 보고문서라는 것이 판례이다. 보고문서의 성질을 갖는지 여부에 따라 판결서 중의 사실인정 부분을 다른 사건의 사실인정을 위한 증거자료로 사용할 수 있는지가 결정된다.

▶ 대법원 1980. 9. 9. 선고 79다1281 전원합의체 판결

[다수의견] 서증의 실질적 증거력에 관하여는 의사표시 기타 법률행위가 기재된 처분문서와 작성자의 견문, 판단, 감정 등을 기재 보고하는 보고문서 간의 차이가 있어 처분문서는 그 성립이 인정되면 증서기재의 법률행위가 있었던 것으로 되나 보고문서는 그 성립이 인정되더라도 문서기재의 사실이 진실한가의 여부는 재판관의 자유심증에 의하는 것임은 이론의 여지가 없으며, 판결서는 처분문서이기는 하지만 그것은 그 판결이 있었던가 또 어떠한 내용의 판결이 있었던가의 사실을 증명하기 위한 처분문서라는 의미일 뿐 판결서 중에서 한 사실판단을 그 사실을 증명하기 위하여 이용을 불허하는 것이 아니어서 이를 이용하는 경우에는 판결서도 그 한도 내에서는 보고문서이다.

[반대의견] 판결서에 실질적 증거력을 인정할 것인가 아닌가의 문제는 판결서를 보고문서의 성질을 띠는 처분문서로 보느냐 그렇지 않은 처분문서로 보느냐의 문제로 돌아가는바, 판결서는 그 본질이 법원의 의사표시이지 작성자의 견문, 판단, 감정 등을 기재, 보고하는 것을 본질로 하는 것이 아니다. 그러므로 다수설과 같이 처분문서의 판결서에 보고문서의 성질을 부여할 것이 아니다. 따라서 판결서는 처분문서로서 그 성립이 인정되면 그 기재의 의사표시나 법률행위가 있었던 사실을 완전히 증명하게 되는 것이므로 그 판결이 있었던 사실, 그 밖에 이에 부수하는 사실(그 작성의 장소, 일시 등)을 입증하는 증거력은 있다고 할 것이나 판결이 인정한 사실을 입증하기 위하여는 실질적 증거력이 없다고 할 것이다. 이는 판결서의 내용은 넓은 의미에서 하나의 의견이라고 할 것이기 때문이다. 만일 다수설과 같이 판결서에 실질적 증거력을 인정한다면 제2심인 항소심은 제1심의 판결서만을 검토하고 제1심의 사실인정이 잘 되었다고 판단하

고 항소기각 판결을 할 수 있고 제3심인 상고심도 또한 제1, 2심의 판결서들만을 검토한 후 사실인정이 잘 되었다고 판단하고 상고기각의 판결을 할 수 있다는 이론이 나온다. 위와 같이 판결하는 사태가 일어날 때 다수설은 그것도 법이 허용하는 상태라고 주장만 하고 말 것인가.

|註| 항소심이 서증으로 제출된 다른 사건의 판결서에 의하여 매매계약의 합의해제 사실을 인정한 데 대하여 상고인이 위 다른 사건의 판결서는 증거가 될 수 없다고 주장한 사건이다.

Ⅲ. 문서의 증거능력

추상적으로 증거조사의 대상이 될 수 있는 자격을 증거능력이라고 한다. 민사소송에 있어서는 형사소송과는 달리 문서의 증거능력에 대한 제한이 없다.[1] 소제기 후에 작성된 사문서라고 할지라도 증거능력이 있고,[2] 서증이 사본에 불과하다 하더라도 사본이라 하여 당연히 증거능력이 없다 할 수 없다.[3]

Ⅳ. 문서의 증거력

1. 서증에 대한 증거판단의 순서

◆ **대법원 2002. 8. 23. 선고 2000다66133 판결**(同 대법원 2015. 11. 26. 선고 2014다45317 판결)

서증은 문서에 표현된 작성자의 의사를 증거자료로 하여 요증사실을 증명하려는 증거방법이므로 우선 그 문서가 증거신청당사자에 의하여 작성자로 주장되는 자의 의사에 기하여 작성된 것임이 밝혀져야 하고, 이러한 형식적 증거력이 인정된 다음 비로소 작성자의 의사가 요증사실의 증거로서 얼마나 유용하느냐에 관한 실질적 증명력을 판단하여야 한다.

1) 대판 1964. 9. 15. 64다360.
2) 대판 1968. 12. 24. 67다1503; 대판 1992. 4. 14. 91다24755.
3) 대판 1966. 9. 20. 66다636.

2. 문서의 형식적 증거력 — 진정성립

(1) 의의

문서가 증거신청당사자가 주장하는 특정인의 의사에 기하여 작성되었다는 것, 즉 문서의 진정성립을 문서의 형식적 증거력이라고 한다. 작성명의자의 의사에 의하여 작성된 것이기만 하면 되고 반드시 그의 날인이 있어야 하는 것은 아니다.[1]

(2) 성립의 인부

(a) 서증이 제출되면 법원은 처분문서와 쟁점이 되는 사실을 증명하기 위한 문서에 관하여는 상대방에게 진정성립을 인정하는지 의견을 묻는다. 과거에는 모든 문서에 대하여 인부(認否)를 하였으나 변론 전체의 취지에 의하여도 진정성립을 인정할 수 있으므로 중요한 문서에 대하여만 인부를 묻는 것으로 간소화한 것이다. 상대방의 답변은 주장에 대한 답변과 마찬가지로 ① 성립인정, ② 침묵, ③ 부인, ④ 부지의 4가지가 있다. 성립인정을 하는 경우에는 진정성립은 인정하나 그 문서로 제출자의 주장사실이 입증되지는 않는다는 의미에서 "성립인정, 입증취지 부인"으로 답하는 경우가 많다.

(b) 서증으로 제출된 문서에 대하여 상대방이 성립인정이나 침묵으로 답변하면 그 문서의 진정성립에 관하여는 자백이 성립되어 법원과 당사자에 대한 구속력이 발생한다. 즉 법원은 그 문서의 형식적 증거력을 인정하여야 하고,[2] 당사자는 자유롭게 진정성립을 취소할 수 없다.[3]

(c) 서증으로 제출된 문서에 대하여 상대방은 부인 또는 부지로 답변할 수도 있다. 진정성립 여부를 부인하거나 알지 못한다는 의미이다. 부지 역시 부인과 마찬가지로 다루어야 하므로 부인 또는 부지라고 답하였을 경우 그 문서가 공문서라면 그와 같은 답변에도 불구하고 진정성립이 추정되지만(356조 1항) 사문서라면 문서의 제출자가 진정성립을 증명하여야 한다.[4] 다만 사문서에 있어서도 제한적 추정력이 있으므로 답변을 하는 당사자가 작성한 사문서에 대하여 부인 또는 부지

1) 대판 1994. 10. 14. 94다11590; 대판 1961. 8. 10. 4293민상510.
2) 대판 1967. 4. 4. 67다225 등.
3) 대판 2001. 4. 24. 2001다5654 등.
4) 대판 1994. 11. 8. 94다31549; 대판 1990. 11. 23. 90다카21589.

의 답을 하였을 경우 법원은 그대로 문서제출자에게 진정성립의 입증책임을 지워서는 안 되고 일정한 석명을 하여야 한다.

▶ 대법원 1972. 6. 27. 선고 72다857 판결

사문서에 본인 또는 그 대리인의 서명이나 날인이 있는 때에는 피고가 부지라고 다투는 것만으로 그 증거력을 배척할 것이 아니고, 사문서 중의 피고 명의의 기재가 피고 자신의 서명인지 아닌지 또는 그 명하의 인영이 진정한 것인지의 여부를 석명하여 이에 대한 심리를 하여야 한다.

|註| 1. 사실관계와 법원의 판단　甲은 乙에 대하여 대여금반환청구소송을 하면서 乙 명의의 서명과 날인이 있는 차용금증서를 증거로 제출하였는데, 乙은 차용사실을 다투면서 위 차용금증서의 진정성립에 관하여 부지로 답하였다. 항소심법원은 乙이 진정성립을 부인한 것으로 보고 별다른 조치 없이 甲이 위 차용금증서의 진정성립을 입증하지 못하였다는 이유로 甲 패소판결을 하였다. 그러나 대법원은 위 판결요지와 같이 판시하면서 항소심판결을 파기하였다.

2. 사문서의 형식적 증거력과 실질적 증거력　위 사례에서 乙이 차용금증서의 작성사실을 부인하더라도 그의 서명 또는 서명날인이 자신의 의사에 의하여 된 것임을 인정하는 때에는 차용금증서 전체의 진정성립이 추정되고, 乙이 서명 또는 서명날인까지 자신이 한 것이 아니라고 부인하더라도 그 명의의 인영이 자신의 인장에 의한 것임을 인정하면 역시 차용금증서 전체의 진정성립이 추정된다. 따라서 이러한 경우에는 乙이 자신이 서명날인을 하였으나 내용이 위조 또는 변조되었다든지 또는 자신의 인장이 찍혀 있지만 누군가가 자신의 인장을 도용하여 문서를 위조하였다는 것을 입증하지 못하는 한 위 차용금증서는 진정한 것으로 취급되고, 또 이는 처분문서이므로 특별한 사정이 없는 한 그 기재내용대로의 법률행위가 있었던 것으로 인정되게 된다. 이렇듯 문서명의자가 부인하거나 인정하는 범위가 어디까지인가에 따라 증명책임의 소재가 달라지므로 법원은 부인 또는 인정하는 범위를 명확히 밝히도록 석명을 하여야 하는 것이다.

3. 법원의 석명의무를 인정한 다른 사례　“서증에 피고의 인장이 날인되어 있고, 이것은 피고의 인감도장으로 보이는데 피고가 그 서증의 인부절차에서의 부인으로 다투면서 인장위조된 것이라고 증거항변을 하였다면 그 취지가 피고

> 가 위 서증에 날인된 인영이 자신의 인장에 의하여 현출된 인영임을 전제로 하여 인영부분은 시인하되, 다만 그 인영이 피고의 의사에 의하지 않고 날인된 것이어서 위 문서가 위조된 것이라고 항변하는 것인지, 아니면 인장 그 자체가 위조된 것이므로 위 문서의 성립을 부인하는 것인지 분명하지 아니하므로, 법원으로서는 이 점을 분명히 하고 위 인영의 위조 여부에 관하여 심리를 하여 본 후에 그 문서의 진정성립 여부를 판단하여야 한다."[1]

(3) 공문서의 형식적 증거력

(a) 공문서의 진정성립의 추정

문서의 방식과 취지에 의하여 공문서로 인정되는 때에는 진정한 공문서로 추정된다(356조 1항). **외국의 공공기관이 작성한 것으로 인정되는 문서도 마찬가지이다**(356조 3항).

▶ 대법원 2016. 12. 15. 선고 2016다205373 판결

당사자가 외국의 공문서라고 하여 제출한 문서가 진정한 공문서로 추정되기 위하여는 제출한 문서의 방식이 외관상 외국의 공공기관이 직무상 작성하는 방식에 합치되어야 하고, 문서의 취지로부터 외국의 공공기관이 직무상 작성한 것이라고 인정되어야 한다. 법원은 이러한 요건이 충족되는지를 심사할 때 공문서를 작성한 외국에 소재하는 대한민국 공관의 인증이나 확인을 거치는 것이 바람직하지만 이는 어디까지나 자유심증에 따라 판단할 문제이므로 다른 증거와 변론 전체의 취지를 종합하여 인정할 수도 있다.

> **|註|** 현실적으로 공문서의 진정성립을 증명할 만한 증거를 확보하기 곤란한 경우가 많은 난민신청자가 제출한 외국의 공문서의 경우, 반드시 엄격한 방법에 의하여 진정성립이 증명되어야 하는 것은 아니지만, 적어도 문서의 형식과 내용, 취득 경위 등 제반 사정에 비추어 객관적으로 외국의 공문서임을 인정할 만한 상당한 이유가 있어야 한다.[2]

▶ 대법원 1986. 6. 10. 선고 85다카180 판결

그 방식이나 취지로 보아 공무원이 직무상 작성한 것으로 보이는 문서는 특별한 사정이 없는 한 그 진정성립이 추정된다고 할 것이므로 다른 사정에 관한 설시 없이 그 문서의 진정성립을 부정할 수 없다.

---

1) 대판 1994. 1. 25. 93다35353; 대판 2000. 10. 13. 2000다38602.
2) 대판 2016. 3. 10. 2013두14269.

|註| 문화체육관광부장관 명의의 사찰재산처분허가서에 대하여 단순히 진정성립을 인정할 자료가 없다고 설시하여 이를 사실인정의 자료로 채택하지 않은 것은 위법하다는 판결이다.

(b) 공사병존문서의 진정성립

공사병존문서의 경우에는 공문서 부분의 진정성립이 추정된다고 하여 사문서 부분의 진정성립도 추정되는 것은 아니다. 다만, 공증인이 인증한 사서증서는 그 진정성립이 추정된다.

▶ 대법원 1989. 9. 12. 선고 88다카5836 판결

매도증서·차용금증서 및 저당권말소등기신청서에 등기소의 등기필의 기재가 첨가됨으로써 사문서와 공문서의 양자로 구성된 문서는 공증에 관한 문서와는 달라 그 공성부분의 성립에 다툼이 없다 하여 바로 사문서부분인 매도증서·차용금증서 및 저당권말소등기신청서 자체의 진정성립이 추정되거나 인정될 수 없다.

▶ 대법원 1974. 9. 24. 선고 74다234 판결

확정일자 있는 사문서에 대하여 공성부분의 성립만을 인정한 경우에는 당해 서면이 확정일자 당시에 존재한 사실을 증명할 뿐이고 그 내용이 진정하게 성립되었다는 사실을 증명하는 효력은 없는 것이다.

▶ 대법원 1992. 7. 28. 선고 91다35816 판결

공증인법에 규정된 사서증서에 대한 인증제도는 당사자로 하여금 공증인의 면전에서 사서증서에 서명 또는 날인하게 하거나 사서증서의 서명 또는 날인을 본인이나 그 대리인으로 하여금 확인하게 한 후 그 사실을 공증인이 증서에 기재하는 것으로서, 공증인이 사서증서의 인증을 함에 있어서는 공증인법에 따라 반드시 촉탁인의 확인이나 대리촉탁인의 확인 및 그 대리권의 증명 등의 절차를 미리 거치도록 규정되어 있으므로, 공증인이 사서증서를 인증함에 있어서 그와 같은 절차를 제대로 거치지 않았다는 등의 사실이 주장·입증되는 등 특별한 사정이 없는 한 공증인이 인증한 사서증서의 진정성립은 추정된다.

(4) 사문서의 형식적 증거력

(a) 사문서의 진정성립의 추정

사문서는 제출자가 그 진정성립을 증명하여야 하지만(357조), 작성명의자 본인 또는 대리인의 서명이나 날인 또는 무인(拇印)이 진정한 것으로 인정되는 때에는 사문서 전체의 진정성립이 추정된다(358조).[1] 문서에 날인된 작성명의인의 인영이 작성명의인의 인장에 의하여 현출된 인영임이 인정되는 경우에는 특단의 사정이 없는 한 그 인영의 성립, 즉 날인행위가 작성명의인의 의사에 기하여 진정하게 이루어진 것으로 추정되고 일단 인영의 진정성립이 추정되면 제358조의 규정에 의하여 그 문서 전체의 진정성립까지 추정된다.[2]

(aa) 추정의 법적 성질과 번복을 위한 요건

▶ 대법원 1997. 6. 13. 선고 96재다462 판결

[1] 사문서에 날인된 작성명의인의 인영이 그의 인장에 의하여 현출된 것이라면 특단의 사정이 없는 한 그 인영의 진정성립, 즉 날인행위가 작성명의인의 의사에 기한 것임이 추정되고, 일단 인영의 진정성립이 추정되면 민사소송법 제329조(현행 358조)에 의하여 그 문서 전체의 진정성립이 추정되나, 그와 같은 추정은 그 날인행위가 작성명의인 이외의 자에 의하여 이루어진 것임이 밝혀지거나 작성명의인의 의사에 반하여 혹은 작성명의인의 의사에 기하지 않고 이루어진 것임이 밝혀진 경우에는 깨어진다.

[2] 인영의 진정성립, 즉 날인행위가 작성명의인의 의사에 기한 것이라는 추정은 사실상의 추정이므로, 인영의 진정성립을 다투는 자가 반증을 들어 인영의 진정성립, 즉 날인행위가 작성명의인의 의사에 기한 것임에 관하여 법원으로 하여금 의심을 품게 할 수 있는 사정을 입증하면 그 진정성립의 추정은 깨어진다.

[3] 종전 대법원판결(대법원 1987. 12. 22. 선고 87다카707 판결)은 "문서에 찍혀진 작성명의인의 인영이 그 인장에 의하여 현출된 인영임이 밝혀진 경우에는 그 문서가 작성명의인의 자격을 모용하여 작성한 것이라는 것은 그것을 주장하는 자가 적극적으로 입증하여야 한다"는 것으로, 인영의 진정성립을 다투는 자는 반증

---

1) 대판 1990. 2. 13. 89다카16383("처분문서에 기재된 작성명의인인 피고의 서명이 피고 자필임을 피고도 다투지 아니하나 날인은 되지 아니한 경우, 그 문서의 진정성립이 추정되므로 납득할 만한 설명이 없이 함부로 그 증명력을 배척할 수 없다").

2) 대판 1986. 2. 11. 85다카1009; 대판 1972. 12. 26. 72다1698.

을 들어 그 진정성립의 추정을 깨뜨릴 수 있는 사정 등을 적극적으로 입증하여야 한다는 취지이고, 재심대상 판결은 그와 같은 경우에 "반증을 들어 그 진정성립에 관하여 법원으로 하여금 의심을 품게 하면 진정성립의 추정은 깨어진다"는 원칙을 판시한 것으로, 두 개의 판결은 모두 대법원이 종전부터 취하고 있는 견해와 모순된다고 보기는 어렵다고 할 것이므로 상호 배치되는 판결이라고 할 수 없다.

|註| 1. 사실관계와 법원의 판단 甲은 양도담보의 목적으로 乙 회사에게 X 부동산에 관하여 소유권이전등기를 마쳐주었는데 차용금을 모두 변제하였다고 주장하면서 乙 회사를 상대로 위 소유권이전등기의 말소를 구하는 소를 제기하였다. 甲은 담보목적의 소유권이전등기임을 증명하기 위하여 약속이행각서를 서증으로 제출하였고 乙 회사는 위 각서의 진정성립을 다투었다. 심리결과 위 각서에 현출된 乙 회사 명의의 인영이 乙 회사가 사용하는 법인인감 중 1개에 의한 것임이 밝혀졌지만, 위 각서는 乙 회사의 대표이사 丙이 아닌 丁이 乙 회사 법인인감을 사용하여 작성하였음이 밝혀졌고, 丁이 丙으로부터 위 각서 작성을 위한 위임을 받았다고 인정하기에는 증거가 부족하거나 오히려 반대의 정황들이 나타났다. 이에 항소심법원은 위 약속이행각서는 진정성립이 인정되지 않으므로 증거로 채택할 수 없고 달리 담보목적의 소유권이전등기임을 인정할 만한 증거가 없다는 이유로 甲의 청구를 기각하였으며, 甲이 상고하였으나 대법원 역시 甲의 상고를 기각하였다. 이에 甲이 위와 같은 대법원판결은 판결요지 [3]에 기재된 종전 대법원판결을 변경한 것이므로 전원합의체에서 재판하여야 했는데 대법관 4인으로 구성된 부에서 재판하였다고 주장(451조 1항 1호 참조)하면서 재심의 소를 제기하였다.

2. 사문서에 있어서 진정성립 추정의 법적 성질과 그 번복을 위한 요건 작성명의인의 인장이 날인된 사문서의 경우 '인영의 동일성 인정(작성명의인의 인장에 의한 인영 현출) → 인영의 진정성립(작성명의인의 의사에 기한 인장 날인) → 문서 전체의 진정성립(작성명의인의 의사에 기한 문서 작성)'으로 이어지는 이른바 '2단계의 추정'이 인정됨에는 학설과 판례에 다툼이 없다. 두 번째 단계의 추정에 대하여는 법률상의 추정이 아닌 증거법상의 추정이라는 데에는 견해가 일치하나, 반증에 의하여 추정이 번복될 수 있다는 견해와 본증에 의하여서만 추정이 번

복될 수 있다는 견해가 나뉘는데, 실무는 대체로 후자의 입장에 있는 것으로 보인다.[1] 첫 번째 단계의 추정이 사실상의 추정이라는 데에는 별다른 이설이 없다. 다만, 첫 번째 단계 추정을 번복하는 대표적인 주장인 인장도용항변에 대하여 "인장도용사실은 이를 주장하는 사람이 증명하여야 한다"는 설명 내지 설시가 있어 첫 번째 단계 추정의 번복을 위한 입증의 정도에 관하여 판례와 학설의 표현에 다소 불명확한 점이 있었는데, 위 판결은 ① 첫 번째 단계의 추정은 ㉠ 날인행위가 작성명의인 이외의 자에 의하여 이루어진 것임이 밝혀지거나 ㉡ 작성명의인의 의사에 반하여 혹은 작성명의인의 의사에 기하지 않고 이루어진 것임이 밝혀진 경우에는 깨어지고, ② 위 추정은 사실상의 추정이므로 법원으로 하여금 날인의 진정성립에 관하여 의심을 품게 할 수 있는 사정을 증명함으로써, 즉 반증으로써 위 추정은 깨어지며, ③ 이러한 입장은 기존의 대법원판결에 배치되는 것이 아니라고 판시함으로써, 2단계 추정 중 첫 번째 단계 추정의 법적 성격 및 그 번복요건에 관한 대법원의 입장을 명확히 하였다.[2]

(bb) 인장도용과 미완성문서

◆ 대법원 2009. 9. 24. 선고 2009다37831 판결

문서에 날인된 작성명의인의 인영이 그의 인장에 의하여 현출된 것이라면 특별한 사정이 없는 한 그 인영의 진정성립, 즉 날인행위가 작성명의인의 의사에 기한 것임이 사실상 추정되고, 일단 인영의 진정성립이 추정되면 그 문서 전체의 진정성립이 추정되나, 위와 같은 사실상 추정은 날인행위가 작성명의인 이외의 자에 의하여 이루어진 것임이 밝혀진 경우에는 깨어지는 것이므로, 문서제출자는 그 날인행위가 작성명의인으로부터 위임받은 정당한 권원에 의한 것이라는 사실까지 증명할 책임이 있다.

|註| 인장도용 항변　사문서가 서증으로 제출된 경우 상대방으로부터 종종 제출되는 항변은 '인영은 작성명의자의 인장에 의한 것이지만, 작성명의자가 날인행위를 하지 않았다'는 주장, 즉 인장도용의 항변이다. 2단계 추정의 법리에 따를 때, 작성명의자 이외의 자에 의한 날인 사실이 밝혀지면 1단계 추정부터 깨어지게 되는데, 이 경우 문서제출자는 날인행위가 작성명의인으로부터 위

1) 법원실무제요, 민사소송[Ⅲ]; 사법연수원, 민사재판실무.
2) 기존 학설 및 판례의 내용을 포함한 상세한 내용은 이광범, 대법원 판례해설 제28호 참조.

임받은 정당한 권원에 의한 것임을 증명하여 문서의 진정성립을 인정받을 수 있다.

◆ 대법원 2003. 4. 11. 선고 2001다11406 판결(동 대법원 2000. 6. 9. 선고 99다37009 판결)

[1] 사문서는 본인 또는 대리인의 서명이나 날인 또는 무인이 있는 때에는 진정한 것으로 추정되므로(민사소송법 제358조), 사문서의 작성명의인이 스스로 당해 사문서에 서명·날인·무인하였음을 인정하는 경우, 즉 인영 부분 등의 성립을 인정하는 경우에는 반증으로 그러한 추정이 번복되는 등의 다른 특별한 사정이 없는 한 그 문서 전체에 관한 진정성립이 추정된다.

[2] 인영 부분 등의 진정성립이 인정된다면 다른 특별한 사정이 없는 한 당해 문서는 그 전체가 완성되어 있는 상태에서 작성명의인이 그러한 서명·날인·무인을 하였다고 추정할 수 있다.

[3] 인영 부분 등의 진정성립이 인정되는 경우, 그 당시 그 문서의 전부 또는 일부가 미완성된 상태에서 서명날인만을 먼저 하였다는 등의 사정은 이례에 속한다고 볼 것이므로 완성문서로서의 진정성립의 추정력을 뒤집으려면 그럴만한 합리적인 이유와 이를 뒷받침할 간접반증 등의 증거가 필요하다고 할 것이고, 만일 그러한 완성문서로서의 진정성립의 추정이 번복되어 백지문서 또는 미완성 부분을 작성명의자가 아닌 자가 보충하였다는 등의 사정이 밝혀진 경우라면, 다시 그 백지문서 또는 미완성 부분이 정당한 권한에 기하여 보충되었다는 점에 관하여는 그 문서의 진정성립을 주장하는 자 또는 문서제출자에게 그 증명책임이 있다.

|註| 백지서명된 문서의 진정성립　대법원은 민사소송법 제358조의 추정은 완성된 문서에 서명이나 날인 또는 무인을 한 경우에 한하고 서명 등을 먼저 한 후 나중에 내용의 전부 또는 일부가 기재되었을 때에는 위 추정을 받을 수 없다고 한다. 다만, 서명 등의 진정성립이 인정된다면(인영의 동일성이 인정되어 날인의 진정성립이 인정된 경우를 포함한다) 다른 특별한 사정이 없는 한 그 문서는 전체가 완성된 상태에서 작성명의인이 서명, 날인 또는 무인을 하였다고 추정할 수 있고, 문서의 전부 또는 일부가 미완성된 상태에서 서명 등만을 먼저 하였다는 등의 사정은 이례에 속하므로 완성문서로서의 진정성립의 추정력을 뒤집으려면 그럴 만한 합리적인 이유와 이를 뒷받침할 간접반증 등의 증거가 필요하다.[1)]

1) 대판 1990. 2. 13. 89다카16383; 대판 1994. 10. 14. 94다11590; 대판 2008. 1. 10. 2006다

미완성문서에 서명 등을 하였다는 사실이 증명되면 문서제출자 등이 정당한 권한에 의하여 미완성 부분을 보충한 사실을 증명하여야 문서의 진정성립이 인정된다.

(cc) **관련 쟁점들**

▶ 대법원 1993. 8. 24. 선고 93다4151 전원합의체 판결

민사소송에서의 입증책임의 분배에 관한 일반 원칙에 따르면 권리를 주장하는 자가 권리발생의 요건사실을 주장·입증하여야 하는 것이므로, 어음의 소지인이 어음채무자에 대하여 어음상의 청구권을 행사하는 경우에도 어음채무발생의 근거가 되는 요건사실, 즉 그 어음채무자가 어음행위를 하였다는 점은 어음소지인이 주장·입증하여야 된다고 볼 것이다. 배서의 자격수여적 효력에 관하여 규정한 어음법 제16조 제1항은 어음상의 청구권이 적법하게 발생한 것을 전제로 그 권리의 귀속을 추정하는 규정일 뿐, 그 권리의 발생 자체를 추정하는 규정은 아니라고 해석되므로, 위 법조항에 규정된 "적법한 소지인으로 추정한다"는 취지는 피위조자를 제외한 어음채무자에 대하여 어음상의 청구권을 행사할 수 있는 권리자로 추정된다는 뜻에 지나지 아니하고, 더 나아가 자신의 기명날인이 위조된 것임을 주장하는 사람에 대하여까지도 어음채무의 발생을 추정하는 것은 아니라고 할 것이다. 그렇다면 어음에 어음채무자로 기재되어 있는 사람이 자신의 기명날인이 위조된 것이라고 주장하는 경우에는 그 사람에 대하여 어음채무의 이행을 청구하는 어음의 소지인이 그 기명날인이 진정한 것임을 증명하지 않으면 안 된다고 볼 수밖에 없다. 피고 명의의 배서란에 찍힌 피고 명의의 인영이 피고의 인장에 의한 것임을 피고가 인정하고 있다면 그 배서 부분이 진정한 것으로 추정되지만, 그 인영이 작성명의인인 피고 이외의 사람이 날인한 것으로 밝혀질 때에는 위와 같은 추정은 깨어지는 것이므로, 이와 같은 경우에는 어음을 증거로 제출한 원고가 작성명의인인 피고로부터 날인을 할 권한을 위임받은 사람이 날인을 한 사실까지 입증하여야만 그 배서 부분이 진정한 것임이 증명된다.

|註| **어음배서에 대하여 위조항변을 하는 경우** 어음의 배서에 관하여 위조항변을 하는 경우에 대하여는 배서의 자격수여적 효력을 규정한 어음법 제16조 제1항의 규정과 관련하여 논의가 있는데, 대법원은 이 경우에도 앞서 본 논리를 그대로 일관하고 있다.

41204; 대판 2011. 11. 10. 2011다62977 등. 백지서명된 문서에서도 날인의 진정성이 인정되면 민사소송법 제358조에 따라 일단 문서성립의 진정성을 추정하는 것이 타당하고 백지서명을 상대방이 남용하였는지 여부는 그 다음의 문제로서 작성명의인은 기재내용이 사실과 다르다는 반대사실의 증거를 통해 이 추정을 번복할 수 있을 뿐이라는 반대견해가 있다[정선주, 백지문서의 진정성립, 법률신문 2908호(2000. 8.)]. 독일판례도 반대이다(BGH NJW 1986, 3086).

▶ 대법원 1995. 11. 10. 선고 95다4674 판결

매매계약서 중 일부내용의 변조 여부가 다투어지는 경우 매도인이 그 성립을 부인한다고 하더라도 법원으로서는 의당 그 서증의 인부를 함에 있어서 매도인의 인영날인 사실까지 부인하는지 여부를 석명하여 매도인이 그 인영의 진정을 인정한다면 그 진정성립이 추정되는 것이므로, 그 이후에 그 문서의 변조가 있었는지 여부에 관하여는 매도인이 입증을 하여 밝혀야 한다.

|註| 서증의 인부에 따른 법원의 석명의무 사문서의 진정성립에 관하여 2단계 추정이 인정되므로, 문서제출자의 상대방이 사문서에 대하여 부인 또는 부지의 답변을 한 경우 법원은 인영의 동일성조차 부정하는 취지인지, 인영의 진정성립을 부정하는 취지 등을 석명할 필요가 있다.

(b) 사문서의 진정성립의 입증

사문서에 있어서 그 진정성립을 상대방이 다툴 경우에는 제출자가 이를 입증하여야 한다.[1] 다만 위와 같은 추정이 있으므로 인영의 동일성 또는 서명, 날인 또는 무인의 진정성립만을 입증하면 된다. 사문서의 진정성립을 증명하기 위한 증거방법에는 특별한 제한이 없으므로, 작성자 아닌 제3자의 증언으로도 이를 증명할 수 있고,[2] 감정에 의한 필적·인영의 대조뿐만 아니라 육안에 의한 대조로도 이를 판단할 수 있으며,[3] 문서의 제출자가 특별한 증명활동을 하지 아니한 경우라 할지라도 법원은 다른 증거에 의하지 아니하고 변론 전체의 취지에 의하여 진정성립을 인정할 수도 있다.[4] 이처럼 문서의 진정성립의 인정 여부는 법원이 모든 증거자료와 변론 전체의 취지에 터잡아 자유심증에 따라 판단하게 되는 것이나,[5] 자유심증에는 논리칙과 경험칙에 의한 제한이 있다.[6]

1) 대판 1994. 11. 8. 94다31549.
2) 대판 1992. 11. 24. 92다21135; 대판 1986. 12. 9. 86누482 등.
3) 대판 1997. 12. 12. 95다38240; 대판 2000. 10. 13. 2000다38602.
4) 대판 1993. 4. 13. 92다12070; 대판 1987. 7. 21. 87므16 등. 변론 전체의 취지를 참작하여 자유심증만으로 진정성립을 인정할 수 있다면, 이는 진정성립을 상대방이 다툴 경우에는 제출자가 이를 입증하여야 한다는 기본적 원칙과 충돌될 뿐만 아니라, 상대방이 진정성립을 다투고 있음에도 서증의 제출당사자가 진정성립에 관한 입증을 하지 아니하는 경우 법원이 판결 단계에서 서증의 증거력을 배척할 때에는 진정성립이 인정되지 않는다는 이유를 들고, 인용할 때에는 변론 전체의 취지에 의하게 되므로 이러한 법원의 재량권의 남용 내지 자의적 행사에 대한 견제가 불가능하여 증거조사의 의미를 무색하게 하는 결과가 되어 부당하다는 비판도 있다{김홍엽, 민사재판의 제문제(하)}.
5) 대판 1988. 12. 13. 87다카3147.
6) 대판 1990. 6. 26. 88다카31095("사실인정에 있어 가장 중요한 증거인 임시주주총회의사록의

한편 처분문서는 아래에서 보는 바와 같이 진정성립이 인정되면 특별한 사정이 없는 한 문서의 기재 내용에 따른 의사표시의 존재 및 내용을 인정하여야 하므로 처분문서의 진정성립을 인정함에 있어서는 신중을 기하여야 한다.[1)]

(5) 진정성립에 대한 설시의 정도

대법원은 법관이 판결서 작성에 들이는 시간과 노력을 줄이고 심리에 집중할 수 있도록 하기 위하여 '판결서 작성방식에 관한 권장사항'을 제정하고, 여기에서 서증의 형식적 증거력의 인정근거는 상대방이 위조항변을 제출하는 등 적극적으로 진정성립을 다툰 경우를 제외하고는 기재하지 아니하고, 증거를 채용하거나 배척하는 이유도 특별한 사정이 없는 한 기재하지 아니하도록 권장하고 있다.

▶ 대법원 2001. 6. 15. 선고 99다72453 판결

상대방이 문서의 진정성립을 적극적으로 다투거나 서증의 진정성립 여부가 쟁점이 된 때, 또한 서증이 당해 사건의 쟁점이 되는 주요사실을 인정하는 자료로 쓰여지는데 상대방이 그 증거능력을 다툴 때에는 문서가 어떠한 이유로 증거능력이 있는 것인지에 관하여 설시하는 것이 옳고, 사문서의 경우 그것이 어떠한 증거에 의하여 진정성립이 인정된 것인지 잘 알아보기 어려운 경우에도 그 근거를 분명히 밝혀서 설시하여야 한다.

▶ 대법원 1993. 5. 11. 선고 92다50973 판결

진정성립이 당사자간에 다툼이 없거나 공문서로서 진정성립이 추정되는 경우 또는 당해 사건의 쟁점이 되지 아니한 사실을 인정하는 경우에는 형식적 증거력에 관한 설시를 생략하였다고 하여 위법하다고 할 수 없다.

3. 문서의 실질적 증거력 — 증거가치

(1) 원칙 — 자유심증

어떤 문서가 요증사실을 증명하기에 얼마나 유용한가의 증거가치를 문서의 실질적 증거력이라고 한다. 실질적 증거력의 판단은 법관의 자유심증에 일임되어

진정성립에 관하여 당사자가 '不知'라고 하고 주주총회개최사실 자체도 다투어 온 사건에 있어서 사실심이 변론 전체의 취지만으로 그 진정성립을 인정한 것은 논리칙과 경험칙상 수긍이 되지 않는다").

1) 대판 2002. 9. 6. 2002다34666; 대판 2014. 9. 26. 2014다29667(특히 처분문서의 소지자가 업무 또는 친족관계 등에 의하여 문서명의자의 위임을 받아 그의 인장을 사용하기도 하였던 사실이 밝혀진 경우라면 더욱 신중을 기하여야 한다); 대판 2015. 11. 26. 2014다45317.

있다.

(2) 처분문서의 실질적 증거력

(a) 처분문서는 진정성립이 인정되는 이상 그 기재 내용을 부정할 만한 분명하고도 수긍할 수 있는 반증이 없는 한 그 문서에 표시된 의사표시의 존재 및 내용을 인정하여야 한다.[1] 처분문서에 의한 법률행위의 존재 및 내용에 대한 추정은 사실상의 추정이므로 반증에 의하여 그 번복이 가능하다.[2] 다만, 처분문서의 실질적 증거력을 배척하는 경우에는 다른 증거와 달리 판결문에 그에 대한 합리적인 이유의 설시를 요한다.

◆ 대법원 1988. 12. 13. 선고 87다카3147 판결(㊐ 대법원 2018. 7. 12. 선고 2017다235647 판결 등)

처분문서의 경우 그 진정성립이 인정되는 이상 반증이 없는 한 법원은 그 기재 내용대로의 의사표시의 존재 및 인정하여야 할 구속을 받게 된다.

▶ 대법원 2010. 11. 11. 선고 2010다56616 판결

처분문서의 진정성립이 인정되는 이상 법원은 그 문서의 기재 내용에 따른 의사표시의 존재 및 내용을 인정하여야 하나, 그 기재 내용을 부인할 만한 분명하고도 수긍할 수 있는 반증이 인정될 경우에는 그 기재 내용과 다른 사실을 인정할 수 있다.

|註| 위와 같은 경우에도 주채무에 관한 계약과 연대보증계약은 별개의 법률행위이므로 처분문서의 기재 내용과 다른 명시적·묵시적 약정이 있는지 여부는 주채무자와 연대보증인에 대하여 개별적으로 판단하여야 한다.[3]

(b) 처분문서의 실질적 증거력 추정은 문서에 기재된 법률행위의 존재 및 내용에 국한되고 그 법률행위의 해석이나 의사표시의 하자 여부에는 미치지 않는다.

▶ 대법원 2011. 10. 13. 선고 2009다102452 판결

처분문서는 그 진정성립이 인정되면 특별한 사정이 없는 한 그 처분문서에 기

1) 대판 1997. 6. 24. 97다2993; 대판 1990. 6. 26. 88다카22169.
2) 대판 1996. 4. 12. 95다54167; 대판 1983. 3. 22. 80다1576.
3) 대판 2011. 1. 27. 2010다81857.

재되어 있는 문언의 내용에 따라 당사자의 의사표시가 있었던 것으로 객관적으로 해석하여야 하나, 당사자 사이에 계약의 해석을 둘러싸고 이견이 있어 처분문서에 나타난 당사자의 의사해석이 문제되는 경우에는 문언의 내용, 그와 같은 약정이 이루어진 동기와 경위, 약정에 의하여 달성하려는 목적, 당사자의 진정한 의사 등을 종합적으로 고찰하여 논리와 경험칙에 따라 합리적으로 해석하여야 한다.

▶ 대법원 1988. 9. 27. 선고 87다카422, 423 판결

처분문서란 그에 의하여 증명하려고 하는 법률상의 행위가 그 문서에 의하여 이루어진 것을 의미하는 것이므로 어느 문서가 처분문서인가의 여부는 입증사항이나 입증취지 여하에 달려 있는 것이고, 실제로 처분문서라고 인정되고 그것의 진정성립이 인정되면 작성자가 거기에 기재된 법률상의 행위를 한 것이 직접 증명된다 하겠으나, 그때에도 당시에 능력이나 의사의 흠결이 없었다거나 그의 행위를 어떻게 해석할 것인가 하는 것 등은 별도의 판단문제로서 작성자의 행위를 해석함에 있어서는 경험칙과 논리칙에 반하지 않는 범위 내에서 자유로운 심증으로 판단하여야 한다.

(3) 보고문서의 실질적 증거력

보고문서의 실질적 증거력에 대한 판단은 오로지 법관의 자유심증에 맡겨져 있다. 다만 공문서는 그 진정성립이 추정됨과 아울러 그 기재 내용의 증명력 역시 진실에 반한다는 등의 특별한 사정이 없는 한 함부로 배척할 수 없고,[1] 공문서의 기재 중 붉은 선으로 그어 말소된 부분이 있는 경우에도 그 말소의 경위나 태양 등에 있어 비정상으로 이루어졌다는 등의 특별한 사정이 없는 한 그 말소된 기재 내용대로의 증명력을 가진다.[2] 한편 판례는 일정한 문서에 대하여는 작성방법 등에 의하여 상당한 정도의 진실성이 담보되고 있다는 이유로 사실상의 추정력을 인정하고 있다.

1) 대판 2006. 6. 15. 2006다16055; 대판 2015. 7. 9. 2013두3658, 3665. 물론 보고문서인 공문서의 경우 법원은 그 작성자, 작성목적 및 기재내용 기타를 참작하여 이를 취신하지 아니할 수도 있다(대판 1959. 12. 31. 4291민상633).

2) 대판 2002. 2. 22. 2001다78768.

(a) 사실상의 추정력이 인정된 사례들

▶ 대법원 1995. 7. 5.자 94스26 결정

호적부의 기재사항은 이를 번복할 만한 명백한 반증이 없는 한 진실에 부합되는 것으로 추정이 되며, 특히 호적부의 사망기재는 쉽게 번복할 수 있게 해서는 안 되고, 그 기재내용을 뒤집기 위해서는 사망신고 당시에 첨부된 서류들이 위조 또는 허위조작된 문서임이 증명되거나 신고인이 공정증서원본불실기재죄로 처단되었거나 또는 사망으로 기재된 본인이 현재 생존해 있다는 사실이 증명되고 있을 때 또는 이에 준하는 사유가 있을 때 등에 한해서 호적상의 사망기재의 추정력을 뒤집을 수 있을 뿐이고, 그러한 정도에 미치지 못한 경우에는 그 추정력을 깰 수 없다.

▶ 대법원 1994. 6. 28. 선고 94누2046 판결

공증인이나 공증사무취급이 인가된 합동법률사무소의 구성원인 변호사가 촉탁인 또는 대리촉탁인의 신청에 의하여 자신이 직접 청취한 진술, 그 목도한 사실, 기타 실험한 사실을 기재한 공증에 관한 문서는 보고문서로서 공문서이므로 민사소송법 제356조 제1항에 의하여 그 진정성립이 추정된다고 볼 것이고, 또한 그 보고내용의 진실성을 담보하기 위하여 증서의 작성 이전에 반드시 촉탁인이나 대리촉탁인의 확인 및 그 대리권의 증명 등의 절차를 미리 거치도록 하고 작성 이후에는 열석자의 서명날인을 받도록 규정하고 있는 공증인법 제27조, 제30조, 제31조, 제38조에 비추어 볼 때 신빙성 있는 반대자료가 없는 한 함부로 그 증명력을 부정하고 그 기재와 어긋나는 사실인정을 할 수 없다고 보아야 한다.

▶ 대법원 1986. 6. 10. 선고 84다카1773 전원합의체 판결

구 토지조사령(1912. 8. 13. 제령 제2호)에 의한 토지조사부에 토지소유자로 등재되어 있는 자는 재결에 의하여 사정내용이 변경되었다는 등의 반증이 없는 이상 토지소유자로 사정(査定)받고 그 사정이 확정된 것으로 추정할 것이다.

▶ 대법원 1980. 5. 27. 선고 80다748 판결

토지대장은 비록 행정사무집행의 편의와 사실증명의 자료로 하기 위하여 작성된 것이라 하더라도 그 기재내용의 증거가치는 특별한 사정이 없는 한 존중되어야 한다.

▶ 대법원 2011. 10. 27. 선고 2010다88682 판결

민법상 사단법인 총회 등의 결의와 관련하여 당사자 사이에 의사정족수나 의결정족수 충족 여부가 다투어져 결의의 성립 여부나 절차상 흠의 유무가 문제되는 경우로서 사

단법인 측에서 의사의 경과, 요령 및 결과 등을 기재한 의사록을 제출하거나 이러한 의사의 경과 등을 담은 녹음·녹화자료 또는 녹취서 등을 제출한 때에는, 그러한 의사록 등이 사실과 다른 내용으로 작성되었다거나 부당하게 편집, 왜곡되어 증명력을 인정할 수 없다고 볼 만한 특별한 사정이 없는 한 의사정족수 등 절차적 요건의 충족 여부는 의사록 등의 기재에 의하여 판단하여야 한다. 그리고 위와 같은 의사록 등의 증명력을 부인할 만한 특별한 사정에 관하여는 결의의 효력을 다투는 측에서 구체적으로 주장·증명하여야 한다.

(b) **사실상의 추정에 대한 번복**

▶ **대법원 1968. 4. 30. 선고 67다499 판결**

호적부의 기재는 법률상 그 기재가 적법히 되었고 기재사항은 일응 진실에 부합되는 것이라는 추정은 받게 되는 것이지만은 그 기재만에 의하여 신분관계가 창설되는 것이 아니므로 그 기재의 정정 또는 그 기재로 인한 신분관계의 부존재확인의 확정판결에 의하지 아니하더라도 동 기재에 반하는 증거로써 그 추정을 번복할 수 있다.

(4) 판결서의 실질적 증거력

확정된 민·형사판결에서 인정된 사실은 특별한 사정이 없는 한 유력한 증거가 되므로 합리적인 이유 설시 없이 이를 배척할 수 없다. 이러한 확정판결의 실질적 증거력은 확정된 민사판결이 외국의 민사판결인 경우에도 마찬가지로 인정된다.[1] 미확정판결도 사실인정의 자료로 삼을 수 있지만,[2] 확정판결과 같은 실질적 증거력의 추정력은 없다.

▶ **대법원 2009. 9. 24. 선고 2008다92312, 92329 판결**(同 대법원 2020. 7. 9. 선고 2020다208195 판결 등)

민사재판에 있어서는 다른 민사사건 등의 판결에서 인정된 사실에 구속받는 것은 아니라 할지라도 이미 확정된 관련 민사사건에서 인정된 사실은 특별한 사정이 없는 한 유력한 증거가 된다 할 것이므로 합리적인 이유 설시 없이 이를 배척할 수 없고, 특히 전후 두 개의 민사소송이 당사자가 같고 분쟁의 기초가 된 사실도 같으나 다만 소송물이 달라 기판력에 저촉되지 아니한 결과 새로운 청구를 할 수 있는 경우에 있어서는 더욱 그러하다.

---

1) 대판 2007. 8. 23. 2005다72386, 72393.
2) 대판 1990. 9. 28. 89누7306.

▶ 대법원 2012. 11. 29. 선고 2012다44471 판결

법원이 그 확정된 관련사건 판결의 이유와 더불어 다른 증거들을 종합하여 확정판결에서 인정된 사실과 다른 사실을 인정하는 것 또한 법률상 허용되며, 그와 같은 사실인정이 자유심증주의의 한계를 벗어나지 아니하고 그 이유설시에 합리성이 인정되는 한 이는 사실심의 전권에 속하는 사실인정의 문제로서 위법하다 할 수 없는 것이다.

|註| 대법원 1997. 3. 14. 선고 95다49370 판결은 배척하는 구체적인 이유를 일일이 설시할 필요가 없다고도 하였다.

▶ 대법원 2006. 9. 14. 선고 2006다27055 판결

관련 형사사건의 판결에서 인정된 사실은 특별한 사정이 없는 한 민사재판에서 유력한 증거자료가 되나, 민사재판에서 제출된 다른 증거 내용에 비추어 형사판결의 사실판단을 그대로 채용하기 어렵다고 인정될 경우에는 이를 배척할 수 있는 것이고, 더욱이 형사재판에서의 유죄판결은 공소사실에 대하여 증거능력 있는 엄격한 증거에 의하여 법관으로 하여금 합리적인 의심을 배제할 정도의 확신을 가지게 하는 입증이 있다는 의미인 반면, 무죄판결은 그러한 입증이 없다는 의미일 뿐이지 공소사실의 부존재가 증명되었다는 의미가 아니다.

Ⅴ. 서증신청의 절차

서증신청은 제출자가 문서를 직접 제출하는 것을 원칙으로 한다(343조 전문). 자신이 소지하지 않고 있는 문서는 문서제출명령(343조 후문, 344조 이하)이나 문서송부촉탁(352조 이하)의 방법으로 입수하여 제출할 수 있다. 법원으로 하여금 직접 문서가 있는 곳으로 가서 서증조사를 해 줄 것을 신청할 수도 있다(규칙 112조).

1. 문서의 직접제출

(1) 서증은 법원 외에서 조사하는 경우 이외에는 당사자가 변론기일 또는 준비절차기일에 출석하여 현실적으로 제출하여야 하고(343조 전단), 서증이 첨부된 소장 또는 준비서면 등이 진술되는 경우에도 마찬가지이다.[1] 당사자의 불출석으로 준

1) 대판 1991. 11. 8. 91다15775; 대판 1970. 8. 18. 70다1240 등.

비서면이 진술간주되는 경우에는 문서의 현실적 제출이 있을 수 없으므로 그 준비서면에 첨부된 서증은 제출된 것이 아니다.

(2) 서증은 원본, 정본 또는 인증이 있는 등본으로 제출되어야 함이 원칙이다(355조 1항). 그러나 실제에 있어서는 대부분 전자복사한 사본이 제출되고 있는데 아래 판결은 그 처리에 관한 여러 경우를 망라하여 설시하고 있다.

◆ 대법원 2002. 8. 23. 선고 2000다66133 판결

[1] 문서의 제출 또는 송부는 원본, 정본 또는 인증등본으로 하여야 하는 것이므로, 원본, 정본 또는 인증등본이 아니고 단순한 사본만에 의한 증거의 제출은 정확성의 보증이 없어 원칙적으로 부적법하며, 다만 이러한 사본의 경우에도 동일한 내용인 원본의 존재와 원본의 성립의 진정에 관하여 다툼이 없고 그 정확성에 문제가 없기 때문에 사본을 원본의 대용으로 하는 데 관하여 상대방으로부터 이의가 없는 경우에는, 민사소송법 제355조 제1항 위반사유에 관한 책문권이 포기 혹은 상실되어 사본만의 제출에 의한 증거의 신청도 허용된다.

[2] 원본의 존재 및 원본의 성립의 진정에 관하여 다툼이 있고 사본을 원본의 대용으로 하는 데 대하여 상대방으로부터 이의가 있는 경우에는 사본으로써 원본을 대신할 수 없으며, 반면에 사본을 원본으로서 제출하는 경우에는 그 사본이 독립한 서증이 되는 것이나 그 대신 이에 의하여 원본이 제출된 것으로 되지는 아니하고, 이때에는 증거에 의하여 사본과 같은 원본이 존재하고 또 그 원본이 진정하게 성립하였음이 인정되지 않는 한 그와 같은 내용의 사본이 존재한다는 것 이상의 증거가치는 없다.

[3] 서증사본의 신청당사자가 문서 원본을 분실하였다든가, 선의로 이를 훼손한 경우, 또는 문서제출명령에 응할 의무가 없는 제3자가 해당 문서의 원본을 소지하고 있는 경우, 원본이 방대한 양의 문서인 경우 등 원본 문서의 제출이 불가능하거나 비실제적인 상황에서는 원본의 제출이 요구되지 아니한다고 할 것이지만, 그와 같은 경우라면 해당 서증의 신청당사자가 원본 부제출에 대한 정당성이 되는 구체적 사유를 주장·입증하여야 할 것이다.

|註| 1. **사본이 원본을 대신**(원본에 갈음)**하는 경우** 원본의 존재 및 원본의 진정성립에 다툼이 없고 원본 대신 사본을 제출하는 데 대하여 상대방의 이의가 없는 경우에는 사본이 원본을 대신하여 원본이 제출된 경우와 동일한 효과가

생긴다.[1] 이 경우에는 예컨대, 계약서사본이 제출되었더라도 서증목록의 '서증명'란에 "계약서"라고만 적고 '인부요지'란에 "성립인정"이라고만 적는다.

2. 사본이 독립된 증거로(그 자체 원본으로) **제출되는 경우** 원본의 존재 및 원본의 성립의 진정에 다툼이 있고 원본 대신 사본을 제출하는 데 대하여 상대방의 이의가 있는 경우에는 사본이 원본을 대신할 수 없으나 그 자체 원본으로, 즉 독립한 증거로서 취급될 수는 있다. 이 경우에는 예컨대, 계약서사본이 제출되었다면 서증목록의 '서증명'란에 "계약서 사본"이라고 적고 '인부요지'란에 "부지, 원본존재 부인" 등으로 적는다. 이러한 경우 서증제출자가 사본과 같은 원본이 존재하고 또 그 원본이 진정하게 성립하였음을 증명하였다면 그 기재 내용대로의 증거가치가 인정될 것이나(예컨대, 처분문서라면 그 기재와 같은 법률행위의 존재 및 내용이 존재한다는 추정력이 인정된다), 이러한 증명이 없다면 그와 같은 내용의 사본이 존재한다는 것 이상의 증거가치는 없다.

3. 원본의 제출이 불가능한 경우 원본의 제출이 불가능하거나 비실제적인 상황에서는 원본의 제출이 요구되지 않지만, 제출자는 원본 부제출에 대한 정당성을 인정할 수 있는 구체적인 사유를 주장·입증하여야 한다. 판례는 원본이 현존하지 아니하는 문서사본도 과거에 존재한 적이 있는 문서를 전자복사한 것이라면 원본의 존재 및 진정성립을 인정하여 서증으로 채용할 수 있다고 하였다.[2]

2. 문서제출명령

(1) 상대방 또는 제3자가 가지고 있는 문서로서 상대방 또는 제3자에게 제출의무가 있는 문서에 대하여는 제출명령을 신청할 수 있다(343조 후단). 민사소송법은 2002년 개정 당시 소송의 초기단계에서 증거를 확보하여 집중심리주의를 구현할 수 있도록 하기 위하여 문서제출명령 제도를 확대·강화하였다.

(2) 민사소송법 제344조 제1항은 제출의무 있는 문서 3가지(당사자가 소송에서 인용한 문서, 신청자가 소지자에게 인도 또는 열람 청구권을 갖는 문서, 신청자의 이익을 위하여 작성되었거나 신청자와 소지자의 법률관계에 관하여 작성된 문서)를 열거하고, 아울러 제2항은 제1항에서 열거하지 않은 문서라도 소지하고 있는 문서는 제출의무가 있는 것을

1) 대판 1999. 11. 12. 99다38224; 대판 1992. 4. 28. 91다45608 등.
2) 대판 1992. 12. 22. 91다35540, 35557.

원칙으로 하면서 ① 증언거부사유(314조 형사소추·치욕, 315조 직업비밀) 등이 사유가 있는 문서, ② 오로지 문서소지인이 이용하기 위한 문서(자기이용문서), ③ 공무원의 직무관련문서에 해당하는 경우에만 제출의무가 면제되는 것으로 규정하고 있다.[1)]

▶ 대법원 2010. 1. 19.자 2008마546 결정

민사소송법 제344조 제2항은 같은 조 제1항에서 정한 문서에 해당하지 아니한 문서라도 문서의 소지자는 원칙적으로 그 제출을 거부하지 못하나, 다만 '공무원 또는 공무원이었던 사람이 그 직무와 관련하여 보관하거나 가지고 있는 문서'는 예외적으로 제출을 거부할 수 있다고 규정하고 있는바, 여기서 말하는 '공무원 또는 공무원이었던 사람이 그 직무와 관련하여 보관하거나 가지고 있는 문서'는 국가기관이 보유·관리하는 공문서를 의미한다고 할 것이고, 이러한 공문서의 공개에 관하여는 공공기관의 정보공개에 관한 법률에서 정한 절차와 방법에 의하여야 할 것이다.

|註| 공무원 직무관련 문서는 공무원이 작성한 것인지 여부와 관계없이, 공무원 또는 공무원이었던 사람이 보유·관리하는 공문서를 의미한다는 것이다. 본 사례는 검찰인사명령서와 제3자에 대한 수사기록 또는 진정사건기록에 대한 것이다.

◆ 대법원 2017. 12. 28.자 2015무423 결정

[1] 민사소송법 제344조는 '문서의 제출의무'에 관하여 정하고 있는데, 제1항 제1호는 당사자가 소송에서 인용한 문서(이하 '인용문서'라 한다)를 가지고 있는 때에는 문서를 가지고 있는 사람은 그 제출을 거부하지 못한다고 정하고 있다. 제2항은 제1항의 경우 외에도 문서의 제출의무가 인정되는 사유를 정하면서 '공무원 또는 공무원이었던 사람이 그 직무와 관련하여 보관하거나 가지고 있는 문서'에 대해서는 제2항에 따른 문서 제출의무의 대상에서 제외하고 있다. 민사소송법 제344조 제1항 제1호에서 정하고 있는 인용문서는 당사자가 소송에서 문서 그 자체를 증거로서 인용한 경우뿐만 아니라 자기주장을 명백히 하기 위하여 적극적으로 문서의 존재와 내용을 언급하여 자기주장의 근거나 보조 자료로

---

1) 위 포괄적 제출의무규정 외에도 2002년 개정법은 문서제출명령의 확대·강화를 위하여, ① 문서정보에 대한 공개의 한 방법으로서 문서의 소지자에게 문서목록의 제출을 명할 수 있는 제도를 신설하였고(346조), ② 문서가 개인의 privacy, 영업비밀 등과 관련된 문서인지를 판단하여야 할 경우 법원이 문서를 제출받아 비공개로 심리하는 in camera 제도를 도입하였으며(347조 4항), ③ 문서제출명령을 함에 있어서 문서의 일부에 제출거절사유가 있는 경우에는 그 문서 중 그 부분을 제외하고 나머지 부분만을 제출하게 하는 문서일부제출제도를 신설하였고(347조 2항), ④ 제3자에게 문서의 제출을 명하는 경우에는 반드시 제3자 또는 그가 지정한 자를 심문하도록 하였다(347조 3항). 조관행, 민사소송의 집중심리방안 참조.

삼은 문서도 포함한다. 또한 위 조항의 인용문서에 해당하면, 그것이 같은 조 제2항에서 정하고 있는 '공무원이 그 직무와 관련하여 보관하거나 가지고 있는 문서'라도 특별한 사정이 없는 한 문서 제출의무를 면할 수 없다.

[2] 민사소송법 제344조 제1항 제1호의 문언, 내용, 체계와 입법 목적 등에 비추어 볼 때, 인용문서가 공무원이 직무와 관련하여 보관하거나 가지고 있는 문서로서 공공기관의 정보공개에 관한 법률 제9조에서 정하고 있는 비공개대상정보에 해당한다고 하더라도, 특별한 사정이 없는 한 그에 관한 문서제출의무를 면할 수 없다.

▶ 대법원 2016. 7. 1.자 2014마2239 결정

[1] 민사소송법 제344조 제2항은 문서를 가지고 있는 사람은 제344조 제1항에 해당하지 아니하는 경우에도 원칙적으로 문서의 제출을 거부하지 못한다고 규정하면서 예외사유로서 '오로지 문서를 가진 사람이 이용하기 위한 문서'(이른바 '자기이용문서')를 들고 있다. 어느 문서가 오로지 문서를 가진 사람이 이용할 목적으로 작성되고 외부자에게 개시하는 것이 예정되어 있지 않으며 개시할 경우 문서를 가진 사람에게 심각한 불이익이 생길 염려가 있다면, 문서는 특별한 사정이 없는 한 위 규정의 자기이용문서에 해당한다. 여기서 어느 문서가 자기이용문서에 해당하는지는 문서의 표제나 명칭만으로 판단하여서는 아니 되고, 문서의 작성 목적, 기재 내용에 해당하는 정보, 당해 유형·종류의 문서가 일반적으로 갖는 성향, 문서의 소지 경위나 그 밖의 사정 등을 종합적으로 고려하여 객관적으로 판단하여야 하는데, 설령 주관적으로 내부 이용을 주된 목적으로 회사 내부에서 결재를 거쳐 작성된 문서일지라도, 신청자가 열람 등을 요구할 수 있는 사법상 권리를 가지는 문서와 동일한 정보 또는 직접적 기초·근거가 되는 정보가 문서의 기재 내용에 포함되어 있는 경우, 객관적으로 외부에서의 이용이 작성 목적에 전혀 포함되어 있지 않다고는 볼 수 없는 경우, 문서 자체를 외부에 개시하는 것은 예정되어 있지 않더라도 문서에 기재된 '정보'의 외부 개시가 예정되어 있거나 정보가 공익성을 가지는 경우 등에는 내부문서라는 이유로 자기이용문서라고 쉽게 단정할 것은 아니다. 한편 자기이용문서 등 문서제출 거부사유가 인정되지 아니하는 경우에도 법원은 민사소송법 제290조에 따라 제출명령신청의 대상이 된 문서가 서증으로서 필요하지 아니하다고 인정할 때에는 제

출명령신청을 받아들이지 아니할 수 있고, 민사소송법 제347조 제1항에 따라 문서제출신청에 정당한 이유가 있다고 인정한 때에 결정으로 문서를 가진 사람에게 제출을 명할 수 있으므로, 문서가 쟁점 판단이나 사실의 증명에 어느 정도로 필요한지, 다른 문서로부터 자료를 얻는 것이 가능한지, 문서 제출로 얻게 될 소송상 이익과 피신청인이 문서를 제출함으로 인하여 받게 될 부담이나 재산적 피해 또는 개인의 프라이버시나 법인 내부의 자유로운 의사 형성 및 영업 비밀, 기타 권리에 대한 침해와의 비교형량 및 기타 소송에 나타난 여러 가지 사정을 고려하여 과연 문서제출이 필요한지 및 문서제출신청에 정당한 이유가 있는지를 판단하여야 한다.

[2] 개인정보 보호법 제18조 제2항 제2호에 따르면 개인정보처리자는 '다른 법률에 특별한 규정이 있는 경우'에는 개인정보를 목적 외의 용도로 이용하거나 이를 제3자에게 제공할 수 있고, 민사소송법 제344조 제2항은 각 호에서 규정하고 있는 문서제출거부사유에 해당하지 아니하는 경우 문서소지인에게 문서제출의무를 부과하고 있으므로, 임직원의 급여 및 상여금 내역 등이 개인정보 보호법상 개인정보에 해당하더라도 이를 이유로 문서소지인이 문서의 제출을 거부할 수 있는 것은 아니다.

[3] 민사소송법 제344조 제2항 제1호, 제1항 제3호 (다)목, 제315조 제1항 제2호는 문서를 가지고 있는 사람은 제344조 제1항에 해당하지 아니하는 경우에도 원칙적으로 문서의 제출을 거부하지 못한다고 규정하면서 예외사유로서 기술 또는 직업의 비밀에 속하는 사항이 적혀 있고 비밀을 지킬 의무가 면제되지 아니한 문서를 들고 있다. 여기에서 '직업의 비밀'은 그 사항이 공개되면 직업에 심각한 영향을 미치고 이후 직업의 수행이 어려운 경우를 가리키는데, 어느 정보가 직업의 비밀에 해당하는 경우에도 문서 소지자는 비밀이 보호가치 있는 비밀일 경우에만 문서의 제출을 거부할 수 있다. 나아가 어느 정보가 보호가치 있는 비밀인지를 판단할 때에는 정보의 내용과 성격, 정보가 공개됨으로써 문서 소지자에게 미치는 불이익의 내용과 정도, 민사사건의 내용과 성격, 민사사건의 증거로 문서를 필요로 하는 정도 또는 대체할 수 있는 증거의 존부 등 제반 사정을 종합하여 비밀의 공개로 발생하는 불이익과 이로 인하여 달성되는 실체적 진실 발견 및 재판의 공정을 비교형량 하여야 한다.

|註| 1. 증언거부사유(직업비밀) 상당 문서 (1) 직업비밀문서이기 위하여는 문서의 정보가 직업의 비밀에 해당하고 그 비밀이 보호가치 있는 것이어야 한다. 보호가치 유무는 비밀의 공개로 인한 불이익과 달성하려는 실체적 진실 발견 및 재판의 공정을 비교형량하여 판단하여야 한다(판결요지 [3]).

(2) 판례 중에는 당사자 일방(甲)과 제3자(乙) 사이에 수출거래에 관한 문서의 제출명령신청에 대하여, 이미 거래가 종료되어 해당 문서가 공개되더라도 甲의 영업에 별다른 지장이 없는 반면, 해당 문서는 본안소송의 쟁점 해결에 결정적인 자료이고, 甲이 乙에 대하여 비밀준수의무를 부담한다고 하더라도 실체적 진실 발견과 공정한 재판의 필요성이 乙이 해당 수출거래에 대하여 가지는 비밀의 중요성보다 우월하다는 이유로 문서제출명령을 인용한 항소심결정이 옳다고 한 것이 있다.[1)]

2. 자기이용문서 (1) 자기이용문서는 오로지 문서소지인이 이용하기 위하여 작성되고 외부자에게 개시되는 것이 예정되어 있지 않으며 개시할 경우 문서소지인에게 심각한 불이익이 생길 수 있는 문서이다. 프라이버시와 관련된 문서(일기, 서신 등)가 이에 해당한다. '내부문서'라도 외부인이 열람청구권을 갖는 정보와 동일한 정보 또는 그 기초가 되는 정보를 담고 있는 경우, 문서에 기재된 정보의 외부 개시가 예정되어 있거나 정보가 공익성을 가지는 경우에는 쉽게 자기이용문서라고 단정해서는 안 된다(판결요지 [1]).

(2) 위 판결은 ① 판매비와 관리비의 구체적 항목 명세, 각종 경비 및 고정비의 분류기준과 해당 항목 명세, 임직원에 대한 성과급 지급 규모, 급여 및 인건비 근거자료 등은 각종 회계자료 등을 통해 외부에 공개하는 것이 예정되어 있는 정보 또는 그 직접적 기초가 되는 정보를 포함하고 있고, ② 합병비율 적정성의 판단 근거가 된 회계법인의 검토보고서, 그 검토를 위하여 회계법인에 제공한 서류 등은 합병조건에 대한 실질적인 판단자료로서 주주들에게도 공개가 예정되어 있는 정보 또는 그 직접적인 기초가 되는 정보를 포함하고 있다는 이유로 내부문서이지만 자기이용문서가 아니라고 하였다. 판례 중에는, 매입·매출회계처리원장은 회계장부의 일종으로 소송 과정에서 법원이 당사자에게 제출을 명할 수 있는 상업장부(상법 32조)에 해당한다는 이유로 자기이

1) 대결 2015. 12. 21. 2015마4174.

용문서에 해당하지 않는다고 한 항소심결정이 옳다고 한 것이 있다.[1)]

3. 개인정보가 기재된 문서 민사소송법의 문서제출명령에 관한 규정은 개인정보보호법상 개인정보를 목적 외의 용도로 이용하거나 제3자에게 제공할 수 있는 근거인 다른 법률에 특별한 규정이 있는 경우에 해당하므로, 개인정보보호법에 정한 개인정보에 해당한다는 사유만으로 문서제출을 거부할 수 없다는 취지이다(판결요지 [2]).

(3) **문서제출명령신청이 있으면 법원은 제출의무와 소지사실에 대하여 심리하여 그 허가 여부를 결정하여야 한다**(347조 1항). **문서소지자가 제3자인 경우에는 제3자 또는 그가 지정하는 자를 심문하여야 한다**(347조 3항).

▶ 대법원 2005. 7. 11.자 2005마259 결정

문서의 제출의무는 그 문서를 소지하고 있는 자에게 있는 것이므로 법원이 문서제출명령을 발함에 있어서는 먼저 그 문서의 존재와 소지가 증명되어야 하고 그 입증책임은 원칙적으로 신청인에게 있다.

▶ 대법원 2009. 4. 28.자 2009무12 결정(同 대법원 2019. 11. 1.자 2019무798 결정)

문서제출신청에 대한 허가 여부에 관한 재판을 할 때에는 그때까지의 소송경과와 문서제출신청의 내용에 비추어 신청 자체로 받아들일 수 없는 경우가 아닌 한 상대방에게 문서제출신청서를 송달하는 등 문서제출신청이 있음을 알림으로써 그에 관한 의견을 진술할 기회를 부여하고, 그 결과에 따라 당해 문서의 존재와 소지 여부, 당해 문서가 서증으로 필요한지 여부, 문서제출신청의 상대방이 민사소송법 제344조에 따라 문서제출의무를 부담하는지 여부 등을 심리한 후, 그 허가 여부를 판단하여야 하고, 이러한 조치를 취하지 않은 채 문서제출명령의 요건에 관하여 별다른 심리도 없이 한 문서제출명령은 위법하다.

▶ 대법원 2016. 7. 1.자 2014마2239 결정

문서를 가진 사람에게 그것을 제출하도록 명할 것을 신청하는 것은 서증을 신청하는 방식 중의 하나이므로, 법원은 제출명령신청의 대상이 된 문서가 서증으로서 필요하지 아니하다고 인정할 때에는 제출명령신청을 받아들이지 아니할 수 있다. 또한 문서제출명령의 대상이 된 문서에 의하여 증명하고자 하는 사항

1) 대결 2015. 12. 21. 2015마4174.

이 청구와 직접 관련이 없는 것이라면 받아들이지 아니할 수 있다.

(4) **당사자가 문서제출명령을 따르지 않은 때에는 법원은 문서의 기재에 대한 상대방의 주장을 진실한 것으로 인정할 수 있다**(349조). **당사자가 상대방의 사용을 방해할 목적으로 제출의무가 있는 문서를 훼손하거나 이를 사용할 수 없게 한 때에도 마찬가지이다**(350조).

▶ 대법원 1993. 11. 23. 선고 93다41938 판결

피고가 문서제출명령에 불구하고 제출명령받은 문서를 제출하지 아니하였다고 하더라도, 그렇다고 하여 문서제출의 신청에 문서의 표시와 문서의 취지로 명시된 이 문서들의 성질, 내용, 성립의 진정에 관한 원고의 주장을 진실한 것으로 인정할 수 있음은 별론으로 하고, 그 문서들에 의하여 입증하려고 하는 원고의 주장사실이 바로 증명되었다고 볼 수는 없다.

|註| 1. 판결의 의미　예컨대, 원고가 매매계약을 체결한 사실을 입증하기 위하여 피고가 소지한 매매계약서의 제출명령을 신청하여 받아들여졌으나 피고가 이를 제출하지 않은 경우 법원이 진실한 것으로 인정할 수 있는 것은 원고 주장과 같은 내용의 매매계약서의 존재 및 그 진정성립의 인정 사실뿐이고 곧바로 매매계약의 체결 사실까지 증명되었다고 볼 수는 없다는 의미이다.

2. 문서제출명령 불응의 효과　(1) 당사자가 문서제출명령에 불응했을 때의 효과에 대하여는 ① 상대방의 주장을 진실한 것으로 인정할 수 있는 것은 그 문서의 성질, 성립 및 내용에 국한되고, 이를 바탕으로 요증사실을 인정하느냐 여부는 법관의 자유심증에 속한다는 자유심증설(自由心證說)(호문혁), ② 요증사실 자체를 진실한 것으로 인정할 수 있다는 법정증거설(法定證據說)(송상현·박익환), ③ 대상문서가 상대방의 지배영역 하에 있어 거증자로서는 문서의 구체적 내용을 특정할 수 없고, 또한 달리 다른 증거에 의하여 증명하는 것이 현저히 곤란한 경우에는 제한적으로 요증사실이 직접 증명되었다고 보자는 절충설(이시윤)이 있다. 판례는 기본적으로 자유심증설의 입장에 서 있다.[1] 판례 중에는 증거에 의하여 인정되는 정황들에 피고가 문서제출명령에 응하지 않은 사정

1) 대판 1988. 2. 23. 87다카2490["민사소송법 제320조(현행 349조) … 그 문서에 의하여 입증하고자 하는 상대방의 주장사실까지 반드시 증명되었다고 인정하여야 한다는 취지가 아니다"]; 대판 2007. 9. 21. 2006다9446("당사자가 … 문서제출명령을 받았음에도 불구하고 그 명령에 따르지 아니한 때 … 그 주장사실의 인정 여부는 법원의 자유심증에 의하는 것이다").

을 종합하여 원고의 주장을 진실한 것으로 인정한 사례도 있는데,[1] 문서제출명령에 응하지 않은 사정이 변론 전체의 취지로 작용한 것이지 자유심증설을 따르지 않은 것은 아니다.

(2) 제3자가 문서제출명령에 불응했을 때에는 500만 원 이하의 과태료를 부과할 수 있을 뿐이다(351조).

◆ **대법원 2015. 11. 17. 선고 2014다81542 판결**

민사소송에서 당사자 일방이 일부가 훼손된 문서를 증거로 제출하였는데 상대방이 훼손된 부분에 잔존 부분의 기재와 상반된 내용이 기재되어 있다고 주장하는 경우, 문서제출자가 상대방의 사용을 방해할 목적으로 문서를 훼손하였다면 법원은 훼손된 문서 부분의 기재에 대한 상대방의 주장을 진실한 것으로 인정할 수 있을 것이나(민사소송법 제350조), 그러한 목적 없이 문서가 훼손되었다고 하더라도 문서의 훼손된 부분에 잔존 부분과 상반되는 내용의 기재가 있을 가능성이 인정되어 문서 전체의 취지가 문서를 제출한 당사자의 주장에 부합한다는 확신을 할 수 없게 된다면 이로 인한 불이익은 훼손된 문서를 제출한 당사자에게 돌아가야 한다.

|註| 보험가입자가 '3개월마다 200만 원의 연금을 지급한다'는 기재가 있는 보험증권(위 보험증권은 3단으로 접히도록 되어 있었는데 위 기재는 2단 부분에 있었고 3단 부분은 잘려 나간 상태였다)을 서증으로 제출하여 위 금액으로 계산한 연금을 청구한 데 대하여, 보험회사가 잘려나간 위 보험증권의 3단 부분에 '위 금액은 예시금액이고 실제로 지급되는 연금은 이자율에 따라 변동된다'는 기재가 있다고 주장하면서 그러한 기재가 있는 같은 종류의 연금보험의 보험증권을 증거로 제출한 사안이다.

(5) 문서제출명령에 의하여 법원에 제출된 문서는 당사자가 변론기일 또는 변론준비기일에 직접 제출하여야 증거로 삼을 수 있다.

3. 문서송부의 촉탁

상대방 또는 제3자가 소지하고 있는 문서로서 그들에게 제출의무가 없는 문서

1) 대판 1998. 7. 24. 96다42789(보안사의 민간인사찰에 따른 손해배상청구 사건).

에 관하여는 그 문서를 문서송부촉탁의 신청을 할 수 있다(352조). 당사자의 신청을 받아들여 법원이 문서의 소지자에게 송부촉탁을 하여 그 문서가 법원에 도달되면 당사자가 이를 검토하여 필요한 문서를 변론기일 또는 변론준비기일에 직접 제출하여야 이를 증거로 삼을 수 있다. 나아가 송부촉탁된 사문서는 그 진정성립이 인정되어야만 증거능력이 있다.[1)]

▶ 대법원 1973. 10. 10. 선고 72다2329 판결

문서송부촉탁에 대하여 피고가 그 일부만을 보내고 전부를 보내오지 아니하였다 하여 그 문서의 사용을 방해할 목적에서 이를 훼기하거나 사용불능케 한 까닭이라고 인정되지 아니하는 한 민사소송법 제321조(현행 350조)의 효과를 설시하지 아니하여도 위법이 아니다.

|註| 문서송부촉탁에 제350조가 적용된다는 취지는 아니고 사정이 그와 같다면 증명방해로 보기 어렵다는 취지로 보인다.

제4. 검증

(1) 검증은 법관이 그 오관의 작용에 의하여 직접적으로 사물의 성질과 상태를 검사하여 그 결과를 증거자료로 하는 증거조사이다. 녹음테이프에 대한 증거조사는 검증의 방법에 의하는 것이 원칙이다.

▶ 대법원 1999. 5. 25. 선고 99다1789 판결

당사자 일방이 녹음테이프를 증거로 제출하지 않고 이를 속기사에 의하여 녹취한 녹취문을 증거로 제출하고 이에 대하여 상대방이 부지로 인부한 경우, 법원은 녹음테이프의 검증을 통하여 대화자가 진술한 대로 녹취되었는지 확인하여야 할 것이나, 그 녹취문이 오히려 상대방에게 유리한 내용으로 되어 있다면 그 녹취 자체는 정확하게 이루어진 것으로 보이므로 녹음테이프 검증없이 녹취문의 진정성립을 인정할 수 있다.

(2) 당사자나 제3자는 검증을 수인할 의무가 있다. 당사자가 검증에 응하지 않는 때에는 문서제출명령에 응하지 않은 때와 같은 불이익을 줄 수 있다(366조 1항).

1) 대판 1974. 12. 24. 72다1532.

▶ 서울지방법원 1998. 8. 13. 선고 97가합47366 판결

건물명도소송에서 피고들의 점유 부분을 특정하기 위하여 현장검증과 측량감정을 실시하려고 하였으나 제1차 검증·감정기일에 피고들이 건물을 잠그고 나타나지 아니하여 불능되었고, 이에 법원이 피고들에게 검증장소의 공개를 명하고 2차 검증·감정기일을 실시하였으나 역시 피고들이 건물을 잠그고 나타나지 아니하여 불능이 된 경우 피고들이 원고가 주장하는 대로 건물을 점유하고 있다고 인정할 수 있다.

제 5. 당사자신문

(1) 당사자본인은 소송의 주체이지 증거조사의 객체가 아닌 것이 원칙이나 예외적으로 당사자본인을 증거방법으로 하여 그가 경험한 사실에 대하여 진술하게 하는 증거조사를 당사자신문(當事者訊問)이라고 한다. 당사자본인신문결과는 증언과 마찬가지로 증거자료이지 소송자료가 아니다. 따라서 당사자본인신문 중의 진술로는 재판상 자백이 성립할 수 없고, 그 진술만으로는 주장책임을 다하였다고 할 수 없다.

▶ 대법원 1978. 9. 12. 선고 78다879 판결

증거조사방법중의 하나인 당사자본인신문의 결과 중에 당사자의 진술로서 상대방의 주장과 일치되는 부분이 나왔다고 하더라도 그것은 재판상 자백이 될 수 없다.

▶ 대법원 1981. 8. 11. 선고 81다262, 263 판결

증거자료에 나타난 사실을 소송상 주장사실과 같이 볼 수는 없으므로 당사자본인신문에 있어서의 당사자의 진술도 증거자료에 불과하여 이를 소송상 당사자의 주장과 같이 취급할 수 없고, 따라서 "피고의 재단기는 원고 집에 있다, 잘못된 것을 해결해 주고 가지고 가라고 했었다"는 원고본인신문결과를 가지고 원고가 유치권 항변을 한 것이라고 볼 수 없다.

(2) 2002년 개정 전 민사소송법은 당사자본인신문은 다른 증거조사에 의하여 심증을 얻지 못한 때에 한하여 허용된다고 함으로써(구법 339조) 보충적 증거방법임을 명시하고 있었고,[1] 그에 따라 판례는 다른 증거 없이 당사자본인신문결과만으

1) 대판 1987. 5. 26. 86누909; 대판 1977. 10. 11. 77다901 등.

로는 사실을 인정할 수 없다고 하여 증거력에 있어서도 보충적인 것으로 보고 있었다.[1] 그러나 현행 민사소송법은 증거방법으로서의 보충성을 폐지하였고(367조 참조), 그에 따라 증거력의 보충성 역시 더 이상 유지될 수 없게 되었다.

(3) 당사자본인신문에는 증인신문의 규정이 대부분 적용되지만 다소간의 차이가 있다.

▶ 대법원 1992. 10. 27. 선고 92다32463 판결

당사자본인으로 신문해야 함에도 증인으로 신문하였다 하더라도 상대방이 이를 지체 없이 이의하지 아니하면 이의권의 포기 또는 상실로 그 하자가 치유된다.

(4) 당사자가 정당한 사유 없이 출석하지 아니하거나 선서 또는 진술을 거부한 때에는 법원은 신문사항에 관한 상대방의 주장을 진실한 것으로 인정할 수 있다(369조).

▶ 대법원 2010. 11. 11. 선고 2010다56616 판결

당사자신문절차에서 당사자가 정당한 사유 없이 출석·선서·진술의 의무를 불이행한 경우에 민사소송법 제369조의 규정에 의하여 법원은 재량에 따라 '신문사항에 관한 상대방의 주장'을 진실한 것으로 인정할 수 있는바, 이 경우 당사자가 출석할 수 없는 정당한 사유란 법정에 나올 수 없는 질병, 교통기관의 두절, 관혼상제, 천재지변 등을 말한다고 할 것이고, 그러한 정당한 사유의 존재는 그 불출석 당사자가 이를 주장·입증하여야 한다.

◆ 대법원 1990. 4. 13. 선고 89다카1084 판결

당사자 본인신문절차에서 당사자 본인이 출석, 선서, 진술의 의무를 불이행한 경우에 민사소송법 제341조(현행 369조)의 규정에 의하여 법원이 진실한 것으로 인정할 수 있는 것은 "신문사항에 관한 상대방의 주장", 즉 신문사항에 포함된 내용에 관한 것이므로 법원이 이를 적용함에 있어서는 상대방 당사자의 요건사실에 관한 주장사실을 진실한 것으로 인정할 것이라고 설시할 것이 아니라 당사자 본인신문사항 가운데 어느 항을 진실한 것으로 인정한 연후에 그에 의하여 상대방 당사자의 요건사실에 관한 주장사실을 인정할 수 있다고 판시하는 것이 정당하다.

---

1) 대판 1983. 6. 14. 83다카95.

|註| 피고가 원고의 배서가 추심위임배서라고 주장하면서 이를 증명하기 위하여 원고당사자본인신문을 신청하여 법원이 받아들였는데 원고가 신문사항과 출석요구서를 적법하게 송달받고도 출석하지 않은 경우 법원은 곧바로 피고 주장을 받아들여 해당 배서를 추심위임배서라고 인정하여서는 안 되고 신문사항(예컨대, "丙이 원고를 찾아와서 어음의 배서란에 도장을 찍어 주면 돈을 찾아서 갚아 주겠다고 해서 도장을 찍어 주었지요")에 포함된 피고의 주장을 진실한 것으로 인정한 다음 이러한 간접사실에 의하여 또는 그 사실과 다른 증거를 종합하여 추심위임배서라는 사실을 인정할 수 있을 뿐이라는 것이다.

제6. 그 밖의 증거

도면·사진·녹음테이프·비디오테이프·컴퓨터용 자기디스크, 그 밖에 정보를 담기 위하여 만들어진 물건으로서 문서가 아닌 증거의 조사에 관한 사항은 감정, 서증, 검증에 관한 규정에 준한다(374조). 구체적인 사항은 민사소송규칙 제120조 내지 제122조에 규정되어 있다.

◆ 대법원 2010. 7. 14.자 2009마2105 결정

민사소송법 제344조 제1항 제1호, 제374조를 신청 근거 규정으로 기재한 동영상 파일 등과 사진의 제출명령신청에 대하여, 동영상 파일은 검증의 방법으로 증거조사를 하여야 하므로 문서제출명령의 대상이 될 수는 없고, 사진의 경우에는 그 형태, 담겨진 내용 등을 종합하여 감정·서증·검증의 방법 중 가장 적절한 증거조사 방법을 택하여 이를 준용하여야 함에도, 제1심법원이 사진에 관한 구체적인 심리 없이 곧바로 문서제출명령을 하고 검증의 대상인 동영상 파일을 문서제출명령에 포함시킨 것이 정당하다고 판단한 원심의 조치에는 문서제출명령의 대상에 관한 법리를 오해한 잘못이 있다.

제 6 절 자유심증주의

법원은 변론 전체의 취지와 증거조사의 결과를 참작하여 자유로운 심증으로 사회정의와 형평의 이념에 입각하여 논리와 경험의 법칙에 따라 사실주장이 진실한

지 아닌지를 판단한다(202조). 이를 자유심증주의(自由心證主義)라고 하는데, 증거능력이나 증거력을 법률로 정해 놓고 법관으로 하여금 사실인정을 함에 있어 이에 따르도록 하는 법정증거주의(法定證據主義)에 대비되는 개념이다.

제 1. 증거원인

사실인정의 자료가 되는 증거원인에는 변론 전체의 취지와 증거조사의 결과 두 가지가 있다.

Ⅰ. 변론 전체의 취지

(1) “증거원인으로서의 변론 전체의 취지란 증거조사의 결과를 제외한 소송자료 전부를 말하는 것으로서 당사자의 주장내용, 주장태도, 주장사실이나 증거신청의 시기, 당사자의 인적 관계라든가 변론에 나타난 일체의 적극적·소극적 사항을 포함한 법관의 심증형성에 참작될 자료를 의미하는 것이다.”[1] 사실의 인정은 증거에 의하여야 하는 형사소송(형사소송법 307조 1항)과 달리 변론 전체의 취지를 증거원인의 하나로 인정한 것은 자유심증주의를 반영한 것이다.

▶ 대법원 1976. 8. 24. 선고 75다2152 판결

필요적 공동소송이 아닌 경우 공동피고가 한 자백은 다른 피고의 소송관계에 직접적으로 무슨 효력을 발생할 수 없고 다만 변론취지로서의 증거자료가 된다.

(2) 변론 전체의 취지가 사실인정의 한 자료가 될 수 있음은 물론이나, 증거로서의 변론 전체의 취지는 보충적 효력에 그치는 것에 불과하여 그것만으로는 사실을 인정할 수 없다. 다만, 문서의 진정성립과 자백철회요건으로서의 착오는 변론 전체의 취지만으로도 인정할 수 있다.

◆ 대법원 1983. 9. 13. 선고 83다카971 판결(동 대법원 1984. 12. 26. 선고 84누329 판결)

변론의 취지는 변론의 과정에 현출된 모든 상황과 자료를 말하여 증거원인이 되는 것이기는 하나 그것만으로는 사실인정의 자료로 할 수 없다.

---

1) 대판 1983. 7. 12. 83다카308; 대판 1962. 4. 12. 4294민상1078.

▶ 대법원 1982. 3. 23. 선고 80다1857 판결

당사자가 부지로서 다툰 서증에 관하여 거증자가 특히 그 성립을 증명하지 아니한 경우라도 법원은 다른 증거에 의하지 않고 변론의 전취지를 참작하여 자유심증으로써 그 성립을 인정할 수 있다.

> |註| 사본을 원본 대신 제출하여 원본의 존재까지 다투어지는 경우에는 변론 전체의 취지에 의하여 원본의 존재를 인정할 수 없다는 취지의 판결이 있다.[1]

▶ 대법원 2004. 6. 11. 선고 2004다13533 판결

재판상의 자백에 대하여 상대방의 동의가 없는 경우에는 자백을 한 당사자가 그 자백이 진실에 부합되지 않는다는 것과 자백이 착오에 기인한다는 사실을 증명한 경우에 한하여 이를 취소할 수 있으나, … 자백이 진실에 반한다는 증명이 있다고 하여 그 자백이 착오로 인한 것이라고 추정되는 것은 아니지만 그 자백이 진실과 부합되지 않는 사실이 증명된 경우라면 변론의 전취지에 의하여 그 자백이 착오로 인한 것이라는 점을 인정할 수 있다.

Ⅱ. 증거조사의 결과

증거조사의 결과라 함은 법원이 적법한 증거조사에 의하여 얻은 증거자료, 즉 증언, 문서의 내용, 감정결과, 검증결과, 본인신문결과 등을 말한다. 자유심증주의는 이들과 관련하여 ① 증거방법의 무제한, ② 증거력의 자유평가, ③ 증거공통의 원칙 3가지를 그 내용으로 한다.

1. 증거방법의 무제한

자유심증주의는 증거방법이나 증거능력에 제한을 두지 않는다. 소제기 후 작성된 문서, 위법수집증거, 미확정판결이라도 증거능력이 있고, 증언에 의하여 부당이득산정의 기초가 되는 임료나 일실수입 산정의 기초가 되는 수입을 인정할 수도 있다.

▶ 대법원 1992. 4. 14. 선고 91다24755 판결 : 소제기 후 작성된 문서

소제기 이후에 작성된 사문서라는 점만으로 당연히 증거능력이 부정되는 것은 아니다.

---

1) 대판 1996. 3. 8. 95다48667.

▶ **대법원 1999. 5. 25. 선고 99다1789 판결 : 위법수집증거**

자유심증주의를 채택하고 있는 우리 민사소송법 하에서 상대방 부지 중 비밀리에 상대방과의 대화를 녹음하였다는 이유만으로 그 녹음테이프가 증거능력이 없다고 단정할 수 없고, 그 채증 여부는 사실심법원의 재량에 속하는 것이다.

▶ **대법원 1992. 11. 10. 선고 92다22107 판결 : 미확정판결**

판결서 중에서 한 사실판단을 그 사실을 증명하기 위하여 이용하는 것을 불허하는 것이 아니어서 이를 이용하는 경우에는 판결서도 그 한도 내에서는 보고문서라 할 것이고, 판결이 확정되지 아니한 것이라고 하여 증거로 사용될 수 없다고는 할 수 없고 다만 그 신빙성이 문제될 수 있을 뿐이다.

▶ **대법원 1987. 2. 10. 선고 85다카1391 판결 : 증언**

자유심증주의 하에서 증거의 가치판단은 논리와 경험칙에 반하지 아니하는 한 사실심법원의 전권에 속하는 사항이므로 부동산의 임료상당액을 전문감정인이 아닌 일반인의 증언에 의하여 인정하였다 하여 반드시 부당한 것이라고는 할 수 없다.

|**註**| 같은 취지로 "불법행위로 인한 일실수익을 산정하는 기초로 되는 얻을 수 있었던 수입은 반드시 통계자료에 의하여 인정하여야만 한다고 할 수는 없고, 그 수입을 인정할 수 있는 자료로서 증인의 증언이 있고 그 증인의 증언이 합리성과 신빙성이 있으면 그 증인의 증언에 의하여 이를 인정하였다 하여 채증법칙에 위배되었다고 할 수 없다"고 한 것이 있고,[1] "매매계약사실을 인정함에는 반드시 증서가 있어야 하는 것은 아니고 증인의 증언으로서도 인정할 수 있다"고 한 것이 있다.[2]

2. 증거력(증거가치)의 자유평가

(1) 자유심증주의 하에서는 증거자료의 증거력 평가가 법관의 자유로운 판단에 맡겨져 있다. 따라서 직접증거와 간접증거 사이에, 서증과 인증 사이에, 직접증거와 전문증거 사이에 법에 정해진 증거력의 우열이 있는 것이 아니고, 공문서라고 하더라도 반드시 증거로 채택해야 하는 것이 아니며, 전문가의 감정결과도 반드시 따라야만 하는 것은 아니다.

1) 대판 1991. 4. 23. 90다12205.
2) 대판 1966. 4. 19. 66다34.

▶ 대법원 1971. 5. 24. 선고 70다2511 판결 : 종합판단

증거의 종합판단의 경우에는 그 증거들 중 피차간 모순된 부분과 불필요한 부분을 제거하고 그 중 필요하며 또 공통된 부분만을 모아 이를 판단자료에 공용하는 것이다.

▶ 대법원 1960. 12. 20. 선고 4293민상435 판결 : 직접증거와 간접증거

소송자료로서 현출된 증거의 내용이 쟁송사실에 대한 직접적인 것(직접증거)이든 간접적인 것(간접증거)이었음을 막론하고 사실심 법관은 자유로운 심증에 따라 이를 취사할 수 있는 것이다.

▶ 대법원 1964. 4. 14. 선고 63아56 판결 : 서증과 인증

민사소송법은 증거법정주의를 채택하지 아니하고 자유심증주의를 채택하였으므로 일반적으로 서증의 비중이 인증의 비중에 비하여 중하다는 결론을 내릴 수 없다.

▶ 대법원 1962. 1. 11. 선고 4294민상368 판결 : 직접증거와 전문증거

민사재판에 있어 전문증거에 대한 증거가치를 제한한 외국의 법제가 있기는 하나 우리의 현행 민사소송제도는 전문증거라고 하여 증거가치인정에 아무런 제한을 두지 않고 오로지 재판관의 자유심증에 맡기고 있는 것이다.

▶ 대법원 1965. 4. 6. 선고 65다130 판결 : 공문서

공문서의 진정성립이 추정된다고 하여 반드시 그 기재내용을 증거로서 채택하여야 되는 것은 아니다.

▶ 대법원 2000. 5. 26. 선고 98두6531 판결 : 감정결과

감정의 결과는 사실인정에 관하여 특별한 지식과 경험을 요하는 경우에 법관이 그 특별한 지식·경험 있는 자의 지식·경험을 이용하는 데 불과한 것이고 동일한 사실에 관하여 상반되는 수개의 감정결과가 있을 때에 법관이 그 하나에 의거하여 사실을 인정하였으면 그것이 경험칙 또는 논리칙에 위배되지 않는 한 적법하다.

(2) 다만, 일정한 경우에는 증거력의 평가에 제한을 받게 된다. 처분문서의 진정성립이 인정되면 반증이 없는 한 문서의 기재에 따른 의사표시의 존재와 내용을 인정하여야 하고, 관련사건의 판결문에서 인정된 사실 역시 유력한 증거자료가 되며, 호적부나 임야대장과 같은 공문서의 기재사항도 사실상의 추정력을 갖는다(상세한 내용은 '서증의 실질적 증거력' 부분 참조). 나아가 등기부의 기재에 대하여는 법률상 추정의 효력이 주어진다(상세한 내용은 '증명책임' 부분 참조).

3. 증거공통의 원칙

사실인정의 기초가 되는 증거는 어느 당사자에 의하여 제출되거나 또 상대방이 이를 원용하는 여부에 불구하고 법원은 이를 당사자 어느 쪽의 유리한 사실인정의 증거로 할 수 있다.[1] 예컨대 원고가 제출한 증거를 피고에게 유리한 사실인정의 자료로 삼을 수 있다는 것이다. 이를 증거공통의 원칙이라고 한다. 실무상 어느 한쪽 당사자가 제출한 증거에 대하여 상대방 당사자가 자신의 '이익으로 원용한다'는 진술을 하는 경우가 있는데, 원용한다는 진술을 하지 않았더라도 상대방 당사자에게 유리한 사실인정의 자료로 사용될 수 있으므로 원용한다는 진술은 법원의 증거판단에 주의를 환기시키는 이상의 의미가 없다. 한편, 통상공동소송의 공동소송인 사이에서도 증거공통의 원칙이 인정될 것인가에 대하여는 논의가 있다(상세한 설명은 '공동소송' 부분 참조).

제 2. 자유심증의 정도

Ⅰ. 사실인정에 필요한 심증의 정도

1. 원칙 — 고도의 개연성에 대한 확신

증명은 법관의 심증이 확신의 정도에 달하게 하는 것을 가리키고, 그 확신이란 자연과학이나 수학의 증명과 같이 반대의 가능성이 없는 절대적 정확성을 말하는 것은 아니지만, 통상인의 일상생활에 있어 진실하다고 믿고 의심치 않는 정도의 고도의 개연성을 말하는 것이고, 막연한 의심이나 추측을 하는 정도에 이르는 것만으로는 부족하다.[2] 이러한 판례의 입장을 고도의 개연성설(高度의 蓋然性說)이라고 한다.[3] 이에 반하여 어느 한 쪽이 다른 한 쪽보다 진실일 가능성이 더 높으면 족하다(preponderance of evidence)는 견해도 있다(정동윤·유병현·김경욱). 고도의 개연성

1) 대판 1987. 11. 10. 87누620; 대판 1978. 5. 23. 78다358 등.
2) 대판 2009. 12. 10. 2009다56603, 56610.
3) 같은 취지의 판례의 설시로는, "민사소송에 있어서의 인과관계의 입증은 경험칙에 비추어 어떠한 사실이 어떠한 결과발생을 초래하였다고 시인할 수 있는 고도의 개연성을 증명하는 것이며 그 판정은 통상인이라면 의심을 품지 아니할 정도로 진실성의 확신을 가질 수 있는 것임이 필요하고 또 그것으로 족하다"는 것이 있다(대판 1990. 6. 26. 89다카7730).

설에 따르면 법관은 고도의 개연성이 있다는 확신이 있는 경우 사실로 인정할 수 있고 그러한 정도의 확신이 없으면 증명책임분배의 원칙에 따라 재판을 하여야 한다.

◆ 대법원 2010. 10. 28. 선고 2008다6755 판결

민사소송에서 사실의 증명은 추호의 의혹도 있어서는 아니 되는 자연과학적 증명은 아니나, 특별한 사정이 없는 한 경험칙에 비추어 모든 증거를 종합 검토하여 어떠한 사실이 있었다는 점을 시인할 수 있는 고도의 개연성을 증명하는 것이고, 그 판정은 통상인이라면 의심을 품지 않을 정도일 것을 필요로 한다.

|註| 화재가 담뱃불로 발생하였을 상당한 가능성이 있다고 의심되나 이러한 의심만으로는 甲 회사 직원들이 피운 담뱃불로 인한 것이라고 인정하기에 부족하고, 아울러 화재의 원인이 甲 회사 직원들의 과실에 있음을 증명할 책임은 원고에게 있다는 이유로, 화재가 甲 회사 직원들이 피운 담뱃불로 인한 것임을 전제로 하는 원고의 주장을 배척한 원심판단을 수긍한 사례이다.

2. 손해배상소송에서의 증명도의 경감 — 상당한 개연성 있는 증명

(1) 모든 소송에서 고도의 개연성설을 일관한다면 경우에 따라서는 증명이 곤란하거나 불가능하여 부당한 결과가 생길 수 있다. 예컨대, 불법행위에 기한 손해배상소송에서 일실이익을 산정하기 위하여는 향후 예상소득을 확정하여야 하는데 과거 사실에 대한 증명이 아닌 미래 사실에 대한 증명임으로 말미암아 고도의 개연성 있는 증명이 이루어질 수 없다는 문제가 있고, 손해의 발생사실은 인정되나 구체적인 손해의 액수를 증명하는 것이 사안의 성질상 곤란한 경우도 있다. 판례는 이런 경우 증명도를 경감하고 있다.

▶ 대법원 1994. 9. 30. 선고 93다29365 판결

불법행위로 인한 일실이익을 산정함에 있어서 실제 향후의 예상소득에 관한 증명은 과거사실에 대한 입증에 있어서의 증명도보다 이를 경감하여 피해자가 현실적으로 얻을 수 있을 구체적이고 확실한 소득의 증명이 아니라 합리성과 객관성을 잃지 않는 범위 내에서의 상당한 개연성이 있는 소득의 증명으로서 족하다.

|註| 손해액 산정에 있어 향후 파산절차에서 수령할 수 있는 금액을 공제하여야 하

는 경우 향후 파산절차에서 수령할 수 있는 금액은 변론종결 당시까지 제출된 파산관재인의 보고서(파산자 재산이 얼마에 처분되는가 등에 따라 실제의 수령액은 변경될 수밖에 없다)를 기준으로 산정할 수 있다는 것이 판례이다.[1]

▶ 대법원 2010. 10. 14. 선고 2010다40505 판결

채무불이행으로 인한 손해배상청구소송에서 재산적 손해의 발생사실은 인정되나 구체적인 손해의 액수를 증명하는 것이 사안의 성질상 곤란한 경우, 법원은 증거조사 결과와 변론 전체의 취지에 의하여 밝혀진 당사자들 사이의 관계, 채무불이행과 그로 인한 재산적 손해가 발생하게 된 경위, 손해의 성격, 손해가 발생한 이후의 여러 정황 등 관련된 모든 간접사실들을 종합하여 손해의 액수를 판단할 수 있다. 이러한 법리는 자유심증주의 아래에서 손해의 발생사실은 입증되었으나 사안의 성질상 손해액에 대한 입증이 곤란한 경우 증명도·심증도를 경감함으로써 손해의 공평·타당한 분담을 지도원리로 하는 손해배상제도의 이상과 기능을 실현하고자 함에 그 취지가 있는 것이지 법관에게 손해액의 산정에 관한 자유재량을 부여한 것은 아니므로, 법원이 위와 같은 방법으로 구체적 손해액을 판단하면서는, 손해액 산정의 근거가 되는 간접사실들의 탐색에 최선의 노력을 다해야 하고, 그와 같이 탐색해 낸 간접사실들을 합리적으로 평가하여 객관적으로 수긍할 수 있는 손해액을 산정해야 한다.

|註| 1. 사안의 개요 광고대행사가 도시철도공사와 지하철역 내에 광고대행계약을 체결하였으나 모든 지하철역에 스크린도어를 설치하면서 도시철도공사가 위 계약에 정한 의무를 이행하지 못하게 된 사안으로 광고대행사의 일실 광고료 손실액은 위와 같은 방법으로 산정할 수 있다고 한 사례이다.

2. 같은 취지의 판례 (1) 채무불이행으로 인한 손해배상소송에서 같은 취지의 판례로는, L구단에서 해외구단으로 이적하면서 L구단으로부터 이적료의 일부를 분배받은 프로축구 선수가 국내복귀를 하면서 당초의 약정을 위배하여 S구단에 입단한 사안에서 L구단이 입은 손해는 지급한 이적료 중 L구단으로의 복귀대가에 해당하는 부분인데 그 증명이 지극히 곤란하므로 위와 같은 방법으로 손해액을 산정하는 것이 가능하다는 것이 있다.[2]

(2) 불법행위로 인한 손해배상소송에서 같은 취지의 판례로는, 주상복합아파

1) 대판 2016. 9. 30. 2015다19117, 19124.
2) 대판 2004. 6. 24. 2002다6951, 6968.

트의 분양 당시 주변 입지에 관하여 허위과장광고를 한 사안에서 수분양자가 입은 손해의 액수를 위와 같은 방법에 의하여 산정할 수 있다고 할 것이 있고,[1] 법률이 군법무관의 보수를 법관 및 검사의 예에 준하도록 규정하면서 그 구체적인 내용을 시행령에 위임하였으나 행정부가 법률에 따른 시행령 제정을 하지 않은 사안에서 위와 같은 방법에 의하여 손해액을 산정하여야 하는데 원심의 손해액 산정은 객관적이 없어 위법하다고 한 것이 있다.[2]

3. 2016년 개정 민사소송법 제202조의2 2016년 개정 민사소송법은 손해액 산정이 곤란한 경우의 증명도 경감을 위하여 제202조의2를 신설하였는데, 위 판례 법리와 동일하게 해석·운영될 것으로 보인다(상세한 내용은 '석명권' 중 '증거에 대한 석명' 부분 참조).

(2) 한편 공해소송, 의료소송, 제조물책임소송과 같은 이른바 현대형 소송에 있어서는 증거의 편재에 따른 증명곤란으로 말미암아 적절한 구제가 이루어지지 않는 경우가 많다. 이를 위하여 다양한 방안이 제시되고 있고, '일응의 추정' 법리에 의하여 가해자와 피해자 사이에 증명책임을 적절히 분배하는 것(상세한 설명은 '증명책임' 부분 참조)이 대표적인데, 심증의 정도를 '상당한 개연성' 정도로 낮추는 것도 같은 맥락에서 검토될 수 있다.

Ⅱ. 자의금지(恣意禁止)

1. 자유심증의 의미

자유심증이란 형식적인 증거법칙으로부터의 해방을 의미하는 것이지 법관의 자의적인 판단을 허용하는 것이 아니다.

▶ 대법원 1982. 8. 24. 선고 82다카317 판결(㊐ 대법원 2017. 3. 9. 선고 2016두55933 판결)

민사소송법 제202조가 선언하고 있는 자유심증주의는 형식적, 법률적인 증거규칙으로부터의 해방을 뜻할 뿐 법관의 자의적인 판단을 용인한다는 것이 아니므로 적법한 증거조사절차를 거친 증거능력이 있는 적법한 증거에 의하여 사회정의와 형평의 이념에 입각하여 논리와 경험의 법칙에 따라 사실주장의 진실 여

1) 대판 2014. 4. 10. 2011다72011, 72028.
2) 대판 2007. 11. 29. 2006다3561.

부를 판단하여야 할 것이며, 사실인정이 사실심의 전권에 속한다 하더라도 이 같은 제약에서 벗어날 수 없다.

2. 증거 취사선택의 이유를 설명해야 하는지 여부

(1) 법관의 자의를 방지하기 위하여 판결문에 증거채부의 이유 및 심증형성의 경로를 설시하도록 해야 한다는 논의가 있다. 판례는 예외적인 경우를 제외하고는 증거를 취사(取捨; 쓸 것은 쓰고 버릴 것은 버림)한다는 뜻만 설시하면 충분하고 취사의 이유나 심증형성의 경로를 설시할 필요는 없고, 종합증거에 의하여 사실인정을 하는 경우 배척하는 증거를 명시할 필요도 없다고 하고 있다.

▶ 대법원 1998. 12. 8. 선고 97므513, 97스12 판결

자유심증주의 하에서 증거가치에 대한 판단은 논리와 경험칙에 반하지 아니하는 한 사실심법원의 전권에 속하는 사항이고, 일반적으로 사실심법원이 그 자유심증에 의하여 증거가치를 판단함에 있어 그것이 처분문서 등 특별한 증거가 아닌 한 이를 취사한다는 뜻을 설시하면 충분하고 증거가치 판단의 이유까지 설시할 필요는 없다.

▶ 대법원 1993. 11. 12. 선고 93다18129 판결

여러 개의 증거를 종합판단하는 경우에 그 각 증거 중 모순된 부분과 불필요한 부분은 제거하고 그 중 필요하며 공통된 부분만을 모아서 이를 판단자료에 공용하는 것이므로 각 증거내용 중 그 인정사실과 저촉되거나 서로 모순되는 부분은 특히 명시가 없어도 채택하지 않는 것이라고 봄이 타당하고 따라서 법원이 각 거시증거 중 그 인정사실에 저촉되는 부분을 배척함을 명시하지 아니하였다 하여 위법이 있다고 할 수 없다.

▶ 대법원 1959. 5. 21. 선고 4291민상20 판결

증거의 취사와 사실의 인정은 사실심법원의 전권에 속하는 사항이므로 그것이 논리법칙 또는 경험법칙에 위배함이 없으면 이를 비의할 수 없는 것이고, 사실심이 증거를 채택함에 있어서 심증을 형성한 경로를 판시할 필요는 없는 것이다.

(2) 판례가 예외적으로 증거취사의 이유를 설시하도록 요구하는 경우로는 ① 진정성립이 인정되는 처분문서의 기재내용을 부정하는 경우,[1] ② 확정된 관련사건 판결에서 인정한 사실과 다른 사실을 인정하는 경우,[2] ③ 경험칙에 어긋나는 사

1) 대판 1990. 11. 27. 88다카12759, 12766 등.
2) 대판 2000. 4. 11. 99다51685 등.

실을 인정하는 경우[1] 등이 있다.

제 3. 사실인정의 위법과 상고

원심판결이 적법하게 확정한 사실은 상고법원을 기속한다(432조). 따라서 증거채택과 사실인정에 관하여는 상고심에서 문제삼을 수 없는 것이 원칙이다.[2] 다만 경험칙과 논리칙은 3단논법에서 대전제에 해당하여 법규와 동일시할 수 있고, 설령 논리칙과 경험칙을 법규와 동일시할 수 없더라도 경험칙이나 논리칙에 반한 판결은 "논리와 경험의 법칙에 따라 사실주장이 진실한지 아닌지를 판단한다"는 제202조의 규정을 위반한 것이므로 경험칙 또는 논리칙 위반은 상고이유(423조)가 될 수 있다(논리칙과 경험칙 위반, 채증법칙 위반의 구체적인 사례는 '상고이유' 부분 참조).

▶ 대법원 1992. 7. 24. 선고 92다10135 판결

경험칙이란 각개의 경험으로부터 귀납적으로 얻어지는 사물의 성상이나 인과의 관계에 관한 사실판단의 법칙으로서 구체적인 경험적 사실로부터 도출되는 공통인식에 바탕을 둔 판단형식이므로, 어떠한 경험칙이 존재한다고 하기 위하여서는 이를 도출해 내기 위한 기초되는 구체적인 경험적 사실의 존재가 전제되어야 하는 것이다. 따라서 개인사업에 종사하는 사람의 가동연한을 경험칙에 의하여 인정하기 위하여는 동인의 평균여명 이외에 같은 직종 종사자의 연령별 근로자수, 취업률 또는 노동참가율, 노동조건 등 제반 사정을 조사하여 이로부터 경험칙상 추정되는 개인사업자의 가동연한을 도출하든가 또는 동인의 연령, 직업, 경력, 건강상태 등 구체적인 사정과 근로환경 등을 심리하여 그 가동연한을 인정하여야 한다.

|註| 사실인정에 있어서 경험칙과 논리칙은 두 가지 면에서 작용한다. 첫째는 증거판단의 기준이 되고, 둘째는 간접사실로부터 주요사실을 추단할 때 사용

1) 대판 1996. 10. 25. 96다29700(잔금지급과 상환으로 등기이전해 주기로 약정한 계약에서 등기가 되었음에도 불구하고 잔금이 지급되지 않았다고 사실인정하기 위하여는 잔금지급 전에 등기가 이전된 특별한 사정에 관한 이유 설시가 필요하다); 대판 1993. 5. 11. 92다3823(당사자가 자기에게 불리한 사실을 시인하는 취지로 날인까지 한 서신의 내용은 특별한 사정이 없는 한 쉽사리 그 신빙성을 배척할 수 없다).

2) 대판 2017. 6. 8. 2016다249557("법관이 감정결과에 따라 사실을 인정한 경우에 그것이 경험칙이나 논리법칙에 위배되지 않는 한 위법이라고 할 수 없다").

된다. 위 판례는 경험칙의 의미에 대하여 설시하고 있는데, 사안은 경험칙의 두 번째 작용에 관한 것이다.

▶ **대법원 2018. 4. 12. 선고 2017두74702 판결**

법원이 성희롱 관련 소송의 심리를 할 때에는 그 사건이 발생한 맥락에서 성차별 문제를 이해하고 양성평등을 실현할 수 있도록 '성인지 감수성'을 잃지 않아야 한다(양성평등기본법 제5조 제1항 참조). 그리하여 우리 사회의 가해자 중심적인 문화와 인식, 구조 등으로 인하여 피해자가 성희롱 사실을 알리고 문제를 삼는 과정에서 오히려 부정적 반응이나 여론, 불이익한 처우 또는 그로 인한 정신적 피해 등에 노출되는 이른바 '2차 피해'를 입을 수 있다는 점을 유념하여야 한다. 피해자는 이러한 2차 피해에 대한 불안감이나 두려움으로 인하여 피해를 당한 후에도 가해자와 종전의 관계를 계속 유지하는 경우도 있고, 피해사실을 즉시 신고하지 못하다가 다른 피해자 등 제3자가 문제를 제기하거나 신고를 권유한 것을 계기로 비로소 신고를 하는 경우도 있으며, 피해사실을 신고한 후에도 수사기관이나 법원에서 그에 관한 진술에 소극적인 태도를 보이는 경우도 적지 않다. 이와 같은 성희롱 피해자가 처하여 있는 특별한 사정을 충분히 고려하지 않은 채 피해자 진술의 증명력을 가볍게 배척하는 것은 정의와 형평의 이념에 입각하여 논리와 경험의 법칙에 따른 증거판단이라고 볼 수 없다.

제 4. 자유심증의 예외

1. 증거방법 또는 증거력의 법정(法定)

법률이 증거방법이나 증거능력 또는 증거력을 제한하고 있는 경우 그 한도 내에서 자유심증주의는 배제된다. 대리권의 존재는 서면으로 증명하여야 한다는 것(58조 1항, 89조 1항)은 증거방법의 제한이고, 당사자와 법정대리인에게 증인능력이 없음(367조, 372조)은 증거능력의 제한이며, 변론의 방식은 조서에 의하여만 증명할 수 있다는 것(158조 본문)은 증거력의 제한이다.

2. 증거계약

소송에 있어서 사실확정에 관한 당사자의 합의를 증거계약(證據契約)이라고 한다. 민사소송법의 원칙인 자유심증주의에 반하는 증거계약은 원칙적으로 무효이다(종류와 유효성에 관하여는 '소송상 합의' 부분 참조).

▶ 서울지방법원 1996. 6. 13. 선고 94가합3063 판결

민사소송법은 법원이 사실의 진부를 판단함에 있어서는 자유로운 심증에 의하도록 하고 있고, 이때 심증형성의 정도는 확신에 이를 정도를 요구하는 증명과 확신은 아니나 일응 틀림없을 것이라는 추측에 이를 정도면 족한 소명으로 구분되는데, 법률에서 특히 소명만으로 입증할 수 있다고 규정하고 있지 않는 한 주요사실을 입증함에 있어서는 법원으로 하여금 확신을 갖게 할 정도의 증명을 하여야 하는 것이므로, 계약상의 권리를 행사함에 있어 보전소송상 요구되는 소명만 있으면 입증된 것으로 인정하기로 한 계약당사자 사이의 약정은 민사소송법의 원칙인 자유심증주의에 반하는 증거계약이어서 무효이다.

3. 증명방해[1)]

증명책임을 부담하지 않는 당사자가 고의나 과실에 의한 행위에 의하여 증명책임을 부담하는 당사자에 의한 증명을 불능케 하거나 곤란하게 하는 것을 증명방해 또는 입증방해라고 한다. 통상은 증명책임을 지는 당사자의 입증행위, 즉 본증에 대한 방해를 염두에 두는 것이지만 상대방의 반증을 방해하는 것을 제외할 이유는 없다.

▶ 대법원 1995. 3. 10. 선고 94다39567 판결

의료분쟁에 있어서 의사측이 가지고 있는 진료기록 등의 기재가 사실인정이나 법적 판단을 함에 있어 중요한 역할을 차지하고 있는 점을 고려하여 볼 때, 의사측이 진료기록을 변조한 행위는, 그 변조이유에 대하여 상당하고도 합리적인 이유를 제시하지 못하는 한, 당사자 간의 공평의 원칙 또는 신의칙에 어긋나는 입증방해행위에 해당한다 할 것이고, 법원으로서는 이를 하나의 자료로 하여 자유로운 심증에 따라 의사측에게 불리한 평가를 할 수 있다.

|註| 의사의 의료과실을 원인으로 손해배상을 구한 소송에서 진료기록 중 일부가 최초의 진단명을 확인할 수 없도록 변조되었다는 점을 과실 인정의 자료 중 하나로 설시하여 피고(의사)의 과실을 인정한 사안이다.

---

1) 문서제출명령이나 당사자본인신문을 위한 출석의무의 불이행에 관하여는 '증거의 채택' 부분 참조.

▶ **대법원 1996. 4. 23. 선고 95다23835 판결**

증거자료에의 접근이 훨씬 용이한 일방 당사자가 상대방의 증명활동에 협력하지 않는다고 하여 상대방의 입증을 방해하는 것이라고 단정할 수 없으며, 민사소송법 제1조에서 규정한 신의성실의 원칙을 근거로 하여 대등한 사인간의 법률적 쟁송인 민사소송절차에서 일방 당사자에게 소송의 승패와 직결되는 상대방의 증명활동에 협력하여야 할 의무가 부여되어 있다고 할 수 없으므로, 일방 당사자가 요증사실의 증거자료에 훨씬 용이하게 접근할 수 있다고 하는 사정만으로는 상대방의 증명활동에 협력하지 않는다고 하여 이를 민사소송법상의 신의성실의 원칙에 위배되는 것이라고 할 수 없다.

◆ **대법원 2010. 5. 27. 선고 2007다25971 판결**(동 대법원 1999. 4. 13. 선고 98다9915 판결)

당사자 일방이 증명을 방해하는 행위를 하였더라도 법원으로서는 이를 하나의 자료로 삼아 자유로운 심증에 따라 방해자 측에게 불리한 평가를 할 수 있음에 그칠 뿐 증명책임이 전환되거나 곧바로 상대방의 주장 사실이 증명되었다고 보아야 하는 것은 아니다.

|註| 증명방해에 대한 제재 증명방해에 대한 제재방법(효과)에 관하여는 ① 증명방해를 하나의 자료로 삼아 법관이 자유심증의 범위 내에서 입증자의 주장의 진위를 자유롭게 평가하면 된다는 자유심증설(다수설), ② 증명방해를 한 당사자에게 본래의 입증자가 입증하려는 사항의 반대사실에 대한 입증책임을 지우자는 입증책임전환설, ③ 법관이 자유심증주의의 예외로서 증명할 사실 자체를 진실한 것으로 인정할 수 있다는 법정증거설(法定證據說)(강현중), ④ 요증사실의 증명과 직접 관계가 있는 증명력이 높은 증거에 대한 고의·과실에 의한 증명방해와 증명력이 그보다 떨어지는 증거에 대한 고의에 의한 증명방해의 경우에는 제재의 강도가 높은 의제의 효과를 부여하고, 그렇지 아니한 나머지 증거에 대한 과실에 의한 증명방해 및 증명력에 대한 평가가 불능상태인 증거에 대한 증명방해의 경우에는 법관의 자유심증에 따라 제재유무를 정하는 것을 기본으로, 방해행위의 대상이 된 증거의 종류와 행위의 태양에 따라 그 효과를 달리하는 것을 기본입장으로 하고, 여기에다 의제되는 경우라 하더라도 일정한 경우에는 다시 의제의 효과를 제한하는 것까지 추가하여 논리를 구성하고자 하는 이른바 방해유형설(효과차등설)(손용근, 저스티스 제29권 제3호) 등이 있다. 판례는 자유심증설의 입장을 취하고 있다.[1]

1) 대판 1999. 4. 13. 98다9915; 대판 2003. 12. 12. 2003다50610; 대판 2010. 5. 27. 2007다

제 7 절 증명책임

제1. 의의 및 기능

(1) "입증책임(증명책임)이란 소송상 사실관계가 불확정한 때에 불리한 법률판단을 받도록 되어 있는 당사자 일방의 위험 또는 불이익을 말하는 것으로서 증거에 의하여 사실관계가 확정될 수 있는 때에는 입증책임이란 있을 수 없다."[1] 즉 각각의 요증사실에 대하여는 증명책임을 부담하는 당사자가 정해져 있는데 증거에 의하더라도 그 사실의 존재에 대한 증명에 이르지 못한 경우에는(진위불명의 경우가 대표적이다) 그 사실이 존재하지 않는 것으로 취급되는 것이다. 이러한 의미의 증명책임을 객관적 증명책임이라고 하는데 이는 모든 입증활동이 끝난 소송의 최종단계에서 문제되는 것이다.

(2) 한편, 소송이 시작되면 원고는 청구원인을 이루는 사실을 증명하기 위한 입증활동을 하고, 피고는 소송의 경과에 따라 청구원인사실을 부인하면서 반증이나 반대사실에 대한 증거 등을 제출하거나 또는 청구원인사실을 인정한 다음 항변을 하면서 항변사실을 증명하기 위한 입증활동을 하며, 이에 대하여 원고는 다시 피고의 방어 또는 공격에 대한 적절한 대응을 위하여 입증활동을 하게 된다. 이렇듯 소송의 전체 과정에서 승소를 하기 위하여 증거를 제출하여야 하는 행위책임을 주관적 증명책임 또는 증명의 필요라고 한다.[2]

제2. 증명책임의 분배

Ⅰ. 서설

증명책임의 분배는 소송의 승패를 좌우하는 중요한 문제이다. 여러 가지 견해

25971 등.

1) 대판 1961. 11. 23. 4293민상818.

2) "입증책임이 있는 당사자가 그 주장사실을 증명하기에 충분한 여러 증거를 제출한 경우에 그 증거들의 신빙성을 의심할 만한 사정들이 존재하지 아니하고 상대방으로부터 별다른 반증도 제출된 바가 없다면 그 증거들에 의하여 일응 그 주장사실이 입증된 것으로 보는 것이 논리와 경험칙에 들어맞는 것이다"라는 판결(대판 1987. 2. 24. 85다카1485)은 주관적 증명책임에 관한 것이다.

가 있으나 현재로는 법규의 구조에 따라 증명책임을 분배하는 법률요건분류설 또는 규범설이 통설·판례로 되어 있다. 물론 증명책임에 관하여 당사자 사이의 특약이 있으면 약관의 규제에 관한 법률 등에 의하여 무효가 아닌 한 그 특약에 따라야 한다.[1)]

Ⅱ. 법률요건분류설에 기한 증명책임의 분배

1. 개요

법률요건분류설에 의하면 각 당사자는 자기에게 유리한 법규의 요건사실의 존재에 대하여 증명책임을 진다. 법률요건분류설에 따를 때 소송요건의 요건사실에 대한 증명책임은 원고에게 있다. 소송요건이 존재하여야 원고의 청구에 따른 본안판결을 받을 수 있기 때문이다. 본안에 관하여는 경우를 나누어 보아야 하는데, 권리의 존재를 주장하는 사람은 요증사실 중 권리근거규정의 요건사실(청구원인사실)에 대한 증명책임이 있고, 권리의 존재를 다투는 상대방은 요증사실 중 반대규정의 요건사실(항변사실)에 대하여 증명책임을 진다. 통상은 원고가 권리근거규정의 요건사실에 대하여, 피고가 반대규정의 요건사실에 대하여 증명책임을 부담하나, 채무부존재확인소송과 같은 소극적 확인소송에서는 피고가 권리근거규정의 요건사실에 대하여, 원고가 반대규정의 요건사실에 대하여 증명책임을 부담하게 된다. 배당이의소송과 청구이의소송에서도 같은 경우가 있다. 권리근거규정과 반대규정의 예는 다음과 같다(구체적인 사례는 다음 항 참조).

- ㅇ 권리근거규정 : 계약, 불법행위, 부당이득 등
- ㅇ 반대규정
  - ▪ 권리장애규정 : 선량한 풍속위반, 불공정한 법률행위, 통정허위표시, 강행법규위반 등
  - ▪ 권리멸각규정 : 변제, 공탁, 상계, 소멸시효완성, 사기·강박에 의한 취소, 해제, 권리의 포기·소멸 등
  - ▪ 권리저지규정 : 기한의 유예, 정지조건의 존재, 동시이행항변, 유치권항변, 한정승인 등

1) 대판 1997. 10. 28. 97다33089(공제약관상 고지의무위반이 공제사고의 발생에 영향을 미쳤다는 사실에 대한 입증책임이 공제자에게 있다고 규정한 경우).

2. 판례에 나타난 구체적인 사례

(1) 소극적 확인소송, 배당이의소송, 청구이의소송

▶ **대법원 1998. 3. 13. 선고 97다45259 판결**(同 대법원 2018. 7. 24. 선고 2018다221553 판결 등)

금전채무부존재확인소송에 있어서는, 채무자인 원고가 먼저 청구를 특정하여 채무발생원인사실을 부정하는 주장을 하면 채권자인 피고는 권리관계의 요건사실에 관하여 주장·입증책임을 부담한다.

> **|註|** 1. 예컨대, 원고가 채무발생원인만 특정하여 "○○년 ○월 ○일자 차용증에 기한 원고의 피고에 대한 차용금채무는 존재하지 아니함을 확인한다"고 주장하면, 피고가 위 차용증에 기한 채권이 있음을 증명하여야 하는 것이다. 물론 원고가 위와 같은 청구를 하면서 변제를 그 원인으로 하고 있다면 피고가 증명책임을 지는 채권의 성립은 이미 자백한 것이므로 원고가 변제사실을 증명하여야 한다.
> 2. 같은 취지에서, 유치권부존재확인소송에서 유치권의 요건사실인 유치권의 목적물과 견련관계 있는 채권의 존재에 대해서는 피고가 주장·증명하여야 한다.[1]

▶ **대법원 2007. 7. 12. 선고 2005다39617 판결**(同 대법원 2018. 2. 28. 선고 2013다63950 판결)

배당이의소송에 있어서의 배당이의사유에 관한 증명책임도 일반 민사소송에서의 증명책임 분배의 원칙에 따라야 하므로, 원고가 피고의 채권이 성립하지 아니하였음을 주장하는 경우에는 피고에게 채권의 발생원인사실을 입증할 책임이 있고, 원고가 그 채권이 통정허위표시로서 무효라거나 변제에 의하여 소멸되었음을 주장하는 경우에는 원고에게 그 장해 또는 소멸사유에 해당하는 사실을 증명할 책임이 있다.

◆ **대법원 2010. 6. 24. 선고 2010다12852 판결**

확정된 지급명령의 경우 그 지급명령의 청구원인이 된 청구권에 관하여 지급명령 발령 전에 생긴 불성립이나 무효 등의 사유를 그 지급명령에 관한 이의의 소에서 주장할 수 있고(민사집행법 제58조 제3항, 제44조 제2항 참조), 이러한 청구이의의 소에서 청구이의 사유에 관한 증명책임도 일반 민사소송에서의 증명책임 분배의 원칙에 따라야 한다. 따라서 확정된 지급명령에 대한 청구이의 소송에서 원고가 피고의 채권이 성립하지 아니하였음을 주장하는 경우에는 피고에게 채권

1) 대판 2016. 3. 10. 2013다99409.

의 발생원인 사실을 증명할 책임이 있고, 원고가 그 채권이 통정허위표시로서 무효라거나 변제에 의하여 소멸되었다는 등 권리 발생의 장애 또는 소멸사유에 해당하는 사실을 주장하는 경우에는 원고에게 그 사실을 증명할 책임이 있다.

(2) 소송요건

▶ 대법원 1997. 7. 25. 선고 96다39301 판결

제소단계에서의 소송대리인의 대리권존부는 소송요건으로서 법원의 직권조사사항이다. 직권조사사항에 관하여도 그 사실의 존부가 불명한 경우에는 입증책임의 원칙이 적용되어야 할 것인바, 본안판결을 받는다는 것 자체가 원고에게 유리하다는 점에 비추어 직권조사사항인 소송요건에 대한 입증책임은 원고에게 있다.

(3) 권리근거규정

(a) 민법총칙

▶ 대법원 1983. 4. 12. 선고 81다카652 판결

정지조건부 법률행위에 있어서 조건이 성취되었다는 사실은 이에 의하여 권리를 취득하고자 하는 측에 그 입증책임이 있다.

> |註| 법률행위에 조건 또는 기한이 붙어 있는 경우에 그 존재에 대하여 당사자 어느 편이 증명책임을 부담하는가에 관하여 다툼이 있다. 즉 원고가 피고에 대하여 매매계약의 성립을 주장하고 대금의 지급을 청구한 경우에 피고가 위 매매계약에는 어떤 정지조건 또는 시기(始期)가 붙었다고 진술하여 그 법률효과를 다투는 경우, 피고의 위 진술을 법률행위의 성립에 대한 자백과 조건(또는 기한)의 항변이 부가된 것으로 보아 피고에게 입증책임을 부담시켜야 한다는 항변설과 간접부인 내지 이유부부인으로 보아 조건(또는 기한)이 붙어 있지 않다는 것의 입증책임을 원고에게 부담시켜야 한다고 보는 부인설이 있는바, 학설과 판례는 대체로 항변설을 따르고 있다. 피고가 조건 또는 기한의 존재를 증명한 경우, 조건의 성취 또는 기한의 도래사실은 원고가 재항변으로 증명하여야 한다.

(b) 채권

▶ 대법원 1990. 11. 27. 선고 90다카27662 판결

채권양수인으로서는 양도인이 채무자에게 채권양도통지를 하거나 채무자가 이를 승낙하여야 채무자에게 채권양수를 주장(대항)할 수 있는 것이며, 그 입증은 양수인이 사실심에서 하여야 할 책임이 있다.

▶ 대법원 1994. 10. 28. 선고 94다8679 판결

납품계약이 유상쌍무계약의 성질을 띠고 있어 매도인의 물품인도의무와 매수인의 대금지급의무가 서로 동시이행관계에 있더라도 매도인이 매수인에 대하여 물품대금을 청구하기 위하여는 물품에 대한 납품계약 체결사실을 주장·입증하면 족하고 물품을 매수인에게 인도한 것까지 주장·입증할 필요는 없다.

|註| 매매계약에 있어 매매대금만을 청구하는 경우에는 '매매계약의 체결' 사실만을 증명하면 되고, 목적물을 인도받지 못하였음은 상대방이 항변으로써 주장할 것이나, 매매대금과 함께 지연손해금까지 청구하기 위하여는 '매매계약의 체결' 사실과 '소유권이전의무의 이행(등기 및 인도) 또는 이행의 제공' 사실 및 '대금지급기한의 도래' 사실을 증명하여야 한다.

▶ 대법원 1994. 11. 22. 선고 94다26684, 26691 판결

도급계약에 있어 일의 완성에 관한 주장·입증책임은 일의 결과에 대한 보수의 지급을 구하는 수급인에게 있으므로, 도급인이 도급계약상의 공사 중 미시공부분이 있다고 주장한 바가 없다고 하더라도 그 공사의 완성에 따라 보수금의 지급을 구하는 수급인으로서는 공사의 완성에 관한 주장·입증을 하여야 한다.

▶ 대법원 2018. 1. 24. 선고 2017다37324 판결

당사자 일방이 자신의 의사에 따라 일정한 급부를 한 다음 그 급부가 법률상 원인 없음을 이유로 반환을 청구하는 이른바 급부부당이득의 경우에는 법률상 원인이 없다는 점에 대한 증명책임은 부당이득반환을 주장하는 사람에게 있다. 이 경우 부당이득의 반환을 구하는 자는 급부행위의 원인이 된 사실의 존재와 함께 그 사유가 무효, 취소, 해제 등으로 소멸되어 법률상 원인이 없게 되었음을 주장·증명하여야 하고, 급부행위의 원인이 될 만한 사유가 처음부터 없었음을 이유로 하는 이른바 착오 송금과 같은 경우에는 착오로 송금하였다는 점 등을 주장·증명하여야 한다. 이는 타인의 재산권 등을 침해하여 이익을 얻었음을 이유로 부당이득반환을 구하는 이른바 침해부당이득의 경우에는 부당이득반환 청구의 상대방이 그 이익을 보유할 정당한 권원이 있다는 점을 증명할 책임이 있는 것(대법원 1988. 9. 13. 선고 87다카205 판결 참조)과 구별된다.

▶ 대법원 1970. 2. 10. 선고 69다2171 판결

선의의 수익자에 대한 부당이득반환청구에서 그 이익이 현존하고 있는 사실은 그 반환청구권자에게 입증책임이 있다.

▶ 대법원 1962. 6. 28. 선고 4294민상1453 판결

비채변제를 원인으로 부당이득금반환을 청구하는 원고는 변제한 채무가 존재하지 아니한 사실만 주장·입증하면 족한 것이고, 그 채무가 존재하지 아니함을 알지 못하고 지급하였음을 주장·입증할 책임은 없는 것이다.

▶ 대법원 1999. 5. 11. 선고 99다2171 판결

가해자측이 피해자 주장의 후유장해가 기왕증에 의한 것이라고 다투는 경우 가해자측의 그 주장은 소송법상의 인과관계의 부인이고, 따라서 피해자가 적극적으로 그 인과관계의 존재, 즉 당해 사고와 상해 사이에 인과관계가 있다거나 소극적으로 기왕증에 의한 후유장해가 없었음을 입증하여야 한다.

▶ 대법원 1994. 2. 8. 선고 93다13605 전원합의체 판결

민법 제750조에 대한 특별규정인 민법 제755조 제1항에 의하여 책임능력 없는 미성년자를 감독할 법정의 의무 있는 자가 지는 손해배상책임은 그 미성년자에게 책임이 없음을 전제로 하여 이를 보충하는 책임이고, 그 경우에 감독의무자 자신이 감독의무를 해태하지 아니하였음을 입증하지 아니하는 한 책임을 면할 수 없는 것이나, 반면에 미성년자가 책임능력이 있어 그 스스로 불법행위책임을 지는 경우에도 그 손해가 당해 미성년자의 감독의무자의 의무위반과 상당인과관계가 있으면 감독의무자는 일반불법행위자로서 손해배상책임이 있다 할 것이므로 이 경우에 그러한 감독의무위반사실 및 손해발생과의 상당인과관계의 존재는 이를 주장하는 자가 입증하여야 할 것이다.

(4) **권리장애규정**

(a) **민법총칙**

▶ 대법원 1970. 2. 24. 선고 69다1568 판결

미성년자가 토지매매행위를 부인하고 있는 이상, 미성년자가 그 법정대리인의 동의를 얻었다는 점에 관한 입증책임은 미성년자에게 없고 이를 주장하는 상대방에게 있다.

▶ 대법원 1992. 5. 22. 선고 92다2295 판결

어떠한 의사표시가 비진의 의사표시로서 무효라고 주장하는 경우에 그 입증책임은 그 주장자에게 있다.

▶ 대법원 1991. 5. 28. 선고 90다19770 판결

매도인측에서 매매계약이 불공정한 법률행위로서 무효라고 하려면 객관적으로 매매

가격이 실제가격에 비하여 현저하게 헐값이고 주관적으로 매도인이 궁박·경솔·무경험 등의 상태에 있었으며, 매수인측에서 위와 같은 사실을 인식하고 있었다는 점을 주장·입증하여야 한다.

▶ 대법원 1962. 1. 11. 선고 4294민상202 판결

민법은 남의 대리인으로 계약을 한 자가 그 대리권을 증명하지 못하거나 본인의 추인을 얻지 못하면 우선 계약의 이행이나 손해배상의 책임을 지도록 하는 것을 원칙으로 삼고, 예외로서 상대자가 대리권 없음을 알았거나 알 수 있었을 때에는 무권대리인의 책임을 지우지 않겠다는 것이다. 따라서 이 예외의 경우에는 상대자가 대리권 없음을 알았거나 알 수 있었을 것이라는 점에 대하여는 무권대리인측에서 주장·입증하여야 될 것이다.

(b) 물권

▶ 대법원 1997. 8. 22. 선고 97다2665 판결

등기부취득시효에서 선의·무과실은 등기에 관한 것이 아니고 점유취득에 관한 것으로서 그 무과실에 관한 입증책임은 시효취득을 주장하는 쪽에 있다.

|註| 1. 원고가 토지를 사정받은 사람의 상속인이라고 주장하면서 피고 명의 소유권보존등기의 말소를 구하는 데 대하여 피고가 등기부취득시효의 항변을 한 사안이다. 소유권에 기한 등기말소청구에 있어서는 '원고의 소유, 피고의 등기 경료, 등기의 원인무효'가 요건사실이 되고 취득시효와 같은 항변의 근거규정이 권리장애규정이 된다. 물론 점유취득시효완성을 원인으로 하는 소유권이전등기청구소송이라면 취득시효의 규정은 권리근거규정이 된다.

2. 소유권보존등기는 등기명의자가 원시취득자가 아님이 밝혀지면 추정력이 깨어지므로 사정받은 사람이 따로 있음이 증명되면 등기명의자가 그 등기가 실체관계에 부합함을 증명하여야 하는데, 이 사건에서 피고는 실체관계에 부합하는 사유로 등기부취득시효를 주장한 것이고, 점유자의 소유의 의사 및 점유의 선의, 평온, 공연은 추정되나(민법 197조 1항) 무과실은 추정되지 않으므로 시효취득을 주장하는 쪽에 무과실의 증명책임이 있다고 한 것이다. 참고로 점유취득시효(민법 245조 1항) 완성을 주장하는 사람은 소유의 의사로 평온, 공연하게 점유한 것은 추정되므로 '20년간 점유' 하였다는 사실만 증명하면 된다.

3. 부동산이 취득시효의 대상이 된다는 점에 대한 증명책임도 시효취득을 주장하는 당사자에게 있다. 예컨대, 공유(公有)재산에 대한 시효취득을 주장하는 자로서는 그 재산이 시효취득의 대상이 되는 잡종재산이라는 점에 대하여 그 스스로 입증책임을

부담한다.[1)]

▶ 대법원 1992. 12. 24. 선고 92다36403 판결

농지개혁법 소정의 농지소재지증명에 관한 사항은 법원의 직권조사사항이 아니라 당사자의 공격방어자료에 불과한 것으로 그 증명이 없었다는 사실은 이를 다투는 상대방에게 입증책임이 있다.

|註| 1. 농지에 관하여도 소유권이전등기가 되어 있으면 등기 당시 농지소재지증명이 구비되어 있었던 것으로 추정되므로 농지소재지증명이 구비되어 있지 않았었다는 점을 피고가 증명하여야 한다고 한 것이다.
2. 현재는 농지개혁법이 폐지되고 농지법이 시행되면서 농지소재지증명 대신 농지취득자격증명을 요하고 있고 이것이 없더라도 농지에 관한 소유권이전등기청구가 인용된다. 다만, 농지취득자격증명이 없으면 등기소에서 등기서류를 수리하지 않는다.

▶ 대법원 1997. 4. 25. 선고 96다46484 판결

시효중단사유의 주장·입증책임은 시효완성을 다투는 당사자가 지며, 그 주장책임의 정도는 취득시효가 중단되었다는 명시적인 주장을 필요로 하는 것이 아니라 중단사유에 속하는 사실만 주장하면 주장책임을 다한 것으로 보아야 한다. 취득시효의 중단사유가 되는 재판상 청구에는 시효취득의 대상인 목적물의 인도 내지는 소유권존부확인이나 소유권에 관한 등기청구소송은 말할 것도 없고, 소유권침해의 경우에 그 소유권을 기초로 하는 방해배제 및 손해배상 혹은 부당이득반환청구소송도 이에 포함된다.

|註| 원고가 등기말소청구를 하자 피고가 취득시효완성의 항변을 하고 이에 원고가 시효중단의 재항변을 한 사안이다. 피고로부터 중단사유의 소멸 주장이 있다면 이는 재재항변이 된다.

(c) 채권총론

▶ 대법원 2001. 4. 24. 선고 2000다41875 판결

사해행위취소소송에 있어서 채무자의 악의의 점에 대하여는 그 취소를 주장하는 채권자에게 입증책임이 있으나 수익자 또는 전득자가 악의라는 점에 관하여는 입증책임이 채권자에게 있는 것이 아니고, 수익자 또는 전득자 자신에게 선의라는 사실을 입증할 책임이 있다.

|註| 위와 같은 증명책임의 분배는 민법 제406조 제1항 규정의 구조에 기인한다. 즉,

1) 대판 1996. 10. 15. 96다11785; 대판 1999. 1. 15. 98다49548 등.

사해행위가 되기 위하여는 채무자가 악의이어야 한다는 점은 같은 항 본문에 규정("채권자를 해함을 알고"라는 부분)되어 있고, 수익자 또는 전득자가 선의이면 사해행위가 되지 않는다는 점은 같은 항 단서에 규정("채권자를 해함을 알지 못한 때에는"이라는 부분)으로 되어 있다. 본문 부분이 권리근거규정, 단서 부분이 권리장애규정에 해당한다.

▶ **대법원 2001. 1. 19. 선고 2000다57351 판결**(통 대법원 2019. 4. 11. 선고 2018다291347 판결)

임차인의 임차물반환채무가 이행불능이 된 경우에 임차인이 그 이행불능으로 인한 손해배상책임을 면하려면 그 이행불능이 임차인의 귀책사유에 의하지 아니한 것임을 입증할 책임이 있으며, 임차물이 화재로 소실된 경우에 그 화재발생원인이 불명인 때에도 임차인이 그 책임을 면하려면 그 임차건물의 보존에 관하여 선량한 관리자의 주의의무를 다하였음을 입증하여야 한다.

|註| 채무불이행을 이유로 손해배상청구를 하기 위해서는 채무자에게 고의 또는 과실이 있어야 하는데, 민법 제390조는 단서에서 "그러나 채무자의 고의나 과실없이 이행할 수 없게 된 때에는 그러하지 아니하다"라고 규정하여 제750조와 달리 채무자의 귀책사유의 부존재를 권리장애사유로 정하고 있으므로 채무자가 귀책사유의 부존재를 입증하여야 한다.

▶ **대법원 2019. 12. 19. 선고 2016다24284 전원합의체 판결**

채권은 양도할 수 있다. 그러나 채권의 성질이 양도를 허용하지 아니하는 때에는 그러하지 아니하다(민법 제449조 제1항). 그리고 채권은 당사자가 반대의 의사를 표시한 경우에는 양도하지 못한다. 그러나 그 의사표시로써 선의의 제3자에게 대항하지 못한다(민법 제449조 제2항). 이처럼 당사자가 양도를 반대하는 의사를 표시(이하 '양도금지특약'이라고 한다)한 경우 채권은 양도성을 상실한다. 양도금지특약을 위반하여 채권을 제3자에게 양도한 경우에 채권양수인이 양도금지특약이 있음을 알았거나 중대한 과실로 알지 못하였다면 채권 이전의 효과가 생기지 아니한다. 반대로 양수인이 중대한 과실 없이 양도금지특약의 존재를 알지 못하였다면 채권양도는 유효하게 되어 채무자는 양수인에게 양도금지특약을 가지고 채무 이행을 거절할 수 없다. 채권양수인의 악의 내지 중과실은 양도금지특약으로 양수인에게 대항하려는 자가 주장·증명하여야 한다.

(d) 채권각론

▶ **대법원 1999. 4. 27. 선고 98다16203 판결**

도서·잡지에 의하여 사실을 적시하여 개인의 명예를 훼손하는 행위를 한 경우에도 그 목적이 오로지 공공의 이익을 위한 것일 때에는 적시된 사실이 진실이라는 증명이 있거나 그 증명이 없다 하더라도 행위자가 그것을 진실이라고 믿었고, 또 그렇게 믿을 상당한 이유가 있으면 위법성이 없다고 보아야 할 것이나, 그에 대한 입증책임은 어디까지나 명예훼손행위를 한 도서·잡지의 집필자 또는 발행인에게 있고, 피해자가 종교단체라 하여 입증책임이 바뀌는 것은 아니다.

▶ 대법원 1998. 5. 15. 선고 97다58538 판결

민법 제756조 제1항 및 제2항의 책임(사용자책임)에 있어서 사용자나 그에 갈음하여 사무를 감독하는 자는 그 피용자의 선임과 사무감독에 상당한 주의를 하였거나 상당한 주의를 하여도 손해가 있을 경우에는 손해배상의 책임이 없으나, 이러한 사정은 사용자 등이 주장 및 입증을 하여야 한다.

(e) **상법**

▶ 대법원 2001. 4. 13. 선고 2000다10512 판결

상법 제24조의 규정에 의한 명의대여자의 책임은 명의자를 영업주로 오인하여 거래한 제3자를 보호하기 위한 것이므로 거래상대방이 명의대여사실을 알았거나 모른 데 대하여 중대한 과실이 있는 때에는 책임을 지지 않는바, 이때 거래의 상대방이 명의대여사실을 알았거나 모른 데 대한 중대한 과실이 있었는지 여부에 대하여는 면책을 주장하는 명의대여자들이 입증책임을 부담한다.

▶ 대법원 1996. 1. 26. 선고 94다42754 판결

주식회사의 대표이사가 이사회의 결의를 거쳐야 할 대외적 거래행위에 관하여 이를 거치지 아니한 경우라도 이와 같은 이사회 결의사항은 회사의 내부적 의사결정에 불과하다 할 것이므로 그 거래상대방이 그와 같은 이사회결의가 없었음을 알았거나 알 수 있었을 경우가 아니라면 그 거래행위는 유효하다 할 것이고, 이 경우 거래의 상대방이 이사회의 결의가 없었음을 알았거나 알 수 있었음은 이를 주장하는 회사측이 주장·입증하여야 한다.

▶ 대법원 2010. 7. 22. 선고 2008다37193 판결

주주가 회사를 상대로 제기한 분할합병무효의 소에서 당사자 사이에 분할합병계약을 승인한 주주총회결의 자체가 있었는지 및 그 결의에 이를 부존재로 볼 만한 중대한 하자가 있는지 등 주주총회결의의 존부에 관하여 다툼이 있는 경우 주주총회결의 자체가 있었다는 점에 관해서는 회사가 증명책임을 부담하고 그 결의에 이를 부존재로 볼 만한 중대한 하자가 있다는 점에 관해서는 주주가 증명책임을 부담하는 것이 타당하다.

(f) 어음·수표법

▶ 대법원 2001. 8. 24. 선고 2001다28176 판결

융통어음의 발행자는 피융통자로부터 그 어음을 양수한 제3자에 대하여는 선의이거나 악의이거나, 또한 그 취득이 기한 후 배서에 의한 것이라 하더라도 대가 없이 발행된 융통어음이라는 항변으로 대항할 수 없으나, 피융통자에 대하여는 어음상의 책임을 부담하지 아니한다 할 것이고, 약속어음금 청구에 있어 어음의 발행인이 그 어음이 융통어음이므로 피융통자에 대하여 어음상의 책임을 부담하지 아니한다고 항변하는 경우 융통어음이라는 점에 대한 입증책임은 어음의 발행자가 부담한다.

▶ 대법원 2001. 4. 24. 선고 2001다6718 판결

백지약속어음의 경우 발행인이 수취인 또는 그 소지인으로 하여금 백지부분을 보충케 하려는 보충권을 줄 의사로서 발행하였는지의 여부에 관하여는 발행인에게 보충권을 줄 의사로 발행한 것이 아니라는 점, 즉 백지어음이 아니고 불완전어음으로서 무효라는 점에 관한 입증책임이 있다.

|註| 어음요건 중 일부에 흠결이 있는 경우에는 백지어음으로 추정한다는 것이 판례의 입장이다.

▶ 대법원 1985. 11. 12. 선고 85다카131 판결

어음지급기일이 발행인에 의하여 변경기재되어 있는 경우에 그 변경기재가 발행 당시에 이미 되어 있었는가, 발행 후 피고의 배서가 있은 다음에 피고의 승낙 없이 변조된 것인가가 분명치 않은 때에는 그것이 변조라는 점, 즉 피고의 배서 후에 피고의 승낙 없이 발행인에 의하여 권한 없이 변조되었다는 점을 주장하는 피고에게 입증책임이 있는 것이지, 거꾸로 변조가 아니라는 점을 소지인인 원고가 입증해야 하는 것은 아니다.

|註| 1. "어음의 문언에 변개(개서)가 되었음이 명백한 경우에 어음소지인이 기명날인자(배서인등)에게 그 변개후의 문언에 따른 책임을 지우자면 그 기명날인이 변개후에 있은 것 또는 기명날인자가 그 변개에 동의하였다는 것을 입증하여야 하고 그 입증을 다하지 못하면 그 불이익은 어음소지인이 입어야 한다"라는 판결[1])도 있다. 변조(권한 없는 변개)를 주장하여 책임을 면하려는 사람은 변조 사실을 증명하여야 하고, 변개된 내용대로의 이행을 청구하는 사람은 권한 있는 자에 의한 변개임을 증명하여야 한다는 취지이다.

2. 어음이 위조되었다고 주장되는 경우에는 어음소지인이 진정한 어음임을 증명하여

1) 대판 1987. 3. 24. 86다카37.

야 한다(상세한 것은 '서증의 형식적 증거력' 부분 참조).

(5) 권리멸각규정

(a) 민법총칙

▶ 대법원 1977. 2. 8. 선고 76다359 판결

피고는 원고들이 주장하는 계약은 취소되었다고 주장함에 대하여 원고가 그 취소를 다투는 이상 피고가 취소의 근거사유에 해당하는 사실에 대하여 주장·입증을 하여야 한다.

(b) 물권

▶ 대법원 1992. 11. 24. 선고 92다11176 판결

하천에 인접한 토지가 홍수로 인한 하천유수의 범람으로 침수되어 토지가 황폐화되거나 물밑에 잠기거나 항시 물이 흐르고 있는 상태가 계속되고 그 원상복구가 사회통념상 불가능하게 되면 소외 포락으로 인하여 소유권은 영구히 소멸되는 것이고, 이와 같은 사정은 사권의 소멸을 주장하는 자가 입증하여야 할 것이다.

(c) 채권

▶ 대법원 2001. 8. 24. 선고 2001다28176 판결

임대차계약이 성립하였다면 임대인에게 임대차계약에 기한 임료채권이 발생하였다 할 것이고 임료를 지급하였다는 입증책임은 임차인이 부담한다.

|註| 원고가 임대차계약의 해지 후 임대건물의 인도와 함께 연체차임의 지급을 구한 사안이다. 원고가 차임이 연체되었다는 기간을 특정하기만 하면 피고가 차임지급 사실을 증명하여야 하는 것이다.

▶ 대법원 1970. 9. 29. 선고 70다1603 판결

소비대차에 관한 소송에 있어서의 채무소멸사유인 변제항변은 채무자인 피고가 입증하여야 할 것이다.

|註| 다만, "채무자가 특정한 채무의 변제조로 금원 등을 지급한 사실을 주장함에 대하여, 채권자가 이를 수령한 사실을 인정하고서, 다만 타 채무의 변제에 충당하였다고 주장하는 경우에는, 채권자는 타 채권이 존재하는 사실과 타 채권에 대한 변제충당의 합의가 있었다거나 타 채권이 법정충당의 우선순위에 있다는 사실을 주장·입증하여야 한다."[1)]

1) 대판 1999. 12. 10. 99다14433; 대판 2014. 1. 23. 2011다108095.

▶ **대법원 1994. 2. 22. 선고 93다49338 판결**

채무자가 동일한 채권자에 대하여 같은 종류를 목적으로 한 수개의 채무를 부담한 경우에 변제의 제공에 있어서 당사자가 변제에 충당할 채무를 지정하지 아니한 때에는 민법 제477조의 규정에 따라 법정변제충당되는 것이고, 특히 민법 제477조 제4호에 의하면 법정변제충당의 순위가 동일한 경우에는 각 채무액에 안분비례하여 각 채무의 변제에 충당되는 것이므로, 위 안분비례에 의한 법정변제충당과는 달리 그 법정변제충당에 의하여 부여되는 법률효과 이상으로 자신에게 유리한 변제충당의 지정, 당사자 사이의 변제충당의 합의가 있다거나 또는 당해 채무가 법정변제충당에 있어 우선순위에 있어서 당해 채무에 전액 변제충당되었다고 주장하는 자는 그 사실을 주장·입증할 책임을 부담한다.

▶ **대법원 1995. 6. 30. 선고 94다13435 판결**

불법행위로 인한 손해배상청구권의 단기소멸시효에 있어서 손해를 안 것이라 함은 단순히 손해발생사실을 안 것만으로는 부족하고 그 손해가 위법행위로 인하여 발생한 것까지도 알았음을 요하고, 이 같은 손해를 안 시기에 관한 입증책임은 시효의 이익을 주장하는 자에게 있다.

▶ **대법원 2009. 3. 26. 선고 2007다63102 판결**

채권자취소권의 행사에 있어서 제척기간의 기산점인 채권자가 "취소원인을 안 날"이라 함은 채무자가 채권자를 해함을 알면서 사해행위를 하였다는 사실을 알게 된 날을 의미한다. 이는 단순히 채무자가 재산의 처분행위를 한 사실을 아는 것만으로는 부족하고, 구체적인 사해행위의 존재를 알고 나아가 채무자에게 사해의 의사가 있었다는 사실까지 알 것을 요한다. 한편 그 제척기간의 도과에 관한 입증책임은 채권자취소소송의 상대방에게 있다.

(6) 권리저지규정

▶ **대법원 1993. 9. 28. 선고 93다20832 판결**

어떠한 법률행위가 조건의 성취시 법률행위의 효력이 발생하는 소위 정지조건부 법률행위에 해당한다는 사실은 그 법률행위로 인한 법률효과의 발생을 저지하는 사유로서 그 법률효과의 발생을 다투려는 자에게 주장·입증책임이 있다.

> **|註|** 정지조건의 존재가 증명되면 조건이 성취되었다는 사실은 이에 의하여 권리를 취득하고자 하는 측에 그 입증책임이 있다.[1)]

1) 대판 1983. 4. 12. 81다카652.

제3. 증명책임의 전환

증명책임의 전환이라 함은 특정한 경우에 증명책임분배의 일반원칙과는 달리 상대방에게 반대사실에 관한 증명책임을 지우는 것을 말한다. 예컨대, 증명책임분배의 일반원칙에 의하면 불법행위로 인한 손해배상청구에 있어서 고의·과실에 대한 증명책임은 피해자에게 있으나, 자동차손해배상보장법에서 말하는 '자기를 위하여 자동차를 운행하는 자'에 해당되는 사람은 '자기와 운전자가 자동차운행에 주의를 게을리하지 않았음', 즉 '고의·과실 없음'을 증명하지 않으면 손해배상책임을 져야 한다(자동차손해배상보장법 3조 1호). 이렇듯 입법에 의하여 증명책임을 전환한 예는 많으나 해석에 의하여서도 증명책임을 전환할 것인지에 관하여는 논의가 있는데 우리 판례는 이에 관하여 부정적이다. 한편, 공해소송, 의료과오소송, 제조물책임소송과 같은 현대형 소송에서는 증거의 편재로 인한 증명의 곤란을 겪게 되는데, 판례는 증명책임의 완화에 의하여 이러한 문제점을 해결하고 있으나, 증명책임의 전환을 인정하는 입법에 대한 논의도 있다.

제4. 증명책임의 완화

증명곤란에 대한 타개책으로 증명책임분배의 일반원칙에 따르면서도 요증사실 중 일부만 증명하면 나머지 부분은 상대방이 증명하도록 하는 방법으로 증명책임을 완화하는 입법과 해석이 있다. 법률상의 추정과 사실상의 추정(일응의 추정)이 그것이다. 특히 후자의 경우는 이른바 현대형 소송에서 큰 기능을 한다.

Ⅰ. 법률상의 추정

1. 의의

법률의 규정에 의하여 A라는 전제사실이 존재하면 B라는 다른 사실(사실추정) 또는 권리(권리추정)가 존재하는 것으로 추인하는 것을 법률상의 추정이라고 한다. 이러한 추정을 깨기 위하여는 상대방이 반대사실의 증거를 본증(本證)으로 제출하여야 한다. 전후 양시에 점유한 사실이 있는 때에 그 점유가 계속된 것으로 추정하는 것(민법 198조)이 사실추정의 예이고, 점유자가 점유물에 대하여 행사하는 권리는 적법하게 보유한 것으로 추정하는 것(민법 200조)이 권리추정의 예이다.

◆ 대법원 1998. 8. 21. 선고 98다8974 판결

민법 제30조에 의하면, 2인 이상이 동일한 위난으로 사망한 경우에는 동시에 사망한 것으로 추정하도록 규정하고 있는바, 이 추정은 법률상 추정으로서 이를 번복하기 위하여는 동일한 위난으로 사망하였다는 전제사실에 대하여 법원의 확신을 흔들리게 하는 반증을 제출하거나 또는 각자 다른 시각에 사망하였다는 점에 대하여 법원에 확신을 줄 수 있는 본증을 제출하여야 하는데, 이 경우 사망의 선후에 의하여 관계인들의 법적 지위에 중대한 영향을 미치는 점을 감안할 때 충분하고도 명백한 입증이 없는 한 위 추정은 깨어지지 아니한다고 보아야 한다.

|註| 법률상 추정을 깨뜨리는 방법(전제사실에 대한 반증 제출 또는 추정사실의 반대사실에 대한 본증 제출)에 관하여 명시한 판결이다. 증명할 사실이 법률상 추정되면 추정된 사실에 대한 반대사실의 증명이 없는 한 그 추정이 깨뜨려지지 않으므로 실질적으로 증명책임의 전환과 같은 효과가 발생한다.

2. 등기의 추정력

(1) 의의

어떤 등기가 있으면 그 등기가 표상하는 실체적 권리관계가 존재하는 것으로 추정된다. 이를 등기의 추정력이라고 한다. 판례는 법률의 규정이 없음에도 불구하고 해석에 의하여 등기에 법률상 추정과 마찬가지의 효력을 부여하여 반증이 아닌 본증으로써 그 추정을 번복하도록 하였다.

◆ 대법원 1992. 10. 27. 선고 92다30047 판결

지분이전등기가 경료된 경우 그 등기는 적법하게 된 것으로서 진실한 권리상태를 공시하는 것이라고 추정되므로, 그 등기가 위법하게 된 것이라고 주장하는 상대방에게 그 추정력을 번복할 만한 반대사실을 증명할 책임이 있다.

|註| 판례가 등기에 법률상 추정을 인정한다는 점을 보여주는 판결이다.

◆ 대법원 2002. 9. 24. 선고 2002다26252 판결

등기원인의 존부에 관하여 분쟁이 발생하여 그 당사자 사이에 소송이 벌어짐에 따라 법원이 위 등기원인의 존재를 인정하면서 이에 기한 등기절차의 이행을 명하는 판결을 선고하고 그 판결이 확정됨에 따라 이에 기한 소유권이전등기가 마쳐진 경우, 그 등기원인에 기한 등기청구권은 법원의 판단에 의하여 당사자 사이에서 확정된 것임이 분명하고, 법원이나 제3자도 위 당사자 사이에 그러한 기판력이 발생하였다는 사실 자체는 부정할 수 없는 것이므로, 위 기판력이 미치지 아니하는 타인이 위 등기원인의 부존재를 이유로 확정판결에 기한 등기의 추정력을 번복하기 위해서는 일반적으로 등기의 추정력을 번복함에 있어서 요구되는 증명의 정도를 넘는 명백한 증거나 자료를 제출하여야 하고, 법원도 그러한 정도의 증명이 없는 한 확정판결에 기한 등기가 원인무효라고 단정하여서는 아니 될 것이다.

|註| 특정한 등기원인에 의한 등기청구권을 인정하는 확정판결에 기하여 등기가 마쳐진 경우 그 등기의 추정력 번복을 위해서는 일반적인 등기의 추정력 번복의 경우보다 더 명백한 증거나 자료에 의한 증명이 있어야 함을 밝힌 판결이다.

(2) 추정의 범위

(a) **등기가 있으면 ① 등기가 표상하는 권리가 등기명의자에게 귀속되는 것으로 추정되고**(권리귀속의 추정), **② 등기원인이 적법하게 존재하는 것으로 추정되며**(등기원인의 추정), **③ 기타 등기사항**(예컨대, 전세권의 존속기간, 저당권의 피담보채무액 등)**의 존재가 추정되고**(각종 약정의 추정), **④ 등기가 적법하게 이루어진 것으로 추정되며**(절차의 적법 추정), **⑤ 등기절차의 전제요건이 구비된 것으로 추정된다.**

▶ 대법원 1997. 6. 24. 선고 97다2993 판결 : 권리귀속의 추정, 등기원인의 추정

부동산에 관하여 소유권이전등기가 마쳐져 있는 경우에는 그 등기명의자는 제3자에 대하여 뿐 아니라 그 전소유자에 대하여도 적법한 등기원인에 의하여 소유권을 취득한 것으로 추정되므로 이를 다투는 측에서 그 무효사유를 주장·입증하여야 하고, 부동산등기는 현재의 진실한 권리상태를 공시하면 그에 이른 과

정이나 태양을 그대로 반영하지 아니하였어도 유효한 것으로서, 등기명의자가 전 소유자로부터 부동산을 취득함에 있어 등기부상 기재된 등기원인에 의하지 아니하고 다른 원인으로 적법하게 취득하였다고 하면서 등기원인 행위의 태양이나 과정을 다소 다르게 주장한다고 하여 이러한 주장만 가지고 그 등기의 추정력이 깨어진다고 할 수는 없으므로, 이러한 경우에도 이를 다투는 측에서 등기명의자의 소유권이전등기가 전등기 명의인의 의사에 반하여 이루어진 것으로서 무효라는 주장·입증을 하여야 한다.

|註| 따라서, 등기명의자의 등기원인 사실에 관한 입증이 부족하다는 이유만으로 그 소유권이전등기의 권리추정력을 깨뜨려 이를 무효라고 단정할 수 없고,[1] 소유권이전등기가 전 등기명의인의 직접적인 처분행위에 의한 것이 아니라 제3자가 그 처분행위에 개입된 경우 현 등기명의인이 그 제3자가 전 등기명의인의 대리인이라고 주장하더라도 현 소유명의인의 등기가 적법히 이루어진 것으로 추정된다 할 것이므로 위 등기가 원인무효임을 이유로 그 말소를 청구하는 전 소유명의인으로서는 그 반대사실 즉, 그 제3자에게 전 소유명의인을 대리할 권한이 없었다든지, 또는 제3자가 전 소유명의인의 등기서류를 위조하였다는 등의 무효사실에 대한 입증책임을 진다.[2]

▶ **대법원 1981. 11. 24. 선고 80다3286 전원합의체 판결 : 절차의 적법 추정**

멸실회복등기에 있어 전등기의 접수년월일, 접수번호 및 원인일자가 각 불명이라고 기재되었다 하여도 별다른 사정이 없는 한 이는 등기공무원에 의하여 적법하게 수리되고 처리된 것이라고 추정함이 타당하다.

|註| 적법하게 수리되고 처리된 것이라고 추정된다는 의미는 등기관에 의하여 멸실회복등기실시요강에 따라 토지대장등본 등 전등기의 권리를 증명할 공문서가 첨부된 등기신청서에 의하여 적법하게 처리된 것이라고 추정된다는 의미이다.

(b) 다만, 소유권보존등기는 소유권이 진실하게 보존되어 있다는 사실에 관하여만 추정력이 있고 소유권보존이 아닌 권리변동이 진실하다는 점에 관하여는 추정력이 없다. 따라서 소유권보존등기 명의인이 원시취득자가 아니라는 점만 밝혀지

1) 대판 1979. 6. 26. 79다741 등.
2) 대판 1992. 4. 24. 91다26379, 26386; 대판 2009. 9. 24. 2009다37831 등.

면 보존등기의 추정력은 깨어진다(아래 '추정의 번복' 부분 참조).

(3) 추정의 번복

(a) 소유권이전등기의 추정력이 부인된 사례로는 ① 전소유자의 사망 후에 이루어진 경우, ② 전소유명의자가 허무인인 경우, ③ 위조된 서류로 등기하거나 등기원인으로 주장된 계약서가 진정하지 않은 경우, ④ 등기절차에 이상이 있음이 판명된 경우, ⑤ 등기의 기재 자체에 의하여 불실의 등기임이 명백한 경우 등이 있다.

▶ 대법원 2018. 11. 29. 선고 2018다200730 판결(㊐ 대법원 1983. 8. 23. 선고 83다카597 판결) : 전소유자의 사망 후에 이루어진 등기

사망자 명의로 신청하여 이루어진 이전등기는 일단 원인무효의 등기라고 볼 것이어서 등기의 추정력을 인정할 여지가 없으므로, 등기의 유효를 주장하는 자가 현재의 실체관계와 부합함을 증명할 책임이 있다.

|註| 다만, 전소유자의 사망 이전에 등기원인이 존재하는 경우라면 부동산등기법 제47조의 규정에 따라 적법하게 등기된 것으로 추정된다.

▶ 대법원 1985. 11. 12. 선고 84다카2494 판결 : 전소유명의자가 허무인인 경우

허무인으로부터 등기를 이어받은 소유권이전등기는 원인무효라 할 것이어서 그 등기명의자에 대한 소유권추정은 깨뜨려진다.

▶ 대법원 1998. 9. 22. 선고 98다29568 판결 : 등기원인으로 주장된 계약서가 진정하지 않은 경우

소유권이전등기의 원인으로 주장된 계약서가 진정하지 않은 것으로 증명된 이상 그 등기의 적법추정은 복멸되는 것이고 계속 다른 적법한 등기원인이 있을 것으로 추정할 수는 없다.

▶ 대법원 1982. 9. 14. 선고 82다카134 판결 : 기재 자체에 의하여 불실의 등기임이 명백한 경우

부동산지분권이전등기가 존재할 때에는 일응 그 등기명의자는 적법한 소유자로 추정되는 것이나, 등기상의 공유지분의 합계결과 분자가 분모를 초과하는 때에는 등기부의 기재자체에 의하여 그 등기가 부실함이 명백하므로 그중 어떤 공유자의 어떤 지분이 무효인지 가려 보기 전에는 등기부상 기재된 공유지분의 비율로 각 공유자가 공유한다

고 추정할 수 없다.

▶ 대법원 2014. 3. 13. 선고 2009다105215 판결 : 위조된 서류로 등기한 것이 증명된 경우

등기명의자 또는 제3자가 그에 앞선 등기명의인의 등기 관련 서류를 위조하여 소유권이전등기를 경료하였다는 점이 증명되었으면 특별한 사정이 없는 한 무효원인의 사실이 증명되었다고 보아야 하고, 등기가 실체적 권리관계에 부합한다는 사실의 증명책임은 이를 주장하는 등기명의인에게 있다.

(b) 소유권보존등기는 그 명의인이 원시취득자가 아니라는 점이 밝혀지면 추정력이 깨진다.

▶ 대법원 1996. 6. 28. 선고 96다16247 판결

소유권보존등기의 추정력은 그 보존등기 명의인 이외의 자가 당해 토지를 사정받은 것으로 밝혀지면 깨어지는 것이어서, 등기명의인이 그 구체적인 승계취득사실을 주장·입증하지 못하는 한 그 등기는 원인무효로 된다. 이는 소유권보존등기는 새로 등기용지를 개설함으로써 그 부동산을 등기부상 확정하고 이후는 그에 대한 권리변동은 모두 보존등기를 시발점으로 하게 되는 까닭에 등기가 실체법상의 권리관계와 합치할 것을 보장하는 관문이며, 따라서 그 외의 다른 보통 등기에 있어서와 같이 당사자간의 상대적인 사정만을 기초로 하여 이루어질 수 없고 물권의 존재 자체를 확정하는 절차가 필요하고, 따라서 소유권보존등기는 소유권이 진실하게 보존되어 있다는 사실에 관하여서만 추정력이 있고 소유권보존 이외의 권리변동이 진실하다는 점에 관하여서는 추정력이 없다. 이와 같은 보존등기의 본질에 비추어 보존등기 명의인이 원시취득자가 아니라는 점이 증명되면 그 보존등기의 추정력은 깨진다고 보고서 보존등기 명의인의 주장과 입증에 따라 그 등기에 대하여 실체적 권리관계에 부합하는지 여부를 가려야 한다.

|註| 소유권보존등기 명의인 이외의 자가 당해 토지를 사정받은 것으로 밝혀지면 그 등기의 추정력이 깨지는 것은 토지조사령에 의하여 토지를 사정받은 자는 그 토지를 원시취득하기 때문이다.[1]

1) 대판 1984. 1. 24. 83다카1152.

다만 소유권에 기하여 타인 명의 소유권보존등기의 말소를 구하기 위해서는 먼저 자신이 소유권자임을 증명하여야 하므로, 어느 토지에 관한 보존등기 명의자 외에 그 토지를 사정받은 사람이 따로 있음이 증명되더라도 원고가 자신에게 소유권 있음을 증명(예컨대 자신이 그 토지의 사정 명의인의 상속인임을 증명하는 것이 이에 해당한다)하지 못하면 그 청구는 인용할 수 없다.[1]

(c) 각종 특별조치법에 따른 등기는 그 추정력을 깨뜨리려면 등기절차상 소요되는 보증서나 확인서가 허위 또는 위조되었다든가 그 밖의 사유로 적법하게 등기된 것이 아니라는 점을 주장·증명하여야 하고, 이는 소유권보존등기의 경우도 마찬가지이다. 다만 허위나 위조 등의 증명정도는 확신의 정도를 요하지 않고 의심의 정도로 족하다는 것이 최근의 판례이며, 이런 점에서 특별조치법에 따른 등기의 추정력은 사실상의 추정에 근접해 가고 있다는 평가가 있다.

▶ 대법원 1987. 10. 13. 선고 86다카2928 전원합의체 판결

[다수의견] 임야소유권이전등기에관한특별조치법(법률 제2111호)에 의한 소유권보존등기가 경료된 임야에 관하여서는 그 임야를 사정받은 사람이 따로 있는 것으로 밝혀진 경우라도 그 등기는 동법 소정의 적법한 절차에 따라 마쳐진 것으로서 실체적 권리관계에 부합하는 등기로 추정된다 할 것이므로 위 특별조치법에 의하여 경료된 소유권보존등기의 말소를 소구하려는 자는 그 소유권보존등기 명의자가 임야대장의 명의변경을 함에 있어 첨부한 원인증서인 위 특별조치법 제5조 소정의 보증서와 확인서가 허위 내지 위조되었다던가 그 밖에 다른 어떤 사유로 인하여 그 소유권보존등기가 위 특별조치법에 따라 적법하게 이루어진 것이 아니라는 주장과 입증을 하여야 한다.

|註| 특별조치법에 따른 소유권보존등기는 사정받은 사람이 따로 있더라도 추정력이 인정되고,[2] 보존등기명의인이 승계취득하였음이 증명되더라도 추정력이 인정되며,[3] 보증서나 확인서상의 매수일자가 토지대장 등에 기재된 소유명의인의 사망일자보다 뒤로 되었더라도 추정력이 인정된다.[4]

1) 대판 2008. 12. 24. 2007다79718; 대판 2011. 5. 13. 2009다94384, 94391, 94407.
2) 대판(전) 1987. 10. 13. 86다카2928.
3) 대판 1984. 2. 28. 83다카994.
4) 대판 1988. 5. 24. 87다카1785 등.

▶ 대법원 1997. 10. 16. 선고 95다57029 전원합의체 판결[1]

구 부동산소유권이전등기등에관한특별조치법(1977. 12. 31. 법률 제3094호, 실효)에 의한 등기는 같은 법 소정의 적법한 절차에 따라 마쳐진 것으로서 실체관계에 부합하는 등기로 추정되므로 등기의 말소를 소구하는 자에게 적극적으로 추정을 번복시킬 주장·입증책임이 있지만, 등기의 기초가 된 보증서나 확인서의 실체적 기재 내용이 진실이 아님을 의심할 만큼 증명이 있는 때에는 등기의 추정력은 번복된 것으로 보아야 하고 이러한 보증서 등의 허위성의 입증 정도가 법관이 확신할 정도가 되어야만 하는 것은 아니다.

|註| 다만, 특별조치법이 부동산의 사실상의 양수인에 대하여 그 권리변동 과정과 일치하지 않는 등기를 허용하는 것임에 비추어 보증서나 확인서상의 매도인 명의나 매수일자의 기재가 실제와 달리 되어 있거나 보증서에 구체적 권리 변동 사유의 기재가 생략되고 현재의 권리 상태에 대해서만 기재되어 있다 하더라도 그것만으로는 바로 그 등기의 적법추정력이 깨어진다고 할 수 없고, 다만 그 밖의 자료에 의하여 그 실체적 기재 내용이 진실이 아님을 의심할 만큼 증명이 된 때에는 그 등기의 추정력은 깨어진다고 보아야 한다.[2]

(d) 회복에 의한 소유권보존등기나 소유권이전등기는 일반 소유권보존등기나 소유권이전등기의 추정력 및 번복에 관한 법리가 그대로 적용된다.

▶ 대법원 1995. 12. 26. 선고 95다28601, 28618 판결

등기부가 멸실된 후 회복으로 인한 소유권보존등기를 마친 자도 적법한 소유자로 추정되나, 제3자가 그 토지를 사정받았거나 또는 멸실 전 등기부상에 소유권보존등기를 한 자가 따로 있고 그가 양도사실을 부인할 경우에는, 그 회복으로 인한 소유권보존등기가 임야소유권이전등기등에관한특별조치법이나 부동산소유권이전등기등에관한특별조치법에 의하여 마쳐진 것이 아닌 한 그 추정력은 깨어지므로, 등기명의인이 구체적으로 실체관계에 부합한다거나 그 승계취득사실을 주장, 입증하지 못하는 한 그 등기는 원인무효가 된다.

---

1) 전원합의체 판결로 한 이유는 등기의 추정력이 아닌 다른 쟁점에 관한 판례의 변경이 있었기 때문이다.
2) 대판 2000. 10. 27. 2000다33775.

3. 의사적(유사적) 추정

법조문에 추정이라는 말을 사용하고 있지만 앞서 본 법률상의 추정이 아닌 것들이 있다. ① 전제사실 없이 곧바로 일정한 사실의 존재를 추정하는 잠재적 진실(예컨대, 점유자는 소유의 의사로 선의, 평온 및 공연하게 점유한 것으로 추정한다는 민법 197조 1항), ② 법규가 의사표시의 존재가 아닌 내용을 추정하는 의사추정(意思推定)(예컨대, 기한은 채무자의 이익을 위한 것으로 추정한다는 민법 153조 1항), ③ 문서의 진정성립에 관한 추정(356조, 357조)인 증거법칙적 추정이 그것이다.

▶ 대법원 1997. 8. 21. 선고 95다28625 전원합의체 판결

[1] 민법 제197조 제1항에 의하면 물건의 점유자는 소유의 의사로 점유한 것으로 추정되므로 점유자가 취득시효를 주장하는 경우에 있어서 스스로 소유의 의사를 입증할 책임은 없고, 오히려 그 점유자의 점유가 소유의 의사가 없는 점유임을 주장하여 점유자의 취득시효의 성립을 부정하는 자에게 그 입증책임이 있다.
[2] 점유자의 점유가 소유의 의사 있는 자주점유인지 아니면 소유의 의사 없는 타주점유인지의 여부는 점유자의 내심의 의사에 의하여 결정되는 것이 아니라 점유 취득의 원인이 된 권원의 성질이나 점유와 관계가 있는 모든 사정에 의하여 외형적·객관적으로 결정되어야 하는 것이기 때문에 점유자가 성질상 소유의 의사가 없는 것으로 보이는 권원에 바탕을 두고 점유를 취득한 사실이 증명되었거나, 점유자가 타인의 소유권을 배제하여 자기의 소유물처럼 배타적 지배를 행사하는 의사를 가지고 점유하는 것으로 볼 수 없는 객관적 사정, 즉 점유자가 진정한 소유자라면 통상 취하지 아니할 태도를 나타내거나 소유자라면 당연히 취했을 것으로 보이는 행동을 취하지 아니한 경우 등 외형적·객관적으로 보아 점유자가 타인의 소유권을 배척하고 점유할 의사를 갖고 있지 아니하였던 것이라고 볼 만한 사정이 증명된 경우에도 그 추정은 깨어진다.
[3] [다수의견] 점유자가 점유 개시 당시에 소유권 취득의 원인이 될 수 있는 법률행위 기타 법률요건이 없이 그와 같은 법률요건이 없다는 사실을 잘 알면서 타인 소유의 부동산을 무단점유한 것임이 입증된 경우, 특별한 사정이 없는 한 점유자는 타인의 소유권을 배척하고 점유할 의사를 갖고 있지 않다고 보아야 할 것이므로 이로써 소유의 의사가 있는 점유라는 추정은 깨어졌다고 할 것이다.

Ⅱ. 사실상의 추정

1. 의의

경험칙에 의하여 A라는 전제사실이 존재하면 B라는 다른 사실이 존재하는 것으로 추인하는 것을 사실상의 추정이라고 한다. 사실상의 추정에 있어서는 상대방이 반증으로써 B 사실의 존재에 관하여 의심을 갖도록 하기만 하면 그 추정이 깨어진다. 호적부(가족관계등록부)에 사망 사실이 기재되어 있으면 그 사람이 사망한 것으로 추정된다든지,[1] 토지조사부에 소유자로 등재된 자는 그 토지의 소유자로 사정받고 그 사정이 확정된 것으로 추정된다든지,[2] 토지대장(멸실된 적이 없는 토지대장)에 소유권이전등록(국가 이외의 자로부터 등록)이 되어 있으면 전소유자로부터 소유권이전등기를 받아 토지를 소유하는 것으로 추정된다든지[3] 하는 것들이 그 대표적인 예이다(판결요지는 '보고문서의 실질적 증거력' 부분 참조). 그 외에 "법률상 원인 없이 타인의 재산 또는 노무로 인하여 이익을 얻고 그로 인하여 타인에게 손해를 가한 경우, 그 취득한 것이 금전상의 이득인 때에는 그 금전은 이를 취득한 자가 소비하였는가의 여부를 불문하고 현존하는 것으로 추정된다"[4]는 것도 그 예가 될 것이다.

2. 일응의 추정(또는 표현증명)과 간접반증

(1) 의의

고도의 개연성이 있는 경험칙을 이용하여 간접사실(전제사실)로부터 주요사실(추정사실)을 추정하는 경우를 일응의 추정 또는 표현증명이라고 한다. 정형적 사상경과(전형적 사태진행)에 의하면 전제사실이 존재할 때 통상적으로 당연히 추정사실이 존재하게 되는 경우에 적용된다. 일응의 추정이 성립한 경우 상대방은 전제사실과

---

1) 대판 1965. 9. 21. 65다1214.
2) 대판 1998. 9. 8. 98다13686.
3) 대판 1977. 4. 12. 76다2042. 토지대장의 소유자 기재에 관하여는 주의할 점이 있다. 즉, 6·25 당시 많은 토지대장이 멸실되었고 이후 지적이 복구되면서 조세징수 등을 목적으로 토지대장에 소유자 기재를 한 것들이 많은데 이러한 소유자 기재에 관하여는 추정력을 인정하지 않는다. "1975. 12. 31. 법률 제2801호로 개정된 지적법이 시행되기 이전에 소관청이 아무런 법적 근거없이 행정의 편의를 위하여 임의로 복구한 구 토지대장에 소유자 이름이 기재되어 있다고 하더라도 그 소유자에 관한 사항은 권리추정력을 인정할 수 없다"는 판결들(대판 1999. 2. 26. 98다17831; 대판 1996. 7. 30. 96다17127, 17134 등)이 그것이다.
4) 대판 1996. 12. 10. 96다32881; 대판 1987. 8. 18. 87다카768.

양립되는 별개의 간접사실이 존재함, 즉 그 별개의 간접사실에 의하여 추정사실이 발생하였음을 증명함으로써 일응의 추정을 깨뜨릴 수 있는데, 이를 간접반증이라고 한다. 추정사실의 부존재를 직접 증명하기 위한 직접반증은 법관으로 하여금 추정사실의 존재에 관하여 의심을 갖게 할 정도의 증명으로 족한 데 반하여, 간접반증은 별도의 간접사실이 존재함을 본증으로서, 즉 법관으로 하여금 확신을 갖게 할 정도로 증명하여야 한다. 예컨대, 자동차가 인도를 침범(간접사실, 전제사실)하여 사고를 일으켰다면 가해차량 운전자의 과실(주요사실, 추정사실)에 의한 것임이 고도의 개연성이 있는 경험칙상 당연히 인정(일응의 추정)되고, 다른 차량이 가해차량을 추돌하여 그 충격으로 가해차량이 인도를 침범하게 되었음(별도의 간접사실, 반대사실)이 증명(간접반증)되면 가해차량 운전자의 과실이 부인되는 것이다.

(2) 판례에 나타난 구체적인 사례

▶ 대법원 1969. 12. 30. 선고 69다1604 판결

탄광에서 천반이 붕락되어 압사하였다면 그 사고는 일응 광산 갱내의 낙반붕괴의 방지의무를 다하지 못한 시설물하자에 기인한 것이라 추정함이 상당하다.

|註| 사망한 광부의 상속인인 원고가 공작물 설치·보존의 하자(민법 758조)를 이유로 공작물점유자(대한석탄공사)를 상대로 손해배상소송을 한 사안이다. 증명책임분배원칙에 의하면 공작물 설치·보존의 하자를 원고가 증명하여야 할 것이나, 탄광 천반이 붕괴되었다면 곧 그 설치·보존에 하자가 추정된다고 본 것이다.

▶ 대법원 1974. 5. 28. 선고 74다217 판결

철도청 훈령 제3390호 '건널목간수 근무지침'상 건널목간수는 열차통과 5분 전에 건널목에 나가 교통을 정리하고 열차가 접근하면 차단기를 내려 백색기를 현시하여 기관사에게 지장이 없음을 알리는 한편 간수가 1명이면 차단기 위치에서 감시하도록 되어 있으므로 이를 어기면 주의의무를 다하지 않은 것으로 추정할 것이다.

|註| 일반적으로 법규에 정해진 주의의무를 위반하였다면 주의의무위반자에게 과실이 있다고 봄이 상당하다.

Ⅲ. 특수소송에서의 증명책임

1. 공해소송(환경침해소송)

공해 또는 환경침해를 원인으로 하는 손해배상청구에 있어서도 침해행위와 손해 사이의 인과관계에 대한 증명책임은 피해자인 원고에게 있다. 그런데, 이러한 소송에 있어서는 인과관계 증명을 위하여 필요한 대부분의 정보가 가해자인 기업측에 있고 피해자는 이러한 정보에 접근하기 어렵다는 점, 오염물질은 장기간에 걸쳐 미량으로 배출되고 환경매개체인 물·공기·토양을 통하여 피해자에게 도달되므로 오염물질 외에 다른 원인이 개입하여 작용할 가능성이 있는 점, 가해자가 다수인 때에는 누구의 침해행위에 의한 것인지 판단하기가 곤란한 점, 인과관계의 증명을 위하여는 고도의 자연과학적 지식이 요구되는데 피해자는 이러한 지식을 갖추지 못하고 있을 뿐만 아니라 전문가의 도움을 받을 수 있는 충분한 자력도 없는 점 등의 문제가 있고, 이러한 문제점 때문에 피해자는 인과관계의 증명에 큰 곤란을 겪게 된다. 따라서 피해자를 보호하기 위한 방안이 마련될 필요가 있고, 그러한 이유에서 증명책임의 완화를 위한 여러 가지 시도가 이루어지고 있는데, ① 고도의 개연성이 아닌 상당한 개연성 정도의 확신만 있으면 인과관계가 증명되었다고 보는 개연성설(초창기의 개척자적인 판례, 현재는 예가 드물다), ② 인과관계의 발전과정을 몇 단계로 나누어 증명주제를 유형화한 다음 피해자가 인과관계의 존재를 추단할 수 있는 몇 가지 사실(증명주제)들을 증명하면 일응 인과관계가 있다고 인정하고 가해자가 간접반증에 의하여 이를 번복할 수 있도록 하는 간접반증이론(증명책임의 분담을 특징으로 한다), ③ 그 외에 역학적인 인과관계를 법적인 인과관계에 도입하자는 이론, 위험영역설 등의 이론이 그것이다.

(1) 공해소송에서 인과관계의 존부에 대한 증명책임의 완화

◆ 대법원 2012. 1. 12. 선고 2009다84608, 84615, 84622, 84639 판결(同 대법원 1984. 6. 12. 선고 81다558 판결-진해화학 사건)

일반적으로 불법행위로 인한 손해배상청구사건에서 가해행위와 손해발생 간의 인과관계의 증명책임은 청구자인 피해자가 부담하나, 대기오염이나 수질오염에 의한 공해로 인한 손해배상을 청구하는 소송에서는 기업이 배출한 원인물질이 대기나 물을 매체로 하여 간접적으로 손해를 끼치는 수가 많고 공해문제에 관하여는 현재 과학수준으로도 해명할 수 없는 분야가 있기 때문에 가해행위와 손해 발생 사이의 인과관계를 구성하는 하나하나의 고리를 자연과학적으로 증명한다는 것이 매우 곤란하거나 불가능한 경우가 많다. 그러므로 이러한 공해소송에서 피해자에게 사실적인 인과관계의 존재에 관하여 과학적으로 엄밀한 증명을 요구한다는 것은 공해로 인한 사법적 구제를 사실상 거부하는 결과가 될 수 있는 반면에, 가해기업은 기술적·경제적으로 피해자보다 훨씬 원인조사가 용이한 경우가 많을 뿐만 아니라 원인을 은폐할 염려가 있기 때문에, 가해기업이 어떠한 유해한 원인물질을 배출하고 그것이 피해물건에 도달하여 손해가 발생하였다면 가해자 측에서 그것이 무해하다는 것을 증명하지 못하는 한 책임을 면할 수 없다고 보는 것이 사회형평의 관념에 적합하다.

|註| 1. **사실관계와 법원의 판단** 김포시 및 강화군 부근 해역에서 어업에 종사하는 어민 甲 등은 수도권매립지 침출수처리장을 운영하는 乙(수도권매립지관리공사)을 상대로 乙이 관리하는 매립지에서 유해물질이 배출되어 해양수질이 오염되었고 이로써 어획량이 감소하는 등의 손해를 입었다고 주장하면서 그 손해의 배상을 구하는 소를 제기하였다. 항소심은 乙이 침출수처리장을 운영함에 있어 유해물질이 배출되고 그것이 甲 등이 조업하는 해역에 도달하여 甲 등에게 손해가 발생하였다는 사실 자체가 인정되지 않는다고 하여 甲 등의 청구를 기각하였다. 그러나 대법원은, ① 감정 결과 등에 의하면 ㉠ 乙이 관리하는 수도권매립지로부터 해양생물에 악영향을 미칠 수 있는 유해한 오염물질이 포함된 침출처리수가 배출되었고, ㉡ 오염물질 중 일정 비율이 甲 등이 조업하는 어장 중 일부 해역에 도달하였으며, ㉢ 그 후 어장 수질이 악화되고 해양생태계가 파괴되어 어획량이 감소하는 등의 피해가 발생한 사실이 증명되었으므로, 甲 등이 조업하는 어장에 발생한 피해는 乙이 배출한 침출처리수에 포함된 오염물질이 해양생물에 작용함으로써 발생하였다는 상당한 개연성이 있다고 할 것이어서 乙의 오염물질 배출과 어장에 발생한 해양생태계 악화 및 어획량 감소의 피해 사이에 인과관계가 일응 증명되었고, ② 乙이 인과관계를 부정하기 위해서는 ㉠ 반증으로 乙이 배출한 침출처리수에 어장 피해를 발생시킨 원인물질이 들어있지 않거나 원인물질이 들어있더라도 안전농도 범위

내에 속한다는 사실을 증명하거나 ㉡ 간접반증으로 어장에 발생한 피해는 乙이 배출한 침출처리수가 아닌 다른 원인이 전적으로 작용하여 발생한 것을 증명하여야 할 것인데, 항소심이 인정한 사정만으로는 인과관계를 부정할 수 없다고 하여 항소심판결을 파기하였다.

2. 공해소송에서 인과관계 증명책임의 완화에 관한 판례의 흐름 (1) 앞서 본 여러 가지 이론에도 불구하고 대법원은 초기에는 증명책임의 완화를 인정하지 않았었으나,[1] 화력발전소의 매연으로 과수의 수확량이 줄어 피해를 입었다고 주장하는 사람이 불법행위에 기한 손해배상청구를 한 아래 대법원 72다1774호 사건에서 개연성설을 긍정하였고, 대법원 1984. 6. 12. 선고 81다558 판결이 화학비료제조사인 피고회사가 방류한 폐수가 조류를 타고 원고의 김 양식장에 도달하여 김에 병해가 발생한 사건에서 "가해기업이 배출한 어떤 유해한 원인물질이 피해물건에 도달하여 손해가 발생하였다면 가해자 측에서 그 무해함을 입증하지 못하는 한 책임을 면할 수 없다"고 하여 간접반증이론을 채택한[2] 이래 간접반증이론에 입각한 판례가 이어지고 있고,[3] 대상판결도 그 중 하나이다.

(2) 그러나 간접반증이론에 의하더라도 가해자가 어떤 유해한 원인물질을 배출한 사실, 그 유해의 정도가 사회통념상 참을 한도를 넘는다는 사실, 그것이 피해물건에 도달한 사실, 그 후 피해자에게 손해가 발생한 사실에 관한 증명책임은 피해자가 여전히 부담한다.[4]

▶ **대법원 1974. 12. 10. 선고 72다1774 판결**

근대산업의 발전에 따라 공업의 대기업화를 촉진하고, 그 결과로 기업이 경영하는 대

---

1) 대판 1973. 11. 27. 73다919.

2) 위 판결은 간접반증과는 무관하여 개연성설을 발전시킨 것뿐이라는 견해(호문혁)가 있다.

3) 대판 1991. 7. 23. 89다카1275(인근 공장에서 배출된 아황산가스와 한파가 상호작용을 하여 농장의 관상수가 고사한 사안); 대판 1997. 6. 27. 95다2692(주행시험장 설치공사현장에서 배출된 황토와 폐수로 인근 농어 양식장에 피해가 발생한 사안); 대판 2002. 10. 22. 2000다65666, 65673(화력발전소에서 배출한 온배수로 인근 김양식장에 피해를 입힌 사안); 대판 2004. 11. 26. 2003다2123(여천공단 내 공장들이 폐수를 배출함으로써 재첩 양식장에 피해가 발생한 사안).

4) 대판 2019. 11. 28. 2016다233538, 233545(고속도로 옆 과수원 운영자가 한국도로공사를 상대로 고속도로에서 발생한 매연과 제설제로 인하여 과수가 고사하거나 성장과 결실이 부족하게 되었다고 손해배상을 구한 사안); 대판 2013. 10. 11. 2012다111661; 대판 2016. 12. 29. 2014다67720.

단위 생산공장에서 사람의 생명, 건강 및 재산에 유해로운 각종 오염물질, 소음 및 진동 따위를 배출 확산하여 사람의 건강에나 동식물의 생장에 위해를 미치게 하는 바 적지 아니하므로 법령에서 이런 공해를 방지하는 규제를 하고 있다(공해방지법 등). 한편 이런 공해로 인한 손해배상청구소송에 있어도 가해행위와 손해발생 사이에 있어야 할 인과관계의 증명에 관하여도 이른바 개연성이론이 대두되어 대소간에 그 이론이 사실인정에 작용하고 있음을 부인할 수 없는 추세에 있다고 하겠다. 개연성이론 그 자체가 확고하게 정립되어 있다고는 할 수 없으나 결론적으로 말하면 공해로 인한 불법행위에 있어서의 인과관계에 관하여 당해 행위가 없었더라면 결과가 발생하지 아니하였으리라는 정도의 개연성이 있으면 그로써 족하다는, 다시 말하면 침해행위와 손해와의 사이에 인과관계가 존재하는 상당 정도의 가능성이 있다는 입증을 함으로써 족하고 가해자는 이에 대한 반증을 한 경우에만 인과관계를 부정할 수 있다고 하는 것으로 이는 손해배상을 청구하는 원고에 입증책임이 있다는 종래의 입증책임 원칙을 유지하면서 다만 피해자의 입증의 범위를 완화 내지 경감하는 반면 가해자의 반증의 범위를 확대하자는 것을 그 골자로 하고 있는 것으로 이해된다. 무릇 불법행위로 인한 손해배상에 있어서 불법행위의 성립요건으로서의 인과관계는 현실로 발생한 손해를 누구에게 배상책임을 지울 것인가를 가리기 위한 개념이므로 자연과학의 분야에서 말하는 인과관계가 아니라 법관의 자유심증에 터잡아 얻어지는 확신에 의하여 인정되는 인과관계를 말한다 할 것인데 이런 확신은 통상인이 일상생활에 있어서 그 정도의 판단을 얻을 때는 의심을 품지 않고 안심하고 행동할 것이라는 정도를 일컬어 말함이니 이런 관점에서 볼 때 개연성이론을 수긍 못할 바 아니다.

(2) 공해와 자연력 등 다른 인자가 경합한 경우 인과관계의 인정 여부

▶ 대법원 1991. 7. 23. 선고 89다카1275 판결

[1] 농장의 관상수들이 고사하게 된 직접원인은 한파(寒波)로 인한 동해(凍害)이지만 인근 공장에서 배출된 아황산가스의 일부가 대기를 통하여 위 농장에 도달됨으로 인하여 유황이 잎 내에 축적되어 수목의 성장에 장해가 됨으로써 동해에 상조작용을 한 경우에 있어 공장주의 손해배상책임을 인정할 수 있다.

[2] 공해사건에서 피해자의 손해가 한파, 낙뢰와 같은 자연력과 가해자의 과실행위가 경합되어 발생된 경우 가해자의 배상의 범위는 손해의 공평한 부담이라는 견지에서 손해에 대한 자연력의 기여분을 제한 부분으로 제한하여야 한다.

|註| 1. 사실관계와 법원의 판단 관상수를 재배하는 甲이 인근에서 모직류를

제조하는 乙 회사의 공장에서 배출된 아황산가스로 말미암아 관상수가 고사되었다고 주장하면서 乙 회사를 상대로 손해배상청구를 한 사안으로, '관상수의 생육에 악영향을 줄 수 있는 아황산가스의 배출, 아황산가스의 관상수 농장에의 도달, 관상수의 성장 방해'의 증명에 의하여 손해배상책임을 인정한 다음 과실상계 법리의 유추에 의하여 한파의 기여분을 고려하여 乙 회사의 책임을 40%로 제한한 사례이다.

2. 공해와 자연력 등 다른 인자가 경합한 경우 (1) 판례는 공해와 자연력 등 다른 중립적 인자가 경합하여 손해가 발생한 경우 공해와 손해 사이의 인과관계 존부를 판단하여 손해배상책임을 인정한 다음 손해배상책임의 범위를 확정함에 있어 중립적 인자가 기여한 부분을 공제하도록 하고 있다. 대상판결은 위와 같은 인과관계의 인정을 "인과관계에 관한 개연성이론"에 따른 것이라고 하였다.

(2) 유사사례로는, 태풍으로 피해자의 공장으로 바닷물이 유입되면서 가해자의 아이빔과 석괴가 공장에 유입됨으로써 공장 내의 각종 기계설비 등을 충격 파괴한 데 대하여 가해자의 배상범위를 자연력의 기여분을 공제한 50%로 본 사례가 있다.1)

(3) 역학적 연구결과에 의한 인과관계의 인정 가부

▶ 대법원 2014. 9. 4. 선고 2011다7437 판결

역학이란 집단현상으로서의 질병의 발생, 분포, 소멸 등과 이에 미치는 영향을 분석하여 여러 자연적 · 사회적 요인과의 상관관계를 통계적 방법으로 규명하고 그에 의하여 질병의 발생을 방지 · 감소시키는 방법을 발견하려는 학문이다. 역학은 집단현상으로서의 질병에 관한 원인을 조사하여 규명하는 것이고 그 집단에 소속된 개인이 걸린 질병의 원인을 판명하는 것이 아니다. 따라서 어느 위험인자와 어느 질병 사이에 역학적으로 상관관계가 있다고 인정된다 하더라도 그로부터 그 집단에 속한 개인이 걸린 질병의 원인이 무엇인지가 판명되는 것은 아니고, 다만 어느 위험인자에 노출된 집단의 질병 발생률이 그 위험인자에 노출되지 않은 다른 일반 집단의 질병 발생률보다 높은 경우 그 높은 비율의 정도에 따라 그 집단에 속한 개인이 걸린 질병이 그 위험인자로 인하여 발생하였을

1) 대판 1993. 2. 23. 92다52122.

가능성이 얼마나 되는지를 추론할 수 있을 뿐이다.

한편 특정 병인에 의하여 발생하고 원인과 결과가 명확히 대응하는 '특이성 질환'과 달리, 이른바 '비특이성 질환'은 그 발생 원인 및 기전이 복잡다기하고, 유전·체질 등의 선천적 요인, 음주, 흡연, 연령, 식생활습관, 직업적·환경적 요인 등 후천적 요인이 복합적으로 작용하여 발생하는 질환이다. 이러한 비특이성 질환의 경우에는 특정 위험인자와 그 비특이성 질환 사이에 역학적으로 상관관계가 있음이 인정된다 하더라도, 그 위험인자에 노출된 개인 또는 집단이 그 외의 다른 위험인자에도 노출되었을 가능성이 항시 존재하는 이상, 그 역학적 상관관계는 그 위험인자에 노출되면 그 질병에 걸릴 위험이 있거나 증가한다는 것을 의미하는 데 그칠 뿐, 그로부터 그 질병에 걸린 원인이 그 위험인자라는 결론이 도출되는 것은 아니다.

따라서 비특이성 질환의 경우에는 특정 위험인자와 비특이성 질환 사이에 역학적 상관관계가 인정된다 하더라도, 어느 개인이 그 위험인자에 노출되었다는 사실과 그 비특이성 질환에 걸렸다는 사실을 증명하는 것만으로 양자 사이의 인과관계를 인정할 만한 개연성이 증명되었다고 볼 수 없다. 이러한 경우에는 그 위험인자에 노출된 집단과 노출되지 않은 다른 일반 집단을 대조하여 역학조사를 한 결과 그 위험인자에 노출된 집단에서 그 비특이성 질환에 걸린 비율이 그 위험인자에 노출되지 않은 집단에서 그 비특이성 질환에 걸린 비율을 상당히 초과한다는 점을 증명하고, 그 집단에 속한 개인이 위험인자에 노출된 시기와 노출 정도, 발병시기, 그 위험인자에 노출되기 전의 건강상태, 생활습관, 질병 상태의 변화, 가족력 등을 추가로 증명하는 등으로 그 위험인자에 의하여 그 비특이성 질환이 유발되었을 개연성이 있다는 점을 증명하여야 한다.

|註| 1. 사실관계와 법원의 판단 서울에 거주하는 甲이 자동차배출가스 때문에 자신의 천식이 발병 또는 악화되었다고 주장하면서 국가와 서울특별시 및 국내 자동차 제조·판매회사 등을 상대로 손해배상을 청구한 사안에서, 미세먼지나 이산화질소, 이산화황 등의 농도변화와 천식 등 호흡기질환의 발병 또는 악화 사이의 유의미한 상관관계를 인정한 연구 결과들이 다수 존재하고 있는 것은 사실이나 그 역학연구 결과들의 내용에 따르더라도 각 결과에 나타난 상대위험도가 크다고 보기 어려운 점 등을 고려하면 위 역학연구 결과들만으

로 대기오염물질과 甲의 천식 사이의 인과관계를 인정하기 어렵다고 한 사례이다.

2. 역학적 연구결과에 의한 인과관계의 인정 가부 판례는 역학적 연구결과에 의한 인과관계 증명의 완화는 인정하지 않고 있다. 역학적 연구결과에 의한 인과관계의 인정 주장은 공해소송에서만 제기되는 것은 아니고, 고엽제로 인한 손해배상소송이나 흡연으로 인한 손해배상소송에서도 문제되었다.[1)]

(4) 참고 – 환경오염 피해에 대한 무과실책임

▶ **대법원 2020. 6. 25. 선고 2019다292026, 292033, 292040 판결**(㊐ 대법원 2017. 2. 15. 선고 2015다23321 판결)

환경정책기본법 제44조 제1항은 '환경오염의 피해에 대한 무과실책임'이라는 제목으로 "환경오염 또는 환경훼손으로 피해가 발생한 경우에는 해당 환경오염 또는 환경훼손의 원인자가 그 피해를 배상하여야 한다."라고 정하고 있다. 이는 민법의 불법행위 규정에 대한 특별 규정으로서, 환경오염 또는 환경훼손의 피해자가 원인자에게 손해배상을 청구할 수 있는 근거규정이다. 따라서 환경오염 또는 환경훼손으로 피해가 발생한 때에는 원인자는 환경정책기본법 제44조 제1항에 따라 귀책사유가 없더라도 피해를 배상하여야 한다.

2. 의료과오소송

의료과오소송에서 의사의 주의의무 위반 및 주의의무 위반과 손해 사이의 인과관계에 대한 증명책임은 원고인 피해자측에 있다.[2)] 청구원인을 채무불이행으로 구성하더라도 인과관계는 물론 주의의무 위반에 대한 증명책임까지 원고에게 있다. 치료를 맡기는 것은 일종의 위임계약이고 위임의 본지에 따르지 않았다는 점은 위임인이 증명하여야 하기 때문이다. 그런데 의료행위는 전문성, 밀행성, 재량성, 불완전성 등의 특징이 있어 피해자측에서 의사의 주의의무 위반 및 주의의무

1) 대판 2013. 7. 12. 2006다17539(고엽제소송); 대판 2014. 4. 10. 2011다22092(담배소송).

2) 대판 2010. 5. 27. 2007다25971("의료행위에 있어서의 잘못을 원인으로 한 불법행위책임이 성립하기 위해서도 일반 불법행위의 경우와 마찬가지로 의료상의 주의의무 위반과 손해의 발생이 있고 그 사이에 인과관계가 있음이 증명되어야 하므로, 환자가 진료를 받는 과정에서 손해가 발생하였다면, 의료행위의 특수성을 감안하더라도 먼저 환자측에서 일반인의 상식에 바탕을 두고 일련의 의료행위 과정에 의료상의 과실 있는 행위가 있었고 그 행위와 손해의 발생 사이에 다른 원인이 개재되지 않았다는 점을 증명하여야 한다").

위반과 손해 사이의 인과관계를 증명하는 것은 극히 어렵다. 이러한 문제점을 타개하기 위하여 증명책임전환론, 증명책임완화론, 그리고 증명방해론 등이 논의되고 있다.

(1) 의사의 주의의무 위반에 대한 증명책임

▶ **대법원 1993. 7. 27. 선고 92다15031 판결**

원고의 하반신 완전마비증세가 의사의 이 사건 척추전방유합술 시술 직후에 나타난 것으로서 위 수술과 위 증세의 발현 사이에 다른 원인이 개재되었을 가능성은 찾아볼 수 없고 오히려 수술준비과정이나 수술결과로 보아 다소 소홀한 면이 있지 않았나 짐작케 하는 사정들을 엿볼 수 있는 데다가, 나아가 척추전방유합술의 시술과정에서 하반신마비가 생기는 원인들 중 허혈증으로 인한 경우는 전혀 보고된 사례가 없고 척추신경손상의 다른 원인의 경우에는 원고처럼 급작스러운 하반신 완전마비가 오지 아니하는 것이라면, 결국 원고의 하반신 마비증세는 의사의 위 수술과정상의 잘못, 즉 집도의가 부주의로 척추신경을 수술칼로 끊거나 소파술시 수술기구로 신경을 세게 압박한 잘못으로 인하여 초래된 것이라고 추정할 수밖에 없다.

|註| 판례는 의료과오소송에서 주의의무 위반과 관련하여, 피해자의 증상 발생에 의료상의 과실 이외의 다른 원인이 있다고 보기 어려운 여러 간접사실들을 증명함으로써 의료상의 과실을 추정할 수 있다는 입장을 취하고 있다.[1] 대상판결 역시 척추전방유합술 시술 직후 원고가 하반신 완전마비증세를 보인 데 대하여 척추전방유합술 시술 후 하반신 완전마비증세가 나타날 수 있는 다른 모든 경우를 상정한 다음 원고는 그러한 경우에 해당하지 않는다는 것을 증명함으로써 의료상의 과실을 추정할 수 있다고 하였다.

◆ **대법원 2004. 10. 28. 선고 2002다45185 판결**(동 대법원 2019. 2. 14. 선고 2017다203763 판결)

의료행위는 고도의 전문적 지식을 필요로 하는 분야로서 전문가가 아닌 일반인으로서는 의사의 의료행위의 과정에 주의의무 위반이 있는지 여부나 그 주의의

1) 대판 1993. 7. 27. 92다15031; 대판 2000. 7. 7. 99다66328; 대판 2004. 10. 28. 2002다45185; 대판 2007. 5. 31. 2005다5867; 대판 2012. 5. 9. 2010다57787; 대판 2015. 2. 12. 2012다6851 등.

무 위반과 손해발생 사이에 인과관계가 있는지 여부를 밝혀내기가 극히 어려운 특수성이 있으므로 수술 도중 환자에게 사망의 원인이 된 증상이 발생한 경우 그 증상 발생에 관하여 의료상의 과실 이외의 다른 원인이 있다고 보기 어려운 간접사실들을 증명함으로써 그와 같은 증상이 의료상의 과실에 기한 것이라고 추정하는 것도 가능하다고 하겠으나, 그 경우에도 의사의 과실로 인한 결과발생을 추정할 수 있을 정도의 개연성이 담보되지 않는 사정들을 가지고 막연하게 중한 결과에서 의사의 과실과 인과관계를 추정함으로써 결과적으로 의사에게 무과실의 증명책임을 지우는 것까지 허용되는 것은 아니다.

|註| 뇌경색 환자가 뇌혈관의 이상 여부를 확인하기 위하여 뇌혈관조영술을 받던 도중 의식을 상실하고 20일 후 사망한 사안에서, 항소심은 시술과 사망 사이에 다른 원인이 게재되었을 가능성이 전혀 없다는 이유로 의료상의 과실을 인정하였으나, 대법원은 혈전이 조영제 투여시의 압력으로 인한 것인지 밝혀지지 않은 점, 망인이 중증의 뇌경색 환자였던 점, 뇌혈관조영술을 받은 환자와 받지 않은 환자의 합병증 발생빈도가 동일하다는 연구결과도 있는 점 등에 비추어 보면, 보다 안전한 조영제 투여량과 방법이 있는지 등에 관한 심리 없이 의료상의 과실을 인정한 것은 부당하다고 하였다.

(2) 의사의 주의의무 위반과 손해 사이의 인과관계에 대한 증명책임

◆ 대법원 1995. 2. 10. 선고 93다52402 판결

원래 의료행위에 있어서 주의의무 위반으로 인한 불법행위 또는 채무불이행으로 인한 책임이 있다고 하기 위하여는 의료행위상의 주의의무의 위반과 손해의 발생과의 사이의 인과관계의 존재가 전제되어야 하나, 의료행위가 고도의 전문적 지식을 필요로 하는 분야이고, 그 의료의 과정은 대개의 경우 환자 본인이 그 일부를 알 수 있는 외에 의사만이 알 수 있을 뿐이며, 치료의 결과를 달성하기 위한 의료기법은 의사의 재량에 달려 있기 때문에 손해발생의 직접적인 원인이 의료상의 과실로 말미암은 것인지 여부는 전문가인 의사가 아닌 보통인으로서는 도저히 밝혀낼 수 없는 특수성이 있어서 환자측이 의사의 의료행위상의 주의의무 위반과 손해의 발생과 사이의 인과관계를 의학적으로 완벽하게 입증한다는 것은 극히 어려우므로, 환자가 치료 도중에 사망한 경우에 있어서는 피

해자측에서 일련의 의료행위 과정에 있어서 저질러진 일반인의 상식에 바탕을 둔 의료상의 과실 있는 행위를 입증하고 그 결과와 사이에 일련의 의료행위 외에 다른 원인이 개재될 수 없다는 점, 이를테면 환자에게 의료행위 이전에 그러한 결과의 원인이 될 만한 건강상의 결함이 없었다는 사정을 증명한 경우에 있어서는, 의료행위를 한 측이 그 결과가 의료상의 과실로 말미암은 것이 아니라 전혀 다른 원인으로 말미암은 것이라는 입증을 하지 아니하는 이상, 의료상 과실과 결과 사이의 인과관계를 추정하여 손해배상책임을 지울 수 있도록 입증책임을 완화하는 것이 손해의 공평·타당한 부담을 그 지도원리로 하는 손해배상 제도의 이상에 맞는다.

|註| **1. 사실관계와 법원의 판단** 甲은 다한증(손·발바닥에 땀이 많이 나는 증상)을 치료하기 위하여 乙 병원에서 교감신경절제수술을 받았는데 수술 후 경련과 함께 의식을 잃었고 중환자실에서 집중치료 중 뇌경색으로 사망에 이르렀다. 이에 甲의 상속인이 乙 병원을 상대로 의료과오를 원인으로 한 손해배상청구의 소를 제기하였다. 이에 법원은, 위 수술과 甲의 사망 사이에 다른 원인이 개재되었을 가능성은 찾아 볼 수 없고, 甲이 위 다한증 외에는 특별한 질병 없이 정상적인 생활을 하여 왔고 수술 전 사전검사에서도 특이한 이상증상이 나타나지 아니하였는데, 치료과정에 있어서 담당의가 수술의 일부분을 다른 의사들에게 맡기고 늦게 수술에 참여하여 수술 도중 피부 및 근육을 절개해 놓고 기다린 시간이 다소 많이 경과하는 등 수술 과정에 있어 소홀한 점이 있었으며 수술 후 甲이 경련증상을 보인 뒤에도 6시간이나 지나 담당의가 甲의 상태를 점검하는 등 사후대처가 소홀했다는 점 등을 종합하여 보면, 결국 甲의 사망은 담당의의 위 수술과정에서의 잘못으로 인한 것이라 추정할 수밖에 없고, 의료전문가가 아닐 뿐 아니라 수술과정에 참여한 바도 없는 甲의 상속인(원고)이 담당의의 과실을 정확하게 지적하고 전문적인 지식을 동원하여 甲의 사망의 원인을 밝혀 내지 못하였다고 하여 乙 병원의 손해배상책임을 부정할 수는 없다고 하였다.

2. 의료과오소송에 있어서 인과관계의 증명 판례는 의사의 주의의무 위반과 손해 사이의 인과관계에 대한 증명책임에 관하여 대상판결과 같이 "피해자가 일련의 의료행위 과정에서 저질러진 일반인의 상식에 바탕을 둔 의료상의 과

> 실 있는 행위를 증명하고 그 결과와 사이에 일련의 의료행위 외에 다른 원인이 개재될 수 없다는 점을 증명하면, 의료행위를 한 측이 그 결과가 의료상의 과실로 말미암은 것이 아니라 전혀 다른 원인으로 말미암은 것이라는 증명을 하지 아니하는 이상, 의료상 과실과 결과 사이의 인과관계를 추정할 수 있다" 고 하고 있다.[1]

▶ **대법원 1989. 7. 11. 선고 88다카26246 판결**(同 대법원 1995. 4. 14. 선고 94다29218 판결)

일반외과전문의인 甲이 환자 乙을 치료함에 있어 방사선 사진상에 나타나 있는 선상골절상이나 이에 따른 뇌실질내출혈 등을 발견 내지 예견하지 못하여 乙을 제때에 신경외과 전문의가 있는 병원에 전원시켜 확정적인 진단 및 수술을 받을 수 있는 필요한 조치를 취하지 아니한 경우 그러한 조치를 취했을 경우의 구명률이 50%라면 특별한 사정이 없는 한 甲의 과실과 乙의 사망과의 사이에는 인과관계를 인정함이 상당하다.

> |註| 1. 다른 치료를 하였더라면 구명률이 50% 정도 되었다면 다른 치료를 하지 않은 과실과 손해 사이에 인과관계가 있다고 한 것이다.
>
> 2. 대상판결에 대하여는, 환자가 천신만고 끝에 의사의 과실을 입증하였음에도 불구하고 다른 원인에 의해서도 사망이란 결과가 나타날 수도 있다는 점만으로 인과관계를 부정할 경우 통상 질병 자체가 스스로 어느 정도 나쁜 결과를 초래한다는 점에서 환자측으로서는 속수무책의 상황에 빠질 수 있다는 점과 아무리 우수한 의료인이라 하더라도 이 경우 환자를 위해 확정적인 감정을 할 능력을 갖추고 있지 아니하다는 점 등의 사정을 감안하여 의사의 과실행위가 결과와 사이에 상당한 적합성이 인정되면 다른 특별한 사정이 없는 한 인과관계가 인정된다고 한 것은 의미 있는 일이라는 평가[2]가 있다.

(3) 설명의무 위반 및 의료상 과실과 다른 인자의 경합

▶ **대법원 2007. 5. 31. 선고 2005다5867 판결**

설명의무는 침습적인 의료행위로 나아가는 과정에서 의사에게 필수적으로 요구되는 절차상의 조치로서, 그 의무의 중대성에 비추어 의사로서는 적어도 환자에게 설명한 내용을 문서화하여 이를 보존할 직무수행상의 필요가 있다고 보일 뿐 아니라, 응급의료에 관한 법률 제9조, 같은 법 시행규칙 제3조 및 [서식] 1에 의하면, 통상적인 의료행

---

1) 대판 1999. 6. 11. 99다3709; 대판 2003. 1. 24. 2002다3822; 대판 2005. 9. 30. 2004다52576; 대판 2012. 1. 27. 2009다82275, 82282; 대판 2018. 11. 15. 2016다244491 등.
2) 박일환, 대법원 판례해설 제12호.

위에 비해 오히려 긴급을 요하는 응급의료의 경우에도 의료행위의 필요성, 의료행위의 내용, 의료행위의 위험성 등을 설명하고 이를 문서화한 서면에 동의를 받을 법적 의무가 의료종사자에게 부과되어 있는 점, 의사가 그러한 문서에 의해 설명의무의 이행을 입증하기는 매우 용이한 반면 환자측에서 설명의무가 이행되지 않았음을 입증하기는 성질상 극히 어려운 점 등에 비추어, 특별한 사정이 없는 한 의사측에 설명의무를 이행한 데 대한 증명책임이 있다고 해석하는 것이 손해의 공평·타당한 부담을 그 지도원리로 하는 손해배상제도의 이상 및 법체계의 통일적 해석의 요구에 부합한다.

> |註| 설명의무 위반이 문제된 경우 그 이행에 대한 증명책임이 의사에게 있다고 한 판례이다.

▶ **대법원 1998. 7. 24. 선고 98다12270 판결**

가해행위와 피해자측의 요인이 경합하여 손해가 발생하거나 확대된 경우에는 그 피해자측의 요인이 체질적인 소인 또는 질병의 위험도와 같이 피해자측의 귀책사유와 무관한 것이라고 할지라도 당해 질환의 태양·정도 등에 비추어 가해자에게 손해의 전부를 배상시키는 것이 공평의 이념에 반하는 경우에는, 법원은 그 손해배상액을 정함에 있어서 과실상계의 법리를 유추적용하여 그 손해의 발생 또는 확대에 기여한 피해자측의 요인을 참작할 수 있다.

> |註| 의료과오와 피해자의 낮은 신체저항력이 경합하여 패혈증 쇼크로 사망한 사안에서 의사측의 손해배상책임을 40%로 제한한 사례로서, 의료상 과실과 피해자의 체질적 소인 등 다른 원인이 경합한 경우 과실상계 법리의 유추에 의하여 피해자의 요인을 감안하여 배상액을 감경한 판례이다.

3. 제조물책임소송

제조물책임이란 제조물의 결함으로 인하여 당해 제조물의 이용자, 소비자 또는 제3자에게 발생한 손해(당해 제조물에 대해서만 생긴 손해는 제외)[1)]에 대한 책임을 말한다. 그런데 제조물책임에 있어서는 제조물의 생산과정을 제조업자만이 알 수 있어 결함의 존재 및 결함과 손해 사이의 인과관계 여부를 소비자측이 과학적·기술적으로 증명한다는 것이 지극히 어렵다. 이러한 문제점으로 말미암아 제조물책임에 있

1) 제조물책임법 제3조 제1항; 대판 2000. 7. 28. 98다35525("제조물책임이란 제조물에 통상적으로 기대되는 안전성을 결여한 결함으로 인하여 생명·신체나 제조물 그 자체 외의 다른 재산에 손해가 발생한 경우에 제조업자 등에게 지우는 손해배상책임이고, 제조물에 상품적합성이 결여되어 제조물 그 자체에 발생한 손해는 제조물책임의 적용 대상이 아니므로, 하자담보책임으로서 그 배상을 구하여야 한다").

어서도 다른 현대형 소송에서와 마찬가지로 증명책임을 전환 또는 완화하고 있다.

▶ 대법원 2000. 7. 28. 선고 98다35525 판결(㊐ 대법원 2019. 1. 17. 선고 2017다1448 판결)

제조물책임이란 제조물에 통상적으로 기대되는 안전성을 갖추지 못한 결함으로 생명·신체 또는 건강이 침해되거나 물건이 손상된 경우에 제조업자 등에게 지우는 손해배상책임이다. 피해자가 제조물의 결함을 증명하지 못하면 제조물책임이 인정되지 않는다. 또한 제조물의 결함에서 발생한 손해라고 하더라도 제조물에 상품적합성이 없어 제조물 그 자체에 발생한 손해는 제조물책임의 적용대상이 아니다.

▶ 대법원 2000. 2. 25. 선고 98다15934 판결

[1] 무릇 물품을 제조·판매하는 제조업자 등은 그 제품의 구조, 품질, 성능 등에 있어서 그 유통 당시의 기술 수준과 경제성에 비추어 기대 가능한 범위 내의 안전성과 내구성을 갖춘 제품을 제조·판매하여야 할 책임이 있고, 이러한 안전성과 내구성을 갖추지 못한 결함으로 인하여 소비자에게 손해가 발생한 경우에는 불법행위로 인한 손해배상의무를 부담한다.

[2] 물품을 제조·판매한 자에게 손해배상책임을 지우기 위하여서는 결함의 존재, 손해의 발생 및 결함과 손해의 발생과의 사이에 인과관계의 존재가 전제되어야 하는 것은 당연하지만, 고도의 기술이 집약되어 대량으로 생산되는 제품의 경우, 그 생산과정은 대개의 경우 소비자가 알 수 있는 부분이 거의 없고, 전문가인 제조업자만이 알 수 있을 뿐이며, 그 수리 또한 제조업자나 그의 위임을 받은 수리업자에 맡겨져 있기 때문에, 이러한 제품에 어떠한 결함이 존재하였는지, 나아가 그 결함으로 인하여 손해가 발생한 것인지 여부는 전문가인 제조업자가 아닌 보통인으로서는 도저히 밝혀 낼 수 없는 특수성이 있어서 소비자 측이 제품의 결함 및 그 결함과 손해의 발생과의 사이의 인과관계를 과학적·기술적으로 완벽하게 입증한다는 것은 지극히 어려우므로, 텔레비전이 정상적으로 수신하는 상태에서 발화·폭발한 경우에 있어서는, 소비자 측에서 그 사고가 제조업자의 배타적 지배하에 있는 영역에서 발생한 것임을 입증하고, 그러한 사고가 어떤 자의 과실 없이는 통상 발생하지 않는다고 하는 사정을 증명하면, 제조업자 측에서 그 사고가 제품의 결함이 아닌 다른 원인으로 말미암아 발생한 것임을 입증하지 못하는 이상, 위와 같은 제품은 이를 유통에 둔 단계에서 이미

그 이용시의 제품의 성상이 사회통념상 당연히 구비하리라고 기대되는 합리적 안전성을 갖추지 못한 결함이 있었고, 이러한 결함으로 말미암아 사고가 발생하였다고 추정하여 손해배상책임을 지울 수 있도록 입증책임을 완화하는 것이 손해의 공평·타당한 부담을 그 지도원리로 하는 손해배상제도의 이상에 맞는다.

|註| 1. **사실관계와 법원의 판단** 甲은 안방에서 乙 회사가 제조한 텔레비전을 시청하고 있던 중 갑자기 텔레비전 뒤에서 검은 연기가 피어올라 전원을 끄고 전원플러그를 뽑았으나 곧이어 텔레비전에서 '펑'하는 폭발음과 함께 불이 솟아오르면서 커튼에 옮겨 붙어 급기야 건물 2층 내부와 가재도구가 전소되었다. 위 사고는, 위 텔레비전 브라운관 내의 전자총 부분이 누전으로 폭발하면서 발생한 것으로 추정될 뿐, 그 누전이 발생하게 된 경위에 관하여는 규명되지 않았다. 甲은 사고 6년 전 위 텔레비전을 구입하여 위 사고시까지 사용해 오면서 이를 수리하거나 내부구조에 변경을 가한 바는 없었다. 甲의 손해배상청구에 대하여, 항소심법원은 "텔레비전의 폭발의 원인이 된 전자총 부분의 누전 경위가 명백히 밝혀지지는 아니하였으나, 위 텔레비전이 정상적으로 수신하는 상태에서 폭발한 이상, 특단의 사정이 없는 한 위 텔레비전은 그 이용시의 제품의 성상이 사회통념상 제품에 요구되는 합리적 안전성을 결여하여 '부당하게 위험한' 것으로서 그 제품에 결함이 있다고 볼 수밖에 없고, 이와 같은 결함은 乙 회사가 위 텔레비전을 제조하여 유통에 둔 단계에서 이미 존재하고 있었다고 추정되므로, 乙 회사는 위 텔레비전의 제조업자로서 그 결함으로 인한 폭발사고로 말미암아 甲이 입은 재산상 손해를 배상할 의무가 있다"고 판단하여 甲 승소의 판결을 하였다. 乙 회사가 상고하였으나 대법원은 항소심판결은 판결요지의 법리에 따른 것으로서 결함과 손해사이의 인과관계에 관한 법리오해의 위법이 없다고 하였다.

2. **제조물책임에 관한 증명책임의 분배** (1) 판례는 "제품이 정상적으로 사용되는 상태에서 사고가 발생한 경우 소비자 측에서 그 사고가 제조업자의 배타적 지배하에 있는 영역에서 발생하였다는 점과 그 사고가 어떤 자의 과실 없이는 통상 발생하지 않는다고 하는 사정을 증명하면, 제조업자 측에서 그 사고가 제품의 결함이 아닌 다른 원인으로 말미암아 발생한 것임을 입증하지 못하는 이상 그 제품에게 결함이 존재하며 그 결함으로 말미암아 사고가 발생하였다

고 추정된다"고 하여 증명책임을 완화하였고 이후에도 이러한 입장이 계속 유지되고 있다.[1)]

(2) 과거에는 민법상 불법행위 법리에 기하여 제조물책임을 물었으나 제조물책임법의 제정으로 2002. 7. 1. 이후 공급한 제조물에 대하여는 제조물책임법에 의하여 제조물책임을 물을 수 있게 되었는데, 제조물책임법에 의하더라도 결함의 존재 및 결함과 손해 사이의 인과관계의 존재는 그 책임을 묻는 사람이 부담하게 되므로(제조물책임법 3조 1항), 위 판례가 설시한 증명책임의 분배는 여전히 증명책임완화 법리로서의 역할을 하게 될 것이다.

▶ 대법원 2011. 9. 29. 선고 2008다16776 판결

의약품의 제조물책임에서 손해배상책임이 성립하기 위해서는 의약품의 결함 또는 제약회사의 과실과 손해 사이에 인과관계가 있어야 한다. 그러나 의약품 제조과정은 대개 제약회사 내부자만이 알 수 있을 뿐이고, 의약품 제조행위는 고도의 전문적 지식을 필요로 하는 분야로서 일반인들이 의약품의 결함이나 제약회사의 과실을 완벽하게 입증하는 것은 극히 어렵다. 따라서 환자인 피해자가 제약회사를 상대로 바이러스에 오염된 혈액제제를 통하여 감염되었다는 것을 손해배상책임의 원인으로 주장하는 경우, 제약회사가 제조한 혈액제제를 투여받기 전에는 감염을 의심할 만한 증상이 없었고, 혈액제제를 투여받은 후 바이러스 감염이 확인되었으며, 혈액제제가 바이러스에 오염되었을 상당한 가능성이 있다는 점을 증명하면, 제약회사가 제조한 혈액제제 결함 또는 제약회사 과실과 피해자 감염 사이의 인과관계를 추정하여 손해배상책임을 지울 수 있도록 증명책임을 완화하는 것이 손해의 공평·타당한 부담을 지도 원리로 하는 손해배상제도의 이상에 부합한다. 여기서 바이러스에 오염되었을 상당한 가능성은, 자연과학적으로 명확한 증명이 없더라도 혈액제제의 사용과 감염의 시간적 근접성, 통계적 관련성, 혈액제제의 제조공정, 해당 바이러스 감염의 의학적 특성,

1) 대판 2004. 3. 12. 2003다16771(자동차 운전자인 甲은 자동차 급발진으로 다른 자동차와 건물을 충격함으로써 손해를 입었다고 주장하면서 자동차 제조사인 乙 회사를 상대로 손해배상청구의 소를 제기하였는데, 법원은 "이 사건 자동차의 엔진제어장치에 甲이 주장하는 바와 같은 결함이 있음을 인정할 수 없고, 나아가 이 사건 자동차가 정상적으로 사용되는 상태에서 제조업자의 배타적 지배하에 있는 영역에서 사고가 발생하였다는 점이 입증되지 아니하므로 위 급발진사고가 자동차의 결함으로 인하여 발생하였다고 추정할 수도 없다"고 하여 甲의 청구를 배척하였다); 대판 2006. 3. 10. 2005다31361.

원료 혈액에 대한 바이러스 진단방법의 정확성 정도 등 여러 사정을 고려하여 판단할 수 있다. 한편 제약회사는 자신이 제조한 혈액제제에 아무런 결함이 없다는 등 피해자의 감염원인이 자신이 제조한 혈액제제에서 비롯된 것이 아니라는 것을 증명하여 추정을 번복시킬 수 있으나, 단순히 피해자가 감염추정기간 동안 다른 회사가 제조한 혈액제제를 투여받았거나 수혈을 받은 사정이 있었다는 것만으로는 추정이 번복되지 않는다.

|註| 1. 혈액제제 투여 후 인간면역결핍 바이러스(HIV)에 감염된 혈우병환자와 그 가족이 제약회사를 상대로 손해배상을 구한 사건(책임인정)으로, 약해(藥害) 관련 사건에서도 증명책임 완화의 법리가 적용됨을 보여준다.

2. 혈액제제 투여 후 C형 간염 바이러스(HCV)에 감염된 혈우병환자들이 제약회사를 상대로 손해배상을 구한 사건(책임인정)에서 대법원은, ① 혈액제제 제조업체의 주의의무와 관련하여 "혈액제제 제조업체가 자체 혈액원 등을 통하여 혈액제제에 필요한 혈액을 충당하는 과정에서 문진 등을 통하여 HCV 등의 감염 위험이 높은 자로부터 혈액이 제공되지 않도록 하는 등의 조치를 이행하였는지에 대한 증명책임은 특별한 사정이 없는 한 혈액제제 제조업체가 부담한다"고 하였고, ② 인과관계와 관련하여도 대상판결과 같이 '단순히 피해자가 감염추정기간 동안 다른 회사가 제조한 혈액제제를 투여받았거나 수혈을 받은 사정이 있었다는 것만으로는 인과관계의 추정이 번복되지 않는다'고 한 다음 이러한 법리는 "피해자가 감염추정기간 동안 투여받은 다른 혈액제제가 바이러스에 오염되었을 가능성이 더 높다거나 투여받은 기간이 더 길다고 하더라도 마찬가지"라고 하였다.[1]

3. 책임부정 사례로는, 로타 바이러스 예방백신을 사용한 이후에 태어난 송아지가 집단폐사하자 백신 수입판매업자를 상대로 손해배상을 구한 사건이 있다.[2]

1) 대판 2017. 11. 9. 2013다26708, 26715, 26722, 26739.
2) 대판 2013. 9. 26. 2011다88870.

제 4 편
소송의 종료

제1장
총설

제1. 소송종료사유

소송은 종국판결에 의하여도 종료되지만 당사자의 의사에 의하여도 종료된다. 소의 취하, 청구의 포기 또는 인낙, 재판상화해가 그것이다. 또한 소송계속 중 대립당사자구조가 소멸되어도 소송은 종료된다.

제2. 소송종료선언

Ⅰ. 의의

소송종료선언이라 함은 계속 중이던 소송이 유효하게 종료되었음을 종국판결로써 확인하는 것을 말한다. 종료일자와 종료사유를 밝혀 예컨대 "이 사건 소송은 2010. 3. 5.자 소취하로 종료되었다"라고 판결하는 것으로서, 중국판결 중 소송판결에 해당하고, 이에 대하여는 상소가 허용된다.

Ⅱ. 소송종료선언을 하는 경우

(1) 소송종료선언을 하는 첫 번째 경우는 소(상소)취하, 청구의 포기·인낙 또는 재판상화해(조정)에 의하여 소송이 종료된 것으로 처리되었는데 어느 당사자가 그 효력을 다투어 소송이 종료되지 않았다고 주장하면서 기일지정신청을 한 경우이다. 법원은 변론을 열어 소송종료 여부에 관하여 심리하여야 하고, 소송종료 처리가 잘못된 것이라면 다른 특별한 조치 없이 본안에 관한 심리를 계속하면 되지만,

소송종료 처리가 타당한 것이었다면 소송종료선언을 하여야 한다.

◆ 대법원 2001. 3. 9. 선고 2000다58668 판결

재판상의 화해를 조서에 기재한 때에는 그 조서는 확정판결과 동일한 효력이 있고 당사자 간에 기판력이 생기는 것이므로 확정판결의 당연무효 사유와 같은 사유가 없는 한 재심의 소에 의하여만 효력을 다툴 수 있는 것이나, 당사자 일방이 화해조서의 당연무효 사유를 주장하며 기일지정신청을 한 때에는 법원으로서는 그 무효사유의 존재 여부를 가리기 위하여 기일을 지정하여 심리를 한 다음 무효사유가 존재한다고 인정되지 아니한 때에는 판결로써 소송종료선언을 하여야 하고, 이러한 이치는 재판상 화해와 동일한 효력이 있는 조정조서에 대하여도 마찬가지라 할 것이다.

|註| 1. **사실관계와 법원의 판단** 甲의 乙에 대한 건물인도청구의 소송의 계속 중 조정이 성립된 것으로 조정조서가 작성되었다. 그런데 甲은 조정조서가 송달되자 '甲은 조정조항에 동의한 바 없으므로 민사조정법 제34조(조정에 갈음하는 결정에 대한 이의신청)에 의하여 이의를 신청합니다'라는 이의신청서를 제출하였다. 법원은 甲의 이의신청을 기각하였는데 甲이 항고장을 제출하자 이를 준재심의 제기로 보고 변론을 진행한 후 '조정 자체가 성립된 바 없는데 조정이 성립된 것처럼 조정조서가 작성되었으므로 조정조서는 당연무효라는 사유는 준재심사유에 해당하지 않는다'는 이유로 준재심의 소를 각하하였다. 甲이 항소하자 항소심법원도 위 판결을 유지하였으나, 대법원은 甲이 조정조서의 당연무효를 주장하면서 한 이의신청은 기일지정신청의 의미이므로 기일지정신청에 따른 처리를 하였어야 한다고 하였다.

2. **청구의 포기·인낙 또는 재판상화해를 다투기 위한 기일지정신청** 판례는 청구의 포기·인낙은 물론 재판상화해까지 그 법적 성질을 소송행위로 보고 있어 청구의 포기·인낙이나 재판상화해의 의사표시에 무효사유인 하자가 있더라도 준재심의 소에 의하지 않고는 그 효력을 다툴 수 없다. 다만, 청구의 포기·인낙이나 재판상화해에 당연무효사유(판결의 당연무효사유에 준한다)가 있다고 주장하면서 청구의 포기·인낙이나 재판상화해를 다투는 경우에는 기일지정신청을 할 수 있다. 요컨대, 당연무효사유를 주장하여 하는 기일지정신청에 대하여는 변론을 진행하여 당연무효사유의 존부를 판단하여야 하고, 의사표시의 하자를 주장하여 하는 기일지정신청에 대하여는 각하결정을 하여야 한다. 후자는 기일지정신청의 대상이 아니기 때문이다.

(2) 소송종료선언을 하는 두 번째 경우는 종국판결, 소(상소)취하, 청구의 포기·인낙, 재판상화해(조정), 소송탈퇴로 소송이 종료되었는데도 법원이 이를 간과하고 소송을 계속 진행시키다가 후에 이를 발견하거나 종결된 소송에 대하여 판결을 한 경우이다. 전자의 경우에는 법원이 소송진행을 중단하고 소송종료선언을 하여야 하고, 후자의 경우에는 상소심 법원이 원심판결 중 종료된 소송 부분을 취소하고 소송종료선언을 하여야 한다.

판례에 나타는 사례들을 보면, ① 청구인낙이 변론조서에 기재되었음에도 불구하고 소송이 진행된 경우 법원은 인낙으로 인한 소송종료선언을 하여야 한다는 것,[1] ② 환송 전 원심판결 중 소각하 부분에 대하여는 원고가 상고를 하지 아니한 채 상고기간이 지남으로써 확정되었는데 환송 후 원심이 그 부분까지 심리·판단한 경우 상고심은 이를 파기하고 소송종료선언을 하여야 한다는 것,[2] ③ 화해권고결정에 대하여 원고 갑만 이의하고 나머지 원고들과 피고들은 이의하지 않았는데 항소심이 나머지 원고들의 청구에 대하여까지 심리·판단한 경우 상고심은 이를 파기하고 소송종료선언을 하여야 한다는 것,[3] ④ 甲(원고)의 乙(피고)에 대한 소송 중 丙이 원고측 승계참가신청을 하자 甲은 소송탈퇴를 신청하였고 乙도 이에 동의하였는데, 이후 丙이 甲의 권리를 포괄적으로 승계하였다면서 수계신청을 함과 아울러 승계참가신청취하서를 제출하고 乙이 이에 동의한 경우, 甲의 乙에 대한 소송은 탈퇴로 이미 종료되었으므로 丙의 소송수계는 이미 종료된 소송관계에 관한 것이어서 이유 없고, 丙의 乙에 대한 소송관계도 丙의 승계참가신청취하와 乙의 동의로 종료되었으므로, 丙의 청구에 대하여 본안판결을 한 항소심판결은 위법하다고 하면서 소송종료선언을 한 것,[4] ⑤ 甲이 乙과 丙을 주위적·예비적 피고로 삼아 소를 제기한 데 대하여 제1심이 乙에 대한 청구를 기각하고 丙에 대한 청구를 인용하자 甲만 乙에 대한 청구 부분을 항소하였고 乙과 丙은 항소하지 않았는데 실제로는 위 소송은 예비적 공동소송의 요건을 갖추지 못하여 통상의 공동소송에 해당하는 경우 甲의 乙에 대한 청구만이 항소심의 심판대상이 되고 제1심판결 중 甲의 丙에 대한 청구 부분은 항소기간 만료로 분리·확정됨에도 불구하고 항소심이 甲의 丙에 대한 청구까지 심리·판단한 것은 위법하다고 보아 甲의 丙에

1) 대결 1962. 6. 14. 62마6.
2) 대판 1991. 9. 10. 90누5153.
3) 대판 2010. 10. 28. 2010다53754.
4) 대판 2011. 4. 28. 2010다103048.

대한 청구 부분에 대하여는 소송종료선언을 한 것이 있다.[1)]

(3) 소송종료선언을 하는 세 번째 경우는 소송계속 중 대립당사자구조가 소멸한 때이다. 예컨대, 이혼소송 계속 중 당사자 일방이 사망한 경우처럼 당사자 일방이 사망하였으나 소송물인 권리관계가 일신전속적이면 소송이 승계되지 않고 종료되며, 이 경우 법원은 소송종료선언을 하여야 한다.[2)]

1) 대판 2012. 9. 27. 2011다76747.
2) 대판 1992. 5. 26. 90므1135 등.

제2장

당사자의 행위에 의한 종료

제 1 절 소의 취하

제1. 의의

(1) 소의 취하라 함은 원고가 제기한 소의 전부 또는 일부를 철회하는 법원에 대한 단독적 소송행위이다. 이에 의하여 소송계속은 소급적으로 소멸되고(267조 1항), 소송은 종료된다.

(2) 청구의 감축이 소의 일부취하인지 청구의 일부포기인지는 원고의 의사에 따라 정할 것이나 그것이 불분명한 때에는 원고에게 이익이 되는 소의 일부취하로 해석하여야 한다.[1] 또한, 청구의 교환적 변경이 있는 경우에도 구소의 취하로 볼 것이지 구소에서 주장한 권리의 포기나 상실로 볼 것은 아니다.

◆ 대법원 1994. 12. 13. 선고 94다15486 판결

명의신탁자가 명의수탁자를 상대로 명의신탁해지를 원인으로 한 소유권이전등기청구의 소를 제기하여 제1심에서 승소하였으나 명의수탁자가 제3자 앞으로 매매를 가장하여 소유권이전등기를 마치고 항소를 제기하자 명의신탁자는 그 부동산에 대한 소유권회복이 불능케 되었다고 오신한 나머지 항소심에서 명의수탁자에 대한 소유권이전등기청구를 손해배상청구로 교환적으로 변경하여 승소확정판결을 받은 경우, 명의신탁자가 그 확정판결에서 지급을 명한 손해배상금을 아직 수령하지 않고 있는 이상 명의신탁자가 위와 같은 확정판결을 받았다는 것만으로는 명의신탁자에게 그 부동산에 대한 권리를 포기할 의사가 있었던 것으로 추단할 수는 없고, 또 그 확정판결로 인하여 그 권리를 당연히 상실

1) 대판 1983. 8. 23. 83다카450; 대판 2004. 7. 9. 2003다46758.

하게 된다고도 볼 수 없을 것이다.

> |註| 소취하는 실체법상의 권리의무에 영향을 미치지 않는다. 청구변경의 성질을 구소취하·신소제기로 보는 판례는 청구변경에 의하여 구소취하의 효과가 생기더라도 구소의 실체법적 권리가 상실되지 않는다고 한 것이다.

제 2. 소취하계약

(1) 소송 외에서 원고가 피고에 대하여 소를 취하하기로 하는 약정을 소취하계약 또는 소취하의 합의라고 한다. 소취하계약의 법적 성질에 관하여는 견해의 대립이 있으나(상세한 내용은 '소송상의 합의' 참조), 판례는 사법계약설 중 항변권발생설을 따르고 있다.

◆ 대법원 1982. 3. 9. 선고 81다1312 판결

소송당사자가 소송 외에서 그 소송을 취하하기로 합의한 경우에는 그 합의는 유효하여 원고에게 권리보호의 이익이 없으므로 원고의 소는 각하하여야 한다.

> |註| 계속 중인 다른 소송을 취하하기로 하는 재판상화해가 성립한 경우 그 다른 소송이 계속 중인 법원에 취하서를 제출하지 않는 이상 그 소송이 취하로 종결되지는 않지만 그 소송의 원고에게는 권리보호의 이익이 없게 되어 그 소는 각하되어야 한다.[1]

▶ 대법원 1966. 3. 22. 선고 66다64 판결

일방 당사자와 강제집행신청자 사이에 특정목적물에 대하여 집행 중인 강제집행의 신청을 취하하기로 하는 계약은 사법상의 계약으로서는 유효하다고 할 것이나, 강제집행신청자가 약지에 위배하여 그 신청을 취하하지 아니한다고 하여서 직접 소송으로 그 취하를 청구하는 것은 공법상의 권리인 강제집행청구권의 처분을 구하는 것으로 할 수 없다고 할 것이다.

> |註| 소취하의무의 이행을 소구하는 것이 가능하다는 것이 의무이행소구설의 입장이나 이 견해를 배척한 판결이다.

(2) 소취하계약은 소송상 합의의 일종이므로 그 일반법리에 의하여 당사자 사이의 명시적·묵시적 합의에 의하여 해제될 수도 있다. 소취하계약에 의하여 소가 취하 또는 각하된 경우 재소를 할 수 있는지 여부(267조 2항 참조)는 부제소합의까지

---

1) 대판 2005. 6. 10. 2005다14861.

포함된 것으로 볼 것인가에 관한 당사자 의사해석의 문제이나, 소취하계약에 화해의 의미가 포함되어 있는 경우에는 취하 후 재소에 대하여 소의 이익을 인정하기 어렵다. 소취하계약에 의하여 피고로 하여금 소가 취하될 것을 믿게 한 다음 허를 찔러 승소판결을 받는 것은 판결의 편취에 해당한다.

▶ 대법원 2007. 5. 11. 선고 2005후1202 판결

환송판결 전에 소취하 합의가 있었지만, 환송 후 원심의 변론기일에서 이를 주장하지 않은 채 본안에 관하여 변론하는 등 계속 응소한 피고가 환송 후 판결에 대한 상고심에 이르러서야 위 소취하 합의 사실을 주장하는 경우에 위 소취하 합의가 묵시적으로 해제되었다고 볼 수 있다.

> |註| 소취하계약이 이루어졌음에도 소취하 항변을 제출하지 않고 응소하던 피고가 본인에게 불리한 판결이 선고되자 비로소 소취하 계약을 주장한 데 대하여 소취하계약이 묵시적으로 해제되었다고 보아 피고의 항변을 배척한 것이다.

▶ 대법원 1983. 3. 22. 선고 82누354 판결

토지수용위원회의 수용재결에 불복한 토지소유자가 기업자로부터 수용토지 및 지상물의 대금 기타 배상금을 지급받는 대신 계속 중인 행정소송 및 민사소송과 이의쟁송을 취하하고 수용재산의 소유권을 넘겨주기로 화해약정한 후 행정소송, 민사소송 및 이의쟁송을 취하하였다면 토지소유자는 토지수용위원회의 수용재결에 관하여 민사소송이나 행정쟁송을 제기하거나 이를 유지할 소의 이익이 없다.

> |註| 유사사례로, 원고선정당사자가 피고와 사이에 '피고는 원고선정당사자에게 500만 원을 지급하고, 원고선정당사자는 소송을 취하하며 민·형사상의 책임을 묻지 않겠다'는 취지로 합의한 후 소를 취하하였다면 위 합의는 원고선정당사자가 원고선정자들을 위하여 500만 원을 지급받는 대신 소송을 취하하여 종료시킴과 아울러 피고를 상대로 동일한 소송을 다시 제기하지 않기로 한 것으로서, 위 합의는 모든 원고선정자들에게 그 효력이 미친다고 한 것이 있다.[1]

▶ 대법원 1981. 12. 8. 선고 80다2817 판결

원고 승소의 제1심판결 선고 후 당사자 간에 소송 외에서 소취하하기로 약정하였음에도 원고가 위 약정에 위배하여 소를 취하하지 아니하여 위 제1심판결이 확정되고 그 확정판결에 기하여 승소한 원고 명의로 소유권이전등기가 경료된

1) 대판 2012. 3. 15. 2011다105966.

경우, 그 등기는 확정판결에 의하여 이루어진 등기이므로 원인이 흠결된 당연무효의 등기라고 할 수 없다.

|註| 판결의 편취에 해당된다. 판결편취라고 하더라도 상소나 재심에 의하여 취소되지 않는 한 유효하다는 입장(소송법상의 구제책 중 상소추완·재심설)을 따르고, 실체법상의 구제책에 관하여 재심의 소에 의하여 판결이 취소되지 않는 한 부당이득이 성립하지 않는다는 입장에 있는 것이다.

제3. 소취하의 요건

소의 취하는 소제기 후 판결 확정 전까지 어느 때라도 할 수 있다(266조 1항). 다만, 피고가 본안에 관하여 다툰 때에는 피고의 동의를 얻어야 한다(266조 2항). 법원에 대한 소송행위이므로 소송행위로서의 유효요건을 갖추어야 함은 물론이다.

Ⅰ. 피고의 동의

(1) 소의 취하는 상대방이 본안에 관하여 준비서면을 제출하거나 변론준비기일에서 진술하거나 변론을 한 뒤에는 상대방의 동의를 받아야 효력을 가진다(266조 2항). 본안에 관한 응소가 있는 경우에 한하므로 기일변경에 대한 동의나 소송이송신청에 그친 경우에는 상대방의 동의가 필요 없다.

◆ 대법원 1968. 4. 23. 선고 68다217 판결(同 대법원 1968. 9. 17. 선고 67누77 판결)

피고가 본안전항변으로 소각하를, 본안에 관하여 청구기각을 구한 경우에는 본안에 관한 것은 예비적으로 청구한 것이므로 원고는 피고의 동의 없이 소취하를 할 수 있다.

◆ 대법원 1972. 11. 30.자 72마787 결정

독립당사자참가 소송에 있어 원고의 본소취하에는 피고의 동의 외에 당사자참가인의 동의를 필요로 한다.

(2) 상대방이 일단 소취하에 대하여 부동의를 하였다면 이후 부동의를 철회하여도 소취하의 효력이 생기지 않는다. 다시 소취하의 의사표시를 하고 상대방이 동의함으로써만 소취하의 효력이 생긴다.

▶ 대법원 1961. 7. 10. 선고 4292행상74 판결

상대방의 동의를 요한 소취하의 의사표시는 상대방의 동의거부와 동시에 그 효력을 상실하는 것이고, 그 후에 다시 동의를 하였다 하더라도 이는 동의할 대상이 없는 무효의 것이라고 아니할 수 없다.

Ⅱ. 소송행위로서 유효한 요건을 갖출 것

(1) 소의 취하가 유효하기 위하여는 소송행위로서의 유효요건을 갖추어야 한다. 소취하를 하는 당사자에게 소송능력이 있어야 하고 대리인이 소취하를 하는 경우에는 소취하에 대한 특별한 수권이 있어야 한다(56조 2항, 90조 2항). 법정대리권이 소멸한 경우에는 본인 또는 대리인이 상대방에게 소멸된 사실을 통지하지 않으면 소멸의 효력을 주장하지 못하므로(63조 1항 본문), 법인 등 단체의 대표권이 소멸한 후 그 사실을 상대방에게 통지하기 전에 구 대표자가 한 소취하는 유효하다는 것이 판례의 입장이다.[1] 다만, 법원에 법정대리권의 소멸사실이 알려진 뒤에는 구 대표자가 소취하를 할 수 없다(63조 1항 단서). 상세한 내용은 '법정대리권의 소멸과 통지' 참조.

(2) 소취하는 소송행위이므로 착오 또는 사기·강박에 의한 것이라고 하더라도 민법 제109조나 제110조에 의하여 소취하의 의사표시를 취소할 수 없다.[2] 다만, 형사상 처벌할 수 있는 다른 사람의 행위로 인하여 한 소송행위는 제451조 제1항 제5호, 제2항을 유추적용하여 그 효력을 부인할 수 있다. 상세한 것은 '소송행위의 특질' 참조.

◆ 대법원 1983. 4. 12. 선고 80다3251 판결

당사자의 소송행위는 일반 사법상의 행위와는 달리 내심의 의사보다 그 표시를 기준으로 하여 그 효력 유무를 판정할 수밖에 없는 것이므로, 소의 취하가 내심의 의사에 반한 것이라고 하더라도 이를 무효라고 볼 수는 없다.

---

1) 대판(전) 1998. 2. 19. 95다52710.

2) 대판 1997. 6. 27. 97다6124; 대판 1970. 6. 30. 70후7; 대판 1970. 11. 24. 69다8 등.

◆ 대법원 1964. 9. 15. 선고 64다92 판결

민법상의 법률행위에 관한 규정은 민사소송법상의 소송행위에는 특별한 규정 또는 특별한 사정이 없는 한 적용이 없으므로 사기 또는 착오를 원인으로 하여 소취하 등 소송행위를 취소할 수 없다.

제 4. 소취하의 방법

(1) 소취하는 서면으로 하여야 하는 것이 원칙이나, 변론 또는 변론준비기일에는 말로 소를 취하할 수 있다(266조 3항).

▶ 대법원 2001. 10. 26. 선고 2001다37514 판결

민사소송법 제239조(현행 266조) 제3항은 "소의 취하는 서면으로 하여야 한다."고 규정하고 있을 뿐, 그 제출인이나 제출방법에 관하여는 따로 규정하는 바가 없고, 상대방이나 제3자에 의한 제출을 불허하는 규정도 찾아볼 수 없으므로, 당사자가 소취하서를 작성하여 제출할 경우 반드시 취하권자나 그 포괄승계인만이 이를 제출하여야 한다고 볼 수는 없고, 제3자에 의한 제출도 허용되며, 나아가 상대방에게 소취하서를 교부하여 그로 하여금 제출하게 하는 것도 상관없다고 할 것이다.

(2) 소장부본을 송달한 뒤라면 소취하서(서면으로 소취하를 한 경우)나 소취하의 진술이 기재된 조서(상대방이 출석하지 않은 변론 등에서 말로써 소취하를 한 경우)를 상대방에게 송달하여야 한다(266조 4항, 5항). 소취하에 상대방의 동의가 필요한 경우 상대방이 소취하서 등을 송달받고 2주 이내에 이의를 하지 않으면 소취하에 동의한 것으로 간주되어(266조 6항) 2주가 경과함으로써 소취하의 효력이 생긴다.

◆ 대법원 1997. 6. 27. 선고 97다6124 판결

적법한 소취하의 서면이 제출된 이상 그 서면이 상대방에게 송달되기 전후를 묻지 않고 원고는 이를 임의로 철회할 수 없다.

▶ 대법원 1980. 8. 26. 선고 80다76 판결

적법한 항소취하서가 제출되면 그때에 취하의 효력이 발생하는 것이고 민사소송법 제363조(현행 393조) 제2항에서 같은 법 제239조(현행 266조) 제4항을 준용하여 항소취하서를 상대방에게 송달하도록 한 취지는 항소취하를 알려주라는 뜻이지 그 통지를 항소

취하의 요건 내지 효력으로 한다는 취지는 아니다.

▶ **대법원 2005. 7. 14. 선고 2005다19477 판결**

수량적으로 가분인 동일 청구권에 기한 청구금액의 감축은 소의 일부취하로 해석되는 바, 소취하서 또는 소일부취하서가 상대방이 본안에 관한 준비서면을 제출하거나 변론준비기일에서 진술하거나 변론을 한 뒤에 법원에 제출된 경우에는 민사소송법 제266조 제2항에 의하여 상대방의 동의를 받아야 효력을 가지는 것이지만, 이 경우에 원심은 같은 조 제4항에 따라 그 취하서 등본을 상대방에게 송달한 다음 상대방의 동의 여부에 따라 심판범위를 확정하여 재판을 하여야 하고, 상대방의 동의 여부가 결정되지 아니한 상태에서 종전의 청구에 대하여 재판을 하여서는 아니 된다.

제 5. 소취하의 효과

Ⅰ. 소송계속의 소급적 소멸

(1) 소가 취하되면 처음부터 소송이 계속되지 않았던 것으로 간주되면서(267조 1항) 소송이 종료된다. 따라서 소취하 이전의 법원 및 당사자의 모든 소송행위는 효력을 잃는다. 다만 소취하에 앞서 제기한 반소나 독립당사자참가는 소취하에 영향을 받지 않는다.[1)]

(2) 소장부본의 송달로써 매매계약 해제의 의사표시를 하였다가 소를 취하한 경우와 같이 소송행위로써 사법상의 형성권을 행사한 경우 소가 취하되었다고 하더라도 사법상 형성권 행사의 효력은 그대로 유지된다는 것이 판례이다(병존설). 상세한 내용은 '소송에 있어서 형성권의 행사' 참조.

Ⅱ. 재소(再訴)의 금지

1. 의의

본안에 대한 종국판결이 있은 뒤에 소를 취하한 사람은 같은 소를 제기하지 못한다(267조 2항). 이를 재소의 금지라고 한다. 이는 소취하로 인하여 그동안 판결에

1) 대판 1970. 9. 22. 69다446(반소); 대판 1991. 1. 25. 90다4723(독립당사자참가).

들인 법원의 노력이 무용화되고 종국판결이 당사자에 의하여 농락당하는 것을 방지하기 위한 제재적 취지의 규정이다.[1]

2. 재소금지의 요건

소취하 전의 소(전소)와 소취하 후의 재소(후소)가 '동일한 소'이어야 한다. 동일한 소이기 위하여는 당사자가 동일하고 소송물이 동일하여야 하며 나아가 권리보호이익이 동일하여야 한다. 기판력과 중복소송에 있어서의 기준과 차이가 있다. 그리고 본안에 대한 종국판결선고 후에 소가 취하된 경우이어야 한다.

(1) 당사자의 동일

재소가 금지되는 것은 전소의 원고이다. 보조참가인은 포함되지 않고 피고도 재소에 제한을 받지 않는다. 채권자대위소송과 특정승계인의 경우 논의가 있다.

(a) 채권자대위소송

◆ 대법원 1996. 9. 20. 선고 93다20177, 20184 판결

채권자대위권에 의한 소송이 제기된 사실을 피대위자가 알게 된 이상, 그 대위소송에 관한 종국판결이 있은 후 그 소가 취하된 때에는 피대위자도 민사소송법 제240조(현행 267조) 제2항 소정의 재소금지규정의 적용을 받아 그 대위소송과 동일한 소를 제기하지 못한다.

|註| 1. 사실관계와 법원의 판단 X 토지에 관하여는 이미 甲 명의의 소유권이전등기가 마쳐져 있었는데 이후 乙 명의로 중복하여 소유권보존등기가 마쳐지고 이에 터잡아 丙 명의의 소유권이전등기가 마쳐졌다. 丙에 대하여 소유권이전등기청구권을 갖고 있던 丁은 순차로 丙 및 乙을 대위하여 甲에 대하여 취득시효완성을 원인으로 한 소유권이전등기절차이행의 소(전소)를 제기하였으나 패소판결을 선고받고 항소하였다가 항소심 계속 중 소를 취하하였다. 이후 甲은 소유권에 기하여 乙을 상대로 소유권보존등기 말소등기절차이행의 소를, 丙을 상대로 소유권이전등기 말소등기절차이행의 소를 제기하였고, 乙은 甲에 대하여 취득시효완성을 원인으로 하는 소유권이전등기절차이행의 반소(후소)를 제기하였다.

1) 대판 1998. 3. 13. 95다48599, 48605; 대판 1989. 10. 10. 88다카18023.

법원은, 乙이 甲을 상대로 제기한 반소(후소)는 丁이 乙을 대위하여 甲을 상대로 제기한 소(전소)와 같은 토지에 관하여 같은 청구원인에 기하여 제기한 동일한 소이고, 乙은 전소의 피고로서 채권자대위소송인 전소의 제기 사실을 알고 있었으므로, 乙의 반소는 재소금지의 규정에 위배되어 부적법하다고 하였다.

2. 채권자대위소송과 재소의 금지 (1) 채권자가 대위소송에서 소취하시 채무자도 재소금지의 효과를 받는가에 대하여는 채권자대위소송은 법정소송담당으로서 채무자가 대위소송 제기 사실을 안 이상 절차참가의 기회가 있었으므로 재소금지의 효과를 받는다는 견해(이시윤, 정동윤·유병현·김경욱, 강현중)와 채권자대위소송은 소송담당이 아니라는 등의 이유로 채무자에게는 재소금지의 효과가 미치지 않는다는 견해(호문혁, 송상현·박익환)가 있다. 판례는 재소금지의 효과를 받는다는 입장이다. 선정당사자가 본안판결 선고 후 소를 취하하면 선정자도 재소금지의 효과를 받는다는 데에는 이론이 없다.

(2) 판례의 견해에 따르는 경우 채무자로서는 자신의 의지와 무관하게 채권자의 소취하에 의하여 자신의 권리를 소구할 수 없게 되는 불이익을 받을 염려가 있다. 채무자가 공동소송적 보조참가(78조)를 한다면 채권자와 채무자는 필수적 공동소송인의 지위에 서게 되어 채권자 단독으로 소를 취하할 수 없게 되므로(78조, 69조 1항 참조) 이러한 불이익을 피할 수 있다.

(b) **특정승계인**

◆ **대법원 1981. 7. 14. 선고 81다64, 65 판결**

민사소송법 제240조(현행 267조) 제2항 소정의 "소를 취하한 자"에는 변론종결 후의 특정승계인을 포함하나 "동일한 소"라 함은 권리보호의 이익도 같아야 하므로 이 건 토지의 전소유자가 피고를 상대로 한 전소와 본건 소는 소송물인 권리관계는 동일하다 할지라도 위 전소의 취하 후에 이 건 토지를 양수한 원고는 그 소유권을 침해하고 있는 피고에 대하여 그 배제를 구할 새로운 권리보호의 이익이 있다고 할 것이니 위 전소와 본건 소는 동일한 소라고 할 수 없다.

|註| **1. 사실관계와 법원의 판단** 甲은 X 토지의 소유자로서 X 토지 위에 Y 건물을 소유하고 있는 乙을 상대로 건물철거 및 토지인도 청구의 소(전소)를 제기하여 제1, 2심에서 승소하였으나, 상고심 계속 중 乙이 X 토지가 甲의 소유임을 인정하고 이를 매수하겠다고 하자 소를 취하하였다. 그런데 이후 乙은

X 토지를 매수하기는커녕 X 토지에 대한 甲의 소유권을 다투었다. 이에 甲은 X 토지를 丙에게 매도하고 소유권이전등기를 마쳐주었고, 丙은 乙을 상대로 Y 건물의 철거 및 X 토지의 인도를 구하는 소(후소)를 제기하였다. 항소심법원은 "丙이 甲의 전소의 변론종결 후의 특정승계인으로 전소와 동일한 청구원인으로 乙을 상대로 하여 제기한 이 사건 소송에도 일응 재소금지의 원칙이 적용된다 할 터이나, 여기에서의 동일한 소라 함은 당사자와 청구원인이 동일할 뿐 아니라 청구를 하게 된 이익, 필요 즉 실정도 같아야 할 것인바, 甲은 乙이 X 토지에 관하여 甲의 소유임을 인정하는 한편 이를 매수하겠다 하여 소를 취하하였으되 乙이 매수는커녕 소유권조차 다투기에 이른 것이므로 丙의 이 사건 청구는 전소와 위 실정이 다르다 할 것인즉 이를 두고 재소금지의 원칙에 위반한 것으로 볼 수는 없다"고 하였고, 대법원 역시 판결요지와 같이 판시하여 항소심판결이 정당하다고 하였다.

2. 특정승계와 재소의 금지 (1) 재소금지의 효과가 변론종결 후의 일반승계인에게도 미친다는 점에는 이설이 없다. 그러나 전소 원고가 소를 취하한 후 원고의 특정승계인에게도 재소금지가 적용되는지 여부에 대하여는 ① 법원의 종국판결을 농락한 데 대한 제재라는 재소금지의 취지를 고려해 볼 때 특정승계인에 의한 재소를 허용함은 그 제재적 효력을 관철시키는 데 반하므로 특정승계인에게도 재소금지의 효과가 미친다고 보는 제1설(강현중, 정동윤·유병현·김경욱)과 ② 재소금지는 기판력처럼 법적 안정성을 위한 것은 아니기 때문에 전소의 취하를 알면서 받아들이는 등의 특단의 사정이 없는 한 특정승계인에게는 그 효과가 미치지 않는다고 보아야 한다는 제2설(이시윤, 호문혁)이 대립한다. 판례는 제1설의 취지이나, 특정승계인에게는 새로운 권리보호의 이익이 인정될 가능성이 많다(다만 대상판결에서의 권리보호이익은 특정승계와는 무관하다).

(2) 한편, 변론종결 전의 승계인에게는 재소금지의 효과가 미치지 않는다. 판례는 "변론주의를 근거로 하는 판결은 법원이 소송당사자가 제출한 자료를 기초로 하여 하는 것이므로 소송당사자와 같은 지위로 볼 수 있는 변론종결 이후의 승계인은 민사소송법 제240조(현행 267조) 제2항에서 규정한 본안에 대한 종국판결이 있은 후 '소를 취하한 자'의 범위 안에 포함시켜서 재소를 금지할 필요가 있다고 할 것이나, 변론종결 전의 승계인으로서 특히 소송에 당사자로 참가하지 아니한 제3자는 이를 판결의 기초가 되는 자료를 제출한 소송

당사자와 같은 지위로 볼 수는 없는 것이므로 이를 위 '소를 취하한 자' 가운데 포함시킬 수는 없다."고 하였다.[1]

(2) 소송물의 동일

재소가 금지되는 것은 전소와 후소의 소송물이 같은 때이다. 소송물의 범위는 신소송물론과 구소송물론에 따라 달라지는데, 판례는 구소송물론에 따르고 있다. 소송물이 같다면 공격방어방법이 다르더라도 동일한 소에 해당된다. 전소와 후소의 어느 한쪽이 다른 한쪽의 선결적 법률관계에 있는 경우에는 논의가 있다.

(a) 소송물과 재소의 금지

◆ 대법원 1991. 1. 15. 선고 90다카25970 판결

전소가 소유권에 기한 명도청구소송이고 후소가 약정에 의한 명도청구소송인 경우, 소송물을 달리하여 재소금지의 원칙에 저촉되지 않는다.

|註| X 건물에 관한 소유권보존등기 명의인인 甲은 X 건물을 점유하고 있는 乙을 상대로 건물인도청구의 소(전소)를 제기하였고, 乙은 X 건물에 관한 건축공사 잔대금을 완제받을 때까지는 甲의 청구에 응할 수 없다고 다투었다. 제1심법원은 원고청구기각의 판결을 하였고, 항소심 계속 중 甲은 乙과 사이에 '甲은 乙에게 건축공사 잔대금을 지급하고, 乙은 甲에게 X 건물을 인도한다'고 약정하고 소를 취하하였다. 그런데 乙이 잔대금의 지급방법을 문제삼아 X 건물을 인도하지 않자, 甲은 乙을 상대로 위 약정에 기하여 X 건물 인도청구의 소(후소)를 제기하였다. 법원은 소송물에 관한 구실체법설의 입장에서, 전소는 소유권에 기한 인도청구소송이고 후소는 약정에 기한 인도청구소송이어서 양 소가 소송물을 달리하므로 후소가 재소금지의 원칙에 저촉되지 않는다고 하였다.

▶ 대법원 1991. 5. 28. 선고 91다5730 판결

아버지 소유 부동산을 증여받았음을 전제로 그 소유권의 확인을 구하는 소와 아버지가 사망함에 따라 그 지분소유권을 상속받았음을 전제로 그 지분소유권의 확인을 구하는 소는 민사소송법 제240조(개정법 267조) 제2항 소정의 '동일한 소'라고 볼 수 없다.

|註| 판례와 달리 확인의 소의 소송물을 청구취지에 포함된 권리관계로 보는 통설의

1) 대판 1969. 7. 22. 69다760.

입장에서 보면 재소금지의 범위를 소송물의 범위보다 좁게 본 판결이다.

▶ 대법원 1985. 3. 26. 선고 84다카2001 판결

토지소유권에 기한 건물철거소송에서의 소송물은 토지소유권에 의한 방해배제청구권이며 상대방의 지위 여하는 공격방어방법에 불과하므로 같은 토지소유권에 기한 소인 이상 상대방을 건물의 점유자로 주장한 전소와 상대방을 건물의 소유자로 주장한 후소와는 동일소송에 속한다.

|註| 甲이 'X 토지는 甲의 소유이고 그 지상에 세워진 Y 건물(미등기)은 乙의 소유임에도 丙이 이를 점유하고 있다'고 주장하며 丙을 상대로 Y 건물의 철거를 구하는 소를 제기하였다가 청구기각의 판결이 선고되자 항소한 후 항소심에서 '甲이 乙로부터 Y 건물을 매수하였는데 이를 丙이 점유하고 있다'고 주장하면서 건물철거청구에서 건물인도청구로 소를 교환적으로 변경하였으나 변경된 청구에 관하여도 청구기각의 판결을 선고받았고, 이에 별소로써 'X 토지는 甲의 소유이고 그 지상에 세워진 Y 건물은 丙이 신축한 丙의 소유이다'라고 주장하면서 丙을 상대로 Y 건물의 철거를 구하는 소를 제기한 사안이다. 이에 대하여 대법원은, 丙을 Y 건물의 점유자라고 주장한 건물철거의 소는 항소심에서의 소의 교환적 변경으로 종국판결 선고 후 취하된 결과로 되었는데, 소의 교환적 변경으로 취하된 소와 丙을 Y 건물의 소유자로 주장한 별소(후소)의 소송물은 모두 소유권에 기한 방해배제청구권으로 동일하고 丙이 Y 건물의 점유자라거나 소유자라는 것은 공격방어방법에 불과하여 양소는 동일한 소에 해당되므로 후소는 재소금지의 원칙에 저촉되어 부적법하다고 하였다.

(b) **선결적 법률관계와 재소의 금지**

◆ 대법원 1989. 10. 10. 선고 88다카18023 판결

민사소송법 제240조(현행 267조) 제2항의 규정은 임의의 소취하에 의하여 그 때까지의 국가의 노력을 헛수고로 돌아가게 한 자에 대한 제재적 취지에서 그가 다시 동일한 분쟁을 문제삼아 소송제도를 농락하는 것과 같은 부당한 사태의 발생을 방지할 목적에서 나온 것이므로 여기에서 동일한 소라 함은 반드시 기판력의 범위나 중복제소금지의 경우의 그것과 같이 풀이할 것은 아니고, 따라서 당사자와 소송물이 동일하더라도 재소의 이익이 다른 경우에는 동일한 소라고 할 수 없는 반면, 후소가 전소의 소송물을 선결적 법률관계 내지 전제로 하는 것일 때에는 비록 소송물은 다르지만 본안의 종국판결 후에 전소를 취하한 자는 전소의 목적이었던 권리 내지 법률관계의 존부에 대하여는 다시 법원의 판

단을 구할 수 없는 관계상 위 제도의 취지와 목적에 비추어 후소에 대하여도 동일한 소로서 판결을 구할 수 없다고 풀이함이 상당하다.

|註| 1. 사실관계와 법원의 판단 甲은 乙 학교법인이 경영하는 대학에서 교수로 재직하다가 면직된 후 '甲에게 면직사유가 없음에도 불구하고 적법한 절차를 거치지도 않고 위법하게 면직처분을 하였다'고 주장하며 면직처분무효확인 및 봉급지급청구의 소를 제기하였다가 1심에서 면직처분이 적법유효하다는 이유로 패소판결을 받고 항소심 계속 중 소를 취하하였다. 甲은 다시 '甲에게 면직사유가 없고 적법한 절차도 거치지 않은 위법하고 당연무효인 면직처분으로 면직처분이후 사직원 제출시까지의 본봉·수당·상여금·퇴직금 등 상당의 손해를 입었다'면서 불법행위에 기한 손해배상소송을 제기하였다. 대법원은 전소의 소송물인 면직처분이 위법무효인지 여부는 후소의 선결적인 법률관계를 이루고 있고, 후소를 정당시할 사정도 보이지 아니하므로 결국 후소는 전소와 동일한 소로서 재소금지의 효과를 받는 부적법한 소라고 하였다.

2. 선결적 법률관계와 재소의 금지 (1) 전소가 원본채권을 소송물로 하고 후소가 이자채권을 소송물로 하는 것과 같이 전소의 소송물이 후소의 선결적 법률관계에 해당될 때 후소에 재소금지의 효과를 줄 것인가에 대하여 ① 재소금지의 제도적 취지와 목적에 비추어 볼 때 본안의 종국판결 후에 전소를 취하한 자는 전소의 목적이었던 권리 내지 법률관계의 존부에 대하여는 다시 법원의 판단을 구할 수 없다고 하여야 하므로 이러한 경우 후소는 재소금지의 효과를 받는다고 봄이 상당하고, 이로 말미암아 불이익을 입는 원고에 대한 구제는 권리보호이익의 관점에서 검토하여야 한다는 견해(정동윤·유병현·김경욱, 강현중, 김홍규·강태원)와 ② 기판력의 경우에도 전소의 소송물이 후소의 선결문제가 되는 경우 선결문제의 한도에서 전소의 기판력 있는 판단에 구속될 뿐이지 후소의 제기 자체가 불허되는 것은 아니므로 재소가 허용된다는 견해(이시윤, 호문혁, 송상현·박익환, 전병서)가 대립하는데, 판례는 전자의 입장을 취하고 있다.

(2) 위와 반대의 경우, 즉 전소의 소송물 속에 후소의 소송물이 포함된 경우에도 재소금지의 효과를 받는다(아래 4290민상784 판결 참조).

▶ **대법원 1958. 3. 6. 선고 4290민상784 판결**

농지개혁법 실시 후 자경지라 하여 그 인도를 청구하는 소송에는 자경지를 원인으로 하는 경작권확인의 청구도 당연히 포함되었다고 할 것이므로 자경지를 원인으로 농지의 인도청구소송을 제기하여 본안의 종국판결을 받은 후 그 소를 취하한 자는 이후 자경지를 원인으로 하는 경작권확인청구의 소를 다시 제기할 수 없는 것이다.

(3) 권리보호이익의 동일

당사자와 소송물이 동일하더라도 전소와 후소의 권리보호이익이 다르면 재소가 허용된다. 소권이 부당하게 박탈되지 않도록 하기 위한 요건이다.

(a) 소송요건을 갖추기 위한 소취하 및 재소

▶ 대법원 1957. 12. 5. 선고 4290민상503 판결

필요적 공동소송관계에 있는 자 4명 중 2명만을 상대로 소유권보존등기말소 등 청구를 한 소송에 있어 제1심에서 본안에 관하여 패소의 종국판결을 받은 자가 항소 및 상고를 제기한 결과 그 소송은 제2심을 거쳐 제1심법원에 각 파기환송되어 심리 도중 위 소송을 취하하고 4명 전원을 상대로 동일한 내용의 청구를 하는 소송을 제기한 경우에는 부적합한 소를 취하하고 다시 적법한 소를 제기한 것이므로 재소금지 규정에 저촉되지 않는다.

|註| 소송요건이 갖추어지지 않아 소를 취하하였다가 이후 소송요건을 갖추어 제기한 재소는 금지되지 않는다.

(b) 소취하의 전제가 된 약정의 불이행 등에 따른 재소

◆ 대법원 1993. 8. 24. 선고 93다22074 판결

민사소송법 제267조 제2항 소정의 재소금지 원칙이 적용되기 위하여는 소송물이 동일한 외에 권리보호의 이익도 동일하여야 할 것인데, 피고가 전소 취하의 전제조건인 약정사항을 지키지 아니함으로써 위 약정이 해제 또는 실효되는 사정변경이 발생하였다면, 이 사건 지상권이전등기 말소등기청구와 전소가 소송물이 서로 동일하다 하더라도, 소제기를 필요로 하는 사정이 같지 아니하여 권리보호의 이익이 다르다 할 것이므로, 결국 이 사건 청구는 재소금지원칙에 위배되지 아니한다.

|註| 소취하의 전제가 된 약정의 불이행, 해제 또는 실효가 있는 때에도 재소가 금지되지 않는다.[1] 제1심판결 선고 후 피고가 원고의 권리를 인정하고 그에 따른 조치를 취하겠다고 하여 소를 취하하였는데 이후 계속하여 원고의 권

1) 대판 2000. 12. 22. 2000다46399.

리를 부인하는 경우도 마찬가지로 볼 수 있다.[1])

(c) **소취하 이후 실체법적 상황의 변동에 따른 재소**

▶ 대법원 1998. 3. 13. 선고 95다48599, 48605 판결(同 대법원 2017. 4. 13. 선고 2015다16620 판결 등)

[1] 민사소송법 제240조(현행 267조) 제2항은 "본안에 대한 종국판결이 있은 후 소를 취하한 자는 동일한 소를 제기하지 못한다."라고 규정하고 있는바, 이는 소취하로 인하여 그동안 판결에 들인 법원의 노력이 무용화되고 종국판결이 당사자에 의하여 농락당하는 것을 방지하기 위한 제재적 취지의 규정이므로, 본안에 대한 종국판결이 있은 후 소를 취하한 자라 할지라도 이러한 규정의 취지에 반하지 아니하고 소제기를 필요로 하는 정당한 사정이 있다면 다시 소를 제기할 수 있다.

[2] 부동산 공유자들이 제기한 명도청구소송에서 제1심 종국판결 선고 후 항소심 계속 중 소송당사자 상호 간의 지분 양도·양수에 따라 소취하 및 재소가 이루어진 경우, 그로 인하여 그때까지의 법원의 노력이 무용화된다든가 당사자에 의하여 법원이 농락당한 것이라 할 수 없고, 소송계속 중 부동산의 공유지분을 양도함으로써 그 권리를 상실한 공유자가 더 이상 소를 유지할 필요가 없다고 생각하고 소를 취하한 것이라면 그 지분을 양도받은 자에게 소취하에 대한 책임이 있다고 할 수 없을 뿐만 아니라, 공유지분 양수인으로서는 자신의 권리를 보호하기 위하여 양도받은 공유지분에 기하여 다시 소를 제기할 필요도 있어 그 양수인의 추가된 점포명도청구는 그 공유지분의 양도인이 취하한 전소와는 권리보호의 이익을 달리하여 재소금지의 원칙에 위배되지 아니한다.

|註| 甲과 乙은 공유자로서 공동으로 丁을 상대로 점포인도소송을 제기하여 제1심에서 승소판결을 받았다. 丁의 항소에 의한 항소심 계속 중 甲이 사망하여 丙이 그 소송을 수계하였는데 乙은 공유지분을 丙에게 양도한 후 소를 취하하였다. 이에 丙은 乙로부터 양도받은 공유지분에 기한 점포명도청구를 추가하여 청구취지를 변경하였다. 항소심은 乙에 대한 재소금지의 효과가 丙에게도 미친다고 보아 부적법 각하하였으나 대법원에서 권리보호이익이 다르다고 하여 파기환송하였다.

---

1) 대판 1981. 7. 14. 81다64, 65.

▶ 대법원 1997. 12. 23. 선고 97다45341 판결

매수인이 매도인을 상대로 부동산에 관하여 매매를 원인으로 한 소유권이전등기절차 이행의 소를 제기하여 승소판결을 받았지만, 항소심에서 매매에 따른 토지거래허가신청절차의 이행을 구하는 소로 변경하여 당초의 소는 종국판결 선고 후 취하된 것으로 되었다 하더라도, 그 후 토지거래허가를 받고 나서 다시 소유권이전등기절차의 이행을 구하는 것은 취하된 소와 권리보호의 이익이 달라 재소금지원칙이 적용되지 않는다.

(4) 본안에 관한 종국판결 후의 소취하

'본안'에 대한 종국판결이 있은 뒤의 소취하에 대하여만 재소금지의 효력이 있으므로 각하판결이나 소송종료선언과 같은 소송판결이 있은 뒤에는 소취하를 하더라도 재소가 금지되지 않는다.[1] 본안판결이면 원고승소판결이든 원고패소판결이든 불문하나, 당연무효 판결이 있은 뒤의 소취하에는 재소금지의 효력이 없다.[2] 본안에 대한 '종국판결'이 있은 뒤의 소취하이어야 하므로 종국판결 선고 전에 소취하를 하였는데 법원이 이를 간과하고 종국판결을 선고하였다고 하더라도 뒤에 동일한 소를 제기할 수 있다.[3]

(a) 항소심에서의 청구의 교환적 변경과 재소금지

◆ 대법원 1987. 11. 10. 선고 87다카1405 판결

소의 교환적 변경은 신 청구의 추가적 병합과 구 청구의 취하의 결합 형태로 볼 것이므로 본안에 대한 종국판결이 있은 후 구 청구를 신 청구로 교환적 변경을 한 다음 다시 본래의 구 청구로 교환적 변경을 한 경우에는 종국판결이 있은 후 소를 취하하였다가 동일한 소를 다시 제기한 경우에 해당하여 부적법하다.

|註| 1. 사실관계와 법원의 판단　甲은 매점에 관한 관리권에 기하여 乙에 대하여 직접 甲에게로의 매점 인도를 구하는 소를 제기하였다가 제1심에서 원고패소의 판결을 선고받았다. 甲은 항소심 소송계속 중 소를 교환적으로 변경하여 서울특별시를 대위하여 서울특별시에게로의 매점의 인도를 구하였다가 다시 소를 변경하여 주위적으로는 제1심처럼 직접 甲에게로의 인도를 구하고

1) 대판 1968. 11. 5. 68다1773.
2) 대판 1968. 1. 23. 67다2494("사망자를 상대로 한 판결에 대하여 그 망인의 상속인인 피고가 항소를 제기하여 원고가 항소심 변론에서 그 소를 취하하였다 하더라도 위 판결은 당연무효의 판결이므로 원고는 재소금지의 제한을 받지 않는다").
3) 대판 1967. 10. 6. 67다1187.

예비적으로 서울특별시에게로 인도를 구하였다. 법원은, 위 주위적 청구는 결국 본안에 관한 종국판결이 있은 후 소를 취하하였다가 다시 동일한 소를 제기한 경우에 해당하므로 부적법하다고 하여 주위적 청구를 각하하였다.

2. **항소심에서의 교환적 청구변경과 재소** (1) 통설과 판례는 소의 교환적 변경을 구 청구의 취하와 신 청구의 추가적 병합의 결합 형태로 보므로 본안에 대한 종국판결 선고 후 구 청구를 신 청구로 변경하였다가 다시 구 청구로 변경하는 경우에는 재소금지의 효과를 받게 된다고 한다. 이에 대하여는 소의 교환적 변경은 구 청구의 취하와 신 청구의 추가적 병합이 아닐 뿐만 아니라 위와 같은 소의 변경은 승소를 위한 최선의 노력일 뿐 법원의 판결을 농락하려거나 소취하 내지 재소를 남용하려는 것이 아니므로 재소금지의 효력을 부여해서는 안 된다는 견해(호문혁)가 있다.

(2) 위와 같은 통설과 판례의 해석은 승소를 위해 노력한 원고에게 예상 밖의 함정이 될 수 있음을 부인할 수 없다. 당사자가 구 청구를 취하한다는 명백한 의사표시 없이 새로운 청구로 변경하는 등으로 소의 변경형태가 불명할 경우 사실심법원으로서는 과연 청구변경의 취지가 무엇인가 즉 교환적인가 또는 추가적인가의 점에 대하여 석명으로 이를 밝혀볼 의무가 있는바,[1] 이와 같은 석명의무는 원고에게 예상하지 못한 재소금지의 효력이 주어지는 것을 막는다는 의미도 있다.

(3) 반면 항소심에서 소의 변경으로 청구를 추가하였다가 그 청구를 취하한 경우에는 재소금지의 효력이 생기지 않는다.[2]

(b) **중복소송과 재소의 금지**

◆ **대법원 1967. 7. 18. 선고 67다1042 판결**(통 대법원 1967. 10. 31. 선고 67다1848 판결 등)
중복소송의 경우 본안에 대한 종국판결이 있은 후 소를 취하한 자는 동일한 소를 제기할 수 없다는 법리에 의하여 후소의 본안에 대한 판결이 있은 후 그 후소를 취하한 자는 전소를 유지할 수 없다 할 것이다.

|註| 중복소송인 후소가 본안에 대한 종국판결 후 소취하된 경우 전소가 부적법해진다고 한 판결이다. 전소를 유지하는 것도 소취하 후에 그 소를 새로 제기한 것과 같이 본 것이다. 그러나 이 경우는 후소를 취하한 다음 다시 전소를

1) 대판 1995. 5. 12. 94다6802; 대판 2003. 1. 10. 2002다41435 등.
2) 대판 1965. 6. 29. 65다434.

제기한 것이 아닐 뿐만 아니라 중복제소로 부적법한 후소를 단지 종국판결 뒤에 취하하였다고 하여 전소를 유지하는 것까지 부적법하다고 보는 것은 소권의 박탈에 해당되므로 부당하다는 비판(송상현·박익환, 호문혁)이 있다.

(c) 소취하간주와 재소금지

◆ 헌법재판소 2012. 11. 29. 선고 2012헌바180 전원재판부 결정

민사소송법 제268조 제2항에 따라 소취하 간주라는 법적 효과가 발생한다고 하더라도 민사소송법은 이에 대한 재소금지 규정을 두고 있지 않으므로, 당사자가 부득이한 사유로 기일을 해태하고 기일지정신청도 하지 못하였더라도 후일 다시 소를 제기할 수 있다. 더욱이 불출석 상태에서 본안 판단을 받을 경우 발생하게 되는 기판력으로 인한 당사자의 불이익과 비교해 보더라도, 소취하 간주의 효과가 당사자의 재판청구권을 형해화시킬 정도의 불이익이라고 볼 수는 없다.

|註| 소취하 간주의 경우에는 재소금지의 제한을 받지 않는다는 점을 밝힌 헌법재판소 결정이다.

3. 재소금지의 효과

민사소송법 제267조 제2항에 위반하여 제기된 재소는 부적법하여 각하하여야 한다. 다만 재소금지는 소송법상의 효과에 그치는 것이고 재소금지의 효과를 받는 권리관계라고 하여 실체법상으로도 권리가 소멸하는 것은 아니므로 그 권리관계는 자연채무로 남는다.

▶ 대법원 1989. 7. 11. 선고 87다카2406 판결

[1] 소의 취하는 원고가 제기한 소를 철회하는 법원에 대한 단독적 소송행위로서 소송물을 이루는 실체법상의 권리를 포기하는 것과 같은 처분행위와는 다르고, 본안에 대한 종국판결이 있은 후 소취하한 자가 동일한 소를 제기하지 못하는 이른바 재소금지의 효과는 소송법상의 효과임에 그치고 실체법상의 권리관계에 영향을 주는 것은 아니므로 재소금지의 효과를 받는 권리관계라고 하여 실체법상으로도 권리가 소멸하는 것은 아니다.

[2] 공익법인의 설립·운영에 관한 법률 제11조 제3항은 강행규정으로 이에 위반하여 공익법인이 주무관청의 허가를 받지 않고 기본재산을 처분하면 그 처분행위가 무효로 된다고 하더라도 공익법인이 제기한 기본재산에 관한 소송에서 본

안에 대한 종국판결이 있은 후 소를 취하하였다고 하여 실체법상 권리의 포기라고는 할 수 없으므로 그 소의 취하에 주무관청의 허가를 요하는 것은 아니다.

▶ 대법원 1969. 4. 22. 선고 68다1722 판결

본안에 대한 종국판결이 있은 후 소를 취하한 자는 동일한 소를 제기하지 못할 것이지만 그 실체법상의 권리가 소멸하는 것이 아니고 단지 상대방에 대하여 의무의 이행을 소구할 수 없게 된 것이므로 상대방이 실체법상의 의무를 면하게 되었음을 전제로 하는 부당이득반환청구는 부당하다.

|註| 재소금지의 채권이라도 채권자가 채무자의 임의변제를 수령하거나 위 채권을 자동채권으로 하여 상계하는 것이 가능하며, 채무자가 채권자를 상대로 채무부존재확인의 소를 제기하는 것도 가능하다.

제6. 소취하의 효력에 대한 다툼

소취하의 존재 여부 또는 유·무효에 관하여 다툼이 있는 경우 이를 다투는 당사자는 기일지정신청을 하여야 한다. 법원은 변론을 열어 심리를 하여야 하고 취하가 유효하게 성립하였다면 소송종료선언을 하고(규칙 67조 1항), 취하가 부존재 또는 무효라면 취하 당시의 소송정도에 따른 필요한 절차를 진행하고 이를 중간판결이나 종국판결의 이유 속에서 표시하여야 한다(규칙 67조 3항).

▶ 대법원 2019. 8. 30. 선고 2018다259541 판결

민사소송법 제268조 제4항에서 정한 항소취하간주는 그 규정상 요건의 성취로 법률에 의하여 당연히 발생하는 효과이고 법원의 재판이 아니므로 상고의 대상이 되는 종국판결에 해당하지 아니한다. 항소취하간주의 효력을 다투려면 민사소송규칙 제67조, 제68조에서 정한 절차에 따라 항소심법원에 기일지정신청을 할 수는 있으나 상고를 제기할 수는 없다.

▶ 대법원 1962. 4. 26. 선고 4294민상809 판결

소취하 또는 항소취하의 소송행위에 관하여 당사자 간에 다툼이 있을 때에는 이는 소송계속 여부의 문제이므로 법원은 이를 해결하여야 할 것이며, 당사자로부터 소취하 또는 항소취하의 성립 또는 그 효력을 다투어 기일지정신청을 하였을 때에는 법원은 변론기일을 정하여 이를 심사한 후 취하를 유효로 본다면 소송은 취하로서 종료되었음

을 선언하는 종국판결을 할 것이고, 취하의 부존재 또는 무효를 인정할 때에는 중간판결 또는 종국판결로서 이를 판시하여야 할 것으로서 이들 판단이 있기까지는 아직 소취하 또는 항소취하의 성립 여부 또는 유효 여부는 이를 다툴 수 있는 상태에 있다 할 것이며, 다른 소송에서 이 소취하 또는 항소취하의 성립 여부 또는 효력에 관한 다툼이 그 소송의 선결문제로서 제기되었을 때에는 그 소송에서 이를 판단하여야 할 것인바, 이러한 판단을 하지 아니하고 단지 소취하 또는 항소취하가 효력이 없다고 판단한 판결이 없다는 이유만으로는 이를 유효한 것이라고 볼 수 없을 것이다.

제 2 절 청구의 포기·인낙

제 1. 의의와 법적 성질

(1) 청구의 포기라 함은 변론 또는 변론준비기일에서 원고가 자신의 소송상 청구가 이유 없음을 자인하는 법원에 대한 일방적 의사표시이고, 청구의 인낙이라 함은 변론 또는 변론준비기일에서 피고가 원고의 소송상 청구가 이유 있음을 자인하는 법원에 대한 일방적인 의사표시이다. 변론 또는 변론준비기일 외에서 한 진술은 실체법상의 권리의 포기 또는 채무승인에 지나지 않는다.

▶ 대법원 1972. 8. 22. 선고 72다1075 판결

소송계속 중이라 할지라도 소송당사자는 소송 외에서 그 소송에서 청구하고 있는 권리를 그 상대방에게 포기할 수 있으니 소송 외에서 당사자가 그 소송에 관한 청구권을 포기한 것이라고 주장하면 그것이 실체적 권리의 포기에 해당하는 것인지의 여부를 심리판단하여야 할 것이다.

(2) 청구의 포기·인낙은 법원에 대한 일방적 의사표시, 즉 소송행위이다(소송행위설). 따라서 청구의 포기·인낙이 성립함으로써 바로 소송의 종료 및 기판력·집행력·형성력 등 소송법상 효력이 발생하고, 준재심에 의하여서만 그 의사표시의 하자를 다툴 수 있다(461조).

▶ 대법원 1957. 3. 14. 선고 4289민상439 판결

재판상 인낙은 피고가 원고의 주장을 승인하는 소위 관념표시에 불과한 소송상 행위로서 이를 조서에 기재한 때에는 확정판결과 동일한 효력이 발생되어 그로써 소송을 종

료시키는 효력이 있을 뿐이요, 실체법상 채권채무의 발생원인이 되는 법률행위라 볼 수 없고, 따라서 그의 불이행 또는 이행불능의 이유로서 손해배상청구권이 발생되는 것이 아니다.

제 2. 요건

(1) 청구의 포기·인낙은 소송행위이므로 당사자능력이나 소송능력 등 소송행위로서의 유효요건을 갖추어야 하고, 대리인에 의하는 경우에는 특별수권을 받아야 한다(56조 2항, 90조 2항).

▶ 대법원 1975. 5. 27. 선고 75다120 판결

법원의 가처분결정에 의한 회사의 대표이사 직무대행자는 그 가처분에 다른 정함이 있는 때 외에는 법원의 허가 없이 그 회사의 상무에 속하지 않는 행위를 할 수 없고 법원의 허가 없이 회사를 대표하여 변론기일에서 상대방의 청구에 대한 인낙을 한 경우에는 소송행위를 함에 필요한 특별수권의 흠결이 있는 재심사유에 해당한다.

(2) 청구의 포기·인낙은 당사자가 자유로이 처분할 수 있는 소송물에 관하여만 인정된다. 이혼소송과 파양소송을 제외한 가사소송, 행정소송, 선거관계소송에서는 청구의 포기·인낙이 허용되지 않는다. 회사관계소송에서 청구인용판결은 대세효가 있으므로 청구의 포기는 허용되나 청구인용판결과 동일한 효력이 있는 청구의 인낙은 허용되지 않는다.

◆ 대법원 2004. 9. 24. 선고 2004다28047 판결

주주총회결의의 부존재·무효를 확인하거나 결의를 취소하는 판결이 확정되면 당사자 이외의 제3자에게도 그 효력이 미쳐 제3자도 이를 다툴 수 없게 되므로, 주주총회결의의 하자를 다투는 소에 있어서 청구의 인낙이나 그 결의의 부존재·무효를 확인하는 내용의 화해·조정은 할 수 없고, 가사 이러한 내용의 청구인낙 또는 화해·조정이 이루어졌다 하여도 그 인낙조서나 화해·조정조서는 효력이 없다.

|註| 회사합병무효의 소에서도 마찬가지이다.[1]

---

1) 대판 1993. 5. 27. 92누14908.

(3) 예비적 병합소송에서 예비적 청구에 대하여 인낙을 하는 것은 허용되지 않는다. 주위적 청구에 대한 판단을 우선하여 구하는 원고의 의사에 반하기 때문이다(처분권주의 위반).

▶ 대법원 1995. 7. 25. 선고 94다62017 판결

원심에서 추가된 청구가 종전의 주위적 청구가 인용될 것을 해제조건으로 하여 청구된 것임이 분명하다면, 원심으로서는 종전의 주위적 청구의 당부를 먼저 판단하여 그 이유가 없을 때에만 원심에서 추가된 예비적 청구에 관하여 심리판단을 할 수 있고, 위 추가된 예비적 청구만을 분리하여 심리하거나 일부판결을 할 수 없으며, 피고로서도 위 추가된 예비적 청구에 관하여만 인낙을 할 수 없고, 가사 인낙을 한 취지가 조서에 기재되었다 하더라도 그 인낙의 효력이 발생하지 아니한다.

▶ 대법원 1991. 11. 26. 선고 91다30163 판결

주위적 청구와 예비적 청구가 병합심리된 사건에서 제1심법원이 원고의 주위적 청구를 기각하고 예비적 청구만을 인용하는 판결을 선고한 데 대하여 피고만 항소를 제기한 경우에 그 주위적 청구부분도 항소심에 이심되는 것이므로 항소심 변론에서 피고가 주위적 청구를 인낙한다는 진술을 하였다면 그것을 조서에 기재함으로써 확정판결과 동일한 효력이 있는 것이다.

(4) 인낙의 대상이 되는 법률효과는 특정되어야 하고 현행법상 인정되는 것이어야 한다. 예컨대, 소작권을 인정하는 청구의 인낙이나 근육 1파운드의 인도를 인정하는 청구의 인낙은 허용되지 않는다. 그러면 원고가 구하는 법률효과 자체는 허용되나 판결을 하게 되면 청구기각을 할 수밖에 없는 경우, 예컨대 도박으로 인하여 발생한 금전채권의 지급을 구하는 소와 같이 금전의 지급이라는 법률효과 자체는 허용되나 그 원인이 강행법규위반이나 사회상규위반에 해당되어 판결로 갈 경우 청구기각의 결론에 이를 수밖에 없는 경우 청구의 인낙이 가능할까. 이에 대하여는 법의 금지를 잠탈하는 데 법원이 협력해서는 안 되므로 이러한 청구의 인낙은 허용될 수 없다는 견해(정동윤·유병현·김경욱, 호문혁, 강현중, 송상현·박익환)와 소송상 청구가 이유 있느냐 여부에 관한 법원의 판단권을 배제하는 것이 청구인낙의 취지이므로 위와 같은 청구의 인낙도 허용되어야 한다는 견해(이시윤)가 대립

하는데, 판례는 허용설의 입장에 있다.

▶ 대법원 1969. 3. 25. 선고 68다2024 판결

농지개혁법 제19조 소정의 농지 소재지관서의 증명이 없더라도 농지의 소유권이전등기 청구의 인낙을 기재한 조서는 무효가 아니다.

> **|註|** 구 농지개혁법(현재는 농지개혁법이 폐지되고 농지법이 시행)은 농지소재지증명을 요하고 있었고 사실심 변론종결시까지 이를 갖추지 않으면 농지에 관한 소유권이전등기청구는 인용될 수 없었으며 농지소재지증명이 없이 경료된 소유권이전등기는 원인무효로 되었다.

제 3. 시기와 방식

(1) 청구의 포기·인낙은 소송계속 중이면 어느 때나 할 수 있다. 항소심은 물론 상고심에서도 가능하다.

(2) 청구의 포기·인낙은 변론기일 또는 변론준비기일에서 말로 하여야 하는 것이 원칙이다. 진술간주로써 청구의 포기·인낙이 성립할 수 없음이 원칙이나[1] 준비서면에 청구의 포기·인낙의 의사표시가 적혀 있고 공증사무소의 인증을 받은 때에는 진술간주에 의하여 청구의 포기·인낙의 효력이 생긴다(148조 2항).

제 4. 효과

(1) 청구의 포기·인낙이 있으면 소송이 종료된다. 변론(준비기일)조서 외에 청구의 포기·인낙조서를 따로 작성하여야 함이 원칙이나(규칙 31조), 청구의 포기·인낙조서가 따로 작성되지 않았더라도 변론(준비기일)조서에 청구의 포기·인낙의 취지가 적혀 있다면 그 효력이 있다.

▶ 대법원 1962. 6. 14.자 62마6 결정

청구의 포기 또는 인낙을 조서에 기재한 때에는 그 조서는 확정판결과 동일한 효력이

---

1) 대판 1982. 3. 23. 81다1336("피고가 원고의 청구를 인낙하는 취지를 기재한 준비서면을 제출하여 그 준비서면이 진술간주되었다고 하여도 피고가 변론기일에 출석하여 구술로써 인낙하지 아니한 이상 인낙의 효력이 발생하지 않는다"); 대판 1973. 12. 24. 73다333 등.

있으므로 따로 인낙조서의 작성이 없는 경우라도 청구의 인낙이 변론조서에 기재가 되면 확정판결과 같은 효력이 있는 동시에 그것으로서 소송은 종료되는 것이며, 만약 청구의 인낙이 변론조서에 기재되었음에도 불구하고 소송이 진행된 경우 법원은 인낙으로 인한 소송종료를 판결로 선고하여야 하는 것이다.

(2) 청구의 포기·인낙은 확정판결과 동일한 효력이 있으므로 기판력이 생기고 이행청구에 관한 청구의 인낙에는 집행력이, 형성청구에 관한 청구의 인낙에는 형성력이 생긴다. 기판력의 범위는 확정판결에서와 동일하다.

▶ 대법원 1991. 12. 13. 선고 91다8159 판결

매매를 원인으로 한 소유권이전등기절차의 이행 청구에 관한 인낙조서의 기판력은 그 등기청구권의 존부에만 미치고 등기청구권의 원인이 되는 매매계약의 존부나 목적부동산의 소유권의 귀속에 관하여는 미치지 아니한다.

▶ 대법원 1996. 8. 23. 선고 94다49922 판결

부동산의 처분에 관한 사무를 위임하면서 그 위임사무 처리를 위하여 소유권이전등기를 넘겨주기로 한 약정은 매매와는 서로 다른 법률관계임이 분명하고, 그와 같은 약정을 원인으로 한 소유권이전등기청구권과 매매를 원인으로 하는 소유권이전등기청구권은 별개의 소송물이므로, 비록 매매로 인한 소유권이전등기청구를 인낙하는 인낙조서가 준재심소송에서 취소되고 그 청구를 기각하는 판결이 선고되어 확정되었다고 하여도 그 기판력은 위와 같은 약정으로 인한 소유권이전등기청구권의 존부에 미친다고 볼 수 없다.

(3) 청구의 포기·인낙에는 확정판결과 동일한 효력이 있으므로 청구의 포기·인낙에 하자가 있는 경우라도 확정판결과 마찬가지로 재심사유가 있는 때에 한하여 준재심의 소에 의하여 그 효력을 다툴 수 있을 뿐이다.[1]

제 3 절 재판상화해

재판상화해(裁判上和解)에는 소송계속 전 지방법원 단독판사 앞에서 하는 제소전화해(提訴前和解)와 소송계속 후 수소법원 앞에서 하는 소송상화해(訴訟上和解)가

1) 대판 1957. 3. 14. 4289민상439.

있다.

제 1. 소송상화해

Ⅰ. 의의 및 법적 성질

1. 의의

소송상화해라 함은 소송계속 중 양쪽 당사자가 소송물인 권리관계에 관한 주장을 서로 양보하여 소송을 종료시키기로 하는 기일에 있어서의 합의를 말한다. 소송상화해에는 원고와 피고 외에 제3자도 가입할 수 있고,[1] 소송물 외 다른 권리관계도 화해의 내용으로 삼을 수 있다.[2]

▶ 대법원 1981. 12. 22. 선고 78다2278 판결

재판상화해의 당사자는 소송당사자 아닌 보조참가인이나 제3자도 될 수 있고, 또 재판상화해를 위하여 필요한 경우에는 소송물 아닌 권리 내지 법률관계를 첨가할 수도 있으므로, 재판상화해의 효력이 반드시 원래의 소송당사자 사이의 소송물에만 국한되어 미치는 것이라고 할 수 없고, 그 효력은 화해조서에 기재된 화해의 내용에 따라 그 조서에 기재된 당사자에게 미치는 것이라고 할 것이다. 따라서 원고 甲과 피고 乙, 丙의 3인이 당사자로 되어 이루어진 재판상화해가 '계쟁 토지는 甲, 乙, 丙의 각 3분의 1 지분의 공유임을 확인한다'는 내용이라면 乙이 丙과 함께 같은 피고의 지위에 있었다하더라도 위 재판상화해의 효력은 乙, 丙 사이에서도 발생된다.

|註| 피고들인 乙과 丙 사이에서도 기판력 등 종국판결과 마찬가지의 효력이 생긴다는 의미이다. 제3자와 사이의 화해, 소송물이 아닌 법률관계에 관한 화해는 일종의 제소전화해로 볼 수 있다.

2. 법적 성질

◆ 대법원 1962. 5. 31. 선고 4293민재6 판결

소송상의 화해는 재판의 내용으로써 소송물인 법률관계를 확정하는 효력이 있으므로 순연한 소송행위로 볼 것이라 함은 본원이 취하는 견해로서 소송상 화

1) 대판 2014. 3. 27. 2009다104960, 104977(조정 사례).

2) 대판 2008. 2. 1. 2005다42880(화해권고결정 사례); 대판 2011. 9. 29. 2011다48902(조정 사례).

해에 의하여 확정된 법률관계에 상반되는 주장을 하려면 재심의 소에 의하여야 함은 당연의 귀결이다.

◆ 대법원 1962. 2. 15. 선고 4294민상914 전원합의체 판결
재판상의 화해를 조서에 기재한 때에는 그 조서는 확정판결과 동일한 효력이 있고 당사자 간에 기판력이 생기는 것이므로 재심의 소에 의하여 취소 또는 변경이 없는 한 당사자는 그 화해의 취지에 반하는 주장을 할 수 없다.

|註| 1. 사실관계와 법원의 판단　원고와 피고 사이에 '원고가 1960. 4. 30.까지 피고에게 109만 환을 지급한다'는 내용의 재판상화해가 이루어졌는데 원고가 이를 이행하지 않자 피고가 화해계약을 해제하여 재판상화해가 실효되었다는 이유로 기일지정신청을 한 사안이다. 이에 대하여 대법원은 "재판상화해를 한 당사자는 재심의 소에 의하지 아니하고서는 그 화해를 사법상의 화해계약임을 전제로 하여 그 화해의 해제를 주장하는 것과 같은 화해조서의 취지에 반하는 주장을 할 수 없다"고 하였다.

2. 재판상화해의 법적 성질　(1) 재판상화해의 법적 성질에 대하여는 ① 기일에 체결되는 사법상의 화해계약으로 이를 조서에 기재하는 것은 공증을 한다는 의미에 불과하고 이로써 소송이 종료되는 것은 소송의 목적을 달성하였기 때문이라는 사법행위설(私法行爲說), ② 기일에 양 당사자가 소송물에 관하여 실체상의 처분을 함으로써 소송을 종료시키는 소송상의 진술로서 소송법의 원칙에 따라 규율되고 사법상의 화해계약과는 전혀 다른 별개의 것이어서 그에 관한 규정은 적용되지 않는다는 소송행위설(訴訟行爲說, 판례), ③ 사법상의 화해계약과 소송종료 목적의 소송행위가 병존하여 각각 실체법과 소송법의 규율을 받으며 어느 한 쪽이 무효이더라도 다른 쪽은 유효일 수 있다는 양행위병존설(兩行爲竝存說), ④ 하나의 행위이나 법원에 대한 관계에서는 소송행위이고, 당사자간에는 민법의 적용을 받는 화해계약으로서 실체법과 소송법 중 어느 하나의 요건에 흠이 있어도 전체로서 그 효력에 영향을 받는다는 양행위경합설(兩行爲競合說,兩性說, 이시윤 등 다수설)이 있다. 판례는 1961년 개정 민사소송법이 화해조서를 준재심의 대상으로 규정한 이래 계속하여 소송행위설을 따르고 있다.

(2) 소송행위설에 따르면 재판상화해에 조건이나 기한과 같은 부관을 붙일 수

없고, 재판상화해의 해제를 통하여 종료된 소송을 다시 부활시킬 수 없다. 또한 강행법규위반이나 사회상규위반 또는 사기나 강박과 같은 실체법상의 무효 또는 취소사유가 있어도 재판상화해의 효력에는 아무런 지장이 없다. 즉, 재심의 소에 의하여 재판상화해가 취소·변경되지 않는 한 화해내용과 다른 주장을 할 수 없다는 무제한 기판력설에 따르게 된다. 판례는 위 판결 이래로 무제한 기판력설에 따르고 있으나('화해의 효력' 중 '기판력' 부분 참조),[1] 한편 실효조건부화해를 허용하고 있고('화해의 요건' 부분 참조)[2] 재판상화해에 창설적 효력을 인정하고 있어('제소전화해' 부분 참조)[3] 일부 동요를 보이고 있다.

Ⅱ. 요건

1. 당사자에 관한 요건

당사자능력이나 소송능력 등 소송행위로서의 유효요건을 갖추어야 한다. 대리인에 의한 화해에 있어서는 특별수권이 필요하다(56조 2항, 90조 2항). 원고와 피고 외에 제3자도 화해의 당사자가 될 수 있음은 앞서 본 바와 같다.[4] 의사무능력자를 위한 특별대리인이 재판상화해를 하는 경우(소취하, 청구포기 · 인낙, 소송탈퇴의 경우도 같다) 법원은 그 행위가 본인의 이익을 명백히 침해한다고 인정할 때에는 그 행위가 있은 날부터 14일 이내에 이를 허가하지 아니한다는 결정을 할 수 있다(62조의2 2항).

2. 소송물에 관한 요건

(1) 소송상화해는 당사자가 자유로이 처분할 수 있는 소송물에 관하여만 인정된다. 이혼소송과 파양소송을 제외한 가사소송, 행정소송, 선거관계소송에서는 소송상화해가 허용되지 않는다. 회사관계소송에서 청구인용판결은 대세효가 있으므로 판결이 되었을 때 대세효가 인정되는 것과 동일한 내용의 소송상화해는 허용

1) ① 강행법규 위반 조항이 있더라도 화해·조정이 무효가 아니라는 것으로, 대판 2014. 3. 27. 2009다104960, 104977(조정); 대판 1999. 10. 8. 98다38760; 대판 2002. 12. 6. 2002다44014(이상 화해). ② 착오를 이유로 화해·조정을 취소할 수 없다는 것으로, 대판 1979. 5. 15. 78다1094.
2) 대판 1993. 6. 29. 92다56056; 대판 1988. 8. 9. 88다카2332 등.
3) 대판 1988. 1. 19. 85다카1792 등.
4) 대판 1981. 12. 22. 78다2278.

되지 않는다.[1)]

◆ 대법원 2012. 9. 13. 선고 2010다97846 판결

[1] 조정이나 재판상화해의 대상인 권리관계는 사적 이익에 관한 것으로서, 당사자가 자유롭게 처분할 수 있는 것이어야 하므로, 성질상 당사자가 임의로 처분할 수 없는 사항을 대상으로 한 조정이나 재판상화해는 허용될 수 없고, 설령 그에 관하여 조정이나 재판상화해가 성립하였더라도 효력이 없어 당연무효이다.

[2] '재심대상판결 및 제1심판결을 각 취소한다'는 조정조항은 법원의 형성재판 대상으로서 당사자가 자유롭게 처분할 수 있는 권리에 관한 것이 아니어서 당연무효이다.

|註| 甲이 乙에게 마쳐 준 근저당권설정등기의 말소를 구하는 소송을 제기하여 승소확정판결을 받은 다음 丙에게 근저당권설정등기를 마쳐 주고 위 확정판결에 기하여 乙 명의의 근저당권설정등기의 말소등기를 마쳤는데, 그 후 乙이 甲을 상대로 위 확정판결에 대한 재심의 소를 제기하여 "1. 재심대상판결을 취소한다. 2. 甲은 이 사건 청구를 포기한다. 3. 甲은 乙에게 근저당설정등기의 회복등기절차를 이행한다."는 취지의 조정이 성립하였고, 이에 乙이 丙을 상대로 말소등기의 회복에 관하여 승낙을 구하는 소를 제기한 사안이다. 대법원은 위 조정의 제1항은 무효이므로, 위 확정판결에 기한 근저당권설정등기의 말소등기는 원인무효인 등기가 아니고, 따라서 丙은 근저당권설정등기의 말소회복에 승낙을 하여야 할 실체법상 의무를 부담하지 않는다고 하였다.

▶ 대법원 1999. 10. 8. 선고 98므1698 판결

친생자관계의 존부확인과 같이 가사소송법상의 가류 가사소송사건에 해당하는 청구는 성질상 당사자가 임의로 처분할 수 없는 사항을 대상으로 하는 것으로서 이에 관하여 조정이나 재판상 화해가 성립되더라도 효력이 있을 수 없다.

▶ 대법원 1987. 1. 20. 선고 85므70 판결

인지청구권은 본인의 일신전속적인 신분관계상의 권리로서 포기할 수 없고 포기하였다 하더라도 그 효력이 발생할 수 없는 것이므로 비록 인지청구권을 포기하기로 하는 화해가 재판상 이루어지고 그것이 화해조항에 표시되었다 할지라도 동 화해는 그 효력

1) 대판 2004. 9. 24. 2004다28047.

이 없다.

(2) 소송상화해에 있어 그 내용을 이루는 이행의무의 발생에 조건을 붙이는 것(예컨대, 피고가 일정 기한까지 돈을 지급하지 않으면 피고는 원고에 대하여 가등기에 기한 본등기절차를 이행한다는 조항)은 무방하고, 나아가 소송상화해 자체의 성립이나 그 효력발생에 조건을 붙이는 것, 즉 실효조건부화해(失效條件附和解)(예컨대, 원고는 피고에게 X 부동산에 관한 소유권이전등기절차를 이행하고 피고는 원고에게 대금으로 1억 원을 지급하되, X 부동산의 실제 소유주인 甲이 이의하면 위 합의는 무효로 한다는 화해)도 가능하다는 것이 판례이다('소송행위의 특질' 부분 참조).

◆ 대법원 1965. 3. 2. 선고 64다1514 판결(同 대법원 1996. 11. 15. 선고 94다35343 판결)

화해조서에 기재된 효력을 취소 변경하려면 재심의 소에 의하여서만 할 수 있는 것이나 화해조항 자체로서 실효조건을 정한 경우에도 그 조건 성취로서 화해의 효력은 당연히 소멸된다 할 것이고 그 실효의 효력은 언제나 소송 외에서도 주장할 수 있다.

|註| 사법행위설, 양행위병존설, 양행위경합설은 소송상화해에 사법상의 화해계약이 포함되어 있으므로 이러한 조건을 붙이는 것이 가능하다고 봄에 비하여, 소송행위설은 소송행위의 확정성과 절차의 안정성을 이유로 조건부화해는 인정되지 않고 조건 없는 화해로서의 효력만이 있다고 본다. 그런데 판례는 소송상화해의 성질에 대하여 소송행위설을 취하면서도 실효조건부화해의 효력을 긍정하여 조건의 성취로 화해의 효력은 당연히 소멸되고, 그 실효의 주장은 재심에 의할 필요가 없이 언제나 소송 외에서 할 수 있으며, 당사자는 화해성립 전의 법률관계를 다시 주장할 수 있다고 한다.

3. 시기와 방식에 관한 요건

(1) 소송상화해는 소송계속 중 어느 때라도 할 수 있다. 상고심에서도 가능하다.

(2) 소송상화해는 양쪽 당사자가 기일에 출석하여 말로 하여야 하는 것이 원칙이다. 다만, 준비서면에 화해의 의사표시가 적혀 있고 공증사무소의 인증을 받은 때에는 그 준비서면이 진술간주되고 상대방이 이를 받아들임으로써 소송상화해의 효력이 생긴다(148조 3항).

Ⅲ. 효과

1. 소송종료효

화해를 변론조서나 변론준비기일조서에 적은 때에는 그 소송상화해는 확정판결과 같은 효력을 가지므로(220조) 이로써 소송은 종료된다.

▶ 대법원 1991. 6. 14. 선고 90다16825 판결

소송계속 중에는 당사자 쌍방이 소송상화해를 하기로 하고 화해내용을 서면에 적어 법정에 제출하였으나, 담당재판부가 화해내용이 계속 중인 소송물과 다소 차이가 있어 화해조서는 작성하지 아니한 채 쌍방이 위 화해약정 내용대로 이행하면 될 것으로 생각하고, 계속 중인 소송을 청구의 인낙에 의하여 종료시킨 경우, 소송상화해는 성립되었다 할 수 없고, 다만 당사자 쌍방은 여전히 위 화해약정 내용대로 이를 이행하여야 할 사법상 의무가 남은 것이다.

2. 기판력

(1) 기판력이 인정되는 재판상화해의 범위

▶ 대법원 2002. 12. 6. 선고 2002다44014 판결

[1] 제소전화해조서는 확정판결과 같은 효력이 있어 당사자 사이에 기판력이 생기는 것이므로, 원고가 피고에게 토지에 관하여 신탁해지를 원인으로 한 소유권이전등기절차를 이행하기로 한 제소전화해가 준재심에 의하여 취소되지 않은 이상, 그 제소전화해에 기하여 마쳐진 소유권이전등기가 원인무효라고 주장하며 말소등기절차의 이행을 청구하는 것은 제소전화해에 의하여 확정된 소유권이전등기청구권을 부인하는 것이어서 그 기판력에 저촉된다.

[2] 제소전화해조서는 확정판결과 동일한 효력이 있어 당사자 사이에 기판력이 생기는 것이므로, 거기에 확정판결의 당연무효 사유와 같은 사유가 없는 한 설령 그 내용이 강행법규에 위반된다 할지라도 그것은 단지 제소전화해에 하자가 있음에 지나지 아니하여 준재심절차에 의하여 구제받는 것은 별문제로 하고 그 화해조서를 무효라고 주장할 수는 없다.

|註| 1. 사실관계와 법원의 판단 甲종중의 대표인 乙은 丙종중의 대표인 丁과

통모하여 甲 소유로 등기된 X부동산에 관하여 '신탁해지를 원인으로 한 소유권이전등기절차를 이행한다'는 제소전화해를 하고, 丙은 소유권이전등기를 마쳤다. 甲은 乙을 배임죄로 고소하고, 丙을 상대로 '乙이 종중총회의 결의도 없이 丁과 통모하여 화해조서에 기하여 丙 앞으로 소유권이전등기를 마쳤으므로 丙 명의의 소유권이전등기는 무효이다'라고 주장하면서 진정명의회복을 위한 소유권이전등기를 청구하였다.

대법원은, 丙 명의의 소유권이전등기는 무효이므로 진정명의회복을 위한 소유권이전등기의무가 있다는 주장에 관하여는, ① 전후 양소의 소송물이 동일하지 않더라도, 후소의 소송물이 전소에서 확정된 법률관계와 모순되는 정반대의 사항을 소송물로 삼았다면 전소판결의 기판력이 후소에 미치는데, ② 말소등기에 갈음하여 허용되는 진정명의회복을 원인으로 한 소유권이전등기청구권과 무효등기의 말소등기청구권은 어느 것이나 진정한 소유자의 등기 명의를 회복하기 위한 것으로서 실질적으로 그 목적이 동일하고, 두 청구권 모두 소유권에 기한 방해배제청구권으로서 그 법적 근거와 성질이 같은 동일한 소송물이므로 甲의 청구가 제소전화해의 기판력에 저촉된다고 하였다. 나아가 대법원은 甲의 대표인 乙의 배임행위에 丙의 대표인 丁이 적극 가담한 반사회적 행위에 의하여 경료된 이전등기로서 무효라는 주장에 관하여 甲 주장과 같은 배임행위가 있더라도 준재심에 의하여 구제받지 않는 한 제소전화해는 유효하다고 하였다.

2. 재판상화해의 기판력 재판상화해에 기판력을 인정할 것인가에 대하여는 ① 재판상화해에 확정판결과 같은 효력을 부여한 제220조는 소송종료효와 집행력을 부여한 것에 그치고 기판력을 인정할 수는 없다는 기판력부정설(정동윤·유병현·김경욱), ② 제220조뿐만 아니라 재판상화해에 재심사유가 있는 경우 재심을 제기할 수 있다는 제461조를 더하여 보면 재판상화해에는 확정판결과 마찬가지의 기판력이 인정된다는 무제한기판력설(호문혁, 김홍규·강태원), ③ 재판상화해에 실체법상의 하자가 없는 경우에만 기판력이 인정된다는 제한적기판력설(이시윤, 강현중, 전병서)이 대립한다. 판례는 대법원 1962. 2. 15. 4294민상914 전원합의체 판결 이래 일관하여 무제한기판력설의 입장이다.

(2) 기판력의 구체적 적용 사례

기판력의 효과(모순금지설), 기판력의 작용(소송물의 동일, 선결관계, 모순관계)과 기판력의 객관적·주관적 범위 등은 확정판결과 동일하다. 다만 기판력의 시적 범위는 재판상화해의 성립시(화해권고결정은 그 확정시)[1]를 표준시로 보아야 할 것이다.

▶ 대법원 1995. 5. 12. 선고 94다25216 판결 : 화해조항의 특정과 기판력

재판상의 화해를 조서에 기재한 때에는 그 조서는 확정판결과 동일한 효력이 있고 당사자 사이에 기판력이 생겨 재심의 소에 의한 취소 또는 변경이 없는 한 당사자는 그 취지에 반하는 주장을 할 수 없음이 원칙이나, 화해조서에 기재된 내용이 특정되지 아니하여 강제집행을 할 수 없는 경우에는 동일한 청구를 제기할 소의 이익이 있다.

|註| 화해조서에 임야 3정1단7무보 중 4,510평을 분할하여 소유권이전등기절차를 이행한다고 기재되어 있는 경우 위 4,510평을 특정하여 다시 소유권이전등기절차의 소를 제기하는 것은 소의 이익이 있다고 본 사례가 있다.[2] 재판상화해의 조항은 강제집행을 염두에 두고 작성되어야 함이 원칙이나, 실무상으로는 화해조항만으로는 집행이 불가능한 조항이 들어가는 경우가 많다. 이 경우는 순수한 사법상의 합의로 볼 수밖에 없다.

▶ 대법원 1982. 12. 28. 선고 81다카1247 판결 : 기판력의 작용 — 모순관계

본건 부동산소유권이전등기가 소외 甲과 피고 간에 이루어진 제소전화해조서에 의하여 경료되었다면 피고로서는 준재심절차에 의하여 그 취소·변경이 없는 이상 제소전화해조서의 기판력 때문에 동 소외인 명의로 경료된 위 소유권이전등기의 효력을 다툴 수는 없다.

|註| 甲으로부터 소유권이전등기를 경료받은 원고가 피고를 상대로 부동산의 인도를 구한 사안에서 피고가 甲에게 이전된 소유권이전등기의 효력을 다툰 사안이다. 제소전화해의 내용과 피고의 주장이 모순관계에 있다.

▶ 대법원 1999. 10. 8. 선고 98다38760 판결 : 기판력의 주관적 범위

재판상화해조서는 확정판결과 같은 효력이 있어 기판력이 생기는 것이므로 그 내용이 강행법규에 위반된다 할지라도 화해조서가 준재심절차에 의하여 취소되지 아니하는 한 그 당사자 사이에는 그 화해가 무효라는 주장을 할 수 없으나, 기판력은 재판상화해

1) 대판 2012. 5. 10. 2010다2558.
2) 대판 1965. 2. 3. 64다1387.

의 당사자가 아닌 제3자에 대하여까지 미친다고 할 수 없다.

▶ **대법원 1992. 11. 10. 선고 92다22121 판결 : 기판력의 주관적 범위 — 변론종결 후의 승계인**

화해조서의 기재에 의하면, 甲과 乙 사이에 乙이 채무원리금을 소정기일까지 지급하지 아니할 때에는 乙이 甲에게 이 사건 부동산에 관하여 가등기에 기한 본등기절차를 이행하기로 제소전화해를 한 사실은 인정되나, 甲이 이로 인한 소유권이전등기를 마치기 전에 乙로부터 이 사건 부동산을 매수한 것으로 하여 소유권이전등기를 마친 丙은 변론종결 후의 승계인에 해당하지 아니하므로 위 화해조서의 기판력에 저촉될 여지가 없다.

|註| 변론종결 후의 승계인에게 기판력이 미치는 것은 재판상화해의 경우에도 같다. 다만, 재판상화해의 경우에는 변론종결이 없으므로 화해성립일을 기준으로 변론종결 후의 승계인인지 여부를 가려야 한다. 위 판결에서 丙이 변론종결 후의 승계인으로 인정되지 않은 것은 소송물인 청구가 대인적 효력밖에 없는 채권적 청구권이기 때문이다.

소송물인 청구가 대세적 효력을 갖는 물권적 청구권인 사안에서는 "재판상화해에 의하여 소유권이전등기를 말소할 물권적 의무를 부담하는 자로부터 그 화해성립 후에 그 부동산에 관한 근저당권설정을 받은 자는 … 변론종결 후의 승계인에 해당하고 그 화해조서의 효력은 … 그 화해조서의 존재를 알건 모르건 간에 승계인에게 미친다"[1]고 하여 변론종결 후의 승계인으로 인정하였다.

◆ **대법원 1994. 7. 29. 선고 92다25137 판결**(同 대법원 1995. 12. 5. 선고 94다59028 판결) **: 기판력의 충돌**

갑과 을 등 사이에 제1화해가 성립한 후에 갑과 을 사이에 다시 제1화해와 모순·저촉되는 제2화해가 성립하였다 하여도 제1화해가 조서에 기재되어 확정판결과 동일하게 기판력이 발생한 이상 제2화해에 의하여 제1화해가 당연히 실효되거나 변경되고 나아가 제1화해조서의 집행으로 마쳐진 을 명의의 소유권이전등기 등이 무효로 된다고 볼 수는 없다.

3. 집행력

화해조서의 기재가 구체적인 이행의무를 내용으로 하고 있는 때에는 그 화해조서는 집행력을 갖는다. 집행력이 미치는 인적 범위와 집행력을 배제하는 방법은

1) 대판 1976. 6. 8. 72다1842.

집행력 있는 판결에 준한다.

▶ 대법원 1984. 5. 28.자 84마202 결정

확정판결 기타 유효한 채무명의(집행권원)에 표시된 청구권에 관한 실체상 사유를 주장하여 그 집행력을 저지하는 것은 청구이의의 소로써 그 집행력을 배제하지 않는 한 할 수 없다고 할 것이므로 이 사건 재항고인들이 채무명의로 된 화해조서가 성립한 후 이 사건 건물의 공유자가 되었다는 사실만으로는 위 채무명의의 집행력을 저지할 수 없다.

4. 형성력(창설적 효력)

판례는 재판상화해에 민법상 화해계약과 같이 종전의 법률관계를 바탕으로 한 권리의무관계를 소멸시키는 창설적 효력이 있다고 한다.[1] 그러나 이러한 판례의 입장에 대하여는 재판상화해의 법적 성격을 소송행위설로 보는 판례의 기본 입장(대법원 1962. 2. 15. 선고 4294민상914 전원합의체 판결)과 맞지 않는다는 견해(이시윤)가 있다.

◆ 대법원 2008. 2. 1. 선고 2005다42880 판결

화해권고결정에 대하여 소정의 기간 내에 이의신청이 없으면 그 화해권고결정은 재판상화해와 같은 효력을 가지고(민사소송법 제231조), 화해권고를 위하여 필요한 경우에는 소송물 아닌 권리 내지 법률관계를 그 대상에 포함시킬 수 있으며, 이 경우 화해권고결정의 효력은 그 내용에 따라 그 결정에 기재된 당사자에게 미친다고 할 것이다. 한편, 재판상의 화해는 창설적 효력을 가지는 것이어서 화해가 이루어지면 종전의 법률관계를 바탕으로 한 권리·의무관계는 소멸함과 동시에 그 재판상 화해에 따른 새로운 법률관계가 유효하게 형성된다.

|註| 판례는 초기에는 제소전화해에 대해서만 창설적 효력을 인정하였으나, 그 후 모든 재판상화해에 대하여 창설적 효력을 인정하고 있다.

◆ 대법원 2013. 2. 28. 선고 2012다98225 판결

재판상화해는 확정판결과 동일한 효력이 있고 창설적 효력을 가지는 것이어서 화해가 이루어지면 종전의 법률관계를 바탕으로 한 권리·의무관계는 소멸하나, 재판상화해 등의 창설적 효력이 미치는 범위는 당사자가 서로 양보를 하여 확정하기로 합의한 사항에 한하며, 당사자가 다툰 사실이 없었던 사항은 물론 화

1) 대판 2012. 5. 10. 2010다2558; 대판 2014. 4. 10. 2012다29557(이상 화해권고결정 사안).

해의 전제로서 서로 양해하고 있는데 지나지 않은 사항에 관하여는 그러한 효력이 생기지 아니한다.

> |註| 민사조정법 제29조에 의하여 재판상화해와 동일한 효력이 인정되는 민사조정법상의 조정의 경우에도 마찬가지이다.[1)]

▶ **대법원 2006. 6. 29. 선고 2005다32814, 32821 판결**

조정은 재판상의 화해와 동일한 효력이 있고, 재판상의 화해는 확정판결과 동일한 효력이 있으며 창설적 효력을 가지는 것이어서 화해가 이루어지면 종전의 법률관계를 바탕으로 한 권리·의무관계는 소멸하는 것이므로, 마찬가지로 당사자 사이에 조정이 성립되면 종전의 다툼 있는 법률관계를 바탕으로 한 권리· 의무관계는 소멸하고, 조정의 내용에 따른 새로운 권리· 의무관계가 성립한다.

> |註| 조정채무를 불이행하면 소유권이전등기절차를 이행한다는 내용의 조정이 성립한 경우, 그 조정이 대여금채권담보의 목적으로 경료된 가등기에 기한 본등기절차의 이행을 구하는 소송절차에서 이루어진 것이라 하더라도, 조정조항의 내용이 채권담보의 목적으로 소유권이전등기절차를 이행하기로 한다거나 다시 대물변제의 예약을 한 것이 아니라 조정채무불이행시 바로 소유권을 이전해 주기로 한 것이라면, 가등기담보 등에 관한 법률에 정한 청산절차를 거칠 필요 없이 조정의 내용에 따라 소유권이전등기를 마침으로써 바로 소유권을 취득한다고 한 사례이다.

◆ **대법원 2013. 11. 21. 선고 2011두1917 전원합의체 판결**

[다수의견] 공유물분할의 소송절차 또는 조정절차에서 공유자 사이에 공유토지에 관한 현물분할의 협의가 성립하여 그 합의사항을 조서에 기재함으로써 조정이 성립하였다고 하더라도, 그와 같은 사정만으로 재판에 의한 공유물분할의 경우와 마찬가지로 그 즉시 공유관계가 소멸하고 각 공유자에게 그 협의에 따른 새로운 법률관계가 창설되는 것은 아니라고 할 것이고, 공유자들이 협의한 바에 따라 토지의 분필절차를 마친 후 각 단독소유로 하기로 한 부분에 관하여 다른 공유자의 공유지분을 이전받아 등기를 마침으로써 비로소 그 부분에 대한 대세적 권리로서의 소유권을 취득하게 된다고 보아야 할 것이다.

[대법관 1인의 반대의견] 공유물분할의 소에서 공유부동산의 특정한 일부씩을 각각의 공유자에게 귀속시키는 것으로 현물분할하는 내용의 조정이 성립하였다

---

1) 대판 2019. 4. 25. 2017다21176.

면, 그 조정조서는 공유물분할판결과 동일한 효력을 가지는 것으로서 민법 제187조 소정의 '판결'에 해당하는 것이므로 조정이 성립한 때 물권변동의 효력이 발생한다고 보아야 한다.

|註| 공유물분할을 내용으로 하는 조정은 당사자들 사이의 협의에 의한 공유물분할과 다를 바 없으므로, 공유물분할판결에 의한 분할과 같이 등기 없이 물권변동의 효력이 발생하는 것이 아니라고 하여, 공유물분할을 내용으로 하는 조정의 형성력을 부정한 판결이다. 소수의견에 찬성하는 견해가 있다(이시윤).

5. 소송상화해의 효력을 다투는 방법

판례에 의하면, 소송상화해에 확정판결의 무효사유와 같은 당연무효사유가 있는 경우에는 기일지정신청으로써 소송상화해의 효력을 다툴 수 있지만, 그 외의 경우에는 재심사유가 있는 경우에 한하여 준재심의 소에 의하여만 소송상화해의 효력을 다툴 수 있고, 소송상화해에 민법상의 무효·취소사유가 있더라도 소송상화해의 효력을 부인할 수 없다.

▶ 대법원 2000. 3. 10. 선고 99다67703 판결

재판상의 화해를 조서에 기재한 때에는 그 조서는 확정판결과 동일한 효력이 있고 당사자 간에 기판력이 생기는 것이므로 확정판결의 당연무효사유와 같은 사유가 없는 한 재심의 소에 의하여만 효력을 다툴 수 있는 것이나, 당사자 일방이 화해조서의 당연무효사유를 주장하며 기일지정신청을 한 때에는 법원으로서는 그 무효사유의 존재 여부를 가리기 위하여 기일을 지정하여 심리를 한 다음 무효사유가 존재한다고 인정되지 아니한 때에는 판결로써 소송종료선언을 하여야 한다.

▶ 대법원 1991. 4. 12. 선고 90다9872 판결

재판상 화해가 성립되면 그 내용이 강행법규에 위배된다 할지라도 재심절차에 의하여 취소되지 아니하는 한 그 화해조서를 무효라고 주장할 수 없는 터이므로 화해에 대하여 민법 제607조, 제608조에 반한다든가 통정한 허위표시로서 무효라는 취지의 주장을 할 수 없다.

▶ 대법원 1962. 6. 21. 선고 4294민상1620 판결

화해를 조서에 기재한 때에는 그 조서는 확정판결과 같은 효력이 있으므로 사법상의 화해계약의 무효나 취소의 주장은 화해조서의 기판력에 의하여 차단될 뿐 아니라 화해조서의 효력은 재심의 소에 의하여서만 다툴 수 있고, 독립된 화해무효확인의 소나 기일지정신청에 의하여는 그 무효주장을 할 수 없다. 그러므로 원고의 화해무효확인의 청구는 재판상화해가 가지는 기판력에 저촉되는 주장으로 권리보호의 필요가 없는 것이며 화해무효를 전제로 하는 소유권이전등기말소청구 역시 위 기판력과 저촉되는 주장이다.

◆ 대법원 1979. 5. 15. 선고 78다1094 판결

소송상의 화해는 소송행위로서 사법상의 화해와는 달리 사기나 착오를 이유로 취소할 수는 없는 것이며, 민사소송법 제422조(현행 451조) 제1항 제5호 소정의 형사상 처벌을 받을 타인의 행위로 인한 사유가 소송상의 화해에 대한 준재심사유로 될 수 있는 것은 그것이 당사자가 화해의 의사표시를 하게 된 직접적인 원인이 된 경우만이라고 할 것이고, 그렇지 않고 그 형사상 처벌을 받을 타인의 행위가 화해에 이르게 된 간접적인 원인밖에 되지 않았다고 보이는 경우에까지 준재심사유가 된다고 볼 수는 없다.

Ⅳ. 화해권고결정(和解勸告決定)

수소법원·수명법관·수탁판사는 소송계속 중인 사건에 대하여 직권으로 화해권고결정을 할 수 있다(225조 1항). **화해권고결정은 당사자가 송달**(우편송달·공시송달 제외)**을 받고 2주**(불변기간) **안에 이의신청**(화해권고결정을 한 법원에 신청서[1]를 제출하여 하여야 한다)**을 하지 않으면 재판상화해와 같은 효력을 가진다**(231조).[2] **화해권고결정의 기판력 표준시는 결정의 확정시이다.**[3] 다만 보조참가인에게 참가적 효력이

1) 제출한 서면에 이의한다는 취지가 전체적으로 나타나면 되고 서면의 명칭은 문제되지 않는다(대판 2011. 4. 14. 2010다5694).

2) 화해권고결정에 대하여 일부 원고만 적법한 이의신청을 하고 나머지 원고들과 피고들은 이의신청을 하지 아니한 경우, 이의한 원고와 갑과 피고들 사이의 소송관계는 화해권고결정 이전의 상태로 돌아가지만, 나머지 원고들과 피고들 사이의 소송관계는 화해권고결정의 확정으로 종료된다(대판 2010. 10. 28. 2010다53754).

3) 대판 2012. 5. 10. 2010다2558.

발생하지 않는다는 것이 판례이다.[1]

▶ 대법원 2014. 4. 10. 선고 2012다29557 판결

화해권고결정에 대하여 소정의 기간 내에 이의신청이 없으면 화해권고결정은 재판상 화해와 같은 효력을 가지며, 한편 재판상 화해는 확정판결과 동일한 효력이 있고 창설적 효력을 가지는 것이어서 화해가 이루어지면 종전의 법률관계를 바탕으로 한 권리·의무관계는 소멸함과 동시에 재판상 화해에 따른 새로운 법률관계가 유효하게 형성된다. 소송에서 다투어지고 있는 권리 또는 법률관계의 존부에 관하여 동일한 당사자 사이의 전소에서 확정된 화해권고결정이 있는 경우 당사자는 이에 반하는 주장을 할 수 없고 법원도 이에 저촉되는 판단을 할 수 없다.

|註| 다만 화해권고결정에 창설적 효력이 있다고 하더라도 청구권의 법적 성질이 바뀌는 것은 아니다. 판례는 "소유권에 기한 물권적 방해배제청구로서 소유권등기의 말소를 구하는 소송이나 진정명의회복을 원인으로 한 소유권이전등기절차의 이행을 구하는 소송 중에 그 소송물에 대하여 화해권고결정이 확정되면 상대방은 여전히 물권적인 방해배제의무를 지는 것이고, 화해권고결정에 창설적 효력이 있다고 하여 그 청구권의 법적 성질이 채권적 청구권으로 바뀌지 아니한다"고 하였다.[2]

제 2. 제소전화해

Ⅰ. 의의

제소전화해라 함은 일반 민사분쟁이 소송으로 발전하는 것을 막기 위하여 소제기 전에 지방법원 단독판사 앞에서 화해신청을 하여 분쟁을 해결하는 절차이다. 소송계속 전에 소송을 예방하기 위하여 하는 화해인 점에서 소송계속 중에 소송을 종료시키기 위하여 하는 소송상화해와 구별되나, 그 법적 성질, 요건 및 효력은 대체로 소송상화해와 같다. 양 당사자가 출석한 경우에만 제소전화해가 성립할 수 있고, 일방 당사자가 불출석한 경우 다시 기일을 지정하여 통지할 수도 있지만 바로 화해가 불성립한 것으로 볼 수도 있다(387조 2항).

1) 대판 2015. 5. 28. 2012다78184.
2) 대판 2012. 5. 10. 2010다2558.

Ⅱ. 제소전화해의 효력

1. 기판력과 집행력

제소전화해도 확정판결과 동일한 효력이 있으므로(220조) 기판력이 있고 이행의무를 그 내용으로 하는 경우 집행력도 있다. 제소전화해의 기판력과 집행력은 소송상화해의 그것과 동일하다.

▶ **대법원 1994. 12. 9. 선고 94다17680 판결**

[1] 부동산에 관한 소유권이전등기가 제소전화해조서의 집행으로 이루어진 것이라면 제소전화해가 이루어지기 전에 제출할 수 있었던 사유에 기한 주장이나 항변은 그 기판력에 의하여 차단되므로 그와 같은 사유를 원인으로 제소전화해의 내용에 반하는 주장을 하는 것은 허용되지 않는다 할 것이나, 제소전화해가 이루어진 이후에 새로 발생한 사실을 주장하여 제소전화해에 반하는 청구를 하여도 이는 제소전화해의 기판력에 저촉되는 것은 아니라고 할 것이다.

[2] 甲과 乙 사이에 甲이 丙으로부터 부동산을 매수하였으나 소유권이전등기를 마치지 않은 상태에서 부동산을 乙에게 매도하기로 하되 등기 명의를 丙에서 직접 乙 앞으로 제소전화해절차를 통하여 소유권이전등기를 마침과 동시에 乙이 甲에게 잔대금을 지급하기로 약정하였는데, 乙이 당초의 약정과 달리 잔대금을 지급하지 아니한 상태에서 丙을 상대로 제소전화해신청을 하여 그 화해조서에 기하여 소유권이전등기를 마친 경우, 乙 명의의 소유권이전등기가 丙과 乙 사이에 제소전화해에 의하여 이루어진 것이라 할지라도 이는 甲과 乙 사이에 체결된 매매계약과 당사자들 사이에 이루어진 중간등기생략에 관한 합의에 의한 것이라면 그 매매계약상의 甲의 채무는 乙이 그 부동산에 관하여 소유권이전등기를 마침으로써 전부 이행되었다고 할 것이니 乙이 당초의 약정과는 달리 소유권이전등기를 마친 후에도 甲에게 잔대금을 지급하지 아니한 경우에는 甲은 적법한 최고절차를 거쳐 매매계약을 해제하고 계약 당사자로서 乙에게 직접 매매계약해제를 원인으로 한 원상회복으로서 소유권이전등기의 말소등기절차의 이행을 구할 수 있고, 이는 위 제소전화해의 기판력에 저촉되는 것이 아니라고 할 것이다.

> **|註|** 甲이 乙과 사이의 매매계약을 해제하고 소유권이전등기의 말소등기를 구한 사안이다. 항소심법원은 丙과 乙 사이의 제소전화해가 당연무효이거나 준재심에 의하여 취소되지 않은 이상 위 제소전화해의 기판력으로 인하여 甲이 丙을 대위하여 제기한 위 말소등기청구는 이유 없다고 하였으나, 대법원은 甲의 매매계약 해제권이

위 제소전화해 성립 후에 발생하였고(기판력 표준시 후의 사유) 甲은 丙을 대위하지 않고 직접 원상회복을 위한 소유권이전등기의 말소등기절차 이행을 구할 수 있다고 하였다.

▶ 대법원 1995. 2. 24. 선고 94다53501 판결

가등기담보 등에 관한 법률 시행 당시 채권담보를 위한 소유권이전등기청구권보전의 가등기에 기한 본등기가 제소전화해조서에 기하여 이루어진 경우, 채무자가 제소전화해조서의 작성 이후에 그 피담보채무원리금을 채권자에게 모두 변제하였음을 이유로 가등기 및 그에 기한 본등기의 말소를 청구하는 것은 제소전화해조서의 기판력과 저촉된다고 볼 수 없다.

|註| 피고가 원고에게 돈을 빌려주면서 매매계약의 형식을 빌어 자기 앞으로 가등기를 마치고 원고로부터 대여금을 받지 못하자 미리 받아두었던 제소전화해에 기하여 본등기를 하였는데, 피고가 가등기담보 등에 관한 법률에 따른 청산절차를 거치기 전에 원고가 피담보채무를 모두 변제하고 위 가등기와 본등기의 말소를 구하고 있는 사안이다. 채무의 변제는 제소전화해가 성립한 뒤에 이루어진 사정이므로 실권효의 제재를 받지 않는다.

2. 창설적 효력

▶ 대법원 1997. 1. 24. 선고 95다32273 판결

제소전화해는 재판상화해로서 확정판결과 동일한 효력이 있고 창설적 효력을 가지는 것이므로 화해가 이루어지면 종전의 법률관계를 바탕으로 한 권리·의무관계는 소멸하는 것이나, 제소전화해의 창설적 효력은 당사자 간에 다투어졌던 권리관계 즉 계쟁권리관계에만 미치는 것이지 당사자 간에 다툼이 없었던 사항에 관하여서까지 미치는 것은 아니므로 제소전화해가 있다고 하더라도 그것에 의하여 화해의 대상이 되지 않은 종전의 다른 법률관계까지 소멸하는 것은 아니고 제소전화해가 가지는 확정판결과 동일한 효력도 소송물인 권리관계의 존부에 관한 판단에만 미친다.

|註| **1. 사실관계와 법원의 판단** 甲은 그 명의로 등기되어 있던 X 부동산에 관하여 乙 명의의 소유권이전청구권가등기를 마쳐 준 다음 乙과 사이에 "甲이 乙에게 1976. 7. 5.까지 330만 원을 지급하면 乙은 위 가등기를 말소하고, 甲이 乙에게 위 기한까지 위 돈을 지급하지 아니하면 甲은 乙에게 담보의 목

적으로 위 가등기에 기한 본등기를 해 준다"는 내용의 제소전화해를 하였다. 위 지급기한이 지난 후 乙이 위 제소전화해에 기하여 X 부동산에 관하여 소유권이전등기의 본등기를 마치자, 甲은 330만 원과 1976. 7. 6.부터 연 5%로 계산한 지연손해금을 공탁하고, 피담보채무의 소멸을 이유로 乙을 상대로 위 가등기와 본등기의 말소를 구하는 소를 제기하였다. 위 소송에서 乙은 X 부동산은 원래 乙의 소유인데 甲에게 명의신탁한 것이고 소송계속 중 명의신탁을 해지하였으므로 위 가등기와 본등기는 실체관계에 부합하는 유효한 등기라고 다투었다. 항소심은 위 가등기와 본등기는 금전채무를 담보하기 위한 것으로서 위 공탁으로 피담보채무가 소멸하였으므로 乙은 甲에게 위 가등기와 본등기를 말소해 주어야 할 것이나, 다른 한편 X 부동산은 乙의 소유로 甲에게 명의신탁된 것인데 위 명의신탁이 해지되었으므로 위 가등기와 본등기는 실체관계에 부합하여 유효한 등기라고 하면서 甲의 청구를 기각하였다. 대법원은 위 제소전화해에 명의신탁관계는 포함되어 있지 않았으므로 위 제소전화해에도 불구하고 항소심은 명의신탁 여부를 판단할 수 있다고 하였다.

2. 제소전화해의 창설적 효력 (1) 제소전화해는 재판상화해로서 확정판결과 동일한 효력이 있고 창설적 효력을 가지는 것이므로 화해가 이루어지면 종전의 법률관계를 바탕으로 한 권리의무관계는 소멸한다.[1] 예컨대, 乙이 2009. 1. 1. 甲에게 1,000만 원을 월 3% 이율로 대여하면서 甲 소유의 X 부동산에 관하여 乙 명의의 소유권이전청구권가등기를 마친 다음 2009. 11. 30. 당시까지의 대여원리금을 1,200만 원으로 계산하여 "乙은 甲으로부터 1,200만 원을 지급받음과 동시에 甲에게 위 가등기의 말소등기절차를 이행한다. 甲이 2009. 12. 31.까지 1,200만 원을 지급하지 못하는 경우 甲은 乙에게 위 가등기에 기한 본등기절차를 담보의 목적으로 마쳐준다."라는 내용의 제소전화해를 하였다면, 甲과 乙 사이의 채권채무관계는 1,200만 원을 2009. 12. 31.까지 지급하는 것으로 변경되고 1,000만 원 및 이에 대하여 월 3%의 이자를 지급하는 채권채무관계는 소멸하였으므로, 甲은 乙에게 1,200만 원 및 이에 대하여 2010. 1. 1.부터 민법에 정한 연 5%의 지연손해금을 지급함으로써 위 가등기 및 본등기의 말소를 구할 수 있다.[2]

1) 대판 1988. 1. 19. 85다카1792.
2) 대판 1982. 4. 13. 81다531 참조.

(2) 한편 제소전화해의 창설적 효력은 계쟁권리관계에만 미치고 당사자 간에 다툼이 없었던 사항에 관하여서는 미치지 않는다. 따라서 화해의 대상이 되지 않았던 종전의 다른 법률관계는 재판상화해에도 불구하고 소멸되지 않고 그대로 존속한다. 대상판결에서도 대법원은 명의신탁관계는 화해의 대상이 되지 않았으므로 명의신탁관계가 있었더라도 제소전화해로 소멸하였다고 볼 것이 아니라 그 존재 여부에 관하여 따로 살펴보아야 한다고 하였다.

3. 제소전화해조서에 대한 불복

제소전화해에 대한 불복방법은 기본적으로 소송상화해에 있어서와 동일하다. 즉, 재심사유가 있는 경우에 한하여 준재심의 소에 의하여만 제소전화해의 효력을 다툴 수 있고, 제소전화해에 민법상의 무효·취소사유가 있더라도 제소전화해의 효력을 부인할 수 없다. 계속 중이던 소송이 없으므로 당연무효사유가 있더라도 기일지정신청을 할 수는 없다.

◆ 대법원 1975. 11. 11. 선고 74다634 판결(통 대법원 1987. 10. 13. 선고 86다카2275 판결)

민사소송법 제220조 소정의 화해조서는 확정판결과 동일한 효력이 있으므로 한 번 재판상의 화해가 성립한 경우에는 가령 그 내용이 강행법규에 위배된 경우라도 그것은 단지 재판상 화해에 하자가 있음에 불과하고 재심절차에 의한 구제를 받는 것은 별문제로 하고 그 화해조서의 무효를 주장할 수 없으며 이 법리는 제소전 화해(민사소송법 제385조)에 관하여도 같다.

▶ 대법원 1996. 3. 22. 선고 95다14275 판결

제소전화해에 있어서는 종결될 소송이 계속되었던 것이 아니고 종결된 것은 화해절차뿐이므로, 재심사유가 있어 준재심의 소에 의하여 제소전화해를 취소하는 준재심 판결이 확정된다 하여도 부활될 소송이 없음은 물론, 그 화해절차는 화해가 성립되지 아니한 것으로 귀착되어 그 제소전화해에 의하여 생긴 법률관계가 처음부터 없었던 것과 같이 되는 것뿐이다.

|註| 이와 같이 제소전화해에 있어서는 종결될 본안 소송이 있었던 것이 아니므로, 제소전화해조서를 대상으로 한 준재심의 소에서는 민사소송법 제460조(재심의 사유가 있는 경우라도 판결이 정당하다고 인정하는 때에는 법원은 재심의 청구를 기각

하여야 한다)가 적용될 여지는 없고, 재심사유가 인정되는 이상 그 화해의 내용이 되는 법률관계의 실체관계 부합 여부를 따질 필요 없이 화해조서를 취소하여야 한다.[1]

1) 대판 1998. 10. 9. 96다44051.

제3장

종국판결에 의한 종료

제 1 절 재판

(1) 재판이라 함은 일정한 법률효과를 명하는 재판기관의 판단 내지 의사표시를 말한다. 일반적으로는 종국판결을 가리키지만, 재판에는 판결뿐만 아니라 결정과 명령도 포함된다.

(2) 판결, 결정, 명령은 ① 판결과 결정은 법원의 재판이고, 명령은 재판장, 수명법관, 수탁판사 등 법관의 재판이라는 점(주체), ② 판결은 신중을 요하므로 원칙적으로 필요적 변론을 요하나, 결정과 명령은 신속을 요하므로 원칙적으로 임의적 변론에 의한다는 점(심리방식), ③ 판결은 선고에 의하여 성립되고 효력을 발생하나, 결정과 명령은 재판서를 작성하여 법원사무관 등에게 교부함으로써 성립되고 상당한 방법에 의하여 고지함으로써 효력을 발생한다(221조 1항)는 점(성립과 효력발생), ④ 판결은 항소와 상고로 불복하고, 결정과 명령은 항고와 재항고로 불복한다는 점(불복방법), ⑤ 판결은 소송에 대한 종국적·중간적 판단이고, 결정과 명령은 소송절차의 부수파생적 사항, 강제집행사항, 가압류·가처분사항 등에 대한 판단이라는 점(대상), ⑥ 판결에는 이유를 기재하여야 하나, 결정과 명령에는 이유의 기재를 생략할 수 있다는 점(이유기재)에서 각 차이가 있다.

학설은 판결은 재판을 한 법원이 스스로 취소변경을 할 수 없지만(기속력 문제) 결정과 명령은 재판을 한 법원이 스스로 취소변경을 할 수 있다는 차이점이 있다고 하고 있으나, 판례는 결정과 명령도 근거가 없는 한 스스로 취소변경할 수 없다고 한다.

◆ 대법원 2014. 10. 8.자 2014마667 전원합의체 결정

판결과 달리 선고가 필요하지 않은 결정이나 명령(이하 '결정')과 같은 재판은 원

본이 법원사무관등에게 교부되었을 때 성립한 것으로 보아야 하고, 일단 성립한 결정은 취소 또는 변경을 허용하는 별도의 규정이 있는 등의 특별한 사정이 없는 한 결정법원이라도 이를 취소·변경할 수 없다. 또한 결정법원은 즉시항고가 제기되었는지 여부와 관계없이 일단 성립한 결정을 당사자에게 고지하여야 하고 고지는 상당한 방법으로 가능하며(민사소송법 제221조 제1항), 재판기록이 항고심으로 송부된 이후에는 항고심에서의 고지도 가능하므로 결정의 고지에 의한 효력 발생이 당연히 예정되어 있다.

일단 결정이 성립하면 당사자가 법원으로부터 결정서를 송달받는 등의 방법으로 결정을 직접 고지받지 못한 경우라도 결정을 고지받은 다른 당사자로부터 전해 듣거나 기타 방법에 의하여 결론을 아는 것이 가능하여 본인에 대해 결정이 고지되기 전에 불복 여부를 결정할 수 있다. 그럼에도 이미 성립한 결정에 불복하여 제기한 즉시항고가 항고인에 대한 결정의 고지 전에 이루어졌다는 이유만으로 부적법하다고 한다면, 항고인에게 결정의 고지 후에 동일한 즉시항고를 다시 제기하도록 하는 부담을 지우는 것이 될 뿐만 아니라 이미 즉시항고를 한 당사자는 그 후 법원으로부터 결정서를 송달받아도 다시 항고할 필요가 없다고 생각하는 것이 통상의 경우이므로 다시 즉시항고를 제기하여야 한다는 것을 알게 되는 시점에서는 이미 즉시항고 기간이 경과하여 회복할 수 없는 불이익을 입게 된다.

이와 같은 사정을 종합적으로 고려하면, 이미 성립한 결정에 대하여는 결정이 고지되어 효력을 발생하기 전에도 결정에 불복하여 항고할 수 있다.

|註| 선고를 요하는 판결과 달리 결정·명령의 경우, 원본이 법원사무관 등에게 교부되면 성립함을 확인하고, 나아가 결정·명령이 성립한 이상 당사자에게 고지되어 효력이 발생하기 전이라도 결정·명령에 불복하여 항고할 수 있음을 밝힌 전원합의체 결정이다. 대법원 1971. 11. 29.자 71마964 결정도 같은 취지이다.

제 2 절 판결

제 1 관 판결의 종류

제 1. 중간판결

중간판결이라고 함은 그 심급에 있어서 사건의 전부 또는 일부를 완결하는 재판인 종국판결을 하기에 앞서 그 종국판결의 전제가 되는 개개의 쟁점을 미리 정리, 판단하여 종국판결을 준비하는 재판을 말한다.[1] 독립한 공격방어방법(예컨대, 시효완성이나 변제와 같이 그에 관한 판단만으로 청구를 유지 또는 배척하기에 충분한 공격방어방법), 그 밖의 중간의 다툼(예컨대, 소송요건의 존부)에 대하여 중간판결을 할 수 있고, 청구의 원인과 액수에 관하여 다툼이 있는 경우 청구의 원인에 대하여도 중간판결을 할 수 있다(201조). 중간판결에서의 결론은 종국판결을 구속하며, 중간판결에 대하여는 독립하여 상소할 수 없고 중국판결을 기다려 종국판결에 대하여 상소하여 중간판결에서의 판단을 다투어야 한다(392조).

▶ 대법원 2011. 9. 29. 선고 2010다65818 판결

중간판결이 선고되면 판결을 한 법원은 이에 구속되므로 종국판결을 할 때에도 그 주문의 판단을 전제로 하여야 하며, 설령 중간판결의 판단이 그릇된 것이라 하더라도 이에 저촉되는 판단을 할 수 없다. 이러한 중간판결은 종국판결 이전의 재판으로서 종국판결과 함께 상소심의 판단을 받는다.

▶ 대법원 1986. 7. 18.자 85모49 결정

어떤 특정한 법률규정이 헌법에 위반된다는 이유로 제기된 위헌여부제청신청에 대하여 그 법률규정이 위헌이 아니라는 이유로 그 위헌제청신청을 기각하는 하급심의 결정은 중간재판적 성질을 가지는 것으로서, 이는 본안에 대한 하급심판결이 상소되었을 때에 이와 함께 그 판단도 상소심의 판단을 받는 데 불과하고, 위 결정에 대하여 독립하여 항고, 재항고를 할 수는 없다.

---

1) 대판 1994. 12. 27. 94다38355; 대판 2011. 9. 29. 2010다65818.

제 2. 종국판결

Ⅰ. 의의

종국판결이라 함은 소 또는 상소에 의하여 계속 중인 사건의 전부 또는 일부에 대하여 심판을 마치고 그 심급을 이탈시키는 판결을 말한다. 이러한 점에서 항소심의 환송판결도 종국판결이고('상소의 대상적격' 참조), 대법원의 환송판결도 종국판결이다('재심의 대상적격' 참조).

◆ 대법원 1995. 2. 14. 선고 93재다27, 34 전원합의체 판결

원래 종국판결이라 함은 소 또는 상소에 의하여 계속 중인 사건의 전부 또는 일부에 대하여 심판을 마치고 그 심급을 이탈시키는 판결이라고 이해하여야 할 것이다. 대법원의 환송판결도 당해 사건에 대하여 재판을 마치고 그 심급을 이탈시키는 판결인 점에서 당연히 제2심의 환송판결과 같이 종국판결로 보아야 할 것이다.

◆ 대법원 1981. 9. 8. 선고 80다3271 전원합의체 판결

항소심의 환송판결은 종국판결이므로 고등법원의 환송판결에 대하여는 대법원에 상고할 수 있다.

Ⅱ. 전부판결과 일부판결

(1) 소송의 목적으로 되어 있는 청구의 전부에 대하여 행하는 종국판결을 전부판결(全部判決)이라고 하고, 청구의 일부에 대하여 행하는 종국판결을 일부판결(一部判決)이라고 하며, 일부판결을 하고 난 나머지 청구 부분에 대하여 행하는 종국판결을 잔부판결(殘部判決)이라고 한다.

(2) 원고가 여러 개의 청구를 병합하여 한 개의 소를 제기한 경우(소의 객관적 병합 또는 공동소송), 피고가 반소를 제기한 경우, 법원이 변론을 병합한 경우 등 여러 개의 소 또는 청구가 동일한 절차 내에서 심리되어 그 전부를 판결할 정도로 심리가 진행되면 전부판결을 하여야 한다. 전부판결 중 일부에 대하여 상소를 하더라

도 판결 전체에 대하여 확정이 차단되고 사건 전체가 상소심으로 이심된다.[1] 다만 상소심의 심판범위는 상소인이 불복한 부분에 한한다(407조 1항, 431조).

(3) 법원은 소송의 일부에 관하여 심리를 마친 경우 그 일부에 대한 종국판결을 할 수 있다(200조 1항). 다만, 일부판결과 잔부판결 사이에 내용상 모순이 생겨서는 안 되는 경우 즉, ① 선택적 병합청구[2]나 예비적 병합청구[3]의 경우, ② 본소와 반소가 동일 목적의 형성청구인 경우(예컨대, 공유물분할소송)나 그 소송물이 동일한 법률관계인 경우(예컨대, 동일한 채권에 대한 채무부존재확인청구의 본소와 이행청구의 반소), ③ 필수적 공동소송과 독립당사자참가소송[4]의 경우, ④ 예비적·선택적 공동소송[5]의 경우, ⑤ 법률상 병합이 요구되는 경우(상법 188조, 240조, 380조)에는 일부판결이 허용되지 않으므로, 이러한 경우 청구의 일부에 대하여만 판결을 하였다면 이는 판단의 누락에 해당되고 이는 상소사유가 된다. 위와 같은 경우를 제외하면 일부판결을 할 것인가의 여부는 법원의 재량에 맡겨져 있다. 한편, 일부판결을 하기 위하여는 먼저 변론을 분리(141조)하여야 하는데, 변론의 분리 여부로 일부판결과 재판누락을 구분할 수 있다.

Ⅲ. 재판의 누락과 추가판결

(1) 법원이 청구의 전부에 대하여 재판할 의사로 판결을 하였지만 객관적으로는 청구의 일부에 대하여만 판결을 한 경우를 재판의 누락(재판의 탈루)이라고 한다.[6] 재판의 누락은 의도하지 않고 청구의 일부에 대하여만 판결을 한 경우라는 점에서 일부판결과 구분된다(의도하였는지 여부는 판결 전에 변론을 분리하였는지에 따라 판단된다).

(2) 재판의 누락은 판결의 주문에서 청구의 일부에 대한 판단을 빠뜨린 것이므

1) 대판 1956. 4. 16. 4288민상377.
2) 대판 1998. 7. 24. 96다99.
3) 대판(전) 2000. 11. 16. 98다22253.
4) 대판 1981. 12. 8. 80다577.
5) 대판 2008. 3. 27. 2005다49430; 대판 2011. 2. 24. 2009다43355.
6) X, Y, Z 3필지 토지에 대한 소유권이전등기의 말소등기절차이행을 구하였는데 판결문의 청구취지란에 'X, Y 토지에 대한 소유권이전등기의 말소등기절차를 이행하라는 판결'이라고만 적혀 있고 주문란에 '원고의 청구를 기각한다'라고 적혀 있는 경우 Z 토지에 대한 청구가 누락된 재판의 누락에 해당한다(대판 2003. 5. 30. 2003다13604).

로 판결의 이유에서 청구 또는 공격방어방법의 일부에 대한 판단을 빠뜨린 판단누락과 구분된다.[1] 따라서 판결의 주문에 누락이 있으면 비록 이유에서 설시가 되어 있더라도 재판의 누락으로 보아야 하고, 반대로 판결의 이유에 아무런 설시가 없더라도 주문에 기재가 있으면 이유를 붙이지 않은 위법이 있기는 하나 재판의 누락이라고 할 수는 없다.

▶ 대법원 2002. 5. 14. 선고 2001다73572 판결

판결에는 법원의 판단을 분명하게 하기 위하여 결론을 주문에 기재하도록 되어 있으므로 재판의 탈루가 있는지 여부는 우선 주문의 기재에 의하여 판정하여야 하고, 주문에 청구의 전부에 대한 판단이 기재되어 있으나 이유 중에 청구의 일부에 대한 판단이 빠져 있는 경우에는 어쨌든 주문에는 청구의 전부에 대한 판시가 있다고 할 수 있으므로 이유를 붙이지 아니한 위법이 있다고 볼 수 있을지언정 재판의 탈루가 있다고 볼 수는 없다.

◆ 대법원 2017. 12. 5. 선고 2017다237339 판결(㊐ 대법원 1966. 5. 24. 선고 66다540 판결)

판결에는 법원의 판단을 분명하게 하기 위하여 결론을 주문에 기재하도록 되어 있어 재판의 누락이 있는지 여부는 주문의 기재에 의하여 판정하여야 하므로, 판결 이유에 청구가 이유 없다고 설시되어 있더라도 주문에 그 설시가 없으면 특별한 사정이 없는 한 재판의 누락이 있다고 보아야 하며, 재판의 누락이 있으면 그 부분 소송은 아직 원심에 계속 중이어서 상고의 대상이 되지 아니하므로, 그 부분에 대한 상고는 불복의 대상이 존재하지 아니하여 부적법하다.

(3) 재판의 누락이 있는 경우 누락된 부분은 계속하여 그 법원에 계속되어 있으므로(212조 1항) 법원은 누락된 부분에 대하여 추가로 심리하여 판결을 하여야 하는데, 이를 추가판결(追加判決)이라고 한다.

◆ 대법원 1996. 2. 9. 선고 94다50274 판결(㊐ 대법원 1989. 11. 28. 선고 89다카11777 판결)

확장된 지연손해금 청구 부분에 대하여 원심법원이 판결 주문이나 이유에서 아무런 판단을 하지 아니한 재판의 탈루가 발생한 경우에 이 부분 소송은 아직 원심에 계속 중이라고 보아야 할 것이어서 적법한 상고의 대상이 되지 아니하므로, 이 부분에 대한 상고는 부적법하다.

---

1) 대판 1965. 10. 5. 65누89.

▶ 대법원 1989. 9. 26. 선고 88다카10647 판결

법원이 청구의 일부에 대하여 재판을 유탈한 때에는 그 청구부분은 아직 그 법원에 계속하는 것이므로, 이 부분에 대한 상고는 그 대상이 없는 상고로서 부적법하다.

▶ 대법원 2011. 4. 28. 선고 2010다98948 판결

제1심, 원심 모두 피고에 대하여 소장부본 및 변론기일 통지서 등 모든 서류를 공시송달의 방법으로 송달하고 피고가 출석하지 않은 상태에서 변론기일을 진행하여 1심이 원고의 청구를 일부 인용하는 판결을 선고하였고 이에 원고가 항소함으로써 원심도 추가로 원고의 청구를 일부 인용하는 판결을 선고한 경우, 피고로서는 제1심판결 중 피고 패소 부분에 대하여는 추후보완 항소를, 원심판결 중 피고 패소 부분에 대하여는 상고나 추후보완 상고를 각각 제기할 수 있다. 이러한 경우 제1심판결에 대한 원고의 항소로 제1심판결 전부가 원심법원으로 이심되어 그에 관한 원심판결이 선고되기까지 하였으나 제1심판결 중 피고 패소 부분은 원심의 심판대상이 되지 않았으므로, 원심으로서는 피고의 추후보완 항소가 적법하다고 판단되면 그 부분을 심판대상으로 삼아 심리한 후 그에 관하여 추가판결을 하면 된다. 그런데 원심이 피고의 추후보완 항소 부분에 관하여 심리하지 않고 있는 동안에 피고의 상고가 받아들여져 원심판결 중 피고 패소 부분에 관하여 파기환송 판결이 선고된 경우에는 환송 후 원심으로서는 피고의 추후보완 항소가 적법하다고 판단되면 그 추후보완 항소 부분과 파기환송된 부분을 함께 심리하여 그에 관하여 하나의 판결을 선고하면 된다.

(4) 한편, 앞서 본 일부판결이 허용되지 않는 소송에서는 재판의 누락이 있을 수 없으므로 빠뜨린 부분이 있더라도 추가판결로 시정할 것이 아니라 판단누락의 일종으로 보아 상소 또는 재심에 의하여 시정하여야 한다.

▶ 대법원 2000. 11. 16. 선고 98다22253 전원합의체 판결

예비적 병합의 경우에는 수개의 청구가 하나의 소송절차에 불가분적으로 결합되어 있기 때문에 주위적 청구를 먼저 판단하지 않고 예비적 청구만을 인용하거나 주위적 청구만을 배척하고 예비적 청구에 대하여 판단하지 않는 등의 일부판결은 예비적 병합의 성질에 반하는 것으로서 법률상 허용되지 아니하며, 그럼에도 불구하고 주위적 청구를 배척하면서 예비적 청구에 대하여 판단하지 아니하는 판결을 한 경우에는 그 판결에 대한 상소가 제기되면 판단이 누락된 예

비적 청구 부분도 상소심으로 이심이 되고 그 부분이 재판의 탈루에 해당하여 원심에 계속 중이라고 볼 것은 아니다.

> |註| 선택적 병합에 관한 대법원 1998. 7. 24. 선고 96다99 판결, 독립당사자 참가소송에 관한 대법원 1981. 12. 8. 선고 80다577 판결, 예비적·선택적 공동소송에 관한 대법원 2008. 3. 27. 선고 2005다49430 판결도 같은 취지이다.

제2관 판결의 성립

판결은 법원이 판결의 내용을 확정하고 판결서를 작성하여 선고함으로써 성립하고, 선고된 판결의 정본은 당사자에게 송달되어야 한다.

제1. 판결서(판결원본)

판결서는 법원의 표시와 표제(예컨대, "서울중앙지방법원 제46민사부 판결"), 사건의 표시(예컨대, "2010가합32972 소유권이전등기청구"), 당사자의 표시(당사자의 이름, 주소), 대리인 등의 표시(법정대리인, 소송대리인, 법인 등의 대표자 등), 변론종결일, 판결선고일, 주문, 청구취지(상소취지), 이유, 법관의 서명날인으로 이루어진다. 이 중 당사자와 법정대리인, 주문, 청구취지와 상소취지, 이유, 변론종결일, 법원, 법관의 서명날인은 판결서의 필수적 기재사항이다(208조 1항).

Ⅰ. 당사자와 법정대리인

당사자는 이름, 주민등록번호, 주소를, 법정대리인은 대리자격(예컨대, 친권자, 부재자재산관리인 등)과 이름을 적는다. 법정대리인의 표시를 누락하였더라도 판결의 경정사항에 불과하고 판결의 효력에는 영향이 없다.[1] 소송대리인의 표시나 당사자의 주소의 표시는 판결의 필요적 기재사항이 아니므로 그 기재가 없더라도 판결에 위법이 있다고 할 수 없다.[2]

---

1) 대판 1995. 4. 14. 94다58148.

2) 대판 1963. 5. 9. 63다127(소송대리인의 표시 누락); 대판 1951. 4. 17. 4282민상92(당사자 주소의 표시 누락).

Ⅱ. 주문

(1) 주문은 판결에 대한 결론 부분으로 청구취지나 상소취지에 대한 법원의 응답이 표시된다.

■ 판결주문의 예 ■

1. 소각하판결 : "이 사건 소를 각하한다."
2. 청구기각판결 : "원고의 청구를 기각한다."
3. 청구인용판결 : ① "피고는 원고에게 1억 원과 이에 대하여 2005. 1. 1.부터 2010. 6. 30.까지는 연 5%, 그 다음날부터 다 갚는 날까지는 연 15%의 각 비율로 계산한 돈을 지급하라."(이행판결); ② "별지 목록 기재 부동산이 원고의 소유임을 확인한다."(확인판결); ③ "원고와 피고는 이혼한다."(형성판결); ④ "1. 원고의 주위적 청구를 기각한다. 2. 피고는 원고에게 별지 목록 기재 부동산에 관하여 2009. 3. 1. 매매를 원인으로 한 소유권이전등기절차를 이행하라."(예비적 병합 소송에서 주위적 청구를 기각하고 예비적 청구를 인용하는 판결)[1)]

(2) 판결의 주문은 명확하고 집행에 의문이 없을 정도로 특정되어야 한다. 판결주문이 특정되었는지 여부는 직권조사사항이다.[2)] 주문이 불명확하여 집행이 불가능한 경우 당사자는 확정 전에는 상소를 제기할 수 있고 확정 후에는 동일한 소를 다시 제기할 수 있다.[3)] 다만, 심리 중에는 특정이 되었고 기재 내지 첨부의 단순한 누락에 불과한 경우라면 판결의 경정에 의하여 불특정을 치유할 수 있다.

▶ 대법원 1995. 6. 30. 선고 94다55118 판결

판결의 주문은 간결하고 명확하여야 하며, 주문 자체로서 내용이 특정될 수 있어야 하나, 일체의 관계가 명료하게 되어야 하는 것은 아니고 판결의 주문이 어떠한 범위에서 당사자의 청구를 인용하고 배척한 것인가를 그 이유와 대조하여 짐작할 수 있는 정도로 표시되고 집행에 의문이 없을 정도로 이를 명확히 특정하면 된다.

---

1) 청구의 예비적 병합의 경우에 주된 청구를 배척하고 예비적 청구를 인용한 때에는 주된 청구에 관하여 판결이유 중에 이를 배척하는 이유를 설시하는 것만으로는 족하지 아니하고 반드시 판결의 주문에 주된 청구를 기각한다는 뜻과 예비적 청구를 인용한다는 뜻을 다같이 표시하지 않으면 안 된다(대판 1974. 5. 28. 73다1942).
2) 대판 1983. 3. 8. 82누251; 대판 2006. 3. 9. 2005다60239 등.
3) 판결내용이 불특정한 경우에는 동일한 소를 제기하여도 기판력에 저촉되지 않는다(대판 1998. 5. 15. 97다57658).

|註| '임야 1필지 100㎡를 40㎡와 60㎡로 분할한다'는 주문은 그 구체적인 분할방법이 특정되지 않아 집행이 불가능하고[1](도면을 첨부하여 각각의 위치를 특정하여야 한다), '백미 2가마니를 지급하라'는 주문은 가마니당 용량 등이 특정되지 않아 집행이 불가능하며[2]{예컨대, "백미(2007년산, 일반미, 상등품) 100가마(가마당 80㎏ 들이)"와 같이 특정하여야 한다}, '토지 중 별지 도면 사선 부분을 인도하라'고 판결하고 도면을 첨부하지 않은 경우도 주문이 특정되지 않아 집행이 불가능하다(첨부 누락된 도면을 기초로 심리를 한 경우라면 판결의 경정에 의하여 불특정을 치유할 수 있다).

▶ 대법원 2012. 12. 13. 선고 2011다89910, 89927 판결

판결 주문의 내용이 모호하면 기판력의 객관적 범위가 불분명해질 뿐만 아니라 집행력·형성력 등의 내용도 불확실하게 되어 새로운 분쟁을 일으킬 위험이 있으므로 판결 주문에서는 청구를 인용하고 배척하는 범위를 명확하게 특정하여야 한다.

|註| 아파트 상가 구분소유자(원고)가 아파트 입주자대표회의(피고)를 상대로 주차방해금지를 구한 사안에서 대법원은, 항소심판결 주문의 일부인 별지 '주·정차 기준' 중 '빈 주차 면이 없을 경우 부득이 단지 외에 주차함을 원칙으로 하고'라는 부분은 그 원칙에 대한 예외가 허용되는 경우가 항소심판결의 주문이나 이유에 구체적으로 명확하게 밝혀져 있지 않고, 또한 '아파트 차량 확인스티커를 부착하지 않은 차량은 한시적 정차는 허용하나 주차는 할 수 없고' 부분 중 '한시적 정차'라는 부분 역시 항소심판결의 주문에서 그 의미를 명확하게 특정한 것으로 볼 수 없으며 항소심판결 이유를 살펴보아도 그 의미를 명확하게 알 수 없다는 이유로 항소심판결을 파기하였다.

▶ 대법원 2019. 2. 14. 선고 2015다244432 판결

사실심의 재판 실무에서 장래의 부당이득금의 계속적·반복적 지급을 명하는 판결의 주문에 광범위하게 사용되고 있는 '원고의 소유권 상실일까지'라는 기재는 집행문 부여기관, 집행문 부여 명령권자, 집행기관의 조사·판단에 맡길 수 없고, 수소법원이 판단해야 할 사항인 소유권 변동 여부를 수소법원이 아닌 다른 기관의 판단에 맡기는 형태의 주문이므로 이행판결의 주문 표시로서 바람직하지 않다.

|註| 변론종결 후 원고의 소유권 상실·이전을 주장하는 피고로서는 그러한 사후적인 실체관계 변동 사유가 판결의 주문에 기재되어 있는지 여부와 상관없이 청구이의의 소로써 다투어야 한다는 취지이다. 이와 달리 '피고의 점유 상실일' 또는 '인도 완료일'은 부당이득반환의무를 부담하는 피고의 임의의 이행과 관련되는 의무자 측의

1) 대판 1967. 2. 28. 66다2523.
2) 대판 1965. 9. 21. 65다1427.

사정으로서, 의무의 종료 시점으로 기재할 수 있는 최소한의 표현에 해당하므로 허용된다고 한다.

Ⅲ. 청구취지와 상소취지

제1심판결에는 청구취지를, 항소심판결에는 청구취지와 항소취지를 적어야 한다. 청구취지와 상소취지를 적게 한 취지는 당해 사건에 대한 법원의 심판대상과 심판범위를 명확하게 하고[1)] 기판력의 객관적 범위를 파악케 하려는 취지이다.

Ⅳ. 이유

(1) 판결서의 이유에는 주문이 정당하다는 것을 인정할 수 있을 정도로 당사자의 주장, 그 밖의 공격방어방법에 관한 판단을 표시한다(208조 2항). 이는 당사자에게 판결의 주문이 어떠한 이유와 근거에 의하여 나온 것인지 그 내용을 알려 주어 당사자로 하여금 판결에 승복할 것인지 여부에 관한 결단을 내릴 수 있게 하고, 상소법원으로 하여금 원심법원이 어떠한 사실상 및 법률상의 이유에 의하여 재판하였는가를 알 수 있게 하며, 또 판결의 기판력이나 형성력에서 주관적 범위와 객관적 범위를 명확하게 특정하려는 데 그 의의가 있다.[2)]

2002년 개정 전 민사소송법 제193조 제2항은 당사자의 주장과 공격방어방법의 '전부'에 관한 판단을 표시하도록 요구하였으나 현행 민사소송법 제208조 제2항은 "판결서의 이유에는 '주문이 정당하다는 것을 인정할 수 있을 정도로' 당사자의 주장, 그 밖의 공격방어방법에 관한 판단을 표시한다"고 규정하여 판결이유 간이화를 추구하였다. 이후 판례는 법원의 판결에 당사자가 주장한 사항에 대한 구체적·직접적인 판단이 표시되어 있지 않더라도 판결 이유의 전반적인 취지에 비추어 그 주장을 인용하거나 배척하였음을 알 수 있는 정도라면 판단누락이라고 할 수 없다고 하였다.[3)]

1) 대판 1964. 6. 23. 63다1014(판결서에 청구취지와 상소취지에 대한 적시에 있어 일부 빠졌더라도 이에 대한 판단에 유탈이 없는 이상 주문에 영향을 미치지 아니함이 명백하므로 이를 들어 상고이유로 할 수는 없다).
2) 대판 1992. 10. 27. 92다23780.
3) 대판 2012. 4. 26. 2011다87174; 대판 2019. 10. 17. 2018다300470(이 판결은 설령 실제로 판단을 하지 않았더라도 그 주장이 배척될 경우임이 분명한 때에는 판결 결과에 영향이 없어

(2) 민사판결의 이유 부분은 통상적으로 기초사실, 당사자의 주장, 판단으로 구성되고, 판단에 있어서는 원고의 청구원인, 피고의 항변, 원고의 재항변, 피고의 재재항변의 순서에 맞추어 설시하게 된다. 부인은 청구원인에 대한 설시에 그에 관한 판단이 포함되므로 별도로 부인에 대한 판단을 설시할 필요가 없으나[1] 항변에 대하여는 반드시 그 판단을 설시하여야 하고, 선택적 주장이 있는 경우 그 중 어느 하나를 받아들이면 다른 주장에 관하여 판단하지 않아도 되나[2] 선택적 주장 모두를 배척하는 경우에는 모든 주장에 관하여 배척하는 설시를 하여야 하며, 예비적 주장이 있는 경우 주위적 주장을 받아들이면 예비적 주장은 판단하지 않아도 되나[3] 주위적 주장을 받아들이지 않는다면 예비적 주장에 관하여 반드시 판단하여야 한다.

(3) 증거에 관하여는 통상적으로 채택하는 증거(사실의 인정근거), 배척증거(믿지 아니하는 증거), 부족증거(믿기는 하나 그 증거들만으로는 주장사실을 인정하기에 부족한 증거)로 구별되나, 배척증거와 부족증거를 엄격히 구분해서 적지는 않는다.

▶ 대법원 1992. 9. 14. 선고 92다21104, 21111 판결

사실심법원이 증거들을 종합하여 사실인정을 하는 경우에는 각 증거 중 서로 모순된 부분과 불필요한 부분은 제거하고 그 중 필요하고 공통된 부분만을 모아서 이를 판단자료에 공용하는 것이므로, 처분문서 등 특별한 증거가 아닌 한 어느 증거내용 중 법원이 인정한 사실과 저촉되는 부분에 대하여는 특히 이를 채택하지 않는다는 명시가 없어도 그 증거가치를 부정한 것이라고 봄이 상당하고, 따라서 인정사실과 저촉되는 부분을 배척하는 취지를 명시하지 않았거나 나아가 그 배척이유를 설시하지 아니하여도 거기에 위법이 있다 할 수 없다.

Ⅴ. 변론종결일, 법원, 법관의 서명날인

변론종결일은 기판력의 표준시가 된다. 법원은 법원명뿐만 아니라 합의부의 경우에는 재판부까지 표시하고 있다. 법관은 서명날인하여야 한다.

판단누락의 잘못이 있다고 할 수 없다고 하였다) 등.

1) 대판 1967. 12. 19. 66다2291.
2) 대판 1989. 2. 28. 87다카823, 824.
3) 대판 1962. 12. 6. 62다629.

제 2. 판결의 선고

(1) 판결은 선고에 의하여 대외적으로 성립되고 효력이 발생한다. 판결이 선고되면 기속력이 생기므로 이후에는 판결을 취소·변경하지 못한다.

▶ 대법원 1956. 8. 9. 선고 4289민상285 판결

변론의 방식에 관한 규정의 준수는 조서에 의하여야만 이를 증명할 수 있는 것인바, 일건기록을 정사하여도 원판결 선고조서를 발견할 수 없으므로 원판결이 적법하게 선고되었다고 할 수 없을 것이다. 선고없는 판결은 법률상 그 효력이 없는 것이므로 그 판결의 정본이 당사자에게 송달되었다 하여도 역시 그 효력이 없다 할 것이고 그 판결에 대하여 상고하였다 하여도 이심의 효력이 생기지 아니하는 것이다.

(2) 판결의 선고는 변론종결 후 선고기일에 하여야 한다. 소액사건에서는 예외적으로 변론종결 후 즉시 선고를 할 수 있다(소액사건심판법 11조의2 1항).

▶ 대법원 1996. 5. 28. 선고 96누2699 판결

소액사건심판법의 적용을 받지 아니하는 일반 민사사건에 있어서 판결로 소를 각하하기 위하여는, 법원이 변론을 연 경우에는 물론이며, 변론 없이 하는 경우에도 반드시 선고기일을 지정하여(변론을 연 경우에는 변론을 종결하고) 당사자를 소환하고 그 지정된 선고기일에 소각하의 종국판결을 선고하여야 할 것이므로, 위와 같은 절차를 거침이 없이 변론기일에 선고된 판결은 위법하다.

|註| 인지보정명령을 따르지 않았다는 이유로 각하한 사안이다.

▶ 대법원 2003. 4. 25. 선고 2002다72514 판결

판결의 선고는 당사자가 재정하지 아니하는 경우에도 할 수 있는 것이므로 법원이 적법하게 변론을 진행한 후 이를 종결하고 판결선고기일을 고지한 때에는 재정하지 아니한 당사자에게도 그 효력이 있는 것이고, 그 당사자에 대하여 판결선고기일 소환장을 송달하지 아니하였다 하여도 이를 위법이라고 할 수 없다.

제 3. 판결의 송달

법원은 판결선고 후 판결정본을 당사자에게 송달하여야 한다. 송달받은 다음날부터 상소기간이 계산된다.

▶ 대법원 1979. 9. 25. 선고 78다2448 판결

불변기간인 상소제기기간에 관한 규정은 성질상 강행규정이므로 그 기간계산의 기산점이 되는 판결정본 송달의 하자는 이에 대한 책문권의 포기나 상실로 치유될 수 없다.

▶ 대법원 2014. 12. 22.자 2014다229016 명령

판결 선고 후 판결문을 전자문서로 전산정보처리시스템에 등재하고 그 사실을 전자적으로 통지하였지만 등록사용자가 판결문을 1주 이내에 확인하지 아니한 경우 판결문 송달의 효력이 발생하는 시기는 등재사실을 등록사용자에게 통지한 날의 다음 날부터 기산하여 7일이 지난 날의 오전 영시가 되고, 상소기간은 민법 제157조 단서에 따라 송달의 효력이 발생한 당일부터 초일을 산입해 기산하여 2주가 되는 날에 만료한다.

제 3 관 판결의 효력

판결은 선고에 의하여 판결법원에 대한 관계에서 기속력이 생기고, 확정되면 당사자에 대한 관계에서 형식적 확정력, 당사자 및 법원에 대한 관계에서 실질적 확정력(기판력), 그리고 판결의 종류에 따라 집행력과 형성력이 생긴다.

제 1. 기속력

Ⅰ. 의의

판결이 선고되면 판결을 한 법원 자신도 선고한 판결을 철회하거나 변경하지 못한다. 이를 기속력이라고 하는데, 다른 판결의 효력과 달리 확정이 아닌 선고만으로 발생하는 효력이다. 다만, 판결에 단순한 오기나 오산이 있는 경우에는 결정으로 이러한 잘못을 고칠 수 있도록 하였는데, 이를 판결의 경정이라고 한다(211조). 경정은 청구의 포기·인낙조서, 화해조서 및 결정·명령에서도 허용된다.[1)]

1) 대결 2012. 2. 10. 2011마2177(조정조서의 경정).

Ⅱ. 판결의 경정

1. 경정의 요건

판결에 잘못된 계산이나 기재, 그 밖에 이와 비슷한 잘못이 있음이 분명한 경우이어야 한다.

(1) 경정의 허용기준 및 명백한 잘못의 판단자료

◆ 대법원 2000. 5. 24.자 98마1839 결정(同 대법원 2020. 3. 16.자 2020그507 결정 등)

[1] 판결이나 화해조서의 위산, 오기 기타 이에 유사한 오류가 있는 것이 명백한 때 행하는 경정결정은, 일단 선고된 판결이나 성립된 화해에 대하여 그 내용을 실질적으로 변경하지 않는 범위 내에서 그 표현상의 기재 잘못이나 계산의 착오 또는 이와 유사한 오류를 법원 스스로가 결정으로써 정정 또는 보충하여 강제집행이나 호적의 정정 또는 등기의 기재 등 이른바 광의의 집행에 지장이 없도록 하자는 데 그 취지가 있다.

[2] 판결이나 화해조서의 경정이 가능한 오류에는 그것이 법원의 과실로 인하여 생긴 경우뿐만 아니라 당사자의 청구에 잘못이 있어 생긴 경우도 포함된다고 할 것이며, 경정결정을 함에 있어서는 그 소송 전 과정에 나타난 자료는 물론 경정대상인 판결이나 화해 이후에 제출되어진 자료도 다른 당사자에게 아무런 불이익이 없는 경우나 이를 다툴 수 있는 기회가 있었던 경우에는 소송경제상 이를 참작하여 그 오류가 명백한지 여부를 판단할 수 있다고 할 것이다.

|註| 1. 사실관계와 법원의 판단 감정인의 계산 착오로 감정서 도면상의 경계에 따른 A 부분 면적이 1,445㎡, B 부분 면적이 5,993㎡임에도 A 부분을 1,287㎡로, B 부분을 6,151㎡로 표시한 화해조서에 대한 준재심 사건에서 감정인이 그 잘못을 시인하는 증언을 한 사안이다. 항고심법원은 “이 사건의 경우 당사자들은 감정인이 작성한 분할도의 면적에 따라 화해를 한 이상 감정인의 측량감정의 잘못으로 면적이 158㎡가 줄어들었다는 이유로 화해조서의 경정을 구하는 것은 화해조항의 실질적인 변경을 요구하는 것이어서 경정의 범위를 넘어서는 것으로 허용될 수 없다”고 하여 경정신청을 기각하였으나, 대

법원은 위와 같은 이유로 화해조서의 경정을 허용하여야 한다고 하였다.

2. 당사자의 과실로 인한 오류와 판결경정의 가부 (1) 대상결정은 당사자에게 과실이 있는 경우에도 경정이 허용됨을 명백히 하였다. 실무상으로는 소장이나 답변서에 당사자가 주민등록번호나 주소를 잘못 기재함으로써 판결문에 오기가 생기고 나중에 등기신청 과정에서 문제가 되어 경정신청을 하는 경우가 종종 있다.

(2) 주소와 관련하여 판례 중에는 판결에 표시된 등기의무자의 주소와 등기부상 등기의무자의 주소가 다른 경우 또는 판결에 표시된 등기권리자의 주소가 판결 전후로 변경된 경우 판결의 경정을 허용하지 않은 사례가 있는데,[1] 이는 주민등록번호에 의하여 동일성을 확인하여 등기를 할 수 있기 때문이므로 판결문과 등기부에 주민등록번호가 기재되지 않은 등의 이유로 주소에 의하여 동일성을 확인해야 하는 경우라면 경정을 허용함이 타당하다.

3. 오류의 명백성 판단의 근거자료 (1) 대상결정 결정요지 [2]의 뒷 부분은 오류의 명백성을 판단함에 있어서 소송과정에 나타난 자료 외에 판결 후에 제출된 자료(경정신청을 하면서 비로소 제출한 자료)도 판단의 근거로 삼을 수 있음을 밝힘과 동시에, 판결 후에 제출된 자료는 반대당사자에게 제공된 적이 없는 것이어서 자칫 반대당사자의 이익을 해할 수 있으므로 ① 반대당사자에게 불이익이 없는 경우나 ② 반대당사자에게 다툴 수 있는 기회가 있었던 경우에 한하여 위와 같은 자료를 참작할 수 있다고 하였다.

(2) 대상결정 사건은 경정신청인이 경정신청 이전에 준재심의 소를 제기함으로써 피신청인에게 탄핵의 기회가 주어졌으므로 위 ②의 사유에 해당된다. 위 ①의 사유에 해당하는 사례로는, 법원이 1필지의 토지의 일부에 대한 소유권이전등기를 명하면서 지적법상 허용되지 않는 제곱미터 미만의 단수를 존치시킴으로써 판결의 집행이 곤란하게 되자 경정신청인이 자신의 단수 부분을 포기하고 이를 상대방에게 이전하여 단수를 없애는 내용으로 경정신청을 한 경우,[2] 판

---

1) 대결 1996. 5. 30. 96카기54("판결에 표시된 등기의무자의 주소가 등기부상의 주소와 다르거나 등기권리자의 주소가 판결 전후에 변경되었음에도 이를 정정신청하지 아니하여 판결상의 주소와 실제 주소가 다르게 되었다 하더라도 주민등록표 등에 의하여 동일인임을 소명하면 등기가 가능하므로, 그 주소가 다르다 하여 경정을 하지 않으면 안 될 이유도 없다"); 대결 1994. 8. 16. 94그17 등.

2) 대결 1996. 10. 16. 96그49; 대결 2012. 2. 10. 2011마2177.

결문에 피고의 주민등록상 주소가 누락된 채 송달장소만이 주소 대신에 기재되어 있는데 원고가 피고의 주민등록표를 제출하면서 피고의 현재의 주민등록상 주소로 판결문상 피고의 주소를 바꾸어 달라고 신청하는 경우[1] 등이 있다.

4. 실질적 내용변경의 문제 (1) 대상결정 사건의 항소심은 신청인의 경정신청은 화해조항의 실질적 변경을 요구하는 것이어서 받아들일 수 없다고 하였다. 그러나 화해조서에 첨부된 도면에 A 부분과 B 부분의 경계가 제대로 표시되어 있고 다만 그 경계에 따른 면적이 제대로 계산되었으면 5,993㎡와 1,445㎡로 기재되었을 것임에도 잘못 계산되어 6,151㎡와 1,287㎡으로 표시된 것뿐이므로 이는 화해의 내용을 실질적으로 변경한 것이라고 할 수 없다.

(2) 한편, 판례 중에는 "피고의 토지 점유 부위와 그 면적이 측량감정인의 잘못으로 피고의 실제 점유 부위 및 면적과 다르게 감정되었음에도 불구하고, 원고나 법원이 이를 간과하고 그 감정결과에 따른 청구취지대로 판결이 선고된 것이라고 하더라도, 그와 같은 오류가 명백하다고 볼 수도 없을 뿐만 아니라, 원고가 구하는 취지대로 판결경정에 의하여 피고의 점유면적을 증가시키는 내용으로 그 점유 부위와 면적의 표시를 고치는 것은 판결주문의 내용을 실질적으로 변경하는 경우에 해당하여 허용될 수 없다"고 한 것이 있다.[2] 경정신청인이 재감정서를 첨부하여 자신에게 귀속될 부분의 면적을 증가시켜 달라는 취지의 경정신청을 한 사례로서, 측량감정의 잘못을 주장하며 구하는 경정은 항상 판결 내용의 실질적 변경을 초래하는 것이어서 허용되지 않는다는 취지는 아니다.

(2) 판례에 나타난 경정 허부 사례들

(a) 허용사례

▶ **대법원 1971. 9. 28. 선고 71다1437 판결**

판결의 이유에서 "피고는 1969. 10. 11.부터 본건 건물의 명도시까지 매월 50,000원을

1) 대결 2000. 5. 30. 2000그37("피고의 주민등록상의 주소가 누락된 채 보정된 송달장소만 기재된 판결이 선고된 후 원고가 위 송달장소를 피고의 현재의 주민등록상 주소로 바꾸어 달라는 판결경정신청을 한 경우에 법원은 판결상의 피고와 주민등록표상의 명의자가 동일인인지 여부를 심리하여 만약 양자가 동일인이라면 마땅히 판결경정을 허용함으로써 강제집행에 지장이 없도록 하여야 한다"); 대결 1994. 7. 5. 94그22.

2) 대결 1999. 4. 12. 99마486; 대결 1995. 7. 12. 95마531.

지급할 의무가 있다"고 설시하면서 주문에서 "1969. 10. 11.부터"를 표시하지 않았음은 판결표시의 명백한 오류에 속한다.

▶ 대법원 2002. 9. 24. 선고 2000다49374 판결

소송계속 중 회사인 일방 당사자의 합병에 의한 소멸로 인하여 소송절차 중단사유가 발생하였음에도 이를 간과하고 변론이 종결되어 판결이 선고된 경우에는 그 판결은 소송에 관여할 수 있는 적법한 수계인의 권한을 배제한 결과가 되는 절차상 위법은 있지만 그 판결이 당연무효라 할 수는 없고, 다만 그 판결은 대리인에 의하여 적법하게 대리되지 않았던 경우와 마찬가지로 보아 대리권 흠결을 이유로 상소 또는 재심에 의하여 그 취소를 구할 수 있을 뿐이나, 소송대리인이 선임되어 있는 경우에는 민사소송법 제95조에 의하여 그 소송대리권은 당사자인 법인의 합병에 의한 소멸로 인하여 소멸되지 않고 그 대리인은 새로운 소송수행권자로부터 종전과 같은 내용의 위임을 받은 것과 같은 대리권을 가지는 것으로 볼 수 있으므로, 법원으로서는 당사자의 변경을 간과하여 판결에 구 당사자를 표시하여 선고한 때에는 소송수계인을 당사자로 경정하면 될 뿐, 구 당사자 명의로 선고된 판결을 대리권 흠결을 이유로 상소 또는 재심에 의하여 취소할 수는 없다.

|註| 소송계속 중 당사자가 사망하였더라도 그를 위한 소송대리인이 있다면 소송절차는 중단되지 않고 그 소송대리인이 상속인들 전원을 위하여 소송을 수행하게 되는데, 이때 상속인이 밝혀지지 않았다면 법원은 사망한 당사자를 당사자로 표시하여 판결을 선고하면 되고, 이후 판결경정에 의하여 당사자를 상속인으로 고칠 수 있다.

▶ 대법원 2000. 5. 12. 선고 98다49142 판결

승계인이 소송에 인수참가하고 그 전 당사자가 소송에서 탈퇴한 경우, 전 당사자와 상대방 사이의 소송은 인수참가인과 상대방 사이의 소송이 되는 것이므로, 원고청구 인용의 제1심판결에 대하여 피고가 불복 항소한 후 피고인수참가인이 인수참가하고 피고가 소송에서 탈퇴하였다면 항소심으로서는 원고의 피고인수참가인에 대한 청구에 관하여 재판하여야 할 것인데, 항소심이 그 판결이유에서 원고의 피고인수참가인에 대한 청구에 관하여 판단을 하여 이를 인용하면서도 그 주문에서는 피고의 항소를 기각한다는 표시만을 하였다면, 이는 원고의 피고인수참가인에 대한 청구를 인용할 것을 잘못 표현한 것이 명백한 경우에 해당하므로 그 판결의 주문을 바로 잡는 판결경정을 하면 된다.

|註| "제1심판결을 다음과 같이 변경한다. 피고인수참가인은 원고에게 ○○원을 지급하라."와 같이 변경주문을 내라는 취지이다.

▶ 대법원 1999. 10. 22. 선고 98다21953 판결

항소심에서 청구의 교환적 변경이 이루어져 항소심이 그 판결의 청구취지로 변경된 청구를 기재하고 판결이유에서 변경된 청구에 대하여 판단하였음에도 주문에서 "원고의 항소를 기각한다"고 기재한 경우, 그 이유의 결론 및 주문에서 원고의 항소를 기각한다고 기재한 것은 "항소심에서 교환적으로 변경된 원고의 청구를 기각한다"고 할 것을 잘못 표현한 것이 명백하므로 항소심법원은 그 판결의 주문과 이유의 결론부분을 바로잡는 판결경정결정을 할 수 있다.

▶ 대법원 1989. 10. 13. 선고 88다카19415 판결

판결주문과 이유에 별지목록 기재 물건이라고 하면서 판결서 말미에 그 별지가 첨부되어 있지 않더라도 그 목록이 소장에 첨부된 목록과 동일한 것임이 분명하고 법원이 판결서를 작성함에 있어 부주의로 이를 누락한 것이 명백하다면, 위와 같은 잘못은 판결경정사유로 삼을 수 있으므로 그 판결을 파기하여야 할 사유라고 할 수는 없다.

(b) 불허사례

▶ 대법원 1995. 4. 26.자 94그26 결정

판결의 경정이란 일단 선고된 판결에 대하여 그 내용을 실질적으로 변경하지 않는 범위 내에서 판결의 표현상의 기재 잘못이나 계산의 착오 또는 이와 유사한 잘못을 법원 스스로가 결정으로써 경정 또는 보충하여 강제집행이나 호적의 정정 또는 등기의 기재 등 넓은 의미의 집행에 지장이 없도록 하자는 데 그 취지가 있는 것이므로, 청구취지에서 지급을 구하는 금원 중 원금 부분의 표시를 누락하여 그대로 판결된 경우에는 비록 그 청구원인에서는 원금의 지급을 구하고 있다고 하더라도 판결경정으로 원금 부분의 표시를 추가하는 것은 주문의 내용을 실질적으로 변경하는 경우에 해당하여 허용될 수 없다.

|註| 경정신청의 대상 판결은 청구기각의 판결이다. 청구기각판결의 경우 주문에서는 "원고의 청구를 기각한다"라고만 표시되고 원고의 청구가 무엇인지는 청구취지에 기재되는데, 청구취지에서 원금와 이자의 지급을 구하였다면 원금과 이자 모두의 지급청구를 배척한 판결이 되고, 청구취지에서 이자의 지급만을 구하였다면 이자의 지급청구만을 배척한 판결이 되므로, 청구취지의 기재에 따라 주문의 내용이 실질적으로 달라진다.

▶ 대법원 1972. 10. 10. 선고 72다1230 판결

단순한 계산착오는 판결의 경정사항이라 하여도 착오된 계산액을 기초로 하여 원판시와

같은 과실상계를 한 경우에는 위 착오는 판결결과에 영향이 있으므로 파기사유에 해당한다.

|註| 이와 달리 단순한 계산착오를 경정사항이라고 한 것으로는 사용료 상당의 손해액을 산정함에 있어서 잘못 계산된 점유사용기간으로 인하여 손해액을 잘못 산정한 경우가 있다.1)

▶ 대법원 2000. 5. 29.자 2000카기52 결정

상고심판결이 원고가 피고에게 손해배상금의 지급을 구하여 전부 인용된 제1심판결 중 일부를 취소하고 그 부분 원고의 청구를 기각한 항소심판결에 대한 상고를 기각한 것인 경우, 강제집행을 위하여는 채무명의(집행권원)인 제1심판결에 대한 판결경정 신청을 제1심법원에 청구하는 것은 몰라도 채무명의도 아닌 상고심판결상의 주소표시를 경정할 필요는 없다.

|註| 판결경정은 광의의 집행에 지장이 없도록 하자는 데 그 취지가 있기 때문이다.

▶ 대법원 1991. 3. 29.자 89그9 결정

결정에 대하여도 민사소송법 제210조(현행 224조)에 의하여 동법 제197조(현행 211조)의 규정이 준용되는 것이므로 결정에 위산, 오기 기타 이에 유사한 오류가 있는 것이 명백한 때에는 경정결정을 할 수 있는 것이나, 가압류신청 당시 이미 사망한 자를 채무자로 한 가압류신청은 부적법하고 위 신청에 따른 가압류결정이 있었다 하여도 그 결정은 당연무효라고 할 것이며, 그 효력이 상속인에게 미친다고 할 수는 없는 것이므로 채무자 표시를 상속인으로 할 것을 이미 사망한 피상속인으로 잘못 표시하였다는 사유는 결정에 명백한 오류가 있는 것이라고 할 수 없고, 따라서 결정을 경정할 사유에 해당한다 할 수 없다.

|註| 소제기 당시에 이미 사망한 사람을 피고로 한 소송에서 법원이 이를 간과하여 본안의 판결을 선고하고 이 판결이 확정되었다 하더라도 위 판결은 무효이므로2) 이러한 판결의 피고를 사망자에서 그 상속인으로 경정하는 것은 허용되지 않는다. 앞서 본 소송계속 중 당사자가 사망하였으나 소송대리인이 있어 중단되지 않고 사망자 명의로 판결이 선고된 사례와 비교해 볼 필요가 있다. 반면에 이미 사망한 사람을 제3채무자로 표시하여 압류 및 전부명령의 신청을 하고 위 사망자를 제3채무자로 하여 압류 및 전부명령이 발령된 경우 제3채무자를 사망자에서 그 상속인으로 변경하는 것은 허용된다.3) 제3채무자는 당사자가 아니기 때문에 무효인 결정이라고 할 수 없

1) 대판 1987. 9. 8. 87다카809, 810, 811.
2) 대판 1961. 12. 14. 4294민상382.
3) 대판 1998. 2. 13. 95다15667("채권자가 이미 사망한 자를 그 사망 사실을 모르고 제3채무자

기 때문이다.

2. 경정절차

(1) 경정은 직권 또는 당사자의 신청에 의하여 결정으로써 한다(211조 1항). 상소제기 후는 물론 확정 후에도 할 수 있다. 판결경정결정은 원칙적으로 당해 판결을 한 법원이 하고, 상소의 제기로 본안사건이 상소심에 계속된 경우에는 상소심 법원도 경정결정을 할 수 있다.

▶ **대법원 2018. 11. 21.자 2018그636 결정**(동 대법원 2011. 10. 5.자 2011그200 결정)

당사자의 신청에 따라 판결의 경정을 하는 경우에는 우선 신청 당사자가 판결에 위와 같은 잘못이 있음이 분명하다는 점을 소명하여야 한다.

▶ **대법원 1992. 1. 29.자 91마748 결정**

판결경정결정은 원칙적으로 당해 판결을 한 법원이 하는 것이고, 상소의 제기로 본안사건이 상소심에 계속된 경우에는 당해 판결의 원본이 상소기록에 편철되어 상소심법원으로 송부되므로, 판결원본과 소송기록이 있는 상소심법원도 경정결정을 할 수 있는 것이기는 하지만, 당해 판결에 대하여 상소를 하지 아니하여 사건이 상소심에 계속되지 아니한 부분은 상소심의 심판대상이 되지 않는 것이므로, 통상의 공동소송이었던 다른 당사자 간의 소송사건이 상소의 제기로 상소심에 계속된 결과, 상소를 하지 아니한 당사자 간의 원심판결의 원본과 소송기록이 우연히 상소심법원에 있다고 하더라도, 상소심 법원이 심판의 대상이 되지도 않은 부분에 관한 판결을 경정할 권한을 가지는 것은 아니다.

(2) 경정결정에 대하여는 즉시항고할 수 있으나, 판결에 대하여 적법한 항소가 있는 때에는 항소심 심리과정에서 경정결정을 다툴 수 있으므로 즉시항고를 할 수 없다(211조 3항).[1] 한편, 경정신청을 이유 없다 하여 기각한 결정에 대하여는 항

로 표시하여 압류 및 전부명령을 신청하였을 경우 채무자에 대하여 채무를 부담하는 자는 다른 특별한 사정이 없는 한 이제는 사망자가 아니라 그 상속인이므로 사망자를 제3채무자로 표시한 것은 명백한 오류이고, 또한 압류 및 전부명령에 있어서 그 제3채무자의 표시가 이미 사망한 자로 되어 있는 경우 그 압류 및 전부명령의 기재와 사망이라는 객관적 사정에 의하여 누구라도 어느 채권이 압류 및 전부되었는지를 추인할 수 있다고 할 것이어서 그 제3채무자의 표시를 사망자에서 그 상속인으로 경정한다고 하여 압류 및 전부명령의 동일성의 인식을 저해한다고 볼 수는 없으므로, 그 압류 및 전부명령의 제3채무자의 표시를 사망자에서 그 상속인으로 경정하는 결정은 허용된다").

1) 상고심은 법률심이므로 판결에 대하여 상고가 있는 때에는 경정결정에 대하여 즉시항고를 할 수 있다(대결 1961. 5. 14. 4294민항144).

고를 할 수 없고 특별항고(449조)만이 허용된다.[1]

▶ 대법원 1961. 10. 6.자 4294민재항572 결정

민사소송법 제197조(현행 211조) 제3항에 의하여 경정결정에 대하여는 즉시항고를 할 수 있으나, 경정신청을 이유 없다 하여 기각한 결정에 대하여는 항고를 할 수 없다고 해석하여야 할 것이다. 왜냐하면 사항을 직접 심리하고 판결한 법원에서 판결에는 위산, 오기 기타 이에 유사한 명백한 오류가 없다 하여 경정신청을 기각하였는데, 사안의 심판에 직접 관여하지 않은 타 법원이 그러한 오류가 명백하다 하여 경정을 명할 수 있다 함은 조리상 있을 수 없는 까닭이다.

▶ 대법원 2004. 6. 25.자 2003그136 결정

민사소송법 제449조에 의한 특별항고에 있어서 결정이나 명령에 대하여 재판에 영향을 미친 헌법 위반이 있다고 함은 결정이나 명령의 절차에 있어서 헌법 제27조 등에서 규정하고 있는 적법한 절차에 따라 공정한 재판을 받을 권리가 침해된 경우를 포함한다 할 것인데, 판결경정신청을 기각한 결정에 대하여 위와 같은 헌법 위반이 있으려면, 신청인이 그 재판에 필요한 자료를 제출할 기회를 전혀 부여받지 못한 상태에서 그러한 결정이 있었다든가, 판결과 그 소송의 전 과정에 나타난 자료 및 판결 선고 후에 제출된 자료에 의하여 판결에 오류가 있음이 분명하여 판결이 경정되어야 하는 사안임이 명백함에도 불구하고, 법원이 이를 간과함으로써 기각 결정을 한 경우 등이 이에 해당될 수 있다.

3. 경정의 효과

(1) 경정결정은 원판결과 일체가 되어 판결선고시에 소급하여 경정된 대로의 효력이 발생함이 원칙이나 예외적으로 소급효가 제한되어 경정결정이 송달된 때에 경정된 대로의 효력이 발생되는 경우가 있다.

▶ 대법원 1999. 12. 10. 선고 99다42346 판결

[1] 채권가압류결정의 경정결정이 확정되는 경우 당초의 채권가압류결정은 그 경정결정과 일체가 되어 처음부터 경정된 내용의 채권가압류결정이 있었던 것과 같은 효력이 있으므로, 원칙적으로 당초의 채권가압류결정 정본이 제3채무자에게 송달된 때에 소급하여 경정된 내용의 채권가압류결정의 효력이 발생한다.

---

1) 대결 1995. 7. 12. 95마531.

[2] 채권가압류결정은 제3채무자를 심문하지 아니한 채 이루어지고, 제3채무자에게 송달함으로써 그 효력이 발생하는바, 직접의 당사자가 아닌 제3채무자는 피보전권리의 존재와 내용을 모르고 있다가 채권가압류결정 정본의 송달을 받고 비로소 이를 알게 되는 것이 일반적이기 때문에 당초의 채권가압류결정에 위산, 오기 기타 이에 유사한 오류가 있는 것이 객관적으로는 명백하다 하더라도 제3채무자의 입장에서는 당초의 가압류결정 그 자체만으로 거기에 위산, 오기 기타 이에 유사한 오류가 있다는 것을 알 수 없는 경우가 있을 수 있는데, 그와 같은 경우에까지 일률적으로 채권가압류결정의 경정결정이 확정되면 당초의 채권가압류결정이 송달되었을 때에 소급하여 경정된 내용의 채권가압류결정이 있었던 것과 같은 효력이 있다고 하게 되면 순전히 타의에 의하여 다른 사람들 사이의 분쟁에 편입된 제3채무자 보호의 견지에서 타당하다고 할 수 없으므로, 제3채무자의 입장에서 볼 때에 객관적으로 경정결정이 당초의 채권가압류결정의 동일성에 실질적으로 변경을 가하는 것이라고 인정되는 경우에는 경정결정이 제3채무자에게 송달된 때에 비로소 경정된 내용의 채권가압류결정의 효력이 발생한다고 보아야 한다.

|註| 1. 채권가압류결정 중 채무자의 상호 '만성기계산업 주식회사'를 경정결정에 의하여 '민성산업기계 주식회사'로 경정한 경우, 채권가압류결정에 기재된 채무자의 상호 아래 채무자의 주소와 대표이사의 성명이 정확하게 기재되었다 하더라도 제3채무자의 거래상황 등에 비추어 제3채무자의 입장에서 볼 때에 객관적으로 위와 같은 채무자 상호의 경정은 당초의 채권가압류결정의 동일성에 실질적으로 변경을 가하는 것이므로 '민성산업기계 주식회사'를 채무자로 하는 채권가압류결정의 효력은 경정결정이 제3채무자에게 송달된 때 발생한다고 한 사례이다. 채권압류 및 추심명령의 경정결정에 관하여도 동일한 판시가 계속되고 있다.[1]

2. 유사한 사례로, "압류 및 추심명령을 그 내용과 효력을 달리하는 압류 및 전부명령으로 바꾸는 것은 경정결정의 한계를 넘어 재판의 내용을 실질적으로 변경하는 위법한 결정이라고 할 것이나, 즉시항고에 의하여 취소되지 아니하고 확정된 이상 당연무효라고 할 수는 없다. 그러나 재판의 내용이 실질적

1) 대판 2001. 9. 25. 2001다48583; 대판 2017. 1. 12. 2016다38658.

> 으로 변경되어 제3채무자 보호의 견지에서 소급효를 제한할 필요성이 크다고 할 것이므로 그 결정정본이 제3채무자에게 송달된 때에 경정된 내용의 결정의 효력이 발생한다."는 판결[1]이 있다.

(2) 판결에 대한 상소기간은 경정결정에 의하여 영향을 받지 않고 판결정본이 송달된 날로부터 진행된다. 다만 경정의 결과 상소이유가 발생하였다면 추후보완상소가 허용될 것인가에 관하여 학설은 이를 긍정하는 것이 일반적이다(이시윤, 정동윤·유병현·김경욱).

▶ 대법원 1997. 1. 24. 선고 95므1413, 1420 판결

당사자나 소송대리인이 판결에 대하여 상당한 주의를 기울였더라면 당초부터 그 판결상의 기재만으로 계산착오의 오류를 발견할 수 있었다고 보이는 한편 피고가 내세우는 추완상고이유는 그 판결경정사유와 아무런 직접적인 관련이 없다면, 단순히 상소기간 경과 후에 이루어진 판결경정 내용이 경정 이전에 비하여 피고에게 불리하다는 사정만으로는 상소의 추완이 허용된다고 할 수 없다.

> **|註|** 甲과 乙 사이의 이혼 및 재산분할소송에서 항소심법원은, 甲과 乙의 재산 전부가 혼인 중에 쌍방의 협력으로 이룩한 공동재산으로서 분할대상에 포함되고 甲과 乙 각자의 기여도가 1/2씩이라고 하는 한편, 분할대상인 재산을 그 소유 명의에 따라 귀속시키되 기여분에 미달되는 가액을 금전으로 지급하는 방법으로 분할하기로 하였는데, 乙이 甲에게 지급하여야 할 액수를 산정함에 있어서 乙의 명의로 소유권이전등기가 되어 있어 乙에게 확정적으로 귀속시키기로 한 X 부동산의 가액을 누락하여 잘못 계산한 결과, 乙이 甲에게 지급하여야 할 금액을 실제보다 적게 계산하여 그 지급을 명하였고, 甲이 이러한 계산착오를 지적하여 판결경정신청을 하자 상고제기기간 후에 乙이 甲에게 지급할 금액을 증액하는 것으로 경정결정을 하였으며, 이에 乙이 추완상고를 제기하여 기여비율의 판단과 재산의 시가 산정이 잘못되었다고 다툰 사안이다.
>
> 대법원은 판결 자체만으로 오류를 발견할 수 있었다는 점, 乙이 상고이유로 내세운 점이 판결경정사유와는 무관한 점을 들어 추완상고를 허용하지 않았다. 이 판결은 추완상고를 기각한 사안이지만 구체적인 사실관계에 따라서는 추완상고가 허용될 수도 있음을 밝힌 것이다.[2]

---

1) 대결 2001. 7. 10. 2000다72589.
2) 백춘기, 대법원 판례해설 제28호.

제 2. 형식적 확정력

(1) 법원이 한 종국판결에 대하여 당사자의 불복상소로도 취소할 수 없게 된 상태를 판결이 형식적으로 확정되었다고 하고, 이 취소불가능성을 형식적 확정력이라고 한다. 형식적 확정력은 추후보완상소나 재심에 의하여 배제될 수 있다.

(2) 판결의 확정시기에 관하여 보면, ① 상고심판결이나 불상소의 합의가 있는 경우와 같이 상소할 수 없는 판결은 판결선고와 동시에, ② 상소기간 내에 상소를 제기하지 않은 경우, 상소를 제기하였다가 취하한 경우, 상소를 제기하였으나 상소각하 또는 상소장각하된 경우는 상소기간 만료시에,[1] ③ 상소기간 경과 전에 상소권을 가진 사람이 상소권을 포기한 때(394조, 425조)에는 상소권 포기시에 확정된다. ④ 상소기각판결이 확정되면 그 확정시에 원판결이 확정된다. ⑤ 일부불복한 경우에 불복하지 아니한 부분은 불복의 대상이 제1심판결이면 항소심판결 선고시에, 불복의 대상이 항소심판결이면 상고심판결 선고시에 확정된다.

◆ 대법원 2008. 3. 14. 선고 2006다2940 판결

원고의 청구를 일부 인용한 제1심판결에 대하여 원고만이 그 패소 부분에 대한 항소를 제기하고 피고는 항소나 부대항소를 제기하지 않은 경우, 제1심판결 중 원고 승소 부분은 항소심의 심판대상에서 제외됨으로써 항소심판결의 선고와 동시에 확정되는 것이다.

◆ 대법원 2001. 12. 24. 선고 2001다62213 판결

원고의 주위적 청구를 기각하면서 예비적 청구를 일부 인용한 환송 전 항소심판결에 대하여 피고만이 상고하고 원고는 상고도 부대상고도 하지 않은 경우에, 주위적 청구에 대한 항소심판단의 적부는 상고심의 조사대상으로 되지 아니하고 환송 전 항소심판결의 예비적 청구 중 피고 패소 부분만이 상고심의 심판대상이 되는 것이므로, 피고의 상고에 이유가 있는 때에는 상고심은 환송 전 항소심판결 중 예비적 청구에 관한 피고 패소 부분만 파기하여야 하고, 파기환송의 대상이 되지 아니한 주위적 청구부분은 예비적 청구에 관한 파기환송판결의 선고와 동시에 확정된다.

1) 대판 2016. 1. 14. 2015므3455(항소기간 경과 후에 항소취하가 있는 경우 제1심판결이 확정되는 시기는 항소기간 만료시).

제3. 실질적 확정력(기판력)

Ⅰ. 기판력 일반

1. 기판력의 의의 및 본질

(1) 기판력의 의의

확정판결의 기판력이라 함은 확정판결의 주문에 포함된 법률적 판단의 내용은 이후 그 소송당사자의 관계를 규율하는 새로운 기준이 되는 것이므로 동일한 사항이 소송상 문제가 되었을 때 당사자는 이에 저촉되는 주장을 할 수 없고 법원도 이에 저촉되는 판단을 할 수 없는 기속력을 의미하는 것이다. 기속력 또는 형식적 확정력이 법원 또는 당사자에 대한 당해 소송절차상의 효력임에 반하여, 기판력은 당해 소송 이후 별도 소송에서 법원 및 당사자에 대하여 발생하는 효력이다.[1] 확정판결의 기판력의 존부는 직권조사사항이므로 비록 피고가 이를 주장하지 아니하였다 하더라도 직권으로 심리판단하여야 한다.[2]

▶ 대법원 1987. 6. 9. 선고 86다카2756 판결

확정판결의 기판력이라 함은 확정판결의 주문에 포함된 법률적 판단의 내용은 이후 그 소송당사자의 관계를 규율하는 새로운 기준이 되는 것이므로 동일한 사항이 소송상문제가 되었을 때 당사자는 이에 저촉되는 주장을 할 수 없고 법원도 이에 저촉되는 판단을 할 수 없는 기속력을 의미하는 것이고, 이 경우 적극당사자(원고)가 되어 주장하는 경우는 물론이고 소극당사자(피고)로서 항변하는 경우에도 그 기판력에 저촉되는 주장은 할 수 없다.

|註| 1. 甲이 乙을 상대로 전세금반환청구의 소를 제기하였다가 청구기각판결을 받고 이것이 확정된 경우 甲은 乙이 甲을 상대로 제기한 전세물반환청구의 소에서 전세금반환청구권을 내세워 동시이행의 항변을 할 수 없다고 한 사례이다.

2. 유사사례로, 甲이 乙을 대위하여 丙을 상대로 취득시효 완성을 원인으로

1) 행정소송법 제30조 제1항이 규정하는 취소확정판결의 '기속력'과 기판력과의 차이에 관하여는, 대판 2016. 3. 24. 2015두48235.

2) 대판 1990. 10. 23. 89다카23329 등.

한 소유권이전등기 소송을 제기하였다가 乙을 대위할 피보전채권의 부존재를 이유로 소각하 판결을 선고받고 확정된 후 丙이 제기한 토지인도 소송에서 甲이 다시 위와 같은 권리가 있음을 항변사유로서 주장하는 것은 기판력에 저촉되어 허용될 수 없다고 한 것이 있다.[1)]

(2) 기판력의 본질

◆ 대법원 1989. 6. 27. 선고 87다카2478 판결

제1심판결이 당사자 및 소송물이 동일한 전 소송의 판결의 기판력에 저촉된다는 이유로 원고의 청구를 부당하다고 하여 기각하였다면 제1심판결의 취지는 전 소송에서 한 원고청구기각판결의 기판력에 의하여 그 내용과 모순되는 판단을 하여서는 안 되는 구속력 때문에 전소판결의 판단을 채용하여 원고 청구기각의 판결을 한다는 것으로서 이는 소송물의 존부에 대한 실체적 판단을 한 본안판결이다.

▶ 대법원 1979. 9. 11. 선고 79다1275 판결

원고 일부승소의 확정판결에 저촉되는 소송에서는 그 승소부분에 해당하는 부분은 권리보호의 요건을 갖추지 못한 부적법한 것이라 하여 이를 각하하고 패소부분에 해당하는 부분은 그와 모순되는 판단을 할 수 없는 것이라 하여 형식적으로 이를 기각하여야 한다.

|註| **1. 기판력의 본질에 관한 견해의 대립** 기판력의 본질에 관하여는 ① 판결에는 당사자 간의 종래의 권리관계를 판결내용대로 변경시키는 효력이 있고, 후소의 재판이 전소의 판결내용에 구속되는 것은 판단대상인 권리관계가 전소의 판결내용대로 변경되었기 때문이라는 실체법설과 ② 기판력은 실체법상의 권리관계를 변동시키는 것이 아니고 오로지 소송법상의 효과로서 후소를 재판하는 법관을 구속하는 효력이라는 소송법설이 대립한다. 소송법설은 구속력의 내용에 따라 ① 후소법원이 전소의 판단과 모순되는 판단을 할 수 없는 효력이라는 모순금지설(矛盾禁止說)과 ② 후소법원이 전소 판단에 의하여 확정된 권리관계에 대하여 다시 재판하는 자체를 금지하는 효력이라는 반복금지설(反復禁止說)이 대립한다.

1) 대판 2001. 1. 16. 2000다41349.

2. 판례의 입장 (1) 판례는 승소당사자가 다시 소를 제기하면 권리보호의 이익이 없어 소각하판결을 하여야 하고 패소당사자가 다시 소를 제기하면 모순되는 판결을 할 수 없어 본안의 패소판결을 하여야 한다고 하여 모순금지설의 입장이다(이시윤 등 통설).[1)]

(2) 본안에 관한 청구기각판결을 한다고 하더라도 후소에서 원고의 청구에 관하여 다시 심리를 하는 것은 아니다. 즉, 원고의 청구가 확정판결의 기판력에 저촉되어 배척되어야 할 경우라면 그 청구원인사실의 실체적 당부에 관하여는 판단하여서는 안 되므로, 설령 후소에서 피고가 다투지 않았다고 하더라도 자백간주로 인정하여서는 안 된다.[2)]

2. 기판력의 작용

기판력이라 함은 기판력 있는 전소판결의 소송물과 동일한 후소를 허용하지 않는 것임은 물론, 후소의 소송물이 전소의 소송물과 동일하지 않다고 하더라도 전소의 소송물에 관한 판단이 후소의 선결문제가 되거나 모순관계에 있을 때에는 후소에서 전소판결의 판단과 다른 주장을 하는 것을 허용하지 않는 작용을 하는 것이다.[3)]

(1) 소송물의 동일

(a) 전소에서 승소한 원고이든 패소한 원고이든 같은 소송물에 대하여 다시 소를 제기하면 기판력에 저촉된다.

▶ 대법원 2017. 12. 22. 선고 2015다73753 판결

확정된 승소판결에는 기판력이 있으므로, 승소확정판결을 받은 당사자가 (등기의무자의 주소에 관한 자료를 첨부정보로 제공하는 등기신청을 하는 등의) 절차를 거치는 대신 피고의 주소가 등기기록상 주소로 기재된 판결을 받기 위하여 전소의 상대방이나 그 포괄승계인을 상대로 동일한 소유권이전등기청구의 소를 다시 제기하는 경우 그 소는 권리보호의 이익이 없어 부적법하다.

---

1) 모순금지설에 의하면 승소당사자이건 패소당사자이건 다시 소를 제기하면 소각하판결을 하여야 한다고 하면서 판례의 입장은 모순금지설과는 무관하다는 견해(호문혁)도 있다.

2) 대결 1989. 11. 28. 89다카21309.

3) 대판 1995. 3. 24. 94다46114. 같은 취지 : 대판 2016. 3. 24. 2015두48235; 대판 2014. 10. 30. 2013다53939.

▶ 대법원 2011. 5. 13. 선고 2009다94384, 94391, 94407 판결

환지처분 전 종전 토지에 관한 소유권확인의 소와 환지처분 후 새로운 환지 중 종전의 토지에 상응하는 비율의 해당 공유지분에 관한 소유권확인의 소는 서로 동일한 소송물이다. 따라서 환지처분 전 종전 토지에 관한 소유권확인 청구에 대한 판결이 확정된 후 다시 동일 피고를 상대로 환지처분 후 새로운 환지 중 종전 토지에 상응하는 비율의 해당 공유지분에 관한 소유권확인 청구소송을 제기한 경우에는 전소 확정판결의 소유권 존부에 관한 판단에 구속되어 법원으로서는 이와 다른 판단을 할 수 없다.

(b) **소송물이 동일하다고 하더라도 ① 판결원본이 멸실된 경우, ② 판결내용이 특정되지 않아 집행이 불가능한 경우, ③ 소멸시효의 중단이 필요한 경우로서 다른 적절한 방법이 없는 경우에는 재소가 허용된다.**

▶ 대법원 1998. 6. 12. 선고 98다1645 판결

확정된 승소판결에는 기판력이 있으므로 당사자는 그 확정된 판결과 동일한 소송물에 기하여 신소를 제기할 수 없는 것이 원칙이나 다만 시효중단 등 특별한 사정이 있어 예외적으로 신소가 허용되는 경우라고 하더라도, 신소의 판결은 전소의 승소확정판결의 내용에 저촉되어서는 아니 되므로, 후소법원으로서는 그 확정된 권리를 주장할 수 있는 모든 요건이 구비되어 있는지 여부에 관하여 다시 심리할 수는 없다고 보아야 할 것인바, 전소인 약속어음금 청구소송에서 원고의 피고에 대한 약속어음채권이 확정된 이상 그 확정된 채권의 소멸시효의 중단을 위하여 제기한 소송에서 원고의 약속어음의 소지 여부를 다시 심리할 수는 없다고 할 것이고, 이러한 법리는 약속어음에 제시증권성 및 상환증권성이 있다고 하여 달리 취급할 것은 아니다.

|註| 甲이 乙을 상대로 제기한 약속어음금청구의 전소에서 甲의 승소판결이 확정되었는데, 이후 10년 가까이 약속어음금을 변제받지 못하자 甲이 소멸시효 완성을 차단하기 위하여 다시 약속어음금청구의 소를 제기한 사안이다. 항소심은 승소확정판결을 받은 甲이 시효중단을 위하여 제기한 후소는 예외적으로 소의 이익이 있지만 이 경우에도 새로 제기된 소는 이전의 소와 별개의 독립된 소로서 그 변론종결 당시에 그 권리를 주장할 수 있는 모든 요건이 구비되어 있어야 할 것이라고 전제한 다음, 甲이 현재 그 지급을 구하는 약속어음을 소지하고 있지 아니한 사실을 자인하고 있다는 이유로 甲의 주장을 배척하였다.

그러나 대법원은 판결요지와 같이 판시하여 항소심판결을 파기하였다.

▶ 대법원 1998. 5. 15. 선고 97다57658 판결

소송물이 동일한 경우라도 판결 내용이 특정되지 아니하여 집행을 할 수 없는 경우에는 다시 소송을 제기할 권리보호의 이익이 있다고 보아야 한다.

|註| 이미 우사 19㎡의 철거 및 그 부지 25㎡의 인도를 명하는 판결이 확정되었으나 그것은 현황과 달리 작성된 감정서에 따른 것으로서 그 판결로는 강제집행이 불가능한 경우 새로운 측량에 기하여 우사의 면적과 위치를 새로이 특정하여 제소할 수 있다고 한 사례이다.

▶ 대법원 1995. 5. 12. 선고 94다25216 판결

화해조서에 기재된 내용이 특정되지 아니하여 강제집행을 할 수 없는 경우에는 동일한 청구를 제기할 소의 이익이 있다고 할 것이다.

|註| 화해조항이 '피고는 원고로부터 1992. 8. 31.까지 제1심판결의 별지목록 기재의 금형 중 라이트케이스, 캡기어, 라이트 카바금형에 대한 하자보수를 완성받음과 동시에 원고에게 6,500,000원을 지급한다'인 경우, 반대의무의 내용인 하자의 범위와 정도가 특정되지 않았고 하자보수의 완성 여부에 대한 객관적인 명백한 기준도 없으므로 원고로서는 집행개시요건인 위 반대의무를 이행할 방법이 없어 결국 강제집행을 할 수 없고, 따라서 이 경우 원고가 다시 동일한 청구의 소를 제기할 수 있다고 한 사례이다.

(c) 소송물이 동일하지만 예외적으로 재소가 허용되는 경우에도 신소의 판결은 전소의 판결내용에 저촉되어서는 안 되므로, 후소법원으로서는 전소에서 확정된 권리를 주장할 수 있는 요건들이 구비되어 있는지 여부에 관하여 다시 심리할 수 없다.[1] 실무상으로도 원고가 승소확정판결을 보유하고 있으나 시효중단을 위하여 다시 소를 제기한 경우에는 판결문에 전소판결이 있었음과 시효중단을 위하여 재소를 제기하였다는 점을 설시하는데 그치고 있고 다른 판단의 설시를 하지는 않는다. 다만, 시효중단을 위한 후소로 이행소송을 제기한 경우 후소 판결이유에도 전소 청구원인과 같은 정도의 요건사실을 기재하여 청구가 특정될 수 있도록 하여야 한다.[2] 공시송달로 진행되어 판결이 확정된 후 다시 소멸시효중단을 위한

1) 대판 2010. 10. 28. 2010다61557; 대판 2013. 4. 11. 2012다111340.
2) 대판(전) 2018. 10. 18. 2015다232316.

후소가 제기된 경우라도 피고가 후소에서 소송물에 관한 권리관계를 다투기 위하여는 먼저 전소에 대하여 적법한 추완항소를 함으로써 그 기판력을 소멸시켜야 한다.[1)]

(2) 후소의 선결관계

전소의 소송물에 관한 판단이 후소의 선결문제가 되는 경우 선결문제에 관하여는 전소와 다른 판단을 하여서는 안 된다.

▶ 대법원 2000. 6. 9. 선고 98다18155 판결

확정된 전소의 기판력 있는 법률관계가 후소의 소송물 자체가 되지 아니하여도 후소의 선결문제가 되는 때에는 전소의 확정판결의 판단은 후소의 선결문제로서 기판력이 작용한다고 할 것이므로, 소유권확인청구에 대한 판결이 확정된 후 다시 동일 피고를 상대로 소유권에 기한 물권적 청구권을 청구원인으로 하는 소송을 제기한 경우에는 전소의 확정판결에서의 소유권의 존부에 관한 판단에 구속되어 당사자로서는 이와 다른 주장을 할 수 없을 뿐만 아니라, 법원으로서도 이와 다른 판단을 할 수 없는 것이다.

|註| 1. X 토지에 관하여는 乙 명의의 소유권보존등기와 丙 명의의 소유권이전등기가 순차로 마쳐져 있다. 甲 종중은 乙을 상대로 X 토지는 甲 종중의 소유인데 등기 명의만을 乙에게 명의신탁하였던 바 위 명의신탁을 해지한다고 주장하면서 乙을 상대로 소유권이전등기를 구하는 소를 제기하여 승소확정판결을 받은 후에, 乙을 대위하여 丙을 상대로 X 토지에 관한 丙 명의 소유권이전등기의 말소등기를 구하는 소를 제기하였다. 위 소송에서 피보전채권의 존재, 즉 甲 종중의 乙에 대한 소유권이전등기청구권의 존재가 쟁점이 되었는데, 항소심법원은 甲 종중과 乙 사이의 전소의 기판력은 전소의 당사자가 아닌 甲 종중과 丙 사이에는 미치지 않는다는 전제 아래 甲 종중이 乙에게 X 토지를 명의신탁하였다고 인정할 증거가 부족하다는 이유로 甲 종중의 청구를 배척하였으나, 대법원은 채권자가 채무자를 상대로 하여 그 보전되는 청구권에 기한 이행청구의 소를 제기하여 승소판결이 확정되면 제3채무자는 그 청구권의 존재를 다툴 수 없으므로 甲 종중 주장의 피보전채권은 증명되었다고 할

1) 대판 2013. 4. 11. 2012다111340.

> 것이고 따라서 항소심으로서는 乙이 丙에게 甲 종중 주장과 같은 말소등기청구권을 가지고 있는지 심리하였어야 한다고 하여 항소심판결을 파기하였다.
> 2. 만일 위 사례에서 甲이 乙을 상대로 제기한 전소에서 패소확정판결을 받았다면 甲은 위 확정판결의 기판력에 의하여 乙에 대하여 소유권이전등기절차의 이행을 구할 수 없게 되고(명의신탁해지를 원인으로 한 소유권이전등기청구권이 존재하지 않는 것으로 된 것이다) 따라서 乙을 대위하여 丙에게 그 명의의 소유권이전등기의 말소등기절차이행을 구할 수도 없게 된다.[1]

◆ 대법원 1994. 12. 27. 선고 94다4684 판결

확정된 전소의 기판력 있는 법률관계가 후소의 소송물 자체가 되지 아니하여도 후소의 선결문제가 되는 때에는 전소의 확정판결의 판단은 후소의 선결문제로서 기판력이 작용한다고 할 것이므로, 소유권확인청구에 대한 판결이 확정된 후 다시 동일 피고를 상대로 소유권에 기한 물권적 청구권을 청구원인으로 하는 소송을 제기한 경우에는 전소의 확정판결에서의 소유권의 존부에 관한 판단에 구속되어 당사자로서는 이와 다른 주장을 할 수 없을 뿐만 아니라, 법원으로서도 이와 다른 판단을 할 수 없는 것이다.

> |註| 甲이 乙을 상대로 소유권확인청구 소송을 제기하였다가 패소 확정된 후 다시 乙을 상대로 진정명의회복을 원인으로 하는 소유권이전등기청구 소송을 제기한 사안에서 진정명의회복을 원인으로 하는 소유권이전등기청구 소송의 성질을 소유권에 기한 물권적 청구권을 청구원인으로 하는 소송으로 파악하여 선결관계로서 기판력이 미친다고 보아 본안에 대한 판단의 필요 없이 기각하여야 한다고 한 것이다.

▶ 대법원 1967. 8. 29. 선고 67다1179 판결

원고가 피고를 상대로 본건 부동산에 대한 매매를 원인으로 소유권이전등기절차 이행을 청구하였으나, 원·피고간의 매매사실을 인정할 수 없어 소유권이전등기 의무 있음을 인용할 수 없다는 이유로 원고 패소판결이 확정된 바이므로, 매매사실이 있고 소유권이전등기절차이행의무 있음을 원인으로 그 의무의 이행불능으로 인한 손해배상의무 있음을 인정한 원판결은 확정판결에 저촉되는 것이다.

---

1) 대판 1986. 2. 11. 85다534.

▶ 대법원 1976. 12. 14. 선고 76다1488 판결

확정판결의 기판력은 사실심의 최종변론종결 당시의 권리관계를 확정하는 것이므로, 원고의 청구 중 확정판결의 사실심 변론종결시 후의 이행지연으로 인한 손해배상(이자)청구 부분은 그 선결문제로서 확정판결에 저촉되는 금원에 대한 피고의 지급의무의 존재를 주장하게 되어 논리상 확정판결의 기판력의 효과를 받게 되는 것이라고 할 것이나 그 외의 부분(변론종결당시까지의 부분)의 청구는 확정판결의 기판력의 효과를 받지 않는다.

|註| 甲이 乙을 상대로 원본채권의 이행을 구하는 소를 제기하였다가 패소확정판결을 받았다면, 위 소의 변론종결 이후의 이자채권의 지급을 구하는 것은 변론종결 당시 위 원본채권이 존재함을 전제로 하는 것이므로 기판력에 저촉되지만, 위 소의 변론종결 전의 이자채권의 지급을 구하는 것은 이자의 전제가 되는 원본의 존재에 대하여 판단된 바가 없으므로 기판력에 저촉되지 않는다는 취지이다.

◆ 대법원 2000. 1. 21. 선고 99다3501 판결

채권자가 제기한 배당이의의 소의 본안판결이 확정된 때에는 이의가 있었던 배당액에 관한 실체적 배당수령권의 존부의 판단에 기판력이 생긴다. 배당이의의 소에서 패소의 본안판결을 받은 당사자가 그 판결이 확정된 후 상대방에 대하여 위 본안판결에 의하여 확정된 배당액이 부당이득이라는 이유로 그 반환을 구하는 소송을 제기한 경우에는, 전소인 배당이의의 소의 본안판결에서 판단된 배당수령권의 존부가 부당이득반환청구권의 성립 여부를 판단하는 데에 있어서 선결문제가 된다고 할 것이므로, 당사자는 그 배당수령권의 존부에 관하여 배당이의의 소의 본안판결의 판단과 다른 주장을 할 수 없고, 법원도 이와 다른 판단을 할 수 없다.

|註| 배당이의판결이 선행되지 않은 때에는, 배당을 받아야 할 자가 배당을 받지 못하고 배당을 받지 못할 자가 배당을 받은 경우에는 배당에 관하여 이의를 한 여부 또는 형식상 배당절차가 확정되었는가의 여부에 관계없이 배당을 받지 못한 우선채권자는 부당이득반환청구권이 있다.[1)]

1) 대판 1988. 11. 8. 86다카2949.

(3) 모순관계

(a) 후소가 전소의 소송물에 대한 판단을 정면으로 부정하는 것인 때에는 후소는 전소의 기판력에 저촉된다.

◆ **대법원 1987. 3. 24. 선고 86다카1958 판결**(㈜ 대법원 1996. 2. 9. 선고 94다61649 판결)
판결이 형식적으로 확정되면 그 내용에 따른 기판력이 생기므로 소유권이전등기 절차를 명하는 확정판결에 의하여 소유권이전등기가 마쳐진 경우에 다시 원인무효임을 내세워 그 말소등기절차의 이행을 청구함은 확정된 이전등기청구권을 부인하는 것이어서 기판력에 저촉된다.

▶ **대법원 2002. 12. 6. 선고 2002다44014 판결**(㈜ 대법원 2000. 7. 6. 선고 2000다11584 판결)
제소전화해조서는 확정판결과 같은 효력이 있어 당사자 사이에 기판력이 생기는 것이므로, 원고가 피고에게 토지에 관하여 신탁해지를 원인으로 한 소유권이전등기절차를 이행하기로 한 제소전화해가 준재심에 의하여 취소되지 않은 이상, 그 제소전화해에 기하여 마쳐진 소유권이전등기가 원인무효라고 주장하며 말소등기절차의 이행을 청구하는 것은 제소전화해에 의하여 확정된 소유권이전등기청구권을 부인하는 것이어서 그 기판력에 저촉된다.

▶ **대법원 1981. 11. 10. 선고 80다870 전원합의체 판결**
관재국장이 귀속재산(부동산)을 소외회사에게 매도(불하)하고 그 이전등기가 된 뒤에 관재국장이 위 매각처분을 취소하자 국가가 이를 이유로 소외회사들을 상대로 제기한 위 소유권이전등기 말소청구의 소(전소)가 국가 승소로 확정된 뒤, 소외회사가 제기한 행정소송에서 위 매각처분취소처분을 취소한 판결이 확정되었다면 소외회사는 이로써 제422조(현행 451조) 제1항 제8호의 사유를 들어 재심을 구함은 별론으로 하고, 국가에 대하여 위 매각을 원인으로 위 부동산에 대한 소유권이전등기절차의 이행을 구하는 것은 위 전소의 민사확정판결의 기판력에 저촉된다.

(b) 후소가 전소의 소송물에 대한 판단을 부정하지 않고 위 판단과 양립가능한 다른 원인을 들고 있다면 전소의 기판력에 저촉되지 않는다.

▶ 대법원 1995. 6. 13. 선고 93다43491 판결

확정판결의 기판력은 소송물로 주장된 법률관계의 존부에 관한 판단 그 자체에만 미치는 것이고, 전소와 후소가 그 소송물이 동일한 경우에 작용하는 것이므로, 부동산에 관한 소유권이전등기가 원인무효라는 이유로 그 등기의 말소를 명하는 판결이 확정되었다고 하더라도 그 확정판결의 기판력은 그 소송물이었던 말소등기청구권의 존부에만 미치는 것이므로, 그 소송에서 패소한 당사자도 전소에서 문제된 것과는 전혀 다른 청구원인에 기하여 상대방에 대하여 소유권이전등기청구를 할 수 있다.

|註| 1. 甲이 乙, 丙, 丁을 상대로 X 토지에 관한 乙 명의 소유권보존등기와 이에 기하여 차례로 마쳐진 丙, 丁 명의 각 소유권이전등기의 말소등기절차이행을 구하는 소를 제기하여 승소확정판결을 받아 乙, 丙, 丁 명의의 위 각 등기를 말소하고 甲 명의로 소유권보존등기를 마쳤는데, 丁이 甲으로부터 전소의 변론종결 전 X 부동산을 재매수하였다고 주장하면서 甲을 상대로 매매를 원인으로 소유권이전등기절차이행의 소를 제기한 사안이다.

2. 위 사안에서 丁이 X 토지에 관하여 전소 변론종결 전 일자의 취득시효완성을 원인으로 한 소유권이전등기청구를 한 경우에도 전소 기판력에 저촉되지 않는다.[1)]

3. 만일, 甲이 전소에서 乙 명의의 2009. 3. 2. 매매를 원인으로 한 소유권이전등기의 말소를 구하여 승소확정판결을 받았다면 乙이 2009. 3. 2. 매매를 원인으로 하여 소유권이전등기를 구할 수는 없지만, 乙이 별개의 원인인 다른 일자의 매매나 취득시효완성을 원인으로 하여 소유권이전등기를 구하는 것은 전소의 기판력에 저촉되지 않는다는 것이다.

◆ 대법원 1995. 3. 24. 선고 93다52488 판결

[1] 전후 양소의 소송물이 동일하지 않다고 하더라도, 만일 후소의 소송물이 전소에서 확정된 법률관계와 모순되는 정반대의 사항을 소송물로 삼았다면 이러한 경우에는 전소판결의 기판력이 후소에 미친다.

[2] 확정판결의 기판력은 소송물로 주장된 법률관계의 존부에 관한 판단의 결론 자체에만 미치고 그 전제가 되는 법률관계의 존부에까지 미치는 것은 아니어서,

1) 대판 1997. 11. 14. 97다32239; 대판 1971. 12. 28. 71다2353 등.

가등기에 기한 소유권이전등기절차의 이행을 명한 전소판결의 기판력은 소송물인 소유권이전등기청구권의 존부에만 미치고 그 등기청구권의 원인이 되는 채권계약의 존부나 판결이유 중에서 설시되었을 뿐인 가등기의 효력 유무에 관한 판단에는 미치지 아니하고, 따라서 만일 후소로서 위 가등기에 기한 소유권이전등기의 말소를 청구한다면 이는 1물 1권주의의 원칙에 비추어 볼 때 전소에서 확정된 소유권이전등기청구권을 부인하고 그와 모순되는 정반대의 사항을 소송물로 삼은 경우에 해당하여 전소판결의 기판력에 저촉된다고 할 것이지만, 이와 달리 위 가등기만의 말소를 청구하는 것은, 전소에서 판단의 전제가 되었을 뿐이고 그로써 아직 확정되지는 아니한 법률관계를 다투는 것에 불과하여 전소판결의 기판력에 저촉된다고 볼 수 없다.

|註| 이 경우 가등기에 기한 소유권이전의 본등기가 경료된 경우 가등기만의 말소를 소구할 이익이 있는가 하는 점에 관하여, 가등기에 기한 본등기가 경료된 이후 가등기만의 말소를 명한 판결에 의하여 그 가등기 자체의 말소등기를 실행하는 것이 불가능할 것이므로 의문이 있을 수 있으나, 순차적으로 소유권이전등기가 경료된 경우 후순위등기의 말소등기절차 이행청구가 패소확정되어 그 전순위등기의 말소등기 실행이 불가능하게 되었다 하더라도 그 전순위등기의 말소를 구할 소의 이익이 있고 그 말소절차이행을 명하여야 할 것이라는 판례[1]에 비추어 볼 때, 판결의 집행불능 문제와 소의 이익의 문제는 구별하여야 할 것이므로, 전소의 확정판결에 기하여 소유권이전의 본등기가 경료되었다고 하더라도 가등기만의 말소를 소구할 이익이 없다고 할 수는 없다.[2]

3. 기판력이 있는 재판

(1) 확정된 종국판결

확정된 종국판결에는 기판력이 있다. 공시송달에 의한 판결에는 기판력이 발생하지만 허위주소로 송달한 편취판결에는 기판력이 발생하지 않는다. 소송판결에는 당해 소송요건의 존부에 관하여 기판력이 생기고 본안에 관하여는 기판력이 생기지 않는다.[3]

1) 대판 1993. 7. 13. 93다20955 등.
2) 조용구, 대법원 판례해설 제23호.
3) 대판 2003. 4. 8. 2002다70181.

▶ 대법원 1994. 10. 21. 선고 94다27922 판결

판결정본이 공시송달의 방법에 의하여 피고에게 송달되었다면 비록 피고의 주소가 허위이거나 그 요건에 미비가 있다 할지라도 그 송달은 유효한 것이므로 항소기간의 도과로 그 판결은 형식적으로 확정되어 기판력이 발생한다.

▶ 대법원 1981. 8. 25. 선고 80다2831 판결

상대방의 주소를 허위로 기재하여 얻은 승소판결에 기한 소유권이전등기가 경료된 경우에는 동 등기는 실체적 권리관계에 부합될 수 있는 다른 사정이 없는 한 말소될 처지에 있는 것이므로 그 상대방이 기판력이 없는 위 판결에 대하여 항소를 제기하지 않고 별소로 그 등기의 말소를 구할 수도 있다.

> |註| 상대방의 주소를 허위로 기재하여 승소판결을 얻은 경우에는 판결정본이 피고에게 적법하게 송달되지 않았으므로 판결이 확정되지 않고 따라서 기판력이 생기지 않는다.

▶ 대법원 1983. 2. 22. 선고 82다15 판결

소송의 목적물이 특정되어 있지 아니하다는 이유로 원고의 청구를 기각한 판결과 같이 그 판결이유에서 소송물인 권리관계의 존부에 관하여 실질적으로 판단하지 아니한 경우에는 그 권리관계의 존부에 관하여 기판력이 생기지 아니한다.

▶ 대법원 1992. 5. 26. 선고 91다4669, 4676 판결

참가인의 참가신청이 권리주장참가의 요건을 갖추지 못하였다 하여 이를 각하한 것이라면 위 확정된 각하판결은 원고의 피고에 대한 청구에 대하여 참가인의 권리주장참가는 그 참가요건을 갖추지 못하여 부적법하다는 점에 한하여 기판력을 가진다.

(2) 결정·명령

결정·명령이라도 실체관계를 종국적으로 해결하는 것은 기판력이 있다. 예컨대 소송비용액확정결정에는 기판력이 있고,[1] 집행정지결정(500조, 501조)에는 기판력이 없다.[2] 보전처분에는 피보전권리의 존부를 종국적으로 확인하는 의미의 기판

1) 대결 2002. 9. 23. 2000마5257.

2) 대결 1987. 2. 11. 86그154{민사소송법 제474조(현행 501조), 제473조(현행 500조)의 규정에 의한 강제집행 일시정지에 관한 재판은 잠정적인 것이므로 확정되어도 기판력이 생기지 아니하고, 따라서 한번 신청을 배척당한 신청인이 주장과 소명을 보충해서 다시 신청을 하거나 일

력이 없다는 것이 판례이다.[1)]

(3) 확정판결과 같은 효력이 있는 것

청구의 포기·인낙조서(220조), 중재판정(중재법 35조), 화해조서(220조), 조정조서(민사조정법 29조), 화해권고결정(231조), 조정에 갈음하는 결정(민사조정법 34조 4항)에는 기판력이 있다.[2)] 지급명령(474조)과 이행권고결정(소액사건심판법 5조의7)은 "확정판결과 같은 효력이 있다"고 규정하고 있지만 기판력은 없다.[3)]

(4) 외국법원의 확정판결 또는 이와 동일한 효력이 있는 재판

외국법원의 확정판결 또는 이와 동일한 효력이 있는 재판은 ① 대한민국의 법령 또는 조약에 따른 국제재판관할의 원칙상 그 외국법원의 국제재판관할권이 인정될 것('민사재판권' 부분 참조), ② 패소한 피고가 소장 또는 이에 준하는 서면 및 기일통지서나 명령을 적법한 방식에 따라 방어에 필요한 시간여유를 두고 송달받았거나(공시송달이나 이와 비슷한 송달에 의한 경우를 제외한다) 송달받지 아니하였더라도 소송에 응하였을 것, ③ 그 판결 또는 재판의 내용 및 절차에 비추어 그 승인이 대한민국의 선량한 풍속이나 그 밖의 사회질서에 어긋나지 아니할 것, ④ 상호보증이 있거나 대한민국과 그 외국법원이 속하는 국가에 있어 승인요건이 현저히 균형을 상실하지 아니하고 중요한 점에서 실질적으로 차이가 없을 것의 요건이 갖추어졌을 때 기판력이 인정된다(217조).

종래 외국법원의 확정판결에 대하여만 기판력을 인정하던 것을 2014년 개정법에서 외국법원의 확정판결과 동일한 효력이 있는 재판에까지 기판력이 있는 것으로 확장하였는데, 이는 종래의 다수설·판례를 명문화한 것이다.

▶ 대법원 2010. 3. 25.자 2009마1600 결정

외국법원의 면책재판 등(외국법원이 외국도산절차에서 한 면책결정이나 회생계획의 인가결정

부의 정지결정을 받은 자가 그후 사정의 변경을 주장 소명해서 그와 범위를 달리하는 결정을 신청하는 것을 금지할 이유가 없으며 이러한 경우 법원은 심리의 과정에 따라 새로이 정지결정도 할 수 있고 또 그 내용을 변경할 수도 있다).

1) 대판 1977. 12. 27. 77다1698; 대결 2008. 10. 27. 2007마944.

2) 대판 2012. 5. 10. 2010다2558(화해권고결정). 대판 2009. 5. 28. 2006다20290(외국중재판정).

3) 대판 2009. 7. 9. 2006다73966 등(지급명령). 대판 2009. 5. 14. 2006다34190(이행권고결정).

등과 같이 채무나 책임을 변경·소멸시키는 재판)은 실체법상의 청구권 내지 집행력의 존부에 관한 것으로서 그에 의하여 발생하는 효과는, 채무자와 개별 채권자 사이의 채무 혹은 책임의 감면이라고 하는 단순하고 일의적인 것이고, 그 면책재판 등의 승인 여부를 둘러싼 분쟁은 면책 등의 대상이 된 채권에 기하여 제기된 이행소송이나 강제집행절차 혹은 파산절차 등에서 당해 채무자와 채권자 상호간의 공격방어를 통하여 개별적으로 해결함이 타당하므로, 이 점에서 외국법원의 면책재판 등의 승인은 그 면책재판 등이 비록 외국도산절차의 일환으로 이루어진 것이라 하더라도 민사소송법 제217조가 규정하는 일반적인 외국판결의 승인과 다를 바 없다.

(a) 송달의 적법성과 적시성

▶ 대법원 2010. 7. 22. 선고 2008다31089 판결

민사집행법 제26조 제1항은 "외국법원의 판결에 기초한 강제집행은 대한민국 법원에서 집행판결로 그 적법함을 선고하여야 할 수 있다"라고 규정하고 있고, 민사집행법 제27조 제2항 제2호, 민사소송법 제217조 제2호는 집행판결의 요건으로 '패소한 피고가 소장 또는 이에 준하는 서면 및 기일통지서나 명령을 적법한 방식에 따라 방어에 필요한 시간 여유를 두고 송달받았거나(공시송달이나 이와 비슷한 송달에 의한 경우를 제외한다) 송달받지 아니하였더라도 소송에 응하였을 것'을 규정하고 있다. 여기서 '소장 또는 이에 준하는 서면 및 기일통지서나 명령'이라 함은 소장 및 소송개시에 필요한 소환장 등을 말하는 것인데, 패소한 피고가 이러한 소환장 등을 적법한 방식에 따라 송달받았을 것을 요구하는 것은 소송에서 방어의 기회를 얻지 못하고 패소한 피고를 보호하려는 것에 그 목적이 있는 것이므로 법정지인 판결국에서 피고에게 방어할 기회를 부여하기 위하여 규정한 송달에 관한 방식, 절차를 따르지 아니한 경우에는 여기에서 말하는 적법한 방식에 따른 송달이 이루어졌다고 할 수 없다.

|註| 1. 사실관계와 법원의 판단 甲은 대한민국에 주소를 둔 乙을 상대로 미국 워싱턴주의 법원에 소를 제기하였는데, 乙에게 20일의 응소기간을 부여하는 소환장이 송달되었고, 乙이 응소하지 아니하자 법원은 결석재판을 하였다. 그런데 미국 워싱턴주의 관련법률에 의하면 피고가 워싱턴주 밖에 주소를 둔 경우 60일의 응소기간을 부여하고 그 기간 내에 응소가 없는 경우에 결석판결을 할 수 있도록 하고 있었다. 甲은 위 법원에서 받은 판결로 우리나라에서 집행판결을 구하는 소를 제기하였고(집행판결의 소송요건과 기판력의 요건은 같다), 항소심법원은 집행판결을 하였으나, 대법원

은 송달의 적법성이 갖추어지지 않았다는 이유로 항소심판결을 파기하였다.

2. 송달의 적법성과 적시성 (1) 외국확정판결·재판에 기판력이 인정되기 위하여는 외국법원의 송달이 적법한 방식에 따라(적법성) 방어에 필요한 시간여유를 두고(적시성) 이루어져야 한다. 송달의 적법성은 법정지인 판결국에서 규정한 송달에 관한 규정을 판단기준으로 고려하여야 한다(대상판결은 이를 명백히 한 것이다).[1] 다만 판결국법에 따르면 적법한 송달이더라도 우리의 국제사법공조법과 국제협약에 따를 때는 국제사법공조법에 따라 송달이 이루어져야 하는 것인데 그와 같은 절차를 따르지 아니한 경우라면 적법한 송달이라 할 수 없다.[2]

(2) 송달은 공시송달은 물론 보충송달이나 우편송달이 아닌 통상의 송달이어야 한다.[3] 다만, 소장 및 소송개시에 필요한 소환장 등이 적법하게 송달된 이상 그 후의 소환 등의 절차가 우편송달이나 공시송달 등의 절차에 의하여 진행되었더라도 승인의 대상이 될 수 있다.[4]

(3) 소장 등에 대한 적법·적시의 송달이 이루어지지 않은 경우라도 패소한 피고가 외국법원의 소송절차에서 실제로 자신의 이익을 방어할 기회를 가졌다고 볼 수 있는 때는 제217조 제1항 제2호에서 말하는 피고의 응소가 있는 것으로 보아야 한다.[5]

(b) 공서양속

(aa) 공서양속의 판단기준

▶ 대법원 2012. 5. 24. 선고 2009다22549 판결

민사소송법 제217조 제3호는 외국법원의 확정판결의 효력을 인정하는 것이 대한민국의 선량한 풍속이나 그 밖의 사회질서에 어긋나지 아니하여야 한다는 점을 외국판결 승인요건의 하나로 규정하고 있는데, 여기서 외국판결의 효력을 인정하는 것, 즉 외국판결을 승인한 결과가 대한민국의 선량한 풍속이나 그 밖의 사회질서에 어긋나는지는 그 승인 여부를 판단하는 시점에서 외국판결의 승인이 대한민국의 국내법 질서가 보호하려는 기본적인 도덕적 신념과 사회질서에 미치는 영향을 외국판결이 다룬 사안과 대한민국과의 관련성의 정도에 비추어 판단하여야 하고, 이때 그 외국판결의 주문뿐 아니라 이유 및 외국판결을 승인

1) 구자헌, 대법원 판례해설 제85호.
2) 대판 1992. 7. 14. 92다2585.
3) 대판 1992. 7. 14. 92다2585.
4) 대판 2003. 9. 26. 2003다29555.
5) 대판 2016. 1. 28. 2015다207747(피고가 미국법원에 출석하지는 않았지만 1년 9개월 동안 진행된 소송에서 다양한 실체적·절차적 주장 내지 신청을 하였고 미국법원이 이를 토대로 판결을 한 사안이다).

할 경우 발생할 결과까지 종합하여 검토하여야 한다.

|註| **1. 사실관계와 법원의 판단** 일제강점기에 강제징용되어 일본국 회사인 乙회사에서 강제노동에 종사한 대한민국 국민 甲 등이 乙회사를 상대로 국제법 위반 및 불법행위를 이유로 한 손해배상과 미지급 임금의 지급을 구한 사안으로, 甲 등이 乙회사를 상대로 동일한 청구원인으로 일본국에서 제기한 소송에서 받은 패소확정판결(이하 '일본판결')의 기판력이 문제되었다. 이에 대하여 대법원은 "일본판결 이유에는 일본의 한반도와 한국인에 대한 식민지배가 합법적이라는 규범적 인식을 전제로 하여 일제의 국가총동원법과 국민징용령을 한반도와 甲 등에게 적용하는 것이 유효하다고 평가한 부분이 포함되어 있는데, 대한민국 헌법 규정에 비추어 볼 때 일제강점기 일본의 한반도 지배는 규범적인 관점에서 불법적인 강점(强占)에 지나지 않고, 일본의 불법적인 지배로 인한 법률관계 중 대한민국의 헌법정신과 양립할 수 없는 것은 그 효력이 배제된다고 보아야 하므로, 일본판결 이유는 일제강점기의 강제동원 자체를 불법이라고 보고 있는 대한민국 헌법의 핵심적 가치와 정면으로 충돌하는 것이어서 이러한 판결 이유가 담긴 일본판결을 그대로 승인하는 결과는 그 자체로 대한민국의 선량한 풍속이나 그 밖의 사회질서에 어긋나는 것임이 분명하므로 우리나라에서 일본판결을 승인하여 효력을 인정할 수 없다"고 하였다.

2. 공서양속 외국확정판결 재판에 기판력이 인정되기 위하여는 그 판결 또는 재판의 내용 및 절차에 비추어 그 효력을 인정하는 것이 대한민국의 선량한 풍속이나 그 밖의 사회질서(ordre public)에 어긋나지 않아야 한다. 판례는 위에서 본 바와 같이 공서양속 위반 여부는 외국판결·재판의 승인이 우리 국내법 질서가 보호하려는 기본적인 도덕적 신념과 사회질서에 미치는 영향을 해당 외국판결·재판의 사안과 대한민국과의 관련성의 정도에 비추어 판단하여야 하고, 외국판결·재판의 주문뿐만 아니라 이유 및 승인시 발생할 결과까지 종합하여 검토하여야 한다고 하였다. 대법원 2018. 11. 29. 선고 2013다67587 판결, 대법원 2018. 11. 29. 선고 2015다45420 판결도 같은 이유로 강제징용사건에 관한 일본판결을 승인하지 않았다. 국내법 질서의 보존을 위한 규정이지만 국제적 거래질서의 안정도 함께 고려하여야 한다는 것이 통설이다.

(bb) 절차적 공서

외국판결·재판의 내용뿐만 아니라 절차적인 면도 심사의 대상이 된다. 판례의 입장을 2014년 개정법이 법문에 명문화하였다. 외국판결·재판이 우리나라에서의 확정판결 기판력에 저촉되는 경우, 외국판결·재판의 절차에서 방어권 내지 절차

참여권이 보장되지 않은 경우, 외국판결·재판이 사기적 방법 등에 의하여 편취된 경우 등이 문제되었다.

▶ 대법원 1994. 5. 10. 선고 93므1051, 1068 판결

동일 당사자 간의 동일 사건에 관하여 대한민국에서 판결이 확정된 후에 다시 외국에서 판결이 선고되어 확정되었다면 그 외국판결은 대한민국 판결의 기판력에 저촉되는 것으로서 그 외국판결의 효력을 인정하는 것은 대한민국의 선량한 풍속 기타 사회질서에 위반되어 민사소송법 제203조 제3호(현행 217조 1항 3호)에 정해진 외국판결의 승인요건을 흠결한 경우에 해당하므로 대한민국에서는 효력이 없다.

|註| 대한민국에서 이혼청구기각의 판결을 받고 확정된 후 외국에서 동일한 청구원인으로 다시 이혼소송을 제기하여 이혼판결을 받은 사안이다.

▶ 대법원 1997. 9. 9. 선고 96다47517 판결

외국판결의 성립절차가 대한민국 국민인 피고의 방어권을 현저히 침해한 경우에는 절차에 관한 선량한 풍속 기타 사회질서 위반으로 우리나라에서 승인 또는 집행될 수 없다고 할 것이나, 원고가 처음부터 한국에 있는 피고를 상대로 소송을 제기한 것이 아니라 미국에 거주하는 피고에게 소장 및 소환장을 송달하였는데 피고가 특별한 사정 없이 응소하지 않고 한국으로 귀국한 경우라면 원격지 법원에의 제소로 인한 방어권 침해가 있었음을 주장할 수 없다.

|註| 재미교포인 원고가 한국 유학생인 피고를 상대로 피고의 폭행, 강간을 이유로 미국법원에 손해배상청구를 한 사안이다.

▶ 대법원 2004. 10. 28. 선고 2002다74213 판결

외국판결의 내용 자체가 선량한 풍속이나 그 밖의 사회질서에 어긋나는 경우뿐만 아니라 그 외국판결의 성립절차에 있어서 선량한 풍속이나 그 밖의 사회질서에 어긋나는 경우도 승인 및 집행을 거부할 사유에 포함된다고 할 것이나, 민사집행법 제27조 제1항이 "집행판결은 재판의 옳고 그름을 조사하지 아니하고 하여야 한다."고 규정하고 있을 뿐만 아니라 사기적인 방법으로 편취한 판결인지 여부를 심리한다는 명목으로 실질적으로 외국판결의 옳고 그름을 전면적으로 재심사하는 것은 외국판결에 대하여 별도의 집행판결제도를 둔 취지에도 반하는 것이어서 허용할 수 없으므로, 위조·변조 내지는 폐기된 서류를 사용하였다거나 위증을 이용하는 것과 같은 사기적인 방법으로 외국판결을 얻었다는 사유는 원칙적으로 승인 및 집행을 거부할 사유가 될 수 없고, 다만 재심사유에 관한 민사소송법 제451조 제1항 제6호·제7호, 제2항의 내용에 비추어 볼

때 피고가 판결국 법정에서 위와 같은 사기적인 사유를 주장할 수 없었고 또한 처벌받을 사기적인 행위에 대하여 유죄의 판결과 같은 고도의 증명이 있는 경우에 한하여 승인 또는 집행을 구하는 외국판결을 무효화하는 별도의 절차를 당해 판결국에서 거치지 아니하였다 할지라도 바로 우리나라에서 승인 내지 집행을 거부할 수는 있다.

(cc) **징벌적 손해배상과 공서양속**

▶ 대법원 2015. 10. 15. 선고 2015다1284 판결

민사소송법 제217조의2 제1항은 "법원은 손해배상에 관한 확정재판 등이 대한민국의 법률 또는 대한민국이 체결한 국제조약의 기본질서에 현저히 반하는 결과를 초래할 경우에는 해당 확정재판 등의 전부 또는 일부를 승인할 수 없다."라고 규정하고 있는데, 이는 징벌적 손해배상과 같이 손해전보의 범위를 초과하는 배상액의 지급을 명한 외국법원의 확정판결 또는 이와 동일한 효력이 인정되는 재판(이하 '확정재판 등'이라 한다)의 승인을 적정 범위로 제한하기 위하여 마련된 규정이므로, 외국법원의 확정재판 등이 당사자가 실제로 입은 손해를 전보하는 손해배상을 명하는 경우에는 민사소송법 제217조의2 제1항을 근거로 승인을 제한할 수 없다.

> **|註|** 징벌적 배상을 명한 것이 아니라 전보배상을 명한 외국판결이라면 손해액이 과다하게 산정되었다는 이유만으로 공서에 반한다고 할 수 없다고 한 것으로서, 민사소송법 제217조 제1항은 그러한 취지의 규정임을 밝히고 있는 판결이다.

(c) **상호보증**

(aa) **상호보증의 의미와 판단기준**

▶ 대법원 2004. 10. 28. 선고 2002다74213 판결

우리나라와 외국 사이에 동종 판결의 승인요건이 현저히 균형을 상실하지 아니하고 외국에서 정한 요건이 우리나라에서 정한 그것보다 전체로서 과중하지 아니하며 중요한 점에서 실질적으로 거의 차이가 없는 정도라면 민사소송법 제217조 제4호에서 정하는 상호보증의 요건을 구비하였다고 봄이 상당하고, 또한 이와 같은 상호의 보증은 외국의 법령, 판례 및 관례 등에 의하여 승인요건을 비교하여 인정되면 충분하고 반드시 당사국과의 조약이 체결되어 있을 필요는 없으며, 당해 외국에서 구체적으로 우리나라의 동종 판결을 승인한 사례가 없더라도 실제로 승인할 것이라고 기대할 수 있는 상태이면 충분하다.

|註| 1. **사실관계와 법원의 판단** 미국 자치령인 북마리아나 제도(The Commonwealth of the Northern Mariana Islands) 대법원판결의 승인 여부가 문제된 사건이다. 항소심은 미국 대다수의 주법은 우리 민사소송법 제217조와 같은 내용의 통일외국금전판결승인법(Uniform Foreign Country Money Judgements Recognition Act, 모델승인법)을 채택하고 있고, 북마리아나 제도 대법원판결에 대하여 미국 연방항소법원 및 연방대법원에 상소할 수 있음을 들어 상호보증의 존재를 인정하였다. 그러나 대법원은 북마리아나 제도의 대법원판결 중 미국 연방법원에 상소할 수 있는 것은 연방문제에 관련된 사건에 한하는데 해당 사건은 그러한 사건이 아니므로 항소심과 같은 이유로 상호보증을 인정하는 것은 부당하고 북마리아나 제도의 민사소송법이 반대되는 성문법이 없는 한 미국의 보통법(commom law)을 적용한다고 하고 있으므로 북마리아나 제도의 민사소송법과 미국 보통법을 조사하여 상호보증 여부를 판단하였어야 한다고 하였다.
2. **상호보증** 상호보증(reciprocity)이란 우리나라가 외국재판을 승인하는 것과 마찬가지로 그 외국이 우리나라 재판을 승인할 것이 보증되어야 함을 뜻한다. 대상판결은 상호보증의 요건에 대한 입법론적 비판 등을 반영하여 "우리나라와 외국 사이에 동종 판결의 승인요건이 현저히 균형을 상실하지 아니하고 외국에서 정한 요건이 우리나라에서 정한 그것보다 전체로서 과중하지 아니하며 중요한 점에서 실질적으로 거의 차이가 없는 정도"이면 상호보증이 인정된다고 하여 그 요건을 완화한 것이고, 민사소송법도 2014년 개정 때에 같은 취지로 규정하기에 이르렀다.

(bb) 상호보증의 인정례와 부정례

▶ 대법원 1989. 3. 14. 선고 88므184, 191 판결

미국 뉴욕주법원의 판결절차가 공시송달에 의하지 아니하고 진행된 것이고 뉴욕주법원이 판례로서 상호주의원칙을 배격하고 다만 외국판결이 사기로 획득된 것이거나, 공서에 반한다거나, 재판관할권의 흠결이 없으면 실질검사를 하지 않고 외국판결의 효력을 그대로 승인하고 있다면 그 뉴욕주법원의 판결은 민사소송법 제203조(현행 217조) 제2호, 제4호의 승인요건을 구비한 것으로 보아야 한다.

▶ 대법원 2017. 5. 30. 선고 2012다23832 판결

미국 캘리포니아주 연방법원은 보통법(common law)에 기초한 예양의 일반원칙에 근거하여, ① 외국법원이 해당 사건에 관하여 인적·물적 관할권을 가지고 있고, ② 피고가 해당 외국법원의 소송절차에서 적정한 송달과 적법절차에 따라 공정하게 재판을 받았으며, ③ 재판결과가 기망에 의하여 부정하게 취득되지 않았고, ④ 미국 또는 캘리포니아주의 공공질서에 어긋나지 않는 경우에는 외국 비금전판결의 승인·집행을 허용하고 있다. 이와 같은 미국 캘리포니아주의 외국판결 승인요건은 우리나라의 민사소송법이 정한 것보다 전체로서 과중하지 아니하고 중요한 점에서 실질적으로 거의 차이가 없는 정도라 할 것이어서, 미국 캘리포니아주 연방법원에서 우리나라의 동종판결을 승인할 것이라고 기대할 수 있다고 봄이 타당하다.

|註| 대법원 2016. 1. 28. 선고 2015다207747 판결은 미국 켄터키주 판결에 대하여, 대법원 2009. 6. 25. 선고 2009다22952 판결은 캐나다 온타리오주 판결에 대하여 유사한 이유로 상호보증이 있다고 하였다.

▶ **대법원 1987. 4. 28. 선고 85다카1767 판결**

[1] 호주국의 외국판결상호집행법에 의하면 외국판결의 등록에 단기의 시간적 제약이 있고 그 등록에 관하여 사실상 외국판결의 실질내용에 대한 심사까지 행하고 있으며, 위 법의 적용대상국을 총독명령으로 결정하기 때문에 법적 결정성이 결여되어 있을 뿐만 아니라 총독명령 발효 이전의 외국판결에 대하여는 위 법의 적용을 거부하고 있어, 일정한 조건에 합치되는 이상 시간적 제약없이 형식적 심사만으로 당해 외국판결을 승인하고 있는 우리나라 민사소송법 제203조(현행 217조)의 입장으로서는 호주국의 위 제정법과 사이에 상호보증이 존재한다고 볼 수 없다.

[2] 호주국의 보통법상으로는 승인요건이 갖추어진 경우라 하더라도 외국판결자체를 승인하는 것이 아니라 외국판결에 의하여 확정된 의무의 존재를 인정하는 것이고, 따라서 이를 집행하기 위해서는 단순히 집행판결을 구하는 것이 아니라 그것을 청구원인으로 하여 일반소송절차에 따라 소를 제기하고 새로운 판결을 받아야 하므로, 형식적 심판만으로 외국판결을 승인하고 있는 우리나라와는 상호보증이 존재하지 아니한다.

|註| 다만, 호주는 1999년 '대한민국과 호주 간의 민사사법공조조약'(Treaty on Judicial Assistance in Civil and Commercial Matters between the Republic of Korea and Australia)의 체결에 즈음하여 '1991년 외국판결규약'(1991, Foreign Judgment Regulation)을 개정하여 우리나라 각급 법원을 상호주의가 존재하는 국가의 법원으로 명시하였고, 이후의 하급심판결 중에는 위와 같은 근거로 호주와 우리나라 사이에 상호보증을 인정한 사례가 있다.[1]

Ⅱ. 기판력의 시적 범위(표준시)

기판력은 '사실심 변론종결 당시'의 권리관계의 존부에 대한 판단에 관하여 발

1) 서울중앙지법 2014. 5. 9. 2013가합84136.

생한다. 사실심 변론종결시를 기판력의 표준시라고 한다. 무변론판결(257조)에 있어서는 선고시가 표준시가 된다.

1. 표준시 전에 존재한 사유(실권효, 차단효)

당사자는 전소의 변론종결 이전에 존재하였으나 변론종결 때까지 제출하지 않은 공격방어방법을 후소에서 제출하여 전소에서 확정된 권리관계와 다른 판단을 구할 수 없다. 이와 같은 기판력의 작용을 실권효(失權效) 또는 차단효(遮斷效)라고 한다. 실권효가 발생되는 것은 전소의 변론종결 전에 주장할 수 있었던 모든 공격방어방법이며, 그 당시 알 수 있었거나 또는 알고서 이를 주장하지 않았던 사항에 한하지 않는다. 한편, 실권효가 적용되는 것은 기판력이 작용하는 범위, 즉 소송물의 동일, 선결관계 또는 모순관계에 해당될 때에 한한다.

◆ 대법원 2014. 3. 27. 선고 2011다49981 판결(同 대법원 1980. 5. 13. 선고 80다473 판결)
확정판결의 기판력은 소송물로 주장된 법률관계의 존부에 관한 판단에 미치는 것이므로 동일한 당사자 사이에서 전소의 소송물과 동일한 소송물에 대한 후소를 제기하는 것은 전소 확정판결의 기판력에 저촉되어 허용될 수 없다. 또한 동일한 소송물에 대한 후소에서 전소 변론종결 이전에 존재하고 있던 공격방어방법을 주장하여 전소 확정판결에서 판단된 법률관계의 존부와 모순되는 판단을 구하는 것은 전소 확정판결의 기판력에 반하는 것이고, 전소에서 당사자가 그 공격방어방법을 알지 못하여 주장하지 못하였는지 나아가 그와 같이 알지 못한 데 과실이 있는지는 묻지 아니한다.

|註| 1. 甲이 乙로부터 토지거래허가구역 내 X 토지를 매수하는 내용의 매매계약을 체결한 후 乙을 상대로 소유권이전등기절차이행청구 및 토지거래허가절차이행청구의 소(전소)를 제기하였고, 소송계속 중 X 토지가 토지거래허가구역에서 해제되었으나 그러한 사정을 알지 못한 채 X 토지가 여전히 토지거래허가구역 내에 있음을 전제로 하여 등기이행청구 기각, 허가이행청구 인용의 판결이 선고되어 확정되었으며, 이후 甲이 전소판결에 기하여 토지거래허가를 받은 다음 乙을 상대로 X 토지에 관하여 위 매매계약을 원인으로 한 소유권이전등기절차이행청구의 소(후소)를 제기한 사안이다. 대법원은, 전소와 후소의 소송물이 같은 매매계약을 원인으로 하는 소유권이전등기청구권으로서 동일하고, X 토지가 토지거래허가구역에서 해제되었다는 사정은 전소 변론종결 전에 존재하던 사유이므로, 甲이 그러한 사정을 알지 못하여 전

소에서 주장하지 못하였다고 하더라도 이를 후소에서 새로이 주장하여 전소에서의 법률관계 존부에 관한 판단과 모순되는 판단을 구하는 것은 전소 확정판결의 기판력에 반하는 것이라고 하였다.
2. 전소 변론종결 이전에 존재하던 공격방어방법은 이를 알지 못하여 제출하지 못하였더라도 후소에서 이를 제출하여 전소 확정판결에서의 판단과 모순되는 판단을 구할 수 없다는 판결이다. 판례가 통설과 같이 실권효의 근거에 관하여, 전소에서 공격방어방법을 제출하지 못한 데 대하여 당사자의 귀책사유가 없는 때에도 실권효가 미친다고 보는 판단효설의 입장에 있음을 보여준다.

▶ **대법원 1992. 10. 27. 선고 91다24847, 24854 판결**

확정판결의 기판력은 동일한 당사자 사이의 소송에 있어서 변론종결 전에 당사자가 주장하였거나 또는 할 수 있었던 모든 공격 및 방어방법에 미치는 것이고, 다만 그 변론종결 후에 새로 발생한 사유가 있을 경우에만 그 기판력의 효력이 차단되는 것이다.

|註| 1. 사실관계와 법원의 판단 甲은 乙을 상대로 매매를 원인으로 한 소유권이전등기청구의 소(전소)를 제기하였으나, 변론종결 전에 목적물인 부동산이 丙에게 매도되고 소유권이전등기까지 경료됨으로써 乙의 甲에 대한 소유권이전등기의무가 이행불능이 되었다는 이유로 패소판결을 받았고 이 판결은 그대로 확정되었다. 이후 甲은 丙을 상대로 乙과 丙 사이의 매매는 통정허위표시로서 무효라고 주장하며 丙 명의의 소유권이전등기의 말소를 구하는 소를 제기하여 승소판결을 받았다. 위 판결 후 甲은 다시 乙을 상대로 사정변경(丙에 대한 승소판결)이 생겼음을 주장하면서 전소와 같은 청구원인에 기하여 소유권이전등기청구의 소(후소)를 제기하였다. 이에 대하여 법원은, 乙과 丙 사이의 매매가 통정허위표시라는 사유는 이미 전소의 변론종결 당시 존재하고 있었던 사유로서 전소에서 주장할 수 있었던 것이고, 이 점이 전소의 변론종결 후에 별도의 확정판결에 의하여 확인되었다고 한들 이것이 변론종결 후에 새로 발생한 사유라고 할 수는 없다는 이유로 甲의 청구를 기각하였다.
2. 비교사례 위 사안에서 전소의 변론종결 후에 乙이 丙과의 합의에 의하여 다시 乙 명의로 소유권이전등기를 마치거나, 乙이 丙을 상대로 丙 명의 소유권이전등기의 말소청구의 소를 제기하여 승소함으로써 丙 명의 소유권이전등기를 말소한 경우에는 전소의 변론종결 후에 새로운 사정이 생긴 것이므로 甲의 후소는 전소의 기판력에 저촉되지 않는다(아래 94다46817 판결 참조).[1] 전소와 후소의 소송물이 동일하다는

1) 대판 1995. 9. 29. 94다46817.

점에서는 대상판결과 동일하나 전소의 변론종결 후에 새로 발생한 사유를 주장하였다는 점에서 대상판결과 차이가 있다.

▶ 대법원 1995. 9. 29. 선고 94다46817 판결

乙로부터 丙 앞으로 소유권이전등기가 경료되어 있기 때문에 乙의 甲에 대한 소유권이전등기의무가 이행불능이라는 이유로 甲이 乙을 상대로 한 소유권이전등기 청구소송에서 청구기각판결이 확정된 후, 乙이 丙을 상대로 소유권이전등기말소청구소송을 제기하여 승소판결을 받아 등기부상 소유권을 회복한 경우, 乙은 甲에 대하여 소유권이전등기의무를 부담한다고 봄이 신의성실의 원칙상 당연하므로, 종전의 甲 패소판결 확정 후 사정변경이 생긴 이상 乙에 대하여 甲 앞으로 소유권이전등기절차의 이행을 명한 원심판결이 종전의 甲 패소판결의 기판력에 저촉되지 않는다.

▶ 대법원 1987. 3. 10. 선고 84다카2132 판결

특정토지에 대한 소유권확인의 본안판결이 확정되면 그에 대한 권리 또는 법률관계가 그대로 확정되는 것이므로 변론종결 전에 그 확인원인이 되는 다른 사실이 있었다 할지라도 그 확정판결의 기판력은 거기까지도 미치는 것이다.

|註| 1. 사실관계와 법원의 판단 丙은 丁을 상대로, X 토지는 丙의 피상속인인 戊가 己로부터 매수한 것이나 그 후 등기부 등이 소실되어 己의 상속인이 자기 명의로 소유권보존등기를 경료하고 이것이 전전매매되어 丁에게 이른 것이라고 주장하면서 X 토지에 대한 소유권확인의 소(전소)를 제기하여 승소확정판결을 받았다. 이후 丙의 상속인인 甲은 丁의 상속인인 乙을 상대로 X 토지의 소유권에 기하여 건물철거 및 토지인도를 구하는 소(후소)를 제기하였고, 위 소송에서 乙은 전소의 변론종결 전에 X 토지에 관한 등기부취득시효가 완성되었으므로 X 토지는 丁의 소유였고 현재는 그 상속인인 乙의 소유라고 주장하며 甲의 청구를 다투었다. 이에 대하여 법원은, 취득시효완성의 사유는 전소의 변론종결 전에 존재하였던 사유이므로 이를 이유로 전소의 기판력에 저촉되는 판단을 할 수 없다고 하였다.

2. 비교사례 甲이 乙을 상대로 X 토지에 관한 소유권확인 및 乙 명의 소유권보존등기 말소등기절차이행의 소(전소)를 제기하여 승소확정판결을 받고 이를 토대로 X 토지에 관하여 甲 명의의 소유권보존등기를 마쳤음을 전제로 후소를 3가지 경우로 나누어 보자. ① 첫째는 甲이 乙을 상대로 소유권에 기하여 X 토지 위에 존재하는 乙 소유 건물의 철거와 X 토지의 인도를 구하는 소(후소 1)를 제기하자 乙이 전소의 변론종결 전에 X 토지에 관하여 점유취득시효 또는 등기부취득시효가 완성되었다고 다투는 경우(대상판결 참조)이다. 이 경우 전소 중 소유권확인 부분이 후소의 선결문

제가 되므로 기판력이 작용하는 국면인데 乙이 전소에서 주장할 수 있었던 사유를 그 변론종결시까지 주장하지 않았으므로 기판력의 차단효에 의하여 후소에서 이를 주장할 수 없다. ② 둘째는 乙이 甲을 상대로 전소의 변론종결 이전에 점유취득시효가 완성되었다고 주장하면서 X 토지에 관하여 소유권이전등기절차이행의 소(후소 2)를 제기한 경우(아래 94다35039, 35046 판결 참조)이다. 이 경우 전소와 후소는 소송물이 다르고, 전소가 후소의 선결문제도 아니며, 후소가 전소의 판단을 부정하는 것도 아니어서 기판력이 작용하는 상황이 아니므로 乙은 전소 변론종결 전의 사유를 들어 후소를 제기함에 어떠한 방해도 받지 않는다. ③ 셋째는 乙이 甲을 상대로 전소의 변론종결 이전에 등기부취득시효가 완성되었다고 주장하면서 X 토지에 관하여 소유권이전등기절차이행의 소(후소 3)를 제기한 경우(아래 99다25785 판결 참조)이다. 이 경우 乙이 전소의 변론종결 전에 X 토지에 관한 소유권을 취득하였음을 전제로 하고 있어 전소에서 한 소유권귀속에 대한 판단과 후소가 모순관계에 있으므로 기판력이 작용하는 국면인데 乙이 전소에서 주장할 수 있었던 사유를 그 변론종결시까지 주장하지 않았으므로 기판력의 차단효에 의하여 후소에서 이를 주장할 수 없다. 둘째 사례와 달리 셋째 사례에서 등기부취득시효가 완성되었음을 원인으로 소유권이전등기 청구를 하는 것이 기판력에 저촉된다고 보는 이유는 점유취득시효와는 달리 등기부취득시효를 주장하는 경우에는 乙이 甲을 상대로 새롭게 이전등기청구를 하는 것이 아니라 전소이든 후소이든 주장 당시 乙 명의로 된 소유권보존등기가 등기부취득시효의 완성으로 유효한 등기로 되었다고 주장하여야 하는데, 유효하다고 주장하여야 할 乙 명의의 소유권보존등기가 이미 확정판결에 의하여 적법하게 말소되었으므로 이는 전소의 확정판결과 모순되는 판단을 구하는 소로서 기판력에 저촉된다는 것이다.

▶ 대법원 1995. 12. 8. 선고 94다35039, 35046 판결

甲이 이미 乙을 상대로 토지에 관한 乙 명의의 소유권보존등기의 말소등기 절차의 이행 및 소유권 확인을 구하는 소송을 제기하여 승소의 확정판결을 받고 이에 기하여 그 토지에 관한 乙 명의의 소유권보존등기를 말소한 다음 새로이 甲 앞으로 소유권보존등기를 마쳤는데, 乙이 그 후 반소로써 그 확정판결 전에 그 토지의 일부에 대한 취득시효 기간이 완성되었음을 이유로 甲에게 그 토지 부분에 대한 소유권이전등기 절차의 이행을 구하고 있다 하더라도, 전 소송의 소송물은 그 토지에 대한 소유권 자체의 존부 확인과 乙 명의로 잘못 경료되어 있었던 소유권보존등기의 말소등기청구권의 존부였던 것임에 반하여, 후소인 반소청구는 비록 동일 부동산에 관한 것이기는 하지만 취득시효 완성을 원인으로 하는 소유권이전등기청구권의 존부여서 그 전후의 양 소는 그 청구취지와 청구원인이 각기 상이하여 서로 모순, 저촉된다고 할 수 없으므로, 전소판

결의 기판력이 후소에 미친다고 할 수 없고, 비록 乙이 전소에서 자신 명의의 원인무효 등기가 실체권리관계에 부합하여 유효하다는 항변을 함으로써 甲의 청구를 배척할 수 있었다 하더라도, 乙에게 기존의 등기원인 자체가 정당한 것이라는 점이 아닌 전혀 별개의 등기청구권 취득원인을 항변으로 내세워야 할 의무가 있었던 것도 아닐 뿐더러 오로지 기존의 무효등기만을 이용하여 시효취득의 이익을 향유하여야 하는 것도 아니고 더욱이 기존의 무효등기가 말소되었다 하여 취득시효 완성을 원인으로 하는 소유권이전등기청구권이 소멸되는 것도 아닌 이상, 乙이 후소로써 취득시효 기간 완성을 원인으로 소유권이전등기 청구를 하는 것이 차단된다고도 할 수 없다.

▶ 대법원 1999. 12. 10. 선고 99다25785 판결

소유권확인청구에 대한 판결이 확정된 후 패소한 당사자가 소유권에 기한 물권적 청구권을 그 청구원인으로 하여 소송을 제기한 경우 전소의 확정판결에서의 소송물인 소유권의 존부는 후소의 선결문제가 되어 당사자로서는 이와 다른 주장을 할 수 없을 뿐만 아니라 법원으로서도 이와 다른 판단을 할 수 없는 것인바, 현재의 등기명의자가 피상속인을 상대로 제기한 소유권확인소송에서 승소확정판결을 받은 경우, 상속인이 피상속인의 생존 당시 등기부취득시효가 완성되었음을 전제로 현재의 등기명의자를 상대로 소유권이전등기청구를 하는 것은 결국 피상속인이 등기부취득시효의 완성으로 토지에 대한 소유권을 바로 취득하였다는 사실을 전제로 한 것으로 이는 전소의 확정판결의 변론종결 전에 소유권취득 원인의 하나로 주장할 수 있었던 사유라고 할 것이므로, 피상속인에게 토지의 소유권이 있는지 여부에 관한 위 확정판결의 판단은 상속인의 위 소유권이전등기청구권의 존부에 관한 선결문제로서 후소에도 그 기판력이 미친다.

◆ 대법원 2009. 5. 28. 선고 2008다79876 판결

채무자가 한정승인을 하였으나 채권자가 제기한 소송의 사실심 변론종결시까지 이를 주장하지 아니하는 바람에 책임의 범위에 관하여 아무런 유보 없는 판결이 선고·확정된 경우라 하더라도 채무자가 그 후 위 한정승인 사실을 내세워 청구에 관한 이의의 소를 제기하는 것이 허용되는 것은, 한정승인에 의한 책임의 제한은 상속채무의 존재 및 범위의 확정과는 관계없이 다만 판결의 집행 대상을 상속재산의 한도로 한정함으로써 판결의 집행력을 제한할 뿐으로, 채권자가 피상속인의 금전채무를 상속한 상속인을 상대로 그 상속채무의 이행을 구하여 제기한 소송에서 채무자가 한정승인 사실을 주장하지 않으면 책임의 범위는 현실적인 심판대상으로 등장하지 아니하여 주문에서는 물론 이유에서도 판단되

지 않는 관계로 그에 관하여는 기판력이 미치지 않기 때문이다. 위와 같은 기판력에 의한 실권효 제한의 법리는 채무의 상속에 따른 책임의 제한 여부만이 문제되는 한정승인과 달리 상속에 의한 채무의 존재 자체가 문제되어 그에 관한 확정판결의 주문에 당연히 기판력이 미치게 되는 상속포기의 경우에는 적용될 수 없다.

|註| 전소 변론종결 전의 한정승인 사실은 후소에서 이를 주장하여 책임을 제한할 수 있지만, 전소 변론종결 전의 상속포기 사실은 후소에서 이를 주장하여 채무를 부인할 수 없다. 따라서 전소 변론종결 전의 한정승인 사실은 이후 적법한 청구이의 사유가 되지만, 전소 변론종결 전의 상속포기 사실은 기판력의 실권효(차단효)에 의하여 적법한 청구이의 사유가 되지 아니한다고 한 판결이다.

2. 표준시 후에 발생한 새로운 사유

사실심 변론종결 이후에 새로이 발생한 사유는 실권효의 제재를 받지 않는다. 즉 변론종결 후에 생긴 사유를 내세워 확정된 권리관계를 다투는 것은 가능하다. 다만, 변론종결 후에 생긴 사유는 변론종결 후에 발생한 사실자료에 그치고 법률의 변경, 판례의 변경, 행정처분의 취소 등은 이에 해당되지 않는다.

◆ 대법원 2019. 1. 17. 선고 2018다24349 판결

시효중단을 위한 후소의 판결은 전소의 승소 확정판결의 내용에 저촉되어서는 아니되므로, 후소 법원으로서는 그 확정된 권리를 주장할 수 있는 모든 요건이 구비되어 있는지에 관하여 다시 심리할 수 없으나, 위 후소 판결의 기판력은 후소의 변론종결 시를 기준으로 발생하므로, 전소의 변론종결 후에 발생한 변제, 상계, 면제 등과 같은 채권소멸 사유는 후소의 심리대상이 된다. 따라서 채무자인 피고는 후소 절차에서 위와 같은 사유를 들어 항변할 수 있고 심리결과 그 주장이 인정되면 법원은 원고의 청구를 기각하여야 한다. 이는 채권의 소멸사유 중 하나인 소멸시효 완성의 경우에도 마찬가지이다.

|註| 소송물이 동일함에도 시효중단을 위한 예외사유에 해당하면 후소가 허용되나, 이 경우 피고가 전소 변론종결 당시까지의 사정을 주장하여 채권의 부존재·소멸을 다툴 수는 없고, 그 이후의 사정을 주장하여 채권의 소멸을 주장하는 것은 가능하며, 전소 변론종결 후의 사정으로 채권이 소멸한 경우 청구를 기각하여야 하므로, 전소 판결 확정일로부터 10년이 지나 후소가 제기된 경우 피고가 소멸시효의 항변을 제출

하면 법원은 이를 심리하여 본안판단을 하여야 한다는 판결이다.

◆ 대법원 2014. 1. 23. 선고 2013다64793 판결

일반적으로 판결이 확정되면 법원이나 당사자는 확정판결에 반하는 판단이나 주장을 할 수 없는 것이나, 이러한 확정판결의 효력은 그 표준시인 사실심 변론종결 시를 기준으로 하여 발생하는 것이므로, 그 이후에 새로운 사유가 발생한 경우까지 전소의 확정판결의 기판력이 미치는 것은 아니다. 따라서 전소에서 피담보채무의 변제로 양도담보권이 소멸하였음을 원인으로 한 소유권이전등기의 회복 청구가 기각되었다고 하더라도, 장래 잔존 피담보채무의 변제를 조건으로 소유권이전등기의 회복을 청구하는 것은 전소의 확정판결의 기판력에 저촉되지 아니한다.

|註| 같은 취지의 판례로, ① 전소에서 정지조건 미성취를 이유로 청구가 기각되었다 하더라도 변론종결 후에 그 조건이 성취되었다면 동일한 청구에 대하여 다시 소를 제기할 수 있다는 것[1]과 ② 소유권이전등기나 소유권이전청구권의 보전을 위한 가등기가 확정판결로 인하여 경료된 것이라고 하더라도, 위 각 등기가 채권담보의 목적으로 경료된 것인 이상, 채무자가 확정판결 후에 그 채무액을 채권자에게 모두 변제하였음을 이유로 위 각 등기의 말소를 청구하는 것은 확정판결의 기판력과 저촉된다고 볼 수 없다는 것[2]이 있다. 판례는 또한 ③ "상속재산분할협의가 전소 변론종결 후에 이루어졌다면 비록 상속재산분할의 효력이 상속이 개시된 때로 소급한다 하더라도, 상속재산분할협의에 의한 소유권 취득은 전소 변론종결 후에 발생한 사유에 해당한다"고 하였고,[3] ④ 주위토지의 현황이나 구체적 이용상황에 변동이 생긴 경우 기존의 확정판결이나 화해조서가 인정한 통행장소와 다른 곳을 통행로로 삼아 다시 통행권확인 등의 소를 제기하는 것도 위 확정판결이나 화해조서의 기판력에 저촉되지 않는다고 하였다.[4]

1) 대판 2002. 5. 10. 2000다50909.
2) 대판 1992. 7. 14. 92다16157.
3) 대판 2011. 6. 30. 2011다24340(단독상속인임을 주장하여 소유권확인을 구하였다가 공동상속인임이 인정되어 상속분에 해당하는 3분의 1 지분에 관하여만 인용판결을 받고 나머지 청구의 기각판결을 받아 확정된 후 새로이 상속재산분할협의를 하고 나머지 3분의 2 지분에 관하여 소유권확인을 구한 경우, 전소의 기판력은 그 변론종결 후 상속재산분할협의에 의하여 취득한 3분의 2 지분에 관한 소유권확인을 구하는 후소에는 미치지 않는다고 한 사례이다).
4) 대판 2004. 5. 13. 2004다10268.

▶ 대법원 1998. 7. 10. 선고 98다7001 판결

일반적으로 판결이 확정되면 법원이나 당사자는 확정판결에 반하는 판단이나 주장을 할 수 없는 것이나, 이러한 확정판결의 효력은 그 표준시인 사실심 변론종결시를 기준으로 하여 발생하므로, 그 이후에 새로운 사유가 발생한 경우까지 전소의 확정판결의 기판력이 미치는 것은 아니며, 이와 같이 변론종결 이후에 발생한 새로운 사유는 원칙적으로 사실자료에 그치는 것으로, 법률의 변경, 판례의 변경 혹은 판결의 기초가 된 행정처분의 변경은 그에 포함되지 아니한다.

|註| 1. 공상을 입은 군인이 국가배상법에 의한 손해배상 청구소송에서 다른 법령에 의한 보상을 받을 수 있다는 이유로 패소확정된 후 구 국가유공자예우등에관한법률상의 보상을 받기 위한 신체검사에서 등외 판정을 받아 보훈수혜 대상자가 될 수 없음이 판명된 경우, 판결 확정 후 새로운 사유가 발생하여 사정변경이 있는 경우에 해당한다고 본 사안이다.

2. 같은 취지의 판례로, ① 판결확정 후에 그 판결의 전제가 된 법률에 관하여 헌법재판소의 위헌결정이 있었다고 하여 확정판결의 효력을 다툴 수 있게 되는 것은 아니라는 것[1]과 ② 기판력 있는 전소판결의 변론종결 후에 이와 저촉되는 후소판결이 확정되었다는 사정은 변론종결 후에 발생한 새로운 사유에 해당되지 않는다는 것이 있다.[2] 판례는 또한 ③ "기존의 사실관계에 대한 새로운 증거자료가 있다거나 새로운 법적 평가 또는 그와 같은 법적 평가가 담긴 다른 판결이 존재한다는 등의 사정" 역시 변론종결 후에 생긴 새로운 사유에 포함되지 않는다고 하였다.[3]

◆ 대법원 1993. 12. 21. 선고 92다46226 전원합의체 판결

토지의 소유자가 법률상 원인 없이 토지를 점유하고 있는 자를 상대로 장래의 이행을 청구하는 소로서, 그 점유자가 토지를 인도할 때까지 토지를 사용 수익함으로 인하여 얻을 토지의 임료에 상당하는 부당이득금의 반환을 청구하여, 그

1) 대판 1995. 1. 24. 94다28017.
2) 대판 1997. 1. 24. 96다32706.
3) 대판 2016. 8. 30. 2016다222149(甲이 乙로부터 X 부동산의 점유를 이전받은 丙을 상대로 소유권에 기한 X 부동산의 인도청구를 하였다가 丙에게 점유할 권원이 있다는 이유로 패소확정판결을 받은 후 乙이 丙을 상대로 丙이 주장하는 점유권원의 원인행위가 무효라는 확인을 구하는 소를 제기하여 승소확정판결을 받자 甲이 다시 丙을 상대로 X 부동산의 인도청구를 구한 사안에서 이러한 甲의 후소는 전소의 기판력에 저촉된다고 한 사례이다).

청구의 전부나 일부를 인용하는 판결이 확정된 경우에, 그 소송의 사실심 변론종결 후에 토지의 가격이 현저하게 앙등하고 조세 등의 공적인 부담이 증대되었을 뿐더러 그 인근 토지의 임료와 비교하더라도 그 소송의 판결에서 인용된 임료액이 상당하지 아니하게 되는 등 경제적 사정의 변경으로 당사자 간의 형평을 심하게 해할 특별한 사정이 생긴 때에는, 토지의 소유자는 점유자를 상대로 새로 소를 제기하여 전소 판결에서 인용된 임료액과 적정한 임료액의 차액에 상당하는 부당이득금의 반환을 청구할 수 있다고 봄이 상당하다.

|註| 장래의 임료 상당의 부당이득금의 지급을 명한 판결이 확정된 후 그 임료가 8배 가량 폭등한 사안에서 정의와 형평의 이념상 전소를 명시적 일부청구로 의제하여 후소로 제기된 차액청구가 기판력에 저촉되지 아니한다고 본 전원합의체 판결이다(별개의견은 결론은 같이 하면서 전소의 변론종결 당시 주장할 수 없었던 사유가 새로이 발생한 것이므로 기판력에 저촉되지 않는다고 하였다). 해고무효확인 및 미지급 임금의 지급을 명하는 전소 확정판결에 따라 복직한 후 전소 변론종결시 이후 임금인상분의 지급을 구하는 후소를 제기한 사건에서 같은 취지의 판결을 한 것으로 대법원 2011. 10. 13. 선고 2009다102452 판결이 있다. 그러나 위 판결들에 대하여는 전소의 청구를 명시적 일부청구로 의제하는 등 이론구성에 무리가 있다는 비판이 있었고, 이에 2002년 개정 민사소송법은 정기금판결에 대한 변경의 소(252조)를 신설하였다. 다만 변경의 소는 '장차 지급할' 정기금의 액수를 변경하려는 것이므로 소 제기 당시 이미 이행기가 도래한 부분에 대하여 추가 청구를 하기 위하여는 대상판결과 같이 명시적 일부청구의 이론을 차용할 수밖에 없다.

3. 표준시 후의 형성권의 행사

전소의 변론종결 전에 발생한 취소권, 해제권, 상계권, 매수청구권, 백지보충권 등 형성권을 변론종결 후에 행사하여 청구이의의 소(민사집행법 44조)나 확정채무부존재확인의 소로써 확정된 전소판결을 뒤집을 수 있는지에 관하여는 논의가 있다.[1)] 판례는, ① 취소권, 해제권에 대하여는 실권효를 인정하고, ② 상계권에 대하

1) ① 형성권은 이를 행사한 때에 비로소 권리관계의 변동이 생기므로 모든 형성권에 대하여 실권효가 인정될 수 없다는 견해(호문혁), ② 변론의 집중과 촉진이라는 절차법적 요청으로 인하여 모든 형성권에 대하여 실권효를 적용하여야 한다는 견해(독일 판례), ③ 법적 안정을 위하여 형성권에 실권효를 적용함이 원칙이지만 일률적으로 판단할 것이 아니라 법적 안정을 해

여는 변론종결 전에 상계적상에 있음을 알았는지 여부를 묻지 않고 실권효를 인정하지 않으며, ③ 매수청구권에 대하여는 실권효를 인정하지 않고, ④ 백지어음의 보충권에 대하여는 실권효를 인정하고 있다.

▶ 대법원 1979. 8. 14. 선고 79다1105 판결 : 취소권

확정된 법률관계에 있어 동 확정판결의 변론종결 전에 이미 발생하였던 취소권을 그 당시에 행사하지 않음으로 인하여 취소권자에게 불리하게 확정된 경우 그 확정 후 취소권을 뒤늦게 행사함으로써 동 확정의 효력을 부인할 수 없다.

|註| 해제권에 관한 대법원 1981. 7. 7. 선고 80다2751 판결도 같다.

◆ 대법원 1998. 11. 24. 선고 98다25344 판결 : 상계권

당사자 쌍방의 채무가 서로 상계적상에 있다 하더라도 그 자체만으로 상계로 인한 채무소멸의 효력이 생기는 것은 아니고, 상계의 의사표시를 기다려 비로소 상계로 인한 채무소멸의 효력이 생기는 것이므로, 채무자가 채무명의(집행권원)인 확정판결의 변론종결 전에 상대방에 대하여 상계적상에 있는 채권을 가지고 있었다 하더라도 채무명의인 확정판결의 변론종결 후에 이르러 비로소 상계의 의사표시를 한 때에는 민사집행법 제44조 제2항이 규정하는 "이의원인이 변론종결 후에 생긴 때"에 해당하는 것으로서, 당사자가 채무명의인 확정판결의 변론종결 전에 자동채권의 존재를 알았는가 몰랐는가에 관계없이 적법한 청구이의 사유로 된다.

|註| 甲과 기계 제작·공급계약을 체결한 乙이 甲의 기계수령 및 대금지급 지체를 이유로 甲을 상대로 대금지급청구의 소(전소)를 제기하여 승소확정판결을 받았는데, 이후 乙이 위 소송의 계속 중 기계를 丙에게 매도하였음이 밝혀지자 甲이 기계의 인도불능을 이유로 계약을 해제하였다거나 혹은 위 이행불능으로 인한 손해배상채권으로 乙의 대금채권과 상계한다고 주장하면서 청구

치지 않는 범위 내에서는 실권효의 적용을 배제할 것이라는 견해(강현중), ④ 무효 주장에도 실권효가 적용되므로 그보다 약한 취소권, 해제권의 주장에는 당연히 실권효가 적용되어야 하나, 상계권은 출혈적 방어방법이므로 표준시 후의 행사를 일체 불허하는 것은 너무 가혹하고 또 상계권은 자동채권의 실현수단이 되는데 자동채권의 행사시기를 표준시 전으로 강제할 것은 아니므로 상계권에 한하여는 실권효를 적용하지 않아야 한다는 견해(정동윤·유병현·김경욱), ⑤ 취소권, 해제권에 대하여는 실권효가 적용되어야 하나, 상계권에 대하여는 변론종결 전에 상계적상에 있음을 알았던 때에만 실권효가 적용되고 이를 알지 못하였던 때에는 실권효가 적용되지 않는다는 견해(이시윤) 등이 대립한다.

> 이의의 소(후소)를 제기한 사안이다. 법원은, 해제 주장에 관하여는 이행불능이 전소의 계속 중에 발생하여 전소에서 해제를 할 수 있었는데 이를 하지 않았으므로 실권효에 의하여 더 이상 해제 주장을 할 수 없다고 하여 이를 배척하였으나, 상계 주장에 관하여는 판결요지와 같이 판시하여 이를 받아들였다.

▶ 대법원 1995. 12. 26. 선고 95다42195 판결 : 건물매수청구권

건물의 소유를 목적으로 하는 토지 임대차에 있어서, 임대차가 종료함에 따라 토지의 임차인이 임대인에 대하여 건물매수청구권을 행사할 수 있음에도 불구하고 이를 행사하지 아니한 채, 토지의 임대인이 임차인에 대하여 제기한 토지인도 및 건물철거청구소송에서 패소하여 그 패소판결이 확정되었다고 하더라도, 그 확정판결에 의하여 건물철거가 집행되지 아니한 이상 토지의 임차인으로서는 건물매수청구권을 행사하여 별소로서 임대인에 대하여 건물 매매대금의 지급을 구할 수 있다.

> **|註|** 지상권자의 건물매수청구권도 마찬가지로 보아야 한다.

▶ 대법원 2008. 11. 27. 선고 2008다59230 판결 : 백지어음보충권

약속어음의 소지인이 어음요건의 일부를 흠결한 이른바 백지어음에 기하여 어음금 청구소송(이하 '전소'라고 한다)을 제기하였다가 위 어음요건의 흠결을 이유로 청구기각의 판결을 받고 위 판결이 확정된 후 위 백지 부분을 보충하여 완성한 어음에 기하여 다시 전소의 피고에 대하여 어음금 청구소송(이하 '후소'라고 한다)을 제기한 경우에는, 원고가 전소에서 어음요건의 일부를 오해하거나 그 흠결을 알지 못했다고 하더라도, 전소와 후소는 동일한 권리 또는 법률관계의 존부를 목적으로 하는 것이어서 그 소송물은 동일한 것이라고 보아야 한다. 그리고 확정판결의 기판력은 동일한 당사자 사이의 소송에 있어서 변론종결 전에 당사자가 주장하였거나 주장할 수 있었던 모든 공격 및 방어방법에 미치는 것이므로, 약속어음의 소지인이 전소의 사실심 변론종결일까지 백지보충권을 행사하여 어음금의 지급을 청구할 수 있었음에도 위 변론종결일까지 백지 부분을 보충하지 않아 이를 이유로 패소판결을 받고 그 판결이 확정된 후에 백지보충권을 행사하여 어음이 완성된 것을 이유로 전소 피고를 상대로 다시 동일한 어음금을 청구하는 경우에는, 위 백지보충권 행사의 주장은 특별한 사정이 없는 한 전소판결의 기판력에 의하여 차단되어 허용되지 않는다.

4. 표준시 전의 권리관계

기판력은 사실심 변론종결 당시를 기준으로 한 권리관계의 존부에 관한 것이므로 그 이전의 권리관계에 관하여는 판결과 다른 주장을 할 수도 있다.

◆ 대법원 1976. 12. 14. 선고 76다1488 판결

확정판결의 기판력은 사실심의 최종변론종결 당시의 권리관계를 확정하는 것이므로, 원고의 청구 중 확정판결의 사실심 변론종결시 후의 이행지연으로 인한 손해배상(이자)청구부분은 그 선결문제로서 확정판결에 저촉되는 금원에 대한 피고의 지급의무의 존재를 주장하게 되어 논리상 확정판결의 기판력의 효과를 받게 되는 것이라고 할 것이나 그 외의 부분(변론종결 당시까지의 분)의 청구는 확정판결의 기판력의 효과를 받지 않는다.

|註| 기판력이 확정하는 것은 표준시(변론종결 당시)의 권리관계의 존부 판단이므로 표준시 전의 과거의 권리관계에 관하여는 기판력이 미치지 않는다. 원본채권이 변론종결 당시에 부존재하였음을 이유로 청구기각 되었을 경우라도, 변론종결 전에는 그 원본채권이 존재하였음을 전제로 그때까지 생긴 이자청구가 가능하며 기판력의 적용을 받지 않는다는 판결이다.

5. 정기금판결에 대한 변경의 소

정기금의 지급을 명한 판결이 확정된 뒤에 그 액수산정의 기초가 된 사정이 현저하게 바뀜으로써 당사자 사이의 형평을 크게 침해할 특별한 사정이 생긴 때에는 그 판결의 당사자는 장차 지급할 정기금 액수를 바꾸어 달라는 소를 제기할 수 있다(252조 1항). 앞서 본 바와 같이 대법원 1993. 12. 21. 선고 92다46226 전원합의체 판결의 이론적 난점을 극복하기 위하여 2002년 개정 민사소송법이 신설한 제도이다. 그 법적 성질은 확정판결의 변경을 목적으로 하는 형성의 소이다.

정기금판결에 대한 변경의 소는 판결 확정 뒤에 발생한 사정변경을 요건으로 하므로, 단순히 종전 확정판결의 결론이 위법·부당하다는 등의 사정을 이유로 본조에 따라 정기금의 액수를 바꾸어 달라고 하는 것은 허용될 수 없다.[1)]

1) 대판 2016. 3. 10. 2015다243996.

◆ 대법원 2009. 12. 24. 선고 2009다64215 판결

점유 토지의 인도 시까지 정기금의 지급을 명하는 판결이 확정된 뒤에 그 판결의 변경을 구하는 취지의 소가 제기된 경우, 전소의 변론종결일 후 후소의 변론종결 당시까지 점유 토지의 공시지가가 2.2배 상승하고 ㎡당 연임료가 약 2.9배 상승한 것만으로는, 전소의 확정판결 후에 그 액수 산정의 기초가 된 사정이 현저하게 바뀜으로써 당사자 사이의 형평을 크게 침해할 특별한 사정이 생겼다고 할 수 없으므로, 그 정기금의 증액 지급을 구할 수 없다.

◆ 대법원 2016. 6. 28. 선고 2014다31721 판결

민사소송법 제252조 제1항은 "정기금의 지급을 명한 판결이 확정된 뒤에 그 액수 산정의 기초가 된 사정이 현저하게 바뀜으로써 당사자 사이의 형평을 크게 침해할 특별한 사정이 생긴 때에는 그 판결의 당사자는 장차 지급할 정기금 액수를 바꾸어 달라는 소를 제기할 수 있다."라고 규정하고 있다. 이러한 정기금 판결에 대한 변경의 소는 정기금판결의 확정 뒤에 발생한 현저한 사정변경을 이유로 확정된 정기금판결의 기판력을 예외적으로 배제하는 것을 목적으로 하므로, 확정된 정기금판결의 당사자 또는 민사소송법 제218조 제1항에 의하여 확정판결의 기판력이 미치는 제3자만 정기금판결에 대한 변경의 소를 제기할 수 있다.

한편 토지의 소유자가 소유권에 기하여 토지의 무단점유자를 상대로 차임 상당의 부당이득반환을 구하는 소송을 제기하여 무단점유자가 점유 토지의 인도 시까지 매월 일정 금액의 차임 상당 부당이득을 반환하라는 판결이 확정된 경우, 이러한 소송의 소송물은 채권적 청구권인 부당이득반환청구권이므로, 소송의 변론종결 후에 토지의 소유권을 취득한 사람은 민사소송법 제218조 제1항에 의하여 확정판결의 기판력이 미치는 변론을 종결한 뒤의 승계인에 해당한다고 볼 수 없다.

따라서 토지의 전 소유자가 제기한 부당이득반환청구소송의 변론종결 후에 토지의 소유권을 취득한 사람에 대해서는 소송에서 내려진 정기금 지급을 명하는 확정판결의 기판력이 미치지 아니하므로, 토지의 새로운 소유자가 토지의 무단점유자를 상대로 다시 부당이득반환청구의 소를 제기하지 아니하고, 토지의 전 소유자가 앞서 제기한 부당이득반환청구소송에서 내려진 정기금판결에 대하여

변경의 소를 제기하는 것은 부적법하다.

|註| 정기금판결에 대한 변경의 소의 당사자는 확정된 정기금판결의 당사자 또는 그 판결의 기판력이 미치는 제3자로 제한됨을 밝힌 판결이다.

Ⅲ. 기판력의 객관적 범위

확정판결은 주문에 포함된 것에 한하여 기판력을 가진다(216조 1항). 다만 상계항변에 대한 판단은 이유 중의 판단임에도 불구하고 기판력이 있다(216조 2항).

1. 판결주문의 판단

(1) 소송판결

소송판결의 기판력은 그 판결에서 확정한 소송요건의 흠결에 관하여 미친다.[1] 다만, 당사자가 소송요건의 흠결을 보완하여 다시 소를 제기한 경우에는 그 기판력의 제한을 받지 않는다.

◆ 대법원 2003. 4. 8. 선고 2002다70181 판결

소송판결의 기판력은 그 판결에서 확정한 소송요건의 흠결에 관하여 미치는 것이지만, 당사자가 그러한 소송요건의 흠결을 보완하여 다시 소를 제기한 경우에는 그 기판력의 제한을 받지 않는다. 전소에서 당사자능력의 흠결을 이유로 소각하판결을 받은 자연부락이 그 후 비법인사단으로서 당사자능력을 갖추어 다시 소를 제기한 경우에는 전소의 기판력에 저촉되지 않는다.

▶ 대법원 2001. 1. 16. 선고 2000다41349 판결

甲이 乙을 대위하여 丙을 상대로 취득시효완성을 원인으로 한 소유권이전등기소송을 제기하였다가 乙을 대위할 피보전채권의 부존재를 이유로 소각하판결을 선고받고 확정된 후 丙이 제기한 토지인도 소송에서 甲이 다시 위와 같은 권리가 있음을 항변사유로서 주장하는 것은 기판력에 저촉되어 허용될 수 없다.

---

1) 대판 1997. 12. 9. 97다25521.

(2) 본안판결

(a) 본안판결의 기판력은 판결의 주문, 즉 소송물로 주장된 법률관계의 존부에 관한 판단에만 미친다.

◆ 대법원 2000. 2. 25. 선고 99다55472 판결(同 대법원 2021. 4. 8. 선고 2020다219690 판결 등)

확정판결의 기판력은 그 판결의 주문에 포함된 것, 즉 소송물로 주장된 법률관계의 존부에 관한 판단의 결론 그 자체에만 미치는 것이고 판결이유에서 설시된 그 전제가 되는 법률관계의 존부에까지 미치는 것은 아니다.

▶ 대법원 2019. 10. 17. 선고 2014다46778 판결

물건 점유자를 상대로 한 물건의 인도판결이 확정되면 점유자는 인도판결 상대방에 대하여 소송에서 더 이상 물건에 대한 인도청구권의 존부를 다툴 수 없고 인도소송의 사실심 변론종결 시까지 주장할 수 있었던 정당한 점유권원을 내세워 물건의 인도를 거절할 수 없다. 그러나 의무 이행을 명하는 판결의 효력이 실체적 법률관계에 영향을 미치는 것은 아니므로, 점유자가 그 인도판결의 효력으로 판결 상대방에게 물건을 인도해야 할 실체적 의무가 생긴다거나 정당한 점유권원이 소멸하여 그때부터 그 물건에 대한 점유가 위법하게 되는 것은 아니다. 나아가 물건을 점유하는 자를 상대로 하여 물건의 인도를 명하는 판결이 확정되더라도 그 판결의 효력은 이들 물건에 대한 인도청구권의 존부에만 미치고, 인도판결의 기판력이 이들 물건에 대한 불법점유를 원인으로 한 손해배상청구 소송에 미치지 않는다.

(b) 후소가 전소와 소송물을 같이 하는 경우(소송물의 동일), 전소의 소송물을 선결문제로 하는 경우(선결관계), 전소의 소송물에 대한 판단을 부인하는 경우(모순관계) 중 어느 경우이든 후소의 당사자와 법원을 구속하는 것은 전소의 소송물에 대한 판단이다. 소송물에 관하여는 이미 살펴보았으므로 여기서는 기판력과 관련한 판결들만 보기로 한다.

(aa) 소유권이전등기청구

▶ 대법원 1996. 8. 23. 선고 94다49922 판결

소유권이전등기청구사건에 있어서 등기원인을 달리하는 경우에는 그것이 단순히 공격·방어방법의 차이에 불과한 것이 아니고 등기원인별로 별개의 소송물로 인정된다.

|註| 따라서 매매를 원인으로 한 소유권이전등기청구소송과 시효취득을 원인으로 한 소유권이전등기청구소송은 이전등기청구권의 발생원인을 달리하는 별개의 소송물이므로 전소의 기판력은 후소에 미치지 아니하고,[1] 대물변제를 원인으로 소유권이전등기를 구하는 전소 확정판결의 기판력은 취득시효완성을 원인으로 소유권이전등기를 구하는 후소에 미치지 않는다.[2]

▶ 대법원 1995. 3. 24. 선고 94다46114 판결

甲이 乙에 대하여 전소에서 토지를 대물변제받아 점유하기 시작하여 취득시효가 완성되었다는 사실을 그 이유로 하여 소유권이전등기절차이행을 구하였다가 배척되었음에도 불구하고 후소에서는 이를 증여받아 점유하기 시작하여 취득시효가 완성되었다고 주장하는 것은 전소의 소송물인 취득시효완성을 원인으로 한 소유권이전등기청구권의 존부에 관한 공격방법의 하나에 불과한 사실을 후소에서 다시 주장하는 것으로 이는 전소의 사실심 변론종결 전에 주장할 수 있었던 사유임이 명백할 뿐만 아니라, 후소에서 甲이 이러한 주장을 하는 것을 허용한다면 위 토지에 관한 취득시효완성을 이유로 하여 乙의 위 토지상의 건물철거청구를 거부할 수 있게 된다는 결론에 도달하게 되는 것이니, 甲의 위와 같은 주장은 전소판결의 소송물과 서로 모순관계에 있다고 하지 않을 수 없고, 따라서 전소판결의 기판력에 저촉되어 허용될 수 없다.

▶ 대법원 1980. 12. 9. 선고 79다634 전원합의체 판결

수인이 1필의 토지를 각 위치 특정하여 그 일부씩 매수하고 편의상 그 소유권이전등기만은 공유지분 이전등기를 경료한 경우에는 관계당사자 내부관계에 있어서는 각 특정매수부분의 소유권을 취득하고 각 공유지분등기는 각자 특정매수한 부분에 관하여 각 상호 명의신탁하고 있는 것이다. 명의신탁자는 명의수탁자에 대하여 신탁해지를 하고 신탁관계의 종료 그것만을 이유로 하여 소유명의의 이전등기절차의 이행을 청구할 수 있음은 물론 신탁해지를 원인으로 하고 소유권에 기해서도 그와 같은 청구를 할 수 있고(이 경우 양 청구는 청구원인을 달리하는 별개의 소송이다), 위와 같은 법리는 위 상호 명의신탁의 지위를 승계한 자와의 관계에 있어서도 마찬가지로 적용된다.

1) 대판 1981. 1. 13. 80다204.
2) 대판 1991. 1. 15. 88다카19002, 19019.

◆ 대법원 1995. 4. 25. 선고 94다17956 전원합의체 판결

[다수의견] 甲이 乙로부터 1필의 토지의 일부를 특정하여 매수하였다고 주장하면서 乙을 상대로 그 부분에 대한 소유권이전등기청구소송을 제기하였으나, 목적물이 甲의 주장과 같은 부분으로 특정되었다고 볼 증거가 없다는 이유로 청구가 기각되었고, 이에 대한 甲의 항소·상고가 모두 기각됨으로써 판결이 확정되자, 다시 乙을 상대로 그 전체 토지 중 일정 지분을 매수하였다고 주장하면서 그 지분에 대한 소유권이전등기를 구하는 소를 제기한 경우, 전소와 후소는 그 각 청구취지를 달리하여 소송물이 동일하다고 볼 수 없으므로, 전소의 기판력은 후소에 미칠 수 없다.

[별개의견] 1필의 토지의 특정 부분에 대한 지분에 관한 소유권이전등기청구가 이론적으로는 전소 소송물의 일부를 구성하나, 이는 전소에 추상적으로 내포되어 있던 권리관계에 불과하여 전소에서 구체적으로 공격방어의 대상이 되거나 될 수 있었던 것이 아니므로 전소의 변론과 판단에 그 지분에 대한 부분이 포함되었다고 볼 수 없고, 또한 당사자가 전소에서 그 권리관계에 관한 적법한 절차보장, 즉 그 권리관계의 존부에 대한 변론과 법원의 판단을 받을 수 있었다고 볼 수 없다면 그것이 변론종결 전의 공격방어방법이라 탓하여 그 차단효를 인정할 수도 없는 것이니 만큼, 이러한 경우에는 전소판결의 기판력이 위 특정부분에 대한 지분에 관하여 미치지 아니한다고 보아야 한다.

[반대의견] 어떤 토지의 특정 부분 전부에 관한 지분권이전등기는 특정 부분에 관한 소유권이전등기청구의 분량적 일부임이 분명하므로, 당사자가 토지의 특정 부분 전부에 관한 소유권이전등기청구에 승소하였다가 후에 특정 부분을 포함한 토지 전부에 관한 지분이전등기를 청구하였다면 그 특정 부분에 관한 한 본안에 관하여 나아가 판단할 필요없이 권리보호의 이익이 없음을 이유로 각하하여야 하고, 거꾸로 특정 부분 전부에 관한 소유권이전등기청구를 하였다가 기각되었음에도 불구하고 후에 그 특정 부분을 포함한 토지 전부에 관한 지분이전등기를 구하는 경우에는 그 특정 부분에 관한 한 기판력에 저촉되어 전소와 다른 판단을 할 수 없을 것이므로 청구가 기각되어야 한다.

|註| 토지의 특정 일부와 공유지분의 관계에 대하여, 다수의견은 청구취지를 달리하여 소송물이 동일하다고 볼 수 없으므로 기판력이 미치지 않는다고 하였고, 별개의견은 이론상으로는 반대의견에 동조하면서 기판력의 정당성 근거에 관한 이른바 절차보장론을 근거로 다수의견의 결론에 찬성하였으며, 반대의견은 전소에서 청구한 특정부분 중 후소로써 청구한 공유지분에 해당하는 부분은 기판력에 저촉된다고 보았다.

(bb) **말소등기청구**

▶ **대법원 1993. 6. 29. 선고 93다11050 판결**

말소등기청구사건의 소송물은 당해 등기의 말소등기청구권이고 그 동일성 식별의 표준이 되는 청구원인, 즉 말소등기청구권의 발생원인은 당해 등기원인의 무효라 할 것으로서 등기원인의 무효를 뒷받침하는 개개의 사유는 독립된 공격방어방법에 불과하여 별개의 청구원인을 구성하는 것이 아니라 할 것이므로 전소에서 원고가 주장한 사유나 후소에서 주장하는 사유들은 모두 등기의 원인무효를 뒷받침하는 공격방법에 불과한 것일 뿐 그 주장들이 자체로서 별개의 청구원인을 구성한다고 볼 수 없고 모두 전소의 변론종결 전에 발생한 사유라면 전소와 후소는 그 소송물이 동일하여 후소에서의 주장사유들은 전소의 확정판결의 기판력에 저촉되어 허용될 수 없는 것이다.

▶ **대법원 1993. 9. 14. 선고 92다1353 판결**

소유권에 기한 방해배제청구권의 행사로서 말소등기청구를 한 전소의 확정판결의 기판력은 계약해제에 따른 원상회복으로 말소등기청구를 하는 후소에 미치지 않는다.

|註| 1. 위 93다11050 판결은 소유권에 기한 등기말소청구는 등기원인의 무효사유를 무효, 취소, 해제 등 무엇으로 하든지 하나의 소송물이라는 취지이고, 위 92다1353 판결은 소유권에 기한 말소등기청구와 계약해제에 따른 원상회복청구는 별개의 소송물이라는 취지이다. 다시 말하면, 소유권에 기한 등기말소청구는 등기원인의 무효 사유가 무엇이든지 간에 그 근거법조가 민법 제214조이고, 계약해제에 따른 등기말소청구는 그 근거법조가 민법 제548조이다.
2. 같은 이유에서 상속회복청구권에 기한 말소등기청구와 중복등기에 해당하여 무효임을 이유로 한 말소등기청구 역시 소송물을 달리하므로, 전자에 관한 전소 확정판결의 기판력은 후자에 관한 후소에 미치지 않는다고 한다.[1)]

(cc) **진정명의회복을 원인으로 한 소유권이전등기청구**

▶ **대법원 2001. 9. 20. 선고 99다37894 전원합의체 판결**

[다수의견] 진정한 등기명의의 회복을 위한 소유권이전등기청구는 이미 자기

1) 대판 2011. 7. 14. 2010다107064.

앞으로 소유권을 표상하는 등기가 되어 있었거나 법률에 의하여 소유권을 취득한 자가 진정한 등기명의를 회복하기 위한 방법으로 현재의 등기명의인을 상대로 그 등기의 말소를 구하는 것에 갈음하여 허용되는 것인데, 말소등기에 갈음하여 허용되는 진정명의회복을 원인으로 한 소유권이전등기청구권과 무효등기의 말소청구권은 어느 것이나 진정한 소유자의 등기명의를 회복하기 위한 것으로서 실질적으로 그 목적이 동일하고, 두 청구권 모두 소유권에 기한 방해배제청구권으로서 그 법적 근거와 성질이 동일하므로, 비록 전자는 이전등기, 후자는 말소등기의 형식을 취하고 있다고 하더라도 그 소송물은 실질상 동일한 것으로 보아야 하고, 따라서 소유권이전등기말소청구소송에서 패소확정판결을 받았다면 그 기판력은 그 후 제기된 진정명의회복을 원인으로 한 소유권이전등기청구소송에도 미친다.

[별개의견] 전소인 소유권이전등기말소등기청구소송과 후소인 진정명의회복을 위한 소유권이전등기청구소송이 그 소송목적이나 법적 근거와 성질이 같아서 실질적으로 동일하다고 하더라도, 각기 그 청구취지와 청구원인이 서로 다른 이상, 위 2개의 소의 소송물은 다른 것이므로, 전소의 확정판결의 기판력은 후소에는 미치지 않는다고 보아야 할 것이고, 다만, 이미 전소에 관하여 확정판결이 있고 후소가 실질적으로 전소를 반복하는 것에 불과한 것이라면, 즉, 전소와 후소를 통하여 당사자가 얻으려고 하는 목적이나 사실관계가 동일하고, 전소의 소송과정에서 이미 후소에서와 실질적으로 같은 청구나 주장을 하였거나 그렇게 하는 데 아무런 장애가 없었으며, 후소를 허용함으로써 분쟁이 이미 종결되었다는 상대방의 신뢰를 해치고 상대방의 법적 지위를 불안정하게 하는 경우에는 후소는 신의칙에 반하여 허용되지 않는다고 보아야 한다.

[반대의견] 기판력의 범위를 결정하는 소송물은 원고의 청구취지와 청구원인에 의하여 특정되는 것으로서, 사실관계나 법적 주장을 떠나서 청구취지가 다르다면 소송물이 같다고 할 수 없을 것인바, 소유권이전등기말소등기청구소송과 진정명의회복을 위한 소유권이전등기청구소송은 우선 그 청구취지가 다르므로, 이러한 법리의 적용을 배제할 만한 상당한 법적 근거가 없다면 각각의 소송물이 다르다고 보아야 한다. 이 두 소송에서 말소등기청구권과 이전등기청구권이 실질적으로는 동일한 목적을 달성하기 위한 것이라 하더라도 각각에 다른 법률효과를 인정하여 별개의 소송물로 취급하는 것도 가능하고, 실체법과 함께 등기절차법의 측면에서 보면 이들 청구권의 법적 근거가 반드시 동일하다고만 볼 수도 없는 것이며, 또한 실제적인 측면을 고려할 때, 소유권이전등기의 말소청구와 함께 진정명의의 회복을 원인으로 하는 소유권이전등기청구를 중첩

적으로 허용함이 타당하다.

▶ 대법원 1999. 7. 27. 선고 99다9806 판결
진정한 등기명의의 회복을 원인으로 한 소유권이전등기절차의 이행을 구하는 경우, 그 소송물은 소유권에 기한 이전등기청구권이고 소유권 취득의 원인이 되는 각개의 사실은 공격방법에 불과할 뿐 별개의 소송물을 구성하지 아니한다.

(dd) 일부청구

▶ 대법원 2000. 2. 11. 선고 99다10424 판결
불법행위의 피해자가 일부청구임을 명시하여 그 손해의 일부만을 청구한 경우 그 일부청구에 대한 판결의 기판력은 청구의 인용 여부에 관계없이 청구의 범위에 한하여 미치고 잔액청구에는 미치지 않는다.

▶ 대법원 1986. 12. 23. 선고 86다카536 판결
손해배상의 일부청구임을 명시하는 방법으로서는 반드시 전체손해액을 특정하여 그중 일부만 청구하고 나머지를 유보하는 취지를 밝힐 필요까지는 없고 일부청구와 잔부청구를 구별하여 그 심리범위를 특정할 수 있을 정도의 표시를 하고 전체손해의 일부로서 우선 청구하는 취지만을 밝히는 것으로 족하다.

◆ 대법원 1993. 6. 25. 선고 92다33008 판결
가분채권의 일부에 대한 이행청구의 소를 제기하면서 나머지를 유보하고 일부만을 청구한다는 취지를 명시하지 아니한 이상 그 확정판결의 기판력은 청구하고 남은 잔부청구에까지 미치는 것이므로 그 나머지 부분을 별도로 다시 청구할 수 없다. 전소의 사실심 변론종결 당시까지 소유권이전을 소구할 수 있는 공유지분의 범위를 정확히 알 수 없어 결과적으로 전소에서 일부공유지분에 관한 청구를 하지 못하게 되었다 할지라도 이를 일부청구임을 명시한 경우와 마찬가지로 취급하여 전소 확정판결의 기판력이 그 잔부청구에 미치지 않는다고 볼 수는 없다.

(ee) 형성소송

▶ 대법원 1978. 3. 28. 선고 77다1972 판결
공유물분할청구소송에서 청구기각된 확정판결의 기판력은 공유물분할청구권의 존부 자체에만 미치는 것이고, 소송물이 되지 아니한 공유물에 관한 지분소유권등기의 효력

여하에는 미치지 않는다.

(ff) 기타

◆ 대법원 2013. 9. 13. 선고 2013다45457 판결(同 대법원 1991. 3. 27. 선고 91다650, 667 판결)

부당이득반환청구권과 불법행위로 인한 손해배상청구권은 서로 실체법상 별개의 청구권으로 존재하고 그 각 청구권에 기초하여 이행을 구하는 소는 소송법적으로도 소송물을 달리하므로, 채권자로서는 어느 하나의 청구권에 관한 소를 제기하여 승소 확정판결을 받았다고 하더라도 아직 채권의 만족을 얻지 못한 경우에는 다른 나머지 청구권에 관한 이행판결을 얻기 위하여 그에 관한 이행의 소를 제기할 수 있다. 그리고 채권자가 먼저 부당이득반환청구의 소를 제기하였을 경우 특별한 사정이 없는 한 손해 전부에 대하여 승소판결을 얻을 수 있었을 것임에도 우연히 손해배상청구의 소를 먼저 제기하는 바람에 과실상계 또는 공평의 원칙에 기한 책임제한 등의 법리에 따라 그 승소액이 제한되었다고 하여 그로써 제한된 금액에 대한 부당이득반환청구권의 행사가 허용되지 않는 것도 아니다.

> |註| 구실체법설에 따라 실체법상의 권리마다 소송물이 달라지므로, 청구권경합관계에 있는 수개의 권리를 갖고 있는 경우 어느 하나의 권리에 의한 판결로 만족을 얻지 못한 경우 나머지 다른 권리에 기하여 소를 제기할 수 있다는 판결이다.

▶ 대법원 2007. 7. 13. 선고 2006다81141 판결

부당이득반환청구에서 법률상의 원인 없는 사유를 계약의 불성립, 취소, 무효, 해제 등으로 주장하는 것은 공격방법에 지나지 아니하므로 그 중 어느 사유를 주장하여 패소한 경우에 다른 사유를 주장하여 청구하는 것은 기판력에 저촉되어 허용할 수 없고, 또한 판결의 기판력은 그 소송의 변론종결 전에 있어서 주장할 수 있었던 모든 공격 및 방어방법에 미치는 것이므로 그 당시 당사자가 알 수 있었거나 또는 알고서 이를 주장하지 않았던 사항에 한하여만 기판력이 미친다고는 볼 수 없다.

▶ 대법원 1985. 3. 26. 선고 84다카2001 판결

토지소유권에 기한 지상건물철거소송에 있어서의 소송물은 철거청구권, 즉 소

유권에 기한 방해배제청구권이며 상대방이 철거를 구하는 지상건물의 소유자라든가 점유자라는 주장은 소송물과 관계없이 철거청구권의 행사를 이유 있게 하기 위한 공격방어방법에 불과하다.

2. 판결이유 중의 판단

기판력은 주문에 포함된 사항, 즉 소송물에 대한 판단에 대하여만 생기므로 ① 판결이유 중의 사실인정, ② 선결적 법률관계에 대한 판단, ③ 항변에 대한 판단, ④ 법률판단 부분에 대하여는 기판력이 생기지 않고, 따라서 이들 부분 판단은 후소에서 당사자와 법원을 구속하지 않는다.

(1) 판결이유 중의 사실인정

▶ 대법원 1983. 9. 27. 선고 82다카770 판결
매매를 청구원인으로 한 소유권이전등기청구사건에서 판결의 기판력이 미치는 객관적 범위는 그 판결의 주문에 포함된 등기청구권의 존부에만 한하는 것이고, 판결이유에서 설시된 등기청구권의 원인이 되는 채권계약의 존부에까지 미치는 것이 아니므로, 허위주소를 기재한 의제자백판결에 기하여 매매를 원인으로 한 소유권이전등기를 한 후 피고들의 추완항소로 위 판결이 취소되고 원고의 청구기각판결이 확정되자, 이를 이유로 제기한 위 의제자백판결에 기한 소유권이전등기의 말소청구소송에서 반대로 상대방의 매수사실을 인정하여 위 등기가 실체관계에 부합하는 등기라고 판단하였더라도 위 확정판결의 기판력에 저촉되지 않는다.

|註| 1. 사실관계와 법원의 판단　乙은 甲으로부터 X 토지를 매수하였다고 주장하여 甲을 상대로 X 토지에 관하여 매매를 원인으로 한 소유권이전등기절차이행의 소(전소)를 제기하면서 甲의 주소를 허위로 적어 자백간주에 의한 승소판결을 받고 위 판결에 기하여 X 토지에 관하여 乙 명의의 소유권이전등기를 마쳤다. 이를 알게 된 甲은 추완항소를 제기하였고 항소심법원은 제1심판결 취소 및 청구 기각의 판결을 선고하였으며 위 판결은 그대로 확정되었다. 이후 甲이 乙을 상대로 X 토지에 관한 乙 명의 소유권이전등기의 말소등기절차이행의 소(후소)를 제기하였는데, 위 소송에서 乙은 甲으로부터 X 토지를 실

제로 매수하였지만 등기의 편의를 위하여 소송의 방법을 택한 것이라고 주장하였고, 항소심법원은 乙의 주장을 받아들여 결국 X 토지에 관한 乙 명의의 소유권이전등기는 실체관계에 부합하는 유효한 등기라고 판단하여 甲의 청구를 배척하였다. 甲이 상고하였고 상고심에서 전소판결의 기판력이 문제되었는데, 대법원은 전소판결의 기판력은 소송물인 소유권이전등기청구권의 존부에 대하여 생기는 것이고 판결이유 중의 판단인 매매의 존부에 관한 판단에는 기판력이 생기지 않으므로 후소에서는 전소와 달리 매매가 있었음을 인정하더라도 전소의 기판력에 저촉되는 것이 아니라고 하였다.

2. 유사사례　토지수용으로 인한 보상금지급청구소송에 대한 확정판결에서 그 토지들에 대한 보상금채권이 특정인에게 적법하게 양도되었다고 판시하였더라도 소송물은 보상금지급청구권이고 보상금채권의 양도는 판결이유 중의 사실인정에 불과하므로 보상금채권의 양도 여부에 관하여는 위 확정판결과 다른 판단을 하더라도 기판력에 저촉되지 않는다.[1]

▶ 대법원 1997. 6. 27. 선고 97다9529 판결

확정판결의 기판력은 주문에 포함된 소송물인 법률관계의 존부에 관한 판단의 결론에 대하여서만 생기는 것이어서, 소유권이전등기절차의 이행을 명한 확정판결의 기판력은 소송물인 그 이전등기청구권의 존부에만 미치고 소송물이 되어 있지 않은 소유권의 귀속 자체에까지 미치는 것은 아니므로, 소유권이전등기청구소송을 제기당하여 패소한 당사자도 그 이후 소유권이전등기를 경료한 등기명의자를 상대로 다시 소유권확인을 구하거나 진정한 소유자 명의의 회복을 위한 소유권이전등기를 구하는 소송을 제기할 수 있다.

(2) 선결적 법률관계에 대한 판단

(a) 판례, 통설

▶ 대법원 2005. 12. 23. 선고 2004다55698 판결

[1] 전에 제기된 소와 후에 제기된 소의 소송물이 동일하지 않다고 하더라도, 후에 제기된 소의 소송물이 전에 제기된 소에서 확정된 법률관계와 모순되는 정반대의 사항을 소송물로 삼았다면 이러한 경우에는 전번 판결의 기판력이 후에

1) 대결 1990. 8. 9. 89마525.

제기된 소에 미치는 것이지만, 확정판결의 기판력은 소송물로 주장된 법률관계의 존부에 관한 판단의 결론에만 미치고 그 전제가 되는 법률관계의 존부에까지 미치는 것이 아니므로, 전의 소송에서 확정된 법률관계란 확정판결의 기판력이 미치는 법률관계를 의미하는 것이지 그 전제가 되는 법률관계까지 의미하는 것은 아니다.

[2] 매매계약의 무효 또는 해제를 원인으로 한 매매대금반환청구에 대한 인낙조서의 기판력은 그 매매대금반환청구권의 존부에 관하여만 발생할 뿐, 그 전제가 되는 선결적 법률관계인 매매계약의 무효 또는 해제에까지 발생하는 것은 아니므로 소유권이전등기청구권의 존부를 소송물로 하는 후소는 전소에서 확정된 법률관계와 정반대의 모순되는 사항을 소송물로 하는 것이라 할 수 없으며, 기판력이 발생하지 않는 전소와 후소의 소송물의 각 전제가 되는 법률관계가 매매계약의 유효 또는 무효로 서로 모순된다고 하여 전소에서의 인낙조서의 기판력이 후소에 미친다고 할 수 없다.

|註| 1. **사실관계와 법원의 판단** 甲이 乙을 상대로 매매계약의 무효를 주장하며 대금반환청구의 소(전소)를 제기하였다가 소송계속 중 매매계약의 유효를 주장하며 소유권이전등기청구의 소(후소)를 제기하고 전소를 취하였으나 乙이 취하에 부동의하여 양소가 계속 중 乙이 전소에 대하여 인낙을 하였다. 대법원은, 전소 인낙의 기판력은 대금반환청구권에만 미치고 매매계약의 무효 여부에는 미치지 아니하므로 법원은 후소에서 매매계약이 유효하다는 판단을 할 수 있다고 하였다.

2. **유사사례** 소유권에 기한 등기말소청구 소송이나 소유권에 기한 건물철거 및 토지인도청구 소송의 기판력은 등기말소청구권이나 건물철거 및 토지인도청구권의 존부에만 미치고 소유권에 관한 판단 부분에는 미치지 않는다.[1)] 예컨대, 甲이 乙을 상대로 X 건물에 관한 소유권이전등기의 말소등기를 구하는 소(전소)를 제기하여 승소확정판결을 받았는데 전소 변론종결 후에 乙로부터 X 건물의 소유권을 이전받았음을 주장하는 丙이 甲을 상대로 X 건물의 인도를 구하는 소(후소)를 제기한 경우 전소의 X 건물의 소유권에 대한 판단에

1) ① 소유권에 기한 등기말소청구 소송 : 대판 1998. 11. 27. 97다22904; 대판 2014. 10. 30. 2013다53939. ② 소유권에 기한 건물철거 및 토지인도청구 소송 : 대판 1989. 4. 25. 88다카3618; 대판 2010. 12. 23. 2010다58889.

는 기판력이 없으므로 후소법원으로서는 X 건물의 소유권 소재에 대하여 심리·판단하여야 한다.[1)]

3. 비교사례 판결이유 중의 판단이라도 형성적 재판을 한 경우라면 이러한 판단은 소송당사자 사이에서 효력이 있다. 예컨대, 토지 소유자와 관습에 의한 지상권자 사이의 지료급부이행소송의 판결의 이유에서 정해진 지료에 관한 결정은 그 소송의 당사자인 토지 소유자와 관습에 의한 지상권자 사이에서는 지료결정으로서의 효력이 있다.[2)]

(b) 쟁점효와 증명효

이상에서 본 바와 같은 판례 및 통설의 입장과 달리 판결 상호 간의 모순·저촉을 방지하고 심리의 중복을 피하기 위하여 판결이유 중의 판단이라도 그것이 소송에 있어 중요한 쟁점이 되어 당사자가 적극적으로 주장 입증을 하고 법원이 실질적인 심리를 한 사항이라면 그러한 판단에는 구속력을 인정하여야 한다는 주장이 있다. 이른바 쟁점효이론이 그것인데, 선결적 법률관계에 대한 판단이 대표적인 쟁점효의 대상으로 거론된다.

그러나 제216조 제1항이 소송물에 한하여 기판력이 생긴다는 취지로 규정하고 있는 점, 쟁점효를 인정하면 판결이유에도 구속력이 생겨 심리범위가 확대되고 소송지연이 초래될 수 있는 점, 쟁점효의 요건과 효과에 대한 이론적 정립이 미흡한 점 등에 비추어 볼 때, 쟁점효이론을 받아들이기에는 무리가 있다. 따라서 쟁점효이론이 제기하는 문제점인 판결의 모순저촉과 심리의 중복은 신의칙(특히, 선행행위와 모순되는 거동금지)을 적용하거나 확정판결의 이유설시를 유력한 증거자료로 인정함으로써 해결할 수밖에 없다. 판례는 신의칙의 적용에는 부정적이지만 관련 사건의 확정판결(특히 당사자가 같고 분쟁의 기초가 된 사실도 같으나 소송물만 다른 경우)의 이유설시는 유력한 증거자료로 삼고 있다(판결의 증명효, 자유심증주의 참고).

▶ 대법원 2002. 9. 24. 선고 2002다11847 판결

확정판결의 기판력은 소송물로 주장된 법률관계의 존부에 관한 판단의 결론에만 미치고 그 전제가 되는 법률관계의 존부에까지 미치는 것은 아니므로, 계쟁 부동산에 관한 피고 명의의 소유권이전등기가 원인무효라는 이유로 원고가 피고를 상대로 그 등기의

1) 대판 2014. 10. 30. 2013다53939.
2) 대판 2003. 12. 26. 2002다61934.

말소를 구하는 소송을 제기하였다가 청구기각의 판결을 선고받아 확정되었다고 하더라도, 그 확정판결의 기판력은 소송물로 주장된 말소등기청구권이나 이전등기청구권의 존부에만 미치는 것이지 그 기본이 된 소유권 자체의 존부에는 미치지 아니하고, 따라서 원고가 비록 위 확정판결의 기판력으로 인하여 계쟁 부동산에 관한 등기부상의 소유 명의를 회복할 방법은 없게 되었다고 하더라도 그 소유권이 원고에게 없음이 확정된 것은 아닐 뿐만 아니라, 등기부상 소유자로 등기되어 있지 않다고 하여 소유권을 행사하는 것이 전혀 불가능한 것도 아닌 이상, 원고로서는 그의 소유권을 부인하는 피고에 대하여 계쟁 부동산이 원고의 소유라는 확인을 구할 법률상 이익이 있으며, 이러한 법률상의 이익이 있는 이상에는 특별한 사정이 없는 한 소유권확인 청구의 소제기 자체가 신의칙에 반하는 것이라고 단정할 수 없는 것이다.

|註| 조정조서의 기판력에 대하여 같은 취지의 판결로서, 대법원 2017. 12. 22. 선고 2015다205086 판결.

◆ 대법원 1995. 6. 29. 선고 94다47292 판결

민사재판에 있어서는 다른 민사사건 등의 판결에서 인정된 사실에 구속받는 것이 아니라 할지라도 이미 확정된 관련 민사사건에서 인정된 사실은 특별한 사정이 없는 한 유력한 증거가 되므로, 합리적인 이유설시 없이 이를 배척할 수 없고, 특히 전후 두개의 민사소송이 당사자가 같고 분쟁의 기초가 된 사실도 같으나 다만 소송물이 달라 기판력에 저촉되지 아니한 결과 새로운 청구를 할 수 있는 경우에 있어서는 더욱 그러하다.

(3) 항변에 대한 판단

(a) 원칙

항변에 대한 판단은 판결이유 중의 판단이므로 여기에는 기판력이 생기지 않는다. 예컨대 매매를 원인으로 하는 소유권이전등기청구의 소에서 매매대금의 지급을 구하는 피고의 동시이행항변이 받아들여져서 "피고는 원고로부터 ○○원을 지급받음과 동시에 원고에게 ○○ 부동산에 관하여 ○○일자 매매를 원인으로 하는 소유권이전등기절차를 이행하라"는 판결이 선고되고 확정되었다고 하더라도, 동시이행관계에 있는 매매대금채권의 존재 및 액수에 대하여는 기판력이 생기지 않는다.[1] 다만, 피고가 매매대금을 지급받지 않아도 등기를 이전해 줄 의무가 있다

1) 대판 1975. 5. 27. 74다2074; 대판 1996. 7. 12. 96다19017.

는 주장은 위 판결의 기판력에 저촉된다.[1)]

(b) **예외 - 상계항변**

(aa) **기판력의 발생**

상계항변에 대한 판단은 판결이유 중의 판단임에도 불구하고 상계하고자 대항한 액수에 한하여 기판력을 가진다(216조 2항). 상계항변에 대한 판단에 기판력을 인정하지 않으면, 상계항변이 받아들여진 경우 원고는 자신의 채권이 소멸되거나 감액되어 더 이상 자신의 채권을 행사하지 못하거나 감액된 금원 이상으로 행사할 수 없게 되었음에도 피고는 재차 상계항변에 제공한 채권의 지급을 구하는 별소를 제기할 수 있는 불균형이 초래되고, 상계항변이 받아들여지지 않은 경우 피고가 재차 상계항변에 제공한 채권의 지급을 구하는 별소를 구할 수 있게 되어 그 결과 원고 채권에 대한 전소의 판결은 무의미해질 수 있기 때문이다. 여기에서 말하는 상계는 민법 제492조 이하에 규정된 단독행위로서의 상계를 말하고, 쌍방의 채권을 상계·정산하기로 합의하였다는 취지의 항변은 여기에 포함되지 않는다.[2)]

◆ 대법원 2005. 7. 22. 선고 2004다17207 판결

[1] 민사소송법 제216조 제2항에서 판결 이유 중의 판단임에도 불구하고 상계 주장에 관한 법원의 판단에 기판력을 인정한 취지는, 만일 이에 대하여 기판력을 인정하지 않는다면, 원고의 청구권의 존부에 대한 분쟁이 나중에 다른 소송으로 제기되는 반대채권의 존부에 대한 분쟁으로 변형됨으로써 상계 주장의 상대방은 상계를 주장한 자가 그 반대채권을 이중으로 행사하는 것에 의하여 불이익을 입을 수 있게 될 뿐만 아니라 상계 주장에 대한 판단을 전제로 이루어진 원고의 청구권의 존부에 대한 전소의 판결이 결과적으로 무의미하게 될 우려가 있게 되므로, 이를 막기 위함이라고 보인다.

[2] 상계 주장에 관한 판단에 기판력이 인정되는 경우는, 상계 주장의 대상이 된 수동채권이 소송물로서 심판되는 소구채권이거나 그와 실질적으로 동일하다고 보이는 경우(가령 원고가 상계를 주장하면서 청구이의의 소송을 제기하는 경우 등)로서 상계를 주장한 반대채권과 그 수동채권을 기판력의 관점에서 동일하게 취급하여야 할 필요성이 인정되는 경우를 말한다고 봄이 상당하므로 만일 상계 주장의 대

---

1) 대판 1975. 5. 27. 74다2074.
2) 대판 2014. 4. 10. 2013다54390.

상이 된 수동채권이 동시이행항변에 행사된 채권일 경우에는 그러한 상계 주장에 대한 판단에는 기판력이 발생하지 않는다고 보아야 할 것인바, 위와 같이 해석하지 않을 경우 동시이행항변이 상대방의 상계의 재항변에 의하여 배척된 경우에 그 동시이행항변에 행사된 채권을 나중에 소송상 행사할 수 없게 되어 민사소송법 제216조가 예정하고 있는 것과 달리 동시이행항변에 행사된 채권의 존부나 범위에 관한 판결 이유 중의 판단에 기판력이 미치는 결과에 이르기 때문이다.

|註| 甲은 乙로부터 乙 소유의 X 건물을 매수하면서 대금을 10회에 걸쳐 분할하여 지급하되 대금을 전부 지급하기 전에 乙의 승낙을 얻어 X 건물을 사용할 수 있고 만일 甲의 귀책사유로 매매계약이 해제되면 건물의 점유사용료를 乙에게 지급하기로 약정하였다. 甲은 乙의 승낙을 얻어 X 건물을 사용하면서 4회까지의 대금을 지급하였는데 5회부터는 대금을 지급하지 않았다. 이에 乙은 매매계약을 해제하고 甲을 상대로 X 건물의 인도를 구하는 소(전소)를 제기하였다. 위 소송에서 甲은 기지급된 대금을 반환받을 때까지는 乙의 청구에 응할 수 없다는 동시이행의 항변을 하였고, 乙은 甲의 대금반환청구권은 乙의 甲에 대한 건물 점유사용료채권과 상계되어 소멸되었다고 재항변하였다. 법원은 乙의 재항변을 받아들여 甲의 항변을 배척하고 乙 승소의 판결을 하였고, 위 판결은 그대로 확정되었다. 이후 甲은 乙을 상대로 기지급된 대금의 반환을 구하는 소(후소)를 제기하였는데, 이 소송에서 항소심법원은 대금반환채권이 상계로 소멸하였다는 전소의 판단에 기판력이 있으므로 후소는 전소의 기판력에 저촉된다고 하였다. 그러나 대법원은 판결요지와 같이 판시하여 후소는 전소의 기판력에 저촉되지 않는다고 하였다. 다만, 항소심은 기판력에 저촉된다면서도 본안에 들어가 전소의 소송계속 중 甲의 대금반환채권이 乙의 건물 점유사용료채권과 상계되어 소멸되었다는 판단을 하였고, 대법원은 항소심의 이러한 본안판단에는 잘못이 없다는 이유로 상고를 기각하였다.

(bb) 요건과 효과

① 상계항변은 자동채권의 존부에 관하여 실질적인 판단을 한 경우에 한하여 기판력이 생긴다.

◆ 대법원 1975. 10. 21. 선고 75다48 판결

항변권이 부착되어 있는 채권을 자동채권으로 하여 타의 채무와의 상계는 일방의 의사표시에 의하여 상대방의 항변권 행사의 기회를 상실케 하는 결과가 되므로 성질상 허용할 수 없는 것이나, 상계항변에서 들고 나온 자동채권을 부정하여 그 항변을 배척하는 것과 자동채권의 성립은 인정되나 성질상 상계를 허용할 수 없다 하여 상계항변을 배척하는 것과는 그 형식면에서는 같을지라도 전자의 경우엔 기판력이 있다 할 것이므로 양자는 판결의 효력이 다른 것이다.

|註| 상계항변에 대한 기판력은 자동채권의 존부에 관하여 실질적으로 판단을 한 경우에 한하여 발생하므로, 실기한 공격방어방법으로서 상계항변이 각하되거나(149조) 또는 성질상 상계가 허용되지 않거나(민법 496조, 492조 1항 단서), 상계부적상이라는(민법 492조 1항 본문) 이유로 상계항변이 배척된 경우에는 기판력이 발생하지 않는다. 대상판결은 성질상 상계가 허용되지 않는 경우이다.

② 상계항변에 대한 판단의 기판력은 상계로 대항한 액수에 한하여 발생한다. 예컨대, 원고의 60만 원 청구에 피고가 100만 원의 채권으로 상계항변을 하였다면, 상계항변이 인용되든 배척되든 피고의 채권 중 60만 원 부분에 한하여 기판력이 발생하는 것이고, 나머지 40만 원 부분에는 기판력이 생기지 않는다.

③ 여러 개의 자동채권이 있는 경우 법원은 어느 자동채권에 대하여 어느 범위에서 상계의 기판력이 미치는지 판결이유 자체로 당사자가 분명하게 알 수 있을 정도로 밝혀 주어야 한다.[1)]

④ 상계항변이 배척되는 경우에는 자동채권(반대채권)의 부존재에 관하여 기판력이 생긴다. 상계항변이 인용되는 경우에 관하여는, 수동채권(소구채권)과 자동채권이 존재하였다가 상계에 의하여 소멸하였다는 점에 관하여 기판력이 생긴다는 견

1) 대판 2011. 8. 25. 2011다24814(상계충당이 지정충당에 의하게 되는지 법정충당에 의하게 되는지, 지정충당이 되는 경우라면 어느 자동채권이 우선충당되는지 특정하여야 하고, 자동채권으로 이자나 지연손해금이 함께 주장되는 경우에는 그 기산일이나 이율 등도 구체적으로 특정하여야 한다); 대판 2013. 11. 14. 2013다46023(자동채권의 수액이 수동채권의 수액을 초과한 것이 명백해 보이는 경우라도, 상계적상의 시점 이전에 수동채권의 변제기가 이미 도래하여 지체가 발생한 상태라고 인정된다면, 법원으로서는 최소한 상계적상의 시점 및 수동채권의 지연손해금 기산일과 이율 등을 구체적으로 특정해 주어야 한다); 대판 2014. 12. 11. 2011다77290.

해와 현재의 법률관계로서 자동채권이 소멸되었다는 점에 관하여만 기판력이 생긴다는 견해가 대립한다.

(cc) 재항변으로 제출된 상계항변

① 상계항변에 대한 판단에 기판력이 생기는 것은 수동채권이 소송물로서 심판되는 소구채권이거나 그와 실질적으로 동일하다고 보이는 경우(가령 원고가 상계를 주장하면서 청구이의의 소를 제기하는 경우 등)로서 상계를 주장한 반대채권과 그 수동채권을 기판력의 관점에서 동일하게 취급하여야 할 필요성이 인정되는 경우에 한한다. 상계항변에 대한 판단에 기판력이 있다고 보는 것은, 상계의 효과로 직접적인 영향을 받는 수동채권의 존부 및 범위가 주문에 드러남으로써 기판력을 받는 것과의 형평상 상계 후의 자동채권의 부존재에 대하여도 기판력을 주어 자동채권을 주장한 자가 다시 소송을 제기하지 못하도록 할 필요성이 있기 때문인데, 상계항변이 재항변으로 주장된 경우에는 이러한 필요성이 없다.[1] 또한, 이러한 해석에는, 동시이행의 항변과 같은 상계항변 외의 항변에 대한 판단에는 기판력이 인정되지 않는데, 재항변으로 제출한 상계항변에 대한 판단에 기판력을 인정하면 수동채권에 해당하는 동시이행항변 등으로 제출된 채권의 소멸에 대하여도 같은 구속력을 인정할 수밖에 없는 결과가 된다는 고려도 깔려 있다.

② 피고의 상계항변에 대한 원고의 상계재항변은 특별한 사정이 없는 한 허용되지 않는다.

▶ 대법원 2014. 6. 12. 선고 2013다95964 판결

피고의 소송상 상계항변에 대하여 원고가 다시 피고의 자동채권을 소멸시키기 위하여 소송상 상계의 재항변을 하는 경우, 법원이 원고의 소송상 상계의 재항변과 무관한 사유로 피고의 소송상 상계항변을 배척하는 경우에는 소송상 상계의 재항변을 판단할 필요가 없고, 피고의 소송상 상계항변이 이유 있다고 판단하는 경우에는 원고의 청구채권인 수동채권과 피고의 자동채권이 상계적상 당시에 대등액에서 소멸한 것으로 보게 될 것이므로 원고가 소송상 상계의 재항변으로써 상계할 대상인 피고의 자동채권이 그 범위에서 존재하지 아니하는 것이 되어 이때에도 역시 원고의 소송상 상계의 재항변에 관하여 판단할 필요가 없게 된다. 또한, 원고가 소송물인 청구채권 외에 피고에 대하여 다른 채권을 가지고 있다면 소의 추가적 변경에 의하여 그 채권을 당해 소송에서 청구

1) 김상환, 대법원 판례해설 제57호.

하거나 별소를 제기할 수 있다. 그렇다면 원고의 소송상 상계의 재항변은 일반적으로 이를 허용할 이익이 없다. 따라서 피고의 소송상 상계항변에 대하여 원고가 소송상 상계의 재항변을 하는 것은 다른 특별한 사정이 없는 한 허용되지 않는다고 보는 것이 타당하다.

|註| 이러한 법리는 원고가 2개의 채권을 청구하고, 피고가 그 중 1개의 채권을 수동채권으로 삼아 소송상 상계항변을 하자, 원고가 다시 청구채권 중 다른 1개의 채권을 자동채권으로 소송상 상계의 재항변을 하는 경우에도 마찬가지로 적용된다.[1)]

(dd) 상계항변의 특수성

기판력과 관련된 특성 외에도 상계항변은 다른 항변과 다른 여러 가지 특성을 갖는다. 첫째, 상계항변은 소구채권의 존재를 확정한 후에 판단을 하여야 한다. 즉, 상계항변은 피고의 채권도 소멸시키는 항변(출혈적 항변)이므로 소구채권의 존재를 가정하여 상계항변을 받아들여서도 안 되고 다른 항변을 먼저 판단하지 않고 상계항변을 먼저 판단하여서도 안 된다. 둘째, 상계항변으로 전부승소한 피고는 전부승소하였지만 상소의 이익이 있다.[2)] 셋째, 상계항변으로 제출된 채권을 별소로써 구하는 것이 허용된다는 것이 판례의 입장이지만 반대의견도 있다('중복소송' 부분 참조). 넷째, 상계항변이 제출되었으나 실기한 공격방어방법으로 각하되었을 때 실체법상의 상계의 효과가 남는가에 관하여는 논의가 있다('소송상 형성권의 행사' 부분 참조).

(4) 법률판단

판결의 기판력은 주문에 포함된 소송물인 법률관계의 존부에 관한 판단의 결론에 대하여서만 발생하고, 그 전제가 되는 법규의 해석 적용이 법률관계의 존부에 관한 것이라고 할지라도 이 부분까지는 기판력이 미치지 아니한다.[3)]

▶ 대법원 1968. 9. 30. 선고 68다1411 판결

원고가 국가를 상대로 소유권확인을 구하는 소송에 있어서 법원이 '원고에 대한 농지분배가 무효이므로 원고의 청구를 기각한다'는 판결을 한 경우 기판력은 원고에게 소유권이 없다는 판단에 대하여 생기는 것이고 원고에 대한 농지분배가 무효라는 판단에

1) 대판 2015. 3. 20. 2012다107662.
2) 대판 1993. 12. 28. 93다47189 참조.
3) 대판 1970. 9. 29. 70다1759.

는 기판력이 생기지 않는다.

Ⅳ. 기판력의 주관적 범위

확정판결은 당사자, 변론을 종결한 뒤의 승계인(변론 없이 한 판결의 경우에는 판결을 선고한 뒤의 승계인) 또는 그를 위하여 목적물을 소지한 사람에 대하여 생긴다(218조 1항). 다른 사람을 위하여 원고나 피고가 된 사람에 대한 확정판결은 그 다른 사람에 대하여도 효력이 미친다(218조 3항).

▶ 대법원 1960. 7. 28. 선고 4292민상794 판결

판결의 기판력이 적용되는 인적 범위는 변론종결 후의 승계인, 청구의 목적물의 소지자, 독립참가의 경우의 소송탈퇴자 등 그 사건의 당사자와 동일하게 처우할 수 있는 제3자 또는 신분관계, 회사관계 등 사건에 있어서 그 효력이 미칠 것으로 예상되는 경우의 일반 제3자를 제외하고는 반드시 그 사건의 대립당사자 간에만 국한되는 것이다.

1. 당사자

(1) 기판력은 당사자 사이에만 미치고 제3자에게는 미치지 않는 것이 원칙이다. 예컨대, 사해행위취소소송에 있어서 당사자는 채권자와 수익자(또는 전득자)이고 채무자는 당사자가 아니므로 채무자에게는 사해행위취소판결의 기판력이 미치지 않는다.[1)]

▶ 대법원 1988. 2. 23. 선고 87다카777 판결

부동산을 매수한 자가 소유권이전등기를 하지 않고 있는 사이에 제3자가 매도인을 상대로 제소하여 그 부동산에 대한 소유권이전등기절차이행의 확정판결을 받아 소유권이전등기를 경료한 경우, 위 확정판결이 당연무효이거나 재심의 소에 의하여 그 판결이 취소되기 전에는 매수인은 매도인에 대한 소유권이전등기청구권을 보전하기 위하여 매도인을 대위하여 제3자 명의의 소유권이전등기에 대한 말소를 구할 수 없으나, 이는 매수인이 위 확정판결의 기판력이 미치는 매도인의 권리를 행사하는 경우에 그 기판력에 저촉되는 주장을 할 수 없다는 취지에 불과하고 매수인이 위 확정판결의 기판력이 미치는 매도인을 대위하지 아

1) 대판 1988. 2. 23, 87다카1989.

니한 경우에까지 확정판결에 저촉되는 주장을 할 수 없다는 취지는 아니다.

(2) 소송의 당사자가 아닌 한 당사자와 경제적 이익을 같이 하거나 실질적으로는 당사자와 다름 없는 사람이라고 하더라도 그에게는 기판력이 미치지 않는다. 예컨대, 책임보험에서 피해자와 피보험자(가해자) 사이의 손해배상책임의 존부 내지 범위에 관한 판결의 효력은 피해자와 보험자(보험회사) 사이에는 미치지 않는다.[1)]

◆ 대법원 2010. 12. 23. 선고 2010다58889 판결(同 대법원 1978. 11. 1. 선고 78다1206 판결 등)

기판력이 미치는 주관적 범위는 신분관계소송이나 회사관계소송 등에서 제3자에게도 그 효력이 미치는 것으로 규정되어 있는 경우를 제외하고는 원칙적으로 당사자, 변론을 종결한 뒤의 승계인 또는 그를 위하여 청구의 목적물을 소지한 사람과 다른 사람을 위하여 원고나 피고가 된 사람이 확정판결을 받은 경우의 그 다른 사람에 국한되고, 그 외의 제3자나 변론을 종결하기 전의 승계인에게는 미치지 않는 것이며, 한편 민사소송법 제52조에 의하여 대표자가 있는 법인 아닌 사단이 소송의 당사자가 되는 경우에도 그 법인 아닌 사단은 대표자나 구성원과는 별개의 주체이므로, 그 대표자나 구성원을 당사자로 한 판결의 기판력이 법인 아닌 사단에 미치지 아니함은 물론 그 법인 아닌 사단을 당사자로 한 판결의 기판력 또한 그 대표자나 구성원에게 미치지 아니하는 것이 당연하다.

◆ 대법원 1995. 5. 12. 선고 93다44531 판결

甲 회사와 乙 회사가 기업의 형태·내용이 실질적으로 동일하고, 甲 회사는 乙 회사의 채무를 면탈할 목적으로 설립된 것으로서 甲 회사가 乙 회사의 채권자에 대하여 乙 회사와는 별개의 법인격을 가지는 회사라는 주장을 하는 것이 신의성실의 원칙에 반하거나 법인격을 남용하는 것으로 인정되는 경우에도, 권리관계의 공권적인 확정 및 그 신속·확실한 실현을 도모하기 위하여 절차의 명확·안정을 중시하는 소송절차 및 강제집행절차에 있어서는 그 절차의 성격상 乙 회사에 대한 판결의 기판력 및 집행력의 범위를 甲 회사에까지 확장하는 것은 허용되지 아니한다.

---

1) 대판 2001. 9. 14. 99다42797.

|註| 판례는 실체법적으로는 법인격 부인의 법리를 긍정하나, 기판력과 집행력의 확장에 관해서는 소송 및 강제집행절차의 성격상 소극적인 태도를 취하고 있음을 보여주는 판결이다.

2. 변론종결 후의 승계인

(1) 의의

변론종결 뒤에 소송물인 권리관계 또는 계쟁물에 관한 당사자적격(분쟁주체인 지위)을 당사자(전주)로부터 승계한 사람을 변론종결 후의 승계인이라고 하고 이러한 사람은 당사자 사이에 내려진 판결의 기판력을 받는다(218조 1항). 소송물이나 계쟁물을 양도함으로써 판결을 무력화시키는 것을 막기 위함이다. 승계의 시점은 소송물인 권리의무 또는 계쟁물에 관한 권리의무가 양도된 때이다.[1]

◆ 대법원 2002. 10. 11. 선고 2002다43851 판결

승계집행문은 판결에 표시된 채무자의 포괄승계인이나 그 판결에 기한 채무를 특정하여 승계한 자에 대한 집행을 위하여 부여하는 것인바, 이와 같은 강제집행절차에 있어서는 권리관계의 공권적인 확정 및 그 신속·확실한 실현을 도모하기 위하여 절차의 명확·안정을 중시하여야 하므로, 그 기초되는 채무가 판결에 표시된 채무자 이외의 자가 실질적으로 부담하여야 하는 채무라거나 그 채무가 발생하는 기초적인 권리관계가 판결에 표시된 채무자 이외의 자에게 승계되었다고 하더라도, 판결에 표시된 채무자 이외의 자가 판결에 표시된 채무자의 포괄승계인이거나 그 판결상의 채무 자체를 특정하여 승계하지 아니한 한, 판결에 표시된 채무자 이외의 그 자에 대하여 새로이 그 채무의 이행을 소구하는 것은 별론으로 하고, 판결에 표시된 채무자에 대한 판결의 기판력 및 집행력의 범위를 그 채무자 이외의 자에게 확장하여 승계집행문을 부여할 수는 없다.

▶ 대법원 2005. 11. 10. 선고 2005다34667, 34674 판결

소유권이전등기말소 청구소송을 제기당한 자가 계쟁물인 부동산의 소유권을 타인에게 이전한 경우 부동산물권변동의 효력이 생기는 때인 소유권이전등기가

1) 채권양수인이 민사소송법 제218조 제1항에 따라 확정판결의 효력이 미치는 변론종결 후의 승계인에 해당하는지 여부를 판단하는 기준시기는 채권양도의 대항요건이 갖추어진 때이다(대판 2020. 9. 3. 2020다210747).

이루어진 시점을 기준으로 그 승계가 변론종결 전의 것인지 변론종결 후의 것인지 여부를 판단하여야 한다.

▶ 대법원 1992. 10. 27. 선고 92다10883 판결

대지 소유권에 기한 방해배제청구로서 그 지상 건물의 철거를 구하여 승소확정판결을 얻은 경우 그 지상 건물에 관하여 위 확정판결의 변론종결 전에 경료된 소유권이전청구권가등기에 기하여 위 확정판결의 변론종결 후에 소유권이전등기를 경료한 자가 있다면 그는 변론종결 후의 승계인에 해당한다.

|註| 가등기의 순위보전적 효력이란 본등기가 마쳐진 때에는 본등기의 순위가 가등기한 때로 소급함으로써 가등기 후 본등기 전에 이루어진 중간처분이 본등기보다 후순위로 되어 실효된다는 뜻일 뿐 본등기에 의한 물권취득의 효력이 가등기 때에 소급하여 발생한다는 것은 아니기 때문이다.

▶ 대법원 1967. 1. 7.자 67마55 결정

확정판결의 피고 측의 제1차 승계가 이미 변론종결 전에 있었다면 비록 제2차 승계가 변론종결 이후에 있었다 할지라도 제2차 승계인은 변론종결 후의 승계인으로 볼 수 없다.

(2) 소송물인 권리의무의 승계인

소유권확인판결 후에 소유권을 양수한 사람, 이행판결 후에 소송물이었던 채권을 양수하거나 채무를 면책적으로 인수한 사람 등이 대표적인 예이다.[1] 승계의 전주(前主)가 원고이든 피고이든, 승소자이든 패소자이든 가리지 않는다. 승계의 모습도 포괄승계(예컨대, 상속, 합병)이든 특정승계이든 가리지 않고,[2] 승계의 원인도 임의처분(예컨대, 매매)이든 국가의 강제처분(예컨대, 전부명령, 경매)이든 법률의 규정(예컨대, 법률상 대위)에 의한 것이든 묻지 않는다.

◆ 대법원 1984. 9. 25. 선고 84다카148 판결

토지소유권에 기한 물권적 청구권을 원인으로 하는 토지인도소송의 소송물은

1) 대결 2010. 1. 14. 2009그196; 대판 2016. 5. 27. 2015다21967.

2) 대판 1957. 10. 7. 4290민상320("변론종결후의 승계인은 일반승계인뿐만 아니라 특정승계인도 포함되는 것이다"); 대판 1990. 2. 13. 88다41959(전소에서는 피상속인을, 후소에서는 상속인들을 상대로 소유권이전등기말소청구를 한 경우, 후소가 전소판결의 기판력에 저촉된다).

토지소유권이 아니라 그 물권적 청구권인 토지인도청구권이므로 그 소송에서 청구기각된 확정판결의 기판력은 토지인도청구권의 존부 그 자체에만 미치는 것이고 소송물이 되지 아니한 토지소유권의 존부에 관하여는 미치지 아니한다 할 것이므로 그 토지인도소송의 사실심 변론종결 후에 그 패소자인 토지소유자로부터 토지를 매수하고 소유권이전등기를 마침으로써 그 소유권을 승계한 제3자의 토지소유권의 존부에 관하여는 위 확정판결의 기판력이 미치지 않는다 할 것이고 또 이 경우, 위 제3자가 가지게 되는 물권적 청구권인 토지인도청구권은 적법하게 승계한 토지소유권의 일반적 효력으로서 발생된 것이고 위 토지인도소송의 소송물인 패소자의 토지인도청구권을 승계함으로써 가지게 된 것이라고는 할 수 없으므로 위 제3자는 위 확정판결의 변론종결 후의 승계인에 해당한다고 할 수도 없다.

▶ **대법원 2007. 4. 27. 선고 2005다64033 판결**

민법 제481조, 제482조 제1항에 의하면, 변제할 정당한 이익이 있는 자는 변제로 당연히 채권자를 대위하는 결과, 자기의 권리에 의하여 구상할 수 있는 범위에서 채권자의 채권 및 그 담보에 관한 권리를 행사할 수 있으므로, 채권자가 판결 등의 집행권원을 가지고 있는 때에는 변제자가 승계집행문을 받아 강제집행을 할 수도 있다.

|註| 乙이 丙으로부터 돈을 빌리고 甲이 乙의 丙에 대한 차용금채무를 연대보증하였는데, 丙이 乙을 상대로 대여금청구의 소를 제기하여 승소확정판결을 받은 후 甲이 丙에게 乙을 대신하여 변제를 하였다면 甲은 민법상 변제자대위 규정에 의하여 丙의 乙에 대한 채권을 취득하게 되므로 甲이 丙의 변론종결 후의 승계인에 해당된다는 의미의 판결이다.

▶ **대법원 1979. 3. 13. 선고 78다2330 판결**

확정판결의 변론종결 후 그 확정판결상의 채무자로부터 영업을 양수하여 양도인의 상호를 계속 사용하는 영업양수인은 상법 제42조 제1항에 의하여 그 양도인의 영업으로 인한 채무를 변제할 책임이 있다 하여도, 그 확정판결상의 채무에 관하여 이를 면책적으로 인수하는 등 특별사정이 없는 한, 그 영업양수인을 곧 민사소송법 제204조(현행 218조)의 변론종결 후의 승계인에 해당된다고 할 수 없다.

|註| 상호를 계속 사용하는 영업양수인은 영업양도인의 제3자에 대한 영업상 채무에 대하여 영업양도인 외에 자신도 책임을 부담하는 것일 뿐 별도의 의사표시 없이 당연히 영업양도인의 채무를 면책적으로 인수하게 되는 것은 아니다.

(3) 계쟁물에 관한 당사자적격(분쟁주체인 지위)의 승계인

건물인도판결 후에 피고로부터 건물의 점유를 취득한 자, 건물철거판결 후에 피고로부터 건물의 소유권을 양수한 자, 부동산에 관한 소유권이전등기판결 또는 소유권이전등기말소등기판결 후에 피고로부터 당해 부동산에 관한 소유권이전등기를 취득한 자 등은 소송물인 권리관계를 양수 또는 인수한 사람이 아니라 다툼의 대상인 물건, 즉 계쟁물(係爭物)을 양수한 사람이다. 이러한 계쟁물의 양수인 중에서 계쟁물을 양수함으로써 계쟁물에 관한 당사자적격 내지 분쟁주체인 지위를 양수한 사람에게는 전소의 기판력이 미친다.

실체법상의 권리관계에 따라 소송물을 구분하는 구소송물이론을 따르고 있는 판례는 소송물인 청구권을 대세적 효력이 있는 물권적 청구권과 원고와 피고 사이에서만 효력이 있는 채권적 청구권으로 구분하여, 전자의 경우는 계쟁물의 양수인을 전소의 기판력이 미치는 변론종결 후의 승계인으로 보지만, 후자의 경우에는 계쟁물의 양수인이 변론종결 후의 승계인에 해당되지 않는다고 하여 그에게는 기판력이 미치지 않는다고 한다. 그러나 신소송물이론에 따르면 전소의 청구권이 물권적 청구권인가 채권적 청구권인가는 공격방어방법에 지나지 않으므로 계쟁물의 양수인은 항상 변론종결 후의 승계인에 해당하게 되고, 다만 실체법상 고유의 항변(공격방법)이 있는지 여부를 가지고 기판력이 미치는 범위를 조절하게 된다.

(a) 기판력이 미치는 사례

▶ 대법원 1972. 7. 25. 선고 72다935 판결

소유권이전등기말소를 명하는 확정판결의 변론종결 후에 이로부터 다시 소유권이전등기를 경료한 자는 변론종결 후의 승계인으로서 위 확정판결의 기판력을 받으므로 특별한 사정이 없는 한 이 자를 상대로 한 말소등기청구의 소는 소의 이익이 없는 부적법한 소이다.

|註| 甲이 乙을 상대로 소유권에 기한 방해배제청구로써 乙 명의 소유권이전등기의 말소를 구하는 소(전소)를 제기하여 승소확정판결을 받았는데 丙이 전소의 변론종결 후에 乙로부터 소유권이전등기를 취득하였다면 丙은 변론종결 후의 승계인으로 전소의 기판력을 받게 되므로 甲은 丙을 상대로 별소를 제기함이 없이 승계집행문을 부여받아 丙 명의의 소유권이전등기를 말소할 수 있다. 위 사안에서 丙이 담보권설정등기를 한 경우에도 마찬가지이다.[1)]

▶ 대법원 1994. 12. 27. 선고 93다34183 판결

부동산에 대한 근저당권설정등기말소청구 사건의 사실심 변론종결일 후에 그 부동산의 소유권을 경락취득한 자 또는 이를 전득한 자는 민사소송법 제204조(현행 218조)에 의하여 그 확정판결의 효력이 미치는 변론종결 후의 승계인이라 할 것이다.

|註| 1. 甲이 그 소유의 부동산에 경료된 근저당권설정등기의 명의인 乙을 상대로 乙 명의의 등기가 원인무효임을 내세워 그 말소를 구하는 소를 제기하였으나 패소 확정된 후, 다시 전소의 사실심 변론종결 후에 위 근저당권 실행에 의한 경매절차에서 위 부동산을 경락 취득한 丙을 상대로 소유권이전등기 말소등기청구소송을 제기한 사안에서, 전소는 후소의 선결관계로서 기판력이 작용하며 丙은 변론종결 후의 승계인이므로 기판력의 작용으로 후소법원은 乙 명의의 근저당권설정등기가 원인무효임을 전제로 판단할 수 없다고 한 판결이다.

2. 위 사안에서 甲이 전소에서 승소확정판결을 받은 경우라면, 甲이 경매절차의 진행을 저지하는 절차나 등기부상의 조처를 취한 여부에 불구하고, 후소법원은 전소판결의 기판력으로 인하여 乙 명의의 근저당권설정등기가 무효임을 전제로 판단하여야 한다.[2)]

▶ 대법원 1991. 3. 27. 선고 91다650, 667 판결

원고가 피고 甲을 상대로 소유권에 기하여 건물철거 및 대지인도청구소송을 제기한 결과, 원고가 대지의 실질적인 소유자가 아니라는 이유로 청구기각판결이 선고되어 확정되었고, 위 패소확정된 사건의 변론종결 이후에 피고 乙이 피고

1) 대결 1963. 9. 27. 63마14.
2) 대판 1974. 12. 10. 74다1046.

甲으로부터 위 건물을 매수하였다면 피고 乙은 변론종결 후의 승계인에 해당하므로, 원고가 다시 피고 乙을 상대로 소유권에 기하여 위 건물의 철거와 그 대지의 인도를 청구하는 이 사건 소는 위 패소확정판결의 기판력에 저촉되어 기각되어야 한다.

(b) **기판력이 미치지 않는 사례**

◆ 대법원 1991. 1. 15. 선고 90다9964 판결

건물명도소송에서의 소송물인 청구가 물권적 청구 등과 같이 대세적인 효력을 가진 경우에는 그 판결의 기판력이나 집행력이 변론종결 후에 그 재판의 피고로부터 그 건물의 점유를 취득한 자에게도 미치나 그 청구가 대인적인 효력밖에 없는 채권적 청구만에 그친 때에는 위와 같은 점유승계인에게 위의 효력이 미치지 아니한다.

|註| 甲이 丙으로부터 점포의 전차권을 양도받은 다음 丙을 대위하여 점포를 점유하고 있는 丁을 상대로 점포 인도청구(전소)를 하여 승소확정판결을 받았으나 丁이 전소의 변론종결 후에 乙에게 점포를 양도하여 乙이 점유하고 있는 사안이다. 甲이 다시 丙을 대위하여 乙을 상대로 점포의 인도소송(후소)을 하자 법원은 전소 청구는 채권적 청구이므로 乙에 대하여 그 판결의 기판력과 집행력이 미치지 않고, 따라서 그 판결로는 乙에 대하여 인도집행을 할 수 없으므로 甲이 乙을 상대로 다시 점포인도를 구할 소송상의 이익이 있다고 하였다.

▶ 대법원 1993. 2. 12. 선고 92다25151 판결

전소의 소송물이 채권적 청구권인 소유권이전등기청구권일 때에는 전소의 변론종결 후에 전소의 피고인 채무자로부터 소유권이전등기를 경료받은 자는 전소의 기판력이 미치는 변론종결 후의 제3자에 해당한다고 할 수 없다.

|註| 甲이 교환계약을 원인으로 丙을 상대로 X 토지에 관한 소유권이전등기청구의 소(전소)를 제기하였다가 패소확정판결을 받았는데, 전소의 변론종결 후에 乙이 丙으로부터 X 토지에 관하여 소유권이전등기를 넘겨받자, 甲이 乙 명의의 소유권이전등기가 丙과 乙 사이의 통정허위표시에 의한 것이라고 주장하면서 丙을 대위하여 乙을 상대로 소유권이전등기말소등기청구의 소(후소)를 제기한 사안이다. 항소심법원은 전소가 후소의 선결문제가 되어 후소가 전

> 소의 기판력을 받는다고 하였으나, 대법원은 선결문제라고 하더라도 당사자가 다른 경우 기판력을 받지 않음이 원칙이고 전소의 소송물이 채권적 청구권이므로 乙이 전소 변론종결 후의 승계인에도 해당되지 않으며, 전소로 인하여 甲의 피보전채권이 없음이 확정되었으므로 후소가 부적법할 뿐이라고 하였다.[1] 이는 기판력의 문제가 아니라 판결의 반사적 효력 내지 법률요건적 효력일 뿐이다.[2]

▶ 대법원 1992. 12. 22. 선고 92다30528 판결

채권계약에 터잡은 통행권은 지역권과 같이 물권적 효력이 있는 것이 아니고 채권적 효력만 갖는 것이므로, 계약을 체결한 상대방에 대해서만 통행권을 주장 청구할 수 있고 토지 자체를 지배하는 효력이 없을 뿐만 아니라 당사자가 변경되면 승계인에 대하여 통행권을 주장할 수 없는 것이 원칙이고, 따라서 채권계약에 터잡은 통행권에 관한 확정판결의 변론종결 후에 당해 토지를 특정승계취득한 자는 변론종결 후의 승계인에 해당하지 아니하여 판결의 기판력이 미치지 않는다.

▶ 대법원 1992. 12. 14. 선고 93다16802 판결

제소전화해에 기한 가등기가 경료된 후에 그 가등기에 기한 본등기절차를 마치기 전에 그 부동산의 소유권을 승계취득한 자는 변론종결 후의 승계인에 해당하지 않으므로 그 제소전화해의 기판력이 미치지 아니한다.

> |註| 제소전화해에 의하여 丙이 X 부동산에 관하여 乙에게 가등기를 해 주었는데 위 제소전화해 이후에 甲이 강제경매에 의하여 X 부동산의 소유권을 취득한 후 위 제소전화해가 통정허위표시에 의한 것이라고 주장하면서 乙을 상대로 위 가등기의 말소를 구한 사안이다. 제소전화해의 내용으로 보아 乙이 丙에게 갖고 있던 권리는 채권적 청구권일 뿐이므로 甲은 변론종결 후의 승계인에 해당되지 않는다.

▶ 대법원 2016. 6. 28. 선고 2014다31721 판결

토지의 소유자가 소유권에 기하여 토지의 무단 점유자를 상대로 차임 상당의 부당이득반환을 구하는 소송을 제기하여 무단 점유자가 점유 토지의 인도 시까지 매월 일정 금액의 차임 상당 부당이득을 반환하라는 판결이 확정된 경우, 이

---

1) 같은 구조의 사안에 대한 같은 취지의 판례로, 대판 2003. 5. 13. 2002다64148. 같은 법리가 화해권고결정이 확정된 후 그 목적물에 관하여 소유권등기를 이전받은 사람에 관하여도 적용된다는 것으로, 대판 2012. 5. 10. 2010다2558.

2) 윤진수, 대법원 판례해설 제19호.

러한 소송의 소송물은 채권적 청구권인 부당이득반환청구권이므로, 소송의 변론종결 후에 토지의 소유권을 취득한 사람은 민사소송법 제218조 제1항에 의하여 확정판결의 기판력이 미치는 변론을 종결한 뒤의 승계인에 해당한다고 볼 수 없다.

(c) 기판력의 객관적 범위를 벗어나서 기판력이 미치지 않다고 본 사례

▶ 대법원 1999. 10. 22. 선고 98다6855 판결

건물 소유권에 기한 물권적 청구권을 원인으로 하는 건물명도소송의 소송물은 건물 소유권이 아니라 그 물권적 청구권인 건물명도청구권이므로 그 소송에서 청구기각된 확정판결의 기판력은 건물명도청구권의 존부 그 자체에만 미치는 것이고, 소송물이 되지 아니한 건물 소유권의 존부에 관하여는 미치지 아니하므로, 그 건물명도소송의 사실심 변론종결 후에 그 패소자인 건물 소유자로부터 건물을 매수하고 소유권이전등기를 마침으로써 그 소유권을 승계한 제3자의 건물 소유권의 존부에 관하여는 위 확정판결의 기판력이 미치지 않으며, 또 이 경우 위 제3자가 가지게 되는 물권적 청구권인 건물명도청구권은 적법하게 승계한 건물 소유권의 일반적 효력으로서 발생된 것이고, 위 건물명도소송의 소송물인 패소자의 건물명도청구권을 승계함으로써 가지게 된 것이라고는 할 수 없으므로, 위 제3자는 위 확정판결의 변론종결 후의 승계인에 해당한다고 할 수 없다.

|註| 같은 이유로 대법원 2020. 5. 14. 선고 2019다261381 판결은, 토지 소유권에 기한 가등기말소청구소송에서 청구기각된 확정판결의 기판력이 위 소송의 변론종결 후 토지 소유자로부터 근저당권을 취득한 제3자가 근저당권에 기하여 같은 가등기에 대한 말소청구를 하는 경우에 미치지 않는다고 하였다. 피고가 변론종결 후의 승계인이라고 주장하였기 때문에 위와 같은 판시를 하였을 것이나, 엄격히 보면 기판력의 객관적 범위가 쟁점인 사안이지 주관적 범위가 쟁점이 되는 사안은 아니다.

▶ 대법원 2014. 10. 30. 선고 2013다53939 판결

소송물이 동일하거나 선결문제 또는 모순관계에 의하여 기판력이 미치는 객관적 범위에 해당하지 아니하는 경우에는 전소판결의 변론종결 후에 당사자로부터 계쟁물 등을 승계한 자가 후소를 제기하더라도 후소에 전소판결의 기판력이 미치지 아니한다.

|註| 1. 甲이 乙을 상대로 X 건물에 관한 소유권이전등기의 말소등기절차 이행을 구하는 소를 제기하여 승소확정판결을 받았는데, 위 판결의 변론종결 후

에 乙로부터 X 건물의 소유권을 이전받은 丙이 甲을 상대로 X 건물의 인도 및 차임 상당 부당이득의 반환을 구하는 소를 제기한 사안이다. 대법원은, 전소판결에서 소송물로 주장된 법률관계는 X 건물에 관한 말소등기청구권의 존부이고 X 건물의 소유권의 존부는 전제가 되는 법률관계에 불과하여 전소판결의 기판력이 미치지 아니하고, 전소인 말소등기청구권에 대한 판단이 후소인 건물인도 및 부당이득반환청구의 소의 선결문제가 되거나 후소 소송물인 건물인도청구권이나 부당이득반환청구권의 존부가 전소 소송물인 말소등기청구권의 존부와 모순관계에 있다고 볼 수 없어 전소판결의 기판력이 후소에 미친다고 할 수 없으며, 이는 丙이 전소판결의 변론종결 후에 乙로부터 건물을 매수하여 소유권이전등기를 마쳤더라도 마찬가지이므로, 丙이 변론종결 후의 승계인이어서 전소판결의 기판력이 미쳐 丙이 X 건물의 소유권을 취득할 수 없다고 본 항소심판결은 위법하다고 하였다.

2. 이 판결은 앞서 본 98다6855 판결과 같은 맥락에 있는데, 이러한 판례의 입장에 대하여는 소송물이 물권적 청구권이면 변론종결 후 계쟁물을 양수한 자에 대하여도 기판력이 미친다는 기존 판례와 저촉되는 것은 아닌지 의문이라는 비판이 있다(이시윤).

(4) 추정승계인

당사자가 변론을 종결할 때까지 승계사실을 진술하지 아니한 때에는 변론을 종결한 뒤에 승계한 것으로 추정된다(218조 2항). 그 취지는 변론종결 전의 승계를 주장하는 자에게 그 입증책임이 있고 변론종결 전의 승계사실이 입증되면 확정판결의 기판력이 그 승계인에게 미치지 아니한다는 뜻이다.

◆ 대법원 2005. 11. 10. 선고 2005다34667, 34674 판결

기판력의 주관적 범위를 정함에 있어서 당사자가 변론을 종결할 때까지 승계사실을 진술하지 아니한 때에는 변론을 종결한 뒤에 승계한 것으로 추정한다는 민사소송법 제218조 제2항의 취지는, 변론종결 전의 승계를 주장하는 자에게 그 증명책임이 있다는 뜻을 규정하여 변론종결 전의 승계사실이 증명되면 확정판결의 기판력이 그 승계인에게 미치지 아니한다는 것으로 해석되므로, 종전의 확정판결의 기판력의 배제를 원하는 당사자 일방이 변론종결 전에 당사자 지위

의 승계가 이루어진 사실을 증명한다면, 종전소송에서 당사자가 그 승계에 관한 진술을 하였는지 여부와 상관없이, 그 승계인이 종전의 확정판결의 기판력이 미치는 변론종결 후의 승계인이라는 민사소송법 제218조 제2항의 추정은 깨어진다고 보아야 한다.

3. 청구의 목적물 소지자

당사자나 변론종결 후의 승계인을 위하여 청구의 목적물을 소지하는 사람에게도 판결의 기판력이 미친다(218조 1항). 수치인, 창고업자, 관리인, 운송인 등이 이에 포함된다. 임차인, 질권자, 전세권자, 지상권자 등은 자기 고유의 이익을 위하여 목적물을 소지하는 사람이므로 여기에 포함되지 않는다.

◆ 대법원 2001. 4. 27. 선고 2001다13983 판결

소유물반환청구의 상대방은 현재 그 물건을 점유하는 자이고 그 점유보조자에 불과한 자는 이에 해당하지 아니하므로, 주식회사의 직원으로서 회사의 사무실로 사용하고 있는 건물 부분에 대한 점유보조자에 불과할 뿐 독립한 점유주체가 아닌 피고들은, 회사를 상대로 한 명도소송의 확정판결에 따른 집행력이 미치는 것은 별론으로 하고, 소유물반환청구의 성질을 가지는 퇴거청구의 독립한 상대방이 될 수는 없는 것이다.

|註| 청구의 목적물을 소지한 사람에 대하여도 기판력은 미치지만, 점유보조자의 소지는 본인 자신이 직접 소지하는 것에 준하기 때문에 이에 해당하지 아니한다는 판결이다.

4. 제3자 소송담당에서의 권리귀속주체

다른 사람(권리귀속주체)을 위하여 원고나 피고가 된 사람에 대한 확정판결의 기판력은 그 다른 사람에 대하여도 미친다(218조 3항). 여기서 다른 사람을 위하여 원고나 피고가 된 사람이라고 함은 "법률의 규정상 또는 당사자의 의사표시로서 본래의 이익귀속주체 이외의 제3자가 소송수행권을 가지는 경우를 말하는 것이다."[1]

1) 대판 1960. 2. 25. 4291민상529.

(1) 채권자대위소송

(a) 기본유형

◆ **대법원 1975. 5. 13. 선고 74다1664 전원합의체 판결**

채권자가 채권자대위권을 행사하는 방법으로 제3채무자를 상대로 소송을 제기하고 판결을 받은 경우에는 어떠한 사유로 인하였든 적어도 채무자가 채권자대위권에 의한 소송이 제기된 사실을 알았을 경우에는 그 판결의 효력은 채무자에게 미친다.

|註| 1. **사실관계와 법원의 판단** 丙은 甲을 대위하여 乙을 상대로 乙 명의 소유권이전등기말소청구의 소(전소)를 제기하였으나 패소확정판결을 받았다. 이후 甲은 乙을 상대로 동일한 내용의 소유권이전등기말소청구의 소(후소)를 제기하였고, 乙은 전소의 기판력에 저촉되어 각하되어야 한다고 주장하였다. 항소심법원은 전소판결의 기판력은 당사자가 아닌 甲에게는 미치지 않는다고 하여 乙의 주장을 배척하였으나, 대법원은 판결요지와 같이 판시하여 항소심 판결을 파기하였다.

2. **채권자대위소송 판결의 기판력** 채권자가 채무자를 대위하여 제3채무자를 상대로 제기한 소송의 기판력은 채무자가 제3채무자를 상대로 제기한 동일한 내용의 소송에 미치는가. 학설로는 ① 판결의 효력은 원칙적으로 당사자 사이에서만 미치는데 채무자는 채권자대위소송의 당사자가 아니므로 채무자에게는 채권자대위소송 판결의 기판력이 미치지 않는다는 소극설, ② 채권자대위소송은 제3자의 소송담당의 한 형태이므로 소송담당자인 채권자가 수행한 소송의 판결의 기판력은 권리귀속주체인 채무자에게 미친다는 적극설, ③ 채무자가 채권자대위소송이 제기된 사실을 안 경우에만 기판력이 미친다는 절충설이 대립하였다. 판례는 소극설의 입장이다가 대상판결로써 절충설의 입장으로 변경하여 채무자가 채권자대위소송이 제기된 사실을 어떠한 사유로든 안 경우에는 채무자에게 기판력이 미친다고 하였다(알게 된 사유로는 민법 제405조 1항에 의한 보존행위 이외의 권리행사의 통지, 민사소송법 제84조에 의한 소송고지 혹은 비송사건절차법 제49조 제1항에 의한 법원에 의한 재판상 대위의 허가를 고지하는 방법 등을 들고 있다). 대상판결의 다수의견을 옮겨 두면 아래와 같다.

"… 채권자가 채권자대위권을 행사하는 방법으로 제3채무자를 상대로 소송을 제기하고 판결을 받은 경우에는 채권자가 채무자에 대하여 민법 405조 1항에 의한 보존행위 이외의 권리행사의 통지, 또는 민사소송법 제77조(현행 84조)에 의한 소송고지 혹은 비송사건절차법 제84조(현행 49조) 제1항에 의한 법원에 의한 재판상 대위의 허가를 고지하는 방법 등을 위시하여 어떠한 사유로 인하였던 적어도 채권자대위권에 의한 소송이 제기된 사실을 채무자가 알았을 경우에는 그 판결의 효력은 채무자에게 미친다고 보는 것이 상당하다 할 것이다. 왜냐하면 민법 제405조에 의하여 채권자가 대위권을 행사한 경우에는 채무자에게 그 통지를 하여야 하고 이 통지를 받은 후에는 채무자가 그 권리를 처분하여도 이로써 채권자에게 대항하지 못한다고 규정하고 있고, 또 이보다 직접적인 규정이라고 볼 수 있는 위 비송사건절차법 제84조(현행 49조)는 채권자대위신청의 허가는 직권으로 채무자에게 고지하여야 하고 이 고지를 받은 채무자는 그 권리를 처분할 수 없다고 규정하고 있다. 즉, 이 대위권에 의한 제소의 고지는 채무자에게 그 권리의 처분행위를 금하고 있다. 그러므로 이 경우에 비록 채권자는 채무자의 대리인 자격으로가 아니고 자기 이름으로 원고가 되어 제소한다고 하여도 채무자의 권리를 관리 처분할 권능을 갖고 소송을 수행하므로 이는 흡사 파산재단에 관한 소송에 있어서의 파산관재인 또는 추심명령을 받고 채무자의 채권의 추심소송을 하는 채권자의 경우와 같아서 타인의 권리에 관하여 그 자를 위하여 당사자가 되는 소위 소송신탁의 경우에 해당한다고 보아 그 판결의 효력은 채무자에게도 있다고 보아야 함이 우리 민사소송법 제204조(현행 218조) 제3항의 규정에 비추어 정당한 해석이라고 할 것이다. 종전의 판례나 학설이 채권자의 대위소송에 있어서 한편 법이론적인 면에서 채권자가 자기 이름으로 당사자가 되는 점에 착안하여 그 판결의 효력은 당사자간에 국한된다는 민사소송법의 대원칙에 비추어 이 경우에도 당사자가 아닌 채무자에게는 (그 효력이) 미치지 않는다고 해석하였고 실제 문제로 변론주의 소송제도 하에서 불성실한 채권자, 심지어는 채권자와 제3채무자와 서로 짜고 하는 채권자에 의한 소송수행의 결과 이루어진 판결 등은 예컨대 유력한 증거자료를 구비하고 있으면서도 소송이 진행중인 사실조차 알지도 못한 채 채권자가 패소한 경우도 없지 않을 것인데도 그대로 그 효력이 채무자에게 미친다고 해석한다면 그것은 혹은 속담에 날벼락에 가까운 가혹한 결과를 채무자에게 가져 올 우려가 있다는데 그 근본적인 존재이유 혹은 가치를 지녀왔다고 본다. 그러나 위와 같은 해석은 첫째 법이론적으로 위에 설시한 민법상의 채권자대위권의 본질이나 그 절차법상의 규정의 정신을 정당히 이해 못한 형식론에 불과할 뿐만 아니라 실용적 면에서도 그 반면 채무자는 제1, 제2, 제3의 채권자대위권자에 의한 소송에 응소하는 고통에 겹쳐 채무자 본인에 의한 소송에 응소하여야 하는 이중 삼중의 소송의 쓰라림을 강요당하는 결과가 될 뿐 아니라 때로는 기판력이 없다는 이유로 그 확정판결 간에 상호 저촉되는 결과가 나오므로 재판의 위신 문제는 고사하고 일반거래에 막심한 혼란과 손실을 가져오는 결과가 될 수도 있는 더 중대한 실제의 해악을 무시 간과할 수 없는 현실이 있다. 그러므로 채무자에게 고지 등의 방법으로 알게 하여 필요에 따라 소위 공동소송적 참가, 기타의 방법으로 그 고유의 권리를 보호할 기회를 주는 동시에 그 기판력도 채무자에게 미치게 하자는 데 후자와 같은 해석의 의의가 있고 효용이 있다. 이와 같은 고지 등에 의하여 채무자에게 제소 사실을 알리어야 한다는 법적 근거는 위에서 이미 설시하였거니와 실제 성실한 당사자라면 채권자대위권에 의한 소송의 원피고는 정정당당히 채무자에게 그 제소사실을 알려야 하고 또 알고도 이에 협력 않고 불리한 판결을 받은 채무자에게 불이익을 주어도 위와 같은 법적근거와 권리 위에 잠자는 채무자를 돕지 않는다고 하여 불공평하다고 할 수 없다고 할 것이다. 그러나 이 경우에 채무자가 모르는 사이에 확정된 판결의 효력은 채무자에게 미치지 않는다고 해석하여 종전 판례가 추구하려던 폐단도 방지하도록 보장하였다."

(b) **관련유형**

◆ **대법원 1993. 3. 26. 선고 92다32876 판결**(同 대법원 1992. 11. 10. 선고 92다30016 판결)

채권자대위권은 채무자가 제3채무자에 대한 권리를 행사하지 아니하는 경우에 한하여 채권자가 자기의 채권을 보전하기 위하여 행사할 수 있는 것이기 때문에 채권자가 대위권을 행사할 당시 이미 채무자가 그 권리를 재판상 행사하였을 때에는 설사 패소의 확정판결을 받았더라도 채권자는 채무자를 대위하여 채무자의 권리를 행사할 당사자적격이 없다.

|註| **채무자가 스스로 제기한 소송의 판결이 선행한 경우** 丙에 대한 채권자 乙이 丙을 상대로 소(전소)를 제기하여 확정판결이 있은 후 乙의 채권자 甲이 乙을 대위하여 丙에 대하여 전소와 같은 내용의 소(후소)를 제기한 경우 후소법원은 어떤 판단을 하여야 할까. 종전 판례는 채무자(乙)가 제3채무자(丙)를 상대로 한 소송의 확정판결의 기판력이 그 채무자의 채권자(甲)가 제기한 채권자대위소송에 미친다고 보았지만(대법원 1979. 3. 13. 선고 76다688 판결; 대법원 1981. 7. 7. 선고 80다2751 판결), 이후 대상판결과 같이 채권자대위소송을 제기할 당사자적격 자체가 없으므로 소각하 판결을 하여야 한다는 것으로 견해를 변경하였다.

◆ **대법원 1994. 8. 12. 선고 93다52808 판결**

어느 채권자가 채권자대위권을 행사하는 방법으로 제3채무자를 상대로 소송을 제기하여 판결을 받은 경우, 어떠한 사유로든 채무자가 채권자대위소송이 제기된 사실을 알았을 경우에 한하여 그 판결의 효력이 채무자에게 미치므로, 이러한 경우에는 그 후 다른 채권자가 동일한 소송물에 대하여 채권자대위권에 기한 소를 제기하면 전소의 기판력을 받게 된다고 할 것이지만, 채무자가 전소인 채권자대위소송이 제기된 사실을 알지 못하였을 경우에는 전소의 기판력이 다른 채권자가 제기한 후소인 채권자대위소송에 미치지 않는다.

> **|註| 다른 채권자에 의한 채권자대위소송의 판결이 선행한 경우** 甲이 乙을 대위하여 丙에 대한 소(전소)를 제기하여 확정판결을 받았는데 다시 丁이 乙을 대위하여 丙을 상대로 동일한 소(후소)를 제기하였다면 후소법원은 어떤 판단을 하여야 할까. 판례는 대상판결과 같이 채무자인 乙이 전소의 제기 사실을 안 경우에 한하여 전소판결의 기판력이 또 다른 채권자대위소송인 후소에 미친다고 한다.

(c) 주의할 점 - 기판력이 생기는 소송물

◆ 대법원 2014. 1. 23. 선고 2011다108095 판결

민사소송법 제218조 제3항은 '다른 사람을 위하여 원고나 피고가 된 사람에 대한 확정판결은 그 다른 사람에 대하여도 효력이 미친다.'고 규정하고 있으므로, 채권자가 채권자대위권을 행사하는 방법으로 제3채무자를 상대로 소송을 제기하고 판결을 받은 경우 채권자가 채무자에 대하여 민법 제405조 제1항에 의한 보존행위 이외의 권리행사의 통지, 또는 민사소송법 제84조에 의한 소송고지 혹은 비송사건절차법 제49조 제1항에 의한 법원에 의한 재판상 대위의 허가를 고지하는 방법 등 어떠한 사유로 인하였든 적어도 채권자대위권에 의한 소송이 제기된 사실을 채무자가 알았을 때에는 그 판결의 효력이 채무자에게 미친다고 보아야 한다. 이때 채무자에게도 기판력이 미친다는 의미는 채권자대위소송의 소송물인 피대위채권의 존부에 관하여 채무자에게도 기판력이 인정된다는 것이고, 채권자대위소송의 소송요건인 피보전채권의 존부에 관하여 당해 소송의 당사자가 아닌 채무자에게 기판력이 인정된다는 것은 아니다. 따라서 채권자가 채권자대위권을 행사하는 방법으로 제3채무자를 상대로 소송을 제기하였다가 채무자를 대위할 피보전채권이 인정되지 않는다는 이유로 소각하판결을 받아 확정된 경우 그 판결의 기판력이 채권자가 채무자를 상대로 피보전채권의 이행을 구하는 소송에 미치는 것은 아니다.

|註| 채권자대위소송의 기판력이 채무자에게도 미친다는 의미는 채권자대위소송의 소송물인 피대위채권의 존부에 관한 것임을 보여주는 판결이다.

(2) 추심금소송

▶ **대법원 2020. 10. 29. 선고 2016다35390 판결**

동일한 채권에 대해 복수의 채권자들이 압류·추심명령을 받은 경우, 어느 한 채권자가 제기한 추심금소송에서 확정된 판결의 기판력이 변론종결일 이전에 압류·추심명령을 받았던 다른 추심채권자에게 미치는지 않는다. 이러한 법리는 추심채권자가 제3채무자를 상대로 제기한 추심금소송에서 화해권고결정이 확정된 경우에도 마찬가지로 적용된다. 따라서 어느 한 채권자가 제기한 추심금소송에서 화해권고결정이 확정되었더라도 화해권고결정의 기판력은 화해권고결정 확정일 전에 압류·추심명령을 받았던 다른 추심채권자에게 미치지 않는다.

|註| 대상판결은 ① 추심채권자들이 제기하는 추심금소송의 소송물이 채무자의 제3채무자에 대한 피압류채권의 존부로서 서로 같더라도 소송당사자가 다른 이상 그 확정판결의 기판력이 서로에게 미친다고 할 수 없고, ② 민사집행법 제249조 제3항, 제4항은 추심의 소에서 소를 제기당한 제3채무자는 집행력 있는 정본을 가진 채권자를 공동소송인으로 원고 쪽에 참가하도록 명할 것을 첫 변론기일까지 신청할 수 있고, 그러한 참가명령을 받은 채권자가 소송에 참가하지 않더라도 그 소에 대한 재판의 효력이 미친다고 정하였는데, 위 규정 역시 참가명령을 받지 않은 채권자에게는 추심금소송의 확정판결의 효력이 미치지 않음을 전제로 한 것이며, ③ 제3채무자는 추심의 소에서 패소한 부분에 대해 변제 또는 집행공탁을 함으로써, 다른 채권자의 소 제기를 피할 수 있으므로 제3채무자에게 부당하지 않다는 것을 이유로 들었다.

4. 일반 제3자

신분관계, 공법상의 법률관계, 단체관계 소송에서는 법률관계의 획일적인 해결을 위하여 일반 제3자에게까지 판결의 효력이 미치도록 하고 있는 경우가 있다. 즉, 가류 및 나류 가사소송사건의 인용확정판결은 제3자에게도 효력이 있고(가사소송법 21조), 행정소송 중 항고소송의 인용확정판결은 제3자에 대하여도 효력이 있다(행정소송법 29조, 38조).[1] 그리고 상법에 규정된 회사설립무효의 소, 주주총회

1) 대판 1982. 7. 27. 82다173("행정처분의 무효확인판결은 비록 형식상은 확인판결이라 하여도

결의취소 또는 부존재·무효확인의 소, 부당결의취소·변경의 소, 신주발행무효의 소, 감자무효의 소의 인용확정판결 역시 제3자에 대하여 효력이 있다(상법 190조, 328조, 376조, 380조, 381조, 430조, 446조).

◆ 대법원 1988. 4. 25. 선고 87누399 판결

이사회의 결의에 하자가 있는 경우에 관하여 상법은 아무런 규정을 두고 있지 아니하나 그 결의에 무효사유가 있는 경우에는 이해관계인은 언제든지 또 어떤 방법에 의하든지 그 무효를 주장할 수 있다고 할 것이지만 이와 같은 무효 주장의 방법으로서 이사회결의무효확인소송이 제기되어 승소확정판결을 받은 경우, 그 판결의 효력에 관하여는 주주총회결의무효확인소송 등과는 달리 상법 제190조가 준용될 근거가 없으므로 대세적 효력은 없다.

제 4. 판결의 기타 효력

Ⅰ. 집행력

집행력(執行力)이라 함은, 협의로는 판결로 명한 이행의무를 강제집행절차에 의하여 실현할 수 있는 효력을 말하고, 광의로는 강제집행 이외의 방법에 의하여 판결의 내용에 적합한 상태를 실행할 수 있는 효력을 포함한다. 확정판결에 의한 등기가 광의의 집행력의 대표적인 예이다. 협의의 집행력은 이행판결에만 인정되지만 광의의 집행력은 확인판결과 형성판결에도 인정된다. 집행력의 범위는 기판력의 범위와 일치함이 원칙이나 제3자의 소송담당의 경우에는 예외이다.

◆ 대법원 2018. 9. 13. 선고 2018다231031 판결

확정판결의 기판력은 변론을 종결한 뒤의 승계인(변론 없이 한 판결의 경우에는 판결을 선고한 뒤의 승계인) 또는 그를 위하여 청구의 목적물을 소지한 사람 등 법률에 따로 규정되어 있는 경우 외에는 특별한 사정이 없는 한 당해 판결에 표시된 당사자 사이에만 미치고(민사소송법 제218조 참조), 집행력의 범위도 원칙적으로 기판력의 범위에 준한다. 따라서 지부·분회·지회 등 어떤 법인의 하부조직을 상대

그 확인판결의 효력은 그 취소판결의 경우와 같이 소송의 당사자는 물론 제3자에게도 미친다").

로 일정한 의무의 이행을 구하는 소를 제기하여 승소 확정판결을 받은 경우 판결의 집행력이 해당 지부·분회·지회 등을 넘어서 소송의 당사자도 아닌 법인에까지 미친다고 볼 수는 없으므로 그 판결을 집행권원으로 하여 법인의 재산에 대해 강제집행을 할 수는 없고, 법인의 재산에 대한 강제집행을 위해서는 법인 자체에 대한 별도의 집행권원이 필요하다.

◆ 대법원 1979. 8. 10.자 79마232 결정
채권자 대위권에 기한 확정판결의 기판력이 소외인인 채무자에게도 미치는 경우가 있다 하더라도 위 확정판결의 집행력만은 원·피고 간에 생기는 것이고 원고와 소외인 사이에는 생기지 아니한다.

Ⅱ. 형성력

형성력(形成力)이라 함은 형성의 소를 인용하는 형성판결이 확정됨으로써 판결내용대로 새로운 법률관계가 발생하거나 종래의 법률관계가 변경 또는 소멸되는 효력을 말한다. 형성력에 의한 법률관계 변동의 효과는 당사자뿐만 아니라 일반 제3자에게도 미친다.

Ⅲ. 법률요건적 효력

민법 그 밖의 법률에서 판결의 존재를 요건사실로 하여 일정한 법률효과의 발생한 규정한 경우가 있는데 이를 판결의 법률요건적 효력이라고 한다. 판결이 확정되면 소멸시효가 다시 진행되고(민법 178조) 단기소멸시효에 해당되는 채권이라도 판결에 의하여 확정되면 그 시효기간이 10년으로 되는 것(민법 165조)이 그 예이다.

Ⅳ. 반사적 효력

확정판결의 효력 자체는 당사자 사이에서만 미치는 것이 원칙이나 판결을 받은 당사자와 실체법상 특수한 의존관계에 있는 제3자에게 판결의 효력이 이익 또는 불이익으로 영향을 미치는 경우가 있다. 이를 판결의 반사적 효력이라고 하는데,

법률요건적 효력의 일종이다.

▶ 대법원 1993. 2. 12. 선고 92다25151 판결

채무자에 대한 소유권이전등기청구권을 보전하기 위하여 채무자를 대위하여 제3자 명의의 소유권이전등기의 말소를 청구하기 위하여는 우선 채권자의 채무자에 대한 소유권이전등기청구권을 보전할 필요가 인정되어야 할 것이고 그러한 보전의 필요가 인정되지 않는 경우에는 소가 부적법하므로 직권으로 이를 각하하여야 할 것인바, 채권자가 채무자를 상대로 소유권이전등기절차이행의 소를 제기하였으나 패소확정판결을 받았다면 위 판결의 기판력으로 말미암아 채권자로서는 더 이상 소유권이전등기청구를 할 수 없게 되었다 할 것이고, 가사 채권자가 채권자대위소송에서 승소하였다 한들 채권자가 채무자에 대하여 다시 소유권이전등기절차의 이행을 구할 수 있는 것도 아니므로 채권자로서는 채권자대위권을 행사함으로써 위 소유권이전등기청구권을 보전할 필요가 없게 되었다 할 것이다.

▶ 대법원 1992. 5. 22. 선고 92다3892 판결

부동산의 점유자가 취득시효완성을 원인으로 한 소유권이전등기를 하지 않고 있는 사이에 제3자가 등기명의인을 상대로 제소하여 그 부동산에 대한 소유권이전등기절차이행의 확정판결을 받아 소유권이전등기를 한 경우에는 위 확정판결이 당연무효이거나 재심의 소에 의하여 취소되지 않는 한 부동산 점유자는 위 원래의 등기명의인에 대한 소유권이전등기청구권을 보전하기 위하여 동인을 대위하여 위 확정판결의 기판력에 저촉되는 제3자 명의의 소유권이전등기의 말소를 구할 수 없다.

|註| 취득시효를 원인으로 한 이전등기청구권이 채권적 청구권이므로 전소의 피고로부터 이전등기를 받은 자에게 기판력을 주장할 수 없는 점에 유의할 필요가 있다. 위 판결에 대하여는 반사적 효력의 예가 아니라 기판력의 확장으로 보아야 한다는 견해(정동윤·유병현·김경욱)가 있다.

제 5. 판결의 무효

판결에 중대한 흠이 있어 기판력·집행력·형성력 등 판결로서의 효력이 생기지 않는 경우를 판결의 무효라고 한다. 무효인 판결의 예로는 사망한 사람을 당사자로 한 판결[1)]과 심판의 대상으로 되지 않은 청구에 대한 판결[2)]을 들 수 있다. 판

1) 대판 1982. 4. 13. 81다1350; 대판 1994. 12. 9. 94다16564.

결이 선고되지 않았다면 판결로서 성립조차 하지 않은 것이어서 판결이 존재하지 않는 것이라고 하여야 한다. 무효인 판결에 대한 상소와 재심은 부적법하여 원칙적으로 허용되지 아니한다.[1]

◆ 대법원 2000. 10. 27. 선고 2000다33775 판결

당사자가 소제기 이전에 이미 사망하여 주민등록이 말소된 사실을 간과한 채 본안 판단에 나아간 원심판결은 당연무효라 할 것이나, 민사소송이 당사자의 대립을 그 본질적 형태로 하는 것임에 비추어 사망한 자를 상대로 한 상고는 허용될 수 없다 할 것이므로, 이미 사망한 자를 상대방으로 하여 제기한 상고는 부적법하다.

|註| 반면에 대법원 2002. 4. 26. 선고 2000다30578 판결은 이미 사망한 자를 채무자로 한 처분금지가처분신청은 부적법하고 그 신청에 따른 처분금지가처분결정이 있었다고 하여도 그 결정은 당연무효로서 그 효력이 상속인에게 미치지 않는다고 할 것이므로, 채무자의 상속인은 일반승계인으로서 무효인 그 가처분결정에 의하여 생긴 외관을 제거하기 위한 방편으로 가처분결정에 대한 이의신청으로써 그 취소를 구할 수 있다고 하였다.

제 6. 판결의 편취(사위판결)

Ⅰ. 의의

당사자가 상대방이나 법원을 속여 부당한 내용의 판결을 받는 경우를 판결의 편취라고 한다. 예를 들면, ① 다른 사람의 이름을 모용하여 소송을 하는 경우(성명모용소송), ② 소취하합의를 하여 피고로 하여금 출석하지 않도록 해 놓고 소취하를 하지 아니한 채 소송을 진행하여 승소판결을 얻는 경우, ③ 피고의 주소를 알고 있음에도 소재불명으로 법원을 속여 공시송달로 소송을 진행하여 피고 모르게 승소판결을 얻는 경우, ④ 피고의 주소를 허위로 적어 법원으로 하여금 허위주소로 소송서류를 송달하게 하고 원고가 마치 피고인 듯이 소송서류를 송달받아 자백간주의 형식으로 승소판결을 얻는 경우, ⑤ 원고가 위증교사, 서증위조 등 증거를 위

2) 대판 1995. 1. 24. 94다29065; 대판 2006. 6. 29. 2006다19061, 19078.

1) 대판 1994. 12. 9. 94다16564(사망한 사람을 당사자로 한 판결에 대한 재심사건).

조하여 승소판결을 받는 경우 등이 그것이다. 증권을 소지한 사실이 없음에도 이를 소지하다가 도난당하거나 분실한 것으로 꾸며 공시최고를 신청하여 제권판결을 받았다면, 이는 민사소송법 제490조 제2항 제7호에서 정한 '거짓 또는 부정한 방법으로 제권판결을 받은 때'에 해당하여[1] 제권판결에 대한 불복의 소(490조)를 제기할 수 있는데, 이 역시 판결 편취의 한 사례이다.

Ⅱ. 소송법상의 구제책

판결편취에 대한 소송법상의 구제책은 편취판결의 소송법상 효력과 관련되는데, 편취판결은 재판을 받을 권리를 침해한 것이므로 당연무효라는 무효설, 편취판결이라고 하더라도 형식적으로 확정된 이상 추후보완상소나 재심에 의하여서만 다툴 수 있다는 추완상소·재심설(追完上訴·再審說), 편취판결은 형식적 확정 자체가 없는 것이므로 항소에 의하여 다투어야 한다는 항소설(抗訴說)이 대립한다.

판례는 위 Ⅰ의 ①유형에 대하여는 제451조 제1항 제3호에 따라 재심의 소를, ③유형에 대하여는 제451조 제1항 제11호에 따라 재심의 소를 제기할 수 있다고 하고 있다. 한편 ②유형에 대하여도 제451조 제1항 제3호에 따라 재심의 소를, ⑤유형에 대하여는 제451조 제1항 제5호에 따라 재심의 소를 제기할 수 있다고 한다. 다만, ④유형에 대하여 판례는 항소설을 취하고 있다.

1. 성명모용소송

▶ 대법원 1964. 3. 31. 선고 63다656 판결

원래 피고의 지위는 원고의 소에 의하여 특정되는 것으로서 그 지위의 취득에는 피고의 태도는 아무런 관계가 없는 것이므로 그 후 제3자가 피고라고 참칭한다 하여도 이로 인하여 원고의 소가 이 사람에 대하여 그 방향이 변경되는 것은 아니며, 당해 소송의 피고는 어디까지나 원고에 의하여 지명된 그 사람이고 피고의 성명을 함부로 사용하는 모용자는 소송에 관계없는 소외인이므로 법원은 심리 중에 이를 발견하였을 때에는 그 소송관여를 배척할 것이며, 만일 이것을 간과하여 판결을 하였을 때에는 그 지명인은 당연히 피고 그 사람이고, 따라서 판결의 효력도 피모용자인 지명된 피고에게 대하여 발생하는 것이요, 오직 피고

1) 대판 2011. 11. 10. 2009다73868.

는 상소로서 그 취소를 요구할 수 있고 또 판결이 확정된 후에는 재심의 소로서 불복을 신청할 수 있는 동시에 이를 할 필요가 있는 것이며, 이 상소 또는 재심의 사유는 피고가 소송수행상 적법하게 대리되지 아니한 것, 다시 말하면 적법하게 소송관여의 기회가 부여되지 아니한 것이 될 것으로서 재심의 경우에는 민사소송법 제422조(현행 451조) 제1항 제3호에서 이른바 소송대리권의 흠결을 사유로 하여 재심의 소를 제기할 수 있다.

2. 공시송달에 의한 경우

◆ 대법원 1985. 7. 9. 선고 85므12 판결

주거지를 알면서도 청구인의 본적지를 피청구인의 주소로 표시하여 이혼심판청구의 소를 제기하고 송달불능되자 공시송달의 방법으로 심판절차가 진행되어 그 판결이 선고되었다면 이는 민사소송법 제451조 제1항 제11호 소정의 재심사유에 해당한다.

▶ 대법원 2011. 12. 22. 선고 2011다73540 판결

[1] 당사자가 상대방의 주소 또는 거소를 알고 있었음에도 소재불명 또는 허위의 주소나 거소로 하여 소를 제기한 탓으로 공시송달의 방법에 의하여 판결(심판)정본이 송달된 때에는 민사소송법 제451조 제1항 제11호에 의하여 재심을 제기할 수 있음은 물론이나 또한 같은 법 제173조에 의한 소송행위 추완에 의하여도 상소를 제기할 수도 있다.

[2] 공시송달에 의하여 판결이 선고되고 판결정본이 송달되어 확정된 이후에 추완항소의 방법이 아닌 재심의 방법을 택한 경우에는 추완상소기간이 도과하였다 하더라도 재심기간 내에 재심의 소를 제기할 수 있다.

3. 허위주소로 송달한 사위판결

◆ 대법원 1978. 5. 9. 선고 75다634 전원합의체 판결

종국판결의 기판력은 판결의 형식적 확정을 전제로 하여 발생하는 것이므로 공시송달의 방법에 의하여 송달된 것이 아니고 허위로 표시한 주소로 송달하여 상대방 아닌 다른 사람이 그 소송서류를 받아 의제자백(자백간주)의 형식으로 판결이 선고되고 다른 사람이 판결정본을 수령하였을 때에는 상대방은 아직도 판

결정본을 받지 않은 상태에 있는 것으로서 위 사위판결은 확정판결이 아니어서 기판력이 없다.

|註| 1. 피고의 주소를 알면서 허위주소를 신고하였으나, 공시송달이 아니라 그 외의 송달방법 즉 교부송달 등의 방법으로 송달이 이루어져서 자백간주에 의한 승소판결을 받은 경우에는 아직 적법한 송달을 받지 않은 상태이므로 항소로 구제받을 수 있다고 한 판결이다. 이전에는 항소설과 재심설로 판례가 나뉘어져 있었는데 대상판결로 항소설로 정리되었다. 대상판결에 대하여는 당사자의 절차기본권을 중시한 것이라거나 공시송달과 허위주소로의 송달은 구별되는 것이라는 이유로 판결의 입장을 지지하는 견해(강현중, 호문혁)와 민사소송법 제451조 제1항 제11호의 문언에 정면으로 반한다거나, 제1심의 정식심리를 생략하게 되어 심급의 이익을 박탈하게 된다거나, 그 논리대로라면 소장부본의 송달부터 무효가 되어 애초부터 소송계속이 생길 수 없는데 이에 대한 설명이 없다는 등의 이유로 판결에 반대하는 견해(이시윤, 정동윤·유병현·김경욱, 박우동)가 있다.

2. 한편, 대상판결은 판결의 확정 및 기판력의 의미, 사위판결에 대한 학설 대립 등에 관한 교과서적인 설시를 하고 있는바, 이하에서는 관련된 부분을 그대로 옮겨 둔다.

"… 판결(종국판결)이 당해 소송절차 내에서 통상적인 불복방법에 의하여 취소변경될 수 없게 되면, 즉 상소제기 등의 통상적인 불복방법으로써 다툴 수 없는 상태에 이르게 되면(소송행위의 추완신청이나 재심의 소의 제기로써 취소변경되는 것은 무방하다) 그 판결을 확정판결이라고 말하고 이러한 상태에 있어서의 판결의 불가변경성을 판결의 형식적 확정력이라고 하며, 이와 같이 판결이 형식적으로 확정되면(판결에 형식적 확정력이 생기게 되면) 그 확정판결에는 소송당사자나 법원이 그 판결의 내용인 특정한 법률효과의 존부에 관한 판단과 상반되는 주장이나 판단을 할 수 없게 되는 효력이 생기게 되는데 이러한 효력을 실질적(내용적)으로 판결을 확정시킨다고 하여 판결의 실질적 확정력이라고도 하고 또 이미 판단된 사건 즉 기판사건이 가지는 효력이라는 의미에서 기판력이라고도 한다. 그러니 종국판결의 기판력은 판결의 형식적 확정을 전제로 하여 발생하는 것이다.

… 제소자가 상대방의 주소를 허위로 다른 곳으로 표시하여 상대방에 대한 변론기일 소환장 등의 소송서류를 그 허위주소로 보내고 상대방 아닌 다른 사람이 그 소송서류를 받아 의제자백의 형식으로 제소자 승소의 판결이 선고되고 그 판결정본이 위와

> 같은 방법으로 상대방에게 송달된 경우에 있어서 위 사위판결(판결이 형식적으로 존재하는 이상 사위판결도 당연무효의 판결이 아니다)을 형식적 확정력이 있는 확정판결로 보고 그 판결에 기판력을 인정할 것인가에 관하여는 학설이 나누어져 있는 바, 하나는 사위판결은 상대방에의 판결정본의 송달이 무효이어서 항소의 대상이 될 뿐이고 확정판결이 아니니 기판력이 없는 것이라는 항소설이고, 다른 하나는 사위판결은 형식적으로 확정된 확정판결이므로 기판력이 있고 따라서 사위판결은 재심의 소의 제기나 상소의 추완신청 등에 의하여서만 구제될 수 있는 것이라는 재심설이다.
> … 본건 사위판결의 경우에 있어서는 판결정본이 제소자가 허위로 표시한 상대방의 허위주소로 보내져서 상대방 아닌 다른 사람이 그를 수령한 것이니 상대방에 대한 판결정본의 송달은 부적법하여 무효이고 상대방은 아직도 판결정본의 송달을 받지 않은 상태에 있는 것으로서 그 판결에 대한 항소기간은 진행을 개시하지 않은 것이라고 보아야 할 것이다. 그렇다면 본건 사위판결은 형식적으로 확정된 확정판결이 아니여서 기판력이 없는 것이라고 할 것이고 민사소송법 제422조(현행 451조) 제1항 제11호에 "당사자가 상대방의 주소 또는 거소를 알고 있었음에도 불구하고 … 허위의 주소나 거소로 하여 소를 제기한 때"를 재심사유로 규정하고 있으나 이는 공시송달의 방법에 의하여 상대방에게 판결정본을 송달한 경우를 말하는 것이고(공시송달의 방법에 의하여 상대방의 허위주소에다가 판결정본을 송달하였다고 하여도 공시송달의 방법을 취하였기 때문에 그 송달은 유효한 것으로 보아야 하기 때문이다) … 본건 사위판결에 있어서와 같이 공시송달의 방법에 의하여 송달된 것이 아닌 경우까지 재심사유가 되는 것으로 규정한 취지는 아니라고 할 것이다."

◆ 대법원 1981. 3. 24. 선고 80다2220 판결

제소자가 상대방의 주소를 허위로 기재하여 소송서류 및 판결정본을 그곳으로 송달케 한 소위 사위판결은 그 판결정본이 상대방에게 적법하게 송달되었다고 할 수 없으므로 상소제기 기간은 진행할 수 없는 것이어서 형식적으로 확정될 수 없고 실질적으로 기판력도 발생할 수 없는 것이므로 이에 의하여 경료된 소유권이전등기는 실체적 권리관계에 부합되지 않는 한 말소되어야 한다. 위의 경우에 그 상대방은 위 사위판결에 대하여 상소를 할 수도 있고 별소로써 위 판결에 의하여 경료된 소유권이전등기의 말소를 구할 수도 있다.

4. 참칭대표자 소송

▶ 대법원 1994. 1. 11. 선고 92다47632 판결

[1] 민사소송법 제422조(현행 451조) 제1항 제3호 소정의 재심사유는 무권대리인이 대

리인으로서 본인을 위하여 실질적인 소송행위를 하였을 경우뿐만 아니라 대리권의 흠결로 인하여 본인이나 그의 소송대리인이 실질적인 소송행위를 할 수 없었던 경우도 이에 해당한다.

[2] 법원이 참칭대표자에게 적법한 대표권이 있는 것으로 알고 그를 송달받을 자로 지정하여 소송서류 등을 송달하고 그 송달받을 자로 지정된 참칭대표자가 송달받은 경우에는 그 송달이 무효라고 할 수는 없는 것이므로 판결이 판결에서 종중의 대표자로 표시된 자를 송달받을 자로 하여 송달되었고 실제로 그가 보충송달의 방법에 의하여 송달을 받았다면 그때로부터 항소기간이 진행되고 그 판결은 항소기간이 만료된 때에 확정된다.

|註| 1. 甲이 乙 종중을 피고로 삼아 소를 제기하면서 소장에 乙과 무관한 丙을 乙의 대표자로 표시하고 丙으로 하여금 소장부본 등 소송서류를 송달받게 하여 甲 승소판결을 받고 역시 丙으로 하여금 판결정본을 송달받게 하여 항소제기기간이 도과되었는데, 나중에 乙 종중이 이를 알고 제451조 제1항 제3호에 따라 재심의 소를 제기한 사안이다. 항소심은 甲 승소판결은 판결정본의 유효한 송달이 없어 확정되지 않았고 따라서 乙 종중은 항소로써 다투어야 한다는 이유로 乙 종중의 재심의 소를 각하하였다. 그러나 대법원은 참칭대표자에 대한 송달이 무효라고 할 수 없다는 이유로 항소심판결을 파기하였다.

2. 피고의 대표자를 참칭대표자로 적어 그에게 소장부본 등이 송달되게 하여 자백간주의 판결이 된 때에는 재심사유에 해당된다고 한 판결이다. 대상판결에 대하여는, 피고 본인의 주소를 허위로 기재하고 그 허위주소에서 피고와 무관한 사람이 송달받도록 하는 것과 피고 대표자를 피고와 무관한 사람으로 기재하여 그로 하여금 피고를 대표하게 한 것을 같이 볼 수 없고, 위 75다634 전원합의체 판결의 논리를 연장하여 대상판결 사안의 경우에까지 항소설로 일관한다면 대리권이나 대표권의 흠결이 문제되는 모든 사건에서 정당한 대리인이나 대표자에 송달되지 아니한 판결은 아직 확정되지 아니하였다는 결론을 취할 수밖에 없어 제451조 제1항 제3호의 적용범위가 극도로 축소되는 문제가 생기므로 타당한 결론이라는 평가가 있다.[1]

Ⅲ. 실체법에 의한 구제책

편취된 판결에 기하여 실제로 집행을 한 경우 재심에 의하여 편취된 판결을 취소하지 않고도 부당이득반환이나 불법행위에 기한 손해배상으로 집행의 결과를

1) 박재윤, 민사판례연구 제17집.

되돌릴 수 있는지에 관한 논의가 있다. 기판력에 의한 법적 안정성에 무게를 둘 것인가 구체적 정의에 무게를 둘 것인가의 문제인데, 재심에 의한 판결의 취소가 있어야 한다는 재심필요설, 재심 없이 바로 위와 같은 청구를 할 수 있다는 재심불요설, 절충적인 견해인 제한적 재심필요설이 대립한다. 재심이 없이도 부당이득 및 불법행위가 성립하는지에 관하여 차례로 보고, 관련문제로 청구이의의 소에 관하여도 보기로 한다.

1. 부당이득

판결의 집행으로 교부받은 금원이나 이전받은 등기를 부당이득(不當利得)이라고 할 수는 없을 것이나, 판결이 편취되었음을 이유로 그로 인한 집행결과가 부당이득이라고 주장할 수 있을까. 허위주소로 송달한 사위판결의 경우에는 판결이 확정되지 않았으므로 상대방은 부당이득으로써 금원이나 등기의 반환 또는 말소를 구할 수 있다.[1] 그러나 그 외의 경우에는 편취판결이라도 확정되어 기판력이 발생하면 상대방의 부당이득반환청구는 편취판결과 모순관계에 있게 되어 기판력에 저촉되게 되므로 이를 허용할 수 없다.

◆ 대법원 1995. 6. 29. 선고 94다41430 판결

대여금 중 일부를 변제받고도 이를 속이고 대여금 전액에 대하여 소송을 제기하여 승소확정판결을 받은 후 강제집행에 의하여 위 금원을 수령한 채권자에 대하여, 채무자가 그 일부 변제금 상당액은 법률상 원인 없는 이득으로서 반환되어야 한다고 주장하면서 부당이득반환청구를 하는 경우, 그 변제 주장은 대여금반환청구소송의 확정판결 전의 사유로서 그 판결이 재심의 소 등으로 취소되지 아니하는 한 그 판결의 기판력에 저촉되어 이를 주장할 수 없으므로, 그 확정판결의 강제집행으로 교부받은 금원을 법률상 원인 없는 이득이라고 할 수 없다.

▶ 대법원 2001. 11. 13. 선고 99다32905 판결

소송당사자가 허위의 주장으로 법원을 기망하고 상대방의 권리를 해할 의사로 상대방의 소송관여를 방해하는 등 부정한 방법으로 실체의 권리관계와 다른 내용의 확정판결을 취득하여 그 판결에 기하여 강제집행을 하는 것은 정의에 반

1) 대판 1995. 5. 9. 94다41010.

하고 사회생활상 도저히 용인될 수 없는 것이어서 권리남용에 해당한다고 할 것이지만, 위 확정판결에 대한 재심의 소가 각하되어 확정되는 등으로 위 확정판결이 취소되지 아니한 이상 위 확정판결에 기한 강제집행으로 취득한 채권을 법률상 원인 없는 이득이라고 하여 반환을 구하는 것은 위 확정판결의 기판력에 저촉되어 허용될 수 없다.

2. 불법행위

◆ 대법원 1995. 12. 5. 선고 95다21808 판결

판결이 확정되면 기판력에 의하여 대상이 된 청구권의 존재가 확정되고 그 내용에 따라 집행력이 발생하는 것이므로, 그에 따른 집행이 불법행위를 구성하기 위하여는 소송당사자가 상대방의 권리를 해할 의사로 상대방의 소송관여를 방해하거나 허위의 주장으로 법원을 기망하는 등 부정한 방법으로 실체의 권리관계와 다른 내용의 확정판결을 취득하여 집행을 하는 것과 같은 특별한 사정이 있어야 하고, 그와 같은 사정이 없이 확정판결의 내용이 단순히 실체적 권리관계에 배치되어 부당하고 또한 확정판결에 기한 집행 채권자가 이를 알고 있었다는 것만으로는 그 집행행위가 불법행위를 구성한다고 할 수 없다. 편취된 판결에 기한 강제집행이 불법행위로 되는 경우가 있다고 하더라도 당사자의 법적 안정성을 위해 확정판결에 기판력을 인정한 취지나 확정판결의 효력을 배제하기 위하여는 그 확정판결에 재심사유가 존재하는 경우에 재심의 소에 의하여 그 취소를 구하는 것이 원칙적인 방법인 점에 비추어 볼 때 불법행위의 성립을 쉽게 인정하여서는 아니 되고, 확정판결에 기한 강제집행이 불법행위로 되는 것은 당사자의 절차적 기본권이 근본적으로 침해된 상태에서 판결이 선고되었거나 확정판결에 재심사유가 존재하는 등 확정판결의 효력을 존중하는 것이 정의에 반함이 명백하여 이를 묵과할 수 없는 경우로 한정하여야 한다.

|註| 1. 사실관계와 법원의 판단 甲 종종은 乙로부터 X 부동산을 매수하여 종중원인 丙에게 명의신탁하였다. 그런데 乙이 2년 내에 X 부동산을 환매할 수 있도록 허락하여 줄 것을 간청하자 甲 종중의 대표인 丁은 '乙이 丙으로부터 1억 원을 변제기 2년 후로 정하여 차용하면서 X 부동산을 담보로 제공한다'는 내용의 금전대차 및 담보계약서를 작성해 주었다. 甲 종중이 X 부동산

을 제3자인 戊에게 매도하자 乙은 丙을 피고로 삼아 X 부동산은 甲에 대한 차용금채무의 양도담보를 위하여 丙에게 이전등기된 것이므로 정산을 해야 한다는 취지의 정산금청구소송(전소)을 제기하여 일부 승소판결을 받았고 그 판결은 그대로 확정되었다. 乙이 위 판결에 기하여 강제집행을 개시하자 甲 종중은 종중원인 丙에게 손해를 입힐 수 없다면서 위 판결에 따른 원금과 지연손해금을 변제공탁하고, 乙을 피고로 삼아 전소판결은 사위판결이고 이에 기한 강제집행은 불법행위이므로 乙은 甲 종중에게 위 공탁금 상당의 손해배상의무가 있다고 주장하면서 그 지급을 구하는 소를 제기하였다. 이에 대하여 항소심법원은, 乙이 X 부동산을 甲 종중에게 매도하고도 위 금전대차 및 담보계약서를 수단삼아 丙을 상대로 정산금지급 판결을 받고 이를 기초로 강제집행을 실시하여 甲 종중이 공탁을 하게 하였으므로 乙은 甲 종중에게 위 공탁금 상당의 돈을 배상할 의무가 있다고 하였다. 그러나 대법원은 위 판결요지와 같이 판시한 다음 항소심이 인정한 사실은 결국 전소확정판결의 내용이 실체적 권리관계에 배치되어 부당하고 또 乙이 이를 알고 있었다는 것에 지나지 아니하고, 이러한 사정만으로는 확정된 전소판결에 기하여 乙이 한 강제집행이 불법행위를 구성한다고 하기 어렵다는 이유로 항소심판결을 파기하였다.

2. 판결의 편취와 불법행위에 기한 손해배상청구 (1) 당사자가 법원과 상대방을 기망하여 승소판결을 얻고 집행을 하는 것은 항상 불법행위를 구성하는가. 실제 소송에 있어 소송당사자는 진실에 침묵하거나 진실과 다른 주장을 하기도 하고 불리한 증거를 제출하지 않거나 증거의 내용을 유리하게 해석하기도 하는데, 분쟁을 전제로 한 소송의 성격상 이러한 행동을 어느 정도 허용할 수밖에 없으므로, 당사자가 소송수행에 있어 사위의 방법을 사용한 모든 경우에 불법행위가 성립한다고 할 수는 없다. 따라서 당사자가 실체적 진실에 반한다는 것을 알면서 이를 주장하여 승소판결을 얻고 그에 따라 집행을 하였다는 사정만으로는 불법행위를 구성한다고 하기 어렵고, 소송당사자가 상대방의 권리를 해할 의사로 상대방의 소송관여를 방해하거나 허위의 주장으로 법원을 기망하는 등 부정한 방법으로 실제의 권리관계와 다른 내용의 확정판결을 취득하여 집행을 하였고, 그 확정판결이 상대방 당사자의 절차적 기본권이 근본적으로 침해된 상태에서 선고되었거나 확정판결에 재심사유가 존재하는 등 확정판결의 효력을 존중하는 것이 정의에 반함이 명백하여 이를 묵과할 수 없

는 경우에 한하여 사위판결 및 그 집행을 불법행위로 인정할 수 있다. 위 사건의 경우 전소법원은 처분문서인 금전대차 및 담보계약서를 근거로 X 부동산이 양도담보로 丙에게 소유권이전등기된 것이라고 사실인정을 한 반면, 위 항소심법원은 X 부동산은 甲 종중이 매수한 것이지 금원을 대여하고 양도담보로 받은 것이 아니며 乙이 이러한 사실을 알고 있었다고 사실인정한 것인데, 이는 전소법원과 후소법원이 서로 다른 사실인정을 한 결과일 뿐일 수도 있어, 전소판결의 내용을 존중하는 것이 도저히 묵과할 수 없는 경우라고 보기 어렵다.[1)]

(2) 부당이득반환청구는 판결로 확정된 채권이 실체상 없다고 주장하는 것이어서 확정판결의 실체판단에 직접적으로 반하는 것이므로 기판력의 저촉을 받지만, 불법행위로 인한 손해배상청구는 실체상 채권이 없음에도 법원을 기망하여 채권이 있는 양 확정판결을 받았다고 주장하는 것이므로 확정판결의 판단 자체를 직접 탓하는 것과는 다르고 판결편취 및 집행과정에서 확정판결은 불법행위의 한 방편에 불과하다고 볼 수 있으므로 불법행위에 기한 손해배상청구의 경우에는 불법행위의 성립 여부 그 자체가 문제될 뿐 기판력은 문제되지 않는다.

3. 청구이의의 소

청구이의의 소는 확정판결의 변론종결 후에 발생한 사유만을 이의의 이유로 주장하여야 함이 원칙이나(민사집행법 44조 2항) **확정판결에 의한 집행 그 자체가 권리남용이 되는 경우에는 그 자체만으로 청구이의의 소를 제기하여 확정판결의 집행력을 배제할 수 있는바, 판결이 편취된 경우 아직 그 집행이 완료되지 않았다면 권리남용을 이유로 한 청구이의의 소를 제기하여 그 집행을 막을 수도 있다.**

◆ 대법원 2001. 11. 13. 선고 99다32899 판결

[1] 판결이 확정되면 기판력에 의하여 대상이 된 청구권의 존재가 확정되고 그 내용에 따라 집행력이 발생하는 것이므로, 그에 따른 집행이 불법행위를 구성하기 위하여는 소송당사자가 상대방의 권리를 해할 의사로 상대방의 소송 관여를 방해하거나 허위의 주장으로 법원을 기망하는 등 부정한 방법으로 실체의 권리

1) 조관행, 대법원 판례해설 제24호.

관계와 다른 내용의 확정판결을 취득하여 집행을 하는 것과 같은 특별한 사정이 있어야 하고, 그와 같은 사정이 없이 확정판결의 내용이 단순히 실체적 권리관계에 배치되어 부당하고 또한 확정판결에 기한 집행채권자가 이를 알고 있었다는 것만으로는 그 집행행위가 불법행위를 구성한다고 할 수 없는바, 편취된 판결에 기한 강제집행이 불법행위로 되는 경우가 있다고 하더라도 당사자의 법적 안정성을 위해 확정판결에 기판력을 인정한 취지나 확정판결의 효력을 배제하기 위하여는 그 확정판결에 재심사유가 존재하는 경우에 재심의 소에 의하여 그 취소를 구하는 것이 원칙적인 방법인 점에 비추어 볼 때 불법행위의 성립을 쉽게 인정하여서는 아니 되고, 확정판결에 기한 강제집행이 불법행위로 되는 것은 당사자의 절차적 기본권이 근본적으로 침해된 상태에서 판결이 선고되었거나 확정판결에 재심사유가 존재하는 등 확정판결의 효력을 존중하는 것이 정의에 반함이 명백하여 이를 묵과할 수 없는 경우로 한정하여야 한다(같은 취지 : 대법원 2010. 2. 11. 선고 2009다82046, 82053 판결).

[2] 확정판결에 의한 권리라 하더라도 신의에 좇아 성실히 행사되어야 하고 그 판결에 기한 집행이 권리남용이 되는 경우에는 허용되지 않으므로 집행채무자는 청구이의의 소에 의하여 그 집행의 배제를 구할 수 있다고 할 것인바, 확정판결의 내용이 실체적 권리관계에 배치되는 경우 그 판결에 의하여 집행할 수 있는 것으로 확정된 권리의 성질과 그 내용, 판결의 성립 경위 및 판결 성립 후 집행에 이르기까지의 사정, 그 집행이 당사자에게 미치는 영향 등 제반 사정을 종합하여 볼 때, 그 확정판결에 기한 집행이 현저히 부당하고 상대방으로 하여금 그 집행을 수인하도록 하는 것이 정의에 반함이 명백하여 사회생활상 용인할 수 없다고 인정되는 경우에는 그 집행은 권리남용으로서 허용되지 않는다(같은 취지 : 대법원 1997. 9. 12. 선고 96다4862 판결).

|註| 1. 乙은 丙에게 계약명의만 대여하였을 뿐이고 甲으로부터 공사도급을 받은 것은 丙임에도 불구하고, 乙이 甲을 상대로 공사대금 9억 원의 지급을 구하는 소(전소)를 제기하고 소송서류의 송달을 방해하여 자백간주에 의한 판결을 받은 다음 이를 집행권원으로 하여 甲의 丁에 대한 채권 중 5억 원 상당에 대하여 압류·전부명령을 받은 사안이다. 이후 甲은 乙을 상대로 판결편취에 따른 손해배상 및 청구이의의 소를 제기하였고, 법원은 乙의 행위가 권리

남용이자 불법행위에 해당한다고 하면서, 乙에게 甲에 대하여 피전부채권액 상당인 5억 원의 손해를 배상할 것을 명함과 아울러 전소판결에 따른 강제집행은 이미 집행을 종료한 5억 원을 초과하는 부분에 한하여 이를 불허한다는 판결을 하였다.
2. 확정판결에 따른 강제집행이 권리남용에 해당하기 위한 요건 및 확정판결의 내용이 실체적 권리관계에 배치된다는 점은 확정판결에 기한 강제집행이 권리남용이라고 주장하며 집행불허를 구하는 자가 주장·증명하여야 한다.[1]

제 4 관 종국판결의 부수적 재판

제 1. 가집행의 선고

Ⅰ. 의의 및 요건

(1) 가집행선고라 함은 확정되지 않은 종국판결에 대하여 미리 집행력을 주는 형성적 재판이다. 승소자의 신속한 권리실현에 이바지하고, 강제집행의 지연을 노린 상소를 억제하며, 심리가 제1심에 집중되도록 하는 역할을 한다.

(2) 가집행선고는 재산권의 청구에 관한 판결로서 원칙적으로 협의의 집행력을 낳는 이행판결에 한하여 이를 붙인다. 따라서 형성판결에는 특별규정이 있거나 성질상 허용되는 경우가 아니면 가집행선고를 붙이지 못하고,[2] 의사의 진술을 명하는 판결(예컨대, 등기절차의 이행을 명하는 판결)에도 가집행선고를 붙이지 못한다. 가집행선고의 여부는 법원의 재량사항이 아니라 요건에 해당되는 경우 반드시 가집행선고를 하여야 한다(213조 1항).

Ⅱ. 절차 및 방식

(1) 가집행의 선고는 법원이 직권으로 하여야 한다. 즉 가집행선고는 법원의 직권판단사항이어서 처분권주의의 적용이 없고, 따라서 가집행선고가 붙지 않은 제1심판결에 대하여 피고만 항소한 항소심에서 법원이 항소를 기각하면서 가집행선

1) 대판 2014. 5. 29. 2013다82043; 대판 2017. 9. 21. 2017다232105.
2) 대판 1966. 1. 25. 65다2374.

고를 붙였다고 하더라도 이를 불이익변경이라 할 수 없다.[1)]

(2) 법원은 가집행선고를 하면서 어음금·수표금 청구에 관한 판결이 아닌 한 원고로 하여금 피고를 위하여 담보를 제공하게 할 수 있다(213조 1항). 가집행선고의 재판에 대하여는 본안재판의 불복과 더불어서만 불복할 수 있다.

▶ 대법원 1994. 4. 12. 선고 93다56053 판결

가집행선고의 재판에 대하여는 본안재판의 불복과 더불어서만 불복할 수 있으며, 본안의 재판에 대한 상소가 이유 있다고 판단되는 경우에만 가집행선고의 재판에 불복이유가 있다고 할 것이므로, 본안과 더불어 상소된 가집행선고의 재판에 비록 잘못이 있더라도 본안사건에 대한 상소가 이유 없다고 판단되는 경우에는 가집행선고의 재판을 시정하는 판단을 할 수 없다.

Ⅲ. 효력

(1) 가집행선고가 있는 판결은 선고에 의하여 즉시 집행력이 발생한다. 따라서 가집행선고가 붙은 이행판결은 바로 집행권원이 되고, 피고가 상소하더라도 별도의 신청에 의한 집행정지결정(500조, 501조)이 없는 한 집행이 정지되지도 않는다.

(2) 가집행선고에 의한 강제집행, 즉 가집행은 보전처분이 아닌 종국적인 집행이다. 다만 확정적인 집행이 아니라 가집행선고 있는 본안판결이 상급심에서 취소·변경되는 것을 해제조건으로 할 뿐이다. 또한 확정적 집행이 아니므로 항소심 계속 중 가집행이 되었다고 하더라도 의무이행의 효과는 그 판결이 확정된 때에 발생하므로 항소심법원은 가집행을 고려함이 없이 청구의 당부를 판단하여야 하고, 원고가 판결확정 전에 이미 가집행을 하여 만족을 얻고도 확정판결에 의하여 다시 집행을 하려 한다면 피고는 청구이의로써 확정판결을 집행력을 배제할 수 있을 뿐이다(판결확정시에 의무이행의 효과가 발생하므로 당연히 변론종결 후에 의무이행을 한 것이 된다). 한편 이러한 법리는 가집행선고가 있는 본안판결이 있은 후 피고가 항소를 제기하면서 지연손해금의 확대를 방지할 목적 등에 의하여 스스로 변제 또는 변제공탁을 한 경우에도 마찬가지이다.[2)]

---

1) 대판 1991. 11. 8. 90다17804.
2) 대판 1994. 11. 11. 94다22446; 대판 1995. 6. 30. 95다15827 등.

▶ **대법원 1995. 4. 21. 선고 94다58490, 58506 판결**

가집행선고부 판결에 기한 집행의 효력은 확정적인 것이 아니고 후일 본안판결 또는 가집행선고가 취소·변경될 것을 해제조건으로 하는 것이므로, 가집행선고에 기하여 채권자가 집행을 완료함으로써 만족을 얻은 경우, 상소심에서 본안에 관하여 판단할 때에는 그 집행의 이행상태를 고려하지 아니하고 청구의 당부에 관하여 판단하여야 하나, 이는 당해 소송절차에서 취소·변경대상이 되는 본안판결이 존재하는 경우에 만약 가집행에 기한 이행상태를 판결자료로 채용한다면 가집행선고에 기한 집행 때문에 그 본안청구에 관하여 승소의 종국판결을 얻을 길이 막히게 되는 이상한 결과가 되어 실제상 불합리하기 때문이지 가집행선고부 판결에 기한 집행이 종국적인 것임을 부인하는 것은 아니다.

|註| 甲이 乙 점유 토지의 인도청구소송을 제기하여 제1심에서 가집행선고부 승소판결을 받고 위 판결에 기하여 인도집행을 한 후 항소심에서 토지인도청구에서 경계확정청구로 소를 교환적으로 변경하였고, 이에 乙이 甲에 대하여 위 토지의 인도를 구하는 반소를 제기한 사안이다. 위 반소에 대하여 항소심법원은, 위 토지에 대한 甲의 점유가 제1심판결에 기한 가집행에 의한 것인데 제1심판결에 기한 가집행은 확정적 집행이 아니므로 상급심에서는 가집행의 결과를 참작함이 없이 청구의 당부를 판단하여야 한다는 이유로 乙의 반소를 기각하였다. 그러나 대법원은, 甲의 교환적 소변경으로 토지인도청구의 소는 취하되었고 따라서 이에 붙여진 가집행선고도 실효되었으므로 甲이 가집행선고부 판결에 의하여 토지를 점유하게 된 것이라면 甲은 乙에 대하여 당연히 원상회복으로서 자신이 점유하고 있는 토지를 인도할 의무가 있다고 판단하여 항소심판결을 파기하였다. 상소심에서 본안에 관하여 판단할 때 가집행에 따른 이행의 상태를 고려하지 아니한다는 의미는 가집행선고를 하게 된 청구가 유지되고 있어 이에 대한 판단을 할 때에 한하는 것이지 위 청구가 취하 등으로 소멸하여 가집행선고의 본안판결의 효력이 없어졌다면 이제는 원상회복의 문제만이 남게 된다.

Ⅳ. 가집행선고의 실효와 원상회복

1. 가집행선고의 실효

(1) 가집행선고는 상소심에서 그 가집행선고 또는 본안판결을 취소·변경하는 판결이 선고되면 그 취소·변경되는 한도 내에서 효력을 잃는다(215조 1항). 제1심에서 가집행선고부 승소판결을 받아 그 판결에 기해 강제경매를 신청한 다음 항

소심에서 조정(조정에 갈음하는 결정 포함) 내지 화해가 성립한 경우, 제1심판결 및 가집행선고의 효력은 조정 내지 화해에서 제1심판결보다 인용 범위가 줄어든 부분에 한하여 실효되고 나머지 부분에 대하여는 여전히 효력이 미친다.[1]

▶ 대법원 1995. 9. 29. 선고 94다23357 판결

항소심이 무조건 이행을 명한 가집행선고부 제1심판결을 변경하여 상환이행을 명하면서 다시 가집행선고를 붙인 경우, 제1심판결에서 인정된 소송의 목적인 권리가 항소심에서도 여전히 인정되는 점은 아무런 변경이 없고, 다만 가집행채권자는 항소심판결에 따라 상환조건을 성취하여야만 강제집행을 할 수 있게 되었을 뿐이어서, 무조건 이행을 명한 제1심판결의 가집행선고는 그 차이가 나는 한도 내에서만 실효되었다고 봄이 상당하므로, 이 경우 가집행채무자로서는 가지급물의 반환을 구할 수 없음은 물론, 특별한 사정이 없는 한 가집행으로 인한 손해의 배상을 구할 수도 없다.

▶ 대법원 1992. 8. 18. 선고 91다35953 판결

가집행선고부 제1심판결의 일부취소를 의미하는 항소심판결이 다시 상고심에서 파기된 때에는 실효된 가집행선고의 효력도 부활되는 것으로 보아야 한다.

(2) 본안판결 등의 취소·변경으로 가집행선고가 실효되었다고 하더라도 이미 집행이 완료된 경우에는 그 집행절차나 이에 기한 매수인의 소유권취득에는 아무런 영향이 없다.[2]

2. 원상회복 및 손해배상의무

(1) 가집행선고부 본안판결이 상소심에서 취소·변경된 경우 원고는 가집행에 따라 피고가 지급한 물건을 반환하여야 하고 가집행에 의하여 피고에게 발생한 손해를 배상하여야 한다(215조 2항). 이를 원상회복 및 손해배상의무라고 한다. 가집행선고만을 취소·변경한 때에는 원상회복의무와 손해배상의무가 발생하지 않으나 이후 본안판결이 취소·변경되면 원상회복의무와 손해배상의무가 발생한다(215조 3항).[3] 원상회복의무는 물론 손해배상의무 역시 공평의 원칙에 입각한 일종의 무과실책임이다.[4]

1) 대결 2011. 11. 10. 2011마1482.
2) 대판 1993. 4. 23. 93다3165; 대판 1996. 12. 20. 96다42628 등.
3) 대판 1973. 12. 26. 73다1504.
4) 대판 1979. 9. 11. 79다1123; 대판 1965. 5. 31. 65다544 등.

(2) 원상회복의무는 성질상 부당이득반환의무이자[1] 공평의 관념에서 법이 인정한 법정채무이다.[2] 원상회복의 대상은 가집행의 결과 피고가 원고에게 인도한 물건이나 지급한 금전이다. 금전의 지급을 명한 가집행선고부 판결에 의한 강제집행절차에서 원고가 피고 소유의 물건을 매수하였다고 하더라도 가집행으로 인한 지급물은 위 집행의 결과 받은 금전이지 원고가 취득한 물건 자체는 아니다.[3] 가집행선고부 판결에 따라 변제공탁한 공탁금도 원고가 이를 수령하지 아니한 이상 원상회복의 대상이 아니다.[4] 반면 가집행선고부 판결에 의한 강제집행을 면하기 위하여 부득이 변제로서 지급한 것은 원상회복의 대상에 해당된다.[5]

▶ 대법원 1993. 1. 15. 선고 92다38812 판결

원고가 가집행선고부 본안판결을 집행권원으로 하여 피고의 제3채무자에 대한 채권에 대하여 전부명령을 얻어 전부금을 수령한 후 본안판결의 변경으로 가집행선고가 실효된 경우에는 위 전부금이 원상회복의 대상이 된다.

▶ 대법원 2004. 2. 27. 선고 2003다52944 판결

원상회복의 대상이 금전이라면 특단의 사정이 없는 한 원고는 지급된 날 이후부터 법정이율에 의한 지연손해금을 지급하여야 하고, 이때 적용될 법정이율은 민법의 규정에 따른다.

|註| 가지급금으로 지급한 금전이 상사채권에 기한 것이었어도 그러하다.[6]

▶ 대법원 1982. 5. 26. 선고 80다2591 판결

가집행선고부 본안판결에 따라 피고가 원고에게 지급한 물건에 대하여 본안판결이 변경되어 가집행선고가 실효되기 전에 제3자가 권리를 취득한 경우 제3자가 취득한 권리에는 영향이 없고 그로 인하여 피고가 입은 손해는 원고에게 배상을 청구할 수밖에 없다.

|註| 원고가 건물인도를 명하는 가집행선고부 판결에 따라 건물인도집행을 한 후 건

---

1) 대판 1971. 6. 22. 71다982; 대판 2005. 1. 14. 2001다81320.
2) 대판 2015. 2. 26. 2012다79866(원상회복의무는 법정채무이므로 국제사법 제31조 단서에 정한 '부당이득이 당사자 간의 법률관계에 기하여 행하여진 이행으로부터 발생한 경우'에 해당한다고 볼 수 없다고 한 판례이다).
3) 대판 1965. 8. 31. 65다1311.
4) 대판 2011. 9. 29. 2011다17847(가집행선고부 제1심판결에 따라 변제공탁을 하였는데 항소심에서 제1심판결이 취소되었다면 피고는 공탁원인의 소멸을 원인으로 공탁금을 회수하면 된다).
5) 대판 1971. 6. 22. 71다929.
6) 대판 2012. 4. 13. 2011다104130; 대판 2014. 4. 10. 2013다52073, 52080.

물을 제3자에게 임대하였는데 이후 상소심에서 위 판결이 취소되고 원고패소판결이 선고된 경우이다.

(3) 손해배상의무의 법적 성질은 불법행위책임이나 가집행자의 고의, 과실을 묻지 않는다. 손해배상의 범위는 가집행과 상당인과관계에 있는 모든 손해를 포함한다.

▶ 대법 1984. 12. 26. 선고 84다카1695 판결

본안판결의 취소·변경으로 가집행선고가 실효된 경우, 원고는 고의·과실 유무에 불구하고 가집행으로 인한 손해를 배상할 책임이 있고, 손해배상의 범위는 가집행과 상당인과관계에 있는 모든 손해를 포함하나, 가집행에 관하여 피고에게 과실이 있는 때에는 과실상계의 규정을 준용하여 원고의 손해배상책임 및 그 금액을 정함에 있어 이를 참작하여야 한다.

▶ 대법원 1999. 9. 3. 선고 98다3757 판결

가집행을 면하기 위하여 강제집행정지신청을 하면서 담보로 금전을 공탁하였는데 가집행이 실효된 경우 발생하는 통상의 손해액은 그 채권금에 대한 민법 소정의 연 5%의 비율로 계산한 지연이자 상당액이라고 할 것이고, 피고가 위 공탁금을 활용하여 얻을 수 있었던 금융상의 이익이나 공탁금을 조달하기 위한 실제 금융이자 상당액은 특별손해로서 원고가 이를 알았거나 알 수 있었을 경우에 한하여 그에 대한 배상책임이 있다.

(4) 원상회복과 손해배상의 방법에는 2가지가 있다. 첫째는 피고가 원고를 상대로 별소를 제기하는 것이고,[1] 둘째는 문제된 소송의 상소심 절차에서 피고가 본안판결의 변경을 구하면서 원상회복 및 손해배상을 함께 구하는 것이다(215조 2항). 후자를 실무상 가지급물반환신청(假支給物返還申請)이라고 한다. 가지급물반환신청은 일종의 소송 중의 소로서 그 성질은 본안판결의 취소·변경을 조건으로 하는 예비적 반소이다.[2]

▶ 대법원 2000. 2. 25. 선고 98다36474 판결

가집행에 의하여 어떠한 지급이 이행되었으며 어느 범위의 손해가 있었는가 등의 사실관계를 심리·확정할 필요가 있으므로 상고심인 대법원에서는 원칙적으로 가지급물반환신청이 허용되지 아니하고 예외적으로 사실심리를 요하지 아니하는 경우만 가지급물반환신청이 가능하다.

---

1) 대판 1976. 3. 23. 75다2209.
2) 대판 1996. 5. 10. 96다5001; 대판 2011. 8. 25. 2011다25145 등.

제 2. 소송비용의 재판

Ⅰ. 소송비용

(1) 법원은 사건을 완결하는 재판에서 직권으로 그 심급의 소송비용을 누가 얼마만큼 부담할 것인지에 대하여 재판하여야 한다(104조). 판결에서는 소송비용의 부담비율만을 정하고 구체적인 액수의 확정은 별도의 신청에 의한 소송비용액확정결정(110조)에 의한다.

(2) 소송비용의 재판과 소송비용액확정결정으로 상환받을 수 있는 소송비용은 소송당사자가 현실적으로 지출한 비용 중 법령에서 정한 범위 내의 비용을 말한다. 법정액 이상의 지출비용을 상환받기 위하여는 손해배상청구 등 일반법리에 의할 수밖에 없다. 법정의 소송비용은 재판비용(소송수행을 위하여 법원에 납부하는 비용)과 당사자비용(재판수행을 위하여 제3자에게 납부하는 비용)으로 나뉘는데, 재판비용으로는 인지대, 송달료, 증거조사비용 등이 있고, 당사자비용의 대표적인 것은 변호사비용이다. 감정비용을 제외하면 통상의 소송에서 가장 큰 비중을 차지하는 것이 변호사비용인데, 변호사비용은 대법원규칙인 '변호사보수의 소송비용산입에 관한 규칙'이 정하는 범위에 한정하여 상환대상이 된다.

Ⅱ. 소송비용의 부담

1. 소송비용부담의 원칙

(1) 소송비용은 패소자가 부담한다(98조). 즉, 민사소송법은 소송비용의 부담에 관하여 패소자부담의 원칙을 취하고 있고, 과실책임주의를 취하고 있는 것은 아니다.[1] 일부 패소의 경우 당사자들이 부담할 소송비용은 법원이 그 재량에 의하여 정하는데(101조 본문),[2] 반드시 청구액과 인용액의 비율에 따라 정하여야 하는 것은 아니다.[3]

---

1) 대판 1995. 6. 30. 95다12927. 패소자가 자신의 과실 없이 소송비용이 증대되었다는 등의 주장을 할 수 없다는 의미이다. 다만 제99조에 따른 주장을 하는 것은 별개의 문제이다.

2) 대판 1996. 10. 25. 95다56996; 대판 2012. 7. 26. 2010다60479.

3) 대판 2000. 1. 18. 98다18506; 대판 2007. 7. 12. 2005다38324 등. 실무상으로는 원금을 기준으로 청구액과 인용액을 비교하여 10분의 1 정도의 비율까지만 세분하여 정한다.

(2) 공동소송인은 소송비용을 균등하게 부담함이 원칙이고(102조), 소송참가(보조참가, 독립당사자참가 등)로 인한 비용은 참가인과 상대방 사이에서 소송비용부담의 일반원칙에 따라 정하며(103조), 무권대리인이 제기한 소를 각하하는 때에는 무권대리인이 소송비용을 부담한다(108조).[1)]

2. 소송비용부담의 재판

(1) 법원은 종국판결의 주문에서 소송비용의 부담비율을 정하여야 한다(104조). 상급법원은 상소를 기각하는 경우에는 상소비용의 부담에 관한 재판을, 본안재판을 변경하는 경우에는 소송총비용에 관한 재판을 하여야 한다(105조). 필수적 공동소송에 있어서 상고하지 않은 피고는 단순히 '피고'라고만 표시하는데, 주문 중 상고비용은 상고한 피고에게만 부담시킨다.[2)]

(2) 소송비용의 재판에 대하여는 독립하여 상소를 하지 못한다.[3)] 또한 소송비용의 재판에 대한 불복은 본안의 재판에 대한 상고의 전부 또는 일부가 이유 있는 경우에 한하여 허용되는 것이고, 본안의 상고이유가 없는 경우에는 허용될 수 없다.[4)]

Ⅲ. 소송비용액확정결정

(1) 판결에서 정한 비용부담의 비율에 따라 각종 증빙자료를 토대로 각 당사자가 부담하여야 할 구체적인 소송비용액을 계산하여 어느 일방 당사자가 상대방 당사자에게 지급하여야 할 금액을 확정하는 절차가 소송비용액확정절차이다. 소송비용액확정결정에서 비로소 상환의무자와 상환금액이 정해지므로 소송비용부담의 재판만으로는 소송비용상환청구채권의 집행권원이 될 수 없다.[5)] 한편 소송

1) 다만 소송대리권을 증명하지 못하여 무권대리인에 의한 소제기로 각하되더라도 소송대리인에게 소송위임에 관하여 중대한 과실이 없는 때에는 그 소송비용은 그러한 소제기를 위임한 사람이 부담한다는 것에 대판 1997. 7. 25. 96다39301; 대결 2016. 6. 17. 2016마371.
2) 대판 1995. 1. 12. 94다33002; 대판 1993. 4. 23. 92누17297.
3) 대판 1970. 3. 24. 69다592. 반면에 소송대리인에게 대리권이 없다는 이유로 소가 각하되고 소송대리인이 소송비용 부담의 재판을 받은 경우 소송대리인은 자신에게 비용부담을 명한 재판에 대하여 즉시항고나 재항고에 의하여 불복할 수 있다는 것에 대판 1997. 10. 10. 96다48756; 대결 2016. 6. 17. 2016마371. 소송비용을 부담하는 자가 본안의 당사자가 아니어서 본안과 함께 불복한다는 것이 있을 수 없기 때문이다.
4) 대판 1981. 7. 7. 80다2185; 대판 1998. 9. 8. 98다22048.
5) 대판 2006. 10. 12. 2004재다818.

비용액확정절차에서는 상환할 소송비용의 수액을 정할 수 있을 뿐이므로 상환의무 자체의 존부를 심리판단할 수는 없다.[1] 소송비용은 소송비용액확정절차에 따라 상환받아야 하고 이를 별도로 소구할 이익은 없다.[2] 소송비용액확정결정은 제1심수소법원의 전속관할에 속한다.[3]

(2) 화해의 경우 외에 소송이 재판에 의하지 않고 끝난 경우에는 소송비용부담의 재판이 없기 때문에 소송비용부담의 재판과 소송비용액확정결정을 동시에 하여야 하고, 이 재판들은 소송이 완결될 당시의 소송계속법원에서 한다(114조).[4] 예컨대, A, B 두 청구가 병합된 소송에서 A 청구는 항소심에서 소취하를 하고 B 청구에 관하여는 상고심을 거쳐 확정되었다면 B 청구에 관하여는 원칙에 따라 제1심수소법원에서 소송비용액확정결정을 받아(소송비용부담의 비율은 이미 판결에 의하여 정해져 있다) 소송비용을 상환받을 수 있으나(110조 1항), A 청구에 관하여는 항소심법원에서 소송비용부담의 재판과 소송비용확정결정을 동시에 받아야 한다.

(3) 공동소송의 경우는 몇 가지 살펴볼 점이 있다.

▶ 대법원 2000. 11. 30.자 2000마5563 전원합의체 결정

수인의 공동소송인이 공동으로 변호사를 선임하여 소송을 수행하게 한 경우에 특별한 사정(예컨대, 그 공동소송이 실질적으로는 독립소송이나 다름없을 정도로 공동소송인 사이에 관련성이 희박하면서도 형식상으로만 공동소송으로 되어 있다는 등)이 없는 한, 그 공동소송인들이 지급하였거나 지급할 변호사보수를 소송비용에 산입함에 있어서는, 각 공동소송인별로 소송물가액을 정하여 변호사보수의 소송비용산입에 관한 규칙 제3조에 의한 변호사보수를 각 개인별로 산정한 다음 이를 합산할 것이 아니라, 동일한 변호사를 선임한 공동소송인들의 각 소송물가액을 모두 합산한 총액을 기준으로 위 규칙 제3조에 따른 비율을 적용하여 변호사보수를 산정하는 것이 옳다.

▶ 대법원 2001. 10. 16.자 2001마1774 결정

민사소송법 제93조(현행 102조) 제1항은, "공동소송인은 소송비용을 균등하게 부담한다.

1) 대결 2001. 8. 13. 2000마7028; 대결 1986. 3. 8. 86마55.
2) 대판 2000. 5. 12. 99다68577(법원의 감정명령에 따라 신체감정을 받으면서 검사비용을 예납절차에 의하지 않고 직접 지출한 경우에도 소송비용확정의 절차를 거쳐 상환받을 수 있는 것이어서 별도로 소구할 이익이 없다); 대판 1995. 11. 7. 95다35722 등.
3) 대결 2008. 3. 31. 2006마1488(상소심에 제기된 재심청구 사건의 소송비용부담재판에 관하여도 그 소송비용액확정결정은 제1심법원이 하여야 한다).
4) 대결 1992. 11. 30. 90마1003; 대결 1999. 8. 25. 97마3132; 대결 2017. 2. 7. 2016마937.

다만, 법원은 사정에 따라 공동소송인이 연대하여 소송비용을 부담하거나 다른 방법으로 부담하게 할 수 있다."고 규정하고 있으므로, 판결주문에서 공동소송인별로 소송비용의 부담비율을 정하거나, 연대부담을 명하지 아니하고 단순히 소송비용은 공동소송인들의 부담으로 한다고 정하였다면 공동소송인들은 상대방에 대하여 균등하게 소송비용을 부담하고, 공동소송인들 상호 간에 내부적으로 비용분담 문제가 생기더라도 그것은 그들 사이의 합의와 실체법에 의하여 해결되어야 한다.

|註| 1. 공동피고가 패소하였으나 본안판결에서 공동피고별로 소송비용의 각 부담을 명하였다면 위 판결을 적용할 수 없다. 예컨대, 甲이 乙과 丙을 공동피고로 하여 등기말소청구를 하고 丙이 반소로서 甲을 상대로 손해배상청구를 하였는데, 본안법원이 甲 승소의 판결을 하면서 소송비용에 관하여 "甲과 乙 사이에 생긴 부분은 乙이 부담하고, 甲과 丙 사이에 생긴 부분은 본소와 반소를 합하여 丙이 부담한다"는 판결을 선고하고 위 판결이 확정되었다면, 본소에 관한 소송비용은 乙에 대한 소가와 丙에 대한 소가의 비율에 따라 안분하여 각각 乙과 丙에게 부담시키고, 반소에 관한 소송비용은 丙에게 부담시키는 방법으로 소송비용액을 확정하여야 한다.[1]

2. 최근에 대법원은, 제반 사정에 비추어 "공동소송인이 공동으로 소송비용을 부담하는 것이 형평에 반하거나 불합리하다고 생각된다면 민사소송법 제102조 제1항 단서를 적극적으로 적용하여 공동소송인별로 소송관계를 구분하여 소송비용의 부담을 정하거나 공동소송인별로 수액이나 그 부담비율을 정하는 등의 방식으로 소송비용 부담재판을 하는 것이 더 바람직하다"고 하였다.[2]

▶ **대법원 2020. 10. 30.자 2020마6255 결정**

공동소송인 중 일부만이 변호사보수를 실제 지급한 경우 그 일부에 대해서만 변호사보수를 배분하고, 변호사보수를 지급하지 않은 공동소송인에게는 배분해서는 안 된다.

Ⅳ. 소송비용의 담보

원고가 대한민국에 주소·사무소와 영업소를 두지 아니한 때 또는 소장·준비서면, 그 밖의 소송기록에 의하여 청구가 이유 없음이 명백한 때 등 소송비용에 대한 담보제공이 필요하다고 판단되는 경우에 피고의 신청이 있으면 법원은 원고에

1) 대결 2010. 2. 16. 2009마2224. 항고심에서는 본소에 관한 소송비용을 1/2씩 균분하여 乙과 丙에게 부담시켰다.
2) 대결 2017. 11. 21. 2016마1854.

게 소송비용에 대한 담보를 제공하도록 명하여야 한다(117조 1항).[1] 이 경우 법원은 직권으로 원고에게 소송비용에 대한 담보를 제공하도록 명할 수도 있다(117조 1항). 원고가 패소하여 소송비용을 부담하게 되는 경우 피고가 소송비용을 확실하게 받을 수 있도록 하기 위한 제도이다.

담보를 제공할 사유가 있다는 것을 알고도 피고가 본안에 관하여 변론하거나 변론준비기일에서 진술한 경우에는 담보제공을 신청하지 못한다(118조).[2] 담보제공을 신청한 피고는 원고가 담보를 제공할 때까지 소송에 응하지 아니할 수 있다(119조).[3] 담보제공신청에 관한 결정에 대하여는 즉시항고를 할 수 있다(121조).[4] 담보를 제공하여야 할 기간 내에 원고가 담보를 제공하지 않으면 법원은 변론 없이 판결로 소를 각하할 수 있다(124조).

1) 원고에게는 담보제공신청권이 없다는 것으로, 대결 2012. 9. 13. 2012카허15. 상소심 절차에서 원고가 피상소인이라도 원고에게는 담보제공신청권이 없다는 것에, 대결 2017. 9. 14. 2017카담507.

2) 대결 1989. 10. 16. 89카78(담보제공신청권 상실의 효과는 제1심만이 아니라 상급심에까지 미치므로 일단 담보제공신청권을 상실하면 상소심에서도 담보제공신청을 할 수 없다).

3) 상소심에서의 소송비용 담보제공 신청은 담보제공의 원인이 이미 제1심 또는 항소심에서 발생되어 있었음에도 신청인이 과실 없이 담보제공을 신청할 수 없었거나 상소심에서 새로이 담보제공의 원인이 발생한 경우에 한하여 가능하다(대결 2017. 4. 21. 2017마63).

4) 법원의 직권에 의한 소송비용담보제공재판에 대하여도 민사소송법 제121조를 준용하여 즉시항고를 제기할 수 있다(대결 2011. 5. 2. 2010부8).

제 5 편

병합소송

제1장

병합청구소송(청구의 복수)

제 1 절　청구의 병합(소의 객관적 병합)

여러 개의 청구를 하나의 소로 제기하는 것을 청구의 병합 또는 소의 객관적 병합이라고 한다(253조). 원시적 병합일 수도 있고 후발적 병합일 수도 있다. 여러 개의 청구, 즉 소송물을 하나의 절차에서 심리하는 것이므로 소송물이론에 따라 청구의 병합인지 단순한 공격방어방법의 복수인지가 결정된다.

제1. 병합요건

청구의 병합이 가능하기 위하여는 ① 여러 개의 청구가 같은 종류의 소송절차에 의하여 심판될 수 있어야 하고, ② 수소법원에 공통의 관할이 있어야 하며, ③ 선택적·예비적 병합에 있어서는 청구들 사이에 일정한 관련성이 있어야 한다.

먼저 ①의 요건에 관하여 본다. 판례는 ㉠ 민사본안사건과 신청사건(가압류·가처분이의사건)은 다른 소송절차에 따르는 것이므로 변론을 병합할 수 없다고 하였고, ㉡ 가사소송사건 및 가사비송사건도 민사사건과 다른 소송절차에 따르는 것이므로 변론을 병합할 수 없다고 하였으며, ㉢ 재심사건과 통상의 민사사건도 병합하여 제기할 수 없다고 하였다(반대의견 있음). 반면에 부작위청구와 그 위반에 대비한 간접강제신청은 병합할 수 있다는 것이 판례이다.

②의 요건은 전속관할이 있는 청구가 아닌 한 제25조(관련재판적)의 규정에 의하여 관할이 인정되므로 크게 문제되지 않고, ③의 요건은 아래 해당 부분에서 본다.

▶ 대법원 2003. 8. 22. 선고 2001다23225, 23232 판결 : 본안사건과 신청사건

통상의 민사사건과 가처분에 대한 이의사건은 다른 종류의 소송절차에 따르는

것이므로 변론을 병합할 수 없다.

|註| 민사본안사건에 가처분이의사건을 후발적으로 병합시킨 사안이다. 대법원은 이러한 심리에는 절차위반의 위법이 있으나 이와 같은 절차위반은 절대적 상고사유가 아니고 판결에 영향을 미친 것이 아니므로 상고기각함이 옳다고 하였다. 다만 2005년 민사집행법 개정 이전에는 보전처분에 대한 이의에 대한 재판을 판결로 하면서 그 사건을 본안재판부가 본안사건과 병행심리하였지만, 위 개정으로 결정의 형식으로 이의재판을 하게 되면서 현재는 본안재판부가 아닌 다른 재판부에서 이의사건을 심리하고 있다.

▶ **대법원 1997. 5. 28. 선고 96다41649 판결 : 재심소송과 일반 민사소송**

피고들이 재심대상 판결의 취소와 그 본소청구의 기각을 구하는 외에, 원고와 승계인을 상대로 재심대상 판결에 의하여 경료된 원고 명의의 소유권이전등기와 그 후 승계인의 명의로 경료된 소유권이전등기의 각 말소를 구하는 청구를 병합하여 제기하고 있으나, 그와 같은 청구들은 별소로 제기하여야 할 것이고 재심의 소에 병합하여 제기할 수 없다.

|註| 병합제기한 통상청구는 각하된다. 그러나 상소심판결에 대한 재심의 소가 아닌 한 통상의 민사청구를 병합시키는 것을 막을 이유가 없다는 비판(이시윤, 정동윤·유병현·김경욱, 호문혁)이 있다.

▶ **대법원 2006. 1. 13. 선고 2004므1378 판결 : 가사사건과 민사사건**

가사소송법 제2조 제1항 소정의 나류 가사소송사건과 마류 가사비송사건은 통상의 민사사건과는 다른 종류의 소송절차에 따르는 것이므로, 원칙적으로 위와 같은 가사사건에 관한 소송에서 통상의 민사사건에 속하는 청구를 병합할 수는 없다.

|註| 가사소송사건인 이혼사건 및 가사비송사건인 재산분할사건에 일반 민사사건인 부부간 명의신탁해지를 원인으로 한 소유권이전등기청구와 공유재산분할청구를 병합할 수 없다는 판결이다.

▶ **대법원 1996. 4. 12. 선고 93다40614, 40621 판결 : 부작위청구와 간접강제(적극)**

부작위채무를 명하는 판결의 실효성 있는 집행을 보장하기 위하여는, 부작위채무에 관한 소송절차의 변론종결 당시에서 보아 채무명의(집행권원)가 성립하더라도 채무자가 이를 단기간 내에 위반할 개연성이 있고, 또한 그 판결절차에서 민사소송법 제693조(현행 민사집행법 261조)에 의하여 명할 적정한 배상액을 산정할 수 있는 경우에는, 그 부작위채무에 관한 판결절차에서도 위 법조에 의하여 장차 채무자가 그 채무를 불이행할 경우에 일정한 배상을 할 것을 명할 수 있다.

> **|註|** 허위비방광고금지를 구하는 부작위채무이행소송에 그 불이행에 대비한 간접강제신청을 병합할 수 있다는 판결이다.

제 2. 병합의 모습

Ⅰ. 단순병합

단순병합(單純倂合)이라 함은 원고가 여러 개의 청구를 병렬적으로 병합하여 그 전부에 대하여 판결을 구하는 경우를 말한다. 여러 개의 청구 사이에 아무런 관련이 없어도 무방하다.

◆ **대법원 2011. 8. 18. 선고 2011다30666, 30673 판결**(同 대법원 1975. 7. 22. 선고 75다450 판결)

채권자가 본래적 급부청구에 이를 대신할 전보배상을 부가하여 대상청구를 병합하여 소구한 경우 대상청구는 본래적 급부청구권이 현존함을 전제로 하여 이것이 판결확정 전에 이행불능되거나 또는 판결확정 후에 집행불능이 되는 경우에 대비하여 전보배상을 미리 청구하는 경우로서 양자의 병합은 현재 급부청구와 장래 급부청구의 단순병합에 속하는 것으로 허용된다. 이러한 대상청구를 본래의 급부청구에 예비적으로 병합한 경우에도 본래의 급부청구가 인용된다는 이유만으로 예비적 청구에 대한 판단을 생략할 수는 없다.

> **|註|** 1. **사실관계와 법원의 판단** 甲은 乙을 상대로 주위적으로 근저당권설정등기의 회복등기절차 이행을 구하면서, 예비적으로 乙이 丙과 공모하여 근저당권설정등기를 불법말소한 데 대한 손해배상금의 지급을 구하였다. 제1심법원은 주위적 청구를 인용하면서 예비적 청구를 기각하였고, 甲이 기각된 부분에 대하여 항소를 제기하자, 항소심법원은 주위적 청구가 인용되어 전부 승소한 甲에게는 항소를 제기할 이익이 없다는 이유로 甲의 항소를 각하하였다. 그러나 대법원은 甲의 예비적 청구는 주위적 청구인 근저당권설정등기 회복

의무가 이행불능 또는 집행불능이 될 경우를 대비한 전보배상으로서 대상청구라고 보아야 하고, 이러한 주위적·예비적 병합은 현재 급부청구와 장래 급부청구의 단순병합에 속하므로, 甲이 항소한 부분인 예비적 청구의 당부를 판단하여야 함에도 주위적 청구가 인용된 이상 예비적 청구는 판단할 필요가 없다고 보아 甲의 항소를 각하한 항소심판결에는 법리오해 등의 위법이 있다고 하였다.

2. 대상청구와 병합의 형태 원고가 물건(특정물 또는 대체물)의 인도를 구하면서 변론종결 후의 이행불능(특정물의 경우)이나 집행불능(대체물의 경우)을 염려하여 그 때 생길 대상청구를 병합하는 경우는 현재이행의 소와 장래이행의 소의 단순병합이고, 대상청구를 예비적 청구의 형식으로 병합하여 청구한 경우에도 마찬가지이다. 원고가 특정물의 인도를 구하면서 변론종결 전에 피고가 그 물건을 매도하거나 훼손·멸실시켜 이행불능이 되는 경우를 염려하여 그 전보배상청구를 병합하는 경우는 예비적 병합에 해당된다('소의 이익' 중 '장래이행의 소' 참조).

3. 단순병합 형태의 대상청구에 있어서의 심리 성질상 단순병합소송(설사 예비적으로 병합하여 청구하였더라도)은 어느 한 청구의 인용 여부와 무관하게 다른 청구에 관하여 독립하여 판단을 하여야 한다. 그러나 대상청구에 있어서는 단순병합이라고 하더라도 본위적 청구가 이유 없는 때에는 대상청구에 관하여는 심리할 필요 없이 이를 배척하여야 한다.[1]

Ⅱ. 선택적 병합

선택적 병합(選擇的 倂合)이라 함은 원고가 양립하는 여러 개의 청구를 택일적으로 병합하여 그 가운데 어느 하나의 인용을 구하는 경우를 말한다. 여러 개의 청구 중 어느 하나의 인용을 해제조건으로 하여 다른 청구에 대한 심판을 신청하는 형태이다.

◆ 대법원 1982. 7. 13. 선고 81다카1120 판결

청구의 선택적 병합이란 양립할 수 있는 수개의 경합적 청구권에 기하여 동일

1) 대판 1969. 10. 28. 68다158.

취지의 급부를 구하거나 양립할 수 있는 수개의 형성권에 기하여 동일한 형성적 효과를 구하는 경우에 그 어느 한 청구가 인용될 것을 해제조건으로 하여 수개의 청구에 관한 심판을 구하는 병합형태이므로 논리적으로 양립할 수 없는 수개의 청구는 성질상 선택적 병합으로 동일 소송절차 내에서 동시에 심판될 수 없다.

|註| 1. **사실관계와 법원의 판단** 甲은 乙 명의의 소유권이전등기가 원인무효임을 주장하며 위 등기의 말소를 구하는 소를 제기하였다가 항소심 계속 중 선택적으로 위 등기가 명의신탁등기라고 주장하며 명의신탁해지를 원인으로 한 소유권이전등기청구를 추가하였다. 항소심법원은 甲의 청구변경을 받아들였으나, 대법원은 전자의 청구는 乙 명의의 등기가 무효임을 전제로 한 것인데 후자의 청구는 그 등기가 명의신탁등기로서 유효함을 전제로 한 것이어서 양 청구는 서로 양립할 수 없으므로 항소심법원으로서는 직권으로 위와 같은 변경을 불허하였어야 한다고 하였다.

2. **양립 불가능한 청구에 대한 선택적 병합 청구** 논리적으로 양립 불가능한 청구는 예비적 병합을 하여야 동일 소송절차 내에서 모순 없이 판단될 수 있다. 양립 불가능한 청구를 선택적으로 추가하는 청구변경신청을 하는 경우 법원으로서는 예비적 병합을 위한 청구변경신청이 아닌지 석명하여야 하고, 그럼에도 선택적 병합의 취지라고 한다면 청구변경불허가결정(263조)을 하여야 한다.

◆ **대법원 2014. 5. 29. 선고 2013다96868 판결**

병합의 형태가 선택적 병합인지 예비적 병합인지는 당사자의 의사가 아닌 병합청구의 성질을 기준으로 판단해야 하고, 항소심에서의 심판범위도 그러한 병합청구의 성질을 기준으로 결정해야 한다. 따라서 실질적으로 선택적 병합 관계에 있는 두 청구에 관하여 당사자가 주위적·예비적으로 순위를 붙여 청구했고, 그에 대하여 제1심법원이 주위적 청구를 기각하고 예비적 청구만을 인용하는 판결을 선고하여 피고만이 항소를 제기한 경우에도 항소심으로서는 두 청구 모두를 심판의 대상으로 삼아 판단해야 한다.

|註| 병합의 형태가 선택적 병합인지 예비적 병합인지는 당사자의 의사가 아닌 병합청구의 성질을 기준으로 판단해야 하므로 실질적으로 선택적 병합 관

계에 있는 두 청구에 관해 당사자가 주위적·예비적으로 순위를 붙여 청구했다 하더라도 법원은 선택적 병합 청구로 보아 심판해야 함을 밝힌 판결이다.

◆ 대법원 2009. 5. 28. 선고 2007다354 판결

논리적으로 전혀 관계가 없어 순수하게 단순병합으로 구해야 할 수 개의 청구를 선택적 또는 예비적 청구로 병합하여 청구하는 것은 부적법하여 허용되지 않는다 할 것이고, 따라서 원고가 항소심에서 기존의 청구와 논리적으로 관련성이 없는 청구를 선택적 또는 예비적으로 병합하여 추가하는 내용의 청구원인 변경 신청을 한 경우 원심법원이 소송지휘권을 적절히 행사하여 이를 단순병합 청구로 보정하게 하는 등의 조치를 취함이 없이 이와 같은 청구원인 변경 신청을 받아들였다 하더라도 그로 인하여 청구의 병합 형태가 적법한 선택적 또는 예비적 병합 관계로 바뀔 수는 없다.

|註| 저작재산권 침해를 원인으로 한 손해배상청구에 저작인격권(성명표시권 또는 동일성유지권 등) 침해를 원인으로 한 손해배상청구를 예비적 청구로 추가적으로 병합한 사안에서, 청구원인 변경으로써 단순병합 형태가 선택적 또는 예비적 병합으로 적법하게 바뀔 수 없음을 분명히 한 판결이다.

Ⅲ. 예비적 병합

예비적 병합(豫備的 併合)이라 함은 원고가 양립할 수 없는 여러 개의 청구를 순서를 붙여 1차적으로 주위적 청구의 인용을 구하고, 주위적 청구가 인용되지 않는 경우 2차적으로 예비적 청구의 인용을 구하는 경우이다.

◆ 대법원 2002. 2. 8. 선고 2001다17633 판결

청구의 예비적 병합은 논리적으로 양립할 수 없는 수 개의 청구에 관하여 주위적 청구의 인용을 해제조건으로 예비적 청구에 대하여 심판을 구하는 형태의 병합이라 할 것이지만, 논리적으로 양립할 수 있는 수 개의 청구라 하더라도 당사자가 심판의 순위를 붙여 청구를 할 합리적 필요성이 있는 경우에는 당사자가 붙인 순위에 따라서 당사자가 먼저 구하는 청구를 심리하여 이유가 없으면 다음 청구를 심리해야 한다.

|註| 합리적 필요성이 있는 경우에는 논리적으로 양립할 수 있는 수개의 청구라 하더라도 심판의 순위를 붙여 예비적 병합의 형태로 청구하는 것이 허용된다는 점과 그 심리방법을 밝힌 판결이다.

▶ 대법원 1999. 4. 23. 선고 98다61463 판결

주위적으로 무조건적인 소유권이전등기절차의 이행을 구하고, 예비적으로 금전지급과 상환으로 소유권이전등기절차의 이행을 구하는 경우, 위 예비적 청구는 주위적 청구를 질적으로 일부 감축하여 하는 청구에 지나지 아니할 뿐, 그 목적물과 청구원인은 주위적 청구와 완전히 동일하므로 소송상의 예비적 청구라고는 볼 수 없다.

|註| **주위적 청구를 일부 감축한 예비적 청구** 예비적 청구가 주위적 청구를 양적 또는 질적으로 일부 감축한 것에 불과한 때에는 양 청구가 별개의 청구라고 할 수 없어 예비적 병합이라고 할 수 없고,[1] 따라서 원고가 주장한 예비적 청구에 대하여 따로 판단할 필요가 없다. 대법원 1972. 2. 29. 선고 71다1313 판결도 원고가 매매를 원인으로 하여 주위적으로 토지 전체에 대한 소유권이전등기를, 예비적으로 위 토지 중 공원예정지로 지정되어 불융통물에 해당되는 부분을 제외한 나머지 부분에 대한 소유권이전등기를 구한 사안에서 같은 판시를 하였다.

제 3. 심판

Ⅰ. 심리 및 판결

적법하게 병합된 여러 개의 청구는 하나의 절차에서 심판되므로 변론과 증거조사가 공통으로 진행되고 사실자료와 증거자료는 모든 청구에 대한 판단자료가 된다(심리의 공통). 중국판결에 있어 단순병합의 경우 법원은 모든 청구에 대하여 판단을 하여야 한다. 선택적 병합의 경우 법원은 어느 하나의 청구를 인용하면 다른 청구에 대하여는 판단하지 않아도 되지만,[2] 청구를 기각할 때에는 모든 청구를

1) 대판 1991. 5. 28. 90누1120; 대판 1999. 4. 23. 98다61463; 대판 2017. 2. 21. 2016다225353.
2) 대판 1962. 6. 21. 62다102.

기각하여야 한다.[1] 예비적 병합의 경우 법원은 주위적 청구를 인용하면 예비적 청구를 판단할 필요가 없고 주위적 청구를 기각 또는 각하하면 예비적 청구를 판단하여야 한다.[2]

◆ 대법원 1993. 10. 26. 선고 93다6669 판결

제1심에서 원고의 청구가 기각되어 원고가 항소한 다음 항소심에서 청구를 선택적으로 병합한 경우에는 제1심에서 수 개의 청구가 선택적으로 병합되었다가 그 청구가 모두 이유 없다고 인정되어 청구기각 판결이 선고되고 이에 원고가 항소한 경우와 마찬가지로 법원은 병합된 수 개의 청구 중 어느 하나의 청구를 선택하여 심리할 수 있고, 제1심에서 기각된 청구를 먼저 심리할 필요는 없으며, 어느 한 개의 청구를 심리한 결과 그 청구가 이유 있다고 인정될 경우에는 원고의 청구를 기각한 제1심 판결을 취소하고 이유 있다고 인정되는 청구를 인용하는 주문을 선고해야 한다.

|註| 대법원 2020. 10. 15. 선고 2018다229625 판결은 제1심에서 선택적 청구 중 1개의 청구가 인용된 후 항소심에서 제1심에서 심판되지 않은 청구를 주위적 청구로, 제1심에서 인용된 청구를 예비적 청구로 변경한 사안에서, 항소심이 주위적 청구를 인용하는 경우 결론이 제1심판결의 주문과 동일하더라도 새로 청구를 인용하는 주문을 선고하여야 한다고 하였다.

◆ 대법원 1995. 7. 25. 선고 94다62017 판결

원심에서 추가된 청구가 주위적 청구가 인용될 것을 해제조건으로 하여 청구된 것임이 분명하다면, 원심으로서는 주위적 청구의 당부를 먼저 판단하여 그 이유가 없을 때에만 원심에서 추가된 예비적 청구에 관하여 심리판단할 수 있고, 위 추가된 예비적 청구만을 분리하여 심리하거나 일부판결을 할 수 없으며, 피고로서도 위 추가된 예비적 청구에 관하여만 인낙을 할 수도 없고, 가사 인낙을 한 취지가 조서에 기재되었다 하더라도 그 인낙의 효력이 발생하지 아니한다.

|註| 1. 甲은 乙을 상대로 선택적으로 X 또는 Y 토지 중 각 일부 지분에 관하여 환지를 원인으로 한 소유권이전등기청구를 하였다가 기각판결을 받자 항소심에서 X 토지 전부에 관하여 명의신탁해지를 원인으로 한 소유권이전등

1) 대판 1998. 7. 24. 96다99; 대판 1982. 7. 13. 81다카1120 등.
2) 대판 1974. 5. 28. 73다1942(판결주문에 주된 청구를 기각한다는 뜻을 표시하여야 한다).

> 기청구를 예비적 청구로 추가한 사안이다. 乙이 예비적 청구를 인낙하는 의사를 표시하자 항소심법원은 X 토지에 관하여는 인낙으로 소송이 종료된 것으로 보고 주위적 청구 중 Y 토지에 관하여만 기각판결을 하였는데, 대법원은 예비적 청구만을 먼저 심리할 수 없으므로 예비적 청구만에 대한 인낙은 효력이 없고, 따라서 항소심법원은 주위적 청구 전부에 대하여 먼저 판단을 하였어야 한다고 하였다.
> 2. 청구의 인낙이 효력이 없음으로 해서 위 항소심판결은 주위적으로 구한 선택적 청구 중 X 토지에 관한 부분과 예비적 청구에 관하여 판단을 누락한 것이 되었다. 이 경우의 처리에 관하여는 다음 항에서 살펴본다.

▶ 대법원 2000. 4. 7. 선고 99다53742 판결

원고의 주위적 청구원인이 이유 있다고 인정한 다음에 피고의 일부항변을 받아들여 그 부분에 대한 원고의 청구를 기각하는 경우, 원고가 주위적 청구의 일부를 특정하여 그 부분이 인용될 것을 해제조건으로 하여 그 부분에 대하여만 예비적 청구를 하였다는 등의 특별한 사정이 없는 한, 주위적 청구원인에 기한 청구의 일부가 기각될 운명에 처하였다고 하여 다시 그 부분에 대한 예비적 청구원인이 이유 있는지의 여부에 관하여 나아가 판단할 필요는 없다.

▶ 대법원 2002. 10. 25. 선고 2002다23598 판결(통 대법원 1996. 2. 9. 선고 94다50274 판결)

주위적 청구원인과 예비적 청구원인이 양립 가능한 경우에도 당사자가 심판의 순위를 붙여 청구를 할 합리적인 필요성이 있는 경우에는 심판의 순위를 붙여 청구할 수 있다 할 것이고, 이러한 경우 주위적 청구가 전부 인용되지 않을 경우에는 주위적 청구에서 인용되지 아니한 수액 범위 내에서의 예비적 청구에 대해서도 판단하여 주기를 바라는 취지로 불가분적으로 결합시켜 제소할 수도 있는 것이므로, 주위적 청구가 일부만 인용되는 경우에 나아가서 예비적 청구를 심리할 것인지의 여부는 소송에서의 당사자의 의사해석에 달린 문제라 할 것이어서, 법원이 주위적 청구원인에 기한 청구의 일부를 기각하고 예비적 청구취지보다 적은 금액만을 인용할 경우에는, 원고에게 주위적 청구가 전부 인용되지 않을 경우에는 주위적 청구에서 인용되지 아니한 수액 범위 내에서의 예비적 청구에 대해서도 판단하여 주기를 바라는 취지인지 여부를 석명하여 그 결과에 따라 예비적 청구에 대한 판단 여부를 정하여야 할 것이다.

|註| 1. 사실관계와 법원의 판단 운송업자 甲은 창고업자 乙에게 자신이 운송한 화물을 임치하였는데 乙은 甲과의 약정과 달리 甲 발행의 화물인도지시서 없이 화물을 반출하였다. 선하증권소지자인 운송주선업자 丙은 선하증권과의 상환 없이 화물이 반출된 책임을 물어 甲을 상대로 손해배상청구의 소를 제기하였고, 甲은 위 소송 과정에서 丙에게 소송합의금으로 $10,000를 지급하였고 변호사비용으로 $30,000를 지출하였다. 이후 甲은 乙을 상대로 주위적으로 불법행위에 기한 손해배상을 주장하여 화물 가액인 $40,000의 지급을 구하고, 예비적으로 乙이 甲의 소송합의금 및 변호사비용의 1/2을 부담하기로 약정하였다고 주장하며 $20,000의 지급을 구하는 소를 제기하였다. 항소심법원은 화물의 가액이 $15,000에 불과하다고 사실인정하여 예비적 청구 금액보다 적은 $15,000에 한하여 주위적 청구를 일부 인용하고 예비적 청구에 관하여는 판단하지 않았다. 이에 대하여 대법원은 판결요지와 같이 설시한 다음, 위 양 청구는 다른 청구의 인용 가능 여부와 관계없이 인용될 수 있는 것으로서 양립 가능한 청구라 할 것이고, 다만 인정될 수 있는 금액이 수량적으로 달라서 예비적 병합 관계에 놓여 있는 것에 불과하므로, 항소심으로서는 甲에게 주위적 청구가 전부 인용되지 않을 경우에는 주위적 청구에서 인용되지 아니한 수액 범위 내에서의 예비적 청구에 대해서도 판단하여 주기를 바라는 취지인지 여부를 석명하여 그 결과에 따라 위 예비적 청구에 대한 판단 여부를 정하였어야 한다고 하면서 항소심판결을 파기하였다.

2. 양립 가능한 청구에 대한 예비적 병합 (1) 위 사안에서 주위적 청구인 불법행위에 기한 손해배상청구와 예비적 청구인 약정금 청구는 서로 양립 가능한 관계에 있다. 판례는 이처럼 논리적으로 양립할 수 있는 수개의 청구라 하더라도 당사자가 심판의 순위를 붙여 청구를 할 합리적 필요성이 있는 경우에는 당사자가 붙인 순위에 따라서 당사자가 먼저 구하는 청구를 심리하고 그 이유가 없으면 다음 청구를 심리하여야 한다고 하고 있고[1] 이를 '부진정 예비적 병합'이라고 한다.[2]

(2) 다만, 병합의 형태가 선택적 병합인지 예비적 병합인지는 당사자의 의사가 아닌 병합청구의 성질을 기준으로 판단하여야 한다. 따라서 부진정 예비적 병합에 대하여 제1심법원이 주위적 청구를 기각하고 예비적 청구만을 인용하는 판결을 선고하여 피고만이 항소를 제기한 경우 항소심으로서는 두 청구 모

1) 대판 2002. 2. 8. 2001다17633.
2) 대판 2002. 9. 4. 98다17145.

두를 심판의 대상으로 삼아 판단하여야 한다.[1)]

3. 주위적 청구의 일부 인용과 예비적 청구에 대한 판단 부진정 예비적 병합에 있어서는 주위적 청구와 예비적 청구 중 어느 하나가 인용되면 나머지 하나는 기각되어야 하는 논리관계에 있지 않다. 선택적 병합에서와 같이 논리적으로는 두 청구 모두가 인용될 수 있는데 원고가 판단의 순서를 붙여 온 것뿐이다. 따라서 부진정 예비적 병합에 있어서는 주위적 청구 중 일부를 인용하고 일부를 기각한 경우 예비적 청구의 심리 여부가 문제된다. 판례는 논리적으로 문제가 없는 한 주위적 청구가 일부 인용된 경우 기각된 부분에 한하여 예비적 청구를 판단해 줄 것을 구하는 것도 가능하고, 이는 당사자 의사해석의 문제이며, 법원은 당사자에게 그 의사가 무엇인지 석명하여 그 결과에 따라 판단하라는 것이다.

Ⅱ. 일부 청구에 대한 판단의 누락

단순병합의 경우에는 변론의 분리 및 일부판결(200조)이 가능하나, 선택적·예비적 병합의 경우에는 여러 개의 청구가 하나의 소송절차에 불가분적으로 결합되어 있기 때문에 변론의 분리 및 일부판결이 불가능하다.[2)] 이와 같은 법리는 법원이 전부판결을 할 의사로써 판결을 하였는데 일부 청구에 대한 판단을 누락한 경우의 처리와 연관되어 있다(재판의 누락이 아닌 판단의 누락).

1. 단순병합의 경우

◆ 대법원 2008. 12. 11. 선고 2005다51471 판결

논리적으로 전혀 관계가 없어 순수하게 단순병합으로 구해야 할 수 개의 청구를 선택적 또는 예비적 청구로 병합하여 청구하는 것은 부적법하여 허용되지 않는다 할 것인바, 원고가 그와 같은 형태로 소를 제기한 경우 제1심법원이 그 모든 청구의 본안에 대하여 심리를 한 다음 그중 하나의 청구만을 인용하고 나

1) 대판 2014. 5. 29. 2013다96868.

2) 대판 1998. 7. 24. 96다99; 대판 1982. 7. 13. 81다카1120 등. 선택적으로 병합된 수개의 청구를 모두 기각한 항소심판결에 대하여 원고가 상고한 경우 상고법원이 선택적 청구 중 어느 하나의 청구에 관한 상고가 이유 있다고 인정할 때에는 원심판결을 전부 파기하여야 한다[대판(전) 2012. 1. 19. 2010다95390; 대판 2017. 10. 26. 2015다42599].

머지 청구를 기각하는 내용의 판결을 했다면, 이는 법원이 위 청구의 병합 관계를 본래의 성질에 맞게 단순병합으로서 판단한 것이라고 보아야 할 것이고, 따라서 피고만이 위 인용된 청구에 대하여 항소를 제기한 때에는 일단 단순병합 관계에 있는 모든 청구가 전체적으로 항소심으로 이심되기는 하나 항소심의 심판범위는 이심된 청구 중 피고가 불복한 청구에 한정된다.

◆ **대법원 2008. 12. 11. 선고 2006다5550 판결**(동 대법원 2008. 12. 11. 선고 2005다51495 판결)

논리적으로 전혀 관계가 없어 순수하게 단순병합으로 구해야 할 수 개의 청구를 선택적 청구로 병합하여 청구하는 것은 부적법하여 허용되지 않는다 할 것인바, 원고가 그와 같은 형태로 소를 제기한 경우 제1심법원이 본안에 관하여 심리·판단하기 위해서는 소송지휘권을 적절히 행사하여 이를 단순병합 청구로 보정하게 하는 등의 조치를 취해야 할 것이고, 법원이 이러한 조치를 취함이 없이 본안판결을 하면서 그중 하나의 청구에 대해서만 심리·판단하여 이를 인용하고 나머지 청구에 대한 심리·판단을 모두 생략하는 내용의 판결을 했다고 하더라도, 그로 인하여 청구의 병합 형태가 적법한 선택적 병합 관계로 바뀔 수는 없다 할 것이므로, 이러한 판결에 대하여 피고만이 항소한 경우 제1심 법원이 심리·판단하여 인용한 청구만이 항소심으로 이심될 뿐 나머지 심리·판단하지 않은 청구는 여전히 제1심에 남아 있게 된다.

|註| 1. **논리적 관련성이 없는 선택적·예비적 병합** 논리적으로 아무런 관계가 없는 청구를 선택적 또는 예비적으로 병합하여 청구하는 것은 부적법하다. 예를 들어 양자간 아무런 관련이 없는 부동산인도청구와 대여금청구를 하면서 둘 중 어느 하나를 선택적으로 인용해 달라고 하거나 전자가 인용되지 않는다면 예비적으로 후자를 인용해 달라고 하는 것은 허용되지 않는다. 이러한 경우 법원은 소송지휘권을 행사하여 단순병합 청구로 보정하도록 하여야 한다.
2. **단순병합의 경우 일부 청구에 대한 판단의 누락** 단순병합은 별개 독립인 여러 개의 청구가 편의상 하나의 소송절차에서 심리되는 데 불과하므로[1] 일부

1) 대판 1957. 3. 28. 4289민상572("민사소송법상 동일한 원고가 동일한 피고에 대하여 수개의 청구를 일괄병합하여 한 개의 소송으로써 청구할 수 있는 것이고, 이러한 경우의 소송절차는 형식상 한 개이지만 실질적으로는 별개 독립의 소송물을 목적으로 한 수개의 소송물을 포함하고 있는 것이며, 따라서 소송진행 중 그 한 개의 청구에 관하여 소송을 취하하여도 타 청구에

청구에 대하여만 심리가 성숙되면 그 부분에 대한 변론을 분리하여 일부판결을 하고 나머지 청구에 대하여는 추후 잔부판결을 할 수 있다(200조 1항). 단순병합소송에서 만일 법원이 전부판결을 할 의사로써 판결을 하였는데 일부의 청구에 대한 판결을 누락하였다면 누락된 청구 부분은 여전히 이전의 법원에 소송계속이 유지되어 추가판결을 기다리게 되고(재판누락, 212조 1항), 위 판결에 대하여 항소를 하게 되면 판단된 부분만이 분리되어 항소심으로 이심된다. 법원이 의도적으로 일부판결을 하는 경우에는 변론을 분리한 다음 우선 일부의 청구에 대하여만 판결을 하고[1] 나머지 청구에 대하여는 나중에 판결을 하게 되는데,[2] 의도하지 않게 일부 청구를 누락하게 된 경우에도 판단된 청구에 대한 판결을 일부판결로 보고 나머지 청구에 대한 부분을 추후에 판결하도록 한 것이다.[3]

2. 선택적·예비적 병합의 경우

◆ 대법원 2000. 11. 16. 선고 98다22253 전원합의체 판결

[1] 청구의 예비적 병합이란 병합된 수개의 청구 중 주위적 청구(제1차 청구)가 인용되지 않을 것에 대비하여 그 인용을 해제조건으로 예비적 청구(제2차 청구)에 관하여 심판을 구하는 병합형태로서, 이와 같은 예비적 병합의 경우에는 원고가 붙인 순위에 따라 심판하여야 하며 주위적 청구를 배척할 때에는 예비적 청구에 대하여 심판하여야 하나 주위적 청구를 인용할 때에는 다음 순위인 예비적 청구에 대하여 심판할 필요가 없는 것이므로, 주위적 청구를 인용하는 판결은 전부판결로서 이러한 판결에 대하여 피고가 항소하면 제1심에서 심판을 받지 않은 다음 순위의 예비적 청구도 모두 이심되고 항소심이 제1심에서 인용되었던 주위적 청구를 배척할 때에는 다음 순위의 예비적 청구에 관하여 심판을 하여야 하는 것이다.

[2] 예비적 병합의 경우에는 수개의 청구가 하나의 소송절차에 불가분적으로 결

대한 소송에는 아무 영향이 없는 것이다").

1) 판결문의 사건번호 뒤에 일부판결임을 표시한다[예컨대, "2010가합3289(일부)"].

2) 판결문의 사건번호에 가지번호를 붙이고 그 뒤에 잔부판결임을 표시한다[예컨대, "2010가합3289-1(잔부)"].

3) 다만 의도하지 않았으므로 먼저의 판결문에 일부판결임을 나타내는 기재가 없고 나중의 판결문에 가지번호와 함께 추가판결임을 나타내는 표시가 있을 뿐이다[예컨대, "2010가합3289-1(추가)"].

합되어 있기 때문에 주위적 청구를 먼저 판단하지 않고 예비적 청구만을 인용하거나 주위적 청구만을 배척하고 예비적 청구에 대하여 판단하지 않는 등의 일부판결은 예비적 병합의 성질에 반하는 것으로서 법률상 허용되지 아니하며, 그럼에도 불구하고 주위적 청구를 배척하면서 예비적 청구에 대하여 판단하지 아니하는 판결을 한 경우에는 그 판결에 대한 상소가 제기되면 판단이 누락된 예비적 청구 부분도 상소심으로 이심이 되고 그 부분이 재판의 탈루에 해당하여 원심에 계속 중이라고 볼 것은 아니다.

|註| 1. 사실관계와 법원의 판단 甲은 乙을 피고로 주위적으로 근저당권말소등기의 회복등기청구 및 토지거래허가신청청구를 하고 예비적으로 손해배상 및 부당이득 등을 이유로 한 금전지급청구를 하였는데, 예비적 청구 중 일부는 주위적 청구 중 근저당권말소등기의 회복등기청구에 관한 것이었고 나머지 예비적 청구는 주위적 청구 중 토지거래허가신청청구에 관한 것이었으나 甲이 이를 명확히 구분하여 청구하지는 않았다. 제1심법원은 주위적 청구 중 근저당권말소등기의 회복등기청구를 인용하고 나머지 주위적 청구와 예비적 청구를 모두 기각하였다. 甲은 항소하여 주위적 청구 중 기각된 부분을 다시 구하였고, 乙 역시 항소하여 주위적 청구 중 인용된 부분의 기각을 구하였다. 항소심법원은 甲의 주위적 청구 중 근저당권설정등기의 회복등기청구를 기각하고 토지거래허가신청청구의 소를 각하하면서, 예비적 청구에 대하여는 제1심에서 청구기각이 되었음에도 불구하고 甲이 이에 대하여 항소하지 아니하였으므로 따로 심리하지 아니한다고 하면서 아무런 판단을 하지 않았다. 이에 甲은 주위적 청구를 기각하면서 예비적 청구에 관하여 판단하지 않은 것은 위법하다고 주장하면서 상고를 하였고, 대법원은 판결요지와 같이 판시한 다음, 제1심에서 주위적 청구 중 근저당권말소등기의 회복등기청구를 인용하였으므로 이에 관련된 예비적 청구는 심판의 대상이 될 수 없어 설령 제1심법원이 이에 관하여 판단하였다고 하더라도 그 효력이 없고 따라서 이에 관하여는 판단이 없는 것이라고 할 것인데, 항소심이 근저당권말소등기의 회복등기청구를 기각하면서 이에 관련된 예비적 청구를 판단하지 않은 것은 위법하다고 하였고, 이처럼 주위적 청구를 기각하면서 예비적 청구를 판단하지 않은 경우 양 청구는 불가분적으로 결합되어 있어 예비적 청구 부분이 원심에 남아 있는

것이 아니라 상고에 의하여 상고심으로 이심된다고 할 것이므로 甲의 상고는 적법하다고 하였다.

2. 선택적·예비적 청구 중 일부에 대한 판단의 누락 (1) 선택적·예비적 병합소송에서 판단하여야 할 청구의 일부에 대한 판단이 누락된 경우(선택적 청구 중 일부만 기각하고 나머지 청구를 판단하지 않은 경우, 주위적 청구를 기각하고 예비적 청구를 판단하지 않은 경우, 주위적 청구를 판단하지 않고 예비적 청구를 판단한 경우) 병합된 청구들은 불가분적으로 결합되어 있어 판단된 청구 부분만 그 심급에서 완결되고 판단되지 않은 부분은 이전 심급에 남아 있다고 할 수 없다. 즉 선택적·예비적 병합소송에서는 일부판결이 불가능하므로 일부 청구에 대한 누락이 있다고 하더라도 이를 전부판결로 보아야 하고, 다만 일부의 청구에 대하여 판단을 하지 않은 위법이 있다고 할 것이므로 판단누락(424조 1항 6호, 451조 1항 9호)에 준하여 상소를 제기할 수 있다고 보아야 한다.

(2) 선택적 병합에 관한 대법원 1998. 7. 24. 선고 96다99 판결, 독립당사자참가소송에 관한 대법원 1981. 12. 8. 선고 80다577 판결, 예비적·선택적 공동소송에 관한 대법원 2008. 3. 27. 선고 2005다49430 판결 등과 마찬가지로, 예비적 병합의 경우에도 일부판결이 허용될 수 없음을 밝히고, 나아가 이처럼 일부판결이 허용될 수 없는 소송에서는 재판 누락이 있을 수 없으므로 빠뜨린 부분이 있더라도 추가판결로 시정할 것이 아니라 판단 누락으로 보아 상소에 의하여 시정되어야 한다는 취지를 밝힌 대법원 전원합의체 판결이다.

◆ **대법원 1998. 7. 24. 선고 96다99 판결**

[1] 청구의 선택적 병합이란 양립할 수 있는 수개의 경합적 청구권에 기하여 동일 취지의 급부를 구하거나 양립할 수 있는 수개의 형성권에 기하여 동일한 형성적 효과를 구하는 경우에 그 어느 한 청구가 인용될 것을 해제조건으로 하여 수개의 청구에 관한 심판을 구하는 병합 형태로서, 이와 같은 선택적 병합의 경우에는 수개의 청구가 하나의 소송절차에 불가분적으로 결합되어 있기 때문에 선택적 청구 중 하나만을 기각하는 일부판결은 선택적 병합의 성질에 반하는 것으로서 법률상 허용되지 않는다.

[2] 제1심법원이 원고의 선택적 청구 중 하나만을 판단하여 기각하고 나머지 청구에 대하여는 아무런 판단을 하지 아니한 조치는 위법한 것이고, 원고가 이와

같이 위법한 제1심판결에 대하여 항소한 이상 원고의 선택적 청구 전부가 항소심으로 이심되었다고 할 것이므로, 선택적 청구 중 판단되지 않은 청구 부분이 재판의 탈루(재판의 누락)로서 제1심법원에 그대로 계속되어 있다고 볼 것은 아니다.

|註| 1. 丙은 X 부동산을 장남인 乙이 자신을 부양하는 조건으로 乙에게 증여하고 소유권이전등기를 해주었다. 丙의 차남인 甲은 乙을 상대로, 乙이 丙을 부양하지 않아 丙이 증여를 해제하고 X 부동산을 甲에게 증여하였다고 주장하면서 丙을 대위하여 증여해제를 원인으로 한 소유권이전등기청구(제1청구)를 하는 한편 선택적으로 乙과 사이에 X 부동산을 甲에게 양도하기로 하는 합의도 있었다고 주장하면서 양도합의를 원인으로 한 소유권이전등기청구(제2청구)를 하는 소를 제기하였다. 제1심법원은 제1청구만을 판단하여 제1청구 기각의 판결을 하고 제2청구에 대하여는 아무런 판단을 하지 않았다. 甲이 항소하자 항소심은, 제1심판결은 재판의 탈루로서 제2청구는 제1심법원에 그대로 계속되어 있다는 이유로 제1청구에 관하여만 판단하였다. 대법원은 제1청구와 제2청구가 동시에 항소심으로 이심이 되었으나 甲이 항소취지로 제1청구의 인용만을 구하였고 이후 항소심 심리 중에도 제2청구의 인용을 구하는 어떠한 주장도 하지 않았으므로 甲의 불복범위는 제1청구에 한정되어 있어 제2청구는 심판의 범위에 포함되지 않았고, 따라서 제2청구가 항소심에 이심되지 않고 제1심에 계속 중이라고 본 판단에는 선택적 병합의 법리를 오해한 잘못이 있으나 이러한 잘못은 재판의 결과에 영향을 미치지 않았다고 하면서 상고를 기각하였다.
2. 선택적 병합의 경우 위에서 본 대법원 98다22253 전원합의체 판결에 앞서 그와 같은 법리를 취한 판결이다.

▶ **대법원 2002. 9. 4. 선고 98다17145 판결**

[1] 위법한 판결로 인하여 불이익을 받게 된 당사자는 별소를 제기할 필요가 없이 간편하게 그 소송절차 내에서 상소를 통하여 그 분쟁해결을 위한 적정한 판단을 구할 길이 열려져 있으며 또한 소송경제에 맞는 그 방법을 통하여서만 사실심인 하급심판결에 대하여 새로 올바른 판단을 받도록 마련되어 있는 것이기에, 하급심의 판결에 위법한 오류가 있음을 알게 된 당사자가 그를 시정하기 위한 상소절차를 이용할 수 있었음에도 그를 이용하지 아니하고 당연무효가 아닌 그 판결을 확정시켰다면 그 판결은 위법한

오류가 있는 그대로 확정됨과 동시에 당사자로서는 그 단계에서 주어진 보다 더 간편한 분쟁해결수단인 상소절차 이용권을 스스로 포기한 것이 되어, 그 후에는 상소로 다투었어야 할 그 분쟁을 별소로 다시 제기하는 것은 특별한 사정이 없는 한, 그의 권리보호를 위한 적법요건을 갖추지 못한 때문에 허용될 수 없다.

[2] 주위적 청구를 배척하면서 예비적 청구에 대하여 판단하지 아니한 판결은 예비적 병합의 제도취지에 반하여 위법하게 되고 상고에 의하여 주위적 청구와 예비적 청구가 함께 상고심에 이심되는 것이며 예비적 청구부분의 소송의 재판 탈루가 되는 것은 아니다.

[3] 항소심판결이 예비적 청구 부분에 관하여 전혀 판단하지 아니하였다면 당사자는 그 판결에 대하여 불복상고하여 그 위법 부분의 시정을 받아야 하며, 당사자가 상고하여 그 예비적 청구에 대한 항소심의 판단이 누락되었다는 위법사유를 지적하였음에도 법률심인 상고심에서도 법률관계상의 그 쟁점에 관한 판단을 빠뜨림으로써 그 오류가 시정되지 않은 채 상고심판결이 확정되면 당사자는 재심사유를 주장·입증하여 그 상고심판결에 대한 재심을 구하는 길만이 남게 된다.

[4] 항소심판결상 예비적 청구에 관하여 이루어져야 할 판단이 누락되었음을 알게 된 당사자로서는 상고를 통하여 그 오류의 시정을 구하였어야 함에도 상고로 다툴 수 없는 특별한 사정이 없었음에도 상고로 다투지 아니하여 그 항소심판결을 확정시켰다면 그 후에는 그 예비적 청구의 전부나 일부를 소송물로 하는 별도의 소송을 새로 제기함은 부적법한 소제기이어서 허용되지 않는다.

|註| 판단 누락된 청구에 대한 별소의 제기 가능성 (1) 선택적·예비적 병합소송에서 청구의 일부에 대한 판단을 누락한 경우 그 청구를 별소로써 구하는 것은 허용되지 않는다는 것이 판례의 입장이다. 누락된 청구 부분은 판단이 된 바 없으므로 기판력 저촉의 문제는 생기지 않으나 상소라는 간편한 절차가 있으므로 이를 이용하지 않고 별소를 이용하는 것은 권리보호의 이익이 없다는 것이 그 이유이다. 또한 판례는 상소로써 누락을 주장하였는데 상고심에서까지 이 문제가 시정되지 않았다면 재심을 구하는 방법밖에 없다고 하였다.[1]

(2) 단순병합소송에서도 일부의 청구에 대한 판단을 누락한 경우 그 청구를 별소로써 구하는 것은 허용되지 않는다. 누락된 청구 부분은 이전 법원에 소송계속 중이어서 중복소송에 해당되기 때문이다.

1) 이에 대하여는 권리보호이익이라는 개념을 부당하게 확대 적용하는 것으로서 누락된 청구에 대하여는 기판력이 생기지 않으므로 별소가 허용되어야 한다는 반대견해(호문혁)가 있다.

Ⅲ. 항소(이심의 범위와 심판의 대상)

(1) 단순병합된 수개의 청구에 대하여 1개의 판결로써 재판을 한 경우 그 중 1개의 청구에 대하여만 항소를 제기하였다면 항소제기된 청구만이 항소심의 심판범위가 되는 것이지만 항소제기되지 아니한 청구까지도 함께 항소심으로 이심된다. 따라서 피항소인은 항소제기되지 아니한 청구에 대하여 부대항소를 제기할 수 있고[1] 이로써 부대항소된 청구도 심판의 대상이 된다.

◆ 대법원 2008. 12. 11. 선고 2005다51471 판결

논리적으로 전혀 관계가 없어 순수하게 단순병합으로 구해야 할 수 개의 청구를 선택적 또는 예비적 청구로 병합하여 청구하는 것은 부적법하여 허용되지 않는다 할 것인바, 원고가 그와 같은 형태로 소를 제기한 경우 제1심법원이 그 모든 청구의 본안에 대하여 심리를 한 다음 그중 하나의 청구만을 인용하고 나머지 청구를 기각하는 내용의 판결을 했다면, 이는 법원이 위 청구의 병합 관계를 본래의 성질에 맞게 단순병합으로서 판단한 것이라고 보아야 할 것이고, 따라서 피고만이 위 인용된 청구에 대하여 항소를 제기한 때에는 일단 단순병합 관계에 있는 모든 청구가 전체적으로 항소심으로 이심되기는 하나 항소심의 심판범위는 이심된 청구 중 피고가 불복한 청구에 한정된다.

(2) 선택적 병합소송에서 한 청구가 받아들여져 나머지 청구에 대한 판단 없이 청구인용판결이 된 경우 또는 예비적 병합소송에서 주위적 청구가 받아들여져 예비적 청구에 대한 판단 없이 주위적 청구인용판결이 된 경우 피고가 항소를 하면 판단되지 않은 나머지 청구나 예비적 청구까지 항소심으로 이심되고 또 항소심의 심판대상이 된다. 병합의 형태는 병합청구의 성질을 기준으로 판단하여야 하므로 선택적 병합 사건에 주위적·예비적의 순서를 붙인 경우(부진정 예비적 병합) 선택적 병합으로 취급하여 항소심의 심판 범위를 판단하여야 함은 앞서 본 바와 같다.[2]

◆ 대법원 1992. 9. 14. 선고 92다7023 판결

수 개의 청구가 제1심에서 처음부터 선택적으로 병합되고 그중 어느 한 개의 청구에 대한 인용판결이 선고되어 피고가 항소를 제기한 경우는 물론, 원고의 청

1) 대판 1956. 4. 16. 4288민상377.
2) 대판 2014. 5. 29. 2013다96868.

구를 인용한 판결에 대하여 피고가 항소를 제기하여 항소심에 이심된 후 청구가 선택적으로 병합된 경우에도 항소심은 제1심에서 인용된 청구를 먼저 심리하여 판단할 필요는 없고, 선택적으로 병합된 수 개의 청구 중 제1심에서 심판되지 아니한 청구를 임의로 선택하여 심판할 수 있다고 할 것이나, 심리한 결과 그 청구가 이유 있다고 인정되고 그 결론이 제1심판결의 주문과 동일한 경우에도 피고의 항소를 기각하여서는 안 되며 제1심판결을 취소한 다음 새로이 청구를 인용하는 주문을 선고하여야 할 것이다.

|註| 수 개의 청구가 선택적으로 병합된 경우에 항소심이 제1심에서 심판되지 아니한 청구를 임의로 먼저 선택하여 심판할 수 있는지 여부와 심리결과 청구가 이유 있다고 인정되고 결론이 제1심판결의 주문과 동일한 경우의 주문표시방법을 밝힌 판결이다. 예비적 병합의 경우 이심의 범위와 심판의 대상에 관하여는 대법원 2000. 11. 16. 선고 98다22253 전원합의체 판결 참조.

(3) **예비적 병합에서 주위적 청구를 기각하고 예비적 청구를 인용하는 판결이 내려졌는데 피고만이 항소한 경우 불복하지 않은 주위적 청구 부분도 이심이 되지만 항소심의 심판 대상은 예비적 청구에 한한다.**

▶ **대법원 1995. 2. 10. 선고 94다31624 판결**

제1심법원이 원고들의 주위적 청구와 예비적 청구를 병합심리한 끝에 주위적 청구는 기각하고 예비적 청구만을 인용하는 판결을 선고한 데 대하여 피고만이 항소한 경우, 항소제기에 의한 이심의 효력은 당연히 사건 전체에 미쳐 주위적 청구에 관한 부분도 항소심에 이심되는 것이지만, 항소심의 심판범위는 이에 관계없이 피고의 불복신청의 범위에 한하는 것으로서 예비적 청구를 인용한 제1심판결의 당부에 그치고 원고들의 부대항소가 없는 한 주위적 청구는 심판대상이 될 수 없다.

|註| **1. 주위적 청구의 인용 가부** 따라서 항소심의 심리 결과 제1심판결과 달리 주위적 청구가 이유 있고 예비적 청구는 이유 없는 것으로 판단이 되었다고 하더라도 제1심판결 중 예비적 청구 부분만을 취소하고 예비적 청구를 기각하는 데 그쳐야 하고 주위적 청구를 인용하여서는 안 된다. 이 경우 주위적 청구를 인용하는 것은 항소한 피고에게 제1심판결보다 불이익하게 변경하는

것이므로 허용되지 않는다.

2. 주위적 청구의 인낙 가부 예비적 청구만을 인용한 제1심판결에 대하여 피고만 항소한 경우 주위적 청구가 심판의 대상은 될 수 없지만 피고가 주위적 청구를 인낙하는 것은 가능하다.[1)]

제 2 절 청구의 변경

제 1. 총설

Ⅰ. 의의

청구의 변경(소의 변경)은 소송계속 중에 원고가 기존의 청구를 새로운 청구로 교환하거나 기존의 청구에 새로운 청구를 추가하는 방법으로 청구를 변경하는 것을 말한다. 여기에서 청구는 소송물을 뜻하므로 소송물의 변경 없이 공격방어방법만을 변경하는 것은 청구의 변경이 아니다.

▶ 대법원 1992. 6. 12. 선고 92다11848 판결

가등기에 기한 본등기청구를 하면서 그 등기원인을 매매예약완결이라고 주장하는 한편 위 가등기의 피담보채권을 처음에는 대여금채권이라고 주장하였다가 나중에는 손해배상채권이라고 주장한 경우 가등기에 기한 본등기청구의 등기원인은 위 주장의 변경에 관계없이 매매예약완결이므로 등기원인에 변경이 없어 청구의 변경에 해당하지 아니하고, 위 가등기로 담보되는 채권이 무엇인지는 공격방어방법에 불과하다.

▶ 대법원 2003. 5. 27. 선고 2001다13532 판결

채권자가 사해행위의 취소를 청구하면서 그 보전하고자 하는 채권을 추가하거나 교환하는 것은 그 사해행위취소권을 이유 있게 하는 공격방법에 관한 주장을 변경하는 것일 뿐이지 소송물 또는 청구 자체를 변경하는 것이 아니므로 소의 변경이라 할 수 없다.

1) 대판 1992. 6. 9. 92다12032.

Ⅱ. 청구의 감축

청구를 질적·양적으로 감축하는 것은 청구의 변경이 아닌 소의 일부취하 또는 청구의 일부포기에 해당된다. 양자 중 어느 것에 해당되는지는 원고의 의사에 따를 것이나, 원고의 의사가 분명하지 않은 때에는 원고에게 유리하게 소의 일부취하로 보아야 한다.

▶ 대법원 1983. 8. 23. 선고 83다카450 판결
압류채권에 대한 추심명령을 받아 추심금청구소송을 제기, 진행 중 청구금액을 감축한 것은 소의 일부취하를 뜻하는 것이고 취하된 부분의 청구를 포기하였다고는 볼 수 없으며, 위 채권압류는 추심하고 남은 잔여채권에 대하여 그 효력을 지속하는 것이다.

제 2. 청구변경의 모습

Ⅰ. 교환적 변경

(1) 청구의 교환적 변경은 신 청구의 추가적 병합과 구 청구의 취하가 결합된 형태라고 보는 것이 판례의 일관된 입장이다. 통설(이시윤, 정동윤·유병현·김경욱, 강현중, 송상현·박익환)도 같은 입장이지만, 제262조 제1항에 규정된 '청구의 변경'이라는 제도일 뿐 위와 같은 결합형태로 볼 이유가 없다는 반대설(호문혁)이 있다. 청구의 교환적 변경의 법적 성격은 항소심에서 구 청구에 대한 취소 가부와 항소취하 가부, 재소금지, 신 청구에 대한 기간준수 여부와 소멸시효 중단시점 등에 영향을 미친다.

◆ 대법원 1980. 11. 11. 선고 80다1182 판결 : 구 청구 취소
항소심에서 청구가 교환적으로 변경된 경우에는 구 청구는 취하되고 신 청구가 심판의 대상이 되는 것이므로 원심판결이 그 주문에서 이미 취하된 구 청구를 인용한 제1심판결을 취소하였음은 잘못이다.

◆ 대법원 1995. 1. 24. 선고 93다25875 판결 : 구 청구에 대한 항소취하
피고의 항소로 인한 항소심에서 소의 교환적 변경이 적법하게 이루어졌다면 제

1심판결은 소의 교환적 변경에 의한 소취하로 실효되고, 항소심의 심판대상은 새로운 소송으로 바뀌어지고 항소심이 사실상 제1심으로 재판하는 것이 되므로, 그 뒤에 피고가 항소를 취하한다 하더라도 항소취하는 그 대상이 없어 아무런 효력을 발생할 수 없다.

▶ 대법원 1987. 11. 10. 선고 87다카1405 판결 : 재소금지

소의 교환적 변경은 신 청구의 추가적 병합과 구 청구의 취하의 결합형태로 볼 것이므로 본안에 대한 종국판결이 있은 후 구 청구를 신 청구로 교환적 변경을 한 다음 다시 본래의 구 청구로 교환적 변경을 한 경우에는 종국판결이 있은 후 취하하였다가 동일한 소를 다시 제기한 경우에 해당하여 부적법하다.

> **|註|** 甲은 매점에 관한 관리권에 기하여 乙에 대하여 직접 甲에게로의 매점 인도를 구하는 소를 제기하였으나 제1심에서 패소판결을 선고받은 다음 항소심 소송계속 중 소를 교환적으로 변경하여 서울특별시를 대위하여 매점을 서울특별시에게 인도할 것을 구하였다가 다시 소를 변경하여 매점을 주위적으로는 제1심처럼 직접 甲에게 인도할 것을 구하고 예비적으로 서울특별시에게 인도할 것을 구한 사안이다. 법원은, 위 주위적 청구는 결국 본안에 관한 종국판결이 있은 후 소를 취하하였다가 다시 동일한 소를 제기한 경우에 해당하여 부적법하다는 이유로 이를 각하하였다.

▶ 대법원 1989. 2. 28. 선고 87다카2302, 2303 판결 : 기간준수 여부

원고의 제1심에서의 청구는 구상금청구였고 항소심에서 비로소 약속어음청구로 교환적 변경이 되었는데, 그 소변경시기가 소멸시효완성 후라면 그 부분의 각 어음에 대한 소구권은 그 소멸시효완성으로 소멸되었다고 할 것이다.

▶ 대법원 2009. 2. 12. 선고 2008다84229 판결 : 소멸시효의 중단

아파트입주자대표회의가 직접 하자보수에 갈음한 손해배상청구의 소를 제기하였다가 구분소유자들로부터 손해배상채권을 양도받아 양수금청구를 하는 것으로 청구원인을 변경한 경우, 소를 제기한 때가 아니라 청구원인을 변경하는 취지의 준비서면을 제출한 때에 소멸시효 중단의 효과가 발생한다.

> **|註|** 공동주택에 하자가 있는 경우 입주자대표회의는 사업주체에 대하여 주택법에 따른 하자보수청구권을 가지지만 그 외에 하자담보추급권까지 갖는 것은 아니므로 입주자대표회의로서는 사업주체에 대하여 하자보수청구를 할 수 있을 뿐 그에 갈음한 손해배상청구권을 가지지는 못한다.

▶ **대법원 2010. 6. 24. 선고 2010다17284 판결 : 소멸시효의 중단**

원고가 채권자대위권에 기해 청구를 하다가 당해 피대위채권 자체를 양수하여 양수금청구로 소를 변경한 경우, 이는 청구원인의 교환적 변경으로서 채권자대위권에 기한 구 청구는 취하된 것으로 보아야 하나, 그 채권자대위소송의 소송물은 채무자의 제3채무자에 대한 계약금반환청구권인데 위 양수금청구는 원고가 위 계약금반환청구권 자체를 양수하였다는 것이어서 양 청구는 동일한 소송물에 관한 권리의무의 특정승계가 있을 뿐 그 소송물은 동일한 점, 시효중단의 효력은 특정승계인에게도 미치는 점, 계속 중인 소송에 소송목적인 권리 또는 의무의 전부나 일부를 승계한 특정승계인이 소송참가하거나 소송인수한 경우에는 소송이 법원에 처음 계속된 때에 소급하여 시효중단의 효력이 생기는 점, 원고는 위 계약금반환채권을 채권자대위권에 기해 행사하다 다시 이를 양수받아 직접 행사한 것이어서 위 계약금반환채권과 관련하여 원고를 '권리 위에 잠자는 자'로 볼 수 없는 점 등에 비추어 볼 때, 당초의 채권자대위소송으로 인한 시효중단의 효력이 소멸하지 않는다.

> **|註|** 위 2008다84229 판결은 채권자가 자신의 권원에 기하여 직접 청구하다가 채무자의 권리를 양수하여 청구한 사안으로서, 원고가 대위청구를 하다가 그 피대위채권 자체를 양수받아 양수금청구를 하는 이 사건과는 사안을 달리한다. 채권자가 자신의 권원에 기하여 직접 청구하다가 채무자의 권리를 대위하여 청구한 경우에도 위 2008다84229 판결과 같이 보아야 한다.

(2) 피고가 본안에 관하여 다툰 후에는 청구의 교환적 변경에 피고의 동의가 필요한가, 즉 피고의 동의가 없으면 청구의 추가적 변경이 될 뿐인가에 대하여 판례는 청구의 기초에 변경이 없다는 이유로 동의가 필요하지 않다고 한다.[1] 학설로는 청구기초의 동일성에 의하여 피고가 보호된다는 이유에서 판례의 입장에 찬성하는 견해(정동윤·유병현·김경욱)와 피고의 구 청구에 대한 기각판결을 얻을 절차권을 보장하여야 한다는 이유에서 피고의 동의를 필요로 하여야 한다는 견해(이시윤, 김홍규·강태원)가 나뉜다.

---

1) 대판 1962. 1. 31. 4294민상310; 대판 1970. 2. 24. 69다2172.

Ⅱ. 추가적 변경

(1) 청구의 추가적 변경은 구 청구를 유지하면서 여기에 신 청구를 병합하는 경우이다. 단순병합, 선택적 병합, 예비적 병합 중 어느 하나에 해당되는데, 후발적 병합에 해당되므로 병합의 요건을 갖추어야 한다. 예비적 병합이 되는 경우 반드시 구 청구가 주위적 청구가 되어야 하는 것은 아니고, 신 청구가 주위적 청구가 되고 구 청구가 예비적 청구가 되어도 무방하다.

▶ 대법원 1997. 4. 11. 선고 96다50520 판결

매매 또는 취득시효완성을 원인으로 하는 소유권이전등기청구소송에서 그 대상을 1필지 토지의 일부에서 전부로 확장하는 것은 청구의 양적 확장으로서 소의 추가적 변경에 해당하고, 동일 부동산에 대하여 이전등기를 구하면서 그 등기청구권의 발생원인을 처음에는 매매로 하였다가 후에 취득시효의 완성을 선택적으로 추가하는 것도 단순한 공격방법의 차이가 아니라 별개의 청구를 추가시킨 것이므로 역시 소의 추가적 변경에 해당한다.

(2) 청구의 감축과 달리 청구의 확장은 청구의 추가적 변경에 해당된다. 양적 확장의 경우 청구원인에 변경이 없다거나 혹은 이행명령 상한의 변경에 지나지 않는다는 이유로 청구의 변경이 아니라고 하는 견해(이영섭)도 있으나 판례는 앞서 본 바와 같이 이를 청구의 추가적 변경으로 본다.[1)]

Ⅲ. 변경의 형태가 불분명한 경우

청구의 변경이 교환적인가 또는 추가적인가의 여부는 기본적으로 당사자의 의사해석에 의할 것이나, 청구변경의 형태가 불분명한 경우 법원은 석명권을 행사하여 이를 분명히 하여야 한다.[2)] 이는 교환적 변경의 경우 구 청구 취하의 효력이 생겨 당사자에게 예기치 않은 불이익이 발생할 수 있기 때문에 더더욱 그러하다.

▶ 대법원 2003. 1. 10. 선고 2002다41435 판결

구 민사소송법 제126조 제1항은, 재판장은 소송관계를 명료하게 하기 위하여

1) 같은 취지 : 대판 2011. 6. 24. 2009다35033.
2) 대판 1995. 5. 12. 94다6802; 대판 1987. 6. 9. 86다카2600 등.

당사자에게 사실상과 법률상의 사항에 관하여 질문하거나 입증을 촉구할 수 있다고 규정하고 있는바, 당사자가 구 청구를 취하한다는 명백한 의사표시 없이 새로운 청구로 변경하는 등으로 그 변경형태가 불명할 경우에는 사실심 법원으로서는 과연 청구변경의 취지가 무엇인가 즉 교환적인가 또는 추가적인가의 점에 대하여 석명으로 이를 밝혀볼 의무가 있다.

|註| 1. 甲종중이 X 토지를 종중원인 丙 명의로 사정받아 토지대장에 丙 소유로 등재해 두었는데, 乙이 허위의 보증서에 터잡아 부동산소유권이전등기등에관한특별조치법에 의하여 乙 명의로 소유권보존등기를 한 것을 알고는, 丙을 대위하여 乙 명의 보존등기의 말소를 구하여 제1심에서 승소판결을 받은 다음, 항소심에서 그 주장을 유지하면서 진정명의회복을 원인으로 한 소유권이전등기로 소변경신청서를 제출하자, 항소심이 청구의 교환적 변경으로 보고 진정명의회복을 위한 소유권이전등기청구만을 판단하면서 '甲은 제3자에 대한 관계에서 X 토지의 소유자인 지위에 있었던 적이 없다'는 이유로[1] 변경된 甲의 청구를 기각한 사안이다. 대법원은 甲종중이 소유권보존등기말소청구를 취하한다는 명백한 의사표시 없이 소변경신청서를 통하여 진정명의회복을 위한 소유권이전등기청구를 하였으므로 이러한 경우 법원은 석명권을 행사하여 청구변경의 취지가 교환적인가 또는 추가적인가를 밝혔어야 한다는 이유로 항소심판결을 파기하였다.

2. 판례 중에는 "구 청구를 취하한다는 명백한 의사표시가 없는 한 신 청구가 부적법한 경우까지 구 청구가 취하되는 교환적 변경이라고 볼 수는 없다"고 한 것이 있는데,[2] 위 사안에서 신 청구는 확립된 판결에 의하여 주장 자체로 이유 없음이 명백하므로, 이러한 의미에서도 甲중중의 소변경신청서를 교환적 변경으로 본 것은 문제가 있다.

---

1) (참고) 대판 2001. 8. 21. 2000다36484(진정한 등기명의의 회복을 위한 소유권이전등기청구는 자기 명의로 소유권을 표상하는 등기가 되어 있었거나 법률에 의하여 소유권을 취득한 진정한 소유자가 그 등기명의를 회복하기 위한 방법으로 그 소유권에 기하여 현재의 등기명의인을 상대로 진정한 등기명의의 회복을 원인으로 한 소유권이전등기절차의 이행을 구하는 것이다. 명의신탁에 있어서 대외적으로는 수탁자가 소유자라고 할 것이고, 명의신탁재산에 대한 침해배제를 구하는 것은 대외적 소유권자인 수탁자만이 가능한 것이며, 신탁자는 수탁자를 대위하여 그 침해에 대한 배제를 구할 수 있을 뿐이므로, 명의신탁사실이 인정된다고 할지라도 신탁자는 제3자에 대하여 진정한 등기명의의 회복을 원인으로 한 소유권이전등기청구를 할 수 있는 진정한 소유자의 지위에 있다고 볼 수 없다).

2) 대판 1975. 5. 13. 73다1449.

제 3. 청구변경의 요건

원고는 ① 소송절차를 현저히 지연시키지 않는 한 ② 청구의 기초가 바뀌지 않는 한도 안에서 ③ 변론을 종결할 때까지 청구를 변경할 수 있다(262조 1항). 청구병합을 수반하므로 ④ 청구병합의 일반적 요건도 갖추어야 한다.

Ⅰ. 청구의 기초가 동일할 것

(1) 동일한 생활사실 또는 동일한 경제적 이익에 관한 분쟁에서 그 해결방법에 차이가 있음에 불과한 경우 청구기초의 동일성이 인정된다(판례).

▶ 대법원 1987. 7. 7. 선고 87다카225 판결

소변경 제도를 인정하는 취지는 소송으로서 요구받고 있는 당사자 쌍방의 분쟁에 합리적 해결을 실질적으로 달성시키고 동시에 소송경제에 적합하도록 함에 있다 할 것이므로 동일한 생활사실 또는 동일한 경제적 이익에 관한 분쟁에 있어서 그 해결방법에 차이가 있음에 불과한 청구취지의 변경은 청구의 기초에 변경이 없다.

|註| 1. 사실관계와 법원의 판단 甲은 X 부동산에 관한 乙 명의 소유권이전등기의 말소청구를 하였다가 제1심에서 청구기각판결을 받자 항소하여 항소심에서 신탁해지를 원인으로 한 소유권이전등기청구를 제1예비적 청구로, 매매에 기한 소유권이전등기청구를 제2예비적 청구로 추가하였고, 이후 다시 취득시효완성을 이유로 한 소유권이전등기청구를 제3예비적 청구로 추가하였다. 항소심법원은 위 청구변경신청을 모두 불허하고 주위적 청구에 관하여만 판단하였으나, 대법원은 청구기초에 변경이 있다고 할 수 없으므로 예비적 청구에 관하여도 판단하였어야 한다고 하였다.

2. 청구기초의 동일성 청구기초의 동일성의 의미에 대하여는 이익설, 사실설, 병용설 등의 학설이 있는데, 소송자료에 공통성이 있어 별소를 제기하는 것보다 청구변경의 방법으로 이전 자료를 이용하는 것이 소송경제에 도움이 될 뿐만 아니라 피고가 방어방법을 새롭게 바꾸어야 하는 어려움도 없는 경우에는 청구기초의 동일성을 인정하여야 한다(소송자료동일설). 판례는 청구기초의 동

일성에 관하여는 이익설에 가까운 판시를 하면서,[1] 소송자료의 동일 여부는 소송절차 지연과 관련하여 고려하고 있다(뒤의 '소송절차를 현저히 지연시키지 않을 것' 부분 참조).

(2) 판례에 나타난 청구기초의 동일성을 긍정한 사례와 부정한 사례를 살펴보면 아래와 같다.

■ 청구기초의 동일성을 긍정한 사례 ■

1. 동일한 청구원인에서 청구취지만을 변경한 경우

원고가 제1심에서 별지 제1 내지 제5부동산이 원고의 소유라는 확인을 구하면서 동시에 피고 甲에 대해서는 제1부동산에 대하여, 피고 乙에 대해서는 제2 내지 제4부동산에 대하여 각 그 명의의 소유권보존등기의 말소 및 그 토지인도를 구하다가 항소심에 이르러 제1심에서 청구하지 아니하였던 피고 乙에 대하여도 제1부동산의 소유권보존등기의 말소 및 그 토지의 인도를 추가하여 청구하였다면 이는 위 제2 내지 제4부동산에 대한 그것과 동일 원인에 기인하는 수량적 청구의 확장에 불과하여 청구의 기초에 변경이 있다고 볼 수 없다.[2]

2. 신·구 청구 중 한쪽이 다른 쪽의 변형물이거나 부수물인 경우

① 명의신탁해지를 원인으로 하는 부동산소유권이전등기소송이 계속 중 피고가 소송목적물을 제3자에게 이전등기함으로써 피고의 소유권이전등기의무가 이행불능이 되었기 때문에 청구의 취지와 원인을 변경하여 손해배상청구를 하였다면 원래의 청구가 물권인 소유권을 기초로 한 것이라 할지라도 청구의 기초에 변경이 없다.[3]

② 원고가 점포명도청구를 하였다가 제2심에 와서 점포의 임료에 상당한 손해배상청구를 첨가하였음은 위법이라 할 수 없다.[4]

3. 법률적 구성만을 달리한 경우

원고가 피고에 대하여 그 소유의 토지를 불법경작함으로써 입은 손해배상을 청구하였다가 피고가 위 토지를 아무 법률상 원인 없이 경작하므로 원고의 손해 아래 피고가 얻은 이익의 반환을 구하는 부당이득의 청구로 변경한 경우, 위 두 청구는 실질적으로 보아 같은 이익을 목적으로 할 뿐 아니라 청구의 기초되는

1) 최근의 것으로는 대판 2012. 3. 29. 2010다28338, 28345.
2) 대판 1984. 2. 14. 83다카514.
3) 대판 1969. 7. 22. 69다413.
4) 대판 1964. 5. 26. 63다973.

사실은 피고가 원고 소유의 토지를 경작하였다는 사실로서 청구의 기초에 변경이 있다고 할 수 없다.[1)]

4. 동일한 생활이익이나 경제이익에 관한 것으로서 분쟁의 해결방법만을 달리하는 경우

① 원고가 주위적 청구로서 소외 망인으로부터 부동산을 증여받았다고 하여 그의 상속인들에 대하여 위 부동산에 관하여 증여를 원인으로 한 소유권이전등기를 구하고, 예비적 청구로서 자신도 위 망인의 친자로서 위 부동산을 상속지분만큼 상속하였다고 주장하면서 다른 상속인들을 상대로 그 확인을 구하는 경우, 양 청구는 동일한 목적물인 위 부동산에 관한 소유관계의 형성을 목적으로 하면서, 다만 그 법률적 구성만을 달리하는 경우에 불과하다 할 것이므로 이 같은 경우 양 청구의 기초에 있어 그 동일성이 인정된다.[2)]

② 매매계약에 관한 소유권이전청구와 예비적으로 동 매매계약해제로 인한 계약금반환청구와 간에는 청구의 기초에 변경이 없다.[3)]

③ 대부금청구를 약속어음금청구로 청구의 원인을 변경하는 경우는 청구의 기초에 변경이 없는 것이다.[4)]

■ 청구기초의 동일성을 부정한 사례 ■

행정소송법이 규정한 행정처분취소 또는 변경을 구하는 소송에 있어서 취소 또는 변경을 구하는 행정처분이 다른 경우에는 그 소송의 목적물이 달라지므로 그 행정처분의 변경에 의한 청구의 변경은 특단의 사유가 없는 한 허용되지 않는 것이다.[5)]

(3) 청구기초의 동일성 요건은 사익적 요건이다.

▶ 대법원 1988. 12. 27. 선고 87다카2851 판결

소송절차에 관한 규정에 위배됨을 알았거나 알 수 있었음에도 불구하고 지체없이 이의를 하지 않은 때에는 책문권이 상실되므로, 원고가 청구의 변경을 진술한 변론기일에 피고가 그 청구변경의 소송절차 위배 여부에 관하여 아무런 이

1) 대판 1965. 4. 6. 65다139, 140.
2) 대판 1992. 2. 25. 91다34103.
3) 대판 1972. 6. 27. 72다546.
4) 대판 1961. 11. 2. 4293민상325.
5) 대판 1963. 2. 21. 62누231.

의를 제기함이 없이 본안에 들어가 변론을 한 때에는 피고는 그 책문권을 상실하여 더 이상 청구변경의 적법 여부를 다툴 수 없다.

|註| 1. 사실관계와 법원의 판단 원고가 자신의 손해배상채권을 행사하다가 11차 변론기일에 소외 회사로부터 손해배상채권을 양도받았다고 청구원인을 변경한 사안이다. 11차 변론기일에서 피고는 청구변경에 관하여 이의를 제기하지 않고 본안에 대하여 답변을 하였으나 그 다음 기일인 12차 변론기일에 비로소 원고의 청구변경이 청구의 기초에 동일성이 없어 위법하다고 주장하였다. 법원은 피고가 청구변경에 지체 없이 이의하지 않음으로써 소송절차에 관한 이의권(책문권)을 상실하였다고 하였다.

2. 사익적 요건으로서의 청구기초 동일성 청구기초의 동일성 요건은 피고의 방어목표가 예상 밖으로 변경되어 입는 불이익을 보호하기 위한 것이므로 사익적 요건에 해당된다. 따라서 소송절차에 관한 이의권(책문권)의 포기 또는 상실의 대상이 된다.[1] 다만 공익적 요건이라고 보는 견해(방순원)도 있다.

Ⅱ. 소송절차를 현저히 지연시키지 않을 것

새로운 청구의 심리를 위하여 종전의 소송자료를 대부분 이용할 수 있는 경우에는 소송절차를 지연케 함이 현저하다고 할 수 없지만,[2] 새로운 청구의 심리를 위하여 종전의 소송자료를 대부분 이용할 수 없고 별도의 증거제출과 심리로 장기간의 새로운 심리가 필요한 경우에는 소송절차를 지연케 함이 현저하다고 보아야 한다.[3] 이 요건은 공익적 요건이므로 피고의 이의가 없어도 직권으로 조사하여야 한다.

▶ 대법원 2017. 5. 30. 선고 2017다211146 판결

민사소송법 제1조 제1항은 "법원은 소송절차가 공정하고 신속하며 경제적으로 진행되도록 노력하여야 한다."라고 하여 민사소송의 이상을 공정·신속·경제에

1) 대판 1982. 1. 26. 81다546; 대판 2011. 2. 24. 2009다33655.
2) 대판 1998. 4. 24. 97다44416.
3) 대판 2015. 4. 23. 2014다89287, 89294. 2회에 걸쳐 상고심으로부터 환송된 후 항소심 변론종결 당시 청구를 변경한 것이 소송절차를 지연케 함이 현저한 경우에 해당한다는 것에, 대판 1964. 12. 29. 64다1025.

두고 있고, 그중에서도 신속·경제의 이념을 실현하기 위해서는 당사자에 의한 소송지연을 막을 필요가 있다. 이에 따라 원고는 청구의 기초가 바뀌지 않는 한도에서 변론을 종결할 때까지 청구의 취지 또는 원인을 바꿀 수 있지만, 소송절차를 현저히 지연시키는 경우에는 허용되지 않는다(민사소송법 제262조 제1항). 청구의 변경이 있는 경우에 법원은 새로운 청구를 심리하기 위하여 종전의 소송자료를 대부분 이용할 수 없고 별도의 증거제출과 심리로 소송절차를 현저히 지연시키는 경우에는 이를 허용하지 않는 결정을 할 수 있다.

|註| 사실관계와 법원의 판단 甲회사는 대표이사 乙과 이사 丙이 공모하여 회사자금을 횡령하였다고 불법행위에 기한 손해배상청구를 하였다. 제1심법원은 乙에 대한 청구는 인용하였으나 丙이 乙과 공모하였다는 증거가 부족하다고 하여 丙에 대한 청구는 기각하였다. 항소심 계속 중 甲은 丙이 乙에게 모든 업무를 위임한 채 이사로서의 직무를 수행하지 않아 횡령을 방지하지 못하였다고 주장하면서 선관의무 위반에 기한 손해배상청구(상법 399조)를 예비적 청구로 추가하였다. 항소심은 예비적 청구의 판단을 위하여는 丙이 이사로서 직무를 어느 정도 수행하였는지를 심리하는 등 종전의 소송자료와 별도로 새로운 심리를 해야 할 것이어서 소송절차를 현저히 지연시키는 경우에 해당한다는 이유로 청구의 변경을 허가하지 않았다. 대법원은, ① 예비적 청구의 추가 이전에는 丙이 이사로서의 직무를 수행하지 않았다는 주장이 제출된 바 없고 그에 관한 증거도 제출되지 않았던 점, ② 제1심법원은 횡령에 대한 공모 여부에 관하여만 판단하였을 뿐 丙이 乙에게 이사로서의 업무를 위임하고 그 직무를 수행하지 않았는지 여부에 관하여는 심리하지 않은 점, ③ 丙이 이사로서의 직무수행을 게을리하였다고 하더라도 이것이 횡령행위의 발생이나 甲의 손해와 인과관계가 있는지 추가적인 심리를 하여야 하고, 나아가 손해배상의 범위를 정하기 위하여도 제반 사정에 관하여 심리할 필요가 있는 점 등에 비추어 보면, 새로 추가된 예비적 청구를 심리하기 위하여는 종전의 소송자료를 대부분 이용할 수 없고 그에 대한 별도의 추가 증거 제출과 심리가 불가피한 것으로 보인다고 하면서 항소심의 판단을 유지하였다.

Ⅲ. 사실심에 계속되고 변론종결 전일 것

소장부본 송달 전에는 자유롭게 소장 기재를 보충·정정할 수 있다. 변론종결 후의 청구변경은 원칙적으로 허용되지 아니하며, 반드시 변론을 재개해야 하는 것은 아니다.

▶ 대법원 1984. 2. 14. 선고 83다카514 판결

청구변경에 관하여 항소심에 특별한 규정이 없으므로 민사소송법 제378조(현행 408조)에 따라 동법 제235조(현행 262조)의 요건을 갖추면 항소심에서도 청구의 변경을 할 수 있다.

|註| 1. 사실관계와 법원의 판단 甲은 제1심에서 X, Y 부동산이 甲의 소유라는 확인을 구하면서, 동시에 乙에 대해서는 X 부동산에 관하여, 丙에 대해서는 Y 부동산에 관하여 각 그 명의의 소유권보존등기의 말소 및 그 토지인도를 구하다가 항소심에 이르러 丙에 대하여도 X 부동산에 관한 소유권보존등기의 말소 및 그 토지의 인도를 추가하여 청구하였다. 이에 대하여 법원은 위 판결요지와 같이 판시한 다음, 항소심에서의 추가적 청구는 Y 부동산에 대한 그것과 동일원인에 기인하는 수량적 청구의 확장에 불과하여 청구의 기초에 변경이 있다고 볼 수 없고, 소송경제상으로 보나 당사자 보호의 필요상으로 보아 청구의 변경을 허용하는 것이 타당하다고 하였다.

2. 상소심에서의 청구의 변경 (1) 사실심 소송계속 중인 한 항소심에서도 청구의 변경이 허용되고,[1] 파기환송 후의 항소심 역시 실질적으로는 종전변론의 재개, 속행에 지나지 않으므로 여기에서도 청구의 변경이 가능하다.[2]

(2) 상고심에서는 사실심리를 할 수 없으므로 새로운 청구에 대한 사실심리를 전제로 하는 청구의 변경이 허용되지 않는다.[3]

3. 항소심에서의 청구변경에 있어 주의할 점 (1) 항소심에서 청구를 교환적으로 변경하게 되면 구 청구에 대하여는 재소금지(267조 2항)의 효과가 발생된다. 따라서 특히 항소심에서는 원고의 의사가 명확하지 않을 때에는 석명을 하여 변

1) 대판 2012. 3. 29. 2010다28338, 28345(제1심에서 적법하게 반소를 제기하였던 당사자가 항소심에서 반소를 교환적으로 변경한 경우).
2) 대판 1969. 12. 23. 67다1664; 대판 1966. 9. 20. 66다1004 등.
3) 대판 1997. 12. 12. 97누12235; 대판 1991. 10. 8. 89누7801 등.

경의 형태가 무엇인지 명확히 하여야 한다.[1)]
(2) 항소심에서 청구를 교환적으로 변경하면 구 청구는 소취하로 실효되고 신 청구에 대하여 항소심법원이 제1심으로 재판하는 것이 되므로 제1심판결에 붙여진 가집행선고도 실효되어 항소심판결 전이라도 가집행으로 지급받은 물건을 반환할 의무가 발생된다.[2)]
(3) 항소심에 이르러 소가 추가적으로 변경된 경우와 소가 교환적으로 변경된 경우에는 항소심은 신 청구에 대하여 재판하여야 하고, 위 두 경우에 제1심이 원고의 청구를 기각하였고, 항소심이 추가된 신 청구와 교환적으로 변경된 신 청구를 기각할 경우라 하더라도 '원고의 청구를 기각한다'는 주문 표시를 하여야 하고, '항소를 기각한다'는 주문 표시를 하여서는 아니 된다.[3)]

Ⅳ. 청구병합의 일반요건을 갖출 것

신·구 청구가 같은 종류의 소송절차에서 심판될 수 있어야 한다. 판례는 재심의 소와 통상의 소는 그 방식과 성질을 달리하므로 재심의 소를 통상적 소로 변경하거나 반대로 통상적 소를 재심의 소로 변경하는 것은 허용되지 않는다고 하였다.[4)]

제4. 절차

(1) 청구의 변경은 서면에 의하여야 하고(262조 1항), 법원은 그 서면을 상대방에게 송달하여야 한다(262조 3항). 판례는 민사소송법이 청구취지의 변경에 대하여만 서면에 의할 것을 규정하고 있고 청구원인의 변경에 대하여는 이러한 규정이 없으므로 청구원인은 변론에서 구술로 변경할 수도 있다고 한다.[5)]

1) 대판 1987. 11. 10. 87다카1405.
2) 대판 1995. 4. 21. 94다58490, 58506.
3) 대판 1997. 6. 10. 96다25449, 25456; 대판 1972. 6. 27. 72다546 등.
4) 대판 1959. 9. 24. 4291민상318.
5) 대판 1956. 3. 15. 4289민상51; 대판 1961. 10. 19. 4293민상531 등. 청구의 변경은 신소 제기의 실질을 갖고 있으므로 청구원인의 변경도 서면에 의하여야 한다는 반대견해가 있다(이영섭, 방순원, 정동윤·유병현·김경욱, 송상현·박익환).

▶ 대법원 1993. 3. 23. 선고 92다51204 판결

서면에 의하지 아니한 청구취지의 변경은 잘못이지만 이에 대하여 상대방이 지체 없이 이의를 하지 않았다면 책문권(소송절차에 관한 이의권)의 상실로 그 잘못은 치유된다.

|註| 원고가 제1심 변론기일에 "이 건 소장을 통해 명의신탁을 해지하고 이를 원인으로 피고 명의의 이전등기의 말소를 구하고 그렇지 않다고 하더라도 그 등기는 당연무효이므로 말소를 구한다"는 내용이 기재된 준비서면을 진술한 다음 "명의신탁해지를 원인으로 한 소유권이전등기절차의 이행을 주위적으로 구하고 예비적으로 말소등기절차의 이행을 구한다"는 취지로 정정진술을 하였고, 그 자리에 참석한 피고가 아무런 이의를 하지 않자, 항소심법원이 구두로 정정진술된 청구취지를 기초로 판단을 한 사안이다. 피고가 상고하면서 서면에 의하지 않은 청구취지의 변경이므로 효력이 없다고 다투었으나 대법원은 소송절차에 관한 이의권이 상실되었으므로 항소심의 처리는 옳다고 하였다.

(2) **청구의 변경으로 인한 신소제기의 효과**(시효중단, 제척기간 준수)**는 청구변경신청서를 법원에 제출한 때에 발생하고**(265조), **그 소송계속의 효력은 청구변경신청서가 상대방에게 송달된 때에 발생한다.**

▶ 대법원 2010. 3. 11. 선고 2007다51505 판결

임시주주총회에서 이루어진 여러 안건에 대한 결의 중 이사선임결의에 대하여 그 결의의 날로부터 2개월 내에 주주총회결의 무효확인의 소를 제기한 뒤, 위 임시주주총회에서 이루어진 정관변경결의 및 감사선임결의에 대하여 그 결의의 날로부터 2개월이 지난 후 주주총회결의 무효확인의 소를 각각 추가적으로 병합한 후, 위 각 결의에 대한 주주총회결의 무효확인의 소를 주주총회결의 취소의 소로 변경한 경우, 위 정관변경결의 및 감사선임결의 취소에 관한 부분은 위 각 주주총회결의 무효확인의 소가 추가적으로 병합될 때에 주주총회결의 취소의 소가 제기된 것으로 볼 수 있으나, 위 추가적 병합 당시 이미 2개월의 제소기간이 도과되었으므로 부적법하다.

|註| 1. 주주총회결의 취소의 소는 결의일로부터 2개월 내에 제기하여야 하는데(상법 376조 1항), 주주총회에서 여러 개의 안건이 상정되어 각기 결의가 행하여진 경우 제소기간의 준수 여부는 각 안건에 대한 결의마다 별도로 판단되어

야 함을 전제로 한 것이다.
2. 한편, 위 판결은 주주총회결의 무효확인의 소를 제기하였다가 동일한 안건에 관한 동일한 하자를 원인으로 한 취소의 소로 소를 변경하거나 추가한 경우 취소소송의 제소기간은 무효확인의 소 제기시를 기준으로 판단하여야 한다는 것이다.[1] 유사사례로서, 채권자취소소송을 하면서 애초에 원상회복을 구하였다가 이후 가액배상을 구하는 것으로 청구취지를 변경하였고 제척기간 도과 후 다시 원상회복을 구하는 것으로 청구취지를 변경하였더라도 하나의 법률행위로서의 당해 사해행위의 취소를 구하는 소제기의 효과는 그대로 유지되고 있다고 봄이 상당하므로 최초 소제기시에 발생한 제척기간 준수의 효과에는 영향이 없다는 것이 판례이다.[2]

▶ 대법원 1992. 5. 22. 선고 91다41187 판결
소의 추가적 변경이 있는 경우 추가된 소의 소송계속의 효력은 그 서면을 상대방에게 송달하거나 변론기일에 이를 교부한 때에 생긴다.

제 5. 심판

Ⅰ. 청구변경의 적법 판단 및 신 청구에 대한 판단

청구의 변경이 부적법한 경우 법원은 직권 또는 상대방의 신청에 따라 불허가결정을 하여야 한다(263조). 위 불허가결정에 대하여는 독립하여 항고할 수 없고 종국판결에 대한 상소로써만 다툴 수 있다.[3] 청구의 변경이 적법한 경우 법원은 따로 허가결정을 할 필요가 없이 신 청구에 대하여 심판을 하면 된다. 이때 구 청구에 대한 소송자료는 당연히 신 청구에 대한 소송자료가 된다.[4] 청구의 변경이 있는 경우 불허가결정 또는 판결이유 중에서 불허의 판단을 하지 아니한 채 구 청구에 관하여만 판단한 것은 위법하다.[5]

1) 대판 2007. 9. 6. 2007다40000.
2) 대판 2005. 5. 27. 2004다67806.
3) 대결 1992. 9. 25. 92누5096.
4) 대판 1988. 2. 23. 87다카1108(청구원인은 종전의 그것을 그대로 유지한 채 청구취지만을 변경하는 경우, 비록 청구취지의 변경에 따른 청구원인의 보충이 따로 없었다 하더라도 변경된 청구는 특정된다 할 것이고, 그때까지 주장한 청구원인이 변경된 청구취지에 따른 청구원인이 된다).
5) 대판 1961. 12. 7. 4293민상715, 716.

Ⅱ. 청구변경의 간과

▶ 대법원 2003. 1. 24. 선고 2002다56987 판결

소의 교환적 변경으로 구 청구인 손해배상청구는 취하되고 신 청구인 정리채권확정청구가 심판의 대상이 되었음에도 신 청구에 대하여는 아무런 판단도 하지 아니한 채 구 청구에 대하여 심리·판단한 원심판결을 파기하고 구 청구에 대하여 소송종료선언을 한 사례.

|註| **1. 사실관계와 법원의 판단** 甲은 乙 회사를 상대로 손해배상청구를 하다가 항소심에 이르러 정리채권확정을 구하는 것으로 청구를 변경하였다. 항소심법원은 손해배상청구는 부제소합의에 반하는 것으로 부적법하다고 판단하여 각하하고 정리채권확정청구에 대하여는 아무런 판단을 하지 않았다. 이에 대하여 대법원은 "甲의 교환적 청구 변경으로 구 청구인 손해배상청구는 취하되고 신 청구인 정리채권확정청구가 심판의 대상이 되었음에도 항소심이 신 청구에 대하여는 아무런 판단도 하지 아니한 채(신 청구에 대하여는 재판의 탈루에 해당되어 항소심에 그대로 계속되어 있다) 구 청구에 대하여 심리·판단한 것은 소의 변경의 효력에 관한 법리를 오해한 위법이 있다"고 하면서 항소심판결을 파기하고 소송종료선언을 하였다.

2. 청구의 변경을 간과한 경우의 처리 (1) 법원이 청구의 교환적 변경을 간과하여 신 청구는 심판함이 없이 구 청구를 심판한 경우 구 청구에 대한 판결은 처분권주의에 위배된 것이므로 이에 대해 상소할 수 있고,[1] 이 경우 상소심은 원심판결을 취소 또는 파기한 후에 소송종료선언을 하여야 하며, 신청구는 원심에 계류 중이므로 원심법원이 추가판결(212조)을 하여야 한다. 만약 구 청구에 대한 판결에 대하여 상소가 없다면 원심이 추가판결을 하면서 구 청구에 대하여 소송종료선언을 하여야 한다.[2]

(2) 법원이 청구의 추가적 변경을 간과하여 신 청구는 남기고 구 청구만 심판한 경우 ① 단순병합의 형태로 추가된 경우에는 원심이 추가판결(212조)로써 정

1) 심판대상에 대한 소송계속이 없어 무효인 판결의 외관을 제거하기 위한 상소라고 하는 견해(강현중)도 있다.

2) 교환적 변경을 '구소취하와 신소제기의 결합'이 아니라 단순한 '청구변경'일 뿐이라는 견해에서는 항소심법원이 구 청구에 대한 원심판결을 취소하고 변경된 신 청구에 대해 심판하면 된다고 한다(호문혁).

리하여야 하고, ② 선택적 병합이나 예비적 병합의 형태로 추가된 경우에는 추가판결이 허용되지 않으므로 상소하여 판단누락에 준하여 구제받을 수 있다.

제 3 절 중간확인의 소

중간확인의 소(中間確認의 訴)는 "소송계속 중 본래의 청구의 판단에 대하여 선결관계에 있는 법률관계의 존부에 관하여 당사자 간에 다툼이 있는 때 그 소송절차에 병합하여 그 법률관계의 확인을 구하는 소"를 말한다(264조 1항).[1] 원고가 제기하는 중간확인의 소는 청구의 추가적 병합에 해당하고, 피고가 제기하는 중간확인의 소는 일종의 반소에 해당된다.

▶ 대법원 2008. 11. 27. 선고 2007다69834, 69841 판결

재심의 소송절차에서 중간확인의 소를 제기하는 것은 재심청구가 인용될 것을 전제로 하여 재심대상소송의 본안청구에 대하여 선결관계에 있는 법률관계의 존부의 확인을 구하는 것이므로, 재심사유가 인정되지 않아서 재심청구를 기각하는 경우에는 중간확인의 소의 심판대상인 선결적 법률관계의 존부에 관하여 나아가 심리할 필요가 없으나, 한편 중간확인의 소는 단순한 공격방어방법이 아니라 독립된 소이므로 이에 대한 판단은 판결의 이유에 기재할 것이 아니라 종국판결의 주문에 기재하여야 할 것이므로 재심사유가 인정되지 않아서 재심청구를 기각하는 경우에는 중간확인의 소를 각하하고 이를 판결 주문에 기재하여야 한다.

|註| 1. 선결관계 (1) 중간확인의 소는 본소 청구의 전부 또는 일부에 대한 선결적 관계에 있어야 한다. 예컨대 원고가 피고(경기도지사)에 대하여 폐천부지교환거부처분의 취소를 구하는 본래 청구에 대하여 중앙토지수용위원회의 위 폐천부지에 대한 보상금재결처분의 효력 유무는 선결관계에 있다고 할 수 없으므로 위 재결처분의 무효확인을 구하는 중간확인의 소는 부적법하다.[2] (2) 선결성의 의미에 관하여는 ① 현실적으로 그 판단이 본소 소송을 좌우할

1) 대판 1984. 6. 26. 83누554, 555.
2) 대판 1984. 6. 26. 83누554, 555.

선결관계이어야 한다는 견해(현실설, 통설)와 ② 이론상의 선결관계에 있으면 된다는 견해가 있다. 현실설에 따르면 본소 청구가 취하·각하될 경우나 확인의 대상으로 한 법률관계에 대한 판단까지 가지 않고도 기각될 경우이면 현실적으로 선결적 관계에 서지 않아 중간확인의 소는 부적법하게 된다. 위 판결은 이와 같은 현실설의 입장에 있는 것이다.

2. 선결관계가 없는 경우의 처리 (1) 선결관계가 없는 경우 중간확인의 소는 부적법하므로 각하하여야 한다. 공격방어방법이 아닌 별개의 소이므로 주문에서 각하 판결을 하여야 한다.

(2) 만일 법원이 중간확인의 소에 관하여 아무런 판단을 하지 않았다면 이는 재판의 누락에 해당되므로 누락된 부분은 여전히 원심 법원에 계속되어 추가판결을 기다리게 된다. 따라서 이 경우 중간확인의 소에 대한 상소는 상고의 대상이 없어 부적법각하를 면하지 못한다.

제 4 절 반소

제 1. 의의

(1) 반소라 함은 소송계속 중에 피고가 그 소송절차를 이용하여 원고에 대하여 제기하는 소이다. 본소피고가 반소원고가 되고 본소원고가 반소피고가 되는 것이다.

◆ **대법원 2015. 5. 29. 선고 2014다235042, 235059, 235066 판결**

피고가 원고 이외의 제3자를 추가하여 반소피고로 하는 반소는 원칙적으로 허용되지 아니하고, 다만 피고가 제기하려는 반소가 필수적 공동소송이 될 때에는 민사소송법 제68조의 필수적 공동소송인 추가의 요건을 갖추면 허용될 수 있다.

(2) 반소는 독립의 소이지 방어방법이 아니므로, 반소청구의 내용이 실질적으로 본소청구의 기각을 구하는 것과 다를 바 없다면 그러한 반소는 부적법하다.

▶ 대법원 2007. 4. 13. 선고 2005다40709, 40716 판결

반소청구에 본소청구의 기각을 구하는 것 이상의 적극적 내용이 포함되어 있지 않다면 반소청구로서의 이익이 없고, 어떤 채권에 기한 이행의 소에 대하여 동일 채권에 관한 채무부존재확인의 반소를 제기하는 것은 그 청구의 내용이 실질적으로 본소청구의 기각을 구하는 데 그치는 것이므로 부적법하다.

|註| 1. 甲이 乙에 대하여 대출금의 반환을 구하는 소를 제기하자, 乙은 무권대리, 불법원인급여, 상계 등을 주장하여 대출금반환의무가 없음을 다투는 동시에 반소로써 甲을 상대로 대출금반환채무부존재확인의 소를 제기한 사안에서, 판결요지와 같은 이유로 乙의 반소를 각하한 사례이다.

2. 반대로 예컨대, 甲이 乙에 대하여 손배배상채무의 부존재확인을 구하는 본소를 제기한 데 대하여 乙이 甲에 대하여 그 손해배상채무의 이행을 구하는 반소를 제기하였다면 본소는 반소에 흡수되어 소의 이익이 없다고 하여야 할까? 이에 대하여 판례는 "소송요건을 구비하여 적법하게 제기된 본소가 그 후에 상대방이 제기한 반소로 인하여 소송요건에 흠결이 생겨 다시 부적법하게 되는 것은 아니"라고 하여 본소는 반소의 제기에도 불구하고 여전히 적법하다고 하였다.[1)]

제 2. 반소의 모습

반소에는 통상의 반소와 본소의 인용을 조건으로 하는 예비적 반소(조건부 반소)가 있다. 반소에 대한 재반소도 허용된다.[2)] 피고가 원고 이외의 제3자를 추가하여 반소피고로 하는 반소는 원칙적으로 허용되지 아니하고, 다만 피고가 제기하려는 반소가 필수적 공동소송이 될 때에는 민사소송법 제68조의 필수적 공동소송인 추가의 요건을 갖추면 허용될 수 있다.[3)]

1) 대판 1999. 6. 8. 99다17401, 17418.
2) 대판 2001. 6. 15. 2001므626, 633은 원고가 본소의 이혼청구에 병합하여 재산분할청구를 제기한 후 피고가 반소로 이혼청구를 한 경우, 원고가 반대의 의사를 표시하였다는 등의 특별한 사정이 없는 한, 원고의 재산분할청구 중에는 본소의 이혼청구가 받아들여지지 않고 피고의 반소청구에 의하여 이혼이 명하여지는 경우에도 재산을 분할해 달라는 취지의 청구가 포함된 것으로 봄이 상당하고 이때 원고의 재산분할청구는 피고의 반소청구에 대한 재반소로서의 실질을 가지게 된다고 하였다.
3) 대판 2015. 5. 29. 2014다235042, 235059, 235066.

▶ 대법원 1991. 6. 25. 선고 91다1615, 1622 판결

피고가 원고의 본소청구가 인용될 경우를 대비하여 조건부로 반소를 제기한 경우, 원심이 원고의 본소청구를 기각한 이상 반소청구에 관하여 판단하지 아니한 것은 정당하다. 위의 경우 피고의 이에 대한 상고는 그 대상이 없어 부적법하다.

|註| 1. 사실관계와 법원의 판단 X 토지의 소유자인 甲은 乙이 권원 없이 X 토지 위에 Y 건물을 신축하여 소유하면서 X 토지를 점유·사용하였다고 주장하면서 乙을 상대로 Y 건물의 철거 및 X 토지의 인도를 구하는 소를 제기하였고 제1심에서 승소판결을 받았다. 乙은 항소하여 甲에 대하여 X 토지를 인도받음과 동시에 乙에게 4,000만 원을 지급하라는 반소를 제기하는 한편, 제1심판결의 가집행선고와 무관하게 그 스스로 Y 건물을 철거하고 X 토지를 甲에게 인도하였다. 항소심법원은 이미 Y 건물이 철거되고 X 토지가 甲에게 인도되었으므로 甲의 본소청구는 이유 없다고 하여 기각하고, 乙의 반소는 甲의 본소가 기각될 것을 해제조건으로 하는 예비적 반소이므로 본소를 기각하는 이상 반소에 대하여 판단하지 않는다고 하였다. 乙이 반소에 관하여 상고하였으나 대법원은 위 판결요지와 같은 이유로 乙의 상고를 각하하였다.

2. 예비적 반소의 처리 (1) 예비적 반소는 본소청구가 인용될 것을 조건으로 그 심판을 구하는 것이므로 본소청구가 취하, 각하, 기각된 경우 예비적 반소에 대하여는 판단을 요하지 않는다. 판단하였더라도 효력이 없다.

(2) 본소청구를 배척한 데 대하여 원고가 항소를 하였는데 항소심이 본소청구를 인용하는 경우라면 항소심은 예비적 반소에 대하여 판단하여야 한다(아래 2006다19016, 19078 판결 참조).

◆ 대법원 2006. 6. 29. 선고 2006다19061, 19078 판결

피고의 예비적 반소는 본소청구가 인용될 것을 조건으로 심판을 구하는 것으로서 제1심이 원고의 본소청구를 배척한 이상 피고의 예비적 반소는 제1심의 심판대상이 될 수 없는 것이고, 이와 같이 심판대상이 될 수 없는 소에 대하여 제1심이 판단하였다고 하더라도 그 효력이 없다고 할 것이므로, 피고가 제1심에서 각하된 반소에 대하여 항소를 하지 아니하였다는 사유만으로 이 사건 예비적 반소가 원심의 심판대상으로 될 수 없는 것은 아니라고 할 것이고, 따라서 원심

으로서는 원고의 항소를 받아들여 원고의 본소청구를 인용한 이상 피고의 예비적 반소청구를 심판대상으로 삼아 이를 판단하였어야 할 것이다.

제3. 요건

피고는 ① 소송절차를 현저히 지연시키지 아니하는 경우 ② 변론을 종결할 때까지 ③ 소송의 목적이 된 청구가 다른 법원의 관할에 전속되지 아니하고 ④ 본소의 청구 또는 방어의 방법과 서로 관련이 있으면 본소가 계속된 법원에 반소를 제기할 수 있다(269조 1항).

Ⅰ. 상호관련성(견련관계)

"반소는 본소의 청구나 방어방법에 견련(牽聯, 서로 관련)되는 경우에는 제기할 수 있고 반드시 본소청구와 동일한 사실관계와 법률관계가 있는 경우에 한한다고 할 수 없다."[1] 이 요건은 다른 반소의 요건과 달리 사익적 요건이므로 소송절차에 관한 이의권(책문권) 포기·상실의 대상이 된다.[2]

1. 본소 청구와의 상호관련성

① 본소청구와 반소청구가 같은 법률관계의 형성을 목적으로 하는 경우(예컨대, 원고의 이혼청구 본소에 대한 피고의 이혼청구 반소), ② 본소청구와 반소청구가 청구원인을 같이 하는 경우(예컨대, 매매를 원인으로 한 소유권이전등기청구의 본소에 대한 매매대금의 지급을 구하는 반소)뿐만 아니라 같은 법률관계의 형성을 목적으로 하는 것이 아니고 청구원인을 같이 하는 것이 아니라고 하더라도 ③ 청구의 대상 및 발생원인에 있어 주된 부분이 법률상·사실상 공통된 경우에는 상호관련성이 있다.

▶ 대법원 1967. 3. 28. 선고 67다116, 117, 118 판결

임대차 종료를 원인으로 건물명도를 청구하는 본소와 그 건물에 대한 급수 등을 건물주가 단절함으로 인한 손해배상의 반소청구는 그 목적물 또는 발생원인에 있어서 사실상 공통되는 점이 있으므로 관련이 있다.

---

1) 대판 1971. 12. 14. 71다2314, 2315.
2) 대판 1968. 11. 26. 68다1886, 1887.

▶ 대법원 1962. 11. 1. 선고 62다307 판결

원고(반소피고)가 소송목적물인 건물이 자기소유인데 제3자가 문서를 위조하여 피고에게 매도하여 소유권이전등기를 하였다는 이유로 피고에게 동 등기의 말소를 구함에 있어서 피고(반소원고)가 예비적 반소로서 만일 위 소유권이전등기가 원인무효로서 말소되어야 한다고 하더라도 그 건물이 건립되어 있는 대지는 피고 소유로서, 원고는 위 건물을 소유함으로써 피고의 대지를 불법 점거한다는 것을 원인으로 원고에 대하여 건물의 철거를 구하는 경우에 있어서는 원고청구와 피고의 반소청구가 청구의 점에 있어서 견련관계가 있다.

2. 본소 방어방법과의 상호관련성

반소청구가 본소청구의 항변사유와 대상·발생원인에 있어서 사실상 또는 법률상 공통성이 있는 경우(건물인도청구의 본소에 대하여 유치권의 항변을 하면서 피담보채무의 지급을 구하는 반소) 본소와 반소는 상호관련성이 있다.

▶ 대법원 1957. 11. 14. 선고 4290민상454, 455 판결

점유제도는 물을 사실상 지배하고 있는 현존 상태를 보호하여 사회평화를 유지하려는 데 그 목적이 있는 것이므로 점유의 소송에 있어서는 점유할 수 있는 권리인 본권에 관한 이유에 기하여 재판할 수 없는 것이고, 따라서 원고가 피고에게 점유권에 기하여 점유방해배제의 본소청구를 한 경우에 점유방해의 사실이 인정된다고 한다면 설사 피고가 소유권에 기하여 그 점유물의 인도를 구하는 반환청구를 하고 그 청구권이 인정된다고 하더라도 피고로서는 그 인도청구권을 적법하게 행사하지 않고 사력(私力)으로 원고의 점유를 방해할 수는 없는 것이니 이러한 경우에는 본소와 반소의 청구를 모두 인정하여야 할 것이다.

|註| 1. 사실관계와 법원의 판단 X 농지는 甲이 점유·경작하고 있었는데 乙은 이 농지가 자신의 소유라고 주장하였다. 이에 甲이 乙을 상대로 X 농지에 관한 점유방해금지청구의 소를 제기하자 乙은 甲을 상대로 X 농지의 인도를 구하는 반소를 제기하였다. 항소심법원이 "1. 乙은 甲에게 X 농지의 점유를 방해하지 말라. 2. 甲은 乙에게 X 농지를 인도하라."는 판결을 하였고, 乙은 판결문 1항과 2항이 상반된다고 주장하며 상고하였으나, 대법원은 판결요지와 같은 이유로 乙의 상고를 기각하였다.

2. 점유권에 기한 본소와 본권에 기한 반소 점유회복의 본소에 대하여 피고가 본권

에 기한 반소를 제기할 수 있느냐에 관하여는 "점유권에 기인한 소는 본권에 관한 이유로 재판하지 못한다"는 민법 제208조 제2항의 규정으로 인하여 다툼이 있으나, 위 규정은 점유의 소에 대하여 피고가 본권을 방어방법으로 내세울 수 없다는 것이지 본권에 기하여 반소를 제기하는 것까지 막는 것은 아니므로 적법하다. 다만, 점유권에 기인한 소에 대하여 본권이 방어방법이 되지 않는 관계로 본소와 반소가 모두 인용될 수 있다.

Ⅱ. 본소가 사실심에 계속되고 변론종결 전일 것

(1) 본소의 소송계속은 반소제기의 요건이지 반소의 존속요건은 아니다. 따라서 반소가 적법하게 제기된 이상 그 후 본소가 취하·각하되더라도 반소의 소송계속에는 아무런 영향이 없다.

▶ 대법원 1970. 9. 22. 선고 69다446 판결

[1] 반소가 적법하게 제기된 이상 그 후 본소가 취하되더라도 반소의 소송계속에는 아무런 영향이 없다.

[2] 본소는 취하되고 반소만이 진행 중인 반소의 항소심 소송절차에 있어서도 청구의 기초에 변경이 없는 한 청구의 교환적 변경을 할 수 있고 제238조(현행 265조)의 규정이 있다고 하여 청구의 변경에 있어서의 모든 절차상의 효력이 새로운 소제기와 같이 청구변경의 서면이 법원에 제출된 때로부터 발생하고 그 이전에는 미치지 아니한다고 볼 수 없다.

|註| 청구의 교환적 변경이 신소제기·구소취하의 결합형태이므로 반소의 신소제기시에는 본소의 소송계속이 없는 것이 아니냐는 의문이 있을 수 있으나, 이미 적법하게 구소가 존속하고 있었고 이를 기초로 청구변경을 하는 것이므로 문제되지 않는다.

▶ 대법원 2003. 6. 13. 선고 2003다16962, 16979 판결

피고가 본소에 대한 추완항소를 하면서 항소심에서 비로소 반소를 제기한 경우에 항소가 부적법 각하되면 반소도 소멸한다.

|註| 추완항소가 적법하여 해당 사건이 항소심에 계속된 경우라면 다른 요건을 갖추어 그 항소심에서 반소를 제기할 수 있다.[1]

(2) 반소는 상대방의 심급의 이익을 해할 우려가 없는 경우 또는 상대방의 동의를 받은 경우에는 항소심에서도 제기할 수 있다(412조 1항).

▶ 대법원 2005. 11. 24. 선고 2005다20064, 20071 판결

민사소송법 제412조 제1항은 상대방의 심급의 이익을 해할 우려가 없는 경우 또는 상대방의 동의를 받은 경우 항소심에서 반소를 제기할 수 있다고 규정하고 있고, 여기서 '상대방의 심급의 이익을 해할 우려가 없는 경우'라 함은 반소청구의 기초를 이루는 실질적인 쟁점이 제1심에서 본소의 청구원인 또는 방어방법과 관련하여 충분히 심리되어 상대방에게 제1심에서의 심급의 이익을 잃게 할 염려가 없는 경우를 말한다.

|註| 1. 사실관계와 법원의 판단 乙은 甲에게 점포를 임대한 2년 후 임료를 인상하였는데, 甲이 임료인상은 계약위반이라며 인상 전의 임료만을 공탁하자, 乙은 甲에게 계약기간 만료를 이유로 점포의 인도를 요구하였다. 이에 甲은 임차권존속 확인 및 임료를 인상할 수 없다는 확인을 구하는 소를 제기하였다. 제1심에서는 임대차의 존속기간이 2년인지(乙 주장) 50년인지(甲 주장), 임료를 인상할 수 있는지 여부가 쟁점이 되어 심리결과 甲 일부승소판결이 선고되었다. 항소심에서 乙은 인상된 임료의 지급을 구하는 반소를 제기하였고 항소심은 본소 일부인용 및 반소 일부인용의 판결을 하였다. 甲이 상고하면서 항소심의 반소심리는 甲의 심급의 이익을 해하여 위법이라고 주장한 데 대하여, 대법원은 반소의 쟁점이 제1심에서 이미 심리되어 甲의 심급의 이익을 해할 우려가 없으므로 반소를 받아들여 심리한 항소심의 조치는 적법하다고 하였다.

2. 항소심에서의 반소제기 (1) 2002년 개정 전 민사소송법 제382조 제1항은 항소심에서 반소를 제기하려면 상대방의 동의가 있어야 한다고 규정하고 있었다. 그런데 실무상 동의하는 경우가 드물어 본소와 관련된 반소라고 하여도 피고는 부득이 별소를 제기할 수밖에 없었다. 그러나 항소심에서의 반소에 대하여 상대방의 동의를 얻도록 한 취지는 상대방의 심급의 이익을 보호하기 위한 것이므로, 학설은 심급의 이익을 해할 우려가 없는 ① 중간확인의 반소, ② 본소와 청구원인을 같이 하는 반소, ③ 제1심에서 이미 충분히 심리한 쟁점과 관련한 반소, ④ 항소심에서 추가된 예비적 반소는 상대방의 동의가 없어도

1) 대판 2013. 1. 10. 2010다75044.

허용된다고 해석하여 왔다. 판례는 ③형태의 반소에서 동의 요부에 관하여 동요하였고,[1] ④형태의 반소에 관하여는 동의를 요한다고 하였다.[2] 그러나 2002년 개정법은 "상대방의 심급의 이익을 해할 우려가 없는 경우"에는 상대방의 동의가 없어도 되는 것으로 규정하여 항소심에서의 반소가 활성화되도록 하였다.

(2) 한편, 2002년 개정 전후를 불문하고 상대방의 동의가 있다면 항소심에서의 반소가 허용되었는데, 상대방이 이의를 제기하지 않고 반소의 본안에 관하여 변론을 한 때에는 반소제기에 동의한 것으로 보고 있다(412조 2항). 판례는 항소심에서 피고가 반소장을 진술한 데 대하여 원고가 '반소기각 답변'을 한 것만으로는 "이의 없이 반소의 본안에 관하여 변론을 한 때"에 해당한다고 볼 수 없다고 하였다.[3]

3. 항소심에서의 반소청구의 교환적 변경 제1심에서 적법하게 반소를 제기하였던 당사자가 항소심에서 반소를 교환적으로 변경하는 경우에 변경된 청구와 종전 청구가 그 실질적인 쟁점이 동일하여 청구의 기초에 변경이 없으면 그와 같은 청구의 변경도 허용된다.[4]

제4. 심판

반소는 본소에 관한 규정에 따른다(270조). 본소가 취하된 때에는 피고는 원고의 동의 없이 반소를 취하할 수 있다(271조).

◆ 대법원 1984. 7. 10. 선고 84다카298 판결

민사소송법 제244조(현행 271조)의 규정은 원고가 반소의 제기를 유발한 본소는 스스로 취하해 놓고 그로 인하여 유발된 반소만의 유지를 상대방에게 강요한다는 것은 공평치 못하다는 이유에서 원고가 본소를 취하한 때에는 피고도 원고의 동의 없이 반소를 취하할 수 있도록 한 규정이므로 본소가 원고의 의사와 관

1) 동의가 필요 없다고 한 판례로 대판 1999. 6. 25. 99다6708, 6715; 대판 1996. 3. 26. 95다45545, 45552, 45569 등이 있고, 동의가 필요하다고 한 판례로 대판 1974. 5. 28. 73다2031, 2032 등이 있다.
2) 대판 1994. 5. 10. 93므1051, 1068.
3) 대판 1991. 3. 27. 91다1783, 1790.
4) 대판 2012. 3. 29. 2010다28338, 28345.

계없이 부적법하다 하여 각하됨으로써 종료된 경우에까지 유추적용할 수 없고, 원고의 동의가 있어야만 반소취하의 효력이 발생한다.

제2장

다수당사자소송(당사자의 복수)

제1절 공동소송

공동소송(共同訴訟)이란 1개의 소송절차에 여러 사람의 원고 또는 피고가 관여하는 형태의 소송을 말한다. 소의 주관적 병합이라고도 한다.

제1. 공동소송의 요건

공동소송은 제65조의 요건을 갖추어야 하고, 고유필수적 공동소송이 아닌 한 청구의 병합이 수반되므로 청구병합의 요건을 갖추어야 한다.

▶ 대법원 1959. 5. 22. 선고 4290행상180 판결

민사소송법 제59조(현행 65조) 소정의 주관적 소송병합(공동소송)에 있어서는 동 병합의 요건으로 동조 전단(① 소송의 목적인 권리 또는 의무가 수인에 대하여 공통한 때, 예시하면 수인의 공유자, 공동상속인, 불가분 채권·채무와 같은 경우, ② 소송의 목적인 권리 또는 의무가 동일한 사실상 및 법률상의 원인에 기인한 때, 예시하면 수인의 공동불법행위에 의한 손해배상, 동일 회사의 동일 결의금액 청구 등과 같은 경우) 및 동조 후단(③ 성질에 있어서 동일 종류인 사실상 및 법률상의 원인에 기인한 동일 종류인 권리 또는 의무가 소송의 목적물일 때, 예시하면 동일한 보험계약상의 청구, 수인에 대한 주금 불입 청구등과 같은 경우) 소정의 견련관계가 존재함을 요한다.

|註| 공동소송 유형의 구분　제65조 전단의 공동소송과 후단의 공동소송은 ① 전자에는 관련재판적(25조 2항)이 적용되나 후자에는 적용되지 않는 점, ② 전자의 경우는 항상 선정당사자를 세울 수 있지만, 후자의 경우에는 쟁점이 공통될 때에만 세울 수 있는 점, ③ 공동소송인독립원칙의 수정이 요구되는 것

과 이론상 합일확정소송이 논의되는 것은 전자에 관한 것인 점 등에서 차이가 있다.

제 2. 통상공동소송

통상공동소송(通常共同訴訟)이라 함은 공동소송인 사이에 합일확정이 필수적이 아닌 공동소송으로서 공동소송인 사이에 승패가 일률적으로 될 필요가 없는 공동소송의 형태를 말한다.

Ⅰ. 공동소송인 독립의 원칙

통상공동소송에서 공동소송인(共同訴訟人) 중 1인의 소송행위 또는 이에 대한 상대방의 소송행위와 공동소송인 중 1인에 관한 사항은 다른 공동소송인에게 영향을 미치지 아니한다(66조). 통상공동소송에서는 이러한 소송자료의 불통일 및 소송진행의 불통일로 재판의 불통일이 허용된다.

1. 소송자료의 불통일

▶ 대법원 1968. 5. 14. 선고 67다2787 판결

통상공동소송에 있어서 공동소송인의 1인의 소송행위는 다른 공동소송인에게 영향을 미치지 아니하므로, 공동소송인의 1인인 피고 한 사람이 원고주장 사실을 자백한 경우에도 다른 공동소송인인 피고들에게 대하여는 아무런 효력이 생기지 아니하므로 법원은 원고의 주장을 다투는 피고들에게 대한 관계에 있어서는 그 사실을 증거에 의하여 확정하여야 할 것이다.

|註| 1. 사실관계와 법원의 판단 X 부동산에 관하여는 甲 명의의 소유권이전등기가 마쳐져 있었는데, 이후 각 매매를 원인으로 한 乙 명의의 소유권이전등기와 丙 명의의 소유권이전등기가 차례로 마쳐졌다. 甲은 乙이 甲의 인장을 위조하여 乙 명의의 소유권이전등기를 마쳤다고 주장하면서 乙, 丙을 피고로 삼아 각 소유권이전등기의 말소를 구하는 소를 제기하였다. 위 소송에서 丙은 甲과 乙 사이의 매매 및 그 이후의 매매가 유효하다고 다투었으나 乙은 인장

위조 사실을 인정하였다. 항소심법원은 乙의 자백에 의하여 乙 명의의 소유권이전등기가 무효라고 인정하고, 따라서 이에 터잡은 丙 명의의 소유권이전등기도 무효라고 판시하여 甲의 청구를 모두 인용하였다. 그러나 대법원은, 乙의 자백은 甲과 乙 사이에서만 효력이 있을 뿐 甲과 丙 사이에서는 효력이 없으므로, 甲과 丙 사이에서는 증거에 의하여 乙의 인장위조 사실을 인정하여야 하고 乙의 자백에 의하여 이를 인정하여서는 안 된다고 하였다.

2. 소송자료의 불통일과 공동소송인 중 1인의 자백 통상공동소송인 중 1인의 자백은 그 공동소송인에게만 자백으로서의 효력이 있다. 다만 그 자백이 다른 공동소송인에 대하여 변론 전체의 취지로 고려될 수는 있다.[1] 즉 위 사안에서 乙의 자백은 甲과 丙 사이의 소송관계에서는 변론 전체의 취지로 작용하여 乙의 인장위조 사실을 인정하는 증거자료가 될 수 있는 것이다.

▶ 대법원 1997. 2. 28. 선고 96다53789 판결

민사소송법 제139조(현행 150조)에 의하면 당사자가 공시송달에 의하지 아니한 적법한 소환을 받고도 변론기일에 출석하지 아니하고 답변서 기타 준비서면마저 제출하지 아니하여 상대방이 주장한 사실을 명백히 다투지 아니한 때에는 그 사실을 자백한 것으로 간주하도록 되어 있으므로, 그 결과 의제자백이 된 피고들과 원고의 주장을 다툰 피고들 사이에서 동일한 실체관계에 대하여 서로 배치되는 내용의 판단이 내려진다고 하더라도 이를 위법하다고 할 수 없다.

|註| 甲이 乙에게 X 토지를 명의신탁하였다고 주장하면서 乙의 상속인들을 상대로 명의신탁해지를 원인으로 한 소유권이전등기청구의 소를 제기하였는데, 명의신탁을 다툰 상속인들에 대하여는 청구기각 판결이, 자백간주된 상속인들에 대하여는 청구인용 판결이 내려진 사안이다. 통상공동소송의 경우 각 공동소송인의 공격방어방법에 따라 재판의 내용이 모순되고 구구하게 될 수도 있다는 것을 보여주는 판결이다.

2. 소송진행의 불통일

▶ 대법원 1993. 2. 12. 선고 92다29801 판결

소송계속 중 당사자인 피상속인이 사망한 경우 공동상속재산은 상속인들의 공유이므로 소송의 목적이 공동상속인들 전원에게 합일확정되어야 할 필요적 공동소송관계라고 인정되지 아니하는 이상 반드시 공동상속인 전원이 공동으로

1) 대판 1976. 8. 24. 75다2152.

수계하여야 하는 것은 아니며, 수계되지 아니한 상속인들에 대한 소송은 중단된 상태로 그대로 피상속인이 사망한 당시의 심급법원에 계속되어 있다.

> **|註|** **1. 사실관계와 법원의 판단** 甲은행은 대출채무자 乙을 상대로 대출금반환청구의 소를 제기하였는데, 제1심 계속 중 乙이 사망하였다. 乙의 상속인으로는 자녀들인 丙, 丁, 戊가 있었으나 상속인을 제대로 파악하지 못한 甲은 丙, 丁에 대하여만 수계신청을 하였고, 제1심법원과 항소심법원은 丙, 丁이 대출원리금의 각 1/2을 지급할 의무가 있다는 판결을 하였다. 丙, 丁은 상속인으로 戊도 있음을 주장하며 상고를 하였고, 대법원은 상속지분을 잘못 계산한 잘못은 있으나 통상공동소송에 있어서는 공동소송인 중 일부만에 대한 수계도 적법하므로 丙, 丁에 대한 수계신청을 받아들인 데에는 잘못이 없다고 하였다.
>
> **2. 소송진행의 불통일** 통상공동소송에서 공동소송인 중 1인에 관한 사항은 다른 공동소송인에게 영향이 없다. 공동소송인 중 1인의 사망은 그에 대한 소송관계만을 중단시키고, 기일·기간 해태의 효과도 이를 게을리한 공동소송인에게만 미친다.

3. 재판의 불통일

(1) 판결결과의 불통일

◆ **대법원 2008. 6. 12. 선고 2007다36445 판결**(同 대법원 1991. 4. 12. 선고 90다9872 판결)
순차로 경료된 등기들의 말소를 청구하는 소송은 권리관계의 합일적인 확정을 필요로 하는 필요적 공동소송이 아니라 통상 공동소송이며, 이와 같은 통상 공동소송에서는 공동당사자들 상호 간의 공격방어방법의 차이에 따라 모순되는 결론이 발생할 수 있고, 이는 변론주의를 원칙으로 하는 소송제도 아래서는 부득이한 일로서 판결의 이유 모순이나 이유 불비가 된다고 할 수 없으며, 이 경우 후순위 등기에 대한 말소청구가 패소 확정됨으로써 그 전순위 등기의 말소등기 실행이 결과적으로 불가능하게 되더라도, 그 전순위 등기의 말소를 구할 소의 이익이 없다고는 할 수 없다.

> **|註|** 甲이, X 임야는 甲의 조부가 사정받은 토지인데 乙이 허위의 보증서 등에 기초하여 임야소유권이전등기등에관한특별조치법에 따라 그 명의의 소유

권보존등기를 마친 후 이를 丙에게 매도하여 丙 명의의 소유권이전등기가 마쳐졌다고 주장하면서 乙과 丙을 상대로 각 그 명의로 마친 등기의 말소를 구하는 소를 제기한 사안이다.[1] 乙과 丙은 공통되는 주장과 각자의 특유한 주장을 아울러 하였고, 법원은 甲 주장의 청구원인 사실을 모두 인정한 다음 乙과 丙의 다른 주장은 모두 배척하고 丙의 실체관계 부합 주장(丙 명의의 등기는 취득시효 완성에 따른 실체관계에 부합하는 등기라는 주장)만을 받아들여, 乙에 대한 청구를 인용하고 丙에 대한 청구를 기각하였다. 통상공동소송에서는 공동소송인들 각자의 주장에 따라 공동소송인들 사이에 서로 다른 결론의 판결이 나올 수 있다는 것을 보여준다.

(2) 소송종결의 불통일

공동소송인은 각자 청구의 포기·인낙, 화해, 상소의 제기, 소·상소의 취하를 할 수 있고, 이러한 행위는 그 공동소송인과 상대방 사이에서만 효력이 있을 뿐 다른 공동소송인에 대하여는 영향이 없다.

▶ 대법원 1987. 6. 23. 선고 86다카1640 판결 : 인낙

피고들 앞으로 순차 경료된 소유권이전등기의 말소를 구하는 소송에서 당초의 피고 중의 한사람이 한 인낙의 효력은 다른 피고들에게까지 미친다고 할 수 없으므로 피고들 앞으로 경료된 소유권이전등기의 추정력은 위 인낙에 의하여 깨질 수 없다.

▶ 대법원 1981. 12. 8. 선고 80다2963 판결 : 자백간주

등기가 원인무효임을 들어 수인에 대하여 순차적으로 이루어진 소유권이전등기의 각 말소등기청구를 하는 경우 수인 중 일부의 등기가 무효라는 주장사실에 대한 의제자백의 효과는 의제자백을 한 당사자에게만 미치는 것이고 다른 당사자에게는 미치지 아니한다.

▶ 대법원 1978. 11. 14. 선고 78다712 판결 : 상소의 제기

공동상속인인 피고들 중 1인만이 항소를 제기하고 나머지 4인은 항소를 제기하지 않은 경우, 그 1인의 항소의 효과는 그 1인에게만 미친다.

1) 대상판결은 그 이전에 확정된 관련판결을 토대로 하는 것으로 이 부분 '사실관계과 법원의 판단'은 위 관련판결에 관한 것인데, 대상판결 사건에서 이를 문제삼은 듯 하나 정확히 어떠한 상고이유가 있었는지는 파악하기 어렵다.

|註| 같은 취지에서, 통상의 공동소송에 있어 공동당사자 일부만이 상고를 제기한 때에는 피상고인은 상고인인 공동소송인 이외의 다른 공동소송인을 상대방으로 하거나 상대방으로 보태어 부대상고를 제기할 수는 없다.[1)]

▶ 대법원 1970. 7. 28. 선고 70다853, 854 판결 : 소 취하

공유지분권은 소유권과 같이 단독으로 자유로이 처분할 수 있는 것이므로 공유자가 공동으로 그 표면상의 공유자를 상대로 지분권확인청구의 소를 제기한 경우에도 각 공유자는 자유로이 자기의 소를 취하할 수 있다 할 것이다.

▶ 대법원 1971. 10. 22. 선고 71다1965 판결 : 상소 취하

필요적 공동소송도 아닌 사건에서 공동피고의 한 사람에 대한 원고의 항소취하의 효력을 다른 피고가 다툴 수는 없다.

Ⅱ. 공동소송인 독립의 원칙의 수정

공동소송인 독립의 원칙을 기계적으로 관철하면 공동소송인 간에 재판의 통일을 보장할 수 없고 특히 공동소송인 간에 실질적인 견련관계가 있는 제65조 전문의 공동소송의 경우에는 재판의 모순·저촉은 매우 부자연스럽다. 이러한 점을 부분적으로 시정하려는 법리로서 공동소송인 사이의 증거공통의 원칙과 주장공통의 원칙이 주장되는데 판례는 이에 대하여 부정적이다.

◆ 대법원 1994. 5. 10. 선고 93다47196 판결

민사소송법 제62조(현행 66조)의 명문의 규정과 우리 민사소송법이 취하고 있는 변론주의 소송구조 등에 비추어 볼 때, 통상의 공동소송에 있어서 이른바 주장공통의 원칙은 적용되지 아니한다.

|註| 1. 사실관계와 법원의 판단 X, Y, Z 토지는 甲의 망부(亡父)가 사정받은 뒤 甲이 상속한 것인데 이 중 X, Y 토지에 대하여는 乙 명의로 소유권보존등기가 되었다가 丙, 丁 명의로 각 1필지씩 소유권이전등기가 되었고, Z 토지에 대하여는 戊 명의로 소유권보존등기가 되었다. 甲은 위 각 보존등기 및 이전등기가 원인무효임을 전제로 丙, 丁, 戊를 상대로 그들 명의의 이전등기 또는

1) 대판 1994. 12. 23. 94다40734; 대판 2019. 10. 18. 2019다14943 등.

보존등기의 말소를 구하는 소를 제기하였다. 이에 대하여 丁, 戊는 각자의 등기가 실체관계에 부합한다는 항변을 하였으나, 丙만은 그에 대한 소송이 공시송달에 의하여 진행된 관계로 아무런 항변을 제출하지 못하였다. 항소심은 丁, 戊의 항변이 丙에게도 미친다고 보아 丙, 丁, 戊에 대한 청구를 모두 기각하였으나 대법원에서는 주장공통의 원칙을 인정하지 아니하여 항소심판결을 파기하였다.

2. 주장공통의 원칙　제65조 본문의 통상공동소송에 주장공통의 원칙을 인정할 것인가에 관하여는 견해가 나뉜다. 부정설(정동윤·유병현·김경욱, 호문혁)은 변론주의와 제66조의 규정을 근거로 하며 판결의 모순·저촉문제는 석명권의 적절한 행사로써 해결할 수 있다고 한다. 긍정설은 다시 공동소송인 상호 간에 보조참가의 이익이 인정될 때에는 신청이 없더라도 당연히 보조참가의 관계를 인정하여 공동소송인 중 1인이 한 소송행위는 다른 공동소송인을 위해서도 그의 보조참가인으로서 한 것으로 취급하자는 견해(일본 학설)와 공동소송인의 1인에 의하여 공통사실이 주장되었을 때 다른 공동소송인이 이와 저촉되는 행위를 적극적으로 하지 않고 그 주장이 다른 공동소송인에게 이익이 되는 한 그 공동소송인에게도 효력이 미치는 것으로 하자는 견해(한정적 긍정설; 이시윤, 강현중)로 나뉜다. 이러한 긍정설은 하나의 판결에서 그 결과에 모순·저촉이 생긴다면 이는 역사적 사실은 하나밖에 있을 수 없다는 논리에 대한 거역이며 재판에 대한 불신을 초래하게 된다는 것을 근거로 한다. 판례는 일관하여 부정설의 입장이다.

제 3. 필수적 공동소송

필수적 공동소송(必須的 共同訴訟)이라 함은 소송목적이 공동소송인 모두에게 합일적으로 확정되어야 할 공동소송이다(67조 1항).[1)]

Ⅰ. 고유필수적 공동소송

합일확정의 필요가 있을 뿐만 아니라 소송공동이 법률상 강제되는 경우이다.

1) 대판 1957. 10. 31. 4290민상60. 2002년 개정 전에는 '필요적 공동소송'이라고 하였다.

따라서 필수적 공동소송에 있어서는 공동소송인으로 될 자 중 1인이 누락되면 소가 부적법하게 된다. 실체법상의 관리처분권이 여러 사람에게 공동으로 귀속되는 경우이므로 실체법상 이유에 의한 필수적 공동소송이라고도 한다. 유언집행자가 수인인 경우 유언집행자에게 유증의무의 이행을 구하는 소송은 유언집행자 전원을 피고로 하는 고유필수적 공동소송이고,[1] 집합건물의 소유 및 관리에 관한 법률 제24조 제3항에서 정한 관리인 해임의 소는 관리단과 관리인 모두를 공동피고로 하여야 하는 고유필수적 공동소송이다.[2] 상법 제539조에 정한 청산인 해임의 소도 회사와 청산인 모두를 피고로 하여야 하는 고유필수적 공동소송이다.[3]

1. 형성권의 공동귀속

(1) 재산관계소송에 있어서의 형성권의 공동귀속

◆ 대법원 2012. 2. 16. 선고 2010다82530 전원합의체 판결

수인의 채권자가 각기 채권을 담보하기 위하여 채무자와 채무자 소유의 부동산에 관하여 수인의 채권자를 공동매수인으로 하는 1개의 매매예약을 체결하고 그에 따라 수인의 채권자 공동명의로 그 부동산에 가등기를 마친 경우, 수인의 채권자가 공동으로 매매예약완결권을 가지는 관계인지 아니면 채권자 각자의 지분별로 별개의 독립적인 매매예약완결권을 가지는 관계인지는 매매예약의 내용에 따라야 하고, 매매예약에서 그러한 내용을 명시적으로 정하지 않은 경우에는 수인의 채권자가 공동으로 매매예약을 체결하게 된 동기 및 경위, 그 매매예약에 의하여 달성하려는 담보의 목적, 담보 관련 권리를 공동 행사하려는 의사의 유무, 채권자별 구체적인 지분권의 표시 여부 및 그 지분권 비율과 피담보채권 비율의 일치 여부, 가등기담보권 설정의 관행 등을 종합적으로 고려하여 판단하여야 한다.

|註| 1. 사실관계와 법원의 판단 甲, 乙, 丙은 각기 다른 기회에 丁에 대하여 1억 원씩을 대여하면서 대여금채권을 담보하기 위하여 丁 소유의 X 부동산에 관하여 1/3 지분씩을 특정하여 甲, 乙, 丙 공동명의의 가등기를 마쳤다. 甲은 X 부동산 중 1/3 지분의 가액이 대여권리금(1억 원 및 그 이자)에 미치지 못한다

1) 대판 2011. 6. 24. 2009다8345.
2) 대판 2011. 6. 24. 2011다1323.
3) 대결 1976. 2. 11. 75마533.

고 하면서 자신 명의로 가등기된 1/3 지분에 관하여 본등기절차의 이행을 구하는 소를 제기하였다. 항소심법원은, 복수의 공동가등기담보권자가 매매계약완결을 원인으로 제기하는 본등기절차이행의 소는 고유필수적 공동소송이라는 丁의 주장을 배척하고 甲 승소판결을 하였고, 대법원도 이러한 항소심판결을 유지하였다.

2. 수인의 매매예약완결권자의 권리행사방법 과거의 판례는, 수인의 채권자가 공동명의로 매매예약을 체결한 경우 매매예약완결권은 복수의 권리자의 준공유이고, 매매예약완결의 의사표시는 매매예약완결권의 처분행위로서 권리자 전원이 행사하여야 하므로, 이 경우 본등기절차의 이행을 구하는 소는 권리자 전원이 당사자가 되어야 하는 고유필수적 공동소송이라고 하였으나,[1] 대상판결로써 일률적으로 매매예약완결권을 공동으로만 행사하여야 한다는 종전의 판례는 위 판결에 저촉되는 한도에서 변경되었다. 다만 종전 판례 사안과 같이 수인이 각자의 지분을 특정하지 않고 공동명의로만 가등기를 마친 경우라면 수인의 채권자가 공동으로 매매예약완결권을 가지는 것으로 그 본등기절차이행의 소는 고유필수적 공동소송이라고 볼 여지가 많을 것이다.

◆ **대법원 2003. 12. 12. 선고 2003다44615, 44622 판결**(동 대법원 2014. 1. 29. 선고 2013다78556 판결)

공유물분할청구의 소는 분할을 청구하는 공유자가 원고가 되어 다른 공유자 전부를 공동피고로 하여야 하는 고유필수적 공동소송이고, 공동소송인과 상대방 사이에 판결의 합일확정을 필요로 하는 고유필수적 공동소송에서는 공동소송인 중 일부가 제기한 상소는 다른 공동소송인에게도 그 효력이 미치는 것이므로 공동소송인 전원에 대한 관계에서 판결의 확정이 차단되고 그 소송은 전체로서 상소심에 이심되며, 상소심판결의 효력은 상소를 하지 아니한 공동소송인에게 미치므로 상소심으로서는 공동소송인 전원에 대하여 심리판단하여야 한다.

|註| 공유물분할청구의 소는 고유필수적 공동소송이므로 필수적 공동소송의

1) 대판 1984. 6. 12. 83다카2282; 대판 1985. 5. 28. 84다카2188; 대판 1985. 10. 8. 85다카604; 대판 1987. 5. 26. 85다카2203. 종래에도 복수의 권리자가 소유권이전청구권을 보존하기 위하여 가등기를 마쳐 둔 경우 특별한 사정이 없는 한 그 가등기의 말소청구소송은 권리관계의 합일적인 확정을 필요로 하는 필수적 공동소송이 아니라 통상의 공동소송이라고 하였다(대판 2003. 1. 10. 2000다26425).

심리원칙이 적용됨을 밝힌 판결이다.

▶ 대법원 2001. 6. 26. 선고 2000다24207 판결

토지의 경계는 토지소유권의 범위와 한계를 정하는 중요한 사항으로서, 그 경계와 관련되는 인접 토지의 소유자 전원 사이에서 합일적으로 확정될 필요가 있으므로, 인접하는 토지의 한편 또는 양편이 여러 사람의 공유에 속하는 경우에, 그 경계의 확정을 구하는 소송은, 관련된 공유자 전원이 공동하여서만 제소하고 상대방도 관련된 공유자 전원이 공동으로서만 제소될 것을 요건으로 하는 고유필요적 공동소송이라고 해석함이 상당하다.

|註| X 토지는 甲, 乙, 丙의 공유였다가 乙의 지분이 丁에게 이전되었는데도 甲, 乙, 丙이 공동원고가 되어 X 토지에 관한 경계확정의 소를 제기한 데 대하여, 이는 공유자인 丁이 누락된 상태에서 제기된 소로서 부적법하다고 한 사례이다. 경계확정의 소는 공유자 모두에게 귀속된 공유물의 처분· 변경권에 관한 소송이므로 고유필수적 공동소송으로 본 것이다.

(2) 신분관계소송에 있어서의 형성권의 공동귀속

▶ 대법원 1983. 9. 15.자 83즈2 결정(同 대법원 1970. 3. 10. 선고 70므1 판결)

친자관계부존재확인의 소는 생존 중인 부모 및 자를 공동피고로 하여 그들 간에 합일적으로 확정하여야 할 필요적 공동소송이다.

▶ 대법원 1965. 10. 26. 선고 65므46 판결

제3자가 혼인의 무효의 소를 제기하는 경우에는 부부를 상대로 하고 부부 일방이 사망한 때에는 그 생존자를 상대방으로 하여야 하는 것으로서, 소송의 목적이 공동소송인의 전원에 대하여 합일적으로 확정될 경우에 해당하므로 공동소송당사자 중 1인인 피청구인 乙이 피청구인 양인의 제1심 패소심판에 대하여 제기한 항소의 효과는 공동소송당사자 되는 피청구인 甲에게도 미친다.

2. 합유·총유관계 소송

(1) 합유재산(조합재산)에 관한 소송

합유재산의 처분·변경행위에 해당하는 소송은 필수적 공동소송이지만 그 보존행위에 해당하는 소송은 통상공동소송이다.

◆ 대법원 1994. 10. 25. 선고 93다54064 판결

동업약정에 따라 동업자 공동으로 토지를 매수하였다면 그 토지는 동업자들을 조합원으로 하는 동업체에서 토지를 매수한 것이므로 그 동업자들은 토지에 대한 소유권이전등기청구권을 준합유하는 관계에 있고, 합유재산에 관한 소는 이른바 고유필요적 공동소송이라 할 것이므로 그 매매계약에 기하여 소유권이전등기의 이행을 구하는 소를 제기하려면 동업자들이 공동으로 하지 않으면 안 된다.

|註| 1. 사실관계와 법원의 판단　甲과 乙이 甲은 자금을 투자하고 乙은 부동산에 관한 정보제공과 전매 등의 일처리를 맡아 토지를 매수한 후 전매하여 이익을 반분하기로 하고 X 토지를 丙으로부터 공동으로 매수하였는데 丙이 계약이행을 지체하자 甲이 丙을 상대로 X 부동산에 관한 소유권이전등기청구의 소를 제기하였다. 법원은 사실관계가 위와 같다면 X 토지는 甲과 乙을 조합원으로 하는 동업체에서 매수한 것이어서 甲과 乙은 X 토지에 관한 소유권이전등기청구권을 준합유하는 관계에 있으므로 甲만이 원고가 되어 제기한 소는 부적법하다고 하였다.

2. 합유재산에 관한 소송　합유재산(조합재산)의 관리처분권은 합유자(조합원) 전원에게 공동으로 귀속되므로 합유재산에 관한 소송은 고유필수적 공동소송에 해당한다. 대법원 2012. 11. 29. 선고 2012다44471 판결은 甲(건설회사)과 乙(재건축정비사업조합)이 공동사업주체로서 아파트를 건설하여 공동으로 매도인이 되어 丙과 아파트 분양계약을 체결하였는데, 丙이 분양대금을 납입하지 않자 甲 혼자 丙을 상대로 분양대금지급청구의 소를 제기한 사건에서 필수적 공동소송에 해당하므로 소가 부적법하다고 하였다.

3. 특허권 등 지적재산권의 공동소유관계　판례는 과거 합유에 준하는 것이라고 하여 그에 관한 소송을 필수적 공동소송으로 보았으나,[1] 최근에는 지적재산권의 본질에 반하지 않는 한 통상의 공유라고 하여 그에 관한 소송을 필수적 공동소송이라고 할 수 없다고 한다.[2]

4. 합유재산에 대한 강제집행　조합의 채권자가 조합재산에 대하여 강제집행을

1) 대판 1982. 6. 22. 81후43(의장권 관련); 대판 1987. 12. 8. 87후111(특허권 관련).
2) 대판 2004. 12. 9. 2002후567(상표권 관련). 특허권이나 디자인권(구 의장권)도 민법의 규정에 의한 공유물분할이 가능하다는 것으로, 대판 2014. 8. 20. 2013다41578.

하려면 조합원 전원에 대한 집행권원을 필요로 하므로 조합원 중 1인에 대한 집행권원으로써 조합재산에 대하여 강제집행을 할 수는 없다.[1]

▶ **대법원 1997. 9. 9. 선고 96다16896 판결**

합유물에 관하여 경료된 원인무효의 소유권이전등기의 말소를 구하는 소송은 합유물에 관한 보존행위로서 합유자 각자가 할 수 있다.

|註| **1. 사실관계와 법원의 판단** 甲은 상이군경 등 원호대상자들의 직업재활을 도모하기 위하여 법에 따라 설립된 A조합(민법상 조합)의 조합원이었다. X 부동산은 A조합의 소유였다가 법령에 따라 국가에 귀속되어 국가 명의의 소유권이전등기가 경료되었다. 이에 甲은 위 근거법령이 위헌임을 주장하면서 보존행위로서 국가를 상대로 국가 명의 소유권이전등기의 말소를 구하는 소를 제기하였고, 법원은 판결요지와 같은 이유로 甲의 소는 적법하다고 하였다.

2. 조합관계에 관한 소송 중 통상공동소송인 경우 (1) 필수적 공동소송은 민법상 관리처분권이 여러 사람에게 공동으로 귀속되는 데 근거하므로 합유재산에 관한 소송이라고 하더라도 관리처분권이 개인에게 있는 경우라면 필수적 공동소송이라고 할 수 없다. 대상판결 사안에서 본 보존행위가 대표적인 경우이다. (2) 한편, 조합의 채권자가 조합원에 대하여 조합재산에 의한 공동책임을 묻는 것이 아니라 각 조합원의 개인적 책임에 기하여 당해 채권을 행사하는 경우에는 조합원 각자를 상대로 하여 그 이행의 소를 제기할 수 있고,[2] 조합원 전원을 피고로 삼았더라도 이는 통상공동소송에 해당된다.

◆ **대법원 2008. 10. 9. 선고 2005다72430 판결**(통 대법원 1994. 4. 26. 선고 93다31825 판결)

은행에 공동명의로 예금을 하고 은행에 대하여 그 권리를 함께 행사하기로 한 경우에 만일 동업자금을 공동명의로 예금한 경우라면 채권의 준합유관계에 있다고 볼 것이나, 공동명의 예금채권자들 각자가 분담하여 출연한 돈을 동업 이외의 특정 목적을 위하여 공동명의로 예치해 둠으로써 그 목적이 달성되기 전에는 공동명의 예금채권자가 단독으로 예금을 인출할 수 없도록 방지·감시하고자 하는 등의 목적으로 공동명의로 예금을 개설한 경우라면 하나의 예금채권이

1) 대판 2015. 10. 2. 2012다21560(조합재산에 대한 강제집행의 보전을 위한 가압류의 경우에도 마찬가지로 조합원 전원에 대한 가압류명령이 있어야 하므로, 조합원 중 1인만을 가압류채무자로 한 가압류명령으로써 조합재산에 가압류집행을 할 수는 없다).

2) 대판 1991. 11. 22. 91다30705.

분량적으로 분할되어 각 공동명의 예금채권자들에게 귀속될 수 있을 뿐이며, 다만 은행과 공동명의 예금채권자들 사이에 공동반환의 특약이 존재하는 경우 은행에 대한 지급 청구만을 공동명의 예금채권자들 모두가 공동으로 하여야 하는 부담이 남게 되는 것이다.

|註| 1. 공동예금주의 예금의 법적 성질에 관하여는 준공유설, 준합유설, 공동반환특약부 분할채권설 등의 견해가 있으나, 판례는 공동예금주 사이의 관계에 따라 개별적으로 판단하고 있다. 대상판결은 동업자금 예금과 동업 이외 목적의 공동예금을 구분하여 전자에 대해서만 필수적 공동소송 관계를 인정한 판결이다.

2. 동업자금을 공동명의로 예금한 경우에는 동업자 전원이 원고가 되어야 하고 동업자들이 그 중 1인에게 추심을 위임하였다고 하더라도 그러한 사실만으로는 그 1인이 단독 명의로 소송을 제기할 권원이 발생하였다고는 볼 수 없으므로 다른 동업자 전원으로부터 추심위임을 받은 동업자 1인 단독 명의로 제기한 소는 부적법하다.[1]

3. 상속한 현금을 임시로 전원의 명의로 예금한 경우와 같이 동업관계에 있지 아니한 수인이 그 중 1인의 단독 인출을 막기 위하여 공동의 명의로 예금을 한 경우에는 공동반환특약부 분할채권으로 보아야 한다. 이때 공동예금주들이 은행을 상대로 소를 제기하기 위하여는 공동예금주 전원이 원고가 되거나(공동예금주 중 1인의 소송은 공동반환특약으로 인하여 기각될 것이다) 다른 공동예금주들의 동의서를 첨부하여 공동예금주 중 1인이 원고가 되는 방법을 쓸 수 있다(다른 공동예금주가 동의하지 않는 경우 그를 상대로 단독반환청구에 동의한다는 의사표시를 구하는 소를 제기하여 그 판결을 동의서 대신에 첨부할 수도 있다).

(2) 총유재산에 관한 소송

총유재산에 관한 소송은 처분·변경·보존행위를 불문하고 모두 필수적 공동소송이다.

◆ 대법원 2005. 9. 15. 선고 2004다44971 전원합의체 판결

민법 제276조 제1항은 "총유물의 관리 및 처분은 사원총회의 결의에 의한다",

1) 대판 1967. 8. 29. 66다2200.

같은 조 제2항은 "각 사원은 정관 기타의 규약에 좇아 총유물을 사용·수익할 수 있다"라고 규정하고 있을 뿐 공유나 합유의 경우처럼 보존행위는 그 구성원 각자가 할 수 있다는 민법 제265조 단서 또는 제272조 단서와 같은 규정을 두고 있지 아니한바, 이는 법인 아닌 사단의 소유형태인 총유가 공유나 합유에 비하여 단체성이 강하고 구성원 개인들의 총유재산에 대한 지분권이 인정되지 아니하는 데에서 나온 당연한 귀결이라고 할 것이므로 총유재산에 관한 소송은 법인 아닌 사단이 그 명의로 사원총회의 결의를 거쳐 하거나 또는 그 구성원 전원이 당사자가 되어 필수적 공동소송의 형태로 할 수 있을 뿐 그 사단의 구성원은 설령 그가 사단의 대표자라거나 사원총회의 결의를 거쳤다 하더라도 그 소송의 당사자가 될 수 없고, 이러한 법리는 총유재산의 보존행위로서 소를 제기하는 경우에도 마찬가지라 할 것이다.

|註| 1. 사실관계와 법원의 판단 A 종중의 대표자였던 乙은 종중을 대표하여 종중 소유의 X 부동산을 丙에게 매도하고 丙 명의의 소유권이전등기를 마쳐 주었다. A 종중의 규약에는 종중재산의 매도는 총회의 의결을 거치도록 규정하고 있었는데, 위 매매과정에서 乙은 허위의 총회결의서를 작성하여 이를 매도원인서류로 丙에게 교부하였다. 위 처분에 반발한 종중원들은 총회를 소집하여 乙을 대표자에서 해임하고 甲을 대표자로 선출한 다음 甲에게 위임하여 X 부동산을 환수하기로 결의하였다. 甲은 丙 명의 소유권이전등기가 원인무효임을 주장하면서 보존행위로서 위 등기의 말소를 구하는 소를 제기하였고 항소심법원은 甲의 청구를 인용하였다. 그러나 대법원은 판결요지와 같은 이유로 甲이 제기한 소는 부적법하다고 하여 항소심판결을 파기하였다.

2. 총유재산에 관한 소송 (1) 비법인사단의 총유재산에 관한 소송은 사단 자체의 명의로 하거나 구성원 전원을 당사자로 하여 할 수 있을 뿐이고 후자의 경우에는 필수적 공동소송이 된다. 총유물의 관리처분권은 구성원 전원에게 귀속되기 때문이다(민법 276조). 대상판결에서 보듯이 총유물에 관한 보존행위도 마찬가지이다.

(2) 비법인사단의 구성원 중 일부가 총유재산에 관하여 소를 제기한 경우 필수적 공동소송인의 추가에 의하여 나머지 구성원을 당사자로 추가함으로써 소를 적법하게 하여야 하고, 사단 명의로 당사자 표시를 정정하는 것은 당사

자의 동일성을 해하는 것으로서 허용되지 않는다.[1)]

3. 공유관계소송

(1) 능동소송

(a) 공유재산에 관하여 공유자가 제기하는 소송은 통상공동소송임이 원칙이다.

▶ 대법원 1948. 4. 12. 선고 4280민상431 판결

공유자 각자가 공유토지의 취득자에 대하여 무효원인으로 인한 토지소유권이전 등기의 말소를 청구하는 소송은 각기 개별적 지분에 관하여 혹은 1인이 보존행위로써 할 수 있으므로 소위 권리관계가 합일적으로 확정될 것이 아니다.

|註| 각 공유자는 보존행위로서 단독으로 공유물반환청구(민법 213조, 예컨대 공유물인도청구),[2)] 방해배제청구(민법 214조, 대상판결)를 할 수 있고, 이러한 청구는 수인의 공유자가 하더라도 통상공동소송이다.

▶ 대법원 1970. 4. 14. 선고 70다171 판결

공유물에 끼친 불법행위를 이유로 하는 손해배상청구권은 특별한 사유가 없는 한 각 공유자는 그 지분에 대응하는 비율의 한도 내에서만 이를 행사할 수 있다.

|註| 1. X 토지는 甲, 乙 각 1/2 지분의 공유토지인데, 丙이 권원 없이 위 토지 위에 건물을 건축하여 위 토지를 점유·사용하자, 甲은 丙을 상대로 불법행위에 기한 손해배상청구로서 그동안의 임료 상당액의 지급을 구한 사안이다. 항소심은 임료 상당액 전부를 甲에게 지급하도록 명하는 판결을 하였으나, 대법원은 위 손해배상채권은 X 토지에 대한 지분비율에 따라 甲과 乙에게 각 1/2씩 귀속되는 것이라고 하여 항소심 판결을 파기하였다.
2. 각 공유자는 자기 지분의 범위 내에서 공유물의 무단사용에 대한 손해배상청구 또는 부당이득반환청구를 할 수 있다. 이러한 소송들은 공유자들 전원이 당사자가 되더라도 통상공동소송에 해당된다.

▶ 대법원 1994. 11. 11. 선고 94다35008 판결

공유자의 지분은 다른 공유자의 지분에 의하여 일정한 비율로 제한을 받는 것을 제외하고는 독립한 소유권과 같은 것으로 공유자는 그 지분을 부인하는 제3

1) 대판 1994. 5. 24. 92다50232.
2) 대판 1969. 3. 4. 69다21.

자에 대하여 각자 그 지분권을 주장하여 지분의 확인을 소구하여야 하는 것이고, 공유자 일부가 제3자를 상대로 다른 공유자의 지분의 확인을 구하는 것은 타인의 권리관계의 확인을 구하는 소에 해당한다고 보아야 할 것이므로, 그 타인 간의 권리관계가 자기의 권리관계에 영향을 미치는 경우에 한하여 확인의 이익이 있다고 할 것이며, 공유물 전체에 대한 소유관계확인도 이를 다투는 제3자를 상대로 공유자 전원이 하여야 하는 것이지, 공유자 일부만이 그 관계를 대외적으로 주장할 수 있는 것이 아니므로, 아무런 특별한 사정이 없이 다른 공유자의 지분의 확인을 구하는 것은 확인의 이익이 없다.

|註| 1. 甲, 乙, 丙이 각 1/3 공유지분을 보유한 X 토지에 관하여 丁이 甲, 乙, 丙의 소유를 다투자, 甲과 乙이 'X 토지는 각 1/3 지분에 의한 甲, 乙, 丙의 소유임을 확인한다'는 소를 제기한 사안이다. 법원은 甲과 乙이 제3자인 丙의 지분에 대한 확인을 구할 이익은 없고, 공유물 전체에 대한 소유관계 확인을 구하기 위하여는 공유자 전원이 원고가 되어야 한다고 하면서, 丙의 지분 확인을 구하는 부분을 각하하였다. 공유물 전체의 소유관계 확인을 구하기 위하여 공유자 전원이 원고가 되더라도 통상공동소송임은 물론이다.
2. 판례 중에는 "공유자가 공유관계 자체에 의거하여 방해제거를 청구하였을 경우에는 공유자 전원의 공동청구가 필요하다"고 한 것이 있는데,[1] 같은 취지로 이해하여야 한다.

▶ 대법원 2010. 1. 14. 선고 2009다67429 판결

부동산의 공유자의 1인은 당해 부동산에 관하여 제3자 명의로 원인무효의 소유권이전등기가 경료되어 있는 경우 공유물에 관한 보존행위로서 제3자에 대하여 그 등기 전부의 말소를 구할 수 있으나, 공유자가 다른 공유자의 지분권을 대외적으로 주장하는 것을 공유물의 멸실·훼손을 방지하고 공유물의 현상을 유지하는 사실적·법률적 행위인 공유물의 보존행위에 속한다고 할 수 없으므로, 자신의 소유지분을 침해하는 지분 범위를 초과하는 부분에 대하여 공유물에 관한 보존행위로서 무효라고 주장하면서 그 부분 등기의 말소를 구할 수는 없다.

|註| X 토지가 甲, 乙, 丙 3인의 공유였는데 乙이 사망한 후 丙이 허위 서류를 이용하여 乙의 지분에 관하여 자기 명의로 소유권이전등기를 마치자 甲이 소유권에 기한 방해배제청구로서 위 등기의 말소를 구한 사안에서 乙의 지분에 관하여는 甲에게 권

1) 대판 1961. 12. 7. 4293민상306, 307.

리가 없으므로 甲의 청구는 이유 없다고 한 사례이다. 즉, 사안과 같은 청구를 필수적 공동소송으로 본 판례는 아니고 원고의 지분 부분에 한하여 등기의 말소를 구할 수 있다는 취지의 판례이다.

▶ 대법원 2012. 9. 13. 선고 2009다23160 판결

집합건물의 소유 및 관리에 관한 법률 제9조에 의한 하자보수에 갈음하는 손해배상청구권은 특별한 사정이 없는 한 구분소유자 등 권리자에게 전유부분의 지분비율에 따라 분할 귀속하는 것이 원칙이므로, 구분소유자 등 권리자는 각자에게 분할 귀속된 하자담보추급권을 개별적으로 행사하여 분양자를 상대로 손해배상청구의 소를 제기할 수 있다.

(b) 공유관계에 관한 능동소송은 통상공동소송임이 원칙이지만, 예외적으로 필수적 공동소송인 경우가 있다. 공동상속인들 사이의 상속재산확인의 소, 상속재산분할청구, 이주자택지공급계약의 청약권을 공동상속한 상속인들의 청약권 행사를 위한 소송이 이에 해당한다.

(2) 수동소송

(a) 공유재산에 관하여 공유자를 상대방으로 하는 소송도 통상공동소송임이 원칙이다. 판례는 공유물에 관한 수동소송은 공유물분할소송과 경계확정소송 외에는 이를 필수적 공동소송으로 본 예가 없다.

▶ 대법원 1969. 7. 22. 선고 69다609 판결

공유물의 반환 또는 철거에 관한 소송을 필요적 공동소송이라고는 할 수 없으므로 그러한 청구는 공유자 각자에 대하여 그의 지분권 한도 내에서의 인도 또는 철거를 구하는 것으로 보고 그 당부에 관한 판단을 할 것이다.

|註| 甲이 乙을 상대로 자신의 논 위에 설치되어 있는 둑의 철거를 구하는 소를 제기하였다. 항소심법원은 위 둑이 乙과 丙의 공유임을 인정하고, 성질상 공유자인 乙, 丙 전원에 대하여 합일적으로 확정되어야 하므로 乙만을 상대로 한 소는 부적법하다고 한 사안이다. 대법원은 판시와 같은 이유로 항소심판결을 파기하였다.

▶ 대법원 1994. 12. 27. 선고 93다32880, 32897 판결

토지를 수인이 공유하는 경우에 공유자들의 소유권이 지분의 형식으로 공존하는 것뿐이고, 그 처분권이 공동에 속하는 것은 아니므로 공유토지의 일부에 대하여

취득시효완성을 원인으로 공유자들을 상대로 그 시효취득부분에 대한 소유권이전등기절차의 이행을 청구하는 소송은 필요적 공동소송이라고 할 수 없다.

▶ 대법원 1966. 3. 15. 선고 65다2455 판결

점유는 물건을 사실상 지배하는 객관적 관계이며 공동점유는 수인이 하나의 물건을 공동으로 사실상 지배하는 관계이므로 공동점유자 각자는 그 점유물의 일부분씩만을 반환할 수는 없고 그 점유물 전부에 대하여 반환하여야 함은 물론이나, 그 점유물의 인도를 청구하는 경우에 그 공동점유자 각자에게 대하여 그 점유물의 인도를 청구하면 족하고 반드시 그 공동점유자 전원을 상대로 하여야만 인도를 청구할 수 있다는 것이 법률상 요건은 아니다(공동점유자 전원을 상대로 점유물의 인도를 청구한 경우에 서로 상반된 판결이 있으면 사실상 인도청구의 목적을 달성할 수 없는 경우가 있을 것이나, 이와 같이 사실상의 필요가 있다는 점만으로서는 이를 필요적 공동소송이라고는 할 수 없는 것이다).

(b) 판례도 인정하듯이 공유관계소송을 통상공동소송으로 보면 승소판결을 받고도 소송의 목적을 달성할 수 없는 경우가 생길 수 있다. 공유자 각자에 대하여 같은 소송이 반복될 수 있는 것도 문제이다. 그러나 한편 필수적 공동소송의 범위를 넓히면 공유자 중 다툼이 없는 사람까지 피고로 삼아야 하고, 공유자의 범위가 불분명할 경우 소제기 자체가 힘들다는 문제도 있다. 양자를 조화시키는 방법은 민법 264조의 규정에 충실하는 데에 있다고 할 것이므로 공유물 자체의 처분·변경에 해당하는 공유물철거청구 및 공유등기명의자에 대한 소유권이전등기청구는 필수적 공동소송으로 봄이 옳다(이시윤).

(3) 상속재산에 관한 소송

▶ 대법원 1963. 3. 21. 선고 62다805 판결

가옥철거와 토지인도 청구소송 계속 중 피고가 사망하고 수계인 이외에 다른 공동상속인이 있더라도 소송의 목적이 소송수계인 수인에게 합일적으로 확정하는 필요적 공동소송으로 볼 필요가 없고, 그 가옥철거와 토지인도의 집행을 위하여 공동상속인 전원에 대한 채무명의가 필요하겠으나 반드시 하나의 채무명의(집행권원)로만 하여야 할 법률상의 필요는 없는 것이다.

|註| **1. 사실관계와 법원의 판단** 甲이 乙을 상대로 가옥철거 및 토지인도 소송

중 乙이 사망하였는데 乙의 상속인 중 丙, 丁만이 소송을 수계하고 戊는 수계를 하지 않았다. 甲과 丙, 丁 사이의 소송에 대하여만 판단을 한 항소심판결에 대하여 丙, 丁은 戊가 소송수계인에서 누락된 것은 잘못이라고 주장하며 상고를 하였으나 대법원은 판결요지와 같은 이유로 상고를 기각하였다.

2. **상속재산에 관한 소송** 상속인은 상속재산을 공유하므로 상속재산에 관한 소송은 공유재산에 관한 소송으로서 통상공동소송인 것이 원칙이다. 판례는 "공동상속재산의 지분에 관한 지분권존재확인을 구하는 소송은 필수적 공동소송이 아니라 통상의 공동소송"이라고 하였고,[1] "공동상속인들을 상대로 피상속인이 이행하여야 할 부동산소유권이전등기절차 이행을 청구하는 소는 필요적 공동소송이 아니"라고 하였다.[2]

◆ **대법원 2007. 8. 24. 선고 2006다40980 판결**

[1] 공동상속인 사이에 어떤 재산이 피상속인의 상속재산에 속하는지 여부에 관하여 다툼이 있어 일부 공동상속인이 다른 공동상속인을 상대로 그 재산이 상속재산임의 확인을 구하는 소를 제기한 경우, 이는 그 재산이 현재 공동상속인들의 상속재산분할 전 공유관계에 있음의 확인을 구하는 소송으로서, 그 승소확정판결에 의하여 그 재산이 상속재산분할의 대상이라는 점이 확정되어 상속재산분할심판 절차 또는 분할심판이 확정된 후에 다시 그 재산이 상속재산분할의 대상이라는 점에 대하여 다툴 수 없게 되고, 그 결과 공동상속인 간의 상속재산분할의 대상인지 여부에 관한 분쟁을 종국적으로 해결할 수 있으므로 확인의 이익이 있다.

[2] 공동상속인이 다른 공동상속인을 상대로 어떤 재산이 상속재산임의 확인을 구하는 소는 이른바 고유필수적 공동소송이라고 할 것이고, 고유필수적 공동소송에서는 원고들 일부의 소 취하 또는 피고들 일부에 대한 소취하는 특별한 사정이 없는 한 그 효력이 생기지 않는다.

|註| 1. **사실관계와 법원의 판단** 甲은 乙과 혼인하여 그 사이에 丙, 丁의 두 자녀를 두었고 乙이 사망한 후 戊와 혼인하여 그 사이에 자녀로 己를 두었다. 甲이 사망할 당시 甲과 戊가 거주하던 주택에는 고서화 및 골동품들이 다수

1) 대판 2010. 2. 25. 2008다96963, 96970.

2) 대판 1964. 12. 29. 64다1054.

보관되어 있었는데, 甲의 사망 후에는 戊가 이를 보관하였다. 丙은 丁, 戊, 己를 상대로 위 고서화 등이 甲의 상속재산임을 확인하는 소를 제기하였다가 항소심 계속 중 丁에 대한 소를 취하하였다. 항소심법원은 丁에 대한 소는 취하된 것으로 보고 戊와 己에 대하여만 소의 이익이 없음을 이유로 丙의 소를 각하하였다. 그러나 대법원은 판결요지 [1]과 같이 판시하여 위 소송에는 소의 이익이 있다고 하였고, 판결요지 [2]와 같이 판시하여 丁에 대한 소취하는 효력이 없으므로 丁 역시 피고로 보았어야 했다는 이유로 항소심판결을 파기하였다.

2. 상속재산확인소송의 법적 성질 (1) 상속인들이 상속재산의 분할을 구하는 상속재산분할심판청구는 고유필수적 공동소송에 준하고,[1] 협의에 의한 상속재산의 분할은 공동상속인 전원의 동의가 있어야 유효하며,[2] 공유물분할소송 역시 고유필수적 공동소송인 점,[3] 일부 공동상속인들 사이에서만 어떤 재산이 상속재산인지 여부에 대한 판결이 확정된 후 위 소송에서 당사자가 되지 못한 다른 공동상속인이 일부 공동상속인들을 상대로 다시 상속재산인지 여부에 대한 확인을 구하는 소를 제기하여 앞의 소송과 다른 결론으로 확정된 경우 이를 상속재산에 포함시켜 분할하는 것이 어렵게 되므로 공동상속인 전원에 대하여 한꺼번에 상속재산에 해당하는지 여부에 대한 판단이 이루어질 필요가 있는 점[4] 등에 비추어 보면 상속재산확인의 소는 공동상속인 전원이 참여하여 합일적으로 확정되어야 하는 고유필수적 공동소송으로 봄이 상당하다. (2) 반면에 공동상속재산의 지분에 관한 지분권존재확인을 구하는 소송은 필수적 공동소송이 아니라 통상의 공동소송이다.[5]

3. 기타 상속재산에 관한 소송이 고유필수적 공동소송인 경우 상속재산에 관한 소송이지만 소송의 성격상 고유필수적 공동소송인 경우가 있다. 예컨대, 택지개발예정지구 내의 이주자택지 공급대상자가 사망한 경우 공동상속인들은 청약권을 공동으로만 행사할 수 있으므로[6] 사업시행자를 상대로 하여 그에 대

1) 대결 2002. 1. 23. 99스49. 가사소송규칙 제110조는 상속재산분할심판은 상속인 중 1인 또는 수인이 나머지 상속인 전원을 상대방으로 하여 청구하여야 한다고 규정하고 있다.
2) 대판 2001. 6. 29. 2001다28299.
3) 대판 2003. 12. 12. 2003다44615, 44622.
4) 박정수, 대법원 판례해설 제71호.
5) 대판 2010. 2. 25. 2008다96963, 96970.
6) 대판 2002. 2. 8. 2001다17633(이주자택지 공급계약에 관한 청약의 의사표시는 이주대상자

한 승낙의 의사표시를 구하는 소송은 고유필수적 공동소송에 해당한다.[1)]

Ⅱ. 유사필수적 공동소송

합일확정의 필요가 있으나 소송공동이 법률상 강제되지는 않는 경우이다. 따라서 유사필수적 공동소송에 있어서는 개개인이 소를 제기할 수 있으나 공동소송이 된 이상 판결은 합일확정되어야 한다. 소송법상 판결의 효력이 제3자에게 확장되는 소에서 공동소송인 간에 판결의 모순·저촉이 있으면 안 된다는 이유에서 생긴 소송이므로 소송법상 이유에 의한 필수적 공동소송이라고도 한다.

◆ 대법원 1991. 12. 27. 선고 91다23486 판결

채무자가 채권자대위권에 의한 소송이 제기된 것을 알았을 경우 채권자대위권에 기하여 공동으로 채무자의 권리를 행사하는 다수의 채권자들은 유사필요적 공동소송관계에 있다.

|註| 1. 사실관계와 법원의 판단 甲은 乙에 대한 소유권이전등기청구권을 보전하기 위해 乙을 대위하여 丙을 상대로 소유권이전등기말소등기청구의 소를 제기하였다. 제1심 계속 중 甲이 사망하여 甲1, 2, 3이 소송을 수계하여 공동원고가 되었고 제1심에서 乙이 증언하였으나 원고들의 청구가 기각되었다. 甲1만이 항소하자 항소심은 甲1만을 항소인으로 보고 심리 후 甲1의 항소를 기각하였다. 甲1이 상고하자 대법원은 직권으로, 乙이 제1심에서 증언함으로써 위 소송의 계속 사실을 알게 되었으므로 甲1, 2, 3은 필수적 공동소송인의 지위에 있고, 甲1의 항소는 甲2, 3에 대하여도 효력이 있어 항소심은 甲1, 2, 3 전원에 대하여 하나의 판결을 선고하였어야 하는데 항소심판결에는 필수적 공동소송의 법리를 오해한 위법이 있다고 하였다.

2. 유사필수적 공동소송이 되는 경우 (1) 유사필수적 공동소송이 성립하는 첫 번째 경우는 판결의 효력이 제3자에게 확장되는 때이다. 여러 사람이 제기하는 주주총회결의 취소 또는 무효·부존재확인의 소(상법 276조, 380조) 등이 그 예이다.

가 가지는 청약권의 처분행위에 해당하므로 공유자 전원이 이를 행사하여야 한다).

1) 대판 2003. 12. 26. 2003다11738.

(2) 유사필수적 공동소송이 성립하는 두 번째 경우는 판결의 반사효가 제3자에게 확장되는 때이다.[1] 위에서 본 여러 사람의 채권자가 제기한 채권자대위소송이 그 예이다. 다만 이에 대하여는 통상공동소송이라는 반대견해(강현중, 호문혁)가 있다.

Ⅲ. 필수적 공동소송으로 볼 수 없는 예(이론상 합일확정소송)

▶ 대법원 1987. 10. 13. 선고 87다카1093 판결

원인없이 경료된 최초의 소유권이전등기와 이에 기하여 순차로 경료된 일련의 소유권이전등기의 각 말소를 구하는 소송은 필요적 공동소송이 아니므로 그 말소를 청구할 권리가 있는 사람은 각 등기의무자에 대하여 이를 각각 청구할 수 있는 것이어서, 위 일련의 소유권이전등기 중 최후의 등기명의자만을 상대로 그 등기의 말소를 구하고 있다 하더라도 그 승소의 판결이 집행불능의 판결이 된다거나 종국적인 권리의 실현을 가져다 줄 수 없게 되어 소의 이익이 없는 것으로 된다고는 할 수 없다.

|註| 1. 이론상 합일확정소송 ① 공동소송인 사이에 권리의무가 공통적인 경우(예컨대, 수인의 연대채무자에 대한 청구), ② 공동소송인 사이에 권리의무의 발생원인이 공통적인 경우(예컨대, 동일한 교통사고의 피해자 수인이 하는 손해배상청구), ③ 공동피고 전원에 대하여 승소하지 않으면 소송의 목적을 달성할 수 없는 경우(예컨대, A→B→C로 순차로 마친 등기가 모두 원인무효임을 이유로 A, B, C 3인을 상대로 한 등기말소청구)에 있어서 판결결론에 모순저촉이 생기는 것은 부자연스러운 일임에 틀림없다. 따라서 이처럼 법률상 합일확정의 필요가 있는 것은 아니지만, 이론상 또는 실천적인 의미에서 합일확정이 필요한 소송은 필수적 공동소송에 준하여 취급할 필요가 있다는 주장이 있다. 그러나 실체법상 필요(관리처분권의 공동귀속) 또는 소송법상 필요(판결효력의 확장)가 있는 경우가 아니면 필수적 공동소송으로 인정할 수 없다는 것이 통설의 입장이다. 판례 역시 "당사자가 자주적으로 분쟁을 해결할 수 있기 마련인 변론주의가 적용되는 소송에 있

1) 동일한 특허권에 관하여 2인 이상의 자가 공동으로 특허의 무효심판을 청구하는 경우 그 심판은 심판청구인들 사이에 합일확정을 필요로 하는 이른바 유사필수적 공동심판에 해당한다는 대판 2009. 5. 28. 2007후1510.

어서는 우연히 수개의 청구가 공동으로 제소되거나 또는 병합심리되었다 하여 본래부터 당사자가 가지고 있었던 자주적 해결권이 다른 공동소송인들 때문에 제한이나 간섭을 받는다는 논리는 생각할 수 없다"[1]거나 "보통공동소송에서는 공동당사자들 상호 간의 공격방어방법의 차이에 따라 모순되는 결론이 발생할 수 있고, 이는 변론주의를 원칙으로 하는 소송제도 아래서는 부득이한 일로서 판결의 이유모순이나 이유불비가 된다고 할 수 없다"[2]고 하여 위와 같은 소송을 통상공동소송으로 보고 있고, 위 판결 역시 이러한 입장에 있는 것이다.

2. 유사사례 이론상 합일확정소송을 인정하지 않은 다른 예로는 "연대채무는 채권자가 채무자의 1인에 대하여 또는 동시 혹은 순차로 총채무자에 대하여 전부 또는 일부의 이행을 청구할 수 있는 것이므로 이에 관한 공동소송을 공동소송인 전원에 대하여 합일적으로 확정함을 요하는 것이라고는 할 수 없는 것이다"라는 판례가 있다.[3]

Ⅳ. 필수적 공동소송의 심판

필수적 공동소송에 있어 공동소송인 1인이 한 소송행위는 모두의 이익을 위해서만 효력이 있고, 공동소송인 중 1인에 대한 소송행위는 모두에게 효력이 있으며, 공동소송인 중 1인에 대하여 생긴 사유(중단·중지)는 모두에게 효력이 미친다(67조). 필수적 공동소송에서는 이러한 소송자료의 통일 및 소송진행의 통일을 통하여 재판의 통일로 나아간다.

1. 소송요건의 흠결과 그 효과

필수적 공동소송에서도 소송관계는 복수이므로 당사자능력이나 당사자적격과 같은 소송요건은 각 공동소송인별로 독립하여 조사하여야 한다. 고유필수적 공동소송에 있어서는 공동소송인 중 1인에 대하여 소송요건이 갖추어지지 않으면 전체 소송이 부적법하게 되므로 소 전부를 각하하여야 한다. 반면 유사필요적 공동

1) 대판 1961. 11. 16. 4293민상766, 767.
2) 대판 1991. 4. 12. 90다9872.
3) 대판 1955. 2. 10. 4287민상204.

소송에 있어서는 소송요건이 흠결된 당사자에 대하여만 각하판결을 하면 된다.

▶ 대법원 2012. 6. 14. 선고 2010다105310 판결

공유물분할청구의 소는 분할을 청구하는 공유자가 원고가 되어 다른 공유자 전부를 공동피고로 하여야 하는 필수적 공동소송으로서 공유자 전원에 대하여 판결이 합일적으로 확정되어야 하므로, 공동소송인 중 1인에 소송요건의 흠이 있으면 전 소송이 부적법하게 된다.

|註| 1. 공유물분할소송의 상고심에서 피고 중 1인이 소제기 전에 사망하였음이 밝혀진 경우 상고심에서의 당사자표시정정은 허용되지 않아 고유필수적 공동소송의 요건 흠결을 치유할 수 없으므로 소 전부가 각하되어야 한다는 판례이다.

2. 같은 취지로, "공유물분할소송의 계속 중 변론종결일 전에 공유자 중 1인인 甲의 공유지분 일부가 乙에게 이전된 경우 변론종결 시까지 승계참가나 소송인수 등으로 일부 지분권을 이전받은 乙이 소송당사자가 되어야 하고, 그렇지 못하였을 때에는 위 소송 전부가 부적법하게 된다"는 판례도 있다.[1)]

2. 소송자료의 통일

필수적 공동소송에서 공동소송인 중 1인이 한 소송행위는 유리한 것(예컨대, 부인·항변, 응소, 출석, 기간준수)은 전원에 대하여 효력이 있고 불리한 것(예컨대, 자백, 청구포기·인낙, 재판상화해)은 전원에 대하여 효력이 없다. 따라서 불리한 소송행위는 전원이 공동으로 하여야만 효력이 있다. 반면에, 필수적 공동소송인 중 1인에 대한 상대방의 소송행위는 유·불리를 불문하고 공동소송인 전원에 대하여 효력이 있다. 고유필수적 공동소송에서는 공동소송인 중 일부의 또는 일부에 대한 소의 취하도 허용되지 않지만,[2)] 유사필수적 공동소송에서는 일부의 소취하가 허용된다.[3)]

▶ 대법원 1996. 12. 10. 선고 96다23238 판결

합유로 소유권이전등기가 된 부동산에 관하여 명의신탁해지를 원인으로 한 소유권이전등기절차의 이행을 구하는 소송은 합유물에 관한 소송으로서 고유필요

1) 대판 2014. 1. 29. 2013다78556.
2) 대판 2007. 8. 24. 2006다40980.
3) 대판 2013. 3. 28. 2011두13729.

적 공동소송에 해당하여 합유자 전원을 피고로 하여야 할 뿐 아니라 합유자 전원에 대하여 합일적으로 확정되어야 하므로, 합유자 중 일부의 청구인낙이나 합유자 중 일부에 대한 소의 취하는 허용되지 않는다.

|註| 甲 종중이 그의 소유이지만 乙, 丙, 丁, 戊의 합유로 소유권이전등기가 되어 있던 X 부동산에 관하여 乙, 丙, 丁, 戊를 상대로 명의신탁해지를 원인으로 한 소유권이전등기청구의 소를 제기하였는데, 戊는 청구를 인낙하고 甲 종중이 丁에 대한 소는 취하한 사안이다. 항소심법원은 乙, 丙에 대하여만 판결을 선고하였는데, 대법원은 위와 같은 이유로 항소심판결을 파기하였다.

3. 소송진행의 통일

(1) 필수적 공동소송에 있어서 변론준비·변론·증거조사·판결은 같은 기일에 함께 하여야 하고, 변론분리나 일부판결을 할 수는 없다. 일부 공동소송인에 대한 판결은 판단의 누락으로 상소사유가 될 뿐이다.

◆ 대법원 2011. 6. 24. 선고 2011다1323 판결

공동소송인과 상대방 사이에 판결의 합일확정을 필요로 하는 고유필수적 공동소송에서는 공동소송인 중 일부가 제기한 상소 또는 공동소송인 중 일부에 대한 상대방의 상소는 다른 공동소송인에게도 효력이 미치는 것이므로 공동소송인 전원에 대한 관계에서 판결의 확정이 차단되고 소송은 전체로서 상소심에 이심되며, 상소심 판결의 효력은 상소를 하지 아니한 공동소송인에게 미치므로 상소심으로서는 공동소송인 전원에 대하여 심리, 판단해야 한다. 이러한 고유필수적 공동소송에 대하여 본안판결을 할 때에는 공동소송인 전원에 대한 하나의 종국판결을 선고해야 하는 것이지 공동소송인 일부에 대해서만 판결하거나 남은 공동소송인에 대해 추가판결을 하는 것은 모두 허용될 수 없다.

|註| 고유필수적 공동소송에서는 판결과 상소에 관하여 공동소송인 독립의 원칙에 따른 처리가 허용되지 않음을 밝힌 판결이다.

(2) 필수적 공동소송에서 공동소송인 중 1인에게 소송절차 중단·중지사유가 생기면 공동소송인 전원에 대한 소송절차가 중단·중지된다.

▶ 대법원 1983. 10. 25. 선고 83다카850 판결

[1] 고유필요적 공동소송에 있어서 공동소송인 중 1인에게 중단 또는 중지의 원인이 발생한 때에는 다른 공동소송인에 대하여도 중단 또는 중지의 효과가 미치므로 공동소송인 전원에 대하여 소송절차의 진행이 정지되고 그 정지기간 중에는 유효한 소송행위를 할 수 없다.

[2] 피고 중 1인이 사망 당시 소송대리인이 있어 소송중단의 효과가 발생하지 아니하였다고 하더라도 판결이 송달되면 그와 동시에 고유필요적 공동소송인 전원에 대하여 중단의 효과가 발생한다.

|註| 사실관계와 법원의 판단 X 부동산은 甲 종중의 소유였는데 乙, 丙, 丁 3인의 합유로 소유권이전등기를 마쳐두었다. 甲 종중은 乙, 丙, 丁을 상대로 명의신탁해지를 원인으로 한 소유권이전등기청구의 소를 제기하였고, 乙, 丙, 丁은 변호사 戊를 대리인으로 선임하여 이에 응하였다. 제1심 소송계속 중 丁이 사망하였으나 법원은 乙, 丙, 丁을 피고로 표시한 원고승소판결을 하였다. 그 후 乙, 丙, 丁 3인의 명의로 변호사 己가 대리인으로 선임되고 己는 위 3인의 명의로 항소를 제기하였으며, 항소심법원 역시 乙, 丙, 丁 3인을 피고로 취급하여 절차를 진행하고 판결을 하였다. 이에 대하여 대법원은, 위 소송은 고유필수적 공동소송에 해당되는데 제1심 소송계속 중 丁이 사망함으로써 제1심판결의 송달로써 전체 소송절차는 중단되었고 이에 대하여 소송수계가 없었으므로 항소심판결은 소송절차의 중단 중에 이루어진 것이어서 위법하다고 하였다.

(3) 상소기간은 각 공동소송인에게 판결정본이 송달된 때로부터 개별적으로 진행되나, 공동소송인 전원에 대하여 상소기간이 만료되기까지는 판결이 확정되지 않는다.[1] 공동소송인 중 1인이 상소를 하면 공동소송인 전원에 대하여 확정이 차단되고 소송이 전체로서 상소심으로 이심되며, 상소심판결의 효력은 상소를 하지 아니한 공동소송인에게 미치므로 상소심으로서는 공동소송인 전원에 대하여 심리·판단하여야 한다.[2] 이 경우 상소심판결은 패소하였으나 불복하지 아니한 당

1) 대판 2017. 9. 21. 2017다233931(공유물분할판결).
2) 대판 2003. 12. 12. 2003다44615, 44622; 대판 2011. 6. 24. 2011다1323(이상 고유필수적 공동소송); 대판 2009. 5. 28. 2007후1510(유사필수적 공동소송).

사자에게 유리하게 변경될 수도 있다. 한편 필수적 공동소송에서 패소한 공동소송인 중 1인만이 상소를 한 경우 상소의 효력을 받는 다른 공동상속인의 지위에 관하여는 ① 상소인설, ② 선정자설, ③ 단순한 당사자설이 대립하는데, 합일확정의 필요 때문에 소송관계가 상소심으로 이심되는 특수한 지위라고 본다면 ③설이 타당하다. 판례도 같은 입장이다.[1)]

▶ 대법원 2009. 5. 28. 선고 2007후1510 판결

특허를 무효로 한다는 심결이 확정된 때에는 당해 특허는 제3자와의 관계에서도 무효로 되므로, 동일한 특허권에 관하여 2인 이상의 자가 공동으로 특허의 무효심판을 청구하는 경우 그 심판은 심판청구인들 사이에 합일확정을 필요로 하는 이른바 유사필수적 공동심판에 해당한다. 위 법리에 비추어 보면, 당초 청구인들이 공동으로 특허발명의 무효심판을 청구한 이상 청구인들은 유사필수적 공동심판관계에 있으므로, 비록 위 심판사건에서 패소한 특허권자가 공동심판청구인 중 일부만을 상대로 심결취소소송을 제기하였다 하더라도 그 심결은 청구인 전부에 대하여 모두 확정이 차단되며, 이 경우 심결취소소송이 제기되지 않은 나머지 청구인에 대한 제소기간의 도과로 심결 중 그 나머지 청구인의 심판청구에 대한 부분만이 그대로 분리·확정되었다고 할 수 없다.

제4. 공동소송의 특수형태

Ⅰ. 예비적·선택적 공동소송

예비적·선택적 공동소송이라 함은 공동소송인들 사이에 법률상 양립할 수 없는 청구에 관하여 주위적·예비적으로 또는 택일적으로 하나의 소송절차에서 동시에 심판을 구하는 경우를 말한다. 공작물의 설치·보존의 하자로 손해를 입은 사람이 점유자를 주위적 피고로, 소유자를 예비적 피고로 삼아 손해배상청구를 하는 경우(민법 758조 1항)나 대리인과 계약을 체결한 후 주위적으로 적법한 대리권이 있었음을 주장하면서 본인에 대하여 계약의 이행을 구하고, 예비적으로 적법한 대리권이 없었던 경우에 대비하여 대리인에 대하여 계약의 이행이나 손해배상을 구

1) 필수적 공동소송에 있어서 상고하지 아니한 피고를 단순히 '피고'라고만 표시하고 상고비용도 상고한 피고에게만 부담시킨 것으로, 대판 1993. 4. 23. 92누17297; 대판 1995. 1. 12. 94다33002.

하는 경우(민법 135조 1항) 등이 그 예이다.

1. 소송의 형태

① 원고쪽이 공동소송인인 능동형과 피고쪽이 공동소송인인 수동형이 있고, ② 공동소송인 사이에 심판의 순서를 붙여 청구하는 예비형과 심판의 순서를 붙이지 않고 청구하는 선택형이 있으며, ③ 소제기시부터 예비적·선택적 공동소송의 형태를 갖는 원시형과 제1심 소송계속 중 공동소송인의 추가를 통하여 예비적·선택적 공동소송의 형태를 갖는 후발형이 있다.

▶ 대법원 2008. 4. 10. 선고 2007다86860 판결

공동소송인 가운데 일부에 대한 청구가 다른 공동소송인에 대한 청구와 법률상 양립할 수 없는 경우에는 필수적 공동소송에 관한 민사소송법 제67조 내지 제69조의 규정이 준용되는 결과(민사소송법 70조 1항), 주위적·예비적 공동소송인 가운데 일부가 누락된 경우에는 제1심의 변론을 종결할 때까지 원고의 신청에 따라 결정으로 피고를 추가하도록 허가할 수 있다(같은 법 68조 1항 본문).

|註| 1. 甲이 丙(은행)의 특정 부서장인 乙을 피고로 하여 퇴직금청구의 소를 제기하였다가 제1심 소송계속 중 丙을 예비적 피고로 추가한 사안이다. 사실심법원에서는 위와 같은 추가가 준비서면에 기재되어 있었던 때문인지 乙에 대한 청구만 판단하였으나, 대법원은 위 소송에서 피고는 乙과 丙이고 甲의 청구는 하나의 고용계약에 기한 청구로서 피고들에 대한 청구가 양립할 수 없는 경우에 해당되므로 준비서면의 취지가 예비적 공동소송인을 추가하는 취지인지 밝혀 필요한 조치를 취하고 丙에 대한 청구에 대하여도 판단하였어야 한다고 하였다.

2. 피고쪽이 공동소송인인 수동형, 공동소송인 사이에 심판의 순서를 붙인 예비형, 소제기 후에 공동소송인을 추가한 후발형 예비적·선택적 공동소송이다.

2. 허용요건

(1) 예비적·선택적 공동소송이 성립하기 위하여는 각 공동소송인에 관련된 청구가 법률상 양립할 수 없는 경우이어야 한다(70조 1항 본문). 각 공동소송인에 관련된 청구가 모두 인용될 수 있는 경우라면 법률상 양립할 수 없는 경우가 아니다.

◆ 대법원 2011. 9. 29. 선고 2009다7076 판결

민사소송법 제70조 제1항에서 '법률상 양립할 수 없다'는 것은, 동일한 사실관계에 대한 법률적인 평가를 달리하여 두 청구 중 어느 한쪽에 대한 법률효과가 인정되면 다른 쪽에 대한 법률효과가 부정됨으로써 두 청구가 모두 인용될 수는 없는 관계에 있는 경우나, 당사자들 사이의 사실관계 여하에 의하여 또는 청구원인을 구성하는 택일적 사실인정에 의하여 어느 일방의 법률효과를 긍정하거나 부정하고 이로써 다른 일방의 법률효과를 부정하거나 긍정하는 반대의 결과가 되는 경우로서, 두 청구들 사이에서 한쪽 청구에 대한 판단 이유가 다른 쪽 청구에 대한 판단 이유에 영향을 주어 각 청구에 대한 판단 과정이 필연적으로 상호 결합되어 있는 관계를 의미한다.

◆ 대법원 2012. 9. 27. 선고 2011다76747 판결

부진정연대채무의 관계에 있는 채무자들을 공동피고로 하여 이행의 소가 제기된 경우 그 공동피고에 대한 각 청구는 법률상 양립할 수 없는 것이 아니므로 그 소송은 민사소송법 제70조 제1항에서 규정한 본래 의미의 예비적·선택적 공동소송이라고 할 수 없으므로, 따라서 거기에는 필수적 공동소송에 관한 민사소송법 제67조는 준용되지 않는다고 할 것이어서 상소로 인한 확정차단의 효력도 상소인과 그 상대방에 대해서만 생기고 다른 공동소송인에 대한 관계에는 미치지 않는다.

(2) 주위적 피고에 대한 청구 중 일부와 예비적 피고에 대한 청구가 법률상 양립하지 않는 관계에 있어도 예비적 공동소송이 인정된다.

◆ 대법원 2015. 6. 11. 선고 2014다232913 판결

민사소송법 제70조 제1항 본문이 규정하는 '공동소송인 가운데 일부에 대한 청구'를 반드시 '공동소송인 가운데 일부에 대한 모든 청구'라고 해석할 근거는 없으므로, 주위적 피고에 대한 주위적·예비적 청구 중 주위적 청구 부분이 받아들여지지 아니할 경우 그와 법률상 양립할 수 없는 관계에 있는 예비적 피고에 대한 청구를 받아들여 달라는 취지로 주위적 피고에 대한 주위적·예비적 청구와 예비적 피고에 대한 청구를 결합하여 소를 제기하는 것도 가능하고, 처음에는 주위적 피고에 대한 주위적·예비적 청구만을 하였다가 청구 중 주위적 청구 부

분이 받아들여지지 아니할 경우 그와 법률상 양립할 수 없는 관계에 있는 예비적 피고에 대한 청구를 받아들여 달라는 취지로 예비적 피고에 대한 청구를 결합하기 위하여 예비적 피고를 추가하는 것도 민사소송법 제70조 제1항 본문에 의하여 준용되는 민사소송법 제68조 제1항에 의하여 가능하다. 이 경우 주위적 피고에 대한 예비적 청구와 예비적 피고에 대한 청구가 서로 법률상 양립할 수 있는 관계에 있으면 양 청구를 병합하여 통상의 공동소송으로 보아 심리·판단할 수 있다. 그리고 이러한 법리는 원고가 주위적 피고에 대하여 실질적으로 선택적 병합 관계에 있는 두 청구를 주위적·예비적으로 순위를 붙여 청구한 경우에도 그대로 적용된다.

|註| 1. 甲(병원)이 乙(구급센터)의 구급차(응급구조사가 탑승하지 않았다)를 이용하여 丙을 다른 병원으로 이송하던 중 丙이 구급차 내에서 적절한 응급조치를 받지 못하고 사망하자, 丙의 유족인 丁이 먼저 甲이 구급차의 운용자라고 주장하면서 甲을 상대로 응급구조사 미탑승을 이유로 한 불법행위에 기한 손해배상청구를 하였다가, 이후 甲이 구급차의 운용자가 아니라면 乙이 구급차의 운용자라고 주장하면서 甲을 상대로 응급구조사 탑승 미확인을 이유로 한 불법행위에 기한 손해배상청구를, 乙을 상대로 응급구조사 미탑승을 이유로 한 불법행위에 기한 손해배상청구를 추가한 사안이다.

2. 유사한 사례로는, ① 회사를 주위적 피고로 하여 주위적으로 약정금 청구, 예비적으로 불법행위에 기한 손해배상청구를 하면서, 대표이사를 예비적 피고로 하여 불법행위에 기한 손해배상청구를 하는 경우,[1] ② 甲이 丙으로부터 X 토지를 매수하면서 명의신탁약정에 의하여 乙 명의로 소유권이전등기를 해 두고 있던 중, 주위적으로 명의신탁약정이 유효함을 전제로 乙을 상대로 명의신탁해지를 원인으로 한 소유권이전등기를 구하면서, 예비적으로 명의신탁약정이 무효임을 전제로 丙을 상대로는 乙에 대한 소유권이전등기의 말소를, 乙을 상대로는 甲에 대한 소유권이전등기를 구하는 경우[2]가 있다.

(3) 법률상 양립할 수 없는 경우에는 실체법상 양립할 수 없는 경우뿐만 아니라 소송법상 양립할 수 없는 경우도 포함된다.

1) 대판 2009. 3. 26. 2006다47677.
2) 대판 2014. 3. 27. 2009다104960, 104977.

◆ 대법원 2007. 6. 26.자 2007마515 결정

[1] 민사소송법 제70조 제1항에 있어서 '법률상 양립할 수 없다'는 것은, 동일한 사실관계에 대한 법률적인 평가를 달리하여 두 청구 중 어느 한 쪽에 대한 법률효과가 인정되면 다른 쪽에 대한 법률효과가 부정됨으로써 두 청구가 모두 인용될 수는 없는 관계에 있는 경우나, 당사자들 사이의 사실관계 여하에 의하여 또는 청구원인을 구성하는 택일적 사실인정에 의하여 어느 일방의 법률효과를 긍정하거나 부정하고 이로써 다른 일방의 법률효과를 부정하거나 긍정하는 반대의 결과가 되는 경우로서, 두 청구들 사이에서 한 쪽 청구에 대한 판단 이유가 다른 쪽 청구에 대한 판단 이유에 영향을 주어 각 청구에 대한 판단 과정이 필연적으로 상호 결합되어 있는 관계를 의미하며, 실체법적으로 서로 양립할 수 없는 경우뿐 아니라 소송법상으로 서로 양립할 수 없는 경우를 포함하는 것으로 봄이 상당하다.

[2] 법인 또는 비법인 등 당사자능력이 있는 단체의 대표자 또는 구성원의 지위에 관한 확인소송에서 그 대표자 또는 구성원 개인뿐 아니라 그가 소속된 단체를 공동피고로 하여 소가 제기된 경우에 있어서는, 누가 피고적격을 가지는지에 관한 법률적 평가에 따라 어느 한 쪽에 대한 청구는 부적법하고 다른 쪽의 청구만이 적법하게 될 수 있으므로 이는 민사소송법 제70조 제1항 소정의 예비적·선택적 공동소송의 요건인 각 청구가 서로 법률상 양립할 수 없는 관계에 해당한다.

|註| 아파트 입주자대표회의 구성원 개인을 피고로 삼아 제기한 동대표지위 부존재확인의 소의 계속 중에 아파트 입주자대표회의를 피고로 추가하는 주관적·예비적 추가가 허용된다고 한 사례이다.

3. 심판방법

(1) **예비적·선택적 공동소송에는 필수적 공동소송에 관한 규정이 적용되므로**(70조 1항 본문) **소송자료의 통일과 소송진행의 통일이 요구된다. 다만, 청구의 포기·인낙, 화해 및 소의 취하의 경우에는 그러하지 아니하다**(70조 1항 단서).[1]

1) 대판 2018. 2. 13. 2015다242429(공동소송인 중 일부가 소를 취하할 수도 있고 공동소송인 중 일부에 대한 소를 취하할 수도 있다).

◆ **대법원 2015. 3. 20. 선고 2014다75202 판결**(同 대법원 2008. 7. 10. 선고 2006다57872 판결 - 조정에 갈음하는 결정)

민사소송법 제70조에서 정한 예비적 공동소송에는 민사소송법 제67조 내지 제69조가 준용되어 소송자료 및 소송 진행의 통일이 요구되지만, 청구의 포기·인낙, 화해 및 소의 취하는 공동소송인 각자가 할 수 있는데, 이에 비추어 보면 조정을 갈음하는 결정이 확정된 경우에는 재판상 화해와 동일한 효력이 있으므로 그 결정에 대하여 일부 공동소송인이 이의하지 않았다면 원칙적으로 그 공동소송인에 대한 관계에서는 조정을 갈음하는 결정이 확정될 수 있다. 다만, 조정을 갈음하는 결정에서 분리 확정을 불허하고 있거나, 그렇지 않더라도 그 결정에서 정한 사항이 공동소송인들에게 공통되는 법률관계를 형성함을 전제로 하여 이해관계를 조절하는 경우 등과 같이 결정사항의 취지에 비추어 볼 때 분리 확정을 허용할 경우 형평에 반하고 또한 이해관계가 상반된 공동소송인들 사이에서의 소송 진행 통일을 목적으로 하는 민사소송법 제70조 제1항 본문의 입법 취지에 반하는 결과가 초래되는 경우에는 분리 확정이 허용되지 않는다. 이러한 법리는 이의신청 기간 내에 이의신청이 없으면 재판상 화해와 동일한 효력을 가지는 화해권고결정의 경우에도 마찬가지로 적용된다.

|註| **1. 사실관계와 법원의 판단** 甲은, 주위적으로 乙에 대하여 丙이 乙의 대리인으로서 丁의 甲에 대한 대여금채무를 연대보증하였다고 주장하며 대여금을 지급하여 줄 것을 구하고, 丙의 대리권이 인정되지 않는 경우를 대비하여 예비적으로 丙에 대하여 무권대리인으로서 민법 제135조에 따른 책임이 있다고 주장하며 위 대여금을 지급하여 줄 것을 구하는 소를 제기하였다. 제1심은 乙에 대한 청구를 기각하고 丙에 대한 청구를 인용하였고, 丙만이 항소하였다. 항소심 계속 중 '丙은 甲에게 1억 원을 지급한다, 甲의 丙에 대한 나머지 청구와 乙에 대한 청구를 포기한다'는 내용의 화해권고결정이 내려졌는데, 丙은 이의하였으나 甲과 乙은 이의하지 않았다. 항소심법원은 乙에 대한 청구가 화해권고결정으로 확정됨으로써 丙에 대한 청구만이 심판의 대상이 되었다고 인정하여, 丙의 항소를 기각하면서 乙에 대한 청구에 대하여는 아무런 판단을 하지 않았다. 그러나 대법원은, 위 화해권고결정의 내용은 乙에 대하여도 丙의 甲에 대한 금전지급의무를 전제로 그 청구를 포기한다는 것이어서 乙과 丙

사이의 권리의무관계가 상호 관련되어 있고, 분리 확정을 허용할 경우 형평에 반할 뿐만 아니라 예비적 공동소송 제도의 취지에 반하는 결과가 초래되므로 위 화해권고결정에 대하여는 분리확정이 허용되지 않고, 따라서 丙의 이의로써 乙에 대한 청구도 항소심의 심판대상이 된다고 하여 항소심판결을 파기하였다.

2. 인낙의 경우　甲이 乙을 주위적 피고, 丙을 예비적 피고로 하여 소를 제기하였는데 丙이 자신에 대한 청구를 인낙한 경우, 심리 결과 乙에 대한 청구가 이유 있다고 하여 인용판결을 하면 양립불가능한 청구가 모두 인용되는 모순이 생기게 되고, 丙의 인낙으로 乙에 대한 청구를 기각하여야 한다면 乙에 대하여 우선적으로 승소판결을 받고자 하는 甲의 의사를 무시하게 된다. 이러한 문제로 인하여 예비적 청구의 인낙은 허용되지 않는다거나(호문혁), 무효라는(강현중) 견해도 있으나 법문의 규정상 허용된다는 것이 다수설이다.

(2) **예비적·선택적 공동소송에서는 모든 공동소송인에 관한 청구에 대하여 판결을 하여야 한다**(70조 2항).[1] 주위적 피고에 대한 청구를 인용하더라도 예비적 피고에 대한 청구를 판단하여야 하고, 선택적 피고 중 어느 1인에 대한 청구를 인용하더라도 나머지 피고에 대한 청구를 판단하여야 한다. 법률상 양립불가능한 청구를 전제로 하므로 통상은 어느 한 청구가 인용되면 나머지 청구는 기각되겠지만 증명의 실패로 인하여 모든 청구가 기각될 수도 있다.

▶ 대법원 2008. 3. 27. 선고 2005다49430 판결

민사소송법 제70조 제2항은 같은 조 제1항의 예비적·선택적 공동소송에서는 모든 공동소송인에 관한 청구에 대하여 판결을 하도록 규정하고 있으므로, 이러한 공동소송에서 일부 공동소송인에 관한 청구에 대하여만 판결을 하는 경우 이는 일부판결이 아닌 흠이 있는 전부판결에 해당하여 상소로써 이를 다투어야 하고, 그 판결에서 누락된 공동소송인은 이러한 판단유탈을 시정하기 위하여 상소를 제기할 이익이 있다.

|註| 甲이 乙로부터 X 부동산을 매수하였으나 등기를 마치지 못하고 있던 사이에 乙이 위 부동산을 丙에게 매도하고 丙 명의의 소유권이전등기를 마쳐주

1) 대판 2008. 4. 10. 2007다86860.

> 자, 주위적으로 乙의 丙에 대한 X 부동산 매도는 통정허위표시 또는 반사회질서의 법률행위에 해당한다고 주장하면서 乙을 대위하여 丙을 상대로 丙 명의로 마쳐진 소유권이전등기의 말소를 구하고, 예비적으로 통정허위표시와 반사회질서의 법률행위에 관한 주장이 배척된다면 乙의 甲에 대한 위 소유권이전등기의무는 이행불능의 상태에 빠진 것이라고 주장하면서 乙을 상대로 이행불능에 따른 전보배상을 구하는 소를 제기한 사안이다. 항소심법원은 주위적 청구를 인용하면서 예비적 청구에 대하여는 아무런 판단을 하지 아니하였으나, 대법원은, 위 소송은 예비적 공동소송에 해당하는데 주위적 청구를 안용하였다면 예비적 청구를 기각하는 판결을 하였어야 하므로 예비적 청구에 대한 판단을 누락한 것은 위법하고, 예비적 청구를 누락하였더라도 위 판결은 전부판결에 해당하므로 상소로써 예비적 청구에 대한 판단의 누락을 다투어야 한다고 하였다.

◆ **대법원 2018. 12. 27. 선고 2016다202763 판결**(통 대법원 2011. 2. 24. 선고 2009다43355 판결)

예비적 공동소송은 동일한 법률관계에 관하여 모든 공동소송인이 서로 간의 다툼을 하나의 소송절차로 한꺼번에 모순 없이 해결하는 소송 형태로서 모든 공동소송인에 관한 청구에 대하여 판결을 해야 하고, 그중 일부 공동소송인에 관해서만 판결을 하거나 남겨진 자를 위하여 추가판결을 하는 것은 허용되지 않는다. 그리고 주관적·예비적 공동소송에서 주위적 공동소송인과 예비적 공동소송인 중 어느 한 사람이 상소를 제기하면 다른 공동소송인에 관한 청구 부분도 확정이 차단되고 상소심에 이심되어 심판 대상이 되고, 이러한 경우 상소심의 심판 대상은 주위적·예비적 공동소송인들 및 그 상대방 당사자 사이의 결론의 합일확정의 필요성을 고려하여 그 심판의 범위를 판단해야 한다.

Ⅱ. 공동소송인의 추가

소송계속 중에 원고측이나 피고측에 당사자가 추가되어 공동소송화되는 경우이다. 민사소송법은 고유필수적 공동소송인의 추가(68조), 참가승계(81조), 인수승계(82조), 공동소송참가(83조), 예비적·선택적 공동소송의 추가(70조) 등을 인정하고 있는데, 판례는 법에 명문의 규정이 있는 경우를 제외하고는 어떠한 형태의 소의 추가적 병합도 부정한다.

▶ 대법원 1993. 9. 28. 선고 93다32095 판결

필요적 공동소송이 아닌 사건에 있어 소송 도중에 피고를 추가하는 것은 그 경위가 어떻든 간에 허용될 수 없다.

|註| 원고가 자기 소유의 토지를 인근 주민들이 통행로로 사용한다고 하면서 인근 주민들의 일부를 상대로 사용료지급청구의 소를 제기한 후 소송계속 중 다른 주민들을 피고로 추가하는 신청을 한 사안이다.

제 2 절 선정당사자

선정당사자(選定當事者)라 함은 공동의 이해관계 있는 여러 사람이 공동소송인이 되어 소송을 하여야 할 경우에 그 가운데서 모두를 위해 소송을 수행할 당사자로 선출된 자를 말한다. 선정당사자를 선출한 사람들을 선정자라고 한다. 선정당사자 제도는 임의적 소송담당의 일종이다.

Ⅰ. 요건

선정의 요건으로는 ① 공동소송을 할 여러 사람이 있을 것, ② 공동소송인 사이에 공동의 이해관계가 있을 것, ③ 공동의 이해관계 있는 사람 중에서 선정할 것이 요구된다(53조 1항). 선정당사자도 선정행위를 하였다는 의미에서 선정자단에 포함된다.[1)]

◆ 대법원 1997. 7. 25. 선고 97다362 판결

공동의 이해관계가 있는 다수자는 선정당사자를 선정할 수 있는 것인바, 이 경우 공동의 이해관계란 다수자 상호간에 공동소송인이 될 관계에 있고, 또 주요한 공격방어방법을 공통으로 하는 것을 의미한다고 할 것이므로 다수자의

1) 대판 2011. 9. 8. 2011다17090.

권리·의무가 동종이며 그 발생원인이 동종인 관계에 있는 것만으로는 공동의 이해관계가 있는 경우라고 할 수 없을 것이어서 선정당사자의 선정을 허용할 것은 아니다.

|註| 1. 사실관계와 법원의 판단 A 합자회사가 아파트 88세대를 甲 등 88명에게 분양하여 계약금과 중도금을 수령한 후 아파트를 준공하여 A 회사 명의로 소유권보존등기를 마쳤는데, A 회사의 대표사원인 B가 甲 등에게 소유권이전등기를 하여 주기 전에 乙 등으로부터 금원을 차용하면서 乙 등에게 각각 아파트 2~3개 호실에 관하여 근저당권을 설정해 주었고, 甲 등이 소유권이전등기 후 이러한 사실을 알고는 '위 아파트는 관련 규정에 의하여 사업주체가 함부로 담보로 제공할 수 없고, 乙 등은 甲 등의 입주예정사실을 알면서도 B의 불법행위에 가담하여 근저당권설정계약을 체결하였으므로 각 해당 근저당권설정계약은 반사회질서행위로서 무효'라고 주장하여 乙 등을 상대로 각 해당 근저당권설정등기말소의 소를 제기하면서 甲을 선정당사자로 선정한 사건이다. 대법원은 "이 사건은 甲 등이 乙 등을 상대로 한 근저당권설정등기말소청구사건을 병합한 것으로서 소송의 목적이 된 권리가 동종이고 발생원인이 동종인 것에 불과하여 다수자 상호 간에 공동소송인이 될 관계에는 있다 할 것이나, 주요한 공격방어방법을 공통으로 하는 경우에는 해당하지 아니하여 공동의 이해관계가 있다고 볼 수는 없으므로 선정당사자를 선정할 공동의 이해관계가 있다고 할 수 없다"고 하였다.

2. '공동의 이해관계'의 의미 공동의 이해관계란 다수자 상호 간에 공동소송인이 될 관계에 있고, 또 주요한 공격방어방법을 공통으로 하는 것을 의미한다. 제65조 전단의 공동소송인 사이에는 항상 공동의 이해관계가 있다고 할 것이지만, 후단의 공동소송인 사이에는 주요한 공격방어방법을 공통으로 하는 때, 즉 쟁점에 공통성이 있을 때에 한하여 공동의 이해관계가 있다고 하여야 한다.

3. '공동의 이해관계'를 인정한 사례 대법원 1999. 8. 24. 선고 99다15474 판결은 X 건물의 임차인인 甲, 乙, 丙이 丁을 임대인이라고 주장하면서 丁에 대하여 각 보증금의 반환을 청구하는 소송에서 甲을 선정당사자로 선정한 사안에서, 丁이 임대차계약상의 임대인인지 여부가 쟁점이어서 甲, 乙, 丙은 공동소송인이 될 관계가 있을 뿐만 아니라 공격방어방법을 공통으로 하므로 선정당

사자 선정이 적법하다고 하였다.

Ⅱ. 선정의 방법

선정행위는 선정자가 자기의 권리이익에 대해 소송수행권을 수여하는 대리권의 수여에 유사한 단독소송행위이다. 소송행위로서의 요건을 갖추어야 하므로 조건의 부과는 허용되지 않는다.

▶ **대법원 2003. 11. 14. 선고 2003다34038 판결**

공동의 이해관계가 있는 다수자가 당사자를 선정한 경우에는 선정된 당사자는 당해 소송의 종결에 이르기까지 총원을 위하여 소송을 수행할 수 있고, 상소와 같은 것도 역시 이러한 당사자로부터 제기되어야 하는 것이지만, 당사자 선정은 총원의 합의로써 장래를 향하여 이를 취소, 변경할 수 있는 만큼 당초부터 특히 어떠한 심급을 한정하여 당사자인 자격을 보유하게끔 할 목적으로 선정을 하는 것도 역시 허용된다고 할 것이나, 선정당사자의 선정행위시 심급의 제한에 관한 약정 등이 없는 한 선정의 효력은 소송이 종료에 이르기까지 계속되는 것이다.

|註| 1. **사실관계와 법원의 판단** 甲, 乙, 丙, 丁, 戊 5인은 甲을 선정당사자로 선정하였고 甲이 항소심 소송수행을 한 결과 2003. 6. 12. 판결이 선고되고 2003. 6. 23. 판결정본이 甲에게 송달되었다. 위 5인은 2003. 7. 12. 종전 선정당사자인 甲에 대한 선정행위를 취소하고 乙을 새로운 선정당사자로 선정하였고, 乙은 같은 날 상고장을 제출하였다. 이에 대하여 대법원은 판결요지와 같이 판시한 다음 선정당사자 乙의 상고장은 항소심판결정본이 당시 선정당사자이던 甲에게 적법하게 송달된 날로부터 2주일이 이미 도과한 후 제출된 것이어서 부적법하다고 하였다.

2. **심급을 제한한 선정** (1) 심급을 제한하여 선정당사자를 선정할 수 있는가. 학설은 ① 소송의 단순화·간이화에 의한 효율적 소송의 진행을 꾀하는 것이 입법목적이고 선정당사자로 하여금 소송종료시까지 소송을 수행하게 하는 것이 본래의 취지라면, 선정서에 심급을 제한하는 내용이 조건으로 붙어 있어도 특별한 사정이 없는 한 선정의 효력은 그 심급에 한정할 것이 아니라 소송종료시까지 지속된다는 견해(이시윤)와 ② 선정자는 언제라도 선정을 취소·변경

할 수 있다는 점을 고려하면 심급을 제한하는 것도 허용된다는 견해(정동윤·유병현·김경욱, 강현중, 호문혁)가 대립한다.

(2) 판례는 원칙적으로 심급의 제한이 없이 소송종료시까지 선정의 효력이 지속되나 선정행위시 심급을 제한하였다면 이러한 제한은 유효하다고 하였다.[1]

Ⅲ. 선정의 효과

(1) 선정당사자는 선정자의 대리인이 아니라 당사자본인이다. 즉, 선정당사자는 선정자들로부터 소송수행을 위한 포괄적인 수권을 받은 것으로서 일체의 소송행위는 물론 소송수행에 필요한 사법상의 행위도 할 수 있는 것이고 개개의 소송행위를 함에 있어서 선정자의 개별적인 동의가 필요한 것은 아니다.[2] 예컨대, 등기말소소송의 선정당사자가 상대방으로부터 금전을 받는 것으로 합의하고 소취하 및 부제소합의까지 한 경우 그러한 합의의 효력은 선정자들에게 미친다.[3]

(2) 소송계속 후 선정을 하면 선정자는 소송에서 탈퇴한 것으로 본다(53조 2항). 다만 선정자가 그 소송에 관한 소송수행권을 상실하는 것은 아니다. 선정당사자가 받은 판결의 효력은 선정자에게도 미친다(218조 3항).

(3) 선정당사자의 자격은 선정당사자의 사망, 선정의 취소에 의하여 상실된다. 선정당사자 본인에 대한 부분의 소가 취하되거나 판결이 확정되는 등으로 공동의 이해관계가 소멸하는 경우에도 선정당사자의 자격을 상실한다.[4]

▶ 대법원 2018. 10. 12. 선고 2018다231871 판결

공동의 이해관계를 가진 여러 사람이 당사자를 선정한 경우에 선정된 당사자는 특별한 약정이 없는 한 해당 소송의 종결에 이르기까지 모두를 위하여 소송을

---

1) 제1심에 제출된 선정서에 사건명을 기재한 다음에 '제1심 소송절차에 관하여' 또는 '제1심 소송절차를 수행하게 한다'라는 문언이 기재되어 있는 것은 사건을 특정하기 위한 것으로 보아야 하고, 선정의 효력을 제1심에 한정하는 것이 아니라고 해석하여야 한다고 하였다.

2) 대판 2003. 5. 30. 2001다10748.

3) 대판 2012. 3. 15. 2011다105966. 반면에, 선정당사자가 선정자로부터 별도의 수권 없이 변호사 보수에 관한 약정을 하고 향후 변호사 보수에 관하여 다투지 않기로 부제소합의를 한 경우 그러한 합의는 소송위임에 필수적으로 수반되어야 하는 것이 아니므로 다른 선정자들에 대하여는 효력이 없다는 것에, 대판 2010. 5. 13. 2009다105246.

4) 대판 2006. 9. 28. 2006다28775.

수행할 수 있으므로 상소의 제기도 이와 같이 선정된 당사자가 할 수 있다(대법원 2003. 11. 14. 선고 2003다34038 판결 등 참조). 한편 당사자 선정은 언제든지 장래를 위하여 이를 취소·변경할 수 있으며, 선정을 철회한 경우에 선정자 또는 당사자가 상대방 또는 법원에 대하여 선정 철회 사실을 통지하지 아니하면 철회의 효력을 주장하지 못하지만(민사소송법 제63조 제2항, 제1항), 선정의 철회는 반드시 명시적이어야만 하는 것은 아니고 묵시적으로도 가능하다고 보아야 한다(대법원 2015. 10. 15. 선고 2015다31513 판결 등 참조). 그리고 선정당사자는 공동의 이해관계를 가진 여러 사람 중에서 선정되어야 하므로, 선정당사자 본인에 대한 부분의 소가 취하되거나 판결이 확정되는 경우 등으로 공동의 이해관계가 소멸하는 경우에는 선정당사자는 선정당사자의 자격을 당연히 상실한다(대법원 2006. 9. 28. 선고 2006다28775 판결 등 참조).

Ⅳ. 선정당사자의 자격이 없는 때의 효과

선정당사자 자격의 유무는 당사자적격의 문제이므로 직권조사사항이다. 선정당사자 자격이 없는 자의 소송행위는 무효이고 이를 간과한 본안판결은 상소의 대상이 된다.

▶ 대법원 2007. 7. 12. 선고 2005다10470 판결

다수자 사이에 공동소송인이 될 관계에 있기는 하지만 주요한 공격방어방법을 공통으로 하는 것이 아니어서 공동의 이해관계가 없는 자가 선정당사자로 선정되었음에도 법원이 그러한 선정당사자 자격의 흠을 간과하여 그를 당사자로 한 판결이 확정된 경우, 선정자가 스스로 당해 소송의 공동소송인 중 1인인 선정당사자에게 소송수행권을 수여하는 선정행위를 하였다면 그 선정자로서는 실질적인 소송행위를 할 기회 또는 적법하게 당해 소송에 관여할 기회를 박탈당한 것이 아니므로, 비록 그 선정당사자와의 사이에 공동의 이해관계가 없었다고 하더라도 그러한 사정은 민사소송법 제451조 제1항 제3호가 정하는 재심사유에 해당하지 않는 것으로 봄이 상당하고, 이러한 법리는 그 선정당사자에 대한 판결이 확정된 경우뿐만 아니라 그 선정당사자가 청구를 인낙하여 인낙조서가 확정된 경우에도 마찬가지라 할 것이다.

|註| 1. X 토지에 관하여는 甲, 乙, 丙 3인 명의의 소유권보존등기가, Y 토지에 관하여는 丁, 戊 2인 명의의 소유권보존등기가 되어 있었는데, 甲, 乙이 종원인 A 종중이 X 토지와 Y 토지는 A 종중의 소유로서 명의신탁된 것이라고 주장하면서 'A 종중에게 甲, 乙, 丙은 X 토지에 관하여, 丁, 戊는 Y 토지에 관하여 각 명의신탁해지를 원인으로 한 소유권이전등기절차를 이행하라'는 취지의 소를 제기하자, 피고인 甲, 乙, 丙, 丁, 戊가 丁을 선정당사자로 선정하였고, 소송과정에서 丁이 A 종중의 청구를 인낙한 사안이다.
2. 甲, 乙, 丙 3인이 준재심의 소를 제기하여 인낙조서의 효력을 다툰 데 대하여 대법원은, ① 준재심대상 사건 중 X 토지에 관한 부분과 Y 토지에 관한 부분은 단지 소송의 목적이 된 권리가 동종이고 발생원인이 동종인 것에 불과하며 주요한 공격방어방법을 공통으로 하는 경우에는 해당하지 아니하여 공동의 이해관계가 있다고 볼 수 없으므로 丁의 선정당사자로서의 자격에 흠이 있지만, ② X 토지에 관한 피고들인 甲, 乙, 丙이 스스로 丁을 선정당사자로 선정하였으므로 재심사유에 해당한다고 볼 수는 없다고 하였다.

제 3 절 제3자의 소송참가

제3자의 소송참가(訴訟參加)란 현재 계속 중인 다른 사람 사이의 소송에 제3자가 자기의 이익을 위하여 관여하는 것을 말한다. 크게는 기존 당사자 중 어느 한쪽의 승소보조자의 지위에서 참가하는 보조참가와 기존 당사자와 동등한 당사자의 지위에서 참가하는 당사자참가가 있다. 전자는 단순히 법률상 이해관계를 갖는 자가 참가하는 통상의 보조참가와 판결의 효력을 받으나 당사자적격이 없는 공동소송적 보조참가로 나뉘고, 후자는 참가하는 제3자가 기존의 당사자에 대하여 대립견제관계에 서는 독립당사자참가와 기존의 당사자와 같은 편으로 연합관계에 서는 공동소송참가로 나뉜다.

제 1 관 보조참가

제 1. 의의

보조참가(補助參加)라 함은 다른 사람 사이의 소송계속 중 소송결과에 이해관계가 있는 제3자가 한쪽 당사자의 승소를 돕기 위하여 그 소송에 참가하는 것을 말한다(71조). 채권자가 보증인을 상대로 한 소송에서 보증인이 패소하면 주채무자에게 구상할 것이므로 주채무자가 보증인의 승소를 위해 참가하는 것이 그 예이다.

제 2. 보조참가의 요건

보조참가가 적법하기 위하여는 ① 다른 사람 사이에 소송이 계속 중일 것, ② 소송결과에 법률상 이해관계가 있을 것(참가이유), ③ 소송절차를 현저하게 지연시키지 아니할 것의 요건이 필요하다(71조).

Ⅰ. 타인 간의 소송계속

(1) 보조참가는 다른 사람 사이의 소송에 한하여 허용된다. 한쪽 당사자는 상대방을 위하여 보조참가를 할 수 없다. 법정대리인은 소송수행상 당사자에 준하므로 본인의 소송에 보조참가할 수 없다.

◆ 대법원 1994. 12. 27. 선고 92다22473, 22480 판결

독립당사자참가는 소송의 목적의 전부나 일부가 자기의 권리임을 주장하거나 소송의 결과에 의하여 권리의 침해를 받을 것을 주장하는 제3자가 독립한 당사자로서 원·피고 쌍방을 상대방으로 하여 소송에 참가하여 3당사자 사이에 서로 대립되는 권리 또는 법률관계를 하나의 판결로써 모순 없이 일거에 해결하려는 제도고, 보조참가는 원·피고의 어느 일방의 승소를 보조하기 위하여 소송에 참가하는 것으로서 이러한 제도의 본래의 취지에 비추어 볼 때, 당사자참가를 하면서 예비적으로 보조참가를 한다는 것은 허용될 수 없는 것이다.

▶ 대법원 1993. 4. 27. 선고 93다5727, 5734 판결

소송당사자인 독립당사자참가인은 그의 상대방 당사자인 원·피고의 어느 한 쪽을 위하여 보조참가를 할 수는 없는 것이므로 보조참가인이 독립당사자참가를 하였다면 그와 동시에 보조참가는 종료된 것으로 보아야 할 것이고, 따라서 보조참가인의 입장에서는 상고할 수 없다.

(2) 소송계속 중이어야 한다. 상고심에서도 보조참가가 허용된다. 판결확정 후라도 재심의 소 제기와 동시에 보조참가신청을 할 수는 있다(72조 3항).

▶ 대법원 1994. 1. 20.자 93마1701 결정

대립하는 당사자구조를 갖지 못한 결정절차에 있어서는 보조참가를 할 수 없다.

|註| 결정절차에서 보조참가를 허용할 것인지에 관하여는 논의가 있다. 위 판결은 부동산경락허가결정에 대한 항고, 재항고 사건에서 보조참가를 불허한 사안이다. 결정절차에서도 결정이 보조참가인의 권리상태에 법률상 영향을 줄 관계가 있으면 보조참가를 허용하자는 것이 다수설이다(이시윤, 강현중, 정동윤·유병현·김경욱). 보전처분에 대한 이의·취소 절차는 대립하는 당사자구조를 갖추었으므로 판례에 의하더라도 보조참가가 허용되는 것으로 보는 것이 옳다고 본다.

Ⅱ. 소송결과에 대한 법률상의 이해관계(참가이유)

1. 소송결과에 대한 이해관계

먼저 '소송의 결과'에 대한 법률상의 이해관계가 있어야 한다. 판결의 효력을 직접 받거나 판결결과가 참가인의 법적 지위에 영향을 미치는 경우이어야 보조참가가 가능하다.

▶ 대법원 1979. 8. 28. 선고 79누74 판결

보조참가의 요건으로서 소송의 결과에 대한 이해관계라 함은 법률상의 이해관계를 말하고 이는 당해 소송의 판결의 기판력이나 집행력을 당연히 받는 경우 또는 당해 소송의 판결의 효력이 직접 미치지는 아니한다고 하더라도 적어도 그 판결을 전제로 하여 보조참가를 하려는 자의 법률상의 지위가 결정되는 관

계에 있는 경우를 말한다.

|註| **1. 소송결과에 대한 이해관계** 소송결과에 이해관계가 있는 경우로는 ① 판결의 효력이 직접 참가인에게 미치는 경우와 ② 판결결과가 참가인의 법적 지위에 영향을 미치는 경우가 있다. ①의 경우에는 공동소송적 보조참가를, ②의 경우에는 단순 보조참가를 할 수 있다.
2. 소송물의 존부에 의한 영향 '판결결과가 참가인의 법적 지위에 영향을 미치는 경우'란 판결주문에서 판단되는 소송물인 권리관계의 존부에 의하여 직접적으로 영향을 받는 경우를 말하고, 판결이유 중에서 판단되는 쟁점에 의하여 영향을 받는 경우는 포함되지 않는다. 즉, 소송물의 존부에 관한 판단에 의하여 영향을 받는 경우에만 보조참가를 할 수 있고, 판결이유 중에서 판단되는 쟁점에 의하여 영향을 받는 것만으로는 보조참가를 할 수 없다. 예컨대, X 건물의 원시취득자인 甲이 乙을 상대로 건축주명의변경절차이행의 소를 제기하여 계속 중 甲의 패소시 매매가 해지되는 것을 조건으로 甲으로부터 X 건물을 매수한 丙은 위 소송에 甲을 위하여 보조참가를 할 수 있다는 것이 판례이다.[1]

2. 법률상의 이해관계

보조참가를 위한 요건으로서의 당해 소송의 결과에 대한 이해관계라 함은 사실상·경제상 또는 감정상의 이해관계가 아니라 '법률상'의 이해관계를 말한다.[2]

◆ 대법원 1999. 7. 9. 선고 99다12796 판결

[1] 특정 소송사건에서 당사자의 일방을 보조하기 위하여 보조참가를 하려면 당해 소송의 결과에 대하여 이해관계가 있어야 하고, 여기에서 말하는 '이해관계'라 함은 사실상, 경제상 또는 감정상의 이해관계가 아니라 법률상의 이해관계를 가리킨다.

[2] 불법행위로 인한 손해배상책임을 지는 자는 피해자가 다른 공동불법행위자들을 상대로 제기한 손해배상 청구소송의 결과에 대하여 법률상의 이해관계를 갖는다고 할 것이므로, 위 소송에 원고를 위하여 보조참가를 할 수가 있고, 피해자인 원고가 패소판결에 대하여 상소를 하지 않더라도 원고의 상소기간 내라면

1) 대판 2007. 4. 26. 2005다19156.
2) 대판 2000. 9. 8. 99다26924.

보조참가와 동시에 상소를 제기할 수도 있다.

■ 법률상의 이해관계를 긍정한 사례 ■

○ 대법원 2014. 5. 29.자 2014마4009 결정 : 乙 소유의 X 토지에 관하여 임의경매가 실시되어 근저당권자에게 1,000만 원, 가압류권자 甲에게 500만 원, 채무자 겸 소유자인 乙에게 잉여금 1,500만 원이 배당된 후 乙의 배당금채권에 관하여 압류·추심명령을 받은 乙의 채권자 丙이 甲의 乙에 대한 본안소송(가압류권자로서 실제 배당받을 금액을 확정하기 위하여 제기한 소송)에 乙을 위하여 보조참가신청을 한 사안에서, 甲과 乙의 소송결과에 따라 丙이 추심할 수 있는 금액이 달라지므로 丙의 보조참가신청은 적법하다고 하였다.

■ 법률상의 이해관계를 부정한 사례 ■

○ 대법원 1961. 12. 21. 선고 4294민상222 판결 : 신청인 회사가 패소하면 회사의 재산이 감소되고 따라서 보조참가인들의 이익배당이 줄어들 것이라는 정도의 이해관계만으로서는 보조참가를 허용할 만한 이해관계가 되지 못한다.

○ 대법원 1997. 12. 26. 선고 96다51714 판결 : 乙 학교법인 산하 대학의 입시에 합격한 甲이 乙 학교법인에 대하여 등록금환불청구의 소를 제기하자 丙 등 15개 학교법인이 '甲의 청구가 인용되면 乙과 마찬가지로 사립대학을 경영하고 있는 丙 등에게도 소송의 간접적 영향으로서 파급효가 미치게 되어 丙 등의 교육재정의 대부분을 차지하는 등록금제도 운영에 차질이 생기게 된다'고 주장하며 보조참가신청을 한 사안에서, 위 사정들은 법률상의 이해관계가 아닌 사실상·경제상의 이해관계에 지나지 않으므로 丙 등의 보조참가신청은 부적법하다고 하였다.

○ 대법원 2018. 7. 26. 선고 2016다242440 판결 : 甲 회사가, 원고가 乙 회사로부터 채권을 양수한 행위 중 일부가 사행행위로 취소되었는데도 원고가 승소하여 채권을 변제받으면 甲 회사가 채무자인 乙 회사를 대위하여 채권을 행사할 수 없다는 이유로 피고 보조참가를 신청한 사안에서, 이러한 사정은 사실적·경제적 이해관계에 불과하고 소송 결과에 대한 법률적 이해관계라고 할 수 없다고 하였다.

제 3. 참가절차

(1) 참가신청은 서면 또는 구술로 할 수 있고(72조 2항 참조), 서면에 의한 경우에는 그 서면을, 구술에 의한 경우에는 조서등본을 쌍방 당사자에게 송달하여야 한다.[1)]

1) 대판 1956. 6. 1. 4289행상44.

(2) 참가신청의 방식·참가이유의 유무에 대해서는 당사자의 이의가 있는 경우에 조사함이 원칙이다(73조 1항). 이 점에서 이의가 없이도 조사할 수 있는 직권조사사항과 다르다. 당사자가 이의신청 없이 참가에 대하여 변론한 때에는 이의신청권을 상실한다.[1] 그런데, 현행법은 당사자의 이의신청이 없는 경우라도 법원이 필요하다면 직권으로 참가의 이유를 소명하도록 명할 수 있게 하였다(73조 2항). 보조참가제도가 사실상 소송대리의 목적으로 이용되던 편법을 방지하기 위함이다. 참가의 허부는 신청을 받은 법원이 결정으로 재판한다(73조 1항).

▶ 대법원 2017. 10. 12. 선고 2015두36836 판결

민사소송법상 보조참가신청에 대하여 당사자가 이의를 신청한 때에는 수소법원은 참가를 허가할 것인지 여부를 결정하여야 하지만, 당사자가 이의를 신청하지 아니한 채 변론하거나 변론준비기일에서 진술을 한 경우에는 이의를 신청할 권리를 잃게 되고(민사소송법 제73조 제1항, 제74조) 수소법원의 보조참가 허가 결정 없이도 계속 소송행위를 할 수 있다.

▶ 대법원 1962. 1. 11. 선고 4294민상558 판결

참가허부의 재판은 결정으로 하게 되어 있고, 또 이 결정에 대하여는 즉시항고를 할 수 있도록 되어 있으나 종국판결로서 그 허부를 심판하였을 경우에 있어서도 참가가 거부된 당사자는 그 재판에 대한 상소의 방법으로 불복을 할 수 있으니 참가허부에 대한 재판을 결정으로 할 것을 종국판결로 하였다 하여 위법이라 할 수 없다.

▶ 대법원 1971. 3. 31. 선고 71다309, 310 판결

증거를 제출한 참가인의 보조참가신청이 부적법 각하되었다 하여도 이미 법원이 실시한 증거방법에 의하여 법원이 얻은 증거자료의 효력에 아무런 영향이 없다.

제 4. 참가인의 소송상 지위

Ⅰ. 보조참가인의 종속성

보조참가인은 당사자의 승소보조자일 뿐 당사자의 지위에 있지 않다. 따라서 보조참가인을 상대로 청구를 하는 것은 부적법하고,[2] 보조참가인이 자신에게 있

1) 대결 1964. 9. 22. 63두12.

다고 주장하는 권리에 대하여는 심리할 필요가 없으며,[1] 소송계속 중 보조참가인이 사망하더라도 본소의 소송절차는 중단되지 아니하고 수계가 이루어지지 않은 이상 판결문에 보조참가인을 표시하지 않더라도 위법하다고 할 수 없다.[2]

Ⅱ. 보조참가인의 독립성

보조참가인은 피참가인의 대리인이 아니라 자기의 이익을 위하여 독자적인 권한으로 소송에 관여하는 자이므로 당사자는 아니나 당사자에 준하여 절차관여권이 인정된다.

◆ 대법원 2007. 2. 22. 선고 2006다75641 판결

[1] 보조참가인의 소송수행 권능은 피참가인으로부터 유래된 것이 아니라 독립의 권능이라고 할 것이므로 피참가인과는 별도로 보조참가인에 대해서도 기일의 통지, 소송서류의 송달 등을 행해야 하고, 보조참가인에게 기일통지서 또는 출석요구서를 송달하지 아니함으로써 변론의 기회를 부여하지 아니한 채 행하여진 기일의 진행은 적법한 것으로 볼 수 없다.

[2] 기일통지서를 송달받지 못한 보조참가인이 변론기일에 직접 출석하여 변론할 기회를 가졌고, 위 변론 당시 기일통지서를 송달받지 못한 점에 관하여 이의를 하지 아니했다면 기일통지를 하지 않은 절차 진행상의 흠이 치유된다.

Ⅲ. 보조참가인이 할 수 있는 소송행위의 범위

1. 보조참가인이 할 수 있는 소송행위

보조참가인은 피참가인의 승소를 위하여 자기의 이름으로 공격·방어·이의·상소, 그 밖의 모든 소송행위를 할 수 있다(76조 1항 본문). 보조참가인의 소송행위는 피참가인이 한 것과 같은 효과를 발생시킨다.

---

2) 대판 1989. 2. 28. 87누496.

1) 대판 1967. 2. 28. 66다2365.

2) 대결 1995. 8. 25. 94다27373.

▶ 대법원 1981. 9. 22. 선고 81다334 판결

피고에게 귀책될 수 없는 사유로 피고가 항소기간을 준수하지 못한 경우에 피고보조참가인이 동 판결이 있은 사실을 비로소 알아 그로부터 2주일 이내에 보조참가신청과 동시에 제기한 추완항소는 적법하다.

2. 보조참가인이 할 수 없는 소송행위

(1) 참가 당시의 소송진행의 정도에 따라 피참가인도 할 수 없는 소송행위는 보조참가인도 할 수 없다(76조 1항 단서).

▶ 대법원 2007. 9. 6. 선고 2007다41966 판결

피고보조참가인은 참가할 때의 소송의 진행 정도에 따라 피참가인이 할 수 없는 소송행위를 할 수 없으므로, 피고보조참가인이 상고장을 제출한 경우에 피고보조참가인에 대하여 판결정본이 송달된 때로부터 기산한다면 상고기간 내의 상고라 하더라도 이미 피참가인인 피고에 대한 관계에 있어서 상고기간이 경과한 것이라면 피고보조참가인의 상고 역시 상고기간 경과 후의 것이 되어 피고보조참가인의 상고는 부적법하다.

|註| 상소기간에 대하여는 참가인에게도 절차관여의 기회를 준 이상 참가인에게 독자적인 상소기간을 인정할 것이라는 반대설(강현중)이 있으나 참가인의 종속적 성격에 반한다. 판례는 피참가인의 상고이유서제출기간이 지난 후에 제출한 보조참가인의 상고이유서는 부적법하다고 하였다.[1]

(2) 보조참가인은 피참가인의 소송행위와 저촉되는 소송행위를 할 수 없다(76조 2항). 반면에 피참가인은 보조참가인의 소송행위와 저촉되는 소송행위를 할 수 있다.

◆ 대법원 2007. 11. 29. 선고 2007다53310 판결

민사소송법 제76조 제2항이 규정하는 참가인의 소송행위가 피참가인의 소송행위에 어긋나는 경우라 함은 참가인의 소송행위가 피참가인의 행위와 명백히 적극적으로 배치되는 경우를 말하고, 소극적으로만 피참가인의 행위와 불일치하

---

1) 대판 1962. 3. 15. 4294행상145.

는 때에는 이에 해당하지 않는 것인바, 피참가인인 피고가 원고가 주장하는 사실을 명백히 다투지 아니하여 민사소송법 제150조에 의하여 그 사실을 자백한 것으로 보게 될 경우라도 참가인이 보조참가를 신청하면서 그 사실에 대하여 다투는 것은 피참가인의 행위와 명백히 적극적으로 배치되는 경우라 할 수 없어 그 소송행위의 효력이 없다고 할 수 없다.

▶ 대법원 1981. 6. 23. 선고 80다1761 판결

피참가인이 상대방의 주장사실을 자백한 이상 보조참가인이 이를 다투었다고 하여도 민사소송법 제70조 제2항(현행 76조 2항)에 의하여 참가인의 주장은 그 효력이 없다.

|註| 같은 취지로, 피참가인이 상고권을 포기한 경우 보조참가인은 상고를 제기할 수 없고 상고를 제기하더라도 부적법하다.[1]

▶ 대법원 2010. 10. 14. 선고 2010다38168 판결

민사소송법 제76조 제2항은 참가인의 소송행위가 피참가인의 소송행위에 어긋나는 경우에는 참가인의 소송행위는 효력을 가지지 아니한다고 규정하고 있는데, 그 규정의 취지는 피참가인들의 소송행위와 보조참가인들의 소송행위가 서로 어긋나는 경우에는 피참가인의 의사가 우선하는 것을 뜻하므로 피참가인은 참가인의 행위에 어긋나는 행위를 할 수 있고, 따라서 보조참가인들이 제기한 항소를 포기 또는 취하할 수도 있다.

|註| 같은 취지로, 피고대리인과 피고보조참가인 대리인이 시효항변을 하였다가 피고대리인이 그 항변을 철회한 이상 위 시효항변에 대하여 아무런 판단을 하지 아니하였더라도 판단누락이라고 할 수 없다.[2]

▶ 대법원 1994. 4. 29. 선고 94다3629 판결

보조참가인의 증거신청행위가 피참가인의 소송행위와 저촉되지 아니하고(즉, 피참가인이 증거신청행위와 저촉되는 소송행위를 한 바 없고), 그 증거들이 적법한 증거조사절차를 거쳐 법원에 현출되었다면 법원이 이들 증거에 터잡아 피참가인에게 불이익한 사실을 인정하였다 하여 그것이 민사소송법 제70조 제2항(현행 76조 2항)

1) 대판 2000. 1. 18. 99다47365.
2) 대판 1966. 12. 20. 66다1834.

에 위배된다고 할 수 없다.

|註| 다만, 보조참가인은 피참가인의 승소보조자이므로 소의 취하, 청구의 포기·인낙, 재판상화해(화해참가는 예외), 상소의 포기·취하를 할 수는 없다. 자백을 할 수 있는지에 관하여는 견해가 나뉜다.

(3) 보조참가인은 기존의 소를 변경하거나 확장하는 행위를 할 수 없다.

▶ 대법원 1989. 4. 25. 선고 86다카2329 판결

보조참가인은 기존의 소송을 전제로 하여 피참가인을 승소시키기 위하여 참가하는 것이므로 소의 변경과 같은 기존의 소송형태를 변경시키는 행위는 할 수 없다.

|註| 같은 취지로, 재심원고에 보조참가한 사람은 새로운 재심사유를 추가하여 주장할 수 없다.[1] 민사소송법 제451조 제1항 각호의 재심사유는 각각 별개의 소송물을 구성하기 때문이다.

제 5. 재판의 참가인에 대한 효력

Ⅰ. 효력의 성질(참가적 효력)

(1) 민사소송법 제77조는 "재판은 … 참가인에게도 그 효력이 미친다"고 규정하고 있는데, 여기에서의 효력에 관하여 ① 기판력을 의미한다는 기판력설, ② 기판력과는 다른 특수한 효력으로서 피참가인이 패소하고 나서 뒤에 보조참가인을 상대로 소송을 하는 경우 보조참가인이 피참가인에 대하여 이전 판결의 내용이 부당하다고 주장할 수 없는 구속력이라는 참가적 효력설(통설), ③ 보조참가인과 피참가인 사이에서는 참가적 효력이 생기지만, 보조참가인과 상대방 사이에서는 기판력 내지 쟁점효가 인정된다는 신기판력설(강현중)이 대립한다. 판례는 참가적 효력설 입장임을 분명히 하고 있다.

▶ 대법원 2020. 1. 30. 선고 2019다268252 판결(同 대법원 1997. 9. 5. 선고 95다42133 판결)

보조참가인이 피참가인을 보조하여 공동으로 소송을 수행하였으나 피참가인이

1) 대판 1992. 10. 9. 92므266.

소송에서 패소한 경우에는 형평의 원칙상 보조참가인이 피참가인에게 패소판결이 부당하다고 주장할 수 없도록 구속력을 미치게 하는 참가적 효력이 인정된다. 전소 확정판결의 참가적 효력은 전소 확정판결의 결론의 기초가 된 사실상·법률상 판단으로서 보조참가인이 피참가인과 공동이익으로 주장하거나 다툴 수 있었던 사항에 미친다. 소송고지를 받은 사람이 참가하지 않은 경우라도 참가할 수 있었을 때에 참가한 것으로 보기 때문에(민사소송법 제86조, 제77조) 소송고지를 받은 사람에게도 위와 같은 효력이 미친다.

(2) 참가적 효력은 전소 확정판결의 결론의 기초가 된 사실상 및 법률상의 판단으로서 보조참가인이 피참가인과 공동이익으로 주장하거나 다툴 수 있었던 사항에 한해 미친다. 참가적 효력은 재판에 대한 효력이다. 법원의 사실상·법률상 판단이 없는 조정에 갈음하는 결정,[1] 화해권고결정, 청구의 포기, 청구의 인낙[2] 등의 경우에는 참가적 효력이 인정되지 않는다.

◆ 대법원 2015. 5. 28. 선고 2012다78184 판결

보조참가인이 피참가인을 보조하여 공동으로 소송을 수행했으나 피참가인이 소송에서 패소한 경우에는 형평의 원칙상 보조참가인이 피참가인에게 패소판결이 부당하다고 주장할 수 없도록 구속력을 미치게 하는 이른바 참가적 효력이 인정되지만, 전소 확정판결의 참가적 효력은 전소 확정판결의 결론의 기초가 된 사실상 및 법률상의 판단으로서 보조참가인이 피참가인과 공동이익으로 주장하거나 다툴 수 있었던 사항에 한하여 미친다. 이러한 법리에 비추어 보면 전소가 확정판결이 아닌 화해권고결정에 의하여 종료된 경우에는 확정판결에서와 같은 법원의 사실상 및 법률상의 판단이 이루어졌다고 할 수 없으므로 참가적 효력이 인정되지 아니한다.

Ⅱ. 참가적 효력의 범위

1. 주관적 범위

참가적 효력은 참가인과 피참가인 사이에만 미치고 참가인과 피참가인의 상대

1) 대판 2019. 6. 13. 2016다221085.
2) 대판 1988. 12. 13. 86다카2289.

방 사이에는 미치지 아니한다.[1)]

▶ 대법원 1988. 12. 13. 선고 86다카2289 판결

보조참가인이 피참가인을 보조하여 공동으로 소송을 수행하였으나 피참가인이 그 소송에서 패소한 경우에는 형평의 원칙상 보조참가인이 피참가인에게 그 패소판결이 부당하다고 주장할 수 없도록 구속력을 미치게 하는 이른바 참가적 효력이 있음에 불과하므로 피참가인과 그 소송상대방 간의 판결의 기판력이 참가인과 피참가인의 상대방과의 사이에까지는 미치지 아니한다.

2. 객관적 범위

참가적 효력은 판결이유 중 패소이유가 되었던 사실상·법률상의 판단에 미친다. 즉, 참가적 효력은 판결이유 중 결론에 영향을 미치는 중요한 쟁점에 대한 판단으로서 참가인이 피참가인과 공동이익으로 주장하거나 다툴 수 있었던 사항에 미치고, 그러한 영향이 없는 부가적·보충적인 판단이나 방론에는 미치지 않는다.

▶ 대법원 1997. 9. 5. 선고 95다42133 판결

참가적 효력은 전소 확정판결의 결론의 기초가 된 사실상 및 법률상의 판단으로서 보조참가인이 피참가인과 공동이익으로 주장하거나 다툴 수 있었던 사항에 한하여 미치고, 전소 확정판결에 필수적인 요소가 아니어서 결론에 영향을 미칠 수 없는 부가적 또는 보충적 판단이나 방론 등에까지 미치는 것은 아니다.

|註| 사실관계와 법원의 판단 (1) X 토지는 甲 명의로 소유권이전등기가 되어 있는 낙동강변의 토지이다. 국가는 낙동강 제방 개수공사를 함에 있어 乙이 공공용지의취득및손실보상에관한특례법에 따라 자신이 X 토지의 정당한 권리자라는 관할 읍장의 확인서를 발급받아 제출하자, 乙과 사이에 협의매수에 의하여 보상금 2,000만 원을 지급하기로 하고 X 토지를 취득하여 국가 앞으로 협의취득을 원인으로 한 소유권이전등기를 마쳤다. 甲은 자신이 X 토지의 진정한 소유자라는 전제 아래 국가를 상대로 ① 정당한 보상금 수령권자인 자신에게 보상금을 지급하라는 청구와 ② 무권리자로부터 취득하여 마친 국가 명의 소유권이전등기를 말소하라는 청구를 선택적으로 하는 소(본 소송)를 제기하였다. 이에 따라 국가가 보상금을 지급하지 않자, 乙은 국가를 상대로 협의취득에 따른 보상금지급청구소송(관련 소송)을 제기하였다. 관련

1) 대판 1971. 1. 26. 70다2596.

소송은 본 소송과 별도로 진행되었고 甲은 관련 소송에 국가를 위하여 보조참가하였다.

(2) 한편, 본 소송에서 항소심법원은 ① 보상금지급청구에 관하여는, 공공용지의 협의취득은 사법상의 매매계약과 같은 성질의 것으로서 협의당사자(국가와 乙) 사이에서만 그 협의에 따른 권리의무관계가 성립될 뿐, 당사자가 아닌 甲이 그 보상금을 청구할 수는 없다는 이유로 이를 배척하고, ② 소유권이전등기말소청구에 관하여는, X 토지가 낙동강의 수류변동으로 완전히 포락됨으로써 甲의 소유권은 소멸되었다는 이유로 이를 역시 배척하였다.

(3) 이후 관련 소송 법원은, ① 먼저 협의취득은 사법상의 매매계약과 같은 성질의 것으로서 협의당사자 사이에서만 그 협의에 따른 권리의무관계가 성립될 뿐인데 위 협의취득의 당사자는 乙과 국가이며 甲이 아니라는 이유를 들고, ② 다음으로 포락으로 인하여 甲의 소유권은 소멸되었다는 이유를 들어, 피고인 국가 및 보조참가인인 甲의 주장을 배척하고 乙의 보상금청구를 인용하였으며, 위 판결은 그대로 확정되었다.

(4) 甲은 위 본 소송 판결에 대하여 상고하였고 대법원은 ① 보상금지급청구에 대하여는 항소심판결이 옳다고 하였지만 ② 토지소유권이전등기말소청구에 대하여는 포락을 인정하기에 심리가 부족하다는 이유로 위 판결을 파기하였다. 본 소송의 파기 후 항소심법원은 다소간의 심리를 진행한 다음 "증거상으로는 포락을 인정하기에 부족한 사정이 엿보이나, 관련 소송 판결의 甲에 대한 참가적 효력은 X 토지가 포락되었다는 판결이유 중의 판단에까지 미치므로 甲이 그 판결이유와 달리 본 소송에서 X 토지가 포락된 것이 아니라고 주장할 수 없다"는 이유로 소유권이전등기말소청구를 또다시 배척하였다.

(5) 대법원은 위 판결요지와 같이 판시한 다음, "보상금지급청구권의 존부에 관한 관련 소송 확정판결의 결론은 협의취득의 성질에 의하여 좌우되는 것이지 X 토지의 포락 여부와는 무관하므로 포락 여부에 관한 관련 소송의 판단은 그 결론의 기초가 된 사실상, 법률상의 판단에 해당하지 않고, 관련 소송에서 보조참가인인 甲으로서는 판결의 결론에 영향을 미칠 수 없는 부가적인 판결 이유의 당부만을 문제삼아 따로 불복하여 다툴 수도 없었으므로, 포락 여부에 대한 판단에는 참가적 효력이 미치지 않는다"고 하였다.

Ⅲ. 참가적 효력의 배제

참가적 효력은 ① 참가인이 참가 당시의 소송정도로 보아 필요한 행위를 할 수 없었던 경우, ② 참가인의 소송행위가 피참가인의 소송행위에 저촉되어 효력을 잃은 경우, ③ 피참가인이 참가인의 소송행위를 방해한 경우, ④ 피참가인이 참가인이 할 수 없는 소송행위를 고의나 과실로 하지 아니한 경우에는 발생하지 않는다(77조). 다만, 참가적 효력이 배제되기 위하여는 위와 같은 사태가 발생하지 않았다면 전소에서 피참가인이 승소하였을 것임을 참가인이 주장·증명하여야 한다.

▶ 대법원 1974. 6. 4. 선고 73다1030 판결

참가인이 부인하는 사실을 피참가인이 자백한 경우와 같이 참가인의 소송행위를 방해한 경우에는 그 재판은 참가인에 대하여 효력이 없다.

|註| 사실관계와 법원의 판단 (1) 甲은 X 선박의 소유자인 乙에 대하여 선박우선특권이 있는 채권의 지급을 구하는 소(전소)를 제기하였고, X 선박에 대한 근저당권자인 丙은 乙을 위하여 위 소송에 보조참가하였다. 위 소송에서 丙은 甲의 청구를 다투었으나 乙이 甲 주장사실을 자백하자 丙은 참가적 효력이 미칠 것을 우려하여 보조참가신청을 취하하였고, 위 소송은 甲 승소로 확정되었다. 이후 丙의 신청으로 X 선박에 대하여는 경매절차가 진행되었는데 甲이 선박우선특권이 있는 채권자로서 배당을 받자 丙은 甲에 대하여 배당이의의 소를 제기하고 甲의 채권은 허위채권임을 주장하였다. 이에 甲은 전소의 참가적 효력이 丙에게 미치므로 丙은 甲에게 선박우선특권이 있는 채권이 있음을 다투지 못한다고 주장하였다.

(2) 법원은, 보조참가를 하였다가 취하한 자에게도 참가적 효력이 미치나 한편 ① 참가적 효력은 피참가인과 보조참가인 사이에만 미치는 것으로서 보조참가인인 丙과 그 상대방인 甲 사이에서는 미치지 않을 뿐만 아니라, ② 보조참가인이 부인하는 사실을 피참가인이 자백한 경우와 같이 보조참가인의 소송행위를 방해한 경우에는 그 재판은 보조참가인에 대하여 효력이 없는바, 丙이 부인한 사실을 乙이 자백하였으므로 전소판결의 효력은 丙에게 미치지 않는다고 하였다.

제2관 공동소송적 보조참가

제1. 공동소송적 보조참가의 요건

(1) 재판의 효력이 참가인에게도 미치는 경우에는 그 참가인과 피참가인에 대하여 필수적 공동소송에 관한 규정인 제67조 및 제69조를 준용한다(78조). 이러한 참가를 공동소송적 보조참가라고 한다. 기판력 등 판결의 효력을 받게 되나 당사자적격이 없는 자는 당사자적격이 없음으로 말미암아 당사자로서의 참가를 하지 못하고 보조참가를 할 수밖에 없으나, 그와 피참가인 사이에는 합일확정되는 결론이 도출되어야 하므로 필수적 공동소송에 관한 규정을 적용하도록 한 것이다. 공동소송적 보조참가인지의 여부는 신청에 구애받지 않고 법원이 법령의 해석에 따라 결정한다.[1]

(2) 공동소송적 보조참가가 성립하는 경우는 ① ㉠ 갈음형 제3자의 소송담당자가 소송수행을 함에 있어 당사자적격을 상실한 권리귀속주체가 위 소송에 참가하는 경우, ㉡ 병존형 제3자의 소송담당자가 소송수행을 함에 있어 당사자적격을 상실하지는 않았으나 중복소송에 해당되어 별소를 제기하지 못하는 권리귀속주체가 위 소송에 참가하는 경우,[2] 그리고 ② 가사소송·회사관계소송·행정소송 등 판결의 효력이 일반 제3자에게 확장되는 소송에 있어 제3자가 위 소송에 참가하는 경우이다.

▶ 대법원 2013. 3. 28. 선고 2011두13729 판결

행정소송 사건에서 참가인이 한 보조참가가 행정소송법 제16조가 규정한 제3자의 소송참가에 해당하지 않는 경우에도, 판결의 효력이 참가인에게까지 미치는 점 등 행정소송의 성질에 비추어 보면 그 참가는 민사소송법 제78조에 규정된 공동소송적 보조참가라 할 것이다.

---

1) 대판 1962. 5. 17. 4294행상172 참조.

2) 다만 판례는 주주대표소송에 대하여 회사가 하는 참가는 공동소송참가이지 공동소송적 보조참가가 아니며, 이러한 해석이 중복소송금지에 관한 제234조에 반하는 것이 아니라고 하였는데(대판 2002. 3. 15. 2000다9086), 판시 내용에 의하면 상법 제404조에 의한 참가를 공동소송참가로 본다는 취지로 보이고 위 ①㉡의 경우 모두를 공동소송참가로 보는 입장은 아닌 것으로 생각된다.

▶ 대법원 2001. 1. 19. 선고 2000다59333 판결

피고로부터 부동산을 매수한 참가인이 소유권이전등기를 미루고 있는 사이에 원고가 피고에 대한 채권이 있다 하여 당시 피고의 소유명의로 남아 있던 위 부동산에 대하여 가압류를 하고 본안소송을 제기하자 참가인이 피고보조참가를 한 사안에서, 원고가 승소하면 위 가압류에 기하여 위 부동산에 대한 강제집행에 나설 것이고 그렇게 되면 참가인은 그 후 소유권이전등기를 마친 위 부동산의 소유권을 상실하게 되는 손해를 입게 되며, 원고가 피고에게 구하는 채권이 허위채권으로 보여지는데도 피고가 원고의 주장사실을 자백하여 원고를 승소시키려 한다는 사유만으로는 참가인의 참가가 이른바 공동소송적 보조참가에 해당하여 참가인이 피참가인인 피고와 저촉되는 소송행위를 할 수 있는 지위에 있다고 할 수 없다.

제 2. 공동소송적 보조참가인의 지위

공동소송적 보조참가인과 피참가인 사이에서는 필수적 공동소송에 관한 제67조, 제69조의 규정을 준용한다(78조). 따라서 ① 참가인은 피참가인의 소송행위에 저촉되는 행위를 할 수 있고, 피참가인은 참가인의 동의 없이 참가인에게 불리한 소송행위(상소취하·상소포기, 청구의 포기·인낙, 화해·조정)를 할 수 없으며(76조 2항 적용배제), ② 참가인의 상소기간은 피참가인과 무관하게 참가인에 대한 판결송달 시점부터 독자적으로 계산되고, ③ 참가인에게 소송절차의 중단·정지 사유가 있으면 소송절차는 정지된다. 다만 공동소송적 보조참가인도 소송의 진행정도에 따라 피참가인이 할 수 없는 행위는 할 수 없다(76조 1항 적용).

◆ 대법원 2015. 10. 29. 선고 2014다13044 판결(판결요지 [2]와 같은 취지 : 대법원 2018. 11. 29. 선고 2018므14210 판결)

[1] 재심의 소를 취하하는 것은 통상의 소를 취하하는 것과는 달리 확정된 종국판결에 대한 불복의 기회를 상실하게 하여 더 이상 확정판결의 효력을 배제할 수 없게 하는 행위이므로, 이는 재판의 효력과 직접적인 관련이 있는 소송행위로서 확정판결의 효력이 미치는 공동소송적 보조참가인에 대하여는 불리한 행위이다. 따라서 재심의 소에 공동소송적 보조참가인이 참가한 후에는 피참가인이 재심의 소를 취하하더라도 공동소송적 보조참가인의 동의가 없는 한 효력이

없다. 이는 재심의 소를 피참가인이 제기한 경우나 통상의 보조참가인이 제기한 경우에도 마찬가지이다. 특히 통상의 보조참가인이 재심의 소를 제기한 경우에는 피참가인이 통상의 보조참가인에 대한 관계에서 재심의 소를 취하할 권능이 있더라도 이를 통하여 공동소송적 보조참가인에게 불리한 영향을 미칠 수는 없으므로 피참가인의 재심의 소 취하로 재심의 소 제기가 무효로 된다거나 부적법하게 된다고 볼 것도 아니다.

[2] 통상의 보조참가인은 참가 당시의 소송상태를 전제로 하여 피참가인을 보조하기 위하여 참가하는 것이므로 참가할 때의 소송의 진행 정도에 따라 피참가인이 할 수 없는 행위를 할 수 없다. 공동소송적 보조참가인 또한 판결의 효력을 받는 점에서 민사소송법 제78조, 제67조에 따라 필수적 공동소송인에 준하는 지위를 부여받기는 하였지만 원래 당사자가 아니라 보조참가인의 성질을 가지므로 위와 같은 점에서는 통상의 보조참가인과 마찬가지이다.

|註| 1. 사실관계와 법원의 판단 (1) 丙이 乙을 상대로 청구이의의 소(재심대상사건)를 제기하였다가 제1심 계속 중 파산선고를 받자, 甲이 파산관재인으로서 소송을 수계하여 일부승소의 재심대상판결을 받았고, 이 판결은 甲의 항소취하로 확정되었다. 재심대상사건에 보조참가를 한 丁이 재심대상판결의 취소 등을 구하는 재심의 소를 제기하자, 丙은 제1심법원에 공동소송적 보조참가 신청서를 제출하였고, 그 신청서가 甲과 乙에게 송달되었다. 그러자 甲은 제1심법원에 재심의 소를 취하한다는 내용의 소취하서를 제출하였다. 한편 丁이 제출한 재심사유는 재심대상판결에 일부 쟁점에 관한 판단누락(451조 1항 9호)이 있다는 것이었다. 항소심법원은 甲의 재심의 소 취하로 재심의 소가 부적법하게 되었다는 이유로 재심의 소를 각하하였다.

(2) 대법원은 ① 파산관재인인 甲이 받은 재심대상판결의 효력이 채무자인 丙에게 미치는 이상 丙은 재심의 소에 적법하게 공동소송적 보조참가를 하였다고 할 것이므로, 그 후 피참가인인 甲이 재심의 소를 취하하였더라도 이는 丙에게 불리한 행위로서 그 효력이 없고, 그로 인하여 재심의 소 제기가 무효로 된다거나 부적법하게 된다고 할 수도 없다고 하였다(판결요지 [1] 관련). ② 그러나 甲은 특별한 사정이 없는 한 재심대상판결의 정본을 송달받음으로써 丁이 주장하는 판단누락의 재심사유를 알게 되었다고 할 것인데, 甲이 항소도 취하

함에 따라 재심대상판결이 그대로 확정된 이상 甲으로서는 위와 같은 판단누락을 재심사유로 하여서는 재심의 소를 제기할 수 없게 되었다고 할 것이고, 이와 같이 피참가인인 甲이 재심의 소를 제기할 수 없는 이상 丁도 위와 같은 판단누락을 재심사유로 하여 재심의 소를 제기할 수 없으며, 이는 丙이 재심의 소에 공동소송적 보조참가를 하였더라도 마찬가지이므로 재심의 소는 적법한 재심사유에 해당하지 아니하는 사유만을 재심사유로 주장한 것이어서 부적법하다고 하였다(판결요지 [2] 관련).

2. 재심의 소에서 공동소송적 보조참가와 피참가인의 소취하 공동소송적 보조참가를 하였더라도 피참가인의 소취하는 허용된다(아래 2011두13729 판결 참조). 다만 재심의 소에 있어서는 공동소송적 보조참가인의 동의가 없는 피참가인의 소취하가 허용되지 않는데, 이는 공동소송적 보조참가인의 동의가 없는 상소의 취하가 허용되지 않는 것(아래 2015두36836 판결 참조)과 궤를 같이 한다.

▶ 대법원 2013. 3. 28. 선고 2011두13729 판결

공동소송적 보조참가는 그 성질상 필수적 공동소송 중에서는 이른바 유사필수적 공동소송에 준한다 할 것인데, 유사필수적 공동소송에서는 원고들 중 일부가 소를 취하하는 경우에 다른 공동소송인의 동의를 받을 필요가 없다. 또한 소취하는 판결이 확정될 때까지 할 수 있고 취하된 부분에 대해서는 소가 처음부터 계속되지 아니한 것으로 간주되며, 본안에 관한 종국판결이 선고된 경우에도 그 판결 역시 처음부터 존재하지 아니한 것으로 간주되므로, 이는 재판의 효력과는 직접적인 관련이 없는 소송행위로서 공동소송적 보조참가인에게 불이익이 된다고 할 것도 아니다. 따라서 피참가인이 공동소송적 보조참가인의 동의 없이 소를 취하하였다 하더라도 이는 유효하다.

▶ 대법원 2017. 10. 12. 선고 2015두36836 판결

공동소송적 보조참가에는 필수적 공동소송에 관한 민사소송법 제67조 제1항 … 규정이 준용되므로, 피참가인의 소송행위는 모두의 이익을 위하여서만 효력을 가지고, 공동소송적 보조참가인에게 불이익이 되는 것은 효력이 없으므로, 참가인이 상소를 할 경우에 피참가인이 상소취하나 상소포기를 할 수는 없다.

▶ 대법원 2020. 10. 15. 선고 2019두40611 판결

[1] 공동소송적 보조참가를 한 참가인은 상고를 제기하지 않은 채 피참가인이 상고를 제기한 부분에 대한 상고이유서를 제출할 수 있지만, 이 경우 상고이유

서 제출기간을 준수하였는지는 피참가인을 기준으로 판단하여야 한다. 따라서 상고하지 않은 참가인이 피참가인의 상고이유서 제출기간이 지난 후 상고이유서를 제출하였다면 적법한 기간 내에 제출한 것으로 볼 수 없다. 이러한 법리는 상고이유의 주장에 대해서도 마찬가지여서, 상고하지 않은 참가인이 적법하게 제출된 피참가인의 상고이유서에서 주장되지 않은 내용을 피참가인의 상고이유서 제출기간이 지난 후 제출한 서면에서 주장하였더라도 이는 적법한 기간 내에 제출된 상고이유의 주장이라고 할 수 없다.

[2] 공동소송적 보조참가를 한 참가인과 피참가인이 서로 원심에 대해 불복하는 부분을 달리하여 각각 상고하는 경우, '피참가인만이 불복한 부분'에 대하여 참가인은 '상고하지 않은 참가인'의 지위에 있게 된다. 따라서 '피참가인만이 불복한 부분'에 대하여, 피참가인이 상고이유서에서 주장하지 않은 새로운 내용을 참가인이 피참가인의 상고이유서 제출기간이 지난 후에 주장한다면 이는 적법한 기간 내에 제출된 상고이유의 주장이라고 할 수 없다.

|註| 같은 취지로, 공동소송적 보조참가인이 적법하게 상고를 제기하고 그 상고이유서 제출기간 내에 상고이유서를 제출하였다면, 상고를 제기하지 않은 피참가인인 피고의 상고이유서 제출기간이 도과하였다고 하더라도, 그 상고이유서의 제출은 적법하다.[1)]

제 3 관 소송고지

제 1. 의의

소송고지(訴訟告知)라 함은 소송계속 중에 당사자가 소송참가를 할 이해관계 있는 제3자에 대하여 일정한 방식에 따라서 소송계속의 사실을 통지하는 것이다. 피고지자에게는 소송계속을 알려 권리옹호의 기회를 주고 고지자로서는 참가적 효력을 부여받을 수 있는 실익이 있다.

제 2. 소송고지의 방식

소송고지는 고지서를 법원에 제출함으로써 하고(85조 1항), 법원은 위 고지서를

1) 대판 2012. 11. 29. 2011두30069.

피고지자와 상대방당사자에게 송달하여야 한다(85조 2항). 소송고지의 효과는 고지서를 법원에 제출한 때가 아니라 고지서가 피고지자에게 적법하게 송달된 때에 생긴다.[1)]

제3. 소송고지의 효과

Ⅰ. 소송법상의 효과

1. 피고지자의 지위

소송고지를 받은 사람이 소송에 참가하느냐의 여부는 피고지자의 자유이다. 즉, 소송고지로써 피고지자가 당연히 소송에 참가하게 되는 것이 아니므로 변론기일을 피고지자에게 통지하거나 또는 판결에 피고지자의 이름을 표시할 수도 없고 또 표시하여서는 안 된다.[2)]

2. 참가적 효력

피고지자가 고지자에게 보조참가할 이해관계가 있는 때에는 피고지자가 참가하지 아니한 경우라도 참가할 수 있었을 때에 참가한 것으로 본다(86조). 피고지자에게 참가적 효력이 인정되는 것이다.

▶ 대법원 1991. 6. 25. 선고 88다카6358 판결

[1] 소송고지제도는 소송의 결과에 대하여 이해관계를 가지는 제3자로 하여금 소송에 참가하여 그 이익을 옹호할 기회를 부여함과 아울러 고지자가 패소한 경우에는 형평의 견지에서 그 패소의 책임을 제3자에게 분담시키려는 제도로서 피고지자는 후일 고지자와의 소송에서 전소확정판결에서의 결론의 기초가 된 사실상·법률상의 판단에 반하는 것을 주장할 수 없게 된다.

[2] 제3자가 고지자를 상대로 제기한 전부금청구소송에서 피고지자가 소송고지를 받고도 위 소송에 참가하지 아니 하였지만 고지자가 위 소송에서 제3자로부터 채권압류 및 전부명령을 받기 전에 피고지자에게 채권이 양도되고 확정일자

---

1) 대판 1975. 4. 22. 74다1519.
2) 대판 1962. 4. 18. 4294민상1195.

있는 증서에 의하여 양도통지된 사실을 항변으로 제기하지 아니하여 위 소송의 수소법원이 위 채권압류 및 전부명령과 위 채권양도의 효력의 우열에 관하여 아무런 사실인정이나 법률판단을 하지 아니한 채 고지자에게 패소판결을 하였다면 피고지자는 위 소송의 판결결과에 구속받지 아니한다.

> **|註| 1. 사실관계와 법원의 판단** 乙의 채권자 甲은 乙의 丙에 대한 목재대금채권에 대하여 압류 및 전부명령을 받고 丙에 대하여 전부금청구의 소(제1소송)를 제기하였다. 한편 乙에 대한 또 다른 채권자 丁은 乙의 丙에 대한 위 목재대금채권을 양수받았음을 이유로 丙을 상대로 양수금청구의 소(제2소송)를 제기하였던 바, 丙은 제1소송이 제기된 사실을 丁에게 소송고지하였다. 그러나 丁은 제1소송에 참가하지 않았다. 제1소송에서 丙은 위 목재대금채권이 丁에게 양도되었다는 사실을 진술하지 않았고 제1소송은 甲의 전부명령과 丁의 채권양수 사이의 우열에 관하여 아무런 사실인정이나 법률판단을 하지 아니한 채 甲 승소(丙 패소)로 확정되었다. 甲은 제2소송에 보조참가를 하여 丁이 제1소송에 관하여 소송고지를 받고도 참가하지 않아 제1소송의 고지자인 丙이 패소하였으므로 참가적 효력에 의하여 丁은 제2소송에서 채권양수사실을 주장할 수 없다고 다투었다. 그러나 법원은 제1소송에서 전부명령과 채권양도의 우열에 관하여 아무런 판단이 없었으므로 이 문제에 관한 한 丁은 제1소송 판결에 구속받지 않는다고 하였다.
>
> **2. 참가적 효력의 범위** 피고지자는 후일 고지자와의 소송에서 전소확정판결에서의 결론의 기초가 된 사실상·법률상의 판단에 반하는 것을 주장할 수 없을 뿐이다. 만일 제1소송에서 丙이 위 목재대금채권이 이미 丁에게 양도되었음을 항변하였으나 甲의 전부명령이 그보다 우선함을 이유로 그 항변이 배척되어 丙이 패소하였다면 그 판결의 효력은 丁에게 미치고 따라서 丁은 丙에 대한 소송에서 전부명령에 우선하는 채권양도가 있었음을 주장하지 못할 것이다. 그러나 위 제1소송에서는 채권양도에 관하여는 아무런 판단이 없었으므로 丁은 제1소송의 판결결과에 영향을 받지 않는다. 즉, 丁이 채권양도를 주장하는 것은 제1소송 판결 결론의 기초가 된 사실상·법률상의 판단에 상반되지 않는 것이다.

▶ 대법원 1986. 2. 25. 선고 85다카2091 판결

소송고지제도는 소송의 결과에 대하여 이해관계를 가지는 제3자로 하여금 보조참가를 하여 그 이익을 옹호할 기회를 부여함과 아울러, 한편으로는 고지자가 패소한 경우의 책임을 제3자에게 분담시켜 후일에 고지자와 피고지자 간의 소송에서 피고지자가 패소의 결과를 무시하고, 전소 확정판결에서의 인정과 판단

에 반하는 주장을 못하게 하기 위해 둔 제도이므로 피고지자가 후일의 소송에서 주장할 수 없는 것은 전소 확정판결의 결론의 기초가 된 사실상·법률상의 판단에 반하는 것으로서, 피고지자가 보조참가를 하여 상대방에 대하여 고지자와의 공동이익으로 주장하거나 다툴 수 있었던 사항에 한한다 할 것이다.

|註| 1. **사실관계와 법원의 판단** 송수관로 누수방지공사를 수행하던 인부들의 과실로 사망한 丙의 유족인 丁은 甲을 상대로 甲이 위 인부의 사용자라고 주장하면서 손해배상청구의 소(전소)를 제기하였다. 甲은 위 소송에서 위 공사는 甲이 乙에게 도급준 것이고 위 인부들은 乙의 인부들로서 甲과 사이에는 사용자·피용자관계가 없다고 주장하면서 乙에 대하여 소송고지를 하였는데, 乙은 위 소송에 참가하지 않았다. 甲은 위 소송에서 패소한 뒤 乙을 상대로 구상금청구의 소(후소)를 제기하였다. 위 소송에서 乙은 甲이 위 인부들을 직접 고용하였고 乙은 위 공사를 수급하지 않았다고 주장하였고, 甲은 전소에서 도급관계 있음을 전제로 甲이 패소하였는바 전소의 참가적 효력으로 인하여 乙은 후소에서 위 공사를 수급하지 않았다는 주장을 할 수 없다고 주장하였다. 이에 대하여 법원은, 위 공사를 甲으로부터 수급하지 않았다고 다투어야만 할 乙로서는 위 공사를 甲으로부터 수급하였는지 여부에 관한 한 甲과는 이해관계가 상반되는 입장이었고, 따라서 수급 여부는 乙이 전소에 보조참가를 하여 상대방인 丁에 대하여 甲과 공동이익으로 다툴 수 있었던 사항이 아니라 고지자인 甲과 다투어야 될 사항이었으므로, 乙이 소송고지를 받은 전소에서 위 공사를 甲이 乙에게 도급준 것으로 인정하였다고 하더라도, 후소에서 乙이 위 공사를 甲으로부터 수급받은 바 없다고 다투는 것은 전소 판단에 반하는 것이라고 볼 수 없다고 하면서, 甲과 乙의 도급관계를 인정하지 않았다.

2. **참가적 효력의 범위** 참가적 효력이 미쳐 피고지자가 후소에서 주장할 수 없는 사항은 전소에서 상대방에 대하여 피고지자가 고지자와 공동이익으로 주장할 수 있었던 사항에 한하므로, 피고지자와 고지자 사이에 이해가 대립되는 사항에 대하여는 참가적 효력이 생기지 않는다.

Ⅱ. 실체법상의 효과

소송고지만으로 시효중단의 효과가 생기는 것은 아니나, 소송고지서에 피고지자에 대한 채무이행을 청구하는 의사가 표명되어 있다면 최고로서의 효력이 있다.

▶ 대법원 2009. 7. 9. 선고 2009다14340 판결

소송고지의 요건이 갖추어진 경우에 그 소송고지서에 고지자가 피고지자에 대하여 채무의 이행을 청구하는 의사가 표명되어 있으면 민법 제174조에 정한 시효중단사유로서의 최고의 효력이 인정된다. 시효중단제도는 그 제도의 취지에 비추어 볼 때 이에 관한 기산점이나 만료점은 원권리자를 위하여 너그럽게 해석하는 것이 상당한데, 소송고지로 인한 최고의 경우 보통의 최고와는 달리 법원의 행위를 통하여 이루어지는 것으로서, 그 소송에 참가할 수 있는 제3자를 상대로 소송고지를 한 경우에 그 피고지자는 그가 실제로 그 소송에 참가하였는지 여부와 관계없이 후일 고지자와의 소송에서 전소 확정판결에서의 결론의 기초가 된 사실상·법률상의 판단에 반하는 것을 주장할 수 없어 그 소송의 결과에 따라서는 피고지자에 대한 참가적 효력이라는 일정한 소송법상의 효력까지 발생함에 비추어 볼 때, 고지자로서는 소송고지를 통하여 당해 소송의 결과에 따라 피고지자에게 권리를 행사하겠다는 취지의 의사를 표명한 것으로 볼 것이므로, 당해 소송이 계속 중인 동안은 최고에 의하여 권리를 행사하고 있는 상태가 지속되는 것으로 보아 민법 제174조에 규정된 6월의 기간은 당해 소송이 종료된 때로부터 기산되는 것으로 해석하여야 한다.

|註| 1. 사실관계와 법원의 판단 甲은 乙(보험회사)과 사이에 무보험차상해담보특약(보험이 없거나 책임보험만이 있는 자동차가 야기한 사고에 대하여 보상을 하는 내용)이 포함된 자동차보험계약을 체결하였다. 甲은 丙 소유의 차량에 의하여 사고를 당한 후 丙이 책임보험에 가입한 丁(보험회사)을 상대로 보험금청구의 소(전소)를 제기하고, 위 소송에서 乙에게 丁이 부담하는 책임보험금의 한도액을 초과하는 손해에 대하여는 乙을 상대로 보험금을 청구할 권리가 있다는 취지가 담긴 소송고지를 하였다. 甲은 조정에 갈음하는 결정에 따라 전소를 종결짓고 乙에 대하여 보험금청구의 소(후소)를 제기하였는데, 위 소송에서 乙은 사고발생일로부터 2년이 지난 뒤의 제소이므로 소멸시효가 완성하였다고 항변하였다. 제1심과 항소심은 소송고지시에 최고가 있었다고 볼 것이나 그로부터 6월 내에 제소하지 않았으므로(민법 174조 참조) 시효가 중단되지 않았다고 보아 乙의 항변을 받아들였으나, 대법원은 위 판결요지와 같은 이유로 항소심판결을 파기하였다.

2. 소송고지에 의한 최고 효력의 발생시기와 소멸시기 소송고지가 시효중단사유인 최고로 인정되는 경우 최고의 효력은 당해 소송이 종료되는 때까지 지속된다는 판결

이다. 최고의 효력이 발생하는 시기는 법원에 소송고지서를 제출한 때이다(아래 2014다16494 판결 참조).

▶ **대법원 2015. 5. 14. 선고 2014다16494 판결**

소송고지에 의한 최고는 보통의 최고와는 달리 법원의 행위를 통하여 이루어지는 것이므로 만일 법원이 소송고지서의 송달사무를 우연한 사정으로 지체하는 바람에 소송고지서의 송달 전에 시효가 완성된다면 고지자가 예상치 못한 불이익을 입게 된다는 점 등을 고려하면, 소송고지에 의한 최고의 경우에는 민사소송법 제265조를 유추적용하여 당사자가 소송고지서를 법원에 제출한 때에 시효중단의 효력이 발생한다고 봄이 상당하다.

제 4 관 독립당사자참가

제 1. 의의

독립당사자참가(獨立當事者參加)라 함은 다른 사람의 소송계속 중에 소송목적의 전부나 일부가 자기의 권리라고 주장하거나, 소송결과에 따라 권리가 침해된다고 주장하면서 당사자의 양쪽 또는 한쪽을 상대방으로 하여 당사자로서 소송에 참가하는 것을 말한다(79조 1항). 독립당사자참가는 당사자로서의 참가이므로 참가인에게 당사자 지위가 인정되지 않는 보조참가(71조)나 공동소송적 보조참가(78조)와 구별되고, 원·피고와 독립된 지위에서 참가하는 것이므로 원·피고 어느 한쪽과 연합관계에 있는 공동소송참가(83조)와 구별된다. 2002년 민사소송법 개정 전에는 원·피고 쌍방에 대하여 각각 적법한 소가 제기될 것을 요구하는 이른바 쌍면참가만이 허용되었는데 현행법은 원·피고 어느 한쪽에 대한 참가인 편면참가를 허용함으로써 독립당사자참가의 이용범위를 넓혔다.

제 2. 소송의 구조

독립당사자참가의 소송구조에 관하여는 이를 3면의 1개 소송으로 보는 3면소송설(통설 및 종전의 주류적 판례[1])과 동일권리관계를 둘러싼 3개의 소송이 병합된 것

1) 대판 1991. 12. 24. 91다21145, 21152; 대판 1980. 7. 22. 80다362, 364 등.

으로 보는 3개소송병합설(이시윤, 호문혁)이 대립하고 있었다. 하지만 편면참가의 경우 이를 양면소송으로 볼 것인지도 의문이거니와 재판실무에서는 판례의 문언과는 달리 독립당사자참가에 따로 사건번호를 부여하고 참가인에 대하여 따로 주문을 내어 주는 등 사실상 병합소송과 같이 취급하고 있으므로 동일권리관계를 둘러싼 2개 또는 3개의 소송이 병합된 소송으로 보는 것이 옳을 것이다.

제 3. 참가요건

Ⅰ. 다른 사람 사이에 소송이 계속 중일 것

독립당사자참가는 타인 간에 소송이 계속 중인 한 항소심에서도 가능하다.[1] 판례는 독립당사자참가는 실질에 있어서 소송제기의 성질을 가지고 있으므로 상고심에서는 독립당사자참가를 할 수 없다고 한다.[2]

Ⅱ. 참가이유가 있을 것

소송목적의 전부 또는 일부가 자기의 권리라고 주장하거나 소송결과에 따라 권리가 침해된다고 주장하여야 한다. 전자를 권리주장참가(權利主張參加), 후자를 사해방지참가(詐害防止參加)라고 한다.

◆ 대법원 2017. 4. 26. 선고 2014다221777, 221784 판결

민사소송법 제79조 제1항에 규정된 독립당사자참가는 다른 사람 사이에 소송이 계속 중일 때 소송대상의 전부나 일부가 자기의 권리라고 주장하거나, 소송결과에 따라 권리가 침해된다고 주장하는 제3자가 당사자로서 소송에 참가하여 세 당사자 사이에 서로 대립하는 권리 또는 법률관계를 하나의 판결로써 서로 모순 없이 일시에 해결하려는 것이다. 그러므로 독립당사자참가 중 권리주장 참가

---

1) 대판 1961. 11. 23. 4293민상578, 579; 대판 1966. 3. 29. 65다2407, 2408.

2) 대판 1994. 2. 22. 93다43682, 51309; 대판 1977. 7. 12. 76다2251, 77다218 등. 다만, 상고심에 참가하여 원판결이 파기환송되면 그때 사실심리를 받을 기회가 생긴다는 점과 당사자 가운데 누구도 상고하지 않아 사해판결이 확정되는 것을 방지할 필요가 있다는 점에서 상고심에서의 참가를 허용할 것이라는 것이 다수설(이시윤, 김홍규·강태원, 정동윤·유병현·김경욱, 강현중)이다.

는 원고의 본소 청구와 참가인의 청구가 주장 자체에서 양립할 수 없는 관계라고 볼 수 있는 경우에 허용될 수 있고, 사해방지 참가는 본소의 원고와 피고가 소송을 통하여 참가인의 권리를 침해할 의사가 있다고 객관적으로 인정되고 소송의 결과 참가인의 권리 또는 법률상 지위가 침해될 우려가 있다고 인정되는 경우에 허용될 수 있다.

1. 권리주장참가

(1) 의의 및 요건

▶ 대법원 2007. 6. 15. 선고 2006다80322, 80339 판결

독립당사자참가 중 권리주장참가는 소송의 목적의 전부나 일부가 자기의 권리임을 주장하면 되는 것이므로 참가하려는 소송에 수개의 청구가 병합된 경우 그 중 어느 하나의 청구라도 독립당사자참가인의 주장과 양립하지 않는 관계에 있으면 그 본소청구에 대한 참가가 허용된다고 할 것이고, 양립할 수 없는 본소청구에 관하여 본안에 들어가 심리한 결과 이유가 없는 것으로 판단된다고 하더라도 참가신청이 부적법하게 되는 것은 아니다.

|註| 1. 사실관계와 법원의 판단 의료법인 乙과 의료장비 매매계약을 체결한 甲은 乙을 상대로, 주위적으로 乙로부터 의료장비를 매수하여 소유권을 취득하였다고 주장하면서 소유권에 기하여 의료장비의 인도를 구하고, 예비적으로 매매계약이 채권담보 목적이라고 하면서 양도담보계약에 기한 인도를 구하는 소(본소)를 제기하였다. 丙은 같은 의료장비가 丙의 소유라고 주장하면서 甲에 대하여는 소유권확인을, 乙에 대하여는 의료장비의 인도를 구하는 독립당사자참가를 하였다. 항소심은 본소에 대하여, 의료장비가 甲에게 인도되지 않아 甲이 소유권을 취득하지 못하였음을 이유로 주위적 청구를 기각하고, 의료장비의 양도에 법령이 요구하는 주무관청의 허가가 없었음을 이유로 예비적 청구도 기각하였다. 독립당사자참가에 관하여는 "甲의 주위적 청구와 丙의 주장은 양립할 수 없으나, 甲의 예비적 청구는 동산양도담보계약에 기초한 것이므로 성질상 채권에 해당하여 丙의 주장과 양립가능한데 丙의 주장과 양립가능한 예비적 청구에 나아가 판단하게 된 이상, 丙의 신청은 부적법하게 되었다"고 하였다. 대법원은 甲의 주위적 청구와 丙의 주장이 양립하지 않는 관

계에 있는 이상 丙의 독립당사자참가는 적법하다고 하면서 항소심판결 중 합일확정을 필요로 하는 甲의 주위적 청구 부분과 丙의 청구 부분을 파기하였다.

2. 권리주장참가의 이유 (1) 권리주장참가는 본소 소송목적의 전부 또는 일부가 독립당사자참가인의 권리라고 주장하는 경우이다. 본소청구와 독립당사자참가인의 청구가 주장 자체로 양립하지 않는 관계에 있으면 참가가 허용되고, 본안심리 결과 이유가 없는 것으로 판단된다고 하더라도 참가신청이 부적법하게 되는 것은 아니다. 이른바 주장설(主張說)의 입장이다(아래 92다26772, 26789 판결 참조).

(2) 본소에 수개의 청구가 병합된 경우 그 중 어느 하나의 청구라도 독립당사자참가인의 주장과 양립하지 않는 관계에 있으면 그 본소청구에 대한 참가가 허용된다.

▶ 대법원 1992. 12. 8. 선고 92다26772, 26789 판결

원고가 건물의 증축부분의 소유권에 터잡아 명도를 구하는 소송에서 참가인이 증축부분이 자기 소유임을 이유로 독립당사자참가신청을 한 경우, 주장 자체에 의해서는 원고가 주장하는 권리와 참가인이 주장하는 권리가 양립할 수 없는 관계에 있다 할 것이므로, 비록 본안에 들어가 심리한 결과 증축부분이 기존건물에 부합하여 원고의 소유로 되었고 참가인의 소유로 된 것이 아니라고 판단되더라도, 이는 참가인의 청구가 이유 없는 사유가 될 뿐 참가신청이 부적법한 것은 아니므로 이를 각하하여서는 아니 된다.

(2) 권리주장참가의 요건을 구비한 사례

▶ 대법원 1998. 7. 10. 선고 98다5708, 5715 판결

소유권확인을 구하는 원고들의 본소청구에 대하여 참가인은 피고에 대하여 피고 명의의 소유권보존등기말소 및 토지가 참가인의 소유권임의 확인을 구하고 원고들에 대하여도 소유권확인을 구하고 있으므로, … 원고들의 청구와 참가인의 청구는 서로 양립할 수 없는 관계에 있으므로 독립당사자참가는 적법하다.

|註| 유사사례로는, ① 甲이 A가 乙에 대한 중도금반환채권자이고 자신이 A로부터 중도금반환채권을 전부받았다고 하면서 乙을 상대로 중도금의 지급을 구하는 본소를 제기하였는데, 丙이 B가 乙에 대한 중도금반환채권자이고 자신이 B로부터 중도금반환채권을 양도받았다면서 甲을 상대로 권리의 확인을 구하고 乙을 상대로 중도금

의 지급을 구하는 독립당사자참가를 한 경우,[1] ② 甲이 乙을 상대로 명의신탁해지를 원인으로 한 소유권이전등기절차의 이행을 구하는 본소를 제기한 데 대하여 丙이 자신이 진정한 명의신탁자라고 주장하면서 乙에 대하여는 명의신탁해지를 원인으로 한 소유권이전등기절차의 이행을 구하고 甲에 대하여는 소유권이전등기청구권의 존재 확인을 구하는 독립당사자참가를 한 경우[2]가 있다.

▶ 대법원 1997. 9. 12. 선고 95다25886, 25893, 25909 판결

원고들의 본소 청구는 이 사건 토지에 대하여 취득시효가 완성되었음을 이유로 피고가 그 소유자라 하여 피고를 상대로 소유권이전등기를 구하는 것이고, 참가인들의 청구는 이 사건 토지가 참가인들의 소유임을 내세워 그 소유권의 귀속을 다투는 원고들과 피고를 상대로 이 사건 토지가 참가인들의 소유라는 확인을 구함과 아울러 원고들에게 이 사건 토지 중 원고들이 점유하고 있는 부분의 인도를 구하는 것으로서, 원고들의 본소 청구와 참가인들의 청구는 그 주장 자체에서 서로 양립할 수 없는 관계에 있어 그들 사이의 분쟁을 1개의 판결로 모순 없이 일시에 해결할 경우에 해당한다고 할 것이므로, 결국 이 사건 참가는 독립당사자참가로서의 요건을 갖춘 적법한 것이라고 할 것이다.

▶ 대법원 1988. 3. 8. 선고 86다148~150, 86다카762~764 판결

甲(원고)은 乙(피고)과의 사이에 체결된 매매계약의 매수당사자가 甲이라고 주장하면서 그 소유권이전등기절차이행을 구하고 있고 이에 대하여 丙(참가인)은 자기가 그 매수당사자라고 주장하는 경우라면, 丙은 甲에 의하여 자기의 권리 또는 법률상의 지위를 부인당하고 있는 한편 그 불안을 제거하기 위하여서는 매수인으로서의 권리의무가 丙에 있다는 확인의 소를 제기하는 것이 유효적절한 수단이라고 보여지므로, 결국 丙이 乙에 대하여 그 소유권이전등기절차의 이행을 구함과 동시에 甲에 대하여 소유권이전등기청구권 등 부존재확인의 소를 구하는 것은 확인의 이익이 있는 적법한 것이라고 할 것이므로 이 사건 당사자참가는 적법하다.

|註| 위 사안에서 丙은 甲이 주장하는 매매의 당사자가 甲이 아닌 丙이라고 주장하고 있다. 이는 甲이 매수한 물건을 별개의 계약에서 丙도 매수하였다고

1) 대판 1991. 12. 24. 91다21145, 91152.
2) 대판 1995. 6. 16. 95다5905, 5912.

주장하는 이중매매와는 구조가 다르다. 이 점에 관하여 위 판결은 "아울러 이 사건에 있어서 원고(甲)의 피고(乙)에 대한 소유권이전등기청구권과 참가인(丙)의 피고에 대한 소유권이전등기청구권은, 당사자참가가 인정되지 아니하는 2중매매 등 통상의 경우와는 달리 하나의 계약에 기초한 것으로서 어느 한쪽의 이전등기청구권이 인정되면 다른 한쪽의 이전등기청구권은 인정될 수 없는 것이므로 그 각 청구가 서로 양립할 수 없는 관계에 있음은 물론이고, 이는 하나의 판결로써 모순없이 일시에 해결할 수 있는 경우에 해당한다고 할 것이므로 이 사건 당사자참가는 적법하다고 아니할 수 없다"고 하였다. 이중매매에 관하여는 다음 항 참조.

(3) 권리주장참가의 요건을 구비하지 못한 사례

▶ 대법원 1998. 4. 24. 선고 97다57863, 57870 판결

원고의 피고에 대한 본소청구는 이 사건 토지에 관한 취득시효완성을 원인으로 한 소유권이전등기청구이고, 참가인의 원고에 대한 청구는 이 사건 토지 및 인접 토지상의 건물에 대한 명도청구이므로 원고의 피고에 대한 청구와 참가인의 원고에 대한 청구는 서로 양립할 수 있는 관계에 있다고 할 것이어서 참가인의 이 사건 참가신청은 부적법하다.

|註| 甲은 乙을 상대로 X 토지에 관하여 취득시효완성을 원인으로 한 소유권이전등기청구의 소를 제기하였고, 丙은 X 토지는 丙이 乙로부터 매수한 것이고 그 지상 건물은 丙의 소유라고 주장하면서, 乙에 대하여는 X 토지에 관하여 매매를 원인으로 한 소유권이전등기청구를, 甲에 대하여는 X 토지 지상 건물의 인도청구를 하면서 독립당사자참가를 한 사안이다.

▶ 대법원 1991. 4. 9. 선고 90다13451, 13468 판결

원고가 피고 甲에 대하여 소유권이전등기절차이행을, 피고 乙에 대하여는 피고 甲을 대위하여 소유권이전등기말소등기절차이행을 구하는 소송에서, 독립당사자참가인이 피고 乙에 대하여 소유권이전등기청구권이 있다는 이유로 한 권리주장참가 및 사해방지참가가 모두 부적법하다고 본 사례.

|註| 1. 甲이 乙로부터 X 토지를 매수하였음을 이유로 乙을 상대로 X 토지에 관한 소유권이전등기를 구하고, 丙에 대하여는 X 토지에 관한 丙 명의의 소

유권이전등기가 원인무효임을 이유로 乙을 대위하여 그 등기의 말소를 구하는 본소를 제기하였는데, 이에 丁이 丙으로부터 X 토지를 매수하고 대금을 지급하였으나 등기를 마치지 못하고 있다고 주장하면서 X 토지에 관하여 丙에 대하여는 위 매매를 원인으로 한 소유권이전등기를, 甲 및 乙에 대하여는 丁이 위 매매에 따른 소유권이전등기청구권을 가지고 있다는 확인을 구하는 독립당사자참가를 한 사안이다. 법원은 丁이 甲 및 乙에 대하여 그 주장과 같은 소유권이전등기청구권이 있다는 확인을 구할 법률상의 이익이 없고, 甲 및 乙의 丙에 대한 청구와 丁의 丙에 대한 청구가 양립할 수 없는 것도 아니므로 丁의 권리주장참가는 부적법하다고 하였다.

2. 통상의 이중매매에 대하여 독립당사자참가를 불허한 사례이다. 통상의 이중매매와 관련한 전형적인 예는 제2매수인이 매도인을 상대로 소유권이전등기청구의 소를 제기하여 계속 중에 제1매수인이 원고에 대하여 소유권이전등기청구권의 확인청구를, 피고에 대하여 소유권이전등기청구를 하면서 독립당사자참가를 하는 경우이다. 학설상으로는 견해가 나뉘는데 판례는 부정설의 입장이다.[1)]

2. 사해방지참가

(1) 의의 및 요건

▶ **대법원 2003. 6. 13. 선고 2002다694, 700 판결**

독립당사자참가 중 사해방지참가를 하기 위하여는 본소의 원고와 피고가 당해 소송을 통하여 제3자를 해할 의사를 갖고 있다고 객관적으로 인정되고 그 소송의 결과 제3자의 권리 또는 법률상의 지위가 침해될 우려가 있다고 인정되어야 한다.

|註| **1. 사실관계와 법원의 판단** X 토지 위에 있는 Y 건물의 현황은 블록조 슬레이트지붕 단층 106.6㎡(Y 현황건물)이다. 그런데 건축물관리대장에는 X 토지 위에 목조 기와지붕 단층 66.11㎡(Y 등록건물)이 등록되어 있다. 甲은 Y 등

1) 위 판결은 참가인의 원고에 대한 청구가 확인의 이익이 없다는 점과 원고의 청구와 참가인의 청구가 양립한다는 점을 근거로 하고 있는데, 편면적 참가가 허용된 이상 첫 번째 근거는 더 이상 문제가 되지 않으나 청구의 양립 여부를 달리 보지 않는 한 개정법 아래에서도 이중매매에 대한 독립당사자참가는 허용되지 않을 것이다.

록건물은 甲, 乙, 丙의 피상속인인 丁의 소유였는데 丁이 甲에게 증여하였다면서 乙, 丙에 대하여 증여를 원인으로 한 소유권이전등기청구의 소(본소)를 제기하였다. 위 소송에서 丙은 다투었으나 乙은 답변서 등을 제출하거나 변론기일에 출석하지 않았다. 제1심법원은 乙에 대하여는 甲 승소판결을 하고, 丙에 대하여는 증여의 증거가 없음을 이유로 甲 패소판결을 하였다. 항소기간 중 丙은 자신이 Y 등록건물을 철거하고 Y 현황건물을 신축하였으므로 Y 현황건물은 丙의 소유인데 甲과 乙이 통모하여 자백간주 판결에 기하여 Y 현황건물에 관하여 甲 명의의 소유권이전등기를 하려고 한다고 주장하면서 이러한 사해를 방지할 목적으로 甲과 乙에 대하여 Y 현황건물이 丙의 소유라는 확인을 구하는 독립당사자참가를 함과 동시에 본소 중 乙에 대한 청구 부분에 대하여 항소하였다. 항소심은 "丙의 주장 자체에 의하더라도 Y 현황건물이 Y 등록건물을 허물고 신축한 별개의 건물이라면, 甲이 丙을 제외한 乙을 상대로 승소판결을 받아 Y 등록건물에 관하여 소유권보존등기를 마친 후 丙의 상속지분을 제외한 나머지 지분에 관하여 甲 앞으로 소유권이전등기를 마친다고 하더라도 그 등기는 존재하지 않는 건물에 대한 등기로서 효력이 없고, 丙으로서는 그 등기 여부에 관계없이 원시취득한 Y 현황건물에 관하여 새로 보존등기를 경료하거나 소유권을 행사하는 데 법률상 지장을 받지 아니하므로 본소 소송결과에 의하여 참가인의 권리 또는 법률상의 지위가 침해될 염려가 있다고 보기 어렵다"는 이유로 丙의 독립당사자참가는 부적법하다고 하였고, 대법원 역시 항소심의 판단이 옳다고 하였다.

2. 사해방지참가의 요건 (1) 사해방지참가는 소송결과에 따라 권리가 침해된다고 주장하며 하는 독립당사자참가이다. 권리주장참가와는 별개의 것이므로 독립당사자참가인의 청구가 원고의 본소청구와 양립가능해도 무방하다.[1)]

(2) 여기에서 권리침해의 의미에 대하여는 ① 본소판결의 효력(기판력·반사적 효력)이 미치는 경우에 한하여 참가할 수 있다는 판결효설, ② 널리 소송의 결과로 실질상 권리침해를 받을 염려가 있으면 참가할 수 있다는 이해관계설, ③ 본소의 당사자들이 당해 소송을 통하여 참가인을 해할 의사를 갖고 있다는 것이 객관적으로 인정되는 경우에 참가를 허용할 것이라는 사해의사설이 대립된다. 판례는 사해의사와 권리침해의 우려를 요구하고 있는데 권리침해의 우

1) 대판 2001. 9. 28. 99다35331, 35348; 대판 1996. 3. 8. 95다22795, 22801.

려는 사해의사의 존재로 추정된다고 할 것이므로 사해의사설에 따른 것으로 볼 수 있다.

3. 위 사안의 기타 쟁점 (1) 공동피고인이 독립당사자참가를 할 수 있는지 여부 : 독립당사자참가는 타인 간에 소송이 계속 중이어야 하는데, 본소의 공동소송인도 다른 공동소송인에 대한 관계에서는 타인이므로 독립당사자참가를 할 수 있다.

(2) 乙이 불복하지 않았음에도 丙이 참가할 수 있는지 여부 : 소송이 사실심에 계속 중인 때에는 심급에 관계 없이 독립당사자참가를 할 수 있고, 독립당사자참가할 수 있는 제3자는 제1심의 당사자가 아니더라도 참가와 동시에 항소할 수 있다.[1)]

(2) 사해방지참가의 요건을 구비한 사례

▶ 대법원 2001. 8. 24. 선고 2000다12785, 12792 판결

근저당권설정등기의 불법말소를 이유로 그 회복등기를 구하는 본안소송에서 원고가 승소판결을 받는다고 하더라도 그 후순위 근저당권자가 있는 경우에는 바로 회복등기를 할 수 있는 것은 아니고 부동산등기법 제75조에 의하여 이해관계 있는 제3자인 후순위 근저당권자의 승낙서 또는 이에 대항할 수 있는 재판의 등본을 첨부하여야 하므로 원고로서는 후순위 근저당권자를 상대로 승낙을 구하는 소송을 별도로 제기하여 승소판결을 받아야 하고, 따라서 본안소송에서 원고가 승소판결을 받는다고 하더라도 그 기판력은 회복등기에 대한 승낙을 구하는 소송에는 미치지 아니하므로 후순위 근저당권자는 그 소송에서 위 근저당권이 불법으로 말소되었는지의 여부를 다툴 수 있는 것이기는 하지만, 말소회복등기소송에서의 사실인정관계가 승낙의사표시 청구소송에서도 유지되어 후순위 근저당권자는 선순위 근저당권을 수인하여야 할 것이기에 본안소송의 결과는 당연히 후순위 근저당권자를 상대로 승낙을 구하는 소에 사실상 영향을 미치게 됨으로써 후순위 근저당권자의 권리의 실현 또는 법률상의 지위가 침해될 염려가 있다 할 것이다. 따라서 후순위 근저당권자에게는 원·피고들에 대한 근저당권부존재확인청구라는 참가소송을 통하여 후일 발생하게 될 이러한 불안 내지 염려를 사전에 차단할 필요가 있는 것이고, 이러한 참가소송은 사해판결로 인하

1) 대판 1978. 11. 28. 77다1515; 대판 1996. 3. 8. 95다22795, 22801.

여 초래될 이러한 장애를 방지하기 위한 유효적절한 수단이 된다고 할 것이다.

(3) 사해방지참가의 요건을 구비하지 못한 사례

◆ 대법원 2014. 6. 12. 선고 2012다47548, 47555 판결

채권자가 사해행위의 취소와 함께 수익자 또는 전득자로부터 책임재산의 회복을 명하는 사해행위취소의 판결을 받은 경우 취소의 효과는 채권자와 수익자 또는 전득자 사이에만 미치므로, 수익자 또는 전득자가 채권자에 대하여 사해행위의 취소로 인한 원상회복 의무를 부담하게 될 뿐, 채권자와 채무자 사이에서 취소로 인한 법률관계가 형성되거나 취소의 효력이 소급하여 채무자의 책임재산으로 복구되는 것은 아니다. 이러한 사해행위취소의 상대적 효력에 의하면, 원고의 피고에 대한 청구의 원인행위가 사해행위라는 이유로 원고에 대하여 사해행위취소를 청구하면서 독립당사자참가신청을 하는 경우, 독립당사자참가인의 청구가 그대로 받아들여진다 하더라도 원고와 피고 사이의 법률관계에는 아무런 영향이 없고, 따라서 그러한 참가신청은 사해방지참가의 목적을 달성할 수 없으므로 부적법하다.

|註| 甲이 乙을 상대로 대물변제약정을 원인으로 한 소유권이전등기청구의 소를 제기한 데 대하여 乙의 채권자 丙이 위 대물변제약정은 사해행위에 해당한다고 주장하면서 甲에 대하여 사해행위취소를 구하면서 독립당사자참가신청을 한 사안이다.

▶ 대법원 1997. 6. 27. 선고 95다40977, 40984 판결

[1] A 회사와 甲 사이의 채권양도의 확정일자 있는 통지가 채무자인 乙에게 도달한 후에 A 회사의 채권자 丙의 양도채권에 대한 채권압류 및 전부명령이 乙에게 송달되어 확정된 경우, A 회사와 甲 사이의 위 채권양도계약이 무효이거나 취소되지 않는다면 丙의 위 채권압류 및 전부명령은 이미 양도된 채권에 대한 것이어서 무효이고, 따라서 丙은 회사에 대한 채권자로서의 지위를 잃지 않으므로 채권자취소소송을 제기할 수 있다.

[2] 甲이 乙에 대하여 채권양수로 인한 양수금을 구하는 본소를 제기하자 丙이 甲에 대하여는 A 회사와 甲 사이의 채권양도계약의 취소를 구하고, 乙에 대해서는 전부금을 청구하면서 독립당사자참가를 한 경우, 권리주장참가 또는 사해

방지참가로서의 각 요건을 갖추지 못하여 부적법하다.

> **|註|** 법원은 "甲이 본소에서 주장하는 권리는 甲이 A 회사로부터 양수한 A 회사가 乙에 대하여 가지고 있던 전세금반환채권임에 반하여, 丙이 甲에 대하여 주장하는 권리는 丙이 A 회사에 대하여 가지고 있는 채권이므로,[1] 위 참가는 권리주장참가로서의 요건을 갖추고 있지 못하고 있고, … 이 사건 본소는 甲과 乙이 丙 등 제3자를 해할 의사로 하는 사해소송이 아닐 뿐만 아니라 丙이 주장하는 사해행위의 당사자도 아닌 乙에 대하여 甲이 승소판결을 받는다고 하더라도 丙이 甲에 대하여 별도로 사해행위취소권을 행사하는 데 법률상 하등의 지장을 받지 아니하여 결국 丙은 甲과 乙 사이의 본소 소송의 결과에 의하여 직접적으로나 간접적으로 권리 또는 법률상 지위가 침해될 염려가 없다고 할 것이므로 위 참가는 사해방지참가로서의 요건도 갖추고 있지 못하다"라고 하였다.

3. 권리주장참가와 사해방지참가의 관계

사해방지참가라는 주장이 없다면 권리주장참가로 보아야 하고, 권리주장참가를 하여 각하된 뒤에 사해방지참가를 하여도 기판력에 저촉되지 않는다.

▶ 대법원 1992. 5. 26. 선고 91다4669, 4676 판결

참가인이 독립당사자참가신청을 함에 있어 원고와 피고가 사해소송을 수행하고 있다는 등의 특별한 주장을 한 바 없다면 이는 민사소송법 제72조(현행 79조) 제1항 후단의 이른바 사해방지참가가 아닌 같은 조항 전단의 이른바 권리주장참가를 한 것으로 보아야 할 것이고, 제1심판결도 참가인의 위 참가신청이 권리주장참가의 요건을 갖추지 못하였다 하여 이를 각하한 것이라면 위 확정된 각하판결은 원고의 피고에 대한 청구에 대하여 참가인의 권리주장참가는 그 참가요건을 갖추지 못하여 부적법하다는 점에 한하여 기판력을 가진다.

---

1) 丙이 甲 주장의 권리가 자신의 것이라고 주장하는 관계가 아니라는 의미이다. 판시 중에는 丙의 乙에 대한 청구가 주장 자체로 이유 없다는 부분도 있는데 이는 쌍면참가가 아니어서 부적법하다는 취지에서 나온 설시이므로 생략한다.

Ⅲ. 참가의 취지(원·피고의 양쪽 또는 어느 한쪽을 당사자로 할 것)

참가인이 원·피고 양쪽에 대하여 각기 자기의 청구를 하는 경우를 쌍면참가라고 하고, 원·피고 중 어느 한쪽에 대하여만 청구를 하는 경우를 편면참가라고 한다. 2002년 민사소송법 개정 이전에 판례는 ① 편면참가, 즉 원·피고 중 한쪽에 대하여만 청구를 하고 다른쪽에 대하여는 청구하지 않는 경우뿐만 아니라, ② 참가인이 피고에 대하여만 청구를 하고 원고에 대하여는 원고청구의 기각을 구할 뿐인 경우,[1] ③ 원·피고 양쪽에 대하여 청구를 하였지만 그 중 한쪽에 대한 청구가 소의 이익이 없어 각하될 경우[2]이거나 주장 자체로 이유 없는 경우[3]에도 독립당사자참가는 부적법하다고 하였다. 그러나 현행 민사소송법 제79조 제1항은 독립당사자참가인은 "당사자의 양쪽 또는 한쪽을 상대방으로 하여 당사자로서 소송에 참가할 수 있다"고 규정함으로써 편면참가를 허용하고 있고, 따라서 다른 요건이 충족되는 한 위 ① 내지 ③의 경우에도 독립당사자참가가 적법하게 되었다.

Ⅳ. 소의 병합요건을 갖출 것

독립당사자참가는 본소청구에 참가인의 청구를 병합하는 것이므로 소의 병합요건을 갖추어야 한다.

▶ 대법원 1995. 6. 30. 선고 94다14391, 14407 판결

독립당사자참가소송은 참가인의 원·피고에 대한 청구가 원고의 피고에 대한 본

1) 대판 1992. 8. 18. 92다18399, 18405, 18412("당사자참가인들이 피고들에게만 소유권확인의 청구를 하고 원고들에게는 다만 그들의 피고들에 대한 청구의 기각만을 구할 뿐 적극적으로 독립된 청구를 하지 아니하는 경우에는 당사자참가가 요건을 갖추지 못함으로써 부적법하다").

2) 대판 1980. 12. 9. 80다1775, 1776("독립당사자참가를 하려면 참가하려는 소송의 원·피고에 대하여 본소 청구와 양립할 수 없는 별개의 각 청구가 있어야 하고, 형식상 별개의 청구가 있다고 하더라도 그 어느 한편에 대하여 소의 이익이 없는 때에는 독립당사자참가를 할 수 없다"); 대판 1971. 11. 23. 71다1563, 1564 등.

3) 대판 2001. 9. 28. 99다35331, 35348("독립당사자참가는 소송의 목적의 전부나 일부가 자기의 권리임을 주장하거나, 소송의 결과에 의하여 권리침해를 받을 것을 주장하는 제3자가 당사자로서 소송에 참가하여 3당사자 사이에 서로 대립하는 권리 또는 법률관계를 하나의 판결로써 서로 모순 없이 일시에 해결하려는 것이므로, 참가인은 우선 참가하려는 소송의 원·피고에 대하여 본소청구와 양립할 수 없는 별개의 청구를 하여야 하고, 그 청구는 소의 이익을 갖추는 이외에 그 주장 자체에 의하여 성립할 수 있음을 요한다"); 대판 1965. 3. 1. 64다1691, 1692 등.

소청구에 병합되어 심리되는 것이므로 참가를 하기 위하여는 참가인의 청구가 본소청구와 동종의 절차에서 심리 판단될 수 있는 것이어야만 하는바, 참가인의 원고에 대한 청구는 공법상 권리인 이주택지분양권의 확인을 구하는 것이지만 이는 위 법률관계의 일방당사자인 사업시행자가 아니라 사인인 원고를 상대로 하는 것이므로 민사소송의 대상이 되나, 참가인의 위 사업시행자인 피고에 대한 청구는 공법상 권리관계의 일방당사자를 상대로 하여 공법상의 의무이행을 구하는 청구로서 행정소송법 제3조 제2호 소정의 당사자소송의 대상이므로, 결국 참가신청은 민사소송절차에 의하여 심리할 수 없는 것을 민사소송으로 청구하는 것이어서 부적법하다.

제 4. 참가절차

Ⅰ. 참가신청

독립당사자참가신청은 보조참가신청의 방식에 따른다(79조 2항). 다만, 보조참가와는 달리 원·피고의 양쪽 또는 한쪽에 대한 신소제기의 실질을 갖는다. 당사자가 상소하지 않는 경우 제3자가 독립당사자참가와 동시에 상소를 제기할 수 있다.

▶ 대법원 1978. 11. 28. 선고 77다1515 판결

제1심판결 선고 후 제3자가 독립당사자참가신청을 함과 동시에 항소를 한 경우 독립당사자참가인은 항소기간경과 후이더라도 추가적 청구를 할 수 있다.

▶ 대법원 1965. 3. 16. 선고 64다1691, 1692 판결

독립당사자참가에 있어서는 원고·피고·참가인이 서로 대립되는 지위에 있으므로 동일인이 그 중 양당사자를 대리함은 허용되지 아니한다.

▶ 대법원 1969. 5. 13. 선고 68다656~658 판결

참가의 소의 상대방 당사자가 되는 원고나 피고는 참가인을 상대로 반소를 제기할 수 있다.

Ⅱ. 중첩적 독립당사자참가

중첩적 독립당사자참가소송은 허용된다는 것이 판례이나, 원·피고와 제1참가

인까지를 당사자로 삼는 4면소송을 허용할 것인지에 관하여는 견해가 나뉜다.

▶ 대법원 1963. 10. 22. 선고 62다29 판결

같은 본소의 소송당사자를 상대로 몇 사람이 순차로 각각 독립당사자참가를 하고 참가인 사이에는 아무런 청구를 하지 아니하는 경우에는 몇 개의 독립당사자참가소송이 성립하며 각 독립당사자참가소송은 각각 소송관계인에게 합일적으로 판결이 확정하여야 할 관계에 있으나, 어느 참가인 대 다른 참가인과 소송당사자 사이에 합일적 판결을 할 법률상의 필요가 없고, 다만 같은 기회에 판결한다면 소송자료의 동일 등에 비추어 같은 결론으로 판결하는 것이 이론상 당연한 바이나 그것이 어떠한 이유로 서로 모순된 판결이 내렸다 하여 반드시 위법인 것은 아니다.

|註| 중첩적 독립당사자참가를 허용한 판결이다. 판례의 취지는 3면 관계인 독립당사자참가의 중첩이 인정된다는 것이고, 참가인이 원·피고가 아닌 다른 참가인을 피참가인으로 하여 참가할 수 있는지(이른바 4면소송)에 관한 판례는 아니다. 단순한 3면소송의 복수가 아니라 4면소송까지도 허용되는지에 관하여 학설은, 원래 독립당사자참가가 하나의 권리관계를 둘러싼 다파분쟁을 통일적으로 해결하려는 데 그 제도적 취지가 있는 것이므로 4면소송을 막을 이유는 없다는 견해(이시윤, 김홍규·강태원, 송상현·박익환, 정동윤·유병현·김경욱)와 현재의 소송법 수준에 비추어 여러 가지 어려운 점이 있어 4면소송의 인정은 후일로 미룰 수밖에 없다는 견해(강현중)가 대립한다.

제 5. 참가소송의 심판

Ⅰ. 참가요건과 소송요건의 조사

(1) 독립당사자참가신청이 있는 경우 법원은 참가요건과 소송요건을 직권으로 조사하여야 한다. 참가요건의 흠이 있는 때에는 참가신청은 부적법하게 되는데 판례는 이 경우 참가신청을 각하하여야 하고 통상공동소송 등으로 취급하여 심리할 필요는 없다고 하였다.

▶ 대법원 1993. 3. 12. 선고 92다48789, 48796 판결

소론은, 당사자참가신청이 부적법하다 하더라도, 그 신청이 종전 당사자들을 상대로 하여 새로운 소를 제기하는 실질을 갖추고 있고, 당사자참가인이 본소와 함께 일거에 전면적으로 해결하려는 뜻을 강하게 표시하지 아니하는 한, 이를 각하하기보다는 본소에 병합하여 통상공동소송의 형태로 심리함이 온당하고 소송경제를 위하여도 바람직하다 할 것임에도, 원심이 당사자참가신청을 각하한 데에는 당사자참가에 대한 법리를 오해한 위법이 있다는 것인바, 이는 독자적인 견해로서 받아들일 수 없다.

▶ 대법원 1960. 5. 26. 선고 4292민상524 판결

당사자참가인이 참가취지 중 피고에 대한 본건 계쟁 건물의 소유권확인청구 부분을 취하한 결과 참가인의 피고에 대한 청구가 없게 됨에 따라 위 참가는 당초의 당사자참가의 성질을 상실하고 참가인이 원고의 피고에 대한 청구의 기각을 구하는 참가취지 부분만이 잔존하는 경우 참가인의 위 일부 취하 후의 참가의 나머지 부분에 관하여 한 진술은 피고를 위한 보조참가의 신청이었다고 해석할 것이다.

(2) 참가의 형태가 권리주장참가인지 사해방지참가인지 명백하지 않을 때에는 석명권을 행사하여 이를 명확히 하여야 한다.[1)]

Ⅱ. 본안심판

독립당사자참가에는 필수적 공동소송에 관한 규정이 준용되어 그 심리에 있어 소송자료의 통일과 재판진행의 통일이 적용되고 3자 사이에 모순 없는 본안판결이 선고되어야 한다.

1. 소송자료의 통일

◆ 대법원 2009. 1. 30. 선고 2007다9030, 9047 판결

민사소송법 제79조에 의한 소송은 동일한 권리관계에 관하여 원고, 피고 및 참

1) 대판 1994. 11. 25. 94다12517, 12524.

가인 상호 간의 다툼을 하나의 소송절차로 한꺼번에 모순 없이 해결하려는 소송 형태로서 두 당사자 사이의 소송행위는 나머지 1인에게 불이익이 되는 한 두 당사자 간에도 효력이 발생하지 않는다고 할 것인바, 소외인이 피고의 대표자로서 제출한 준비서면에 원고가 이 사건 아파트에 대한 관리업자의 지위에 있다는 점에 대하여 피고가 다투지 않는다는 취지로 기재되어 있다고 하더라도 참가인이 원·피고에 대하여 이 사건 아파트에 대한 관리업자로서의 지위의 확인을 구하고 있어 3당사자 사이에 판결의 합일확정을 필요로 하는 이 사건에 있어서 위와 같은 진술은 그 효력이 없다고 할 것이므로 원심이 그 진술에 기속되어 판단해야 하는 것은 아니다.

|註| 1. 독립당사자참가에 의한 소송에서 두 당사자 사이의 소송행위가 나머지 1인에게 불이익이 되는 경우 두 당사자 간에도 효력이 발생하지 않음을 명확히 밝힌 판결이다. 같은 이유로 두 당사자 사이의 인낙은 효력이 없고 종국판결에 대한 한 당사자의 상소는 세 당사자 모두를 위하여 상소의 효력이 있다.[1)]
2. 반면에 원고, 피고, 참가인 중 어느 1인이 다른 1인에게 한 유리한 소송행위는 나머지 1인에게도 효력이 미친다. 예컨대, 원고 주장 사실에 대하여 피고가 자백하였다 하여도 참가인이 다툰 때에는 그 효력은 피고에 대하여도 생겨 피고도 다툰 것으로 된다.[2)]

2. 소송진행의 통일

기일은 공통으로 정하여야 하고, 변론의 분리는 허용되지 않으며, 어느 1인이 기일지정신청을 하면 전체 소송에 대하여 기일을 지정하여야 한다. 원고·피고·참가인 중 어느 1인에게 소송절차의 중단·중지 사유가 발생하면 전체 소송이 정지된다.

3. 모순 없는 본안판결

◆ 대법원 1995. 12. 8. 선고 95다44191 판결

[1] 민사소송법 제72조(현행 79조)에 의한 소송은 동일한 권리관계에 관하여 원고·피고 및 참가인 상호 간의 다툼을 하나의 소송절차로 한꺼번에 모순 없이 해결하려는 소송형태로서 원고·피고·참가인 간의 소송절차는 필요적 공동소송

---

1) 대판 1964. 6. 30. 63다734.
2) 대판 1957. 2. 28. 4289민상662; 대판 1955. 2. 17. 4287민상145 등.

에 있어서와 같이 기일을 함께 진행하여야 함은 물론 변론을 분리할 수 없는 것이고, 본안판결을 할 때에도 하나의 종국판결을 하여야 하는 것이지 그 당사자 간의 일부에 관하여서만 판결을 하거나 추가판결을 하는 것은 모두 허용되지 않는 것이므로, 제1심에서 원고 승소, 피고 및 참가인 패소의 판결이 선고된 데 대하여 피고와 참가인이 항소한 이상, 항소심인 원심으로서도 변론을 일체로 진행하여 원고·피고와 참가인 간의 청구를 모두 항소심의 심판대상으로 하여 1개의 판결을 하여야 한다.

[2] 독립당사자참가 소송에서 참가인이 불출석한 기일에 원고와 피고가 모두 출석하여 변론하였음에도 불구하고 그 이후의 변론기일에 참가인을 소환조차 하지 아니하고 원고와 피고만을 변론에 관여시킨 채로 원고의 청구에 대한 변론만을 진행하여 변론을 종결한 후 이에 대하여서만 판결을 한 원심에는 민사소송법 제72조(현행 79조)의 적용을 그르친 위법이 있고, 이러한 원심의 잘못은 직권조사사항에 해당한다.

|註| 1. 사실관계와 법원의 판단 甲은 乙을 상대로 X 건물의 인도청구의 소를 제기하였고, 丙은 甲과 乙을 상대로 X 건물의 소유권확인을 구하는 독립당사자참가를 하였다. 제1심에서는 3당사자를 판결의 당사자로 하여 원고 승소, 피고 및 참가인 패소의 1개 판결을 선고하였고, 乙과 丙이 항소하여 항소심에 계속 중 항소심법원이 3차 변론기일까지는 丙에게 변론기일통지를 하였으나 丙이 2차, 3차 변론기일에 계속하여 출석하지 아니하자 3차 변론기일에 甲과 乙 사이의 소송에 관여하여서만 변론을 진행하고 4차 변론기일부터는 丙에게 변론기일통지를 하지 아니한 채 甲과 乙만을 변론에 관여시켜 변론을 종결하고 甲과 乙만을 판결의 명의인으로 하여 甲의 청구에 대한 乙의 항소를 기각하는 판결을 선고하였다. 이에 대하여 대법원은 위와 같은 이유로 항소심판결을 파기하였다.

2. 모순 없는 본안재판 독립당사자참가소송에서는 3당사자 간의 본안에 관한 다툼을 하나의 소송절차에서 모순 없이 해결하여야 하므로, 반드시 1개의 전부판결로써 본소청구와 참가인의 청구 모두에 대하여 동시에 재판하지 않으면 안 되고, 변론의 분리 및 일부판결이 허용되지 않을 뿐만 아니라, 본소청구 또는 참가인의 청구 중 어느 하나에 대한 판단에 누락이 있는 경우 전체

판결이 위법한 것으로 되고 추가판결로써 누락 부분을 정리할 수 있는 것이 아니다.

◆ 대법원 2005. 5. 26. 선고 2004다25901, 25918 판결

[1] 민사소송법 제79조에 의한 소송은 동일한 권리관계에 관하여 원고, 피고 및 참가인 상호 간의 다툼을 하나의 소송절차로 한꺼번에 모순 없이 해결하려는 소송형태로서 두 당사자 사이의 소송행위는 나머지 1인에게 불이익이 되는 한 두 당사자 간에도 효력이 발생하지 않는다고 할 것이므로, 원·피고 사이에만 재판상 화해를 하는 것은 3자 간의 합일확정의 목적에 반하기 때문에 허용되지 않는다.

[2] 독립당사자참가인이 화해권고결정에 대하여 이의한 경우, 이의의 효력이 원·피고 사이에도 미친다.

|註| 사실관계와 법원의 판단 X 토지는 대지인 A 부분, 왼쪽 통로인 B 부분, 오른쪽 통로인 C 부분 및 기타 D 부분으로 나뉘어져 있고, 甲, 乙, 丙(국가), 丁 4인의 공유로 소유권이전등기가 되어 있었다. 甲은 X 토지 중 A, B, C 부분을 특정하여 소유하고 있는데 乙, 丙, 丁에게 각 지분을 명의신탁한 것이라고 주장하면서 乙, 丙, 丁에게 명의신탁해지를 원인으로 한 소유권이전등기청구의 소(본소)를 제기하였다. 丙은 B, C 부분은 丙이 특정하여 소유하고 있는데 甲, 乙, 丁에게 각 지분을 명의신탁한 것이라고 주장하면서 甲, 乙, 丁을 상대로 명의신탁해지를 원인으로 한 소유권이전등기청구의 독립당사자참가를 하였다. 항소심은 B 부분은 甲에게, C 부분은 丙에게 각 지분이전등기를 하는 화해권고결정을 하였는데, 丁에 대한 화해권고결정이 이사불명으로 송달되지 않았고, 丙은 화해권고결정에 이의하였다. 이에 항소심법원은 乙에 대한 관계에서는 화해의 성립으로 소송이 종결된 것으로 보고 당사자를 "원고 甲, 피고 丙, 丁, 독립당사자참가인 丙"으로 표시한 판결을 선고하였다. 그러나 대법원은 독립당사자 지위를 갖는 丙의 이의로 乙에 대한 부분을 포함한 전체 소송이 화해권고결정 이전의 상태로 돌아갔으므로 乙에 대한 부분에 관하여 화해가 성립되었다고 본 항소심판결은 위법하다고 하였다.

Ⅲ. 판결에 대한 상소

1. 이심의 범위

◆ 대법원 2014. 11. 13. 선고 2009다71312, 71329, 71336, 71343 판결

민사소송법 제79조에 의한 독립당사자참가소송은 동일한 권리관계에 관하여 원고, 피고 및 독립당사자참가인이 서로 간의 다툼을 하나의 소송절차로 한꺼번에 모순 없이 해결하는 소송 형태로서 독립당사자참가가 적법하다고 인정되어 원고, 피고 및 독립당사자참가인 간의 소송에 대하여 본안판결을 할 때에는 위 세 당사자를 판결의 명의인으로 하는 하나의 종국판결을 선고함으로써 위 세 당사자들 사이에서 합일확정적인 결론을 내려야 하고, 이러한 본안판결에 대하여 일방이 항소한 경우에는 제1심 판결 전체의 확정이 차단되고 사건 전부에 관하여 이심의 효력이 생긴다. 그리고 이러한 경우 항소심의 심판 대상은 실제 항소를 제기한 자의 항소취지에 나타난 불복범위에 한정하되 위 세 당사자 사이의 결론의 합일확정의 필요성을 고려하여 그 심판의 범위를 판단해야 한다.

▶ 대법원 1991. 3. 22. 선고 90다19329, 19336 판결

민사소송법 제72조(현행 79조)에 의한 소송은 동일한 권리관계에 관하여 원고·피고 및 참가인이 서로 간의 다툼을 하나의 소송절차로 한꺼번에 모순 없이 해결하는 소송형태로서 원·피고, 참가인 간의 소송에 대하여 본안판결을 할 때에는 위 세 당사자를 판결의 명의인으로 하는 하나의 종국판결을 내려야만 하는 것이지 위 당사자의 일부에 관하여만 판결을 하거나, 남겨진 자를 위한 추가판결을 하는 것들은 모두 허용되지 않는 것이므로 제1심에서 원고 및 참가인 패소, 피고 승소의 본안판결이 선고된 데 대하여 원고만이 항소한 경우, 원고와 참가인 그리고 피고 간의 세 개의 청구는 당연히 항소심의 심판대상이 되어야 하는 것이므로 항소심으로서는 참가인의 원·피고에 대한 청구에 대하여도 같은 판결로 판단을 하여야 한다.

|註| 1. 사실관계와 법원의 판단 甲은 X 토지에 관하여 자기에게 소유권이 있다고 주장하면서 X 토지에 관한 보존등기명의인인 乙에 대하여 그 등기의 말소를 구하는 소를 제기하였다. 丙은 X 토지의 소유권이 자신에게 귀속한다

고 주장하면서 甲과 乙을 상대로 독립당사자참가신청을 하여 乙에 대하여 위 소유권보존등기의 말소를 구하고 甲과 乙에 대하여 소유권의 확인을 구하였다. 제1심은 甲과 丙 패소, 乙 승소의 판결을 선고하였고 甲이 항소하였는데, 항소심은 甲만이 항소하였을 뿐 丙은 항소를 하지 않아 항소의 대상이 아니므로 丙 부분에 대한 판단을 생략한다고 하면서 甲의 청구에 대하여만 판단하였다. 그러나 대법원은 위 판결요지와 같은 이유로 항소심판결을 파기하였다.

2. 이심 및 심판의 범위 (1) 독립당사자참가소송에서 패소당사자 중 1인만이 상소한 경우 다른 패소당사자 관련 부분의 이심 여부에 관하여는, ① 상소하지 않은 패소당사자에 관한 부분은 분리되어 확정된다는 분리확정설(이영섭), ② 상소하지 않은 패소당사자에 관한 부분이 분리·확정되면 상소한 패소당사자에게 불이익이 될 염려가 있는 경우에 한하여 제한적으로 이심이 된다는 제한적 이심설(이재성), ③ 상소하지 않은 패소당사자에 관한 부분에도 상소의 효력이 미쳐 이심된다는 이심설(통설)이 대립된다. 판례는 이심설의 입장에 있다. 다만, 독립당사자참가신청을 부적법각하하였는데 참가인이 상소를 하지 않았다면 참가 부분은 상소기간의 경과로 분리되어 확정된다(아래 91다4669, 4676 판결 참조).

(2) 독립당사자참가소송에 있어서 패소한 원고와 수명의 피고들 중 일부 피고만이 상소하였을 때에는 피고들 상호 간에 필요적 공동소송관계가 있지 않는 한 그 상소한 피고에 대한 관계에 있어서만 삼면소송이 상소심에 계속되는 것이고, 상소하지 아니한 피고에 대한 관계에 있어서의 삼면소송은 상소기간 도과로서 종료(확정)된다.[1]

▶ **대법원 1992. 5. 26. 선고 91다4669, 4676 판결**

제1심판결에서 참가인의 독립당사자참가신청을 각하하고 원고의 청구를 기각한 데 대하여 참가인은 항소기간 내에 항소를 제기하지 아니하였고 원고만이 항소한 경우, 위 독립당사자참가신청을 각하한 부분은 원고의 항소에도 불구하고 피고에 대한 본소청구와는 별도로 이미 확정되었다 할 것이다.

1) 대판 1974. 6. 11. 73다374, 375.

2. 상소하지 않은 당사자의 상소심에서의 지위

▶ 대법원 1981. 12. 8. 선고 80다577 판결

독립당사자참가신청이 있으면 반드시 각 그 청구 전부에 대하여 1개의 판결로서 동시에 재판하지 않으면 아니 되고, 일부판결이나 추가판결은 허용되지 않으며, 독립당사자참가인의 청구와 원고의 청구가 모두 기각되고 원고만이 항소한 경우에 제1심판결 전체의 확정이 차단되고 사건 전부에 관하여 이심의 효력이 생기는 것이므로 독립당사자참가인도 '항소심에서의 당사자'라고 할 것이다.

|註| 상소하지 않은 패소당사자의 지위 (1) 독립당사자참가소송에서 패소하고 상소하지 않았으나 상소심으로 이심된 당사자의 지위에 관하여는 ① 상소인설, ② 피상소인설(이영섭, 방순원, 김상원), ③ 승소자에 대하여는 상소인이 되고 상소를 제기한 패소자에 대하여는 피상소인이 된다는 상대적 이중지위설(김홍규·강태원), ④ 합일확정의 필요 때문에 불가피하게 상소심에 관여하여야만 하는 당사자에 불과하다는 단순한 상소심당사자설(통설)이 대립한다.

(2) 판례는 단순한 상소심당사자설의 입장에 있다. 따라서 상소하지 않은 패소당사자는 상소취하권이 없고, 상소장에 인지를 붙일 필요가 없으며, 상소심의 심판범위는 상소를 제기한 당사자의 불복범위에 제한되고(합일확정의 필요 때문에 심판범위에 포함될 수는 있다), 상소비용을 부담하지 않으며, 판결문에 상소인 또는 피상소인의 표시가 병기되지 않는다.

3. 불이익변경금지원칙의 배제

◆ 대법원 2007. 12. 14. 선고 2007다37776, 37783 판결

[1] 민사소송법 제79조 제1항에 따라 원·피고, 독립당사자참가인 간의 소송에 대하여 본안판결을 할 때에는 위 3당사자를 판결의 명의인으로 하는 하나의 종국판결만을 내려야 하는 것이지 위 당사자의 일부에 관해서만 판결을 하는 것은 허용되지 않고, 같은 조 제2항에 의하여 제67조가 준용되는 결과 독립당사자참가소송에서 원고승소의 판결이 내려지자 이에 대하여 참가인만이 상소를 한 경우에도 판결 전체의 확정이 차단되고 사건 전부에 관하여 이심의 효력이 생긴다.

[2] 독립당사자참가소송에서 원고승소 판결에 대하여 참가인만이 상소를 했음에도 상소심에서 원고의 피고에 대한 청구인용 부분을 원고에게 불리하게 변경할 수 있는 것은 참가인의 참가신청이 적법하고 나아가 합일확정의 요청상 필요한 경우에 한한다.

[3] 독립당사자참가소송에서 원고의 피고에 대한 청구를 인용하고 참가인의 참가신청을 각하한 제1심판결에 대하여 참가인만이 항소하였는데, 참가인의 항소를 기각하면서 제1심판결 중 피고가 항소하지도 않은 본소 부분을 취소하고 원고의 피고에 대한 청구를 기각한 것은 부적법하다.

|註| **1. 사실관계와 법원의 판단** (1) A 소유인 X 부동산에 관하여 진행된 임의경매에서 甲은 A에 대한 임차인으로서 임대차보증금을, 乙은 근저당권자로서 피담보채권액을, 丙(서울시)은 조세채권자로서 당해세 및 기타 세금을 배당해 줄 것을 요구하였다. 법원은 배당기일에 1순위로 丙에게 당해세를, 2순위로 乙에게 근저당권의 피담보채권액 중 일부를 배당하는 것으로 배당표를 작성하였는데, 甲은 배당기일에 출석하여 이의하였으나 丙은 배당기일에 출석하지 않았다. 甲은 乙을 상대로 배당이의의 소를 제기하여 乙에 대한 배당액 중 임대차보증금 상당액을 감액하고 그 부분을 甲에게 배당할 것을 구하였고, 丙은 독립당사자참가를 하여 甲에 대하여는 甲과 A 사이의 임대차계약이 무효라는 확인을 구하고 乙에 대하여는 乙에 대한 배당액 중 근저당권에 우선하는 세금액 상당을 감액하여 그 부분을 丙에게 배당할 것을 구하였다.

(2) 제1심은 ① 본소에 관하여는 자백간주판결로 甲 승소판결을 하였고 ② 독립당사자참가에 관하여는 배당기일에 이의한 바 없으므로 배당표의 정정을 구할 수 없다는 이유로 참가신청을 각하하였다. 이에 丙만이 항소하였는데 항소심은 ① 본소에 관하여는 제1심판결을 취소하고 甲 패소판결을 하였고, ② 독립당사자참가에 관하여는 丙으로서는 甲과 A 사이의 임대차계약이 무효라는 확인을 구할 이익이 없고 배당기일에 이의하지 않았으므로 배당표의 경정을 구할 수도 없어 丙의 참가신청은 부적법하다는 이유로 丙의 항소를 기각하였다.

(3) 甲만이 상고하자 대법원은 "甲의 乙에 대한 청구를 인용하고 丙의 참가신청을 각하한 제1심판결에 대하여 丙만이 항소한 이 사건에서, 丙의 참가신청

이 부적법하다는 이유로 丙의 항소를 기각하면서도, 제1심판결 중 乙이 항소하지도 않은 본소 부분을 취소하고 甲의 乙에 대한 청구를 기각한 판단에는 독립당사자참가소송에서 패소한 당사자 중 일부만이 항소한 경우의 항소심의 심판대상에 관한 법리를 오해하여 판결에 영향을 미친 위법이 있다"고 하였고, "제1심판결 중 甲의 본소청구를 인용한 부분은 丙의 참가신청이 부적법하다는 이유로 丙의 항소를 기각한 항소심판결에 대하여 丙이 상고를 제기하지 않고 상고기간을 도과한 때에 그대로 확정되었다"고 하면서 이 부분에 대하여 소송종료선언을 하였다.

2. 심판의 범위 (1) 독립당사자참가소송에서 패소한 당사자 중 일부만이 상소하였더라도 나머지 패소당사자에 관한 부분 역시 상소심으로 이심이 되나(이심의 범위), 상소심의 심판대상은 실제 상소를 제기한 당사자의 상소취지에 나타난 불복범위에 국한되는 것이 원칙이고(심판의 범위), 다만 합일확정의 필요에 의하여 상소를 하지 않은 당사자가 원심판결보다 유리한 판결을 받는 경우가 생길 수 있다(불이익변경금지 원칙의 배제).

(2) 그러나 불이익변경금지의 원칙이 배제될 수 있는 것은 참가인의 참가신청이 적법하고 나아가 합일확정의 요청상 필요한 경우에 한하는 것이고(불이익변경금지 원칙의 배제의 한계), 위 판결은 이러한 점을 명백히 한 것이다.

◆ 대법원 2007. 10. 26. 선고 2006다86573, 86580 판결

민사소송법 제79조에 의한 독립당사자참가소송의 본안판결에 대하여 일방이 항소한 경우 항소심의 심판 대상은 실제 항소를 제기한 자의 항소취지에 나타난 불복범위에 한정하되 세 당사자 사이의 결론의 합일확정의 필요성을 고려하여 그 심판의 범위를 판단해야 하고, 이에 따라 항소심에서 심리·판단을 거쳐 결론을 내림에 있어 세 당사자 사이의 결론의 합일확정을 위하여 필요한 경우에는 그 한도 내에서 항소 또는 부대항소를 제기한 바 없는 당사자에게 결과적으로 제1심판결보다 유리한 내용으로 판결이 변경되는 것도 배제할 수는 없다.

|註| 독립당사자참가소송의 항소심에서 항소 내지 부대항소를 제기한 바 없는 당사자에게 제1심판결보다 유리한 내용으로 판결을 변경하는 것은 '세 당사자 사이에 결론의 합일확정을 위해 필요한 한도 내에서'만 가능하다고 한 판결이다.

제 6. 단일소송 또는 공동소송으로의 환원(독립당사자참가소송의 붕괴)

Ⅰ. 본소의 취하 또는 각하

◆ 대법원 2007. 2. 8. 선고 2006다62188 판결(㉠ 대법원 1991. 1. 25. 선고 90다4723 판결)

독립당사자참가소송에서 본소가 피고 및 참가인의 동의를 얻어 적법하게 취하되면 3면 소송관계는 소멸하고, 참가인의 원·피고에 대한 소가 독립의 소로서 소송요건을 갖춘 이상 그 소송계속은 적법하며, 이때 참가인의 신청이 비록 참가 신청 당시 당사자참가의 요건을 갖추지 못했다고 하더라도 이미 본소가 소멸되어 3면 소송 관계가 해소된 이상 종래의 3면 소송 당시에 필요했던 당사자참가 요건의 구비 여부는 더 이상 가려볼 필요가 없는 것이다.

|註| 1. 본소의 취하·각하가 독립당사자참가에 미치는 영향　본소가 취하·각하되었을 때의 독립당사자참가의 운명에 관하여는 ① 독립당사자참가의 애초의 소송목적을 상실하게 되므로 3면소송은 끝이 난다는 전소송종료설(이영섭)과 ② 본소의 계속을 조건으로 한 참가신청이라는 특별한 사정이 없는 한 참가인의 원·피고에 대한 청구가 일반 공동소송으로 남는다는 공동소송잔존설(통설)이 대립한다. 판례는 ②설의 입장이다. ②설에 의할 때 편면참가에서 본소가 취하·각하되면 참가인과 원고 또는 참가인과 피고 사이의 단일소송으로 남는다.
2. 본소취하에 대한 참가인의 동의　독립당사자참가 후 본소의 취하에는 독립당사자참가인의 동의가 필요한데, 이는 독립당사자참가인은 세 당사자 간의 각 청구에 대하여 논리적으로 모순 없이 재판을 받을 이익이 있기 때문이다.[1]

Ⅱ. 참가의 취하 또는 각하

▶ 대법원 1962. 5. 24. 선고 4294민상251, 252 판결

소송의 목적의 전부나 일부가 자기의 권리임을 주장하거나 소송의 결과에 의하여 권리의 침해를 받을 것을 주장하여 당사자로서 타인 간의 소송에 참가한 경우 참가각하의 재판이 확정된 때는 참가부분은 이탈이 되어 본소송만으로 환원

1) 대결 1972. 11. 30. 72마787.

되는 것이며, 그 경우에 참가인이 제출하였던 증거방법은 원·피고 당사자가 원용을 하지 아니하는 한 원·피고간의 소송에 있어서 증거판단을 할 필요가 없는 것이다.

|註| 1. **독립당사자참가의 취하·각하가 본소에 미치는 영향** 독립당사자참가가 취하·각하된 때에는 본소만이 남는다. 위 판결은 이 경우 참가인이 제출한 증거는 당사자가 원용하지 않는 한 증거판단을 할 필요가 없다는 것이다. 증거판단을 할 필요가 없다는 것은 "증거를 제출한 참가인의 참가신청이 부적법 각하되었다 하여도 그 증거자료의 효력에 아무런 영향이 없다"는 판결[1]에 비추어 볼 때, 사실인정의 증거로 사용하지 못한다는 것이 아니라 사실인정의 증거로 사용하지 않거나 믿지 않을 경우 굳이 그 판단을 할 필요가 없다는 의미이다.

2. **참가취하에 대한 원·피고의 동의** 독립당사자참가에 대하여 원고나 피고가 본안에 관하여 응소한 때에는 원고와 피고 쌍방의 동의가 있어야 독립당사자참가 취하의 효력이 있다. 원고와 피고 중 한쪽 당사자에 대하여만 취하가 된 경우에는 편면참가가 될 것이다.

제 5 관 공동소송참가

제 1. 의의

공동소송참가(共同訴訟參加)라 함은 소송계속 중에 당사자 간의 판결의 효력을 받는 제3자가 원고 또는 피고의 공동소송인으로서 참가하는 것을 말한다(83조). 적법한 공동소송참가가 있는 경우 참가인과 피참가인은 필수적 공동소송인이 된다.

제 2. 요건

공동소송참가가 허용되기 위하여는 ① 타인 간의 소송이 계속 중일 것, ② 참가인에게 당사자적격이 있을 것, ③ 소송목적이 한쪽 당사자와 합일확정되어야 하는

1) 대판 1971. 3. 31. 71다309, 310.

경우일 것의 요건이 필요하다.

▶ 대법원 2002. 3. 15. 선고 2000다9086 판결

[1] 주주의 대표소송에 있어서 원고 주주가 원고로서 제대로 소송수행을 하지 못하거나 혹은 상대방이 된 이사와 결탁함으로써 회사의 권리보호에 미흡하여 회사의 이익이 침해될 염려가 있는 경우 그 판결의 효력을 받는 권리귀속주체인 회사가 이를 막거나 자신의 권리를 보호하기 위하여 소송수행권한을 가진 정당한 당사자로서 그 소송에 참가할 필요가 있으며, 회사가 대표소송에 당사자로서 참가하는 경우 소송경제가 도모될 뿐만 아니라 판결의 모순·저촉을 유발할 가능성도 없다는 사정과, 상법 제404조 제1항에서 특별히 참가에 관한 규정을 두어 주주의 대표소송의 특성을 살려 회사의 권익을 보호하려한 입법 취지를 함께 고려할 때, 상법 제404조 제1항에서 규정하고 있는 회사의 참가는 공동소송참가를 의미하는 것으로 해석함이 타당하고, 나아가 이러한 해석이 중복제소를 금지하고 있는 민사소송법 제234조(현행 259조)에 반하는 것도 아니다.

[2] 비록 원고 주주들이 주주대표소송의 사실심 변론종결시까지 대표소송상의 원고 주주요건을 유지하지 못하여 종국적으로 소가 각하되는 운명에 있다고 할지라도 회사인 원고 공동소송참가인의 참가시점에서는 원고 주주들이 적법한 원고적격을 가지고 있었다고 할 것이어서 회사인 원고 공동소송참가인의 참가는 적법하다고 할 것이고, 뿐만 아니라 원고 주주들의 주주대표소송이 확정적으로 각하되기 전에는 여전히 그 소송계속 상태가 유지되고 있는 것이어서, 그 각하판결 선고 이전에 회사가 원고 공동소송참가를 신청하였다면 그 참가 당시 피참가소송의 계속이 없다거나 그로 인하여 참가가 부적법하게 된다고 볼 수는 없다.

[3] 공동소송참가는 항소심에서도 할 수 있는 것이고, 항소심절차에서 공동소송참가가 이루어진 이후에 피참가소가 소송요건의 흠결로 각하된다고 할지라도 소송의 목적이 당사자 일방과 제3자에 대하여 합일적으로 확정될 경우에 한하여 인정되는 공동소송참가의 특성에 비추어 볼 때, 심급이익 박탈의 문제는 발생하지 않는다.

|註| 1. 사실관계와 법원의 판단 (1) 甲은 A은행의 주주로서 A은행의 대표이사이던 乙을 상대로 B철강회사에 대한 부실대출로 인하여 A은행이 손해를 입었음을 이

유로 주주대표소송(상법 403조)을 제기하였다. 제1심법원은 乙에 대하여 400억 원의 지급을 명하는 판결을 선고하였고 乙은 항소하였다. 항소심 계속 중 A은행은 공동소송참가를 하였고, A은행이 금융감독위원회로부터 자본금 감소명령을 받고 일부 주식을 무상소각함에 따라 甲의 주식이 전부 무상소각되었다. 한편 乙은 A은행의 공동소송참가에 대하여, 제3자의 소송담당인 주주대표소송에서 기판력이 미치는 회사가 공동소송참가를 할 경우 중복제소에 해당하여 당사자적격이 없으므로, 회사의 공동소송참가는 허용되지 아니하며 오로지 공동소송적 보조참가만이 허용될 뿐이라고 본안전항변을 하였다.

(2) 본안전 항변에 대하여 항소심법원은, "일반적으로 제3자의 소송담당의 경우 판결의 효력을 받는 제3자가 그 소송에 당사자로서 참가하는 것은 중복제소에 해당하여 부적법하다고 할 것이나, 중복제소의 금지는 당사자가 동일한 사건에 대하여 다시 소를 제기하는 것이 소송경제상 낭비일 뿐 아니라 판결의 모순·저촉을 초래할 염려가 있기 때문에 이를 방지하자는 데에 그 제도의 취지가 있는 것이므로 제3자의 소송담당의 경우 판결의 효력을 받는 권리귀속주체가 그 소송에 당사자로서 독립하여 강력한 소송수행권능을 갖는 것이 현실적으로 필요하고 또한 그것이 소송경제상 도움이 될 뿐 아니라 판결의 모순·저촉을 초래할 염려도 없어 다른 법률이 권리귀속주체의 당사자로서의 소송참가를 허용하고 있다면 중복제소 금지의 규정은 이 경우 그 적용이 없다고 할 것인바, 제3자의 소송담당인 상법상의 주주대표소송에 있어서 소수주주가 상대방이 된 이사와 담합하거나 결탁할 경우 권리귀속주체인 회사가 이를 막기 위하여 강력한 소송수행권한을 가진 당사자로서 그 소송에 참가할 필요가 있고, 또한 이 사건의 경우와 같이 주주가 대표소송을 수행하는 도중 주주의 지위를 상실하여 소송이 부적법하게 될 경우 권리귀속주체인 회사가 당사자로서 그 대표소송에 참가할 필요가 있으며, 위와 같은 경우 모두 소송경제를 도모할 뿐만 아니라 판결의 모순·저촉을 초래할 가능성도 없다는 점을 감안하면 상법 제404조 제1항의 참가는 공동소송참가를 배제하지 아니하는 것으로 해석함이 타당하다"는 이유로 乙의 본안전항변을 배척한 다음, 甲이 항소심 계속 중 주주의 지위를 잃어 당사자적격을 상실하였다는 이유로 甲의 소는 각하하고, 乙은 A은행에게 10억 원을 지급하라는 판결을 선고하였다. 이에 乙이 상고하여 ① 중복소송으로 인하여 A은행의 공동소송참가가 허용되지 않음, ② 甲의 소가 부적법하여 각하되었으므로 A은행의 공동소송참가도 부적법함, ③ 乙은 A은행에 대하여는 심급의 이익을 박탈당하였음 등을 주장하였으나, 대법원은 판결요지와 같은 이유로 乙의 주장을 모두 배척하였다.

2. 당사자적격 (1) 공동소송참가를 하는 제3자는 별도의 소를 제기하는 대신에 계

속 중인 소송에 공동소송인으로서 참가하는 것이므로 자기 자신도 소를 제기할 수 있는 당사자적격을 구비하여야 한다. 따라서 갈음형 제3자의 소송담당에 있어서 권리귀속주체는 소송수행권(당사자적격)이 없어 공동소송적 보조참가를 할 수 있을 뿐 공동소송참가를 할 수 없다. 다만, 병존형 제3자의 소송담당의 경우 권리귀속주체가 소송수행권을 가지나 당사자참가를 하는 것이 중복소송에 해당되거나 제소기간을 도과하는 등의 사유로 자신의 소를 제기할 수 없으면 공동소송참가를 할 수 없고 공동소송적 보조참가만을 할 수 있다는 견해가 다수설이다.

(2) 한편 대상판결은 주주대표소송에 대한 회사의 참가는 공동소송참가라고 하였고, 이러한 해석이 중복소송금지 규정의 해석에 반하는 것은 아니라고 하였다. 이에 대하여는 회사가 자기의 법률관계에 대하여 관리처분권을 잃지 않았다거나 판결이 모순·저촉 우려가 없으므로 중복소송이 되지 않는다는 근거로 판례의 입장을 지지하는 견해(호문혁, 김홍엽)와 회사의 참가는 중복소송에 해당되므로 공동소송적 보조참가일 뿐이고 공동소송참가가 되지 않는다는 견해(이시윤)가 나뉜다.

3. 본소의 각하 공동소송참가는 타인 간의 소송이 계속 중인 한 가능한 것이므로 설령 위 소송이 부적법하다고 하더라도 확정적으로 각하되어 소송계속이 소멸한 것이 아니라면 공동소송참가가 가능하고, 그 후에 본소가 각하로 확정되었다고 하더라도 이로 인하여 각하 이전에 신청한 공동소송참가가 부적법하게 된다고 할 수는 없다.

4. 항소심에서의 공동소송참가 공동소송참가는 타인 간의 소송이 계속 중인 한 항소심에서도 할 수 있다.[1] 공동소송참가는 참가인과 피참가인에 대하여 소송의 목적이 합일적으로 확정될 경우에 허용되는 것이므로 항소심에서 참가하였다고 하더라도 상대방 당사자의 심급이익을 해하는 것이 아니다.

◆ 대법원 2015. 7. 23. 선고 2013다30301, 30325 판결

채권자대위소송이 계속 중인 상황에서 다른 채권자가 동일한 채무자를 대위하여 채권자대위권을 행사하면서 공동소송참가신청을 할 경우, 양 청구의 소송물이 동일하다면 민사소송법 제83조 제1항이 요구하는 '소송목적이 한쪽 당사자와 제3자에게 합일적으로 확정되어야 할 경우'에 해당하므로 참가신청은 적법하다. 이때 양 청구의 소송물이 동일한지는 채권자들이 각기 대위행사하는 피대위채권이 동일한지에 따라 결정되고, 채권자들이 각기 자신을 이행 상대방으로

1) 대판 1962. 6. 7. 62다144.

하여 금전의 지급을 청구하였더라도 채권자들이 채무자를 대위하여 변제를 수령하게 될 뿐 자신의 채권에 대한 변제로서 수령하게 되는 것이 아니므로 이러한 채권자들의 청구가 서로 소송물이 다르다고 할 수 없다. 여기서 원고가 일부청구임을 명시하여 피대위채권의 일부만을 청구한 것으로 볼 수 있는 경우에는 참가인의 청구금액이 원고의 청구금액을 초과하지 아니하는 한 참가인의 청구가 원고의 청구와 소송물이 동일하여 중복된다고 할 수 있으므로 소송목적이 원고와 참가인에게 합일적으로 확정되어야 할 필요성을 인정할 수 있어 참가인의 공동소송참가신청을 적법한 것으로 보아야 한다.

|註| 1. **사실관계와 법원의 판단** 甲은 자신이 A에 대하여 대출금채권을 가지고 있고 A는 乙에 대하여 50억 원의 주식매매대금반환채권을 가지고 있다고 주장하면서 A를 대위하여 乙을 상대로 11억 원의 지급을 구하는 소를 제기하였다. 丙은 자신이 A에 대하여 구상금채권을 가지고 있고 A는 乙에 대하여 위와 같은 주식매매대금반환채권을 가지고 있다고 주장하면서 A를 대위하여 乙을 상대로 9억 원의 지급을 구하는 공동소송참가신청을 하였다. 항소심은, 채권자가 자신의 채권을 보전하기 위하여 채무자의 금전채권을 대위행사하는 채권자대위소송의 계속 중에 다른 채권자도 자신의 채권을 보전하기 위하여 채무자의 금전채권을 대위행사하면서 공동소송참가신청을 한 경우에는 소송목적이 채권자들인 원고와 참가인에게 합일적으로 확정되어야 할 필요성이 있음을 인정하기 어렵다고 보아 丙의 공동소송참가신청을 부적법하다고 판단하였으나, 대법원은 판결요지와 같은 이유로 丙의 공동소송참가신청은 적법하다고 하였다.

2. **채권자대위소송과 공동소송참가** 채권자대위소송의 계속 중에 동일한 채무자의 동일한 피대위채권을 행사하고자 하는 다른 채권자는 공동소송참가를 할 수 있다. 추심금소송 중에 집행력 있는 정본을 가진 다른 채권자는 원고측에 공동소송참가를 할 수 있는 것(민사집행법 249조 2항)과 마찬가지이다.

▶ 대법원 2001. 7. 13. 선고 2001다13013 판결

공동소송참가는 타인 간의 소송의 목적이 당사자 일방과 제3자에 대하여 합일적으로 확정될 경우 즉, 타인 간의 소송의 판결의 효력이 제3자에게도 미치게 되는 경우에 한하여 그 제3자에게 허용되는바, 학교법인의 이사회의 결의에 하자가 있는 경우에 관하여 법률에 별도의 규정이 없으므로 그 결의에 무효사유가 있는 경우에는 이해관계인은 언제든지 또 어떤 방법에 의하든지 그 무효를 주장할 수 있고, 이와 같은 무효주장의 방법으로서 이사회결의무효확인소송이 제기되어 승소확정판결이 난 경우, 그 판결의 효력은 위 소송의 당사자 사이에서만 발생하는 것이지 대세적 효력이 있다고 볼 수는 없으므로, 이사회결의무효확인의 소는 그 소송의 목적이 당사자 일방과 제3자에 대하여 합일적으로 확정될 경우가 아니어서 제3자는 공동소송참가를 할 수 없다.

|註| 1. **사실관계와 법원의 판단** A 학교법인의 이사인 甲은 A 학교법인을 상대로 이사회결의무효확인의 소를 제기하였다. 위 소송의 항소심 계속 중 乙은 A 학교법인의 설립자 겸 임기만료된 이사로서 후임이사가 적법하게 선임되지 아니하여 이사로서의 자격이 있다고 하면서 위 소송에 공동소송참가신청을 하였다. 항소심법원은 이사회무효확인의 소는 대세효가 없어 甲의 청구에 대한 판결의 효력이 乙에게 미치지 않는다는 이유로 乙의 공동소송참가는 부적법하다고 하였고, 대법원 역시 위 판결요지와 같은 이유로 항소심판결이 옳다고 하였다.

2. **합일확정의 필요** 공동소송참가는 소송목적이 참가인과 기존 당사자 중 1인 사이에서 합일적으로 확정되어야 하는 경우에 허용된다. 본소송 판결의 효력 및 반사적 효력이 미치는 경우, 즉 유사필수적 공동소송에 해당되는 경우가 대표적이다. 고유필수적 공동소송의 경우에도 공동소송참가가 허용될 것인가에 관하여는 필수적 공동소송인의 추가(68조)의 방법에 의하여야 한다는 부정설과 필수적 공동소송인의 추가는 제1심에 한하므로 공동소송참가도 허용할 것이라는 긍정설이 대립한다.

제 4 절 당사자의 변경

제 1. 임의적 당사자변경

Ⅰ. 의의

(1) 임의적 당사자변경이라 함은 당사자의 의사에 의하여 종전의 원고나 피고에 갈음하여 제3자를 당해 소송에 가입시키거나(당사자의 교체) 종전의 원고나 피고에 추가하여 제3자를 당해 소송에 가입시키는(당사자의 추가) 것을 말한다. 교체 또는 추가된 신 당사자가 구 당사자 또는 기존 당사자의 분쟁주체인 지위를 승계하는 것이 아니라는 점에서 소송승계와는 구별된다.

(2) 민사소송법이 인정하고 있는 임의적 당사자변경으로는 피고의 경정(260조, 당사자의 교체)과 필수적 공동소송인의 추가(68조, 당사자의 추가)의 두 가지이다. 판례는 위 두 가지 외에는 임의적 당사자변경을 허용하지 않고 있다.

◆ 대법원 1998. 1. 23. 선고 96다41496 판결

일반적으로 당사자표시정정신청을 하는 경우에도 실질적으로 당사자가 변경되는 것은 허용할 수 없고 필요적 공동소송이 아닌 사건에서 소송 도중에 당사자를 추가하는 것 역시 허용될 수 없으므로, 회사의 대표이사가 개인 명의로 소를 제기한 후 회사를 당사자로 추가하고 그 개인 명의의 소를 취하함으로써 당사자의 변경을 가져오는 당사자추가신청은 부적법한 것이다.

▶ 대법원 1994. 5. 24. 선고 92다50232 판결

권리능력 없는 사단인 부락의 구성원 중 일부가 제기한 소송에서 당사자인 원고의 표시를 부락으로 정정함은 당사자의 동일을 해하는 것으로서 허용되지 아니한다.

Ⅱ. 피고의 경정

(1) 원고가 피고를 잘못 지정한 것이 분명한 경우에는 제1심법원은 변론을 종결할 때까지 원고의 신청에 따라 결정으로 피고를 경정하도록 허가할 수 있다(260조 1항 본문). 이를 피고의 경정(更正)이라고 한다.

▶ 대법원 1997. 10. 17.자 97마1632 결정

민사소송법 제234조의2(현행 260조) 제1항 소정의 "피고를 잘못 지정한 것이 명백한 때"라고 함은 청구취지나 청구원인의 기재내용 자체로 보아 원고가 법률적 평가를 그르치는 등의 이유로 피고의 지정이 잘못된 것이 명백하거나 법인격의 유무에 관하여 착오를 일으킨 것이 명백한 경우 등을 말하고, 피고로 되어야 할 자가 누구인지를 증거조사를 거쳐 사실을 인정하고 그 인정사실에 터잡아 법률판단을 해야 인정할 수 있는 경우는 이에 해당하지 않는다.

|註| 1. 사실관계와 법원의 판단 甲은 乙을 상대로 甲과 乙 사이의 공사계약이 무효라는 확인을 구하는 소를 제기하였다. 위 소송에서 乙에 대한 송달은 공시송달의 방법에 의하여 이루어졌고 1회 변론기일부터 乙을 위하여 보조참가를 한 丙이 乙을 위하여 변론을 하면서 위 계약의 당사자는 乙이 아니라 丙이라고 주장하였다. 甲은 4회 변론기일이 지난 뒤 그동안의 증거조사 결과 위 계약의 당사자가 乙이 아니라 丙임이 밝혀졌다는 이유로 피고를 乙에서 丙으로 경정하여 줄 것을 구하는 피고경정신청을 하였고 丙은 이에 부동의하였다. 법원은 甲의 신청을 기각하였고, 이에 甲이 항고하여 乙은 피고경정신청에 동의할 것이 틀림없으므로 보조참가인 丙의 부동의는 피참가인 乙의 소송행위에 저촉되는 것으로 효력이 없다고 주장하였다. 그러나 항고심과 대법원은 위 판결요지와 같이 판시한 다음 甲의 신청은 피고경정이 허용되는 경우가 아니므로 乙의 동의 등 다른 요건에 관하여 살펴볼 필요 없이 甲의 청구는 이유 없다고 하였다.

2. 피고경정의 허용범위 위 판결요지는 판례의 일관된 입장으로서 판례는 피고경정의 허용범위를 넓히지 않고 있다. 그러나 이러한 판례 입장에 대하여는 소송경제에 반하고 제도의 취지를 살리지 못한다는 문제가 있다고 하면서 심리 결과 피고를 잘못 지정한 것을 알았다고 하더라도 피고경정을 허용할 것이라는 반대견해(이시윤)가 있다.

3. 피고를 잘못 지정한 것이 분명한 경우의 법원의 조치(석명의무) 원고가 피고를 잘못 지정하였다면 법원으로서는 당연히 석명권을 행사하여 원고로 하여금 피고를 경정하게 하여 소송을 진행케 하여야 하고 이러한 조치를 취하지 아니한 채 피고의 지정이 잘못되었다는 이유로 소를 각하하면 위법하다.[1] 다만,

법원이 피고적격에 관하여 석명에 응할 기회를 충분히 제공하였음에도 피고경정을 하지 않는 경우라면 소를 각하할 수밖에 없다.[1)]

4. 원고가 잘못 지정된 경우 판례는 원고의 경정은 허용하지 않고 있으나,[2)] 신 원고의 동의가 있으면 허용할 것이라는 견해(이시윤)가 있다.

(2) 피고경정신청이 허가되면 종전의 피고에 대한 소는 취하된 것으로 본다(261조 4항). 피고경정은 새로운 피고에 대하여는 신소의 제기에 해당하므로 시효중단·기간준수의 효과는 경정신청서를 제출한 때에 발생한다(265조).

Ⅲ. 필수적 공동소송인의 추가

(1) 법원은 필수적 공동소송인 가운데 일부가 누락된 경우에는 제1심의 변론을 종결할 때까지 원고의 신청에 따라 결정으로 원고 또는 피고를 추가하도록 허가할 수 있다(68조 1항 본문). 이를 필수적 공동소송인의 추가라고 한다.

▶ 대법원 1998. 1. 23. 선고 96다41496 판결

[1] 일반적으로 당사자표시정정신청을 하는 경우에도 실질적으로 당사자가 변경되는 것은 허용될 수 없고 필요적 공동소송이 아닌 사건에서 소송 도중에 당사자를 추가하는 것 역시 허용될 수 없으므로, 회사의 대표이사가 개인 명의로 소를 제기한 후 회사를 당사자로 추가하고 그 개인 명의의 소를 취하함으로써 당사자의 변경을 가져오는 당사자추가신청은 부적법한 것이다.

[2] 제1심법원이 부적법한 당사자추가 신청을 그 부적법함을 간과한 채 받아들이고 피고도 그에 동의하였으며 종전 원고인 대표이사 개인이 이를 전제로 소를 취하하게 되어 제1심 제1차 변론기일부터 새로운 원고인 회사와 피고 사이에 본안에 관한 변론이 진행된 다음 제1심에서 본안판결이 선고되었다면, 이는

1) 대판 2004. 7. 8. 2002두7852(원고가 전주시 완산구청장으로부터 주민세부과처분을 받고도 전주시 완산구청장이 아닌 전주시장을 피고로 하여 주민세부과처분취소소송을 제기한 데 대하여 아무런 석명권 행사도 없이 피고 지정이 잘못되었음을 이유로 소를 각하한 사안).

1) 대판 2009. 7. 9. 2007두16608('저작권심의조정위원회'를 피고로 삼아야 할 저작권등록무효확인소송에서 피고를 '저작권심의조정위원회 위원장'으로 지정하자, 법원이 피고적격에 대하여 구체적으로 석명을 구하고, 그 사항만으로 두 차례나 변론기일을 속행하면서 석명에 응할 기회를 충분히 제공하였음에도 불구하고 최종적으로 피고경정을 하지 아니한 채 피고를 피고적격이 없는 '저작권심의조정위원회 위원장'으로 그대로 유지한다고 명시적으로 답변한 사안).

2) 대판 1994. 5. 24. 92다50232.

마치 처음부터 원고회사가 종전의 소와 동일한 청구취지와 청구원인으로 피고에 대하여 별도의 소를 제기하여 본안판결을 받은 것과 마찬가지라고 할 수 있으므로, 소송경제의 측면에서나 신의칙 등에 비추어 그 후에 새삼스럽게 당사자추가 신청의 적법 여부를 문제삼는 것은 허용될 수 없다.

> |註| **1. 사실관계와 법원의 판단** A 회사의 대표이사인 甲은 A회사 소유 부동산 위에 근저당권설정등기를 한 乙을 상대로 甲 개인 명의로 위 근저당권설정등기의 말소를 구하는 소를 제기하였다가, 1차 변론기일 전에 A 회사를 원고로 추가하는 당사자추가신청서를 제출하고 1차 변론기일에서 소장과 위 당사자추가신청서를 진술한 다음 甲 개인 명의의 소를 취하하였고, 乙은 위 당사자추가신청 및 소취하에 동의하였다. 이후부터 A 회사와 乙 사이에 소송이 진행되어 A 회사 승소판결이 선고되었다. 乙은 항소하여 위 당사자추가가 부적법함을 다투었으나 항소기각되었고, 이후 상고하였으나 대법원에서도 위 판결요지와 같은 이유로 상고기각되었다.
>
> **2. 공동소송인 추가의 허용범위** (1) 공동소송인의 추가가 허용되는 것은 고유필수적 공동소송에 한한다.[1] 입법론적으로는 검토할 문제이지만 필수적 공동소송인의 추가는 고유필수적 공동소송에서 당사자적격의 흠을 치유하기 위한 것이므로 통상공동소송이나 유사필수적 공동소송에서는 공동소송인의 추가가 허용되지 않는다.[2]
>
> (2) 예비적·선택적 공동소송에서는 필수적 공동소송인의 추가에 관한 제68조를 준용하므로 예비적·선택적 공동소송인의 추가는 가능하다.[3]

▶ **대법원 2009. 5. 28. 선고 2007후1510 판결**

이른바 고유필수적 공동소송이 아닌 사건에서 소송 도중에 당사자를 추가하는 것은 허용될 수 없고, 동일한 특허권에 관하여 2인 이상의 자가 공동으로 특허의 무효심판을 청구하여 승소한 경우에 그 특허권자가 제기할 심결취소소송은 심판청구인 전원을 상대로 제기하여야만 하는 고유필수적 공동소송이라고 할 수 없으므로, 위 소송에서 당사자의 변경을 가져오는 당사자추가신청은 명목이 어떻든 간에 부적법하여 허용될 수 없다.

---

1) 대판 1993. 9. 28. 93다32095.
2) 대판 1993. 9. 28. 93다32095.
3) 대결 2007. 6. 26. 2007마515.

(2) 필수적 공동소송인의 추가가 있는 때에는 처음 소가 제기된 때에 시효중단·기간준수의 효과가 발생한다. 소송계속 중 필수적 공동소송인 중 일부가 빠지게 된 경우, 예컨대 공유물분할청구소송 계속 중 공유자의 일부가 자기의 지분을 다른 사람에게 이전한 경우에는 참가승계·인수승계 제도를 활용하면 된다.[1)]

제 2. 소송승계

Ⅰ. 의의

소송계속 중에 소송의 목적인 권리관계가 변동됨으로써 새 사람이 종전 당사자가 하던 소송을 인수인계받게 되는 것을 소송승계(訴訟承繼)라고 한다. 소송승계가 되면 승계인은 피승계인의 소송상 지위를 이익·불이익을 막론하고 그대로 승계한다.

Ⅱ. 당연승계

당사자의 사망, 당사자인 회사의 합병 등 실체법상 포괄승계원인이 있는 경우 당사자의 소송상 지위는 당연히 상속인, 합병 후 존속회사 등으로 이전된다. 이를 당연승계(當然承繼)라고 한다. 당연승계는 실체법상 포괄승계원인이 있으면 법률상 당연히 소송당사자의 지위가 승계되는 것이므로 새로운 당사자에게 소송에 관여할 수 있는 기회를 보장하기 위하여 위와 같은 사유를 소송절차의 중단사유로 규정하고 있다. 상세한 설명은 '소송절차의 중단' 참조.

Ⅲ. 특정승계(소송물의 양도)

1. 의의

소송계속 중 소송물인 권리관계에 관한 당사자적격이 특정적으로 제3자에게 이전됨으로써 소송을 인계받게 되는 경우를 소송물의 양도 또는 특정승계(特定承繼)라고 한다. 특정승계의 경우에는 양수인이 소송을 승계하는 절차가 필요한데 양수

1) 대판 2014. 1. 29. 2013다78556.

인이 자발적으로 소송을 승계하는 것을 참가승계(81조)라고 하고, 기존의 당사자가 양수인을 강제로 소송에 끌어들이는 것을 인수승계(82조)라고 한다.

▶ 대법원 2003. 2. 26. 선고 2000다42786 판결

[1] 민사소송법 제74조(현행 81조)에서 규정하고 있는 소송의 목적물인 권리관계의 승계라 함은 소송물인 권리관계의 양도뿐만 아니라 당사자적격 이전의 원인이 되는 실체법상의 권리 이전을 널리 포함하는 것이므로, 신주발행무효의 소 계속 중 그 원고적격의 근거가 되는 주식이 양도된 경우에 그 양수인은 제소기간 등의 요건이 충족된다면 새로운 주주의 지위에서 신소를 제기할 수 있을 뿐만 아니라, 양도인이 이미 제기한 기존의 위 소송을 적법하게 승계할 수도 있다.
[2] 승계참가가 인정되는 경우에는 그 참가시기에 불구하고 소가 제기된 당초에 소급하여 법률상의 기간준수의 효력이 발생하는 것이므로, 신주발행무효의 소에 승계참가하는 경우에 그 제소기간의 준수 여부는 승계참가시가 아닌 원래의 소 제기시를 기준으로 판단하여야 한다.

|註| 1. 사실관계와 법원의 판단 甲 은행은 乙 회사의 주식을 소유하고 있었는데 乙 회사가 대주주의 비자금을 마련할 목적으로 가장납입의 방법으로 신주를 발행하자 甲 은행은 신주발행일로부터 6월 내에 신주발행무효의 소를 제기하였다. 甲은 소송계속 중 乙 회사의 주식을 丙(정리금융공사)에게 양도하였고 丙은 위 소송에 참가승계를 하였으며 甲 은행은 위 소송에서 탈퇴하였다. 乙은 신주발행무효의 소에 있어서 주식의 양도는 소송물의 양도가 아니므로 丙에게는 승계참가적격이 없다거나, 丙이 甲 은행으로부터 주식을 양수할 당시 이미 신주발행일로부터 6월의 제소기간이 도과하였다는 등의 이유로 丙의 승계참가가 부적법하다고 다투었으나, 법원은 위 판결요지와 같은 이유로 乙의 주장을 배척하였다.

2. 특정승계의 원인(소송물의 양도와 계쟁물의 양도) (1) 특정승계에는 소송물인 권리관계 자체가 양도되는 경우뿐만 아니라 소송물인 권리관계의 목적물건, 즉 계쟁물이 양도되면서 당사자적격이 이전되는 경우도 포함한다. 대상판결이 그 경우이다.

(2) 그러나 반면, 甲이 乙로부터 X 부동산을 매수하여 소유권이전등기청구의 소를 제기하였는데 그 소송계속 중 丙이 乙로부터 위 부동산을 매수하여 소유

권이전등기를 마친 경우라면, 丙은 乙의 甲에 대한 소유권이전등기의무를 이전받은 것이 아닐 뿐만 아니라 X 부동산을 양수함으로써 소유권이전등기청구의 당사자적격을 이전받은 것도 아니다. 따라서 이 경우 甲은 丙에 대하여 새로운 청구원인에 기하여 새로운 청구(예컨대, 통정허위표시에 의한 원인무효의 등기임을 주장하여 乙을 대위하여 하는 소유권이전등기말소청구소송)를 할 수 있을 뿐이고 丙을 소송에 끌어들이는 인수승계신청을 할 수 없으며, 丙 역시 참가승계를 할 수 없다(아래 80마283 결정 참조).

▶ 대법원 1983. 3. 22.자 80마283 결정

부동산소유권이전등기청구소송 계속 중 그 소송목적이 된 부동산에 대한 이전등기이행채무 자체를 승계함이 없이 단순히 같은 부동산에 대한 소유권이전등기(또는 근저당설정등기)가 제3자 앞으로 경료되었다 하여도 이는 민사소송법 제75조(현행 82조) 제1항 소정의 "그 소송의 목적이 된 채무를 승계한 때"에 해당한다고 할 수 없으므로 위 제3자에 대하여 등기말소를 구하기 위한 소송의 인수는 허용되지 않는다.

|註| 소송당사자가 민사소송법 제82조에 의하여 제3자로 하여금 그 소송을 인수하게 하기 위하여서는 그 제3자에 대하여 인수한 소송의 목적된 채무이행을 구하는 경우에만 허용되고 그 소송의 목적된 채무와는 전혀 별개의 채무의 이행을 구하기 위한 경우에는 허용될 수 없다[1]고 한 것도 그러한 취지이다.

2. 참가승계

(1) 참가승계(參加承繼)라 함은 소송계속 중 권리의무의 전부나 일부의 승계인이 독립당사자참가의 방식으로 스스로 참가하여 새로운 당사자가 되어 소송을 승계하는 것을 말한다. 권리승계인뿐만 아니라 의무승계인도 참가승계를 할 수 있다.

▶ 대법원 1983. 9. 27. 선고 83다카1027 판결

민사소송법 제74조(현행 81조)의 권리승계참가는 소송의 목적이 된 권리를 승계한 경우뿐만 아니라 채무를 승계한 경우에도 이를 할 수 있다. 청구이의의 소의 계속 중 그 소송에서 집행력 배제를 구하고 있는 채무명의에 표시된 청구권을 양수한 자는 소송의 목적이 된 채무를 승계한 것이므로 승계집행문을 부여받은 여부에 관계없이 위 청구이의의 소에 민사소송법 제74조(현행 81조)에 의한 승계

1) 대결 1971. 7. 6. 71다726.

참가를 할 수 있다.

◆ 대법원 2014. 10. 27. 선고 2013다67105, 67112 판결

제3자가 소송계속 중에 소송목적인 권리를 승계했다고 주장하며 소송에 참가한 경우 참가 신청의 이유로 주장하는 사실관계 자체에서 승계적격의 흠이 명백하지 않는 한 승계인에 해당하는지 여부는 승계참가인의 청구의 당부와 관련하여 판단할 사항이므로 심리결과 승계 사실이 인정되지 않으면 승계참가인의 청구를 기각하는 판결을 해야지 승계참가 신청을 각하하는 판결을 할 것은 아니다.

(2) **참가승계는 독립당사자참가의 방식으로 이루어지나**(81조) **피참가인과 참가인이 대립구조에 서지 않는다는 점에서 독립당사자참가와는 다르다. 상고심에서는 참가승계가 허용되지 않는다.**[1]

▶ 대법원 1975. 11. 25. 선고 75다1257, 1258 판결

민사소송법 제74조(현행 81조)에 의한 권리승계인의 소송참가의 경우는 권리승계인은 피권리승계인의 당사자로서의 지위를 승계하는 것이고, 이 경우에 피참가인과 참가인이 서로 이해대립되는 관계에 있다 할 수 없고, 권리양도인이 참가인에 대하여 권리양도를 부인하고 다투는 경우라면 몰라도 권리양도인이 권리양도를 인정하는 경우에는 권리승계참가인이 피참가인인 원고에 대하여 아무런 청구를 필요로 하지 않는다.

|註| 승계참가의 경우에는 독립당사자참가의 경우와 같은 삼면소송관계가 성립되지 아니한다는 의미이다.[2] 같은 이유에서 원고의 소송대리인이 원고 승계참가인의 소송행위를 대리하였다 하여 쌍방대리금지의 원칙에 저촉되지 않는다.[3]

(3) **참가승계가 있으면 승계인은 피승계인의 소송상 지위를 그대로 승계한다. 참가승계를 하면 참가시기에 관계없이 당초의 소제기시에 소급하여 시효중단이나 기간준수의 효력이 생긴다**(81조).

---

1) 대판 1995. 12. 2. 94후487; 대판 2002. 12. 10. 2002다48399 등.
2) 대판 1969. 12. 9. 69다1578.
3) 대판 1991. 1. 29. 90다9520, 9537.

▶ 대법원 2012. 7. 5. 선고 2012다25449 판결

소송이 법원에 계속되어 있는 동안에 제3자가 소송목적인 권리의 전부나 일부를 승계하였다고 주장하며 독립당사자참가의 규정에 따라 참가를 한 경우에, 승계참가인은 소송절차를 현저히 지연시키는 경우가 아닌 한 승계한 권리와 청구의 기초가 바뀌지 아니하는 한도 안에서 청구의 취지 또는 원인을 바꿀 수 있다(민사소송법 제81조, 제262조). 그리고 승계참가를 한 경우라고 하여 그 변경하고자 하는 청구의 내용이 반드시 종전 원고로부터 권리승계를 한 것이어야만 한다거나 이에 관해서도 승계참가의 요건을 갖추어야만 한다고 볼 것은 아니다. 일단 승계참가가 이루어진 이상 기존의 청구와 사이에 청구의 기초에 변경이 없는 한 상대방에 대한 자기 고유의 권리를 주장하는 것도 무방하다고 할 것이다. 다만 이 경우 민사소송법 제81조에서 시효의 중단 또는 법률상 기간준수의 효력이 처음 소가 제기된 때에 소급하여 생긴다고 한 부분은 권리승계를 주장하는 청구에 한정하여 적용된다 할 것이다.

3. 인수승계

(1) 인수승계(引受承繼)라 함은 소송계속 중 소송의 목적인 권리의무의 전부나 일부의 승계가 있는 때에 종전 당사자의 인수신청에 의하여 승계인인 제3자를 새로운 당사자로 소송에 강제로 끌어들이는 것을 말한다.

(2) 인수승계신청이 있는 경우에는 참가승계의 경우와 달리 신청인인 당사자와 피신청인을 심문하고 결정으로 허가 여부를 재판하여야 한다(82조 2항). 이때 주장하는 사실관계 자체에 의하여 승계적격의 흠이 명백하지 않으면 인수승계신청을 받아들이는 결정을 하고, 이후 심리를 진행한 결과 인수승계인이 권리·의무를 승계하지 않은 것이 밝혀지면 청구기각의 본안판결을 하여야 한다. 인수승계를 명하지 않기로 하는 결정에 대하여는 항고할 수 있으나(439조), 인수승계를 명하는 결정은 중간적 재판에 지나지 아니하여 본안에 대한 종국판결과 함께 상소할 수 있을 뿐이므로 따로 불복신청을 할 수 없다.[1] 소송계속 중 소송물의 양도가 있더라도 법원이 당사자에게 소송인수신청을 하도록 촉구하는 등 석명권을 행사할 의무가 있는 것은 아니다.[2]

1) 대결 1990. 9. 26. 90그30; 대결 1981. 10. 29. 81마357 등.
2) 대판 1975. 9. 9. 75다689.

◆ 대법원 2005. 10. 27. 선고 2003다66691 판결

소송계속 중에 소송목적인 의무의 승계가 있다는 이유로 하는 소송인수신청이 있는 경우 신청의 이유로서 주장하는 사실관계 자체에서 그 승계적격의 흠결이 명백하지 않는 한 결정으로 그 신청을 인용하여야 하는 것이고, 그 승계인에 해당하는가의 여부는 피인수신청인에 대한 청구의 당부와 관련하여 판단할 사항으로 심리한 결과 승계사실이 인정되지 않으면 청구기각의 본안판결을 하면 되는 것이지 인수참가신청 자체가 부적법하게 되는 것은 아니다.

|註| 甲이 乙 협동조합을 상대로 예탁금반환청구의 소를 제기하여 항소심 계속 중 관련 법률에 따라 丙 협동조합으로의 계약이전결정이 내려지자 丙 협동조합에 대한 인수승계신청을 하였는데, 심리 결과 甲에 대한 예탁금반환채무는 위 계약이전의 대상에 포함되지 않음이 밝혀졌고 이에 항소심법원은 丙이 甲에 대한 예탁금반환채무를 인수하지 않았다는 이유로 甲의 인수신청을 각하한 사안이다. 대법원은 위 판결요지와 같은 이유로 항소심판결을 파기하였다.

(3) 인수한 신당사자는 전주의 소송상의 지위를 그대로 물려받게 되어 유리·불리를 불문하고 그에 구속된다. 당초의 소제기에 의한 시효중단·기간준수의 효과도 신당사자인 인수인에게 소급적으로 미친다(82조 3항).

Ⅳ. 전 당사자의 지위와 소송탈퇴

특정승계에 있어서 피승계인은 상대방의 승낙을 얻어 소송에서 탈퇴할 수 있다. 탈퇴 여부는 법원이 결정하는 것이 아니고 당사자가 하는 것이다.[1] 다만, 소송의 효력은 탈퇴한 당사자에게도 미친다.

▶ 대법원 2004. 1. 27. 선고 2000다63639 판결

제1심에서 원고가 승소하였으나 항소심에서 원고에 대한 승계참가가 이루어졌음에도 승계참가인의 청구에 대한 판단 없이 단순히 피고의 항소를 기각한 원심판결에는 직권파기사유가 있다.

|註| 피승계인이 탈퇴한 경우 피승계인이 소송에서 탈퇴하면 소송은 승계인

1) 대판 1976. 10. 26. 76다1819.

의 상대방에 대한 청구 또는 상대방의 승계인에 대한 청구가 된다. 따라서, 제1심에서 원고가 승소하고 항소심에서 원고에 대한 참가승계가 이루어졌는데 심리 결과 참가승계인의 청구가 이유 있다면 참가승계인의 청구를 인용하는 판결을 하여야 하고 항소를 기각하는 판결을 하여서는 안 된다. 항소기각판결을 하게 되면 이미 탈퇴한 원고에 대한 판결만이 남게 되고 참가승계인에 대한 판결은 존재하지 않게 되기 때문이다.

◆ 대법원 2012. 4. 26. 선고 2011다85789 판결

소송계속 중에 승계참가인에게 소송목적인 권리나 의무를 양도한 피참가인은 상대방의 승낙을 받아 소송에서 탈퇴할 수 있고, 탈퇴한 당사자에 대해서도 판결의 효력이 미치는바(민사소송법 제80조), 이러한 소송의 탈퇴는 승계참가가 적법한 경우에만 허용되는 것이므로 승계참가가 부적법한 경우에는 피참가인의 소송탈퇴는 허용되지 않고 피참가인과 상대방 사이의 소송관계가 유효하게 존속한다. 따라서 승계참가인의 참가신청이 부적법함에도 불구하고 법원이 이를 간과하여 승계참가인의 참가신청과 피참가인의 소송탈퇴가 적법함을 전제로 승계참가인과 상대방 사이의 소송에 대해서만 판결을 했는데, 상소심에서 승계참가인의 참가신청이 부적법하다고 밝혀진 경우 피참가인과 상대방 사이의 소송은 여전히 탈퇴 당시의 심급에 계속되어 있으므로 상소심 법원은 탈퇴한 피참가인의 청구에 관하여 심리·판단할 수 없다.

▶ 대법원 2017. 7. 18. 선고 2016다35789 판결

소송목적인 권리를 양도한 원고는 법원이 소송인수 결정을 한 후 피고의 승낙을 받아 소송에서 탈퇴할 수 있는데(민사소송법 제82조 제3항, 제80조), 그 후 법원이 인수참가인의 청구의 당부에 관하여 심리한 결과 인수참가인의 청구를 기각하거나 소를 각하하는 판결을 선고하여 판결이 확정된 경우에는 원고가 제기한 최초의 재판상 청구로 인한 시효중단의 효력은 소멸한다. 다만 소송탈퇴는 소취하와는 성질이 다르며, 탈퇴 후 잔존하는 소송에서 내린 판결은 탈퇴자에 대하여도 효력이 미친다(민사소송법 제82조 제3항, 제80조 단서). 이에 비추어 보면 인수참가인의 소송목적 양수 효력이 부정되어 인수참가인에 대한 청구기각 또는 소각하 판결이 확정된 날부터 6개월 내에 탈퇴한 원고가 다시 탈퇴 전과 같은 재판상의 청구 등을 한 때에는, 탈퇴 전에 원고가 제기한 재판상의 청구로 인하여

발생한 시효중단의 효력은 그대로 유지된다.

◆ **대법원 2019. 10. 23. 선고 2012다46170 전원합의체 판결**

승계참가에 관한 민사소송법 규정과 2002년 민사소송법 개정에 따른 다른 다수당사자 소송제도와의 정합성, 원고 승계참가인과 피참가인인 원고의 중첩된 청구를 모순 없이 합일적으로 확정할 필요성 등을 종합적으로 고려하면, 소송이 법원에 계속되어 있는 동안에 제3자가 소송목적인 권리의 전부나 일부를 승계하였다고 주장하며 민사소송법 제81조에 따라 소송에 참가한 경우, 원고가 승계참가인의 승계 여부에 대해 다투지 않으면서도 소송탈퇴, 소취하 등을 하지 않거나 이에 대하여 피고가 부동의하여 원고가 소송에 남아 있다면 승계로 인해 중첩된 원고와 승계참가인의 청구 사이에는 필수적 공동소송에 관한 민사소송법 제67조가 적용된다.

|註| 승계의 효력을 다투거나, 권리의무의 일부만 승계되었거나, 추가적 인수의 경우[1)]에는 피승계인이 소송에서 탈퇴할 수 없다. 상대방의 동의를 얻지 못한 때에도 탈퇴할 수 없다. 이 경우 승계로 인해 중첩된 원고와 승계참가인의 청구 사이의 소송관계를 통상 공동소송으로 보았던 종전 대법원 판례를 변경하여 필수적 공동소송 관계임을 밝힌 전원합의체 판결이다.

1) 일본 최고재 昭和 41(1966). 3. 22. 판결(임대차계약 종료를 원인으로 한 토지임대인의 임차인에 대한 건물철거 및 토지인도 청구의 소송이 계속 중에 토지임차인으로부터 건물의 일부를 임차하고 이에 기하여 토지 일부의 점유를 승계한 자는 채무승계인에 해당한다). 같은 취지 : 서울민사지판 1971. 2. 16. 70나473(피고에 대한 토지인도 및 건물철거 청구와 인수승계인에 대한 퇴거 청구를 모두 기각한 사안).

제6편

상소심절차

제1장

총설

상소란 재판의 확정 전에 당사자가 상급법원에 대하여 재판이 잘못되었다고 하여 그 취소·변경을 구하는 불복신청방법을 말한다. 항소와 상고는 판결에 대한 상소이고, 항고(재항고)는 결정·명령에 대한 상소이다.

제1. 상소의 일반요건

Ⅰ. 상소의 대상적격

(1) 선고 전의 판결에 대하여는 상소할 수 없다. 다만 결정·명령의 경우 원본이 법원사무관 등에게 교부되어 성립된 후라면 고지 전이라도 상소할 수 있다는 것이 판례[1)]이다.

▶ 대법원 2008. 11. 27. 선고 2007다69834, 69841 판결

판결에는 법원의 판단을 분명하게 하기 위하여 결론을 주문에 기재하도록 하고 있으므로 주문에 설시가 없으면 그에 대한 재판은 누락된 것으로 보아야 하고, 재판이 누락된 경우 그 부분 소송은 여전히 그 심급에 계속 중이라 할 것이어서 적법한 상소의 대상이 되지 아니하므로 그 부분에 대한 상소는 부적법하다.

(2) 종국적 재판만이 상소의 대상이 되고, 중간적 재판에 대하여는 독립하여 상소할 수 없다.

▶ 대법원 1995. 2. 14. 선고 93재다27, 34 전원합의체 판결

원래 종국판결이라 함은 소 또는 상소에 의하여 계속 중인 사건의 전부 또는 일부에 대하여 심판을 마치고 그 심급을 이탈시키는 판결이라고 이해하여야 할 것이다. 대법원의 환송판결도 당해 사건에 대하여 재판을 마치고 그 심급을 이

1) 대결(전) 2014. 10. 8. 2014마667. '종국판결에 의한 종료' 부분 참고.

탈시키는 판결인 점에서 당연히 제2심의 환송판결과 같이 종국판결로 보아야 할 것이다.

|註| 항소심과 대법원의 환송판결에 대하여는 중간판결설과 종국판결설의 대립이 있었고, 판례는 종래 중간판결설을 취하여 오다가 "항소심의 환송판결은 종국판결이므로 고등법원의 환송판결에 대하여는 대법원에 상고할 수 있다"고 하여 항소심의 중간판결에 대하여 먼저 종국판결설로 입장을 바꾸고[1] 이어 위 판결로써 대법원의 환송판결에 대하여도 종국판결설을 취하였다. 상세한 내용은 '재심' 부분 참조.

▶ 대법원 1991. 12. 30.자 91마726 결정

민사소송법 제361조(현행 391조)가 소송비용의 재판에 대하여 독립하여 상소할 수 없다고 규정한 것은 본안의 재판에 대하여 불만이 없는 사람에게 부수적 재판인 비용부담의 재판에 관하여 따로 불복을 신청할 수 있게 하면 그 비용부담의 적정 여부를 가리기 위하여 다시 본안재판의 적정 여부까지 가려 보아야 하는 본말을 전도하는 현상이 생기게 되므로 본안재판에 대한 불복과 함께 하는 것이 아니면 허용하지 아니한다는 취지이고, 그 규정이 헌법 제23조 제1항과 제27조 제1항에 위반되는 것이 아니다.

|註| 1. 판례는 가집행선고의 재판에 대하여도 소송비용의 재판과 같은 판시를 하고 있었고,[2] 이를 반영하여 2002년 민사소송법 개정 때에 가집행선고의 재판에 대하여도 독립하여 상소를 제기하지 못한다고 규정하였다(291조).
2. 소송비용의 재판을 시정하는 판단은 본안에 대한 상소의 전부 또는 일부가 이유 있는 경우에 한하여 허용되고, 본안에 대한 상소가 이유 없을 때에는 허용될 수 없다.[3] 가집행선고의 재판에 대하여도 본안에 대한 상소가 이유 없다고 판단되는 경우에는 가집행선고의 재판을 시정하는 판단을 할 수 없다.[4]
3. 소송대리인에게 대리권이 없다는 이유로 소가 각하되고 소송대리인이 소송비용부담의 재판을 받은 경우(108조) 소송대리인으로서는 자신에게 비용부담을 명한 재판에 대하여 재판의 형식에 관계없이 즉시항고나 재항고에 의하

1) 대판(전) 1981. 9. 8. 80다3271.
2) 대판 1981. 10. 24. 80다2846, 2847.
3) 대판 1996. 1. 23. 95다38233; 대판 1998. 11. 10. 98다42141 등.
4) 대판 1981. 10. 24. 80다2846, 2847.

여 불복할 수 있다.[1]

▶ 대법원 1981. 10. 29.자 81마357 결정

소송인수를 명하는 결정은 일응 승계인의 적격을 인정하여 이를 당사자로서 취급하는 취지의 중간적 재판이므로 이에 불복이 있으면 본안에 대한 판결과 함께 상소할 수 있을 뿐이다.

(3) 무효인 재판에 대한 상소는 허용되지 않는다는 것이 판례이지만, 무효인 외관을 제거하기 위한 상소를 허용하는 취지의 판례도 있다.

▶ 대법원 2000. 10. 27. 선고 2000다33775 판결

당사자가 소제기 이전에 이미 사망하여 주민등록이 말소된 사실을 간과한 채 본안 판단에 나아간 원심판결은 당연무효라 할 것이나, 민사소송이 당사자의 대립을 그 본질적 형태로 하는 것임에 비추어 사망한 자를 상대로 한 상고는 허용될 수 없다 할 것이므로, 이미 사망한 자를 상대방으로 하여 제기한 상고는 부적법하다.

▶ 대법원 2002. 4. 26. 선고 2000다30578 판결

이미 사망한 자를 채무자로 한 처분금지가처분신청은 부적법하고 그 신청에 따른 처분금지가처분결정이 있었다고 하여도 그 결정은 당연무효로서 그 효력이 상속인에게 미치지 않는다고 할 것이므로, 채무자의 상속인은 일반승계인으로서 무효인 그 가처분결정에 의하여 생긴 외관을 제거하기 위한 방편으로 가처분결정에 대한 이의신청으로써 그 취소를 구할 수 있다.

(4) 다른 불복방법(不服方法)이 있는 때에도 상소를 제기할 수 없다. 판결경정(211조)의 대상인 경우,[2] 추가판결의 대상이 되는 재판의 누락(212조)이 있는 경우,[3] 이의의 방법(164조)으로 다툴 조서의 기재[4] 등에 대하여는 상소가 허용되지 않는다.

---

1) 대결 2016. 6. 17. 2016마371.
2) 대판 1978. 4. 25. 78다76 등.
3) 대판 1996. 2. 9. 94다50274; 대판 1989. 9. 26. 88다카10647 등.
4) 대판 1981. 9. 8. 81다86.

Ⅱ. 적법한 상소 제기

1. 상소장을 제출하여야 하는 법원

상소는 상소장이라는 서면을 원심법원에 제출함으로써 제기한다(397조 1항, 425조, 445조). 상소제기기간 준수 여부는 상소장의 원심법원 제출시를 기준으로 한다.

▶ 대법원 1981. 10. 13. 선고 81누230 판결

상고장이 대법원에 바로 제출되었다가 다시 원심법원에 송부된 경우에는 상고장이 원심법원에 접수된 때를 기준하여 상고제기기간의 준수 여부를 따져야 한다.

|註| 1. 대구고등법원의 항소심판결에 대하여 상고제기기간 내에 대법원에 상고장을 제출하였고, 대법원은 즉시 상고장을 대구고등법원으로 송부하였으나 상고제기기간 도과 후에 상고장이 대구고등법원에 접수된 사안으로, 대법원은 위 상고는 불변기간을 도과하여 부적법한 것으로서 그 흠결을 보정할 수 없는 것이라고 하여 상고를 각하하였다.

2. 대상판결이 대법원의 원칙적인 입장이지만,[1] 학설로는 상소장을 원심법원이 아닌 다른 법원에 접수한 때에 상소한 것으로 보고 상소장을 접수한 법원은 상소장을 원심법원으로 이송하여야 한다는 견해가 있다. 판례 중에는 상고인이 착오로 상고장을 고등법원과 동일한 청사 내에 있는 지방법원에 잘못 접수시킨 경우 지방법원에 상고장을 제출한 날을 기준으로 상고제기기간 준수 여부를 가려야 한다는 것도 있다.[2]

2. 상소장 기재사항

상소장에는 ① 당사자와 법정대리인, ② 원심판결의 표시와 그 판결에 대한 상소의 취지를 적어야 한다(397조 2항, 425조, 443조). 상소장에 상소인의 기명날인 또는 서명이 없더라도(398조, 274조 1항, 425조, 443조 참조) 기재에 의하여 상소인이 누군지 알 수 있고, 그것이 상소인의 의사에 기하여 제출된 것으로 인정되면 유효하다.[3]

1) 대결 1987. 12. 30. 87마1028; 대결 1992. 4. 15. 92마146.
2) 대결 1996. 10. 25. 96마1590(상고인이 상고장에 불복대상 판결을 서울고등법원 판결로 명시하여 서울고등법원에 상고장을 제출하려는 의사를 가지고 있었으나 다만 이를 제출함에 있어서 서울고등법원이 서울지방법원과 동일한 청사 내에 위치하고 있는 관계로 서울지방법원 종합접수과를 서울고등법원 종합접수실로 착각하여 서울지방법원에 상고장을 접수시킨 사안).

▶ 대법원 2020. 1. 30.자 2019마5599, 5600 결정

민사소송법 제397조 제2항은 항소장에 당사자와 법정대리인, 제1심판결의 표시와 그 판결에 대한 항소의 취지를 적도록 하고 있을 뿐이므로, 항소장에는 제1심판결의 변경을 구한다는 항소인의 의사가 나타나면 충분하고 항소의 범위나 이유까지 기재되어야 하는 것은 아니다. 따라서 항소의 객관적, 주관적 범위는 항소장에 기재된 항소취지만을 기준으로 판단할 것은 아니고, 항소취지와 함께 항소장에 기재된 사건명이나 사건번호, 당사자의 표시, 항소인이 취소를 구하는 제1심판결의 주문 내용 등을 종합적으로 고려해서 판단해야 한다.

▶ 대법원 1990. 5. 8. 선고 88다카30214 판결

[1] 민사소송법이 항소장에 제1심판결의 표시를 요구하고 있는 것은 어떠한 종국판결에 대하여 항소를 하는가를 명백히 하기 위한 것이므로 제1심판결의 표시는 다른 판결과 구별할 수 있을 정도로 표시하기만 하면 되는 것이다.

[2] 항소장에 항소의 취지를 기재함에 있어서도 재판의 변경을 구하는 의사가 항소장의 전체로 보아 나타나면 되는 것이고, 제1심판결에 대하여 어느 한도에서 변경을 구하느냐는 것은 항소장의 필요적 기재요건이 아니고 항소심의 변론종결시까지 그 변경을 구하는 한도를 명확히 하면 되는 것이며 그것도 반드시 서면에만 의하여야 하는 것도 아니다.

3. 상소기간의 준수

통상항고 외의 상소는 법정기간 내에 제기하여야 한다. 항소와 상고는 판결정본이 송달된 날로부터 2주 내에(396조, 425조), 즉시항고와 특별항고는 재판의 고지가 있은 날로부터 1주 내에(444조, 449조 2항) 하여야 하고, 이를 도과하면 상소권이 소멸된다.

▶ 대법원 1997. 5. 30. 선고 97다10345 판결

제1심판결정본이 적법하게 송달된 바 없으면 그 판결에 대한 항소기간은 진행되지 아니하므로 그 판결은 형식적으로도 확정되었다고 볼 수 없고, 따라서 소송행위추완의 문제는 나올 수 없으며 그 판결에 대한 항소는 제1심판결정본 송달 전에 제기된 것으로서 적법하다.

---

3) 대판 2011. 5. 13. 2010다84956.

▶ 대법원 1972. 5. 9. 선고 72다379 판결

항소제기의 기간은 불변기간이고, 성질상 강행규정이므로 위 기간의 기산점이 되는 판결정본의 송달에 관한 하자는 책문권 상실로 인하여 치유된다고 할 수 없다.

▶ 대법원 2011. 9. 29.자 2011마1335 결정

당사자에게 여러 소송대리인이 있는 경우 항소기간은 소송대리인 중 1인에게 최초로 판결정본이 송달되었을 때부터 기산된다.

Ⅲ. 상소권의 포기

당사자는 상대방의 동의 없이 상소권을 포기할 수 있다(394조). 상소권의 포기는 상소를 하기 이전에는 원심법원에, 상소를 한 후에는 소송기록이 있는 법원에 서면으로 하여야 한다(395조 1항).

◆ 대법원 2006. 5. 2.자 2005마933 결정

[1] 민사소송법 제399조 제2항에 의하면, '항소기간을 넘긴 것이 분명한 때'에는 원심 재판장이 명령으로 항소장을 각하하도록 규정하고 있는바, 그 규정의 취지에 비추어 볼 때 항소권의 포기 등으로 제1심판결이 확정된 후에 항소장이 제출되었음이 분명한 경우도 이와 달리 볼 이유가 없으므로, 이 경우에도 원심 재판장이 항소장 각하명령을 할 수 있는 것으로 봄이 상당하다.

[2] 민사소송법 제395조 제1항은 "항소권의 포기는 항소를 하기 이전에는 제1심법원에, 항소를 한 뒤에는 소송기록이 있는 법원에 서면으로 하여야 한다."고 규정하고 있는바, 그 규정의 문언과 취지에 비추어 볼 때 항소를 한 뒤 소송기록이 제1심법원에 있는 동안 제1심법원에 항소권포기서를 제출한 경우에는 제1심법원에 항소권포기서를 제출한 즉시 항소권 포기의 효력이 발생한다고 봄이 상당하다.

[3] 상대방이 전부 승소하여 항소의 이익이 없는 경우에는 항소권을 가진 패소자만 항소포기를 하면 비록 상대방의 항소기간이 만료하지 않았더라도 제1심판결은 확정된다.

|註| 1. 甲의 A시를 상대로 한 소송(乙이 A시를 위하여 보조참가)에서 제1심법원이 甲 전부승소판결(판결정본은 2005. 6. 13. 乙에게, 2005. 6. 14. 甲에게, 2005. 6. 16. A시에게 송달)을 한 데 대하여, 乙이 2005. 6. 13. 피고보조참가인의 자격으로 항소를 제기하자 A시는 2005. 6. 24. 13:00경 제1심법원에 항소포기서를 제출하면서 乙이 제기한 항소를 취하하는 항소취하서도 함께 제출하였는데, 丙이 같은 날 20:00경 독립당사자참가신청을 함과 동시에 항소를 제기한 사안이다. 대법원은, A시가 2005. 6. 24. 13:00경 항소포기서와 항소취하서를 접수시킴으로써 이와 동시에 A시의 항소권이 소멸되고 乙의 항소도 그 효력을 상실하였고, 甲은 전부승소하여 항소의 이익이 없으므로 A시의 항소권 소멸 및 乙이 한 항소의 효력상실과 동시에 제1심판결은 확정되었다고 할 것이며, 제1심판결 선고 후 독립당사자참가신청을 하면서 제기하는 항소는 제1심판결 확정 전까지만 가능한 것이어서 丙의 항소장은 항소장을 제출할 수 있는 기간을 넘겨 제출된 것이 분명하므로, 이에 대하여 항소장각하명령을 한 제1심법원 재판장의 조치는 적법하다고 하였다.

2. 항소권 포기 약정 해제의 효력에 관하여는 아래 86다카2728 판결 참고.

▶ **대법원 1964. 4. 10.자 64마110 결정**

항고신청 전에 항고권을 포기하면 항고권을 상실하여 항고신청할 수 있는 기간 내라도 다시는 항고신청을 할 수 없고 이를 무시한 항고신청은 부적법한 것으로 각하되어야 할 것이다.

Ⅳ. 불상소의 합의

불상소(不上訴)의 합의는 미리 상소를 하지 않기로 하는 소송법상의 계약으로서 구체적인 사건의 심급을 제1심에 한정하여 그것으로 끝내기로 하는 양쪽 당사자의 합의이다.

1. 불상소합의의 요건과 방식

불상소합의에 대하여는 관할합의에 관한 규정이 준용된다(390조 2항 참조). 따라서 ① 서면에 의하여야 하고 그 서면의 문언에 의하여 상소를 하지 아니한다는 취지가 명백하게 표시되어 있어야 하며, ② 구체적인 일정한 법률관계에 기인한 소송에 관한 합의이어야 하고, ③ 당사자가 임의로 처분할 수 있는 권리관계에 관한 소송이어야 하며, ④ 당사자 쌍방이 상소하지 않기로 하는 합의이어야 한다.

◆ 대법원 2007. 11. 29. 선고 2007다52317, 52324 판결

[1] 구체적인 사건의 소송계속 중 그 소송당사자 쌍방이 판결선고 전에 미리 상소하지 아니하기로 합의하였다면 그 판결은 선고와 동시에 확정되는 것이므로, 이러한 합의는 소송당사자에 대하여 상소권의 사전 포기와 같은 중대한 소송법상의 효과가 발생하게 되는 것으로서 반드시 서면에 의하여야 할 것이며, 그 서면의 문언에 의하여 당사자 쌍방이 상소를 하지 아니한다는 취지가 명백하게 표현되어 있을 것을 요한다.

[2] 당사자 쌍방이 소송계속 중 작성한 서면에 위와 같은 불상소합의가 포함되어 있는가 여부의 해석을 둘러싸고 이견이 있어 그 서면에 나타난 당사자의 의사해석이 문제되는 경우, 이러한 불상소합의와 같은 소송행위의 해석은 일반 실체법상의 법률행위와는 달리 내심의 의사가 아닌 철저한 표시주의와 외관주의에 따라 그 표시를 기준으로 하여야 하고, 표시된 내용과 저촉되거나 모순되어서는 아니 된다. 다만 당해 소송제도의 목적과 당사자의 권리구제의 필요성 등을 고려할 때 그 소송행위에 관한 당사자의 주장 전체를 고찰하고 그 소송행위를 하는 당사자의 의사를 참작하여 객관적이고 합리적으로 소송행위를 해석할 필요는 있다. 따라서 불상소의 합의처럼 그 합의의 존부 판단에 따라 당사자들 사이에 이해관계가 극명하게 갈리게 되는 소송행위에 관한 당사자의 의사해석에 있어서는, 표시된 문언의 내용이 불분명하여 당사자의 의사해석에 관한 주장이 대립할 소지가 있고 나아가 당사자의 의사를 참작한 객관적·합리적 의사해석과 외부로 표시된 행위에 의하여 추단되는 당사자의 의사조차도 불분명하다면, 가급적 소극적 입장에서 그러한 합의의 존재를 부정할 수밖에 없다.

|註| 불상소합의는 중대한 소송법적 효과가 발생하므로 반드시 서면에 의하여야 하고 그 해석은 철저한 표시주의와 외관주의에 따라야 하며 불분명하면 합의의 존재를 부정하여야 한다는 것을 명확하게 밝힌 판결이다.

2. 불상소합의의 효력

판결선고 전에 불상소합의가 있으면 판결선고와 동시에 판결이 확정되고, 불상소합의가 판결선고 후에 있으면 합의와 동시에 판결이 확정된다. 불상소합의는 항변사항이라는 견해(정동윤·유병현·김경욱, 호문혁)가 있으나 판례는 직권조사사항으로 본다.

◆ 대법원 1987. 6. 23. 선고 86다카2728 판결

[1] 구체적인 어느 특정 법률관계에 관하여 당사자 쌍방이 제1심판결 선고 전에 미리 항소하지 아니하기로 합의하였다면, 제1심판결은 선고와 동시에 확정되는 것이므로 그 판결 선고 후에는 당사자의 합의에 의하더라도 그 불항소합의를 해제하고 소송계속을 부활시킬 수 없다.

[2] 불항소의 합의는 심급제도의 이용을 배제하여 간이신속하게 분쟁을 해결하고자 하는 당사자의 의사를 존중하여 인정되는 제도이므로 당사자의 일방만이 항소를 하지 아니하기로 약정하는 합의는 공평에 어긋나 불항소합의로서의 효력이 없다.

[3] 항소권의 포기는 불이익한 판결에 대하여 그 심사 변경을 구할 이익이 있는 항소권자가 법원에 대하여 서면으로 그 권리를 포기하는 의사를 표시하는 단독행위이므로 항소포기의 의사를 표시하는 서면이 법원에 제출되기 전에 그 약정을 해제하기로 다시 합의하고 항소를 제기하였다면 그 합의 해제의 효력에 따라 위 항소는 적법하다 할 것이다.

|註| 1. 사실관계와 법원의 판단 甲은 X 임야를 매수한 후 丙에게 명의신탁하였는데 丙으로부터 乙로의 소유권이전등기가 경료되었다. 甲은 乙 명의의 등기가 서류를 위조하여 마친 원인무효의 등기라고 주장하며 乙을 상대로 소유권이전등기말소청구의 소를 제기하여 제1심에서 자백간주로 승소판결을 받았다. 乙이 항소하자 甲은 제1심판결 선고 후 乙과 항소하지 않기로 합의하였다는 본안전항변을 하였는데 乙은 위 합의는 이미 합의해제되었다는 재항변을 하였다. 甲과 乙 사이의 합의(이 사건 합의)는 "甲과 乙 사이의 소유권이전등기말소청구 사건에 관하여 선고한(피고패소시) 판결에 관하여 항소를 제기하지 않겠기에 이에 각서합니다"라는 내용으로 되어 있었다. 항소심은 이 사건 합

의로 항소불제기의 합의가 이루어진 사실을 인정하면서도 이후 甲과 乙의 합의로 이 사건 합의가 해제되었으므로 乙의 항소는 적법하다고 하고 본안에 나아가 제1심판결을 취소하고 甲의 청구를 기각하였다. 甲이 상고하자 대법원은, 이 사건 합의는 제1심판결에 대하여 乙이 항소하지 않겠다는 내용으로만 되어 있어서 불항소합의로서 효력이 없고, 이 사건 합의를 항소포기의 약정으로 보더라도 법원에 항소포기의 의사를 표시하기 전에 해제되었으므로 乙의 항소는 적법하다고 하였다.

2. **판결의 취지** 불항소합의는 그것으로 판결 확정을 초래하여 그 합의해제가 불가능하지만 항소권 포기는 법원에 대한 단독행위이므로 그에 관한 약정은 법원에 대한 항소포기 의사표시 전에는 합의해제가 가능하다는 것을 밝힌 판결이다.

▶ **대법원 1980. 1. 29. 선고 79다2066 판결**

불항소의 합의가 있으면 그 항소는 부적법한 것으로서 그 흠결을 보정할 수 없는 경우이므로 이를 각하하여야 한다. 불항소합의의 유무는 항소의 적법요건에 관한 것으로서 법원의 직권조사사항이다.

Ⅴ. 상소의 이익

상소의 이익은 권리보호이익의 특수한 형태로서 무익한 상소권행사를 견제하자는 것이다. 어떠한 경우에 상소의 이익을 인정할 것인가에 관하여는, ① 원심에 있어서의 당사자의 신청과 그 신청에 대해 행한 판결을 형식적으로 비교하여 판결주문이 신청보다도 양적으로나 질적으로 불리한 경우에 상소의 이익을 인정하자는 형식적 불복설, ② 당사자가 상급심에서 원재판보다도 실체법상 유리한 판결을 받을 가능성이 있으면 불복의 이익을 긍정하자는 실질적 불복설, ③ 원고에 대하여는 형식적 불복설에 따르고 피고에 대하여는 실질적 불복설에 따르자는 절충설, ④ 원판결이 그대로 확정되면 기판력 그 밖의 판결의 효력에 있어서 불이익을 입게 되면 상소의 이익을 인정하자는 신(新)실질적 불복설이 대립한다. 판례와 통설은 형식적 불복설에 따르고 있다.

1. 전부 승소한 당사자 — 원칙적 불허

전부승소한 당사자는 상소의 이익이 없다. 전부승소한 원고가 청구의 변경(청구의 확장 포함)을 위하여 상소하거나, 전부승소한 피고가 반소를 위하여 상소하는 것도 허용되지 않는다.

▶ 대법원 2002. 6. 14. 선고 99다61378 판결

상소는 자기에게 불이익한 재판에 대하여 자기에게 유리하게 취소, 변경을 구하는 것이므로 전부승소 판결에 대한 상고는 상고를 제기할 대상이나 이익이 전혀 없으므로 허용될 수 없다.

|註| 피고 甲에 대한 주위적 청구를 기각하고 피고 乙에 대한 예비적 청구를 인용한 경우 피고 甲으로서는 자신에 대한 주위적 청구와 관련해서는 전부 승소의 판결을 받은 이상 그 판결이유에 불만이 있더라도 항소의 이익이 없고 피고 乙에 대한 예비적 청구에 대하여는 자신이 당사자가 아니므로 그 청구의 전부를 인용한 데 불만이 있더라도 이에 불복하여 항소를 제기할 이익이 없다.[1]

2. 전부 승소한 당사자 — 예외적 허용

전부 승소한 당사자라고 하더라도 ① 기판력으로 인하여 별소를 제기할 수 없는 경우(명시하지 않은 일부청구소송)나 ② 소송물의 특수성을 고려할 필요가 있는 경우(손해3분설이 적용되는 손해배상소송) 상소의 이익이 인정된다.

◆ 대법원 1997. 10. 24. 선고 96다12276 판결

상소는 자기에게 불이익한 재판에 대하여 유리하게 취소·변경을 구하는 것이므로 전부 승소한 판결에 대하여는 항소를 허용하지 아니하는 것이 원칙이고 재판이 항소인에게 불이익한 것인지 여부는 원칙적으로 재판의 주문을 표준으로 하여 판단한다. 그러나 가분채권에 대한 이행청구의 소를 제기하면서 그것이 나머지 부분을 유보하고 일부만 청구하는 것이라는 취지를 명시하지 아니한 경우에는 그 확정판결의 기판력은 나머지 부분에까지 미치는 것이어서 별소로서 나머지 부분에 관하여 다시 청구할 수 없으므로, 일부 청구에 관하여 전부 승소한

1) 대판 2011. 2. 24. 2009다43355.

채권자는 나머지 부분에 관하여 청구를 확장하기 위한 항소가 허용되지 아니한다면 나머지 부분을 소구할 기회를 상실하는 불이익을 입게 되고, 따라서 이러한 경우에는 예외적으로 전부 승소한 판결에 대해서도 나머지 부분에 관하여 청구를 확장하기 위한 항소의 이익을 인정함이 상당하다.

|註| 1. 甲은 丙 회사에서 근무하다가 丙 회사의 방침에 따라 丙 회사의 일부 부서를 독립시켜 설립한 乙 회사에 입사하여 근무하다가 퇴직한 후 乙 회사를 상대로 퇴직금청구의 소를 제기하여 제1심에서 전부승소판결을 받았는데, 甲과 같이 丙 회사 및 乙 회사에 근무하였다가 퇴직한 丁에 대한 퇴직금청구소송에서 丙 회사에서의 근무기간을 통산하여 퇴직금을 산정하여야 한다는 취지의 대법원판결이 선고되자, 항소를 제기함과 동시에 위 대법원판결에 따라 청구취지를 확장한 사안이다. 乙 회사는 항소의 이익이 없다고 다투었으나 법원은 위 판결요지와 같은 이유로 항소가 적법하다고 하였다.
2. 한편, 제1심에서 전부 승소한 원고는 피고의 항소에 의한 항소심에서 청구취지를 확장할 수 있고 이 경우 원고는 부대항소를 한 것으로 의제된다.[1)]

◆ 대법원 1994. 6. 28. 선고 94다3063 판결

상소는 자기에게 불이익한 재판에 대하여 유리하게 취소변경을 구하기 위하여 하는 것이므로 전부 승소한 판결에 대하여는 항소가 허용되지 않는 것이 원칙이나, 하나의 소송물에 관하여 형식상 전부 승소한 당사자의 상소이익의 부정은 절대적인 것이라고 할 수도 없는바, 원고가 재산상 손해(소극적 손해)에 대하여는 형식상 전부 승소하였으나 위자료에 대하여는 일부 패소하였고, 이에 대하여 원고가 원고 패소 부분에 불복하는 형식으로 항소를 제기하여 사건 전부가 확정이 차단되고 소송물 전부가 항소심에 계속되게 된 경우에는, 더욱이 불법행위로 인한 손해배상에 있어 재산상 손해나 위자료는 단일한 원인에 근거한 것인데 편의상 이를 별개의 소송물로 분류하고 있는 것에 지나지 아니한 것이므로 이를 실질적으로 파악하여, 항소심에서 위자료는 물론이고 재산상 손해(소극적 손해)에 관하여도 청구의 확장을 허용하는 것이 상당하다.

|註| 1. 甲은 乙을 상대로 재산상 손해 4,000만 원과 위자료 500만 원 합계 4,500만 원의 지급을 구하는 손해배상청구의 소를 제기하여 재산상 손해에

1) 대판 1992. 12. 8. 91다43015.

대하여는 전부승소판결을, 위자료에 대하여는 300만 원만 인용되는 일부패소 판결을 받았는데, 위자료 부분에 대하여 항소를 제기한 후 재산상 손해에 대하여도 1,500만 원을 추가로 지급해 달라는 취지로 청구를 확장한 사안이다. 항소심은 전부 승소한 재산상 손해의 배상을 구하는 부분에 관하여는 항소할 이익이 없고, 청구취지의 확장도 허용되지 않는다는 이유로 이를 각하하였다. 그러나, 대법원은 위 판결요지와 같은 이유로 상소의 이익이 있다고 보아 항소심판결을 파기하였다.

2. 판례가 불법행위로 인한 손해배상청구에 관하여 손해3분설을 취하면서도 항소의 이익 판단에 있어서는 이를 실질적으로 파악하여 제1심에서 재산상 손해에 대하여 전부 승소하였음에도 항소심에서 청구취지 확장이 허용될 수 있음을 밝힌 판결로서 손해3분설을 완화시킨 사례로서의 의미도 있다.

3. 판결이유 중의 판단에 대한 불복

판결이유 중의 판단에 대하여는 불만이 있어도 상소의 이익이 없다. 다만 기판력이 인정되는 상계항변에 관한 판단에 대하여는 상소의 이익이 인정된다.

◆ 대법원 1992. 3. 27. 선고 91다40696 판결

[1] 상소는 자기에게 불이익한 재판에 대하여 유리하게 취소변경을 구하기 위하여 하는 것이므로 승소판결에 대한 불복상소는 허용할 수 없고 재판이 상소인에게 불이익한 것인지의 여부는 원칙적으로 재판의 주문을 표준으로 하여 판단하여야 하는 것이어서, 청구가 인용된 바 있다면 비록 그 판결이유에 불만이 있더라도 그에 대하여는 상소의 이익이 없다.

[2] 원고가 甲에 대하여 乙을 대위하여 소유권이전등기의 말소청구를 하면서 대위소송의 피보전권리의 발생원인을 원고와 乙 사이의 매매계약으로 주장하였으나 원심이 이를 양도담보약정으로 인정하여 원고 승소판결을 선고한 경우 위 청구에 관한 소송에 있어서 직접 심판대상이 되고 판결의 기판력이 미치는 것은 어디까지나 乙의 甲에 대한 소유권이전등기말소등기청구권의 존부라 할 것이고, 이에 관한 원고의 청구가 인용되어 승소한 이상, 원심이 판결이유에서 乙에 대한 원고의 피보전권리의 발생원인을 잘못 인정하였다 하더라도 그 사유만으로는 상소의 이익이 있다 할 수 없다.

[3] 원고가 매매를 원인으로 한 소유권이전등기를 청구한 데 대하여 원심이 양도담보약정을 원인으로 한 소유권이전등기를 명하였다면 판결주문상으로는 원고가 전부 승소한 것으로 보이기는 하나, 매매를 원인으로 한 소유권이전등기청구와 양도담보약정을 원인으로 한 소유권이전등기청구와는 청구원인사실이 달라 동일한 청구라 할 수 없음에 비추어, 원심은 원고가 주장하지도 아니한 양도담보약정을 원인으로 한 소유권이전등기청구에 관하여 심판하였을 뿐, 정작 원고가 주장한 매매를 원인으로 한 소유권이전등기청구에 관하여는 심판을 한 것으로 볼 수 없어 결국 원고의 청구는 실질적으로 인용한 것이 아니어서 판결의 결과가 불이익하게 되었으므로 원심판결에 처분권주의를 위반한 위법이 있고 따라서 그에 대한 원고의 상소의 이익이 인정된다.

|註| **1. 사실관계와 법원의 판단** 乙은 甲에게 X 부동산에 관한 소유권이전등기를 해 주겠다는 약정서(형식적으로는 매매대금 등이 기재되어 있다)를 작성해 준 다음 X 부동산에 관하여 丙 명의의 소유권이전등기를 마쳐주었다. 甲은 乙을 상대로 X 부동산에 관하여 매매를 원인으로 한 소유권이전등기를 구하고, 乙을 대위하여 丙을 상대로 X 부동산에 관한 丙 명의 소유권이전등기의 말소를 구하는 소를 제기하였다. 항소심법원은 甲과 乙 사이의 약정은 매매가 아니라 담보제공약정이라고 판단하고 丙 명의의 소유권이전등기는 원인무효의 등기라고 판단하여, '乙은 甲에게 담보제공약정을 원인으로 한 소유권이전등기절차를 이행하고, 丙은 乙에게 그 명의의 소유권이전등기를 말소하라'는 판결을 하였다. 甲은 매매를 청구원인으로 주장하였는데 담보제공약정을 인정함으로써 신청보다 불리(피담보채무의 변제 문제가 남는다)한 판결을 받았다는 이유로 상고하였다. 대법원은 판결요지 [1], [2]와 같은 이유로 甲이 乙을 대위하여 丙에 대하여 한 청구는 상소의 이익이 없어 부적법하다고 하였고, 판결요지 [3]과 같은 이유로 甲의 乙에 대한 청구는 상소의 이익이 있어 적법하다고 하였다.
2. 판결이유 중 판단에 대한 불복 판결이유 중의 판단에 대한 불만을 이유로 하여서는 상소하지 못한다. 판결이유 중의 판단에 대하여는 기판력이 생기지 않기 때문이다. 위 사안에서 甲이 乙을 대위하여 丙에 대하여 한 청구의 소송물은 소유권이전등기말소청구권이고, 피보전채권이 매매에 기한 소유권이전등기청구권인지 담보제공약정에 기한 소유권이전등기청구권인지의 문제는

소송물과 무관하므로, 기판력이 생기는 소유권이전등기말소청구권이 받아들여진 이상 피보전권리의 문제는 판단이유에 불과하여 이에 대한 불만을 이유로 상소할 수는 없다. 그러나 구소송물이론을 취하는 판례상 소유권이전등기청구는 등기원인에 따라 별개의 소송물을 구성하므로 매매를 원인으로 한 소유권이전등기를 구하였는데 담보제공약정을 원인으로 한 소유권이전등기를 명하였다면, 처분권주의 위배에 해당되고 甲이 청구한 매매를 원인으로 한 소유권이전등기에 관하여는 판단을 한 바 없으므로 甲은 乙에 대한 청구에 관하여는 이를 이유로 상소할 이익이 있다.

◆ 대법원 2018. 8. 30. 선고 2016다46338, 46345 판결(同 대법원 1993. 12. 28. 선고 93다47189 판결)

소송상 방어방법으로서의 상계항변은 통상 수동채권의 존재가 확정되는 것을 전제로 하여 행하여지는 일종의 예비적 항변으로서, 소송상 상계의 의사표시에 의해 확정적으로 그 효과가 발생하는 것이 아니라 당해 소송에서 수동채권의 존재 등 상계에 관한 법원의 실질적 판단이 이루어지는 경우에 비로소 실체법상 상계의 효과가 발생한다. 따라서 원고의 소구채권 자체가 인정되지 않는 경우 더 나아가 피고의 상계항변의 당부를 따져볼 필요도 없이 원고 청구가 배척될 것이므로, '원고의 소구채권 그 자체를 부정하여 원고의 청구를 기각한 판결'과 '소구채권의 존재를 인정하면서도 상계항변을 받아들인 결과 원고의 청구를 기각한 판결'은 민사소송법 제216조에 따라 기판력의 범위를 서로 달리하고, 후자의 판결에 대하여 피고는 상소의 이익이 있다.

|註| 상소이익의 판단기준에 관하여 형식적 불복설을 취하고 있는 판례의 기본 태도 하에서 소구채권의 존재를 인정하면서도 상계항변을 받아들인 결과 원고의 청구를 기각한 판결의 경우 기판력의 범위를 고려하여 피고에게 상소의 이익이 있음을 밝힌 판결이다.

4. 소각하 판결에 대한 불복

소각하 판결은 원고에게 불이익일 뿐만 아니라 피고가 청구기각의 판결을 구한 때에는 본안판결을 받지 못한 점에 있어서 피고에게도 불이익이 있기 때문에 원·피고 모두 상소할 수 있다.

▶ 대법원 1990. 12. 7. 선고 90다카24021 판결

소를 부적법한 것으로 각하한 항소심판결에 대하여 원고가 상고이유로 소를 각하할 것이 아니라 청구를 기각하여야 한다고 주장하는 것은 자신에게 오히려 불리한 사유를 주장하는 것이므로 받아들일 것이 못된다.

5. 제1심판결에 불복하지 아니한 당사자의 상고

제1심판결에 대하여 불복하지 않은 당사자는 항소심판결이 제1심판결보다 불리하지 않다면 항소심판결에 대하여 상고할 이익이 없다.

◆ 대법원 2015. 10. 29. 선고 2013다45037 판결(㈜ 대법원 2009. 10. 29. 선고 2007다22514, 22521 판결)

원고의 청구를 일부 받아들이는 제1심판결에 대하여 원고는 항소하였으나 피고는 항소나 부대항소를 하지 아니한 경우, 제1심판결의 원고 승소 부분은 원고의 항소로 인하여 항소심에 이심은 되었으나 항소심의 심판범위에서는 제외되었다 할 것이다. 이러한 경우 항소심이 원고의 항소를 일부 받아들여 제1심판결의 원고 패소 부분 중 일부를 취소하고 그 부분에 대한 원고의 청구를 받아들였다면, 이는 제1심에서의 원고 패소 부분에 한정된 것이며 제1심판결 중 원고 승소 부분에 대하여는 항소심이 판결을 한 바 없어 이 부분은 피고의 상고대상이 될 수 없다. 그러므로 원고 일부 승소의 제1심판결에 대하여 아무런 불복을 제기하지 않은 피고는 제1심판결에서 원고가 승소한 부분에 관하여는 상고를 제기할 수 없다.

|註| 1. 사실관계와 법원의 판단　甲은 乙을 상대로 상표권 침해를 원인으로 3억 원의 손해배상청구 소송을 제기하였고, 제1심은 청구의 일부인 2,000만 원의 배상을 명하는 판결을 선고하였다. 甲만이 항소한 결과 항소심은 甲의 항소를 일부 받아들여 '乙은 甲에게 제1심판결의 甲 패소 부분 중 3,000만 원을 지급하라'는 판결을 선고하였다. 乙은 패소한 5,000만 원 전부에 대하여 상고를 하였는데, 대법원은 판결요지와 같은 이유로 제1심판결의 甲 승소 부분에 관한 상고는 부적법하다고 하였다.

2. 유사사례　"… 항소심에서의 변경판결은 실질적으로는 항소가 이유 있는 부분에 대하여는 항소를 인용하여 제1심판결 중 일부를 취소하고 항소가 이

유 없는 부분에 대하여는 항소를 기각하는 일부취소의 판결과 동일한 것인데 다만 주문의 내용이 복잡하게 되는 것을 피하고 주문의 내용을 알기 쉽게 하기 위한 편의상의 요청을 좇은 것에 불과한 것이므로, 원고 일부 승소의 제1심판결에 대하여 아무런 불복을 제기하지 않은 피고는 항소심이 변경판결을 한 경우에도 마찬가지로 제1심판결에서 원고가 승소한 부분에 관하여는 상고를 제기할 수 없다."[1]

제 2. 상소의 효력

상소가 제기되면 원심재판이 확정되지 않고(확정차단의 효력), 사건 전체가 원심을 떠나 상소심으로 이심된다(이심의 효력). 이러한 효력은 상소인의 불복신청의 범위에 관계없이 원심판결 전부에 대하여 불가분적으로 발생한다(상소불가분의 원칙). 다만, '원심판결' 전부에 대하여 상소불가분의 효력이 미치므로 원심에서 재판의 누락(212조)이 있어 추가판결의 대상으로 남아 있는 청구에 대하여는 위 효력이 발생할 여지가 없다.[2] 한편, 심판의 범위는 이심된 부분 가운데 상소인이 불복하는 범위에 한정되므로 이심의 범위와 심판의 범위는 일치하지 않을 수 있다.[3]

1. 병합청구의 경우

(1) 단순병합

◆ 대법원 2001. 4. 27. 선고 99다30312 판결

청구를 모두 기각한 제1심판결에 대하여 원고가 그중 일부에 대하여만 항소를 제기한 경우, 항소되지 않았던 나머지 부분도 항소로 인하여 확정이 차단되고 항소심에 이심은 되나 원고가 그 변론종결 시까지 항소취지를 확장하지 아니하는 한 나머지 부분에 관하여는 원고가 불복한 바가 없어 항소심의 심판대상이 되지 아니하므로 항소심으로서는 원고의 청구 중 항소하지 아니한 부분을 다시 인용할 수는 없다.

1) 대판 2002. 2. 5. 2001다63131.
2) 대판 2008. 12. 11. 2005다51495(단순병합된 일부 청구에 대한 판결을 누락한 경우); 대판 1994. 11. 4. 93다31993(통상공동소송인의 일부에 대한 판결을 누락한 경우).
3) 대판 2002. 4. 23. 2000다9048.

|註| **1. 사실관계와 법원의 판단** 甲은 제1심에서 청구취지로 '어음금 및 이에 대하여 지급기일부터 소장부본 송달일까지 연 6%, 그 다음날부터 완제일까지 연 25%의 비율에 따른 지연손해금'을 구하였다가 전부패소 판결을 받은 다음 항소하여 항소취지로 '어음금 및 이에 대하여 지급기일부터 항소장부본 송달일까지 연 6%, 그 다음날부터 완제일까지 연 25%의 비율에 따른 지연손해금'을 구하였는데, 항소심은 청구취지와 같은 판결을 하였다. 이에 대하여 대법원은 甲이 항소하지 아니한 부분(소장부본 송달일 다음날부터 항소장부본 송달일까지의 기간에 대한 연 6%를 초과하는 지연손해금 부분)은 항소심의 심판대상이 아니며 항소심판결의 선고와 동시에 확정되었다고 하면서 이 부분 항소심판결을 파기하고 소송종료선언을 하였다.

2. 단순병합에 있어서 이심의 범위와 심판의 범위 (1) 청구를 모두 기각한 제1심판결의 일부에 대하여만 항소를 제기한 경우, 불이익변경금지의 원칙(415조)에 입각하여 항소하지 아니한 나머지 부분은 항소심심판의 대상이 되지 않아 다시 인용할 수 없다는 것과 이 경우 제1심판결 중 불복하지 아니한 부분은 항소심판결의 선고와 동시에 확정됨(선고시설)을 밝힌 판결이다.

(2) 같은 법리는 단순병합 청구 중 일부만 인용된 경우에도 적용된다. 예컨대, 제1심에서 단순병합된 가옥인도청구는 인용되고 손해배상청구는 기각되어 원고가 손해배상청구에 관하여 항소한 경우, 가옥인도청구도 항소심으로 이심되나 심판의 대상은 손해배상청구에 한정된다. 이 경우 피고는 가옥인도청구에 대하여 부대항소를 할 수 있고,[1] 원고는 가옥인도청구에 대하여 부대항소는 물론이고 청구변경을 할 수도 있다.[2]

▶ 대법원 2002. 4. 23. 선고 2000다9048 판결

수개의 청구 중 각 일부를 인용한 제1심판결에 대하여 적법한 항소의 제기가 있으면 그 청구 전부의 확정이 차단되어 항소심에 이심되고, 다만 불복하지 아니한 부분은 항소심의 심리판단의 대상이 될 수 없을 뿐이다.

|註| **1. 사실관계와 법원의 판단** 甲은 乙에 대하여 재산상 손해 및 위자료로 1억 원의 지급을 구하였는데, 제1심판결은 乙에 대하여 6,000만 원의 지급을

1) 대판 1971. 12. 28. 71다1499; 대판 1956. 4. 26. 4288민상377.
2) 대판 1966. 6. 28. 66다711.

명하였다. 이에 대하여 乙이 항소하면서 제1심판결 중 3,200만 원을 초과하여 지급을 명한 乙 패소 부분의 취소와 그 부분에 해당하는 甲 청구의 기각을 구하였고, 甲도 항소하면서 4,000만 원의 추가지급을 구하였다. 이에 대하여 법원은 甲의 재산상 청구 및 위자료 청구 전부가 확정되지 아니한 채 항소심에 이심되었고, 이 경우 乙이 불복하지 아니한 금액범위 내에서 제1심판결이 분리·확정되는 것은 아니라고 하였다.

2. 가분적 청구에 있어서 이심의 범위와 심판의 범위 위 사안에서 乙은 3,200만 원을 초과하여 지급을 명한 부분, 즉 2,800만 원(= 6,000만 원 − 3,200만 원) 부분에 관하여 항소하였고, 甲은 제1심에서 패소한 부분, 즉 4,000만 원(= 1억 원 − 6,000만 원) 부분에 관하여 항소하였으므로, 甲의 청구 중 3,200만 원 부분에 관하여는 항소가 없으나, 1억 원 전체에 관하여 항소심으로 이심이 되고, 다만 위 3,200만 원 부분은 어느 당사자도 항소하지 않았으므로 심판의 범위에서 제외될 뿐이다. 乙은 위 3,200만 원 부분에 대하여 항소취지를 확장할 수 있고, 이로써 위 3,200만 원 부분도 심판의 대상이 된다. 乙이 위 3,200만 원 부분에 대하여 항소취지를 확장하지 않는 한 심리 결과 乙의 손해배상의무가 3,200만 원에 미달하더라도 항소심법원은 乙에게 3,200만 원의 지급을 명하는 판결을 할 수밖에 없고, 항소취지가 확장되지 않은 경우 위 3,200만 원 부분은 항소심의 판결선고와 동시에 확정된다.[1)]

(2) 예비적 병합과 선택적 병합

▶ 대법원 2000. 11. 16. 선고 98다22253 전원합의체 판결

주위적 청구를 인용할 때에는 다음 순위인 예비적 청구에 대하여 심판할 필요가 없는 것이므로, 주위적 청구를 인용하는 판결은 전부판결로서 이러한 판결에 대하여 피고가 항소하면 제1심에서 심판을 받지 않은 다음 순위의 예비적 청구도 모두 이심되고 항소심이 제1심에서 인용되었던 주위적 청구를 배척할 때에는 다음 순위의 예비적 청구에 관하여 심판을 하여야 하는 것이다.

|註| 1. 예비적 병합에서 이심의 범위와 심판의 범위 주위적 청구를 인용한 제1심판결에 대하여 피고만이 항소한 경우의 처리는 판결요지에서 보는 바와 같

---

1) 대판 2001. 4. 27. 99다30312; 대판 2004. 6. 10. 2004다2151, 2168; 대판 2011. 7. 28. 2009다35842 등.

다. 대상판결 사안과 달리 제1심에서 주위적 청구를 기각하고 예비적 청구를 인용한 판결에 대하여 원고만이 항소(주위적 청구에 대하여)하거나 피고만이 항소(예비적 청구에 대하여)하더라도 주위적·예비적 청구가 모두 항소심에 이심된다. 이 경우 ① 원고만이 항소하였다면 주위적 청구가 항소심의 심판범위에 속하게 되고, ㉠ 항소심이 제1심과 달리 주위적 청구를 인용하면 예비적 청구에 대하여는 판단할 필요가 없고, 제1심판결 중 예비적 청구를 인용한 부분은 당연히 효력을 상실하며, ㉡ 항소심이 주위적 청구를 이유 없는 것으로 인정하면 원고의 항소를 기각하기만 하면 된다. 그리고 ② 피고만이 항소하였다면 예비적 청구만이 심판의 범위에 속하게 되고,[1] 항소심이 주위적 청구가 이유 있고 예비적 청구가 이유 없는 것으로 판단하였더라도 예비적 청구 기각의 판결을 할 수 있을 뿐이다.

2. 선택적 병합에서 이심의 범위와 심판의 범위　제1심판결이 선택적으로 병합된 수개의 청구 중 하나를 인용하고 나머지 하나에 관하여 판단하지 않은 경우 피고가 항소하면 제1심에서 판단하지 않은 청구도 항소심으로 이심된다. 이 경우 항소심법원은 제1심판결이 인용한 청구를 먼저 심리하여 판단할 필요 없이 선택적으로 병합된 수개의 청구 중 제1심판결이 판단하지 않은 청구를 임의로 선택하여 판단할 수 있다.[2] 다만, 원고의 청구를 모두 기각할 때에는 원고의 선택적 청구 전부에 대하여 판단하여야 한다.[3]

2. 공동소송의 경우

(1) 통상공동소송

통상공동소송의 경우에는 공동소송인독립의 원칙으로 인하여 공동소송인 중 1인의 상소 또는 공동소송인 중 1인에 대한 상소는 다른 공동소송인에게 영향을 미치지 아니하므로, 상소하거나 상소당한 공동소송인에 대한 부분만이 상소심으로 이심되고 나머지 공동소송인에 대한 부분은 그대로 확정된다.

1) 이 경우 항소심이 심판의 대상으로 되지 않은 주위적 청구에 대하여도 제1심과 마찬가지로 원고의 청구를 기각하는 판결을 하였더라도 이는 무의미한 판결을 한 것에 불과하고 이에 대하여 원고의 상고가 허용될 수 없다(대판 1995. 1. 24. 94다29065; 대판 1967. 9. 5. 67다1323).
2) 대판 1992. 9. 14. 92다7023; 대판 2006. 4. 27. 2006다7587, 7594.
3) 대판 2010. 5. 27. 2009다12580.

▶ 대법원 2019. 10. 18. 선고 2019다14943 판결

통상공동소송에서 공동당사자 일부만이 상고를 제기한 때에는 피상고인은 상고인인 공동소송인 이외의 다른 공동소송인을 상대방으로 하거나 상대방으로 보태어 부대상고를 제기할 수 없다.

(2) 필수적 공동소송

필수적 공동소송의 경우에는 합일확정의 필요로 인하여 공동소송인 중 1인만이 상소하거나 공동소송인 중 1인에 대하여만 상소하여도 모든 공동소송인에 대하여 상소의 효력이 미쳐 전체 소송이 상소심으로 이심된다. 합일확정이 필요한 범위 내에서는 상소하지 않은 당사자의 청구도 심판의 범위가 되나,[1] 합일확정이 필요하지 않은 경우에는 상소하지 않은 청구는 심판의 범위에서 제외된다.

(3) 독립당사자참가

독립당사자참가소송에서 제1심판결이 원고와 참가인의 청구를 모두 기각하고 원고 또는 참가인만이 항소한 경우, 참가인 또는 원고의 피고에 대한 청구도 항소심에 이심된다.[2] 이 경우 심판의 범위는 필수적 공동소송에서 본 바와 같다. 그러나 독립당사자참가소송에서 제1심판결이 독립당사자참가신청을 각하하고 원고의 청구를 기각한 경우에 원고만이 항소하였다면, 참가신청을 각하한 부분은 원고의 청구와는 별도로 확정되어 참가인에 관한 부분은 항소심에 이심되지 않는다.[3]

▶ 대법원 1981. 12. 8. 선고 80다577 판결

독립당사자참가신청이 있으면 반드시 각 그 청구 전부에 대하여 1개의 판결로서 동시에 재판하지 않으면 아니 되고 일부판결이나 추가판결은 허용되지 않으며 독립당사자참가인의 청구와 원고의 청구가 모두 기각되고 원고만이 항소한 경우에 제1심판결 전체의 확정이 차단되고 사건 전부에 관하여 이심의 효력이

---

1) 대판 2003. 12. 12. 2003다44615, 44622; 대판 2010. 4. 29. 2008다50691; 대판 2011. 6. 24. 2011다1323. 이러한 고유필수적 공동소송에 대하여 본안판결을 할 때에는 공동소송인 전원에 대한 하나의 종국판결을 선고하여야 하는 것이지 공동소송인 일부에 대해서만 판결하거나 남은 공동소송인에 대해 추가판결을 하는 것은 모두 허용될 수 없다.

2) 대판 1991. 3. 22. 90다19329, 19336.

3) 대판 1992. 5. 26. 91다4669, 4676.

생기는 것이므로 독립당사자참가인도 항소심에서의 당사자라고 할 것이다.

(4) 예비적·선택적 공동소송

주관적·예비적 공동소송은 동일한 법률관계에 관하여 모든 공동소송인이 서로간의 다툼을 하나의 소송절차로 한꺼번에 모순 없이 해결하는 소송형태로서 모든 공동소송인에 대한 청구에 관하여 판결을 하여야 하고, 그 중 일부 공동소송인에 대하여만 판결을 하거나, 남겨진 자를 위하여 추가판결을 하는 것은 허용되지 않는다.[1] 그리고 주관적·예비적 공동소송에서 주위적 공동소송인과 예비적 공동소송인 중 어느 한 사람이 상소를 제기하면 다른 공동소송인에 관한 청구 부분도 확정이 차단되고 상소심에 이심되어 심판대상이 되고,[2] 이러한 경우 상소심의 심판대상은 주위적·예비적 공동소송인들 및 그 상대방 당사자 사이의 결론의 합일확정의 필요성을 고려하여 그 심판의 범위를 판단하여야 한다.[3]

1) 대판 2008. 4. 10. 2007다36308; 대판 2009. 12. 24. 2009다65669 등.
2) 대판 2008. 3. 27. 2006두17765 등.
3) 대판 2011. 2. 24. 2009다43355.

제2장

항소

제1절 항소심의 구조

항소라 함은 지방법원 단독판사 또는 지방법원 합의부가 한 제1심 종국판결에 대하여 다시 유리한 판결을 받기 위하여 항소법원에 하는 불복신청이다(390조).

◆ 대법원 1996. 4. 9. 선고 95다14572 판결

항소심은 속심으로서 제1심에서의 당사자의 주장이 그대로 유지되므로, 항소심에서 항소이유로 특별히 지적되거나 그 후의 심리에서 다시 지적하지 않는다 하더라도 법원은 제1심에서의 주장을 받아들일 수 있음은 당연하고, 이를 들어 직접주의나 변론주의의 원칙에 어긋난다거나 불의타를 가한 것이라 할 수는 없다.

|註| 항소심의 구조　항소심의 구조에는 ① 항소심이 제1심의 소송자료를 고려함이 없이 독자적으로 소송자료를 수집하여 이를 기초로 다시 한 번 심판을 되풀이 하는 구조인 복심제, ② 항소심에서는 원칙적으로 새로운 소송자료의 제출을 제한하고 제1심에서 제출된 소송자료만을 기초로 제1심판결 내용의 당부를 재심사하는 구조인 사후심제, ③ 항소심이 제1심에서 수집한 소송자료를 기초로 하여 심리를 속행하되 여기에 새로운 소송자료를 보태어 제1심판결의 당부를 재심사하는 구조인 속심제가 있다. 우리 민사소송법은 속심제를 채택하고 있다.

제 2 절 항소의 제기

제1. 제1심 및 항소심 재판장의 항소장심사권

(1) 항소장이 원심법원에 접수되면 원심재판장은 항소장을 심사하여야 한다. 즉, 항소장에 필수적 기재사항(397조 2항)을 적지 않은 경우와 항소장에 인지를 붙이지 않은 경우 원심재판장은 항소인에게 상당한 기간을 정하여 보정을 명하여야 한다(보정명령, 399조 1항). 항소인이 위 기간 내에 보정을 하지 않은 때와 항소기간을 넘긴 것이 분명한 때에는 원심재판장은 명령으로 항소장을 각하하여야 한다(항소장각하명령, 399조 2항). 항소장각하명령에 대하여는 즉시항고할 수 있다(399조 3항). 원심재판장의 항소장각하명령에 대한 즉시항고는 최초의 항고이고 재항고가 아니다.[1)]

▶ 대법원 2006. 5. 2.자 2005마933 결정

민사소송법 제399조 제2항에 의하면, '항소기간을 넘긴 것이 분명한 때'에는 원심재판장이 명령으로 항소장을 각하하도록 규정하고 있는바, 그 규정의 취지에 비추어 볼 때 항소권의 포기 등으로 제1심판결이 확정된 후에 항소장이 제출되었음이 분명한 경우도 이와 달리 볼 이유가 없으므로, 이 경우에도 원심재판장이 항소장각하명령을 할 수 있는 것으로 봄이 상당하다.

(2) 항소장과 함께 소송기록이 항소심에 송부되면 항소심재판장도 항소장을 심사한다. 즉, 항소장에 필수적 기재사항(397조 2항)을 적지 않은 경우와 항소장에 인지를 붙이지 않았음에도 원심재판장이 보정명령을 하지 않은 경우, 또는 항소장부본을 송달할 수 없는 경우 항소심재판장은 항소인에게 상당한 기간을 정하여 보정을 명하여야 한다(보정명령, 402조 1항). 항소인이 위 기간 내에 보정을 하지 않은 때, 또는 항소기간을 넘긴 것이 분명함에도 원심재판장이 항소장각하명령을 하지 아니한 때에는 항소심재판장은 명령으로 항소장을 각하하여야 한다(항소장각하명령,

---

1) 대결 1995. 5. 15. 94마1059, 1060("집행법원인 원심법원의 항고장 각하명령은 채권압류 및 전부명령을 1차적인 처분으로 한 원심법원이 그 채권압류 및 전부명령의 당부에 관하여 항고법원의 재판을 대신하여 판단하는 2차적인 처분이 아니라, 위 채권압류 및 전부명령의 당부와는 무관하게 채무자가 이에 불복하여 제출한 즉시항고장에 필요적 기재사항이 기재되어 있는지 여부, 소정의 인지가 첩부되어 있는지 여부나 즉시항고 기간 내에 항고가 제기되었는지 여부 등에 관하여 자기 몫으로 판단하는 1차적인 처분으로서, 그에 대한 불복방법인 즉시항고는 성질상 최초의 항고이다").

402조 2항). 항소장각하명령에 대하여는 즉시항고할 수 있다(402조 3항).

▶ 대법원 2021. 4. 22.자 2017마6438 전원합의체 결정

대법원은 항소심에서 항소장부본을 송달할 수 없는 경우 항소심재판장은 민사소송법 제402조 제1, 2항에 따라 항소인에게 상당한 기간을 정하여 그 기간 이내에 피항소인의 주소를 보정하도록 명하여야 하고, 항소인이 그 기간 이내에 피항소인의 주소를 보정하지 아니한 때에는 명령으로 항소장을 각하하여야 한다는 법리를 선언하여 왔고(대법원 1968. 9. 24.자 68마1029 결정, 대법원 1971. 5. 12.자 71마317 결정 등 참조), 항소장의 송달불능과 관련한 법원의 실무도 이러한 법리를 기초로 운용되어 왔다. 위와 같은 대법원 판례는 타당하므로 그대로 유지되어야 한다.

|註| 이 결정에는, 항소장부본이 송달불능된 경우 항소심재판장이 최선의 노력을 기울였는데도 피항소인의 송달장소를 알 수 없을 때에는 항소장부본을 공시송달의 방법으로 송달하여 항소심재판을 진행하여야 하고, 그로 인해 항소심재판의 진행 사실을 몰랐던 피항소인은 추완상고를 할 수 있으며, 이 경우 상고심은 직권으로 항소심판결을 파기해야 하므로, 이와 같이 처리하는 것이 항소장을 각하하는 것보다 양 당사자의 소송상 이익을 조화시킬 수 있다는 반대의견이 있다.

▶ 대법원 1991. 11. 20.자 91마620, 621 결정

민사소송법 제371조(현행 402조) 제1, 2항…에서 "상당한 기간"이라 함은 항소인이 상대방의 주소를 알아내어 보정하거나, 또는 상대방의 주소를 조사하여 보았으나 알 수 없어서 공시송달을 신청하는 데 필요한 적절하고도 합당한 기간을 가리킨다고 할 것이므로 항소심재판장이 상당한 기간을 주지 아니하고 주소보정을 명하고 이와 같은 상당한 기간이 지나지 아니하였는데도 항소장을 각하하는 것은 위법하다고 보아야 할 것이다.

|註| 이사불명으로 주소보정을 명령받은 항소인이 피고로서 본래 상대방인 원고의 주소를 알고 있었던 사람이라고 할 수 없고 상대방이 소장에 기재한 주소가 항소인의 주소와 멀리 떨어져 있는 사정 등에 비추어 보면 항소인이 상대방이 이사한 곳을 알아보는 데에는 상당히 긴 시간이 필요하여 재판장이 주소보정명령을 하면서 부여한 5일 정도의 기간으로는 부족하다고 한 사례이다.

▶ 대법원 2014. 4. 16.자 2014마4026 결정(同 대법원 2011. 11. 11.자 2011마1760 결정)

민사소송법 제402조 제1항은 항소장의 부본을 송달할 수 없는 경우 항소심 재판장은 항소인에게 상당한 기간을 정하여 그 기간 내에 흠을 보정하도록 명하여야 한다고 규정하고, 제2항은 항소인이 정해진 기간 내에 흠을 보정하지 않는 경우 명령으로 항소장을 각하하여야 한다고 규정하고 있는바, 항소장이나 판결문 등에 기재된 피항소인의 주소 외에 다른 주소가 소송기록에 있는 경우에는 그 다른 주소로 송달을 시도해 본 다음 그곳으로도 송달되지 않는 경우에 항소인에게 주소보정을 명하여야 하고, 그러한 조치를 취하지 않은 채 항소장에 기재된 주소로 송달이 되지 않았다는 것만으로 곧바로 주소보정을 명하고 이에 응하지 않음을 이유로 항소장을 각하하는 것은 올바른 조치가 아니다.

▶ 대법원 1973. 10. 26.자 73마641 결정(同 대법원 1981. 11. 26.자 81마275 결정)

민사소송법 제371조(현행 402조)의 취지는 항소심재판장은 항소심변론에 들어가기 전에 먼저 항소장을 심사하여 그 흠결을 발견하면 그 보정을 명하고 이에 불응할 때 명령으로 항소장을 각하하라는 것이니 항소장을 송달한 후 소송의 진행 중 피항소인의 소재불명으로 기일소환장 송달이 불능된 때는 위 제371조(현행 402조)를 적용 내지 준용할 여지가 없다.

|註| 대법원 2020. 1. 30.자 2019마5599, 5600 결정은 독립당사자참가소송의 제1심 본안판결에 대해 일방이 항소하고 피항소인 중 1명에게 항소장이 적법하게 송달되어 항소심법원과 당사자들 사이의 소송관계가 일부라도 성립한 것으로 볼 수 있다면, 항소심재판장은 더 이상 단독으로 항소장각하명령을 할 수 없다고 하였다.

▶ 대법원 1971. 6. 23.자 71마410 결정

항소법원의 재판장이 항소장에 첩용할 인지의 부족액이 있음을 이유로 일정한 기간을 정하여 그 가첩을 명하였으나 기간 내에 가첩을 하지 아니하므로 그것을 이유로 그 항소장을 각하하는 명령을 하였다면 그 후에 설사 그 부족인지를 가첩하고 불복을 신청하였다 하더라도 항소법원은 재도의 고려에 의하여 그 각하명령을 취소할 수 없다.[1)]

▶ 대법원 1971. 3. 4.자 71마89 결정

재판장의 항소장 심사권에 의하여 한 재판장의 보정명령에 대하여는 항소인이

1) 일본판례는 반대{일본 최고재 昭和 31(1956). 4. 10. 판결}.

이에 불응함으로써 항소장을 각하한 명령에 대하여 즉시항고를 할 수 있을 뿐 보정명령 자체에 대하여는 즉시항고를 할 수 없다고 해석된다.

제 2. 항소의 취하

(1) 항소의 취하라 함은 항소인이 항소의 신청을 철회하는 소송행위이다. 항소의 취하는 항소제기 후 항소심판결 선고시까지 할 수 있다(393조). 소취하가 판결 확정시까지 할 수 있는 것과 구별된다. 또한 소의 취하와는 달리 동일한 당사자 간에 청구병합이 있는 사건에서 항소의 일부취하는 허용되지 않는다(통상공동소송에서 일부 피고에 대한 항소취하는 가능). 항소취하는 소송행위이므로 소송행위 일반의 유효요건을 갖추어야 한다.

◆ 대법원 2017. 1. 12. 선고 2016다241249 판결

항소의 취하는 항소의 전부에 대하여 하여야 하고 항소의 일부 취하는 효력이 없으므로 병합된 수개의 청구 전부에 대하여 불복한 항소에서 그중 일부 청구에 대한 불복신청을 철회하였다 하더라도 그것은 단지 불복의 범위를 감축하여 심판의 대상을 변경하는 효과를 가져오는 것에 지나지 아니하고, 항소인이 항소심의 변론종결시까지 언제든지 서면 또는 구두진술에 의하여 불복의 범위를 다시 확장할 수 있는 이상 항소 그 자체의 효력에 아무런 영향이 없다.

▶ 대법원 1967. 10. 31. 선고 67다204 판결

항소취하의 의사표시에는 조건을 붙일 수 없으며, 또 그 의사표시가 본법 제422조(현행 451조) 제1항 제5호에 해당되는 타인의 행위로 인하여 이루어진 것이 아닌 이상 설사 사기, 강박 등 외부에서 알 수 없는 하자를 내포한 경우라도 그 하자를 이유로 이를 취소하거나 이의 무효를 주장할 수 없다.

◆ 대법원 1995. 3. 10. 선고 94다51543 판결

항소는 항소심의 종국판결이 있기 전에 취하할 수 있는 것으로서 일단 항소심의 종국판결이 있은 후라도 그 종국판결이 상고심에서 파기되어 사건이 다시 항소심에 환송된 경우에는 먼저 있은 종국판결은 그 효력을 잃고 그 종국판결이 없었던 것과 같은 상태로 돌아가게 되므로 새로운 종국판결이 있기까지는

항소인은 피항소인이 부대항소를 제기하였는지 여부에 관계없이 항소를 취하할 수 있고, 그 때문에 피항소인이 부대항소의 이익을 잃게 되어도 이는 그 이익이 본래 상대방의 항소에 의존한 은혜적인 것으로 주된 항소의 취하에 따라 소멸되는 것이어서 어쩔 수 없다 할 것이므로, 이미 부대항소가 제기되어 있다 하더라도 주된 항소의 취하는 그대로 유효하다.

|註| 1. 사실관계와 법원의 판단 甲은 乙(시내버스회사) 소속 버스에 의하여 교통사고를 당하자 乙을 상대로 손해배상청구소송을 하였다. 제1심법원은 기왕치료비·향후치료비·위자료청구 중 각 일부를 인용하고 개호비청구를 배척하여 "乙은 甲에게 7,600만 원을 지급하라."라는 판결을 선고하였다. 乙이 항소하자 甲은 항소기간이 지난 후에 부대항소를 제기하면서 청구를 확장하였다. 항소심법원은 기왕치료비·향후치료비·기왕개호비·향후개호비·위자료 중 각 일부를 인용하면서 기왕치료비·기왕개호비·위자료는 일시금으로 지급함이 상당하고 향후치료비·향후개호비는 장래 또는 정기금으로 지급함이 상당하다고 하여 "제1심판결을 다음과 같이 변경한다. 乙은 甲에게 4,500만 원을 지급하고, 甲의 생존을 조건으로 매월 220만 원을 지급하며, 2년 후에 520만 원을 지급하라."라는 판결을 선고하였다. 甲이 상고하였는데 대법원은 정기금으로 지급을 명한 부분과 장래 지급을 명한 부분은 위법하다고 하여 이 부분을 파기하고 나머지 甲의 상고를 기각하였다. 사건이 항소심법원으로 환송되어 항소심 계속 중 乙은 항소취하서를 제출하였다. 환송 후 항소심법원은 乙의 항소취하를 인정한다면 乙의 임의로운 선택에 의하여 甲만이 상고하였던 환송 전 항소심판결보다 유리한 제1심판결을 확정시킬 수도 있어 부당하다는 이유로 그 효력을 부정하면서, 장래지급을 명한 부분과 정기금지급을 명한 부분을 현재가치로 환산하여 "제1심판결 중 당심 심판범위 내에 속하는 적극적 손해금 청구 부분을 다음과 같이 변경한다. 乙은 甲에게 1억 6,400만 원을 지급하라."라는 판결을 선고하였다. 이에 대하여 대법원은 乙은 甲의 부대항소에도 불구하고 환송 후 항소심 계속 중 항소취하를 할 수 있고 이로써 제1심판결이 그대로 확정되었다고 하면서 환송 후 항소심판결을 파기하고 소송종료선언을 하였다.

2. 환송 후 항소심에서의 항소취하 항소심의 종국판결 선고 전까지 항소를 취

하할 수 있음은 앞서 보았다. 그런데 부대항소인의 상고에 의하여 항소심판결이 파기환송된 이후의 항소심에서도 항소취하가 가능할까. 파기환송 후 항소심에서는 판결결과가 충분히 예측가능하므로 위와 같은 경우 항소인이 아무런 제한 없이 항소취하를 할 수 있다고 한다면 항소인이 제1심판결과 항소심판결 중 자신에게 유리한 판결을 고를 수 있게 된다는 부당함이 생긴다. 대법원은 환송 후 항소심의 성격·부대항소의 성격 등에 비추어 이러한 결과는 어쩔 수 없는 것이라고 하였으나, 위와 같은 부당함을 막고 부대항소인의 재판청구권을 보장하기 위하여는 최소한 부대항소가 있는 경우에 한하여는 항소취하에 상대방의 동의를 요하는 것으로 입법할 필요가 있다는 견해{임준호, 민법학논총(곽윤직선생고희기념)}가 있다.

(2) **항소취하는 서면으로 하여야 함이 원칙이나, 변론 또는 변론준비기일에는 말로써 할 수도 있는데, 항소장 송달 후에는 항소취하서 또는 조서등본을 상대방에게 송달하여야 한다**(393조 2항, 266조 3, 4항).

▶ 대법원 1980. 8. 26. 선고 80다76 판결

항소취하서가 제출되면 그때에 취하의 효력이 발생하고 법이 이를 상대방에게 송달토록 한 취지는 항소취하를 상대방에게 알려주라는 뜻에 지나지 아니한다.

(3) **항소를 취하하면 제1심판결이 확정된다.**

◆ 대법원 2017. 9. 21. 선고 2017다233931 판결

항소취하가 있으면 소송은 처음부터 항소심에 계속되지 아니한 것으로 보게 되나(민사소송법 제393조 제2항, 제267조 제1항), 항소취하는 소의 취하나 항소권 포기와 달리 제1심 종국판결이 유효하게 존재하므로, 항소기간 경과 후에 항소취하가 있는 경우에는 항소기간 만료 시로 소급하여 제1심판결이 확정된다.

|註| 항소기간 경과 후에 항소취하가 있는 경우에는 항소기간 만료시로 소급하여 제1심판결이 확정된다는 것을 밝힌 판결이다. 이와 달리 항소기간 경과 전에 항소취하가 있는 경우에는 판결은 확정되지 아니하고 항소기간 내라면 항소인은 다시 항소의 제기가 가능하다는 것이 판례이다.[1]

1) 대판 2016. 1. 14. 2015므3455.

제3. 부대항소

(1) 부대항소(附帶抗訴)라 함은 항소를 당한 피항소인이 항소인의 항소에 의하여 개시된 항소심 절차에 편승하여 자기에게 유리하게 항소심 심판의 범위를 확장시키는 신청이다.

▶ 대법원 1959. 12. 3. 선고 4292민상370 판결

부대항소라 함은 상대자의 항소에 의하여 개시된 항소심절차에 있어서 피항소인이 제1심판결에 대한 자기의 불복을 주장하여 항소심의 심판범위를 자기에게 유리하게 확장하려는 신청으로서 피항소인은 항소권소멸 후라도 변론의 종결에 이르기까지 아무 때라도 부대항소를 제기할 수 있는 것이므로 부대항소에 의하여 제1심판결의 변경을 구하는 범위는 제1심판결에 의하여 재판된 사항에 국한되는 것이 아니고 부대항소에 의하여 소를 변경하거나 또는 반소를 제기하여 제1심판결 이상의 유리한 판결을 구할 수 있다고 할 것이다.

|註| 부대항소의 성질에 관하여는 ① 부대항소도 항소이므로 항소의 이익이 없으면 부적법하고, 따라서 제1심에서 전부승소한 당사자가 청구의 확장·변경 또는 반소의 제기를 위하여 하는 부대항소는 허용되지 않는다는 항소설(抗訴說)과 ② 부대항소는 공격적 신청 내지 특수한 구제방법일 뿐 항소가 아니므로 항소의 이익이 필요 없고, 따라서 전부승소한 당사자가 청구의 확장·변경 또는 반소의 제기를 위하여 하는 부대항소도 허용된다는 비항소설(非抗訴說)이 대립한다. 판례와 통설은 비항소설을 취하고 있다.

(2) 부대항소는 주된 항소가 적법하게 계속되어 있을 때에 주된 항소의 피항소인이 항소인을 상대로 하여 제기하여야 한다. 피항소인은 항소권의 포기나 항소기간의 도과로 자기의 항소권이 소멸된 경우에도 부대항소를 할 수 있다(403조).

▶ 대법원 1994. 12. 23. 선고 94다40734 판결

통상의 공동소송에 있어 공동당사자 일부만이 상고를 제기한 때에는 피상고인은 상고인인 공동소송인 이외의 다른 공동소송인을 상대방으로 하거나 상대방으로 보태어 부대상고를 제기할 수는 없다.

|註| 甲이 乙, 丙, 丁을 상대로 제기한 통상공동소송에서 ① 甲이 乙에 대하여

항소하였다면 乙만이 부대항소를 제기할 수 있고, 丙, 丁은 부대항소를 제기할 수 없으며, ② 乙이 甲에 대하여 항소하였다면 甲은 乙을 상대로 하여서만 부대항소를 제기할 수 있고, 丙, 丁을 상대로 하여서는 부대항소를 제기할 수 없다. 丙, 丁에 대한 부분은 공동소송인 독립의 원칙에 의하여 분리확정되기 때문이다.

(3) **부대항소의 방식**(제기, 취하 등)**에 관하여는 항소에 관한 규정을 적용한다.**

◆ **대법원 2008. 7. 24. 선고 2008다18376 판결**(㊐ 대법원 1995. 6. 30. 선고 94다58261 판결)

피고만이 항소한 사건에서 원고는 항소심에서 청구취지를 확장할 수 있고, 이 경우 부대항소를 한 것으로 의제된다.

▶ 대법원 1979. 8. 31. 선고 79다892 판결

원고가 제1심에서 금원의 수령과 동시에 소유권이전등기의 말소를 구하여 승소판결을 받았는데 이에 대하여 피고만이 항소를 제기한 경우 항소심에서 원고가 금원 수령과의 동시이행부분을 철회한 것을 부대항소로 보아 등기말소청구만을 인용하는 변경판결을 한 것은 불이익변경금지의 원칙에 위배되지 아니한다.

(4) **부대항소에 의하여 항소법원의 심판범위가 확장되면 피항소인의 불복의 정당 여부도 심판되므로 항소심판결이 제1심보다 항소인에게 불리해질 수도 있다**(불이익변경금지원칙의 배제). **한편, 부대항소는 상대방의 항소에 의존하는 것이므로 주된 항소의 취하 또는 부적법각하에 의하여 부대항소는 효력을 잃는다**(404조 본문, 부대항소의 종속성). **다만, 항소기간 내에 제기한 부대항소**(독립부대항소)**는 주된 항소의 취하 등에도 불구하고 그 효력을 유지하지만**(404조 단서), **이 경우에는 항소의 이익을 갖추어야 한다.**

▶ 대법원 2000. 2. 25. 선고 97다30066 판결

피고만이 항소한 항소심에서 원고가 청구취지를 확장변경한 경우에는 그에 의하여 피고에게 불리하게 되는 한도에서 부대항소를 한 취지라고 볼 것이므로, 항소심이 1심판결의 인용금액을 초과하여 원고 청구를 인용하더라도 불이익변경금지의 원칙에 위배되는 것이 아니다.

▶ 대법원 2003. 9. 26. 선고 2001다68914 판결

원고의 청구가 모두 인용된 제1심판결에 대하여 피고가 지연손해금 부분에 대하여만 항소를 제기하고, 원금 부분에 대하여는 항소를 제기하지 아니하였다고 하더라도 제1심에서 전부 승소한 원고가 항소심 계속 중 부대항소로서 청구취지를 확장할 수 있는 것이므로, 항소심이 원고의 부대항소를 받아들여 제1심판결의 인용금액을 초과하여 원고 청구를 인용하였더라도 거기에 불이익변경금지의 원칙이나 항소심의 심판범위에 관한 법리오해의 위법이 없다.

제 3 절 항소심의 심리

제 1. 변론의 범위(심판의 범위)

항소심에서의 변론은 항소인이 제1심판결의 변경을 구하는 한도, 즉 불복신청의 범위 안에서 하고(407조 1항), 항소심의 판결 역시 이 범위 안에서 한다(415조).

Ⅰ. 원칙적인 경우

◆ 대법원 1994. 12. 23. 선고 94다44644 판결

수개의 청구를 모두 기각한 제1심판결에 대하여 원고가 그 중 일부의 청구에 대하여만 항소를 제기한 경우, 항소되지 않았던 나머지 부분도 항소로 인하여 확정이 차단되고 항소심에 이심은 되나 원고가 그 변론종결시까지 항소취지를 확장하지 아니하는 한 나머지 부분에 관하여는 원고가 불복한 바가 없어 항소심의 심판대상이 되지 아니하므로 항소심으로서는 원고의 수개의 청구 중 항소하지 아니한 부분을 다시 인용할 수는 없다.

|註| 1. 사실관계와 법원의 판단 　甲은 제1심에서 소유권이전등기말소청구와 금전지급청구를 하였는데, 甲의 청구는 모두 기각되었다. 이에 대하여 甲은 등기말소청구 부분에 관하여만 항소를 제기하였고, 항소심법원은 심판범위를 등기말소청구에 한하는 것으로 하여 甲의 항소를 기각하였다. 甲의 상고에 대

하여 대법원은 甲의 상고를 받아 들여 항소심판결을 파기하였다. 환송 후 항소심법원은 등기말소청구뿐만 아니라 금전지급청구까지 심리판단하여 인용하였다. 이에 대하여 대법원은 항소심의 심판범위는 등기말소청구 부분에 한하고 나머지 부분에 관하여는 환송 전 원심판결의 선고와 동시에 확정되어 소송이 종료되었다고 하면서 금전지급청구 부분은 파기하고 소송종료선언을 하였고, 등기말소청구 부분은 항소심의 판단에 잘못이 없다고 하여 상고를 기각하였다.

2. 이심의 범위와 심판의 범위　상소불가분의 원칙에 의하여 제1심판결 중 일부에 대하여 항소하더라도 항소되지 않은 부분을 포함하여 사건 전체가 항소심으로 이심되나, 심판의 범위(변론의 범위)는 불복신청의 범위 내로 한정된다. 그리고 항소되지 않은 부분은 항소심판결 선고와 동시에 확정된다. 각종 소송에 있어서 이심의 범위와 심판의 범위에 관하여는 '상소심 총론' 중 '상소의 효력' 부분 참조.

Ⅱ. 청구의 변경이 있는 경우

▶ 대법원 1989. 3. 28. 선고 87다카2372 판결

우리나라 민사항소심은 속심제로서 항소심에서도 소의 교환적 변경이 가능하며, 이 경우에는 구 청구의 취하의 효력이 발생할 때에 그 소송계속은 소멸되는 것이므로 항소심에서는 구 청구에 대한 제1심판결을 취소할 필요 없이 신 청구에 대하여만 제1심으로서 판결을 하게 된다.

|註| 1. 사실관계와 법원의 판단　丙에 대한 채권자 甲은 제1심에서는 X 부동산에 대한 乙 명의의 소유권이전등기가 사해행위에 해당한다고 주장하면서 乙을 상대로 위 등기의 원인된 매매계약의 취소와 소유권이전등기의 말소를 구하였다가 패소한 후 항소심에 이르러 위 원인된 매매계약이 통정허위표시에 해당하여 무효임을 이유로 丙을 대위하여 乙을 상대로 위 소유권이전등기의 말소를 구하는 것으로 소를 교환적으로 변경하였다. 이러한 경우 사해행위취소청구는 소의 교환적 변경에 의하여 취하되었으므로 법원은 제1심판결을 취소할 필요가 없고 변경된 소유권이전등기말소청구에 대하여만 판단하면

된다.

2. **판결주문** 위 경우 항소심판결 주문은 "당심에서 교환적으로 변경된 甲의 청구를 기각한다"(기각하는 경우) 또는 "당심에서 교환적으로 변경된 청구에 따라, 乙은 丙에게 X 부동산에 관하여 …로 마친 소유권이전등기의 말소등기절차를 이행하라"(인용하는 경우)가 된다. 참고로, 청구의 변경이 없었다면 판결주문은 "甲의 항소를 기각한다"(기각하는 경우) 또는 "제1심판결을 취소한다, 丙과 乙 사이의 X 부동산에 관한 … 매매계약을 취소한다, 乙은 丙에게 X 부동산에 관하여 …로 마친 소유권이전등기의 말소등기절차를 이행하라"(인용하는 경우)가 된다.

Ⅲ. 파기환송 후 항소심의 경우

▶ **대법원 1998. 4. 14. 선고 96다2187 판결**

환송판결에서 환송 전 원심판결 중 소극적 손해에 관한 원고들 패소 부분만 파기하고, 나머지 상고는 기각한 경우, 환송 후 원심의 심판범위는 소극적 손해에 관한 원고들 패소 부분과 환송 후 원심에서 확장된 부분에 한정되고, 환송 전 원심판결 중 원고들 승소 부분은 확정되므로 원심으로서는 이에 대하여 심리를 할 수 없다.

|註| 1. **사실관계와 법원의 판단** 丙이 乙(버스회사) 소속 버스에 치어 사망하자 丙의 상속인 甲은 乙을 상대로 일실수입 3억 원과 위자료 5,000만 원의 지급을 구하는 손해배상청구소송을 제기하였다. 항소심법원은 일실수입 1억 5,000만 원과 위자료 1,000만 원의 지급을 명하였다. 甲과 乙이 모두 상고하였는데, 대법원은 항소심판결 중 일실수입에 관한 甲 패소 부분만을 파기하고 나머지 甲의 상고 및 乙의 상고를 모두 기각하였다. 환송 후 항소심에서 甲은 일실수입 5억 원을 구하는 것으로 청구를 확장하였다. 환송 후 항소심법원은 일실수입 부분만이 심판의 대상이라고 한 다음 전체 일실수입이 2억 8,000만 원이라고 판단하고 제1심판결 중 일실수입 부분을 취소하고 乙에게 2억 8,000만 원의 지급을 명하는 판결을 하였다. 그러나 대법원은 위 일실수입 중 환송 전 항소심에서 인용한 부분은 이미 확정되었으므로 이 부분에 대한 환송

후 항소심판결은 위법하다고 하면서 이 부분에 대한 환송 후 항소심판결을 파기하여 소송종료선언을 하고 나머지 상고는 기각하였다.

2. 비교사례 위 사안에서 환송 전 항소심판결에 대하여 乙만이 상고하였고 위 판결 중 乙 패소 부분이 파기환송되었다면 환송 후 심판의 범위는 乙 패소 부분을 넘을 수 없고, 따라서 환송 후 항소심 심리 결과 일실수입이 1억 5,000만 원을 초과하고 위자료가 1,000만 원을 초과하는 것으로 판단되더라도 환송 전 항소심판결보다 乙에게 불리한 판결, 즉 위 금액을 초과하여 인용하는 판결을 할 수는 없다. 다만, 甲이 환송 후 항소심에서 소의 변경, 부대항소의 제기, 청구의 확장 등을 한 경우라면 민사소송법에는 형사소송법 제368조와 같은 불이익변경금지의 규정이 없으므로 환송 전 항소심판결보다 상고를 하였던 乙에게 불리한 결과가 생길 수도 있다.[1]

제 2. 제1심의 속행으로서의 변론

항소심은 제1심의 속행이므로 제1심의 소송자료에 항소심의 소송자료를 더하여 판단을 하게 된다. 제1심의 소송자료를 항소심에 상정할 필요가 있으므로 당사자는 항소심에서 제1심 소송결과를 진술하여야 한다(407조 2항, 변론의 갱신).[2] 이로써 제1심에서의 소송행위는 항소심에서도 효력이 있게 된다(409조). 당사자는 나아가 항소심의 변론 전까지 종전의 주장을 보충·정정하고 제1심에서 제출하지 않은 새로운 공격방어방법을 제출할 수 있다.

▶ 대법원 2004. 10. 15. 선고 2004다11988 판결

제1심법원이 부적법한 변론기일에 변론을 종결하고 판결선고기일을 지정·고지한 것은 제1심판결의 절차가 법률에 어긋날 때에 해당하므로 원심으로서는 제1심판결 전부를 취소하고 소장의 진술을 비롯한 모든 변론절차를 새로 진행한 다음 본안에 대하여 다시 판단하여야 한다.

|註| 1. 항소심까지의 경과 甲이 乙을 상대로 제기한 손해배상청구소송에서 제1심법원은 소장에 적힌 乙의 주소인 'A시 B동 124번지'로 소장부본을 우편발송하였는데

1) 대판 1991. 11. 22. 91다18132; 대판 1982. 9. 28. 81다카934 등.

2) 대판 1957. 5. 2. 4290민상7("당사자가 항소심의 변론에서 제1심에 있어서의 변론결과를 진술하지 아니하였음에도 불구하고 항소심이 제1심 변론에서 현출된 자료에 의하여 판결하였다면 그 판결은 중요한 소송절차에 위배한 것으로서 파기를 면치 못한다").

乙의 사무원인 丙이 A시 C동 135번지에서 위 소장부본을 수령하였다. 이후 제1심법원은 소장에 적혀 있는 A시 B동 124번지로 최초의 변론기일통지서를 송달하였고, 이사불명의 사유로 송달불능되자 위 주소로 발송송달을 하였으며, 제2차 내지 제8차의 변론기일통지서와 선고기일통지서까지 A시 B동 124번지로 발송송달하였다. 한편, 乙은 제1차 변론기일 직후와 제3차 변론기일 직후 2회에 걸쳐서 답변서를 제출하였는데 각 편지봉투에는 발신인(乙)의 주소로 'A시 D동 162번지'가 적혀 있었다. 乙은 8차에 걸친 변론기일에 한 번도 출석하지 않았고, 제1심법원은 乙이 출석하지 않은 상태에서 변론기일을 진행하였으며, 제8차 변론기일에 변론을 종결하고 판결선고기일에 甲과 乙 모두 출석하지 아니한 가운데 판결원본에 의하여 판결을 선고하였다. 乙이 항소하였고, 항소심법원은 제1심 변론결과를 진술하게 한 다음 변론을 거쳐 乙의 항소를 기각하였다.

2. 대법원의 판단　대법원은, 발송송달은 "달리 송달할 장소를 알 수 없는 때"에 한하여 할 수 있으므로 소송기록에 나타난 乙의 연락처들(A시 C동 135번지와 A시 D동 162번지)로 송달하여 보지도 않고 바로 발송송달의 방법으로 변론기일통지서와 선고기일통지서를 송달한 것은 위법하고, 이렇듯 乙에게 기일통지서가 적법하게 송달되지 않았는데 乙이 출석하지도 않은 상태에서 변론을 진행하고 판결을 선고한 것은 "제1심판결의 절차가 법률에 어긋날 때"(417조)에 해당하므로 항소심으로서는 제1심판결 전부를 취소하고 소장의 진술을 비롯한 모든 변론절차를 새로 진행한 다음 본안에 대하여 다시 판단하였어야 한다고 하였다.

▶ 대법원 2007. 4. 12. 선고 2006다72765 판결

채권액이 외국통화로 지정된 금전채권인 외화채권을 채권자가 대용급부의 권리를 행사하여 우리나라 통화로 환산하여 청구하는 경우 법원이 채무자에게 그 이행을 명함에 있어서는 채무자가 현실로 이행할 때에 가장 가까운 사실심 변론종결 당시의 외국환시세를 우리나라 통화로 환산하는 기준시로 삼아야 하고, 그와 같은 제1심 이행판결에 대하여 채무자만이 불복·항소한 경우, 항소심은 속심이므로 채무자가 항소이유로 삼거나 심리 과정에서 내세운 주장이 이유 없다고 하더라도 법원으로서는 항소심 변론종결 당시의 외국환시세를 기준으로 채권액을 다시 환산해 본 후 불이익변경금지 원칙에 반하지 않는 한 채무자의 항소를 일부 인용하여야 한다.

제 4 절 항소심의 종국적 재판

항소심의 종국적 재판으로는 ① 항소장방식위배·항소기간도과·항소장송달불능의 경우에 재판장의 명령으로 하는 항소장각하명령, ② 항소요건에 흠이 있어 항소가 부적법할 때 하는 항소각하판결, ③ 제1심판결이 정당하고 항소가 이유 없어 제1심판결을 유지하는 항소기각판결, ④ 제1심판결을 취소하고 새로이 판결하거나 환송 또는 이송하는 항소인용판결이 있다. 이하에서는 항소인용판결에 관하여 본다.

제 1. 제1심판결의 취소

제1심판결이 부당하다고 인정한 때(416조)와 제1심판결의 절차가 법률에 어긋날 때(417조)에는 제1심판결을 취소하여야 한다. 제1심판결을 취소하는 경우 항소심법원은 ① 스스로 제1심판결에 갈음하는 판결(自判)을 하거나, ② 사건을 제1심으로 환송(還送)하거나, ③ 사건을 관할이 있는 제1심법원으로 이송(移送)하게 된다. 항소심은 속심이어서 사실판단을 할 수 있으므로 스스로 판단(自判)함이 원칙이고 환송과 이송은 법이 정한 예외적인 경우에 한한다.

1. 자판

항소심은 사실판단까지 새로 할 수 있는 사실심이므로 자판하는 것이 원칙이고, 환송·이송은 예외적으로 할 수 있는 것이다.

▶ 대법원 1991. 8. 27. 선고 91다13243 판결

채권자대위소송에 있어서 대위에 의하여 보전될 채권자의 채무자에 대한 권리가 인정되지 아니하는 경우 채권자가 스스로 원고가 되어 채무자의 제3채무자에 대한 권리를 행사할 원고로서의 적격이 없게 되므로 그 대위소송은 부적법하여 각하하여야 한다. 이 경우에 제1심이 소를 각하하지 아니하고 청구를 기각하였을 때에는 항소심에서 제1심판결을 취소하고 스스로 소를 각하하는 판결을 하는 것이지 사건을 제1심법원에 환송하여야 하는 것은 아니다.

▶ 대법원 1971. 10. 11. 선고 71다1805 판결

항소심은 판결절차에 위법이 있어 제1심판결을 취소하는 경우 이를 환송하지 않고 자판할 수 있다.

|註| 1. 제417조 소정의 "제1심판결의 절차가 법률에 어긋날 때"의 예로는 ① 변론에 관여하지 않은 법관이 판결한 경우,[1] ② 주위적 청구 기각의 주문 없이 예비적 청구를 인용한 경우,[2] ③ 피고에 대한 적법한 변론기일통지서의 송달이 없을 뿐만 아니라 피고가 불출석한 상태에서 변론을 진행하고 종결한 경우,[3] ④ 주식회사의 이사가 회사를 상대로 제기한 소송에서 대표이사가 회사를 대표하여 소송을 진행한 경우[4] 등을 들 수 있다.

2. 제1심법원이 피고에게 소장부본의 송달부터 그 후의 모든 소송서류를 적법하게 송달하지 아니한 채 변론기일을 진행하여 자백간주판결을 선고하였고, 이에 항소심법원이 이러한 제1심판결의 절차가 법률에 어긋난다는 이유로 제1심판결을 취소하는 경우와 같이, 제1심에서 실질적인 변론이 이루어지지 아니한 경우라고 하더라도, 항소심법원은 소장 진술을 비롯하여 소송서류의 송달과 증거의 제출 등 모든 변론절차를 새로 진행한 다음 제1심판결을 취소하고 스스로 본안에 대하여 다시 판단(자판)할 수 있다.[5]

▶ 대법원 1992. 9. 14. 선고 92다7023 판결

수개의 청구가 제1심에서 처음부터 선택적으로 병합되고 그 중 어느 한 개의 청구에 대한 인용판결이 선고되어 피고가 항소를 제기한 경우는 물론, 원고의 청구를 인용한 판결에 대하여 피고가 항소를 제기하여 항소심에 이심된 후 청구가 선택적으로 병합된 경우에 있어서도 항소심은 제1심에서 인용된 청구를 먼저 심리하여 판단할 필요는 없고, 선택적으로 병합된 수개의 청구 중 제1심에서

1) 대판 1971. 3. 23. 71다177.
2) 대판 1974. 5. 28. 73다1942.
3) 대판 2004. 10. 15. 2004다11988. 상세한 내용은 '제1심의 속행으로서의 변론' 부분 참조.
4) 대판 1990. 5. 11. 89다카15199. 이 경우 피고(주식회사)를 대표할 자를 감사로 정정(당사자표시정정)함으로써 흠결을 치유할 수 있고, 위 정정이 있으면 피고의 감사에게 소장부본을 송달하여야 하며, 이에 의하여 소송계속의 효과가 발생하게 됨에 따라, 피고의 감사가 종전의 무효인 소송행위를 추인하는지 여부와 관계없이 이후부터는 법원과 원고·피고의 3자 간에 소송법률관계가 유효하게 성립한다.
5) 대판 2013. 8. 23. 2013다28971.

심판되지 아니한 청구를 임의로 선택하여 심판할 수 있다고 할 것이나, 심리한 결과 그 청구가 이유 있다고 인정되고 그 결론이 제1심판결의 주문과 동일한 경우에도 피고의 항소를 기각하여서는 안 되며 제1심판결을 취소한 다음 새로이 청구를 인용하는 주문을 선고하여야 할 것이다.

|註| 같은 맥락에서 대법원 2011. 2. 10. 선고 2010다87702 판결은 제1심에서 인용된 종래의 청구에 대하여 피고가 항소한 사건에서, "원고가 항소심에서 예비적 청구를 추가하여 심리한 결과, 주위적 청구는 이유 없고 항소심에서 추가된 예비적 청구가 인용되어 결과적으로 주위적 청구를 인용한 제1심판결의 주문과 같거나 유사한 결과가 된다고 하더라도, 단순히 항소를 기각한다는 주문을 내어서는 안 되고, 제1심판결을 취소하여 주위적 청구를 기각한 다음 예비적 청구에 따라서 다시 주문을 내야 한다."고 하였다.

2. 환송

소가 부적법하다고 각하한 제1심판결을 취소하는 경우에는 항소심법원은 사건을 제1심법원에 환송하여야 한다(418조 본문). **이를 필수적 환송이라고 한다.**[1] **예외적으로 ① 제1심에서 본안판결을 할 수 있을 정도로 심리가 된 경우, ② 당사자의 동의가 있는 경우에는 항소심법원이 스스로 본안판결을 할 수 있다**(418조 단서). **1심으로 환송하지 않고 본안판결을 하는 것이 실무의 대세이다. 환송판결은 종국판결이므로 대법원에 상고할 수 있다.**[2] **환송받은 제1심법원은 항소심법원이 취소의 이유로 한 법률상 및 사실상의 판단에 기속된다**(법원조직법 8조).

◆ 대법원 2013. 8. 23. 선고 2013다28971 판결

우리 민사소송법이 항소심의 구조에 관하여 기본적으로 사후심제가 아닌 속심제를 채택하고 있는 만큼 심급제도의 유지나 소송절차의 적법성 보장이라는 이념이 재판의 신속과 경제라는 민사소송제도의 또 다른 이념에 항상 우선한다고 볼 수는 없을 뿐만 아니라, 현행 민사소송법은 소송의 지연을 방지하기 위하여

1) 항소심법원이 재량으로 사건을 제1심법원으로 환송할 수 있는 임의적 환송을 인정할 것인가에 관하여 논의가 있으나, 현행법이 필수적 환송만을 규정하고 있는 점(일제시대의 구 민사소송법은 임의적 환송제도를 두고 있었다), 소송촉진에 저해가 되는 점, 3심 제도는 정책적인 문제이지 반드시 지켜져야 하는 법원칙은 아닌 점 등에 비추어 소극적으로 새기는 것이 다수견해이다.

2) 대판(전) 1981. 9. 8. 80다3271.

항소심이 재량에 의하여 임의로 사건을 제1심법원에 환송할 수 있는 임의적 환송에 관한 규정을 두지 않고, 나아가 민사소송법 제418조가 항소법원은 소가 부적법하다고 각하한 제1심판결을 취소하는 경우에만 사건을 제1심법원에 필요적으로 환송하도록 규정하면서 그 경우에도 제1심에서 본안판결을 할 수 있을 정도로 심리가 된 경우 또는 당사자의 동의가 있는 경우에는 항소법원은 스스로 본안판결을 할 수 있도록 규정함으로써, 재판의 신속과 경제를 위하여 심급제도의 유지와 소송절차의 적법성 보장이라는 이념을 제한할 수 있는 예외적인 경우를 인정하고 있는 점 등에 비추어 볼 때, 항소법원이 제1심판결을 취소하는 경우 반드시 사건을 제1심법원에 환송하여야 하는 것은 아니다.

|註| 우리 민사소송법이 항소심의 구조에 관하여 속심제를 채택하고 있음을 전제로, 항소심법원이 제1심판결을 취소하는 경우 반드시 사건을 제1심법원에 환송하여야 하는 것은 아니라고 한 판결이다.

▶ 대법원 1997. 7. 25. 선고 96다47494, 47500 판결

원고가 비록 제1심판결에 대한 불복신청의 범위를 "제1심판결을 취소하고, 제1심법원에 환송한다"고 항소장에 기재하였어도 그 취지는 제1심판결을 취소하고, 청구취지 기재와 같은 판결을 구하고 있는 것으로 볼 것이므로 제1심에서 본안판결을 할 수 있을 정도로 심리가 된 경우에는 민사소송법 제388조(현행 418조) 단서의 규정에 따라 항소법원은 스스로 본안판결을 할 수 있다.

3. 이송

전속관할 위반을 이유로 제1심판결을 취소하는 때에는 관할이 있는 제1심법원으로 이송하여야 한다(419조).

▶ 대법원 1991. 5. 17.자 91마221 결정

항소심에서는 당사자가 전속관할이 아닌 이상 제1심법원의 관할위반을 주장하지 못하도록 규정한 민사소송법 제381조(현행 411조)의 취지로 미루어 볼 때, 제1심판결이 선고되어 사건이 항소심에 계속된 이후에는 제1심의 이송신청 각하결정에 대하여 더 이상 다툴 이익이 없어진다.

제 2. 불이익변경금지의 원칙

항소심법원은 항소를 인용함에 있어 불복의 한도 안에서 제1심판결을 변경할 수 있다(415조 본문). 따라서, 항소인이 불복한 범위를 넘어서 항소인에게 제1심보다 유리한 판결을 할 수도 없고(이익변경금지), 상대방이 불복하지도 않았는데 항소인에게 제1심보다 불리한 판결을 할 수도 없다(불이익변경금지). 처분권주의(203조)의 반영이다.

1. 원칙

(1) 이익변경금지

◆ 대법원 1980. 7. 8. 선고 80다1192 판결

재산상 손해배상청구와 위자료청구는 소송물이 동일하지 아니한 별개의 청구이므로 원심이 1심 판결에 대하여 항소하지 아니한 원고에 대하여 1심 판결보다 더 많은 위자료의 지급을 명하였음은 위법하다.

|註| 1. 사실관계와 법원의 판단 甲은 乙을 상대로 신체상해에 따른 손해배상으로 재산상 손해 1,500만 원, 위자료 500만 원 합계 2,000만 원의 지급을 구하였고, 제1심법원은 乙에게 재산상 손해 1,000만 원, 위자료 100만 원 합계 1,100만 원의 지급을 명하였다. 甲은 항소하면서 항소취지로 재산상 손해에 대한 배상금 500만 원의 추가지급을 구하였는데, 항소심법원은 재산상 손해를 1,200만 원으로 인정하고 위자료를 300만 원으로 인정하여 합계 1,500만 원의 지급을 명하였다. 이에 대하여 대법원은 재산상 손해배상청구와 위자료청구는 별개의 소송물인데 甲이 재산상 손해에 대하여만 항소하였으므로 위자료청구 부분은 항소심의 심판대상이 아니고, 따라서 甲이 항소하지도 않은 위자료에 대하여 제1심보다 많은 금액의 지급을 명한 것은 위법하다고 하였다.

2. 소송물과의 관계 위와 같은 결론은 손해배상소송에 있어 판례가 이른바 손해3분설을 취하고 있기 때문이다. 재산상 손해와 위자료를 하나의 소송물로 본다면 항소심의 결론은 甲의 항소불복 범위 내에 있으므로 항소심판결에는 위법이 있다고 할 수 없게 된다.

(2) 불이익변경금지

◆ 대법원 1983. 12. 27. 선고 83다카1503 판결

항소심은 당사자의 불복신청범위 내에서 제1심판결의 당부를 판단할 수 있을 뿐이므로 설사 제1심판결이 부당하다고 인정되는 경우라 하더라도 그 판결을 불복당사자의 불이익으로 변경하는 것은 당사자가 신청한 불복의 한도를 넘어 제1심판결의 당부를 판단하는 것이 되어 허용될 수 없다.

|註| 1. 사실관계와 법원의 판단 甲은 乙에 대하여 대여금 1억 원의 반환을 구하는 소를 제기하였고, 제1심법원은 乙의 변제항변을 일부 받아들여 6,000만 원의 지급을 명하는 판결을 선고하였다. 甲만이 그 패소 부분(4,000만 원 부분)의 취소를 구하고 그 지급을 구하는 취지로 항소하였는데, 항소심법원은 乙의 변제항변을 전부 받아들여 제1심판결을 취소하고 甲의 청구를 기각하는 판결을 선고하였다. 이에 대하여 대법원은 항소심의 심판범위는 甲의 패소 부분에 한정되므로 설령 제1심판결이 부당하다고 판단하였다고 하더라도 제1심판결을 甲의 불이익으로 변경하는 것은 甲이 불복한 한도를 넘어 제1심판결의 당부를 판단한 것으로서 위법하다고 하였다.

2. 불이익변경 사례 (1) 제1심판결에 대하여 피고만이 항소를 제기하고 원고는 항소를 제기하지 아니하였음에도 항소심이 피고에 대하여 제1심이 지급을 명한 금원보다 많은 금원의 지급을 명한 조치는 불이익변경금지의 원칙에 위배된다.[1]

(2) 피고의 상계항변을 인용한 제1심판결에 대하여 피고만이 항소하고 원고는 항소를 제기하지 아니하였는데, 항소심이 피고의 상계항변을 판단함에 있어 제1심이 자동채권으로 인정하였던 부분을 인정하지 아니하고 그 부분에 관하여 피고의 상계항변을 배척하였다면, 그와 같이 항소심이 제1심과는 다르게 그 자동채권에 관하여 피고의 상계항변을 배척한 것은 항소인인 피고에게 불이익하게 제1심판결을 변경한 것에 해당한다.[2]

(3) 동시이행의 판결에 있어서는 원고가 그 반대급부를 제공하지 아니하고는 판결에 따른 집행을 할 수 없어 비록 피고의 반대급부이행청구에 관하여 기판

1) 대판 1992. 9. 25. 91다37553.
2) 대판 1995. 9. 29. 94다18911.

력이 생기지 아니하더라도 반대급부의 내용이 원고에게 불리하게 변경된 경우에는 불이익변경금지 원칙에 반하게 된다.[1)]

3. 불이익변경금지의 판단 기준(소송물) 불이익변경금지에 위배되는지 여부는 앞서 본 이익변경금지에서와 마찬가지로 청구별, 즉 소송물별로 판단하여야 한다. 제1심이 4,000만 원 및 이에 대한 2000. 9. 8.부터 완제일까지 연 25%로 계산한 지연손해금의 지급을 명하였고 이에 대하여 피고만이 항소하였는데, 항소심 심리 결과 원금은 4,760만 원으로 인정되고 지연손해금율은 연 20%[2)]를 적용하여야 하는 경우에 관하여, 대법원은 "금전채무불이행의 경우에 발생하는 법정지연손해금채권은 그 원본채권의 일부가 아니라 전혀 별개의 채권으로 원본채권과는 별개의 소송물이고, 불이익변경에 해당하는지 여부는 각 소송물별로 원금과 지연손해금 부분을 각각 따로 비교하여 판단하여야 한다"고 한 다음 위와 같은 경우 항소심으로서는 원본채권 부분에 대한 항소만을 불이익변경금지 원칙에 따라 기각하고 지연손해금채권에 대한 부분은 파기하여 바로잡아야 한다고 하였다.[3)]

4. 참고판례 일본 판례 중에는 선택적으로 병합된 A청구와 B청구 중 A청구의 일부를 인용하고 원고의 나머지 청구를 기각한 제1심판결에 대하여 피고가 항소하였지만 원고는 항소도 부대항소도 하지 아니한 경우, 항소심이 제1심의 A청구 인용부분을 취소한 때에는 B청구의 당부를 심리 판단하지 않으면 안 될 뿐만 아니라 B청구가 이유 있으면 제1심의 A청구 인용액을 한도로 B청구를 인용하여야 한다는 것이 있다.[4)]

◆ 대법원 1999. 6. 8. 선고 99다17401, 17418 판결

항소심이 청구기각 판결을 하여야 할 사건에 대하여 소각하 판결을 하였으나 원고만이 상고한 경우, 소를 각하한 항소심판결을 파기하여 원고에게 더 불리한 청구기각의 판결을 할 수는 없으므로, 항소심판결을 그대로 유지하지 않을 수 없다.

---

1) 대판 2005. 8. 19. 2004다8197, 8203.

2) 소송촉진 등에 관한 특례법에 따른 지연손해금은 과거 연 25%이었다가 헌법재판소의 위헌결정으로 연 20%로 하향조정되었고 현재는 연 15%의 지연손해금이 적용된다.

3) 대판 2005. 4. 29. 2004다40160. 같은 취지 : 대판 2009. 6. 11. 2009다12399; 대판 2013. 10. 31. 2013다59050.

4) 일본 최고재 昭和 58(1983). 4. 14. 판결.

|註| 소가 부적법하다고하여 소각하한 제1심판결에 대하여 원고가 항소한 경우 항소심법원이 소 자체는 적법하지만 청구기각될 사안이라고 판단한 경우의 처리에 관하여 학설로는, ① 소각하 판결보다 청구기각 판결이 원고에게 불리하므로 불이익변경금지 원칙상 항소기각을 할 수밖에 없다는 견해(김홍규·강태원), ② 소각하 판결은 확정되어도 소송요건을 보정하여 다시 제소할 수 있어 소각하 판결로써는 원고에게 어떠한 이익이 생긴 것이 아니므로 청구기각을 해도 불이익변경금지 원칙에 반하지 않고, 따라서 제1심판결을 취소하고 청구기각 판결을 할 수 있다는 견해(강현중, 정동윤·유병현·김경욱, 호문혁), ③ 제1심에서 본안심리가 이루어졌거나 당사자의 동의가 있으면 제418조 단서에 의하여 제1심판결을 취소하고 청구기각을 할 수 있으나 그렇지 않으면 같은 조 본문에 의하여 환송하여야 한다는 견해(이시윤)가 있다. 대법원은 불이익금지의 원칙을 이유로 항소기각을 하여야 한다는 입장을 취하고 있으나, 하급심판결 중에는 제1심판결을 취소하고 청구기각의 판결을 한 것이 있다.[1]

2. 예외

(1) 직권조사사항

◆ **대법원 1995. 7. 25. 선고 95다14817 판결**

원고의 수개의 청구 중 하나의 청구를 인용하고 나머지 청구를 기각한 제1심판결에 대하여 원고만이 항소를 제기하고 피고가 부대항소를 하지 아니하였다고 하더라도 원고승소 부분은 원고의 항소로 인하여 항소심에 이심되는 것이고, 제1심판결의 변경은 불복신청의 한도에서 할 수 있다는 민사소송법 제385조(현행 415조)의 규정은 법원이 당사자의 신청과는 관계없이 직권으로 조사하여야 할 사항에는 그 적용이 없는 것이므로, 항소심은 원고들이 불복하지 않은 청구에 대하여도 확인의 이익의 유무를 조사하여 원고들의 청구를 각하한 조치는 정당하고, 불이익변경금지의 원칙에 반하지 않는다.

|註| 甲은 국가를 상대로 X, Y 토지에 대한 소유권확인청구의 소를 제기하였다. 제1심법원은 X 토지에 관하여는 甲의 청구를 인용하였고, Y 토지에 관하여는 甲의 청구를 기각하였다. 甲이 Y 토지 부분에 관하여 불복 항소하였는

1) 서울고법 2011. 3. 23. 2010나63173.

> 데, 항소심법원은 X, Y 토지 전부에 관하여 확인의 이익이 없다는 이유로 제1심판결을 취소하고 소를 각하하였다. 甲이 항소하지도 않은 X 토지 부분에 관하여 제1심보다 불리한 판결을 한 것은 불이익변경금지 원칙에 반한다고 주장하며 상고하였으나, 대법원은 판결요지와 같은 이유로 상고를 기각하였다.

(2) 직권판단사항(가집행선고와 소송비용부담재판)

가집행선고와 소송비용에 대한 재판에 관하여도 불이익변경금지원칙은 적용되지 않는다.

▶ 대법원 1998. 11. 10. 선고 98다42141 판결

가집행선고는 당사자의 신청 유무에 관계없이 법원이 직권으로 판단할 사항으로 처분권주의를 근거로 하는 민사소송법 제385조(현행 415조)의 적용을 받지 아니하므로, 가집행선고가 붙지 아니한 제1심판결에 대하여 피고만이 항소한 항소심에서 항소를 기각하면서 가집행선고를 붙였어도 불이익변경금지의 원칙에 위배되지 아니한다.

(3) 부대항소가 있는 경우

◆ 대법원 2003. 9. 26. 선고 2001다68914 판결

[1] 부대항소란 피항소인의 항소권이 소멸하여 독립하여 항소를 할 수 없게 된 후에도 상대방이 제기한 항소의 존재를 전제로 이에 부대하여 원판결을 자기에게 유리하게 변경을 구하는 제도로서, 피항소인이 부대항소를 할 수 있는 범위는 항소인이 주된 항소에 의하여 불복을 제기한 범위에 의하여 제한을 받지 아니한다.

[2] 원고의 청구가 모두 인용된 제1심판결에 대하여 피고가 지연손해금 부분에 대하여만 항소를 제기하고, 원금 부분에 대하여는 항소를 제기하지 아니하였다고 하더라도 제1심에서 전부 승소한 원고가 항소심 계속 중 부대항소로서 청구취지를 확장할 수 있는 것이므로, 항소심이 원고의 부대항소를 받아들여 제1심판결의 인용금액을 초과하여 원고 청구를 인용하였더라도 거기에 불이익변경금지의 원칙이나 항소심의 심판범위에 관한 법리오해의 위법이 없다.

▶ 대법원 1991. 11. 22. 선고 91다18132 판결

[1] 피고만이 상고하여 원심판결 중 피고패소 부분이 파기환송된 경우 원심에 환송되

는 사건의 심판 범위는 위 패소 부분을 넘을 수 없고 따라서 이 한도를 초과하여 피고에게 불이익한 판결을 할 수는 없다.
[2] 환송 후 항소심의 소송절차는 환송 전 항소심의 속행이므로 당사자는 원칙적으로 새로운 사실과 증거를 제출할 수 있음은 물론, 소의 변경, 부대항소의 제기 이외에 청구의 확장 등 그 심급에서 허용되는 모든 소송행위를 할 수 있고, 이러한 이유로 또한 민사소송법에는 형사소송법 제368조와 같은 불이익변경의 금지 규정도 없는 이상, 환송 전의 판결보다 상고인에게 불리한 결과가 생기는 것은 불가피하다.

(4) 합일확정의 필요가 있는 경우

▶ 대법원 2007. 10. 26. 선고 2006다86573, 86580 판결

민사소송법 제79조에 의한 독립당사자참가소송은 동일한 권리관계에 관하여 원고, 피고, 참가인이 서로 간의 다툼을 하나의 소송절차로 한꺼번에 모순 없이 해결하는 소송형태로서, 독립당사자참가가 적법하다고 인정되어 원고, 피고, 참가인 간의 소송에 대하여 본안판결을 할 때에는 위 세 당사자를 판결의 명의인으로 하는 하나의 종국판결을 선고함으로써 위 세 당사자들 사이에서 합일확정적인 결론을 내려야 하고, 이러한 본안판결에 대하여 일방이 항소한 경우에는 제1심판결 전체의 확정이 차단되고 사건 전부에 관하여 이심(移審)의 효력이 생긴다. 그리고 이러한 경우 항소심의 심판대상은 실제 항소를 제기한 자의 항소취지에 나타난 불복범위에 한정하되 위 세 당사자 사이의 결론의 합일확정의 필요성을 고려하여 그 심판의 범위를 판단하여야 하고, 이에 따라 항소심에서 심리·판단을 거쳐 결론을 내림에 있어 위 세 당사자 사이의 결론의 합일확정을 위하여 필요한 경우에는 그 한도 내에서 항소 또는 부대항소를 제기한 바 없는 당사자에게 결과적으로 제1심판결보다 유리한 내용으로 판결이 변경되는 것도 배제할 수는 없다.

제3장

상고

제1절 상고심의 특색

상고는 항소심 종국판결에 대한 법률심에의 상소로서 원심 판결의 당부를 전적으로 법률적인 측면에서만 심사할 것을 구하는 불복신청이다. 다만, 제1심 종국판결 뒤에 양 쪽 당사자가 상고할 권리를 유보하고 항소를 하지 아니하기로 합의한 때에는 제1심 종국판결에 대하여 항소를 거치지 않고 바로 상고할 수 있다(390조 1항 단서). 이를 비약상고라고 한다.

상고심은 원심판결의 당부를 법률적인 측면에서만 심사하므로 항소심과 달리 사후심이다. 원심판결이 적법하게 확정한 사실은 상고법원을 기속한다(432조).

▶ 대법원 1995. 4. 28. 선고 95다7680 판결

상고는 고등법원이 선고한 종국판결과 지방법원 본원 합의부가 제2심으로서 선고한 종국판결에 대하여 할 수 있는 것이고, 제1심의 종국판결에 대하여는 그 종국판결 후 당사자 쌍방이 상고할 권리를 유보하고 항소를 하지 아니하기로 합의한 때에 한하여 비약적 상고를 할 수 있을 뿐이며, 이 경우 그 합의는 반드시 서면으로 하도록 되어 있으므로, 제1심판결에 대하여 상고를 하면서 민사소송법 제360조(현행 390조) 제1항 단서의 합의에 관한 서면을 제출한 바 없다면 상고는 부적법한 것으로서 그 흠결을 보정할 수 없는 경우라고 할 것이다.

제 2 절 상고이유

제1. 일반적 상고이유

상고는 "판결에 영향을 미친 헌법·법률·명령 또는 규칙의 위반이 있는 경우"에 할 수 있다(423조). 이를 일반적 상고이유 또는 상대적 상고이유라고 한다.

Ⅰ. 법령해석 또는 법령적용의 잘못

1. 의의

법령위반은 위반의 원인을 기준으로 법령해석의 잘못과 법령적용의 잘못으로 나눌 수 있다. 사실인정의 잘못은 상고이유가 되지 않는데 법령적용의 잘못과 구별이 쉽지 않은 경우가 많다. 몇 가지 점들을 보면, ① 구체적 사실의 존부는 사실문제이나, 사실에 관한 평가적 판단(과실·선량한 풍속·정당한 사유·신의칙 위반과 같은 불확정 개념)은 법률문제이고, ② 증거가치의 평가(신빙성 판단)는 사실문제이나, 사실추정이나 논리칙·경험칙 위반(채증법칙 위반) 여부는 법률문제이며, ③ 의사표시의 존부 및 내용의 인정은 사실문제이나, 그에 기하여 어떠한 법률효과를 인정할 것이냐의 해석은 법률문제이다. 나아가 ④ 법원이나 행정청의 재량에 속하는 사항은 상고의 대상이 되지 않는다.

▶ 대법원 1991. 3. 27. 선고 90다13383 판결(同 대법원 2020. 6. 25. 선고 2019다292026 판결 등)

불법행위로 인한 손해배상사건에서 피해자에게 손해의 발생이나 확대에 관하여 과실이 있는 경우에는 배상책임의 범위를 정함에 있어서 당연히 이를 참작하여야 할 것이나 책임감경사유 또는 과실상계사유에 관한 사실인정이나 그 비율을 정하는 것은 그것이 형평의 원칙에 비추어 현저히 불합리하다고 인정되지 아니하는 한 사실심의 전권사항에 속한다.

|註| 채무불이행으로 인한 손해배상책임과 관련한 과실상계,[1] 의료 과실로 인한 손해배상액을 산정하면서 피해자 측 귀책사유와 무관한 피해자의 체질적인 소인 또는

1) 대판 1999. 5. 25. 98다56416; 대판 2002. 7. 12. 2000다17810 등.

질병의 위험도 등을 감액사유로 참작하는 책임감경사유에 관한 사실인정이나 비율을 정하는 것[1]도 원칙적으로 사실심의 전권사항이다.

▶ 대법원 2017. 5. 30. 선고 2016다275402 판결

민법 제398조 제2항은 손해배상의 예정액이 부당히 과다한 경우에는 법원이 이를 적당히 감액할 수 있다고 규정하고 있는데, … 위 규정의 적용에 따라 손해배상의 예정액이 부당하게 과다한지 및 그에 대한 적당한 감액의 범위를 판단하는 데 있어서는, 법원이 구체적으로 그 판단을 하는 때 즉, 사실심의 변론종결 당시를 기준으로 하여 그 사이에 발생한 위와 같은 모든 사정을 종합적으로 고려하여야 한다. 이때 감액사유에 대한 사실인정이나 그 비율을 정하는 것은 형평의 원칙에 비추어 현저히 불합리하다고 인정되지 않는 한 사실심의 전권에 속하는 사항이다.

◆ 대법원 2011. 1. 13. 선고 2010다69940 판결

[1] 의사표시와 관련하여, 당사자에 의하여 무엇이 표시되었는가 하는 점과 그것으로써 의도하려는 목적을 확정하는 것은 사실인정의 문제이고, 인정된 사실을 토대로 그것이 가지는 법률적 의미를 탐구 확정하는 것은 이른바 의사표시의 해석으로서, 이는 사실인정과는 구별되는 법률적 판단의 영역에 속하는 것이다. 그리고 어떤 목적을 위하여 한 당사자의 일련의 행위가 법률적으로 다듬어지지 아니한 탓으로 그것이 가지는 법률적 의미가 명확하지 아니한 경우에는 그것을 법률적인 관점에서 음미, 평가하여 그 법률적 의미가 무엇인가를 밝히는 것 역시 의사표시의 해석에 속한다.

[2] 제3자를 근저당권 명의인으로 하는 근저당권을 설정하는 경우 그 점에 대하여 채권자와 채무자 및 제3자 사이에 합의가 있고, 채권양도, 제3자를 위한 계약, 불가분적 채권관계의 형성 등 방법으로 채권이 그 제3자에게 실질적으로 귀속되었다고 볼 수 있는 특별한 사정이 있는 경우에는 제3자 명의의 근저당권설정등기도 유효하다고 보아야 할 것이지만, 위와 같은 경우에 있어서도 당사자들의 일련의 행위가 가지는 법률적 의미가 분명하지 아니하다면 채권자와 근저당권자 사이에 형성된 법률관계의 실체를 밝히는 것은 단순한 사실인정의 문제가 아니라 의사표시 해석의 영역에 속하는 것일 수밖에 없고, 따라서 그 행위가 가지는 법률적 의미는 채권자와 근저당권자의 관계, 근저당권설정의 동기 및 경

1) 대판 2018. 11. 15. 2016다244491; 대판 2018. 11. 29. 2016다266606, 266613 등.

위, 당사자들의 진정한 의사와 목적 등을 종합적으로 고찰하여 논리와 경험칙에 따라 합리적으로 해석하여야 한다.

|註| 1. 甲이 乙로부터 토지를 매수하여 매매대금 중 일부를 지급하였고, 그 후 乙이 丙에 대한 차용금채무를 담보하기 위하여 甲에 대한 매매잔대금채권을 丙에게 양도하였는데, 丙이 양수한 위 매매잔대금채권의 지급을 담보하기 위하여 甲이 丙에게 근저당권설정등기를 마쳐주었다고 사실인정을 한 원심에 대하여, 위와 같은 채권양도의 의사표시가 있었음을 인정할 만한 직접적인 증거가 없을 뿐만 아니라 그에 대한 丙의 주장에 일관성이 없어, 채권자인 乙과 근저당권자인 丙 사이에 어떠한 법률관계가 형성되었는지를 판단하는 것은 단순한 사실인정의 문제가 아니라 의사표시 해석의 영역에 속하는 것으로 보아야 하는데, 그 법률관계의 실체는 채권자인 乙과 근저당권자인 丙의 관계, 위 근저당권설정의 동기 및 경위 등에 비추어, 丙이 乙로부터 채권을 양도받은 것이 아니라 위 근저당권의 피담보채권을 원래의 채권자인 乙뿐만 아니라 근저당권자인 丙에게도 귀속시키기로 합의함으로써 丙과 乙이 불가분적 채권관계를 형성한 것이라고 볼 여지가 충분함에도, 乙이 丙에게 매매잔대금채권을 양도하였다는 사실인정을 한 다음 甲이 乙에 대하여 한 변제는 채권양수인인 丙에게 그 효과가 미치지 않는다는 취지로 판단한 원심판결을 파기한 사례이다.
2. 법률행위와 관련하여 의사표시의 존부 및 인정 여부는 사실문제이나 의사표시 해석과 법률효과는 법률문제로 상고이유가 될 수 있음을 밝힌 판결이다.

2. 경험칙 위반

경험칙이란 경험을 통하여 얻어지는 사물에 대한 지식이나 법칙, 즉 같은 종류의 많은 사실을 경험한 결과 얻어지는 공통인식에 바탕을 둔 일반적인 결론을 말하는 것으로서, 법규와 같이 판단의 대전제로 작용하므로 그 위반은 법령위반으로 취급한다.

■ 경험칙에 부합한다고 한 사례 ■

① 대법원 2000. 7. 4.자 2000스2 결정 : "족보는 종중 또는 문중이 종원의 범위를

명백히 하기 위하여 일족의 시조를 기초로 하여 그 자손 전체의 혈통, 배우자, 관력(官歷) 등을 기재하여 제작·반포하는 것으로서, 족보가 조작된 것이라고 인정할 만한 특별한 사정이 없는 한 혈통에 관한 족보의 기재내용은 이를 믿는 것이 경험칙에 맞는다."

② 대법원 1994. 3. 8. 선고 93다50031 판결 : "甲이 乙로부터 텔레비전 1,300대를 생산의뢰받아 그 중 30대를 납품한 후 생산중단통보를 받았다면, 甲은 생산중단통보 당시 나머지 1,270대의 텔레비전에 대하여도 이미 생산활동이나 생산준비활동이 상당한 정도로 진척되어 있었다고 보는 것이 경험법칙에 합치된다."

③ 대법원 1989. 5. 9. 선고 88다카23193 판결 : "독립보행이 불가능하고 배변, 배뇨에 장애가 있을 뿐만 아니라 누워있는 체위마저도 마음대로 변경할 수 없어 개호인의 조력이 필요할 정도라면 앞으로 그 용태의 호전이 예상되지 않는 한 건강한 사람과 같은 여명을 누리기는 어렵다는 것이 경험칙에 합치된다."

■ 경험칙에 부합하지 않는다고 한 사례 ■

① 대법원 2000. 3. 28. 선고 99다36372 판결 : "일반적으로 부동산의 소유자 명의만을 다른 사람에게 신탁하는 경우에 등기권리증과 같은 권리관계를 증명하는 서류는 실질적인 소유자인 명의신탁자가 소지하는 것이 상례이므로, 명의신탁자라고 주장하는 자가 이러한 권리관계서류를 소지하고 있지 않고 오히려 명의수탁자라고 지칭되는 자가 소지하고 있다면 그 소지 경위 등에 관하여 납득할 만한 설명이 없는 한 이는 명의신탁관계의 인정에 방해가 된다."

② 대법원 1992. 6. 23. 선고 92다886 판결 : "채무자가 채권증서에 갈음하거나 채무의 이행확보를 위하여 채권자에게 약속어음을 교부한 경우에는 채무를 이행함에 있어 그 약속어음을 반환받는 것이 상례이고 채무를 이행하고도 그 약속어음의 반환을 받지 않는다는 것은 극히 이례에 속하는 일이므로, 그 약속어음을 채권자가 소지하고 있다면 채무이행을 하고도 반환하지 않은 데에 대한 수긍할 만한 설명이 없는 한 아직도 채무이행은 안 된 것으로 봄이 타당하다."

③ 대법원 1978. 6. 27. 선고 77다874 판결 : "구속 중인 남편이 소유부동산을 처에게 매도하는 것은 사회통념상 이례에 속한다."

3. 채증법칙 위반

적법한 증거조사를 거친 증거능력 있는 증거에 의하지 아니한 사실인정이나 그러한 증거를 간과한 사실인정, 논리칙이나 경험칙에 어긋난 사실인정은 자유심증주의(202조)를 위반한 것으로서 상고이유에 해당한다.

■ 상호모순되는 증거를 종합증거로 사용한 사실인정 ■

① 대법원 1990. 4. 13. 선고 89다카982 판결 : "신체장애로 인한 노동능력상실률의 평가에 관한 맥브라이드의 기준과 미국의학협회의 평가기준은 각각 그 산정기초 및 체계와 상실률 등에 차이가 있어 상호 참작사유는 될 수 있을망정 상호 혼용할 수는 없는 것인데도 원심이 신체장애상태는 미국의학협회의 평가기준에 따라 판정하고 여기에 맥브라이드의 기준을 적용하여 노동능력상실률을 감정한 감정인의 감정결과만을 참작하여 노동능력상실률을 인정한 것은 채증법칙을 위반한 것이다."

② 대법원 1970. 5. 12. 선고 70다413, 414 판결 : "서로 모순되는 증거를 종합하여 사실인정을 한 것은 채증법칙상의 위법이다."

■ 증거에 의하지 아니한 사실인정 ■

대법원 1976. 5. 11. 선고 75다1511 판결 : "다툼이 있는 사실에 대하여 다툼이 없는 것으로 오인하고 증거에 의하지 아니하고 사실을 확정한 원심판결은 소송절차상 위법함을 면할 수 없다."

■ 신빙성 없는 증언에 의한 사실인정 ■

① 대법원 1989. 9. 26. 선고 89다카7945 판결 : "전체적으로 진술의 객관성, 내용의 구체성이 결여되고 막연한 내용의 증언들을 믿고, 오히려 공성부분이 인정되는 매도증서, 등기필증, 재산세영수증 등 그 신빙성이 긍정되는 증거들을 배척한 것은 증거의 취사와 가치판단을 잘못한 채증법칙위배에 해당한다."

② 대법원 1983. 11. 22. 선고 83다카894 판결 : "A 사건에서의 증인의 증언이 위증이라는 확정판결이 있었다면 A 사건과 관련된 B 사건에서 동 증인이 같은 취지로 한 증언도 믿을 수는 없는 것이고, 원고가 위증교사의 확정판결을 받았다면 원고의 진술취지도 증거로 채택할 수 없을 것이다."

■ 서증의 내용에 반하는 사실인정 ■

① 대법원 1991. 10. 22. 선고 91다25468 판결 : "실제로 돈을 쓴 사람이 다른 사람이었다고 하더라도 자신의 명의로 차용증을 쓰고 담보도 제공하라는 대여자의 요청에 따라 차용증과 각서를 써 주었다면 그 차용증과 각서에 기재되어 있는 내용대로 당사자 사이에 소비대차계약이 성립하였다고 보아야 할 것임에도 그 기재와 달리 실제로 돈을 쓴 제3자의 차용금채무를 연대보증한 것이라고 인정한 원심판결은, 처분

문서의 기재에 반하여 사실을 인정한 채증법칙위반의 위법이 있다."
② 대법원 1969. 7. 8. 선고 69다563 판결 : "영수증서에 '총완결'이라는 기재가 부기되어 있는 경우에는 그 영수증서의 성질이 어떻든 간에 결제가 모두 끝났다는 의사표시가 있었다고 보아야 한다."

■ 중요한 증거를 별다른 심리나 이유의 설명 없이 배척한 경우 ■

대법원 1994. 1. 11. 선고 93다33999 판결 : "약속어음공정증서가 피고의 피상속인과 원고의 약정에 의하여 피고의 피상속인의 원고에 대한 기존의 원리금채무의 변제를 위하여 작성된 것이라면 그 공정증서의 정본은 당연히 어음상의 채권자인 원고가 소지하고 있어야 할 것이고, 어음상의 채무자측인 피고가 그 정본과 등본을 모두 소지하고 있다는 것은 극히 이례적인 일로서, 원고가 공정증서의 정본과 등본 모두를 소지하지 아니하고 피고가 이를 모두 소지하고 있다는 사정은 어음공정증서가 다른 채권자로부터의 강제집행을 피하기 위하여 친족 간인 원고와의 합의하에 형식적으로 작성된 것이라는 피고의 주장을 긍인할 수 있는 유력한 자료가 되는 것이므로, 그러한 사정에도 불구하고 그 공정증서가 진실되게 작성된 것이 아니라는 피고의 주장을 배척하기 위하여는 납득할 만한 설명이나 그에 합당한 사정이 인정되어야 한다."

Ⅱ. 판단상의 과오와 절차상의 과오

법령위반은 위반의 형태를 기준으로 하여 판단상의 과오와 절차상의 과오로 나눌 수 있다. 판단상의 과오는 실체법의 해석·적용에 잘못이 있는 경우(위 I.항 참조)이고, 절차상의 과오는 변론주의·처분권주의 위반, 석명의무·지적의무 위반, 기일통지 없이 한 변론 등 절차법규를 위배한 잘못이 있는 경우이다. 사실심이 필요한 심리를 다하지 아니한 것, 즉 심리미진도 일종의 절차법규 위배로 볼 수 있는데, 이것을 독립한 상고이유로 취급할 수 있는가에 관하여는 논란이 있다.

▶ 대법원 2002. 4. 26. 선고 2000다8878 판결

이와 같은 소송의 진행경과에 비추어 볼 때, 원심으로서는 원고로 하여금 제1심에서부터 제1차적인 쟁점으로 전면에 부각되어 다투어져 온 시효소멸 여부 이외에 유류분 산정의 기초가 되는 재산의 범위와 가액에 대해서도 심리의 초점을 맞추어 원고로 하여금 이 사건 주식 등의 상속개시 당시의 가액을 입증하도록 촉구하였어야 함에도 불구하고, 이 사건 주식의 경우에는 제1심에서부터 그 가액에 대하여 아무런 입증이 없었

고, 특히 별지 제2 목록 기재 부동산의 경우에는 원고가 청구취지를 확장하자마자 가액 등에 대하여 입증할 기회조차 부여하지 아니한 채 곧바로 변론을 종결한 다음 유류분 산정의 기초가 되는 재산의 범위와 가액에 대하여 입증이 없음을 이유로 원고의 청구를 기각하였는바, 이 사건 주식에 관한 한 비록 원고가 제1심에서부터 원심에 이르기까지 그 가액을 입증할 기회가 없었다고 할 수는 없지만, 원고의 유류분액 및 그 침해액을 산정하기 위해서는 유류분 산정의 기초가 되는 전 재산의 가액에 대한 심리가 전제되어야 한다는 점에서 원고가 새로운 증여재산을 추가하여 청구취지를 확장하자마자 그 가액에 대한 입증 기회도 부여하지 아니한 채 바로 변론을 종결한 원심은 심리를 다하지 아니한 위법을 저질렀다고 하지 않을 수 없다.

▶ 대법원 1992. 7. 28. 선고 91다13380 판결

[1] 채무의 일부변제공탁은 그 채무를 변제함에 있어서 일부의 제공이 유효한 제공이라고 시인할 수 있는 특별한 사정이 있는 경우를 제외하고는 채권자가 이를 수락하지 아니하는 한 유효한 변제공탁이라고 할 수 없다.

[2] 甲이 일정기간 계속적으로 이루어진 횡령행위로 인한 손해배상채권의 일부에 대하여 변제공탁을 할 당시 손해배상채권의 총잔액이 위 변제공탁금액을 초과하고 있는 경우 만일 甲의 횡령행위를 개별적으로 특정할 수 없어 그로 인하여 발생한 손해가 포괄하여 1개의 손해배상채권만을 구성한다고 보면 위 변제공탁은 채무의 일부변제공탁에 해당함이 명백하여 그 효력이 없다 할 것이고, 甲의 횡령행위를 개별적으로 특정할 수 있어 각개의 횡령행위로 인하여 발생한 손해마다 별개의 손해배상채권을 구성한다고 본다면 변제충당의 법리에 따라 순차로 충당되어야 할 것인데, 만일 먼저 충당하여야 할 손해배상채권액이 위 변제공탁액을 초과한다면 결국 일부변제공탁에 지나지 아니하여 그 효력이 없게 되므로 甲의 횡령행위를 개별적으로 특정할 수 있는지 여부와 특정할 수 있다면 그로 인하여 발생한 손해액을 먼저 심리확정한 다음 위 변제공탁이 유효한지 여부를 판단하였어야 할 것인데도 이에 이르지 아니한 채 위 변제공탁이 유효하다고 판단한 원심판결에는 변제공탁에 관한 법리를 오해하여 심리를 다하지 아니한 위법이 있다.

Ⅲ. 판결에 영향이 없는 법령위반

판결에 영향을 미친 법령위반이어야 한다. 항소심판결에 법령위반이 있더라도 결론이 달라질 가능성이 없다면 적법한 상고이유가 될 수 없다. 변경된 판결선고

기일에 관한 통지 및 소환을 하지 않은 경우,[1] 1심에서 법관의 경질에도 불구하고 종전의 변론의 결과를 진술하지 않았으나 항소심에서 1심 변론결과를 진술한 경우,[2] 원심의 사실판단은 다투지 않고 가정판단으로서의 법률해석이 그릇된 것이라고만 다툰 경우[3] 등은 판결에 영향이 없는 경우이다.

Ⅳ. 기타 — 적법한 상고이유가 아닌 경우

① 판결경정사유에 불과한 사유, ② 사실심에서 주장하지 않았던 사유는 적법한 상고이유가 되지 않는다.

▶ 대법원 1990. 7. 24. 선고 89다카14639 판결

원심판결이유 중 일실퇴직금 상당 손해액산정에 관하여 명백한 계산상의 착오로 인하여 그 수액이 잘못된 경우에는 판결경정절차를 통하여 구제받을 수 있는 것이어서 상고로 다툴 성질의 것이 아니다.

> |註| 다만, 손해액을 산정함에 있어서 계산착오가 있었다면 판결의 경정사항에 속하나 착오된 계산액을 기초로 하여 과실상계를 하였다면 이 잘못은 판결결과에 영향이 있는 것이니 파기사유가 된다.[4]

▶ 대법원 2001. 6. 12. 선고 2000다71760, 71777 판결

상속을 원인으로 한 지분소유권이전등기를 마친 공유자들 중 일부가 피상속인과 혈연관계가 없다고 할지라도, 그들을 상대로 한 소송의 원심변론종결시까지 위 공유자들 명의의 등기가 무효라는 주장을 한 바 없고 상고심에 이르러 비로소 이를 주장하고 있는 경우 적법한 상고이유가 될 수 없다.

제2. 절대적 상고이유

판결에 제424조 제1항 각호 가운데 어느 하나의 사유가 있는 때에는 상고에 정당한 이유가 있는 것으로 한다(424조 1항). 위 각 사유가 판결결과에 영향을 미쳤는

1) 대판 1964. 6. 2. 63다851 등.
2) 대판 1963. 8. 22. 63다316.
3) 대판 1984. 3. 13. 81누317.
4) 대판 1972. 10. 10. 72다1230.

지 여부와 상관없이 상고이유가 된다는 의미에서 절대적 상고이유라고 한다.

Ⅰ. 판결법원 구성의 위법(제1호)

▶ 대법원 1970. 2. 24. 선고 69다2102 판결

원심변론종결당시 재판장 판사 甲, 판사 乙, 판사 丙 3인이 합의체를 이루었는데 원판결에는 재판장 판사 甲, 판사 乙, 판사 丁 3인이 서명날인하였다면 변론종결기일의 심리에 관여하지 않은 판사 丁이 그 판결에 관여하였으므로 그 판결법원은 적법하게 구성되었다 할 수 없다.[1)]

Ⅱ. 판결에 관여할 수 없는 판사의 관여(제2호)

▶ 대법원 1962. 5. 24. 선고 4294민상251, 252 판결

민사소송법이 제2절에서 법관에 관한 제척, 기피 및 회피를 규정하여 직무집행으로부터 배제하게 한 것은 재판의 공정을 유지하는 것이 목적이므로 민사소송법 제394조(현행 424조) 제1항 제2호의 규정은 재판의 성립에 관한 소송절차에 관여한 경우를 말하며 이 성립된 재판을 외부에 발표하는 절차에 불과한 판결의 선고를 포함한 취지가 아니라고 해석함이 타당하다.

|註| 1. '판결에 관여할 수 없는 판사'라 함은 제척사유(41조)가 있거나 기피재판(43조)이 있거나 혹은 파기환송된 원판결에 관여(436조 3항)한 판사를 말한다. 2. '판결에 관여'하였다 함은 판결의 합의 및 원본작성에 관여한 것을 말하고 선고만에 관여한 것은 포함되지 않는다. 따라서, 판사가 제1심에서 판결의 기본이 되는 변론에 재판장으로 관여하여 제1심판결을 하고 다시 제2심에서 그 판결의 기본되는 변론에 부원으로 관여하여 제2심판결을 하였을 경우에 이는 법률에 의하여 제2심판결에 관여할 수 없는 판사가 관여한 위법이 있는 것이다.[2)] 그러나, 제1심판결에 관여한 판사가 제2심판결의 선고에만 관여한 경우

1) "변론종결시에 관여한 법관이 甲, 乙, 丙인데 원심판결서에 서명날인한 법관은 甲, 乙, 丁이라면 이는 기본되는 변론에 관여하지 아니한 판사 丁이 판결을 한 것이 되어 결국 본조(현행 424조) 제1항 제2호의 법률에 의하여 판결에 관여할 수 없는 판사가 판결에 관여한 때에 해당한다"고 하여 같은 사례에 대하여 제2호의 상고이유에 해당하는 것으로 본 판례(대판 1972. 10. 31. 72다1570)도 있다.

에는 법률에 의하여 제2심판결에 관여할 수 없는 판사가 관여한 것이라고 할 수 없다.[1)]

Ⅲ. 대리권·특별수권의 흠결(제4호)

▶ **대법원 1995. 5. 23. 선고 94다28444 전원합의체 판결**

소송계속 중 어느 일방 당사자의 사망에 의한 소송절차 중단을 간과하고 변론이 종결되어 판결이 선고된 경우에는 그 판결은 소송에 관여할 수 있는 적법한 수계인의 권한을 배제한 결과가 되는 절차상 위법은 있지만 그 판결이 당연무효라 할 수는 없고, 다만 그 판결은 대리인에 의하여 적법하게 대리되지 않았던 경우와 마찬가지로 보아 대리권흠결을 이유로 상소 또는 재심에 의하여 그 취소를 구할 수 있을 뿐이므로, 판결이 선고된 후 적법한 상속인들이 수계신청을 하여 판결을 송달받아 상고하거나 또는 사실상 송달을 받아 상고장을 제출하고 상고심에서 수계절차를 밟은 경우에도 그 수계와 상고는 적법한 것이라고 보아야 하고, 그 상고를 판결이 없는 상태에서 이루어진 상고로 보아 부적법한 것이라고 각하해야 할 것은 아니다.

|註| 1. 대리권의 흠결 (1) 이 상고이유에는 대리권이 없는 경우뿐만 아니라 대리인이 특별수권(56조 2항, 90조 2항)을 받지 못한 경우와 무능력자가 소송행위를 한 경우, 그리고 이해상반되는 친권자가 법정대리인으로서 소송을 수행한 경우(민법 921조 참조),[2)] 성명모용소송의 경우,[3)] 당사자사망에 의한 소송절차중단을 간과한 경우, 회생절차개시결정에 의한 소송절차중단을 간과한 경우[4)] 등 당사자가 변론에서 공격방어방법을 제출할 기회를 부당하게 박탈당한 경우에 적용 또는 유추적용된다. 이른바 당사자권을 보장하기 위한 규정으로서 매우 중요한 상고이유이다.

(2) 변호사 아닌 지방자치단체 소속 공무원으로 하여금 소송수행자로서 지방자치단체의 소송대리를 하도록 한 것은 여기의 상고이유에 해당한다.[5)]

---

2) 대판 1955. 11. 24. 4288민상301.
1) 대판 1963. 5. 16. 63다151.
2) 대판 1991. 4. 12. 90다17491.
3) 대판 1964. 11. 17. 64다328.
4) 대판 2011. 10. 27. 2011다56057.

2. 대리권 흠결의 추인 대리권의 흠결을 추인한 경우(60조, 97조)에는 상고이유가 되지 않는다(424조 2항). 대리권의 흠결이 있는 자의 소송행위에 대한 추인을 상고심에서도 할 수 있다.[1)]

▶ **대법원 1997. 5. 30. 선고 95다21365 판결**

피항소인이 항소장부본부터 공시송달의 방법으로 송달되어 귀책사유 없이 항소가 제기된 사실조차 모르고 있었고, 이러한 상태에서 피항소인의 출석 없이 원심의 변론기일이 진행되어 제1심에서 의제자백에 의한 승소판결을 받은 피항소인이 자신의 주장에 부합하는 증거를 제출할 기회를 상실함으로써 피항소인은 당사자로서 절차상 부여된 권리를 침해당하였다고 할 것이어서, 이와 같은 경우는 당사자가 대리인에 의하여 적법하게 대리되지 않았던 경우와 마찬가지로 보아 민사소송법 제394조(현행 424조) 제1항 제4호의 규정을 유추적용할 수 있다.

|註| **1. 사실관계와 법원의 판단** 甲은 乙을 상대로 소유권이전등기청구의 소를 제기하였다. 소장부본과 변론기일통지서는 乙의 사무원이라는 丙이 수령하였는데, 제1심법원은 이를 적법한 송달로 보고 자백간주에 의한 甲 승소판결을 하였으며, 판결정본 역시 丙에게 송달되었다. 그로부터 20일 후 乙은 (추완)항소장이라는 제목으로, 甲이 허위의 주소로 소송서류와 판결정본을 송달하게 하였다고 주장하면서 항소를 제기하였다. 항소심법원은 항소장부본과 변론기일통지서를 소장에 적힌 甲의 주소로 송달하였으나 이사불명으로 송달불능되었고, 乙이 보정한 甲의 주민등록상의 주소로 다시 항소장부본과 변론기일통지서를 송달하였으나 역시 이사불명으로 송달불능되었다. 이에 乙의 신청에 따라 항소심법원은 공시송달로 甲에게 소송서류를 송달하였고, 乙만 출석하고 甲이 불출석한 채로 변론을 종결하여 제1심판결을 취소하고 甲의 청구를 기각하는 판결을 선고한 다음, 甲에게는 공시송달로 판결정본을 송달하였다. 甲은 2개월 후 판결정본을 직접 영수하고 같은 날 추완상고장을 제출하였다. 이에 대하여 대법원은 甲의 추완상고를 적법한 것으로 인정하고, 판결요지와 같이 판시하여 항소심판결을 파기환송하였다.

2. 귀책사유 없이 변론에 관여하지 못한 항소심 재판에 대한 불복 (1) 위 사안과

5) 대판 2006. 6. 9. 2006두4035(행정상 당사자소송); 대판 2006. 3. 9. 2005다72041(민사소송).
1) 대판 1969. 6. 24. 69다511; 대판 1997. 3. 14. 96다25227; 대판 2005. 4. 15. 2004다66469.

같이 당사자가 귀책사유 없이 변론기회를 얻지 못하고 이로 말미암아 아무런 입증을 하지 못한 채 패소판결을 받게 된다면 이는 부당한 결과가 된다. 특히나 그 판결이 항소심판결이라면 당사자에게 귀책사유가 없어 불변기간을 준수하지 못하였음을 이유로 상고의 추완만을 허용하여서는 아무런 실익이 없다. 대상판결은 이와 같은 경우에 제424조 제1항 제4호의 대리권흠결 규정을 유추적용함으로써 민사소송에 있어서의 절차보장을 달성하려고 하였다.[1)]

(2) 반면에 당사자의 귀책사유로 주장·입증의 기회를 갖지 못한 경우에는 '대리권 흠결'의 상고이유를 유추적용할 수 없다.[2)]

Ⅳ. 변론공개 규정의 위반(제5호)

▶ 대법원 1971. 6. 30. 선고 71다1027 판결

수명법관에 의하여 수소법원 외에서 증인신문을 하거나 또는 현장검증 및 기록검증을 할 경우에는 반드시 공개심리의 원칙이 적용되지 아니하므로 이를 비공개로 시행하였다 하여 위법이 아니다.

Ⅴ. 이유불비, 이유모순(제6호)

1. 이유불비

◆ 대법원 2005. 1. 28. 선고 2004다38624 판결

[1] 판결에 이유를 기재하도록 하는 법률의 취지는 법원이 증거에 의하여 인정한 구체적 사실에 법규를 적용하여 결론을 도출하는 방식으로 이루어진 판단과정이 불합리하거나 주관적이 아니라는 것을 보장하기 위하여 그 재판과정에서 이루어진 사실인정과 법규의 선정, 적용 및 추론의 합리성과 객관성을 검증하려고 하는 것이므로, 판결의 이유는 그와 같은 과정이 합리적·객관적이라는 것을

1) 최상열, 대법원 판례해설 제28호. 같은 취지의 판례 : 대판 2009. 11. 12. 2009다59282; 대판 2011. 4. 28. 2010다98948(소장부본부터 공시송달의 방법으로 송달되어 피고의 출석 없이 항소심판결까지 선고된 사안).

2) 대판 2005. 4. 29. 2004재다344(처를 통하여 재심소장부본을 송달하였으나 그 후 이사불명으로 송달불능되어 변론기일 및 판결선고기일 통지서를 받지 못하여 판결이 선고된 경우, 이는 당사자의 귀책사유로 인한 것이어서 이로 인하여 절차상 부여된 권리를 침해당하였다고 할 수 없다고 한 사례).

밝힐 수 있도록 그 결론에 이르게 된 과정에 필요한 판단을 빠짐없이 기재하여야 하고, 그와 같은 기재가 누락되거나 불명확한 경우에는 민사소송법 제424조 제1항 제6호의 절대적 상고이유가 된다.
[2] 판결에 이유를 밝히지 아니한 위법이 이유의 일부를 빠뜨리거나 이유의 어느 부분을 명확하게 하지 아니한 정도가 아니라 판결에 이유를 전혀 기재하지 아니한 것과 같은 정도가 되어 당사자가 상고이유로 내세우는 법령 위반 등의 주장의 당부를 판단할 수도 없게 되었다면 그와 같은 사유는 당사자의 주장이 없더라도 법원이 직권으로 조사하여 판단할 수 있다.

|註| 1. 가처분이의 사건의 판결문에 가처분의 피보전권리의 존부에 대하여 본안판결이 선고되었다는 내용만을 기재한 경우, 이것만으로는 가처분이의신청에 대한 판결의 이유가 없다고 한 사례이다. 현행 민사집행법은 가처분이의에 대한 재판을 판결이 아닌 결정으로 하도록 규정하고 있고(민사집행법 286조 3항), 그 결정에는 이유를 적어야 하되 변론을 거치지 않은 경우에는 이유의 요지를 적을 수 있도록 규정하고 있다(민사집행법 286조 4항). 대상판결은 판결이유 기재의 누락과 불명확이 절대적 상고이유가 된다는 점, 그리고 판결의 이유기재가 전혀 없어 당사자가 내세우는 상고이유의 당부를 상고심법원이 판단할 수 없을 정도인 때에는 법원의 직권조사가 가능함을 밝히고 있다.
2. 판례는 "판결이유에 주문에 이르게 된 경위가 명확히 표시되어 있는 이상 관계 법률이 위헌이라는 당사자의 주장을 판단하지 아니하였다는 사정만으로 판결에 이유를 명시하지 아니한 위법이 있다고 할 수 없고, 또한 당사자의 주장이나 항변에 대한 판단은 반드시 명시적으로만 하여야 하는 것이 아니고 묵시적 방법이나 간접적인 방법으로도 할 수 있다"고 하였는데,[1] 위헌 주장에 대하여 명시적 판단이 없는데도 이유의 불명시가 아니라고 한 것에 대하여는 비판이 있다(이시윤).

▶ 대법원 2004. 5. 28. 선고 2001다81245 판결

민사소송법 제424조 제1항 제6호 소정의 절대적 상고이유인 '판결에 이유를 명시하지 아니한 경우'라 함은 판결에 이유를 전혀 기재하지 아니하거나 이유의 일부를 빠뜨리는 경우 또는 이유의 어느 부분이 명확하지 아니하여 법원이 어

1) 대판 1995. 3. 3. 92다55770.

떻게 사실을 인정하고 법규를 해석·적용하여 주문에 이르렀는지가 불명확한 경우를 일컫는 것이다.

▶ 대법원 2021. 2. 4. 선고 2020다259506 판결

민사소송법 제208조 제2항의 규정에도 불구하고 제1심이 공시송달 판결을 하는 경우에는 판결서의 이유에 청구를 특정함에 필요한 사항과 같은 법 제216조 제2항의 판단에 관한 사항만을 간략하게 표시할 수 있다(제208조 제3항 제3호). 한편 항소심의 소송절차에는 제1심의 소송절차에 관한 규정을 준용하지만, 제208조 제3항 제3호를 준용하는 규정은 별도로 두고 있지 않다. 오히려 항소심이 판결이유를 적을 때에는 제1심판결을 인용할 수 있지만, 제1심판결이 민사소송법 제208조 제3항 제3호에 따라 작성된 경우에는 이를 인용할 수 없다(민사소송법 제420조). 위와 같은 규정들의 내용과 그 취지를 종합하면, 공시송달 판결을 하는 경우 제1심은 민사소송법 제208조 제3항 제3호에 따라 판결서의 이유에 청구를 특정함에 필요한 사항과 같은 법 제216조 제2항의 판단에 관한 사항만을 간략하게 표시할 수 있지만, 당사자의 불복신청 범위에서 제1심판결의 당부를 판단하는 항소심은 그와 같이 간략하게 표시할 수 없고, 같은 법 제208조 제2항에 따라 주문이 정당하다는 것을 인정할 수 있을 정도로 당사자의 주장과 그 밖의 공격·방어방법에 관한 판단을 표시하여야 한다.

|註| 항소심에서 공시송달 판결을 하는 경우 제208조 제3항 제3호에 따라 판결이유에 청구를 특정함에 필요한 사항과 상계항변의 기판력에 관한 사항(216조 2항)만을 간략하게 표시해서는 안 되고, 그와 같이 표시한 경우에는 판결서에 이유의 기재가 누락되거나 불명확한 경우에 해당하여 상고이유가 된다는 판결이다.

2. 이유모순

▶ 대법원 1980. 7. 8. 선고 80다597 판결

원심이 손해배상책임의 발생 및 원고 자신의 과실유무와 그 정도에 관하여는 민사소송법 제390조(현행 420조)에 의하여 제1심판결 기재 이유를 그대로 인용한다고 한 경우에는 과실상계를 할 기초사실은 물론 가해자와 피해자의 과실의 비율까지도 제1심이 판단하는 바와 같다고 하여 이를 인용한 취지라고 볼 수가

있음에도 불구하고 원심이 합리적인 사유를 설시함도 없이 제1심이 인정한 것보다 원고의 과실정도를 무겁게 다루어 이에 따라 과실상계를 하였음은 이유에 모순이 있다고 할 것이다.

|註| 이유모순 사례 (1) 판결이유에서 자동차사고로 피고들이 원고에게 배상할 총액은 870만 원이라고 확정한 다음 위 돈에 대하여 버스운전사인 피고 甲은 870만 원을, 버스소유자인 피고 乙은 상계항변이 인정된 350만 원을 공제한 520만 원을 공동하여 지급할 의무가 있다고 하였으나 판결주문에서는 "원고에게 피고 乙은 520만 원을, 피고 甲은 870만 원을 각 지급하라"고 명하였다면, 위 판결은 그 이유에서는 피고들이 원고에게 지급할 총액을 870만 원으로 확정하고서 주문에서는 피고 甲과 피고 乙에게 각 지급을 명한 금액의 합계인 1,390만 원의 지급을 명한 결과가 되므로, 이러한 판결에는 이유와 주문 사이에 모순이 있는 것이다.[1)]
(2) 과세처분의 적법 여부를 판정하기 위한 기준으로서의 정당한 세액을 판시함에 있어 원판결이유 중 본문과 원판결에 첨부된 별지 세액산출근거표에 각 기재된 세액이 다르게 설시되었다면 이유모순의 위법이 있다.[2)]

제 3. 그 밖의 상고이유 — 재심사유

재심사유도 상소에 의하여 주장할 수 있기 때문에(451조 1항 단서) 비록 절대적 상고이유에 포함되어 있지 아니하여도 법령위배로서 상고이유가 된다. '판결에 영향을 미칠 중요한 사항에 관하여 판단을 누락한 때'(451조 1항 9호)도 상고이유가 되나, 판단누락이 있더라도 그 주장이 배척될 것임이 명백한 때에는 판결결과에 영향이 없으므로 파기사유가 될 수 없다.[3)]

◆ 대법원 2001. 1. 16. 선고 2000다41349 판결
민사소송법 제451조 제1항 각호 소정의 재심사유를 상고이유로 삼을 수 있다고 할 것이나, 그 재심사유는 당해 사건에 대한 것이어야 하고, 당해 사건과 관련한 다른 사건에 재심사유가 존재한다는 점을 들어 당해 사건의 상고이유로 삼을 수는 없다.

1) 대판 1984. 6. 26. 84다카88, 89.
2) 대판 1989. 1. 17. 88누674.
3) 대판 2002. 12. 26. 2002다56116(반사회질서 행위로서 무효라는 주장에 관하여 판단하지 않았으나 이를 인정할 증거가 없는 경우); 대판 2012. 4. 26. 2011다87174.

▶ 대법원 1991. 11. 12. 선고 91다25727 판결

제권판결로 말미암아 어음의 효력이 상실되었다는 이유로 약속어음금청구를 기각한 원심판결이 선고된 후에 그 제권판결을 취소하고 어음에 대한 공시최고 신청을 기각하는 내용의 판결이 선고되어 확정되었다면 원심판결에는 민사소송법 제422조(현행 451조) 제1항 제8호가 규정하고 있는 재심사유인 "판결의 기초로 된 민사나 형사의 판결 기타의 재판 또는 행정처분이 다른 재판이나 행정처분에 의하여 변경된 때"에 해당하는 위법이 있다고 볼 수밖에 없고, 같은 법 제422조(현행 451조) 제1항 단서의 규정내용 등에 비추어 볼 때 이러한 위법은 상고이유가 되는 것이다.

▶ 대법원 1990. 12. 21. 선고 90다카22056 판결

소송당사자의 존재는 소송요건으로서 법원의 직권조사사항이므로 이에 관한 당사자의 주장은 직권발동을 촉구하는 의미밖에 없어 이에 대하여 판단하지 아니하였다 하더라도 판단유탈의 상고이유로 삼을 수 없다.

▶ 대법원 2012. 4. 26. 선고 2011다87174 판결

법원의 판결에 당사자가 주장한 사항에 대한 구체적· 직접적인 판단이 표시되어 있지 않더라도 판결 이유의 전반적인 취지에 비추어 그 주장을 인용하거나 배척하였음을 알 수 있는 정도라면 판단누락이라고 할 수 없고, 설령 실제로 판단을 하지 아니하였다고 하더라도 그 주장이 배척될 경우임이 분명한 때에는 판결 결과에 영향이 없어 판단누락의 위법이 있다고 할 수 없다.

제 3 절 상고심의 절차

상고심은 ① 상고장 제출(상고인) → ② 상고장 심사(항소심 재판장) → ③ 소송기록 접수 통지(상고심법원) → ④ 상고이유서 제출(상고인) → ⑤ 상고이유서 송달(상고심법원) → ⑥ 답변서 제출(피상고인) → ⑦ 상고요건·심리불속행사유 심사(상고심법원) → ⑧ 상고이유의 심리(상고심법원) 순서로 진행된다.

제 1. 상고의 제기

Ⅰ. 상고이유서의 제출

상고인은 소송기록접수 통지(426조)를 받은 날로부터 20일 이내에 상고이유서를 제출하여야 한다(427조). 상고인이 위 기간 내에 상고이유서를 제출하지 않으면 상고심법원은 변론 없이 판결로 사건을 기각하여야 한다(429조 본문).

▶ 대법원 1981. 1. 28.자 81사2 결정

상고이유서 제출기간은 불변기간이 아니므로 추완신청의 대상이 될 수 없다.

|註| 상고이유서 제출기간은 불변기간이 아니므로 추완신청(173조)의 대상이 될 수 없는 반면, 기간 신장(늘림)의 대상이 될 수 있다. 헌법재판소는 기간의 신장이 가능하다는 점 등을 들어 상고이유서제출기간을 20일로 한 것이 헌법에 위반되지 않는다고 하였다.[1]

▶ 대법원 1998. 3. 27. 선고 97다55126 판결

[1] 상고법원은 상고이유에 의하여 불복신청한 한도 내에서만 조사·판단할 수 있으므로, 상고이유서에는 상고이유를 특정하여 원심판결의 어떤 점이 법령에 어떻게 위반되었는지에 관하여 구체적이고도 명시적인 이유의 설시가 있어야 한다.

[2] 원심판결이 대법원의 판례와 상반됨을 주장하는 때에는 그 판례를 구체적으로 명시하여야 한다.

[3] 상고이유서 제출기간이 지난 후에 제출된 상고이유보충서에 기재된 상고이유는 그것이 기간 내에 제출된 상고이유서에서 이미 개진된 상고이유를 보충한 것이거나 직권조사사항에 관한 것이 아닌 새로운 주장을 포함하고 있을 때에는 그 새로운 주장은 적법한 상고이유로 삼을 수 없다.

|註| 1. 사실관계와 법원의 판단 甲은 상고를 하면서 상고장에는 상고이유를 기재하지 않았고, 상고이유서에는 원심판결이 “첫째 종중에 관한 법리를 오해하였고, 둘째 법률행위 해석에 관한 법리를 오해하고 대법원판례에 위반한 법

1) 헌재(전) 2008. 10. 30. 2007헌마532.

률행위 해석으로 사실 판단을 그르쳤으며, 셋째 심리미진 및 석명의무를 다하지 아니하고 주장에 대한 판단을 유탈하였고, 넷째 채증법칙을 위반하여 사실을 오인한 위법이 있다"고만 하고 상세한 내용은 상고이유보충서에 의하여 개진하겠다고 적었다. 甲은 그 이후 상고이유서 제출기간 내에 상고이유보충서를 제출하지 않았다. 대법원은 "위와 같은 상고이유서의 기재는 모두가 상고이유를 특정하여 원심판결 중 어떤 부분이 법령에 어떻게 위반되었는지에 관하여 구체적이고 명시적인 근거를 밝히지 아니하였고, 원심의 판단이 어떠한 판례에 위반하는지를 구체적으로 적시하지도 않았으므로 이는 모두 적법한 상고이유의 기재로 볼 수 없다"고 하고, 甲이 "상고이유서 제출기간이 지난 후에 위와 같이 부적법한 상고이유를 보충하는 내용의 상고이유보충서를 제출하였다고 하더라도 그 기재는 적법한 상고이유가 될 수 없다"고 하여 甲의 상고를 기각하였다.

2. 상고이유의 기재방법 (1) 상고이유는 상고장에 기재하거나 상고이유서라는 독립된 서면으로 하여야 하고 다른 서면의 기재내용을 원용할 수 없다.[1)]
(2) 상고이유에서는 법령위배 사유를 구체적이고 명시적으로 적어야 하고, 판례위반을 주장하는 때에는 그 판례를 구체적으로 적어야 한다. 구체적이고도 명시적인 이유의 설시가 없는 때에는 상고이유서를 제출하지 않은 것으로 취급할 수밖에 없다.[2)]
(3) 소액사건의 상고이유서에 소액사건심판법 제3조 각호에 해당하는 상고이유를 구체적으로 명시하지 않고 그 밖의 사유만을 기재한 때에는 소정기간 내에 상고이유서를 제출하지 아니한 것으로 된다.[3)]

3. 상고이유서 제출기간 도과 후에 제출된 상고이유 상고이유서 제출기간 도과 후에 제출된 상고이유는 상고심법원의 판단대상이 아니다. 다만, 기간 내에 제출한 상고이유를 보충하는 것인 경우, 기간 도과 후에 새로운 상고이유가 생긴 경우(예컨대, 재심사유), 직권조사사항을 주장하는 경우는 상고이유서 제출

1) 대판 1991. 10. 11. 91다22278("원고가 1심 이래 원심에서 주장하여 온 원인을 상고이유로 원용한다는 기재만으로는 적법한 상고이유의 제출이 있었다고 할 수 없다"); 대판 2008. 2. 28. 2007다52287 등.
2) 대판 2001. 3. 23. 2000다29356, 29363; 대판 1999. 4. 23. 98다41377; 대판 2017. 5. 31. 2017다216981 등.
3) 대판 1981. 9. 22. 81다658.

기간 도과 후라도 제출할 수 있다.

▶ **대법원 2000. 10. 13. 선고 99다18725 판결**
매매예약완결권의 제척기간이 도과하였는지 여부는 소위 직권조사사항으로서 이에 대한 당사자의 주장이 없더라도 법원이 당연히 직권으로 조사하여 재판에 고려하여야 하므로, 상고법원은 매매예약완결권이 제척기간 도과로 인하여 소멸되었다는 주장이 적법한 상고이유서 제출기간 경과 후에 주장되었다 할지라도 이를 판단하여야 한다.

Ⅱ. 부대상고

부대항소와 같이 피상고인은 상고에 부대하여 원판결을 자기에게 유리하게 변경할 것을 신청할 수 있다. 다만 법률심인 상고심에서는 소의 변경이나 반소가 허용되지 않으므로 부대항소와 달리 전부승소자는 부대상고를 할 수 없다. 또한 부대상고의 제기와 그 상고이유서의 제출은 본상고이유서제출기간 내에 하여야 한다는 것이 판례이다. 피상고인이 상고이유서 제출기간 내에 부대상고장을 제출하였더라도 부대상고장에 부대상고이유의 기재가 없고 부대상고이유서가 상고이유서 제출기간 경과 후에 제출되었다면 그 부대상고는 기각되어야 한다.[1)]

▶ **대법원 1993. 12. 28. 선고 93다50680 판결**
상고심이 법률심인 점에 비추어 보면 제1심에서 자기의 청구가 기각되었는데도 이에 대한 항소나 부대항소를 하지 않았다가 항소심에서 상대방의 항소를 기각하는 판결이 선고된 경우에는 제1심에서 기각된 청구의 인용을 구하는 것이라 하더라도 부대상고를 제기할 수 없다.

|註| 甲이 乙을 상대로 1,000만 원의 손해배상금을 구하는 소를 제기하여 제1심에서 300만 원의 지급을 명하는 판결이 선고되었고, 이후 乙만이 항소하여 항소기각판결이 선고되었는데, 이에 乙이 상고하자 甲이 제1심에서의 패소부분인 700만 원 부분에 대한 항소심판결의 취소를 구하면서 부대상고를 한 사안이다.

1) 대판 1997. 10. 10. 95다46265.

▶ 대법원 2001. 3. 23. 선고 2000다30165 판결

부대상고를 제기할 수 있는 시한은 항소심에서의 변론종결시에 대응하는 상고이유서 제출기간 만료시까지라고 보아야 한다.

제 2. 상고심의 본안심리

Ⅰ. 심리의 범위

상고법원은 상고이유에 따라 불복신청의 한도 안에서 심리한다(431조). 다만, 법원이 직권으로 조사하여야 할 사항에 대하여는 그러하지 아니하다(434조).

▶ 대법원 1960. 9. 22. 선고 4293민상104, 105 판결

상고법원은 상고이유에 의하여 불복신청이 있는 한도에서만 조사하는 것으로서 상고심으로서는 상고인의 불복신청한도에서만 조사를 하고 또한 그 조사하는 사유에 있어서도 원칙적으로 상고이유서에 기재된 사유에 한하여 조사하게 되므로 원판결 중 불복신청이 없는 부분과 상고이유가 없다는 이유로 파기되지 않은 부분 및 파기자판으로서 사건이 완결된 부분은 상고심판결의 선고와 동시에 확정되고, 다만 상고심에서 원판결을 파기하여 원심에 환송 또는 이송한 부분만이 소송절차가 계속하게 되는 것이다.

▶ 대법원 1980. 11. 11. 선고 80다284 판결

상고법원은 직권으로 조사할 사항에 대하여는 불복신청이 없는 부분에 관해서도 항소심판결을 파기환송할 수 있다.

Ⅱ. 소송자료

상고심은 법률심이므로 직권조사사항을 제외하고는 새로운 소송자료의 수집과 사실확정을 할 수 없다. 원심판결이 적법하게 확정한 사실은 상고법원을 기속한다(432조).

▶ 대법원 1967. 10. 4. 선고 67다780 판결

법원이 직권상 조사할 사항이 아닌 한 당사자는 항소심에서 제출하지 아니한 사항에 관하여 상고심에 이르러 이를 기초로 하여 원판결을 비난할 수 없는 것이며, 또한 상고심은 민사소송법 제402조(현행 432조)에 의하여 원판결에서 적법히 확정한 사실에 대하여서는 상고심을 기속하는 결과 원심에서 주장하지 아니한 사실, 또는 원판결에서 확정한 사실과 저촉되는 사실에 대하여 심리판단할 수 없는 것이다.

▶ 대법원 2000. 6. 9. 선고 98다54397 판결

불법행위에 있어서 과실상계는 공평 내지 신의칙의 견지에서 손해배상액을 정함에 있어 피해자의 과실을 참작하는 것으로 그 적용에 있어서는 가해자와 피해자의 고의·과실의 정도, 위법행위의 발생 및 손해의 확대에 관하여 어느 정도의 원인이 되어 있는가 등의 제반 사정을 고려하여 배상액의 범위를 정하는 것이나, 그 과실상계 사유에 관한 사실인정이나 그 비율을 정하는 것은 그것이 형평의 원칙에 비추어 현저히 불합리하다고 인정되지 않는 한 사실심의 전권사항에 속한다.

▶ 대법원 2017. 8. 18. 선고 2017다228762 판결

손해배상 예정액을 감액하기 위한 요건인 '부당성'은 채권자와 채무자의 지위, 계약의 목적과 내용, 손해배상액을 예정한 동기, 채무액에 대한 예정액의 비율, 예상 손해액의 크기, 당시의 거래관행 등 모든 사정을 참작하여 일반 사회관념에 비추어 예정액의 지급이 경제적 약자의 지위에 있는 채무자에게 부당한 압박을 가하여 공정성을 잃는 결과를 초래하는 경우에 인정된다. 특히 금전채무의 불이행에 대하여 손해배상액을 예정한 경우에는 위에서 든 고려요소 이외에 통상적인 연체금리도 고려하여야 한다. 이와 같이 손해배상의 예정액이 부당한지 여부나 그에 대한 적당한 감액의 범위를 판단하는 기준 시점은 법원이 구체적으로 판단을 하는 때, 즉 사실심의 변론종결 당시이다. 이때 감액사유에 대한 사실인정이나 비율을 정하는 것은 원칙적으로 사실심의 전권에 속하는 사항이지만, 그것이 형평의 원칙에 비추어 현저히 불합리하다고 인정되는 경우에는 위법한 것으로서 허용되지 않는다.

▶ 대법원 1991. 10. 8. 선고 89누7801 판결

상고심은 법률심이므로 사실에 관한 주장을 전제로 하는 당사자의 추가 또는 변경이나 청구취지 및 청구원인의 정정신청은 허용되지 않는다.

▶ 대법원 1998. 1. 23. 선고 97다38305 판결

법률심인 상고심에 이르러서는 원심에서 한 자백을 취소할 수 없다.

◆ 대법원 2006. 10. 13. 선고 2004두10227 판결(同 대법원 2011. 5. 13. 선고 2009다94384, 94391, 94407 판결)

소송에서 다투어지고 있는 권리 또는 법률관계의 존부가 동일한 당사자 사이의 전소에서 이미 다투어져 이에 관한 확정판결이 있는 경우에 당사자는 이에 저촉되는 주장을 할 수 없고, 법원도 이에 저촉되는 판단을 할 수 없음은 물론, 위와 같은 확정판결의 존부는 직권조사사항이어서 당사자의 주장이 없더라도 법원이 이를 직권으로 조사하여 판단하지 않으면 아니 되고, 당사자는 확정판결의 존재를 사실심 변론종결 시까지 주장하지 아니하였다 하더라도 상고심에서 새로이 이를 주장·증명할 수 있는 것이다.

제 3. 상고심의 종료

Ⅰ. 상고각하 판결

상고요건에 흠이 있는 때에는 상고법원은 판결로써 상고를 각하한다(425조, 413조). 사망한 사람을 당사자로 한 상고, 항소심이 판결을 한 바 없는 부분(항소심판결의 심판대상이 아닌 부분)에 대한 상고 등이 여기에 해당한다.

▶ 대법원 1990. 12. 21. 선고 90다카24496 판결

제1심판결에 대하여 피고만이 항소하고 원고는 항소나 부대항소를 하지 않고 있다가 원심판결이 피고의 항소를 기각하자 원고가 상고한 경우 원고의 상고는 상고의 이익이 없는 때에 해당하여 부적법한 것으로서 그 흠결을 보정할 수 없는 것이므로 원고의 상고이유에 대하여는 판단할 필요도 없이 원고의 상고를 각하할 수밖에 없다.

▶ 대법원 2013. 6. 28. 선고 2011다83110 판결

1개의 청구의 일부를 인용하는 제1심판결에 대하여 피고만이 항소하면서 그 불복범위를 그 청구 인용금액의 일부로 한정한 경우, 제1심판결의 심판대상이었던 청구 전부가 불가분적으로 항소심에 이심되지만, 항소심의 심판범위는 이심된 부분 가운데 피고가 불복신청한 한도로 제한되고 이와 같이 피고가 불복신청하지 아니하여 항소심의 심판범위에 속하지 아니한 부분은 항소심이 판결을 한 바 없어 상고대상이 될 수 없으므로, 피고는 그 부분에 관하여 상고를 제기할 수 없다.

Ⅱ. 상고기각 판결

상고가 이유 없다고 인정할 때에는 상고기각의 본안판결을 하여야 한다(425조, 414조 1항). 상고이유대로 원판결이 부당하다고 하더라도 다른 이유에 의하여 결과적으로 정당하다고 인정되면 상고기각을 하여야 한다(425조, 414조 2항).

Ⅲ. 상고인용 판결

상고법원은 상고가 이유 있다고 인정할 때에는 원판결을 파기하여야 한다. 파기 후에는 사건을 원심법원에 환송하거나 동등한 다른 법원에 이송함이 원칙이나(436조), 일정한 경우에는 스스로 종국판결을 하여야 한다(437조).

1. 파기환송(이송)

상고법원이 원판결을 파기하는 경우에는 새로 사실심리가 필요한 경우가 많으므로 사건을 환송 또는 이송(원심법원이 제척 등의 이유로 항소심을 구성할 수 없는 경우)하는 것이 원칙이다.

(1) 환송 후의 심리절차

(a) 환송(이송)판결이 선고되면 사건은 환송받은 법원에 계속된다. 환송받은 법원은 다시 변론을 열어서 심판하여야 한다(436조 2항 전문). 환송 후의 항소심은 환송 전의 종전 변론을 재개하여 속행하는 것에 지나지 않는다.

◆ 대법원 2014. 6. 12. 선고 2014다11376, 11383 판결(동 대법원 1982. 9. 28. 선고 81다카934 판결)

[1] 원고의 본소청구 및 피고의 반소청구가 각 일부 인용된 환송 전 원심판결에 대하여 피고만이 상고하고 상고심은 이 상고를 받아들여 원심판결 중 본소 및 반소에 관한 각 피고패소 부분을 파기환송했다면 피고패소 부분만이 각 상고되었으므로 위 상고심에서의 심리대상은 이 부분에 국한되었고, 환송되는 사건의 범위, 다시 말하자면 환송 후 원심의 심판 범위도 환송 전 원심에서 피고가 각 패소한 부분에 한정되는 것이 원칙이고, 환송 전 원심판결 중 본소에 관한 원고패소 부분과 반소에 관한 피고승소 부분은 각 확정되었다고 할 것이므로 환송 후 원심으로서는 이에 대하여 심리할 수 없다.

[2] 그러나 환송 후 원심의 소송절차는 환송 전 항소심의 속행이므로 당사자는 원칙적으로 새로운 사실과 증거를 제출할 수 있음은 물론 소의 변경, 부대항소의 제기뿐만 아니라 청구의 확장 등 그 심급에서 허용되는 모든 소송행위를 할 수 있고, 이러한 이유로 환송 전의 판결보다 상고인에게 불리한 결과가 생기는 것은 불가피하다.

▶ 대법원 1963. 1. 31. 선고 62다792 판결

사건이 상고심에서 항소심으로 파기환송된 경우에는 환송 전의 항소심에서 소송대리권을 가졌던 소송대리인의 대리권은 부활된다.

|註| 환송판결은 종국판결인 점, 본인과 대리인 사이의 신뢰관계가 이미 파괴된 점 등을 근거로 대리권이 부활하지 않는다고 보는 것이 다수설(이시윤, 정동윤·유병현·김경욱)이나, 판례와 같이 환송 전 항소심의 소송대리인은 사실관계에 정통하고 있고 본인은 대리인을 언제라도 해임할 수 있다는 점에서 대리권이 부활한다고 보는 견해(전병서, 강현중)도 있다.

(b) 환송 후 항소심의 심판대상은 원심판결 중 파기되어 환송된 부분에 한한다. 그러므로 ① 상고가 기각된 부분, ② 상고심이 파기자판한 부분, ③ 상고로 불복신청이 없었던 부분은 환송 후 항소심의 심판대상에서 제외된다.

◆ 대법원 2013. 2. 28. 선고 2011다31706 판결(동 대법원 1998. 4. 14. 선고 96다2187 판결 등)

원고의 청구가 일부 인용된 환송 전 원심판결에 대하여 피고만이 상고하고 상

고심은 이 상고를 받아들여 원심판결 중 피고 패소 부분을 파기환송하였다면 피고 패소 부분만이 상고되었으므로 위의 상고심에서의 심리대상은 이 부분에 국한되었으며, 환송되는 사건의 범위, 다시 말하자면 환송 후 원심의 심판범위도 환송 전 원심에서 피고가 패소한 부분에 한정되는 것이 원칙이고, 환송 전 원심판결 중 원고 패소 부분은 확정되었다 할 것이므로 환송 후 원심으로서는 이에 대하여 심리할 수 없다. 그러나 환송 후 원심의 소송절차는 환송 전 항소심의 속행이므로 당사자는 원칙적으로 새로운 사실과 증거를 제출할 수 있음은 물론, 소의 변경, 부대항소의 제기뿐만 아니라 청구의 확장 등 그 심급에서 허용되는 모든 소송행위를 할 수 있고, 이때 소를 교환적으로 변경하면, 제1심판결은 소취하로 실효되고 항소심의 심판대상은 교환된 청구에 대한 새로운 소송으로 바뀌어 항소심은 사실상 제1심으로 재판하는 것이 된다.

|註| 1. 사실관계와 법원의 판단　甲은 乙 회사를 상대로 부당이득금 15억 원의 반환을 구하는 소를 제기하여 항소심에서 10억 원의 지급을 명하는 일부승소판결을 받았고, 이에 대하여 乙만이 그 패소 부분에 대하여 상고하였다. 상고심은 항소심 계속 중에 乙이 파산선고를 받은 사실을 파악하고는 乙 패소 부분을 파기환송하였다. 甲은 환송 후 항소심에서 종전과 청구원인과 청구금액을 같이하면서 파산채권확정의 소로 청구를 교환적으로 변경하였다. 환송 후 항소심은 12억 원의 부당이득반환채무가 있다고 판단하여 12억 원의 파산채권을 확정하였다. 재상고심에서 대법원은, 판결요지의 법리에 의하여 환송 전 항소심판결 중 5억 원 부분은 甲 패소로 확정되었지만 환송 후 항소심에서 청구가 교환적으로 변경되었으므로 그 전체가 심판의 대상이 되었다고 하면서도, 다만 환송 후 항소심에서의 청구변경은 파산절차의 개시라는 특수한 상황에서 그 청구취지만을 이행소송에서 확인소송으로 변경한 것이어서 청구변경 전후의 소송물이 실질적으로 동일하므로 환송 후 항소심은 환송 전 항소심에서 인용된 금액을 초과하여 甲의 청구를 인용할 수 없다고 하면서 환송 후 항소심판결 중 10억 원을 초과하는 부분을 파기하고 이 부분 청구를 기각하였다.

2. 판결의 취지　원고의 청구가 일부 인용된 환송 전 항소심판결에 대하여 피고만이 상고하여 상고심에서 피고 패소 부분을 파기환송한 경우, 환송 전 항

소심판결 중 상고가 제기되지 않은 원고 패소 부분은 이미 확정되어 환송 후 항소심은 이를 심리할 수 없으나, 원고가 소를 교환적으로 변경한 경우에는 제1심판결은 소취하로 실효되고 환송심의 심판대상은 교환된 청구에 대한 새로운 소송으로 바뀐다고 한 판결이다. 다만, 파산절차의 개시에 따라 이행청구를 파산채권확정의 소로 변경한 것에 불과한 경우에는 청구변경 전후의 소송물이 실질적으로 동일하므로 청구의 교환적 변경에도 불구하고 청구변경이 없는 경우와 같이 처리하여야 한다고 한 것이다.

▶ 대법원 1970. 3. 24. 선고 67무6 판결

본래적 청구를 인용한 원심판결이 피고의 상고에 의하여 파기환송된 때에는 본래적 청구와 예비적 청구가 모두 원심에 계속된다.

|註| 주위적 청구기각, 예비적 청구인용의 항소심판결에 대하여 피고만이 상고한 경우 파기환송되었다면 예비적 청구 부분만이 환송 후 항소심의 심판대상이 되고 주위적 청구 부분은 그 심판대상이 아니다.

(c) **원심판결에 관여한 판사는 환송 후 항소심판결에 관여하지 못한다**(436조 3항).

▶ 대법원 1966. 9. 27. 선고 66누97 판결

판사 甲은 환송 전 원심의 갱신 전 변론에 관여하였을 뿐이고, 그 판결의 기본되는 변론이나 판결성립에 관여한 바 없음이 기록에 의하여 분명하므로 판사 甲이 환송 후 원심판결에 관여하였다 하여도 민사소송법 제406조(현행 436조) 제3항에 저촉될 바 없다고 본다.

▶ 대법원 1973. 11. 27. 선고 73다763 판결

민사소송법 제406조(현행 436조) 제3항의 "원심판결에 관여한 판사"라 함은 파기된 원심판결 자체만을 가리키는 것이고, 그 이전에 파기된 원심판결까지 포함하는 취지는 아니다.

(2) 환송판결의 기속력

(a) **의의**

환송(이송)**받은 법원이 다시 심판을 하는 경우에는 상고법원이 파기의 이유로 한 법률상 및 사실상의 판단에 기속된다**(436조 2항 후문).

◆ 대법원 2001. 3. 15. 선고 98두15597 전원합의체 판결

상고심으로부터 사건을 환송받은 법원은 그 사건을 재판함에 있어서 상고법원이 파기이유로 한 사실상 및 법률상의 판단에 대하여, 환송 후의 심리과정에서 새로운 주장이나 입증이 제출되어 기속적 판단의 기초가 된 사실관계에 변동이 생기지 아니하는 한 이에 기속을 받는다고 할 것이다. 따라서 환송 후 원심판결이 환송 전후를 통하여 사실관계에 아무런 변동이 없음에도 불구하고 환송판결이 파기이유로 한 법률상의 판단에 반하는 판단을 한 것은 일응 환송판결의 기속력에 관한 법리를 오해한 위법을 저지른 것이라고 아니할 수 없다. 그런데 행정소송법 제8조 제2항에 의하여 행정소송에 준용되는 민사소송법 제406조(현행 436조) 제2항이, 사건을 환송받은 법원은 상고법원이 파기이유로 한 법률상의 판단 등에 기속을 받는다고 규정하고 있는 취지는, 사건을 환송받은 법원이 자신의 견해가 상고법원의 그것과 다르다는 이유로 이에 따르지 아니하고 다른 견해를 취하는 것을 허용한다면 법령의 해석적용의 통일이라는 상고법원의 임무가 유명무실하게 되고, 사건이 하급심법원과 상고법원 사이를 여러 차례 왕복할 수밖에 없게 되어 분쟁의 종국적 해결이 지연되거나 불가능하게 되며, 나아가 심급제도 자체가 무의미하게 되는 결과를 초래하게 될 것이므로, 이를 방지함으로써 법령의 해석적용의 통일을 기하고 심급제도를 유지하며 당사자의 법률관계의 안정과 소송경제를 도모하고자 하는 데 있다고 할 수 있다. 따라서 위와 같은 환송판결의 하급심법원에 대한 기속력을 절차적으로 담보하고 그 취지를 관철하기 위하여서는 원칙적으로 하급심법원뿐만 아니라 상고법원 자신도 동일 사건의 재상고심에서 환송판결의 법률상 판단에 기속된다고 할 것이다. 그러나 한편, 대법원은 법령의 정당한 해석적용과 그 통일을 주된 임무로 하는 최고법원이고, 대법원의 전원합의체는 종전에 대법원에서 판시한 법령의 해석적용에 관한 의견을 스스로 변경할 수 있는 것인바(법원조직법 7조 1항 3호), 환송판결이 파기이유로 한 법률상 판단도 여기에서 말하는 '대법원에서 판시한 법령의 해석적용에 관한 의견'에 포함되는 것이므로 대법원의 전원합의체가 종전의 환송판결의 법률상 판단을 변경할 필요가 있다고 인정하는 경우에는, 그에 기속되지 아니하고 통상적인 법령의 해석적용에 관한 의견의 변경절차에 따라 이를 변경할 수 있다고 보아야 할 것이다. 환송판결이 한 법률상의 판단을 변경할 필요가 있

음에도 불구하고 대법원의 전원합의체까지 이에 기속되어야 한다면, 그것은 전원합의체의 권능 행사를 통하여 법령의 올바른 해석적용과 그 통일을 기하고 무엇이 정당한 법인가를 선언함으로써 사법적 정의를 실현하여야 할 임무가 있는 대법원이 자신의 책무를 스스로 포기하는 셈이 될 것이고, 그로 인하여 하급심법원을 비롯한 사법 전체가 심각한 혼란과 불안정에 빠질 수도 있을 것이며 소송경제에도 반하게 될 것임이 분명하다. 그리고 이와 같은 환송판결의 자기기속력의 부정은 법령의 해석적용에 관한 의견변경의 권능을 가진 대법원의 전원합의체에게만 그 권한이 주어지는 것이므로 그로 인하여 사건이 대법원과 원심법원을 여러 차례 왕복함으로써 사건의 종국적 해결이 지연될 위험도 없다고 할 것이다.

|註| 환송판결의 기속력은 환송 후 항소심과 그에 대한 상고심(재상고심)에도 미치지만 재상고심의 전원합의체에까지 미치지는 않는다고 한 판결이다.

(b) **환송 후 항소심을 기속하는 '사실상의 판단'**

◆ 대법원 2012. 1. 12. 선고 2010다87757 판결(同 대법원 1996. 9. 20. 선고 96다6936 판결)

민사소송법 규정에 의한 파기환송판결의 기속력이라 함은 사건을 환송받은 법원은 상고법원이 파기의 이유로 삼은 사실상 및 법률상 판단에 기속된다는 것으로서, 여기에서 '파기이유로 삼은 사실상의 판단'이란 상고법원이 절차상의 직권조사사항에 관하여 한 사실상의 판단을 말하고 본안에 관한 사실판단을 말하는 것이 아니며, 환송을 받은 법원은 변론을 거쳐 새로운 증거나 보강된 증거에 의하여 본안의 쟁점에 관하여 새로운 사실인정을 할 수 있는 것이므로, 그 심리과정에서 당사자의 주장·증명이 새로이 제출되거나 또는 보강되어 상고법원의 기속적 판단의 기초가 된 사실관계에 변동이 생긴 때에는 환송판결의 기속력은 미치지 않는다.

(c) **환송 후 항소심을 기속하는 '법률상의 판단'**

◆ 대법원 2012. 3. 29. 선고 2011다106136 판결(同 대법원 1991. 10. 25. 선고 90누7890 판결)

민사소송법 제436조 제2항에 의하여 환송받은 법원이 기속되는 '상고법원이 파기이유로 한 법률상 판단'에는 상고법원이 명시적으로 설시한 법률상 판단뿐 아니라 명시적으로 설시하지 아니하였더라도 파기이유로 한 부분과 논리적·필연적 관계가 있어서 상고법원이 파기이유의 전제로서 당연히 판단하였다고 볼 수 있는 법률상 판단도 포함되는 것으로 보아야 한다.

> **|註|** 환송 전 항소심이 甲이 乙 등에게 부동산을 명의신탁하였고, 그 후 丙이 위 부동산을 증여받았음을 원인으로 하여 구 임야소유권 이전등기에 관한 특별조치법(이하 '구 특조법')에 따라 소유권이전등기를 마친 사실 등을 인정한 다음, 위 증여에 대하여는 구 특조법이 적용되지 않음을 전제로 丙 명의 등기의 추정력이 깨어졌으므로 甲은 乙 등에 대한 명의신탁을 해지하고 乙 등 또는 그 상속인을 대위하여 위 부동산에 경료된 등기의 말소를 청구할 수 있다는 취지로 판단하였고, 이에 대하여 환송판결이 丙이 등기원인으로 내세웠던 사실에 대하여도 구 특조법이 적용된다는 이유로 환송 전 항소심판결을 파기환송하였는데, 환송 후 항소심이 甲이 부동산을 乙 등에게 명의신탁하였음을 인정할 증거가 없다는 이유로 甲의 소를 각하한 사안에서, 채권자대위소송에서 대위에 의하여 보전될 채권자의 채무자에 대한 권리(피보전채권)가 존재하는지는 소송요건으로서 법원의 직권조사사항이므로, 환송판결이 구 특조법에 의하여 경료된 등기의 추정력이 번복되는 경우인지에 관해서만 판단하였더라도, 그 판단은 甲이 乙 등 또는 그 상속인에 대하여 명의신탁 해지에 따른 이전등기청구권을 가지고 이를 피보전채권으로 하여 乙 등 또는 그 상속인을 대위할 수 있어 소송요건을 구비하였다는 판단을 당연한 논리적 전제로 하고 있으므로, 환송판결의 기속력은 甲의 청구가 소송요건을 구비한 적법한 것이라는 판단에 대하여도 미침에도, 환송 후 항소심이 甲의 청구가 소송요건을 구비하지 못한 부적법한 소라고 본 것은 환송판결의 기속력에 반하여 위법하다고 한 사례이다.

▶ 대법원 1997. 4. 25. 선고 97다904 판결

상고법원으로부터 사건을 환송받은 법원은 그 사건을 다시 재판함에 있어서 상고법원이 파기이유로 한 사실상 및 법률상의 판단에 기속을 받는 것이나, 환송판결의 기속력은 파기이유와 논리적·필연적 관계가 없는 부분에 대하여도 미치는 것은 아니라 할 것이므로, 환송 후 원심이 환송판결에서 파기이유로 하지 않은 부분에서 부수적으로 지적한 시효이익의 포기의 점에 대하여 더 심리를 하지 않고, 환송 전 원심판결과 같은 판단을 하였다고 하더라도 위법하다고 할 수는 없다.

▶ 대법원 1996. 1. 26. 선고 95다12828 판결

상고법원으로부터 사건을 환송받은 법원은 그 사건을 다시 재판함에 있어서 상고법원이 파기이유로 한 사실상과 법률상의 판단에 기속을 받는 것이나, 환송 후의 심리과정에서 새로운 주장·입증이 제출되어 기속적 판단의 기초가 된 사

실관계에 변동이 생긴 때에는 그 기속력은 미치지 아니하고, 환송판결의 하급심에 대한 법률상 판단의 기속력은 그 파기의 이유로서 원심판결의 판단이 정당치 못하다는 소극적인 면에서만 발생하는 것이고, 하급심은 파기의 이유로 된 잘못된 견해만 피하면 다른 가능한 견해에 의하여 환송 전의 판결과 동일한 결론을 가져온다고 하여도 환송판결의 기속을 받지 아니한 위법을 범한 것이라 할 수 없다.

2. 파기자판

상고법원은 ① 확정된 사실에 대하여 법령적용이 어긋난다 하여 판결을 파기하는 경우에 사건이 그 사실을 바탕으로 재판하기 충분한 때, ② 사건이 법원의 권한에 속하지 아니한다 하여 판결을 파기하는 때에는 사건에 대하여 종국판결(자판)을 하여야 한다(437조). 대법원은 위 ②의 경우에 소각하의 파기자판(破棄自判)을 하는 경우가 종종 있었으나, 위 ①의 경우에 본안의 파기자판을 하는 경우는 거의 없었는데 최근 들어 본안판결의 파기자판을 한 예가 나타났다.[1)]

---

1) 대판 2009. 6. 11. 2009다18045; 대판 2010. 7. 22. 2009므1861, 1878 참조.

제4장
항고

항고라 함은 판결 이외의 재판인 결정·명령에 대한 독립의 간이한 상소이다. 간이·신속한 결정절차에 의하는 점과 원심법원이 원심결정을 변경할 기회를 갖는다는 점에서 항소·상고와 차이가 있다. 항고에는 항고제기기간에 제한이 없고 항고의 이익이 있는 한 어느 때나 제기할 수 있는 통상항고와 신속한 해결의 필요에 의하여 1주일의 불변기간 내에 제기할 것을 요하고 그 제기에 의하여 집행정지의 효력이 생기는 즉시항고가 있다. 통상항고가 원칙이며 즉시항고는 법문에 '즉시항고할 수 있다'는 명문이 있는 경우에 예외적으로 허용된다.

제1. 항고의 적용범위

(1) ① 소송절차에 관한 신청을 기각한 결정·명령, ② 결정·명령으로 재판할 수 없는 사항에 대하여 한 결정·명령에 대하여는 항고할 수 있다(439조, 440조). 집행절차에 관한 집행법원의 재판에 대하여는 특별한 규정이 있는 경우에 한하여 즉시항고를 할 수 있고(민사집행법 15조), 보전처분의 이의·취소에 대하여도 즉시항고로 다툴 수 있으며(민사집행법 286조 7항, 297조 5항, 288조 3항, 301조, 307조 2항), 그밖에 법률상 개별적으로 항고(거의 즉시항고)가 허용된 경우가 있다.

▶ 대법원 2018. 3. 7.자 2018그512 결정

재판부의 증거 채택 여부 결정은 소송지휘의 재판이어서 민사소송법이 일반적으로 항고의 대상으로 삼고 있는 민사소송법 제439조의 '소송절차에 관한 신청을 기각한 결정이나 명령'에 해당하지 않고, 이에 대하여 불복할 수 있는 특별규정도 없으므로, 그 결정에 대하여는 항고할 수 없다. 또한 재판부의 증거 채택 여부 결정은 종국판결과 함께 상소심의 심판을 받는 중간적 재판의 성질을 가지므로, 민사소송법 제449조에서 특별항고의 대상으로 정하는 '불복할 수 없는 결정이나 명령'에도 해당하지 않는다.

▶ 대법원 1997. 3. 3.자 97으1 결정

[1] 민사소송법 제234조의2(현행 260조) 소정의 피고경정신청을 기각하는 결정에 불복이 있는 원고는 민사소송법 제409조(현행 439조)의 통상항고를 제기할 수 있으므로 그 결정에 대하여 특별항고를 제기할 수는 없다.

[2] 항고인이 통상항고로 불복할 수 있는 사건인 원심법원의 피고경정신청 기각결정에 대하여 불복하면서 제출한 서면에 '특별항고장', '대법원 귀중'이라고 기재하였더라도 이는 통상항고로 보아야 하므로, 대법원에 기록 송부된 사건을 그 관할법원인 항고법원으로 이송하여야 한다.

(2) **명문상·해석상 불복할 수 없는 재판, 항고 이외의 불복방법이 마련되어 있는 재판, 대법원의 재판, 수명법관·수탁판사의 재판에 대하여는 항고할 수 없다.**

▶ 대법원 1995. 6. 30.자 94다39086, 39093 결정

소장 또는 상소장에 관한 재판장의 인지보정명령은 민사소송법에서 일반적으로 항고의 대상으로 삼고 있는 같은 법 제409조(현행 439조) 소정의 '소송절차에 관한 신청을 기각하는 결정이나 명령'에 해당하지 아니하고 또 이에 대하여 불복할 수 있는 특별규정도 없으므로, 인지보정명령에 대하여는 독립하여 이의신청이나 항고를 할 수 없고, 다만 보정명령에 따른 인지를 보정하지 아니하여 소장이나 상소장이 각하되면 그 각하명령에 대하여 즉시항고로 다툴 수밖에 없다.

▶ 대법원 1989. 9. 7.자 89마694 결정

기일의 지정, 변경 및 속행은 오직 재판장의 권한에 속하는 것이고, 당사자가 신청한 증거로서 법원이 필요 없다고 인정한 것은 조사하지 아니할 수 있는 것이고 이에 대하여 반드시 증거채부의 결정을 하여야 하는 것은 아니므로 법원이 당사자의 증거조사를 위한 속행신청에도 불구하고 변론을 종결하였더라도 종국판결에 대한 불복절차에 의하여 그 판단의 당부를 다툴 수 있는 것은 별론으로 하고 별도로 항고로써 불복할 수는 없다.

|註| 청구취지변경을 불허한 결정에 대하여도 독립하여 항고할 수 없고 종국판결에 대한 상소로써만 다툴 수 있다.[1]

▶ 대법원 1984. 3. 27.자 84그15 결정

확정판결과 동일한 효력을 가지는 화해조서의 경정신청에 대하여 이유 없다고 기각한

1) 대판 1992. 9. 25. 92누5096.

결정에 대하여는 그것이 소송절차에 관한 신청을 기각한 결정이라고 해석할 수 없어서 민사소송법 제197조(현행 221조) 제3항의 반대해석상 불복을 신청하지 못한다고 할 것이므로 화해조서경정신청 기각결정에 대한 항고는 동법 제420조(449조) 소정의 특별항고만이 허용될 뿐이므로, 이러한 불복불허의 결정에 대한 불복은 당사자가 특별항고라고 표시하지 않았고 대법원 귀중이라 하지 아니하였어도 이를 특별항고로 보아 그 기록을 대법원에 송부함이 마땅하다.

▶ 대법원 1981. 10. 29.자 81마357 결정

소송인수를 명하는 결정은 일응 승계인의 적격을 인정하여 이를 당사자로서 취급하는 취지의 중간적 재판이므로 이에 불복이 있으면 본안에 대한 판결과 함께 상소할 수 있을 뿐이다.

▶ 대법원 1971. 4. 9.자 71그1 결정

대법원의 결정이나 명령에 대하여는 다시 대법원에 항고나 재항고 또는 특별항고를 제기할 수 없다.

제 2. 항고절차

Ⅰ. 항고의 제기

원심재판에 의하여 불이익을 받는 당사자 또는 제3자는 항고를 제기할 수 있다. 항고는 원심법원에 항고장이라는 서면을 제출하여 한다(445조). 통상항고는 기간의 제한이 없으나 즉시항고는 원심재판이 고지된 날부터 1주일의 불변기간 내에 제기하여야 한다(444조).

◆ 대법원 1984. 4. 28.자 84마251 결정(동 대법원 1979. 8. 31.자 79마268 결정)

재항고 제기기간의 준수여부는 재항고장이 원심법원에 접수된 때를 기준으로 판단하여야 할 것인바, 재항고인이 1984. 3. 30 원심결정정본을 송달받고 대법원 귀중이라고 표시한 재항고장을 우편으로 제출하여 1984. 4. 6. 서울지방법원 종합접수실에 접수되었는데 동 법원에서는 이를 원심법원인 인천지방법원에 송부하여 1984. 4. 13.자로 위 법원에 접수되었다면 본건 재항고장은 재항고기간이 경과한 후에 원심법원에 접수된 것으로 부적법하다.

▶ **대법원 1997. 11. 27.자 97스4 결정**

항고는 원칙적으로 두 당사자의 대립을 예상하지 않는 편면적인 불복절차로서 항고인과 이해가 상반되는 자가 있는 경우라도 판결절차에 있어서와 같이 엄격한 의미의 대립을 인정할 수 있는 것이 아니므로, 항고장에 반드시 상대방의 표시가 있어야 하는 것도 아니고, 항고장을 상대방에게 송달하여야 하는 것도 아니다.

▶ **대법원 2016. 9. 30.자 2016그99 결정**

민사소송법상 항고법원의 소송절차에는 항소에 관한 규정이 준용되는데, 민사소송법은 항소이유서의 제출기한에 관한 규정을 두고 있지 아니하므로 즉시항고이유서를 제출하지 않았다는 이유로 즉시항고를 각하할 수는 없다.

> **|註|** 1. 민사집행법 제15조에 따른 즉시항고의 경우에는 항고장을 제출한 날부터 10일 내에 항고이유서를 원심법원에 제출하여야 하고 이를 어길 때에는 원심법원은 결정으로 그 즉시항고를 각하하여야 한다.
> 2. 강제집행정지신청 기각결정에 대한 특별항고는 민사집행법 제15조가 규정한 집행법원의 재판에 대한 불복에 해당하지 않고, 특별항고장을 각하한 원심재판장의 명령에 대한 즉시항고는 민사소송법상의 즉시항고에 불과하므로, 특별항고장 각하명령에 대한 즉시항고 후 10일 내에 항고이유서를 제출하지 않았다고 하여 그 즉시항고를 각하할 수 없다고 한 사례이다.

▶ **대법원 2014. 10. 8.자 2014마667 전원합의체 결정**

판결과 달리 선고가 필요하지 않은 결정이나 명령(이하 '결정'이라고만 한다)과 같은 재판은 원본이 법원사무관 등에게 교부되었을 때 성립한 것으로 보아야 하고, … 이미 성립한 결정에 대하여는 결정이 고지되어 효력을 발생하기 전에도 결정에 불복하여 항고할 수 있다.

Ⅱ. 항고제기의 효력

1. 재도의 고안

항고가 제기되면 판결의 경우와 달리 원심재판에 대한 기속력이 배제되어 원심법원은 반성의 의미에서 스스로 항고의 당부를 심사할 수 있으며, 만일 항고에 정당한 이유가 있다고 인정하는 때에는 그 재판을 경정하여야 한다(446조). 이를 재도(再度)의 고안(考案)이라고 한다. 그러나 아래와 같은 예외가 있다.

◆ 대법원 2001. 2. 28.자 2001그4 결정

일반적으로 원심법원이 항고를 이유 있다고 인정하는 때에는 그 재판을 경정할 수 있으나 통상의 절차에 의하여 불복을 신청할 수 없는 결정이나 명령에 대하여 특별히 대법원에 위헌이나 위법의 심사권을 부여하고 있는 특별항고의 경우에 원심법원에 반성의 기회를 부여하는 재도의 고안을 허용하는 것은 특별항고를 인정한 취지에 맞지 않으므로 특별항고가 있는 경우 원심법원은 경정결정을 할 수 없고 기록을 그대로 대법원에 송부하여야 한다.

▶ 대법원 1968. 7. 29.자 68사49 전원합의체 결정

재판장의 소장심사권에 의하여 소장각하명령이 있었을 경우에 있어서는 즉시항고를 하고 그 흠결을 보정하였을 경우라도 이를 재도의 고안에 의하여 경정할 수 없다.

2. 이심의 효력과 집행정지의 효력

항고제기에 의하여 사건은 항고심에 이심된다. 결정·명령은 곧바로 집행력이 생기는 것이 원칙이지만 즉시항고를 제기하면 일단 발생한 집행력이 정지된다(447조). 통상항고에는 집행정지의 효력이 없고, 원심재판에 대한 집행정지 등 처분을 하여야만 집행이 정지된다(448조).

Ⅲ. 항고심의 심판

항고심 절차는 성질에 반하지 않는 한 항소심에 관한 규정을 준용한다(443조 1항). 다만 항고심은 결정으로 완결할 사건에 관한 절차이므로 ① 대립하는 당사자의 구조를 가지지 못하는 결정절차에 있어서는 보조참가를 할 수 없다는 것이 판례이고 ② 변론을 열 것인지 여부는 항고법원의 자유재량에 속한다(134조 1항 단서).

▶ 대법원 1973. 11. 15.자 73마849 결정

대립하는 당사자의 구조를 가지지 못하는 결정절차에 있어서는 제3자는 재항고인을 위하여 보조참가신청을 할 수 없다.

|註| 항고와 동시에 한 보조참가신청 및 항고심 계속 중 한 보조참가신청이 모두 부적법하다는 판례도 있다.[1)]

1) 대결 1994. 1. 20. 93마1701.

▶ 대법원 2012. 5. 31.자 2012마300 결정

항고법원의 심리에 관하여는 결정으로 완결할 사건에 관한 민사소송법의 규정이 준용되어 항고법원이 변론을 열 것인지 아닌지 및 변론을 열지 아니할 경우에 당사자와 이해관계인 그 밖의 참고인을 심문할 것인지 아닌지를 정할 수 있다고 봄이 상당하다.

|註| 가압류이의신청에 대한 즉시항고에 관한 판례이나 민사소송법상의 항고에 관하여도 마찬가지이다.

제 3. 재항고

재항고(再抗告)는 항고법원의 결정 등에 대하여 법률심인 대법원에 대하여 하는 항고이다. 재판에 영향을 미친 헌법·법률·명령 또는 규칙의 위반을 이유로 드는 때에만 재항고할 수 있다(442조).

Ⅰ. 적용범위

(1) 재항고는 ① **항고법원의 결정**(고등법원·지방법원 항소부의 제2심결정), ② **고등법원의 결정·명령**(고등법원의 제1심결정), ③ **항소법원의 결정·명령**(지방법원 항소부의 제1심결정) 3가지에 대하여 할 수 있다(442조).

◆ 대법원 2004. 4. 28.자 2004스19 결정

[1] 민사소송법 제442조는 "항고법원·고등법원 또는 항소법원의 결정 및 명령에 대하여는 재판에 영향을 미친 헌법·법률·명령 또는 규칙의 위반을 이유로 드는 때에만 재항고할 수 있다"고 규정하고 있으므로, 항소법원의 결정에 대하여는 대법원에 재항고하는 방법으로 다투어야만 한다.

[2] 항소법원인 지방법원 합의부의 법원사무관 등이 한 처분에 대한 이의신청을 기각한 법원의 결정에 대하여 제기된 항고는 재항고로 보아야 함에도 불구하고 기록이 대법원이 아닌 고등법원에 송부되자 고등법원이 이를 항고사건으로 심리하여 기각한 경우, 위 결정은 권한 없는 법원이 한 것에 귀착되므로 취소되어야 한다.

▶ 대법원 1992. 4. 21.자 92마103 결정

항고법원이 항고를 기각한 결정에 대하여는 그 재판을 받은 항고인만이 재항고를 할 수 있고, 다른 사람은 그 결정에 이해관계가 있다 할지라도 재항고를 할 수 없다.

▶ 대법원 2008. 5. 2.자 2008마427 결정

민사소송법 제442조의 규정에 비추어 볼 때 항소법원의 결정에 대하여는 대법원에 재항고하는 방법으로 다투어야만 하는바, 지방법원 항소부 소속 법관에 대한 제척 또는 기피신청이 제기되어 민사소송법 제45조 제1항의 각하결정 또는 소속 법원 합의부의 기각결정이 있은 경우에 이는 항소법원의 결정과 같은 것으로 보아야 하므로 이 결정에 대하여는 대법원에 재항고하는 방법으로 다투어야 한다.

▶ 대법원 1981. 7. 3.자 80마505 결정

고등법원의 위헌제청신청 기각결정은 중간재판적 성질을 가지므로 본안에 대한 원심판결이 상고되었을 때 위 기각결정도 상고심의 판단을 받는 데 불과하고 독립하여 위 기각결정에 대하여 재항고할 수 없다.

(2) 재항고가 즉시항고인가 통상항고인가는 항고심결정의 성질과 내용에 따라 결정된다.

◆ 대법원 2007. 7. 2.자 2006마409 결정

기피신청에 관한 각하 또는 기각 결정에 대하여는 즉시항고를 할 수 있고(민사소송법 제47조 제2항), 재항고도 항고와 마찬가지로 통상항고와 즉시항고로 나누어지나 그 구분은 원래의 항고 자체가 통상항고인가 즉시항고인가에 의하는 것이 아니라 재항고의 대상이 되는 재판의 내용에 따르게 되므로 위와 같은 즉시항고를 항고심이 각하, 기각하였으면 그에 대한 재항고는 즉시항고로서의 성격을 가진다.

|註| 기피신청의 각하 또는 기각 결정에 대한 즉시항고를 항고심이 각하 또는 기각한 경우, 그에 대한 재항고의 법적 성격에 관하여 대법원은, 재항고의 성격은 원래 항고가 아니라 재항고의 대상이 되는 재판의 내용에 따른다는 점을 분명히 하였다.

▶ **대법원 2004. 5. 17.자 2004마246 결정**

민사소송법 제461조에 의하여 준재심절차에 준용되는 같은 법 제455조는 재심의 소송절차에는 각 심급의 소송절차에 관한 규정을 준용한다고 규정하고 있고, 즉시항고로만 불복할 수 있는 낙찰허가결정에 대한 재항고 역시 즉시항고에 해당한다 할 것이므로, 낙찰허가결정을 대상으로 한 준재심 신청을 기각한 결정에 대한 항고는 물론, 그 항고를 기각한 결정에 대한 재항고 역시 준재심의 대상이 된 낙찰허가결정에 대한 불복방법과 마찬가지로 즉시항고 기간 내에 제기되어야 한다.

Ⅱ. 재항고의 절차

재항고에 대하여는 그 성질에 반하지 않는 한 상고에 관한 규정이 준용된다(443조 2항).

▶ **대법원 1976. 8. 27.자 76모41 결정**

결정에 대하여 대법원에 재항고를 하여 불복하였을 경우에는 재항고장에 재항고이유를 기재하거나 재항고 기록의 수리통지를 받은 날로부터 20일 이내에 재항고이유서를 제출하여야 한다.

▶ **대법원 1999. 4. 15.자 99마926 결정**

재항고이유는 재항고장 또는 재항고이유서에 직접 기재하는 방법으로 표현하여야 할 것이고 다른 서면의 기재내용을 원용할 수는 없다 할 것이므로 다른 서면의 기재를 원용한 재항고인의 재항고이유는 적법한 재항고이유라 할 수 없다.

▶ **대법원 2010. 4. 30.자 2010마66 결정**

[1] 민사소송법 제442조에는 재항고는 재판에 영향을 미친 헌법·법률·명령·규칙 위반만을 사유로 할 수 있다고 규정하여, 재항고심을 법률심으로 정하고 있다. 따라서 재항고사건에서는 원심의 사실인정이 자유심증주의의 한계를 벗어나는 등 법령에 위반된 점이 있는 경우를 제외하고는 증거의 취사나 사실인정이 잘못되었다는 사유를 재항고이유로 주장하는 것이 허용되지 아니하고, 재항고심에서 사실심리를 새로이 해 달라는 요구 역시 받아들일 수 없는 것이다.

[2] 재항고심은 사후심으로서, 원심의 사실인정에 자유심증주의 위반 등 법령 위반이 있는지 여부를 판단하는 것은 원심결정 단계까지 제출된 소송자료를 기초로 하여야 하

는 것이고, 원심결정 이후에 제출된 자료를 그 판단의 자료로 삼는 것은 허용되지 아니한다. 그러므로 재항고인이 재항고를 제기하면서 제출한 증거자료 등은 재항고의 당부를 판단하는 자료로 참작할 수 없을 뿐만 아니라, 가사 원심결정 이후에 제출된 자료까지 포함하여 판단해 보면 원심의 사실인정이 잘못된 것으로 판단될 여지가 있는 경우라 하더라도, 원심결정 단계까지 제출된 자료만에 근거하여 판단해 볼 때 그 사실인정에 자유심증주의의 한계를 벗어나는 등의 위법 사유가 있다고 인정되지 아니하는 경우에는 사후심·법률심인 재항고심으로서는 원심결정에 법령 위반에 해당하는 재항고이유가 없는 것으로 보아 재항고를 기각할 수밖에 없다. 이는 현행 3심제의 심급구조에서 대법원의 재판을 사후심·법률심으로 규정한 심급제도상 어쩔 수 없는 일이며, 사실심으로는 최종심인 제2심의 종국재판에 이르기까지 필요한 증거를 제때에 제출하지 못한 당사자 본인이 감수할 수밖에 없는 일이다. 이는 또한 재판제도, 그 중에서도 심급제도의 운영에 관한 여러 가지 선택가능한 형태 중에서 현행 제도와 같은 방식을 선택한 입법적 결단에 따른 것으로서, 개개 사건 결론의 구체적 타당성을 일부 희생시켜가면서도 심급제도의 효율적인 운영을 도모하고자 하는 실정법상의 한계임을 이해하여야 할 것이다.

제 4. 특별항고

불복할 수 없는 결정·명령에 대하여는 재판에 영향을 미친 헌법위반이 있거나, 재판의 전제가 된 명령·규칙·처분의 헌법·법률의 위반 여부에 대한 판단이 부당하다는 것을 이유로 하는 때에만 대법원에 특별항고를 할 수 있다(449조 1항). 이는 재판이 확정된 뒤에 하는 비상불복방법이지 통상의 불복방법으로서의 상소가 아니므로 통상의 상소처럼 재판의 확정을 차단하는 효과가 없다.

Ⅰ. 특별항고 대상

특별항고의 대상은 명문상·해석상 불복할 수 없는 결정·명령이다. 대법원의 결정·명령에 대하여는 특별항고도 허용되지 않는다.

▶ 대법원 1995. 7. 12.자 95마531 결정

판결경정신청을 이유 없다 하여 기각한 결정에 대하여는 민사소송법 제197조(현행 211조) 제3항 본문의 반대해석상 항고제기의 방법으로 불복을 신청할 수는 없고, 같은 법

제420조(현행 449조) 소정의 특별항고가 허용될 뿐이다.

▶ 대법원 1997. 11. 11.자 96그64 결정

특별항고는 불복을 신청할 수 없는 결정이나 명령에 대하여 하는 항고로서, 불복을 신청할 수 있는 방법이 따로 마련되어 있는 결정이나 명령에 대하여는 할 수 없고, 그 불복의 대상인 원심의 결정이나 명령이 없는 때에도 할 수 없다.

▶ 대법원 1992. 10. 20.자 92재두21 결정

특별항고는 하급심에서 한 결정이나 명령으로서 법률상 불복할 수 없는 경우 그 결정이나 명령에 재판에 영향을 미친 헌법 또는 법률위반이 있음을 이유로 하는 때에 한하여 제기할 수 있는 것이고, 대법원의 결정이나 명령에 대하여는 특별항고를 제기하지 못한다.

Ⅱ. 특별항고이유

① 재판에 영향을 미친 헌법위반이 있거나 ② 재판의 전제가 된 명령·규칙·처분의 헌법 또는 법률의 위반 여부에 대한 판단이 부당하여야 한다.

◆ 대법원 2008. 1. 24.자 2007그18 결정

특별항고는 법률상 불복할 수 없는 결정·명령에 재판에 영향을 미친 헌법 위반이 있거나, 재판의 전제가 된 명령·규칙·처분의 헌법 또는 법률의 위반 여부에 대한 판단이 부당하다는 것을 이유로 하는 때에 한하여 허용되므로(민사소송법 제449조 제1항), 결정이 법률을 위반하였다는 사유만으로는 재판에 영향을 미친 헌법 위반이 있다고 할 수 없어 특별항고 사유가 되지 못한다.

|註| 1. 명령·규칙·처분의 최종적인 위헌심사권이 대법원에 있으므로, 통상의 불복방법으로는 다툴 수 없는 재판이라고 하여도 예외적으로 위헌 여부가 문제될 때에는 특별항고의 방법으로 대법원의 판단을 받아볼 수 있게 하는 것이 특별항고제도의 취지인데, 구 민사소송법은 특별항고사유를 널리 "재판에 영향을 미친 헌법 또는 법률의 위반"으로 규정함으로써 불복할 수 없는 결정·명령이 마치 불복할 수 있는 결정·명령인 것처럼 취급되어 왔다. 이에 2002년 개정 민사소송법은 헌법조문에 충실하게 특별항고이유를 ① 재판에 영향을 미친 헌법위반이 있는 경우와 ② 재판의 전제가 된 명령·규칙·처분의

헌법·법률의 위반 여부에 대한 판단이 부당한 경우로 제한하였다.
2. 같은 취지에서 결정·명령이 대법원판례에 반한다는 주장도 특별항고의 사유가 될 수 없다.[1)]

▶ **대법원 2020. 3. 16.자 2020그507 결정**(동 대법원 2004. 6. 25.자 2003그136 결정)

민사소송법 제449조 제1항은 불복할 수 없는 결정이나 명령에 대하여는 재판에 영향을 미친 헌법 위반이 있거나, 재판의 전제가 된 명령·규칙·처분의 헌법 또는 법률의 위반 여부에 대한 판단이 부당하다는 것을 이유로 하는 때에만 대법원에 특별항고를 할 수 있도록 하고 있다. 여기서 결정이나 명령에 대하여 재판에 영향을 미친 헌법 위반이 있다고 함은 결정이나 명령의 절차에서 헌법 제27조 등이 정하고 있는 적법한 절차에 따라 공정한 재판을 받을 권리가 침해된 경우를 포함한다. 판결경정신청을 기각한 결정에 이러한 헌법 위반이 있다고 하려면 신청인이 그 재판에 필요한 자료를 제출할 기회를 전혀 부여받지 못한 상태에서 그러한 결정이 있었다든지, 판결과 그 소송의 모든 과정에 나타난 자료와 판결 선고 후에 제출된 자료에 의하여 판결에 잘못이 있음이 분명하여 판결을 경정해야 하는 사안임이 명백한데도 법원이 이를 간과함으로써 기각결정을 하였다는 등의 사정이 있어야 한다.

|註| 토지에 관한 소유권이전등기절차의 이행을 구하는 소송 중 사실심 변론종결 전에 토지가 분할되었는데도 그 내용이 변론에 드러나지 않은 채 토지에 관한 원고 청구가 인용된 경우에 판결에 표시된 토지에 관한 표시를 분할된 토지에 관한 표시로 경정해 달라는 신청은 특별한 사정이 없는 한 받아들여야 하는데 이를 기각한 원심결정에는 판결경정에 관한 법리를 오해하여 재판에 영향을 미친 헌법 위반의 특별항고사유가 있다고 한 판결이다.

Ⅲ. 특별항고 절차

특별항고는 재판이 고지된 날부터 1주 이내에 하여야 하고, 이는 불변기간이다(449조 2항, 3항). 특별항고에 대하여는 상고에 관한 규정을 준용한다(450조).

1) 대결 2014. 5. 26. 2014그502.

Ⅳ. 절차혼동의 특별항고

특별항고를 일반항고로 제기하거나 일반항고를 특별항고로 제기하는 등 절차를 혼동한 경우에 대하여 대법원은 일관하여 이송이 아닌 기록송부의 방법으로 처리하여야 한다고 하고 있다.[1]

▶ **대법원 1999. 7. 26.자 99마2081 결정**

특별항고만이 허용되는 재판에 대한 불복으로서 당사자가 특히 특별항고라는 표시와 항고법원을 대법원으로 표시하지 아니하였다고 하더라도 그 항고장을 접수한 법원으로서는 이를 특별항고로 보아 소송기록을 대법원에 송부함이 마땅하다.

> |註| 항고법원이 소송기록을 대법원에 송부하지 않고 항고심으로 재판한 경우 이는 권한 없는 법원의 재판으로서 헌법 제27조 제1항을 위반한 것이므로 항고심결정은 파기되어야 하고, 이와 같은 이유로 항고심결정을 파기하는 이상 그 사건은 제1심결정에 대한 특별항고사건으로 취급되어야 한다.[2]

---

1) 대결 1997. 6. 20. 97마250; 대결 2011. 2. 21. 2010마1689.
2) 대결 2014. 1. 3. 2013마2042; 대결 2016. 6. 21. 2016마5082.

제 7 편

재심절차

제1. 재심의 개념 및 재심소송의 소송물

재심이라 함은 확정된 종국판결에 재심사유에 해당하는 중대한 흠이 있는 경우에 그 판결의 취소와 이미 종결되었던 사건의 재심판결을 구하는 비상의 불복신청방법이다.

1. 재심의 구조 — 두 단계의 심판(재심의 허부와 본안심판)

▶ 대법원 1994. 12. 27. 선고 92다22473, 92다22480 판결

확정된 판결에 대한 재심의 소는 확정된 판결의 취소와 본안사건에 관하여 확정된 판결에 갈음한 판결을 구하는 복합적 목적을 가진 것으로서 이론상으로는 재심의 허부와 재심이 허용됨을 전제로 한 본안심판의 두 단계로 구성되는 것이라고 할 수 있고, 따라서 재심소송이 가지는 위와 같은 복합적, 단계적인 성질에 비추어 볼 때, 제3자가 타인 간의 재심소송에 민사소송법 제72조(현행 79조)에 의하여 당사자참가를 하였다면, 이 경우 제3자는 아직 재심대상판결에 재심사유 있음이 인정되어 본안사건이 부활되기 전에는 원·피고를 상대방으로 하여 소송의 목적의 전부나 일부가 자기의 권리임을 주장하거나 소송의 결과에 의하여 권리의 침해를 받을 것을 주장할 여지가 없는 것이고, 재심사유 있음이 인정되어 본안사건이 부활된 다음에 이르러서 비로소 위와 같은 주장을 할 수 있는 것이므로, 결국 제3자는 재심대상판결에 재심사유가 있음이 인정되어 본안소송이 부활되는 단계를 위하여 당사자참가를 하는 것이라고 할 것이다.

|註| **1. 사실관계와 법원의 판단** 甲은 乙을 상대로 X 부동산에 관한 소유권이전등기청구의 소를 제기하여 승소판결을 받았고 이 판결은 그대로 확정되었다. 丙이 乙을 위하여 보조참가를 하면서 위 판결에 대하여 재심의 소를 제기하였고, 丁은 甲으로부터 X 부동산을 매수하여 소유권이전등기를 마쳤다고 주장하면서 甲과 乙을 상대로 각 소유권확인을 구하면서 독립당사자참가를 하였다. 丁의 참가에 대하여 대법원은 판결요지와 같이 판시한 다음, “재심대상판결이 취소되어 甲의 乙에 대한 청구에 관하여 다시 심리가 이루어지는 단계에서 丁의 독립당사자참가가 적법한 것인가의 여부를 보건대, 丁의 甲·乙

에 대한 소유권확인청구는 재심대상판결이 취소되지 아니하고 유효하게 존재함을 전제로 하여 丁이 甲으로부터 소유권이전등기를 넘겨받았음을 청구원인으로 하여 X 부동산이 丁의 소유임을 주장하는 것으로서, 재심대상판결이 취소되는 것이라면, 甲·乙에 대하여 소송의 목적의 전부나 일부가 자기의 권리임을 주장하는 丁의 참가이유는 그 주장 자체에 의하여 이유 없음이 명백하고, 또 하나의 판결로써 모순없이 일거에 해결하여야 할 3당사자 사이에 서로 대립되는 권리 또는 법률관계에 있지 아니함이 명백하여, 丁의 참가는 당사자참가의 요건을 갖추지 못한 것으로서 부적법하다"고 하였다.

2. 재심소송의 소송물 재심소송의 소송물에 관하여는 재심사유에 대한 재판을 어떻게 보는가에 따라, ① 재심소송은 확정판결의 취소요구(소송상의 형성소송)와 재심대상사건의 소송물 두 가지로 구성된다는 이원론과 ② 재심소송의 소송물은 재심대상사건의 소송물 하나일 뿐이고 재심사유는 재판을 받기 위한 전제조건일 뿐이라는 일원론이 대립한다. 판례와 다수설은 이원론의 입장에 서 있다.

2. 재심소송에서 소송물의 구별 — 재심사유별로 별개의 소송물

신소송물론의 입장에서는 각각의 재심사유는 공격방어방법일 뿐이라고 하고, 구소송물론의 입장에서는 각각의 재심사유마다 별개의 소송물이 성립된다고 본다. 후자에 따르면 수개의 재심사유를 하나의 재심소송에서 주장하면 청구의 병합이 되고, 재심사유의 변경은 소의 변경에 해당하며, 재심기간의 준수 여부는 각 재심사유의 주장시기가 표준이라고 한다.

▶ **대법원 1982. 12. 28. 선고 82무2 판결**

재심사유는 그 하나 하나의 사유가 별개의 재심청구를 형성한다 할 것이므로 재심의 소가 불변기간 내에 제기된 것인가의 여부도 각 재심사유마다 그 주장된 시기를 표준으로 하여 가려져야 할 것이다.

▶ **대법원 1992. 10. 9. 선고 92므266 판결**

민사소송법 제422조(현행 451조) 제1항 각호 소정의 재심사유는 각각 별개의 청구원인에 해당한다. 보조참가인은 피참가인이 당사자로 되어 있는 기존의 소송을 전제로 피참가인을 승소시키기 위하여 참가하는 것이기 때문에 소의 변경과 같이 기존의 소송형태를 변형시키는 행위는 할 수 없으므로, 보조참가인은 별개의 청구원인에 해당하는 재심사유를 주장하여 재심청구를 추가할 수 없다.

제2. 적법요건

재심의 소가 적법하기 위하여는 ① 재심당사자적격, ② 재심대상적격, ③ 재심기간준수, ④ 재심이익, ⑤ 재심사유의 5가지 요건을 갖추어야 한다. 재심이익은 상소이익과 같고,[1] 재심사유는 항을 바꾸어 볼 것이므로, 여기에서는 ①, ②, ③ 세 가지에 관하여 본다.

Ⅰ. 재심당사자

재심의 소는 확정판결의 취소와 그 기판력의 배제를 구하는 것이므로 확정판결의 기판력에 의하여 불이익을 받는 사람이 재심원고가 되고 이익을 받는 사람이 재심피고가 된다. 따라서 재심대상판결의 당사자가 아니더라도 그 판결의 기판력을 받는 사람이면 재심소송의 당사자가 될 수 있다.

▶ 대법원 1987. 12. 8. 선고 87재다24 판결

재심의 소에 있어서 재심피고는 원칙적으로 확정판결의 승소당사자 및 그 변론종결 후의 승계인과 승소당사자가 타인을 위해 원고 또는 피고가 된 경우, 그 확정판결의 효력을 받는 타인(선정자) 등이다.

▶ 대법원 1974. 5. 28. 선고 73다1842 판결

재심의 소는 확정판결을 취소하여 그 기판력을 배제하는데 목적이 있는 것이므로 확정판결에 표시되어 있는 소송당사자는 물론, 그 기판력이 미치는 변론종결후의 일반 또는 특정승계인도 재심의 소에 대한 당사자적격이 있는 것이라고 봄이 상당하다.

▶ 대법원 1997. 5. 28. 선고 96다41649 판결

재심대상판결의 소송물은 취득시효 완성을 이유로 한 소유권이전등기청구권으로서 채

1) 대판 1993. 4. 27. 92다24608("재심의 소에 있어서 재심원고는 확정판결의 효력을 받는 자로서 그 취소를 구할 이익이 있는 자라야 할 것이므로 전부승소한 당사자는 재심의 소를 제기할 이익이 없다").

권적 청구권인 경우, 그 변론종결 후에 원고로부터 소유권이전등기를 경료받은 승계인은 기판력이 미치는 변론종결 후의 제3자에 해당하지 아니하고, 따라서 피고들은 재심대상판결의 기판력을 배제하기 위하여 승계인에 대하여도 재심의 소를 제기할 필요는 없으므로 승계인에 대한 재심의 소는 부적법하다.

◆ 대법원 2012. 12. 27. 선고 2012다75239 판결

채권을 보전하기 위하여 대위행사가 필요한 경우는 실체법상 권리뿐만 아니라 소송법상 권리에 대하여서도 대위가 허용되나, 채무자와 제3채무자 사이의 소송이 계속된 이후의 소송수행과 관련한 개개의 소송상 행위는 그 권리의 행사를 소송당사자인 채무자의 의사에 맡기는 것이 타당하므로 채권자대위가 허용될 수 없다. 같은 취지에서 볼 때 상소의 제기와 마찬가지로 종전 재심대상판결에 대하여 불복하여 종전 소송절차의 재개, 속행 및 재심판을 구하는 재심의 소 제기는 채권자대위권의 목적이 될 수 없다.

|註| 재심의 소 제기는 채권자대위의 목적이 될 수 없으므로, 채권자는 채권자대위권에 기한 재심소송을 제기할 재심당사자적격이 없다고 한 판결이다.

Ⅱ. 재심의 대상적격

재심의 소는 확정된 종국판결에 대해서만 허용된다. 판결정본의 송달이 부적법한 경우는 그 판결은 확정되지 않았으므로 재심의 대상이 될 수 없다.[1] 허위로 표시한 주소로 송달하여 상대방 아닌 다른 사람이 그 소송서류를 받아 자백간주의 형식으로 판결이 선고되고 다른 사람이 판결정본을 수령하였을 때에는 상대방은 아직도 판결정본을 받지 않은 상태에 있는 것으로서 위 사위판결은 확정판결이 아니므로 재심의 대상이 될 수 없다.[2]

▶ 대법원 1980. 7. 8. 선고 80다1132 판결

판결확정 전에 제기한 재심의 소가 부적법하다는 이유로 각하되지 아니하고 있는 동안에 판결이 확정되었다고 하더라도 그 재심의 소가 적법한 것으로 되는 것은 아니다.

1) 대판 1956. 12. 27. 4289민상400.
2) 대판(전) 1978. 5. 9. 75다634.

▶ 대법원 1994. 12. 9. 선고 94다16564 판결

원래 재심의 소는 종국판결의 확정력을 제거함을 그 목적으로 하는 것으로 확정된 판결에 대하여서만 제기할 수 있는 것이므로 소송수계 또는 당사자표시 정정 등 절차를 밟지 아니하고 사망한 사람을 당사자로 하여 선고된 판결은 당연무효로서 확정력이 없어 이에 대한 재심의 소는 부적법하다.

◆ 대법원 1995. 2. 14. 선고 93재다27, 34 전원합의체 판결

[1] 원래 종국판결이라 함은 소 또는 상소에 의하여 계속 중인 사건의 전부 또는 일부에 대하여 심판을 마치고 그 심급을 이탈시키는 판결이라고 이해하여야 할 것이다. 대법원의 환송판결도 당해 사건에 대하여 재판을 마치고 그 심급을 이탈시키는 판결인 점에서 당연히 제2심의 환송판결과 같이 종국판결로 보아야 할 것이다. 따라서 위의 견해와는 달리 대법원의 환송판결을 중간판결이라고 판시한 종전의 대법원판결은 이를 변경하기로 하는바, 이 점에 관하여는 관여 대법관 전원의 의견이 일치되었다.

[2] (다수의견) 재심제도의 본래의 목적에 비추어 볼 때 재심의 대상이 되는 "확정된 종국판결"이란 당해 사건에 대한 소송절차를 최종적으로 종결시켜 그것에 하자가 있다고 하더라도 다시 통상의 절차로는 더 이상 다툴 수 없는 기판력이나 형성력, 집행력을 갖는 판결을 뜻하는 것이라고 이해하여야 할 것이다. 대법원의 환송판결은 형식적으로 보면 "확정된 종국판결"에 해당하지만, 여기서 종국판결이라고 하는 의미는 당해 심급의 심리를 완결하여 사건을 당해 심급에서 이탈시킨다는 것을 의미하는 것일 뿐이고 실제로는 환송받은 하급심에서 다시 심리를 계속하게 되므로 소송절차를 최종적으로 종료시키는 판결은 아니며, 또한 환송판결도 동일절차 내에서는 철회, 취소될 수 없다는 의미에서 기속력이 인정됨은 물론 법원조직법 제8조, 민사소송법 제406조(현행 436조) 제2항 후문의 규정에 의하여 하급심에 대한 특수한 기속력은 인정되지만 소송물에 관하여 직접적으로 재판하지 아니하고 원심의 재판을 파기하여 다시 심리판단하여 보라는 종국적 판단을 유보한 재판의 성질상 직접적으로 기판력이나 실체법상 형성력, 집행력이 생기지 아니한다고 하겠으므로 이는 중간판결의 특성을 갖는 판결로서 "실질적으로 확정된 종국판결"이라 할 수 없다. 종국판결은 당해 심급의 심리를 완결하여 심급을 이탈시킨다는 측면에서 상소의 대상이 되는 판결인지

여부를 결정하는 기준이 됨은 분명하지만 종국판결에 해당하는 모든 판결이 바로 재심의 대상이 된다고 이해할 아무런 이유가 없다. 통상의 불복방법인 상소제도와 비상의 불복방법인 재심제도의 본래의 목적상의 차이에 비추어 보더라도 당연하다. 따라서 환송판결은 재심의 대상을 규정한 민사소송법 제422조(현행 451조) 제1항 소정의 "확정된 종국판결"에는 해당하지 아니하는 것으로 보아야 할 것이어서, 환송판결을 대상으로 하여 제기한 이 사건 재심의 소는 부적법하므로 이를 각하하여야 한다.

(반대의견) 환송판결의 기속력은 민사소송법 제406조(현행 436조) 제2항 후문과 법원조직법 제8조에 의하여 하급심은 물론 이를 탓할 수 없는 환송법원 자신에게도 미쳐 결국 대법원 환송판결은 그 사건의 재상고심에서 대법원의 전원합의체에까지 기속력이 미친다는 것이 당원의 견해인바,[1] 환송판결은 소송종료를 저지시킬 뿐만 아니라 이와 같이 기속력이 있어 파기당한 당사자에게 그 법률상 이해관계가 막대하므로 이를 실효시키려는 재심이 특별히 부정될 이유가 없는 것이다. 대법원 1981. 9. 8. 선고 80다3271 전원합의체 판결로 대법원의 환송판결이 확정된 종국판결에 해당함에는 이론이 있을 수 없게 된 마당에 환송판결의 기속력의 성질에 관하여 당원이 이미 중간판결설을 배척하였음에도 불구하고 다시 환송판결에는 기판력, 집행력, 형성력이 없고 실질적으로 중간판결의 특성을 갖는다는 이유로 여전히 그 재심을 허용하지 않으려는 것은 위 전원합의체 판결의 근본취지에 배치될 뿐만 아니라 이론적으로도 일관성을 잃고 있다는 것을 지적하지 않을 수 없다. 대법원의 환송판결은 확정된 종국판결로서 재심대상이 되므로 이 사건 재심사유의 존부 및 당부 판단에 나아가 그 결론에 따라 재심의 소의 각하, 기각 또는 인용의 판결을 하여야 할 것이다.

|註| 대법원 환송판결은 형식적으로는 '확정된 종국판결'에 해당하지만, 종국적 판단을 유보한 재판의 성질상 기판력이나 형성력, 집행력이 생기지 않는 중간판결의 특성을 지니므로 '실질적으로 확정된 종국판결'이라 할 수 없다. 따라서 대법원 환송판결은 재심대상이 되지 않고 이를 대상으로 제기한 재심의 소는 부적법하다.

---

1) 이후 대판(전) 2001. 3. 15. 98두15597로 대법원 환송판결의 기판력은 재상고심에도 미치는 것이 원칙이나, 다만 재상고심이 대법원 전원합의체라면 이에는 위 기판력이 미치지 않는 것으로 변경되었다.

◆ 대법원 2015. 12. 23. 선고 2013다17124 판결

[1] 민사소송법 제451조 제1항은 '확정된 종국판결'에 대하여 재심의 소를 제기할 수 있다고 규정하고 있는데, 재심의 소에서 확정된 종국판결도 위 조항에서 말하는 '확정된 종국판결'에 해당하므로 확정된 재심판결에 위 조항에서 정한 재심사유가 있을 때에는 확정된 재심판결에 대하여 재심의 소를 제기할 수 있다.
[2] 민사소송법 제454조 제1항은 "재심의 소가 적법한지 여부와 재심사유가 있는지 여부에 관한 심리 및 재판을 본안에 관한 심리 및 재판과 분리하여 먼저 시행할 수 있다."고 규정하고, 민사소송법 제459조 제1항은 "본안의 변론과 재판은 재심청구이유의 범위 안에서 하여야 한다."고 규정하고 있는데, 확정된 재심판결에 대한 재심의 소에서 재심판결에 재심사유가 있다고 인정하여 본안에 관하여 심리한다는 것은 재심판결 이전의 상태로 돌아가 전 소송인 종전 재심청구에 관한 변론을 재개하여 속행하는 것을 말한다. 따라서 원래의 확정판결을 취소한 재심판결에 대한 재심의 소에서 원래의 확정판결에 대하여 재심사유를 인정한 종전 재심법원의 판단에 재심사유가 있어 종전 재심청구에 관하여 다시 심리한 결과 원래의 확정판결에 재심사유가 인정되지 않을 경우에는 재심판결을 취소하고 종전 재심청구를 기각하여야 하며, 그 경우 재심사유가 없는 원래의 확정판결 사건의 본안에 관하여 다시 심리와 재판을 할 수는 없다.

|註| 확정된 재심판결에 대하여도 재심의 소를 제기할 수 있고, 재심판결에 대한 재심의 소에서 원래의 확정판결에 재심사유가 인정되지 않을 경우 재심판결을 취소하고 그 재심청구를 기각하여야 하며, 이 경우 재심사유가 없는 원래의 확정판결 사건의 본안에 관하여 다시 심리와 재판을 할 수 없다는 점을 밝힌 판결이다.

Ⅲ. 재심기간

재심의 소는 당사자가 판결이 확정된 뒤 재심의 사유를 안 날부터 30일 이내에, 판결이 확정된 뒤 5년 이내에 제기하여야 한다(456조 1항, 3항). 다만, 대리권의 흠결 또는 기판력의 저촉을 이유로 하는 재심소송에서는 이러한 기간제한이 적용되지 않는다(457조).

▶ 대법원 1980. 7. 8. 선고 80다528 판결

재심의 대상이 되는 판결이 제1심판결이 아니라 그에 대하여 항소기각을 한 제2심판결임에도 적법한 재심기간 내에는 재심의 대상도 아닌 제1심판결에 대하여 재심의 소를 제기하여 계속 중 다시 제2심판결에 대하여 본건 재심의 소가 제기되었다고 하더라도 그것이 적법한 재심기간 도과 후에 제기되어 부적법한 것이라면 위와 같은 사정으로서는 부적법한 본건 재심의 소의 하자가 치유된다고 할 수 없다.

1. 재심사유 있음을 안 날로부터 30일

재심사유 있음을 안 날로부터 30일의 기간은 불변기간이다(456조 2항). 민사소송법 제451조 제1항 각호 소정의 재심사유는 각각 별개의 청구원인을 이루는 것이므로 재심의 소 제기기간의 준수 여부도 위 각호 소정의 재심사유별로 가려보아야 한다.[1] 30일의 출소시간은 재심사유 있음을 안 날로부터 진행한다.

(1) 판결법원의 구성 위법 또는 판단누락을 이유로 한 재심

판결법원 구성 위법(451조 1항 1호) 및 판단누락(451조 1항 9호)을 이유로 한 재심소송에서 30일 불변기간의 기산점은 재심대상판결이 송달된 때이다.

▶ 대법원 2000. 9. 8. 선고 2000재다49 판결

민사소송법 제426조(현행 456조) 제1, 2항에 의하여 재심의 소는 당사자가 판결확정 후 재심의 사유를 안 날로부터 30일의 불변기간 내에 제기하여야 하는 것인데, 같은 법 제422조(현행 451조) 제1항 제1호의 재심사유는 특별한 사정이 없는 한 당사자가 판결정본을 송달받았을 때 판결법원 구성의 위법 여부를 알게 됨으로써 재심사유의 존재를 알았다고 할 것이고, 또한 소송대리인이 있는 사건에서는 그 판결이 소송대리인에게 송달되었을 때 특별한 사정이 없는 한 당사자도 그 재심사유의 유무를 알았던 것으로 보아야 할 것이므로 재심의 소의 제기기간은 소송대리인이 판결정본을 송달받았을 때부터 진행한다.

▶ 대법원 1993. 12. 14. 선고 93다43798 판결

판단유탈이라는 재심사유의 존재는 특단의 사유가 없는 한 재심대상판결의 정본을 읽어 봄으로써 알 수 있는 것이므로, 이를 알지 못하였다는 특단의 사유에 대한 주장 입

1) 대판 1993. 9. 28. 92다33930.

증이 없는 한 당사자는 재심대상판결의 정본을 송달받은 때에 재심사유의 존재를 알았다고 봄이 상당하다.

(2) 형사상 가벌행위를 이유로 한 재심

제451조 제1항 제4호 내지 제7호의 이른바 형사상 가벌행위를 재심사유로 하는 경우의 재심기간은 같은 조 제2항의 유죄판결이 확정된 때를 안 때 또는 증거부족 외의 이유로 유죄확정판결을 할 수 없음을 안 때부터 기산한다.

◆ 대법원 1996. 5. 31. 선고 95다33993 판결

[1] "증인의 허위진술이 판결의 증거로 된 때"를 재심사유로 하는 경우에 그 판결의 증거로 된 증인의 증언이 위증이라는 유죄판결이 확정된 사실을 알았다면 그 재심사유를 알았다고 보아야 할 것이고, 그때부터 민사소송법 제426조(현행 456조) 제1항의 재심제기기간이 진행한다.

[2] 재심사유의 발생일이 아니라 재심사유를 안 날로부터 진행하는 같은 조 제1항의 출소기간은 같은 조 제3항 제척기간과는 별개의 재심제기기간으로서, 그 출소기간이 경과한 이상 재심대상판결의 확정일로부터 진행하는 제척기간이 경과하였는지 여부와는 관계없이 재심의 소를 제기할 수 없다.

▶ 대법원 1975. 12. 23. 선고 74다1398 판결

재심의 대상이 되고 있는 확정판결에 증거로 된 문서가 위조되었다 하여 재심원고가 위조한 사람을 고소하여 검사가 수사한 결과 위조사실이 인정되는지 여부에 관하여는 판단하지 아니한 채 공소시효 완성으로 인하여 공소권이 없다는 이유로 불기소처분을 한 경우 민사소송법 제422조(현행 451조) 제2항 소정의 재심의 제소기간은 문서위조 등 고소사실에 관하여 증거흠결 이외의 이유로 유죄의 확정판결을 할 수 없다는 사실을 안 날 즉 공소시효의 완성으로 인한 검사의 불기소처분이 있는 것을 안 날부터 민사소송법 제426조(현행 456조) 제1항에 규정한 30일의 제소기간이 진행된다.

▶ 대법원 1997. 4. 11. 선고 97다6599 판결

재심 대상이 된 확정판결에 민사소송법 제422조(현행 451조) 제1항 제5호, 제6호의 사유가 있다고 하여 고소를 제기하였으나 검사가 이에 대하여는 공소시효가 완성되어 공소권이 없다는 이유로 불기소처분을 하고 당사자가 검사의 불기소처분에 불복하여 검찰청법상의 항고절차나 형사소송법상의 재정신청절차를 거친 경우에는 항고나 재정신

청에 대한 결정이 있었던 것을 안 날 즉, 그 결정의 통지를 받은 날에 재심사유를 알았다고 본다.

2. 판결이 확정된 때로부터 5년

민사소송법 제456조 제3항, 제4항에서 정하고 있는 재심제기의 기간은 판결확정이라는 객관적 사실에 바탕을 두고 재심제기의 가능성을 언제까지나 남겨둠으로써 당사자 사이에 일어나는 법적 불안상태를 막기 위하여 마련한 제척기간이다.[1] 이 제척기간은 불변기간이 아니어서 그 기간을 지난 후에는 당사자가 책임질 수 없는 사유로 그 기간을 준수하지 못하였더라도 그 재심의 소제기가 적법하게 추완될 수 없다.[2] 5년의 제척기간은 재심사유가 판결확정 전에 발생한 때에는 판결확정일로부터, 재심사유가 판결확정 후에 발생한 때에는 재심사유 발생일로부터 기산한다(456조 4항).

▶ 대법원 1991. 6. 25. 선고 91다1561 판결

제422조(현행 451조) 제1항 제6호, 제2항 후단에 기한 재심의 소의 제척기간은 위 규정에 따라 계산함에 있어서는 피의자의 사망, 공소권의 시효소멸, 사면 등의 사실이 재심대상판결 확정 전에 생긴 때에는 그 판결확정시부터 기산하여야 하고, 그 때부터 5년이 경과된 후에는 재심의 소를 제기할 수 없다고 보아야 한다.

▶ 대법원 1995. 5. 26. 선고 94다37592 판결

민사소송법 제422조(현행 451조) 제1항 제7호, 제2항 후단에 기한 재심의 소의 제척기간은 재심대상판결 확정 후 증인의 허위진술이 유죄의 확정판결을 받을 수 없게 된 날인 공소시효 완성일로부터 기산하여야 한다.

▶ 대법원 1991. 3. 22. 선고 90재다카16 판결

민사소송법 제422조(현행 451조) 제1항 제4호 내지 제7호 소정의 재심사유로서 같은 조 제2항 후단에 의하여 증거흠결 이외의 사유로 유죄의 확정판결이나 과태료의 확정판결을 받을 수 없는 경우에는 같은 법 제426조(현행 456조) 제3항, 제4항 소정의 제척기간은 이러한 사유가 발생한 날로부터 진행되는 것이고, 당사자가 이를 안 날로부터 진행되는 것이 아니다.

---

1) 대판 1988. 12. 13. 87다카2341.
2) 대판 1992. 5. 26. 92다4079.

3. 재심기간의 제한이 없는 경우

대리권의 흠 또는 기판력의 저촉을 이유로 한 재심의 소에는 재심기간의 제한이 없다(457조).

▶ 대법원 1994. 6. 24. 선고 94다4967 판결

민사소송법 제427조(현행 457조) 소정의 "대리권의 흠결"이라고 함은 대리권이 전혀 없는 경우를 의미하는 것이므로, 대리권은 있지만 소송행위를 함에 필요한 특별수권의 흠결이 있는 경우에는 위 제427조(현행 457조)가 적용되지 않는다.

|註| 유사·비교사례　비법인사단의 대표자가 사원총회의 결의 없이 총유물의 처분에 관한 소송행위를 한 경우,[1] 가처분결정에 의하여 선임된 대표이사직무대행자나 부재자재산관리인이 법원의 허가 없이 청구의 인낙을 한 경우[2]는 각 특별수권의 흠결이 있는 경우로서 제457조가 적용되지 않으나, 종중의 대표자가 적법한 절차에 의하여 선임된 대표자가 아닌 경우[3]에는 대표권의 흠결로 제457조가 적용된다.

제 3. 재심사유

Ⅰ. 재심사유의 의의

재심의 소는 제451조에 한정적으로 열거된 재심사유가 있는 경우에 한하여 허용된다. 재심의 소가 적법한 법정의 재심사유에 해당하지 않는 사유를 재심사유로 주장하여 제기된 경우 그 재심의 소는 부적법하므로 각하되어야 한다.[4]

▶ 대법원 1987. 12. 8. 선고 87재다24 판결

확정된 종국판결에 대한 재심의 소는 민사소송법 제422조(현행 451조 1항) 각호 소정의 사유가 있는 때에 한하여 허용되는 것이므로 재심대상판결에 사실오인 내지 법리오해의 위법이 있음을 이유로 제기한 재심의 소는 부적법하다.

---

1) 대판 1999. 10. 22. 98다46600.
2) 대판 1975. 5. 27. 75다120; 대판 1968. 12. 3. 68다1981 등.
3) 대판 1990. 4. 24. 89다카29891.
4) 대판 1996. 10. 25. 96다31307.

Ⅱ. 보충성(재심사유와 상고)

당사자가 상소에 의하여 재심사유를 주장하였거나, 재심사유를 알고도 주장하지 아니한 때에는 재심사유가 있더라도 재심의 소를 제기하지 못한다(451조 1항 단서). 이를 재심의 보충성이라고 한다. 재심사유는 당연히 상고이유가 되는 것을 전제한 것으로서, 보충성 역시 재심의 소의 적법요건이다.

◆ 대법원 1991. 11. 12. 선고 91다29057 판결

[1] 판결정본이 소송대리인에게 송달되면 특별한 사정이 없는 한 그 소송대리인은 판결정본을 송달받았을 때에 그 판결이 판단을 유탈(누락)하였는지의 여부를 알게 되었다고 보아야 할 것이고, 소송대리인이 그 판결이 판단을 유탈하였는지의 여부를 안 경우에는 특별한 사정이 없는 한 소송당사자도 그 점을 알게 되었다고 보아야 할 것이다.

[2] 재심대상판결의 정본이 소송대리인에게 송달된 후 소송당사자가 상고를 제기하지 아니한 채 상고기간이 경과함으로써 재심대상판결이 확정되었다면, 민사소송법 제456조 제1항에 규정된 30일의 재심제기의 기간은 재심대상판결이 확정된 날로부터 기산하여야 되는 것이라고 해석함이 상당하다.

[3] 민사소송법 제451조 제1항 단서에 의하면 당사자가 상소에 의하여 재심사유를 주장하였거나 이를 알고 주장하지 아니한 때에는 재심의 소를 제기할 수 없는 것으로 규정되어 있는바, 여기에서 "이를 알고 주장하지 아니한 때"라고 함은 재심사유가 있는 것을 알았음에도 불구하고 상소를 제기하고도 상소심에서 그 사유를 주장하지 아니한 경우뿐만 아니라, 상소를 제기하지 아니하여 판결이 그대로 확정된 경우까지도 포함하는 것이라고 해석하여야 할 것이다.

|註| 민사소송법 제451조 제1항 단서의 당사자가 "재심사유를 알고 주장하지 아니한 때"는 재심사유가 있음을 알고 상소를 제기하고도 상소심에서 그 사유를 주장하지 아니한 경우뿐만 아니라, 상소를 제기하지 아니하여 판결이 그대로 확정된 경우도 포함하는 것이라는 점을 밝힌 판결이다.

▶ 대법원 1988. 2. 9. 선고 87다카1261 판결

민사소송법 제422조(현행 451조) 제1항 단서의 규정에 따라 동조 제1항 제7호의

사유를 재심사유로 삼을 수 없는 경우가 되려면 상소심에서 당사자가 단지 위증을 하였다는 사실만 주장하는 것으로서는 부족하고 재심의 대상이 되는 상태, 즉 유죄판결이 확정되었다는 등 동조 제2항의 사실도 아울러 주장하였어야 한다.

|註| 甲이 乙을 상대로 재심의 소를 제기하면서 재심대상판결의 소송절차에서 제1심 증인 丙이 위증을 하였는데 위증죄로 고소를 하였음에도 공소권 없음을 이유로 불기소처분이 되었다고 주장한 사안이다. 항소심법원은 甲이 제1심 이래 누누이 위와 같은 사유를 주장하여 각 심급마다 이에 관한 판단을 받았음이 분명하다고 하여 재심의 소를 각하하였으나, 대법원은 甲은 재심대상판결이 확정된 후 丙을 위증혐의로 고소하였고 이에 대하여 위와 같은 불기소처분이 되었으므로 甲 주장의 재심사유는 상소에 의하여 이미 주장된 것이 아니라고 하였다.

Ⅲ. 각개의 재심사유

1. 개설

(1) 한정적 열거

제451조 제1항은 11가지의 재심사유를 한정적으로 열거하고 있다. 제1 내지 3, 11호는 판결내용에 영향을 미쳤는지 여부를 불문하나 제4 내지 10호는 판결주문에 영향을 미칠 가능성이 있어야 재심사유가 된다.

(2) 제4 내지 7호의 재심사유와 재판의 확정

(a) 제4 내지 7호는 판결결과에 영향을 미친 범죄 그 밖에 위법행위를 규정하고 있다. 이들 사유를 이유로 재심의 소를 제기하기 위하여는 가벌적 행위가 있다는 점만으로는 부족하고, 가벌적 행위에 대하여 ① 유죄의 판결이나 과태료부과의 재판이 확정된 때 또는 ② 증거부족 외의 이유로 유죄의 확정판결이나 과태료부과의 확정재판을 할 수 없을 때에만 재심의 소를 제기할 수 있다(451조 2항).

◆ 대법원 1989. 10. 24. 선고 88다카29658 판결

[1] 민사소송법 제422조(현행 451조) 제1항 제4호 내지 제7호 소정의 재심사유에 관하여 같은 법조 제2항의 요건이 불비되어 있는 때에는 재심의 소 자체가 부적

법한 것이 되므로 재심사유 자체에 대하여 그 유무의 판단에 나아갈 것도 없이 각하되어야 하는 것이고 반면에 위 제2항 소정의 요건에 해당하는 사실이 존재하는 경우에는 당해 요건사실 즉 그 판결들이나 처분 등에 관한 판단내용 자체에 대해서는 그 당부를 따질 것 없이 재심의 소는 적법요건을 갖춘 것으로 보아야 하나, 여기에서 나아가 위 4호 내지 7호 소정의 재심사유의 존부에 대해서는 위에서 본 판결이나 처분내용에 밝혀진 판단에 구애받음이 없이 독자적으로 심리판단을 할 수 있는 것이고, 제2항 소정의 적법요건 해당사실은 같은 제1항 제4호 내지 7호 소정의 재심의 소를 제기한 당사자가 증명해야 한다.

[2] 피의자의 소재불명을 이유로 검사가 기소중지결정을 한 경우는 기소유예처분의 경우와는 달리 민사소송법 제422조(현행 451조) 제2항의 요건에 해당하지 않는다.

|註| 1. 사실관계와 법원의 판단 甲은 乙을 상대로 재심의 소를 제기하면서 재심대상판결의 소송절차에서 위조된 매도증서가 증거로 제출되었다는 재심사유 주장을 하였다. 이에 대하여 항소심법원은, 증거에 의하면 위 매도증서가 위조되었음이 인정되나, 甲이 위 매도증거의 위조 혐의로 乙을 고소한 사건에서 乙의 소재불명으로 기소중지결정이 내려졌으므로 제451조 제2항의 요건이 갖추어지지 아니하여 위 재심의 소는 부적법하다고 하였다. 이에 대하여 대법원은 위 판결요지와 같은 이유로, 제451조 제2항의 요건구비 여부를 따지기 전에 먼저 위 매도증서의 위조를 인정한 것은 불필요한 설시라고 할 것이나, 기소중지결정이 내려진 것은 제451조 제2항 소정의 "증거부족 외의 이유로 유죄의 확정판결이나 과태료부과의 확정재판을 할 수 없을 때"에 해당하지 않으므로 甲의 재심청구를 각하한 것은 정당하다고 하여 상고를 기각하였다.

2. 제451조 제2항 요건의 법적 성격 제451조 제2항에서 유죄확정판결 등을 요구한 것은 판결의 부당성이 분명한 때에 한하여 재심의 소를 인정하려는 취지인데, 이에 관하여는 ① 가벌적 행위만이 재심사유이고 유죄확정판결 등은 재심의 남용방지를 위한 적법요건이라는 적법요건설, ② 가벌적 행위와 유죄확정판결 등이 합체되어 재심사유가 된다는 합체설(合體說)이 대립한다. 제451조 제2항의 요건을 갖추지 못하였을 때 적법요건설에 의하면 재심의 소를 각

> 하하여야 하나 합체설에 의하면 재심청구를 기각하여야 한다. 판례는 적법요건설의 입장에 있다.

(b) 제451조 제2항 소정의 "증거부족 외의 이유로 유죄의 확정판결이나 과태료부과의 확정재판을 할 수 없을 때"라 함은 범인의 사망, 심신장애, 사면, 공소시효의 완성, 기소유예처분 등의 사유로 유죄판결을 받지 못한 것을 말하며, 소재불명으로 기소중지결정을 한 경우, 무혐의불기소처분을 받은 경우는 이에 포함되지 않는다.

▶ 대법원 2006. 10. 12. 선고 2005다72508 판결

판결의 증거가 된 문서가 위조된 것이 분명하고 공소시효의 완성으로 그 문서의 위조행위의 범인에 대하여 유죄판결을 할 수 없게 되었다면, 그 위조행위의 범인이 구체적으로 특정되지 않았다고 하더라도 민사소송법 제451조 제2항의 '증거부족 외의 이유로 유죄의 확정판결을 할 수 없을 때'에 해당한다.

> |註| "검사의 문서위조의 불기소이유에 있어 피의자에게 범죄혐의가 없으나 문서가 누군가에 의하여 위조된 것이라는 내용의 기재가 있는 경우"는 여기에 해당하지 않는다.[1]

▶ 대법원 1975. 5. 27. 선고 74다1144 판결

어느 행위가 허위공문서작성의 간접정범에 해당되어 처벌할 수 없어 범죄혐의가 없다고 검사가 불기소처분한 것은 민사소송법 제422조(현행 451조) 제1항 제6호, 제2항에서 말하는 증거흠결 이외의 이유로 유죄의 확정판결이나 과태료의 확정판결을 받을 수 있는 경우에 해당한다고 볼 수 없다.

> |註| 재심대상판결의 소송절차에 제출된 "일시거류사실증명"이 허위임을 이유로 재심을 청구한 사안이다. 위 확인서는 甲의 신청에 따라 OO군 OO면장 명의로 발급된 것인데, 甲이 위 문서를 위조하였다는 혐의에 대하여 검사는 공무원 아닌 자가 공문서위조죄의 간접정범이 될 수 없다는 이유로 甲에 대하여 불기소처분을 하였고, 재심소송에서 법원은 이러한 경우는 "증거흠결 이외의 이유로 유죄의 확정확정판결 등을 받을 수 없는 경우"에 해당한다고 볼 수 없다고 하였다.

▶ 대법원 1985. 11. 26. 선고 85다418 판결

민사소송법 제422조(현행 451조) 제1항 제7호의 증인의 허위진술이 판결의 증거가 되었

---

1) 대판 1964. 5. 12. 63다859.

음을 재심사유로 삼을 경우에 증거흠결 이외의 이유로 유죄의 확정판결을 할 수 없을 때라 함은 증거흠결 이외의 사유 즉 범인의 사망, 사면 또는 공소시효완성과 같은 사유만 없었다면 위증의 유죄판결을 할 수 있었을 때를 의미하는 것이므로 증언의 일부내용이 허위이긴 하나 증언 당시 그것이 허위라는 인식이 있었음을 인정할 만한 증거가 없어 범죄혐의가 없다는 이유로 검사가 불기소결정을 하였다면 이는 곧 증거흠결을 이유로 한 것이므로 재심사유가 되지 못한다.

(c) 제451조 제2항 소정의 적법요건 해당사실은 같은 조 제1항 제4호 내지 7호 소정의 재심의 소를 제기한 당사자가 증명해야 한다. 특히, 증거부족 이외의 사유만 없었다면 유죄판결을 받을 수 있었다는 점은 재심법원이 독자적으로 증거에 의하여 인정하여야 하고, 재심청구인에게 그 주장·증명책임이 있다.

▶ 대법원 1965. 6. 15. 선고 64다1885 판결

본조 제2항에서의 (1) 전단의 의미는 유죄의 확정판결이나 과태료의 확정재판의 존재 자체로 재심사유가 되고 그 유죄의 확정판결 등의 내용과 같은 사실이 확실히 있었는지 여부의 실질적 판단은 재심법원이 그 유죄인정판결 등에 구애됨이 없이 자유로 판단할 수 있는 것이고 (2) 후단의 의미는 범죄사실이 있었음은 확실하나 증거가 없다는 이유 아닌 다른 이유로서 유죄의 확정판결 등을 얻을 수 없는 때에는 재심법원이 독자적으로 증명에 의한 인정을 할 수 있는 것이다.

▶ 대법원 1981. 10. 27. 선고 80다2662 판결

민사소송법 제422조(현행 451조) 제2항의 증거흠결 이외의 사유, 즉 범인의 사망, 사면 또는 공소시효완성과 같은 사유만 없었다면 위조, 변조나 위증이 유죄판결을 받을 수 있었으리라는 점은 재심청구인 측에서 입증하여야 한다.

2. 개별 재심사유

(1) 법률에 따라 판결법원을 구성하지 아니한 때(제1호)

▶ 대법원 2000. 5. 18. 선고 95재다199 전원합의체 판결

재심대상인 대법원판결에서 판시한 법률 등의 해석적용에 관한 의견이 그 전에 선고된 대법원판결에서 판시한 의견을 변경하는 것임에도 대법관 전원의 3분의 2에 미달하는 대법관만으로 구성된 부에서 심판한 경우, 민사소송법 제422조(현행 451조) 제1항 제1호 소정의 재심사유에 해당한다.

|註| 1. 판례변경인지 여부는 당해 사건의 사안과의 관련에서 이해되어야 한다. 이와 관련하여 판례는 "구체적인 대법원의 재판에서 어떠한 표현으로 법의 해석에 관한 일정한 견해가 설시되어 있다고 하더라도, 그것이 진정으로 의미하는 바가 무엇인가, 즉 어떠한 내용으로 또는 어떠한 범위에서 장래 국민의 법생활 또는 법관을 비롯한 법률가의 법운용을 '구속'하는 효력, 즉 판례로서의 효력을 가져서 그 변경에 대법원 전원합의체의 판단이 요구되는가를 살피려면, 사람의 의사표현행위 일반에서와 마찬가지로, 그 설시의 문구에만 구애될 것이 아니라 당해 판결의 전체적인 법판단에 있어서 그 설시가 어떠한 위상을 가지는가에 유의하면서 또 다른 재판례들과의 관련을 고려하면서 면밀하게 따져보아야 한다. 특히, 판결은 1차적으로 개별적인 사건에 법적인 해결을 부여하는 것을 지향하는 것이고, 대법원판결에서의 추상적·일반적 법명제의 설시도 기본적으로 당해 사건의 해결을 염두에 두고 행하여지므로, 그 설시의 위와 같은 '의미'는 당해 사건의 사안과의 관련에서 이해되어야 한다." 라고 하였다.[1]

2. 같은 취지에서, 불법행위시부터 사실심 변론종결시까지 장기간이 경과하고 통화가치 등에 상당한 변동이 생긴 경우 예외적으로 사실심 변론종결일부터 지연손해금이 발생한다고 판단한 대법원 2011. 1. 27. 선고 2010다6680 판결이 불법행위로 인한 손해배상채무의 지연손해금 기산일에 관한 대법원의 종전 의견을 변경한 것은 아니라고 하였다.[2]

▶ 대법원 1955. 3. 5. 선고 4287민상143 판결

제1호 소정의 재심사유가 성립되려면 법원의 구성이 법률에 비추어 부적법한 경우라야 하며, 그 판결법원이라 함은 재심 소의 목적이 되는 종국판결의 성립에 직접 관여한 판사로써 구성된 법원을 지칭하는 것이요, 동 판결의 선고에 관여한 소위 선고법원과 같은 것은 이에 포함되지 않는 것이다.

(2) 법률상 그 재판에 관여할 수 없는 법관이 관여한 때(제2호)

▶ 대법원 2000. 8. 18. 선고 2000재다87 판결

재심사건에 있어서 그 재심의 대상으로 삼고 있는 원재판은 민사소송법 제37조

1) 대판 2009. 7. 23. 2009재다516.
2) 대판(전) 2011. 7. 21. 2011재다199.

(현행 41조) 제5호의 '전심재판'에 해당한다고 할 수 없고, 따라서 재심대상 재판에 관여한 법관이 당해 재심사건의 재판에 관여하였다 하더라도 이는 민사소송법 제422조(현행 451조) 제1항 제2호 소정의 "법률상 그 재판에 관여하지 못할 법관이 관여한 때"에 해당한다고 할 수 없다.

(3) 대리권의 흠결 또는 대리인의 소송행위 권한에 흠이 있는 때(제3호)

(a) 대리인이 소송행위를 하는 데 필요한 권한의 수권에 흠이 있는 때

본호의 재심사유는 ① 대리권 자체가 없는 경우뿐만 아니라 ② 대리권이 있으나 특정한 소송행위에는 특별수권이 필요함에도 이를 갖추지 않은 경우를 포함한다. 특별대리인(62조)의 선임이 없이 소송을 수행한 경우,[1] 변호사가 변호사법 제31조의 규정에 위배하여 소송대리를 한 경우[2] 등이 후자의 예이다. 위 ①의 경우에는 재심제기기간의 제한이 없지만 위 ②의 경우에는 그 제한이 있다(457조).

본호의 재심사유는 대리권이 없는 경우에만 적용되고 대리권이 있으나 남용된 경우에는 적용하기 어렵다. 일본판례로는 "주식회사의 대표자가 자기 또는 제3자의 이익을 도모할 의사로 소송행위를 하고 상대방도 이와 같은 대표자의 의사를 알았거나 알 수 있었을 경우라도 제1항 제3호의 재심사유에 해당하지 아니한다"고 한 것이 있다.[3]

▶ 대법원 1980. 12. 9. 선고 80다584 판결

주식회사의 대표이사가 금원을 차용함에 있어 주주총회의 특별결의 없이 제소전화해를 하였다면 이는 소송행위를 함에 있어서 필요한 특별수권을 얻지 않고 한 셈이 되어 민사소송법 제422조(현행 451조) 제1항 제3호 소정의 재심사유에 해당되는 것이지만 전연 대리권을 갖지 아니한 자가 소송대리를 한 대리권 흠결의 경우와는 달라서 같은 법 제427조(현행 457조)가 적용되지 아니한다.

|註| 사실관계와 법원의 판단　甲(주식회사)의 대표이사 丙은 乙로부터 금원을 차용하면서 담보 목적으로 乙에게 甲 소유의 X 부동산에 관하여 소유권이전등기청구권가등기를 마쳐준 다음, 乙과 사이에 甲이 약정기한까지 위 채무를 이행하면 위 가등기를 말소하되, 이를 이행하지 아니하면 위 가등기에 의한

1) 대판 1965. 9. 7. 65사19.
2) 대판 1971. 5. 24. 71다556.
3) 일본 최고재 平成 5(1993). 9. 9. 판결.

본등기를 경료하여 주기로 하는 내용의 제소전화해를 하였고, 그 화해조서가 작성되었다. 이후 甲이 약정기한까지 위 채무를 변제하지 못하자 乙은 위 화해조서에 기하여 X 부동산에 관하여 본등기를 마쳤다. 이에 甲은 X 부동산은 甲의 유일한 영업용 부동산이어서 이를 처분하려면 주주총회의 특별결의가 있어야 하는데도 丙은 주주총회 특별결의 없이 X 부동산에 관한 위와 같은 처분행위를 하였으므로 위 가등기 및 본등기는 원인무효라고 주장하면서 위 각 등기의 말소를 구하는 소를 제기하였다. 그러나 법원이 위 각 등기는 위 화해조서가 준재심에 의하여 취소되지 않는 한 유효하다는 이유로 甲 패소판결을 하자, 甲은 위 화해조서에는 대리권흠결의 재심사유가 있다고 주장하면서 준재심의 소를 제기하였다. 이에 대하여 법원은 위 준재심의 소는 제소기간 도과로 부적법하다고 하였다.

(b) **본인이나 대리인이 실질적인 소송행위를 할 수 없었던 경우**

널리 당사자 본인이나 그 대리인의 실질적인 소송행위를 할 수 없었던 경우도 본호의 재심사유에 해당한다. 성명모용소송이나 소송절차중단을 간과한 판결 등이 그 예이다.

◆ 대법원 1999. 2. 26. 선고 98다47290 판결

[1] 민사소송법 제422조(현행 451조) 제1항 제3호 소정의 재심사유는 무권대리인이 대리인으로서 본인을 위하여 실질적인 소송행위를 하였을 경우뿐만 아니라 대리권의 흠결로 인하여 본인이나 그의 소송대리인이 실질적인 소송행위를 할 수 없었던 경우에도 이에 해당한다.

[2] 참칭대표자를 대표자로 표시하여 소송을 제기한 결과 그 앞으로 소장부본 및 변론기일소환장이 송달되어 변론기일에 참칭대표자의 불출석으로 의제자백판결이 선고된 경우, 이는 적법한 대표자가 변론기일소환장을 송달받지 못하였기 때문에 실질적인 소송행위를 하지 못한 관계로 위 의제자백판결이 선고된 것이므로, 민사소송법 제422조(현행 451조) 제1항 제3호 소정의 재심사유에 해당한다.

|註| 1. 사실관계와 법원의 판단 甲은 乙(사찰)의 대표자를 丙으로 표시하여 乙을 상대로 소유권이전등기청구의 소를 제기하였다. 소장부본과 변론기일통지서 등 소송서류는 사찰 경내에서 거주하며 丙을 보필하던 丁에게 송달되었

고 丙은 답변서 등을 제출하지도 않고 변론기일에 출석하지도 아니하였다. 법원은 자백간주판결로 甲 승소판결을 하였고 위 판결은 그대로 확정되었다. 이후 乙의 정당한 대표자인 戊가 乙을 대표하여 甲을 상대로 대리권 흠을 재심사유로 하여 재심의 소를 제기하였다. 법원은 판결요지와 같은 이유로 재심사유가 있다고 판단하였다.

2. 허위주소로 인한 자백간주판결과의 비교 판례는 위와 같이 피고의 참칭대표자에게 소송서류를 송달한 사안에서는 재심사유가 있다고 보면서 피고가 아닌 제3자에게 소송서류를 송달한 사안(허위주소에 의한 자백간주판결의 사안)에서는 판결의 적법한 송달이 없어 판결이 확정되지 않았으므로 항소를 제기할 것이지 판결이 확정되었음을 전제로 한 재심의 소를 제기할 수 없다고 하였다.[1] 엉뚱한 사람이 절차에 관여하고 판결의 효력을 받을 피고측의 절차관여권이 배제된 점에서 두 경우가 다를 바가 없음에도 달리 취급하는 것은 문제가 있다는 지적이 있다.

◆ 대법원 1998. 12. 11. 선고 97재다445 판결

우체국 집배원의 배달 착오로 상고인인 원고(재심원고)가 소송기록접수통지서를 송달받지 못하여 상고이유서 제출기간 내에 상고이유서를 제출하지 않았다는 이유로 민사소송법 제428조, 상고심절차에관한특례법 제5조에 의하여 원고의 상고가 기각된 경우, 원고는 적법하게 소송에 관여할 수 있는 기회를 부여받지 못하였으므로, 이는 민사소송법 제451조 제1항 제3호에 규정된 '법정대리권, 소송대리권 또는 대리인이 소송행위를 함에 필요한 권한의 수여에 흠이 있는 때'에 준하여 재심사유에 해당한다고 봄이 상당하다.

|註| 우체국 집배원의 배달 착오로 소송기록접수통지서를 송달받지 못하여 상고이유서 제출기간 내에 상고이유서를 제출하지 못함으로써 상고가 기각된 경우, 적법하게 소송에 관여할 기회를 부여받지 못한 경우에 해당하여 대리권 흠결에 준하여 재심사유가 인정된다고 한 판결이다.

▶ 대법원 1964. 3. 31. 선고 63다656 판결

당사자의 이름을 모용하고 이루어진 판결이 확정된 경우에는 적법하게 소송관

1) 대판(전) 1978. 5. 9. 75다634.

여의 기회가 부여되지 아니한 것이 될 것으로서 소송대리권의 흠결을 사유로 하여 재심의 소를 제기할 수 있다.

▶ 대법원 1995. 5. 23. 선고 94다28444 전원합의체 판결

소송계속 중 어느 일방 당사자의 사망에 의한 소송절차 중단을 간과하고 변론이 종결되어 판결이 선고된 경우에는 그 판결은 소송에 관여할 수 있는 적법한 수계인의 권한을 배제한 결과가 되는 절차상 위법은 있지만 그 판결이 당연무효라 할 수는 없고, 다만 그 판결은 대리인에 의하여 적법하게 대리되지 않았던 경우와 마찬가지로 보아 대리권흠결을 이유로 상소 또는 재심에 의하여 그 취소를 구할 수 있을 뿐이므로, ….

▶ 대법원 1992. 12. 22. 선고 92재다259 판결

민사소송법 제422조(현행 451조) 제1항 제3호 소정의 소송대리권 또는 대리인이 소송행위를 함에 필요한 수권의 흠결을 재심사유로 주장하려면 무권대리인이 소송대리인으로서 본인을 위하여 실질적인 소송행위를 하였거나 소송대리권의 흠결로 인하여 본인이나 그의 소송대리인이 실질적인 소송행위를 할 수 없었던 경우가 아니면 안 된다고 봄이 상당하므로, 본인에게 송달되어야 할 소송서류 등이 본인이나 그의 소송대리인에게 송달되지 아니하고 무권대리인에게 송달된 채 판결이 확정되었다 하더라도 그로 말미암아 본인이나 그의 소송대리인이 그에 대응하여 공격 또는 방어방법을 제출하는 등의 실질적인 소송행위를 할 기회가 박탈되지 아니하였다면 그 사유를 재심사유로 주장할 수 없다.

|註| 상고이유서 제출기간이 지난 뒤에 피상고인이 제출한 상고이유에 대한 답변서와 선고기일통지서를 착오에 의하여 상고인이 아닌 피상고인의 소송대리인에게 송달하고 판결을 선고한 사안이다. 재심법원(대법원)은 이미 상고이유서 제출기간이 지났으므로 상고인이 새로운 사유를 상고이유로 제출하는 등 실질적인 소송행위를 할 것이 없고, 상고법원이 상고를 기각하는 판결을 선고함과 동시에 판결이 확정되는 것이므로, 위와 같은 사유는 재심사유가 될 수 없다고 하였다.

(c) **상대방이 대리권 등의 흠결을 재심사유로 삼기 위한 요건**

▶ 대법원 2000. 12. 22. 선고 2000재다513 판결

민사소송법에서 법정대리권 등의 흠결을 재심사유로 규정한 취지는 원래 그러한 대표권의 흠결이 있는 당사자측을 보호하려는 데에 있으므로, 그 상대방이 이를 재심사유로 삼기 위하여는 그러한 사유를 주장함으로써 이익을 받을 수 있는 경우에 한하고, 여

기서 이익을 받을 수 있는 경우란 위와 같은 대표권 흠결 이외의 사유로도 종전의 판결이 종국적으로 상대방의 이익으로 변경될 수 있는 경우를 가리킨다.

(4) 법관이 직무상의 죄를 범한 때(제4호)

▶ **대법원 2000. 8. 18. 선고 2000재다87 판결**

재심의 소는 확정판결에 관하여 민사소송법 제422조(현행 451조) 소정의 재심사유가 있음을 주장하여 그 취소와 확정판결에 의하여 종결된 재심대상 본안사건의 재심판을 구하는 소이므로, 법원은 재심대상 본안사건의 기록을 검토하지 않고서도 재심소장의 기재만으로 그 주장의 재심사유가 존재하는지 여부를 심리하여 재심사유의 존재가 인정되지 아니할 때에는 재심의 소를 배척할 수 있는 것이어서 재심대상 판결이 재심대상 본안사건의 기록을 검토함이 없이 재심청구를 기각하였다고 하더라도 이는 민사소송법(현행 451조) 제422조 제1항 제4호 소정의 "재판에 관여한 법관이 그 사건에 관하여 직무에 관한 죄를 범한 때"에 해당한다고 할 수 없다.

(5) 형사상 처벌받을 행위로 인한 자백 또는 공격방어방법 제출의 방해(제5호)

다른 사람의 형사상 처벌받을 행위로 당해 소송절차에서 공격방어방법을 제출하는 것이 직접 방해받아야 한다.

(a) 당해 소송절차에서의 방해

▶ **대법원 1982. 10. 12. 선고 82다카664 판결**

민사소송법 제422조(현행 451조) 제1항 제5호 소정의 형사상 처벌을 받을 타인의 행위로 인하여 판결에 영향을 미친 공격·방어방법의 제출이 방해된 때라 함은 타인의 형사처벌을 받을 행위로 인하여 당해 소송절차에 당사자의 공격·방어방법의 제출이 직접 방해받은 경우를 말하는 것이고, 당해 소송절차와는 관계없는 타인의 범죄행위로 인하여 실체법상의 어떤 효과발생이 저지되었다든가 어떤 사실이 조작되었기 때문에 그 결과 법원이 사실인정을 그르치게 된 경우까지 포함되는 것이 아니다.

|註| **사실관계와 법원의 판단** 丙은 乙에 대한 전세금반환채권을 甲에게 양도하고 양도통지를 위하여 乙에게 내용증명우편을 보냈다. 위 우편물이 乙에게 배달되었으나 乙이 위 우편물을 개봉하여 내용을 읽기 전에 丙이 乙로부터 위 우편물을 빼앗아 찢어버렸다. 丙은 이후 위 전세금반환채권을 丁에게 양도하

였고 乙은 丁에게 전세금채권을 변제하였다. 甲은 乙을 상대로 위 양수채권청구의 소를 제기하였고 법원은 채권양도 및 그 통지가 있었음을 이유로 甲 승소판결(재심대상판결)을 하였다. 위 판결이 확정된 후 丙은 비밀침해죄(우편물개봉행위)와 배임죄(채권이중양도행위)의 유죄확정판결을 받았다. 乙은 丙의 행위로 재심대상판결에 영향을 미칠 방어방법의 제출을 방해받았다고 주장하면서 재심의 소를 제기하였으나, 대법원은 판결요지와 같이 판시한 다음 "채권양도인인 丙이 채무자인 乙에게 배달된 우편물(채권양도통지)을 乙이 읽기도 전에 찢어버린 행위는 그로 인하여 채권양도통지의 효력발생이 저지되었고 그럼에도 불구하고 채권양도가 된 것처럼 보였기 때문에 법원이 사실인정을 잘못하게 되었으며 또 위 행위가 없었다면 乙은 그 양도통지를 받아보게 되어 甲에게 적법하게 양도된 사실을 알고, 그 후에 양수한 丁에게 채권을 변제하지 않았을 것이라고 볼 사유는 될지언정 그 행위로 인하여 재심대상판결 사건의 소송절차에서 乙의 방어방법 제출이 직접 방해받게 되었다고는 할 수 없는 것이므로 이를 들어 민사소송법 제422조(현행 451조) 제1항 제5호 소정의 재심사유에 해당된다고 할 수 없다"고 하였다.

▶ 대법원 1993. 11. 9. 선고 93다39553 판결

재심대상판결의 소송절차가 아닌 다른 사건(A 사건)의 소송절차에서 사실을 잘못 인정하는 등의 위법이 있는 판결(B 사건 판결)의 판결서가 증거로 제출됨으로써 패소의 판결이 확정되고, 그에 따라 그 사건(A 사건) 소송의 제기에 의하여 점유로 인한 부동산소유권취득기간의 진행이 중단되었다는 주장이 재심대상판결에서 배척되었다는 등의 사유는 위와 같은 재심사유에 해당하는 것이 아니다.

(b) **공격방어방법의 제출에 대한 직접적인 방해**

▶ 대법원 1985. 1. 29. 선고 84다카1430 판결

재심대상사건에 관한 공격방어방법이 담긴 합의각서를 동 소송계속 중 제3자가 반환을 거부하였다면 그 반환을 거부한 소위는 공격방어방법의 제출을 방해한 것이라고 못 볼 바 아니고 그 반환거부로 인하여 동인이 횡령의 유죄확정판결을 받았다면 이는 민사소송법 제422조(현행 451조) 제1항 제5호 소정의 재심사유에 해당한다.

|註| '공격방어방법의 제출을 방해받은 때'란 주장을 제출하지 못한 때뿐만 아

니라 위와 같이 증거방법을 제출하지 못한 때도 포함된다. 승패에 영향이 있는 문서를 절취·강탈·손괴하거나 증인을 체포·감금하여 출석하지 못하게 하는 경우가 이에 포함된다.

▶ 대법원 1997. 5. 28. 선고 96다41649 판결

민사소송법 제422조(현행 451조) 제1항 제11호의 재심사유인 상대방의 주소가 분명함에도 불구하고 재산을 편취할 목적으로 고의로 소재불명이라 하여 법원을 속이고 공시송달의 허가를 받아 상대방의 불출석을 기화로 승소판결을 받은 경우, 그 소송의 준비단계에서부터 판결확정시까지 문서위조 등 형사상 처벌을 받을 어떤 다른 위법사유가 전혀 개재되지 않았기 때문에 오로지 소송사기로밖에 처벌할 수 없는 경우라 하더라도, 형사상 처벌을 받을 타인의 행위로 인하여 공격 또는 방어방법의 제출이 방해되었음을 부정할 수 없으므로, 이러한 경우 같은 법 제422조(현행 451조) 제1항 제5호의 재심사유도 위 제11호의 재심사유와 병존하여 있다고 보아야 한다.

(c) **재심을 청구한 당사자의 대리인의 배임행위**

◆ 대법원 2012. 6. 14. 선고 2010다86112 판결

[1] 민사소송법 제451조 제1항 제5호는 '형사상 처벌을 받을 다른 사람의 행위로 말미암아 자백을 한 경우'를 재심사유로 인정하고 있는데, 이는 다른 사람의 범죄행위를 직접적 원인으로 하여 이루어진 소송행위와 그에 기초한 확정판결은 법질서의 이념인 정의의 관념상 그 효력을 용인할 수 없다는 취지에서 재심이라는 비상수단을 통해 확정판결의 취소를 허용하고자 한 것이므로, 형사상 처벌을 받을 다른 사람의 행위로 말미암아 상소 취하를 하여 그 원심판결이 확정된 경우에도 위 자백에 준하여 재심사유가 된다고 봄이 상당하다. 그리고 위 '형사상 처벌을 받을 다른 사람의 행위'에는 당사자의 대리인이 범한 배임죄도 포함될 수 있으나, 이를 재심사유로 인정하기 위해서는 단순히 대리인이 문제된 소송행위와 관련하여 배임죄로 유죄판결을 받았다는 것만으로는 충분하지 않고, 위 대리인의 배임행위에 소송의 상대방 또는 그 대리인이 통모하여 가담한 경우와 같이 대리인이 한 소송행위의 효과를 당사자 본인에게 귀속시키는 것이 절차적 정의에 반하여 도저히 수긍할 수 없다고 볼 정도로 대리권에 실질적인 흠이 발생한 경우라야 한다.

[2] 어떠한 소송행위에 민사소송법 제451조 제1항 제5호의 재심사유가 있다고 인정되는 경우 그러한 소송행위에 기초한 확정판결의 효력을 배제하기 위한 재심제도의 취지상 재심절차에서 해당 소송행위의 효력은 당연히 부정될 수밖에 없고, 그에 따라 법원으로서는 위 소송행위가 존재하지 않은 것과 같은 상태를 전제로 재심대상사건의 본안에 나아가 심리·판단하여야 하며 달리 위 소송행위의 효력을 인정할 여지가 없다.

|註| 재심대상판결 당시 피고 주식회사의 실질적 대표자이던 甲이 소송상대방과 통모하여 개인적으로 돈을 받기로 하고 제1심판결에 대한 항소를 취하한 사안이다. 대법원은, 甲이 소송상대방과 통모하여 항소를 취하한 행위에 대하여 업무상배임죄로 유죄판결을 받고 판결이 확정되었으므로 재심대상판결에는 민사소송법 제451조 제1항 제5호에 준하는 재심사유가 있다고 하였고, 아울러 항소 취하의 효력을 인정할 수도 없다고 하였다. 상소취하가 재심을 청구한 당사자의 대리인의 배임행위에 의하여 이루어진 경우에는 자백에 준하여 재심사유가 되나, 이 경우에는 유죄확정판결 외에 상대방과의 담합 등 실질적인 흠의 존재가 있어야 함을 밝힌 판결이다.

(6) 판결의 증거가 된 문서 등이 위조·변조된 때(제6호)

▶ 대법원 1997. 7. 25. 선고 97다15470 판결

민사소송법 제422조(현행 451조) 제1항 제6호 소정의 "판결의 증거로 된 문서 기타 물건이 위조나 변조된 것인 때"라 함은, 그 위조된 문서 등이 판결주문의 이유가 된 사실인정의 직접적 또는 간접적인 자료로 제공되어 법원이 그 위조문서 등을 참작하지 않았더라면 당해 판결과는 다른 판결을 하였을 개연성이 있는 경우를 말하고, 그 위조문서 등을 제외한 나머지 증거들만 가지고도 그 판결의 인정사실을 인정할 수 있거나 그 위조문서 등이 없었더라면 판결주문이 달라질 수도 있을 것이라는 일응의 개연성이 있지 아니하는 경우 또는 위조문서 등이 재심대상판결이유에서 가정적 또는 부가적으로 설시한 사실을 인정하기 위하여 인용된 것이고 주요사실의 인정에 영향을 미치지 않는 사정에 관한 것이었을 때에는 재심사유가 되지 않으며, 여기에서 말하는 "위조"에는 형사상 처벌될 수 있는 허위공문서작성이나 공정증서원본불실기재가 포함된다.

▶ 대법원 1995. 3. 10. 선고 94다30829, 30836, 30843 판결

형사상의 범죄를 구성하지 아니하는 사문서의 소위 무형위조의 경우 그 사문서는 민사소송법 제422조(현행 451조) 제1항 제6호 소정의 판결의 증거로 된 문서가 위조나 변조된 것인 때의 위조나 변조된 문서에 해당하지 않는다.

▶ 대법원 2000. 4. 11. 선고 99재다746 판결

상고심의 판결에 대하여 재심의 소를 제기하려면, 상고심의 소송절차 또는 판결에 민사소송법 제422조(현행 451조) 소정의 사유가 있는 경우에 한하는 것인바, 상고심에는 직권조사 사항이 아닌 이상 사실인정의 직책은 없고 다만, 사실심인 제2심법원이 한 증거의 판단과 사실인정의 적법 여부를 판단할 뿐이고, 사실심에서 적법하게 확정한 사실은 상고심을 기속하는 바이므로, 재심사유 가운데 사실인정 자체에 관한 것, 예컨대 민사소송법 제422조(현행 451조) 제1항 제6호의 서증의 위조·변조에 관한 것이나 제7호의 허위진술에 관한 것 등에 대하여는 사실심의 판결에 대한 재심사유는 될지언정 상고심 판결에 대하여서는 재심사유로는 삼을 수 없다.

(7) 증인 등의 거짓 진술 또는 당사자신문에서의 거짓 진술(제7호)

▶ 대법원 1997. 12. 26. 선고 97다42922 판결

[1] 민사소송법 제422조(현행 451조) 제1항 제7호 소정의 재심사유인 "증인의 허위진술이 판결의 증거가 된 때"라 함은, 증인의 허위진술이 판결주문에 영향을 미치는 사실인정의 자료가 된 경우를 의미하고, 판결주문에 영향을 미친다는 것은 만약 그 허위진술이 없었더라면 판결주문이 달라질 수도 있었을 것이라는 개연성이 있는 경우를 말하고 변경의 확실성을 요구하는 것은 아니며, 그 경우에 있어서 사실인정의 자료로 제공되었다 함은 그 허위진술이 직접적인 증거가 된 때뿐만 아니라 대비증거로 사용되어 간접적으로 영향을 준 경우도 포함되지만, 허위진술을 제외한 나머지 증거들만에 의하여도 판결주문에 아무런 영향도 미치지 아니하는 경우에는 비록 그 허위진술이 위증으로 유죄의 확정판결을 받았다고 하더라도 재심사유에는 해당되지 않는다.

[2] 증인의 허위진술이 확정판결의 결과에 영향이 없는지의 여부를 판단하려면 재심 전 증거들과 함께 재심소송에서 조사된 각 증거들까지도 종합하여 그 판

단의 자료로 삼아야 한다.

▶ **대법원 2001. 5. 8. 선고 2001다11581, 11598 판결**

민사소송법 제422조 제1항 제7호의 '증인의 허위진술 등이 판결의 증거로 된 때'라 함은 그 허위진술이 판결 주문의 근거가 된 사실을 인정하는 증거로 채택되어 판결서에 구체적으로 기재되어 있는 경우를 말하므로, 증인의 진술이 증거로 채택되어 사실인정의 자료가 되지 않았다면, 그 진술이 허위이고 법관의 심증에 영향을 주었을 것으로 추측된다 하더라도 재심사유가 되지 않는다.

▶ **대법원 1997. 3. 28. 선고 97다3729 판결**

민사소송법 제422조(현행 451조) 제1항 제7호 소정의 "증인의 허위진술이 판결의 증거로 된 때"라 함은 증인이 직접 재심의 대상이 된 소송사건을 심리하는 법정에서 허위로 진술하고, 그 허위진술이 판결주문의 이유가 된 사실인정의 자료가 된 경우를 가리키는 것이지, 증인이 재심대상이 된 소송사건 이외의 다른 민·형사 관련사건에서 증인으로서 허위진술을 하고 그 진술을 기재한 조서가 재심대상판결에서 서증으로 제출되어 이것이 채용된 경우는 위 제7호 소정의 재심사유에 포함될 수 없다.

▶ **대법원 1980. 11. 11. 선고 80다642 전원합의체 판결**

병행심리된 관련된 두 사건의 증인으로 채택된 자가 그 두 사건에 관하여 동시에 같은 내용의 증언을 하였으나 그 중 하나의 사건에 관한 증언이 위증으로 확정된 경우에는 그 사건에 관하여서만 재심이유가 된다.

(8) 판결의 기초가 된 판결 또는 행정처분이 바뀐 때(제8호)

▶ **대법원 2001. 12. 14. 선고 2000다12679 판결**(특허무효심판에서 같은 취지 : 대법원 2020. 1. 22. 선고 2016후2522 전원합의체 판결)

[1] 민사소송법 제422조(현행 451조) 제1항 제8호에 정하여진 재심사유인 '판결의 기초로 된 민사나 형사의 판결 기타의 재판 또는 행정처분이 다른 재판이나 행정처분에 의하여 변경된 때'라고 함은 그 확정판결에 법률적으로 구속력을 미치거나 또는 그 확정판결에서 사실인정의 자료가 된 재판이나 행정처분이 그 후 다른 재판이나 행정처분에 의하여 확정적이고 또한 소급적으로 변경된 경우를

말하는 것이고, 여기서 사실인정의 자료가 되었다고 하는 것은 그 재판이나 행정처분이 확정판결의 사실인정에 있어서 증거자료로 채택되었고 그 재판이나 행정처분의 변경이 확정판결의 사실인정에 영향을 미칠 가능성이 있는 경우를 말한다.

[2] 원심판결의 기초로 된 행정처분이 법원의 확정판결에 의하여 취소되었다면 이는 민사소송법 제422조(현행 451조) 제1항 제8호의 재심사유인 '판결의 기초로 된 행정처분이 재판에 의하여 변경된 때'에 해당하는 것이고, 같은 항 단서의 규정내용에 비추어 원심판결에 위와 같은 사유가 있다는 것은 상고사유가 된다.

▶ 대법원 1998. 3. 27. 선고 97다50855 판결

민사소송법 제422조(현행 451조) 제1항 제8호 소정의 재심사유인 "판결의 기초로 된 민사나 형사의 판결 기타의 재판 또는 행정처분이 다른 재판이나 행정처분에 의하여 변경된 때"라 함은 그 확정판결에 법률적으로 구속력을 미치거나 또는 그 확정판결에서 사실인정의 자료가 된 재판이나 행정처분이 그 후 다른 재판이나 행정처분에 의하여 확정적이고, 또한 소급적으로 변경된 경우를 말하는 것인데, 먼저 검사의 불기소처분이 재심대상판결에 법률적으로 구속력을 미치는 것이 아님은 의문의 여지가 없고, 다음 검사의 불기소처분에는 확정재판에 있어서의 확정력과 같은 효력이 없어 일단 불기소처분을 한 후에도 공소시효가 완성되기까지 언제라도 공소를 제기할 수 있는 것이므로, 일단 불기소처분되었다가 후에 공소가 제기되었다고 하여 종전의 불기소처분이 "소급적"으로 변경된 것으로 보기 어렵고, 나아가 그 기소된 형사사건이 유죄로 확정되었다 하여도 이는 마찬가지이다.

|註| 1. ① 제권판결로 말미암아 어음의 효력이 상실되었다는 이유로 약속어음금 청구를 기각하였으나 제권판결이 취소된 경우,[1] ② 사실인정의 자료인 형사유죄판결이 무죄로 확정된 경우,[2] ③ 판결의 기초가 된 화의인가결정이 화의취소결정에 의하여 취소되어 확정된 경우[3]는 본호의 재심사유에 해당한다.

1) 대판 1991. 11. 12. 91다25727.
2) 대판 1980. 1. 15. 79누35.
3) 대판 2004. 9. 24. 2003다27887(… 화의취소결정은 화의인가결정을 취소하여 실효시킴으로써 화의채권자가 화의조건에 의하여 양보한 권리를 회복시키는 효과가 있으므로 원고인 채권자와 피고인 채무자 사이의 판결의 기초가 된 채무자에 대한 화의인가결정이 화의취소결정에 의하여 취소되어 확정된 때에는 위 조항 소정의 재심사유에 해당된다).

> 2. 그러나 ① 판결의 기초가 된 행정처분 취소의 효력이 소급하지 않고 장래에 향해서만 발생하는 경우,[1] ② 행정처분이 당연무효인 경우,[2] ③ 판결의 전제가 된 행정처분의 적법 여부에 관해 법원이 후에 다른 사건에서의 판례변경으로 상반된 해석을 한 경우[3] 등은 본호의 재심사유에 해당하지 않는다.

▶ 대법원 1991. 7. 26. 선고 91다13694 판결

[1] 민사소송법 제422조(현행 451조) 제1항 제8호에서 말하는 재심사유인 "판결의 기초로 된 민사나 형사의 판결 기타의 재판이 다른 재판에 의하여 변경된 때"라 함은 그 확정판결에 법률적으로 구속력을 미치거나 또는 그 확정판결에서 사실인정의 자료가 된 재판이 그 후 다른 재판에 의하여 변경된 경우를 말하고, "확정판결에서 사실인정의 자료가 된 재판"인 여부의 인정에 있어서는 그 재판이 확정판결에서 증거로 인용되어 거시되었는가 하는 형식적인 점만으로 판단할 것이 아니고, 그 재판이 확정판결의 사실인정에 영향을 미치는 것인지를 따져서 판단하여야 한다.

[2] 재심대상판결의 증거로 채용된 약식명령이 항소심에서 변경되었으나 위 약식명령을 제외한 나머지 증거들만으로도 재심대상판결의 사실인정을 충분히 할 수 있고, 또 위 약식명령이 항소심에서 변경된 이유가 법률적 판단의 차이에 불과한 것 때문이었다면 이를 가리켜 재심대상판결의 사실인정의 기초가 된 재판이 다른 재판에 의하여 변경된 것이라고 볼 수 없다.

(9) 판결에 영향을 미칠 중요사항에 관한 판단누락(제9호)

▶ 대법원 2004. 9. 13.자 2004마660 결정

민사소송법 제451조 제1항 제9호에 정하여진 "판결에 영향을 미칠 중요한 사항에 관하여 판단을 누락한 때"라고 함은, 직권조사사항에 해당하는지 여부를 불문하고 그 판단 여하에 따라 판결의 결론에 영향을 미치는 사항으로서 당사자가 구술변론에서 주장하거나 또는 법원의 직권조사를 촉구하였음에도 불구하고 판단을 하지 아니한 경우를 말하는 것이므로 당사자가 주장하지 아니하거나 그 조사를 촉구하지 아니한 사항은 이에 해당하지 아니한다.

---

1) 대판 1972. 12. 12. 72다1045.
2) 대판 1977. 9. 28. 77다1116.
3) 대판 1987. 12. 8. 87다카2088.

▶ 대법원 2008. 7. 10. 선고 2006재다218 판결(同 대법원 2020. 6. 11. 선고 2017두36953 판결 등)

법원의 판결에 당사자가 주장한 사항에 대한 구체적·직접적인 판단이 표시되어 있지 않았더라도 판결 이유의 전반적인 취지에 비추어 그 주장을 인용하거나 배척하였음을 알 수 있는 정도라면 판단누락이라고 할 수 없고, 설령 실제로 판단을 하지 아니하였다고 하더라도 그 주장이 배척될 경우임이 분명한 때에는 판결 결과에 영향이 없어 판단누락의 위법이 있다고 할 수 없다.

▶ 대법원 2000. 11. 24. 선고 2000다47200 판결

민사소송법 제422조(현행 451조) 제1항 제9호가 정하는 재심사유인 "판결에 영향을 미친 중요한 사항에 관하여 판단을 유탈한 때"라고 함은 당사자가 소송상 제출한 공격·방어방법으로서 판결에 영향이 있는 것에 대하여 판결이유 중에 판단을 명시하지 아니한 경우를 말하고, 판단이 있는 이상 그 판단에 이르는 이유가 소상하게 설시되어 있지 아니하거나 당사자의 주장을 배척하는 근거를 일일이 개별적으로 설명하지 아니하더라도 이를 위 법조에서 말하는 판단유탈이라고 할 수 없다.

|註| 1. 판단누락에 해당되는 사례 ① 상고이유서 제출기간의 원래 만료일이 임시공휴일이어서 그 익일에 기간이 만료함에도 불구하고 그 익일에 제출된 상고이유서를 기간 만료 후에 제출된 것으로 보고 상고이유에 대하여 판단하지 않고 상고를 기각한 경우,[1] ② 항소제기기간 내에 항소장을 제출하였음에도 제1심 재판장이 항소장각하명령을 한 후 항고기각 및 재항고기각이 된 경우,[2] ③ 재항고이유서 제출기간 내에 제출된 재항고이유서에 사건번호가 잘못 기재되어 있었던 관계로 재항고이유서가 사건의 기록에 편철되지 아니하여, 준재심대상결정이 재항고장에 재항고이유의 기재가 없고 재항고이유서 제출기간 내에 재항고이유서를 제출하지 아니하였다는 이유로 재항고이유에 관하여 판단하지 않고 재항고를 기각한 경우[3]는 판단누락에 해당된다.

2. 판단누락에 해당되지 않는 사례 ① 소송요건에 흠이 있어 본안에 들어가

1) 대판 1998. 3. 13. 98재다53.
2) 대결 2002. 12. 9. 2001재마14.
3) 대결 2000. 1. 7. 99재마4.

판단하지 않은 경우,[1] ② 상고이유에 관한 주장이 상고심절차에관한특례법이 정하는 심리불속행 사유에 해당한다고 보아 상고를 기각한 경우[2]는 판단누락에 해당되지 않는다.

3. 판례가 엇갈리는 경우 상고이유서 제출기간 도과 후에 제출된 상고이유보충서 기재의 상고이유가 직권조사사항에 관한 것이었으나 판단하지 않은 경우에 관하여는 판단유탈로 본 것[3]과 판단유탈이 아니라고 본 것[4]이 있다.

(10) 재심대상판결이 전의 확정판결에 어긋나는 때(제10호)

◆ 대법원 2011. 7. 21. 선고 2011재다199 전원합의체 판결

[1] 법원조직법 제7조 제1항에 의하면 대법원의 심판권은 대법관 전원의 3분의 2 이상의 합의체에서 행하되, 다만 같은 항 각호의 경우에 해당하는 경우가 아니면 대법관 3인 이상으로 구성된 부에서 사건을 먼저 심리하여 의견이 일치된 경우에 한하여 그 부에서 심판할 수 있도록 하고 있으며, 같은 항 제3호는 '종전에 대법원에서 판시한 헌법·법률·명령 또는 규칙의 해석적용에 관한 의견을 변경할 필요가 있음을 인정하는 경우'를 규정하고 있으므로, 재심대상판결에서 판시한 법률 등의 해석적용에 관한 의견이 그 전에 선고된 대법원판결에서 판시한 의견을 변경하는 것임에도 대법관 전원의 3분의 2에 미달하는 대법관만으로 구성된 부에서 재심대상판결을 심판하였다면 이는 민사소송법 제451조 제1항 제1호의 '법률에 의하여 판결법원을 구성하지 아니한 때'의 재심사유에 해당한다.

[2] 민사소송법 제451조 제1항 제10호의 재심사유는 재심대상판결의 기판력과 전에 선고한 확정판결의 기판력과의 충돌을 조정하기 위하여 마련된 것이므로 그 규정의 '재심을 제기할 판결이 전에 선고한 확정판결과 저촉되는 때'란 전에 선고한 확정판결의 효력이 재심대상판결 당사자에게 미치는 경우로서 양 판결이 저촉되는 때를 말하고, 전에 선고한 확정판결이 재심대상판결과 내용이 유사한 사건에 관한 것이라고 하여도 당사자들을 달리하여 판결의 기판력이 재심대상판결의 당사자에게 미치지 아니하는 때에는 위 규정의 재심사유에 해당하는

1) 대판 1994. 11. 8. 94재누32.
2) 대판 1997. 5. 7. 96재다479.
3) 대판 1981. 10. 27. 81무5.
4) 대판 1970. 5. 26. 70사2.

것으로 볼 수 없다.

|註| ① 당사자나 청구원인을 달리하는 경우,[1] ② 당사자도 다르고 민사소송과 행정소송사건인 경우,[2] ③ 전소가 소유권부존재확인 및 출입금지청구이고 후소가 경작권의 확인청구인 경우[3] 등은 판결저촉에 해당하지 않는다. 확정판결의 기판력은 판결 주문에서 결론적으로 판단된 부분에 한하여 생기는 것이므로 재심원고의 청구가 기각된 이유와 설명이 다르더라도 전후의 두 판결이 모두 재심원고의 청구를 기각한 경우라면 판결저촉에 해당하지 않는다.[4]

▶ 대법원 1983. 12. 28.자 83사14 결정

민사소송법 제422조(현행 451조) 제1항 제10호의 취의는 재심청구된 재판의 기판력과 그 전에 확정된 재판의 상위를 막기 위함에 있는 것이므로, 준재심대상결정이 종전 대법원의 판례 등에 어긋난다는 것은 확정판결의 기판력 저촉과는 다른 것이므로 동호 소정의 준재심사유가 되지 못한다.

▶ 대법원 1981. 7. 28. 선고 80다2668 판결

민사소송법 제422조(현행 451조) 제1항 제10호 소정의 재심을 제기할 판결이 전에 선고한 확정판결과 저촉하는 때라 함은 재심대상이 된 확정판결의 기판력이 그보다 전에 선고한 확정판결의 기판력과 서로 저촉하는 경우를 말하므로 재심을 제기할 판결이 그보다 늦게 선고 확정된 판결과 저촉되는 경우는 이에 해당하지 아니한다.

(11) **상대방의 주소 등을 알면서도 주소불명 또는 거짓주소로 하여 제소**(제11호)

▶ 대법원 1992. 5. 26. 선고 92다4079 판결

당사자가 상대방의 주소 또는 거소를 알고 있었음에도 불구하고 소재불명이라 하여 공시송달로 소송을 진행하여 그 판결이 확정되고 그 상대방 당사자가 책임질 수 없는 사유로 상소를 제기하지 못한 경우에는 선택에 따라 추완상소를 하거나 민사소송법 제422조(현행 451조) 제1항 제11호의 재심사유가 있음을 이유로 재심의 소를 제기할 수 있다고 하더라도 재심의 소를 선택하여 제기하는 이상 같은 법 제426조(현행 456조) 제3항, 제4항 소정의 제척기간 내에 제기하여야

1) 대판 1990. 3. 27. 90재누10 등.
2) 대판 1990. 3. 13. 89누6464.
3) 대판 1966. 1. 20. 64다496.
4) 대판 2001. 3. 9. 2000재다353.

하고, 위 제척기간은 불변기간이 아니어서 그 기간을 지난 후에는 당사자가 책임질 수 없는 사유로 그 기간을 준수하지 못하였더라도 그 재심의 소제기가 적법히 추완될 수 없다.

|註| 추완항소의 방법이 아닌 재심의 방법을 택한 경우에는 추완항소기간이 도과하였다 하더라도 재심기간 내이면 재심의 소를 제기할 수 있다.[1]

▶ 대법원 1993. 12. 28. 선고 93다48861 판결

민사소송법 제422조(현행 451조) 제1항 제11호의 재심사유는 당사자가 상대방의 주소나 거소를 알면서 소재불명이라고 법원을 속여 공시송달의 명령을 얻어 소송이 진행된 때를 뜻하고, 당사자가 상대방의 주소나 거소를 알면서 허위의 주소나 거소로 하여 소를 제기하고 피고가 아닌 제3자로 하여금 소송서류를 수령하도록 하여 의제자백에 의한 승소판결을 받은 경우에는 그 판결은 피고에게 적법하게 송달되지 아니하여 항소기간의 진행이 개시되지 아니하고, 따라서 판결이 확정되지도 아니하였으므로 항소의 대상이 됨은 별론으로 하고 재심의 대상이 될 수 없다.

▶ 대법원 1992. 10. 9. 선고 92다12131 판결

민사소송법 제422조(현행 451조) 제1항 제11호 소정의 재심사유는 사기판결을 얻어내기 위하여 상대방의 주소를 알고 있음에도 불구하고 소재불명 또는 허위의 주소나 거소로 하여 소를 제기하고 이로 인하여 소의 제기사실을 전혀 알 수 없었던 상대방을 구제하기 위한 것으로서, 상대방이 위 소송진행 중 그 소송계속사실을 알고 있었고, 그럼에도 불구하고 아무런 조치를 취하지 아니하여 판결이 선고되고 확정에 이르렀다면 특별한 사정이 없는 한 그 판결에 재심사유가 있다고 할 수 없다.

제 4. 재심절차

Ⅰ. 관할법원

재심은 재심대상판결을 한 법원의 전속관할에 속한다(453조 1항). 항소심에서 사

1) 대판 2011. 12. 22. 2011다73540.

건에 대하여 본안판결을 하였을 때에는 제1심판결에 대하여 재심의 소를 제기하지 못한다(451조 3항).

◆ 대법원 1984. 2. 28. 선고 83다카1981 전원합의체 판결

[1] 항소심에서 본안판결을 한 경우에는 제1심판결에 대하여 재심의 소를 제기하지 못하므로 그 경우 항소심판결이 아닌 제1심판결에 대하여 제1심법원에 제기된 재심의 소는 재심대상이 아닌 판결을 대상으로 한 것으로서 재심의 소송요건을 결여한 부적합한 소송이며 단순히 재심의 관할을 위반한 소송이라고 볼 수는 없으나, 항소심에서 본안판결을 한 사건에 관하여 제기된 재심의 소가 제1심판결을 대상으로 한 것인가, 또는 항소심판결을 대상으로 한 것인가의 여부는 재심소장에 기재된 재심을 할 판결의 표시만 가지고 판단할 것이 아니라 재심의 이유에 기재된 주장내용(재심사유가 항소심판결에 관한 것인지 여부)을 살펴보고 재심을 제기한 당사자의 의사를 참작하여 판단할 것이다.

[2] 재심의 소가 재심제기기간 내에 제1심법원에 제기되었으나 재심이유 등에 비추어 항소심판결을 대상으로 한 것이라 인정되어 위 소를 항소심법원에 이송한 경우에 있어서 재심제기기간의 준수 여부는 민사소송법 제36조(현행 40조) 제1항의 규정에 비추어 제1심법원에 제기된 때를 기준으로 할 것이지 항소법원에 이송된 때를 기준으로 할 것은 아니다.

|註| 1. 항소심판결을 대상으로 한 재심의 소가 제1심법원에 제기된 경우에는 항소심법원으로 이송하여야 하며, 재심제기기간의 준수 여부는 제1심법원에 제기된 때를 기준으로 할 것이지 항소심법원으로 이송된 때를 기준으로 할 것이 아니라는 전원합의체 판결이다.

2. 대상판결은 종래 각하설을 취하였던 판례를 일거에 뒤집은 것으로서 이에 대하여는 민사사건을 대하는 법관의 올바른 자세를 보여주었다는 평가가 있어 이를 그대로 옮겨 둔다.[1)]

"이번 판결이 … 법관이 사건을 처리하는 자세가 달라지면 사물을 보는 시야가 달라진다는 것을 보여 준 좋은 예라고 생각된다. 종전의 사건처리 자세는 소송제도가 당사자의 권리구제 내지 실질적인 분쟁의 해결을 위하여 존재한다는 점을 잠시 잊고 형식적인 사건처리에만 골몰한 나머지 재심청구 중 배척하는 구실을 찾아내는 데에

1) 이재성, 판례월보 제167호. 대상판결에 대한 또 다른 평석인 민일영, 법과 정의(이회창선생 화갑기념)에서도 위 부분이 그대로 인용되고 있다.

> 만 주력한 인상만 깊었는 데 반하여, 이번의 사건처리 자세는 소송제도가 당사자의 권리구제 내지 실질적인 분쟁의 해결을 위하여 존재한다는 것을 인식하고, 당사자의 사소한 잘못을 책잡아 권리구제를 외면할 것이 아니라 당사자의 진의가 무엇인가를 헤아려 보고 분쟁을 실질적으로 해결하여 주도록 노력하겠다는 인자함과 부지런함을 보여 주는 것으로 느껴진다.
> 재심사건뿐만 아니고 모든 민사사건을 처리함에 있어서 법관들은 민사소송제도의 본래의 목적을 되새겨 보고 그 사건을 어떻게 처리하는 것이 당사자 간의 분쟁을 실질적이고 근원적으로 해결하여 주는 길이 되는가 하는 것을 잊어서는 안 될 것으로 생각된다.
> 그런데 소송의 실제에서는 형식적인 사건처리에만 급급하고 실질적인 분쟁해결을 외면한 것 같은 인상을 받게 되는 경우가 적지 않다.
> 이번 판결의 판시는 모든 법관들에게 위와 같은 민사소송사건의 처리에 있어서 가져야 할 기본자세를 가르쳐 준 것으로 생각된다."

Ⅱ. 소송절차에 관한 규정의 준용

재심소송절차에는 그 성질에 어긋나지 아니하는 범위 안에서 각 심급의 소송절차에 관한 규정이 준용된다(455조). **다만, 판례는 재심소송에 통상소송을 병합하거나 재심소송을 통상소송으로 변경하는 데에는 부정적이다.**

◆ **대법원 1971. 3. 31. 선고 71다8 판결**(㊐ 대법원 1997. 5. 28. 선고 96다41649 판결)

원고(재심피고)가 부동산소유권이전등기 말소청구사건에 있어 피고(재심원고)의 주소를 알면서 허위의 주소로 소를 제기하여 송달이 불능되자 공시송달의 방법에 의하여 승소확정판결을 받았던 것임을 이유로 하여 피고가 원고를 상대로 위 확정판결의 취소를 구하는 재심의 소에서는 위 확정판결의 취소를 구하는 동시에 그 본소청구의 기각을 구하는 이외에 원고가 위 확정판결에 기하여 경료한 소유권이전등기의 말소절차의 이행을 구하는 청구나 원고 명의로부터 다시 소유권이전등기를 받은 제3자를 인수참가인으로 하여 그의 소유권이전등기에 대한 말소등기절차를 구하는 청구 등을 병합할 수 없다. 위와 같은 새로운 청구들은 별소로 청구하여야 할 것이다.

▶ 대법원 1959. 9. 24. 선고 4291민상318 판결

청구의 기초에 변경이 없는 한 변론의 종결에 이르기까지 청구의 취지 및 청구의 원인을 변경할 수 있으나 그 변경이 부당할 때에는 직권으로서도 그 변경을 불허하는 결정을 하여야 하는바, 통상적 소와 재심의 소를 비교하건대 재심의 소의 방식이 통상적 소의 방식과 다를 뿐 아니라 재심의 소는 확정된 종국판결이 있음을 전제로 하고 법률이 정하는 재심사유가 있는 경우에 한하여 법정기간 내에 제소됨을 요하는 것으로서 통상적 소와는 그 성질을 달리하므로 재심의 소를 통상적 소로 변경하거나 반대로 통상적 소를 재심의 소로 변경할 수는 없다.

Ⅲ. 재심의 소의 심리

1. 재심사유 등의 조사

재심의 소가 제기되면 먼저 일반소송요건과 재심의 적법요건을 갖추었는지 여부를 심리하여야 한다. 이것이 갖추어지지 않았으면 재심의 소를 각하한다. 위 요건들이 갖추어졌으면 다음으로 재심사유가 있는지 여부에 관하여 심리한다. 재심사유 있음이 인정되지 않으면 재심청구기각의 판결을 하고, 재심사유 있음이 인정되면 본안의 심리를 하게 된다.

▶ 대법원 1992. 7. 24. 선고 91다45691 판결

재심의 소는 확정판결에 대하여 그 판결의 효력을 인정할 수 없는 흠결이 있는 경우에 구체적 정의를 위하여 법적 안정성을 희생시키면서 확정판결의 취소를 허용하는 비상수단으로서, 소송제도의 기본목적인 분쟁해결의 실효성과 정의실현과의 조화를 도모하여야 하는 것이므로 재심사유의 존부에 관하여는 당사자의 처분권을 인정할 수 없고, 재심법원은 직권으로 당사자가 주장하는 재심사유 해당사실의 존부에 관한 자료를 탐지하여 판단할 필요가 있고, 따라서 재심사유에 대하여는 당사자의 자백이 허용되지 아니하며 의제자백에 관한 민사소송법 제139조(현행 150조) 제1항은 적용되지 아니한다고 할 것이다.

|註| 같은 맥락에서, "'재심대상판결 및 제1심판결을 각 취소한다'는 조정조항은 법원의 형성재판의 대상으로서 당사자들이 자유롭게 처분할 수 있는 권리에 관한 것이 아니어서 당연무효"라는 것이 판례이다.[1]

▶ 대법원 1990. 12. 7. 선고 90다카21886 판결

재심의 소가 제기되면 법원은 먼저 재심원고가 주장하는 재심사유가 있는지의 여부를 조사심리한 다음, 재심사유가 있는 것으로 인정되는 경우에만 본안에 관한 심리에 들어가게 되는 것이므로, 재심원고가 주장하는 재심사유가 없는 것으로 판명될 때에는 본안에 관하여는 심리할 필요도 없이 바로 종국판결로 재심청구를 기각하여야 되는 것이다.

|註| 종래 재심소송의 심리에 있어서 재심사유의 존부와 본안의 당부에 관한 심리가 구분되어 있지 아니하여 통상 두 가지 사항에 대하여 함께 심리가 진행되고 종국판결에서도 함께 판단하고 있는 것이 다수의 실무이었다. 그러나, 이러한 심리방식은 재심사유가 부인되는 경우에는 본안에 관한 심리가 모두 무익한 것으로 되는 문제점이 있는데 이에 해당하는 사례가 상당 비율에 이르고 있었다. 이에 2002년 개정 민사소송법은 재심의 소송절차에서 재심의 소의 적법성 여부와 재심사유의 존부에 대한 심리 및 재판을 본안에 대한 심리 및 재판과 분리하여 먼저 시행할 수 있도록 하고, 이 경우에 재심사유가 있다고 인정되는 때에는 중간판결을 한 뒤 본안에 대하여 심리, 재판하도록 하는 명문의 규정을 두었다(454조). 다만, 판단유탈과 같은 재심사유의 심리는 본안의 심리와 구분하기 어려운 등 재심사유의 내용이나 심리의 난이도에 따라 분리 필요성의 정도에 차이가 있으므로 심리 및 재판의 분리 여부를 법원의 재량에 맡겼다.

2. 본안의 심판

(1) 재심사유가 인정되면 본안에 대한 심리에 들어가게 된다. 본안의 변론과 재판은 재심청구이유의 범위 안에서 하여야 한다(459조).

▶ 대법원 2001. 6. 15. 선고 2000두2952 판결

재심사유가 있는 것으로 인정되어 재심의 대상이 된 확정판결 사건의 본안에 대하여 다시 변론을 한다는 것은 전 소송의 변론이 재개되어 재심 이전의 상태에 돌아가 속행되는 것을 말하며, 따라서 재심법원이 사실심이라면 새로운 공격방어방법을 제출할 수도 있다.

---

1) 대판 2012. 9. 13. 2010다97846.

▶ 대법원 2003. 7. 22. 선고 2001다76298 판결

재심은 상소와 유사한 성질을 갖는 것으로서 부대재심이 제기되지 않는 한 재심원고에 대하여 원래의 확정판결보다 불이익한 판결을 할 수 없다.

▶ 대법원 1991. 3. 27.자 90마970 결정

재심의 소의 절차에 있어서의 변론은 재심 전 절차의 속행이기는 하나 재심의 소는 신소의 제기라는 형식을 취하고 재심 전의 소송과는 일응 분리되어 있는 것이며, 사전 또는 사후의 특별수권이 없는 이상 재심 전의 소송의 소송대리인이 당연히 재심소송의 소송대리인이 되는 것이 아니다.

▶ 대법원 1975. 2. 25. 선고 73다933 판결

재심법원은 재심의 소의 재심사유가 된 유죄판결에 구속을 받는 것은 아니고 그 유죄판결의 내용과 같은 사실의 존부에 관한 실질적 판단을 자유로이 할 수 있으며, 자유로운 판단에 의하여 재심대상인 판결을 정당하다고 인정할 때에는 새로운 증거의 제출이 없더라도 재심청구를 배척할 수 있다.

▶ 대법원 2012. 6. 14. 선고 2010다86112 판결

어떠한 소송행위에 민사소송법 제451조 제1항 제5호의 재심사유가 있다고 인정되는 경우 그러한 소송행위에 기초한 확정판결의 효력을 배제하기 위한 재심제도의 취지상 재심절차에서 해당 소송행위의 효력은 당연히 부정될 수밖에 없고, 그에 따라 법원으로서는 위 소송행위가 존재하지 않은 것과 같은 상태를 전제로 재심대상사건의 본안에 나아가 심리·판단하여야 하며 달리 소송행위의 효력을 인정할 여지가 없다.

(2) 본안심리 결과 원판결이 부당하다고 인정되면 불복신청의 한도 내에서 원판결을 취소하고 이에 갈음하는 판결을 한다. 원판결이 정당하다고 인정되면 재심사유가 있는 경우에도 재심청구를 기각하여야 한다. 원판결이 그 변론종결 당시의 사정으로 보아서는 부당하지만 그 이후에 발생한 새로운 사정으로 인하여 그 결론이 정당한 경우도 원판결이 정당한 경우에 포함된다.

▶ 대법원 1993. 2. 12. 선고 92다25151 판결

재심사건에서 재심사유는 있다고 인정하면서도 재심대상판결의 변론종결 후의 사유를 이유로 재심청구를 기각한 경우 그 기판력의 표준시는 재심대상판결의 변론종결시가 아니라 재심판결의 변론종결시로 보아야 한다.

|註| 재심대상판결의 표준시를 기준으로 하면 부당하지만 그 이후에 발생한 새로운 사유로 재심대상판결의 결론이 정당한 경우 재심대상판결을 취소하고 재심대상판결과 동일한 내용의 판결을 하여야 한다는 견해도 있지만, 판례는 재심기각판결을 하여야 하고 다만 그 표준시는 재심판결의 변론종결시가 된다고 한 것이다.

제5. 준재심

화해조서나 청구포기·인낙조서 또는 즉시항고로 불복할 수 있는 결정이나 명령이 확정된 경우에 재심사유가 있는 때에는 확정판결에 대한 재심절차에 준하여 재심을 제기할 수 있다(461조). 이를 준재심(準再審)이라고 한다.

Ⅰ. 준재심의 소(조서에 대한 준재심)

화해조서, 청구포기·인낙조서 외에 화해조서와 동일한 효력을 갖는 조정조서,[1] 화해권고결정, 조정에 갈음하는 결정에 대하여는 준재심의 소로써 그 효력을 다투어야 한다.

◆ 대법원 2005. 6. 24. 선고 2003다55936 판결

[1] 민사소송법 제451조 제1항 제8호는 판결의 기초로 된 민사나 형사의 판결 기타의 재판 또는 행정처분이 다른 재판이나 행정처분에 의하여 변경된 때를 재심사유로 규정하고 있는바, 여기에서 재판이 판결의 기초로 되었다고 함은 재판이 확정판결에 법률적으로 구속력을 미치는 경우 또는 재판내용이 확정판결에서 사실인정의 자료가 되었고, 그 재판의 변경이 확정판결의 사실인정에 영향을 미칠 가능성이 있는 경우를 말한다. 또한, 재판내용이 확정판결에서 사실인정의 자료가 되었고 그 재판의 변경이 확정판결의 사실인정에 영향을 미칠 가능성이 있는 이상 재심사유는 있는 것이고, 재판내용이 담겨진 문서가 확정판결이 선고된 소송절차에서 반드시 증거방법으로 제출되어 그 문서의 기재 내용이

1) 대판 1968. 10. 22. 68므32("가정법원에서 이루어진 조정조서의 기재는 재판상의 화해와 같은 효력이 있으므로 이에 대하여서는 … 준재심절차에 따라서 그 효력을 다툴 수 있을 뿐이고 법률행위의 요소의 착오가 있다 하여 조정조서무효확인의 소송을 제기하여 그 효력을 다툴 수 없다").

증거자료로 채택된 경우에 한정되는 것은 아니다.

[2] 당해 사건을 심리하던 수소법원이 사건을 조정에 회부하였는데 조정기일에 당사자 사이에 합의가 성립되지 않아 법원이 직권으로 조정에 갈음하는 결정을 한 경우 이는 수소법원의 사실인정과 판단에 기초하여 이루어진 것으로서 만약 관련된 재판내용이 위 조정에 갈음하는 결정에서 사실인정의 자료가 되었고 그 재판의 변경이 그 조정에 갈음하는 결정에 영향을 미칠 가능성이 있다면 당사자는 그 재판의 변경을 이유로 확정된 조정에 갈음하는 결정조서에 대하여 민사소송법 제461조, 제451조 제1항 제8호의 준재심청구를 할 수 있으므로, 그 청구는 적법하다고 할 것이다. 다만, 조정에 갈음하는 결정은 수소법원이 당해 사건의 사실인정과 판단 외에도 여러 사정들을 모두 참작하여 하는 것으로서 조정에 갈음하는 결정조서에 이유가 기재되어 있지 않은 경우 그 결정조서에 대한 준재심사유가 있는지 여부는 판결에 대한 재심에 비하여 엄격하게 판단하여야 한다.

|註| 1. 사실관계와 법원의 판단 丁은 음주상태로 자동차를 운전하다가 술에 취하여 도로로 누워 있던 丙을 역과하였다. 丁은 특정범죄가중처벌등에관한법률위반(도주차량) 및 도로교통법위반(음주운전)으로 기소되었고, 丙의 상속인인 甲은 丁의 보험자인 乙(보험회사)을 상대로 손해배상청구의 소를 제기하였다. 丁과 乙은 위 형사사건 및 민사사건에서 丁이 丙을 역과하기 전에 이미 丙이 사망한 상태였다고 주장하였고, 민사사건의 법원은 형사사건의 결과를 기다리기로 하고 변론기일을 추정하였다. 민사 제1심법원은 丁의 유죄를 인정한 형사 제1심판결이 선고되자 조정에 갈음하는 결정을 하였는데 乙이 이의하였다. 두 사건이 모두에 대하여 항소가 되었고 형사 항소심판결에서도 丁의 유죄가 선고되자 민사 항소심법원은 丙의 과실을 65%로 보고 조정에 갈음하는 결정을 하였으며(결정사항란에 괄호를 하고 "피해자 과실비율 65%"라고 기재), 이에 대하여는 甲과 乙 모두 이의하지 않아 위 결정은 그대로 확정되었다. 그런데 형사 상고심에서 丁이 역과할 당시 丙이 생존하였다는 증거가 없다는 이유로 특정범죄가중처벌등에관한법률위반(도주차량)의 점에 관하여는 무죄 취지의 판결이 선고되고 환송 후 항소심에서 이 부분에 관하여는 무죄가 선고되어 확정되자, 乙은 위 조정에 갈음하는 결정조서는 丙의 사망에 대하여 丁에게 35%

의 과실이 있음을 전제로 한 것인데 위 결정 이후 위 결정의 기초가 된 형사판결이 변경되어 확정됨으로써 丙의 사망에 대하여 丁에게는 아무런 과실이 없음이 밝혀졌으므로 위 조정에 갈음하는 결정은 취소되어야 한다고 주장하면서 제451조 제1항 제8호의 재심사유를 들어 준재심의 소를 제기하였다. 항소심법원은 제451조 제1항 제8호는 당사자 간의 합의에 기초한 조정에 갈음하는 결정에는 적용될 수 없다는 이유로 준재심청구를 각하하였으나, 대법원은 위 판결요지와 같이 판시하여 항소심판결을 파기하였다.

2. 준재심의 소에 적용될 수 있는 재심사유 (1) 준재심의 소에 있어서는 재심사유 중 판결을 전제로 한 사유들은 적용할 수 없다. 제451조 제1호, 제6호 내지 제11호가 그것들이다. 판례도 소송상화해에 있어서는 제9호에서 말하는 판단누락이란 있을 수 없으므로 이를 재심사유로 삼을 수 없다고 하였고,[1] 조정조서에 대하여도 조정은 재판상화해와 마찬가지로 당사자 쌍방이 상호 양보를 통하여 분쟁을 종료시키고자 하는 소송행위로 인하여 성립되는 것으로서 여기에 법원의 사실인정이나 법률적 판단이 개입될 여지는 없는 것이어서, 그 조정조서에 대하여는 제6호, 제7호 소정의 재심사유에 해당하는 경우는 있을 수 없으므로, 이와 같은 재심사유가 있을 전제로 한 준재심의 소는 부적법하다고 하였다.[2]

(2) 그러나 화해권고결정이나 조정에 갈음하는 결정에 관하여는 이와 달리 볼 여지가 있다. 즉 화해권고결정이나 조정에 갈음하는 결정에 대하여는 법원이 심리결과를 토대로 화해·조정안을 제시하는 것이고 실제로 판결을 대체하는 기능을 하는 것이 실무이므로 재판상화해나 조정보다는 재심사유를 넓게 볼 여지가 있는 것이다. 위 판결은 제8호 소정의 재심사유(판결의 기초가 된 민사나 형사의 판결, 그 밖의 재판 또는 행정처분이 다른 재판이나 행정처분에 따라 바뀐 때)를 조정에 갈음하는 결정에 적용할 수 있다고 한 것이고, 이후 화해권고결정에도 동일한 법리로 제8호 소정의 재심사유가 적용될 수 있다는 판결이 나왔다.[3] 특히 제6호 및 제7호의 재심사유에 대하여는 위 판결에 준하여 볼 것이라는 견해가 있다.[4]

(3) 우리 판례가 재판상화해에 대하여 무제한 기판력설을 취함으로써 재판상

1) 대판 1963. 10. 31. 63다136.
2) 대판 2005. 2. 17. 2004다55087.
3) 서울고판 2004. 4. 22. 2003재나660.
4) 민유숙, 대법원 판례해설 제54호.

화해에 흠이 있는 경우 한편으로는 확정판결과 동일한 효력이 있다고 하여 준재심에 의하여만 구제받을 수 있다고 하면서 다른 한편으로는 준재심의 범위를 확정판결에 대한 재심의 범위보다 좁혀 두고 있어 입법론상 재검토가 요망된다.

◆ 대법원 1998. 10. 9. 선고 96다44051 판결

제소전화해에 있어서는 종결될 본안소송이 계속되었던 것이 아니고 종결된 것은 제소전화해절차뿐이므로, 이러한 제소전화해절차의 특성상 민사소송법 제431조(현행 461조)의 규정에도 불구하고 제소전화해조서를 대상으로 한 준재심의 소에서는 민사소송법 제430조(현행 460조)가 적용될 여지는 없고, 재심사유가 인정되는 이상 그 화해의 내용이 되는 법률관계의 실체관계의 부합 여부를 따질 수도 없어 화해조서를 취소할 수밖에 없다.

|註| 준재심의 소에 있어서는 제460조(결과가 정당한 경우의 재심기각)가 적용될 여지가 없다. 소송상화해, 청구의 포기·인낙의 경우에는 준재심의 소에 의하여 화해나 포기·인낙이 취소되는 경우 종료되었던 소송이 다시 부활하기 때문이며, 제소전화해의 경우에는 애초부터 본안소송이 계속되었던 것이 아니기 때문이다.

▶ 대법원 2016. 10. 13. 선고 2014다12348 판결

소송절차 내에서 법인 또는 법인이 아닌 사단(이하 '법인 등'이라고 한다)이 당사자로서 청구의 포기·인낙 또는 화해를 하여 이를 변론조서나 변론준비기일조서에 적은 경우에, 법인 등의 대표자가 청구의 포기·인낙 또는 화해를 하는 데에 필요한 권한의 수여에 흠이 있는 때에는 법인 등은 변론조서나 변론준비기일조서에 대하여 준재심의 소를 제기할 수 있고, 준재심의 소는 법인 등이 청구를 포기·인낙 또는 화해를 한 뒤 준재심의 사유를 안 날부터 30일 이내에 제기하여야 한다(민사소송법 제461조, 제220조, 제451조 제1항 제3호, 제456조, 제64조, 제52조). 이때 '법인 등이 준재심의 사유를 안 날'은 특별한 사정이 없는 한 법인 등의 대표자가 준재심의 사유를 안 날로서 그때부터 준재심 제기기간이 진행되는 것이 원칙이다. 그렇지만 법인 등의 대표자가 준재심의 사유인 청구의 포기·인낙 또는 화해를 하는 데에 필요한 권한을 수여받지 아니한 것에서 더 나아가 자기 또는 제3자의 이익을 도모할 목적으로 권한을 남용하여 법인 등의 이익에 배치되는 청구의 포기·인낙 또는 화해를 하였고 또한 상대방 당사자가 대표자의 진의를

알았거나 알 수 있었을 경우에는, 일반적으로 법인 등에 대하여 대표권의 효력이 부인될 수 있는 사유에 해당할 뿐 아니라 준재심의 사유가 된 대표권 행사에 관하여 법인 등과 대표자의 이익이 상반되어 법인 등의 대표자가 준재심 제기 권한을 행사하리라고 기대하기 어려움에 비추어 보면, 단지 대표자가 준재심의 사유를 아는 것만으로는 부족하고 적어도 법인 등의 이익을 정당하게 보전할 권한을 가진 다른 임원 등이 준재심의 사유를 안 때에 비로소 준재심 제기 기간이 진행된다.

Ⅱ. 준재심신청(결정·명령에 대한 준재심)

즉시항고로 불복할 수 있는 결정이나 명령이 확정된 경우에 재심사유가 있는 때에는 준재심신청을 할 수 있다.

▶ 대법원 2004. 9. 13.자 2004마660 결정

민사소송법 제461조는 "제220조의 조서 또는 즉시항고로 불복할 수 있는 결정이나 명령이 확정된 경우에 제451조 제1항에 규정된 사유가 있는 때에는 확정판결에 대한 제451조 내지 제460조의 규정에 준하여 재심을 제기할 수 있다."고 규정하고 있는바, 여기서 준재심의 대상을 '즉시항고로 불복할 수 있는 결정이나 명령'으로 한정하고 있으나, 이는 대표적인 사례를 든 것에 불과하고, 따라서 종국적 재판의 성질을 가진 결정이나 명령 또는 종국적 재판과 관계없이 독립하여 확정되는 결정이나 명령에 해당하는 경우라면 독립하여 준재심을 신청할 수 있지만, 담보권실행을 위한 경매개시결정에 대하여는 즉시항고를 할 수 있다는 취지의 규정도 없고, 경매개시결정에 대하여는 즉시항고에 의하여 상급심의 판단을 받지 아니하더라도 매각허가결정에 대한 즉시항고로써 다툴 수 있는 것이므로, 이와 같은 경매개시결정은 종국적 재판의 성질을 가진 결정이나 명령 또는 종국적 재판과 관계없이 독립하여 확정되는 결정이나 명령에 해당하지 아니하므로 준재심의 대상에 해당하지 아니한다.

▶ 대법원 2000. 10. 28.자 2000마629 결정

낙찰허가결정이 항고기각으로 확정된 후 당시 항고인이 아니었던 임의경매 목적물의 소유자 겸 채무자가 낙찰허가결정을 준재심대상결정으로 삼아 그 결정에 위법이 있음을 이유로 그 취소를 구하는 준재심을 청구한 경우, 그 준재심대상결정은 그 낙찰허가결정이고 임의경매 목적물의 소유자 겸 채무자는 그 취소를 구할 이익이 있는 자로서 그 낙찰허가결정에 대하여 준재심을 청구할 적격이 있다.

제 8 편

간이소송절차

제1. 소액사건 심판절차

소액사건, 즉 소가 3,000만 원 이하의 금전 그 밖의 대체물이나 유가증권의 일정 수량의 지급을 목적으로 하는 제1심 민사사건(소액사건심판법 2조 1항, 소액사건심판규칙 1조의2)은 소액사건심판법에 따라 일반 민사소송절차에 비하여 간이·신속하게 재판이 이루어진다. 소액사건심판법은 소송심리에 앞서 결정으로 청구취지대로의 이행을 권고하는 이행권고결정 제도도 마련해 두고 있다.

◆ 대법원 2004. 8. 20. 선고 2003다1878 판결

[1] 소액사건심판법 제3조 제2호에 규정된 '대법원의 판례에 상반되는 판단을 한 때'라 함은 구체적인 당해 사건에 적용될 법령의 해석에 관하여 대법원이 내린 판단과 상반되는 해석을 한 경우를 말하고, 단순한 법리오해나 채증법칙 위반 내지 심리미진과 같은 법령 위반 사유는 이에 해당하지 않는다.

[2] 소액사건에 있어서 구체적 사건에 적용할 법령의 해석에 관한 대법원판례가 아직 없는 상황에서 같은 법령의 해석이 쟁점으로 되어 있는 다수의 소액사건들이 하급심에 계속되어 있을 뿐 아니라 재판부에 따라 엇갈리는 판단을 하는 사례가 나타나고 있는 경우, 소액사건이라는 이유로 대법원이 그 법령의 해석에 관하여 판단을 하지 아니한 채 사건을 종결하고 만다면 국민생활의 법적 안전성을 해칠 것이 우려된다고 할 것인바, 이와 같은 특별한 사정이 있는 경우에는 소액사건에 관하여 상고이유로 할 수 있는 '대법원의 판례에 상반되는 판단을 한 때'의 요건을 갖추지 아니하였다고 하더라도 법령해석의 통일이라는 대법원의 본질적 기능을 수행하는 차원에서 실체법 해석적용에 있어서의 잘못에 관하여 직권으로 판단할 수 있다고 보아야 한다.

|註| 소액사건에 대한 제2심의 판결·결정·명령에 대하여는 그것이 '법률·명령·규칙 또는 처분의 헌법위반 여부와 명령·규칙 또는 처분의 법률위반 여부에 대한 판단이 부당한 때' 및 '대법원의 판례에 상반되는 판단을 한 때'에만 상고·재항고를 할 수 있음이 원칙이나(소액사건심판법 3조), 그 외에도 다수의 소액사건이 하급심에 계속되어 있고 그에 관한 법령해석의 통일이 필요한 특별한 사정이 있으면 대법원이 실체법 해석적용의 잘못에 관하여 직권으로 판단할 수 있음을 밝힌 판결이다.

◆ 대법원 2009. 5. 14. 선고 2006다34190 판결

[1] 소액사건심판법 제5조의7 제1항은 이행권고결정에 관하여 피고가 일정한 기간 내 이의신청을 하지 아니하거나 이의신청에 대한 각하결정이 확정된 때 또는 이의신청이 취하된 때에는 그 이행권고결정은 확정판결과 같은 효력을 가진다고 규정하고 있다. 그러나 확정판결에 대한 청구이의 이유를 변론이 종결된 뒤(변론 없이 한 판결의 경우에는 판결이 선고된 뒤)에 생긴 것으로 한정하고 있는 민사집행법 제44조 제2항과는 달리, 소액사건심판법 제5조의8 제3항은 이행권고결정에 대한 청구에 관한 이의의 주장에 관하여는 위 민사집행법 규정에 의한 제한을 받지 아니한다고 규정하고 있으므로, 확정된 이행권고결정에 관하여는 그 결정 전에 생긴 사유도 청구에 관한 이의의 소에서 주장할 수 있다. 이에 비추어 보면 위 소액사건심판법 규정들의 취지는 확정된 이행권고결정에 확정판결이 가지는 효력 중 기판력을 제외한 나머지 효력인 집행력 및 법률요건적 효력 등의 부수적 효력을 인정하는 것이고, 기판력까지 인정하는 것은 아니다.

[2] 민사소송법 제461조에 의하여 준용되는 같은 법 제451조의 재심은 확정된 종국판결에 재심사유에 해당하는 중대한 하자가 있는 경우에 그 판결의 취소와 이미 종결된 소송을 부활시켜 재심판을 구하는 비상의 불복신청방법으로서 확정된 종국판결이 갖는 기판력, 형성력, 집행력 등 판결의 효력의 배제를 주된 목적으로 하는 것이다. 그러므로 기판력을 가지지 아니하는 확정된 이행권고결정에 설사 재심사유에 해당하는 하자가 있다고 하더라도 이를 이유로 민사소송법 제461조가 정한 준재심의 소를 제기할 수는 없고, 청구이의의 소를 제기하거나 또는 전체로서의 강제집행이 이미 완료된 경우에는 부당이득반환청구의 소 등을 제기할 수 있을 뿐이다.

|註| 확정된 이행권고결정에는 확정판결이 가지는 효력 중 집행력 및 법률요건적 효력 등의 부수적 효력이 있을 뿐 기판력까지 인정되는 것은 아니므로, 확정된 이행권고결정에 재심사유에 해당하는 흠이 있더라도 이를 이유로 준재심의 소를 제기할 수는 없고, 청구이의의 소를 제기하거나 강제집행이 완료된 후 부당이득반환청구의 소를 제기하여 권리구제를 받아야 한다고 한 판결이다.

제 2. 독촉절차(지급명령)

금전, 그 밖에 대체물이나 유가증권의 일정 수량의 지급을 목적으로 하는 청구에 대하여 법원은 채권자의 신청에 따라 소송절차를 거치지 않고 지급명령이라는 집행권원을 발령할 수 있다(462조). 채무자가 이의하지 않으면 확정판결과 동일한 효력을 갖지만 채무자가 이의하면 소송절차로 이행된다(472조).

◆ 대법원 2009. 7. 9. 선고 2006다73966 판결

[1] 민사소송법 제474조는 확정된 지급명령은 확정판결과 같은 효력을 가진다고 규정하고 있으나, 확정판결에 대한 청구이의 이유를 변론이 종결된 뒤(변론 없이 한 판결의 경우에는 판결이 선고된 뒤)에 생긴 것으로 한정하고 있는 민사집행법 제44조 제2항과는 달리 민사집행법 제58조 제3항은 지급명령에 대한 청구에 관한 이의의 주장에 관하여는 위 제44조 제2항의 규정을 적용하지 아니한다고 규정하고 있으므로, 지급명령 발령 전에 생긴 청구권의 불성립이나 무효 등의 사유를 그 지급명령에 관한 이의의 소에서 주장할 수 있다. 이러한 의미에서 지급명령에는 기판력이 인정되지 아니한다.

[2] 지급명령에는 기판력이 인정되지 아니하므로 지급명령에 대한 집행력의 배제를 목적으로 제기된 청구이의의 소에서 지급명령 발령 전에 발생한 청구권의 일부 불성립이나 소멸 등의 사유로 청구이의가 일부 받아들여지는 경우에는, 지급명령 이전부터 청구이의의 사실심판결 선고시까지 그 청구권에 관한 이행의무의 존부나 범위에 관하여 항쟁함이 상당한 경우에 해당한다고 할 것이어서 위 기간 범위 안에서는 소송촉진 등에 관한 특례법 제3조 제1항의 이율을 적용할 수 없다. 또한, 수개의 청구가 병합된 지급명령에 관한 청구이의의 소에 있어서는 그 지급명령에서 병합된 각 소송물마다 위와 같은 법리가 적용되어야 하므로 이행의무의 존부나 범위에 대하여 항쟁함이 상당한지 여부는 각 청구별로 따로 판단하여야 한다.

> |註| 확정된 지급명령은 확정판결과 같은 효력을 갖지만, 지급명령 발령 전에 생긴 청구권의 불성립이나 무효 등 사유를 그 지급명령에 관한 청구이의의 소에서 주장할 수 있으므로 지급명령에는 기판력이 인정되지 아니한다고 한 판결이다.

제 9 편

민사집행

제1장

보전처분

◆ 대법원 1994. 11. 29.자 94마417 결정

[1] 부동산에 대하여 가압류등기가 먼저 되고 나서 근저당권설정등기가 마쳐진 경우에 그 근저당권등기는 가압류에 의한 처분금지의 효력 때문에 그 집행보전의 목적을 달성하는 데 필요한 범위 안에서 가압류채권자에 대한 관계에서만 상대적으로 무효이다.

[2] 이 경우 가압류채권자와 근저당권자 및 근저당권설정등기 후 강제경매신청을 한 압류채권자 사이의 배당관계에 있어서, 근저당권자는 선순위 가압류채권자에 대하여는 우선변제권을 주장할 수 없으므로 1차로 채권액에 따른 안분비례에 의하여 평등배당을 받은 다음, 후순위 경매신청압류채권자에 대하여는 우선변제권이 인정되므로 경매신청압류채권자가 받을 배당액으로부터 자기의 채권액을 만족시킬 때까지 이를 흡수하여 배당받을 수 있다.

> |註| 가압류의 처분금지효에 관하여 상대적 효력설, 그 중 개별상대효설의 입장에서 가압류등기 후 근저당권설정등기를 마친 자는 그 부동산에 대한 경매절차에서 가압류권자와 동순위로 배당을 받지만, 근저당권자보다 후순위 일반채권자도 배당요구를 했을 경우에는 위 3인에게 안분배당 후 근저당권자가 후순위 일반채권자의 배당을 흡수한다는 것을 밝힌 결정

◆ 대법원 2002. 4. 26. 선고 2001다59033 판결

일반적으로 채권에 대한 가압류가 있더라도 이는 채무자가 제3채무자로부터 현실로 급부를 추심하는 것만을 금지하는 것일 뿐 채무자는 제3채무자를 상대로 그 이행을 구하는 소송을 제기할 수 있고 법원은 가압류가 되어 있음을 이유로 이를 배척할 수는 없는 것이 원칙이다. 왜냐하면 채무자로서는 제3채무자에 대한 그의 채권이 가압류되어 있다 하더라도 집행권원을 취득할 필요가 있고 또는 시효를 중단할 필요도 있는 경우도 있을 것이며 또한 소송 계속 중에 가압류가 행하여진 경

우에 이를 이유로 청구가 배척된다면 장차 가압류가 취소된 후 다시 소를 제기하여야 하는 불편함이 있는데 반하여 제3채무자로서는 이행을 명하는 판결이 있더라도 집행단계에서 이를 저지하면 될 것이기 때문이다.

> **|註|** 채권가압류는 채무자가 제3채무자로부터 현실로 급부를 추심하는 것을 금지할 뿐이므로 그 상태에서도 채무자가 집행권원의 취득이나 시효중단을 위해 제3채무자를 상대로 이행을 구하는 소를 제기할 수 있음을 밝힌 판결

◆ 대법원 1992. 11. 10. 선고 92다4680 전원합의체 판결

[1] 소유권이전등기청구권에 대한 압류나 가압류는 채권에 대한 것이지 등기청구권의 목적물인 부동산에 대한 것이 아니고, 채무자와 제3채무자에게 결정을 송달하는 외에 현행법상 등기부에 이를 공시하는 방법이 없는 것으로서 당해 채권자와 채무자 및 제3채무자 사이에만 효력을 가지며, 압류나 가압류와 관계가 없는 제3자에 대하여는 압류나 가압류의 처분금지적 효력을 주장할 수 없으므로 소유권이전등기청구권의 압류나 가압류는 청구권의 목적물인 부동산 자체의 처분을 금지하는 대물적 효력은 없다 할 것이고, 제3채무자나 채무자로부터 소유권이전등기를 넘겨받은 제3자에 대하여는 취득한 등기가 원인무효라고 주장하여 말소를 청구할 수 없다.

[2] 부동산소유권이전등기청구권의 가압류는 채무자 명의로 소유권을 이전하여 이에 대하여 강제집행을 할 것을 전제로 하고 있으므로 소유권이전등기청구권을 가압류하였다 하더라도 어떠한 경로로 제3채무자로부터 채무자 명의로 소유권이전등기가 마쳐졌다면 채권자는 부동산 자체를 가압류하거나 압류하면 될 것이지 등기를 말소할 필요는 없다.

[3] 일반적으로 채권에 대한 가압류가 있더라도 이는 채무자가 제3채무자로부터 현실로 급부를 추심하는 것만을 금지하는 것이므로 채무자는 제3채무자를 상대로 그 이행을 구하는 소송을 제기할 수 있고, 법원은 가압류가 되어 있음을 이유로 이를 배척할 수 없는 것이 원칙이나, 소유권이전등기를 명하는 판결은 의사의 진술을 명하는 판결로서 이것이 확정되면 채무자는 일방적으로 이전등기를 신청할 수 있고 제3채무자는 이를 저지할 방법이 없으므로 이와 같은 경우에는 가압류의 해제를 조건으로 하지 아니하는 한 법원은 이를 인용하여서는 안 되고, 제3채무자가 임의로 이전등기의무를 이행하고자 한다면 민사집행법 제244조에 의하여 정하

여진 보관인에게 권리이전을 하여야 할 것이고, 이 경우 보관인은 채무자의 법정대리인의 지위에서 이를 수령하여 채무자 명의로 소유권이전등기를 마치면 된다.

> **|註|** 소유권이전등기청구권이 가압류된 경우에 부동산 자체에 대한 처분금지효는 없으므로 제3채무자가 채무자에게 그 부동산에 관한 소유권이전등기를 하더라도 그 등기가 원인무효로 말소될 것은 아니나, 만일 채무자가 제3채무자를 상대로 소유권이전등기청구를 할 경우 이전등기를 명하는 판결은 의사의 진술을 명하는 판결로서 승소 확정되면 채무자가 일방적으로 이전등기를 신청할 수 있고 제3채무자는 이를 저지할 수 없으므로, 법원은 그 가압류해제를 조건으로 인용해야 함을 밝힌 전원합의체 판결

◆ 대법원 1999. 6. 11. 선고 98다22963 판결

소유권이전등기청구권에 대한 가압류가 있으면 그 변제금지의 효력에 의하여 제3채무자는 채무자에게 임의로 이전등기를 이행하여서는 안 되는 것이나, 그와 같은 가압류는 채권에 대한 것이지 등기청구권의 목적물인 부동산에 대한 것이 아니고, 채무자와 제3채무자에게 결정을 송달하는 외에 현행법상 등기부에 이를 공시하는 방법이 없는 것으로서 당해 채권자와 채무자 및 제3채무자 사이에만 효력을 가지며, 제3자에 대하여는 가압류의 변제금지의 효력을 주장할 수 없으므로 소유권이전등기청구권의 가압류는 청구권의 목적물인 부동산 자체의 처분을 금지하는 대물적 효력은 없다 할 것이고, 제3채무자나 채무자로부터 이전등기를 경료한 제3자에 대하여는 취득한 등기가 원인무효라고 주장하여 말소를 청구할 수는 없는 것이므로, 제3채무자가 가압류결정을 무시하고 이전등기를 이행하고 채무자가 다시 제3자에게 이전등기를 경료하여 준 결과 채권자에게 손해를 입힌 때에는 불법행위를 구성하고 그에 따른 배상책임을 지게 된다고 할 것인데, 소유권이전등기를 명하는 판결은 의사의 진술을 명하는 판결로서 이것이 확정되면 채무자는 일방적으로 이전등기를 신청할 수 있고 제3채무자는 이를 저지할 방법이 없으므로, 소유권이전등기청구권이 가압류된 경우에는 변제금지의 효력이 미치는 제3채무자로서는 일반채권이 가압류된 경우와는 달리 채무자 또는 그 채무자를 대위한 자로부터 제기된 소유권이전등기 청구소송에 응소하여 그 소유권이전등기청구권이 가압류된 사실을 주장하고 자신이 송달받은 가압류결정을 제출하는 방법으로 증명해야 할 의무가 있다 할 것이고, 만일 제3채무자가 고의 또는 과실로 위 소유권이

전등기 청구소송에 응소하지 아니한 결과 자백간주에 의한 판결이 선고되어 확정됨에 따라 채무자에게 소유권이전등기가 경료되고 다시 제3자에게 처분된 결과 채권자가 손해를 입었다면, 이러한 경우는 제3채무자가 채무자에게 임의로 소유권이전등기를 경료하여 준 것과 마찬가지로 불법행위를 구성한다고 보아야 한다.

|註| 일반 채권가압류와 달리 소유권이전등기청구권가압류의 경우 채무자가 제기한 이행의 소에 제3채무자가 응소하지 않아 자백간주 판결이 선고·확정되고 그에 따라 채무자 명의로 소유권이전등기가 이루어진 후 다시 제3자에게 처분이 되었다면 응소의무를 부담하는 제3채무자는 가압류채권자에 대하여 불법행위로 인한 손해배상책임을 지게 됨을 밝힌 판결

◆ 대법원 2001. 6. 1. 선고 98다17930 판결

채권에 대한 가압류는 제3채무자에 대하여 채무자에게의 지급 금지를 명하는 것이므로 채권을 소멸 또는 감소시키는 등의 행위는 할 수 없고 그와 같은 행위로 채권자에게 대항할 수 없는 것이지만, 채권의 발생원인인 법률관계에 대한 채무자의 처분까지도 구속하는 효력은 없다 할 것이므로 채무자와 제3채무자가 아무런 합리적 이유 없이 채권의 소멸만을 목적으로 계약관계를 합의해제한다는 등의 특별한 경우를 제외하고는, 제3채무자는 채권에 대한 가압류가 있은 후라고 하더라도 채권의 발생원인인 법률관계를 합의해제하고 이로 인하여 가압류채권이 소멸되었다는 사유를 들어 가압류채권자에 대항할 수 있다.

|註| 채권가압류는 계약 해제와 같이 채권의 발생원인인 법률관계에 대한 채무자의 처분을 구속하는 효력이 없음을 밝힌 판결

◆ 대법원 2002. 3. 15.자 2001마6620 결정

가압류집행이 있은 후 그 가압류가 강제경매개시결정으로 인하여 본압류로 이행된 경우에 가압류집행이 본집행에 포섭됨으로써 당초부터 본집행이 있었던 것과 같은 효력이 있고, 본집행의 효력이 유효하게 존속하는 한 상대방은 가압류집행의 효력을 다툴 수는 없고 오로지 본집행의 효력에 대하여만 다투어야 하는 것이므로, 본집행이 취소, 실효되지 않는 한 가압류집행이 취소되었다고 하여도 이미 그 효력을 발생한 본집행에는 아무런 영향을 미치지 않는다.

|註| 가압류집행 후 가압류가 본압류로 이행된 경우 가압류집행이 본집행에 포

섭됨으로써 상대방으로서는 가압류집행이 아닌 본집행의 효력을 다투어야 함을 밝힌 결정

◆ 대법원 2003. 2. 11. 선고 2002다37474 판결

사해행위 당시 어느 부동산이 가압류되어 있다는 사정은 채권자 평등의 원칙상 채권자의 공동담보로서 그 부동산의 가치에 아무런 영향을 미치지 아니하므로, 가압류가 된 여부나 그 청구채권액의 다과에 관계없이 그 부동산 전부에 대하여 사해행위가 성립하고, 따라서 사해행위 후 수익자 또는 전득자가 그 가압류 청구채권을 변제하거나 채권액 상당을 해방공탁하여 가압류를 해제시키거나 또는 그 집행을 취소시켰다 하더라도, 법원이 사해행위를 취소하면서 원상회복으로 원물반환 대신 가액배상을 명하여야 하거나, 다른 사정으로 가액배상을 명하는 경우에도 그 변제액을 공제할 것은 아니다.

|註| 가압류된 부동산을 사해행위로 취득한 수익자 등이 그 가압류 청구채권을 변제하거나 해방공탁하여 가압류집행을 취소하였더라도 가압류의 성질상 사해행위 취소 시 법원은 원물반환을 명해야 하고, 다른 사정으로 가액배상을 명하더라도 그 변제액을 공제해서는 아니 됨을 밝힌 판결

◆ 대법원 2013. 1. 17. 선고 2011다49523 전원합의체 판결

[다수의견] 주택임대차보호법 제3조 제3항은 같은 조 제1항이 정한 대항요건을 갖춘 임대차의 목적이 된 임대주택의 양수인은 임대인의 지위를 승계한 것으로 본다고 규정하고 있는바, 이는 법률상의 당연승계 규정으로 보아야 하므로, 임대주택이 양도된 경우에 양수인은 주택의 소유권과 결합하여 임대인의 임대차 계약상의 권리·의무 일체를 그대로 승계하며, 그 결과 양수인이 임대차보증금반환채무를 면책적으로 인수하고, 양도인은 임대차관계에서 탈퇴하여 임차인에 대한 임대차보증금반환채무를 면하게 된다. 나아가 임차인에 대하여 임대차보증금반환채무를 부담하는 임대인임을 당연한 전제로 하여 임대차보증금반환채무의 지급금지를 명령받은 제3채무자의 지위는 임대인의 지위와 분리될 수 있는 것이 아니므로, 임대주택의 양도로 임대인의 지위가 일체로 양수인에게 이전된다면 채권가압류의 제3채무자의 지위도 임대인의 지위와 함께 이전된다고 볼 수밖에 없다. 한편 주택임대차보호법상 임대주택의 양도에 양수인의 임대차보증금반환채무의 면책적 인

수를 인정하는 이유는 임대주택에 관한 임대인의 의무 대부분이 그 주택의 소유자이기만 하면 이행가능하고 임차인이 같은 법에서 규정하는 대항요건을 구비하면 임대주택의 매각대금에서 임대차보증금을 우선변제받을 수 있기 때문인데, 임대주택이 양도되었음에도 양수인이 채권가압류의 제3채무자의 지위를 승계하지 않는다면 가압류권자는 장차 본집행절차에서 주택의 매각대금으로부터 우선변제를 받을 수 있는 권리를 상실하는 중대한 불이익을 입게 된다. 이러한 사정들을 고려하면, 임차인의 임대차보증금반환채권이 가압류된 상태에서 임대주택이 양도되면 양수인이 채권가압류의 제3채무자의 지위도 승계하고, 가압류권자 또한 임대주택의 양도인이 아니라 양수인에 대하여만 위 가압류의 효력을 주장할 수 있다고 보아야 한다.

|註| 임차인의 임대차보증금반환채권이 가압류된 상태에서 임대주택이 양도되면 양수인이 채권가압류의 제3채무자의 지위를 승계하고, 가압류권자는 임대주택의 양도인이 아니라 양수인에 대하여만 위 가압류의 효력을 주장할 수 있음을 명확히 한 전원합의체 판결

◆ 대법원 2017. 4. 7. 선고 2016다35451 판결

민법 제168조 제2호에서 가압류를 시효중단사유로 정하고 있지만, 가압류로 인한 시효중단의 효력이 언제 발생하는지에 관해서는 명시적으로 규정되어 있지 않다. 민사소송법 제265조에 의하면, 시효중단사유 중 하나인 '재판상의 청구'(민법 제168조 제1호, 제170조)는 소를 제기한 때 시효중단의 효력이 발생한다. 이는 소장 송달 등으로 채무자가 소 제기 사실을 알기 전에 시효중단의 효력을 인정한 것이다. 가압류에 관해서도 위 민사소송법 규정을 유추적용하여 '재판상의 청구'와 유사하게 가압류를 신청한 때 시효중단의 효력이 생긴다고 보아야 한다. '가압류'는 법원의 가압류명령을 얻기 위한 재판절차와 가압류명령의 집행절차를 포함하는데, 가압류도 재판상의 청구와 마찬가지로 법원에 신청을 함으로써 이루어지고(민사집행법 제279조), 가압류명령에 따른 집행이나 가압류명령의 송달을 통해서 채무자에게 고지가 이루어지기 때문이다. 가압류를 시효중단사유로 규정한 이유는 가압류에 의하여 채권자가 권리를 행사하였다고 할 수 있기 때문이다. 가압류채권자의 권리행사는 가압류를 신청한 때에 시작되므로, 이 점에서도 가압류에 의한 시효중단의 효력은 가압류신청을 한 때에 소급한다.

|註| 가압류에 의한 시효중단의 효력은 가압류 신청 시에 소급하여 발생함을 명확히 밝힌 판결

◆ 대법원 2013. 11. 14. 선고 2013다18622, 18639 판결

[1] 민법 제168조에서 가압류를 소멸시효의 중단사유로 정하고 있는 것은 가압류에 의하여 채권자가 권리를 행사하였다고 할 수 있기 때문이고 가압류에 의한 집행보전의 효력이 존속하는 동안은 가압류채권자에 의한 권리행사가 계속되고 있다고 보아야 할 것이므로 가압류에 의한 시효중단의 효력은 가압류의 집행보전의 효력이 존속하는 동안 계속된다고 보아야 한다.

[2] 가압류는 강제집행을 보전하기 위한 것으로서 경매절차에서 부동산이 매각되면 그 부동산에 대한 집행보전의 목적을 다하여 효력을 잃고 말소되며, 가압류채권자에게는 집행법원이 그 지위에 상응하는 배당을 하고 배당액을 공탁함으로써 가압류채권자가 장차 채무자에 대하여 권리행사를 하여 집행권원을 얻었을 때 배당액을 지급받을 수 있도록 하면 족한 것이다. 따라서 이러한 경우 가압류에 의한 시효중단은 경매절차에서 부동산이 매각되어 가압류등기가 말소되기 전에 배당절차가 진행되어 가압류채권자에 대한 배당표가 확정되는 등의 특별한 사정이 없는 한, 채권자가 가압류집행에 의하여 권리행사를 계속하고 있다고 볼 수 있는 가압류등기가 말소된 때 그 중단사유가 종료되어, 그때부터 새로 소멸시효가 진행한다고 봄이 타당하다(매각대금 납부 후의 배당절차에서 가압류채권자의 채권에 대하여 배당이 이루어지고 배당액이 공탁되었다고 하여 가압류채권자가 그 공탁금에 대하여 채권자로서 권리행사를 계속하고 있다고 볼 수는 없으므로 그로 인하여 가압류에 의한 시효중단의 효력이 계속된다고 할 수 없다).

|註| 가압류에 의한 시효중단의 효력은 가압류의 집행보전의 효력이 존속하는 동안 계속되므로 부동산경매절차에서는 부동산이 매각되어 가압류등기가 말소되는 때에 시효중단 사유가 종료하여 그때부터 새로 소멸시효가 진행됨을 밝힌 판결

◆ 대법원 1996. 4. 12. 선고 95다54167 판결

채권자대위권의 행사에 있어서 채무자가 채권자대위권을 행사한 점을 알게 된 이후에는 채무자가 그 권리를 처분하여도 이로써 채권자에게 대항할 수 없으므로,

채권자가 채무자를 대위하여 제3채무자의 부동산에 대한 처분금지가처분을 신청하여 처분금지가처분 결정을 받은 경우, 이는 그 부동산에 관한 소유권이전등기청구권을 보전하기 위한 것이므로 피보전권리인 소유권이전등기청구권을 행사한 것과 같이 볼 수 있어, 채무자가 그러한 채권자대위권의 행사 사실을 알게 된 이후에 그 부동산에 대한 매매계약을 합의해제함으로써 채권자대위권의 객체인 그 부동산의 소유권이전등기청구권을 소멸시켰다 하더라도 이로써 채권자에게 대항할 수 없다.

◆ 대법원 2012. 5. 17. 선고 2011다87235 전원합의체 판결

민법 제405조 제2항은 '채무자가 채권자대위권행사의 통지를 받은 후에는 그 권리를 처분하여도 이로써 채권자에게 대항하지 못한다'고 규정하고 있다. 위 조항의 취지는 채권자가 채무자에게 대위권 행사사실을 통지하거나 채무자가 채권자의 대위권 행사 사실을 안 후에 채무자에게 대위의 목적인 권리의 양도나 포기 등 처분행위를 허용할 경우 채권자에 의한 대위권행사를 방해하는 것이 되므로 이를 금지하는 데에 있다. 그런데 채무자의 채무불이행 사실 자체만으로는 권리변동의 효력이 발생하지 않아 이를 채무자가 제3채무자에 대하여 가지는 채권을 소멸시키는 적극적인 행위로 파악할 수 없는 점, 더구나 법정해제는 채무자의 객관적 채무불이행에 대한 제3채무자의 정당한 법적 대응인 점, 채권이 압류·가압류된 경우에도 압류 또는 가압류된 채권의 발생원인이 된 기본계약의 해제가 인정되는 것과 균형을 이룰 필요가 있는 점 등을 고려할 때 채무자가 자신의 채무불이행을 이유로 매매계약이 해제되도록 한 것을 두고 민법 제405조 제2항에서 말하는 '처분'에 해당한다고 할 수 없다. 따라서 채무자가 채권자대위권행사의 통지를 받은 후에 채무를 불이행함으로써 통지 전에 체결된 약정에 따라 매매계약이 자동적으로 해제되거나, 채권자대위권행사의 통지를 받은 후에 채무자의 채무불이행을 이유로 제3채무자가 매매계약을 해제한 경우 제3채무자는 계약해제로써 대위권을 행사하는 채권자에게 대항할 수 있다. 다만 형식적으로는 채무자의 채무불이행을 이유로 한 계약해제인 것처럼 보이지만 실질적으로는 채무자와 제3채무자 사이의 합의에 따라 계약을 해제한 것으로 볼 수 있거나, 채무자와 제3채무자가 단지 대위채권자에게 대항할 수 있도록 채무자의 채무불이행을 이유로 하는 계약해제인 것처럼 외관을 갖춘 것이라는 등의 특별한 사정이 있는 경우에는 채무자가 피대위채권

을 처분한 것으로 보아 제3채무자는 계약해제로써 대위권을 행사하는 채권자에게 대항할 수 없다.

> |註| 채권자가 채무자를 대위하여 제3채무자 소유 부동산에 대한 처분금지가처분 결정을 받은 경우 채권자대위권 행사 통지 후에 채무자의 채무불이행을 이유로 통지 전 체결된 약정에 따라 계약이 자동 해제되거나 제3채무자가 계약을 해제하는 경우에는 제3채무자가 채권자에게 대항할 수 있음을 밝힌 전원합의체 판결

◆ 대법원 1994. 3. 8. 선고 93다42665 판결

부동산의 전득자(채권자)가 양수인 겸 전매인(채무자)에 대한 소유권이전등기청구권을 보전하기 위하여 양수인을 대위하여 양도인(제3채무자)을 상대로 처분금지가처분결정을 받아 그 등기를 마친 경우 그 가처분은 전득자가 자신의 양수인에 대한 소유권이전등기청구권을 보전하기 위하여 양도인이 양수인 이외의 자에게 그 소유권의 이전 등 처분행위를 못하게 하는 데에 그 목적이 있는 것으로서 그 피보전권리는 양수인의 양도인에 대한 소유권이전등기청구권이고, 전득자의 양수인에 대한 소유권이전등기청구권까지 포함되는 것은 아닐 뿐만 아니라 그 가처분결정에서 제3자에 대한 처분을 금지하였다고 하여도 그 제3자 중에는 양수인은 포함되지 아니하며 따라서 그 가처분 이후에 양수인이 양도인으로부터 소유권이전등기를 넘겨 받았고 이에 터잡아 다른 등기가 경료되었다고 하여도 그 각 등기는 위 가처분의 효력에 위배되는 것이 아니다.

> |註| 부동산의 전득자가 양수인 겸 전매인에 대한 소유권이전등기청구권을 보전하기 위하여 양수인을 대위하여 양도인을 상대로 처분금지가처분을 한 경우, 양수인이 양도인으로부터 소유권이전등기를 넘겨받더라도 처분금지가처분의 효력에 위배되는 것이 아님을 밝힌 판결

◆ 대법원 1999. 3. 23. 선고 98다59118 판결

점유이전금지가처분은 그 목적물의 점유이전을 금지하는 것으로서, 그럼에도 불구하고 점유가 이전되었을 때에는 가처분채무자는 가처분채권자에 대한 관계에 있어서 여전히 그 점유자의 지위에 있다는 의미로서의 당사자항정의 효력이 인정될 뿐이므로, 가처분 이후에 매매나 임대차 등에 기하여 가처분채무자로부터 점유

를 이전받은 제3자에 대하여 가처분채권자가 가처분 자체의 효력으로 직접 퇴거를 강제할 수는 없고, 가처분채권자로서는 본안판결의 집행단계에서 승계집행문을 부여받아서 그 제3자의 점유를 배제할 수 있을 뿐이다.

|註| 점유이전금지가처분 후 가처분채무자로부터 점유를 이전받은 제3자에 대하여 가처분채권자가 가처분 자체의 효력으로 직접 퇴거를 강제할 수는 없고, 가처분채무자를 상대로 한 본안판결의 집행단계에서 승계집행문을 부여받아 제3자의 점유를 배제할 수 있음을 밝힌 판결

◆ 대법원 2015. 1. 29. 선고 2012다111630 판결

어떤 부동산에 대하여 점유이전금지가처분이 집행된 이후에 제3자가 가처분채무자의 점유를 침탈하는 등의 방법으로 가처분채무자를 통하지 아니하고 부동산에 대한 점유를 취득한 것이라면, 설령 점유를 취득할 당시에 점유이전금지가처분이 집행된 사실을 알고 있었다고 하더라도, 실제로는 가처분채무자로부터 점유를 승계받고도 점유이전금지가처분의 효력이 미치는 것을 회피하기 위하여 채무자와 통모하여 점유를 침탈한 것처럼 가장하였다는 등의 특별한 사정이 없는 한 제3자를 민사집행법 제31조 제1항에서 정한 '채무자의 승계인'이라고 할 수는 없다.

|註| 부동산에 대한 점유이전금지가처분 집행 후 제3자가 가처분채무자의 점유를 침탈하는 방법으로 점유를 취득한 경우 그 제3자는 '채무자의 승계인'이 아니므로, 가처분채권자가 가처분채무자에 대한 본안판결에 기한 승계집행문 부여를 통해 그 제3자의 점유를 배제할 수 없음을 밝힌 판결

제2장

부동산집행

◆ 대법원 2001. 8. 21. 선고 2001다22840 판결

[1] 채권자의 신청에 의한 경매개시결정에 따라 연대채무자 1인의 소유 부동산이 압류된 경우, 이로써 위 채무자에 대한 채권의 소멸시효는 중단되지만, 압류에 의한 시효중단의 효력은 다른 연대채무자에게 미치지 아니하므로, 경매개시결정에 의한 시효중단의 효력을 다른 연대채무자에 대하여 주장할 수 없다.

[2] 채권자가 연대채무자 1인의 소유 부동산에 대하여 경매신청을 한 경우, 이는 최고로서의 효력을 가지고 있고, 연대채무자에 대한 이행청구는 다른 연대채무자에게도 효력이 있으므로, 채권자가 6월 내에 다른 연대채무자를 상대로 재판상 청구를 하였다면 그 다른 연대채무자에 대한 채권의 소멸시효가 중단되지만, 이로 인하여 중단된 시효는 위 경매절차가 종료된 때가 아니라 재판이 확정된 때로부터 새로 진행된다.

> |註| 채권자가 연대채무자 1인의 부동산에 대한 경매신청을 하여 경매개시결정이 된 경우, 그 연대채무자에 대해서는 민법 제168조 제2호 압류에 의한 시효중단이 되고, 다른 연대채무자에 대해서는 그 경매신청이 민법 제174조의 최고로서 시효중단 사유에 해당함을 밝힌 판결

◆ 대법원 1991. 2. 8. 선고 90다16177 판결

가집행선고부판결에 기한 강제집행은 확정판결에 기한 경우와 같이 본집행이므로 상소심의 판결에 의하여 가집행선고의 효력이 소멸되거나 집행채권의 존재가 부정된다고 할지라도 그에 앞서 이미 완료된 집행절차나 이에 기한 경락인의 소유권취득의 효력에는 아무런 영향을 미치지 아니한다고 할 것이나 이중매매의 매수인이 매도인과 직접 매매계약을 체결하는 대신에 매도인이 채무를 부담하고 있는 것처럼 거짓으로 꾸며 가장채권에 기한 집행권원을 만들고 그에 따른 강제경매절차에서 매수인이 매수 취득하는 방법을 취하는 경우와 같이 강제경매가 반사회적

법률행위의 수단으로 이용된 경우에는 그러한 강제경매의 결과는 용인할 수 없는 것이어서 매수인의 소유권취득의 효력은 부정된다.

> |註| 가집행선고부 판결에 기한 강제집행 후 상소심에서 그 가집행선고의 효력이 소멸되거나 집행채권의 존재가 부정되더라도 그 강제경매가 반사회적 법률행위의 수단으로 이용된 것이 아닌 한 이미 완료된 경매절차에서 매수인의 소유권 취득에 아무런 영향이 없음을 밝힌 판결

◆ 대법원 1988. 10. 11. 선고 87다카545 판결

근저당권자가 그 피담보채무의 불이행을 이유로 경매신청한 때에는 그 경매신청시에 근저당권은 확정되는 것이며 근저당권이 확정되면 그 이후에 발생하는 원금채권은 그 근저당권에 의하여 담보되지 않는다.

◆ 대법원 1999. 9. 21. 선고 99다26085 판결

당해 근저당권자는 저당부동산에 대하여 경매신청을 하지 아니하였는데 다른 채권자가 저당부동산에 대하여 경매신청을 한 경우 민사집행법 제91조 제2항, 제268조의 규정에 따라 경매신청을 하지 아니한 근저당권자의 근저당권도 매각으로 인하여 소멸하므로, 다른 채권자가 경매를 신청하여 경매절차가 개시된 때로부터 매각으로 인하여 당해 근저당권이 소멸하게 되기까지의 어느 시점에서인가는 당해 근저당권의 피담보채권도 확정된다고 하지 아니할 수 없는데, 그 중 어느 시기에 당해 근저당권의 피담보채권이 확정되는가 하는 점에 관하여 우리 민법은 아무런 규정을 두고 있지 아니한바, 부동산 경매절차에서 경매신청기입등기 이전에 등기되어 있는 근저당권은 매각으로 인하여 소멸되는 대신에 그 근저당권자는 민사집행법 제88조가 정하는 배당요구를 하지 아니하더라도 당연히 그 순위에 따라 배당을 받을 수 있고, 이러한 까닭으로 선순위 근저당권이 설정되어 있는 부동산에 대하여 근저당권을 취득하는 거래를 하려는 사람들은 선순위 근저당권의 채권최고액만큼의 담보가치는 이미 선순위 근저당권자에 의하여 파악되어 있는 것으로 인정하고 거래를 하는 것이 보통이므로, 담보권 실행을 위한 경매절차가 개시되었음을 선순위 근저당권자가 안 때 이후의 어떤 시점에 선순위 근저당권의 피담보채무액이 증가하더라도 그와 같이 증가한 피담보채무액이 선순위 근저당권의 채권최고액 한도 안에 있다면 경매를 신청한 후순위 근저당권자가 예측하지 못한

손해를 입게 된다고 볼 수 없는 반면, 선순위 근저당권자는 자신이 경매신청을 하지 아니하였으면서도 매각으로 인하여 근저당권을 상실하게 되는 처지에 있으므로 거래의 안전을 해치지 아니하는 한도 안에서 선순위 근저당권자가 파악한 담보가치를 최대한 활용할 수 있도록 함이 타당하다는 관점에서 보면, 후순위 근저당권자가 경매를 신청한 경우 선순위 근저당권의 피담보채권은 그 근저당권이 소멸하는 시기, 즉 매수인이 매각대금을 완납한 때에 확정된다고 보아야 한다.

|註| 후순위 근저당권자가 경매를 신청한 경우 선순위 근저당권의 피담보채권은 그 근저당권이 소멸하는 시기, 즉 매수인이 매각대금을 완납한 때에 확정됨을 밝힌 판결

◆ 대법원 2007. 4. 26. 선고 2005다38300 판결

근저당권자의 경매신청 등의 사유로 인하여 근저당권의 피담보채권이 확정되었을 경우, 확정 이후에 새로운 거래관계에서 발생한 원본채권은 그 근저당권에 의하여 담보되지 아니하지만, 확정 전에 발생한 원본채권에 관하여 확정 후에 발생하는 이자나 지연손해금 채권은 채권최고액의 범위 내에서 근저당권에 의하여 여전히 담보되는 것이다.

◆ 대법원 2010. 4. 15. 선고 2008다41475 판결

공동저당권이 설정되어 있는 수개의 부동산 중 일부는 채무자 소유이고 일부는 물상보증인의 소유인 경우 위 각 부동산의 경매대가를 동시에 배당하는 때에는, 물상보증인이 민법 제481조, 제482조의 규정에 의한 변제자대위에 의하여 채무자 소유 부동산에 대하여 담보권을 행사할 수 있는 지위에 있는 점 등을 고려할 때, "동일한 채권의 담보로 수 개의 부동산에 저당권을 설정한 경우에 그 부동산의 경매대가를 동시에 배당하는 때에는 각 부동산의 경매대가에 비례하여 그 채권의 분담을 정한다"고 규정하고 있는 민법 제368조 제1항은 적용되지 아니한다고 봄이 상당하다. 따라서 이러한 경우 경매법원으로서는 채무자 소유 부동산의 경매대가에서 공동저당권자에게 우선적으로 배당을 하고, 부족분이 있는 경우에 한하여 물상보증인 소유 부동산의 경매대가에서 추가로 배당을 하여야 한다.

|註| 공동저당권이 설정된 수 개의 부동산 중 일부는 채무자 소유, 일부는 물상보증인 소유인데 그 각 부동산의 경매대가를 동시에 배당할 경우, 그 가액에 비

> 례하여 채권을 분담하는 민법 제368조 제1항은 적용되지 않고 채무자 소유 부동산의 경매대가에서 우선배당해야 함을 명확히 한 판결

◆ 대법원 2009. 5. 28.자 2008마109 결정

공동저당의 목적인 물상보증인 소유의 부동산에 후순위 저당권이 설정되어 있는 경우, 물상보증인 소유의 부동산에 대하여 먼저 경매가 이루어져 그 경매대금의 교부에 의하여 선순위 공동저당권자가 변제를 받은 때에는 물상보증인은 채무자에 대하여 구상권을 취득함과 동시에, 민법 제481조, 제482조의 규정에 의한 변제자대위에 의하여 채무자 소유의 부동산에 대한 선순위 저당권을 대위취득하고, 그 물상보증인 소유의 부동산의 후순위 저당권자는 위 선순위 저당권에 대하여 물상대위를 할 수 있다. 그러므로 그 선순위 저당권설정등기는 말소등기가 경료될 것이 아니라 위 물상보증인 앞으로 대위에 의한 저당권이전의 부기등기가 경료되어야 할 성질의 것이며, 따라서 아직 경매되지 아니한 공동저당물의 소유자로서는 위 선순위 저당권자에 대한 피담보채무가 소멸하였다는 사정만으로는 그 말소등기를 청구할 수 없다고 보아야 한다. 그리고 위 후순위 저당권자는 자신의 채권을 보전하기 위하여 물상보증인을 대위하여 선순위 저당권자에게 그 부기등기를 할 것을 청구할 수 있다.

> |註| 공동저당 목적인 물상보증인 소유 부동산에 후순위 저당권이 설정되어 있는데 그 부동산에 대한 경매가 먼저 실행되어 선순위 공동저당권자가 변제를 받은 경우 물상보증인 소유 부동산의 후순위 저당권자는 물상보증인의 변제자대위에 기하여 취득하는 선순위 저당권에 대하여 물상대위할 수 있으므로, 아직 경매되지 않은 공동저당물 소유자는 선순위 저당권자에 대한 피담보채무의 소멸을 이유로 그 선순위 저당권의 말소등기를 청구할 수 없고, 위 후순위 저당권자는 자신의 채권을 보전하기 위하여 물상보증인을 대위하여 선순위 저당권자에게 그 부기등기를 청구할 수 있음을 밝힌 결정

◆ 대법원 2015. 3. 20. 선고 2012다99341 판결

민법 제482조 제2항 제1호, 제5호는 변제자대위의 효과로 채권자가 가지고 있던 채권 및 그 담보에 관한 권리가 법률상 당연히 변제자에게 이전하는 경우에도, 변제로 인하여 저당권 등이 소멸한 것으로 믿고 목적부동산을 취득한 제3취득자를

불측의 손해로부터 보호하기 위하여 미리 저당권 등에 대위의 부기등기를 하지 아니하면 제3취득자에 대하여 채권자를 대위하지 못하도록 정하고 있다. 이에 따라 자기 재산을 타인 채무의 담보로 제공한 물상보증인이 수인일 때 그중 일부의 물상보증인이 채무를 변제한 뒤 다른 물상보증인 소유 부동산에 설정된 근저당권 설정등기에 관하여 대위의 부기등기를 하지 않고 있는 동안에 제3취득자가 위 부동산을 취득하였다면, 대위변제한 물상보증인들은 제3취득자에 대하여 채권자를 대위할 수 없다. 그런데 이와 같이 법률상 당연히 이전되는 저당권과 관련하여 그 후에 해당 부동산에 대하여 권리를 취득한 제3취득자를 보호할 필요성은 후순위 저당권자의 대위의 경우에도 마찬가지로 존재한다.

그리고 후순위저당권자의 대위의 경우에도 부동산등기법 제80조에서 정한 공동저당의 대위등기를 통하여 제3취득자에게 공시할 수 있으므로, 변제자대위와 마찬가지로 일정한 경우에 대위등기를 선행하도록 요구한다고 하더라도 후순위저당권자에게 크게 불리하지 아니하다. 더욱이 변제자대위의 경우에는 저당권뿐 아니라 채권까지 이전됨에 비하여 후순위저당권자의 대위의 경우에는 채권이 이전되지 아니한다는 점까지 고려하면, 후순위저당권자를 변제자보다 항상 더 보호하여야 할 필요성이 있다고 보기는 어렵다.

한편 후순위저당권자의 대위에 의하여 선순위저당권자가 가지고 있던 다른 부동산에 관한 저당권이 후순위저당권자에게 이전된 후에 아직 저당권이 말소되지 아니하고 부동산등기부에 존속하는 경우라면, 비록 공동저당의 대위등기를 하지 아니하더라도 제3취득자로서는 저당권이 유효하게 존재함을 알거나 적어도 저당권이 공동저당권으로서 공시되어 있는 상태에서 이를 알면서 해당 부동산을 취득할 것이므로 저당권의 이전과 관련하여 제3취득자를 보호할 필요성은 적다.

이러한 사정들을 종합하여 보면, 먼저 경매된 부동산의 후순위저당권자가 다른 부동산에 공동저당의 대위등기를 하지 아니하고 있는 사이에 선순위저당권자 등에 의해 그 부동산에 관한 저당권등기가 말소되고, 그와 같이 저당권등기가 말소되어 등기부상 저당권의 존재를 확인할 수 없는 상태에서 그 부동산에 관하여 소유권이나 저당권 등 새로 이해관계를 취득한 사람에 대해서는, 후순위저당권자가 민법 제368조 제2항에 의한 대위를 주장할 수 없다.

|註| 공동저당의 목적부동산 중 먼저 경매된 부동산의 후순위 저당권자가 다른

> 부동산에 공동저당의 대위등기를 하지 않고 있는 사이에 선순위 저당권자 등에 의해 그 부동산에 관한 저당권등기가 말소된 경우, 그 상태에서는 그 부동산에 관하여 소유권이나 저당권 등 새로 이해관계를 취득한 제3취득자에 대하여 후순위 저당권자가 민법 제368조 제2항에 따른 대위를 주장할 수 없음을 밝힌 판결

◆ 대법원 2017. 12. 21. 선고 2013다16992 전원합의체 판결

공동저당권의 목적인 수 개의 부동산이 동시에 경매된 경우에 공동저당권자로서는 어느 부동산의 경매대가로부터 배당받든 우선변제권이 충족되기만 하면 되지만, 각 부동산의 소유자나 후순위 저당권자 그 밖의 채권자는 어느 부동산의 경매대가가 공동저당권자에게 배당되는지에 관하여 중대한 이해관계를 가진다. 민법 제368조 제1항은 공동저당권 목적 부동산의 전체 환가대금을 동시에 배당하는 이른바 동시배당의 경우에 공동저당권자의 실행선택권과 우선변제권을 침해하지 아니하는 범위 내에서 각 부동산의 책임을 안분함으로써 각 부동산의 소유자와 후순위 저당권자 그 밖의 채권자의 이해관계를 조절하고, 나아가 같은 조 제2항은 대위제도를 규정하여 공동저당권의 목적 부동산 중 일부의 경매대가를 먼저 배당하는 이른바 이시배당의 경우에도 최종적인 배당의 결과가 동시배당의 경우와 같게 함으로써 공동저당권자의 실행선택권 행사로 인하여 불이익을 입은 후순위 저당권자를 보호하는 데에 그 취지가 있다.

민법 제368조는 공동근저당권의 경우에도 적용되고, 공동근저당권자가 스스로 근저당권을 실행한 경우는 물론이며 타인에 의하여 개시된 경매·공매 절차, 수용절차 또는 회생 절차 등(이하 '경매 등의 환가절차'라 한다)에서 환가대금 등으로부터 다른 권리자에 우선하여 피담보채권의 일부에 대하여 배당받은 경우에도 적용된다.

공동근저당권이 설정된 목적 부동산에 대하여 동시배당이 이루어지는 경우에 공동근저당권자는 채권최고액 범위 내에서 피담보채권을 민법 제368조 제1항에 따라 부동산별로 나누어 각 환가대금에 비례한 액수로 배당받으며, 공동근저당권의 각 목적 부동산에 대하여 채권최고액만큼 반복하여, 이른바 누적적으로 배당받지 아니한다.

그렇다면 공동근저당권이 설정된 목적 부동산에 대하여 이시배당이 이루어지는 경우에도 동시배당의 경우와 마찬가지로 공동근저당권자가 공동근저당권 목적 부

동산의 각 환가대금으로부터 채권최고액만큼 반복하여 배당받을 수는 없다고 해석하는 것이 민법 제368조 제1항 및 제2항의 취지에 부합한다.
그러므로 공동근저당권자가 스스로 근저당권을 실행하거나 타인에 의하여 개시된 경매 등의 환가절차를 통하여 공동담보의 목적 부동산 중 일부에 대한 환가대금 등으로부터 다른 권리자에 우선하여 피담보채권의 일부에 대하여 배당받은 경우에, 그와 같이 우선변제받은 금액에 관하여는 공동담보의 나머지 목적 부동산에 대한 경매 등의 환가절차에서 다시 공동근저당권자로서 우선변제권을 행사할 수 없다고 보아야 하며, 공동담보의 나머지 목적 부동산에 대하여 공동근저당권자로서 행사할 수 있는 우선변제권의 범위는 피담보채권의 확정 여부와 상관없이 최초의 채권최고액에서 위와 같이 우선변제받은 금액을 공제한 나머지 채권최고액으로 제한된다고 해석함이 타당하다. 그리고 이러한 법리는 채권최고액을 넘는 피담보채권이 원금이 아니라 이자·지연손해금인 경우에도 마찬가지로 적용된다.

> |註| 공동근저당권자가 공동담보의 목적 부동산 중 일부에 대한 환가대금 등으로부터 다른 권리자에 우선하여 피담보채권의 일부에 대하여 배당받은 경우, 공동담보의 나머지 목적 부동산에 대하여 공동근저당권자로서 행사할 수 있는 우선변제권의 범위가 '최초의 채권최고액에서 위와 같이 우선변제받은 금액을 공제한 나머지 채권최고액'으로 제한됨을 명확히 한 전원합의체 판결

◆ **대법원 2003. 4. 11. 선고 2003다3850 판결**

민법 제365조가 토지를 목적으로 한 저당권을 설정한 후 그 저당권설정자가 그 토지에 건물을 축조한 때에는 저당권자가 토지와 건물을 일괄하여 경매를 청구할 수 있도록 규정한 취지는, 저당권은 담보물의 교환가치의 취득을 목적으로 할 뿐 담보물의 이용을 제한하지 아니하여 저당권설정자로서는 저당권설정 후에도 그 지상에 건물을 신축할 수 있는데, 후에 그 저당권의 실행으로 토지가 제3자에게 경락될 경우에 건물을 철거하여야 한다면 사회경제적으로 현저한 불이익이 생기게 되어 이를 방지할 필요가 있으므로 이러한 이해관계를 조절하고, 저당권자에게도 저당토지 상의 건물의 존재로 인하여 생기게 되는 경매의 어려움을 해소하여 저당권의 실행을 쉽게 할 수 있도록 한 데에 있다는 점에 비추어 볼 때, 저당지상의 건물에 대한 일괄경매청구권은 저당권설정자가 건물을 축조한 경우뿐만 아니라 저당권설정자로부터 저당토지에 대한 용익권을 설정받은 자가 그 토지에 건물

을 축조한 경우라도 그 후 저당권설정자가 그 건물의 소유권을 취득한 경우에는 저당권자는 토지와 함께 그 건물에 대하여 경매를 청구할 수 있다.

> |註| 저당토지상 건물에 대한 일괄경매청구권은, 저당권설정자가 건물을 축조한 경우뿐 아니라 저당권설정자로부터 저당토지에 대한 용익권을 설정받은 자가 그 토지에 건물을 축조하였더라도 이후 저당권설정자가 건물 소유권을 취득한 경우에는 행사할 수 있음을 밝힌 판결

◆ **대법원 2014. 10. 27. 선고 2013다91672 판결**

전세권을 목적으로 한 저당권이 설정된 경우, 전세권의 존속기간이 만료되면 전세권의 용익물권적 권능이 소멸하기 때문에 더이상 전세권 자체에 대하여 저당권을 실행할 수 없게 되고, 저당권자는 저당권의 목적물인 전세권에 갈음하여 존속하는 것으로 볼 수 있는 전세금반환채권에 대하여 압류 및 추심명령 또는 전부명령을 받거나 제3자가 전세금반환채권에 대하여 실시한 강제집행절차에서 배당요구를 하는 등의 방법으로 물상대위권을 행사하여 전세금의 지급을 구하여야 한다.

◆ **대법원 2014. 3. 20. 선고 2009다60336 전원합의체 판결**

[다수의견] 부동산에 관한 민사집행절차에서는 경매개시결정과 함께 압류를 명하므로 압류가 행하여짐과 동시에 매각절차인 경매절차가 개시되는 반면, 국세징수법에 의한 체납처분절차에서는 그와 달리 체납처분에 의한 압류와 동시에 매각절차인 공매절차가 개시되는 것이 아닐 뿐만 아니라, 체납처분압류가 반드시 공매절차로 이어지는 것도 아니다. 또한 체납처분절차와 민사집행절차는 서로 별개의 절차로서 공매절차와 경매절차가 별도로 진행되는 것이므로, 부동산에 관하여 체납처분압류가 되어 있다고 하여 경매절차에서 이를 그 부동산에 관하여 경매개시결정에 따른 압류가 행하여진 경우와 마찬가지로 볼 수는 없다.

따라서 체납처분압류가 되어 있는 부동산이라고 하더라도 그러한 사정만으로 경매절차가 개시되어 경매개시결정등기가 되기 전에 부동산에 관하여 민사유치권을 취득한 유치권자가 경매절차의 매수인에게 유치권을 행사할 수 없다고 볼 것은 아니다.

> |註| 체납처분압류 이후 경매개시결정등기 전 민사유치권을 취득한 자는 유효하게 유치권을 취득하므로 이후 경매절차의 매수인에 대해서도 유치권을 행사

할 수 있다고 본 전원합의체 판결

◆ 대법원 2009. 1. 15. 선고 2008다70763 판결

부동산 경매절차에서의 매수인은 민사집행법 제91조 제5항에 따라 유치권자에게 그 유치권으로 담보하는 채권을 변제할 책임이 있는 것이 원칙이나, 채무자 소유의 건물 등 부동산에 경매개시결정의 기입등기가 경료되어 압류의 효력이 발생한 후에 채무자가 위 부동산에 관한 공사대금 채권자에게 그 점유를 이전함으로써 그로 하여금 유치권을 취득하게 한 경우, 그와 같은 점유의 이전은 목적물의 교환가치를 감소시킬 우려가 있는 처분행위에 해당하여 민사집행법 제92조 제1항, 제83조 제4항에 따른 압류의 처분금지효에 저촉되므로 점유자로서는 위 유치권을 내세워 그 부동산에 관한 경매절차의 매수인에게 대항할 수 없다. 그러나 이러한 법리는 경매로 인한 압류의 효력이 발생하기 전에 유치권을 취득한 경우에는 적용되지 아니하고, 유치권 취득시기가 근저당권 설정 후라거나 유치권 취득 전에 설정된 근저당권에 기하여 경매절차가 개시되었다고 하여 달리 볼 것은 아니다.

|註| 유치권 취득시기가 근저당권 설정 이후라도 경매개시결정으로 인한 압류 효력 발생 전이라면 유치권자는 그 경매절차에서의 매수인에게 대항할 수 있음을 밝힌 판결

◆ 대법원 2013. 2. 28. 선고 2010다57350 판결

상사유치권은 민사유치권과 달리 피담보채권이 '목적물에 관하여' 생긴 것일 필요는 없지만 유치권의 대상이 되는 물건은 '채무자 소유'일 것으로 제한되어 있다(상법 제58조, 민법 제320조 제1항 참조). 이와 같이 상사유치권의 대상이 되는 목적물을 '채무자 소유의 물건'에 한정하는 취지는, 상사유치권의 경우에는 목적물과 피담보채권 사이의 견련관계가 완화됨으로써 피담보채권이 목적물에 대한 공익비용적 성질을 가지지 않아도 되므로 피담보채권이 유치권자와 채무자 사이에 발생하는 모든 상사채권으로 무한정 확장될 수 있고, 그로 인하여 이미 제3자가 목적물에 관하여 확보한 권리를 침해할 우려가 있어 상사유치권의 성립범위 또는 상사유치권으로 대항할 수 있는 범위를 제한한 것으로 볼 수 있다. 즉 상사유치권이 채무자 소유의 물건에 대해서만 성립한다는 것은, 상사유치권은 성립 당시 채무자가 목적물에 대하여 보유하고 있는 담보가치만을 대상으로 하는 제한물권이라는 의

미를 담고 있다 할 것이고, 따라서 유치권 성립 당시에 이미 목적물에 대하여 제3자가 권리자인 제한물권이 설정되어 있다면, 상사유치권은 그와 같이 제한된 채무자의 소유권에 기초하여 성립할 뿐이고, 기존의 제한물권이 확보하고 있는 담보가치를 사후적으로 침탈하지는 못한다고 보아야 한다. 그러므로 채무자 소유의 부동산에 관하여 이미 선행저당권이 설정되어 있는 상태에서 채권자의 상사유치권이 성립한 경우, 상사유치권자는 채무자 및 그 이후 채무자로부터 부동산을 양수하거나 제한물권을 설정받는 자에 대해서는 대항할 수 있지만, 선행저당권자 또는 선행저당권에 기한 임의경매절차에서 부동산을 취득한 매수인에 대한 관계에서는 상사유치권으로 대항할 수 없다.

|註| 상사유치권의 특성상 상사유치권자는 채무자 및 유치권 성립 이후 채무자로부터 부동산을 양수하거나 제한물권을 설정받는 자에 대하여 대항할 수 있지만, 선행저당권자 또는 그 저당권에 기한 임의경매에서 부동산을 취득한 매수인에 대하여는 대항할 수 없다고 한 판결

◆ 대법원 2011. 6. 15.자 2010마1059 결정

[1] 민사집행법 제91조 제2항, 제3항, 제268조는 경매의 대부분을 차지하는 강제경매와 담보권 실행을 위한 경매에서 소멸주의를 원칙으로 하고 있을 뿐만 아니라 이를 전제로 하여 배당요구의 종기 결정이나 채권신고의 최고, 배당요구, 배당절차 등에 관하여 상세히 규정하고 있는 점, 민법 제322조 제1항에 "유치권자는 채권의 변제를 받기 위하여 유치물을 경매할 수 있다"고 규정하고 있는데, 유치권에 의한 경매에도 채권자와 채무자의 존재를 전제로 하고 채권의 실현·만족을 위한 경매를 상정하고 있는 점, 반면에 인수주의를 취할 경우 필요하다고 보이는 목적부동산 위의 부담의 존부 및 내용을 조사·확정하는 절차에 대하여 아무런 규정이 없고 인수되는 부담의 범위를 제한하는 규정도 두지 않아, 유치권에 의한 경매를 인수주의를 원칙으로 진행하면 매수인의 법적 지위가 매우 불안정한 상태에 놓이게 되는 점, 인수되는 부담의 범위를 어떻게 설정하느냐에 따라 인수주의를 취하는 것이 오히려 유치권자에게 불리해질 수 있는 점 등을 함께 고려하면, 유치권에 의한 경매도 강제경매나 담보권 실행을 위한 경매와 마찬가지로 목적부동산 위의 부담을 소멸시키는 것을 법정매각조건으로 하여 실시되고 우선채권자뿐만 아니라 일반채권자의 배당요구도 허용되며, 유치권자는 일반채권자와 동일한 순

위로 배당을 받을 수 있다고 보아야 한다. 다만 집행법원은 부동산 위의 이해관계를 살펴 위와 같은 법정매각조건과는 달리 매각조건 변경결정을 통하여 목적부동산 위의 부담을 소멸시키지 않고 매수인으로 하여금 인수하도록 정할 수 있다. [2] 유치권에 의한 경매가 소멸주의를 원칙으로 하여 진행되는 이상 강제경매나 담보권 실행을 위한 경매의 경우와 같이 목적부동산 위의 부담을 소멸시키는 것이므로 집행법원이 달리 매각조건 변경결정을 통하여 목적부동산 위의 부담을 소멸시키지 않고 매수인으로 하여금 인수하도록 정하지 않은 이상 집행법원으로서는 매각기일 공고나 매각물건명세서에 목적부동산 위의 부담이 소멸하지 않고 매수인이 이를 인수하게 된다는 취지를 기재할 필요 없다.

|註| 민법 제322조 제1항에 따른 유치권에 의한 경매가 목적부동산 위의 부담을 소멸시키는 것을 법정매각조건으로 하여 실시됨으로써 이른바 '소멸주의'에 의함을 명확히 한 결정

제3장

채권집행

◆ 대법원 2003. 5. 13. 선고 2003다16238 판결

[1] 채권자가 채무자의 제3채무자에 대한 채권을 압류 또는 가압류한 경우에 채무자에 대한 채권자의 채권에 관하여 시효중단의 효력이 생긴다고 할 것이나, 압류 또는 가압류된 채무자의 제3채무자에 대한 채권에 대하여는 민법 제168조 제2호 소정의 소멸시효 중단사유에 준하는 확정적인 시효중단의 효력이 생긴다고 할 수 없다.

[2] 소멸시효 중단사유의 하나로서 민법 제174조가 규정하고 있는 최고는 채무자에 대하여 채무이행을 구한다는 채권자의 의사통지(준법률행위)로서, 이에는 특별한 형식이 요구되지 아니할 뿐 아니라 행위 당시 당사자가 시효중단의 효과를 발생시킨다는 점을 알거나 의욕하지 않았다 하더라도 이로써 권리행사의 주장을 하는 취지임이 명백하다면 최고에 해당하는 것으로 보아야 할 것이므로, 채권자가 확정판결에 기한 채권의 실현을 위하여 채무자의 제3채무자에 대한 채권에 관하여 압류 및 추심명령을 받아 그 결정이 제3채무자에게 송달이 되었다면 거기에 소멸시효 중단사유인 최고로서의 효력을 인정하여야 한다.

|註| 채권자가 채무자의 제3채무자에 대한 채권을 압류 또는 가압류한 경우에 채무자에 대한 채권자의 채권에 관하여 민법 제168조 제2호에 의한 시효중단의 효력이 생기고, 압류 또는 가압류된 채무자의 제3채무자에 대한 채권에 대하여는 압류 및 추심명령 결정의 제3채무자에 대한 송달로써 민법 제174조의 시효중단 사유인 최고의 효력이 있음을 인정한 판결

◆ 대법원 2016. 12. 29. 선고 2016다22837 판결

공정증서가 집행권원으로서 집행력을 가질 수 있도록 하는 집행인낙의 표시는 공증인에 대한 소송행위이므로 무권대리인의 촉탁에 의하여 공정증서가 작성된 때에는 집행권원으로서의 효력이 없고 이러한 공정증서에 기초하여 채권압류 및 전

부명령이 발령되어 확정되었더라도 채권압류 및 전부명령은 무효인 집행권원에 기초한 것으로서 강제집행의 요건을 갖추지 못하여 실체법상 효력이 없다. 따라서 제3채무자는 채권자의 전부금 지급청구에 대하여 그러한 실체법상의 무효를 들어 항변할 수 있다.

◆ 대법원 2000. 10. 2.자 2000마5221 결정

채권압류명령과 전부명령을 동시에 신청하더라도 압류명령과 전부명령은 별개로서 그 적부는 각각 판단하여야 하는 것이고, 집행채권의 압류가 집행장애사유가 되는 것은 집행법원이 압류 등의 효력에 반하여 집행채권자의 채권자를 해하는 일체의 처분을 할 수 없기 때문이며, 집행채권이 압류된 경우에도 그 후 추심명령이나 전부명령이 행하여지지 않은 이상 집행채권의 채권자는 여전히 집행채권을 압류한 채권자를 해하지 않는 한도 내에서 그 채권을 행사할 수 있다고 할 것인데, 채권압류명령은 비록 강제집행절차에 나간 것이기는 하나 채권전부명령과는 달리 집행채권의 환가나 만족적 단계에 이르지 아니하는 보전적 처분으로서 집행채권을 압류한 채권자를 해하는 것이 아니기 때문에 집행채권에 대한 압류의 효력에 반하는 것은 아니라고 할 것이므로 집행채권에 대한 압류는 집행채권자가 그 채무자를 상대로 한 채권압류명령에는 집행장애사유가 될 수 없다.

|註| 채권압류명령과 전부명령은 별개로 적부를 판단해야 하고, 집행채권에 대한 압류는 보전적 처분이므로 집행채권자가 그 채무자를 상대로 한 채권압류명령에 집행장애사유가 될 수 없음을 밝힌 결정

◆ 대법원 2006. 1. 26. 선고 2003다29456 판결

수급인의 보수채권에 대한 압류가 행하여지면 그 효력으로 채무자가 압류된 채권을 처분하더라도 채권자에게 대항할 수 없고, 제3채무자도 채권을 소멸 또는 감소시키는 등의 행위는 할 수 없으며, 그와 같은 행위로 채권자에게 대항할 수 없는 것이지만, 그 압류로써 위 압류채권의 발생원인인 도급계약 관계에 대한 채무자나 제3채무자의 처분까지도 구속하는 효력은 없으므로 채무자나 제3채무자는 기본적 계약관계인 도급계약 자체를 해지할 수 있고, 채무자와 제3채무자 사이의 기본적 계약관계인 도급계약이 해지된 이상 그 계약에 의하여 발생한 보수채권은 소멸하게 되므로 이를 대상으로 한 압류명령 또한 실효될 수밖에 없다.

|註| 채권압류명령 후에도 피압류채권의 발생원인이 된 기본적 계약관계에 대한 채무자나 제3채무자의 처분은 구속할 수 없으므로 해지 가능하고, 그에 따라 압류명령이 실효됨을 밝힌 판결

◆ 대법원 2016. 8. 29. 선고 2015다236547 판결

자기의 금전채권을 보전하기 위하여 채무자의 금전채권을 대위행사하는 대위채권자는 제3채무자로 하여금 직접 대위채권자 자신에게 지급의무를 이행하도록 청구할 수 있고 제3채무자로부터 변제를 수령할 수도 있으나, 이로 인하여 채무자의 제3채무자에 대한 피대위채권이 대위채권자에게 이전되거나 귀속되는 것이 아니므로, 대위채권자의 제3채무자에 대한 추심권능 내지 변제수령권능은 자체로서 독립적으로 처분하여 환가할 수 있는 것이 아니어서 압류할 수 없는 성질의 것이고, 따라서 추심권능 내지 변제수령권능에 대한 압류명령 등은 무효이다. 그리고 채권자대위소송에서 제3채무자로 하여금 직접 대위채권자에게 금전의 지급을 명하는 판결이 확정되었더라도 판결에 기초하여 금전을 지급받는 것 역시 대위채권자의 제3채무자에 대한 추심권능 내지 변제수령권능에 속하므로, 채권자대위소송에서 확정된 판결에 따라 대위채권자가 제3채무자로부터 지급받을 채권에 대한 압류명령 등도 무효이다.

|註| 대위채권자의 제3채무자에 대한 추심권능 내지 변제수령권능은 환가할 수 없으므로 그에 대한 압류명령은 무효이고, 채권자대위소송에서 확정된 판결에 따라 대위채권자가 제3채무자로부터 채권을 수령하는 것도 추심권능 내지 변제수령권능에 속하므로 그 지급채권에 대한 압류명령 역시 무효임을 밝힌 판결

◆ 대법원 2014. 5. 16. 선고 2013다52547 판결

채권에 대한 가압류 또는 압류를 신청하는 채권자는 신청서에 압류할 채권의 종류와 액수를 밝혀야 하고(민사집행법 제225조, 제291조), 채무자가 수인이거나 제3채무자가 수인인 경우에는 집행채권액을 한도로 하여 가압류 또는 압류로써 각 채무자나 제3채무자별로 어느 범위에서 지급이나 처분의 금지를 명하는 것인지를 가압류 또는 압류할 채권의 표시 자체로 명확하게 인식할 수 있도록 특정하여야 하며, 이를 특정하지 아니한 경우에는 집행의 범위가 명확하지 아니하여 특별한 사정이 없는 한 그 가압류결정이나 압류명령은 무효라고 보아야 한다. 각 채무자나

제3채무자별로 얼마씩의 압류를 명하는 것인지를 개별적으로 특정하지 않고 단순히 채무자들의 채권이나 제3채무자들에 대한 채권을 포괄하여 압류할 채권으로 표시하고 그중 집행채권액과 동등한 금액에 이르기까지의 채권을 압류하는 등으로 금액만을 한정한 경우에, 각 채무자나 제3채무자는 자신의 채권 혹은 채무 중 어느 금액 범위 내에서 압류의 대상이 되는지를 명확히 구분할 수 없고, 그 결과 각 채무자나 제3채무자가 압류의 대상이 아닌 부분에 대하여 권리를 행사하거나 압류된 부분만을 구분하여 공탁을 하는 등으로 부담을 면하는 것이 불가능하기 때문이다.

그리고 압류의 대상인 수인의 채무자들의 채권 합계액이나 수인의 제3채무자들에 대한 채권 합계액이 집행채권액을 초과하지 않는다 하더라도, 개별 채무자 및 제3채무자로서는 자신을 제외한 다른 모든 채무자들의 채권액이나 모든 제3채무자들의 채무액을 구체적으로 알고 있는 특별한 경우가 아니라면 자신에 대한 집행의 범위를 알 수 없음은 마찬가지이므로 달리 볼 것은 아니다.

> |註| 채무자나 제3채무자가 수인인 경우 집행채권액을 한도로 각 채무자나 제3채무자 별로 어느 범위에서 지급이나 처분금지를 명하는지 특정하지 않으면 그 가압류 또는 압류명령은 무효이고, 수인의 채무자나 제3채무자들에 대한 채권 합계액이 집행채권액을 초과하지 않는 경우에도 역시 무효가 됨을 명확히 한 판결

◆ 대법원 2002. 8. 27. 선고 2001다71699 판결

당사자 사이에 양도금지 특약이 있는 채권이라도 압류 및 전부명령에 따라 이전될 수 있고, 양도금지의 특약이 있는 사실에 관하여 압류채권자가 선의인가 악의인가는 전부명령의 효력에 영향이 없다.

◆ 대법원 2016. 8. 29. 선고 2015다236547 판결

채권자대위소송이 제기되고 대위채권자가 채무자에게 대위권 행사사실을 통지하거나 채무자가 이를 알게 되면 민법 제405조 제2항에 따라 채무자는 피대위채권을 양도하거나 포기하는 등 채권자의 대위권 행사를 방해하는 처분행위를 할 수 없게 되고 이러한 효력은 제3채무자에게도 그대로 미치는데, 그럼에도 그 이후 대위채권자와 평등한 지위를 가지는 채무자의 다른 채권자가 피대위채권에 대하여

전부명령을 받는 것도 가능하다고 하면, 채권자대위소송의 제기가 채권자의 적법한 권리행사방법 중 하나이고 채무자에게 속한 채권을 추심한다는 점에서 추심소송과 공통점도 있음에도 그것이 무익한 절차에 불과하게 될 뿐만 아니라, 대위채권자가 압류·가압류나 배당요구의 방법을 통하여 채권배당절차에 참여할 기회조차 갖지 못하게 한 채 전부명령을 받은 채권자가 대위채권자를 배제하고 전속적인 만족을 얻는 결과가 되어, 채권자대위권의 실질적 효과를 확보하고자 하는 민법 제405조 제2항의 취지에 반하게 된다.

따라서 채권자대위소송이 제기되고 대위채권자가 채무자에게 대위권 행사사실을 통지하거나 채무자가 이를 알게 된 이후에는 민사집행법 제229조 제5항이 유추적용되어 피대위채권에 대한 전부명령은 우선권 있는 채권에 기초한 것이라는 등의 특별한 사정이 없는 한 무효이다.

|註| 채권자대위소송이 제기되고 대위채권자가 채무자에게 대위권 행사 사실을 통지하거나 채무자가 이를 알게 된 이후에는 민사집행법 제229조 제5항이 유추적용되어 피대위채권에 대한 전부명령은 우선권 있는 채권이라는 등의 특별한 사정이 없는 한 무효임을 밝힌 판결

◆ 대법원 1995. 9. 26. 선고 95다4681 판결

[1] 전부명령이 확정되면 피압류채권은 제3채무자에게 송달된 때에 소급하여 집행채권의 범위 안에서 당연히 전부채권자에게 이전하고 동시에 집행채권 소멸의 효력이 발생하는 것이므로, 전부명령이 제3채무자에게 송달될 당시를 기준으로 하여 압류가 경합되지 않았다면 그 후에 이루어진 채권압류가 그 전부명령의 효력에 영향을 미칠 수 없고, 이러한 이치는 피압류채권이 공사 완성 전의 공사대금채권과 같이 장래의 채권액의 구체적인 확정에 불확실한 요소가 내포되어 있는 것이라 하여 달라질 수 없다.

[2] 채권액의 확정에 불확실한 요소가 내포된 공사 완성 전의 공사대금 채권에 대하여 전부명령을 허용하면서 동시에 그 전부명령의 효력이 장래의 채권 확정시가 아니라 전부명령이 체3채무자에게 송달된 때 발생된다고 해석하는 이상, 압류 및 전부명령을 받은 자보다 먼저 당해 피압류채권을 압류한 자가 있을 경우에 압류가 경합되어 전부명령이 무효로 되는지의 여부는, 나중에 확정된 피압류채권액을 기준으로 판단할 것이 아니라 전부명령이 제3채무자에게 송달된 당시의 계약상의

피압류채권액을 기준으로 판단하여야 한다.

> |註| 장래의 불확정채권에 대한 전부명령의 경우에도 그 효력은 전부명령의 제3채무자 송달시에 발생하므로, 압류의 경합 여부 판단의 기준금액도 전부명령의 제3채무자 송달시의 계약상 피압류채권액임을 명확히 한 판결

◆ 대법원 2002. 7. 26. 선고 2001다68839 판결

[1] 동일한 채권에 대하여 두 개 이상의 채권압류 및 전부명령이 발령되어 제3채무자에게 동시에 송달된 경우 당해 전부명령이 채권압류가 경합된 상태에서 발령된 것으로서 무효인지의 여부는 그 각 채권압류명령의 압류액을 합한 금액이 피압류채권액을 초과하는지를 기준으로 판단하여야 하므로 전자가 후자를 초과하는 경우에는 당해 전부명령은 모두 채권의 압류가 경합된 상태에서 발령된 것으로서 무효로 될 것이지만 그렇지 않은 경우에는 채권의 압류가 경합된 경우에 해당하지 아니하여 당해 전부명령은 모두 유효하게 된다고 할 것이며, 그때 동일한 채권에 관하여 확정일자 있는 채권양도통지가 그 각 채권압류 및 전부명령 정본과 함께 제3채무자에게 동시에 송달되어 채권양수인과 전부채권자들 상호간에 우열이 없게 되는 경우에도 마찬가지라고 할 것이다.

[2] 동일한 채권에 관하여 확정일자 있는 채권양도통지와 두 개 이상의 채권압류 및 전부명령 정본이 동시에 송달된 경우 채권의 양도는 채권에 대한 압류명령과는 그 성질이 다르므로 당해 전부명령이 채권의 압류가 경합된 상태에서 발령된 것으로서 무효인지의 여부를 판단함에 있어 압류액에 채권양도의 대상이 된 금액을 합산하여 피압류채권액과 비교하거나 피압류채권액에서 채권양도의 대상이 된 금액 부분을 공제하고 나머지 부분만을 압류액의 합계와 비교할 것은 아니다.

> |註| 각 채권압류명령의 압류액을 합한 금액이 피압류채권액을 초과하는 압류의 경합이 발생한 경우 그에 기한 전부명령은 무효가 되고, 압류의 경합 판단시 채권양도의 대상이 된 금액은 고려 요소가 아님을 밝힌 판결

◆ 대법원 1995. 4. 7. 선고 94다59868 판결

채권가압류나 압류가 경합된 경우에 있어서는 그 압류채권자의 한 사람이 전부명령을 얻더라도 그 전부명령은 무효가 되지만, 이 경우에도 그 전부채권자는 채권의 준점유자에 해당한다고 보아야 할 것이므로 제3채무자가 그 전부채권자에게

전부금을 변제하였다면 제3채무자가 선의·무과실인 때에는 민법 제470조에 의하여 그 변제는 유효하고 제3채무자는 다른 압류채권자에 대하여 이중변제의 의무를 부담하지 아니하는 반면에 제3채무자가 위 전부금을 변제함에 있어서 선의·무과실이 아니었다면 제3채무자가 전부채권자에게 한 전부금의 변제는 효력이 없는 것이다.

> |註| 전부명령이 압류가 경합된 상태에서 발하여져 무효인 경우, 제3채무자가 전부채권자에게 전부금을 변제하였다면 그 효력 여부는 채권의 준점유자에 대한 변제의 요건(민법 제470조)을 갖추었는지 여부에 따라 판단함을 밝힌 판결

◆ 대법원 1976. 5. 25. 선고 76다626 판결

집행력 있는 집행권원에 기하여 채권의 압류 및 전부명령이 적법하게 이루어져 확정된 이상 피압류채권은 집행채권의 범위 내에서 당연히 집행채권자에게 이전하는 것이어서 그 집행채권이 이미 소멸하였거나 소멸할 가능성이 있다고 하더라도 채권의 압류 및 전부명령의 효력에는 아무런 영향이 없다.

◆ 대법원 2005. 4. 15. 선고 2004다70024 판결

채무자 또는 그 대리인의 유효한 작성촉탁과 집행인낙의 의사표시에 터잡아 작성된 공정증서를 집행권원으로 하는 금전채권에 대한 강제집행절차에서, 비록 그 공정증서에 표시된 청구권의 기초가 되는 법률행위에 무효사유가 있다고 하더라도 그 강제집행절차가 청구이의의 소 등을 통하여 적법하게 취소·정지되지 아니한 채 계속 진행되어 채권압류 및 전부명령이 적법하게 확정되었다면, 그 강제집행절차가 반사회적 법률행위의 수단으로 이용되었다는 등의 특별한 사정이 없는 한, 단지 이러한 법률행위의 무효사유를 내세워 확정된 전부명령에 따라 전부채권자에게 피전부채권이 이전되는 효력 자체를 부정할 수는 없고, 다만 위와 같이 전부명령이 확정된 후 그 집행권원인 집행증서의 기초가 된 법률행위 중 전부 또는 일부에 무효사유가 있는 것으로 판명된 경우에는 그 무효 부분에 관하여는 집행채권자가 부당이득을 한 셈이 되므로, 그 집행채권자는 집행채무자에게, 위 전부명령에 따라 전부받은 채권 중 실제로 추심한 금전 부분에 관하여는 그 상당액을 반환하여야 하고, 추심하지 아니한 나머지 부분에 관하여는 그 채권 자체를 양도하는 방법에 의하여 반환하여야 한다.

|註| 전부명령의 집행권원이 된 집행증서상 기초가 되는 법률행위에 무효사유가 있는 경우 그 무효 부분에 관해서는 집행채권자에게 부당이득반환의무가 있음을 인정한 판결

◆ 대법원 2004. 1. 5.자 2003마1667 결정

채권의 압류 및 전부명령은 금전채권의 집행권원을 가지는 채권자가, 그 집행권원상의 채무자가 제3채무자에 대하여 가지는 금전채권을 대상으로 하는 강제집행으로서 법원은 압류 및 전부명령의 결정을 함에 있어서는 집행권원의 송달, 선행하는 압류명령의 존부, 피전부적격의 유무 등의 요건을 심리하면 되고, 실지로 채무자가 제3채무자에게 압류 및 전부명령의 대상이 되는 채권을 가지고 있는지 여부는 따질 필요가 없는 것이 원칙이고, 만일 채무자의 제3채무자에 대한 그와 같은 채권이 존재하지 아니하는 경우에는 전부명령이 확정되더라도 변제의 효력이 없는 것이며, 채무자로서는 제3채무자에게 그와 같은 채권을 가지고 있지 않다고 하더라도 특별한 사정이 없는 한 이로 인하여 어떠한 불이익이 있는 것이 아니므로, 이것을 이유로 하여서는 스스로 불복의 사유로 삼을 수 없다.

|註| 전부명령상의 피전부채권이 부존재하는 경우 전부명령이 확정되더라도 변제효가 발생하지 않으므로 채무자에게 불이익이 없고, 채무자가 이를 사유로 불복할 수도 없음을 밝힌 결정

◆ 대법원 2000. 4. 11. 선고 99다23888 판결

채권에 대한 압류 및 추심명령이 있으면 제3채무자에 대한 이행의 소는 추심채권자만이 제기할 수 있고 채무자는 피압류채권에 대한 이행소송을 제기할 당사자적격을 상실한다.

◆ 대법원 2013. 10. 31. 선고 2011다98426 판결

2인 이상의 불가분채무자 또는 연대채무자가 있는 금전채권의 경우에, 그 불가분채무자 등 중 1인을 제3채무자로 한 채권압류 및 추심명령이 이루어지면 그 채권압류 및 추심명령을 송달받은 불가분채무자 등에 대한 피압류채권에 관한 이행의 소는 추심채권자만이 제기할 수 있고 추심채무자는 그 피압류채권에 대한 이행소송을 제기할 당사자적격을 상실하지만, 그 채권압류 및 추심명령의 제3채무자가 아닌 나머지 불가분채무자 등에 대하여는 추심채무자가 여전히 채권자로서 추심

권한을 가지므로 나머지 불가분채무자 등을 상대로 이행을 청구할 수 있고, 이러한 법리는 위 금전채권 중 일부에 대하여만 채권압류 및 추심명령이 이루어진 경우에도 마찬가지이다.

◆ 대법원 1996. 9. 24. 선고 96다13781 판결

집행채권의 부존재나 소멸은 집행채무자가 청구이의의 소에서 주장할 사유이지 추심의 소에서 제3채무자인 피고가 이를 항변으로 주장하여 채무의 변제를 거절할 수 있는 것이 아니다.

◆ 대법원 2001. 3. 27. 선고 2000다43819 판결

같은 채권에 관하여 추심명령이 여러 번 발부되더라도 그 사이에는 순위의 우열이 없고, 추심명령을 받아 채권을 추심하는 채권자는 자기 채권의 만족을 위하여서 뿐만 아니라 압류가 경합되거나 배당요구가 있는 경우에는 집행법원의 수권에 따라 일종의 추심기관으로서 압류나 배당에 참가한 모든 채권자를 위하여 제3채무자로부터 추심을 하는 것이므로 그 추심권능은 압류된 채권 전액에 미치며, 제3채무자로서도 정당한 추심권자에게 변제하면 그 효력은 위 모든 채권자에게 미치므로 압류된 채권을 경합된 압류채권자 및 또 다른 추심권자의 집행채권액에 안분하여 변제하여야 하는 것도 아니다.

> |註| 추심명령이 경합될 경우 제3채무자는 경합하는 추심채권자 중 1인에게 전액을 변제하더라도 그 효력이 모든 채권자에게 미침을 명확히 밝힌 판결

◆ 대법원 2007. 11. 15. 선고 2007다62963 판결

추심명령을 얻은 추심채권자는 집행법원의 수권에 기하여 일종의 추심기관으로서 채무자를 대신하여 추심의 목적에 맞도록 채권을 행사하여야 하고, 특히 압류 등의 경합이 있는 경우에는 압류 또는 배당에 참가한 모든 채권자를 위하여 제3채무자로부터 채권을 추심하여야 하므로, 추심채권자는 피압류채권의 행사에 제약을 받게 되는 채무자를 위하여 선량한 관리자의 주의의무를 가지고 채권을 행사하고, 나아가 제3채무자로부터 추심금을 지급받으면 지체 없이 공탁 및 사유신고를 함으로써 압류 또는 배당에 참가한 모든 채권자들이 배당절차에 의한 채권의 만족을 얻도록 하여야 할 의무를 부담한다. 이러한 법리는 제3채무자가 추심명령에 기한 추심에 임의로 응하지 아니하여 추심채권자가 제3채무자를 상대로 추심의 소

를 제기한 후 얻어낸 집행권원에 기하여 제3채무자의 재산에 대하여 강제집행을 한 결과 취득한 추심금의 경우에도 마찬가지이다. 따라서 압류가 경합된 상태에서 발령된 압류 및 추심명령의 추심채권자가 제3채무자의 금전채권에 대하여 다시 압류 및 추심명령을 받아 추심금을 지급받은 경우에는 지체 없이 압류가 경합된 상태에서의 압류 및 추심명령의 발령법원에 추심금을 공탁하고 그 사유를 신고하여야 한다.

> **|註|** 추심채권자는 일종의 추심기관이므로, 압류 경합 상태에서 추심채권자가 제3채무자의 금전채권에 대하여 다시 압류 및 추심명령을 받아 추심금을 지급받은 경우 지체 없이 최초 압류 및 추심명령 발령법원에 추심금을 공탁하고 사유 신고해야 함을 밝힌 판결

◆ 대법원 2012. 10. 25. 선고 2010다47117 판결

추심명령은 압류채권자에게 채무자의 제3채무자에 대한 채권을 추심할 권능을 수여함에 그치고, 제3채무자로 하여금 압류채권자에게 압류된 채권액 상당을 지급할 것을 명하거나 그 지급 기한을 정하는 것이 아니므로, 제3채무자가 압류채권자에게 압류된 채권액 상당에 관하여 지체책임을 지는 것은 집행법원으로부터 추심명령을 송달받은 때부터가 아니라 추심명령이 발령된 후 압류채권자로부터 추심금 청구를 받은 다음날부터라고 하여야 한다.

판례색인

공저자약력

이 시 윤

서울대학교 법과대학 법학과 졸업
고등고시 사법과 합격
서울대학교 대학원 법학과 수료(법학석사)
법학박사(서울대학교)
독일 Erlangen-Nürnberg 대학교(1968~1970) 및 미국 Nevada 법관연수학교(1971) 수학
서울대학교 법과대학 조교수, 사법대학원 교무·학생과장, 사법연수원 교수, 경희대학교 법과대학 학장
서울민·형사지법 및 고법부장판사, 법무부 민소법개정분과위원, 한국민사소송법·민사법·민사집행법학회 및 민사실무연구회 각 회장, 법무부 민법개정분과위원장
춘천·수원지법원장 및 헌법재판관, 감사원장 등 역임
현 변호사

저 서

신민사소송법
신민사집행법
소송물에 관한 연구
주석 신민사소송법(공편저)
판례소법전
판례 민사소송법(공저)
판례해설 민사소송법(공저)

조 관 행

서울대학교 법과대학 법학과 졸업
제22회 사법시험 합격
Yale Law School Visiting Scholar
법학박사(경희대학교)
사법연수원 교수, 서울중앙지방법원 부장판사, 대전고등법원 수석부장판사, 서울고등법원 부장판사
언론중재위원회 서울중재4부장, 사법시험·법원사무관시험 등 출제 및 채점위원
현 법무법인 (유한) 대륙아주 파트너 변호사

저 서

판례 민사소송법(공저)
판례해설 민사소송법(공저)
주석 신민사소송법(공편저)
주석 민사집행법(공편저)
변론준비절차에 관한 연구(박사논문)

이 원 석

고려대학교 법과대학 법학과 졸업
제40회 사법시험 합격
고려대학교 대학원 법학과(법학석사, 박사과정 수료)
UC Berkeley School of Law Visiting Scholar
서울중앙지방법원 판사, 서울남부지방법원 판사, 춘천지방법원 판사(서울고등법원 춘천재판부 판사 겸임), 수원지방법원 판사, 대법원 재판연구관, 창원지방법원 부장판사, 수원지방법원 부장판사
현 서울중앙지방법원 부장판사

제 4 판

판례해설 민사소송법

초판발행 2011년 11월 15일
제 4 판발행 2021년 12월 15일

지은이 이시윤 · 조관행 · 이원석
펴낸이 안종만

편 집 이승현
기획/마케팅 조성호
표지디자인 박현정
제 작 고철민 · 조영환

펴낸곳 (주) 박영사
서울특별시 금천구 가산디지털2로 53, 210호(가산동, 한라시그마밸리)
등록 1959. 3. 11. 제300-1959-1호(倫)
전 화 02)733-6771
f a x 02)736-4818
e-mail pys@pybook.co.kr
homepage www.pybook.co.kr
ISBN 979-11-303-4022-7 93360

정 가 49,000원